INSS
INSTITUTO NACIONAL DO SEGURO SOCIAL
TÉCNICO NÍVEL MÉDIO

www.editorasaraiva.com.br/direito
Visite nossa página

INSS
INSTITUTO NACIONAL DO SEGURO SOCIAL
TÉCNICO NÍVEL MÉDIO

CONTEÚDO ESSENCIAL

CONHECIMENTOS GERAIS
- NOÇÕES DE DIREITO ADMINISTRATIVO – Fabrício Bolzan
- NOÇÕES DE DIREITO CONSTITUCIONAL – Vinícius Casalino
- INFORMÁTICA – Samuel Liló Abdalla
- LEGISLAÇÃO
- LÍNGUA PORTUGUESA – Diogo Arrais
- RACIOCÍNIO LÓGICO – Samuel Liló Abdalla

CONHECIMENTO ESPECÍFICO
- DIREITO PREVIDENCIÁRIO – André Studart Leitão e Augusto Grieco Sant'Anna Meirinho

2ª edição

2018

ISBN 978-85-472-3338-9

DADOS INTERNACIONAIS DE CATALOGAÇÃO NA PUBLICAÇÃO (CIP)
ANGÉLICA ILACQUA CRB-8/7057

Instituto Nacional do Seguro Social : Técnico INSS : Nível Médio / André Studart Leitão...[et al.] – 2. ed. – São Paulo : Saraiva Educação, 2018.

1. Técnico do INSS - Concursos 2. Serviço público - Brasil - Concursos I. Leitão, André Studart

18-0382   CDU 368(079)

Índice para catálogo sistemático:
1. Técnico do INSS : Concursos   368(079)

SOMOS EDUCAÇÃO | saraiva jur

Av. das Nações Unidas, 7.221, 1º andar, Setor B
Pinheiros – São Paulo – SP – CEP 05425-902

SAC 0800-0117875
De 2ª a 6ª, das 8h às 18h
www.editorasaraiva.com.br/contato

Vice-presidente	Claudio Lensing
Diretora editorial	Flávia Alves Bravin
Conselho editorial	
Consultor acadêmico	Murilo Angeli Dias dos Santos
Gerência	
Planejamento e novos projetos	Renata Pascual Müller
Editorial	Roberto Navarro
Edição	Liana Ganiko Brito
	Patricia Quero
Produção editorial	Ana Cristina Garcia (coord.)
	Carolina Massanhi
Arte e digital	Mônica Landi (coord.)
	Claudirene de Moura Santos Silva
	Fernanda Matajs
	Guilherme H. M. Salvador
	Tiago Dela Rosa
	Verônica Pivisan Reis
Planejamento e processos	Clarissa Boraschi Maria (coord.)
	Juliana Bojczuk Fermino
	Kelli Priscila Pinto
	Marília Cordeiro
	Fernando Penteado
	Tatiana dos Santos Romão
Diagramação	NSM Soluções Gráficas Ltda.
Revisão	Lílian Moreira
Comunicação e MKT	Carolina Bastos
	Elaine Cristina da Silva
Capa	Tiago Dela Rosa
Produção gráfica	Marli Rampim
	Sergio Luiz Pereira Lopes
Impressão e acabamento	Bartira

Data de fechamento da edição: 16-4-2018

Dúvidas? Acesse www.editorasaraiva.com.br/direito

Nenhuma parte desta publicação poderá ser reproduzida por qualquer meio ou forma sem a prévia autorização da Editora Saraiva. A violação dos direitos autorais é crime estabelecido na Lei n. 9.610/98 e punido pelo art. 184 do Código Penal.

CL 605030   CAE 627012

SUMÁRIO

Apresentação 35

NOÇÕES DE DIREITO ADMINISTRATIVO

CAPÍTULO 1
Estado, governo, administração pública e órgãos públicos 39

1.1. Estado 39
1.2. Governo 39
1.3. Administração Pública 39
    1.3.1. Conceito, natureza e finalidade 39
    1.3.2. Organização administrativa 39
        1.3.2.1. Formas de Atuação da Administração Pública 40
Questões 40
Gabarito 41

CAPÍTULO 2
Direito administrativo: conceito, fontes e princípios 42

2.1. Conceito 42
2.2. Fontes 42
2.3. Princípios da Administração Pública 42

2.3.1.	Princípios explícitos na Constituição Federal..	42
2.3.2.	Princípios implícitos na Constituição Federal..	42
Questões	....	43
Gabarito	....	44

CAPÍTULO 3
Organização administrativa da União: Administração direta e indireta 45

3.1.	Administração Pública Indireta	45
3.2.	Entidades Paraestatais ou Terceiro Setor..	46
Questões	....	46
Gabarito	....	47

CAPÍTULO 4
Agentes públicos 48

4.1. Espécies e classificação, poderes, deveres e prerrogativas, cargo, emprego e função públicos 48

4.2. Regime jurídico único: provimento, vacância, remoção, redistribuição e substituição; direitos e vantagens; regime disciplinar; responsabilidade civil, criminal e administrativa (Lei n. 8.112/90 – Estatuto dos Servidores Públicos Civis Federais)... 48

4.2.1.	Formas de provimento	49
4.2.2.	Das formas de vacância...	49
4.2.3.	Da remoção	50
4.2.4.	Da redistribuição	50
4.2.5.	Da substituição..	50
4.2.6.	Direitos e vantagens dos servidores	50
4.2.7.	Do regime disciplinar...	52
Questões	....	55
Gabarito	....	56

CAPÍTULO 5
Poderes administrativos: poder hierárquico; poder disciplinar; poder regulamentar; poder de polícia; uso e abuso do poder 57

5.1.	Poder Vinculado..	57
5.2.	Poder Discricionário..	57
5.3.	Poder Hierárquico...	57
5.4.	Poder Disciplinar...	57
5.5.	Poder Regulamentar	57

5.6.	Poder de Polícia	58
5.7.	Abuso de Poder	58
	Questões	58
	Gabarito	59

CAPÍTULO 6
Atos administrativos — 60

6.1.	Elementos do Ato Administrativo	60
6.2.	Atributos do Ato Administrativo	60
6.3.	Classificação dos Atos Administrativos	60
6.4.	Espécies de Atos Administrativos	62
6.5.	Extinção dos Atos Administrativos	62
6.6.	Convalidação	63
	Questões	63
	Gabarito	63

CAPÍTULO 7
Serviços públicos — 64

7.1.	Conceito de Serviço Público	64
7.2.	Princípios Aplicáveis à Prestação do Serviço Público	64
7.3.	Classificação do Serviço Público	65
7.4.	Direitos e Obrigações dos Usuários	65
7.5.	Formas de Prestação do Serviço Público	65
7.6.	Concessão de Serviço Público	66
7.7.	Permissão de Serviço Público	67
7.8.	Autorização de Serviço Público	67
7.9.	Parcerias Público-Privadas (PPPs)	68
	Questões	68
	Gabarito	69

CAPÍTULO 8
Controle e responsabilização da administração — 70

8.1.	Responsabilidade civil do Estado	70
	8.1.1. Evolução histórica	70
	8.1.2. Previsão constitucional	70

8.1.3.	Excludentes de responsabilidade	70
8.1.4.	Prazo prescricional da ação de indenização	71
8.2. Controle da Administração Pública		71
8.2.1.	Classificação	71
8.2.2.	Controle administrativo	71
8.2.3.	Controle legislativo ou parlamentar	72
8.2.4.	Controle judicial	73
8.3. Improbidade administrativa		74
8.3.1.	Sujeito passivo	74
8.3.2.	Sujeito ativo	74
8.3.3.	Do ato de improbidade	74
8.3.4.	Sanções	76
8.3.5.	Da ação de improbidade administrativa	77
8.3.6.	Da prescrição	77
Questões		78
Gabarito		79

CAPÍTULO 9
Lei n. 9.784/99 e alterações posteriores (Lei do Processo Administrativo) 80

9.1.	Conceito	80
9.2.	Princípios	80
9.3.	Direitos e Deveres dos Administrados	81
9.4.	Competência	81
9.5.	Fases do Processo Administrativo	82
9.6.	Do Impedimento e da Suspeição	82
9.7.	Contagem de Prazos	82
9.8.	Da Prioridade na Tramitação do Processo Administrativo	83
Questões		83
Gabarito		83
Referências bibliográficas		84

NOÇÕES DE DIREITO CONSTITUCIONAL

CAPÍTULO 1
Direitos e deveres individuais e coletivos 87

1.1. Introdução: Direitos e Garantias Fundamentais 87
1.2. Direitos e deveres individuais e coletivos: art. 5º 88
    1.2.1. Destinatários 88
    1.2.2. Direitos expressos no *caput* 89
    1.2.3. Princípio da igualdade ou isonomia 89
    1.2.4. Isonomia entre homens e mulheres 89
    1.2.5. Princípio da legalidade 90
    1.2.6. Vedação da tortura e tratamento desumano ou degradante 90
    1.2.7. Liberdade de manifestação do pensamento 90
    1.2.8. Direito de resposta e indenização 91
    1.2.9. Liberdade de consciência e crença 91
    1.2.10. Prestação de assistência religiosa 91
    1.2.11. Escusa de consciência 91
    1.2.12. Direito à liberdade de expressão 92
    1.2.13. Inviolabilidade da intimidade, vida privada, honra e imagem 92
    1.2.14. Proteção do domicílio 93
    1.2.15. Segurança das comunicações pessoais 93
    1.2.16. Liberdade de profissão 94
    1.2.17. Liberdade de informação 94
    1.2.18. Liberdade de locomoção 94
    1.2.19. Direito de reunião 95
    1.2.20. Liberdade de associação 95
    1.2.21. Direito de propriedade: limitações e impenhorabilidade do bem de família rural 96
    1.2.22. Direitos do autor 98
    1.2.23. Propriedade industrial 98
    1.2.24. Herança 98
    1.2.25. Defesa do consumidor 98
    1.2.26. Direito de receber informações 98
    1.2.27. Princípio da proteção judiciária ou inafastabilidade da jurisdição 99
    1.2.28. Princípio da irretroatividade das leis 100
    1.2.29. Vedação do juízo ou tribunal de exceção 100
    1.2.30. O tribunal do júri 100
    1.2.31. Princípios da reserva legal e anterioridade em matéria penal 100
    1.2.32. Irretroatividade da lei penal e retroatividade da lei mais benéfica para o réu 101
    1.2.33. Discriminações atentatórias dos direitos e liberdades fundamentais 101
    1.2.34. Racismo 101
    1.2.35. Tortura, tráfico ilícito de entorpecentes, terrorismo e crimes hediondos 102
    1.2.36. Ação de grupos armados 102

1.2.37. Princípio da pessoalidade da pena	102
1.2.38. Princípio da individualização da pena e tipos de pena admitidos	103
1.2.39. Penas proibidas pela Constituição	103
1.2.40. Cumprimento da pena em estabelecimentos distintos	103
1.2.41. Integridade física e moral do preso	103
1.2.42. Presidiárias e aleitamento materno	104
1.2.43. Extradição	104
1.2.44. Princípio do juiz e promotor naturais	104
1.2.45. Princípio do devido processo legal	105
1.2.46. Princípios do contraditório e ampla defesa	105
1.2.47. Provas ilícitas	105
1.2.48. Princípio da presunção de inocência ou não culpabilidade	106
1.2.49. Identificação criminal	106
1.2.50. Ação penal privada subsidiária da pública	106
1.2.51. Publicidade dos atos processuais	107
1.2.52. Prisão	107
1.2.53. Direitos do preso	107
1.2.54. Relaxamento de prisão ilegal e liberdade provisória	108
1.2.55. Prisão civil	108
1.2.56. Assistência jurídica	109
1.2.57. Erro judiciário	109
1.2.58. Gratuidade de certidões e ações constitucionais	109
1.2.59. Razoabilidade e celeridade processuais	109
1.3. Remédios constitucionais	110
1.3.1. Conceito	110
1.3.2. Direito de petição – art. 5º, XXXIV, *a*	110
1.3.3. Direito de certidão – art. 5º, XXXIV, *b*	110
1.3.4. *Habeas corpus* – art. 5º, LXVIII	110
1.3.5. Mandado de segurança – art. 5º, LXIX	111
1.3.6. Mandado de segurança coletivo – art. 5º, LXX	111
1.3.7. Mandado de injunção – art. 5º, LXXI	112
1.3.8. *Habeas data* – art. 5º, LXXII	112
1.3.9. Ação popular – art. 5º, LXXIII	113
1.4. Parágrafos que encerram o art. 5º	113
1.4.1. Aplicação imediata dos direitos e garantias fundamentais – art. 5º, § 1º	113
1.4.2. Rol exemplificativo – art. 5º, §2º	114
1.4.3. Tratados internacionais – art. 5º, § 3º	114
1.4.4. Tribunal Penal Internacional – art. 5º, § 4º	115
Questões	115
Gabarito	116

CAPÍTULO 2
Direitos sociais 117

2.1. Introdução 117
2.2. Definição 117
2.3. Enunciado dos direitos sociais – art. 6º, *caput* 117
2.4. Direitos dos trabalhadores – arts. 7º e 8º 117
2.5. Direitos individuais dos trabalhadores e destinatários – art. 7º 117
    2.5.1. Proteção da relação de emprego – art. 7º, I 118
    2.5.2. Seguro-desemprego – art. 7º, II 118
    2.5.3. Fundo de garantia do tempo de serviço – art. 7º, III 118
    2.5.4. Salário mínimo – art. 7º, IV 118
    2.5.5. Piso salarial – art. 7º, V 119
    2.5.6. Irredutibilidade do salário – art. 7º, VI 119
    2.5.7. Trabalhadores que recebem remuneração variável – art. 7º, VII 119
    2.5.8. Décimo terceiro salário – art. 7º, VIII 119
    2.5.9. Adicional noturno – art. 7º, IX 119
    2.5.10. Proteção do salário – art. 7º, X 119
    2.5.11. Participação nos lucros e resultados – art. 7º, XI 119
    2.5.12. Salário-família – art. 7º, XII 120
    2.5.13. Limitação da jornada de trabalho – art. 7º, XIII 120
    2.5.14. Jornada de trabalho para turnos ininterruptos – art. 7º, XIV 120
    2.5.15. Repouso semanal remunerado – art. 7º, XV 120
    2.5.16. Horas extras – art. 7º, XVI 120
    2.5.17. Férias – art. 7º, XVII 120
    2.5.18. Licença-maternidade – art. 7º, XVIII 121
    2.5.19. Licença-paternidade – art. 7º, XIX 121
    2.5.20. Proteção do mercado de trabalho da mulher – art. 7º, XX 121
    2.5.21. Aviso prévio – art. 7º, XXI 121
    2.5.22. Saúde, higiene e segurança do trabalhador – art. 7º, XXII 121
    2.5.23. Atividades penosas, insalubres e perigosas – art. 7º, XXIII 121
    2.5.24. Aposentadoria – art. 7º, XXIV 122
    2.5.25. Assistência aos filhos e dependentes – art. 7º, XXV 122
    2.5.26. Convenções e acordos coletivos – art. 7º, XXVI 122
    2.5.27. Proteção contra a automação – art. 7º, XXVII 122
    2.5.28. Seguro contra acidente do trabalho – art. 7º, XXVIII 122
    2.5.29. Prazo prescricional para ações trabalhistas – art. 7º, XXIX 122
    2.5.30. Proibição de discriminações quanto a sexo, idade, cor ou estado civil – art. 7º, XXX 123

2.5.31. Proibição de discriminação em razão de deficiência – art. 7º, XXXI	123
2.5.32. Proibição de discriminação entre trabalho intelectual, manual ou técnico – art. 7º, XXXII	123
2.5.33. Trabalho da criança, adolescente e jovem – art. 7º, XXXIII	123
2.5.34. Trabalhador avulso e trabalhadores domésticos – art. 7º, XXXIV e parágrafo único	124
2.6. Direitos coletivos dos trabalhadores – arts. 8º ao 11	124
2.6.1. Liberdade de associação profissional e sindical – art. 8º, *caput*	124
2.6.2. Liberdade de fundação e autonomia sindical – art. 8º, I	124
2.6.3. Unicidade sindical – art. 8º, II	124
2.6.4. Sindicato e a defesa de direitos e interesses da categoria – art. 8º, III	125
2.6.5. Contribuição confederativa – art. 8º, IV	125
2.6.6. Liberdade para se associar ou permanecer associado – art. 8º, V	125
2.6.7. Participação dos sindicatos em convenções coletivas – art. 8º, VI	125
2.6.8. Aposentado filiado – art. 8º, VII	125
2.6.9. Estabilidade sindical – art. 8º, VIII	125
2.6.10. Sindicatos rurais e colônias de pescadores – art. 8º, parágrafo único	126
2.7. Direito de greve – art. 9º	126
2.8. Representação dos trabalhadores – arts. 10 e 11	126
Questões	126
Gabarito	127

CAPÍTULO 3
Direito de nacionalidade 128

3.1. Conceito	128
3.2. Espécies de nacionalidade	128
3.3. Aquisição da nacionalidade originária no Brasil – art. 12, I, *a*, *b* e *c*	128
3.4. Aquisição da nacionalidade derivada no Brasil – art. 12, II, *a* e *b*	129
3.5. Português equiparado – art. 12, § 1º	130
3.6. Tratamento diferenciado entre brasileiro nato e naturalizado – art. 12, § 2º	130
3.7. Perda da nacionalidade	131
Questões	132
Gabarito	132

CAPÍTULO 4
Direitos políticos 133

4.1. Princípio democrático	133
4.2. Conceito	133

4.3.	Espécies de direitos políticos	133
4.4.	Sufrágio universal	133
4.5.	Consultas populares e iniciativa popular – art. 14, *caput* e incisos	134
4.6.	Capacidade eleitoral ativa – alistabilidade – art. 14, §§ 1º e 2º	134
4.7.	Nacionalidade e cidadania	135
4.8.	Capacidade eleitoral passiva – elegibilidade – art. 14, § 3º	135
4.9.	Inelegibilidades – art. 14, §§ 4º a 9º	135
	4.9.1. Inelegibilidade absoluta – art. 14, § 4º	136
	4.9.2. Inelegibilidades relativas – art. 14, §§ 5º a 9º	136
	4.9.2.1. Inelegibilidade relativa por motivo funcional para o mesmo cargo (reeleição)	136
	4.9.2.2. Inelegibilidade relativa por motivo funcional para outro cargo (desincompatibilização)	136
	4.9.2.3. Inelegibilidade relativa reflexa (em razão de parentesco)	137
	4.9.2.4. Inelegibilidade relativa dos militares	137
	4.9.2.5. Inelegibilidades estabelecidas em lei complementar	137
4.10.	Privação dos direitos políticos – art. 15	138
4.11.	Ação de impugnação de mandato eletivo – art. 14, §§ 10 e 11	139
4.12.	Princípio da anterioridade eleitoral	139
4.13.	Partidos políticos	139
	Questões	140
	Gabarito	141

CAPÍTULO 5
Administração Pública 142

5.1.	Definição	142
5.2.	Princípios – art. 37, *caput*	142
	5.2.1. Legalidade	143
	5.2.2. Impessoalidade	143
	5.2.3. Moralidade	143
	5.2.4. Publicidade	143
	5.2.5. Eficiência	143
5.3.	Preceitos de observância obrigatória	144
	5.3.1. Acesso a cargos, empregos e funções	144
	5.3.2. Princípio do concurso público	144
	5.3.3. Funções de confiança e cargos em comissão	145
	5.3.4. Direito de greve e livre associação sindical	145
	5.3.5. Contratação por tempo determinado	145

5.3.6.	Exceções ao princípio do concurso público	146
5.3.7.	Regras relativas à remuneração	146
5.3.8.	Irredutibilidade de subsídios e vencimentos	146
5.3.9.	Acumulação remunerada de cargos públicos	146
5.3.10.	Administração fazendária e tributária	147
5.3.11.	Improbidade administrativa	147
5.3.12.	Prescrição dos ilícitos administrativos	147
5.3.13.	Responsabilidade civil objetiva do Estado	148
5.4.	Servidor em mandato eletivo	149
5.5.	Servidores públicos e regime de previdência	150
5.6.	Estabilidade	151
Questões		151
Gabarito		152
Referências bibliográficas		153

DIREITO PREVIDENCIÁRIO

CAPÍTULO 1
Evolução histórica da seguridade social 157

1.1.	Introdução	157
1.2.	A evolução do Estado Social no mundo	157
1.3.	A evolução histórica da Previdência Social no Brasil	160
1.4.	Em resumo	164
Questão		164
Gabarito		164

CAPÍTULO 2
Legislação previdenciária 165

2.1.	Conceito e conteúdo	165
2.2	Autonomia didática	165
2.3.	Fontes	166
2.4.	Aplicação das normas previdenciárias	167
Questões		170
Gabarito		170

CAPÍTULO 3
A seguridade social na CF/88 171

3.1. Noções gerais 171
3.2. Objetivos (princípios) constitucionais da seguridade social 173
    3.2.1. Universalidade da cobertura e do atendimento 173
    3.2.2. Seletividade e distributividade na prestação dos benefícios e serviços 174
    3.2.3. Uniformidade e equivalência dos benefícios e serviços às populações urbanas e rurais 175
    3.2.4. Irredutibilidade do valor dos benefícios 176
    3.2.5. Diversidade da base de financiamento 176
    3.2.6. Equidade na forma de participação no custeio 177
    3.2.7. Caráter democrático e descentralizado da administração mediante gestão quadripartite ... 179
3.3. Princípio da solidariedade, financiamento da Seguridade Social e seu orçamento diferenciado 180
3.4. Princípio da anterioridade nonagesimal 183
3.5. Princípio da preexistência de custeio (regra da contrapartida) 183
3.6. Competência tributária e capacidade tributária ativa em matéria de seguridade social 184
3.7. Imunidades na Seguridade Social 185
    3.7.1. Imunidade sobre aposentadoria e pensão do RGPS 185
    3.7.2. Imunidade sobre as receitas decorrentes de exportação 186
    3.7.3. Imunidade das entidades beneficentes de assistência social 186
3.8. Pessoa jurídica em débito com a Seguridade Social 187
Questões 187
Gabarito 188

CAPÍTULO 4
Disposições constitucionais sobre saúde e assistência social 189

4.1. Introdução 189
4.2. Saúde 189
4.3. Assistência social 191
Questões 192
Gabarito 193

CAPÍTULO 5
Introdução à Previdência Social 194

5.1. Introdução 194

5.2. Princípios previdenciários 195

    5.2.1. Caráter contributivo e filiação obrigatória 196

    5.2.2. Equilíbrio financeiro e atuarial 197

    5.2.3. Universalidade de participação nos planos previdenciários 197

    5.2.4. Cálculo dos benefícios considerando-se os salários de contribuição corrigidos monetariamente 197

    5.2.5. Valor da renda mensal dos benefícios substitutos do salário de contribuição ou do rendimento do trabalho do segurado não inferior ao do salário mínimo 198

    5.2.6. Previdência complementar facultativa, custeada por contribuição adicional 199

5.3. Contagem recíproca de tempo de contribuição 199

5.4. Sistema especial de inclusão previdenciária 201

Questões 202

Gabarito 202

CAPÍTULO 6
Teoria geral de benefícios 203

6.1. Beneficiários da Previdência Social 203

6.2. Segurados 203

    6.2.1. Segurados obrigatórios 204

    6.2.2. Segurado facultativo 220

6.3. Filiação 222

6.4. Inscrição 223

    6.4.1. Inscrição dos segurados 223

    6.4.2. Inscrição dos dependentes 224

6.5. Limite etário para filiação 224

6.6. Filiação múltipla, inscrição múltipla e unicidade de filiação 225

6.7. Aposentado que volta a trabalhar 225

6.8. Período de graça e manutenção da qualidade de segurado 226

    6.8.1. Conceito 226

    6.8.2. Períodos básicos de graça 227

    6.8.3. Hipóteses de prorrogação do período de graça 227

    6.8.4. Perda da qualidade de segurado 228

6.9. Dependentes 229

    6.9.1. Regras gerais sobre os dependentes 229

    6.9.2. Dependentes de classe I 232

    6.9.3. Dependentes de classe II 239

    6.9.4. Dependentes de classe III 239

6.9.5.	Presunção de dependência econômica para a classe I e necessidade de comprovação para as demais classes	239
6.9.6.	Inscrição dos dependentes	240
6.9.7.	Perda da qualidade de dependente	241

6.10. Carência ... 241
    6.10.1. Conceito ... 241
    6.10.2. Períodos de carência ... 242
    6.10.3. Isenções de carência ... 245
    6.10.4. Termo inicial da carência ... 246
    6.10.5. Carência de reingresso e a Lei n. 13.457, de 2017 ... 247
    6.10.6. Quadro-resumo da carência ... 249

6.11. Salário de benefício ... 249
    6.11.1. Conceito ... 249
    6.11.2. Etapas do cálculo dos benefícios previdenciários com base no salário de benefício ... 250
    6.11.3. Em resumo ... 254
    6.11.4. Regra de transição ... 254

Questões ... 254
Gabarito ... 261

CAPÍTULO 7
Prestações do RGPS ... 263

7.1. Introdução ... 263
7.2. Auxílio-doença ... 264
    7.2.1. Requisitos legais ... 264
    7.2.2. Data de início do benefício e data de restabelecimento do benefício ... 267
    7.2.3. Deveres do beneficiário ... 268
    7.2.4. Valor do benefício ... 268
    7.2.5. Cessação do benefício ... 268
    7.2.6. Quadro-resumo ... 269

7.3. Aposentadoria por invalidez ... 269
    7.3.1. Requisitos legais ... 269
    7.3.2. Data de início do benefício ... 270
    7.3.3. Deveres do beneficiário ... 270
    7.3.4. Valor do benefício ... 271
    7.3.5. Cessação do benefício ... 272
    7.3.6. Grande invalidez ... 272

7.4. Auxílio-acidente ... 273

7.4.1.	Requisitos legais	273
7.4.2.	Caráter indenizatório	275
7.4.3.	Data de início do benefício	275
7.4.4.	Manutenção do benefício	275
7.4.5.	Valor do benefício	276
7.4.6.	Reabertura de auxílio-doença	276
7.4.7.	Cessação do benefício	276
7.4.8.	Quadro-resumo	277
7.5.	Quadro comparativo dos benefícios por incapacidade	277
7.6.	Aposentadoria por idade	277
7.6.1.	Requisitos legais	277
7.6.2.	Data de início do benefício	280
7.6.3.	Valor do benefício	280
7.6.4.	Aposentadoria compulsória por idade	281
7.6.5.	Regra de transição prevista no art. 143 da Lei n. 8.213/91	281
7.6.6.	Quadro-resumo	281
7.7.	Aposentadoria por tempo de contribuição	282
7.7.1.	Nomenclatura do benefício	282
7.7.2.	Inexistência de contingência social	282
7.7.3.	Espécies de aposentadoria por tempo de contribuição	282
7.7.4.	Aposentadoria por tempo de contribuição com valor integral	283
7.7.5.	Data de início do benefício	288
7.7.6.	Valor do benefício	289
7.7.7.	Quadro-resumo	289
7.8.	Aposentadoria especial	290
7.8.1.	Fundamento constitucional	290
7.8.2.	Requisitos legais	290
7.8.3.	Conversão de tempo especial	293
7.8.4.	Contribuição para a aposentadoria especial	294
7.8.5.	Data de início do benefício	294
7.8.6.	Valor do benefício	294
7.8.7.	Cessação do benefício	294
7.8.8.	Quadro-resumo	295
7.9.	Quadro comparativo das aposentadorias programáveis	295
7.10.	Aposentadoria da pessoa com deficiência	296
7.10.1.	Fundamento constitucional e Lei Complementar n. 142/2013	296
7.10.2.	Requisitos legais	296
7.10.3.	Conversão de tempo de serviço	299

7.10.4. Valor do benefício	301
7.10.5. Outras regras	301
7.10.6. Quadro-resumo	302
7.11. Aposentadoria espontânea e contrato de trabalho	302
7.12. Desaposentação e despensão	302
7.12.1. Conceito e justificativa	302
7.12.2. Entendimentos sobre a desaposentação	303
7.12.3. Despensão	304
7.13. Salário-maternidade	304
7.13.1. Licença à gestante × salário-maternidade	304
7.13.2. Qualidade de segurada(o)	304
7.13.3. Carência do salário-maternidade	305
7.13.4. Fato gerador do salário-maternidade	306
7.13.5. Falecimento do(a) segurado(a) que fizer jus ao salário-maternidade	308
7.13.6. Sistemática de pagamento do benefício	309
7.13.7. Valor do benefício	310
7.13.8. Programa Empresa Cidadã	311
7.13.9. Quadro-resumo	312
7.14. Salário-família	312
7.14.1. Fundamento constitucional	312
7.14.2. Requisitos legais	312
7.14.3. Valor do salário-família	313
7.14.4. Deveres do beneficiário e termo inicial	315
7.14.5. Sistemática de pagamento	315
7.14.6. Cessação do benefício	316
7.14.7. Quadro-resumo	316
7.15. Pensão por morte	316
7.15.1. Requisitos legais	316
7.15.2. Termo inicial do benefício e habilitação tardia	320
7.15.3. Valor do benefício	321
7.15.4. Quadro-resumo	321
7.16. Auxílio-reclusão	321
7.16.1. Requisitos legais do benefício	321
7.16.2. Manutenção do auxílio-reclusão	325
7.16.3. Suspensão do auxílio-reclusão	325
7.16.4. Valor do benefício	326
7.16.5. Quadro-resumo	326

7.17. Acumulação de benefícios previdenciários 326
    7.17.1. Acumulações vedadas envolvendo as aposentadorias 327
    7.17.2. Acumulações vedadas envolvendo o auxílio-acidente 327
    7.17.3. Acumulações vedadas envolvendo o auxílio-doença 328
    7.17.4. Acumulações vedadas envolvendo a pensão por morte 328
    7.17.5. Acumulações vedadas envolvendo o seguro-desemprego 328
7.18. Serviços 328
    7.18.1. Serviço social 328
    7.18.2. Habilitação e reabilitação profissional 330
7.19. Outras dicas rápidas sobre benefícios 333
    7.19.1. Benefícios de concessão restrita 333
    7.19.2. Benefícios dos dependentes 333
    7.19.3. Benefícios que exigem a baixa renda do segurado 333
    7.19.4. Natureza jurídica dos benefícios previdenciários 333
    7.19.5. Benefícios que podem ser inferiores ao salário mínimo 333
Questões 334
Gabarito 339

CAPÍTULO 8
Comprovação da atividade 341

8.1. Regra geral 341
8.2. Comprovação do trabalho urbano 341
8.3. Comprovação do trabalho rural 342
    8.3.1. Introdução 342
    8.3.2. Documentos de terceiros são aceitos como início de prova? 345
Questão 345
Gabarito 345

CAPÍTULO 9
Decadência e prescrição nos benefícios 347

9.1. Decadência nos benefícios previdenciários 347
    9.1.1. Decadência para o beneficiário 347
    9.1.2. Decadência para a Administração 349
9.2. Prescrição quinquenal 350
9.3. Quadro-resumo 350

Questão	350
Gabarito	350

CAPÍTULO 10
Acidente do trabalho 351

10.1. Introdução	351
10.2. Acidente de qualquer natureza	352
10.3. Acidente do trabalho	353
10.4. Acidente típico e abrangência subjetiva	353
10.5. Entidades mórbidas equiparadas a acidente do trabalho	355
10.6. Outras equiparações legais	356
10.6.1. Concausa (inciso I)	356
10.6.2. Acidente sofrido no local e no horário do trabalho (inciso II)	357
10.6.3. Doença proveniente de contaminação acidental (inciso III)	357
10.6.4. Acidente ocorrido fora do local e do horário de trabalho (inciso IV)	357
10.7. Períodos destinados à refeição ou ao descanso	358
10.8. Comunicação do acidente do trabalho	358
10.9. Nexo Técnico Epidemiológico (NTEP)	359
10.10. Estabilidade acidentária	360
10.11. Responsabilidade pelo meio ambiente do trabalho	361
10.12. Ação regressiva do INSS	362
10.13. Quadro esquemático	363
Questões	363
Gabarito	364

CAPÍTULO 11
Custeio da seguridade social 365

11.1. Introdução ao custeio	365
11.2. Contribuição dos segurados e do empregador doméstico	365
11.2.1. Conceito de salário de contribuição	366
11.2.2. Definição do valor do salário de contribuição	366
11.2.3. Limites do salário de contribuição	368
11.2.4. Algumas parcelas integrantes do salário de contribuição	369
11.2.5. Algumas parcelas não integrantes do salário de contribuição	370

11.2.6. Alíquota da contribuição dos segurados (e do empregador doméstico) que contribuem sobre o salário de contribuição 373
11.2.7. Contribuição do segurado especial 377
11.3. Contribuições da empresa sobre a folha 378
    11.3.1. Conceito legal de empresa 378
    11.3.2. Contribuição básica de 20% 380
    11.3.3. Adicional de 2,5% das instituições financeiras 381
    11.3.4. Contribuição para o SAT (GILRAT) 382
    11.3.5. Contribuição para a aposentadoria especial 384
11.4. Contribuições substitutivas 386
11.5. Contribuição para o PIS-PASEP 387
11.6. Retenção de 11% sobre a nota fiscal 388
11.7. Contribuição da empresa sobre os serviços prestados por cooperativas de trabalho (declarada inconstitucional pelo STF) 389
11.8. Contribuição sobre a receita de concursos de prognósticos 390
11.9. Contribuição da União 391
11.10. Outras receitas da Seguridade Social 391
11.11. Aspectos relevantes sobre a arrecadação das contribuições 392
    11.11.1. Resumo sobre a responsabilidade legal de recolher contribuições previdenciárias 392
    11.11.2. Guia de Recolhimento do FGTS e Informações à Previdência Social (GFIP) 393
    11.11.3. Prerrogativas da fiscalização 394
    11.11.4. Aferição indireta 394
    11.11.5. Prazo de arquivamento dos documentos 394
    11.11.6. Presunção de desconto da contribuição e reflexos nos benefícios 394
    11.11.7. Responsabilidade solidária 395
    11.11.8. Execução de ofício das contribuições na Justiça do Trabalho 399
11.12. Constituição do crédito previdenciário 399
11.13. Decadência e prescrição no custeio 400
11.14. Prova de inexistência de débito 401
Questões 403
Gabarito 406

CAPÍTULO 12
Crimes previdenciários **407**

12.1. Introdução 407
12.2. Apropriação indébita previdenciária 407
    12.2.1. Previsão legal 407
    12.2.2. Desnecessidade de dolo específico 407

12.2.3. Natureza jurídica e consumação	408
12.2.4. Prisão civil por dívida?	408
12.2.5. Dificuldades financeiras	408
12.3. Sonegação fiscal previdenciária	408
12.4. Extinção de punibilidade na apropriação indébita previdenciária e na sonegação fiscal previdenciária	409
12.5. Estelionato contra a Previdência Social e a falsidade	410
12.5.1. Aplicação da causa de aumento de pena	410
12.5.2. Princípio da consunção	410
12.6. Comparativo de penas	410

CAPÍTULO 13
Recursos das decisões administrativas 411

Questão	413
Gabarito	413

CAPÍTULO 14
Benefício assistencial de prestação continuada 414

14.1. Fundamento constitucional	414
14.2. Requisitos legais do benefício assistencial	414
14.2.1. Nacionalidade brasileira	415
14.2.2. Idade	415
14.2.3. Deficiência	415
14.2.4. Requisito negativo	416
14.2.5. Hipossuficiência econômica	416
14.2.6. Valor do benefício	419
14.2.7. Manutenção e cessação do benefício	419
14.3. Benefício assistencial para o trabalhador portuário avulso	420
14.4. Benefício assistencial para criança vítima de microcefalia decorrente de doenças transmitidas pelo *Aedes aegypti*	421
Questão	422
Gabarito	422

CAPÍTULO 15
Seguro-desemprego, durante os períodos do defeso, do pescador profissional que exerce a atividade pesqueira de forma artesanal 423

CAPÍTULO 16
Análise de editais de concursos públicos do INSS **425**

16.1. Edital de Técnico do Seguro Social (FCC) 425
16.2. Edital de Analista do Seguro Social (FUNRIO) 426
Referências bibliográficas 427

INFORMÁTICA

CAPÍTULO 1
Internet **431**

1.1. Introdução 431
1.2. Tecnologia de comunicação na Internet 432
    1.2.1. Protocolo de comunicação 432
    1.2.2. Protocolo IP 432
    1.2.3. Protocolo TCP 432
    1.2.4. Protocolo UDP 433
1.3. *Backbone* 433
1.4. Intranet 433
    1.4.1. Extranet 434
    1.4.2. *Login* remoto 434
    1.4.3. Telnet 434
1.5. HTTP 434
1.6. FTP 434
1.7. WWW 434
    1.7.1. HTML 435
1.8. Provedor de acesso 435
1.9. Servidor 435
    1.9.1. Endereçamento padrão Internet (URL) 435
1.10. DNS 436
1.11. Navegador (*browser*) 436
1.12. *E-mail* 437
    1.12.1. Endereçamento padrão de *e-mail* 437
    1.12.2. SMTP 438
    1.12.3. POP 438

1.13. Classificação geográfica da rede (escala)	438
1.14. Classificação topológica da rede	439
1.15. Portas TCP e UDP	440
1.16. Glossário	440
Questões	451
Gabarito	452

CAPÍTULO 2
Sistemas operacionais Windows XP e Windows Seven — 453

2.1. Introdução	453
2.1.1. Importância do tema	453
2.1.2. Destaque	453
2.2. Sistema operacional Windows XP	453
2.3. Iniciando o Windows	453
2.4. Área de trabalho	454
2.4.1. Ícones	454
2.4.2. Propriedades de vídeo	454
2.4.3. Barra de tarefas	455
2.4.4. Botão Iniciar	455
2.4.4.1. Todos os programas	456
2.4.4.2. *Logon* e *logoff*	456
2.4.4.3. Desligando o Windows XP	456
2.4.4.4. Acessórios do Windows	456
2.4.4.5. Janelas	457
2.4.4.6. Salvando arquivos	457
2.5. Meu Computador	458
2.6. Exibir o conteúdo de uma pasta	458
2.7. Criando pastas	459
2.8. Windows Explorer	459
2.9. Lixeira do Windows	460
2.10. Esvaziando a Lixeira	460
2.11. Painel de Controle	460
2.12. WordPad	461
2.13. Barra Padrão	461
2.14. Barra de formatação	462
2.15. Formatando o texto	462
2.16. *Paint*	462
2.17. Calculadora	464
2.18. Ferramentas do sistema	464

2.19. Restauração do sistema.. 465
2.20. Teclas de Atalhos Windows XP 465
2.21. Sistema operacional Windows Seven 466
      2.21.1. Ponto de partida.. 466
      2.21.2. Área de trabalho (*desktop*)... 467
      2.21.3. Barra lateral/Dispositivos do Windows 467
      2.21.4. Recurso *Flip* 467
      2.21.5. Barra de tarefas 467
      2.21.6. A Lixeira do Windows Seven 467
      2.21.7. Windows Explorer 468
      2.21.8. Busca instantânea 468
      2.21.9. Ferramentas de segurança 468
      2.21.10. Windows Defender 468
      2.21.11. *Backup* (cópia de segurança) 469
      2.21.12. Os principais itens do menu Acessórios no Windows Seven 469
      2.21.13 Ferramentas do sistema 470
2.22. Teclas de atalho do Windows Seven 470
Questões 471
Gabarito 471

CAPÍTULO 3
Sistemas operacionais Unix e Linux 472

3.1. Introdução 472
      3.1.1. O conceito da licença pública GNU 472
      3.1.2. *Software* Livre 472
3.2. Sistema operacional Unix 473
3.3. Sistema operacional Linux 474
      3.3.1. Estrutura do Linux 474
      3.3.2. Potencialidades do Linux 474
      3.3.3. Características do sistema Linux 474
      3.3.4. Comando 475
      3.3.5. Alguns comandos básicos 475
      3.3.6. Terminais virtuais 480
      3.3.7. O sistema de arquivos e diretórios importantes 480
      3.3.8. Instalação de novos programas 481
      3.3.9. Roteiro 481
      3.3.10. Usando o *floppy disk* no Linux 482
      3.3.11. Usando o CD-ROM no Linux 482

3.4. Resumo do Linux	482
3.4.1. Outras informações	484
Questões	484
Gabarito	484

CAPÍTULO 4
Aplicativos — 485

4.1. Introdução	485
4.1.1. Importância do tema	485
4.1.2. Destaque	485
4.1.3. Outros aplicativos do Microsoft Office	485
4.1.4. Principais aplicativos do BROffice	486
4.1.5. Outros aplicativos do BROffice	486
4.2. Editores de texto	486
4.2.1. Editando textos	487
4.2.2. Microsoft Word	487
4.2.3. Abas do Word 2007/2010	488
4.2.4. Principais comandos	489
4.2.5. Atalhos para editor de texto Word	491
4.2.6. BrOffice.org Writer	492
4.2.6.1. Botões da barra de ferramentas do Writer	495
4.2.6.2. Botões da barra de formatação do Writer	496
4.2.7. Comparação entre menus	496
4.3. Gerenciadores de planilha eletrônica	498
4.3.1. Características	498
4.3.2. Movimentação em uma planilha utilizando o teclado	499
4.3.3. Formatos e operadores	500
4.3.4. Funções	500
4.3.5. Microsoft Excel	501
4.3.6. Excel 2007/2010	502
4.3.6.1. Abas do Excel 2007/2010	502
4.3.7. Principais comandos	503
4.3.8. BrOffice.org Calc	506
Questões	509
Gabarito	510

CAPÍTULO 5
Banco de dados, mecanismos de busca na internet — 511

5.1.	Tecnologia dos bancos de dados	512
	5.1.1. Conceito	512
	5.1.2. Propriedades de um banco de dados	512
	5.1.3. Componentes de um banco de dados	512
	5.1.4 Banco de dados nas empresas	512
5.2.	Sistema de gerenciamento de bancos de dados (SGBD)	513
5.3.	Características gerais de um SGBD	514
5.4.	Objetivos de um sistema de Banco de dados	515
5.5.	Níveis de Abstração	516
5.6.	Modelos Lógicos de Dados	516
5.7.	Linguagem de Definição de Dados (DDL)	517
5.8.	Linguagem de Manipulação de Dados (DML)	517
5.9.	*Data warehouse*	519
5.10.	*Softwares* de gerenciamento de bancos de dados	520
5.11.	Acesso à informação na web	520
5.12.	Armazenamento caótico	521
5.13.	Medindo a web	521
5.14.	*Sites* de busca	522
5.15.	Algoritmo *pagerank* (usado no Google)	525
5.16.	Metabuscadores	525
5.17.	Diretórios Web	526
	5.17.1. Cobertura × precisão	526
5.18.	O mais popular dos buscadores: Google	526
	5.18.1. Linguagem de comandos do Google	526
5.19.	Glossário	527
Questões		529
Gabarito		530

LEGISLAÇÃO

Lei n. 8.112, de 11 de dezembro de 1990	533
Decreto n. 1.171, de 22 de junho de 1994	562

LÍNGUA PORTUGUESA

CAPÍTULO 1
Primeiras noções de texto 567

1.1.	Primeiras noções de texto	567
1.2.	Níveis de leitura de um texto	567
1.3.	Temas e figuras	568
1.4.	Tipos de linguagem	568
1.5.	Funções da linguagem	568
1.6.	Linguagem verbal e linguagem não verbal	569
1.7.	Paráfrase e perífrase	569
1.8.	Intertextualidade	569
1.9.	Coerência textual	570
1.10.	Coesão textual	570
1.11.	Ambiguidade textual	570
1.12.	Redundância viciosa (pleonasmo vicioso)	570
1.13.	Tipologia textual	571
1.14.	Vozes marcadas no texto	571
1.15.	Dissertar e argumentar	572
1.16.	Figuras de linguagem	572
1.17.	Paralelismo	573
1.18.	Significação das palavras	573
Questões		574
Gabarito		575

CAPÍTULO 2
Redação oficial da Presidência da República 576

2.1.	O que é Redação Oficial	576
2.2.	Pronomes de Tratamento	576
	2.2.1. Emprego dos Pronomes de Tratamento	576
2.3.	O Padrão Ofício	577
	2.3.1. Partes do documento no Padrão Ofício	577
	2.3.2. Forma de diagramação	578
	2.3.3. Aviso e Ofício	578
	2.3.3.1. Definição e Finalidade	578
	2.3.3.2. Forma e Estrutura	578
	2.3.4. Memorando	582
	2.3.4.1. Definição e Finalidade	582
	2.3.4.2. Forma e Estrutura	582
2.4.	Exposição de Motivos	583
	2.4.1. Definição e Finalidade	583
	2.4.2. Forma e Estrutura	583

2.5. Telegrama	585
2.5.1. Definição e Finalidade	585
2.5.2. Forma e Estrutura	585
2.6. Fax	585
2.6.1. Definição e Finalidade	585
2.6.2. Forma e Estrutura	585
2.7. Correio Eletrônico	585
2.7.1. Definição e Finalidade	585
2.7.2. Forma e Estrutura	585
2.7.3. Valor documental	585
Questões	586
Gabarito	587

CAPÍTULO 3
Ortografia e prosódia — 588

3.1. Prosódia, acentuação gráfica e reforma ortográfica (Decreto n. 6.583/2008)	588
3.2. Tritongos, ditongos, dígrafos, hiatos	588
3.3. Regras especiais de acentuação e reforma ortográfica	589
Questões	590
Gabarito	591

CAPÍTULO 4
Ortografia — 592

4.1. Uso de SS	592
4.2. Uso de S	592
4.3. Uso de Ç	592
4.4. De onde vem o til	592
4.5. Uso de "-ISAR" ou "-IZAR"	592
4.6. Dupla grafia	592
4.7. Expressões que nunca fizeram uso de trema	593
4.8. Termos com dupla pronúncia	593
Questões	593
Gabarito	593

CAPÍTULO 5
Emprego das classes de palavras — 594

5.1. Substantivo	594
5.2. Artigo	595
5.3. Adjetivo	595
5.4. Numeral	596
5.5. Pronome	596
5.6. Verbo	598
5.7. Advérbio	605
5.8. Preposição	606
5.9. Conjunção	606
5.10. Interjeição	607
Questões	607
Gabarito	610

CAPÍTULO 6
Sintaxe **611**

6.1. Estudo do período simples	611
6.2. Estudo do período composto	615
6.3. Concordância Nominal	617
6.4. Concordância Verbal	618
6.5. Regência Verbal	620
6.6 Regência Nominal	623
Questões	623
Gabarito	625

CAPÍTULO 7
Crase **627**

Questões	628
Gabarito	628

CAPÍTULO 8
Pontuação **629**

Questões	630
Gabarito	631
Referências bibliográficas	632

RACIOCÍNIO LÓGICO

CAPÍTULO 1
Lógica Proposicional, Tabelas-Verdade. Compreensão de Estruturas Lógicas. Diagramas Lógicos   637

1.1. Introdução 637
    1.1.1. O que é lógica? 637
    1.1.2. Objetivos da lógica 637
1.2. Conceitos básicos 637
    1.2.1. Proposição 637
    1.2.2. Conectivos lógicos 637
    1.2.3. Valor lógico 638
1.3. Princípios fundamentais 638
    1.3.1. Princípio da não contradição 638
    1.3.2. Princípio do terceiro excluído 638
    1.3.3. Tabela-verdade (número de linhas) 638
    1.3.4. Operações lógicas sobre proposições 638
        1.3.4.1. Operação negação (~) 638
        1.3.4.2. Operação conjunção (∧) 639
        1.3.4.3. Operação disjunção (∨) 639
        1.3.4.4. Operação condicional (→) 640
        1.3.4.5. Operação bicondicional (↔) 641
1.4. Equivalências lógicas 641
1.5. Propriedades das equivalências lógicas 642
    1.5.1. Negação das operações lógicas 642
Questões 643
Gabarito 644

CAPÍTULO 2
Quantificadores e diagrama de Venn 645

2.1. O quantificador existencial 645
2.2. O quantificador universal 645
2.3. O quantificador existencial 646
2.4. Negação de quantificadores 646
2.5. Matematicamente 646
2.6. Quantificadores e diagramas 646

Questões	647
Gabarito	647

CAPÍTULO 3
Argumentação — 648

3.1. Argumentos Condicionais	648
3.2. *Reductio ad Absurdum*	651
3.3. Regras de inferência usadas para demonstrar a validade dos argumentos	652
3.4. Definições importantes	652
3.5. Estrutura básica de um argumento	653
3.5.1. Proposições categóricas	653
3.5.2. Diagrama de Venn-Euler	654
3.5.3. Dedução e indução	654
Questões	655
Gabarito	656

CAPÍTULO 4
Teoria dos conjuntos, problemas de contagem — 657

4.1. Conjunto, elemento, pertinência	657
4.2. Conjunto unitário, conjunto vazio, conjunto infinito	658
4.2.1. Conjunto universo	658
4.2.2. Igualdade de conjuntos	658
4.2.3. Subconjunto	658
4.2.4. União ou reunião de conjuntos	658
4.2.5. Interseção de conjuntos	658
4.2.6. Diferença de conjuntos	659
Questões	660
Gabarito	661

CAPÍTULO 5
Princípio da casa dos pombos — 662

Questões	663
Gabarito	663

APRESENTAÇÃO

Trabalhar como servidor público está nos planos de milhares e milhares de brasileiros. Ter o governo como patrão é o desejo de uma parcela significativa da sociedade, e não é raro ter um familiar ou algum conhecido que está estudando para concursos públicos.

E quais vantagens os concursos públicos oferecem para atrair tantos interessados?

Atualmente há uma parcela de servidores que estão em condições de se aposentar nos próximos anos, sem contar que o Instituto Nacional do Seguro Social (INSS) criou novos postos de atendimento. Isso significa que o aparelhamento da máquina estatal necessita de pessoas para o preenchimento das vagas. E o único meio para fazer essa reposição é através da realização de concursos públicos.

O concurso para o INSS está entre os mais aguardados para 2015. E as razões para tanto interesse, além da estabilidade e segurança oferecidas pelo setor público, são a exigência de escolaridade de nível médio e a remuneração superior a R$ 4.300,00.

Para o próximo concurso do INSS estão previstas 2.000 vagas somente para o cargo de Técnico, que deverá ter sua autorização deferida pelo Ministério do Planejamento, Orçamento e Gestão em 2015.

Para que você possa ter sucesso nos estudos e uma excelente preparação para esse certame, preparamos esta apostila, que conta com uma seleção de professores altamente capacitados, com vasta experiência em concursos. Reúne, em um único volume, todas as matérias desse concurso, unificando toda a teoria e as questões de provas anteriores para facilitar o entendimento e a compreensão das matérias.

Desejamos bons estudos e boa sorte na prova!

NOÇÕES DE DIREITO ADMINISTRATIVO

FABRÍCIO BOLZAN

Doutorando em Direito Constitucional pela PUC-SP. Mestre em Direito Constitucional pela PUC-SP. Palestrante exclusivo de Direito Administrativo e Direito do Consumidor da Rede de Ensino LFG. Advogado fundador do Bolzan de Almeida e Franzin Hüneke Escritório de Advogados.

CAPÍTULO 1

ESTADO, GOVERNO, ADMINISTRAÇÃO PÚBLICA E ÓRGÃOS PÚBLICOS

1.1. ESTADO

O Estado consiste na pessoa jurídica territorial soberana, constituída pelos elementos povo, território e governo soberano.

Os Poderes do Estado são o Legislativo, o Executivo e o Judiciário.

São formas de Estado:

a) Estado Unitário, cuja característica principal é a centralização política nas mãos de apenas um ente;

b) Estado Federado, cuja principal característica é a descentralização política, ou seja, cada ente da federação possui autonomia (ex.: Brasil).

A autonomia de cada ente da federação (União, Estados, Distrito Federal e Municípios) significa:

– capacidade de auto-organização (de elaborar sua própria Constituição);

– capacidade de autogoverno (de eleger seus dirigentes);

– capacidade de autoadministração (de administrar seus agentes e serviços públicos);

– capacidade de autolegislação ou política (de elaborar leis próprias).

1.2. GOVERNO

O Governo pode ser conceituado em três aspectos: em sentido formal significa o conjunto de poderes e órgãos constitucionais; em sentido material consiste no complexo de funções estatais básicas; e, em sentido operacional, traduz-se na condução política dos negócios públicos.

São sistemas de Governo:

a) Presidencialista, em que o(a) Presidente(a) acumula as funções de chefe de Estado e de Governo, isto é, representa o país no exterior e internamente;

b) Parlamentarista, quando existe um chefe de Estado (Presidente ou Monarca = Rei ou Rainha) e um chefe de Governo (Primeiro Ministro ou Conselho de Ministros).

São formas de Governo:

a) Monarquia;

b) República.

1.3. ADMINISTRAÇÃO PÚBLICA

1.3.1. Conceito, natureza e finalidade

A Administração Pública poderá ser *conceituada* em sentido subjetivo (entidades e sujeitos que nela atuam) e objetivo (objeto por ela pretendido).

Em *sentido subjetivo* (formal ou orgânico), a Administração Pública corresponde às pessoas jurídicas, aos órgãos e aos agentes públicos que executam a atividade administrativa.

Por outro lado, Administração Pública em *sentido objetivo* (material ou funcional) consiste na atividade administrativa executada pelas entidades, órgãos e agentes públicos que compõem a Administração.

A atividade administrativa traduz-se no gerenciamento dos bens e interesses públicos. Logo, concluímos que a natureza da Administração sob esse aspecto é de *munus* público para quem exerce, i.e., dever de guarda, conservação e aprimoramento dos bens, serviços e interesses públicos.

Ademais, importante ressaltar que a *finalidade* da atuação administrativa será sempre de satisfação e tutela do interesse público. Qualquer atuação que buscar finalidade diversa caracterizará desvio de finalidade.

1.3.2. Organização administrativa

Inicialmente, constata-se que a Administração Pública é dividida em direta e indireta.

A *Administração Pública Direta* é composta pelas pessoas políticas: *União, Estados, Distrito Federal e Municípios*. Essas entidades são conhecidas por entes políticos, na medida em que possuem a capacidade de elaborar leis.

Outrossim, a *Administração Indireta* é composta pelas *autarquias, fundações, empresas públicas e sociedades de economia mista*.

Administração Direta	Administração Indireta
União	Autarquias
Distrito Federal	Fundações Públicas
Estados	Empresas Públicas
Municípios	Sociedades de Economia Mista

1.3.2.1. Formas de Atuação da Administração Pública

A *atuação* da Administração Pública será *centralizada*, quando as entidades da Administração desempenharem suas atividades diretamente, isto é, por meio de seus órgãos e agentes públicos. Na forma centralizada (ou direta) de atuação, a Administração não depende de outra pessoa jurídica para ajudá-la a desempenhar a atividade administrativa.

Exemplo de atuação centralizada: Município prestando diretamente o serviço de transporte coletivo, por meio da Secretaria Municipal de Transportes Urbanos. Neste caso, o Município é o dono dos ônibus e presta diretamente o serviço por meio de um órgão, qual seja: a Secretaria de Transportes Urbanos.

Por outro lado, a *atuação* será *descentralizada* (ou indireta), quando a Administração desempenhar parcela das suas atividades por meio de outras pessoas.

Quando essas outras pessoas forem instituídas por meio de lei, teremos as entidades da Administração Indireta (descentralização por outorga). Exemplo: União criou por Lei o INSS para cuidar da seguridade social em nosso país.

Quando as pessoas que desempenham parcela da atividade estatal forem particulares e não integrarem a Administração Indireta, estaremos diante das concessionárias e permissionárias do serviço público, por exemplo (descentralização por delegação). O tema será aprofundado no capítulo "Serviços Públicos".

Exemplo de atuação descentralizada por delegação: empresa privada de ônibus que vence licitação e recebe do Município a delegação para executar o serviço de transporte coletivo.

Atuação Centralizada	Atuação Descentralizada
Administração atua diretamente.	Administração precisa da ajuda de alguém.

Formas de Descentralização
a) Descentralização por outorga: Administração Direta necessita da ajuda da Administração Indireta. Ex.: União criou por Lei o INSS para cuidar da seguridade social;
b) Descentralização por delegação: Administração Pública necessita de particular. Ex.: Município delega a prestação do serviço de transporte coletivo a uma empresa de ônibus.

A esse respeito, *não é possível confundir descentralização* administrativa (acima estudada e caracterizada pela distribuição externa de competências) *com desconcentração* administrativa, pois esta consiste na *distribuição interna de competências*.

Diferenças entre desconcentração e descentralização: enquanto na *desconcentração* existe distribuição de competências entre os órgãos de uma mesma pessoa jurídica (ex.: distribuição de competências entre os diversos Ministérios da União Federal – única pessoa jurídica, visto que os ministérios são órgãos públicos sem personalidade jurídica), na *descentralização* essa distribuição de competências é feita de uma pessoa jurídica para outra (ex.: Município, que é uma pessoa jurídica de direito público, delegando a uma empresa privada de ônibus a execução do serviço de transporte coletivo). Em suma, enquanto a desconcentração pressupõe a existência de uma só pessoa jurídica, a descentralização exige a presença de duas pessoas jurídicas.

Sobre o tema, cumpre ressaltar ainda a existência da chamada descentralização territorial ou geográfica, além das citadas descentralizações por outorga e por delegação. Estamos nos referindo aos Territórios, pessoas jurídicas de direito público, que nada mais são do que a descentralização territorial da União.

No tocante à desconcentração, esta pode ser originária (decorrente da lei, como no caso da criação de um Ministério) ou derivada (decorrente da delegação de competência de um órgão ou agente para outro).

QUESTÕES

1. **(FGV – 2016 – Prefeitura de Cuiabá/MT – Auditor Fiscal Tributário da Receita Municipal)** Edinaldo e Pedro, estudantes de direito, travaram intenso debate a respeito da sujeição, ou não, dos serviços sociais autônomos à exigência constitucional de que a investidura em cargo ou emprego público dependa de

aprovação prévia em concurso público de provas ou de provas e títulos. À luz da sistemática constitucional e da interpretação que lhe vem sendo dispensada pelo Supremo Tribunal Federal, é correto afirmar que os serviços sociais autônomos,

a) por integrarem a Administração Pública direta, devem observar a referida exigência constitucional.

b) na medida em que não integram a Administração Pública, não devem observar a referida exigência constitucional.

c) por integrarem a Administração Pública indireta, devem observar a referida exigência constitucional.

d) somente estarão sujeitos à referida exigência constitucional quando receberem contribuições parafiscais.

e) por serem entes paraestatais, devem observar a referida exigência constitucional.

2. (ESAF – 2016 – ANAC – Especialista em Regulação de Aviação Civil) Complete as lacunas em branco com os termos descentralização ou desconcentração. Ao final, assinale a opção que contenha a sequência correta.

1. Em nenhuma forma de _____ há hierarquia.
2. Ocorre a chamada _____ quando o Estado desempenha algumas de suas atribuições por meio de outras pessoas e não pela sua administração direta.
3. Trata-se, a _____, de mera técnica administrativa de distribuição interna de competências.
4. Porque a _____ ocorre no âmbito de uma pessoa jurídica, surge relação de hierarquia, de subordinação, entre os órgãos dela resultantes.

a) descentralização/ desconcentração/ desconcentração/ descentralização

b) descentralização/ descentralização/ desconcentração/ desconcentração

c) desconcentração/ desconcentração/ descentralização/ descentralização

d) desconcentração/ descentralização/ desconcentração/ descentralização

e) desconcentração/ descentralização/ descentralização/ desconcentração

3. (CESPE – 2016 – TRT – 8ª Região/PA e AP – Técnico Judiciário – Área Administrativa) Com base nas disposições constitucionais e no regime jurídico referentes à administração indireta, assinale a opção correta.

a) Os conselhos profissionais são considerados autarquias profissionais ou corporativas.

b) Conforme a Constituição Federal de 1988 (CF), a nomeação dos presidentes das entidades da administração pública indireta independe de aprovação prévia do Senado Federal.

c) As sociedades de economia mista que exploram atividade econômica não estão sujeitas à fiscalização do Tribunal de Contas da União.

d) O consórcio público integra a administração direta de todos os entes da Federação consorciados, ainda que detenha personalidade jurídica de direito público.

e) Existe relação de hierarquia entre a autarquia e o ministério que a supervisiona.

GABARITO

1. B
2. B
3. A

CAPÍTULO 2

DIREITO ADMINISTRATIVO: CONCEITO, FONTES E PRINCÍPIOS

2.1. CONCEITO

Direito Administrativo pode ser conceituado como ramo do Direito Público que tem por objetivo regulamentar as relações entre as Entidades da Administração Pública, bem como desta com os particulares.

2.2. FONTES

São fontes do Direito Administrativo a Lei, Jurisprudência, Doutrina e Costumes.

A lei é fonte principal do Direito Administrativo, pois, segundo o princípio da legalidade a seguir estudado, a Administração somente poderá fazer aquilo que a Lei determina ou autoriza.

A jurisprudência envolve as decisões dos nossos Tribunais no mesmo sentido. Ganha força essa fonte para o Direito Administrativo em razão das chamadas Súmulas Vinculantes que, como o próprio nome diz, vincula também a Administração Direta e Indireta (art. 103-A da CF).

A doutrina representa o resultado dos trabalhos científicos realizados pelos estudiosos do Direito. Tal fonte tem importância ao Direito Administrativo em razão deste não ter um Código como ocorre com o Direito Penal e o Direito Civil, por exemplo.

Por fim, os costumes representam práticas reiteradas no mesmo sentido pela convicção de sua obrigatoriedade, sem a existência de qualquer dispositivo legal obrigando tal conduta. No Direito Administrativo tal fonte tem relevância menor quando comparada às outras, pois a Administração somente pode fazer aquilo que a Lei determina ou autoriza.

2.3. PRINCÍPIOS DA ADMINISTRAÇÃO PÚBLICA

2.3.1. Princípios explícitos na Constituição Federal

Os princípios expressos na Constituição Federal estão previstos no *caput* do art. 37 e consistem no famoso *"LIMPE"* (Legalidade, Impessoalidade, Moralidade, Publicidade e Eficiência). Toda administração pública, direta ou indireta, de qualquer dos Poderes da União, dos Estados, do Distrito Federal e dos Municípios, obedecerá aos princípios da legalidade, impessoalidade, moralidade, publicidade e eficiência (art. 37, *caput*, da CF).

1º) Princípio da Legalidade:

Por esse princípio a Administração Pública só poderá fazer aquilo que a lei autoriza ou determina. Assim, a atuação dos agentes públicos deverá ser de acordo com a previsão legal.

2º) Princípio da Impessoalidade:

Em razão desse princípio, a Administração deverá atuar de forma objetiva, uma vez que sua finalidade será sempre a satisfação do interesse público.

3º) Princípio da Moralidade:

Esse princípio exige uma atuação ética da Administração Pública. Isso significa que o agente público deverá distinguir não só o ato legal do ilegal, mas também o honesto do desonesto.

4º) Princípio da Publicidade:

Por esse princípio a atuação administrativa deverá, em regra, ser pública, como forma de permitir o conhecimento e o respectivo controle pela coletividade.

5º) Princípio da Eficiência:

Por esse princípio a Administração deverá atuar com *presteza, perfeição e rendimento funcional*.

2.3.2. Princípios implícitos na Constituição Federal

1º) Princípio da Supremacia do Interesse Público sobre o Particular:

Esse princípio coloca a Administração Pública em posição de superioridade em relação aos administrados uma vez que a finalidade da atuação administrativa consiste na satisfação do interesse público. Assim, diante de um conflito envolvendo interesse público de um lado e interesse particular de outro, o primeiro deverá prevalecer.

2º) Princípio da Indisponibilidade do Interesse Público:

O interesse público, como o próprio nome diz, pertence à coletividade de pessoas e não ao administrador. Logo, conclui-se que os bens e direitos públicos são indisponíveis, não podendo o agente público fazer deles o que bem quiser.

3º) Princípio da Razoabilidade e da Proporcionalidade:

O princípio da razoabilidade exige uma atuação administrativa adequada e necessária. Por adequação podemos entender a moderação nos meios utilizados para atingir a finalidade pública; e, por necessidade, compreendemos a atuação extrema da Administração somente em último caso.

4º) Princípios da Segurança Jurídica e da Confiança Legítima:

Por esse princípio a Administração Pública deverá atuar de tal forma a não colocar em risco a estabilidade jurídica das relações sociais. Assim, se o examinador tratar de institutos como a prescrição, decadência, direito adquirido, coisa julgada, ato jurídico perfeito e irretroatividade de nova interpretação administrativa, estará se referindo ao princípio da segurança jurídica.

Quando o tema em estudo envolve o princípio da segurança jurídica, imprescindível lembrarmos do seu aspecto subjetivo, isto é, do PRINCÍPIO DA CONFIANÇA LEGÍTIMA. Trata-se da visão do administrado perante a Administração quando esta pratica alguma conduta capaz de gerar uma expectativa legítima em cada um de nós. Em outras palavras, quando a Administração pratica um ato que gera uma confiança legítima nos administrados, ela está obrigada a cumprir o que foi prometido.

5º) Princípio da Autotutela:

A autotutela nada mais é do que o autocontrole realizado pela própria Administração. Dessa forma, pode o Poder Público anular seus atos ilegais ou revogá-los por motivo de conveniência ou oportunidade (Súmula n. 473 do STF). Os temas anulação e revogação serão mais bem estudados no Capítulo "Atos Administrativos".

Assim, a Administração não precisa aguardar, por exemplo, o Juiz determinar a nulidade de um ato administrativo por motivo de ilegalidade. O agente público competente, identificando ato ilegal, poderá anulá-lo, sem maiores problemas, no exercício do princípio da autotutela.

6º) Princípio da Motivação:

O princípio da motivação exige que a Administração Pública indique os pressupostos de fato e de direito que determinarem a decisão administrativa (art. 2º, parágrafo único, VII, da Lei n. 9.784/99).

Em outras palavras, a atuação administrativa exige fundamentação dos acontecimentos fáticos (do mundo real) e a correlação de suas decisões com o amparo legal, como regra. De fato, a Administração somente não precisará motivar seus atos quando o próprio Direito a eximir de tal encargo, ex.: nomeação e exoneração de cargo em comissão não precisam ser motivadas, pois a Constituição Federal assim prevê em seu art. 37, II. Este dispositivo estabelece que é "livre" a nomeação e "livre" a exoneração do cargo em comissão. Por "livre" devemos entender que não precisa motivar.

7º) Princípio da Continuidade do Serviço Público:

O princípio da continuidade impede que, em regra, o serviço público seja interrompido. Em razão da essencialidade do citado serviço no mundo contemporâneo, nada mais justo que condicionantes sejam estabelecidas pelo nosso Direito com o objetivo de interromper o serviço público.

A interrupção do serviço público somente poderá ocorrer, nas hipóteses do art. 6º, § 3º, da Lei n. 8.987/95, em situação de emergência ou após o aviso prévio:

a) motivada por razões de ordem técnica ou de segurança das instalações; e

b) por inadimplemento do usuário, considerado o interesse da coletividade.

QUESTÕES

1. (VUNESP –2016 – TJ-RJ – Juiz Substituto) Assinale a alternativa que corretamente discorre sobre os princípios do Direito Administrativo.

a) O princípio da publicidade possui repercussão infraconstitucional, com regulamentação pela Lei de Acesso à Informação (Lei Federal n. 12.527/11) na qual foram contempladas duas formas de publicidade – a transparência ativa e a transparência passiva –, aplicáveis a toda a Administração Direta e Indireta, mas não incidentes às entidades privadas sem fins lucrativos que recebam recursos públicos do orçamento, como ocorre por contrato de gestão.

b) Pelo princípio da continuidade do serviço público, não podem os serviços públicos ser interrompidos, visto que atendem a necessidades prementes e inadiáveis da coletividade, e, portanto, não é permitida paralisação temporária de atividades, mesmo em se tratando de serviços prestados por concessionários e permissionários, mediante pagamento de tarifa, como fornecimento de energia, ainda que o usuário esteja inadimplente.

c) As Súmulas n. 346 e n. 473 do Supremo Tribunal Federal, que tratam da declaração de nulidade dos atos administrativos pela própria Administração e da revogação destes por motivos de conveniência e oportunidade, demonstram que o Direito Administrativo brasileiro não adotou a autotutela como princípio.

d) A fim de tutelar o princípio da moralidade administrativa, a Constituição Federal prevê alguns instrumentos processuais, como a Ação Civil Pública, na defesa dos direitos difusos e do patrimônio social, a Ação Popular, que permite anular atos do Poder Público contaminados de imoralidade administrativa, desde que reconhecido o pressuposto da lesividade, da mesma forma como acontece com a Ação de Improbidade Administrativa, que tem como requisito o dano patrimonial ao erário.

e) O Supremo Tribunal Federal entende que, muito embora pela aplicação do princípio da impessoalidade, a Administração não possa ter em mira este ou aquele indivíduo de forma especial, o sistema de cotas, em que se prevê reserva de vagas pelo critério étnico-social para ingresso em instituições de nível superior, é constitucional e compatível com o princípio da impessoalidade, já que ambos têm por matriz comum o princípio constitucional da igualdade.

2. (CESPE – 2016 – TRT 8ª Região/PA e AP – Analista Judiciário – Contabilidade) Assinale a opção correta a respeito dos princípios da administração pública.

a) A administração deve, em caso de incompatibilidade, dar preferência à aplicação do princípio da supremacia do interesse público em detrimento do princípio da legalidade.

b) A publicidade, princípio basilar da administração pública, não pode sofrer restrições.

c) A ofensa ao princípio da moralidade pressupõe afronta também ao princípio da legalidade.

d) O princípio da eficiência deve ser aplicado prioritariamente, em detrimento do princípio da legalidade, em caso de incompatibilidade na aplicação de ambos.

e) Os institutos do impedimento e da suspeição no âmbito do direito administrativo são importantes corolários do princípio da impessoalidade.

3. (CESPE – 2016 – TRT 8ª Região/PA e AP – Analista Judiciário – Área Administrativa) A respeito dos princípios da administração pública, assinale a opção correta.

a) Decorre do princípio da hierarquia uma série de prerrogativas para a administração, aplicando-se esse princípio, inclusive, às funções legislativa e judicial.

b) Decorre do princípio da continuidade do serviço público a possibilidade de preencher, mediante institutos como a delegação e a substituição, as funções públicas temporariamente vagas.

c) O princípio do controle ou tutela autoriza a administração a realizar controle dos seus atos, podendo anular os ilegais e revogar os inconvenientes ou inoportunos, independentemente de decisão do Poder Judiciário.

d) Dado o princípio da autotutela, a administração exerce controle sobre pessoa jurídica por ela instituída, com o objetivo de garantir a observância de suas finalidades institucionais.

e) Em decorrência do princípio da publicidade, a administração pública deve indicar os fundamentos de fato e de direito de suas decisões.

GABARITO

1. E
2. E
3. B

CAPÍTULO 3

ORGANIZAÇÃO ADMINISTRATIVA DA UNIÃO: ADMINISTRAÇÃO DIRETA E INDIRETA

Conforme visto inicialmente, a Administração Pública é dividida em direta e indireta. A *Administração Pública Direta* é composta pelas pessoas políticas: *União, Estados, Distrito Federal e Municípios*. Já a *Administração Indireta* é composta pelas *autarquias, fundações, empresas públicas e sociedades de economia mista*.

3.1. ADMINISTRAÇÃO PÚBLICA INDIRETA

1ª) Autarquias:

São pessoas jurídicas de Direito Público, criadas por lei, para executar atividades típicas da Administração Pública, que exercerá um controle finalístico, nos termos legais.

São exemplos de autarquias: *INCRA* (Instituto Nacional de Colonização e Reforma Agrária), *INSS* (Instituto Nacional do Seguro Social) e *IBAMA* (Instituto Brasileiro do Meio Ambiente e dos Recursos Naturais Renováveis).

Ainda sobre o tema autarquias, importante tratarmos de duas espécies:

a) Agências Reguladoras: são espécies de autarquias em regime especial e possuem como finalidade principal regulamentar e fiscalizar a prestação dos serviços públicos realizada por particulares.

São exemplos de agências reguladoras a *ANATEL* (Agência Nacional de Telecomunicações), que regulamenta a prestação do serviço de telecomunicações pelos particulares, e a *ANEEL* (Agência Nacional de Energia Elétrica), que regulamenta a prestação do serviço de transmissão e distribuição de energia elétrica feita por particulares.

b) Associações Públicas: são frutos dos chamados *consórcios públicos*, que consistem nos ajustes firmados entre os entes políticos (União, Estados, Distrito Federal e Municípios) na busca de objetivos comuns.

O agrupamento dessas entidades dá ensejo à criação de uma nova pessoa jurídica, que pode ter personalidade jurídica de Direito Público ou de Direito Privado. Quando o consórcio possuir *personalidade jurídica de Direito Público*, será denominado associação pública, que é espécie de autarquia.

2ª) Fundações:

São pessoas jurídicas com patrimônio personalizado, cuja criação depende de autorização de lei específica, que desempenham atividades estatais no âmbito social, como educação, cultura e pesquisa. Podem ter personalidade jurídica de Direito Público ou de Direito Privado.

São exemplos de fundações públicas: *FUNAI* (Fundação Nacional do Índio) e *FUNASA* (Fundação Nacional de Saúde).

3ª) Empresas estatais (empresas públicas e sociedades de economia mista):

São pessoas jurídicas de Direito Privado cuja lei autoriza a criação para a prestação de serviços públicos ou para a exploração da atividade econômica.

Ambas as entidades, quando exploradoras da atividade econômica, estarão submetidas a um regime muito próximo das empresas privadas.

O Estado somente explorará diretamente atividade econômica quando necessário à *segurança nacional* ou ao *relevante interesse coletivo*, de acordo com a lei (art. 173 da CF).

As *diferenças* entre essas entidades:

a) Quanto à forma de organização societária:

Sociedades de economia mista: serão sempre sociedades anônimas (S.A.);

Empresas públicas: podem assumir qualquer forma societária admitida em direito – sociedades comerciais, sociedades civis, sociedades limitadas (Ltda.), sociedades anônimas etc.

b) Quanto à composição do capital:

Sociedades de economia mista: capital misto (público e privado);

Empresas públicas: o capital é integralmente público.

c) Quanto à competência da Justiça Federal:

Empresas públicas federais: serão processadas e julgadas pela Justiça Federal as causas em que a União, autarquia ou empresa pública federal forem interessadas na condição de autoras, rés, assistentes ou opoentes (art. 109, I, da CF).

Sociedades de economia mista federais: serão processadas e julgadas pela Justiça Comum Estadual, uma vez que não foram incluídas no inciso I do art. 109 da Constituição Federal.

Desse modo, concluímos que são entidades componentes da Administração Pública Indireta as autarquias, fundações públicas, empresas públicas, sociedades de economia mista e também as agências reguladoras e as associações públicas (as duas últimas são espécies de autarquias).

3.2. ENTIDADES PARAESTATAIS OU TERCEIRO SETOR

São pessoas jurídicas de Direito Privado, sem fins lucrativos, colaboradoras do Estado no desempenho de atividades não exclusivas da Administração Pública.

Essas entidades não integram a Administração Pública (nem a Direta, nem a Indireta), mas apenas atuam paralelamente ao Estado (por isso o nome de entidades paraestatais). Também são conhecidas como entidades do Terceiro Setor, lembrando que o Primeiro Setor é representado pelo Estado (em sentido amplo de Administração Pública), e o Segundo Setor, pelo Mercado.

Quando o Poder Público percebeu que era impossível prestar sozinho todos os serviços sociais com qualidade, passou a se unir com os particulares, propondo a colaboração destes em troca de algum benefício. Nesse contexto, o Estado ficaria com a responsabilidade de prestar os serviços principais e subsidiariamente passaria para a iniciativa privada outros serviços sociais não exclusivos da Administração Pública. Trata-se do princípio da subsidiariedade. Eis que surgem organizações não governamentais (ONGs) em todo o mundo como os maiores representantes de entes do Terceiro Setor.

Dessa forma, destacaremos como exemplos de entes paraestatais:

a) Serviços Sociais Autônomos

Entidades com o objetivo de ministrar assistência ou ensino a certas categorias sociais ou profissionais, sendo mantidas por dotações orçamentárias ou por contribuições parafiscais.

Ex.: Sesi (Serviço Social da Indústria), Sesc (Serviço Social do Comércio), Senai (Serviço Nacional de Aprendizagem Industrial) e Senac (Serviço Nacional de Aprendizagem Comercial).

b) Entidades ou Fundações de Apoio

Entidades incumbidas de auxiliar instituições de ensino superior e de pesquisa científica e tecnológica, mantendo um vínculo jurídico com entidades da Administração Direta ou Indireta, em regra mediante convênio (ex.: Fundação de Desenvolvimento da UNICAMP).

c) Organizações Sociais (OSs)

Segundo a Lei n. 9.637/98, trata-se de qualificações conferidas pelo Poder Público a pessoa jurídica de direito privado que desempenhe serviços no âmbito social, cujas atividades sejam dirigidas ao ensino, pesquisa científica, desenvolvimento tecnológico, proteção e preservação do meio ambiente, cultura e saúde.

O *vínculo* com o Poder Público se estabelece por meio de *contrato de gestão*, em que são definidas as metas a serem atingidas em troca dos incentivos do Estado (ex.: verbas orçamentárias, uso de servidores públicos e de bens públicos).

d) Organizações da Sociedade Civil de Interesse Público (OSCIPs) e a Lei n. 13.019, de 31 de julho de 2014

Conforme prevê a Lei n. 9.790/99, trata-se de qualificação conferida pelo Poder Público a pessoa jurídica de direito privado que desempenhe serviços sociais não exclusivos do Estado (rol maior do que o das OSs, como a promoção do desenvolvimento econômico e social e combate à pobreza), mediante vínculo instituído por meio de *termo de parceria*.

QUESTÕES

1. (FEPESE – 2017 – PC-SC – Escrivão de Polícia Civil) A respeito das entidades integrantes da administração pública indireta, as pessoas jurídicas de direito públi-

co, criadas por lei, sem caráter econômico, para desempenho de funções próprias e típicas de Estado, são denominadas:

a) Autarquias.

b) Empresas públicas.

c) Fundações públicas.

d) Organizações sociais.

e) Sociedades de economia mista.

2. (CESPE – 2017 – TRT – 7ª Região – CE) Para o direito administrativo brasileiro, uma característica das autarquias é a

a) autonomia equiparada à dos entes federativos que as criam.

b) natureza jurídica público-privada.

c) capacidade de autoadministração.

d) criação por portaria ministerial.

3. (CESPE – 2017 – TRT – 7ª Região – CE – Técnico Judiciário – Área Administrativa) A União, por intermédio do Ministério do Trabalho e Emprego, pretende criar uma autarquia para a execução de determinadas atividades administrativas típicas.

Nessa situação hipotética, a autarquia deverá ser criada por

a) lei complementar.

b) portaria ministerial.

c) decreto presidencial.

d) lei ordinária específica.

GABARITO

1. A
2. C
3. C

CAPÍTULO 4

AGENTES PÚBLICOS

4.1. ESPÉCIES E CLASSIFICAÇÃO, PODERES, DEVERES E PRERROGATIVAS, CARGO, EMPREGO E FUNÇÃO PÚBLICOS

Agente público é toda pessoa que desempenha atividade administrativa, temporariamente ou não, com ou sem remuneração.

O conceito de agente público é amplo, pois abrange todos aqueles que prestam um serviço para a Administração, com ou sem vínculo empregatício, mediante o pagamento de remuneração ou não. A questão ficará mais clara com o estudo do próximo tópico.

Os agentes públicos podem ser classificados como:

1º) Agentes políticos:

São os componentes do primeiro escalão do governo. Ex.: Chefes do Poder Executivo (Presidente da República, Governadores dos Estados e Prefeitos dos Municípios), senadores, deputados federais e estaduais, vereadores, Ministros de Estado...

2º) Servidores públicos ou agentes administrativos:

São as pessoas físicas que prestam serviço para a Administração, mediante a existência de um vínculo empregatício e com remuneração.

Os servidores públicos, por sua vez, são classificados em:

a) Servidores estatutários: são os ocupantes de *cargos públicos e submetidos a um regime estatutário*, i.e., a uma lei que define as atribuições, direitos, deveres e responsabilidades dessa modalidade de servidor. Ex.: o Estatuto do Servidor Público Civil Federal é a Lei n. 8.112/90;

b) Empregados públicos: são os ocupantes de *empregos públicos* e submetidos ao *regime celetista*, ou seja, aquele previsto na Consolidação das Leis do Trabalho – *CLT*, que também regulamenta as relações trabalhistas da iniciativa privada;

c) Servidores temporários: são aqueles *contratados por tempo determinado* para atender a *necessidade temporária de excepcional interesse público*, nos termos do inciso IX do art. 37 da Constituição Federal. Ex.: contratação de pessoal em situação de calamidade pública ou de surtos endêmicos.

3º) Particulares em colaboração com o Estado:

São pessoas que desempenham função pública, mas sem a existência de um vínculo empregatício direto com a Administração. Podem ser:

a) Agentes delegados: são aqueles que desempenham função pública por delegação. Ex.: os concessionários e permissionários do serviço público. É o caso da empresa privada de ônibus que presta o serviço de transporte coletivo.

b) Agentes honoríficos: são as pessoas que desempenham funções públicas relevantes em razão da sua condição cívica. Ex.: jurados, mesários...

c) Gestores do negócio público: são pessoas que atuam em situações de emergência para fazer as vezes do Estado. Ex.: particular que chega antes dos bombeiros no local dos fatos e salva uma criança que se afogava em uma inundação.

4.2. REGIME JURÍDICO ÚNICO: PROVIMENTO, VACÂNCIA, REMOÇÃO, REDISTRIBUIÇÃO E SUBSTITUIÇÃO; DIREITOS E VANTAGENS; REGIME DISCIPLINAR; RESPONSABILIDADE CIVIL, CRIMINAL E ADMINISTRATIVA

(LEI N. 8.112/90 – ESTATUTO DOS SERVIDORES PÚBLICOS CIVIS FEDERAIS)

4.2.1. Formas de provimento

Ato administrativo pelo qual uma pessoa física vincula-se à Administração Pública ou a um novo cargo, para a prestação de um serviço:

1) Nomeação: é o ato que materializa o provimento originário da pessoa física a um cargo público.

O nomeado terá o prazo de 30 dias para tomar posse, contado da data da publicação do ato de provimento (nomeação). Com a posse dá-se a investidura em cargo público.

Outrossim, o servidor terá o prazo de 15 dias contados da data da posse para entrar em exercício. O exercício consiste no efetivo desempenho das atribuições do cargo público ou da função de confiança.

Com efeito, o estágio probatório consiste no período de provas, em que o servidor nomeado será avaliado a respeito da sua aptidão e capacidade para o desempenho do cargo público. Essa avaliação levará em consideração:

- a assiduidade do servidor (poucas faltas);
- disciplina;
- capacidade de iniciativa;
- produtividade; e
- responsabilidade.

O período do estágio probatório previsto na redação original do art. 20 da Lei n. 8.112/90 era de 24 meses. Porém, o STJ e o STF vêm adotando novo posicionamento no sentido de que o prazo do estágio probatório dos servidores públicos seria equivalente aos três anos da estabilidade.

2) Readaptação: é a investidura do servidor em cargo de atribuições e responsabilidade compatíveis com a limitação que tenha sofrido em sua capacidade física ou mental, verificada em inspeção médica.

3) Reversão: é o retorno à atividade do servidor aposentado.

Espécies de reversão:

a) de ofício (independentemente de requerimento do servidor): quando a Junta Médica Oficial declarar insubsistentes os motivos que levaram à aposentadoria por invalidez.

b) a pedido do servidor, desde que preencha os seguintes requisitos para solicitar a reversão:

- a aposentadoria tenha sido voluntária;
- seja estável quando na atividade;
- a aposentadoria tenha ocorrido nos 5 anos anteriores à solicitação da reversão; e
- que haja cargo vago.

4) Reintegração: é a reinvestidura do servidor estável no cargo anteriormente ocupado quando invalidada a sua demissão por decisão administrativa ou judicial, com o ressarcimento de todas as vantagens.

5) Recondução: é o retorno do servidor estável ao cargo anteriormente ocupado por inabilitação em estágio probatório relativo a outro cargo ou em razão da reintegração do anterior ocupante.

6) Aproveitamento: é o retorno à atividade de servidor em disponibilidade. O aproveitamento será efetivado em cargo de atribuições e vencimentos compatíveis com o anteriormente ocupado.

Nos termos do art. 41, § 3º, da Constituição Federal, o servidor ficará em disponibilidade quando o cargo for extinto ou declarada a sua desnecessidade.

7) Promoção: consiste na investidura do servidor em cargo com maior responsabilidade e maior complexidade nas atribuições, porém *dentro da mesma carreira*.

Se o examinador referir-se à *transferência ou ascensão* como formas de provimento, a alternativa estará errada. *A Lei n. 9.527/97 aboliu do ordenamento jurídico essas duas formas de provimento*, uma vez que passaram a ser consideradas inconstitucionais porque admitiam a investidura do servidor em carreira diferente daquela para a qual prestou o concurso.

4.2.2. Das formas de vacância

Ato administrativo que desfaz o vínculo da pessoa física com a Administração Pública ou com o cargo anteriormente ocupado pelo servidor:

1) Exoneração: é o ato que gera o desligamento do servidor *sem caráter de penalidade*.

2) Demissão: é o ato que gera o desligamento do servidor *com caráter de penalidade*, isto é, em razão da prática de infração administrativa de natureza grave (art. 132 da Lei n. 8.112/90).

3) Aposentadoria: é o direito à inatividade remunerada.

4) Falecimento.

5) Promoção.

6) Readaptação.

7) Posse em outro cargo inacumulável.

As três últimas formas de vacância (promoção, readaptação e posse em outro cargo inacumulável) caracterizam-se como formas de provimento e de vacância ao mesmo tempo.

4.2.3. Da remoção

É o deslocamento do servidor para o exercício de suas atividades em outra unidade, no âmbito do mesmo quadro, *com ou sem mudança de sede (localidade)*. Vale lembrar que a remoção não é forma de provimento nem de vacância.

São modalidades de remoção:

- de ofício (independentemente de requerimento do servidor): no interesse da Administração;
- a pedido do servidor, a critério da Administração: neste caso, o servidor solicita a remoção, mas cabe à Administração decidir pelo deferimento ou não do respectivo pedido;
- a pedido do servidor, independentemente do interesse da Administração:

a) para acompanhar cônjuge ou companheiro, também servidor público civil ou militar, de qualquer dos Poderes da União, dos Estados, do Distrito Federal e dos Municípios, que foi deslocado no interesse da Administração;

b) por motivo de saúde do servidor, cônjuge, companheiro ou dependente que viva às suas expensas e conste do seu assentamento funcional, condicionada à comprovação por junta médica oficial;

c) em virtude de processo seletivo promovido (concurso de remoção), na hipótese em que o número de interessados for superior ao número de vagas.

Na remoção a pedido independentemente de interesse da Administração, ocorrida uma das situações acima mencionadas, o Poder Público estará obrigado a deferir o pedido de remoção.

4.2.4. Da redistribuição

Consiste no deslocamento de cargo de provimento efetivo, ocupado ou vago, para outro órgão ou entidade do mesmo Poder. A redistribuição também não é forma de provimento nem de vacância.

Percebam que, enquanto a remoção envolve deslocamento de servidor, na redistribuição o deslocamento será do cargo.

O objetivo da redistribuição é adequar os quadros funcionais às reais necessidades de serviço de cada um de seus órgãos ou entidades.

O servidor que não for redistribuído juntamente com o cargo ficará em disponibilidade ou prestará exercício provisório de suas atividades em outro órgão ou entidade, até seu adequado aproveitamento.

4.2.5. Da substituição

Os servidores investidos em cargo ou função de direção ou chefia e os ocupantes de cargo de Natureza Especial terão substitutos indicados no regimento interno ou, no caso de omissão, previamente designados pelo dirigente máximo do órgão ou entidade (art. 38).

O substituto assumirá automática e cumulativamente, sem prejuízo do cargo que ocupa, o exercício do cargo ou função de direção ou chefia e os de Natureza Especial, nos afastamentos, impedimentos legais ou regulamentares do titular e na vacância do cargo, hipóteses em que deverá optar pela remuneração de um deles durante o respectivo período.

O substituto fará jus à retribuição pelo exercício do cargo ou função de direção ou chefia ou de cargo de Natureza Especial, nos casos dos afastamentos ou impedimentos legais do titular, superiores a trinta dias consecutivos, paga na proporção dos dias de efetiva substituição, que excederem o referido período.

4.2.6. Direitos e vantagens dos servidores

1) Do vencimento, da remuneração e do subsídio

A Lei n. 8.112/90 define vencimento e remuneração da seguinte forma:

Vencimento é a retribuição pecuniária pelo exercício de cargo público, com valor fixado em lei (art. 40).

Remuneração é o vencimento do cargo efetivo, acrescido das vantagens pecuniárias permanentes estabelecidas em lei (art. 41). Vale ressaltar que nenhum servidor receberá remuneração inferior ao salário mínimo.

Subsídio pode ser definido como a remuneração do servidor fixada em parcela única, sem o acréscimo de qualquer gratificação, adicional, abono, prêmio, verba de representação ou qualquer outra espécie remuneratória.

Devem ser remunerados obrigatoriamente por subsídio:

- os membros de Poder (ex.: Juiz de Direito), o detentor de mandato eletivo (ex.: Deputado Federal), os Ministros de Estado e os Secretários Estaduais e Municipais (art. 39, § 4º, da CF);
- servidores públicos policiais (art. 144, § 9º, da CF).

Poderão receber na forma de subsídio os demais servidores públicos organizados em carreira (art. 39, § 8º, da CF).

2) Das vantagens

Além do vencimento, poderão ser pagas ao servidor as seguintes vantagens:

- indenizações;
- gratificações;
- adicionais.

a) Das indenizações:

Ressarcimento de gastos do servidor.

Constituem indenizações ao servidor:

- ajuda de custo (ressarcir despesas com mudança em caráter permanente);
- diárias (ressarcir despesas com deslocamento transitório);
- indenização de transporte (ressarcir despesas por utilizar veículo próprio no desempenho da atividade administrativa);
- auxílio-moradia (para ressarcir despesas com aluguel de moradia ou hospedagem em hotel).

b) Das gratificações:

Para o exercício de função de direção, chefia e assessoramento: trata-se de vantagem conferida ao servidor ocupante de cargo efetivo investido em função de direção, chefia ou assessoramento, cargo de provimento em comissão ou de natureza especial.

A gratificação natalina corresponde a 1/12 da remuneração a que o servidor fizer jus no mês de dezembro, proporcional aos meses trabalhados durante o respectivo ano. Quando o servidor trabalhar por período igual ou superior a 15 dias, será considerado como mês integral.

Gratificação por encargo de curso ou concurso é devida ao servidor que, em caráter eventual:

I – atuar como instrutor em curso de formação, de desenvolvimento ou de treinamento;

II – participar de banca examinadora ou de comissão para exames orais, para análise curricular, para correção de provas discursivas, para elaboração de questões de provas ou para julgamento de recursos intentados por candidatos;

III – participar da logística de preparação e de realização de concurso público;

IV – participar da aplicação, fiscalizar ou avaliar provas de exame vestibular ou de concurso público ou supervisionar essas atividades.

c) Dos adicionais:

Insalubridade, periculosidade ou atividades penosas

Os adicionais de *insalubridade e periculosidade* são devidos aos servidores que trabalhem com habitualidade em locais insalubres ou em contato permanente com substâncias tóxicas, radioativas ou com risco de vida.

O servidor que fizer jus aos adicionais de insalubridade e de periculosidade ao mesmo tempo deverá optar por um deles. Isso significa que não será admitida a acumulação dos referidos adicionais.

Já o *adicional de atividade penosa* será devido aos servidores em exercício em zonas de fronteira ou em localidades cujas condições de vida o justifiquem.

Por serviço extraordinário: o serviço extraordinário será remunerado com acréscimo de 50% em relação à hora normal de trabalho e equivale à denominada "hora extra" da iniciativa privada.

Adicional noturno: o serviço noturno será remunerado com acréscimo de 25% em relação à hora normal de trabalho.

Considera-se período noturno aquele compreendido entre as 22 horas de um dia e as 5 horas da manhã do dia seguinte.

Sobre o tema, releva anotar que uma hora noturna equivale a 52 minutos e 30 segundos, e não a 60 minutos, como ocorre na hora normal.

Adicional de férias: o pagamento desse adicional independe de solicitação do servidor e corresponde a 1/3 da remuneração do período das férias; será pago até dois dias antes do início do respectivo período. Em caso de parcelamento das férias, o aludido adicional será pago quando da utilização do primeiro período.

3) Férias

O servidor terá direito a 30 dias de férias por ano de trabalho, que podem ser acumuladas até o máximo de dois períodos, no caso de necessidade do serviço.

O primeiro período aquisitivo de férias exige 12 meses de exercício, os demais não. Ex.: o servidor entrou em exercício no dia 1º de janeiro de 2007. Para ter direito às primeiras férias, deverá trabalhar até o dia 1º de janeiro de 2008. Em relação às férias subsequentes, não haverá a necessidade de completar esse lapso de 12 meses de trabalho efetivo.

As férias poderão ser parceladas em até três etapas, desde que assim requeridas pelo servidor, e no interesse da Administração Pública.

Porém, o servidor que opera direta e permanentemente com raios X ou substâncias radioativas gozará 20 dias consecutivos de férias por semestre de atividade profissional, proibida em qualquer hipótese a acumulação.

As férias somente poderão ser interrompidas nas seguintes hipóteses:

- motivo de calamidade pública;
- comoção interna;
- convocação para júri;
- serviço militar ou eleitoral;
- necessidade do serviço, declarada pela autoridade máxima do órgão ou entidade.

Nesses casos de interrupção, o restante do período interrompido será gozado de uma só vez.

4) Licenças

Por motivo de doença em pessoa da família: será concedida a licença ao servidor em virtude de enfermidade do cônjuge ou companheiro, dos pais, dos filhos, do padrasto ou madrasta e enteado, ou dependente que viva às suas expensas e conste do seu assentamento funcional, mediante comprovação por junta médica oficial.

A licença por motivo de doença em pessoa da família, incluídas as prorrogações, poderá ser concedida a cada período de 12 meses, nas seguintes condições (art. 83, § 2º):

a) por até 60 dias, consecutivos ou não, mantida a remuneração do servidor (inciso I);

b) por até 90 dias, consecutivos ou não, sem remuneração (inciso II).

Por motivo de afastamento do cônjuge ou companheiro: poderá ser concedida licença ao servidor para acompanhar cônjuge ou companheiro que foi deslocado para outro ponto do território nacional, para o exterior ou para exercício de mandato eletivo dos Poderes Executivo e Legislativo.

A licença será por prazo indeterminado e sem remuneração.

Para o serviço militar: ao servidor convocado para o serviço militar será concedida licença, na forma e condições previstas na legislação específica.

Concluído o serviço militar, o servidor terá até 30 dias sem remuneração para reassumir o exercício do cargo.

Para atividade política: será sem remuneração no período de convenção partidária até a véspera do registro da candidatura. Será com remuneração do registro da candidatura até o décimo dia seguinte ao da eleição, paga pelo período máximo de 3 meses.

Para capacitação: a cada 5 anos de efetivo exercício, o servidor poderá, no interesse da Administração, afastar-se do exercício do cargo efetivo, com a respectiva remuneração, por até 3 meses, para participar de curso de capacitação profissional.

Para tratar de interesses particulares: a critério da Administração, poderá ser concedida ao servidor ocupante de cargo efetivo, desde que não esteja em estágio probatório, licença para o trato de assuntos particulares pelo *prazo de até 3 anos consecutivos, sem remuneração*.

Para desempenho de mandato classista: é assegurado ao servidor o direito a licença sem remuneração para o desempenho de mandato em confederação, federação, associação de classe de âmbito nacional, sindicato representativo da categoria ou entidade fiscalizadora da profissão ou, ainda, para participar de gerência ou administração em sociedade cooperativa constituída por servidores públicos para prestar serviços a seus membros.

4.2.7. Do regime disciplinar

1) Dos deveres: são deveres do servidor (art. 116 da Lei n. 8.112/90):

- exercer com zelo e dedicação as atribuições do cargo;
- ser leal às instituições a que servir;
- observar as normas legais e regulamentares;
- cumprir as ordens superiores, exceto quando manifestamente ilegais;
- atender com presteza:

a) ao público em geral, prestando as informações requeridas, ressalvadas as protegidas por sigilo;

b) à expedição de certidões requeridas para defesa de direito ou esclarecimento de situações de interesse pessoal;

c) às requisições para a defesa da Fazenda Pública.

- levar as irregularidades de que tiver ciência em razão do cargo ao conhecimento da autoridade superior ou, quando houver suspeita de envolvimento desta, ao conhecimento de outra autoridade competente para apuração;
- zelar pela economia do material e a conservação do patrimônio público;
- guardar sigilo sobre assunto da repartição;
- manter conduta compatível com a moralidade administrativa;
- ser assíduo e pontual ao serviço;
- tratar com urbanidade as pessoas;
- representar contra ilegalidade, omissão ou abuso de poder.

2) Das proibições: ao servidor é proibido (art. 117 da Lei n. 8.112/90):

- ausentar-se do serviço durante o expediente, sem prévia autorização do chefe imediato;
- retirar, sem prévia anuência da autoridade competente, qualquer documento ou objeto da repartição;
- recusar fé a documentos públicos;
- opor resistência injustificada ao andamento de documento e processo ou execução de serviço;
- promover manifestação de apreço ou desapreço no recinto da repartição;
- cometer a pessoa estranha à repartição, fora dos casos previstos em lei, o desempenho de atribuição que seja de sua responsabilidade ou de seu subordinado;
- coagir ou aliciar subordinados no sentido de filiarem-se a associação profissional ou sindical, ou a partido político;
- manter sob sua chefia imediata, em cargo ou função de confiança, cônjuge, companheiro ou parente até o segundo grau civil;
- valer-se do cargo para lograr proveito pessoal ou de outrem, em detrimento da dignidade da função pública;
- participar de gerência ou administração de sociedade privada, personificada ou não personificada, e exercer o comércio, exceto na qualidade de acionista, cotista ou comanditário;
- atuar, como procurador ou intermediário, junto a repartições públicas, salvo quando se tratar de benefícios previdenciários ou assistenciais de parentes até o segundo grau, e de cônjuge ou companheiro;
- receber propina, comissão, presente ou vantagem de qualquer espécie, em razão de suas atribuições;
- aceitar comissão, emprego ou pensão de Estado estrangeiro;
- praticar usura sob qualquer de suas formas;
- proceder de forma desidiosa;
- utilizar pessoal ou recursos materiais da repartição em serviços ou atividades particulares;
- cometer a outro servidor atribuições estranhas ao cargo que ocupa, exceto em situações de emergência e transitórias;
- exercer quaisquer atividades que sejam incompatíveis com o exercício do cargo ou função e com o horário de trabalho;
- recusar-se a atualizar seus dados cadastrais quando solicitado.

A vedação de que trata o item 10º não se aplica nos seguintes casos:

I – participação nos conselhos de administração e fiscal de empresas ou entidades em que a União detenha, direta ou indiretamente, participação no capital social ou em sociedade cooperativa constituída para prestar serviços a seus membros; e

II – gozo de licença para o trato de interesses particulares, na forma do art. 91 da Lei n. 8.112, observada a legislação sobre conflito de interesses.

3) Das responsabilidades: o servidor responde civil, penal e administrativamente pelo exercício irregular de suas atribuições.

A *responsabilidade civil* decorre de ato omissivo ou comissivo, doloso ou culposo, que resulte em prejuízo ao erário ou a terceiros.

A obrigação de reparar o dano estende-se aos sucessores e contra eles será executada, até o limite do valor da herança recebida.

No tocante à *responsabilidade penal*, cumpre destacar que abrange os crimes e contravenções imputadas ao servidor, que agiu nessa qualidade (de servidor público).

Já a *responsabilidade administrativa* resulta de ato omissivo ou comissivo praticado no desempenho do cargo ou função.

Geralmente o ilícito administrativo decorre do descumprimento de algum dispositivo da Lei n. 8.112/90, quando se tratar de servidor público civil federal.

As sanções civis, penais e administrativas poderão cumular-se, sendo independentes entre si (regra – independência das instâncias).

Entretanto, a responsabilidade administrativa do servidor será afastada no caso de absolvição criminal que negue a existência do fato ou sua autoria (exceção à regra – comunicabilidade das instâncias).

4) Das penalidades disciplinares:

I – advertência;

II – suspensão;

III – demissão;

IV – cassação de aposentadoria ou disponibilidade;

V – destituição de cargo em comissão;

VI – destituição de função comissionada.

Na aplicação das penalidades serão considerados a natureza e a gravidade da infração cometida, os danos que dela provierem para o serviço público, as circunstâncias agravantes ou atenuantes e os antecedentes funcionais.

5) Da prescrição

A Administração possui um prazo para impor as penalidades estudadas. Trata-se do prazo prescricional, que tem por objetivo dar concretude ao princípio da segurança jurídica, uma vez que o Poder Público não poderá impor penalidades aos seus servidores após o decurso dos seguintes prazos:

I – em 5 anos, quanto às infrações puníveis com demissão, cassação de aposentadoria ou disponibilidade e destituição de cargo em comissão;

II – em 2 anos, quanto à suspensão;

III – em 180 dias, quanto à advertência.

6) Procedimentos administrativos para apuração de faltas disciplinares e imposição de penalidades:

a) Sindicância: possível para a aplicação de penalidades leves (advertência ou suspensão de até 30 dias).

A sindicância deverá ser concluída no prazo de 30 dias, podendo ser prorrogado por igual período, a critério da autoridade superior.

b) Processo Administrativo Disciplinar (PAD):

É meio de apuração de infração disciplinar e *obrigatório* para a *imposição de penalidades graves e médias* (demissão, cassação de aposentadoria ou disponibilidade, destituição de cargo em comissão e suspensão superior a 30 dias).

O prazo para conclusão do PAD é de 60 dias, podendo ser prorrogado por igual período quando as circunstâncias o exigirem.

São fases do PAD:

I – Fase de Instauração: dar-se-á com a publicação da portaria de constituição da comissão processante (3 servidores estáveis – art. 149 da Lei n. 8.112/90). O presidente da comissão deverá ser ocupante de cargo superior ou de mesmo nível do indiciado, ou ter nível de escolaridade igual ou superior a este.

II – Fase de Inquérito Administrativo:

Instrução: nesta fase serão apuradas as provas, bem como especificados os fatos imputados ao servidor;

Defesa: o servidor será citado para apresentar a sua defesa (*Súmula Vinculante n. 5 do STF: A falta de defesa técnica por advogado no processo administrativo disciplinar não ofende a Constituição*);

Relatório da comissão processante, que deverá ser conclusivo, isto é, deverá manifestar-se sobre a responsabilidade ou inocência do servidor.

III – Fase de Julgamento: a autoridade competente possui o prazo de 20 dias para julgar.

c) PAD Rito Sumário:

Trata-se de modalidade de procedimento para apuração e julgamento de servidor *por acúmulo ilícito de cargos públicos, abandono de cargo ou por sua inassiduidade habitual* (art. 133 da Lei n. 8.112/90).

Seu prazo máximo é de 30 dias, admitida a prorrogação por até 15 dias, razão do nome "rito sumário".

Por fim, a respeito de qualquer dos procedimentos administrativos citados, caberá pedido de reconsideração ou recurso hierárquico no prazo de 30 dias a contar da publicação ou ciência da decisão recorrida (art. 108).

7) Da Revisão do Processo

O processo disciplinar poderá ser revisto, a qualquer tempo, a pedido (do servidor) ou de ofício (pela

Administração), quando se aduzirem *fatos novos ou circunstâncias suscetíveis de justificar a inocência do punido ou a inadequação da penalidade aplicada (art. 174)*.

Em caso de falecimento, ausência ou desaparecimento do servidor, qualquer pessoa da família poderá requerer a revisão do processo (art. 174, § 1º). Por outro lado, no caso de incapacidade mental do servidor, a revisão será requerida pelo respectivo curador (art. 174, § 2º).

No processo revisional, o ônus da prova cabe ao requerente (art. 175). A *simples alegação de injustiça da penalidade não constitui fundamento para a revisão*, que requer elementos novos, ainda não apreciados no processo originário (art. 176).

No tocante à competência, o requerimento de revisão do processo será dirigido ao Ministro de Estado ou autoridade equivalente, que, se autorizar a revisão, encaminhará o pedido ao dirigente do órgão ou entidade onde se originou o processo disciplinar (art. 177). Deferida a petição, a autoridade competente providenciará a constituição de comissão, que possui prazo de 60 dias para a conclusão dos trabalhos (art. 179).

O julgamento da revisão, por sua vez, caberá à autoridade que aplicou a penalidade, no prazo de 20 dias, contado do recebimento do processo (art. 181).

Julgada procedente a revisão, será declarada sem efeito a penalidade aplicada, restabelecendo-se todos os direitos do servidor, exceto em relação à destituição do cargo em comissão, que será convertida em exoneração (art. 182).

A vantagem de converter a penalidade de destituição de cargo em comissão na exoneração é a possibilidade de limpar a ficha funcional do servidor, na medida em que a exoneração não possui caráter de penalidade. O servidor não retornará à atividade, mas a penalidade de destituição de cargo em comissão será excluída da sua ficha funcional.

Da revisão do processo não poderá resultar agravamento de penalidade (princípio *non reformatio in pejus*).

Exemplo da vedação da *reformatio in pejus* ou da reforma para pior: servidor não concorda com a penalidade de suspensão que lhe foi imposta e entra com pedido de revisão. Do julgamento desse pedido, não poderá a Administração chegar à conclusão de que seria caso de demissão, visto que caracterizaria reforma para pior.

QUESTÕES

1. **(PR-4 UFRJ – 2017 – Técnico em Contabilidade)** Nos termos da Lei n. 8.112/1990, uma das formas de provimento de cargo público é a nomeação: ato administrativo que materializa o provimento originário. Sobre a nomeação, pode-se afirmar que:

    a) far-se-á em caráter efetivo, quando se tratar de cargo isolado de provimento efetivo ou de carreira.

    b) far-se-á em comissão, quando se tratar de cargo isolado de provimento efetivo ou em carreira.

    c) far-se-á em caráter efetivo, para cargos de confiança vagos.

    d) a nomeação para cargo de carreira ou cargo isolado de provimento efetivo não depende de prévia habilitação em concurso público.

    e) a nomeação para cargo em comissão depende de prévia habilitação em concurso público de títulos, obedecida a ordem de classificação.

2. **(UFSCAR – 2017 – Assistente em Administração)** Ao entrar em exercício, o servidor nomeado para cargo de provimento efetivo ficará sujeito a estágio probatório, durante o qual a sua aptidão e capacidade serão objeto de avaliação para o desempenho do cargo, observados os seguintes fatores:

    I. Assiduidade, disciplina, capacidade de iniciativa e dinâmica.

    II. Capacidade de iniciativa, produtividade, assiduidade e disciplina.

    III. Dinâmica, responsabilidade, assiduidade e capacidade de iniciativa.

    Assinale a alternativa correta:

    a) I

    b) II

    c) III

    d) I e II

    e) II e III

3. **(CONSULPLAN – 2017 – TRE-RJ – Técnico Judiciário – Área Administrativa)** "Um servidor efetivo do Tribunal Regional Eleitoral retirou um processo da repartição sem autorização da chefia imediata." Nos termos da Lei n. 8.112/90, é correto afirmar que

    a) a conduta impõe a suspensão dos direitos políticos do servidor.

b) se o servidor estiver em estágio probatório, será exonerado do cargo.

c) o servidor praticou infração punível com a penalidade de advertência.

d) em caso de reincidência, aplica-se, em regra, a penalidade de demissão.

GABARITO

1. A
2. B
3. C

CAPÍTULO 5

PODERES ADMINISTRATIVOS: PODER HIERÁRQUICO; PODER DISCIPLINAR; PODER REGULAMENTAR; PODER DE POLÍCIA; USO E ABUSO DO PODER

5.1. PODER VINCULADO

É aquele em que a *lei estabelece um único comportamento* da Administração diante do caso concreto, não conferindo nenhuma liberdade de decisão para o agente público que praticar o ato.

Assim, poder vinculado está relacionado com a prática de atos vinculados em que a lei prevê uma única conduta a ser tomada, diante da situação apresentada. Ex.: servidor público que completar 75 anos será submetido a aposentadoria compulsória (obrigatória). Nesse caso, o agente público competente não tem liberdade para decidir se concede a aposentadoria ou não àquele servidor, já que a lei maior em nosso ordenamento jurídico (Constituição Federal) o obriga a efetivar essa aposentadoria.

5.2. PODER DISCRICIONÁRIO

É aquele em que a *lei confere ao administrador certa liberdade para decidir* sobre a conduta a ser tomada diante do caso concreto, dentre aquelas previstas na legislação, e que melhor atenda ao interesse público.

Essa decisão será baseada nas opções conferidas pela lei e concretizada por um juízo de oportunidade e conveniência (juízo de valor). Ex.: se, num caso hipotético, uma lei determinar o fechamento do estabelecimento comercial que fizer barulho além das 22 horas, pelo período de 5 a 10 dias, o administrador poderá optar discricionariamente por fechá-lo por 5, 6, 7, 8, 9 ou 10 dias.

5.3. PODER HIERÁRQUICO

É o poder que tem a Administração de *distribuir e escalonar as funções dos seus órgãos, ordenar e rever a atuação de seus agentes*. Estabelece-se uma relação de coordenação e de subordinação.

Quando tratamos da Administração Pública, estamos nos referindo a uma pessoa jurídica composta de órgãos, que, por sua vez, são compostos de agentes públicos. Ex.: a União é uma pessoa jurídica que compõe a Administração Pública Direta, e, por sua vez, é composta de órgãos públicos, como os Ministérios (da Saúde, da Educação etc.). Esses órgãos são compostos de agentes públicos, que desempenham a vontade da União Federal, como os Ministros de Estado. Aí a demonstração da distribuição das funções da União entre os seus mais variados órgãos.

Quando a Lei n. 8.112/90 determina como dever do servidor cumprir as ordens de superior hierárquico, estamos diante da parte final do Poder Hierárquico (ordenar e rever a atuação de seus agentes).

5.4. PODER DISCIPLINAR

Consiste no poder que possui a Administração de investigar o cometimento de infrações funcionais (relacionadas com a Administração) e aplicar penas aos seus agentes públicos e demais pessoas submetidas à disciplina do Poder Público.

Percebam que o poder disciplinar atinge não só os agentes públicos como também outras pessoas submetidas a essa disciplina. Ex.: particular que é contratado pela Administração para fazer uma obra pública – como construir uma ponte – e não cumpre com as suas obrigações contratuais. A imposição de uma multa, por exemplo, nesse caso decorre do poder disciplinar.

5.5. PODER REGULAMENTAR

É aquele conferido ao Chefe do Poder Executivo da União (Presidente da República), Estados (Governadores de Estado), Distrito Federal (Governador do DF) e Municípios (Prefeitos) para editar normas gerais e complementares à lei, visando sua fiel execução.

Para a maioria da doutrina existem em nosso direito apenas os regulamentos ou decretos executivos, que têm por finalidade dar fiel cumprimento à lei, na medida em que simplesmente a complementam.

Por outro lado, os regulamentos autônomos, isto é, aqueles que inovam o ordenamento jurídico (tratam de temas que a lei não tratou), somente serão admitidos de forma excepcional e tratar, nos termos do art. 84, VI, da Constituição Federal, sobre:

- a organização e o funcionamento da Administração Federal, desde que não implique aumento de despesas nem criação ou extinção de órgãos públicos;
- a extinção de funções e cargos públicos, quando vagos.

5.6. PODER DE POLÍCIA

Consiste numa atividade da Administração Pública que, limitando ou disciplinando direito, interesse ou liberdade, regula a prática de ato ou abstenção de fato, em razão de interesse público concernente à segurança, à higiene, à ordem, aos costumes, à disciplina da produção e do mercado, ao exercício de atividades econômicas dependentes de concessão ou autorização do Poder Público, à tranquilidade pública ou ao respeito à propriedade e aos direitos individuais ou coletivos (art. 78, *caput*, do CTN).

Em suma, Poder de Polícia é a atividade da Administração de condicionar o exercício de direitos individuais, como a liberdade e a propriedade, em benefício da coletividade.

Atributos do Poder de Polícia:

Discricionariedade: em regra é conferida pela lei certa liberdade para o administrador decidir, diante do caso concreto, qual a melhor medida a ser tomada em benefício do interesse público.

Autoexecutoriedade: prerrogativa que possui a Administração de executar suas decisões sem necessidade de autorização do Poder Judiciário.

Coercibilidade: prerrogativa que possui a Administração de impor suas decisões independentemente da concordância do particular atingido pelo poder de polícia, podendo, se preciso for, utilizar a força.

A Polícia Administrativa, muito bem estudada neste subitem, apresenta as seguintes características: (i) pressupõe a ocorrência de infração administrativa, como colocar mesas na calçada além do espaço permitido; (ii) tem atuação em regra preventiva, para evitar danos; (iii) recai sobre bens, direitos e atividades do infrator; (iv) é desempenhada por diversos órgãos.

Por outro lado, a Polícia Judiciária: (i) pressupõe uma infração penal, como o roubo, por exemplo; (ii) a atuação é repressiva, iniciando-se, em regra, após a realização do ilícito; (iii) recai sobre a pessoa do infrator; (iv) é desempenhada por corporações específicas, como a Polícia Civil e a Polícia Federal.

5.7. ABUSO DE PODER

O *"abuso de poder"* é o gênero do qual *são espécies o "excesso de poder" e o "desvio de poder"*. No *"excesso de poder"* o administrador possui competência para praticar o ato administrativo, mas extrapola os limites legais. Nesse caso, existe um *vício no elemento do ato "competência"*. Por outro lado, no *"desvio de poder"* o administrador se desvia das finalidades legais, caracterizando *vício no elemento "finalidade"* do ato.

QUESTÕES

1. (CONSULPLAN – 2017 – TRE-RJ – Técnico Judiciário – Área Administrativa) Os poderes administrativos nascem com a Administração e se apresentam diversificados segundo as exigências do serviço público, o interesse da coletividade e os objetivos a que se dirigem. Os poderes são os seguintes: vinculado; discricionário; hierárquico; disciplinar; regulamentar; e, polícia. Qual é o poder através do qual a lei permite a Administração Pública aplicar penalidades às infrações funcionais de seus servidores e demais pessoas ligadas à sujeição dos órgãos e serviços da Administração?

    a) Polícia.
    b) Disciplinar.
    c) Discricionário.
    d) Regulamentar.

2. (CESPE – 2017 – TRF – 1ª REGIÃO – Técnico Judiciário – Área Administrativa) Com referência aos poderes administrativos, julgue o item subsecutivo.

Em regra, o poder regulamentar é dotado de originariedade e, por conseguinte, cria situações jurídicas novas, não se restringindo apenas a explicitar ou complementar o sentido de leis já existentes.

( ) Certo ( ) Errado

3. **(FCC – 2017 – TST – Técnico Judiciário – Área Administrativa)** O poder normativo da Administração pública

a) pode ter aplicação preventiva ou repressiva, tal qual o poder de polícia exercido pela Administração pública, sendo, no primeiro caso, restrito às matérias de organização administrativa e de competência suplementar, ou seja, para disciplinar situações sobre as quais inexista lei pertinente.

b) permite à Administração pública a edição de atos normativos para fixação de parâmetros e diretrizes de gradação de penas disciplinares, quando relacionado ao poder disciplinar, bem como para instituição de novas penas mais adequadas para situações atuais.

c) fica restrito às situações em que estejam presentes relações hierarquizadas, em que a competência para definição de normas tenha caráter originário.

d) pode ter natureza originária nas situações expressamente previstas constitucionalmente, fora das quais fica restrito a hipóteses de prévia existência de leis que demandem a disciplina e explicitação da forma de aplicação das mesmas às situações concretas.

e) consubstancia-se, quando aplicado a situações concretas, em exercício de poder de polícia, diretamente incidente sobre a esfera de direitos dos administrados, devendo estar previamente previsto na legislação vigente.

GABARITO

1. B
2. Errado
3. D

CAPÍTULO 6

ATOS ADMINISTRATIVOS

Atos administrativos consistem em uma manifestação de vontade da Administração por um regime de direito público.

6.1. ELEMENTOS DO ATO ADMINISTRATIVO

1º) Competência é o conjunto de atribuições conferidas pela lei aos órgãos e agentes públicos para o desempenho das funções administrativas.

2º) Finalidade consiste na tutela do interesse público. Logo, o agente público, quando pratica um ato administrativo, deverá fazê-lo com o objetivo de satisfazer o interesse público. Ex.: a desapropriação de um bem particular visa satisfazer o interesse público quando tem por finalidade, por exemplo, ampliar as linhas do metrô.

3º) Forma é o meio pelo qual a vontade da Administração Pública se exterioriza. A atuação administrativa é formal, isto é, o ato administrativo deverá seguir a forma prevista em lei, que, em regra, é a escrita.

4º) Motivo é a situação de fato e de direito que autoriza a prática do ato administrativo.

5º) Objeto é o conteúdo do ato, ou seja, seu resultado prático. Ex.: no ato administrativo que aplica uma multa, o objeto do ato consiste na imposição de uma penalidade.

6.2. ATRIBUTOS DO ATO ADMINISTRATIVO

1º) Presunção de legitimidade: por esse atributo presume-se que o ato administrativo foi elaborado de acordo com a lei, com as regras morais e com a verdade.

Entretanto, trata-se de presunção relativa (*juris tantum*), pois admite prova em contrário. Dessa forma, se o particular (administrado) conseguir comprovar que o ato não foi elaborado de acordo com as regras legais ou morais, ou que não era verdadeiro, deverá ocorrer a respectiva invalidação desse ato administrativo.

2º) Autoexecutoriedade: trata-se de atributo que autoriza a Administração a praticar diretamente seus atos, sem a necessidade de obter previamente a autorização do Poder Judiciário.

3º) Imperatividade: esse atributo legitima a Administração a impor diretamente seus atos, independentemente de concordância do administrado atingido, podendo valer-se da força, se necessário.

6.3. CLASSIFICAÇÃO DOS ATOS ADMINISTRATIVOS

1ª) Quanto aos efeitos, o ato administrativo pode ser:

a) Constitutivo: é aquele que cria (constitui) uma nova situação jurídica. Ex.: sua nomeação em breve para um cargo público – criará uma nova (e excelente) situação jurídica;

b) Desconstitutivo: é aquele que extingue (desconstitui) situação jurídica preexistente. Ex.: a demissão de um servidor público desconstitui situação preexistente, qual seja, o ato de nomeação.

c) Declaratório: é aquele que apenas declara a existência de determinada situação jurídica. Ex.: uma certidão negativa de débitos de IPTU é um ato que declara que o administrado não possui dívidas em relação a esse tributo.

2ª) Quanto aos destinatários, o ato administrativo pode ser:

a) Geral: é aquele que atinge a coletividade como um todo, logo depende de publicação para produzir seus efeitos. Ex.: atos que mudam o sentido de uma rua (era mão dupla e virou mão única) são atos que atingem todas as pessoas que passam ou que um dia passarão por ela.

b) Individual: é aquele que atinge destinatário certo e determinado. Esse ato individual poderá ser:

▶ singular, quando atingir um só destinatário. Ex.: decreto que desapropria um imóvel;

▶ plúrimo ou múltiplo: quando atinge mais de um destinatário, mas todos eles certos e determinados. Ex.: ato de nomeação de 200 candidatos aprovados no concurso de Técnico de um Tribunal de Justiça (mais de um destinatário, todos certos e determinados).

Percebam que o ato individual não atinge necessariamente uma pessoa.

3ª) Quanto ao alcance, o ato administrativo pode ser:

a) Interno: é aquele que produz efeitos apenas dentro das repartições públicas. Ex.: ato que define o uniforme dos servidores atinge apenas internamente as repartições públicas.

b) Externo: é aquele que produz efeitos para fora das repartições públicas, atingindo os administrados como um todo. Ex.: ato que define o horário de funcionamento das repartições públicas atinge toda a coletividade.

4ª) Quanto à manifestação de vontade, o ato administrativo pode ser:

a) Unilateral: é aquele que decorre da manifestação de vontade de uma só das partes. Ex.: ato administrativo que impõe multa – somente a Administração manifesta sua vontade, qual seja, a imposição de uma penalidade.

b) Bilateral: é aquele que decorre de um acordo de vontades. Ex.: contratos administrativos em geral, em que ambas as partes manifestam vontade de contratar entre si.

5ª) Quanto ao grau de liberdade, o ato administrativo pode ser:

a) Vinculado: é aquele em que a lei não confere nenhuma liberdade de atuação ao administrador, que deverá praticar o único comportamento previsto na legislação correspondente. Ex.: para o servidor público que completar 70 anos de idade será efetivada a aposentadoria compulsória (obrigatória). Nesse caso, a lei não confere nenhuma liberdade ao administrador, uma vez que, diante de um servidor com 70 anos de idade, a única conduta a ser tomada será a aposentadoria compulsória;

b) Discricionário: é aquele em que a lei confere certa liberdade de atuação ao administrador para que, mediante um juízo de oportunidade e conveniência, tome a decisão mais favorável ao interesse público dentre aquelas previstas na legislação correspondente. Ex.: no ato administrativo que autoriza o uso de um bem público, o agente competente irá analisar, diante do caso concreto e mediante um juízo de oportunidade e conveniência, se determinada pessoa pode ou não usar esse bem.

Portanto, enquanto no ato vinculado a lei estabelece um só comportamento a ser tomado diante do caso concreto, no ato discricionário a lei prevê algumas opções de condutas a serem tomadas, deixando a escolha de uma delas ao administrador.

Constatamos, então, que mesmo no ato discricionário o agente público deverá seguir uma das opções fornecidas pela lei, sob pena de esse ato ser declarado arbitrário e, consequentemente, ilícito.

6ª) Quanto à formação da vontade administrativa:

O ato administrativo pode ser:

a) Simples: é aquele que decorre de manifestação de vontade dentro de um só órgão da Administração. Esse órgão pode ser singular (constituído por uma só pessoa. Ex.: ato de nomeação efetivado pelo Presidente da República) ou colegiado (a manifestação de vontade decorre da conclusão de várias pessoas. Ex.: o TIT – Tribunal de Impostos e Taxas é um órgão colegiado que decide os recursos administrativos relativos a impostos e taxas de São Paulo. Aqui a vontade é única, porque decorre de um só órgão, ainda que constituído de várias pessoas);

b) Composto: é aquele que decorre de mais de uma manifestação de vontade dentro de um mesmo órgão. Nesse caso, encontramos uma vontade principal e outra secundária. Ex.: ato praticado por um servidor que depende da manifestação de concordância de um superior hierárquico. O ato composto é também definido pela doutrina como fruto da manifestação de vontade dentro de um só órgão, mas cuja exequibilidade do ato depende da manifestação de vontade de um outro órgão;

c) Complexo: é aquele que decorre de mais de uma manifestação de vontade, oriundas de mais de um órgão. Esse órgão pode ser singular (composto de uma só pessoa) ou colegiado (composto de mais de uma pessoa). Ex.: ato do Presidente da República que nomeia o Ministro do STF (Supremo Tribunal Federal) depende da aprovação prévia do Senado Federal. Portanto, temos um ato complexo, pois constituído de mais de uma manifestação de vontade (Presidente e membros do Senado), oriundas de mais de um órgão (Presidência da República e Senado Federal).

6.4. ESPÉCIES DE ATOS ADMINISTRATIVOS

1ª) Atos normativos: São aqueles que possuem um comando geral e abstrato, com a finalidade de dar fiel cumprimento à lei. As leis também consistem em comandos gerais e abstratos, entretanto são elaboradas pelo Poder Legislativo e visam inovar o ordenamento jurídico, isto é, tratar de matérias ainda não previstas em outras leis. Por outro lado, os atos normativos são expedidos pela Administração Pública (vista como Poder Executivo) e têm a finalidade de dar fiel cumprimento à lei, ou seja, complementar esta quando for necessário.

São exemplos de atos normativos: regulamentos, decretos, instruções normativas, regimentos, resoluções e deliberações.

2ª) Atos ordinatórios: São aqueles que têm o objetivo de ordenar o funcionamento da Administração e a atuação dos agentes públicos.

São exemplos de atos ordinatórios: as portarias, instruções, avisos, circulares, ordens de serviço, ofícios e despachos.

3ª) Atos negociais: São aqueles traduzidos numa pretensão do particular coincidente com uma declaração de vontade da Administração Pública.

São exemplos de atos negociais: alvará, licença, concessão, permissão, autorização e admissão.

4ª) Atos enunciativos: São aqueles em que a Administração declara uma situação jurídica preexistente, seja certificando ou atestando determinado fato, seja emitindo um parecer.

São exemplos de atos enunciativos: certidão (CND – certidão negativa de débitos de IPTU), atestado (atestado de frequência escolar elaborado por escola pública) e parecer (parecer jurídico emitindo opinião sobre a legalidade ou não de um procedimento licitatório).

5ª) Atos punitivos: São aqueles que impõem uma sanção a alguém. Ex.: multa para o particular que foi contratado pela Administração e não cumpriu o que foi pactuado.

6.5. EXTINÇÃO DOS ATOS ADMINISTRATIVOS

Formas de extinção do ato administrativo:

a) Anulação do ato administrativo: a anulação do ato administrativo ocorre nos casos de ilegalidade e pode ser declarada pela própria Administração Pública ou pelo Poder Judiciário.

A Administração poderá anular o ato ilegal de ofício (sem a necessidade de existir provocação de algum administrado) ou mediante a existência de algum requerimento (provocação). Já o Poder Judiciário só poderá anular um ato da Administração Pública quando provocado por alguém.

A anulação opera efeitos *ex tunc* (retroativos). Assim, o ato anulado não gera direitos nem obrigações desde a sua origem, ressalvado o terceiro de boa-fé.

De fato, serão resguardados os direitos de terceiros de boa-fé, na medida em que para estes o ato tinha aparência de legalidade (Teoria da Aparência) e presunção de legitimidade.

b) Revogação do ato administrativo: a revogação do ato administrativo ocorre nos casos de atos válidos (de acordo com a lei), mas que deixaram de ser convenientes ou oportunos ao interesse público. Ex.: A Administração pretendia contratar por meio de licitação uma empresa para reformar um antigo casarão. No meio do procedimento licitatório o casarão pega fogo, e a Administração revoga a licitação em razão da inconveniência desta. Percebam que nesse caso não há nenhuma ilegalidade, só inconveniência da contratação, uma vez que o casarão, objeto da reforma, pegou fogo.

Os efeitos da revogação são *ex nunc*, isto é, não retroagem, porque se trata de atos válidos (legais) que deixaram de ser convenientes ou oportunos ao interesse público.

Ademais, só a Administração pode revogar seus atos. O Poder Judiciário não revoga ato administrativo expedido pelo Poder Executivo.

6.6. CONVALIDAÇÃO

A convalidação consiste na correção do ato administrativo portador de vício sanável, quando não gerar lesão ao interesse público nem prejuízo a terceiros.

Dessa forma, em decisão na qual se evidencie não acarretarem lesão ao interesse público nem prejuízo a terceiros, os atos que apresentarem defeitos sanáveis poderão ser convalidados pela própria Administração (art. 55 da Lei n. 9.784/99).

É possível a convalidação de ato administrativo com vício na competência, desde que esta não seja exclusiva de alguma autoridade, nem que se trate de competência em razão da matéria. Ex.: ato de competência exclusiva ou em razão da matéria do Ministro da Saúde que é praticado pelo Ministro da Justiça; não admite convalidação.

Também é admitida a convalidação do ato em face do vício de forma, quando esta não for essencial para a validade do ato.

QUESTÕES

1. **(FCC – 2017 – TRT – 21ª Região – RN – Técnico Judiciário – Área Administrativa)** Dentre as espécies de atos administrativos,

   a) a homologação não possui natureza jurídica de ato administrativo de efeitos concretos, tendo em vista que não constitui direitos, prestando-se a dar publicidade a ato administrativo anteriormente praticado.

   b) os atos administrativos vinculados não conferem direitos subjetivos, já que estes advêm diretamente da lei, independentemente da edição daqueles.

   c) alguns atos administrativos praticados demandam análise de adequação com os requisitos legais para sua emissão, o que, em sendo constatado, é reconhecido por meio de homologação.

   d) os atos administrativos discricionários são editados ou não conforme margem de liberdade dada ao Administrador público, tal como ocorre com as licenças.

   e) a admissão de pessoal possui natureza jurídica de contrato administrativo, vez que forma vínculo definitivo entre empregador e Estado.

2. **(CESPE – 2017 – TRE-TO – Técnico Judiciário – Área Administrativa)** No que se refere aos vícios de competência na administração pública, assinale a opção correta.

   a) A remoção de ofício de servidor caracteriza abuso de poder.

   b) Quando o vício de competência não pode ser convalidado, caracteriza-se hipótese de nulidade absoluta.

   c) A convalidação é o ato administrativo pelo qual é suprido o vício existente em um ato ilegal, operando efeitos posteriores.

   d) A usurpação de poder ocorre quando um servidor público exerce a função de outro servidor na mesma repartição.

   e) Ocorre desvio de poder quando a autoridade policial se excede no uso da força para praticar ato de sua competência.

3. **(VUNESP – 2017 – IPRESB – SP – Agente Previdenciário)** Considere as seguintes afirmações acerca dos atributos dos atos administrativos

   I. É o atributo pelo qual o ato produz efeitos imediatamente, até que, eventualmente, seja decretada sua invalidade pela própria Administração ou pelo Poder Judiciário.

   II. É o atributo pelo qual os atos administrativos se impõem a terceiros, independentemente de sua concordância.

   III. É o atributo pelo qual o ato administrativo pode ser posto em execução pela própria Administração Pública, sem necessidade de intervenção do Poder Judiciário.

   Assinale a alternativa que associa, corretamente, a afirmação ao atributo do ato administrativo a que ela corresponde.

   a) I – tipicidade; II – exigibilidade; III – presunção de legalidade.

   b) I – autoexecutoriedade; II – presunção de legalidade; III – imperatividade.

   c) I – presunção de legitimidade e veracidade; II – tipicidade; III – autoexecutoriedade.

   d) I – exigilidade; II – imperatividade; III – presunção de legalidade.

   e) I – presunção de legitimidade e veracidade; II – imperatividade; III – autoexecutoriedade.

GABARITO

1. C
2. B
3. E

CAPÍTULO 7

SERVIÇOS PÚBLICOS

7.1. CONCEITO DE SERVIÇO PÚBLICO

Segundo os ensinamentos da Professora Maria Sylvia Zanella Di Pietro, serviço público é "toda atividade material que a lei atribui ao Estado para que a exerça diretamente ou por meio de seus delegados, com o objetivo de satisfazer concretamente as necessidades coletivas, sob regime jurídico total ou parcialmente público" (DI PIETRO, 20. ed., p. 90).

7.2. PRINCÍPIOS APLICÁVEIS À PRESTAÇÃO DO SERVIÇO PÚBLICO

A Lei n. 8.987/95 prevê esses princípios específicos para que haja a prestação de um serviço público adequado (art. 6º, § 1º):

a) *regularidade*;

b) *continuidade*;

c) *eficiência*;

d) *segurança*;

e) *atualidade*;

f) *generalidade*;

g) *cortesia na sua prestação e modicidade das tarifas*.

1º) Princípio da regularidade na prestação:

É dever do Estado a prestação regular do serviço público, direta ou indiretamente. A ausência do Poder Público na prestação desse serviço poderá causar danos e, consequentemente, dever de indenizar terceiros prejudicados. Ex.: se o ônibus que passa todos os dias às 6h no ponto começa a chegar às 6h30min, depois às 7h, e no outro dia não passa, viola o princípio da regularidade.

2º) Princípio da eficiência:

Serviço eficiente é aquele que atinge o resultado pretendido, seja no tocante à qualidade, seja no aspecto da quantidade. A eficiência é um *plus* em relação à adequação. Ex.: o ônibus é um instrumento adequado para a prestação do transporte coletivo. Entretanto, se o ônibus não atender os quesitos de qualidade, não será considerado eficiente.

3º) Princípio da segurança:

Por esse princípio o Estado deverá prestar o serviço público de forma a não colocar em perigo a integridade física e a vida do usuário, nem de terceiros alheios à relação de prestação do serviço, pois, como já visto, a responsabilidade civil do Estado é objetiva.

Sobre o tema, importante observar que o princípio da segurança não se confunde com segurança pública. Assim, o motorista de um ônibus deverá manter a integridade de seus passageiros, não fazendo curvas em alta velocidade, mas não estará obrigado a enfrentar um bandido que venha assaltar os usuários desse serviço.

4º) Princípio da atualidade:

A atualidade compreende a modernidade das técnicas, do equipamento e das instalações e a sua conservação, bem como a melhoria e expansão do serviço (art. 6º, § 2º, da Lei n. 8.987/95).

5º) Princípio da generalidade/universalidade:

Esse princípio busca a universalidade na prestação do serviço público, isto é, o serviço deve ser prestado a todos os usuários de forma igualitária e impessoal, sem qualquer espécie de discriminação. Ex.: o ônibus da periferia deve ter a mesma qualidade dos daqueles que circulam nos centros empresariais.

6º) Princípio da cortesia na prestação:

O serviço público deve ser prestado por pessoas que tratem os usuários com respeito, educação e cordialidade.

7º) Princípio da modicidade das tarifas:

Trata-se de princípio que exige a prestação de serviço público a um preço reduzido, de forma a atingir a universalidade na prestação. Esse princípio será atendido quando o preço da tarifa corresponder à justa relação de custo-benefício na prestação da atividade.

Ademais, para preservar a modicidade das tarifas, o edital de licitação de determinado serviço público poderá prever o recebimento de receitas alternativas. Ex.: contrato de concessão para a manutenção de uma rodovia. Além da tarifa paga pelo usuário (pedágio), é possível obter receita por meio de fontes alternativas, como a exploração da publicidade à beira da estrada.

8º) Princípio da continuidade do serviço público:

Por esse princípio o serviço público não pode ser interrompido, em razão da sua relevância perante a coletividade.

Mas esse princípio não é absoluto, admitindo exceção, uma vez que a jurisprudência do Superior Tribunal de Justiça permite a interrupção do serviço público nas hipóteses dos incisos do § 3º do art. 6º da Lei n. 8.987/95, não caracterizando descontinuidade do serviço quando em situação de emergência ou após o aviso prévio:

a) motivada por razões de ordem técnica ou de segurança das instalações; e

b) por inadimplemento do usuário, considerado o interesse da coletividade.

7.3. CLASSIFICAÇÃO DO SERVIÇO PÚBLICO

1ª) Quanto à essencialidade/delegabilidade:

a) serviços públicos indelegáveis: são aqueles que somente podem ser prestados pela Administração, ou seja, não admitem delegação de sua execução a terceiros, em razão de estarem relacionados com as atividades inerentes ao Poder Público. Ex.: serviço de segurança nacional;

b) serviços públicos delegáveis: são aqueles que *admitem* a execução por meio de terceiros. Ex.: serviço de energia elétrica.

2ª) Quanto ao objeto:

a) serviços administrativos: atividades que visam atender necessidades internas da Administração ou servir de base para outros serviços. Ex.: Imprensa Oficial;

b) serviços comerciais ou industriais: atividades que visam atender necessidades da coletividade no aspecto econômico. Ex.: serviço de energia elétrica;

c) serviços sociais: atividades que visam atender necessidades essenciais da coletividade em que há atuação da iniciativa privada ao lado da atuação do Estado. Ex.: serviço de saúde (existem hospitais públicos e privados), serviço de educação (há escolas públicas e privadas).

3ª) Quanto ao usuário:

a) serviços públicos individuais (*uti singuli*): são aqueles prestados a usuários determinados ou determináveis. Ex.: serviços de energia ou de telefonia domiciliar;

b) serviços públicos gerais (*uti universi*): são aqueles prestados à coletividade como um todo. Ex.: serviço de segurança pública e serviço de iluminação pública.

7.4. DIREITOS E OBRIGAÇÕES DOS USUÁRIOS

Além da aplicação do Código de Defesa do Consumidor, os direitos e obrigações estão previstos no art. 7º da Lei n. 8.987/95:

a) receber serviço adequado;

b) receber do poder concedente e da concessionária informações para a defesa de interesses individuais ou coletivos;

c) obter e utilizar o serviço, com liberdade de escolha entre vários prestadores de serviços, quando for o caso, observadas as normas do poder concedente;

d) levar ao conhecimento do poder público e da concessionária as irregularidades de que tenham conhecimento, referentes ao serviço prestado;

e) comunicar às autoridades competentes os atos ilícitos praticados pela concessionária na prestação do serviço;

f) contribuir para a permanência das boas condições dos bens públicos através dos quais lhes são prestados os serviços.

7.5. FORMAS DE PRESTAÇÃO DO SERVIÇO PÚBLICO

Os serviços públicos podem ser prestados de forma centralizada ou descentralizada.

1ª) Serviço centralizado:

É aquele prestado diretamente pelas entidades políticas da Administração Direta (União, Estados, Distrito Federal e Municípios) por meio de seus órgãos e agentes. Ex.: expedição de uma certidão negativa de débito de IPTU por um determinado Município. Aqui, a titularidade do serviço e a execução estão concentradas nas mãos da mesma pessoa jurídica, o Município.

2ª) Serviço descentralizado:

É aquele prestado por outra pessoa que não seja integrante da Administração Direta. Sobre o tema descentralização, duas são as modalidades mais importantes:

a) descentralização por outorga: ocorre quando uma entidade da Administração Direta cria, por meio de lei, outra pessoa jurídica para a prestação do serviço. São os serviços prestados por entidades da Administração Indireta (autarquias, fundações públicas, sociedades de economia mista e empresas públicas);

b) descentralização por delegação: ocorre quando a Administração transfere apenas a execução do serviço público (e não a sua titularidade) à iniciativa privada, geralmente por meio de contrato administrativo (de concessão ou permissão) ou, em algumas situações, mediante ato administrativo unilateral (autorização).

7.6. CONCESSÃO DE SERVIÇO PÚBLICO

1º) Conceito

Pode-se definir concessão de serviço público como a delegação de sua prestação, feita pelo Poder concedente, mediante licitação, na modalidade de *concorrência*, à pessoa jurídica ou consórcio de empresas que demonstre capacidade para seu desempenho, por sua conta e risco e por prazo determinado (inciso II do art. 2º da Lei n. 8.987/95).

De fato, Poder concedente é aquele que possui a titularidade do serviço público delegado, e pode ser traduzido na União Federal, no Distrito Federal, num Estado-Membro ou num Município. E concessionário é o particular que presta o serviço público mediante contrato de concessão.

2º) Responsabilidade do concessionário

Nos termos do *caput* do art. 25 da Lei n. 8.987/95, o *concessionário* do serviço público responde *objetivamente* (independentemente da comprovação de dolo ou culpa) por todos os prejuízos causados ao Poder concedente, aos usuários ou a terceiros. Ademais, determina o aludido dispositivo legal que a fiscalização exercida pelo órgão competente não exclui nem atenua a responsabilidade do concessionário.

Isso significa que o concessionário não poderá alegar falha na fiscalização do Poder concedente para eximir-se da responsabilidade pelos prejuízos causados em razão da prestação de um serviço delegado.

Ademais, o § 6º do art. 37 da Constituição Federal também prevê a responsabilidade objetiva (independentemente da existência de dolo ou culpa) das pessoas jurídicas de direito privado prestadoras de serviço público, entre as quais podemos enquadrar as empresas concessionárias, pelos danos que seus agentes, agindo nessa qualidade, causarem a terceiros.

Sobre o tema responsabilidade, nunca é demais lembrar que o *Poder concedente* (entidade da Administração que efetivou a delegação do serviço público) responde apenas de forma *subsidiária* pelos prejuízos causados pela concessionária, isto é, somente quando o patrimônio desta não for suficiente para o ressarcimento dos danos.

A posição que prevalece hoje no Supremo Tribunal Federal, mais precisamente a partir de agosto de 2009, é que essa responsabilidade objetiva poderá ser invocada tanto pelo usuário do serviço público (ex.: passageiro de ônibus) como pelo não usuário (ex.: particular parado no farol que teve a traseira de seu veículo atingida por um ônibus).

3º) Intervenção do Poder concedente

O Poder concedente poderá intervir na concessão, com o objetivo de assegurar a adequada prestação do serviço público, bem como o fiel cumprimento das normas contratuais, regulamentares e legais.

Dessa forma, o fato de a Administração Pública delegar a execução do serviço público à iniciativa privada não a impede de fiscalizar e de, se for o caso, intervir na concessão, na medida em que continua detentora da titularidade desse serviço.

4º) Formas de extinção do contrato de concessão

As formas de extinção do contrato de concessão são (art. 35 da Lei n. 8.987/95):

a) Termo contratual: trata-se do término do prazo estipulado no contrato;

b) Encampação: é a retomada do serviço público pelo Poder concedente durante o prazo da concessão, *por motivo de interesse público* (diferente de falha na prestação por parte do particular prestador), mediante lei autorizativa específica e após prévio pagamento de indenização;

c) **Caducidade ou decadência**: consiste na rescisão do contrato por iniciativa da Administração em razão da *inexecução total ou parcial* por parte do concessionário;

d) **Rescisão pelo concessionário**: decorre do inadimplemento do Poder concedente, e a interrupção da prestação do serviço público depende de decisão judicial transitada em julgado (definitiva);

e) **Anulação**: constatada alguma ilegalidade, dar-se-á a extinção do contrato de concessão e a devida responsabilização de quem tiver dado causa ao vício;

f) **Falência ou extinção da empresa concessionária ou falecimento ou incapacidade do titular**, em caso de empresa individual.

Atenção, prezado concurseiro: sobre o tema, importante destacar que os institutos da reversão e da assunção não consistem em formas de extinção do contrato de concessão, mas em consequências desta, já que se trata da assunção e da incorporação dos bens do concessionário necessários para garantir a continuidade do serviço público pelo Poder concedente.

Como esses bens pertenciam ao concessionário, imprescindível o pagamento de indenização referente aos investimentos realizados sobre os bens reversíveis, ainda não amortizados pelo pagamento das tarifas pelos usuários e desde que não tenham sido depreciados pelo uso.

7.7. PERMISSÃO DE SERVIÇO PÚBLICO

A doutrina clássica sempre definiu a permissão como um ato administrativo unilateral (e não um contrato), discricionário e precário. Entretanto, a Constituição Federal e a Lei n. 8.987/95 passaram a considerar a *permissão* como *modalidade de contrato administrativo*.

Na referida lei se denomina permissão de serviço público a delegação, a título precário, mediante licitação, da prestação de serviços públicos, feita pelo Poder concedente à pessoa física ou jurídica que demonstre capacidade para seu desempenho, por sua conta e risco (inciso IV do art. 2º).

Não há dúvidas de que a natureza jurídica do instituto permissão é mesmo de contrato administrativo, já que será formalizada mediante contrato de adesão e observará os termos dessa Lei, das demais normas pertinentes e do edital de licitação, inclusive quanto à precariedade e à revogabilidade unilateral do contrato pelo Poder concedente (art. 40).

Essa definição merece duas observações importantes: a primeira refere-se à criação da figura do *"contrato precário"*. A precariedade consiste na possibilidade de revogação do ato a qualquer tempo pela Administração Pública, *sem* necessidade do pagamento de indenização. Nesse sentido, o contrato nunca foi considerado precário, porque possui prazo determinado, e a sua revogação, durante esse prazo, gera o dever de indenizar. No entanto, a Lei n. 8.987/95 criou a figura do contrato precário.

A segunda observação é a de que, por meio de permissão, é possível delegar ao particular o mesmo objeto da concessão, qual seja, o serviço público. Mas, na permissão, em que pese existir a necessidade de licitação, *esta não precisa* ser na modalidade concorrência, que é a mais complexa de todas e exigida para os casos de concessão de serviço público. Consequência: o Poder Público utiliza a permissão e está se esquivando de delegar a prestação do serviço público por meio de concessão só para não utilizar a modalidade de licitação concorrência.

7.8. AUTORIZAÇÃO DE SERVIÇO PÚBLICO

Trata-se de *ato* administrativo *unilateral discricionário e precário*, por meio do qual o Poder Público delega a *particulares* a execução de certos serviços.

Não são todos os serviços públicos que podem ser delegados por intermédio de autorização, mas apenas aqueles admitidos pela Constituição Federal e por leis específicas. Ex.: alguns serviços de telecomunicações (art. 21, XI, da CF e Lei n. 9.472/97), serviços de radiodifusão sonora e de sons e imagens (art. 21, XII, *a*, e art. 223, ambos da CF) e serviços e instalações de energia elétrica (art. 21, XII, *b*, da CF e Leis n. 9.074/95 e 9.427/96).

	Concessão	Permissão	Autorização
Natureza	Contrato	Contrato	Ato administrativo
Licitação	Obrigatória, na modalidade concorrência	Obrigatória, em qualquer modalidade	Não há obrigatoriedade (pode ocorrer)
Particular	Pessoa jurídica ou consórcio de empresas	Pessoa jurídica ou pessoa física	Pessoa jurídica ou pessoa física
Objeto	Serviço público	Serviço público	Alguns serviços públicos

7.9. PARCERIAS PÚBLICO--PRIVADAS (PPPS)

As parcerias público-privadas são modalidades especiais de concessão e foram instituídas pela Lei n. 11.079/2004. Portanto, existem em nosso ordenamento jurídico duas espécies de concessão: a concessão comum (prevista na Lei n. 8.987/95 – já estudada) e a concessão especial (PPP, prevista na Lei n. 11.079/2004).

O objetivo das PPPs é atrair investimento nacional e estrangeiro para a realização de grandes projetos.

A parceria público-privada, conforme dito, é contrato administrativo de concessão e pode ser apresentada na modalidade patrocinada ou administrativa.

A concessão patrocinada consiste na concessão de serviços públicos ou de obras públicas, quando envolver, além da tarifa cobrada dos usuários, contraprestação pecuniária paga pelo parceiro público ao parceiro privado (art. 2º, § 1º, da Lei n. 11.079).

Percebam que existe uma parceria entre o Poder Público e a empresa privada, em que esta receberá, além das tarifas pagas pelos usuários, um valor pago pelo ente público (verdadeiro patrocínio). Como exemplo, podemos citar um serviço de transporte coletivo em que, além da tarifa paga pelos passageiros, existe um valor pago pelo Município ao concessionário do aludido serviço de ônibus.

Já a concessão administrativa consiste num contrato de prestação de serviços, ainda que envolva execução de obra ou fornecimento e instalação de bens, em que a Administração Pública seja usuária direta ou indireta. Exemplo de Administração usuária direta: serviço de demolição de um prédio público; exemplo de Administração usuária indireta: serviço de saúde bancado integralmente pelo Poder Público e prestado por empresa privada. Neste último exemplo, a Administração será usuária indireta, pois a coletividade é a usuária direta do serviço de saúde.

Em algumas situações a utilização das PPPs é vedada (art. 2º, § 4º):

a) cujo valor do contrato seja inferior a R$ 10.000.000,00 (dez milhões de reais);

b) cujo período de prestação do serviço seja inferior a 5 (cinco) anos (o prazo máximo é de 35 anos – art. 5º, I); ou

c) que tenha como objeto único o fornecimento de mão de obra, o fornecimento e a instalação de equipamentos ou a execução de obra pública.

É vedada, ainda, a celebração de PPP para o desempenho de atividades exclusivas do Estado, ou seja, daquelas cuja execução não pode ser delegada à iniciativa privada, como função jurisdicional, de regulação, e o exercício do poder de polícia (art. 4º, III). Assim, PPP para administração de presídio, por exemplo, só poderá tratar de questões secundárias, como alimentação dos presos ou gerenciamento de questões administrativas. Jamais uma PPP poderá cuidar da segurança pública.

São características ainda das PPPs: (i) Administração Pública é financiadora total (concessão administrativa) ou parcial (concessão patrocinada) do objeto da parceria (art. 2º, §§ 1º e 2º); (ii) penalidades administrativas poderão ser aplicadas ao parceiro privado e ao público (art. 5º, II); (iii) repartição de riscos entre as partes, inclusive os referentes a caso fortuito, força maior, fato do príncipe e álea econômica extraordinária (art. 5º, III); (iv) regras específicas de licitação (arts. 10 a 13), que deverá ocorrer na modalidade concorrência, com a possibilidade de inversão das fases (julgamento antes da habilitação – art. 12, I); (v) necessidade de implementar uma sociedade de propósito específico, incumbida de implantar e gerir o objeto da parceria (art. 9º).

QUESTÕES

1. (FEPESE – 2017 – PC-SC – Agente de Polícia Civil) Assinale a alternativa que indica corretamente o princípio geral que disciplina a prestação de serviços públicos, orientando que os mesmos devem ser remunerados a preços moderados, de modo que o Poder Público avalie o poder aquisitivo dos usuários para que, por dificuldades financeiras, não sejam alijados do universo de beneficiários do serviço:

a) da eficácia.

b) da modicidade.

c) da universalidade.

d) da impessoalidade.

e) da compulsoriedade.

2. (Quadrix – 2017 – COFECI – Auxiliar Administrativo) Com relação aos serviços públicos e à responsabilidade civil do Estado, julgue o item que se segue.

O Estado poderá delegar a execução de serviços públicos a particulares, contudo, no momento em que realizar essa delegação, o serviço ficará descaracterizado como público, já que o Estado perderá o poder de controlá-lo, alterá-lo e regulamentá-lo.

( ) Certo ( ) Errado

3. **(FGV – 2017 – SEPOG – RO – Técnico em Políticas Públicas e Gestão Governamental)** As opções a seguir apresentam características das concessões de serviços públicos, à exceção de uma. Assinale-a.

a) Licitação prévia, na modalidade concorrência.

b) Natureza contratual.

c) Celebração com pessoas físicas ou jurídicas.

d) Prazo determinado, podendo haver renovação.

e) Prestação do serviço por conta e risco do concessionário.

GABARITO

1. B
2. Errado
3. C

CAPÍTULO 8

CONTROLE E RESPONSABILIZAÇÃO DA ADMINISTRAÇÃO

8.1. RESPONSABILIDADE CIVIL DO ESTADO

8.1.1. Evolução histórica

Longo foi o percurso histórico até chegarmos à atual *responsabilidade objetiva* do Estado, senão vejamos.

Primeiro, encontramos a fase da *irresponsabilidade estatal*, isto é, o Estado poderia causar prejuízos patrimoniais ou morais a terceiros que não seria responsabilizado.

Isso ocorreu na época do absolutismo, tempo em que o rei "não errava" (*the king can do no wrong*), na medida em que a sua figura se confundia com a do próprio Estado. Ocupando essa posição de absoluta superioridade, não era admitido coagir o rei – representante de Deus na Terra – a reparar qualquer prejuízo causado aos seus súditos.

Num segundo momento da evolução histórica, o *Estado passa a responder, mas de forma subjetiva*, isto é, mediante a comprovação de dolo ou culpa na atuação de seus agentes.

Atualmente, é admitida a *responsabilidade objetiva do Estado*, ou seja, aquela que independe da comprovação de dolo ou culpa, bastando demonstrar que os danos foram causados por uma conduta da Administração Pública.

A teoria que fundamenta a responsabilidade objetiva é a *Teoria do Risco*, segundo a qual toda atuação do Estado cria um risco de dano aos seus administrados, e, concretizado o prejuízo, surge o dever de indenizá-lo, independentemente da comprovação de dolo ou culpa. Assim, o Estado deverá assumir tais riscos de sua atividade e indenizar eventuais prejuízos.

Sobre o tema, destacamos que são duas as *modalidades da Teoria do Risco*:

1ª) Teoria do Risco Integral: não admite causas excludentes de responsabilidade, logo o Estado deveria responder por qualquer dano, ainda que não tenha dado causa.

2ª) Teoria do Risco Administrativo: admite causas excludentes de responsabilidade, como caso fortuito, força maior e culpa exclusiva da vítima (essas causas serão estudadas logo mais). Trata-se da *teoria adotada em nosso Direito* (em regra), devendo o Estado responder pelos prejuízos causados aos administrados, salvo quando presente alguma das causas acima mencionadas.

8.1.2. Previsão constitucional

A responsabilidade objetiva (que independe da comprovação de dolo ou de culpa) do Estado está prevista na Constituição Federal, sendo que as pessoas jurídicas de direito público e as de direito privado prestadoras de serviços públicos responderão pelos danos que seus agentes, nessa qualidade, causarem a terceiros, assegurado o direito de regresso contra o responsável nos casos de dolo ou culpa (art. 37, § 6º).

8.1.3. Excludentes de responsabilidade

No tocante à responsabilidade civil extracontratual do Estado, importante ressaltar que existem algumas causas que, uma vez comprovadas, excluem a responsabilidade da Administração Pública. São elas:

1ª) Caso fortuito e força maior: fenômeno da natureza ou conduta humana capazes de excluir a responsabilidade do Estado. Ex.: terremoto.

2ª) Culpa exclusiva da vítima ou de terceiro: Quando a vítima do evento danoso for a única responsável pela sua causa, o Estado não poderá ser responsabilizado. Ex.: uma pessoa querendo suicidar-se, atira-se na linha do trem. Nesse caso, a família da vítima não poderá responsabilizar o Estado, uma vez que a morte só ocorreu por culpa exclusiva da pessoa que se suicidou.

Por outro lado, quando a culpa for concorrente (e não exclusiva) da vítima, não haverá exclusão da responsabilidade do Estado, mas atenuação.

8.1.4. Prazo prescricional da ação de indenização

A ação de reparação de danos para obter indenização do Estado em razão de danos causados por agentes de pessoas jurídicas de direito público ou agentes de pessoas jurídicas de direito privado que prestem serviço público deverá ser proposta dentro do prazo de *5 anos,* contado a partir do fato danoso. Essa é a previsão do art. 1º do Decreto n. 20.910/32.

Em relação ao direito de regresso da Administração Pública em face do agente causador do dano com dolo ou culpa, cumpre ressaltar que a ação de ressarcimento ao erário sempre foi considerada imprescritível, nos termos do art. 37, § 5º, da CF.

Trata-se da ação utilizada pela Administração para exercer seu direito de regresso em face do agente público causador do dano, caso comprovado dolo ou culpa dele. No entanto, o Supremo Tribunal Federal decidiu, em fevereiro de 2016, em regime de repercussão geral, o RE 669.069, entendendo que é prescritível a ação de reparação de danos à Fazenda Pública decorrente de ilícito civil.

O caso envolveu um acidente de trânsito ocorrido em 1997, em que a administração ingressou com ação de ressarcimento ao erário contra o agente público causador do dano no ano de 2008. Segundo o STF, a pretensão de ressarcimento no caso do aludido julgado estaria fundamentada em suposto ilícito civil que, embora tivesse causado prejuízo material ao patrimônio público, não revelaria conduta revestida de grau de reprovabilidade mais pronunciado, nem se mostraria especialmente atentatória aos princípios constitucionais aplicáveis à Administração Pública. Por essa razão, não seria admissível reconhecer a regra excepcional de imprescritibilidade. Assim, aplicável o prazo prescricional de 3 anos do Código Civil nas ações de ressarcimento ao erário envolvendo ilícito civil com as características apresentadas. O Supremo deixou bem claro que tal entendimento não vale para questões envolvendo improbidade administrativa ou matéria criminal, temas não ventilados no citado julgamento.

8.2. CONTROLE DA ADMINISTRAÇÃO PÚBLICA

8.2.1. Classificação

1ª) Quanto à origem:

a) Interno: trata-se do controle realizado pela própria Administração Pública. Ex.: chefe da seção administrativa controlando os atos de um subordinado (o tema será aprofundado no item 8.2.2 deste Capítulo);

b) Externo: é o controle dos atos da Administração exercido pelos Poderes Legislativo e Judiciário (o tema será aprofundado nos itens 8.2.3 e 8.2.4 deste Capítulo).

2ª) Quanto ao momento de exercício:

a) Prévio ou preventivo: trata-se de controle que ocorre antes da prática de um ato administrativo. Ex.: a concessão de liminar em mandado de segurança, visando impedir a prática de um ato pela Administração tendente a lesionar direito líquido e certo, caracteriza o controle preventivo;

b) Concomitante: é o controle que ocorre durante a prática de um ato administrativo. Ex.: fiscalização de uma obra durante a sua execução;

c) Posterior, subsequente ou corretivo: ocorre esse controle após a realização do ato administrativo. Ex.: homologação da licitação em que a autoridade competente analisa a regularidade do procedimento licitatório após o seu encerramento.

3ª) Quanto ao objeto:

a) Legalidade: controla-se o fato de o ato ter sido praticado ou não nos termos da lei. Esse controle pode ser realizado pela Administração ou pelo Poder Judiciário. Constatada a ilegalidade, dar-se-á a anulação do ato, com efeitos retroativos (*ex tunc*);

b) Mérito: nesse caso, o controle recai sobre os aspectos de oportunidade e conveniência do ato administrativo. Quem realiza esse controle é a própria Administração Pública (o Poder Judiciário não realiza controle de mérito do ato administrativo). Constatada a inconveniência ou ausência de oportunidade ao interesse público, o ato será revogado. Vale ressaltar que os efeitos da revogação não retroagem (*ex nunc*).

8.2.2. Controle administrativo

É aquele realizado pela própria Administração Pública. Esse controle decorre do princípio da autotutela, isto é, do poder que possui a Administração de anular os atos ilegais e de revogar os atos inconvenientes ou inoportunos ao interesse público.

Súmula n. 473 do STF: "A Administração pode anular seus próprios atos, quando eivados de vícios que os tornam ilegais, porque deles não se originam direitos, ou revogá-los, por motivo de conveniência ou oportunidade, respeitados os direitos adquiridos, e ressalvada, em todos os casos, a apreciação judicial".

Esse controle pode ser iniciado de ofício pela Administração (independentemente de provocação do particular) ou mediante requerimento do interessado.

Há alguns instrumentos utilizados pelos particulares para provocar o controle administrativo, dentre eles: *representação* (denúncia de ilegalidade ou abuso de poder perante a Administração), *reclamação administrativa* (manifestação de discordância em razão de atuação administrativa que atingiu direito do particular), *recurso hierárquico próprio e impróprio, pedido de revisão e pedido de reconsideração* (quanto aos três últimos instrumentos, *vide* a seguir no Capítulo "Processo Administrativo").

8.2.3. Controle legislativo ou parlamentar

Trata-se de controle realizado pelo Poder Legislativo correspondente a cada ente da Federação. Ex.: Câmara dos Deputados e Senado Federal em relação à União Federal, Assembleias Legislativas em relação aos Estados-membros e Câmaras de Vereadores em relação aos Municípios.

Esse controle legislativo pode ser considerado *político ou financeiro*.

O controle político é realizado geralmente pelas CPIs.

As Comissões Parlamentares de Inquérito possuem poderes de investigação próprios das autoridades judiciais. As CPIs, no âmbito do Legislativo Federal, podem ser criadas pela Câmara dos Deputados e pelo Senado Federal, em conjunto ou separadamente, mediante requerimento de um terço de seus membros, para apuração de fato determinado e por prazo certo. As conclusões das CPIs serão encaminhadas ao Ministério Público para promover a ação de responsabilidade civil ou criminal contra os infratores.

Por outro lado, o Poder Legislativo realizará o controle financeiro com o auxílio do Tribunal de Contas, que analisará a atuação do administrador público nos aspectos de legalidade, legitimidade, economicidade (adequação na realização das despesas públicas), aplicação das subvenções (valores repassados pelo Poder Público) e renúncia de receita (ex.: abrir mão da cobrança de impostos sem a existência de lei autorizando) (art. 70 da CF).

Toda e qualquer pessoa física ou jurídica, pública ou privada, que utilize, arrecade, guarde, gerencie ou administre dinheiros, bens e valores públicos ou pelos quais a União responda, ou que, em nome desta, assuma obrigações de natureza pecuniária prestará contas perante o Tribunal de Contas da União (art. 70, parágrafo único, da CF).

A competência do Tribunal de Contas é determinada na Constituição (art. 71):

a) apreciar as contas prestadas anualmente pelo Presidente da República, mediante parecer prévio, que deverá ser elaborado em sessenta dias a contar de seu recebimento;

b) julgar as contas dos administradores e demais responsáveis por dinheiros, bens e valores públicos da Administração Direta e Indireta, incluídas as fundações e sociedades instituídas e mantidas pelo Poder Público federal, e as contas daqueles que derem causa a perda, extravio ou outra irregularidade de que resulte prejuízo ao erário público;

c) apreciar, para fins de registro, a legalidade dos atos de admissão de pessoal, a qualquer título, na Administração Direta e Indireta, incluídas as fundações instituídas e mantidas pelo Poder Público, excetuadas as nomeações para cargo de provimento em comissão, bem como a das concessões de aposentadorias, reformas e pensões, ressalvadas as melhorias posteriores que não alterem o fundamento legal do ato concessório;

d) realizar, por iniciativa própria, da Câmara dos Deputados, do Senado Federal, de Comissão técnica ou de inquérito, inspeções e auditorias de natureza contábil, financeira, orçamentária, operacional e patrimonial, nas unidades administrativas dos Poderes Legislativo, Executivo e Judiciário, e demais entidades referidas no inciso II;

e) fiscalizar as contas nacionais das empresas supranacionais de cujo capital social a União participe, de forma direta ou indireta, nos termos do tratado constitutivo;

f) fiscalizar a aplicação de quaisquer recursos repassados pela União mediante convênio, acordo, ajuste ou outros instrumentos congêneres, ao Estado, ao Distrito Federal ou a Município;

g) prestar as informações solicitadas pelo Congresso Nacional, por qualquer de suas Casas, ou por qualquer das respectivas Comissões, sobre a fiscalização contábil, financeira, orçamentária, operacional e patrimonial e sobre resultados de auditorias e inspeções realizadas;

h) aplicar aos responsáveis, em caso de ilegalidade de despesa ou irregularidade de contas, as sanções previstas em lei, que estabelecerá, entre outras cominações, multa proporcional ao dano causado ao erário;

i) assinar prazo para que o órgão ou entidade adote as providências necessárias ao exato cumprimento da lei, se verificada ilegalidade;

j) sustar, se não atendido, a execução do ato impugnado, comunicando a decisão à Câmara dos Deputados e ao Senado Federal;

k) representar ao Poder competente sobre irregularidades ou abusos apurados.

O ato de sustação de contrato será adotado diretamente pelo Congresso Nacional, que solicitará imediatamente ao Poder Executivo as medidas cabíveis. Caso o Congresso Nacional ou Poder Executivo não efetive tais medidas dentro de noventa dias, caberá ao Tribunal decidir.

As decisões do Tribunal de Contas que imputem débito ou multa terão eficácia de título executivo extrajudicial, ou seja, equivalente a um cheque, pois não é oriundo de decisão judicial como seria uma sentença (art. 71 e seus parágrafos).

Sobre o tema contraditório e ampla defesa no controle realizado pelo Tribunal de Contas, importante ressaltar o teor da Súmula Vinculante n. 3, editada pelo STF:

"Nos processos perante o Tribunal de Contas da União asseguram-se o contraditório e ampla defesa quando da decisão puder resultar anulação ou revogação de ato administrativo que beneficie o interessado, excetuada a apreciação da legalidade do ato de concessão inicial de aposentadoria, reforma e pensão".

Assim, nos termos da súmula citada, em regra haverá o contraditório e ampla defesa no controle realizado pelo Tribunal de Contas, salvo quando se tratar de concessão inicial de aposentadoria, reforma e pensão.

8.2.4. Controle judicial

É o controle realizado pelo Poder Judiciário. O controle judicial recai sobre os aspectos de *legalidade* dos atos administrativos.

Sobre o tema, vale relembrar que o Poder Judiciário não controla mérito.

Esse controle, diferentemente do controle administrativo, só poderá ser iniciado mediante provocação.

Os principais instrumentos de provocação são:

a) Mandado de segurança: será concedido a fim de proteger direito líquido e certo, não amparado por *habeas corpus* nem por *habeas data*, quando o responsável pela ilegalidade ou abuso de poder for autoridade pública ou agente de pessoa jurídica exercendo atribuições do Poder Público (art. 5º, LXIX, da CF).

b) Ação popular: pode ser proposta por qualquer cidadão, visando anular ato lesivo ao patrimônio público ou de entidade de que o Estado participe, ou ato lesivo à moralidade administrativa, ao meio ambiente e ao patrimônio histórico e cultural (art. 5º, LXXII, da CF).

Cidadão, para fins de ação popular, é o eleitor.

c) *Habeas corpus*: será concedido sempre que alguém sofrer ou se achar ameaçado de sofrer violência ou coação em sua liberdade de locomoção, por ilegalidade ou abuso de poder (art. 5º, LXVIII, da CF).

d) *Habeas data*: será concedido a fim de assegurar o conhecimento de informações relativas à pessoa do impetrante, constantes de registros ou bancos de dados de entidades governamentais ou de caráter público; ou ainda para retificar dados quando não se prefira fazê-lo por processo sigiloso, judicial ou administrativo (art. 5º, LXXII, da CF).

Embora essas duas hipóteses estejam previstas na Constituição Federal, a Lei n. 9.507/97, em seu art. 7º, III, acrescentou uma terceira hipótese de cabimento do *habeas data, sendo* para a anotação nos assentamentos do interessado, de contestação ou explicação sobre dado verdadeiro, mas justificável e que esteja sob pendência judicial ou amigável.

O controle judicial especial dar-se-á sobre os atos políticos, os atos legislativos e os atos *interna corporis*.

Os atos políticos são aqueles praticados com larga margem de discricionariedade (liberdade de realizar um juízo de valor, juízo de oportunidade e de conveniência). Ex.: indulto concedido pelo Presidente da República. Nesse caso, o controle é especial, pois depende da comprovação de lesão a direito individual ou coletivo, além da demonstração de vício de legalidade ou de constitucionalidade.

Percebam que não é possível impetrar mandado de segurança única e simplesmente porque não concordamos com a ideia de presos serem libertados. Há a necessidade da comprovação dos requisitos citados.

O controle judicial dos atos *interna corporis* também é considerado especial, na medida em que é imprescindível a demonstração, mais uma vez, de ofensa a interesse individual ou coletivo, bem como de vício de legalidade ou de constitucionalidade.

Os atos *interna corporis* são aqueles de competência interna dos Poderes Legislativo e Judiciário, como o regimento interno da Câmara dos Deputados ou o regimento interno do STF.

Por fim, o controle especial dos atos legislativos consiste no controle das leis, por meio de titulares determinados e ações específicas, como a Ação Direta de Inconstitucionalidade (ADI ou ADIN), Ação Declaratória de Constitucionalidade (ADC ou ADCON) e Arguição de Descumprimento de Preceito Fundamental (ADPF).

8.3. IMPROBIDADE ADMINISTRATIVA

Os elementos constitutivos da improbidade administrativa, nos termos da Lei n. 8.429/92, são:

a) sujeito passivo;

b) sujeito ativo;

c) ato de improbidade;

d) elemento subjetivo: dolo ou culpa.

8.3.1. Sujeito passivo

Somente algumas entidades poderão ser vítimas do ato de improbidade. São elas:

1ª) pessoas políticas que compõem a Administração Direta (União, Estados, DF e Municípios), além dos Territórios;

2ª) entidades que compõem a Administração Indireta (autarquias, fundações, empresas públicas e sociedades de economia mista);

3ª) empresas que, mesmo não integrando a Administração Indireta, pertencem ao Poder Público, pois a ele foram incorporadas;

4ª) empresas para cuja criação ou custeio o erário público concorreu com mais de 50% do patrimônio ou da receita anual;

5ª) entidades privadas em relação às quais o Estado estimule a atividade de fomento, por meio de subvenção, benefício ou incremento fiscal ou creditício;

Na atividade de fomento, o Estado convida o particular para fazer algo pelo social e receber algum benefício em troca. Ex.: se uma empresa privada investir parte do seu lucro na saúde pública, recebe em troca um benefício tributário.

6ª) entidades para cuja criação ou custeio o erário haja concorrido com menos de 50% do patrimônio ou da receita anual.

8.3.2. Sujeito ativo

A Lei de Improbidade considera sujeito ativo o *agente público* e o *terceiro, mesmo não sendo agente público*, que induza ou concorra para a prática do ato de improbidade ou dele se beneficie de qualquer forma, direta ou indireta (art. 1º, c/c o art. 3º, ambos da Lei n. 8.429/92).

O legislador teve o cuidado de definir o agente público para fins da lei de improbidade como todo aquele que exerce, ainda que transitoriamente ou sem remuneração, por eleição, nomeação, designação, contratação ou qualquer outra forma de investidura ou vínculo, mandato, cargo, emprego ou função pública nas entidades elencadas como sujeito passivo no item II deste capítulo (art. 2º da Lei n. 8.429/92).

8.3.3. Do ato de improbidade

A Lei n. 8.429/92 define três espécies de atos de improbidade:

- os que geram enriquecimento ilícito;
- os que causam prejuízo ao erário;
- os que cobram ISS abaixo de 2%;
- os que atentam contra os princípios da Administração.

Iniciaremos pelos atos de improbidade administrativa que importam enriquecimento ilícito.

Constitui ato de improbidade administrativa, importando enriquecimento ilícito, auferir qualquer tipo de vantagem patrimonial indevida em razão do exercício de cargo, mandato, função, emprego ou atividade nas entidades mencionadas no art. 1º da lei de improbidade (as vítimas), e notadamente (rol de exemplos) (art. 9º):

a) receber, para si ou para outrem, dinheiro, bem móvel ou imóvel, ou qualquer outra vantagem econômica, direta ou indireta, a título de comissão, percentagem, gratificação ou presente de quem tenha interesse, direto ou indireto, que possa ser atingido ou amparado por ação ou omissão decorrente das atribuições do agente público;

b) perceber vantagem econômica, direta ou indireta, para facilitar a aquisição, permuta ou locação de bem móvel ou imóvel, ou a contratação de serviços pelas entidades referidas no art. 1º da lei *de improbidade (as vítimas)* por preço superior ao valor de mercado;

c) perceber vantagem econômica, direta ou indireta, para facilitar a alienação, permuta ou locação de bem público ou o fornecimento de serviço por ente estatal por preço inferior ao valor de mercado;

d) utilizar, em obra ou serviço particular, veículos, máquinas, equipamentos ou material de qualquer natureza, de propriedade ou à disposição de qualquer das entidades mencionadas no art. 1º da lei *de improbidade (as vítimas)*, bem como o trabalho de servidores públicos, empregados ou terceiros contratados por essas entidades;

e) receber vantagem econômica de qualquer natureza, direta ou indireta, para tolerar a exploração ou a prática de jogos de azar, de lenocínio, de narcotráfico, de contrabando, de usura ou de qualquer outra atividade ilícita, ou aceitar promessa de tal vantagem;

f) receber vantagem econômica de qualquer natureza, direta ou indireta, para fazer declaração falsa sobre medição ou avaliação em obras públicas ou qualquer outro serviço, ou sobre quantidade, peso, medida, qualidade ou característica de mercadorias ou bens fornecidos a qualquer das entidades mencionadas no art. 1º da *lei de improbidade (as vítimas)*;

g) adquirir, para si ou para outrem, no exercício de mandato, cargo, emprego ou função pública, bens de qualquer natureza cujo valor seja desproporcional à evolução do patrimônio ou à renda do agente público;

h) aceitar emprego, comissão ou exercer atividade de consultoria ou assessoramento para pessoa física ou jurídica que tenha interesse suscetível de ser atingido ou amparado por ação ou omissão decorrente das atribuições do agente público, durante a atividade;

i) perceber vantagem econômica para intermediar a liberação ou aplicação de verba pública de qualquer natureza;

j) receber vantagem econômica de qualquer natureza, direta ou indiretamente, para omitir ato de ofício, providência ou declaração a que esteja obrigado;

k) incorporar, por qualquer forma, ao seu patrimônio bens, rendas, verbas ou valores integrantes do acervo patrimonial das entidades mencionadas no art. 1º da lei *de improbidade (as vítimas)*;

l) usar, em proveito próprio, bens, rendas, verbas ou valores integrantes do acervo patrimonial das entidades mencionadas no art. 1º da lei *de improbidade (as vítimas)*.

Já o art. 10 traz um rol *exemplificativo* (isto é, podem existir outras possibilidades aqui não previstas) de atos de improbidade administrativa que causam prejuízo ao erário.

Constitui ato de improbidade administrativa que causa lesão ao erário qualquer ação ou omissão, dolosa ou culposa, que enseje perda patrimonial, desvio, apropriação, malbaratamento ou dilapidação dos bens ou haveres das entidades referidas no art. 1º da lei de improbidade (as vítimas), e notadamente (art. 10):

a) facilitar ou concorrer por qualquer forma para a incorporação ao patrimônio particular, de pessoa física ou jurídica, de bens, rendas, verbas ou valores integrantes do acervo patrimonial das entidades mencionadas no art. 1º da lei *de improbidade (as vítimas)*;

b) permitir ou concorrer para que pessoa física ou jurídica privada utilize bens, rendas, verbas ou valores integrantes do acervo patrimonial das entidades mencionadas no art. 1º da lei *de improbidade (as vítimas)*, sem a observância das formalidades legais ou regulamentares aplicáveis à espécie;

c) doar à pessoa física ou jurídica, bem como ao ente despersonalizado, ainda que de fins educativos ou assistenciais, bens, rendas, verbas ou valores do patrimônio de qualquer das entidades mencionadas no art. 1º da lei *de improbidade (as vítimas)*, sem observância das formalidades legais e regulamentares aplicáveis à espécie;

d) permitir ou facilitar a alienação, permuta ou locação de bem integrante do patrimônio de qualquer das entidades referidas no art. 1º dessa lei, ou ainda a prestação de serviço por parte delas, por preço inferior ao de mercado;

e) permitir ou facilitar a aquisição, permuta ou locação de bem ou serviço por preço superior ao de mercado;

f) realizar operação financeira sem observância das normas legais e regulamentares ou aceitar garantia insuficiente ou inidônea;

g) conceder benefício administrativo ou fiscal sem a observância das formalidades legais ou regulamentares aplicáveis à espécie;

h) frustrar a licitude de processo licitatório ou de processo seletivo para celebração de parcerias com entidades sem fins lucrativos, ou dispensá-los indevidamente;

i) ordenar ou permitir a realização de despesas não autorizadas em lei ou regulamento;

j) agir negligentemente na arrecadação de tributo ou renda, bem como no que diz respeito à conservação do patrimônio público;

k) liberar verba pública sem a estrita observância das normas pertinentes ou influir de qualquer forma para a sua aplicação irregular;

l) permitir, facilitar ou concorrer para que terceiro enriqueça ilicitamente;

m) permitir que se utilize, em obra ou serviço particular, veículos, máquinas, equipamentos ou material de qualquer natureza, de propriedade ou à disposição de qualquer das entidades mencionadas no art. 1º dessa lei, bem como o trabalho de servidor público, empregados ou terceiros contratados por essas entidades;

n) celebrar contrato ou outro instrumento que tenha por objeto a prestação de serviços públicos por meio da gestão associada sem observar as formalidades previstas na lei;

o) celebrar contrato de rateio de consórcio público sem suficiente e prévia dotação orçamentária, ou sem observar as formalidades previstas na lei;

p) facilitar ou concorrer, por qualquer forma, para a incorporação, ao patrimônio particular de pessoa física ou jurídica, de bens, rendas, verbas ou valores públicos transferidos pela administração pública a entidades privadas mediante celebração de parcerias, sem a observância das formalidades legais ou regulamentares aplicáveis à espécie;

q) permitir ou concorrer para que pessoa física ou jurídica privada utilize bens, rendas, verbas ou valores públicos transferidos pela administração pública a entidade privada mediante celebração de parcerias, sem a observância das formalidades legais ou regulamentares aplicáveis à espécie;

r) celebrar parcerias da administração pública com entidades privadas sem a observância das formalidades legais ou regulamentares aplicáveis à espécie;

s) frustrar a licitude de processo seletivo para celebração de parcerias da administração pública com entidades privadas ou dispensá-lo indevidamente;

t) agir negligentemente na celebração, fiscalização e análise das prestações de contas de parcerias firmadas pela administração pública com entidades privadas;

u) liberar recursos de parcerias firmadas pela administração pública com entidades privadas sem a estrita observância das normas pertinentes ou influir de qualquer forma para a sua aplicação irregular.

Dos Atos de Improbidade Administrativa Decorrentes de Concessão ou Aplicação Indevida de Benefício Financeiro ou Tributário

O art. 10-A trata dos atos de Improbidade Administrativa decorrentes de concessão ou aplicação indevida de benefício financeiro ou tributário referente ao ISS em alíquota menor de 2%, ao estabelecer: "Constitui ato de improbidade administrativa qualquer ação ou omissão para conceder, aplicar ou manter benefício financeiro ou tributário contrário ao que dispõem o *caput* e o § 1º do art. 8º-A da Lei Complementar n. 116, de 31 de julho de 2003". (Incluído pela Lei Complementar n. 157, de 2016.)

Por fim, o art. 11 trata *exemplificativamente* dos atos de improbidade administrativa que atentam contra os princípios da Administração Pública.

Constitui ato de improbidade administrativa que atenta contra os princípios da Administração Pública qualquer ação ou omissão que viole os deveres de honestidade, imparcialidade, legalidade e lealdade às instituições, e notadamente (rol de exemplos) (art. 11):

a) praticar ato visando fim proibido em lei ou regulamento ou diverso daquele previsto, na regra de competência;

b) retardar ou deixar de praticar, indevidamente, ato de ofício;

c) revelar fato ou circunstância de que tem ciência em razão das atribuições e que deva permanecer em segredo;

d) negar publicidade aos atos oficiais;

e) frustrar a licitude de concurso público;

f) deixar de prestar contas quando esteja obrigado a fazê-lo;

g) revelar ou permitir que chegue ao conhecimento de terceiro, antes da respectiva divulgação oficial, teor de medida política ou econômica capaz de afetar o preço de mercadoria, bem ou serviço;

h) descumprir as normas relativas à celebração, fiscalização e aprovação de contas de parcerias firmadas pela administração pública com entidades privadas;

i) deixar de cumprir a exigência de requisitos de acessibilidade previstos na legislação.

8.3.4. Sanções

O art. 37, § 4º, da Constituição Federal estabeleceu que os atos de improbidade importarão:

- suspensão dos direitos políticos;
- perda da função pública;
- indisponibilidade dos bens;
- ressarcimento ao erário, na forma e gradação previstas em lei, sem prejuízo de ação penal cabível.

Já a Lei n. 8.429/92 também definiu sanções pela prática do ato de improbidade no art. 12, a saber:

- perda dos bens ou valores acrescidos ilicitamente ao patrimônio (para o enriquecimento ilícito);
- multa civil;
- proibição de contratar com o Poder Público ou receber benefícios ou incentivos fiscais ou creditícios, direta ou indiretamente, ainda que por intermédio de pessoa jurídica da qual seja sócio majoritário.

Sobre o tema cumpre destacar que todas as sanções poderão ser aplicadas isolada ou conjuntamente, de acordo com a gravidade do fato, independentemente das cíveis, administrativas ou penais na legislação pertinente, conforme previsão do art. 12 da Lei de Improbidade.

No tocante à gradação determinada pela Constituição Federal, prevê a Lei n. 8.429/92:

1ª) Suspensão dos direitos políticos, que varia:

- de 8 a 10 anos no caso de enriquecimento ilícito;
- de 5 a 8 anos no caso de atos que geram prejuízo ao erário;
- de 3 a 5 anos no caso de atos que atentam contra os princípios da Administração;

2ª) O valor da multa civil, que pode ser:

- de até 3 x o valor do acréscimo patrimonial em caso de enriquecimento ilícito;
- de até 2 x o valor do dano, no caso de lesão ao erário;
- de até 100 x o valor da remuneração percebida pelo agente, no caso de atentado aos princípios da Administração;

3ª) Proibição de contratar com a Administração ou de receber benefícios ou incentivos fiscais ou creditícios, podendo ser aplicada:

- pelo prazo de 10 anos no caso de enriquecimento ilícito;
- pelo prazo de 5 anos nos atos que geram prejuízo ao erário;
- pelo prazo de 3 anos no caso de atos que atentam contra os princípios da Administração.

Por fim, sobre o tema sanção, importante destacar o disposto no art. 21 que torna a aplicação das sanções citadas independentemente de:

a) efetiva ocorrência de dano ao patrimônio público, salvo quanto à pena de ressarcimento;

b) aprovação ou rejeição das contas pelo órgão de controle interno ou pelo Tribunal ou Conselho de Contas.

4ª) na hipótese prevista no art. 10-A, perda da função pública, suspensão dos direitos políticos de 5 (cinco) a 8 (oito) anos e multa civil de até 3 (três) vezes o valor do benefício financeiro ou tributário concedido. (Incluído pela Lei Complementar n. 157, de 2016.)

8.3.5. Da ação de improbidade administrativa

Têm legitimidade para propor a ação de improbidade administrativa tanto o membro do Ministério Público como a pessoa jurídica interessada (uma das vítimas elencadas no item 8.2.2 deste capítulo).

Ademais, sobre o tema cumpre informar que a Lei n. 8.429/92 veda em seu art. 17, § 1º, a transação, acordo ou conciliação nas ações de improbidade.

O fundamento da aludida vedação é exatamente a indisponibilidade do interese público.

8.3.6. Da prescrição

A ação de improbidade deverá ser proposta em determinado prazo, sob pena de prescrever tal pretensão, ou seja, de a Administração perder a chance de impor as penalidades. Sobre o tema, prevê a lei de improbidade (art. 23):

a) até cinco anos após o término do exercício de mandato, de cargo em comissão ou de função de confiança;

b) dentro do prazo prescricional previsto em lei específica para faltas disciplinares puníveis com demissão a bem do serviço público, nos casos de exercício de cargo efetivo ou emprego;

c) até cinco anos da data da apresentação à administração pública da prestação de contas final pelas entidades referidas no parágrafo único do art. 1º desta Lei.

No âmbito federal a Lei n. 8.112/90 estabelece o prazo de 5 anos para impor a penalidade de demissão. Logo, esse é o prazo para propor a ação de improbidade em face de servidor público estatutário federal.

QUESTÕES
Responsabilidade do Estado

1. (CESPE – 2017 – TRT – 7ª Região – CE) A responsabilização do Estado é, em regra, objetiva. Existem, no entanto, situações em que é possível o afastamento de tal responsabilização em razão das causas excludentes de responsabilização, entre as quais se cita o seguinte exemplo:

   a) o ferimento de um indivíduo, baleado por um policial durante uma perseguição na rua.

   b) a situação de calamidade pública que fosse decretada pelo governador de determinado estado brasileiro se este eventualmente fosse atingido por tremor sísmico devastador.

   c) o falecimento de paciente em dia posterior ao da entrada em hospital público, fato decorrente da não realização de exames prescritos pelo médico atendente.

   d) a inundação de casas em decorrência da ausência de limpeza nos bueiros da cidade.

2. (CESPE – 2017 – TRE-BA – Técnico Judiciário – Área Administrativa) João, servidor público federal, no exercício do cargo de motorista, colidiu com veículo de Pedro, particular, causando a este grave abalo pessoal e danos materiais. Após a investigação do ocorrido, foi verificada a culpa de João, que dirigia em alta velocidade no momento do evento.

   Nessa situação hipotética,

   a) o Estado deverá indenizar o particular pelos danos materiais, e o servidor deverá arcar com os danos morais.

   b) o servidor responderá objetivamente pela reparação dos danos materiais e morais.

   c) o Estado, caso seja condenado judicialmente ao pagamento de indenização, poderá, mediante ação de regresso, reaver do servidor o quanto tiver de pagar ao particular.

   d) o direito do particular à reparação dos prejuízos sofridos será imprescritível.

   e) a reparação dos danos sofridos pelo particular só poderá ser realizada por via judicial.

Controle da Administração

3. (CESPE – 2017 – TRT – 7ª Região – CE – Técnico Judiciário – Área Administrativa) O controle judicial da administração poderá ser realizado por meio do instrumento denominado

   a) *habeas data*.

   b) pedido de reconsideração administrativo.

   c) pedido de revisão.

   d) direito de petição.

4. (UFMT – 2017 – UFSBA – Assistente em Administração) Leia o texto abaixo:

   O princípio de que a Administração se subordina à lei – princípio da legalidade – revela-se como uma das conquistas mais importantes da evolução estatal. Seria, contudo, ineficaz, se não se previssem meios de fazê-lo valer na prática. A função de fiscalização engloba esses meios que se preordenam no sentido de impor à Administração o respeito à lei, quando sua conduta contrasta com esse dever, ao qual se adiciona o dever de boa administração, que fica também sob a vigilância dos sistemas de controle.
   (SILVA, José Afonso da. *Curso de Direito Constitucional Positivo*. 25. ed. São Paulo: Malheiros Editores, 2005).

   Quanto aos sistemas de controle referidos no texto, é correto afirmar:

   a) O controle interno é exercido pelo Tribunal de Contas, com o auxílio das Auditorias internas.

   b) No regime brasileiro, o controle da administração financeira e orçamentária é reservado apenas às Auditorias internas.

   c) Os sistemas de controle interno e externo foram unificados e são exercidos exclusivamente pelos Tribunais de Contas.

   d) O controle externo é exercido pelo Poder Legislativo, com o auxílio do respectivo Tribunal de Contas.

Improbidade Administrativa

5. (CESPE – 2017 – TRF – 1ª REGIÃO) Com relação a improbidade administrativa e a aspecto constante da Resolução CNJ n. 230/2016, julgue o item subsequente.

   Se servidor público, em conluio com representante de sociedade empresária, cometer ato de improbidade administrativa, ambos responderão pelo integral ressarcimento do dano causado, bem como estarão sujeitos, no que couber a cada um, às penalidades previstas na lei que trata da improbidade administrativa.

   ( ) Certo   ( ) Errado

6. (UFES – 2017 – Assistente em Administração) Sobre a Lei de Improbidade Administrativa, analise as seguintes afirmativas:

I. É vedada a transação, o acordo ou a conciliação nas ações de improbidade administrativa.

II. Constitui crime a representação por ato de improbidade contra agente público ou terceiro beneficiário, quando o autor da denúncia o sabe inocente.

III. A aplicação das sanções previstas na Lei de Improbidade Administrativa independe da aprovação ou rejeição das contas pelo órgão de controle interno ou pelo Tribunal ou Conselho de Contas.

É CORRETO o que se afirma em

a) I, apenas.
b) I e II, apenas.
c) I e III, apenas.
d) II e III, apenas.
e) I, II e III.

GABARITO

1. B
2. C
3. A
4. D
5. Certo
6. E

CAPÍTULO 9

LEI N. 9.784/99 E ALTERAÇÕES POSTERIORES (LEI DO PROCESSO ADMINISTRATIVO)

9.1. CONCEITO

O processo administrativo consiste no conjunto de atos administrativos concatenados (ordenados) e preparatórios de uma decisão da Administração.

Essa decisão pode estar relacionada com alguma controvérsia no âmbito administrativo, entre Administração e administrado, ou não, isto é, não existe nenhuma controvérsia, mas a Administração se vale de um processo administrativo antes de expedir uma decisão final. Ex.: processo de expediente formado em razão de um pedido de certidão.

Ademais, importante destacar que uma das espécies de processo administrativo é o PAD (processo administrativo disciplinar), que visa apurar infrações funcionais praticadas pelos servidores públicos e que foi estudado no capítulo "Agentes Públicos".

9.2. PRINCÍPIOS

A Lei n. 9.784/99 estabelece alguns princípios, como legalidade, finalidade, motivação, razoabilidade, proporcionalidade, moralidade, ampla defesa, contraditório, segurança jurídica, interesse público e eficiência, que devem ser seguidos pela Administração Pública Federal na realização de um processo administrativo (art. 2º).

Em razão de já termos trabalhado com muitos desses princípios no capítulo "Princípios da Administração Pública", estudaremos neste momento aqueles específicos do processo administrativo.

1º) Princípios do contraditório e ampla defesa:

Esses princípios devem ser cumpridos não só nos processos judiciais como também nos processos administrativos. Sobre o tema, nossa Constituição Federal ensina que é assegurado aos litigantes e aos acusados em geral o contraditório e ampla defesa, seja no processo judicial, seja no processo administrativo (art. 5º, LV).

Ademais, a Lei n. 9.784/99 prevê a garantia à comunicação, à apresentação de alegações finais, à produção de provas e à interposição de recursos como elementos inerentes aos princípios do contraditório e ampla defesa (inciso X do art. 2º).

2º) Princípio da oficialidade ou do impulso oficial:

Por esse princípio, compete à Administração dar andamento ao processo administrativo até final decisão, ainda que tenha sido instaurado mediante requerimento do administrado. Ex.: se o administrado requer a instauração de um processo administrativo e desaparece, a Administração deverá dar andamento até o final.

Esse princípio tem por fundamento *a finalidade pública* da atuação administrativa, que exige a *satisfação do interesse público* e, consequentemente, a movimentação de ofício (independentemente de requerimento do particular) do processo administrativo como única forma de tutelar o interesse coletivo. Se o particular que requereu a instauração desapareceu, isso em nada interfere no dever de a Administração dar andamento ao processo.

A esse respeito, dispõe a Lei n. 9.784/99 que serão observados, entre outros critérios, a impulsão de ofício sem prejuízo da atuação dos interessados (art. 2º, parágrafo único).

Ademais, nesse sentido, preveem os arts. 5º e 29, *caput*, da Lei n. 9.784/99 que o processo administrativo pode se iniciar de ofício ou a pedido de interessado e que a produção de provas destinada a averiguar e comprovar os dados necessários à tomada de decisão será realizada de ofício ou mediante impulsão do órgão responsável pelo processo.

3º) Princípio do informalismo ou formalismo moderado:

Esse princípio legitima formas simples na composição do processo administrativo, bastando que sejam suficientes para garantir a segurança e o respeito aos direitos dos administrados. Ex.: deve ser escrito, datado e assinado pela autoridade competente.

Sobre o tema, dispõe a Lei n. 9.784/99 que as formalidades essenciais à garantia dos direitos dos administrados serão observadas junto com a adoção de formas simples, suficientes para propiciar adequado grau de certeza, segurança e respeito aos direitos dos administrados (incisos VIII e IX do art. 2º).

Não há necessidade do formalismo existente, por exemplo, no processo judicial, que exige como regra a defesa por advogado.

Por outro lado, prevê o *caput* do art. 22 da Lei n. 9.784/99 que, se existir lei exigindo que o processo administrativo siga determinada forma, esta deverá ser cumprida, sob pena de nulidade do processo.

4º) Princípio da verdade material:

Em razão desse princípio, a Administração deve procurar saber o que realmente aconteceu, valendo-se de todos os meios de prova em direito admitidos.

Em razão de a Administração tutelar o interesse público, não pode ficar aguardando as provas trazidas pelos administrados (verdade formal), devendo buscar o que realmente aconteceu (verdade material) durante o processo administrativo. Ex.: comerciante afirma que está sendo coagido por um fiscal a pagar-lhe propina. A Administração não deve ficar esperando as provas trazidas pelo comerciante, mas sim buscar saber se a extorsão é verdadeira.

9.3. DIREITOS E DEVERES DOS ADMINISTRADOS

Os direitos e os deveres dos administrados estão previstos na Lei n. 9.784/99 (arts. 3º e 4º). Como direitos diante da Administração Pública podemos citar:

a) ser tratado com respeito pelas autoridades e servidores, que deverão facilitar o exercício de seus direitos e o cumprimento de suas obrigações;

b) ter ciência da tramitação dos processos administrativos em que tenha a condição de interessado, ter vista dos autos, obter cópias de documentos neles contidos e conhecer as decisões proferidas;

c) formular alegações e apresentar documentos antes da decisão, os quais serão objeto de consideração pelo órgão competente;

d) fazer-se assistir, facultativamente, por advogado, salvo quando obrigatória a representação, por força de lei.

Por sua vez, como deveres do administrado perante a Administração, temos:

a) expor os fatos conforme a verdade;

b) proceder com lealdade, urbanidade e boa-fé;

c) não agir de modo temerário;

d) prestar as informações que lhe forem solicitadas e colaborar para o esclarecimento dos fatos.

9.4. COMPETÊNCIA

Conforme visto no capítulo "Atos Administrativos", a competência consiste no conjunto de atribuições conferidas pela lei a um órgão ou agentes públicos para o desempenho da atividade administrativa.

A Lei n. 9.784/99 dispõe sobre delegação e avocação de competência que poderão ocorrer independentemente da irrenunciabilidade. Caso não haja competência legal específica, o processo administrativo deverá se iniciar perante a autoridade de menor grau hierárquico para decidir (art. 17).

a) Delegação de competência: a delegação de competência consiste na transferência de parcela das atribuições de um órgão ou agente para outros, subordinados ou não, e desde que não haja impedimento legal. A delegação é revogável a qualquer tempo pelo agente delegante. Assim, é possível delegar inclusive aos hierarquicamente subordinados, em razão de índole técnica, social, econômica, jurídica ou territorial (art. 12).

Entretanto, a delegação de competência não poderá ocorrer nas hipóteses previstas no art. 13 da Lei n. 9.784/99:

I) a edição de atos de caráter normativo;

II) a decisão de recursos administrativos;

III) as matérias de competência exclusiva do órgão ou autoridade.

Nesse tocante, cumpre ressaltar ainda que a delegação poderá ser revogada a qualquer tempo pela autoridade delegante, nos termos do § 2º do art. 14 da Lei n. 9.784/99.

b) Avocação de competência: ocorre quando um superior hierárquico chama para si parcela das atribuições de um subordinado. Essa avocação ocorrerá em caráter temporário e, em casos excepcionais, por motivos relevantes devidamente justificados.

9.5. FASES DO PROCESSO ADMINISTRATIVO

1ª) Fase de instauração: é a fase que inicia o processo administrativo, definindo o objeto e a autoridade competente para conduzi-lo.

Esse processo pode ser instaurado de ofício pela Administração (independentemente de requerimento) ou mediante pedido do interessado.

2ª) Fase instrutória: nessa fase são colhidas todas as provas (documentais, testemunhais, periciais...), bem como será o momento de o acusado exercer seu direito constitucional ao contraditório e ampla defesa.

3ª) Fase de julgamento: é a fase em que a decisão será proferida pela autoridade competente. Essa decisão poderá ser emanada de uma só autoridade ou de um órgão colegiado, composto de várias autoridades.

4ª) Fase recursal: é a fase na qual a parte que se sentir prejudicada poderá recorrer da decisão proferida em processo administrativo. Sobre o tema, cumpre destacar que existem:

a) Recurso hierárquico próprio: é aquele dirigido a autoridade superior dentro do mesmo órgão;

b) Recurso hierárquico impróprio: é o recurso dirigido a órgão estranho àquele de onde se originou a decisão recorrida. Ex.: recurso contra o ato de uma autarquia dirigido ao Ministério a que essa autarquia está vinculada.

Sobre a possibilidade de ser exigido depósito prévio para a interposição de recurso administrativo, a resposta é negativa tanto na posição do STJ como na visão do STF:

Súmula 373 STJ:

É ilegítima a exigência de depósito prévio para admissibilidade de recurso administrativo (*DJe* 30-3-2009).

Súmula Vinculante 21:

É inconstitucional a exigência de depósito ou arrolamento prévios de dinheiro ou bens para admissibilidade de recurso administrativo (*DJe* 10-11-2009).

A esse respeito, importante destacar ainda que o pedido de *Revisão* não se caracteriza como recurso administrativo em sentido estrito, mas como instrumento utilizado para demonstrar a inadequação da sanção aplicada, em razão do surgimento de fatos novos ou circunstâncias relevantes que justifiquem essa inadequação.

A revisão pode ser proposta a qualquer tempo, a pedido do interessado ou de ofício pela Administração. O art. 64 prevê a possibilidade da *reformatio in pejus* (reforma para pior) quando da apreciação de um recurso administrativo. Contudo, o art. 65, parágrafo único, a proíbe quando da revisão dos processos de que resultem sanções.

9.6. DO IMPEDIMENTO E DA SUSPEIÇÃO

Em determinadas hipóteses alguns agentes públicos estão impedidos de atuar em processo administrativo e, em outras, são considerados suspeitos.

São hipóteses de impedimento, de acordo com a Lei n. 9.784/99 (art. 18):

a) ter interesse direto ou indireto na matéria;

b) ter participado ou vir a participar como perito, testemunha ou representante, ou tais situações ocorrerem quanto ao cônjuge, companheiro ou parente e afins até o terceiro grau;

c) estar litigando judicial ou administrativamente com o interessado ou respectivo cônjuge ou companheiro.

Já as hipóteses de suspeição consistem na amizade íntima ou inimizade notória de servidor com algum dos interessados ou com os respectivos cônjuges, companheiros, parentes e afins até o terceiro grau (art. 20).

9.7. CONTAGEM DE PRAZOS

Inicia-se a contagem dos prazos da *data da cientificação oficial*, ou seja, do dia em que a Administração der ciência pelos órgãos oficiais. Ex.: *Diário Oficial*.

Na contagem dos prazos *exclui-se o dia do começo e se inclui o dia do vencimento*. Ex.: administrado possui 3 dias para praticar um ato que foi publicado na segunda-feira. O prazo máximo para a prática desse ato será quinta-feira (exclui-se o dia do começo – segunda-feira – e se inclui o dia do vencimento – quinta-feira).

Se o dia do vencimento cair em data em que não houver expediente (sábado, domingo ou feriado), ou se este for encerrado antes do horário normal, considera-se prorrogado o prazo até o primeiro dia útil seguinte. Ex.: o prazo do vencimento cai num sábado; prorroga-se até a segunda-feira seguinte, desde que seja dia útil.

9.8. DA PRIORIDADE NA TRAMITAÇÃO DO PROCESSO ADMINISTRATIVO

A Lei n. 12.008, de 29 de julho de 2009, introduziu o art. 69-A na Lei do Processo Administrativo Federal, estabelecendo a prioridade em qualquer órgão ou instância para as pessoas, como parte ou interessado, que se encontrarem nas seguintes situações:

a) pessoa com idade igual ou superior a 60 (sessenta) anos (incluído pela Lei n. 12.008, de 2009);

b) pessoa portadora de deficiência, física ou mental (incluído pela Lei n. 12.008, de 2009);

c) pessoa portadora de tuberculose ativa, esclerose múltipla, neoplasia maligna, hanseníase, paralisia irreversível e incapacitante, cardiopatia grave, doença de Parkinson, espondiloartrose anquilosante, nefropatia grave, hepatopatia grave, estados avançados da doença de Paget (osteíte deformante), contaminação por radiação, síndrome de imunodeficiência adquirida, ou outra doença grave, com base em conclusão da medicina especializada, mesmo que a doença tenha sido contraída após o início do processo.

A pessoa interessada na obtenção do benefício deve juntar prova de sua condição, requerendo à autoridade administrativa competente, que determinará as providências a serem cumpridas (§ 1º). Caso a prioridade na tramitação seja deferida, os autos terão identificação própria para tal benefício (§ 2º).

QUESTÕES

1. (CESPE – 2017 – TRT – 7ª Região – CE – Técnico Judiciário – Área Administrativa) Conforme a Lei n. 9.784/1999, que regula o processo administrativo no âmbito da administração pública federal, estabelece que é dever do administrado perante a administração, sem prejuízo de outros previstos em ato normativo,

    a) prestar as informações que lhe forem solicitadas e colaborar para o esclarecimento dos fatos.

    b) tomar ciência da tramitação dos processos administrativos em que tenha a condição de interessado.

    c) expor os fatos conforme seu entendimento, desde que respeitado o interesse coletivo.

    d) formular alegações e apresentar documentos antes da decisão, os quais serão objeto de consideração pelo órgão competente.

2. (IBFC – 2017 – TJ-PE – Técnico Judiciário – Função Administrativa) Terão legitimidade para apresentar recurso em processo administrativo no âmbito da Administração Pública Federal, exceto.

    a) Aqueles cujos direitos foram indiretamente afetados pela decisão proferida

    b) Empresas privadas cujo objeto é prestação de serviços ao setor público

    c) Associação quando a decisão dispor sobre interesses difusos

    d) Organizações e associações representativas na hipótese de se relacionar com interesses coletivos

    e) Os titulares de direito que forem parte no processo

3. (UFSM – 2017 – Técnico de Tecnologia da Informação) A Lei n. 9.784/99 regula o processo administrativo no âmbito da Administração Púbica.

    Para os fins desta lei, considera-se correto afirmar que

    I. é direito do administrado fazer-se assistir, facultativamente, por advogado, salvo quando obrigatória a representação, por força de lei.

    II. o processo administrativo pode iniciar-se de ofício ou a pedido de interessado.

    III. as organizações e associações representativas, no tocante a direitos e interesses coletivos, são legitimadas como interessadas no processo administrativo.

    IV. pode ser arguida a suspeição de autoridade ou servidor que tenha amizade íntima ou inimizade notória com algum dos interessados ou com os respectivos cônjuges, companheiros, parentes e afins até o terceiro grau.

    Está(ão) correta(s)

    a) apenas I.

    b) apenas IV.

    c) apenas I e II.

    d) apenas III e IV.

    e) I, II, III e IV.

GABARITO

1. A
2. B
3. E

REFERÊNCIAS BIBLIOGRÁFICAS

AMORIM, Gustavo Henrique Pinheiro de. *Para aprender direito – direito administrativo*. São Paulo: Editora Barros, Fischer & Associados, 2006.

BANDEIRA DE MELLO, Celso Antonio. *Curso de direito administrativo*. 27. ed. São Paulo: Malheiros, 2010.

BOLZAN, Fabrício. *Direito Administrativo para Concursos*. 2. ed. São Paulo: Saraiva, 2016.

CARVALHO FILHO, José dos Santos. *Manual de direito administrativo*. 23. ed. rev., ampl. e atual. até 31-12-2009. Rio de Janeiro: Lumen Juris, 2010.

CARVALHO, Raquel Melo Urbano. *Curso de direito administrativo – Parte geral, intervenção do Estado e estrutura da administração*. Salvador: JusPodivm, 2008.

DI PIETRO, Maria Sylvia Zanella. *Direito administrativo*. 20. ed. São Paulo: Atlas, 2007.

GASPARINI, Diogenes. *Direito administrativo*. 12. ed. rev. e atualizada. São Paulo: Saraiva, 2007.

JUSTEN FILHO, Marçal. *Curso de direito administrativo*. 7. ed. rev. e atualizada. Belo Horizonte: Fórum, 2011.

MARINELA, Fernanda. *Direito administrativo*. 5. ed. Niterói: Impetus, 2011.

MEIRELLES, Hely Lopes. *Direito administrativo*. 23. ed. São Paulo: Malheiros, 1998.

TAVARES, André Ramos. *Curso de direito constitucional*. 8. ed. São Paulo: Saraiva, 2010.

NOÇÕES DE DIREITO
CONSTITUCIONAL*

VINÍCIUS CASALINO

Doutor e Mestre em Filosofia e Teoria Geral do Direito pela Faculdade de Direito da Universidade de São Paulo (Largo São Francisco - USP). Pós-doutor pelo Departamento de Economia da Faculdade de Economia, Administração e Contabilidade da Universidade de São Paulo (FEA-USP). Professor-pesquisador da Faculdade de Direito da Pontifícia Universidade Católica de Campinas (PUCCAMP).

---

* Nota do autor: O texto que segue é uma adaptação resumida, revisada e atualizada da obra *Direito Constitucional*, parte integrante da *Coleção Concursos Públicos: Nível Médio & Superior*, publicada pela Editora Saraiva no ano de 2012.

CAPÍTULO 1

DIREITOS E DEVERES INDIVIDUAIS E COLETIVOS

1.1. INTRODUÇÃO: DIREITOS E GARANTIAS FUNDAMENTAIS

O título II da Constituição de 1988 denomina-se "Dos Direitos e Garantias Fundamentais" e engloba cinco capítulos: dos direitos e deveres individuais e coletivos (capítulo I); dos direitos sociais (capítulo II); da nacionalidade (capítulo III); dos direitos políticos (capítulo IV); e dos partidos políticos (capítulo V).

Portanto, segundo a Constituição, direitos e deveres individuais e coletivos, direitos sociais, direito de nacionalidade, direitos políticos e direito de formação de partidos políticos são, todos, *direitos e garantias fundamentais*.

No entanto, qual seria o *conceito* de *direitos e garantias fundamentais*? Segundo Motta e Barchet, "podemos definir direitos fundamentais como o conjunto de direitos que, em determinado período histórico e em certa sociedade, são reputados essenciais para seus membros, e assim são tratados pela Constituição, com o que se tornam passíveis de serem exigidos e exercitados, singular ou coletivamente" [MOTTA e BARCHET, 2007, p. 147].

A doutrina aponta uma *classificação* dos direitos fundamentais. Vejamos:

1. Direitos de Primeira Geração – Sob a perspectiva histórica, foram os primeiros a serem reconhecidos. São direitos de natureza *civil e política* e ligam-se ao princípio da liberdade. Também são denominados de *liberdades clássicas* e impõem uma *limitação ao poder do Estado*, ou seja, uma *atuação negativa* do poder público. Exemplos: vida, liberdade, propriedade, igualdade formal (perante a lei), incolumidade física etc.;

2. Direitos de Segunda Geração – São direitos de índole econômica, social e cultural. Impõem ao Estado uma *atuação positiva*, no sentido de minorar as desigualdades materiais e sociais. Ligam-se ao *princípio da igualdade material*. Exemplos: direito ao trabalho, à saúde, à moradia, à previdência social, à segurança, ao lazer etc.;

3. Direitos de Terceira Geração – São direitos de natureza *transindividual*, ou seja, não possuem destinatários especificados, abrangendo toda a sociedade, toda a coletividade. Ligam-se à solidariedade ou fraternidade. Exemplo: direito ao meio ambiente equilibrado, desenvolvimento sustentado, direito à paz, direito de propriedade sobre o patrimônio cultural comum da humanidade etc.;

4. Direitos de Quarta Geração – Alguma doutrina já fala em direitos de quarta e, mesmo, quinta gerações. Seriam de quarta geração os direitos relativos à manipulação genética, biotecnologia e bioengenharia etc.;

5. Direitos de Quinta Geração – Finalmente, a quinta geração de direitos fundamentais abrangeria os direitos relativos à realidade virtual e cibernética, o que envolveria a internacionalização de jurisdição através do desenvolvimento de altas tecnologias.

É importante ressaltar que a doutrina moderna prefere a expressão *dimensão* à *geração*. E isso porque o termo *dimensão* remete a acréscimo, soma. Assim, os direitos que, historicamente, surgem depois, *não excluem* os da dimensão anterior. Pelo contrário, agregam-se a eles.

Dessa forma, os direitos de segunda *dimensão* somam-se aos de primeira; os direitos de terceira dimensão somam-se aos de segunda e de primeira, e assim por diante.

Quais seriam os *destinatários (ou sujeitos)* dos direitos e garantias fundamentais? Em princípio, *todos os seres humanos*. O *princípio da universalidade* aponta para a extensão dos direitos e garantias fundamentais a qualquer pessoa que esteja no território do Estado.

No polo ativo destas relações encontram-se pessoas naturais e jurídicas, nacionais e estrangeiras. No polo passivo, o Estado. Como regra, os direitos e garantias fundamentais atuam com eficácia *vertical*, isto é, estão presentes nas relações em que se encontra o Estado em posição de supremacia em face do particular.

Questão debatida gira em torno de saber se é possível que os direitos fundamentais operem *entre particulares*. A moderna doutrina admite que tais direitos alcancem relações caracterizadas pela *horizontalidade*, ou seja, pautadas pela igualdade, travadas entre particulares. Trata-se da denominada *eficácia horizontal* dos direitos fundamentais.

Marcelo Novelino anota: "Não obstante, a constatação de que a opressão e a violência contra os indivíduos são oriundas não apenas do Estado, mas também de múltiplos atores privados, fez com que a incidência destes direitos fosse estendida ao âmbito das relações entre particulares. A projeção dos direitos fundamentais a estas relações, nas quais os particulares se encontram em uma hipotética relação de coordenação (igualdade jurídica), vem sendo denominada de *eficácia horizontal* ou *privada* dos direitos fundamentais" [NOVELINO, 2012, p. 407].

Os particulares, assim, devem tratar-se mutuamente com base no princípio da igualdade, por exemplo. Não se admite, pois, uma postura racista por parte de um hospital frente a um indivíduo, ou por parte de uma Universidade frente a um estudante.

Finalmente, importa salientar a diferença que existe entre *direitos* e *garantias*. Ora, não basta que a Constituição *reconheça* uma série de direitos. É importante também que estabeleça instrumentos que *garantam* sua eficácia.

Pedro Lenza assinala: "Assim, os *direitos* são bens e vantagens prescritos na norma constitucional, enquanto as *garantias* são os instrumentos através dos quais se assegura o exercício dos aludidos direitos (preventivamente) ou prontamente os repara, caso violados" [LENZA, 2013, p. 1031]. Os remédios constitucionais, como o *habeas corpus*, *habeas data*, mandado de segurança, são *garantias* fundamentais.

1.2. DIREITOS E DEVERES INDIVIDUAIS E COLETIVOS: ART. 5º

Estatui a Constituição no *caput* de seu art. 5º, inaugurando o capítulo denominado *Dos direitos e deveres individuais e coletivos*: "Todos são iguais perante a lei, sem distinção de qualquer natureza, garantindo-se aos brasileiros e aos estrangeiros residentes no País a inviolabilidade do direito à vida, à liberdade, à igualdade, à segurança e à propriedade".

Pois bem, o que são *direitos e deveres individuais e coletivos*? José Afonso da Silva esclarece que *direitos individuais* são "(...) direitos fundamentais do homem-indivíduo, que são aqueles que reconhecem autonomia aos particulares, garantindo a iniciativa e a independência aos indivíduos diante dos demais membros da sociedade política e do próprio Estado" [SILVA, 2007, p. 62].

Direitos coletivos também se caracterizam como *espécie* de direitos fundamentais. São *direitos individuais de expressão coletiva*, como, por exemplo, os direitos de reunião, associação etc. Quer dizer, cada um de nós tem o direito, individual, de reunir-se com outros indivíduos para a defesa de algum interesse ou reivindicação comum.

Importa salientar que o capítulo fala em *deveres individuais e coletivos*. Tais deveres que, como regra, correspondem aos direitos assegurados, têm como destinatário mais o Poder Público e seus agentes, em qualquer nível, do que os indivíduos em particular.

1.2.1. Destinatários

O *caput* do art. 5º menciona os *brasileiros e estrangeiros residentes no país* como *destinatários* de suas disposições. Pergunta-se: um estrangeiro de passagem, para fins de turismo, estaria excluído do rol de proteções do dispositivo em questão?

Claro que não. Cabe ao intérprete adequar o sentido deste dispositivo, em particular, com o sentido da Constituição como um todo. Assim, de acordo com a interpretação do Supremo Tribunal Federal, pode-se afirmar que o art. 5º *aplica-se a toda e qualquer pessoa que esteja em território nacional*.

Estão protegidos os brasileiros (natos ou naturalizados), os estrangeiros e os apátridas (pessoas sem nacionalidade). Também as pessoas jurídicas estão protegidas, quando isso for possível (por exemplo, defesa da imagem).

Finalmente, o próprio Estado pode invocar a proteção do art. 5º quando estiver em uma posição de *horizontalidade*, isto é, em situações em que se equipara aos particulares, como no caso das empresas públicas, pessoas jurídicas de direito privado [MENDES et al., 2013, p. 172].

1.2.2. Direitos expressos no *caput*

Para fins de concurso público, necessário se faz *memorizar* os direitos expressamente assegurados no *caput* do art. 5º, quais sejam: VIDA, LIBERDADE, IGUALDADE, SEGURANÇA e PROPRIEDADE.

Alexandre de Moraes ensina que "o direito à vida é o mais fundamental de todos os direitos, pois o seu asseguramento impõe-se, já que constitui em pré-requisito à existência e exercício dos demais direitos" [MORAES, 2007, p. 76].

1.2.3. Princípio da igualdade ou isonomia

O art. 5º, *caput*, da Constituição inicia afirmando que "todos são iguais perante a lei, sem distinção de qualquer natureza (...)".

Trata-se do *princípio da igualdade ou isonomia*, pelo qual se exige tratamento jurídico idêntico a todos os que se encontram em situação idêntica. Por outro lado, demanda tratamento diferenciado para aqueles que se encontram em situação distinta.

É preciso ter em mente, portanto, que o princípio da igualdade não exige que todos sejam tratados da mesma maneira. Exige que aqueles que estejam em situação semelhante sejam tratados de forma semelhante; os que estão em situação diferente, de forma diferente.

Um bom exemplo de aplicação desse princípio encontra-se nas vagas reservadas a idosos ou deficientes em ruas ou supermercados. Tais vagas, geralmente bem situadas, são *proibidas* para condutores de veículo que não são idosos ou não possuem qualquer deficiência. Percebe-se que existe aí um tratamento *diferenciado*, *discriminatório*.

Isso ofenderia o princípio da igualdade? Claro que não. O princípio é aplicado justamente porque trata os iguais de forma igual e os desiguais de forma desigual.

O idoso, comparado com uma pessoa jovem, possui limitações e necessidades particulares, que decorrem da idade e muitas vezes são limitadoras de sua liberdade de locomoção. Merece, assim, um tratamento mais "benéfico".

Pode-se afirmar, então, que o princípio da igualdade ou isonomia exige tratamento *discriminatório* em algumas situações. Justamente para diferenciar os diferentes e igualar os iguais.

A questão é: no caso de situações *diferentes*, que exigem, para que se cumpra o princípio da isonomia, um tratamento *diferente*, como eleger um *critério de diferenciação* ou *discriminação* que seja constitucional?

A resposta é: o critério de discriminação deve se pautar na *razoabilidade* do tratamento diferenciado e na *proporcionalidade* dos meios aplicados, ambos com vistas à *finalidade* de cada instituto estabelecido legalmente.

Exemplo desta perspectiva, chamada de *discriminação reversa*, encontra-se no sistema de vagas reservadas para afrodescendentes em Universidades Públicas, também denominado *ação afirmativa* ou "quotas raciais".

O STF já se manifestou a propósito deste assunto: "Não contraria – ao contrário, prestigia – o princípio da igualdade material, previsto no *caput* do art. 5º da Carta da República, a possibilidade de o Estado lançar mão seja de políticas de cunho universalista, que abrangem um número indeterminados de indivíduos, mediante ações de natureza estrutural, seja de ações afirmativas, que atingem grupos sociais determinados, de maneira pontual, atribuindo a estes certas vantagens, por um tempo limitado, de modo a permitir-lhes a superação de desigualdades decorrentes de situações históricas particulares" [STF, ADPF 186/DF, 2012].

Para finalizar, a doutrina assinala duas acepções da igualdade: *igualdade na lei* e *igualdade perante a lei*. A primeira dirige-se ao *legislador*, que deve observar a isonomia ao elaborar a lei. A segunda refere-se ao *aplicador da lei* (Administração e Judiciário) que deve observá-la na aplicação dos dispositivos legais aos casos concretos.

1.2.4. Isonomia entre homens e mulheres

O art. 5º, I, da CF/88 determina: "Homens e mulheres são iguais em direitos e obrigações, nos termos desta Constituição".

Trata-se do *princípio da isonomia*, direcionado de maneira específica para o tratamento dispensado pelo legislador e pelos aplicadores da lei a homens e mulheres.

Alexandre de Moraes explica: "A correta interpretação desse dispositivo torna inaceitável a utilização do discrímen sexo, sempre que o mesmo seja eleito com o propósito de desnivelar materialmente o homem da mulher; aceitando-o, porém, quando a finalidade pretendida for *atenuar os desníveis*. Consequentemente, além de tratamentos diferenciados entre homens e mulheres previstos pela própria constituição (arts. 7º,

XVIII e XIX; 40, § 1º, 143, §§ 1º e 2º; 201, § 7º), poderá a legislação infraconstitucional pretender atenuar os desníveis de tratamento em razão do sexo" [MOARES, 2008, p. 39].

1.2.5. Princípio da legalidade

O art. 5º, II, do texto constitucional estabelece: "Ninguém será obrigado a fazer ou deixar de fazer alguma coisa senão em virtude de lei".

Trata-se do *princípio da legalidade*. Nos termos do dispositivo, conclui-se que, no Brasil, apenas a *lei* é o instrumento normativo hábil à criação de direitos e obrigações para os particulares. Em outros termos, apenas a *lei* pode *inovar na ordem jurídica*.

Nesse sentido, prevalece, em princípio, a liberdade das pessoas naturais e jurídicas de fazerem o que bem entenderem. Esta liberdade apenas pode ser limitada ou restringida por meio de lei. Desse modo, tenho plena liberdade para consumir bebidas alcoólicas porque não há lei que me proíba. No entanto, não posso consumi-las e, depois, conduzir veículo automotor porque, nesse caso, existe lei proibindo tal conduta ("lei seca").

A palavra "lei", no contexto do inciso II, deve ser compreendida como qualquer dos atos normativos previstos constitucionalmente, desde que devidamente utilizados dentro de suas esferas de atribuições, isto é, de acordo com o *devido processo legislativo*. Dessa maneira, os atos normativos previstos no art. 59 da Constituição cumprem o papel de "lei", desde que utilizados adequadamente, de acordo com as normas previstas pelo próprio texto constitucional.

Não podemos confundir, entretanto, o *princípio da legalidade* com o *princípio da reserva legal*. Pelo primeiro, "lei" significa qualquer ato de caráter genérico e abstrato, ainda que emanado do Poder Executivo ou Judiciário, por exemplo. Pelo segundo, "lei" deve ser entendida em seu aspecto *formal*, quer dizer, como ato normativo específico, elaborado pelo Poder Legislativo, de acordo com as regras estabelecidas pela Constituição. Sua densidade é maior.

Nas palavras de José Afonso da Silva, o princípio da legalidade significa a "submissão e o respeito à lei, ou a atuação dentro da esfera estabelecida pelo legislador". O princípio da reserva legal, por sua vez, "consiste em estatuir que a regulamentação de determinadas matérias há de fazer-se necessariamente por lei formal" [SILVA, 2007, p. 83].

Assim, o Presidente da República está autorizado a proibir o funcionamento de bingos em todo o território nacional por meio de *medida provisória*. Esta medida, que consta do art. 59, V, da CF/88, se utilizada dentro dos parâmetros estabelecidos pelo texto constitucional, cumpre a exigência relacionada ao *princípio da legalidade*.

Por outro lado, não pode se valer deste ato normativo para criar um crime, por exemplo. A tipificação penal está *sob o princípio da reserva legal* (CF/88, art. 5º, XXXIX), de maneira que apenas lei em sentido formal, isto é, lei ordinária ou complementar, criadas pelo Poder Legislativo federal, possui aptidão para tanto.

1.2.6. Vedação da tortura e tratamento desumano ou degradante

O art. 5º, III, da CF/88 estabelece: "Ninguém será submetido a tortura nem a tratamento desumano ou degradante".

Note-se que a Constituição proíbe expressamente: (1) a tortura; (2) o tratamento desumano; e (3) o tratamento degradante. Tais vedações vão ao encontro de um dos *fundamentos* da República Federativa do Brasil, assinalado logo no art. 1º, III, da Constituição, qual seja: *a dignidade da pessoa humana*.

Desse modo, as prisões e presídios superlotados, que se espalham pelo Brasil, são exemplos de tratamento desumano e degradante dispensado às pessoas condenadas, o que ofende nitidamente o disposto no art. 5º, III, da Constituição.

1.2.7. Liberdade de manifestação do pensamento

O art. 5º, IV, da CF/88 estatui: "É livre a manifestação do pensamento, sendo vedado o anonimato".

A Constituição garante a clássica liberdade de manifestação do pensamento, típico direito de primeira geração e corolário das lutas burguesas contra o Estado absolutista. Qualquer pessoa pode expressar suas opiniões por qualquer meio, desde que exponha também sua identidade (vedação do *anonimato*).

Sergio Valladão Ferraz anota: "A proibição do anonimato indica que não pode a manifestação ser apócrifa, não identificada, nada impedindo que se utilizem pseudônimos ou signos, desde que sejam suficientemente distintivos para singularizar o emissor" [FERRAZ, 2006, p. 79].

1.2.8. Direito de resposta e indenização

Se, por um lado, a Constituição garante a plena liberdade de manifestação do pensamento, por outro, também assegura o *direito de resposta* e a *indenização*, como contrapartidas ao eventual abuso no exercício daquele direito.

Nesse sentido, determina o art. 5º, V, da CF/88: "É assegurado o direito de resposta, proporcional ao agravo, além da indenização por dano material, moral ou à imagem".

José Afonso da Silva observa: "O exercício do *direito de resposta* tem como pressuposto a divulgação, por qualquer meio de comunicação, de fato inverídico, ou errôneo referido a alguém. Consiste, pois, o *direito de resposta* na faculdade de ver divulgada, da mesma maneira, pronta e gratuitamente, a contestação ou retificação de afirmativas inverídicas ou errôneas atribuídas ao seu titular por qualquer meio de divulgação do pensamento" [SILVA, 2007, p. 91].

Não se deve esquecer que o direito de resposta será *proporcional* ao agravo. Ou seja, a resposta deve guardar os mesmos caracteres do agravo. Por exemplo: se o agravo se deu em mídia escrita, a resposta também deve guardar esta característica; se o agravo ocupou a página inicial de um jornal, assim deve ser a resposta.

Além disso, a Constituição assegura a *indenização*, por *dano material, moral* ou à *imagem*. Os examinadores têm por costume perguntar se é possível indenização por dano moral ou à imagem, *independentemente* da ocorrência de dano material. Resposta: sim, é plenamente possível.

1.2.9. Liberdade de consciência e crença

A Constituição acolhe em seu texto as ditas *liberdades clássicas*. Relacionadas aos direitos de primeira geração, impõem ao Estado uma série de condutas negativas, ou seja, o Estado deve respeitar tais direitos.

Nesse sentido, o art. 5º, VI, da CF/88 assegura: "É inviolável a liberdade de consciência e de crença, sendo assegurado o livre exercício dos cultos religiosos e garantida, na forma da lei, a proteção aos locais de culto e a suas liturgias".

O dispositivo em comento se desmembra em três partes, assegurando: (1) a inviolabilidade da liberdade de consciência e de crença; (2) o livre exercício dos cultos religiosos; e (3) a proteção, nos termos de lei, dos locais de culto e suas liturgias.

A liberdade de consciência refere-se mais ao aspecto filosófico, "metafísico", do comportamento intelectual de uma pessoa (por exemplo, os pacifistas ou os ecologistas), enquanto a crença liga-se mais ao aspecto religioso. O livre exercício dos cultos é assegurado, mas sempre se compatibilizando com o exercício de outros direitos e garantias fundamentais (por exemplo, o estabelecimento de horários específicos para a prática dos cultos). Finalmente, a proteção dos locais de cultos e liturgia se dará *nos termos de lei*.

1.2.10. Prestação de assistência religiosa

O art. 5º, VII, da CF/1988 prescreve: "É assegurada, nos termos da lei, a prestação de assistência religiosa nas entidades civis e militares de internação coletiva".

José Afonso da Silva explica que, com isso, quer-se afirmar que "os destinatários da norma têm o direito à presença de sacerdote, pastor e de pessoa habilitada, segundo cada religião, para lhes prestar toda sorte de conforto religioso, conforme os correspondentes cultos, ritos, liturgias e práticas: missas, orações, cânticos, 'passes', etc." [SILVA, 2007, p.94/95].

O Estado brasileiro é *laico*, ou seja, *não há religião oficial*. Entretanto, a Constituição assegura a prestação de assistência religiosa nas entidades de internação coletiva. São exemplos: as penitenciárias, as casas de detenção, os estabelecimentos de internação de menores, os colégios internos, etc. É preciso notar que a prestação de assistência religiosa se dará *nos termos de lei*.

1.2.11. Escusa de consciência

Ora, uma vez que a Constituição assegura a inviolabilidade da liberdade de consciência e crença, é natural que assegure, também, que ninguém será punido por professar esse ou aquele ponto de vista.

Por isso, o art. 5º, VIII, determina: "Ninguém será privado de direitos por motivo de crença religiosa ou de convicção filosófica ou política, salvo se as invocar para eximir-se de obrigação legal a todos imposta e recusar-se a cumprir prestação alternativa, fixada em lei".

Isso significa que não pode haver a *privação de direitos* das pessoas por sustentarem tais ou quais crenças religiosas ou convicções filosóficas ou políticas. Desse modo, os ecologistas, por exemplo, não podem ter seus direitos ameaçados simplesmente porque defendem a preservação do meio ambiente como filosofia de vida.

A Constituição, entretanto, estabelece uma *exceção*: quando tais crenças ou convicções filosóficas são invocadas para eximir as pessoas do cumprimento de *obrigação legal* (quer dizer, obrigação criada por *lei*) a todos imposta, pode haver a privação de direitos. Existem algumas obrigações legais que são *impostas a todas as pessoas*, como, por exemplo, o serviço militar obrigatório, nos termos do art. 143 da Constituição, que estabelece: "O serviço militar é obrigatório nos termos da lei".

Da liberdade de consciência, crença religiosa e de convicção filosófica, deriva o chamado *direito de escusa de consciência*, ou seja, "o direito de recusar prestar determinadas imposições que contrariem as convicções religiosas ou filosóficas do interessado. É comum que por questões religiosas, especialmente, alguém se recuse a prestar serviço militar ou a prestar reverência à Bandeira Nacional" [SILVA, 2007, p. 96].

Por isso, o art. 5º, VIII, em comento, *reconhece o direito de escusa de consciência*. Ou seja, uma pessoa pode recusar-se a cumprir alguma obrigação legal, caso essa obrigação fira alguma crença religiosa, filosófica ou política particular.

Esse direito, entretanto, não é absoluto, pois a Constituição impõe o cumprimento de uma *prestação alternativa* (que deve, obviamente, respeitar as crenças ou convicções da pessoa). Assim, o indivíduo pode se recusar a cumprir a obrigação legal a todos imposta, por escusa de consciência, *mas* tem a obrigação de cumprir a prestação alternativa fixada em lei.

O mais comum é a escusa de consciência relativa ao cumprimento do serviço militar, razão pela qual o art. 143, §1º, da Constituição estipula: "Às Forças Armadas compete, na forma da lei, atribuir *serviço alternativo* aos que, *em tempo de paz*, após alistados, alegarem imperativo de consciência, entendendo-se como tal o decorrente de *crença religiosa e de convicção filosófica ou política*, para se eximirem de atividades de caráter essencialmente militar".

O que acontece se a pessoa se recusa a cumprir, *também*, a prestação alternativa fixada em lei? Nesse caso, de *duplo descumprimento* (da obrigação legal a todos imposta *e* da prestação alternativa fixada em lei), *pode haver a privação de seus direitos políticos*, nos termos do art. 15, IV, da Constituição. Trata-se, como assinala José Afonso da Silva, de hipótese de *perda dos direitos políticos* [SILVA, 2007, p. 231/232], que poderão ser readquiridos, após o cumprimento da obrigação legal ou da prestação alternativa.

1.2.12. Direito à liberdade de expressão

No contexto das liberdades clássicas, a Constituição assegura, no art. 5º, IX, o seguinte: "É livre a expressão da atividade intelectual, artística, científica e de comunicação, independentemente de censura ou licença".

O texto constitucional protege a liberdade de expressão como decorrência da liberdade assegurada em termos genéricos no *caput* do art. 5º. Quando a Constituição estabelece a *liberdade de expressão*, está reconhecendo a *liberdade de exteriorização* das atividades relacionadas ao intelecto, às artes, à ciência e às comunicações.

O texto constitucional veda expressamente a *censura* ou a *licença*. José Afonso da Silva explica que "*censurar* é opor restrições com caráter de reprimenda. Se são livres as atividades indicadas é porque não comportam restrições, e menos ainda qualquer forma de reprimenda em razão de seu exercício". *Licença*, por outro lado, "está no seu sentido próprio de ato público que reconhece o cumprimento de requisitos para o exercício de um direito subjetivo" [SILVA, 2007, p. 99].

Tudo isso, segundo o autor, mostra que a liberdade consignada no dispositivo há de fluir desembaraçadamente.

1.2.13. Inviolabilidade da intimidade, vida privada, honra e imagem

O art. 5º, X, da CF/88 determina: "São invioláveis a intimidade, a vida privada, a honra e a imagem das pessoas, assegurado o direito a indenização pelo dano material ou moral decorrente de sua violação".

De acordo com a doutrina, o *direito à privacidade* é o gênero do qual decorrem, como espécies, os direitos à *intimidade*, *vida privada*, *honra* e *imagem*.

Nas palavras de Motta e Barchet, pode-se considerar que a "*intimidade* refere-se à esfera mais secreta da vida de cada um, ao passo que a *vida privada* nada mais é do que uma forma de externalização desta esfera secreta em locais afastados do contato com estranhos, a exemplo do domicílio da pessoa". Por outro lado, o "*direito à honra* distancia-se levemente dos dois anteriores, podendo referir-se ao juízo positivo que a pessoa tem de si (honra subjetiva) e ao juízo positivo que dela fazem os outros (honra objetiva), conferindo-lhe respeitabilidade no meio social".

Os autores prosseguem, observando que o "*direito à imagem* também possui duas conotações, podendo ser entendido em sentido objetivo, com relação à reprodução gráfica da pessoa, por meio de fotografias, desenhos, ou em sentido subjetivo, significando o conjunto de qualidades cultivadas pela pessoa e reconhecidas como suas pelo grupo social" [MOTTA e BARCHET, 2007, p. 180/181].

Trata-se de proteção que se estende, também, às *pessoas jurídicas*, guardadas as devidas particularidades. A violação à privacidade acarreta, como consequência, a *indenização* por *dano material* ou *moral*. Atualmente, deparamo-nos com uma série de casos em que a intimidade das pessoas é exposta sem qualquer pudor em ambientes virtuais, como a internet, com vazamento de fotos em estado de nudez, por exemplo. Obviamente, uma vez identificados os responsáveis por tais divulgações, *sem a autorização da pessoa exposta*, estarão sujeitos às indenizações acima mencionadas.

1.2.14. Proteção do domicílio

O art. 5º, XI, do texto constitucional deve ser compreendido no contexto da proteção *à privacidade*. Assim, prescreve: "A casa é asilo inviolável do indivíduo, ninguém nela podendo penetrar sem consentimento do morador, salvo em caso de flagrante delito ou desastre, ou para prestar socorro, ou, durante o dia, por determinação judicial".

José Afonso da Silva ensina que "a Constituição está reconhecendo que o homem tem direito fundamental a um lugar em que, só ou com sua família, goze de uma esfera jurídica privada e íntima, que terá que ser respeitada como sagrada manifestação da pessoa humana. Aí o *domicílio*, com sua carga de valores sagrados que lhe dava a religiosidade romana. Aí também o direito fundamental da *privacidade*, da *intimidade*, que esse asilo inviolável protege" [SILVA, 2007, p. 102].

O primeiro elemento importante a ser compreendido é o significado da palavra "casa". Como interpretá-la? O vocábulo deve ser interpretado em sentido amplo, significando "todo o local, delimitado e separado, que alguém ocupa com exclusividade, a qualquer título, inclusive profissionalmente, pois nessa relação entre pessoas e espaço, preserva-se, mediatamente, a vida privada do sujeito" [MORAES, 2008, p. 55].

Nesse sentido, decidiu a Segunda Turma do Supremo Tribunal Federal: "O conceito de 'casa', para os fins da proteção constitucional a que se refere o art. 5º, XI, da CF, reveste-se de caráter amplo e, *por estender-se a qualquer aposento ocupado de habitação coletiva, compreende o quarto de hotel ocupado por hóspede*" [STF, *Informativo* 462/2007].

Assim, a Constituição veda expressamente que qualquer pessoa, *especialmente as autoridades públicas*, ingresse no domicílio do indivíduo *sem o seu consentimento*. É importante deixar claro que, *com o consentimento do morador*, não há qualquer problema em ingressar em sua casa. Se uma autoridade pública solicitar permissão ao morador e este consentir, pode ingressar em sua residência em qualquer momento.

O que a Constituição disciplina é o ingresso na casa do indivíduo *sem seu consentimento ou mesmo contra a sua vontade*. Nesse caso, existem quatro hipóteses:

(1) Flagrante delito, (2) desastre ou (3) para prestar socorro – Nestas situações, o ingresso pode ocorrer *durante o dia ou à noite*, em vista do caráter emergencial. Imaginemos que uma mulher seja atacada por um homem, à noite, que tem como objetivo estuprá-la. O ingresso na residência deve ser imediato, visando salvá-la;

(4) ordem judicial – Trata-se de *cláusula de reserva de jurisdição*. Apenas a *autoridade judiciária*, isto é, o *Juiz de Direito*, pode autorizar o ingresso em domicílio sem o consentimento do morador. Nesse caso, o cumprimento da ordem judicial apenas pode ocorrer *durante o dia*. Entende-se por *dia* o período que vai das 6:00 às 18:00 (critério *cronológico*) [SILVA, 2007, p. 103], somado ao critério *físico-astronômico* (enquanto houver luz solar), interpretados à luz da razoabilidade e proporcionalidade;

1.2.15. Segurança das comunicações pessoais

Ainda na esteira da proteção do *direito à privacidade*, a Constituição assegura, no art. 5º, XI, o sigilo das comunicações pessoais, nos seguintes termos: "É inviolável sigilo da correspondência e das comunicações telegráficas, de dados e das comunicações telefônicas, salvo, no último caso, por ordem judicial, nas hipóteses e na forma que a lei estabelecer para fins de investigação criminal ou instrução processual penal".

São quatro os sigilos expressamente protegidos pelo texto constitucional: (1) sigilo das correspondências; (2) sigilo das comunicações telegráficas; (3) sigilo dos dados (incluídos o sigilo bancário e fiscal); e (4) sigilo das comunicações telefônicas.

Segundo a literalidade do texto constitucional, apenas o sigilo das *comunicações telefônicas* poderia ser afastado. Os demais (correspondência, comunicações telegráficas e dados) seriam absolutos, portanto, invioláveis.

Entretanto, parte da doutrina, com arrimo em decisão do Supremo Tribunal Federal, compreende que nenhum direito fundamental é absoluto. Portanto, caso ocorra uma situação de aparente conflito de valores, deve-se resolvê-la pelo *mecanismo da ponderação*, o que implica a possibilidade, em certas situações, de se afastar também o sigilo das correspondências, comunicações telegráficas e de dados.

É o caso de correspondência enviada a um preso que cumpre pena de prisão em estabelecimento prisional. Se houver fortes indícios de que dentro da correspondência esconde-se uma arma, por exemplo, as autoridades poderão, de forma legítima, devassar a correspondência para apreender o armamento.

Quanto à quebra do sigilo das comunicações telefônicas, a Constituição exige a observância de *três requisitos*:

> 1. *Ordem judicial* – Trata-se de *cláusula de reserva de jurisdição*, uma vez que apenas a ordem da *autoridade judicial* pode afastar o sigilo das comunicações telefônicas;
>
> 2. *Nas hipóteses e na forma que a lei estabelecer* – Tem-se aqui o *princípio da reserva legal*, já estudado. Apenas a *lei*, considerada em *sentido formal*, isto é, como *ato normativo criado pelo Poder Legislativo*, de acordo com o devido processo legislativo, pode estabelecer as hipóteses em que o sigilo telefônico será afastado;
>
> 3. *Para fins de investigação criminal ou instrução processual penal* – A reserva legal presente no inciso XI é *qualificada*, isto é, a lei acima citada fica vinculada a duas finalidades: (a) *investigação criminal* ou (b) *instrução processual penal*;

Finalmente, não se deve confundir *interceptação telefônica* com *quebra do sigilo telefônico*. De acordo com Sérgio Valladão Ferraz, "quem quebra o *sigilo telefônico* tem acesso apenas às informações sobre data de chamada, o número discado, o tempo e hora da ligação, enfim, as informações constantes da conta telefônica. O sigilo telefônico *pode* ser quebrado pelas CPIs, as quais *não* podem determinar a interceptação telefônica" [FERRAZ, 2006, p. 92].

1.2.16. Liberdade de profissão

No contexto das liberdades clássicas, a Constituição assegura a liberdade de profissão. O art. 5º, XIII, estatui: "É livre o exercício de qualquer trabalho, ofício ou profissão, atendidas as qualificações profissionais que a lei estabelecer".

Trata de *norma constitucional de eficácia contida*. Vale dizer, a Constituição garante o direito de se exercer qualquer trabalho, ofício ou profissão, independentemente de eventuais constrangimentos por parte do Poder Público. Entretanto, é possível que legislação infraconstitucional estabeleça alguns requisitos a serem cumpridos.

A Constituição veda o *dirigismo estatal* na escolha da profissão ou atividade. Algumas profissões, contudo, necessitam de uma regulamentação especial, em virtude de suas especificidades técnicas, como médicos, advogados etc. Nessas hipóteses, admite que *lei* estabeleça algumas restrições ou exigências, como, por exemplo, o *exame de ordem* para que o bacharel em direito possa exercer a advocacia.

1.2.17. Liberdade de informação

A liberdade de informação insere-se no contexto de um Estado Democrático de Direito. Por isso, o art. 5º, XIV, da Constituição determina: "É assegurado a todos o acesso à informação e resguardado o sigilo da fonte, quando necessário ao exercício profissional".

O *acesso à informação* compreende a procura, o recebimento e a difusão de informações por qualquer meio e sem censura. A Constituição protege a *fonte*, quando necessário ao exercício profissional.

José Afonso da Silva explica que a "proteção da *fonte quando necessária ao exercício profissional* mostra que a liberdade consignada se dirige, como visto, primariamente aos profissionais da comunicação. Nesse sentido, o *sigilo da fonte, que é o direito de o profissional não revelar quem lhe transmitiu a informação, onde e como ela foi obtida,* não se trata de direito absoluto, pois o contexto já o denota com a limitação de que o sigilo só tem cabimento 'quando necessário ao exercício profissional'" [SILVA, 2007, p. 110].

Assim, se um jornalista recebe uma informação importante sobre a prática de atos de corrupção por parte do governo e essa informação provém de um funcionário do próprio governo, o jornalista não está obrigado a revelar a "fonte", isto é, a pessoa que lhe passou a informação.

1.2.18. Liberdade de locomoção

A liberdade de locomoção é um desdobramento do direito à liberdade, previsto de forma genérica no *caput* do art. 5º. Nesse sentido, o inciso XV assegura: "É livre a locomoção no território nacional em tempo de paz, podendo qualquer pessoa, nos termos da lei, nele entrar, permanecer ou dele sair com seus bens".

Nas palavras de Motta e Barchet, o *"direito de locomoção*, direito fundamental de primeira geração, abrange as liberdades de ir, vir e ficar, nesta compreendida a de fixar domicílio, e qualquer ato que lesione ou o ameace de lesão é passível de impugnação mediante *habeas corpus*" [MOTTA e BARCHET, 2007, p. 192].

Perceba-se que a ampla liberdade de locomoção assegurada pela Constituição refere-se ao *tempo de paz*. Desse modo, em caso de *guerra declarada* ou *estado de sítio* é possível a legítima restrição do direito de locomoção.

É importante salientar outra situação: *nos termos de lei*, qualquer pessoa pode entrar, permanecer ou sair do território nacional. Há, pois, uma regulamentação especial a ser efetuada por lei para esses casos específicos (de entrada e saída do território nacional). Quando se trata de *locomoção interna*, contudo, não há previsão de qualquer lei limitando o exercício deste direito.

Finalmente, ressalte-se a lição de Alexandre de Moraes, segundo a qual "o próprio texto constitucional, em hipótese excepcional, limita o direito de locomoção ao prever no art. 139 a possibilidade de na *vigência do estado de sítio decretado ser fixada obrigação de as pessoas permanecerem em localidade determinada*" [MORAES, 2007, p. 166].

1.2.19. Direito de reunião

O art. 5º, XVI, da CF/88, determina: "Todos podem reunir-se pacificamente, sem armas, em locais abertos ao público, independentemente de autorização, desde que não frustrem outra reunião anteriormente convocada para o mesmo local, sendo apenas exigido prévio aviso à autoridade competente".

O direito de reunião é um direito clássico de primeira geração. Na luta contra o antigo regime, era uma arma poderosa nas mãos dos revolucionários, razão pela qual fora sempre cerceado.

José Afonso da Silva explica que "reunião, aí, é qualquer agrupamento formado em certo momento com o objetivo comum de trocar ideias ou de receber manifestação de pensamento político, filosófico, religioso, científico ou artístico. A reunião é, por outro lado, uma formação grupal *passageira*, no que ela se diferencia da associação, que é organização *permanente* e de base contratual, fundada, portanto, no acordo de vontades dos aderentes" [SILVA, 2007, p. 113].

Assim, uma *passeata* organizada por pessoas que têm como objeto protestar contra alguma medida adotada pelo governo é típica manifestação do direito de reunião. Um *comício* organizado por militantes também é outro exemplo do exercício do direito de reunião.

A Constituição estabelece alguns *requisitos* para o exercício deste direito individual de expressão coletiva, a saber: (1) a reunião deve ser *pacífica*; (2) sem armas; (3) realizada em locais abertos ao público; (4) não deve frustrar outra reunião anteriormente convocada para o mesmo local; (5) bastando simples aviso às autoridades competentes.

Importante: em caso de conduta do Poder Público que, de alguma forma, impeça o exercício deste direito, o remédio constitucional adequado para sanar tal arbitrariedade é o *mandado de segurança*, e *não* o *habeas corpus*. O STF firmou o entendimento de que a liberdade de locomoção (locomover-se para a reunião) é um direito instrumental e não o direito propriamente violado. Logo, não é o caso de se utilizar *habeas corpus*.

Finalmente, em casos de *estado de defesa e estado de sítio*, pode haver restrições ao direito de reunião, ainda que exercida no seio de associações (CF/88, art. 136, § 1º, I, *a* e art. 139, IV).

1.2.20. Liberdade de associação

A *associação* é uma pessoa jurídica e pode ser definida como uma coligação voluntária de pessoas físicas com o intuito de alcançar determinados fins comuns.

A *liberdade de associação* não se confunde com o *direito de reunião*. A primeira possui caráter de *continuidade*, enquanto o último é *episódico*.

O art. 5º, XVII, do texto constitucional estabelece: "É plena liberdade de associação para fins lícitos, vedada a de caráter paramilitar".

Fins lícitos são aqueles que não contrariam o ordenamento jurídico. *Caráter paramilitar*, por outro lado, significa a associação que se organiza nos moldes de uma corporação militar, com disciplina, hierarquia, uso de armas etc. Nos termos do que estabelece o texto constitucional, assegura-se a mais plena liberdade para a *associação lítica*. Proíbem-se, contudo, as associações ilícitas e as de caráter paramilitar.

O art. 5º, XVIII, da CF/88, por sua vez, prescreve: "A criação de associações e, na forma da lei, a de cooperativas independem de autorização, sendo vedada a interferência estatal em seu funcionamento".

O dispositivo garante a *liberdade de criação* e a plena *autonomia* do ente associativo ao proibir a intromissão do Estado em seu funcionamento. Frise-se que a criação de uma *cooperativa* também independe de autorização, mas se dará *na forma da lei*. Isso porque a cooperativa tem características específicas e deve ser tratada de modo particularizado.

A Constituição estabelece algumas regras mais rígidas para a *suspensão* e para a *dissolução compulsória* da associação.

Vale ressaltar que a suspensão das atividades ou a dissolução *espontânea* da associação, quer dizer, aquelas que ocorrem pela *livre disposição de vontade de seus membros*, pode se dar normalmente, sem empecilhos. O que o texto constitucional disciplina cuidadosamente é a suspensão e dissolução *compulsórias* do ente associativo, ou seja, a suspensão ou a dissolução *impostas* pelo Poder Público.

Nesse sentido, o art. 5º, XIX, do texto constitucional estatui: "As associações só poderão ser compulsoriamente dissolvidas ou ter suas atividades suspensas por decisão judicial, exigindo-se, no primeiro caso, o trânsito em julgado".

É importante compreender que tanto a *suspensão* das atividades quanto a *dissolução* da associação estão sob *reserva de jurisdição*. Já vimos que isso significa que apenas os membros do *Poder Judiciário* podem ordenar a suspensão ou dissolução das associações.

Devemos distinguir, com atenção, duas hipóteses:

1. *Suspensão das atividades da associação* – É algo temporário, mas que só pode ocorrer por meio de *decisão judicial*. Neste caso, não se exige o trânsito em julgado;

2. *Dissolução da associação* – É definitivo. Por isso, exige-se decisão judicial que tenha *transitado em julgado*. "Trânsito em julgado" significa que a decisão judicial é definitiva e não está mais sujeita a nenhum recurso, seja porque o prazo para a interposição já transcorreu, seja porque a última instância já se manifestou.

Como decorrência lógica da liberdade de associação assegurada no inciso XVII, o art. 5º, XX, do texto constitucional assegura: "Ninguém poderá ser compelido a associar-se ou a permanecer associado". Quer dizer, nenhum indivíduo pode ser obrigado a ingressar em uma associação. Apenas por sua livre vontade deve associar-se. Por outro lado, o associado também é livre para deixar a associação a qualquer momento.

Finalmente, uma característica da liberdade de associação que parece dividir parte da doutrina. O art. 5º, XXI, da CF/88, estipula: "As entidades associativas, quando expressamente *autorizadas*, têm legitimidade para *representar* seus filiados judicial ou extrajudicialmente".

Ora, uma vez que a associação significa a reunião de pessoas com o intuito de defender interesses comuns, nada é mais lógico do que permitir que a associação represente seus filiados. A associação pode atuar *judicial* ou *extrajudicialmente*, ou seja, em um processo perante o Poder Judiciário ou perante a Administração Pública, como os processos administrativos por meio dos quais se pleiteia aposentadoria perante o INSS.

Cabe assinalar, antes de tudo, que o inciso em tela exige expressa *autorização* dos associados para que a associação possa representá-los. Ou seja, não basta uma autorização genérica, constante dos estatutos, é necessária a manifestação de vontade de cada associado.

Ademais, pergunta-se: trata-se de *representação processual* (defende-se, em nome *alheio*, direito *alheio*) ou *substituição processual* (defende-se, em nome próprio, direito *alheio*)?

Pois bem, a jurisprudência do STF orienta-se no sentido de que se trata de *representação processual*: "O disposto no artigo 5º, inciso XXI, da Carta da República encerra *representação específica*, não alcançando previsão genérica do estatuto da associação a revelar a defesa dos interesses dos associados" [STF, RE 573.232/SC, 2014].

Finalmente, é importante considerar com cuidado a ressalva que faz Marcelo Novelino: "No caso de impetração de *mandado de segurança coletivo*, em defesa de seus associados, é suficiente a autorização genérica contida no estatuto da associação. Neste caso, trata-se de *legitimação extraordinária* (ou *substituição processual*), atribuída às associações pela própria Constituição (CF, art. 5º, LXX)" [NOVELINO, 2012, p. 538].

1.2.21. Direito de propriedade: limitações e impenhorabilidade do bem de família rural

O art. 5º, XXII, da CF/88, estabelece: "É garantido o direito de propriedade". Não obstante, o inciso XXIII declara: "A propriedade atenderá a sua função social".

Percebe-se, pois, que a Constituição garante o *direito de propriedade*. Não o garante, entretanto, de maneira absoluta, pois *a propriedade atenderá a sua função social*.

Vale dizer, o direito de propriedade é uma conquista importante dos primórdios do constitucionalismo. Inseriu-se no contexto dos direitos de primeira dimensão. Contudo, sua utilização de forma extremamente *individualista* gerou uma série de problemas sociais. A *função social da propriedade* é uma conquista que se insere no contexto dos direitos de segunda dimensão. Tem como objetivo disciplinar a utilização da propriedade visando ao bem-estar da comunidade.

Dessa forma, a propriedade deve ser utilizada nos termos do que preceituam os valores e princípios constitucionais. O imóvel *urbano*, por exemplo, deve atender ao disposto no *plano diretor* para que cumpra sua função social (CF/88, art. 182, § 2º).

O direito de propriedade não é absoluto. O Estado pode *retirá-la* do particular, desde que obedeça rigorosamente à Constituição. Assim, o art. 5º, XXIV, prescreve: "A lei estabelecerá o procedimento para *desapropriação* por necessidade ou utilidade pública, ou por interesse social, mediante justa e prévia indenização em dinheiro, ressalvados os casos previstos nesta Constituição".

A *desapropriação* é uma forma de limitação que afeta o caráter perpétuo da propriedade. O que a caracteriza é a *substituição* de um bem por uma indenização *prévia*, justa e em dinheiro (ressalvadas algumas hipóteses).

O art. 5º, XXV, por outro lado, refere-se à *requisição administrativa*, ao determinar: "No caso de iminente perigo público, a autoridade competente poderá usar de propriedade particular, assegurada ao proprietário indenização ulterior, se houver dano".

Por meio da requisição o Estado pode *usar* o bem de um particular sem a autorização deste último e mesmo contra a sua vontade. No caso de uma inundação ou terremoto, por exemplo, a autoridade competente pode utilizar a residência de um particular para acomodar feridos ou estabelecer atendimento de emergência. Nesse caso, *apenas haverá indenização se houver dano*.

Assim, uma das diferenças entre desapropriação e requisição está na indenização. No primeiro caso será sempre *prévia*, justa e em dinheiro (exceto em algumas circunstâncias). No segundo, será sempre *posterior* e, ainda assim, *apenas se houver dano*.

O art. 5º, XXVI, do texto constitucional consagra a *impenhorabilidade do bem de família rural*, ao assegurar: "A pequena propriedade rural, assim definida em lei, desde que trabalhada pela família, não será objeto de penhora para pagamento de débitos decorrentes de sua atividade produtiva, dispondo a lei sobre os meios de financiar o seu desenvolvimento".

Assim, a pequena propriedade rural não pode servir como garantia para o pagamento de dívidas decorrentes de sua utilização econômica. Para tanto, a Constituição exige o cumprimento de três *requisitos*:

1. Que se trate de pequena propriedade rural, assim definida em lei;

2. Que tal propriedade seja exclusivamente trabalhada pela família;

3. Que a dívida provenha de atividade produtiva ali desenvolvida.

Finalmente, é importante mencionar a figura do *confisco*, prevista no art. 243 da Constituição. O dispositivo recebeu nova redação, dada pela Emenda n. 81, de 2014. O *caput* prescreve: "As propriedades rurais e urbanas de qualquer região do País onde forem localizadas culturas ilegais de plantas psicotrópicas ou a exploração de trabalho escravo, na forma da lei, serão expropriadas e destinadas à reforma agrária e a programas de habitação popular, sem qualquer indenização ao proprietário e sem prejuízo de outras sanções previstas em lei, observado, no que couber, o disposto no art. 5º".

O parágrafo único determina: "Todo e qualquer bem de valor econômico apreendido em decorrência do tráfico ilícito de entorpecentes e drogas afins e da exploração de trabalho escravo será confiscado e reverterá a fundo especial com destinação específica, na forma da lei".

A novidade está em que, além do *cultivo ilegal de plantas psicotrópicas*, também a *exploração de trabalho escravo*, na forma da lei, poderá dar ensejo ao *confisco* de imóveis rurais e urbanos. Além do mais, não apenas o *tráfico ilícito de entorpecentes e drogas afins*, mas também a *exploração de trabalho escravo* dará ensejo ao *confisco* de quaisquer bens de valores econômicos envolvidos.

A diferença entre *desapropriação* e *confisco*, portanto, reside em que, na primeira, substitui-se certo bem por uma *indenização*, como regra, em dinheiro; no segundo, retira-se este bem, *sem qualquer indenização* como contrapartida.

1.2.22. Direitos do autor

O art. 5º, XXVII, da CF/88, prescreve: "Aos autores pertence o direito exclusivo de utilização, publicação ou reprodução de suas obras, transmissível aos herdeiros pelo tempo que a lei fixar".

Trata-se do chamado *direito do autor*. Um escritor, por exemplo, possui o direito exclusivo sobre livro que escreveu; um cantor, sobre as suas músicas que compôs etc. Esse direito envolve a *utilização, publicação e reprodução das obras*.

Registre-se que os direitos do autor são transmissíveis aos herdeiros, após sua morte, mas *pelo tempo que a lei fixar*. Isso significa que os herdeiros poderão explorar economicamente o trabalho do autor durante certo período. Após esse prazo, que é fixado em lei, a obra cai no chamado *domínio público*, momento a partir do qual qualquer pessoa pode utilizá-la, publicá-la ou reproduzi-la livremente.

Além do mais, o art. 5º, XXVIII, do texto constitucional estatui: "São assegurados, nos termos da lei: (a) a proteção às participações individuais em obras coletivas e à reprodução da imagem e voz humanas, inclusive nas atividades desportivas; (b) o direito de fiscalização do aproveitamento econômico das obras que criarem ou de que participarem aos criadores, aos intérpretes e às respectivas representações sindicais e associativas".

1.2.23. Propriedade industrial

O art. 5º, XXIX, da CF/88, prescreve: "A lei assegurará aos autores de inventos industriais privilégio temporário para sua utilização, bem como proteção às criações industriais, à propriedade das marcas, aos nomes de empresas e a outros signos distintivos, tendo em vista o interesse social e o desenvolvimento tecnológico e econômico do País".

Segundo José Afonso da Silva, trata-se de *norma constitucional de eficácia limitada* [SILVA, 2007, p. 125]. Trata-se, por exemplo, do direito de obter *patente*. Esta, segundo Maria Helena Diniz, consiste no "título correspondente à invenção, de modelo de utilidade, de desenho industrial, que assegura ao seu autor a sua propriedade e o seu uso exclusivo por determinado espaço de tempo" [DINIZ, 2010, p. 445].

A patente é a proteção jurídica do invento, isto é, da criação intelectual do indivíduo. A Constituição, no entanto, faz algumas ressalvas:

> 1. O privilégio dos autores para a utilização de seus inventos é *temporário*;

> 2. A proteção deve considerar o *interesse social* e o *desenvolvimento tecnológico do País*.

1.2.24. Herança

O art. 5º, XXX, da CF/88, assegura: "É garantido o direito de herança".

Mas, o que é *herança*? Jose Afonso da Silva explica que "herança é um dos modos de transmissão da propriedade em razão da *morte* de seu titular (transmissão *causa mortis*) e, assim, também, um dos modos de aquisição da propriedade" [SILVA, 2007, p. 125].

Quando um indivíduo vem a óbito, seu patrimônio deve ser *transferido* a outra ou outras pessoas. Estas têm direito, então, à herança. A disciplina legal da herança encontra-se no Código Civil, em especial no Livro V, que trata do *Direito das Sucessões*.

O art. 5º, XXXI, por outro lado, trata da *sucessão* de bens de *estrangeiro* situados em *território nacional*. O dispositivo estabelece: "A sucessão de bens de estrangeiros situados no País será regulada pela lei brasileira em benefício do cônjuge ou dos filhos brasileiros, sempre que não lhes seja mais favorável a lei pessoal do *de cujus*".

Em outras palavras, se um *estrangeiro* vem a falecer e é proprietário de bens *situados no Brasil*, deve-se aplicar a lei *mais favorável ao cônjuge e aos filhos*. Pode ser a lei do país em que o *de cujus* era domiciliado; pode ser a lei brasileira. Depende. Aplica-se o dispositivo legal que mais beneficiar os herdeiros.

1.2.25. Defesa do consumidor

O art. 5º, XXXII, determina: "O Estado promoverá, na forma da lei, a defesa do consumidor". Trata-se de *norma constitucional de eficácia limitada*, uma vez que o texto constitucional refere-se expressamente à lei. O Código de Defesa do Consumidor (Lei n. 8.078/90), no entanto, deu eficácia ao dispositivo, ao estabelecer o conjunto de direitos e deveres dos consumidores.

1.2.26. Direito de receber informações

Em um Estado Democrático de Direito, todas as pessoas devem ter acesso a informações de interesse pessoal ou geral, inclusive para efeitos de *controle* das atividades dos governantes.

Por isso, o art. 5º, XXXIII, da CF/88 determina: "Todos têm direito a receber dos órgãos públicos informações de seu interesse particular, ou de interesse coletivo ou geral, que serão prestadas no prazo da lei, sob pena de responsabilidade, ressalvadas aquelas cujo sigilo seja imprescindível à segurança da sociedade e do Estado".

José Afonso de Silva explica que o "direito de receber informações só se materializa com o pedido expresso, por escrito, do interessado, com especificação clara e precisa de que informações se trata, e desde que sejam informações de que o órgão requerido tenha disponibilidade e possa liberar. O direito depende também da indicação do interesse particular, coletivo ou geral" [SILVA, 2007, p. 128/129].

Ao *direito* individual de receber informações corresponde o *dever* do Estado de prestá-las. Caso não o faça, o Poder Público deverá arcar com as consequências. Nesse sentido, qual seria o *remédio constitucional* adequado caso a autoridade competente se *recuse* a prestar as informações? Nessa hipótese, é necessário distinguir o *interesse específico* que está em questão. Assim, temos:

> 1. *Informação de interesse pessoal relativa à pessoa do requerente* – Habeas data;
>
> 2. *Informações de interesse pessoal relativas a terceiros* – Mandado de segurança;
>
> 3. *Informações de interesse coletivo* – Mandado de segurança;
>
> 4. *Informações de interesse geral* – Mandado de segurança.

Finalmente, o dispositivo assinala uma *exceção*, isto é, uma *excludente da obrigação* que têm as autoridades públicas de fornecerem as informações solicitadas. Assim, nos casos de informações imprescindíveis à (1) *segurança da sociedade* e (2) à *segurança do Estado*, as autoridades estão desobrigadas de fornecê-las.

1.2.27. Princípio da proteção judiciária ou inafastabilidade da jurisdição

De acordo com o *princípio da separação de poderes* (CF/88, art. 2º: "São poderes da União, independentes e harmônicos entre si, o Legislativo, o Executivo e o Judiciário"), a Constituição encarregou o Poder Legislativo de elaborar as leis. Leis que, de acordo com o art. 5º, II, são os únicos atos normativos autorizados a *inovar* na ordem jurídica, ou seja, criar direitos e obrigações (princípio da legalidade). Além do mais, o julgamento dos conflitos de interesses ficou a cargo do Poder Judiciário, pois este exerce a função jurisdicional como função típica.

Pois bem, seria possível que o Poder Legislativo promulgasse uma lei *proibindo* que o Poder Judiciário analisasse e julgasse os conflitos de interesses? Resposta: não.

O art. 5º, XXXV, da CF/88 positiva o *princípio da inafastabilidade da jurisdição* nos seguintes termos: "A lei não excluirá da apreciação do Poder Judiciário lesão ou ameaça a direito".

Isso significa que fica garantido a todas as pessoas naturais e jurídicas o *acesso* ao Poder Judiciário na defesa de seus direitos. As leis, medidas provisórias, tratados internacionais etc. não têm autoridade para dispor em sentido contrário.

Perceba-se que a Constituição fala em "lesão" ou "ameaça" a direito. Isso significa que a simples "ameaça" de se violar um direito enseja a apreciação judicial. Assim, se um Município aprova um imposto que os contribuintes consideram inconstitucional, não é necessário aguardar a efetiva cobrança para questioná-lo judicialmente. Pode-se impetrar um mandado de segurança *preventivo*, por exemplo.

Alexandre de Moraes permite-nos um resumo com as principais ideias decorrentes do princípio [MORAES, 2008, p. 83/85]:

> 1. *Inexistência de jurisdição condicionada ou instância administrativa de curso forçado* – Não existe, no Brasil, a obrigatoriedade de esgotamento da instância administrativa para que a parte possa acessar o Judiciário. Um segurado do INSS, por exemplo, não precisa recorrer a todas as instâncias administrativas para poder acessar o Poder Judiciário. Pode fazê-lo diretamente;
>
> 2. *Acesso à Justiça Desportiva* – A própria Constituição introduz *exceção* ao princípio da inafastabilidade da jurisdição ao exigir o prévio acesso às instâncias desportivas nos casos de ações relativas à disciplina e às competições esportivas, reguladas em lei (CF/88, art. 217, §1º);
>
> 3. *Inexistência da obrigatoriedade de duplo grau de jurisdição* – Não existe a obrigatoriedade do duplo grau de jurisdição. Esta é, inclusive, a orientação do STF: "Com esse sentido próprio – sem concessões que o desnaturem – *não é possível, sob as sucessivas Constituições da República, erigir o duplo grau em princípio e garantia constitucional*, tantas são as previsões, na própria Lei Fundamental, do julgamento de única instância ordinária, já na área cível, já, particularmente, na área penal" [STF, RHC 79.785/RJ, 2000].

1.2.28. Princípio da irretroatividade das leis

A influência do tempo nas relações humanas sempre foi objeto de preocupação do direito. De fato, a passagem do tempo consolida as situações, de modo que o direito deve regulamentar suas consequências para as relações jurídicas.

Assim, o art. 5º, XXXVI, da CF/88 estatui: "A lei não prejudicará o direito adquirido, o ato jurídico perfeito e a coisa julgada".

Trata-se do *princípio da irretroatividade das leis*, decorrência lógica do *princípio da segurança jurídica*. O objetivo é dar estabilidade às relações jurídicas que ocorreram e ocorrem todos os dias. Assim, o Poder Legislativo, ao elaborar uma lei, deve tomar o cuidado de não ofender o *direito adquirido*, o *ato jurídico perfeito* e a *coisa julgada*.

A *Lei de Introdução às Normas do Direito Brasileiro* define tais institutos:

- *Direito adquirido* – Consideram-se adquiridos assim os direitos que o seu titular, ou alguém por ele, possa exercer, como aqueles cujo começo do exercício tenha termo pré-fixo, ou condição preestabelecida inalterável, a arbítrio de outrem (art. 6º, § 2º);
- *Ato jurídico perfeito* – Reputa-se ato jurídico perfeito o já consumado segundo a lei vigente ao tempo em que se efetuou (art. 6º, § 1º);
- *Coisa julgada* – Chama-se coisa julgada ou caso julgado a decisão de que já não caiba recurso (art. 6º, § 3º).

É importante ressaltar que, em certas circunstâncias, admite-se a *retroatividade* da lei, isto é, sua aplicação a fatos que ocorreram no passado, desde que não ofenda a direito jurídico, ato jurídico perfeito e coisa julgada e também não viole o princípio da igualdade.

1.2.29. Vedação do juízo ou tribunal de exceção

De acordo com José Afonso da Silva, "*tribunal de exceção* é o que não integra o sistema judiciário preestabelecido, o que é criado *ad hoc*, isto é, apenas para o caso, e *post facto*, ou seja, depois da ocorrência do fato objeto do processo ou julgamento" [SILVA, 2007, p. 135/136].

Quer dizer, *juízo de exceção* é aquele constituído *depois* que o fato delituoso aconteceu. Logo, não pode estar previsto na estrutura judiciária delineada na Constituição e nas leis, ao menos para aquele caso específico, por ele visado.

No Brasil, as pessoas têm direito de conhecer, de antemão, quais órgãos ou autoridades são competentes para julgá-las. O art. 5º, XXXVI, da CF/88 é claro nesse sentido: "Não haverá juízo ou tribunal de exceção".

Assim, é preciso que os Juízes e Tribunais, encarregados de julgar os indivíduos que eventualmente venham a praticar delitos, estejam *previamente* designados nas leis que organizam as competências judiciárias.

1.2.30. O tribunal do júri

O art. 5º, XXXVIII, estabelece: "É reconhecida a instituição do júri, com a organização que lhe der a lei, assegurados: (a) a plenitude de defesa; (b) o sigilo das votações; (c) a soberania dos veredictos; (d) a competência para o julgamento dos crimes dolosos contra a vida".

O tribunal do júri é uma conquista antiga, baseada na ideia de que o indivíduo deve ser julgado por pessoas iguais, por seus semelhantes. A Constituição determina que a *lei* organizará a forma pela qual se darão os julgamentos efetuados por este tribunal. O texto constitucional assegura, ademais:

> 1. *A plenitude de defesa* – Ficam garantidos todos os meios e recursos inerentes ao devido processo legal, ampla defesa e contraditório para que o acusado tenha todas as condições de se defender;
>
> 2. *O sigilo das votações* – Garantido o sigilo das votações, os jurados podem decidir da maneira como bem lhes determinar seu convencimento;
>
> 3. *A soberania dos veredictos* – Quem decide sobre a culpabilidade do réu em crimes dolosos contra a vida é, *exclusivamente*, o júri. Não é possível que suas decisões sejam substituídas por juízes ou mesmo pelo tribunal. Pode haver *recurso* contra as decisões do júri? Sim, entretanto, o tribunal superior, caso entenda que o júri efetuou julgamento fora dos parâmetros legais, deve determinar *outro julgamento pelo júri*, não podendo, ele mesmo, o tribunal superior, decidir a questão;
>
> 4. *Julgamento de crimes dolosos contra a vida* – Trata-se de uma competência *mínima*, ou seja, que pode ser ampliada. Crimes dolosos são aqueles praticados com vontade e consciência pelo indivíduo, que visa a atingir a determinado fim, como, por exemplo, a eliminação de vida de outrem.

1.2.31. Princípios da reserva legal e anterioridade em matéria penal

O art. 5º, XXXIX, do texto constitucional estabelece: "Não há crime sem lei anterior que o defina, nem pena sem prévia cominação legal".

Para que uma conduta seja considerada *crime*, deve haver uma *lei* promulgada *antes* da prática da referida conduta. Para que um indivíduo receba uma *pena* (prisão, por exemplo), deve haver uma *lei* criada antes da prática da conduta criminosa.

Estamos falando dos *princípios da reserva legal* e *anterioridade em matéria penal*, pelos quais apenas a *lei*, *anterior* à prática do fato criminoso, pode descrevê-lo como tipo penal e cominar a respectiva pena.

Já estudamos o *princípio da reserva legal*. Vimos que, de acordo com este princípio, apenas a *lei em sentido formal*, isto é, o *ato normativo criado pelo Poder Legislativo*, de acordo com o devido processo legislativo, pode, em algumas ocasiões, estabelecer direitos ou obrigações. Pois bem, o art. 5º, XXXIX, trata deste princípio. Por isso, a criação de crimes e a cominação de penas estão *reservados à lei em sentido formal*.

Aprofundando essa questão, Alexandre de Moraes explica que "os princípios da reserva legal e da anterioridade no âmbito penal (*nullum crimen, nulla poena sine praevia lege*) exigem a existência de lei formal devidamente elaborada pelo Poder Legislativo, por meio de regras do processo legislativo constitucional (*lex scripta*); que a lei seja anterior ao fato sancionado (*lex previa*); e, que a lei descreva especificamente um fato determinado (*lex certa*)" (MORAES, 2007, p. 222).

Finalmente, importa mencionar que a Emenda Constitucional n. 32/2001 proibiu a edição de *medida provisória* sobre matéria de direito penal (CF/88, art. 62, §1º, I, *b*).

1.2.32. Irretroatividade da lei penal e retroatividade da lei mais benéfica para o réu

Já estudamos o princípio da irretroatividade das leis. Vimos que a lei não pode prejudicar o direito adquirido, o ato jurídico perfeito e a coisa julgada. Ou seja, a lei deve produzir efeitos apenas para o futuro.

No campo do direito penal, a Constituição é ainda mais rigorosa ao estatuir, no art. 5º, XL, o seguinte: "A lei penal não retroagirá, salvo para beneficiar o réu".

Desse modo, a Constituição anuncia uma regra e uma exceção: *a lei penal não pode retroagir*, ou seja, não pode alcançar fatos ocorridos no passado. Abre uma *exceção*: a lei penal pode retroagir quando seja, de qualquer maneira, *mais benéfica para o réu*.

José Afonso da Silva explica que, no caso, estamos tratando da "exceção da lei mais benéfica – ou seja, entre a lei nova e a anterior verificar-se-á qual é a mais benéfica ao réu. Isto constatado, aplica-se a que o beneficia. Isso se dá nos casos em que a lei nova descrimina fato anteriormente considerado crime – a lei considera não punível fato que a lei revogada considerava crime. A lei nova também retroage se altera o regime anterior em favor do réu – seja, por exemplo, cominando pena menor ou estabelecendo atenuante, ou qualquer outro benefício" [SILVA, 2007, p. 138].

Suponha-se, por exemplo, que João praticou o crime de furto de energia elétrica em junho de 2010 e foi condenado à pena de quatro anos de reclusão. Em janeiro de 2011 promulgou-se uma lei que deixou de considerar tal conduta criminosa. Como a lei nova é *benéfica* a João, está autorizada a retroagir. Ele deve ser posto imediatamente em liberdade.

1.2.33. Discriminações atentatórias dos direitos e liberdades fundamentais

O art. 5º, XLI, da CF/88 prescreve: "A lei punirá qualquer discriminação atentatória dos direitos e liberdades fundamentais".

Seguindo a lição de José Afonso da Silva, "a discriminação condenada é a que se funda num preconceito negativo em virtude do qual os membros de um grupo são tratados como seres não já diferentes, mas inferiores" [SILVA, 2007, p. 139].

Infelizmente, de quando em quando aparecem comunidades em ambientes virtuais, as famosas "redes sociais", pregando a inferioridade de algumas "raças" ou de pessoas que emigram de determinadas regiões do País para os grandes centros urbanos. A Constituição é rigorosa com esse tipo de conduta e determina expressa punição por meio de lei.

1.2.34. Racismo

O que é racismo? José Afonso da Silva explica: "É forma agravada de discriminação que importa a ideia de domínio de uma raça sobre outra. Fundamenta-se no pressuposto de que existem raças superiores e raças inferiores, e estas não poderiam ter os mesmo direitos e posição daquelas" [SILVA, 2007, p. 139].

Por isso, o art. 5º, XLII, do texto constitucional determina: "A prática de racismo constitui crime inafiançável e imprescritível, sujeito à pena de reclusão, nos termos de lei".

A prática racista atenta contra os princípios fundamentais da igualdade e dignidade da pessoa humana. A Constituição o repudia fortemente, delimitando-o normativamente nos seguintes termos:

- *Crime inafiançável* – Não confere ao acusado o direito à *fiança*. Esta, em termos gerais, significa uma garantia real de cumprimento das obrigações processuais do réu que lhe permite permanecer em liberdade até o fim do processo. O racismo é uma *exceção* à fiança, ou seja, o acusado deve permanecer preso;

- *Crime imprescritível* – Prescrição é a perda do direito que o Estado tem de punir em razão da passagem do tempo. O crime de racismo é *imprescritível*, vale dizer, não prescreve. O Estado nunca perde o direito de punir um indivíduo que praticou esse crime abominável;

- *Pena de reclusão* – Existem basicamente duas espécies de penas privativas de liberdade segundo o Código Penal (art. 33): *detenção e reclusão*. A primeira deve ser cumprida em regime semiaberto ou aberto, salvo a necessidade de transferência a regime fechado. A segunda deve ser cumprida em regime fechado, semiaberto ou aberto. Para o racismo, a Constituição prescreve a espécie mais grave: a *reclusão*.

1.2.35. Tortura, tráfico ilícito de entorpecentes, terrorismo e crimes hediondos

O art. 5º, XLIII, da CF/88, determina: "A lei considerará crimes inafiançáveis e insuscetíveis de graça ou anistia a prática da tortura, o tráfico ilícito de entorpecentes e drogas afins, o terrorismo e os definidos como crimes hediondos, por eles respondendo os mandantes, os executores e os que, podendo evitá-los, se omitirem".

O texto constitucional determina um tratamento mais rigoroso para algumas espécies de delitos. Os ilícitos enumerados ali são: (1) *tortura*; (2) *tráfico ilícito de entorpecentes e drogas afins*; (3) *terrorismo*; e (4) os definidos como *crimes hediondos*.

Porque considerados socialmente perniciosos, tais delitos são *inafiançáveis* e *insuscetíveis de graça ou anistia*. Já vimos que crimes *inafiançáveis* são aqueles que não admitem *fiança*. Ou seja, não admitem que o acusado ofereça uma garantia para que possa responder ao processo em liberdade. Graça e anistia, por sua vez, são formas de "perdão", causas de *extinção da punibilidade*, que também estão fora do alcance daqueles que praticam estas espécies de delitos.

Cumpre mencionar, finalmente, que respondem por esses crimes, ou seja, poderão ser responsabilizados, (1) os mandantes, (2) os executores e (3) os que, podendo evitá-los, omitem-se.

1.2.36. Ação de grupos armados

O art. 5º, XLIV, da CF/88 prescreve: "Constitui crime inafiançável e imprescritível a ação de grupos armados, civis ou militares, contra a ordem constitucional e o Estado Democrático". A Constituição não admite movimentos *armados* que busquem contestar a ordem constitucional e o Estado Democrático. Aqui voltamos a encontrar semelhança de tratamento com *o racismo*, uma vez que a ação de grupos armados contra a ordem constitucional e o Estado Democrático é considerada crime *inafiançável* e *imprescritível*.

1.2.37. Princípio da pessoalidade da pena

O art. 5º, XLV, do texto constitucional garante: "Nenhuma pena passará da pessoa do condenado, podendo a obrigação de reparar o dano e a decretação do perdimento de bens ser, nos termos da lei, estendidas aos sucessores e contra eles executadas, até o limite do valor do patrimônio transferido".

A pena é *personalíssima*. Isso significa que os descendentes, amigos ou familiares do infrator não podem ser obrigados ao cumprimento da pena por delito praticado por ele. A aplicação de pena à pessoa diversa daquela que praticou o delito, ainda que a familiares ou amigos, ofende os princípios de justiça mais elementares do mundo moderno.

É preciso destacar, contudo, que alguns *efeitos* da pena imposta ao condenado podem atingir seus *sucessores*. Sucessores são aqueles que *sucedem* na herança do *de cujus*, vale dizer, que assumem o patrimônio que pertenceu ao condenado após sua morte. Em outras palavras, os herdeiros ou legatários.

Desse modo, o texto constitucional determina que os sucessores assumam: (1) a obrigação de reparação o dano e/ou (2) a decretação do perdimento de bens.

Ainda assim, deve-se ter em mente que a responsabilidade estendida aos sucessores encontra um *limite*: *o valor do patrimônio transferido*. Isso significa que sua propriedade *original*, aquela que lhe pertence por esforço ou conquista própria, não pode responder pelo delito praticado pelo *de cujus*. Apenas aquilo que ele recebeu a título de sucessão.

1.2.38. Princípio da individualização da pena e tipos de pena admitidos

O art. 5º, XLVI, estabelece: "A lei regulará a individualização da pena e adotará, entre outras, as seguintes: (a) privação ou restrição da liberdade; (b) perda de bens; (c) multa; (d) prestação social alternativa; (e) suspensão ou interdição de direitos".

O *princípio da individualização da pena* significa que a sanção aplicada pelo Estado ao criminoso, como punição, deve estar adequada às *características particulares do indivíduo e do delito praticado*, como forma de melhor cumprir seus objetivos: punir e ressocializar.

Por exemplo, sabemos que, de acordo com o art. 155 do Código Penal, *furto* significa a subtração, para si ou para outrem, de coisa alheia móvel. Imaginemos dois indivíduos que tenham praticado esse fato delituoso. O primeiro furtou de um supermercado alguns litros de leite e pães para alimentar seus filhos. O outro furtou alguns maços de cigarro e bebidas alcoólicas para uma festa. Pergunta-se: embora tenham praticado a *mesma* figura delitiva, merecem a *mesma* pena? Obviamente, não.

A propósito, Motta e Barchet explicam que o "inciso XLVI, inicialmente, consagra o princípio da *individualização da pena*, que não deve ser confundido com o anteriormente estudado, da *personalização da pena*. Este, como vimos, consiste na vedação de que terceiros estranhos ao ato criminoso sejam alcançados penalmente pela decisão condenatória. O princípio da individualização da pena, ora estudado, determina que a imposição da pena, conforme definido em lei, leve em consideração características pessoais do réu" [MOTTA e BARCHET, 2007, p. 223/224].

O dispositivo enumera, ainda, as *penas que podem ser adotadas pela legislação penal*, quais sejam: (1) privação ou restrição da liberdade; (2) perda de bens; (3) multa; (4) prestação social alternativa; (5) suspensão ou interdição de direitos.

1.2.39. Penas proibidas pela Constituição

Na medida em que a Constituição brasileira aponta como *fundamento* da República Federativa do Brasil o *princípio da dignidade da pessoa humana* (CF/88, art. 1º, III), preocupa-se, como consequência, em proibir a aplicação de algumas espécies de penas que poderiam comprometer esse postulado.

Por isso, o art. 5º, XLVII, determina: "Não haverá penas: (a) de morte, salvo em caso de guerra declarada, nos termos do art. 84, XIX; (b) de caráter perpétuo; (c) de trabalhos forçados; (d) de banimento; (e) cruéis".

Assim, devemos enfrentar uma questão importante para concursos: é possível, no Brasil, a aplicação da pena de morte? Resposta: sim! Mas apenas como *exceção*. Será permitida em casos de *guerra declarada*, nos termos do art. 84, XIX (a declaração de guerra é ato da competência privativa do Presidente da República).

Como *regra*, a aplicação da pena de morte está proibida no Brasil. Isso quer dizer que o próprio legislador, o Poder Legislativo Federal (pois no Brasil a competência para legislar sobre direito penal pertence à União), está proibido de estabelecer a pena de morte para quaisquer crimes.

Além dos mais, são proibidas outras espécies de penas que colocam em risco a dignidade da pessoa humana: prisão perpétua ou de caráter perpétuo, trabalhos forçados, banimento (que significa a expulsão do indivíduo de sua comunidade) e as penas cruéis.

1.2.40. Cumprimento da pena em estabelecimentos distintos

Vimos os *princípios da pessoalidade e individualização da pena*. Eles têm como função adequar a sanção ao cumprimento efetivo de seus objetivos: punir e, principalmente, *ressocializar*.

Para tornar essas finalidades ainda mais palpáveis, o art. 5º, XLVIII, da Constituição prescreve: "A pena será cumprida em estabelecimentos distintos, de acordo com a natureza do delito, a idade e o sexo do apenado". Trata-se da pena de *privação de liberdade*, que deve ser cumprida em estabelecimentos penais adequados. A Constituição elege critérios objetivos (natureza do delito) e subjetivos (idade e sexo), para fins de designação do local de cumprimento da pena.

Alexandre de Moraes explica que "a previsão do inciso XLVIII direciona-se no sentido de colaboração à tentativa de recuperação do condenado, fazendo com que a execução da pena seja, na medida do possível, *individualizada*, de forma a ressocializá-lo. Assim, a pena deverá ser cumprida em estabelecimentos distintos, de acordo com a natureza do delito, a idade e o sexo do apenado" (MORAES, 2007, p. 248).

1.2.41. Integridade física e moral do preso

O princípio da dignidade da pessoa humana, alçado a *fundamento* da República Federativa do Brasil, aparece também no art. 5º, XLIX, da CF/88, direcionado à proteção da pessoa cuja liberdade foi restringida pelo Estado. O dispositivo estatui: "É assegurado aos presos o respeito à integridade física e moral".

Seria uma norma dispensável se não estivéssemos no Brasil. Sim, porque se trata, talvez, da regra *menos* cumprida pelo Estado brasileiro. Se não todos, ao menos a grande maioria dos estabelecimentos prisionais brasileiros são, certamente, "inconstitucionais".

José Afonso da Silva explica que *respeito à integridade física* significa "não maltratar o preso com violência e abuso de autoridade que provoquem lesões a membros de seu corpo, visíveis ou invisíveis". *Respeito à integridade moral*, por outro lado, é "valor até mais importante do que a integridade física". Significa a proteção contra ameaças, chantagens, pressões familiares, humilhação etc. [SILVA, 2007, p. 151]. A Constituição proíbe, expressamente, a violação da integridade física e moral dos presos.

1.2.42. Presidiárias e aleitamento materno

A Constituição preocupa-se com os direitos das crianças. Em especial, com os direitos dos recém-nascidos.

Por isso, o art. 5º, L, garante: "Às presidiárias serão asseguradas condições para que possam permanecer com seus filhos durante o período de amamentação".

A melhor lição sobre o tema é a de José Afonso da Silva. Segundo o autor, as "destinatárias da norma são as 'presidiárias', assim consideradas as condenadas a cumprir penas em estabelecimentos penais. O direito assegurado é o de *permanência* do alactante no presídio dia e noite junto da mãe, morando com ela, ali. Só ela pode decidir o contrário, de modo expresso e espontâneo, permitindo que o filho seja retirado e trazido apenas na hora da amamentação" [SILVA, 2007, p. 151/152].

1.2.43. Extradição

Celso D. de Albuquerque Mello, a propósito do conceito de extradição, anota: "A extradição pode ser definida como sendo o ato por meio do qual um indivíduo é entregue por um Estado a outro, que seja competente para processá-lo e puni-lo" [MELO, 2004, p. 1019].

Imaginemos que certo indivíduo tenha praticado um crime de homicídio na Espanha. Com receio de ser preso, resolve fugir para o Brasil. Depois de um tempo residindo em nosso país, a polícia o detém. A Espanha, sabendo que o criminoso está aqui, pode solicitar sua *extradição*, ou seja, sua *entrega* para que seja processado e julgado no país em que cometeu o delito.

As regras estabelecidas pela Constituição referem-se à *extradição passiva*. Quer dizer, regulam a *entrega* de um indivíduo, pelo Brasil, ao Estado que solicitou.

Assim, o art. 5º, LI, do texto constitucional estatui: "Nenhum *brasileiro* será extraditado, *salvo* o *naturalizado*, em caso de crime comum, praticado antes da naturalização, ou de comprovado envolvimento em tráfico ilícito de entorpecentes e drogas afins, na forma da lei".

Quanto ao estrangeiro, o art. 5º, LII, prescreve: "Não será concedida extradição de *estrangeiro* por crime político ou de opinião".

Para uma análise mais didática das regras relativas à extradição passiva, devemos estabelecer uma divisão entre *brasileiros* e *estrangeiros*. Dentre os *brasileiros*, trataremos de maneira distinta dos *natos* e dos *naturalizados*. Assim, de acordo com a Constituição, teremos:

1. *Brasileiro* – Duas regras:

a) Brasileiro nato – Impossibilidade de extradição. Regra *absoluta*. O brasileiro *nato* não pode ser extraditado em nenhuma circunstância;

b) Brasileiro naturalizado – Impossibilidade de extradição. Regra *relativa*, que comporta *exceção*. O brasileiro *naturalizado pode* ser extraditado nas seguintes hipóteses: (a) *crime comum*, praticado *antes* da naturalização. Ora, antes da naturalização o indivíduo era estrangeiro, razão pela qual se admite a entrega ao Estado em que praticara o delito; (b) envolvimento em tráfico ilícito de entorpecentes e drogas afins, *tanto antes como depois* da naturalização. O tráfico é considerado delito muito grave, por isso a extradição é admitida tanto antes como depois da naturalização.

2. *Estrangeiros* – *Possibilidade* de extradição. Regra geral. A Constituição autoriza, como regra, a extradição de estrangeiros. Apenas a *veda* em casos de *crime político* ou *crime de opinião*.

1.2.44. Princípio do juiz e promotor naturais

Já estudamos o dispositivo constitucional segundo o qual não haverá juízo ou tribunal de exceção. Vimos que, no Brasil, as pessoas têm o direito de conhecer, de antemão, as autoridades que poderão julgá-las, caso pratiquem algum delito.

Por isso, o art. 5º, LIII, da CF/88 determina: "Ninguém será processado nem sentenciado senão pela autoridade competente".

De acordo com o dispositivo, a autoridade precisa ser *competente*. O que isso significa? Que deve haver uma *norma* (constitucional ou legal) determinando quais autoridades devem *processar* e *julgar* os indivíduos.

Marcelo Novelino, a propósito, anota: "*Juiz natural* é o abstratamente constituído antes da ocorrência do fato, requisito imprescindível para a independência e imparcialidade do órgão julgador" [NOVELINO, 2012, p. 579]. Do que se deduz, portanto, que *promotor natural* significa aquele que deve ser pré-constituído, não podendo ser designado posteriormente à ocorrência do fato.

Assim, no Brasil, as pessoas têm o direito de conhecer, de antemão, as autoridades que poderão *processá-las (promotor)* e *julgá-las (juiz)* caso pratiquem um fato criminoso. Vale ressaltar que essas autoridades devem ser designadas por lei e *antes* da ocorrência do fato. Se forem designadas *depois*, estaremos diante de um juízo ou tribunal de exceção.

1.2.45. Princípio do devido processo legal

O art. 5º, LIV, da CF/88 consagra um dos princípios mais importantes do constitucionalismo moderno: "Ninguém será privado da liberdade ou de seus bens sem o devido processo legal". Trata-se do *princípio do devido processo legal*.

Significa, numa leitura simplificada, que os indivíduos têm o direito de apenas serem privados de sua liberdade e de seus bens sob a condição de que o Estado observe uma série de garantias como, por exemplo, a ampla defesa, o contraditório etc.

Alexandre de Moraes explica: "O devido processo legal configura dupla proteção ao indivíduo, atuando tanto no âmbito material de proteção ao direito de liberdade, quanto no âmbito formal, ao assegurar-lhe paridade total de condições com o Estado-persecutor e plenitude de defesa (direito a defesa técnica, à publicidade do processo, à citação, de produção ampla de provas, de ser processado e julgado pelo juiz competente, aos recursos, à decisão imutável, à revisão criminal)" [MOARES, 2008, p. 105].

1.2.46. Princípios do contraditório e ampla defesa

O princípio do devido processo legal envolve uma série de garantias. O *contraditório* e a *ampla defesa* são parte delas. Por isso, o art. 5º, LV, da CF/88 assegura: "Aos litigantes, em processo judicial ou administrativo, e aos acusados em geral são assegurados o contraditório e a ampla defesa, com os meios e recursos a ela inerentes".

Alexandre de Moraes anota: "Por *ampla defesa*, entende-se o asseguramento que é dado ao réu de condições que lhe possibilitem trazer para o processo todos os elementos tendentes a esclarecer a verdade ou mesmo omitir-se ou calar-se, se entender necessário, enquanto o *contraditório* é a própria exteriorização da ampla defesa, impondo a condução dialética do processo (*par conditio*), pois a todo ato produzido pela acusação, caberá igual direito da defesa de opor-se-lhe ou de dar-lhe a versão que melhor lhe apresente, ou, ainda, de fornecer uma interpretação jurídica diversa daquela feita pelo autor" [MORAES, 2008, p. 106].

Em outras palavras, podemos dizer que *ampla defesa* significa a garantia, dada ao indivíduo, de, num litígio judicial ou administrativo, utilizar de todos os meios necessários à defesa plena de seus direitos.

O *contraditório*, por sua vez, inspira-se na ideia de igualdade. Ambas as partes de um processo devem ser ouvidas. Deve-se garantir que ambos os litigantes manifestem-se quanto àquilo que foi afirmado pelo outro. Assim, se uma das partes de um processo junta aos autos um documento, a outra parte *deve* ser ouvida sobre esse documento. Sua manifestação é exemplo de ampla defesa e contraditório.

Cabe assinalar que o contraditório e a ampla defesa são assegurados em *processo judicial e administrativo*. Não obstante, *não* se aplica em caso de *inquérito policial*.

1.2.47. Provas ilícitas

O art. 5º, LVI, da CF/88 prescreve: "São inadmissíveis, no processo, as provas obtidas por meios ilícitos".

O que são provas *ilícitas*? São aquelas obtidas com violação do *direito material*. Por exemplo, o direito material proíbe a tortura no Brasil (Lei n. 9.455/97). Uma confissão obtida por meio de tortura é, então, uma prova *ilícita* e não pode ser utilizada em um processo.

São diferentes das provas *ilegítimas*, obtidas com violação do *direito processual*. O art. 207 do Código de Processo Penal, por exemplo, estabelece que certas pessoas estão proibidas de depor em razão do exercício de determinada profissão, ofício ou ministério. O testemunho do advogado de uma das partes sem autorização configura prova *ilegítima*.

Uma questão interessante deve ser enfrentada. Digamos que, em uma sessão de tortura, o interrogado "confesse" uma informação que leva a outra prova, como um documento comprometedor. Seria possível utilizar esse documento como meio de prova?

Estamos diante do que se denomina *prova derivada*. Não obstante, pela *teoria dos frutos da árvore envenenada*, tais provas também são *inadmissíveis*. Ora, se a árvore está envenenada, obviamente seu fruto também está. Se a informação sobre o documento tem origem em uma prova ilícita, o próprio documento deve ser considerado ilícito.

1.2.48. Princípio da presunção de inocência ou não culpabilidade

Imagine-se que uma pessoa é encontrada pela polícia, junto a um corpo ensanguentado e com uma faca em suas mãos. Num primeiro momento imaginaríamos que essa pessoa cometeu um homicídio. Entretanto, ao questionar o indivíduo, a polícia descobre que é irmão da vítima e que acabara de chegar ao local do crime. Estava tentando socorrê-la. Ao longo das investigações, contudo, chega a conhecimento da polícia que os irmãos eram inimigos mortais. O que fazer? Como proceder?

Sempre que um indivíduo é acusado da prática de um delito há uma *dúvida* quanto à certeza da autoria. Esta dúvida deve ser afastada ao longo do processo judicial para que o acusado possa ser condenado. Por isso, a Constituição optou por considerar as pessoas, *em princípio*, inocentes.

Assim, o art. 5º, LVII, assevera: "Ninguém será considerado culpado até o trânsito em julgado de sentença penal condenatória".

Quer dizer, apenas ao final de um processo judicial o indivíduo *acusado* de um crime poderá ser considerado *culpado*. "Transitar em julgado", como vimos, significa que a decisão judicial não está mais sujeita a qualquer recurso. De duas, uma: todos os recursos existentes já foram utilizados; ou não há mais prazo hábil para utilizá-los.

É preciso ficar atento, contudo, porque *é possível que o indivíduo seja preso antes de transitar em julgado a decisão*. O ordenamento jurídico prevê uma série de *prisões cautelares* (prisão em flagrante, prisão temporária, prisão preventiva etc.), que servem para acautelar, ou seja, *garantir* a eficácia de eventual sentença final condenatória.

1.2.49. Identificação criminal

Ora, se a Constituição determina que, *em princípio*, todos devem ser considerados inocentes até o trânsito em julgado de sentença penal condenatória, não se deve submeter o acusado pela prática de delito a um constrangimento maior do que o estritamente necessário para a realização do processo judicial.

Por isso, o art. 5º, LVIII, determina: "O civilmente identificado não será submetido a identificação criminal, salvo nas hipóteses previstas em lei".

Isso significa que o indivíduo que se identifica adequadamente, apresentando documentos que comprovem, de fato, sua identidade, não deve ser submetido à identificação criminal (processo datiloscópico, que consiste em extrair as impressões digitais do acusado).

Note-se que a *norma constitucional é de eficácia contida*. O texto constitucional assegura que as pessoas que possuem documento de identificação, como registro geral (RG) ou carteira profissional de advogado, não devem ser identificadas criminalmente, *a não ser nas hipóteses definidas em lei*. A Lei n. 12.037/2009 disciplina a matéria.

Em suma, como *regra* é impossível identificar criminalmente aquele que apresentar identificação civil; a *exceção* consiste na possibilidade de a legislação ordinária estabelecer hipóteses em que será necessária identificação criminal, independentemente da civil.

1.2.50. Ação penal privada subsidiária da pública

Quando um crime é praticado, a materialidade e a autoria delitivas devem ser averiguadas por meio de um processo judicial. Deve-se processar o suspeito com o objetivo de provar, ao final, sua culpa. Caso seja considerado culpado deve ser recolhido à prisão.

No Brasil, a autoridade encarregada de mover a ação penal é o *Ministério Público*, de acordo com o art. 129, I, da Constituição Federal ("São funções institucionais do Ministério Público: promover, privativamente, a ação penal pública, na forma da lei"). Dizemos, assim, que a *titularidade* da ação penal pública é do Ministério Público.

Entretanto, em algumas situações, a *titularidade* da ação penal é conferida ao ofendido (vítima) ou sua família.

Nesse sentido, o art. 5º, LIX, estabelece: "Será admitida ação privada nos crimes de ação pública, se esta não for intentada no prazo legal".

Trata-se da denominada *ação penal privada subsidiária da pública*. Esta ação pode ser intentada pelo ofendido nos crimes de ação pública se o Ministério Público não oferece denúncia no prazo legal. Quer dizer, nos crimes cuja titularidade é do Ministério Público existe a possibilidade de o ofendido ou sua família promoverem a ação penal *quando houver inércia do promotor*, isto é, nas hipóteses em que o Ministério Público *não oferece a denúncia*. O dispositivo é uma forma de "contornar" eventual omissão do *Parquet*.

1.2.51. Publicidade dos atos processuais

Os julgamentos efetuados pelo Poder Judiciário devem ser públicos para que a população tenha exato conhecimento de como estão decidindo os juízes.

Por isso, o art. 5º, LX, da CF/88 determina: "A lei só poderá restringir a publicidade dos atos processuais quando a defesa da intimidade ou o interesse social o exigirem".

A publicidade é exigência de um Estado Democrático de Direito porque assegura, em certa medida, o *controle* dos atos do Poder Público.

O dispositivo refere-se aos julgamentos pelo Poder Judiciário e deve ser interpretado em conjunto com o art. 93, IX, da Constituição: "Todos os julgamentos dos órgãos do Poder Judiciário serão públicos e fundamentadas todas as decisões, sob pena de nulidade, podendo a lei limitar a presença, em determinados atos, às próprias partes e a seus advogados, ou somente a estes, em casos nos quais a preservação do direito à intimidade do interessado no sigilo não prejudique o interesse público à informação".

Podemos afirmar que *a regra é a publicidade*. As *exceções*, ou seja, as *restrições à publicidade*, apenas podem ocorrer nos casos de: (1) *defesa da intimidade* – art. 5º, LX; (2) *interesse social* – art. 5º, LX; e (3) *direito à intimidade* – art. 93, IX.

1.2.52. Prisão

Vimos que ninguém será considerado culpado até o trânsito em julgado de sentença penal condenatória. Vimos também que as pessoas têm assegurada pela Constituição a plena liberdade de locomoção. Assim, é fácil compreender que a prisão de qualquer indivíduo é um ato *excepcional* e apenas tem lugar em circunstâncias específicas.

Por isso, o art. 5º, LXI, estatui: "Ninguém será preso senão em flagrante delito ou por ordem escrita e fundamentada de autoridade judiciária competente, salvo nos casos de transgressão militar ou crime propriamente militar, definidos em lei".

Afirma-se, pois, que a *regra* é a *liberdade da pessoa*. A prisão é admitida como *exceção*, e apenas nos casos expressamente previstos na Constituição:

▶ *Flagrante delito* – *Flagrante* significa "evidente", "manifesto", "patente". *Flagrar* uma pessoa cometendo um delito significa apanhá-la no momento em que o crime ocorre. Há uma certeza quase absoluta quanto à autoria do delito. Por isso, a Constituição autoriza a imediata prisão do indivíduo, *sem a necessidade de ordem escrita da autoridade judicial*;

▶ *Ordem escrita e fundamentada da autoridade competente* – Ora, se não estamos diante de um *flagrante*, não há qualquer certeza quanto à prática de eventual delito. Há apenas *indícios* de que determinada pessoa o tenha praticado. Por isso, *fora das hipóteses de flagrante*, a Constituição exige *ordem escrita e fundamentada da autoridade competente* para que qualquer pessoa seja presa. Essa ordem se chama *mandado de prisão* e deve ser expedida pelo *juiz natural*, isto é, pela autoridade dotada de competência.

A Constituição abre algumas *exceções* à regra da prisão em flagrante ou por ordem escrita e fundamentada da autoridade competente. Trata-se dos casos de (1) *transgressão militar* ou (2) *crime propriamente militar*. Isso ocorre porque a estrutura militar exige *hierarquia* e *disciplina*. Assim, a Constituição autoriza a prisão de militar em circunstâncias que seriam inadmissíveis para os civis.

1.2.53. Direitos do preso

O indivíduo que é preso está sob a *custódia* do Estado. Este, por sua vez, deve observar estritamente o princípio da dignidade da pessoa humana enquanto limita a liberdade do indivíduo. Por isso, as autoridades estatais devem agir nos estritos termos do que autoriza a Constituição e as leis que regem o processo penal brasileiro.

Assim, o art. 5º, LXII, LXIII e LXIV, enumeram regras que asseguram os direitos do preso. Devemos sempre ter em mente que as pessoas são consideradas *inocentes* até o trânsito em julgado da sentença penal condenatória. O texto constitucional assegura que:

- *CF/88, art. 5º, LXII – A prisão de qualquer pessoa e o local onde se encontre serão comunicados imediatamente ao juiz competente e à família do preso ou à pessoa por ele indicada* – Vimos que a Constituição assegura a integridade física e moral do preso. Ora, para garantir a observância desse direito, o texto constitucional determina que a prisão de qualquer pessoa deve ser imediatamente comunicada ao juiz competente e à família do custodiado, que tomarão as providências necessárias à manutenção de sua integridade física e moral;

- *CF/88, art. 5º, LXIII – O preso será informado de seus direitos, entre os quais o de permanecer calado, sendo-lhe assegurada a assistência da família e de advogado* – Ninguém é obrigado a produzir prova contra si mesmo. Esse é um princípio de justiça reconhecido pelos povos civilizados. Por isso, o preso tem o direito de *permanecer calado* e mesmo de mentir. A assistência da família e de advogado são essenciais para a defesa técnica do acusado em juízo;

- *CF/88, art. 5º, LXIV – O preso tem direito à identificação dos responsáveis por sua prisão ou por seu interrogatório policial* – Muitas vezes os agentes do Estado, em especial os policiais, praticam atos ilegais ou de abuso de autoridade violando a integridade física ou moral dos presos. Por isso, a Constituição assegura a *identificação* dos responsáveis pela prisão para que possam, se for o caso, responder pelos excessos praticados.

1.2.54. Relaxamento de prisão ilegal e liberdade provisória

Ao longo do estudo dos incisos que disciplinam a prisão, percebemos que a manutenção da liberdade do indivíduo é a regra. A restrição dessa liberdade é a exceção.

Nesse contexto, o art. 5º, LXV, da CF/88 estipula: "A prisão ilegal será imediatamente relaxada pela autoridade judiciária".

O inciso LXVI, por sua vez, prescreve: "Ninguém será levado à prisão ou nela mantido, quando a lei admitir a liberdade provisória, com ou sem fiança".

Quer dizer, o texto constitucional explicita duas medidas que *afastam* a prisão: (1) o *relaxamento* da prisão ilegal e (2) a *liberdade provisória*, com ou sem fiança.

É importante não confundir o *relaxamento da prisão* com a *liberdade provisória*. A primeira ocorre nos casos de *prisão ilegal*, quer dizer, prisão que não observou os requisitos estabelecidos pela lei. A segunda é um *direito* do preso, independentemente da legalidade ou ilegalidade da prisão. É a possibilidade de acompanhar o processo em liberdade.

1.2.55. Prisão civil

O art. 5º, LXVII, da CF/88 assegura: "Não haverá prisão civil por dívida, salvo a do responsável pelo inadimplemento voluntário e inescusável de obrigação alimentícia e a do depositário infiel". Em outras palavras: *é proibida a prisão civil por dívidas no Brasil*.

Mas, o que é uma prisão *civil*? É a prisão que não tem como objetivo a *punição* do indivíduo pela prática de *ilícito penal*, isto é, de *crime*. Sua finalidade, antes, consiste em constrangê-lo ao cumprimento de uma obrigação civil.

A Constituição estabelece duas *exceções*, admitindo a prisão civil por dívidas do:

1. *Responsável pelo inadimplemento voluntário e inescusável de obrigação alimentícia* – É possível a prisão civil do indivíduo que não cumpre, *voluntariamente*, a obrigação alimentar. É o caso, por exemplo, do pai divorciado que se nega a pagar a pensão para o filho que ficou na guarda da mãe. Se o inadimplemento for *involuntário*, não há que se falar em prisão. Se a ausência de pagamento for *escusável*, ou seja, *justificado*, também não se cogita de prisão;

2. *Depositário infiel* – Depositário é a pessoa que recebe algo para guardar sem que se torne proprietário. Tem o dever de restituí-la a qualquer momento ao proprietário. *Infiel* é o depositário que consome com a coisa, não podendo devolvê-la. Atenção! O STF decidiu pela *impossibilidade* da prisão civil do *depositário infiel*. O Brasil é signatário da *Convenção Americana sobre Direitos Humanos*, também chamada de *Pacto de San José da Costa Rica*, que veda expressamente esse tipo de prisão. Para acabar com qualquer dúvida, a Corte editou a *Súmula Vinculante n. 25*, com o seguinte enunciado: "É ilícita a prisão civil de depositário infiel, qualquer que seja a modalidade do depósito". É importante deixar claro, no entanto, que *não houve revogação* da Constituição por parte do Pacto de San José da Costa Rica. O entendimento é o de que este tratado *paralisa* a aplicação das normas infraconstitucionais que determinavam a prisão civil no caso do depositário infiel.

1.2.56. Assistência jurídica

Os indivíduos não estão autorizados a "fazer justiça" com as próprias mãos. De fato, o art. 345 do Código Penal proíbe o "exercício arbitrário das próprias razões". Quer dizer, o Estado é o responsável por "fazer justiça", isto é, por resolver os conflitos de interesses que surgem a todo o momento no seio da comunidade.

Os indivíduos que gozam de uma situação financeira confortável têm os recursos necessários à contratação de advogados. Mas, e os menos favorecidos?

Preocupado com o acesso à Justiça por parte das pessoas sem condições financeiras, o art. 5º, LXXIV, da CF/88 determina: "O Estado prestará assistência jurídica integral e gratuita aos que comprovarem insuficiência de recursos".

O art. 134 do texto constitucional, com redação dada pela Emenda Constitucional n. 80, de 2014, prescreve: "A Defensoria Pública é instituição permanente, essencial à função jurisdicional do Estado, incumbindo-lhe, como expressão e instrumento do regime democrático, fundamentalmente, a orientação jurídica, a promoção dos direitos humanos e a defesa, em todos os graus, judicial e extrajudicial, dos direitos individuais e coletivos, de forma integral e gratuita, aos necessitados, na forma do inciso LXXIV do art. 5º desta Constituição Federal".

Cabe, assim, à *Defensoria Pública* a assistência jurídica às pessoas que se encontrem na situação prevista pelo art. 5º, LXXIV, acima citado. Ressalte-se que o texto constitucional é expresso ao vincular a assistência jurídica integral apenas àqueles que *comprovarem insuficiência de recursos*.

1.2.57. Erro judiciário

O processo judicial está sujeito a falhas. A restrição indevida da liberdade de um indivíduo acarreta uma série de danos, a começar pelos psicológicos.

Por isso, a Constituição determina, no art. 5º, LXXV, o seguinte: "O Estado indenizará o condenado por erro judiciário, assim como o que ficar preso além do tempo fixado na sentença".

Ora, se a prisão é uma *exceção* no quadro constitucional brasileiro, imagine-se uma prisão efetuada por *erro* do Estado. Assim, a reparação do dano é um dever. A jurisprudência tem admitido indenização inclusive por dano *moral*. Nesse caso, a responsabilidade do Estado é *objetiva*, ou seja, independe da comprovação de culpa, à luz do disposto no art. 37, § 6º, da Constituição.

O texto constitucional determina a indenização em caso de: (1) *erro judiciário* e (2) *para aquele que ficar na prisão além do tempo fixado na sentença*.

1.2.58. Gratuidade de certidões e ações constitucionais

O art. 5º, LXXVI, da CF/88 prescreve: "São gratuitos para os reconhecidamente pobres, na forma da lei: (a) o registro civil de nascimento; (b) a certidão de óbito".

Sem dúvida, são os dois momentos mais importantes da vida humana: o nascimento e a morte. O STF já se manifestou a respeito destas gratuidades, considerando "que os atos relativos ao nascimento e ao óbito são a base para o exercício da cidadania, sendo assegurada a gratuidade de todos os atos necessários ao seu exercício (CF, art. 5º, LXXVII)" [STF, *Informativo* 471/2007].

A propósito, o Tribunal considerou que não há qualquer problema em estender tal gratuidade aos que não sejam reconhecidamente pobres, sendo certo que o texto constitucional estabeleceu apenas um mínimo a ser observado pela lei, que pode ser ampliado.

O art. 5º, LXXVII, por sua vez, preocupado com o acesso pleno à Justiça, estabelece: "São gratuitas as ações de 'habeas-corpus' e 'habeas-data', e, na forma da lei, os atos necessários ao exercício da cidadania".

As primeiras são ações que têm por objetivo liberar a pessoa de situações de constrangimento, relativamente à liberdade de locomoção ou no que tange a registros errôneos ou incorretos. Os atos necessários ao exercício da cidadania são, por exemplo, aqueles referentes ao alistamento eleitoral, militar etc.

1.2.59. Razoabilidade e celeridade processuais

Vimos que a Constituição assegura a todos o pleno acesso ao Poder Judiciário (princípio da inafastabilidade da jurisdição). Não basta, entretanto, garantir o acesso. É preciso garantir também que as pessoas obtenham a decisão judicial em tempo hábil.

Um aposentado que ingresse em juízo contra o INSS, por exemplo. É preciso que a decisão judicial seja *rápida*, caso contrário, existe o risco de a pessoa idosa falecer e não poder usufruir de um direito que lhe era devido.

Por isso, o art. 5º, LXXVIII, da CF/88 determina: "A todos, no âmbito judicial e administrativo, são assegurados a razoável duração do processo e os meios que garantam a celeridade de sua tramitação".

Tal inciso foi acrescentado pela Emenda Constitucional n. 45, de 2004. Duração *razoável* significa que o trâmite processual não pode se prolongar por um período muito longo de tempo. *Celeridade* significa rapidez, ou seja, a Constituição quer que os processos sejam resolvidos rapidamente.

Cabe assinalar, finalmente, que tal garantia não se restringe ao processo *judicial*. Também os processos *administrativos* (como os processos instaurados perante o INSS) devem ser céleres.

1.3. REMÉDIOS CONSTITUCIONAIS

É necessário, nesse ponto, retomar uma distinção já salientada entre *direitos* e *garantias* fundamentais. Os direitos representam certos *bens*, em sentido amplo, que podem ser fruídos pelas pessoas. Por exemplo, a vida, a liberdade, a igualdade, a propriedade são bens, isto é, situações que podem ser gozadas pelas pessoas. As garantias destinam-se a assegurar a fruição desses bens. A liberdade é um bem fruível por todos, portanto, um direito, que pode e deve ser assegurado por uma garantia: o *habeas corpus*.

1.3.1. Conceito

Os *remédios constitucionais* (ou *tutela constitucional das liberdades*) têm importância fundamental no constitucionalismo. De acordo com José Afonso da Silva, "são *meios* postos à disposição dos indivíduos para provocar a intervenção das autoridades competentes visando a *sanar, corrigir*, ilegalidade e abuso de poder em prejuízo de direitos e interesses individuais" [SILVA, 2007, p. 161].

Ainda de acordo com o autor, "alguns desses remédios revelam-se meios de provocar a atividade jurisdicional, e, então, têm natureza de ação: são *ações constitucionais*. São garantias constitucionais na medida em que são instrumentos destinados a assegurar o gozo de direitos violados ou em vias de serem violados, ou simplesmente não atendidos" [SILVA, 2007, p. 161].

1.3.2. Direito de petição – art. 5º, XXXIV, *a*

De acordo com o texto constitucional, "são a todos assegurados, independentemente do pagamento de taxas, o *direito de petição* aos Poderes Públicos em defesa de direitos ou contra ilegalidade ou abuso de poder".

O direito de petição constitui o direito de as pessoas se dirigirem ou solicitarem a atenção do Poder Público, na *defesa de direitos* ou contra *ilegalidade ou abuso de poder*. Ressalte-se, desde logo, que tal direito pode ser exercido independentemente do pagamento de taxas, ou seja, trata-se de uma *imunidade tributária*.

Pedro Lenza observa: "Assim, o objetivo do direito de petição nada mais é do que, em *nítido exercício das prerrogativas democráticas*, levar ao conhecimento do Poder Público a informação ou notícia de um ato ou fato ilegal, abusivo ou contra direitos, para que este tome as medidas necessárias" [LENZA, 2013, p. 1073].

O direito de petição pode ser exercido contra qualquer autoridade de *qualquer dos poderes (Poder Executivo, Legislativo ou Judiciário)*. Não se confunde com o "direito de ação" que se dirige exclusivamente ao Poder Judiciário.

A autoridade tem o dever de receber e analisar o pedido efetuado, dentro do prazo estabelecido em lei. Caso a autoridade ignore a petição ou se recuse a recebê-la, pode-se impetrar *mandado de segurança*, para remediar a ilegalidade.

1.3.3. Direito de certidão – art. 5º, XXXIV, *b*

De acordo com o texto constitucional "são a todos assegurados, independentemente do pagamento de taxas, a obtenção de certidões em repartições públicas, para defesa de direitos e esclarecimento de situações de interesse pessoal".

Por que a certidão é importante? Porque se trata de documento que possui *fé pública*. Ou seja, presumem-se verdadeiros os fatos ali narrados. Assim, a certidão constitui prova importante para a impetração de mandado de segurança, por exemplo.

Tal como ocorre com o direito de petição, o direito à certidão não se submete ao pagamento de taxas. Estamos diante de uma imunidade tributária.

A obtenção de certidões para a *defesa de direitos* e *esclarecimento de situações de interesse pessoal* é um direito individual e pessoal. Negada a expedição da certidão, o remédio adequado para sanar a ilegalidade é o *mandado de segurança* e não o *habeas data*.

1.3.4. *Habeas corpus* – art. 5º, LXVIII

De acordo com a Constituição, "conceder-se-á *habeas corpus* sempre que alguém sofrer ou se achar ameaçado de sofrer violência ou coação em sua liberdade de locomoção, por ilegalidade ou abuso de poder".

O *habeas corpus* é uma ação constitucional (deve ser proposto perante o Poder Judiciário), de natureza penal, que tem como objeto a tutela da *liberdade de locomoção* das pessoas físicas.

Há duas *espécies* de *habeas corpus*: o *liberatório* (ou *repressivo*) e o *preventivo*. O primeiro se dá quando a limitação da liberdade de locomoção já ocorreu. O segundo, também denominado "salvo-conduto", quando está em vias de ocorrer.

Coator é aquele que executa a *ilegalidade* ou *abuso de poder*. Geralmente é uma autoridade pública, mas pode ser também uma pessoa privada. O autor, aquele que ingressa com a ação, denomina-se *impetrante*. Paciente é a *pessoa física* que sofre a restrição da liberdade.

A legitimidade ativa no *habeas corpus* é *universal*, ou seja, qualquer pessoa, com qualquer capacidade civil (crianças, pessoas com necessidades especiais) pode impetrá-lo. Também a *capacidade postulatória é universal*, quer dizer, não há a necessidade de nenhuma qualificação técnico-jurídica para utilizá-lo. Dispensa-se a presença de advogado.

O *habeas corpus* não pode ser utilizado contra punições disciplinares militares, conforme preceitua o art. 142, §2º, da Constituição.

1.3.5. Mandado de segurança – art. 5º, LXIX

De acordo com o texto constitucional, "conceder-se-á *mandado de segurança* para proteger direito líquido e certo, não amparado por *habeas corpus* ou *habeas data*, quando o responsável pela ilegalidade ou abuso de poder for autoridade pública ou agente de pessoa jurídica no exercício de atribuições do Poder Público".

Trata-se de ação constitucional de natureza civil. Meio posto à disposição de todas as pessoas físicas ou jurídicas para a proteção de direito líquido e certo, lesado ou ameaçado de lesão, por ato de autoridade ou agente no exercício de atribuições do Poder Público.

Cabe mencionar, de início, a importante *regra da subsidiariedade (ou do cabimento residual)*. A utilização do mandado de segurança fica subordinada à análise prévia da viabilidade de utilização do *habeas corpus* ou *habeas data*. Apenas quando essas ações *não* puderem ser utilizadas, deve-se recorrer ao mandado de segurança.

Quanto às *espécies*, pode ser *preventivo* ou *repressivo*. O primeiro visa a impedir que a lesão a direito líquido e certo ocorra. O segundo tem como finalidade reparar uma lesão que já ocorreu.

O *objeto* do mandado de segurança é a proteção de *direito líquido e certo*. Mas, o que é direito *líquido e certo*? É o direito que deflui de fatos *incontroversos*, ou seja, comprovados por ocasião da impetração do mandado de segurança. Por exemplo, se um contribuinte tem em mãos uma *certidão* dando conta de que nada deve aos cofres públicos, esse fato está previamente comprovado (vimos que a certidão possui *fé pública*).

Caso seja impedido de concorrer a uma licitação, por exemplo, pode impetrar *mandado de segurança*. Uma vez que os fatos que amparam seu direito estão previamente comprovados, é o caso de *direito líquido e certo* violado.

A *legitimação ativa* pertence às pessoas físicas ou jurídicas que tenham, eventualmente, seus direitos líquidos e certos violados ou estejam na iminência de tê-los. A legitimação passiva é da *autoridade coatora*, que, geralmente, é uma autoridade pública, mas pode ser, também, um particular que esteja no exercício de atribuições do Poder Público. Caso típico é o do diretor de instituição de ensino particular.

1.3.6. Mandado de segurança coletivo – art. 5º, LXX

Vimos que os direitos e garantias fundamentais avançaram a uma terceira dimensão, em que os titulares são coletivos e, por vezes, não podem ser identificados. Por isso, a Constituição prevê a figura do *mandado de segurança coletivo*.

Assim, o art. 5º, LXX, determina: "O mandado de segurança coletivo pode ser impetrado por partido político com representação no Congresso Nacional; organização sindical; entidade de classe; ou associação legalmente constituída e em funcionamento há pelo menos um ano, em defesa dos interesses de seus membros ou associados".

O mandado de segurança coletivo é muito parecido com o individual. As diferenças residem no *objeto* e na *legitimação ativa*. Seu *objeto* é a proteção de direitos líquidos e certos, mas, desta feita, pertencentes a uma *coletividade* ou *categoria de pessoas*. É direcionado à defesa de interesses coletivos em sentido amplo: direitos coletivos em sentido estrito, interesses individuais homogêneos e interesses difusos.

No que tange ao mandado de segurança coletivo, a informação mais importante para seu concurso gira em torno da *legitimação ativa* para a propositura do mesmo. De acordo com a Constituição, podem propor o mandado de segurança coletivo:

- *O partido político com representação no Congresso Nacional* – Tal representação significa a existência de um deputado *ou* um senador filiado ao partido;
- *A organização sindical* – Legalmente constituída e em defesa dos interesses de seus membros;
- *A entidade de classe* – Legalmente constituída e em defesa dos interesses de seus membros;
- *A associação* – legalmente constituída, na defesa dos interesses de seus membros e *em funcionamento há pelo menos um ano*. Esta última exigência (funcionamento por pelo menos um ano) refere-se somente às associações.

Tais entidades atuam como *substitutas processuais*, ou seja, atuam em *nome próprio* na defesa de *direito alheio* (de seus filiados). Trata-se de *legitimação extraordinária*, razão pela qual *não* há a necessidade de autorização expressa dos associados.

1.3.7. Mandado de injunção – art. 5º, LXXI

De acordo com a Constituição, "conceder-se-á *mandado de injunção* sempre que a falta de norma regulamentadora torne inviável o exercício dos direitos e liberdades constitucionais e das prerrogativas inerentes à nacionalidade, à soberania e à cidadania".

Para compreender melhor o *mandado de injunção*, analisemos o art. 37, VII, da Constituição, que trata do direito de greve dos servidores públicos. Segundo tal dispositivo, "o direito de greve será exercido nos termos e nos limites definidos em *lei específica*".

Perceba-se que a Constituição remete o exercício do direito de greve dos servidores públicos aos termos e limites estabelecidos em *lei específica*. Trata-se de típica *norma constitucional de eficácia limitada*. Ou seja, apenas produzirá efeitos depois da elaboração de uma lei infraconstitucional.

Pois bem, quando estudamos o princípio da separação de poderes, vimos que o Poder Legislativo é o encarregado de elaborar as leis. Pergunta-se: o que acontece nas hipóteses em que este Poder não cumpre sua missão constitucional? Como agir quando a lei exigida pela Constituição não existe? Os servidores ficam desamparados, sem poder exercer um direito constitucionalmente garantido? Em princípio, sim. Para evitar tal situação, a Constituição previu o *mandado de injunção*.

Podemos conceituá-lo como uma *ação constitucional* de natureza civil, destinada ao combate da inércia do Poder Público no cumprimento do dever de legislar (mora legislativa), quando tal omissão ocasionar a inviabilidade do exercício dos *direitos e liberdades constitucionais* e das *prerrogativas inerentes à nacionalidade, soberania e cidadania*.

De acordo com Pedro Lenza, "o mandado de injunção surge para 'curar' uma 'doença' denominada *síndrome de inefetividade das normas constitucionais*" [LENZA, 2013, p. 1126].

Quer dizer, as normas constitucionais existem, mas não produzem seus efeitos. Assim, dois são os *requisitos* para a utilização deste remédio constitucional: (1) *norma constitucional de eficácia limitada* e (2) *falta de norma regulamentadora*.

O mandado de injunção pode ser utilizado por qualquer pessoa, física ou jurídica, que esteja em situação na qual a ausência de norma impeça o exercício de um direito, liberdade etc. O STF admite a possibilidade de impetração de *mandado de injunção coletivo*, tendo por legitimados os mesmos designados para o mandado de segurança coletivo. Quanto à *legitimação passiva*, apenas os *órgãos ou autoridades públicas responsáveis pela omissão normativa* podem ser acionados. Ou seja, os particulares *não* podem figuram no polo passivo de tal ação.

1.3.8. *Habeas data* – art. 5º, LXXII

A Constituição foi promulgada em 1988, em um momento em que o Brasil saía de uma Ditadura Militar. Na verdade, ela é o documento jurídico que simboliza essa transição. Àquela época, havia grande receio quanto às informações que o Estado possuía sobre a vida privada das pessoas, principalmente em virtude das perseguições políticas que ocorriam com frequência.

Por isso, a Constituição determina que se conceda "*habeas data* para assegurar o conhecimento de *informações relativas à pessoa do impetrante*, constantes de registros ou bancos de dados de entidades governamentais ou de caráter público; e para a *retificação de dados*, quando não se prefira fazê-lo por processo sigiloso, judicial ou administrativo".

Valladão define o *habeas data* como uma "ação constitucional de natureza civil e procedimento sumário, que protege o direito personalíssimo do indivíduo ao *acesso às informações* sobre sua pessoa, constantes de bancos de dados de entidades governamentais, ou de entidades privadas, mas que tenham caráter de publicidade, e à manutenção dessas informações corretas, verídicas e completas" (FERRAZ, 2006, p. 177).

Segundo a Constituição, o *habeas data* pode ser utilizado para:

- Assegurar o *conhecimento de informações* relativas à pessoa do impetrante, constantes de registros ou banco de dados de entidades governamentais ou de caráter público;
- Para a *retificação de dados*, quando não se prefira fazê-lo por processo sigiloso, judicial ou administrativo.

Apenas a própria pessoa, titular das informações almejadas, tem legitimidade para impetrar *habeas data*. Trata-se de uma ação de *caráter personalíssimo*. Novelino anota: "A impetração por terceiros, portanto, somente é admitida no caso de herdeiros e sucessores do titular, em hipóteses excepcionais, com o intuito de preservar sua imagem, evitando o uso ilegítimo e indevido dos dados do *de cujus*" [NOVELINO, 2012, p. 614].

A legitimação passiva pertence às entidades governamentais ou *privadas*. Estas últimas, desde que tenham bancos de dados disponibilizados a acesso público, como o Serviço de Proteção ao Crédito (SPC), por exemplo.

O cabimento do *habeas data* condiciona-se à necessidade de *negativa na via administrativa*, ou seja, é preciso que primeiro o pedido de informações ou retificação de dados seja expressamente negado. Apenas a partir desse momento existirá *interesse de agir* que é, na sistemática do processo civil brasileiro, uma das condições da ação.

1.3.9. Ação popular – art. 5º, LXXIII

Vimos que a Constituição consagrou um Estado Democrático de Direito. No Brasil, o titular do poder é o povo. Por isso, o texto constitucional viabiliza alguns *modos de controle*. Quer dizer, tenta facilitar o controle do povo sobre aqueles que exercem o poder. A ação popular entra nesse contexto.

Desse modo, a Constituição determina que "qualquer cidadão é parte legítima para propor *ação popular* que vise a anular ato lesivo ao patrimônio público ou de entidade de que o Estado participe, à moralidade administrativa, ao meio ambiente e ao patrimônio histórico e cultural, ficando o autor, salvo comprovada má-fé, isento de custas judiciais e do ônus da sucumbência".

A *ação popular* é uma ação constitucional de caráter civil, cuja titularidade foi reservada ao *cidadão*, para a proteção de direitos que pertencem a toda a coletividade, tendo como objetivo anular ato lesivo ao patrimônio público, moralidade administrativa, meio ambiente, patrimônio histórico e cultural. Salvo comprovada má-fé, seu exercício está protegido por *imunidade tributária*, haja vista a expressão: "isento de custas judiciais".

O que se deve entender por *cidadão*, legitimado ativo da ação popular? Trata-se do *nacional* (brasileiro *nato* ou *naturalizado*) no gozo dos direitos políticos.

"Assim, excluem-se do polo ativo os estrangeiros, os apátridas, as pessoas jurídicas (*vide* Súmula 365 do STF) e mesmo os brasileiros que estiverem com os seus direitos políticos suspensos ou perdidos (art. 15 da CF/88)" [LENZA, 2013, p. 1135]. Em outras palavras: *considera-se cidadão o eleitor, aquele que procedeu ao alistamento eleitoral*.

A ação tem como *objeto* a *anulação de ato lesivo* aos seguintes bens jurídicos: (1) patrimônio público; (2) patrimônio de entidade da qual o Estado participe; (3) moralidade administrativa; (4) meio ambiente; (5) patrimônio histórico e cultural.

Em suma, a ação popular visa ao controle dos *atos de natureza administrativa*. No polo passivo figuram, sobretudo, as pessoas jurídicas públicas ou privadas, em nome das quais foi produzido o ato lesivo.

1.4. PARÁGRAFOS QUE ENCERRAM O ART. 5º

1.4.1. Aplicação imediata dos direitos e garantias fundamentais – art. 5º, § 1º

De acordo com a Constituição, "as normas definidoras dos direitos e garantias fundamentais têm aplicação imediata", ou seja, desde a promulgação da Constituição, em 1988, os direitos e garantias fundamentais podem ser invocados e devem ser aplicados.

O sentido a ser extraído é o de que os direitos e garantias devem ter *a máxima eficácia possível*, pois, de acordo com Alexandre de Moraes, "em regra, as normas que consubstanciam os direitos fundamentais democráticos e individuais são de eficácia e aplicabilidade imediatas. A própria Constituição Federal, em uma norma-síntese, determina tal fato dizendo que as normas definidoras dos direitos e garantias fundamentais têm aplicação imediata" [MORAES, 2007, p. 22/23].

1.4.2. Rol exemplificativo – art. 5º, §2º

A Constituição não quis se "fechar" para as mudanças sociais e históricas. Pelo contrário, revela-se extremamente consciente do caráter *histórico* dos direitos e garantias fundamentais. O § 2º do art. 5º revela o intuito constitucional de não "cristalizar" os direitos e garantias fundamentais apenas no conteúdo de seus artigos.

Assim, o dispositivo determina que "os direitos e garantias expressos nesta Constituição não excluem outros decorrentes do regime e dos princípios por ela adotados, ou dos tratados internacionais em que a República Federativa do Brasil seja parte".

Os direitos e garantias expressos na Constituição não excluem outros decorrentes: (1) do *regime* por ela adotado; (2) dos *princípios* por ela adotados; e (3) dos *tratados internacionais* em que a República figure como parte.

José Afonso da Silva ensina que "o *regime* adotado é o democrático representativo, com participação direta e pluralista. Os *princípios* adotados são também os democráticos, os republicanos, os federalistas, os da realização dos direitos fundamentais do homem, o princípio do respeito à dignidade da pessoa humana, o da cidadania plena, entre outros" [SILVA, 2007, p. 178].

1.4.3. Tratados internacionais – art. 5º, § 3º

Os tratados internacionais são *fontes* de direitos e garantias fundamentais, ou seja, a Constituição autoriza a *ampliação* do rol de direitos e garantias, pela incorporação de tratados internacionais ao ordenamento jurídico brasileiro.

Mas o que é um tratado internacional? "Tratado é todo acordo formal concluído entre sujeitos de direito internacional público, e destinado a produzir efeitos jurídicos" [REZEK, 2002, p. 14]. Tratado é, por exemplo, um acordo firmado entre dois ou mais países e que passa a obrigá-los.

Pelo direito constitucional brasileiro, as autoridades competentes para a elaboração do tratado são o Presidente da República (CF, art. 84, VIII) e o Congresso Nacional, a quem compete resolver definitivamente sobre o mesmo (CF, art. 49, I).

Assim, resumidamente, temos: (1º) celebração do tratado pelo Presidente da República – art. 84, VIII; (2º) deliberação pelo Congresso Nacional; caso o tratado seja *aprovado*, este assume a forma de *decreto legislativo* – art. 49, I); (3º) troca ou depósito dos instrumentos de ratificação pelo Poder Executivo junto aos demais pactuantes internacionais; (4º) finalmente, como ato normativo que promulga, dá publicidade e executoriedade ao tratado em âmbito interno, *decreto presidencial*.

Uma vez concluído todo esse procedimento, o tratado tem força normativa interna. A pergunta que surge é: que *status* tem esse tratado? Tem a mesma *hierarquia* das leis ordinárias? É hierarquicamente superior ou inferior?

O tratado ingressa no ordenamento interno com o mesmo *status* das leis ordinárias, podendo revogá-las ou ser revogado por elas.

Entretanto, vimos no item anterior que os tratados internacionais podem veicular normas relativas a *direitos e garantias fundamentais*. Nesse caso, à luz do § 2º, já analisado, continuariam a ter *status* de lei ordinária ou passariam a ter *status* constitucional?

Em vista de grande embate doutrinário acerca do tema, a Emenda Constitucional n. 45/2004 acrescentou o § 3º, ao art. 5º, nos seguintes termos: "Os tratados e convenções internacionais *sobre direitos humanos* que forem aprovados, em cada Casa do Congresso Nacional, em dois turnos, por três quintos dos votos dos respectivos membros, serão equivalentes às emendas constitucionais".

Nesse caso particular, temos que os tratados e as convenções que versem sobre direitos humanos *podem* adquirir o *status* de emenda constitucional. Isso ocorrerá se os decretos legislativos que os veicularem forem aprovados com as mesmas exigências relativas à aprovação das emendas constitucionais.

Quer dizer, aprovação em cada Casa do Congresso Nacional, em dois turnos, com três quintos dos votos dos respectivos membros. "Podem adquirir", ou seja, não é algo automático. A aquisição desse *status* depende do cumprimento dos requisitos estabelecidos pelo parágrafo.

Marcelo Novelino esquematiza de forma didática a *hierarquia* dos tratados internacionais, conforme sejam ou não relativos a direitos humanos [NOVELINO, 2012, p. 474]:

- Tratados e convenções internacionais de *direitos humanos*, aprovados em cada Casa do Congresso Nacional, em dois turnos, por três quintos dos votos dos respectivos membros, serão *equivalentes às emendas constitucionais* (CF, art. 5º, § 3º);
- Tratados e convenções internacionais de *direitos humanos*, aprovados pelo *procedimento ordinário* (CF, art. 47), terão status *supralegal, situando-se abaixo da Constituição e acima da legislação ordinária*;
- Tratados e convenções internacionais que *não versem sobre direitos humanos*, ingressarão no ordenamento jurídico brasileiro *com força de lei ordinária*.

1.4.4. Tribunal Penal Internacional – art. 5º, § 4º

De acordo com a Constituição, "o Brasil se submete à jurisdição de Tribunal Penal Internacional a cuja criação tenha manifestado adesão".

O Tribunal Penal Internacional foi criado pela ONU para julgamento de crimes praticados contra a humanidade, onde quer que ocorram. Sua criação teve como objetivo evitar a repetição constante dos "tribunais de exceção" para estes casos, como os de Nuremberg, Ruanda e da ex-Iugoslávia.

A Emenda n. 45/2004 constitucionalizou o Tribunal Penal Internacional, visto que o Brasil já manifestou adesão ao mesmo.

José Afonso da Silva explica que "a constitucionalização do TPI tem igualmente uma dimensão simbólica e histórica, mas não pode ser entendida como desprestígio ou qualquer restrição à jurisdição nacional. Dizer que o Brasil se submete à sua jurisdição vale dizer que suas sentenças serão acatadas e executadas pelas autoridades brasileiras, *salvo quando contrariarem frontalmente regras da Constituição* – como é caso, já observado, da prisão perpétua" [SILVA, 2007, p. 181/182].

Continua o autor, assinalando que "nesse particular, a recepção constitucional do TPI tem relevância porque espanca dúvida quanto à relação da jurisdição nacional e dessa jurisdição internacional. Esta é *complementar* em relação àquela, mas, uma vez exercida, fica a jurisdição nacional obrigada a acatá-la e executá-la tal como uma decisão judicial interna, com a ressalva já consignada supra" [SILVA, 2007, p. 181/182].

QUESTÕES

1. (INSTITUTO CIDADES – 2011 – UNIFESP – Analista Jurídico II)

Assinale a alternativa INCORRETA:

a) nenhuma pena passará da pessoa do condenado, podendo a obrigação de reparar o dano e a decretação do perdimento de bens ser, nos termos da lei, estendidas aos sucessores e contra eles executadas, até o limite do valor do patrimônio transferido;

b) nenhum brasileiro será extraditado, salvo o naturalizado, em caso de crime comum, praticado antes da naturalização, ou de comprovado envolvimento em tráfico ilícito de entorpecentes e drogas afins, na forma da lei;

c) não será concedida extradição de estrangeiro por crime político ou de opinião;

d) a casa é asilo inviolável do indivíduo, ninguém nela podendo penetrar sem consentimento do morador, salvo em caso de flagrante delito ou desastre, ou para prestar socorro, ou, durante a noite, por determinação judicial;

e) é assegurado o direito de resposta, proporcional ao agravo, além da indenização por dano material, moral ou à imagem.

2. (FCC – 2011 – TRE/TO – Analista Judiciário)

Segundo a Constituição Federal, os tratados e convenções internacionais sobre direitos humanos que forem aprovados, em cada Casa do Congresso Nacional, em dois turnos, por:

a) um terço dos votos dos respectivos membros, serão equivalentes às emendas constitucionais.

b) dois terços dos votos dos respectivos membros, serão equivalentes às leis complementares.

c) um quarto dos votos dos respectivos membros, serão equivalentes às leis ordinárias.

d) três quintos dos votos dos respectivos membros, serão equivalentes às emendas constitucionais.

e) metade dos votos dos respectivos membros, serão equivalentes às leis complementares.

3. (INSTITUTO CIDADES – 2011 – UNIFESP – Analista Jurídico II) – (Adaptada)

Acerca dos Direitos e Garantias Fundamentais, analise as seguintes proposições:

I. Os direitos e deveres individuais e coletivos se restringem aos previstos exclusivamente no art. 5º da Constituição Federal de 1988.

II. O indivíduo que alegar imperativo de consciência para eximir-se de obrigação legal geral e também se recusar a cumprir prestação alternativa estabelecida em lei estará sujeito à perda dos seus direitos políticos.

III. A prática do racismo constitui crime inafiançável e imprescritível, e está sujeito à pena de detenção, nos termos da lei.

IV. A instituição do júri popular foi reconhecido pela ordem constitucional vigente, sendo-lhe assegurados a plenitude da defesa, a soberania das votações, o sigilo dos veredictos e a competência para o julgamento dos crimes dolosos contra a vida.

Está CORRETO o disposto em:

a) II, apenas.

b) I e IV, apenas.

c) I, II e III, apenas.

d) Todas as alternativas estão corretas.

4. (CESPE – 2011 – PC/RN – Escrivão de Polícia Civil)
Com relação aos direitos e garantias fundamentais, assinale a opção correta.

a) Não cabe ação popular para anular ato lesivo ao meio ambiente.

b) Pessoa jurídica não tem legitimidade para propor ação popular.

c) A impetração de mandado de segurança coletivo por entidade de classe em favor dos associados depende da autorização destes.

d) É cabível mandado de segurança contra lei em tese, ainda que produtora de efeitos concretos.

e) Praticado o ato por autoridade no exercício de competência delegada, contra essa autoridade não cabe mandado de segurança.

5. (FCC – 2011 – TRT – 14ª Região/RO e AC – Técnico)
No tocante aos Direitos e Deveres Individuais e Coletivos:

a) É assegurado, nos termos da lei, o direito de fiscalização do aproveitamento econômico das obras que criarem ou de que participarem aos criadores, aos intérpretes e às respectivas representações sindicais e associativas.

b) É assegurado, nos termos da lei, a proteção às participações individuais em obras coletivas e à reprodução da imagem e voz humanas, exceto nas atividades desportivas ligadas ao futebol, tendo em vista ser este um esporte do povo.

c) A sucessão de bens de estrangeiros situados no País sempre será regulada pela lei brasileira em benefício do cônjuge ou dos filhos brasileiros, ainda que lhes seja mais favorável a lei pessoal do país de origem do "de cujus".

d) Todos têm direito a receber dos órgãos públicos informações de seu interesse particular, ou de interesse coletivo ou geral, que serão prestadas no prazo da lei, sob pena de responsabilidade, mesmo em caso de afronta à segurança da sociedade e do Estado, pois o direito individual deve prevalecer.

e) A pena passará da pessoa do condenado, podendo a obrigação de reparar o dano e a decretação do perdimento de bens ser, nos termos da lei, estendidas aos sucessores e contra eles executadas, independentemente do valor do patrimônio transferido.

GABARITO

1. D
2. D
3. A
4. B
5. A

CAPÍTULO 2

DIREITOS SOCIAIS

2.1. INTRODUÇÃO

Por ocasião do estudo dos *direitos e garantias fundamentais*, vimos que os mesmos podem ser classificados em direitos de primeira, segunda e terceira gerações. Alguns autores falam, já, em direitos de quarta e quinta gerações ou dimensões. Os *direitos sociais* situam-se dentre aqueles direitos fundamentais de segunda dimensão. Como vimos, são direitos de índole econômica e social, que exigem uma *atuação positiva* do Estado com o objetivo de diminuir as desigualdades sociais.

2.2. DEFINIÇÃO

Direitos sociais, de acordo com a definição de José Afonso da Silva, "são prestações positivas proporcionadas pelo Estado direta ou indiretamente, enunciadas em normas constitucionais, que possibilitam melhores condições de vida aos mais fracos; direitos que tendem a realizar a igualização de situações sociais desiguais. São, portanto, direitos que se ligam ao direito de igualdade" [SILVA, 2007, p. 184].

Os direitos sociais impõem ao Estado uma série de políticas públicas com vistas a diminuir as desigualdades sociais. Ligam-se, portanto, ao princípio da igualdade em *sentido material*.

2.3. ENUNCIADO DOS DIREITOS SOCIAIS – ART. 6º, *CAPUT*

O art. 6º da Constituição enuncia os direitos sociais nos seguintes termos: "São direitos sociais a educação, a saúde, a alimentação, o trabalho, a moradia, o transporte, o lazer, a segurança, a previdência social, a proteção à maternidade e à infância, a assistência aos desamparados, na forma desta Constituição".

Deve-se mencionar que o elenco ali relacionado *não é taxativo*. Pelo contrário, trata-se de rol *exemplificativo*. Vale mencionar, também, que o artigo foi objeto de três Emendas à Constituição (26/2000, 64/2010 e 90/2015), que acrescentaram os direitos à *moradia*, *alimentação* e *transporte*, que não constavam do texto original.

José Afonso da Silva explica que o final do dispositivo, "na forma desta Constituição", "remete ao conteúdo do título da *ordem social*, onde os diversos direitos consignados no art. 6º encontram seu desenvolvimento, os mecanismos de sua eficácia ou de seu sentido teleológico e a previsão de ações afirmativas no sentido de sua realização prática, embora ainda longe se serem satisfatórias" [SILVA, 2007, p. 187].

2.4. DIREITOS DOS TRABALHADORES – ARTS. 7º E 8º

A partir do art. 7º, a Constituição trata dos direitos dos *trabalhadores*. Estes podem ser divididos em:

- Direitos que regem as relações *individuais* dos trabalhadores (art. 7º);
- Direitos que regem as relações *coletivas* dos trabalhadores (arts. 8º a 11).

2.5. DIREITOS INDIVIDUAIS DOS TRABALHADORES E DESTINATÁRIOS – ART. 7º

O art. 7º enuncia o rol de direitos *individuais* dos trabalhadores. Trata-se de rol *não exaustivo* (ou seja, *exemplificativo*), uma vez que o próprio texto constitucional menciona a expressão "além de outros".

Questão importante para seu concurso gira em torno de saber quais são os *destinatários* dos direitos elencados no art. 7º. Vejamos:

- *Trabalhadores urbanos e rurais* – Empregados, urbanos e rurais, considerados aqueles que mantêm vínculo empregatício regido pela legislação trabalhista;
- *Trabalhador avulso* – Nos termos do inciso XXXIV, do art. 7º, é a pessoa física que presta serviço a diversas empresas, sem vínculo empregatício e com intermediação obrigatória do sindicato da categoria;
- *Trabalhador doméstico* – ATENÇÃO! De acordo com a Emenda Constitucional n. 72, de 2013, os trabalhadores domésticos passaram a ter os seguintes direitos: "São assegurados à categoria dos trabalhadores domésticos os direitos previstos nos incisos IV, VI, VII, VIII, X, XIII, XV, XVI, XVII, XVIII, XIX, XXI, XXII, XXIV, XXVI, XXX, XXXI e XXXIII e, atendidas as condições estabelecidas em lei e observada a simplificação do cumprimento das obrigações tributárias, principais e acessórias, decorrentes da relação de trabalho e suas peculiaridades, os previstos nos incisos I, II, III, IX, XII, XXV e XXVIII, bem como a sua integração à previdência social" (CF/88, art. 7º, parágrafo único). Para fins de concurso público, importa conferir, relacionar e memorizar os direitos conferidos aos trabalhadores domésticos pela nova Emenda Constitucional!;
- *Servidores ocupantes de cargo público* – Nos termos do § 3º do art. 39, têm regime de natureza estatutária, para os quais a Constituição assinala apenas os direitos enumerados nos incisos IV, VII, VIII, IX, XII, XIII, XV, XVI, XVII, XVIII, XIX, XX, XXII e XXX;
- *Militares* – ATENÇÃO! Nos termos do art. 142, § 3º, VIII, da CF/88, com redação dada pela Emenda Constitucional n. 77, de 2014, "aplica-se aos militares o disposto no art. 7º, VIII, XII, XVII, XVIII, XIX e XXV, e no art. 37, XI, XIII, XIV e XV, bem como, na forma da lei e com prevalência da atividade militar, no art. 37, XVI, 'c'". Para concursos públicos, importa conferir, relacionar e memorizar os direitos dos arts. 7º e 37 explicitamente atribuídos aos militares pela Emenda Constitucional!

2.5.1. Proteção da relação de emprego – art. 7º, I

De acordo com a Constituição, os trabalhadores têm a "relação de emprego protegida contra despedida arbitrária ou sem justa causa, nos termos de *lei complementar*, que preverá indenização compensatória, dentre outros direitos".

O empregado pode se despedido por *justa* causa. Caso sua dispensa ocorra de forma *arbitrária* ou *sem justa causa*, impõe-se ao empregador o pagamento de uma *indenização compensatória*. Importante mencionar que a relação de emprego deve ser protegida nos termos de *lei complementar* que preverá: (1) *indenização compensatória* e (2) *outros direitos*.

2.5.2. Seguro-desemprego – art. 7º, II

O texto da constituição garante ao trabalhador o "seguro-desemprego, em caso de desemprego involuntário". Trata-se de benefício de caráter previdenciário. Note que a Constituição menciona desemprego *involuntário*, ou seja, o benefício é devido apenas àqueles que não abandonaram o emprego por vontade própria ou que foram despedidos *sem* justa causa.

2.5.3. Fundo de garantia do tempo de serviço – art. 7º, III

A Constituição garante o *fundo de garantia do tempo de serviço*. É uma espécie de *poupança particular compulsória*, formada por meio do recolhimento de contribuições devidas pelos *empregadores* e que incidem sobre o valor pago a título de salário a cada um de seus empregados.

Pode ser levantado pelo trabalhador em casos especificados na legislação. Segundo José Afonso da Silva, o fundo de garantia é "uma espécie de patrimônio individual do trabalhador, que servirá para suprir despesas extraordinárias para as quais o simples salário não se revele suficiente, como, por exemplo, aquisição de casa própria, despesas com doenças graves, casamentos etc. [SILVA, 2007, p. 190]".

2.5.4. Salário mínimo – art. 7º, IV

Um valor *mínimo* para o salário dos trabalhadores é uma garantia fundamental. O princípio da dignidade da pessoa humana manifesta-se plenamente no inciso IV do art. 7º, que assegura um "*salário mínimo*, fixado em lei, nacionalmente unificado, capaz de atender a suas necessidades vitais básicas (do trabalhador) e às de sua família com moradia, alimentação, educação, saúde, lazer, vestuário, higiene, transporte e previdência social, com reajustes periódicos que lhe preservem o poder aquisitivo, sendo vedada sua vinculação para qualquer fim".

De acordo com o art. 76 da CLT, o salário mínimo é a contraprestação mínima devida e paga diretamente pelo empregador a todo trabalhador, inclusive ao trabalhador rural, sem distinção de sexo, por dia normal de serviço, e capaz de satisfazer, em determinada época e região do país, as suas necessidades normais de alimentação, habitação, vestuário, higiene e transporte.

A Constituição enumera as *características* do salário mínimo, que deve: (1) ser fixado em lei; (2) ter valor uniforme em todo o território nacional; (3) observar a obrigatoriedade de reajustes periódicos; (4) sendo vedada sua vinculação para qualquer fim, especialmente sua utilização como fator de indexação.

2.5.5. Piso salarial – art. 7º, V

Piso salarial é o valor mínimo a ser pago a determinada categoria profissional, *acima* do salário mínimo. A Constituição determina que o "piso salarial proporcional à *extensão* e à *complexidade* do trabalho". Isto é, trabalhos mais extensos e complexos devem possuir um piso salarial mais elevado; trabalhos menos extensos e complexos, piso salarial menor.

2.5.6. Irredutibilidade do salário – art. 7º, VI

De acordo com a Constituição, fica garantida "a irredutibilidade do salário, *salvo* o disposto em convenção ou acordo coletivo", ou seja, o valor percebido como salário não pode ser *diminuído*. Tal garantia, entretanto, não é *absoluta*. Admite-se a possibilidade de redução do valor percebido a título de salário por meio de *convenção ou acordo coletivo*. A redução encontra limites, evidentemente, no *salário mínimo* e no *piso salarial*, já estudados.

2.5.7. Trabalhadores que recebem remuneração variável – art. 7º, VII

Remuneração variável refere-se à quantia percebida por aqueles trabalhadores que recebem por comissão, tarefa, peça, empreitada etc., ou seja, aqueles que não possuem uma remuneração fixa, como os garçons, por exemplo, que recebem muitas gorjetas. Nesses casos, a Constituição determina a "garantia de salário, *nunca inferior ao mínimo*, para os que percebem remuneração variável".

2.5.8. Décimo terceiro salário – art. 7º, VIII

A Constituição assegura aos trabalhadores e aos aposentados um "décimo terceiro salário com base na remuneração integral ou no valor da aposentadoria". Motta e Barchet explicam que o "décimo terceiro salário é uma vantagem remuneratória correspondente a um mês de remuneração, no caso dos trabalhadores da ativa, ou de proventos, no caso dos aposentados, considerando-se o período de um ano" [MOTTA e BARCHET, 2007, p. 347].

Vale ressaltar que, de acordo com o texto, a garantia dirige-se ao *trabalhador da ativa* e ao *aposentado*. O valor do décimo terceiro deve corresponder à remuneração integral do trabalhador ou ao valor dos proventos do aposentado.

2.5.9. Adicional noturno – art. 7º, IX

O trabalho efetuado à noite é mais penoso do que o trabalho efetuado durante o dia. O período noturno é, normalmente, o período de descanso. Por isso, a Constituição determina uma "remuneração do trabalho noturno superior à do diurno". Trata-se do denominado *adicional de trabalho noturno*. Considera-se *noturno* o trabalho, para os *empregados urbanos*, aquele realizado no período compreendido entre 22 e 5h.

2.5.10. Proteção do salário – art. 7º, X

O salário é, na grande maioria das vezes, a única fonte de renda do trabalhador. Por isso, a Constituição prescreve a "proteção do salário na forma da lei, constituindo crime sua retenção dolosa".

Esse texto estabelece duas normas: (1) proteção do salário *na forma da lei* e (2) prática de *crime* (apropriação indébita), a retenção *dolosa* pelo empregador. Quer dizer, a retenção que ocorre quando o patrão tem condições de efetuar o pagamento, mas, por vontade própria, não o faz. Note-se que se a retenção se der por motivo alheio à vontade do empregador (retenção *culposa*), não ocorre crime.

2.5.11. Participação nos lucros e resultados – art. 7º, XI

Nos artigos que tratam da ordem econômica, a Constituição deixa claro sua concepção acerca da economia capitalista: ela se desenvolve com base na cooperação entre capital e trabalho (CF, art. 170).

Dessa maneira, determina, a favor dos trabalhadores, a "participação nos lucros ou resultados, desvinculada da remuneração, e, excepcionalmente, participação na gestão da empresa, conforme definido em lei".

Ora, se existe uma cooperação entre trabalhadores e empresários, é importante que os primeiros participem dos lucros e resultados que eles mesmos ajudam a obter. Excepcionalmente, também a participação na gestão da empresa.

Trata-se de norma constitucional de eficácia limitada, pois depende da edição de lei. A Constituição assegura a *participação*: (1) nos *lucros* e *resultados* da empresa, como *regra* e (2) na *gestão* da empresa, como *exceção*.

2.5.12. Salário-família – art. 7º, XII

A Constituição preocupa-se não apenas com o trabalhador, mas também com sua família. Por isso prevê um "*salário-família* pago em razão do dependente do trabalhador de baixa renda nos termos da lei".

O salário-família é um benefício de índole previdenciária (CF, art. 201, IV). Ou seja, tem como objetivo assegurar um *risco social*. No caso, os custos econômicos oriundos da necessidade de prover a subsistência de um ou vários dependentes.

Nos termos do art. 65 da Lei n. 8.213/91, o benefício será devido, mensalmente, ao segurado empregado, exceto ao doméstico, e ao segurado trabalhador avulso, na proporção do respectivo número de filhos ou equiparados (enteado ou menor tutelado).

Tal benefício deve ser pago em razão do número de *dependentes* do trabalhador (quanto mais dependentes, maior o valor). Ademais, segundo o texto constitucional, deve ser pago apenas ao trabalhador de *baixa renda*.

2.5.13. Limitação da jornada de trabalho – art. 7º, XIII

A limitação da jornada de trabalho é uma conquista histórica dos trabalhadores. No século XIX, nos inícios da Revolução Industrial, trabalhadores homens, mulheres e crianças sujeitavam-se a jornadas de doze, quatorze e até dezesseis horas.

A Constituição determina a "duração do trabalho normal não superior a *oito horas diárias* e *quarenta e quatro semanais*, facultada a compensação de horários e redução da jornada, mediante acordo ou convenção coletiva de trabalho".

Jornada de trabalho é o período de tempo diário em que o empregado se coloca à disposição do empregador. Segundo a Constituição, a jornada de trabalho não pode ser superior a 08 (oito) horas *diárias* e 44 (quarenta e quatro) *semanais*.

A regra não é absoluta, já que a Constituição autoriza a *compensação de horários* e a *redução da jornada*, mediante *acordo ou convenção coletiva de trabalho*.

2.5.14. Jornada de trabalho para turnos ininterruptos – art. 7º, XIV

Turno ininterrupto de revezamento refere-se àquelas atividades que não podem ser interrompidas. Nesses casos, o trabalhador deve prestar seu serviço de forma *contínua*, sem cessar suas atividades. A Constituição determina uma "jornada de *seis horas* para o trabalho realizado em turnos ininterruptos de revezamento, *salvo* negociação coletiva". A regra também não é absoluta, uma vez que pode ser alterada por meio de *negociação coletiva*.

2.5.15. Repouso semanal remunerado – art. 7º, XV

De acordo com a Constituição, deve-se assegurar ao trabalhador o "repouso semanal remunerado, preferencialmente aos domingos", ou seja, um dia da semana será utilizado para o descanso do trabalhador, que continuará a receber sua remuneração. Este dia deve recair, de preferência, mas não necessariamente, aos *domingos*.

2.5.16. Horas extras – art. 7º, XVI

Vimos que a jornada de trabalho deve ser de oito horas diárias. Caso o empregador necessite dos serviços do empregado por período superior a este, deve remunerar sua hora de trabalho extra. Isso porque a Constituição assegura expressamente a "remuneração do serviço extraordinário superior, no mínimo, em *cinquenta por cento* à do normal". Ressalte-se que a Constituição fala em "no mínimo", ou seja, o valor pode superar os 50%.

2.5.17. Férias – art. 7º, XVII

As *férias* estão no contexto daquilo que a doutrina de direito do trabalho denomina *períodos de descanso*. São períodos (como o descanso semanal remunerado, já analisado) destinados à recuperação física e mental do trabalhador. Assim, o texto constitucional assegura ao trabalhador o "gozo de férias anuais remuneradas com, pelo menos, um terço a mais do que o salário normal". Note-se que o texto constitucional consagra duas normas: (1) gozo de férias *anuais* e *remuneradas* e (2) remuneração de férias acrescida de *um terço* da remuneração normal.

2.5.18. Licença-maternidade – art. 7º, XVIII

De acordo com o art. 226 da Constituição, a família é a base da sociedade e tem especial proteção do Estado. Para o recém-nascido, o membro mais vital da família é a mãe, especialmente no período de amamentação. Por isso, a Constituição assegura à mulher que acaba de dar à luz a *"licença à gestante*, sem prejuízo do emprego e do salário, com a duração de *cento e vinte dias"*.

O dispositivo protege o trabalho da mulher, a instituição da família e da maternidade. Trata-se de período de descanso remunerado em que a mulher pode se dedicar aos cuidados com seu bebê, sem temer a perda de seu emprego ou a diminuição de seu salário.

Note-se, com atenção, que o período designado pela Constituição é de *120 (cento e vinte) dias*. A propósito, a Lei n. 11.770/2008 possibilitou a prorrogação do período de licença à gestante por mais *60 (sessenta) dias*, ou seja, somados os dispositivos constitucional e legal, a licença à gestante pode atingir o período de *180 (cento e oitenta) dias*.

2.5.19. Licença-paternidade – art. 7º, XIX

O pai também é componente fundamental da família. Por isso, a Constituição assegura ao trabalhador do sexo masculino que acaba de ser pai, a "licença-paternidade, nos termos fixados em lei". A Constituição remete à lei a disciplina do benefício. Entretanto, de acordo com o art. 10, § 1º, do Ato das Disposições Constitucionais Transitórias (ADCT), o período de licença-paternidade é de *05 (cinco) dias*.

2.5.20. Proteção do mercado de trabalho da mulher – art. 7º, XX

Como vimos, o art. 5º, I, da Constituição dispõe: "homens e mulheres são iguais em direitos e obrigações, nos termos desta Constituição". Sabemos que isonomia significa tratar de maneira desigual pessoas que estejam em situações diferentes. Nesse sentido, por razões naturais e históricas, sabemos que a mulher, na grande maioria das vezes, está em situação de desvantagem relativamente ao homem. Por isso, a Constituição assegura expressamente a "proteção do mercado de trabalho da mulher, mediante incentivos específicos, nos termos da lei".

2.5.21. Aviso prévio – art. 7º, XXI

O art. 6º, como vimos, assegura o *direito ao trabalho* como direito fundamental. Somado ao princípio da dignidade da pessoa humana, *fundamento* da República Federativa do Brasil, podemos afirmar que a Constituição considera a situação de *desemprego* inadmissível! Dessa maneira, assegura ao trabalhador o direito ao *"aviso prévio* proporcional ao tempo de serviço, sendo no mínimo de trinta dias, nos termos da lei".

Aviso prévio é a comunicação que uma das partes (empregado ou empregador) faz à outra com vistas a romper o vínculo de emprego que até então se desenvolvia. Como estamos analisando o art. 7º da Constituição, obviamente estamos tratando do aviso prévio a que tem direito o *empregado* e não o empregador. Assim, pode-se afirmar que o empregado tem direito de saber, com antecedência mínima de *30 (trinta) dias*, de seu desligamento da empresa.

Note-se que o texto constitucional assegura: (1) aviso prévio *proporcional* ao tempo de serviço, isto é, quanto maior o tempo de serviço, maior o período que compreende a comunicação e o desligamento; (2) período *mínimo* de 30 (trinta) dias; (3) direito que deve der fruído *nos termos de lei*.

2.5.22. Saúde, higiene e segurança do trabalhador – art. 7º, XXII

O princípio da dignidade da pessoa humana preenche todo o texto constitucional. No ambiente de trabalho tal princípio é especialmente importante. O texto constitucional ordena, então, a "redução dos riscos inerentes ao trabalho, por meio de normas de saúde, higiene e segurança". Note-se que a elaboração de normas que tenham por objeto a saúde, higiene e segurança do trabalhador têm como finalidade explícita *reduzir os riscos inerentes ao trabalho*.

2.5.23. Atividades penosas, insalubres e perigosas – art. 7º, XXIII

Mais uma vez aparece o princípio da dignidade da pessoa humana. Não bastassem as normas visando à diminuição dos riscos inerente ao trabalho, a Constituição determina um "adicional de remuneração para as atividades penosas, insalubres ou perigosas, na forma da lei". O tratamento especial dado aos empregados que executam atividades penosas, insalubres ou perigosas insere-se também no contexto do princípio da isonomia. Vale dizer, é preciso fixar uma *compensação* pelos riscos enfrentados pelo trabalhador.

2.5.24. Aposentadoria – art. 7º, XXIV

A aposentadoria é um benefício previdenciário. Ela tem como objetivo cobrir um "risco social". No caso, a *impossibilidade* de continuar trabalhando, seja por velhice ou doença. Depois de cumpridos alguns requisitos estabelecidos pela Constituição e pela legislação infraconstitucional, o trabalhador tem direito de parar de trabalhar, sem, entretanto, deixar de perceber remuneração. Ou seja, o aposentado receberá uma quantia em dinheiro (benefício previdenciário) sem ter que trabalhar.

2.5.25. Assistência aos filhos e dependentes – art. 7º, XXV

De acordo com o art. 208, IV, da Constituição, "o dever do Estado com a educação será efetivado mediante a garantia de educação infantil, em creche e pré-escola, às crianças até 05 (cinco) anos de idade".

Por isso o art. 7º, no inciso XXV, assegura "assistência gratuita aos filhos e dependentes desde o nascimento até *05 (cinco) anos* de idade em creches e pré-escolas". Trata-se de dispositivo alterado pela Emenda Constitucional n. 53/2006. A redação anterior assegurava a assistência gratuita até os 06 (seis anos). Note-se que, agora, a proteção se dá até *05 (cinco) anos*.

2.5.26. Convenções e acordos coletivos – art. 7º, XXVI

Vimos que o salário é irredutível, *salvo* convenção ou acordo coletivo de trabalho. As convenções e acordos coletivos podem *excepcionar* várias regras estabelecidas pela Constituição. Por isso, são considerados *fontes do direito do trabalho*, pelo inciso XXVI que determina expressamente o "reconhecimento das convenções e acordos coletivos de trabalho".

2.5.27. Proteção contra a automação – art. 7º, XXVII

O art. 7º assegura a "proteção em face da automação, *na forma da lei*". "Automação" é expressão que se refere ao avanço tecnológico. Sabemos que o desenvolvimento da robótica, por exemplo, acaba ocasionando a substituição dos trabalhadores por máquinas. Por isso, o texto constitucional prescreve a proteção dessa classe, em face do desenvolvimento tecnológico, *na forma da lei*. O objetivo é diminuir o *desemprego* causado pela adoção de máquinas, computadores e robôs, que substituem a força de trabalho humana.

2.5.28. Seguro contra acidente do trabalho – art. 7º, XXVIII

Como vimos, a Constituição tem grande preocupação quanto à situação de *empregabilidade* dos trabalhadores. A carta rejeita expressamente a possibilidade de desemprego, assegura um benefício para aqueles que não têm capacidade de trabalhar (aposentadoria) e, nesse inciso, preocupa-se com os *acidentes* que podem vitimar o trabalhador e afastá-lo do emprego.

O texto constitucional determina, então, a existência de "seguro contra acidentes de trabalho, a cargo do empregador, sem excluir a indenização a que este está obrigado, quando incorrer em dolo ou culpa".

Perceba que o texto consagra duas normas:

1. *Seguro contra acidentes do trabalho, a cargo do empregador* – Visa à proteção em face dos riscos que o exercício da atividade laborativa acarreta ao trabalhador. Se este sofre um acidente do trabalho, pode ter que se afastar da função, o que prejudicaria seu sustento e de sua família;

2. *Indenização, a cargo do empregador, quando este incorrer em dolo ou culpa* – Se o acidente do trabalho ocorreu por *vontade* do empregador ou este *assumiu o risco* de causá-lo, deve arcar com uma indenização, além do seguro.

2.5.29. Prazo prescricional para ações trabalhistas – art. 7º, XXIX

Se o trabalhador teve seus direitos trabalhistas desrespeitados pelo empregador, pode recorrer à Justiça do Trabalho. Deve mover uma ação trabalhista reivindicando tudo quanto acreditar ser devido. A Constituição, entretanto, estabelece um *prazo* para que a ação seja proposta. Trata-se de uma questão de "segurança jurídica". Se não houvesse a fixação de um prazo, os empregadores estariam, a todo o momento, sujeitos a ações trabalhistas, o que poderia comprometer seus investimentos e causar instabilidade.

Assim, assegura o inciso em análise o direito à "ação, quanto aos créditos resultantes das relações de trabalho, com prazo prescricional de *cinco anos* para os trabalhadores urbanos e rurais, até o limite de *dois anos* após a extinção do contrato de trabalho".

Prazo prescricional é justamente o prazo para que o trabalhador ingresse com a ação trabalhista. Após esse prazo não poderá mais fazê-lo. Motta e Barchet explicam que "a Constituição prevê dois prazos prescricionais para que os trabalhadores possam instaurar processos judiciais relacionados a créditos oriundos do contrato de trabalho. O primeiro transcorre enquanto em vigor o contrato, sendo de *cinco anos*, e o segundo após a extinção do contrato, sendo de *dois anos*" [MOTTA e BARCHET, 2007, p. 361].

Imaginemos que o trabalhador foi demitido em março de 2011. Pois bem, ele deve ingressar com a ação trabalhista em, no máximo, *02 (dois) anos*. Ou seja, tem até março de 2013 para fazê-lo. Uma vez que ingressou com a ação dentro desse prazo, pode pleitear os direitos relativos aos últimos *05 (cinco) anos* de trabalho. Ora, como ele trabalhou até 2011, está autorizado a pedir pelos direitos que lhe são devidos até o ano de 2006.

Antes de Emenda Constitucional n. 28/2000 havia tratamento *diferenciado* entre trabalhadores urbanos e rurais, o que deixou de existir. Atualmente, vigora tratamento *idêntico*.

2.5.30. Proibição de discriminações quanto a sexo, idade, cor ou estado civil – art. 7º, XXX

Vimos que o *princípio da igualdade ou isonomia* acompanha todo o texto constitucional e manifesta-se também no art. 7º, como já tivemos a oportunidade de estudar, ao tratar da proteção ao mercado de trabalho da mulher, por exemplo.

Pois bem, ele reaparece aqui no momento em que a Constituição estabelece a "proibição de diferença de salários, de exercício de funções e de critério de admissão por motivo de *sexo, idade, cor ou estado civil*".

Devemos lembrar que princípio da igualdade não significa que não possa haver tratamento diferenciado. Deve haver! O fundamental é atentar para o *critério de discriminação*, que deve se pautar pelos princípios da *razoabilidade* e *proporcionalidade*.

2.5.31. Proibição de discriminação em razão de deficiência – art. 7º, XXXI

O inciso XXXIII também se insere no contexto do princípio da igualdade. Determina "a proibição de qualquer discriminação no tocante a salário e critérios de admissão do trabalhador *portador de deficiência*".

Perceba-se que este inciso, diferentemente do anterior, não se refere ao "exercício de funções", ou seja, no que toca ao *portador de deficiência*, é admissível certo tipo de discriminação quanto ao exercício de determinadas funções.

Essa discriminação, entretanto, deve se pautar por critérios de *razoabilidade*, caso contrário, será inconstitucional. No que tange aos salários e critério de admissão, a Constituição proíbe qualquer forma de discriminação.

2.5.32. Proibição de discriminação entre trabalho intelectual, manual ou técnico – art. 7º, XXXII

De acordo com o dispositivo em análise, existe "proibição de distinção entre trabalho manual, técnico e intelectual ou entre os profissionais respectivos". Muitas vezes os trabalhos manuais são vistos como trabalhos depreciativos. Não obstante certo preconceito social com relação a algumas atividades, a Constituição determina que, em termos *jurídicos*, quaisquer formas de distinção ou discriminação estão proibidas.

2.5.33. Trabalho da criança, adolescente e jovem – art. 7º, XXXIII

A Constituição protege de forma detalhada a criança, o adolescente e o jovem no ambiente de trabalho. Nesse sentido, o art. 7º, XXXIII, determina: "Proibição de trabalho noturno, perigoso ou insalubre a menores de *dezoito* e de qualquer trabalho a menores de *dezesseis anos*, salvo na condição de aprendiz, a partir de *quatorze* anos".

Assim, é *proibido* o trabalho de qualquer pessoa *menor* de 16 (dezesseis) anos. Logo, *entre* 16 (dezesseis) e 18 (dezoito) anos, está autorizado o trabalho. A Constituição, entretanto, proíbe, nessa idade, o exercício de trabalho *noturno*, *insalubre* ou *perigoso*. O inciso autoriza, por outro lado, o trabalho do indivíduo *a partir* dos 14 (quatorze) anos *apenas* na qualidade de *aprendiz*. Aprendiz é aquele que aprende uma profissão. Que está, por exemplo, em treinamento.

Podemos esquematizar da seguinte maneira:

▶ Proibição de *qualquer* trabalho a menores de 16 (dezesseis) anos;

▶ Autorização para o exercício de atividade laboral na qualidade de *aprendiz*, para menores com idade *entre* 14 (quatorze) e 16 (dezesseis) anos;

▶ Proibição de trabalho noturno, insalubre ou perigoso para *menores* de 18 (dezoito) anos.

A partir dos dezoito anos, portanto, está autorizado qualquer tipo de trabalho. Dos dezesseis aos dezoitos anos, pode-se exercer qualquer tipo de atividade, *exceto* as insalubres, perigosas ou noturnas. Pessoas com idade inferior a dezesseis anos não podem trabalhar, a não ser na qualidade de *aprendiz* e apenas *a partir* dos 14 (quatorze) anos. Pessoas com idade inferior a quatorze anos não podem exercer qualquer atividade, nem mesmo na qualidade de aprendiz.

2.5.34. Trabalhador avulso e trabalhadores domésticos – art. 7º, XXXIV e parágrafo único

De acordo com tais dispositivos, fica assegurada a "igualdade de direitos entre o *trabalhador com vínculo empregatício* permanente e o *trabalhador avulso*".

Atenção! O art. 7º, parágrafo único, com redação dada pela Emenda Constitucional n. 72, de 2013, passou a prescrever: "São assegurados à categoria dos *trabalhadores domésticos* os direitos previstos nos incisos IV, VI, VII, VIII, X, XIII, XV, XVI, XVII, XVIII, XIX, XXI, XXII, XXIV, XXVI, XXX, XXXI e XXXIII e, atendidas as condições estabelecidas em lei e observada a simplificação do cumprimento das obrigações tributárias, principais e acessórias, decorrentes da relação de trabalho e suas peculiaridades, os previstos nos incisos I, II, III, IX, XII, XXV e XXVIII, bem como a sua integração à previdência social". Para concurso público, deve-se conferir, relacionar e memorizar os direitos atribuídos aos trabalhadores domésticos pela Emenda Constitucional!

2.6. DIREITOS COLETIVOS DOS TRABALHADORES – ARTS. 8º AO 11

Como já mencionado, dos arts. 8º ao 11, a Constituição estabelece os direitos e garantias *coletivas* dos trabalhadores, ou seja, direitos que exercem na qualidade de classe social, não individualmente.

2.6.1. Liberdade de associação profissional e sindical – art. 8º, *caput*

O art. 8º, *caput*, assegura a "livre associação profissional ou sindical". Quando estudamos o art. 5º da Constituição, analisamos as regras relativas ao direito de *associação*. Pois bem, as associações sindicais são expressões desse mesmo direito, voltadas para o aspecto profissional.

2.6.2. Liberdade de fundação e autonomia sindical – art. 8º, I

De acordo com a Constituição, "a lei não poderá exigir *autorização* do Estado para a fundação de sindicato, *ressalvado* o registro no órgão competente, vedadas ao Poder Público a interferência e a intervenção na organização sindical".

O dispositivo assegura a *autonomia sindical*. Os sindicatos são pessoas jurídicas de direito privado, autônomas relativamente ao Poder Público. Estão autorizados a se auto-organizarem.

A Constituição é expressa ao vedar exigência legal de *autorização* do Estado para a fundação de sindicato. Ressalva, entretanto, o *registro* no órgão competente, para fins de conhecimento público. Ademais, veda, expressamente, a *interferência* e *intervenção* na organização sindical. Quer dizer, o texto constitucional reconhece que os trabalhadores devem decidir, eles mesmos, quais são e como devem defender seus interesses econômicos, sociais e políticos.

2.6.3. Unicidade sindical – art. 8º, II

A Constituição reconhece o princípio da unicidade sindical ao estabelecer que "é vedada a criação de mais de *uma* organização sindical, em qualquer grau, representativa de categoria profissional ou econômica, na mesma base territorial, que será definida pelos trabalhadores ou empregadores interessados, não podendo ser inferior à área de um Município".

Segundo José Afonso da Silva, "a unicidade sindical consiste na possibilidade de criação de apenas *um* sindicato para cada categoria profissional ou econômica *na mesma base territorial*. Há unicidade sindical em cada base porque nela só poderá existir *um* sindicato de uma mesma categoria profissional ou econômica" (SILVA, 2007, p. 196).

A *base territorial* é definida pelos trabalhadores ou empregadores, entretanto, não poderá ser *inferior à área de um Município*, ou seja, em um Município pode haver, *apenas*, um sindicato representativo de determinada categoria. Contudo, os trabalhadores podem decidir que a *base territorial* de determinadas categorias são dois ou mais Municípios. Assim, teremos *um* sindicato que abrange vários Municípios.

2.6.4. Sindicato e a defesa de direitos e interesses da categoria – art. 8º, III

De acordo com a Constituição "ao sindicato cabe a defesa dos direitos e interesses coletivos ou individuais da categoria, inclusive em questões judiciais ou administrativas".

O sindicato tem atribuições semelhantes às das associações no que tange à defesa dos interesses de seus filiados. Ressalte-se que esta defesa pode ocorrer em âmbito *judicial ou administrativo*. O STF reconhece a legitimidade dos sindicatos para atuarem na defesa de *direitos subjetivos individuais* e *coletivos* dos integrantes da categoria que representam. Ademais, o mesmo STF reconhece a ampla qualidade de *substituto processual* ao sindicato, que defende, em nome *próprio*, direitos e interesses *alheios* (de seus filiados).

2.6.5. Contribuição confederativa – art. 8º, IV

Os sindicatos atuam constantemente na defesa de interesses e direitos dos trabalhadores. Têm, portanto, sua *autonomia* garantida. Autonomia significa também a obtenção de *recursos financeiros* para que possam desenvolver suas atividades.

Por isso, a Constituição assegura que "a assembleia geral fixará a *contribuição* que, em se tratando de categoria profissional, será descontada em folha, para custeio do sistema confederativo da representação sindical respectiva, independentemente da *contribuição* prevista em lei".

Ora, uma fonte de receita autônoma é necessária para que o sindicato atue com certa liberdade. É preciso estar atento, contudo, porque a Constituição menciona *duas* contribuições. Uma fixada pela assembleia. A outra, prevista em lei.

Devemos diferenciar essas *duas* contribuições:

- *Contribuição confederativa (ou assistencial)* – Prevista na *primeira* parte do inciso IV. É instituída pela assembleia geral e *não* tem natureza tributária. Será cobrada apenas dos *filiados* à entidade;
- *Contribuição sindical (ou corporativa)* – Prevista na *última* parte do inciso em comento. Deve ser instituída por meio de *lei* e, por isso, *possui* natureza tributária. Pode ser cobrada de qualquer integrante da categoria, independentemente de ser filiado ou não.

2.6.6. Liberdade para se associar ou permanecer associado – art. 8º, V

Quando estudamos o art. 5º da Constituição, vimos que a liberdade para se associar ou permanecer associado é ampla e assegurada, ou seja, ninguém pode ser compelido a associar-se. No que tange aos sindicatos, a regra é a mesma: "ninguém será obrigado a filiar-se ou a manter-se filiado a sindicato".

Valladão explica que, "assim como acontece em relação a qualquer associação, ninguém pode ser obrigado a se filiar a sindicato. A filiação é plenamente livre, assim como a permanência e desfiliação, não podendo a pessoa ser prejudicada em virtude de qualquer destas condutas" [FERRAZ, 2006, p. 200]. Lembramos apenas que, uma vez filiado, o indivíduo está sujeito ao recolhimento da contribuição *confederativa*.

2.6.7. Participação dos sindicatos em convenções coletivas – art. 8º, VI

De acordo com a legislação trabalhista, *convenções coletivas de trabalho* são pactos de caráter *normativo*, pelo qual dois ou mais sindicatos representativos de categorias econômicas e profissionais estipulam condições de trabalho aplicáveis, no âmbito das respectivas representações, às relações individuais de trabalho.

Como já estudamos, as convenções coletivas excepcionam muitas regras da Constituição. Foram reconhecidas, pois, como fontes do direito do trabalho. Por isso, a Constituição determina que "é obrigatória a participação dos sindicatos nas negociações coletivas de trabalho". Assim, cabe aos sindicatos a defesa dos direitos e interesses da categoria que representam na elaboração das convenções porquanto, uma vez finalizadas, passam a valer como normas que obrigam as partes.

2.6.8. Aposentado filiado – art. 8º, VII

De acordo com a Constituição, o "aposentado filiado tem direito a votar e ser votado nas organizações sindicais". Note que a Constituição fala em aposentado *filiado* e não qualquer aposentado. Valladão explica que "há proteção especial ao aposentado, que continua a integrar normalmente a categoria, apesar de inativo, tendo a mesma influência na condução do sindicato que têm os ativos, podendo votar e ser votado" [FERRAZ, 2006, p. 200].

2.6.9. Estabilidade sindical – art. 8º, VIII

O trabalhador que ingressa como dirigente sindical está sujeito a entrar em choque com seus patrões justamente porque atua na defesa dos demais colegas empregados.

Para evitar ameaças de desemprego em virtude dessa atuação, a Constituição determina que "é vedada a dispensa do empregado sindicalizado a partir do registro da candidatura a cargo de direção ou representação sindical e, se eleito, ainda que suplente, até um ano após o final do mandato, salvo se cometer falta grave nos termos da lei".

Trata-se da denominada *estabilidade sindical*. Visando a garantir uma maior autonomia da atuação do sindicato na defesa dos interesses de seus filiados junto aos empregadores a Constituição estabelece essa proteção especial ao dirigente.

Vejamos, esquematicamente, como se dá essa proteção:

- Vedação de dispensa do empregado sindicalizado, *a partir do registro da candidatura*, a cargo de direção ou representação;
- *Se eleito*, ainda que suplente, a estabilidade estende-se até um ano *após* o mandato.

Atenção! O texto constitucional abre uma *exceção*: em caso de *falta grave (praticada nos termos de lei)*, o empregado pode perder esta proteção especial.

2.6.10. Sindicatos rurais e colônias de pescadores – art. 8º, parágrafo único

A Constituição determina, no parágrafo único, que as disposições do art. 8º "aplicam-se à organização de *sindicatos rurais* e de *colônias de pescadores*, atendidas as condições que a lei estabelecer".

2.7. DIREITO DE GREVE – ART. 9º

A greve é uma conquista histórica dos trabalhadores. Por meio da paralisação geral do trabalho, os empregados podem reivindicar melhorias nas suas condições de vida, em termos econômicos, políticos e sociais. Por isso, o texto constitucional garante "o *direito de greve*, competindo aos trabalhadores decidir sobre a oportunidade de exercê-lo e sobre os interesses que devam por meio dele defender".

A Constituição, nesse dispositivo, trata do direito de greve dos trabalhadores da *iniciativa privada*. A greve dos *servidores públicos* está disciplinada no art. 37, VII, da Constituição.

Perceba-se que a greve é um *direito*. E mais, um direito de nível *constitucional*. Muitas vezes encontramos opiniões segundo as quais os trabalhadores não deveriam fazer greve porque prejudicam este ou aquele setor da sociedade. Tais opiniões são absolutamente *equivocadas*, porquanto a Constituição reserva aos trabalhadores a liberdade para decidir "sobre a *oportunidade* de exercê-lo (o direito de greve) e sobre os interesses que devam por meio dele defender". É claro que, em algumas situações, o trabalho exercido pelos trabalhadores é *fundamental* para a sociedade. Basta pensar no trabalho de médicos, enfermeiros, caminhoneiros, funcionários de companhias de fornecimento de energia elétrica, de água etc.

Ainda assim, o direito de greve está plenamente garantido. A Constituição faz apenas uma ressalva para esses casos: "A lei definirá os serviços ou atividades *essenciais* e disporá sobre o atendimento das necessidades inadiáveis da comunidade". Nessas situações, os trabalhadores devem fazer a greve *obedecendo às determinações da lei*.

Caso existam *abusos* (como o desrespeito a uma ordem judicial que determina o imediato retorno ao trabalho), estes "sujeitam os responsáveis às penas da lei".

2.8. REPRESENTAÇÃO DOS TRABALHADORES – ARTS. 10 E 11

De acordo com o art. 10 da Constituição "é assegurada a participação dos trabalhadores e empregadores nos *colegiados dos órgãos públicos* em que seus interesses profissionais ou previdenciários sejam objeto de discussão e deliberação".

O art. 11, por outro lado, assegura que "nas empresas de mais de *duzentos* empregados, é assegurada a eleição de um representante destes com a finalidade exclusiva de promover-lhes o entendimento direto com os empregadores".

Ambos os dispositivos visam a estabelecer condições para que os trabalhadores sejam eficazmente representados, tanto junto aos *órgãos públicos* quanto junto às *empresas empregadoras*.

QUESTÕES

1. (FCC – 2011 – TRT – 24ª REGIÃO/MS – Analista Judiciário)
   Sobre os Direitos Sociais, a manifestação do princípio da solidariedade internacional dos interesses dos trabalhadores está inserida no direito de:

a) liberdade de inscrição.

b) proteção especial aos dirigentes eleitos dos trabalhadores.

c) independência.

d) autonomia.

e) relacionamento.

2. (FCC – 2011 – TRT – 24ª REGIÃO/MS – Analista Judiciário)

O direito à eleição de um representante dos empregados com a finalidade exclusiva de promover-lhes o entendimento direto com os empregadores é assegurado no caso de empresa com:

a) até cem empregados.

b) menos de cem empregados.

c) até cento e vinte empregados.

d) até cinquenta empregados.

e) mais de duzentos empregados.

3. (FCC – 2011 – TER/RN – Analista Judiciário – Área Administrativa)

NÃO é assegurado à categoria dos trabalhadores domésticos:

a) seguro contra acidentes de trabalho, a cargo do empregador, sem excluir a indenização a que este está obrigado, quando incorrer em dolo ou culpa.

b) aposentadoria.

c) décimo terceiro salário com base na remuneração integral.

d) repouso semanal remunerado, preferencialmente aos domingos.

e) licença-paternidade, nos termos fixados em lei.

4. (FCC – 2011 – TRT – 14ª Região/RO e AC – Técnico Judiciário)

É direito do trabalhador urbano e rural, além de outros que visem à melhoria de sua condição social, a remuneração do serviço extraordinário superior, no mínimo, em:

a) trinta por cento à do normal.

b) quarenta por cento à do normal.

c) cinquenta por cento à do normal.

d) trinta por cento à do excepcional.

e) quarenta por cento à do excepcional

5. (FCC – 2011 – TRF – 1ª REGIÃO – Técnico Judiciário)

Em caráter excepcional, é direito dos trabalhadores urbanos e rurais, além de outros que visem à melhoria de sua condição social,

a) proteção em face da automação, na forma da lei.

b) remuneração do serviço extraordinário superior, no mínimo, em cinquenta por cento à do normal.

c) proteção do mercado de trabalho da mulher, mediante incentivos específicos, nos termos da lei.

d) participação na gestão da empresa, conforme definido em lei.

e) igualdade de direitos entre o trabalhador com vínculo empregatício permanente e o trabalhador avulso.

GABARITO

1. E
2. E
3. A
4. C
5. D

CAPÍTULO 3

DIREITO DE NACIONALIDADE

3.1. CONCEITO

O direito de nacionalidade está previsto no Capítulo III, do Título II, da Constituição Federal. Trata-se, portanto, de um *direito fundamental*. Nas palavras de Alexandre de Moraes, "nacionalidade é o vínculo jurídico político que liga um indivíduo a um certo e determinado Estado, fazendo deste indivíduo um componente do povo, da dimensão pessoal deste Estado, capacitando-o a exigir sua proteção e sujeitando-o ao cumprimento de deveres impostos" [MORAES, 2008, p. 204].

Quer dizer, o vínculo de nacionalidade é importante porque relaciona o indivíduo a um Estado específico. A partir desse vínculo, o indivíduo pode exigir uma série de direitos frente a este Estado, mas está sujeito, por outro lado, a uma série de deveres também.

3.2. ESPÉCIES DE NACIONALIDADE

A nacionalidade pode ser *primária (originária)* ou *secundária (derivada)*.

Nacionalidade *primária* ou *originária* é aquela que se adquire por meio de um evento natural: *o nascimento*, ou seja, o *nascimento* é o fato gerador do vínculo de nacionalidade primária ou originária. Entretanto, o simples nascimento é insuficiente para vincular o indivíduo a um Estado. Basta imaginar uma pessoa que nasceu em alto-mar. Estará vinculado a qual Estado?

Por isso, existem dois *critérios* a serem somados ao nascimento para a fixação do vínculo de nacionalidade primária:

> 1. *Critério sanguíneo (ius sanguinis)* – Será nacional todo o *descendente* de nacionais. Assim, o filho de italiano será considerado italiano, não importa em que País tenha nascido;

> 2. *Critério territorial* (*ius solis*): Será nacional o indivíduo que nascer no *território* do Estado. Por este critério não importa a nacionalidade dos pais. Assim, um indivíduo que nascer no território da República Federativa do Brasil será considerado brasileiro *nato*, não importa a nacionalidade de seus pais (veremos que há *exceção* a essa regra).

A nacionalidade *secundária* ou *derivada* decorre de um ato de vontade: *a naturalização*. Um estrangeiro que deseje se tornar nacional de um Estado específico pode *solicitar* o reconhecimento de tal vínculo. Se o Estado em questão aceitar o indivíduo passa a ser nacional por *naturalização*.

3.3. AQUISIÇÃO DA NACIONALIDADE ORIGINÁRIA NO BRASIL – ART. 12, I, *A, B* E *C*

O art. 12, I, da Constituição estabelece normas que têm por objeto fixar a nacionalidade *originária* ou *primária*. De acordo com o dispositivo, são brasileiros *natos*:

▶ *Os nascidos na República Federativa do Brasil, ainda que de pais estrangeiros, desde que estes não estejam a serviço de seu país (CF, art. 12, I, a)* – Adoção do critério *ius solis*. Assim, basta o nascimento no *território* da República Federativa do Brasil para a aquisição da nacionalidade originária. O texto constitucional estabelece uma *exceção*: os filhos de *estrangeiros* que estejam a serviço de seu país. O filho do diplomata que está a serviço de seu Estado *não* adquire a nacionalidade originária brasileira, ainda que nascido no Brasil, e sim a nacionalidade do Estado para o qual seu pai trabalha. Assim, com base na origem sanguínea, somada a um *critério funcional* (a serviço do País de origem), mitiga-se ou "tempera-se" o *ius solis*;

▶ *Os nascidos no estrangeiro, de pai brasileiro ou mãe brasileira, desde que qualquer deles esteja a serviço da República Federativa do Brasil (CF, art. 12, I, letra b)* – Critério *ius sanguinis*, somado a *critério funcional*. Se o pai *ou* a mãe (um dos dois ou ambos devem ser brasileiros) do indivíduo que venha a nascer em território estrangeiro estiver a serviço da República Federativa do Brasil, então este adquire a nacionalidade originária brasileira. O filho do diplomata brasileiro que trabalha no exterior será considerado, portanto, brasileiro *nato*;

▶ *Os nascidos no estrangeiro de pai brasileiro ou de mãe brasileira, desde que sejam registrados em repartição brasileira competente OU venham a residir na República Federativa do Brasil e optem, em qualquer tempo, depois de atingida a maioridade, pela nacionalidade brasileira (CF, art. 12, I, c)* – O dispositivo foi reformulado pela Emenda Constitucional n. 54, de 20 de setembro de 2007. Analisemos o inciso de maneira fracionada, para facilitar a compreensão:

▶ *"Os nascidos no estrangeiro de pai brasileiro ou de mãe brasileira, desde que sejam registrados em repartição brasileira competente" (CF, art. 12, I, c, primeira parte)* – a primeira parte do dispositivo consagra o *critério sanguíneo*, ou seja, o indivíduo, filho de pai brasileiro ou mãe brasileira, nascido em território de estado estrangeiro, obterá a nacionalidade *originária* brasileira, desde que *registrado* em repartição competente, como uma embaixada ou consulado, por exemplo. A redação antiga não previa a possibilidade de aquisição da nacionalidade originária por filho de pai brasileiro ou mãe brasileira nascido no exterior, pelo simples registro em repartição competente. Com a Emenda n. 54, tal possibilidade passou a ser admitida. Adotou-se o critério sanguíneo *somado* a requisito específico, qual seja, o *registro em repartição competente*.

▶ *"ou venham a residir na República Federativa do Brasil e optem, em qualquer tempo, depois de atingida a maioridade, pela nacionalidade brasileira" (CF, art. 12, I, c, segunda parte)* – na segunda parte do dispositivo manteve-se o que a doutrina denomina *nacionalidade originária potestativa (ius sanguinis + residência + opção)*.

Ou seja, os filhos de pai ou mãe brasileiros, nascidos no exterior, podem adquirir a nacionalidade originária brasileira, desde que venham a *residir* no Brasil e *optem*, em qualquer tempo, depois de atingida a *maioridade*, pela nacionalidade brasileira. Assim, devem ser cumpridos os seguintes *requisitos*:

○ Indivíduo nascido de pai ou mãe brasileira;
○ Pai ou mãe que *não* estejam a serviço do Brasil (se estiverem a serviço do Brasil, então incide a norma do art. 12, I, *b*, já estudada);
○ Fixação de residência no Brasil a qualquer tempo;
○ Realização da *opção*, após atingida a *maioridade*.

3.4. AQUISIÇÃO DA NACIONALIDADE DERIVADA NO BRASIL – ART. 12, II, *A* E *B*

As regras relativas à aquisição da nacionalidade *derivada* ou *secundária* dirigem-se principalmente aos *estrangeiros*. Valladão ensina que "aqueles que não têm nacionalidade nata podem se tornar brasileiros através da naturalização, pela qual obtêm nacionalidade secundária, a qual sempre envolve um ato de vontade da pessoa, pelo qual ela manifesta expressamente o desejo de se tornar brasileira" [FERRAZ, 2006, p. 214].

Assim, temos as seguintes hipóteses de naturalização:

▶ *Naturalização ordinária (CF, art. 12, II, a)* – "São brasileiros naturalizados os que, *na forma da lei*, adquiram a nacionalidade brasileira, exigidas aos originários de países de língua portuguesa apenas residência por um ano ininterrupto e idoneidade moral". Chama-se naturalização *ordinária* porque se confere a nacionalidade secundária à pessoa que cumprir os requisitos estabelecidos em *lei ordinária*. Esta lei é o denominado *Estatuto do Estrangeiro* (Lei n. 6.815/80) que enumera, em seu art. 112, vários requisitos a serem cumpridos, dentre eles a residência contínua no território nacional pelo prazo mínimo de *quatro anos*, imediatamente anteriores ao pedido de naturalização. Assim, qualquer estrangeiro que queira se naturalizar deve cumprir os dispositivos legais. Caso o estrangeiro, por outro lado, seja *oriundo de um país de língua portuguesa* (Angola, Açores, Cabo Verde, Goa, Guiné-Bissau, Macau, Moçambique, Portugal, Príncipe e Timor Leste) o procedimento é mais simples, exigindo-se apenas: (1) um ano ininterrupto de residência no Brasil e (2) idoneidade moral;

- *Naturalização extraordinária ou quinzenária (CF, art. 12, II, b)* – "São brasileiros naturalizados os estrangeiros de *qualquer* nacionalidade, residentes na República Federativa do Brasil há mais de 15 (quinze) anos ininterruptos e sem condenação penal, desde que requeiram a nacionalidade brasileira. Trata-se de naturalização extraordinária porque decorre do próprio texto constitucional. Vale dizer, a própria Constituição fixa os *requisitos* a serem cumpridos. Quais sejam: (1) residência permanente por mais de 15 (quinze) anos ininterruptos; (2) ausência de condenação criminal; (3) requerimento (*opção expressa*) da nacionalidade brasileira.

3.5. PORTUGUÊS EQUIPARADO – ART. 12, § 1º

De acordo com o art. 12, § 1º, "aos portugueses com residência permanente no País, se houver reciprocidade em favor de brasileiros, serão atribuídos os direitos inerentes ao brasileiro, salvo os casos previstos nesta Constituição".

Trata-se do que a doutrina chama de "quase-nacionalidade", ou seja, o português residente no Brasil, *desde que haja reciprocidade,* goza do mesmo tratamento dispensado ao brasileiro *naturalizado*. É importante deixar claro que, nesse caso, ao contrário do que ocorre nas hipóteses anteriores, o português *continua estrangeiro*, não há naturalização. A Constituição determina apenas que a esses portugueses seja conferido o mesmo tratamento que se confere aos brasileiros naturalizados.

3.6. TRATAMENTO DIFERENCIADO ENTRE BRASILEIRO NATO E NATURALIZADO – ART. 12, § 2º

De acordo com o § 2º do art. 12, "a lei *não* poderá estabelecer *distinção* entre brasileiros natos e naturalizados, salvo nos casos previstos nesta Constituição".

Alexandre de Moraes observa: "A Constituição Federal, em virtude do princípio da igualdade, determina que a lei não poderá estabelecer distinção entre brasileiros natos e naturalizados. Portanto, as únicas hipóteses de tratamento diferenciado são as quatro constitucionais: cargos, função, extradição e propriedade de empresa jornalística e de radiodifusão sonora e de sons e imagens" [MORAES, 2008, p. 218].

Vejamos as hipóteses em que a Constituição autoriza *tratamento diferenciado* entre brasileiros natos e naturalizados:

- *Em razão do cargo (CF, art. 12, § 3º)* – A Constituição reserva alguns *cargos* apenas a brasileiros *natos*. Protege-se, por um lado, a *linha sucessória* (incisos I a IV) e, por outro, a *segurança nacional* (incisos V a VII). Assim, são privativos de brasileiros *natos* os cargos de (é preciso *memorizar* esses cargos!):
  - Presidente e Vice-Presidente da República;
  - Presidente da Câmara dos Deputados e Presidente do Senado Federal;
  - Ministro do Supremo Tribunal Federal;
  - Carreira diplomática;
  - Oficial das Forças Armadas e Ministro de Estado da *Defesa*;

- *Em razão da função (CF art. 89, VII)* – A Constituição, diferenciando o brasileiro nato do naturalizado, reserva *ao primeiro* seis assentos no Conselho da República: "O Conselho da República é órgão superior de consulta do Presidente da República, e dele participam: (...) VII – seis cidadãos *brasileiros natos*, com mais de trinta e cinco anos de idade, sendo dois nomeados pelo Presidente da República, dois eleitos pelo Senado Federal e dois eleitos pela Câmara dos Deputados, todos com mandato de três anos, vedada a recondução";

- *Extradição (CF, art. 5º, LI)* – Como já ressaltado quando da análise do art. 5º, LI, há tratamento diferenciado entre brasileiro nato e naturalizado, por ocasião de extradição: "nenhum brasileiro será extraditado, *salvo o naturalizado,* em caso de crime comum, praticado antes da naturalização, ou de comprovado envolvimento em tráfico ilícito de entorpecentes e drogas afins, na forma da lei";

- *Propriedade de empresa jornalística (CF, art. 222, caput c.c. §§ 1º e 2º)* – O texto constitucional não exclui o brasileiro naturalizado da propriedade de empresa jornalística, mas exige um período mínimo de *dez anos* de naturalização: "A propriedade de empresa jornalística e de radiodifusão sonora e de sons e imagens é privativa de brasileiros natos ou *naturalizados há mais de dez anos*, ou de pessoas jurídicas constituídas sob as leis brasileiras e que tenham sede no País";

- *Atividade nociva ao interesse nacional (CF, art. 12, § 4º, I)* – Pedro Lenza acrescenta ao rol de quatro possibilidades de tratamento diferenciado elencadas por Alexandre de Moraes outra hipótese. Diz o autor: "De acordo com o art. 12, § 4º, I, *somente o brasileiro naturalizado* poderá perder a nacionalidade em virtude de atividade nociva ao interesse nacional" [LENZA, 2013, p. 1197].

3.7. PERDA DA NACIONALIDADE

A nacionalidade não é uma característica biológica dos seres humanos. Como vimos, é um *vínculo político-jurídico*. Ora, esse vínculo pode ser *desfeito* em algumas circunstâncias. O desfazimento desse vínculo pode atingir o brasileiro *nato* e o *naturalizado*, dependendo da situação.

Assim, de acordo com a Constituição, o brasileiro *nato* e *naturalizado* pode perder a nacionalidade brasileira nos seguintes casos, *taxativamente* previstos:

- *Ação de cancelamento de naturalização (CF, art. 12, § 4º, I)* – De acordo com este dispositivo constitucional, "será declarada a perda da nacionalidade do brasileiro que tiver *cancelada sua naturalização, por sentença judicial*, em virtude de atividade nociva ao interesse nacional". Também chamada de *perda-punição*, aplica-se somente aos *brasileiros naturalizados* e depende de ação judicial proposta pelo Ministério Público Federal. São dois os *requisitos*: (1) prática de atividade nociva ao interesse nacional; (2) cancelamento por sentença judicial (Justiça Federal, CF, art. 109, X) *transitada em julgado*. É possível a reaquisição da nacionalidade por meio de *ação rescisória*;

- *Naturalização voluntária (CF, art.12, § 4º, II)* – De acordo com o dispositivo constitucional, "será declarada a perda da nacionalidade do brasileiro que *adquirir outra nacionalidade*". Assim, o brasileiro, *nato ou naturalizado*, que adquirir outra nacionalidade (por exemplo, a nacionalidade italiana), perde a nacionalidade brasileira. Também chamada de *perda-mudança*, aplica-se a *brasileiros natos e naturalizados*. São três os *requisitos*: (1) *voluntariedade* do requerimento de outra nacionalidade; (2) capacidade civil do interessado; (3) aquisição da nacionalidade estrangeira. Segundo Alexandre de Moraes, a nacionalidade, nesse caso, pode ser *readquirida* por meio do processo de naturalização (MORAES, 2008, p. 223). Algumas vezes, contudo, o brasileiro possui um vínculo familiar com certo país de onde seus antepassados emigraram (como acontece no caso do Brasil, que recebeu muitos italianos). Em outras situações, o brasileiro está trabalhando em outro país e é *obrigado* a adquirir aquela nacionalidade para que possa continuar exercendo suas atividades. Por isso, a Constituição abre algumas *exceções*. É possível, portanto, adquirir *outra* nacionalidade e, ainda assim, *permanecer* brasileiro nas seguintes hipóteses:

  ○ *Reconhecimento de nacionalidade originária pela lei estrangeira* – note que a Constituição fala em nacionalidade *originária*. Um brasileiro *nato* pode adquirir, por exemplo, a nacionalidade *originária* italiana, ou seja, tornar-se italiano *nato* também. Estamos diante do que se denomina "dupla nacionalidade";

  ○ *De imposição de naturalização, pela norma estrangeira, ao brasileiro residente em estado estrangeiro, como condição para permanência em seu território ou para o exercício de direitos civis* – vimos que a naturalização é ato voluntário. Ora, se tal vínculo é *imposto* ao brasileiro que reside em outro Estado, então não há muito que fazer. Por isso, a Constituição autoriza que ele permaneça brasileiro e assuma, também, outra nacionalidade, ainda que derivada.

QUESTÕES

1. (FGV – TRE/PA – 2011 – ANALISTA JUDICIÁRIO)

A Constituição de 1988, em relação à nacionalidade, determina que:

a) são privativos de brasileiro nato os cargos de Presidente e Vice-Presidente da República, Presidente da Câmara dos Deputados e Presidente do Senado Federal, assim como de Ministros do STF e do STJ.

b) perde a nacionalidade brasileira aquele que adquirir outra nacionalidade, sem exceções.

c) é considerada brasileiro nato a pessoa nascida na República Federativa do Brasil, ainda que de pais estrangeiros a serviço de seu país.

d) os estrangeiros aqui residentes há mais de 10 (dez) anos ininterruptos, sem condenação penal, podem requerer a cidadania brasileira, tornando-se brasileiros naturalizados.

e) é brasileiro nato aquele nascido no estrangeiro de pai ou mãe brasileira, desde que qualquer deles esteja a serviço da República Federativa do Brasil.

2. (FCC – TRE/RN – 2011 – Analista Judiciário)

Tício, filho de pais americanos, nasceu no Brasil, uma vez que seus pais são diplomatas e estavam em território brasileiro a serviço do seu país. Bruno, filho de pais brasileiros, nasceu no México, uma vez que sua mãe estava neste país a serviço da República Federativa do Brasil. Nestes caso,

a) Tício e Bruno são brasileiros natos.

b) apenas Tício é brasileiro nato.

c) apenas Bruno é brasileiro nato.

d) Tício e Bruno são americano e mexicano, respectivamente.

e) Tício e Bruno podem ser brasileiros naturalizados, desde que façam esta opção no prazo constitucional.

3. (FCC – 2011 – TRT – 24ª REGIÃO/MS – Analista Judiciário)

Será declarada a perda da nacionalidade do brasileiro que

a) adquirir outra nacionalidade no caso de imposição de naturalização, pela norma estrangeira, ao brasileiro residente em Estado estrangeiro, como condição para permanência em seu território.

b) adquirir outra nacionalidade, no caso de reconhecimento de nacionalidade originária pela lei estrangeira.

c) tiver cancelada sua naturalização, por sentença judicial, em virtude de atividade nociva ao interesse nacional.

d) adquirir outra nacionalidade, no caso de imposição de naturalização, pela norma estrangeira, ao brasileiro residente em Estado estrangeiro, como condição para o exercício de direitos civis.

e) adquirir outra nacionalidade, não se admitindo exceções.

4. (MS – CONCURSOS – 2011 – Procuradoria Municipal – PGM/PI – Oficial Judiciário)

Sobre o reconhecimento da nacionalidade brasileira, é correto afirmar:

a) A aquisição da nacionalidade ocorre pelo critério *ius solis*, de modo que qualquer pessoa nascida no território brasileiro, mesmo que filho de estrangeiros, terá a nacionalidade primária imposta, independentemente de sua vontade.

b) Não pode haver distinção entre brasileiros natos e naturalizados, inclusive para efeitos das condições de elegibilidade, com base no princípio da igualdade.

c) O brasileiro naturalizado pode ser extraditado somente em caso de comprovado envolvimento em tráfico de entorpecentes e drogas afins.

d) O cancelamento da naturalização em virtude de atividade nociva ao interesse nacional por sentença judicial leva à declaração da perda da nacionalidade brasileira.

e) Brasileiros natos ou pessoas jurídicas constituídas sob as leis brasileiras e que tenham sede no País são os únicos com direito a concessão de propriedade de empresa jornalística, de radiodifusão sonora, de sons e de imagens.

5. (CESGRANRIO – 2011 – PC/ES – Perito Criminal – Nível Médio)

A nacionalidade que se adquire por vontade própria, após o nascimento, e em regra pela naturalização, é classificada como:

a) relativa.

b) originária.

c) primária.

d) absoluta.

e) secundária.

GABARITO

1. E
2. C
3. C
4. D
5. E

CAPÍTULO 4

DIREITOS POLÍTICOS

4.1. PRINCÍPIO DEMOCRÁTICO

O art. 1º, parágrafo único, da Constituição de 1988, prescreve: "Todo o poder emana do povo, que o exerce por meio de representantes eleitos ou diretamente, nos termos desta Constituição".

De acordo com o dispositivo, a *legitimidade* quanto ao exercício do poder deriva da *soberania popular*, ou seja, *o povo é o titular do poder*. Ademais, revela também que o *regime político* adotado é o de uma *democracia semidireta* ou *participativa*.

4.2. CONCEITO

A propósito do conceito de direitos políticos, Alexandre de Moraes observa: "É o conjunto de regras que disciplina as formas de atuação da soberania popular, conforme preleciona o *caput* do art. 14 da Constituição Federal. São direitos públicos subjetivos que investem o indivíduo no *status activae civitatis*, permitindo-lhe o exercício concreto da liberdade de participação nos negócios políticos do Estado, de maneira a conferir os atributos da cidadania" [MORAES, 2008, p. 233].

4.3. ESPÉCIES DE DIREITOS POLÍTICOS

A doutrina assinala duas *espécies* ou *modalidades* de direitos políticos: os direitos políticos *positivos* e os *negativos*.

José Afonso da Silva explica: "Os *direitos políticos positivos* consistem no conjunto de normas que *asseguram* o direito subjetivo de participação no processo político e nos órgãos governamentais. Eles garantem a participação do povo no poder de dominação política por meio das diversas modalidades de direito de sufrágio – direito de voto nas eleições, direito de elegibilidade (direito de ser votado), direito de voto nos plebiscitos e referendos –, assim como por outros direitos de participação popular, como o direito de iniciativa popular e o direito de organizar e participar de partidos políticos" [SILVA, 2007, p. 212].

Direitos políticos negativos, por outro lado, são aquelas "determinações constitucionais que, de uma forma ou outra, importam *privar* o cidadão do direito de participação no processo político e nos órgãos governamentais. São *negativos* precisamente porque consistem no conjunto de regras que *negam* ao cidadão o direito de eleger, ou de ser eleito, ou de exercer função pública" [SILVA, 2007, p. 212].

Em outras palavras, os direitos políticos positivos *viabilizam* a participação do povo nas decisões políticas; os direitos políticos negativos *impedem* tal participação.

4.4. SUFRÁGIO UNIVERSAL

O art. 14 da Constituição estabelece: "A soberania popular será exercida pelo *sufrágio universal* e pelo voto direto e secreto, com valor igual para todos, e, *nos termos da lei*, mediante (...) plebiscito, referendo e iniciativa popular".

Assim, são cinco as formas de *exercício da soberania popular*: (1) sufrágio universal; (2) voto direto e secreto, com valor igual para todos; (3) plebiscito; (4) referendo; e (5) iniciativa popular de lei.

O *direito de sufrágio* é a noção fundamental dos direitos políticos. Decorre diretamente do princípio de que "todo poder emana do povo". Pode ser resumido como o direito público subjetivo, de natureza política, que tem o cidadão, de votar, ser votado e participar da organização e atividade política do poder estatal.

Marcelo Novelino anota: "Se o *sufrágio* é o direito em si, o voto é o exercício desse direito e o *escrutínio*, o modo como o exercício se realiza. A Constituição consagra, como cláusula pétrea, o *sufrágio universal*, o *voto direto* e o *escrutínio secreto* (CF, art. 60, § 4º, II)". [NOVELINO, 2012, p. 674].

O sufrágio universal apresenta-se sob dois prismas:

1. *Capacidade eleitoral ativa* ou *alistabilidade* – Significa o direito de *votar* em eleições, plebiscitos e referendos;

2. *Capacidade eleitoral passiva* ou *elegibilidade* – Significa o direito de *ser votado* e, como consequência, ocupar cargos públicos eletivos.

4.5. CONSULTAS POPULARES E INICIATIVA POPULAR – ART. 14, *CAPUT* E INCISOS

De acordo com o art. 2º, *caput*, da Lei n. 9.709/98, que regulamenta o disposto no art. 14 da Constituição Federal, "plebiscito e referendo são *consultas* formuladas ao povo para que delibere sobre matéria de acentuada relevância, de natureza constitucional, legislativa ou administrativa".

O § 1º estabelece: "O *plebiscito* é convocado com *anterioridade* a ato legislativo ou administrativo, cabendo ao povo, pelo voto, aprovar ou denegar o que lhe tenha sido submetido".

O § 2º, por outro lado, determina: "O *referendo* é convocado com *posterioridade* a ato legislativo ou administrativo, cumprindo ao povo a respectiva ratificação ou rejeição".

De acordo com a lei, portanto, *plebiscito* e *referendo* são *consultas* formuladas ao povo para que delibere sobre questões relevantes, de natureza constitucional, legislativa ou administrativa. O que os *diferencia* é o *momento* da consulta, que pode ser *anterior* ou *posterior* à aprovação do ato normativo pelo órgão competente.

Desta forma, temos:

- *Plebiscito* – Consulta convocada *antes* de o ato normativo legislativo ou administrativo ser votado pelo órgão competente;
- *Referendo* – Consulta convocada *depois* que o ato normativo legislativo ou administrativo foi aprovado pelo órgão competente.

Importa mencionar, finalmente, outro instrumento de participação popular direta que é a *iniciativa popular de lei*. O art. 61, § 2º, da Constituição estabelece: "A iniciativa popular pode ser exercida pela apresentação à Câmara dos Deputados de projeto de lei subscrito por, no mínimo, um por cento do eleitorado nacional, distribuído pelo menos por cinco Estados, com não menos de três décimos por cento dos eleitores de cada um deles".

A iniciativa popular de lei permite aos cidadãos influenciarem diretamente no processo legislativo que, a princípio, pertence exclusivamente a deputados, senadores e ao Presidente da República.

São *requisitos* para o exercício da iniciativa popular de lei:

- Apresentação de projeto à *Câmara dos Deputados;*
- Projeto subscrito por, no mínimo, um por cento do eleitorado nacional;
- Eleitorado distribuído por pelo menos cinco Estados;
- Não menos de três décimos por cento de eleitores em cada Estado.

4.6. CAPACIDADE ELEITORAL ATIVA – ALISTABILIDADE – ART. 14, §§ 1º E 2º

De acordo com o art. 14, § 1º, "o alistamento eleitoral e o voto são obrigatórios para os maiores de dezoito anos e facultativos para os analfabetos, os maiores de setenta anos e os maiores de dezesseis e menores de dezoito anos".

Ademais, o § 2º determina que "não podem alistar-se como eleitores os estrangeiros e, durante o período do serviço militar obrigatório, os conscritos".

A capacidade eleitoral ativa é uma das espécies de direito político *positivo*. Significa o *direito* e, na maioria dos casos, também o *dever* de o indivíduo proceder ao *alistamento eleitoral* e comparecer às *votações* em eleições, referendos e plebiscitos.

Podemos, então, compreender a capacidade eleitoral ativa como:

- *Obrigatório (direito e dever)* – Dos brasileiros maiores de 18 anos e menores de 70 anos, desde que não sejam analfabetos e não estejam em período de serviço militar obrigatório;
- *Facultativo (apenas um direito)* – Dos brasileiros que possuam idade entre 16 e 18 anos,

maiores de 70 anos ou analfabetos de qualquer idade.

Note-se que, em ambos os casos, o alistamento é algo reservado aos *brasileiros natos ou naturalizados*. Os *analfabetos* até podem se alistar, mas não são obrigados. Não podem, de qualquer maneira, ser votados.

O § 2º estipula uma *vedação à capacidade eleitoral ativa*, ou seja, determina um grupo de pessoas que não podem alistar-se eleitoralmente ou votar. São os *estrangeiros* e os *conscritos*.

O *estrangeiro*, portanto, não pode se alistar, a não ser o *português equiparado*, se houver reciprocidade. *Militar conscrito* é o que presta o serviço militar *obrigatório*.

Na lição de Motta e Barchet: "O alistamento no Brasil é feito sempre a pedido do indivíduo, não cabendo se falar de alistamento de ofício. É com a produção do ato e com a expedição do título de eleitor que se dá a aquisição da capacidade eleitoral ativa. É quando, pois, o nacional passa a gozar da condição de CIDADÃO, adquirindo aptidão para o exercício dos direitos políticos, a partir do que pode votar, propor ação popular, iniciar processo legislativo de leis" [MOTTA e BARCHET, 2007, p. 391].

4.7. NACIONALIDADE E CIDADANIA

O brasileiro que se alista eleitoralmente torna-se *cidadão*. Sem o alistamento, o indivíduo é um nacional, mas não um cidadão. Vimos, por outro lado, que apenas *brasileiros* natos ou naturalizados podem alistar-se eleitoralmente. Aos estrangeiros é *vedado* o alistamento eleitoral. Portanto, podemos concluir que a nacionalidade *precede* a cidadania, ou seja, para se tornar cidadão, o indivíduo precisa ser, *antes*, nacional.

4.8. CAPACIDADE ELEITORAL PASSIVA – ELEGIBILIDADE – ART. 14, § 3º

Ainda no contexto dos direitos políticos *positivos*, a *capacidade eleitoral passiva*, ou *elegibilidade*, corresponde à capacidade de ser votado, ou seja, a capacidade de ser eleito representante do povo para ocupar cargos públicos.

Adquire-se a capacidade eleitoral passiva com o preenchimento das *condições de elegibilidade* e a inocorrência de qualquer impedimento referente aos direitos políticos *negativos*, como inelegibilidades e perdas ou suspensões dos direitos políticos.

O art. 14, § 3º, da CF/88 estabelece as *condições de elegibilidade*: (1) nacionalidade brasileira; (2) pleno exercício dos direitos políticos; (3) alistamento eleitoral; (4) domicílio eleitoral na circunscrição; (5) filiação partidária; (6) idade mínima de:

- 35 (trinta e cinco) anos para Presidente e Vice-Presidente da República e Senador;
- 30 (trinta anos) para Governador e Vice-Governador de Estado e do Distrito Federal;
- 21 (vinte e um) anos para Deputado Federal, Deputado Estadual ou Distrital, Prefeito, Vice-Prefeito e juiz de paz;
- 18 (dezoito) anos para Vereador.

Algumas observações são importantes. Note-se que a capacidade eleitoral *ativa* é um *pressuposto* da capacidade eleitoral *passiva*; ou seja, é preciso, *antes*, estar *alistado eleitoralmente* para que se possa concorrer a um cargo público.

Ademais, ressalte-se que a capacidade eleitoral passiva *plena* é algo que se adquire *progressivamente*, uma vez que a Constituição exige do cidadão idades distintas, conforme o cargo para o qual se candidate.

4.9. INELEGIBILIDADES – ART. 14, §§ 4º A 9º

As inelegibilidades estão no campo dos direitos políticos *negativos*. São normas que *restringem* a participação dos cidadãos na condução dos negócios políticos da nação.

Marcelo Novelino esclarece: "Os direitos políticos negativos são determinações constitucionais que importam na *privação* do direito de participar do processo político e dos órgãos governamentais, como as contidas nas normas referentes à *inelegibilidade, perda ou suspensão dos direitos políticos*" [NOVELINO, 2012, p. 680].

Mas, o que são *inelegibilidades*? Alexandre de Moraes explica: "A inelegibilidade consiste na *ausência de capacidade eleitoral passiva*, ou seja, da condição de ser candidato e, consequentemente, poder ser votado, constituindo-se, portanto, em condição obstativa ao exercício passivo da cidadania" [MORAES, 2008, p. 233].

Vimos que o cidadão possui duas esferas *positivas* de participação política. A ativa (alistabilidade) e a passiva (elegibilidade). Pois bem, as *inelegibilidades* atingem esta última, vale dizer, restringem o campo passivo do cidadão. Por isso, consideram-se direitos políticos *negativos*.

Assim, não interferem na capacidade eleitoral ativa, mas atingem a capacidade eleitoral passiva. Essa restrição pode ser total e aí falamos em inelegibilidade *absoluta*. Ou pode ser parcial e aí falamos em inelegibilidade *relativa*.

4.9.1. Inelegibilidade absoluta – art. 14, § 4º

Como adiantamos, a inelegibilidade absoluta restringe totalmente a capacidade eleitoral passiva do cidadão. De acordo com o art. 14, § 4º, "são inelegíveis os *inalistáveis* e os *analfabetos*".

A inelegibilidade absoluta impõe a vedação à candidatura para *qualquer cargo eletivo*. Refere-se a algumas características *pessoais* e não ao cargo ou pleito. Assim, o *analfabeto* e o *inalistável* estão impedidos de concorrer a qualquer cargo eletivo. Quem são os inalistáveis? Os *estrangeiros* e os *conscritos*. Podemos concluir que a inelegibilidade atinge então: analfabetos, estrangeiros e conscritos.

São *características* da inelegibilidade *absoluta*:

- Veiculação *exclusiva* pela Constituição Federal – Veremos que as inelegibilidades *relativas* podem ser criadas por meio de *lei complementar*. As inelegibilidades *absolutas* não;
- *Excepcionalidade* e *taxatividade* – Como a inelegibilidade absoluta é uma restrição muito radical à capacidade eleitoral passiva, apenas Constituição pode prevê-la. Ainda assim, apenas as hipóteses expressamente designadas no texto constitucional: *inalistáveis e analfabetos*.

É preciso ficar atento à condição do *analfabeto*. Note que ele possui capacidade eleitoral *ativa*, muito embora seja *facultativa*. Quer dizer, está autorizado a alistar-se e votar, mas não está obrigado a tanto. Por outro lado, *não* possui capacidade eleitoral *passiva*. É *absolutamente* inelegível.

4.9.2. Inelegibilidades relativas – art. 14, §§ 5º a 9º

Alexandre de Moraes observa: "As inelegibilidades relativas, diferentemente das anteriores, não estão relacionadas com determinada característica pessoal daquele que pretende candidatar-se, mas constituem restrições à elegibilidade para *certos pleitos eleitorais e determinados mandatos*, em razão de situações especiais existentes, *no momento da eleição*, em relação ao cidadão" [MORAES, 2008, p. 234].

Diferentemente do que ocorre no caso da inelegibilidade absoluta, os relativamente inelegíveis não podem ser eleitos para *alguns* cargos, mas *podem* se candidatar a outros.

De acordo com a Constituição, as inelegibilidades relativas podem ser divididas em: (1) por motivos funcionais (para o mesmo cargo ou para outro cargo); (2) por motivo de casamento, parentesco ou afinidade (inelegibilidade reflexa); (3) dos militares; (4) previsões de ordem legal (lei complementar).

4.9.2.1. Inelegibilidade relativa por motivo funcional para o mesmo cargo (reeleição)

De acordo com o art. 14, § 5º, da CF/88, "o Presidente da República, os Governadores de Estado e do Distrito Federal, os Prefeitos e quem os houver sucedido, ou substituído no curso dos mandatos poderão ser reeleitos para um único período subsequente".

Tal inelegibilidade atinge os *chefes dos poderes executivos*, ou seja, Presidente, Governadores e Prefeitos e quem os houver *substituído* ou *sucedido* no curso dos mandatos.

Assim, concluído o primeiro mandato do chefe do executivo, está ele autorizado a concorrer novamente, logo em seguida. A isso se chama *reeleição*. Caso seja eleito para um segundo mandato, já não poderá concorrer a um terceiro, ou seja, a Constituição proíbe uma *segunda* reeleição.

4.9.2.2. Inelegibilidade relativa por motivo funcional para outro cargo (desincompatibilização)

O art. 14, § 6º, da CF/88 prescreve: "Para concorrerem a *outros* cargos, o Presidente da República, os Governadores de Estado e do Distrito Federal e os Prefeitos devem *renunciar* aos respectivos mandatos até *seis meses* antes do pleito".

O § 5º, acima estudado, refere-se aos chefes dos poderes executivos que querem concorrer *ao mesmo cargo*, vale dizer, à chefia do executivo. O § 6º, objeto de nossa análise agora, refere-se aos chefes do executivo que querem concorrer *a outro cargo*, diferente do que ocupam.

É o caso do Prefeito que pretende concorrer ao cargo de Deputado Federal, por exemplo. Nesse caso, os chefes do executivo federal, estadual, distrital ou municipal devem se *desincompatibilizar*, ou seja, *renunciar* a seus mandatos até *06 (seis) meses* antes das eleições.

Nos dizeres de Valladão Ferraz: "Quer dizer que, se permanecerem nos cargos após o momento determinado – seis meses antes do pleito – tornam-se *inelegíveis* para todos os cargos, exceto o seu próprio em reeleição, se não for já o segundo sucessivo" [FERRAZ, 2006, p. 234].

4.9.2.3. Inelegibilidade relativa reflexa (em razão de parentesco)

O art. 14, § 7º, da CF/88 determina: "São inelegíveis, no território de jurisdição do titular, o cônjuge e os parentes consanguíneos ou afins, até o segundo grau ou por adoção, do Presidente da República, de Governador de Estado ou Território, do Distrito Federal, de Prefeito ou de quem os haja substituído dentro dos seis meses anteriores ao pleito, salvo se já titular de mandato eletivo e candidato à reeleição".

A inelegibilidade, aqui, *não* se aplica *diretamente* aos chefes do executivo federal, estadual, distrital e municipal e quem os substitua nos seis meses anteriores ao pleito.

Aplica-se diretamente, sim, a alguns de seus *parentes* – os consanguíneos ou afins até o segundo grau ou por adoção – e ao *cônjuge*, que não podem concorrer a cargos eletivos na circunscrição eleitoral destas autoridades.

Como explica Valladão, "a inelegibilidade é apenas no território da circunscrição do titular, da seguinte maneira: o *Presidente da República* tem circunscrição em todo o território nacional, de modo que seus parentes não poderão concorrer a qualquer cargo eletivo; o *Governador* tem circunscrição em seu Estado, impedindo-se que seus parentes concorram a qualquer cargo estadual ou municipal dentro do Estado, e também aos cargos de senador ou deputado federal representando aquele Estado (nada impede que concorra por outro Estado); o *Prefeito* tem circunscrição no Município, vedando o acesso a cargos intramunicipais, apenas" [FERRAZ, 2006, p. 234/235].

Note-se que a Constituição estabelece uma *exceção* a esta regra: nas hipóteses em que o parente ou cônjuge já for *titular de mandato eletivo* e *concorra à reeleição*, não incide em inelegibilidade.

4.9.2.4. Inelegibilidade relativa dos militares

O art. 14, § 8º, do texto constitucional estatui: "O militar *alistável* é elegível, atendidas as seguintes condições (...)".

Vimos que o militar *conscrito* não pode alistar-se e nem votar. Está sujeito à vedação da capacidade eleitoral ativa. Vimos também que uma das condições de elegibilidade é, justamente, a capacidade eleitoral ativa. O militar *conscrito*, portanto, está completamente excluído da possibilidade de candidatar-se.

Por outro lado, o militar *não conscrito*, isto é, aquele que segue uma carreira militar por livre e espontânea vontade está autorizado a votar. Está, também, autorizado a candidatar-se, mas, nesse caso, deve cumprir alguns requisitos, quais sejam:

I – Se contar *menos* de dez anos de serviço, deverá *afastar-se* da atividade;

II – Se contar *mais* de dez anos de serviço, será *agregado* pela autoridade superior e, se eleito, passará automaticamente, no ato da diplomação, para a *inatividade*.

Motta e Barchet explicam: "Na primeira hipótese, em que o militar tem *menos* de dez anos de serviço, o registro de sua candidatura acarreta seu *afastamento definitivo* da atividade militar. Na segunda, em que o militar tem mais de dez anos de serviço, a partir do registro de sua candidatura passa ele à condição de *agregado*, ou seja, é *afastado temporariamente* das funções militares, mas permanece com sua remuneração. Se não tiver sucesso na eleição, após seu término regressa às suas atividades militares. Se eleito, com sua diplomação automaticamente será transferido para a inatividade" [MOTTA e BARCHET, 2007, p. 405].

4.9.2.5. Inelegibilidades estabelecidas em lei complementar

O art. 14, § 9º, da Constituição estabelece: "Lei complementar estabelecerá outros casos de inelegibilidade e os prazos de sua cessação, a fim de proteger a probidade administrativa, a moralidade para exercício de mandato, considerada vida pregressa do candidato, e a normalidade e legitimidade das eleições contra a influência do poder econômico ou o abuso do exercício de função, cargo ou emprego na administração direta ou indireta".

A primeira observação importante gira em torno da *reserva de lei complementar*. *Novas* inelegibilidades apenas poderão ser criadas por meio deste veículo normativo. Logo, estão fora do alcance das medidas provisórias. Ademais, não custa repetir, apenas inelegibilidades *relativas* podem ser criadas. As inelegibilidades *absolutas* estão previstas diretamente na própria Constituição.

Outra observação importante é a de que *novos* casos de inelegibilidades devem ser criados. Não deve a lei complementar tratar de casos de inelegibilidade já estabelecidos pela Constituição. A lei deve estabelecer, de modo claro, *os prazos de cessação* das inelegibilidades, ou seja, as restrições não devem ser indefinidas.

Os valores a serem protegidos também são importantes: probidade administrativa e moralidade para exercício de mandato. A lei deve considerar a vida pregressa do candidato, a normalidade e legitimidade das eleições. Deve, ainda, precavê-las (as eleições) contra a influência do poder econômico ou o abuso do exercício de função, cargo ou emprego na administração direta ou indireta.

Podemos *esquematizar* da seguinte maneira:

- *Reserva de lei complementar* – Apenas *lei complementar* pode veicular novas inelegibilidades. Caso sejam veiculadas por leis ordinárias ou medidas provisórias, estaremos diante de casos de inconstitucionalidades formais;
- *Inelegibilidades relativas* – Não podem ser estabelecidas inelegibilidades *absolutas*. Estas, apenas a Constituição pode prever;
- *Outros casos de inelegibilidade* – A lei complementar deve prever casos *distintos* daqueles já estabelecidos pela própria Constituição;
- *Prazos de cessação* – A lei deve estabelecer, também, os *prazos* de cessação destas restrições;
- *Finalidade* – As novas inelegibilidades relativas devem atender a finalidades específicas: (a) proteção da probidade administrativa; (b) moralidade para o exercício do mandato; (c) normalidade e legitimidade das eleições; (d) contra a influência do poder econômico, abuso do exercício de função, cargo ou emprego na administração direta ou indireta.

4.10. PRIVAÇÃO DOS DIREITOS POLÍTICOS – ART. 15

Ainda no que concerne aos direitos políticos *negativos*, a Constituição estabelece, no art. 15, as hipóteses de *perda* e *suspensão* dos direitos políticos.

Cumpre assinalar, desde logo, que está terminantemente proibida a *cassação* dos direitos políticos! *Cassação* significa a retirada dos direitos políticos sem a observância dos princípios e garantias fundamentais, em especial as prerrogativas inerentes ao contraditório e à ampla defesa.

Assim, o art. 15 da CF/88 prescreve: "É vedada a cassação de direitos políticos, cuja perda ou suspensão só se dará nos casos de (I) cancelamento da naturalização por sentença transitada em julgado; (II) incapacidade civil absoluta; (III) condenação criminal transitada em julgado, enquanto durarem seus efeitos; (IV) recusa de cumprir obrigação a todos imposta ou prestação alternativa, nos termos do art. 5º, VIII; (V) improbidade administrativa, nos termos do art. 37, § 4º".

Como afirmamos, *cassação* é a privação dos direitos por ato de autoridade, ou seja, arbitrário, ilegítimo, que não obedece aos princípios consagrados pela Constituição. Isto não é permitido.

Por outro lado, o texto constitucional autoriza a privação dos direitos políticos através de *perda* ou *suspensão*, ou seja, a privação dos direitos políticos é possível, na medida em que ocorra com observância dos preceitos constitucionais relativos ao devido processo legal e os princípios que lhe são inerentes.

Na primeira hipótese (*perda*), a privação ocorre por prazo *indeterminado*; na segunda (*suspensão*), por prazo *determinado*. A Constituição *não* diferencia os casos de *perda* dos de *suspensão*, mas a doutrina o faz. Vejamos:

1. *Perda dos direitos políticos*:

a) Cancelamento de naturalização por sentença transitada em julgado – nesse caso, o indivíduo retorna à condição de estrangeiro;

b) Recusa de cumprir obrigação a todos imposta ou prestação alternativa fixada em lei, nos termos do art. 5º, VIII.

2. *Suspensão dos direitos políticos*:

a) Incapacidade civil absoluta – "Somente nos casos de interdição é que se poderia falar em suspensão de direitos políticos" (LENZA, 2013, p. 1228);

b) Condenação criminal transitada em julgado, enquanto durarem seus efeitos;

c) Improbidade administrativa, nos termos do art. 37, § 4º.

Finalmente, é sempre possível a *reaquisição* dos direitos políticos. Nos casos de *suspensão*, basta que os motivos que deram causa cessem; nos casos de *perda*, devemos observar: (1) ação rescisória que permita a reaquisição da nacionalidade; (2) cumprimento da obrigação por parte do indivíduo.

4.11. AÇÃO DE IMPUGNAÇÃO DE MANDATO ELETIVO – ART. 14, §§ 10 E 11

O art. 14, § 10, da CF/88 estabelece: "O mandato eletivo poderá ser impugnado ante a Justiça Eleitoral no prazo de *quinze dias* contados da diplomação, instruída a ação com provas de abuso do poder econômico, corrupção ou fraude". O § 11, por sua vez, determina: "A ação de impugnação de mandato tramitará em *segredo de justiça*, respondendo o autor, na forma da lei, se temerária ou de manifesta má-fé".

Os dispositivos autorizam a impugnação de mandato eletivo através da *ação de impugnação de mandato eletivo*, cuja titularidade foi conferida ao Ministério Público Federal, partidos políticos, coligações e candidatos. O prazo para a impugnação é de *15 dias contados da diplomação*. A ação deve ser instruída com provas de abuso do poder econômico, corrupção ou fraude e tramitará em *segredo de justiça*. O autor deverá responder, nos termos de lei, se tiver agido com má-fé ou de forma temerária.

4.12. PRINCÍPIO DA ANTERIORIDADE ELEITORAL

O art. 16 da Constituição estatui: "A lei que alterar o processo eleitoral entrará em vigor na data de sua publicação, *não* se aplicando à eleição que ocorra até um ano da data de sua vigência". A Constituição prevê o chamado *princípio da anterioridade eleitoral*. A lei que alterar o processo eleitoral tem *validade e vigência* a partir de sua *publicação*, entretanto, tem sua *eficácia* suspensa por um ano, aplicando-se somente à eleição que ocorra após esse período.

4.13. PARTIDOS POLÍTICOS

Uma das condições de elegibilidade exigidas pela Constituição é a filiação do cidadão a partido político. Por isso, o art. 17, *caput*, do texto constitucional assegura: "É livre a criação, fusão, incorporação e extinção de partidos políticos, resguardados a soberania nacional, o regime democrático, o pluripartidarismo e os direitos fundamentais da pessoa humana e observados os seguintes preceitos (...)".

José Afonso da Silva explica que "o *partido político* é uma forma de agremiação de um grupo social que se propõe organizar, coordenar e instrumentar a vontade popular com o fim de assumir o poder para realizar seu programa de governo" [SILVA, 2007, p. 235].

A Constituição enumera alguns requisitos a serem observados: (1) caráter nacional; (2) proibição de recebimento de recursos financeiros de entidade ou governo estrangeiros ou de subordinação a estes; (3) prestação de contas à Justiça Eleitoral; e (4) funcionamento parlamentar de acordo com a lei.

Para que os partidos cumpram bem suas funções e objetivos, o art. 17, § 1º, com redação dada pela Emenda Constitucional n. 97/2017, estabelece: "É assegurada aos partidos políticos autonomia para definir sua estrutura interna e estabelecer regras sobre escolha, formação e duração de seus órgãos permanentes e provisórios e sobre sua organização e funcionamento e para adotar os critérios de escolha e o regime de suas coligações nas eleições majoritárias, vedada a sua celebração nas eleições proporcionais, sem obrigatoriedade de vinculação entre as candidaturas em âmbito nacional, estadual, distrital ou municipal, devendo seus estatutos estabelecer normas de disciplina e fidelidade partidária".

Os partidos políticos são *pessoas jurídicas de direito privado*, de acordo com o art. 44, V, do Código Civil. Por isso, o art. 17, § 2º, determina: "Os partidos políticos, após adquirirem personalidade jurídica, na forma da lei civil, *registrarão seus estatutos no Tribunal Superior Eleitoral*".

No que concerne ao acesso a recursos do fundo partidário, o art. 17, § 3º, da CF/88, com redação dada pela EC 97/2017, fixou as seguintes regras *alternativas* (ou seja, exige-se o cumprimento de uma ou de outra): "Somente terão direito a recursos do fundo partidário e acesso gratuito ao rádio e à televisão, na forma da lei, os partidos políticos que *alternativamente*:

I – obtiverem, nas eleições para a Câmara dos Deputados, no mínimo, 3% (três por cento) dos votos válidos, distribuídos em pelo menos um terço das unidades da Federação, com um mínimo de 2% (dois por cento) dos votos válidos em cada uma delas; ou

II – tiverem elegido pelo menos quinze Deputados Federais distribuídos em pelo menos um terço das unidades da Federação".

Além do mais, nos termos do art. 17, § 4º, da Constituição, "é vedada a utilização pelos partidos políticos de organização paramilitar", isto é, de organização que, de alguma maneira, seja semelhante à estrutura militar, como, por exemplo, aquelas que se valem de patentes, rígida disciplina hierárquica, armas etc.

Finalmente, de acordo com o art. 17, § 5º, da CF/88, acrescentado pela EC 97/2017, "ao eleito por partido que não preencher os requisitos previstos no § 3º deste artigo é assegurado o mandato e facultada a filiação, sem perda do mandato, a outro partido que os tenha atingido, não sendo essa filiação considerada para fins de distribuição dos recursos do fundo partidário e de acesso gratuito ao tempo de rádio e de televisão".

QUESTÕES

1. **(FCC – 2011 – TRE/RN – Analista Judiciário)**
Maurício, Alice, Roberto e Ronaldo são irmãos e almejam cargos públicos eletivos. Maurício tem vinte e um anos de idade; Alice tem trinta anos de idade; Roberto tem trinta e três anos de idade e Ronaldo tem trinta e cinco anos de idade. Nestes casos, com relação à condição de elegibilidade relacionada à idade, pode(m) concorrer ao cargo de Governador do Estado do Rio Grande do Norte

   a) Alice e Roberto, apenas.
   b) Ronaldo, apenas.
   c) Maurício, Alice, Roberto e Ronaldo.
   d) Roberto e Ronaldo, apenas.
   e) Alice, Roberto e Ronaldo, apenas.

2. **(FCC – 2011 – TRT – 24ª REGIÃO/MS – Analista Judiciário)**
O militar alistável elegível, se contar mais de:

   a) dez anos de serviço, será agregado pela autoridade superior e, se eleito, passará automaticamente, no ato da diplomação, para a inatividade.
   b) dez anos de serviço, deverá afastar-se da atividade.
   c) quinze anos de serviço, deverá afastar-se da atividade.
   d) vinte anos de serviço, deverá afastar-se da atividade.
   e) cinco anos de serviço, será agregado pela autoridade superior e, se eleito, passará, mediante prévia consulta do seu histórico militar, no ato da diplomação, para a inatividade.

3. **(FCC – 2011 – TRE/RN – Analista Judiciário)**
Pedro, governador em exercício do Estado x, pretende concorrer ao cargo de Presidente da República. Neste caso, Pedro:

   a) deverá renunciar ao respectivo mandato até três meses antes do pleito.
   b) deverá renunciar ao respectivo mandato até seis meses antes do pleito.
   c) deverá renunciar ao respectivo mandato até dois meses antes do pleito.
   d) deverá aguardar o final de seu mandato, sendo vedada a renúncia com este objetivo.
   e) poderá renunciar ao mandato a qualquer tempo, não havendo limite constitucional preestabelecido

4. **(FCC – 2011 – TRT – 14ª Região/RO e AC – Técnico Judiciário)**
Sobre os Direitos Políticos, é correto afirmar:

   a) A ação de impugnação de mandato não tramitará em segredo de justiça, respondendo o autor, na forma da lei, se temerária ou de manifesta má-fé.
   b) São inelegíveis, no território de jurisdição do titular, o cônjuge e os parentes consanguíneos ou afins, até o segundo grau ou por adoção, do Presidente da República, de Governador de Estado ou Território, do Distrito Federal, de Prefeito ou de quem os haja substituído dentro de um ano anterior ao pleito, salvo se já titular de mandato eletivo e candidato à reeleição.
   c) O militar alistável é elegível, sendo que, se contar menos de dez anos de serviço, será agregado pela autoridade superior e, se eleito, passará automaticamente, no ato da diplomação, para a inatividade, e, se contar mais de dez anos de serviço, deverá afastar-se da atividade.
   d) A emenda à Constituição estabelecerá outros casos de inelegibilidade e os prazos de sua cessação, a fim de proteger a probidade administrativa, a moralidade para exercício de mandato, considerada a vida pregressa do candidato, e a normalidade e legitimidade das eleições contra a influência do poder econômico ou o abuso do exercício de função, cargo ou emprego na administração direta ou indireta.
   e) O mandato eletivo poderá ser impugnado ante a Justiça Eleitoral no prazo de quinze dias contados da diplomação, instruída a ação com provas de abuso do poder econômico, corrupção ou fraude.

5. **(FCC – 2011 – TRF – 1ª REGIÃO – Técnico Judiciário)** É vedada a cassação de direitos políticos, cuja perda ou suspensão se dará nas hipóteses abaixo, salvo no caso de:

a) incapacidade civil relativa.

b) cancelamento da naturalização por sentença transitada em julgado.

c) condenação criminal transitada em julgado, enquanto durarem seus efeitos.

d) recusa de cumprir obrigação a todos imposta ou prestação alternativa, nos termos do art. 5º, VIII, da Constituição Federal.

e) improbidade administrativa, nos termos do art. 37, § 4º, da Constituição Federal.

GABARITO

1. E
2. A
3. B
4. E
5. A

CAPÍTULO 5

ADMINISTRAÇÃO PÚBLICA

5.1. DEFINIÇÃO

A Constituição dedicou o Capítulo VII, do Título III, à disciplina da Administração Pública. Alexandre de Moraes observa: "A administração pública pode ser definida *objetivamente* como atividade concreta e imediata que o Estado desenvolve para a consecução dos interesses coletivos e *subjetivamente* como o conjunto de órgãos e de pessoas jurídicas aos quais a lei atribui o exercício de função administrativa do Estado" [MORAES, 2008, p. 319].

Ressalte-se que o conceito de Administração Pública envolve duas perspectivas, uma *objetiva* e uma *subjetiva*.

O *aspecto objetivo* gira em torno de *tipo de atividade* desenvolvida pelo Estado, focalizando a especificidade da *função administrativa*. O *aspecto subjetivo* refere-se aos *órgãos e pessoas jurídicas* que exercem tal função. Assim, por exemplo, pelo enfoque *objetivo*, pode-se compreender que o Poder Legislativo, muito embora *subjetivamente* não seja parte da Administração Pública, exerce função administrativa. Uma Autarquia, por exemplo, *subjetivamente* falando, integra o conceito de Administração Pública.

É importante considerar a definição de Administração Pública sob essa dupla perspectiva, porque todos os *Poderes* exercem função administrativa. Nesse sentido, podemos *esquematizar*:

- ▶ Poder Executivo – Exerce função administrativa como função *típica*;
- ▶ Poder Legislativo – Exerce função administrativa como função *atípica*;
- ▶ Poder Judiciário – Exerce função administrativa como função *atípica*.

Pode-se compreender, portanto, que a disciplina constitucional da Administração Pública estabelecida na Constituição Federal aplica-se aos três "Poderes" do Estado: Executivo, Legislativo e Judiciário. De forma *predominante* ao Poder Executivo, uma vez que este exerce a função administrativa de forma *típica*. De forma *circunstancial* aos Poderes Legislativo e Judiciário, porquanto exercem a mesma função, de forma *atípica*. Finalmente, tais princípios aplicam-se a todos os *entes federativos*: União, Estados, Distrito Federal e Municípios.

5.2. PRINCÍPIOS – ART. 37, *CAPUT*

O art. 37, *caput*, da CF/88 prescreve: "A administração pública direta e indireta de qualquer dos Poderes da União, dos Estados, do Distrito Federal e dos Municípios obedecerá aos princípios de *legalidade, impessoalidade, moralidade, publicidade e eficiência* e, também, ao seguinte (...)".

O *caput* do art. 37 determina que os princípios ali enumerados aplicam-se à Administração *Direta e Indireta*, de qualquer dos *Poderes* da União, Estados, Distrito Federal e Municípios.

Alexandre de Moraes anota: "A administração pública federal compreende a administração direta, que se constitui dos serviços integrados na estrutura administrativa da Presidência da República e dos Ministérios; e a administração indireta, que compreende as seguintes categorias de entidades, dotadas de personalidade jurídica própria: as autarquias; empresas públicas; sociedades de economia mista; fundações públicas" [MORAES, 2008, p. 319].

Nessa linha de raciocínio, podemos afirmar que a administração *direta* dos Estados e do Distrito Federal compreende o conjunto de serviços integrados na estrutura administrativa do Governo do Estado e do Distrito Federal, bem como a administração *direta* dos Municípios significa o conjunto de serviços integrados na estrutura administrativa do Poder Executivo Municipal.

As administrações *indiretas* compreendem as autarquias, fundações, sociedades de economia mista e empresas públicas, federais, estaduais, distritais e municipais. Nos termos do *caput* acima assinalado, os princípios a serem observados pela Administração Pública são:

5.2.1. Legalidade

Diferentemente do que foi visto por ocasião da análise do art. 5º, II, da Constituição, aqui a legalidade constitui vetor de atuação para a Administração Pública. Assim, enquanto ao particular é dado fazer tudo o quanto não seja proibido, a Administração apenas pode fazer o que a *lei determina*. Assim, como exemplifica um famoso autor, "administrar é aplicar a lei de ofício". Quer dizer, administrar é fazer apenas o que a lei determina, e da maneira como a lei determina.

5.2.2. Impessoalidade

A *impessoalidade* veicula a ideia de que as realizações do Administrador não se vinculam à sua pessoa, mas sim à instituição a que pertence. Há um dispositivo constitucional que abriga expressamente esse princípio (CF, art. 37, § 1º): "A publicidade dos atos, programas, obras, serviços e campanhas dos órgãos públicos deverá ter caráter educativo, informativo ou de orientação social, dela não podendo constar nomes, símbolos ou imagens que caracterizem promoção pessoal de autoridades ou servidores públicos". Como afirma Alexandre de Moraes, "esse princípio completa a ideia já estudada de que o administrador é um *executor* do ato, que serve de veículo de manifestação estatal (...)" [MORAES, 2008, p. 321].

5.2.3. Moralidade

A moralidade passou a ser *fundamento de validade* dos atos administrativos (além da *concordância* dos mesmos com a *lei*). Nesse sentido, se é dado ao juiz anular um ato administrativo porque é *ilegal*, também é dado ao mesmo anulá-lo por ser *imoral*. A moralidade aqui considerada é a moralidade *pública*, vale dizer, o conjunto de *valores* que devem ser aplicados à gestão da coisa pública, como a honestidades, probidades, boa-fé etc.

5.2.4. Publicidade

Os atos administrativos devem ser controlados por toda a sociedade, razão pela qual a *publicidade* é uma exigência constitucional. Como vimos, qualquer cidadão está autorizado a ingressar com ação popular para anular ato administrativo que atente contra a moralidade pública, por exemplo. A publicidade é fundamental para tal controle.

A publicidade, por outro lado, relaciona-se também com o *início da produção dos efeitos* do ato e, portanto, é importante no que refere à *exigibilidade* das condutas com relação aos particulares. Assim, se a Administração fixa novas regras de segurança para restaurantes, por exemplo, os proprietários estarão obrigados a observá-las, *a partir de determinada data*, fixada publicamente.

Alexandre de Moraes explica que "a publicidade se faz pela inserção do ato no *Diário Oficial* ou por edital afixado no lugar próprio para a divulgação de atos públicos, para conhecimento do público em geral e, consequentemente, início da produção de seus efeitos, pois somente a publicidade evita os dissabores existentes em processos arbitrariamente sigilosos, permitindo-se os competentes recursos administrativos e as ações judiciais próprias" [MORAES, 2008, p. 323].

5.2.5. Eficiência

O princípio da eficiência foi inserido no art. 37, pela Emenda Constitucional n. 19/98. Trata-se da tentativa de integrar à Administração Pública princípios e vetores típicos da gestão aplicada à *iniciativa privada*.

Alexandre de Moraes esclarece que o "*princípio da eficiência* é aquele que impõe à Administração Pública direta e indireta e a seus agentes a persecução do bem comum, por meio do exercício de suas competências de forma imparcial, neutra, transparente, participativa, eficaz, sem burocracia e sempre em busca da qualidade, primando pela adoção dos critérios legais e morais necessários para a melhor utilização possível dos recursos públicos de maneira a evitar-se desperdícios e garantir-se uma maior rentabilidade social" [MORAES, 2008, p. 326].

A eficiência passou a ser, por exemplo, condição para a aquisição, pelo servidor, de sua *estabilidade* (art. 41, § 4º). Outro exemplo do princípio da eficiência reside no § 3º do art. 37: "A lei disciplinará as formas de participação do usuário na administração pública direta e indireta, regulando especialmente":

▶ As reclamações relativas à prestação dos serviços públicos em geral, asseguradas a manutenção de serviços de atendimento ao usuário e a avaliação periódica, externa e interna, da qualidade dos serviços;

▶ O acesso dos usuários a registros administrativos e a informações sobre atos de governo, observado o disposto no art. 5º, X e XXXIII;

▶ A disciplina da representação contra o exercício negligente ou abusivo de cargo, emprego ou função na administração pública.

O § 2º do art. 39 também veicula o princípio da eficiência, quando determina a criação de *escolas de governo*, para a formação e aperfeiçoamento dos servidores públicos: "A União, os Estados e o Distrito Federal manterão escolas de governo para a formação e o aperfeiçoamento dos servidores públicos, constituindo-se a participação nos cursos um dos requisitos para a promoção na carreira, facultada, para isso, a celebração de convênios ou contratos entre os entes federados".

5.3. PRECEITOS DE OBSERVÂNCIA OBRIGATÓRIA

O art. 37 enumera alguns preceitos de observância obrigatória pela Administração Pública. Vejamos.

5.3.1. Acesso a cargos, empregos e funções

De acordo com o art. 37, I, "os cargos, empregos e funções públicas são acessíveis aos *brasileiros* que preencham os requisitos estabelecidos em lei, assim como aos *estrangeiros*, na forma da lei". A Constituição consagra o direito dos brasileiros *natos* e *naturalizados* e dos *estrangeiros* de terem acesso aos cargos, empregos e funções públicas. É importante notar que:

▶ *Brasileiros natos e naturalizados* – desde que preencham os requisitos estabelecidos em lei. Trata-se de norma constitucional de eficácia *contida*. Além do mais, devemos ter em mente que alguns cargos estão reservados a brasileiros *natos*. É importante conferir o art. 12, § 3º, da Constituição;

▶ *Aos estrangeiros, na forma da lei* – trata-se de norma constitucional de eficácia *limitada*, pois depende de normatização ulterior por lei comum.

5.3.2. Princípio do concurso público

De acordo com o inciso II, do art. 37, "a investidura em *cargo* ou *emprego* público depende de aprovação prévia em concurso público de provas ou de provas e títulos, de acordo com a natureza e a complexidade do cargo ou emprego, na forma prevista em lei, *ressalvadas as nomeações para cargo em comissão declarado em lei de livre nomeação e exoneração*".

O inciso II consagra o *princípio do concurso público*. O concurso é um procedimento específico cuja finalidade é selecionar os indivíduos mais aptos e competentes para o exercício da função pública. Trata-se do denominado *princípio do mérito*.

O princípio do concurso público é tão importante que o STF editou a Súmula 685, segundo a qual "é inconstitucional toda modalidade de provimento que propicie ao servidor investir-se, *sem prévia aprovação em concurso público* destinado ao seu provimento, em cargo que não integra a carreira na qual anteriormente investido".

Ademais, como é aberto para todos aqueles que cumpram as exigências do Edital, o concurso público significa igualmente a aplicação do princípio da *isonomia* e do princípio *republicano*.

O concurso deve variar conforme a *natureza* e *complexidade* do cargo, ou seja, cargos técnicos exigem conhecimentos técnicos; cargos perigosos exigem uma preparação especial etc. Assim, os respectivos concursos devem ser diferentes, com o objetivo de selecionar pessoal preparado para cada área específica.

O texto constitucional faz uma *ressalva*, deixando de exigir concursos públicos para os *cargos em comissão*, declarados em lei de livre nomeação e exoneração. Como os cargos em comissão envolvem funções de confiança, a Constituição entende que deve abrir uma *exceção* ao princípio do concurso público.

De acordo com o inciso III, "o prazo de validade do concurso público será de *até* dois anos, prorrogável uma vez, por igual período".

O inciso IV, por sua vez, determina que "durante o prazo improrrogável previsto no edital de convocação, aquele aprovado em concurso público de provas ou de provas e títulos será convocado com *prioridade* sobre novos concursados para assumir cargo ou emprego, na carreira".

Devemos notar, de antemão, que o prazo de validade é de *até* dois anos. Quer dizer, pode ser de seis meses, um ano, um ano e meio, *até* dois anos. O prazo de prorrogação deve ser *idêntico* ao prazo de validade. Se o prazo de validade for de um ano, o prazo de prorrogação deve ser de um ano, e assim por diante.

Durante o prazo de validade o candidato aprovado tem *prioridade* para convocação. Ainda que outro concurso seja realizado, os aprovados para o concurso anterior devem ser chamados anteriormente.

O inciso VIII determina que "a lei reservará percentual dos cargos e empregos públicos para as pessoas portadoras de deficiência e definirá os critérios de sua admissão".

Tal dispositivo tem como objetivo concretizar o princípio da *isonomia*, prescrevendo um tratamento especial às pessoas portadoras de algum tipo de deficiência. Lembre-se sempre dos requisitos de *razoabilidade* exigidos para esses tratamentos pautados pelo princípio da isonomia.

De acordo com o § 2º do art. 37, "a não observância do disposto nos incisos II e III implicará a *nulidade do ato* e a *punição da autoridade responsável*, nos termos da lei".

5.3.3. Funções de confiança e cargos em comissão

O inciso V do art. 37 prescreve que "as *funções de confiança*, exercidas exclusivamente por servidores ocupantes de cargo efetivo, e os *cargos em comissão*, a serem preenchidos por servidores de carreira nos casos, condições e percentuais mínimos previstos em lei, destinam-se apenas às *atribuições de direção, chefia e assessoramento*".

O dispositivo se refere ao exercício das atribuições de *direção, chefia e assessoramento*, especificando dois expedientes: (1) *funções de confiança*, exercidas por servidores ocupantes de *cargos* públicos *efetivos*; (2) *cargos em comissão*, a serem preenchidos por *servidores de carreira*, nos casos especificados em lei.

Quer dizer, as funções de confiança, que envolvem apenas atribuições de direção, chefia e assessoramento, são destinadas a servidores ocupantes de cargos públicos efetivos. Os cargos em comissão, a serem preenchidos por servidores de carreira nos casos, condições e percentuais mínimos estabelecidos em lei, também se destinam (assim como as funções de confiança) às atribuições de direção, chefia e assessoramento.

5.3.4. Direito de greve e livre associação sindical

De acordo com os incisos VI e VII, "é garantido ao servidor público *civil* o direito à livre associação sindical" e "o direito de greve será exercido nos termos e nos limites definidos em lei específica".

Antes de tudo, vale ressaltar que a norma dirige-se aos servidores públicos *civis* e não aos militares, que possuem disciplina constitucional diversa (CF, art. 142, § 3º, IV: "ao militar são proibidas a sindicalização e a greve").

Vimos que a associação sindical é um aspecto do livre direito de associar-se, proclamado no art. 5º da Constituição. No caso em particular, a associação tem como objetivo assegurar aos servidores civis a defesa de seus direitos e interesses profissionais.

O direito de greve, por outro lado, deve ser exercido nos termos de *lei específica*. Ora, a prestação de serviço público é atividade especial. Imagine o que acontece se os servidores de um hospital decidem fazer greve e interrompem a prestação dos serviços. Não podemos negar que há sérias consequências para a população. Por isso, estamos diante de norma constitucional de eficácia *limitada*. Sua eficácia depende de regulamentação por lei ordinária. Entretanto, a lei ainda não foi votada pelo Congresso Nacional.

5.3.5. Contratação por tempo determinado

O inciso IX do art. 37 estabelece importante *exceção* ao princípio do concurso público: "a lei estabelecerá os casos de contratação por tempo determinado para atender a necessidade temporária de excepcional interesse público".

Registre-se que apenas para atender à necessidade *temporária* e de *excepcional interesse público*, a Administração pode valer-se do inciso IX. Deve, ademais, observar estritamente o que determina a lei.

Imaginemos que uma epidemia de dengue exija a fiscalização das residências de toda uma cidade. Não há tempo hábil para todas as formalidades que a abertura de concurso público exige. Nesse caso, por exemplo, pode-se contratar *sem* concurso público.

Isso não significa que não haja qualquer espécie de processo seletivo. A Lei n. 8.745/93, que regulamenta o dispositivo em âmbito federal, estabelece um *processo seletivo simplificado*. Ademais, enumera exemplos do que se entende por "necessidade temporária" e "excepcional interesse público", reafirmando que a contratação deve ocorrer "por tempo determinado".

Em suma, três são os requisitos obrigatórios para a utilização dessa exceção: (1) excepcional interesse público; (2) temporariedade da contratação; e (3) hipóteses expressamente previstas em lei.

5.3.6. Exceções ao princípio do concurso público

Existem, portanto, *duas* exceções ao princípio do concurso público, previstas na Constituição: (1) *cargos em comissão*, declarados em lei de livre nomeação e exoneração (CF, art. 37, II) e (2) *contratação por tempo determinado*, para atender excepcional interesse público, nos casos previstos em lei (CF, art. 37, IX).

5.3.7. Regras relativas à remuneração

O inciso X do art. 37 prescreve que "a remuneração dos servidores públicos e o subsídio de que trata o § 4º do art. 39 somente poderão ser fixados ou alterados por *lei específica*, observada a *iniciativa privativa* em cada caso, assegurada a *revisão geral anual*, sempre na mesma data e sem distinção de índices".

Tal dispositivo consagra o *princípio da periodicidade*. Como ensina Alexandre de Moraes, "garantiu *anualmente* ao funcionalismo, no mínimo, uma *revisão geral*, diferente da redação anterior do citado inciso X" [MORAES, 2008, p. 349], que não garantia a periodicidade anual.

De acordo com o inciso XII, "os vencimentos dos cargos do Poder Legislativo e do Poder Judiciário não poderão ser superiores aos pagos pelo Poder Executivo". O dispositivo coloca o Poder Executivo como parâmetro para a fixação do valor da remuneração dos servidores dos demais Poderes.

José Afonso da Silva explica que o inciso significa "que a aplicação da isonomia tem por referência os cargos do Executivo. Isto é, os servidores dos três Poderes têm direito à paridade isonômica dos vencimentos, mas a parificação se faz com cargos iguais ou assemelhados do Poder Executivo. Essa isonomia entre servidores de Poderes diversos é o que se chama 'paridade de vencimentos', que toma por base os fixados para os servidores do Poder Executivo" [SILVA, 2007, p. 342].

O inciso XIII, por seu turno, prescreve que "é vedada a vinculação ou equiparação de quaisquer espécies remuneratórias para o efeito de remuneração de pessoal do serviço público".

O inciso tem como objetivo evitar o "efeito cascata". Segundo José Afonso da Silva, "o dispositivo veda a vinculação ou equiparação de quaisquer espécies remuneratórias para efeito de remuneração de pessoal do serviço público, quando, na verdade, o que se veda é a vinculação ou equiparação de cargos, empregos ou funções para efeitos de remuneração. E assim é que deve entender-se o dispositivo" [SILVA, 2007, p. 342].

Pelo inciso XIV, "os acréscimos pecuniários percebidos por servidor público não serão computados nem acumulados para fins de concessão de acréscimos ulteriores". O dispositivo tem como objetivo impedir que a concessão de um aumento em relação a algum componente remuneratório do servidor público possa produzir, também, aumento "em cascata".

Uma vez mais, vejamos a lição de José Afonso da Silva, segundo a qual "o que é importante destacar é que a interpretação do dispositivo reconhece que ele admite vantagens pecuniárias, entre as quais os *adicionais por tempo de serviço*, deixando à discrição dos entes federativos sua instituição ou não, assim como os critérios para sua percepção pelos servidores, mas veda (a) sua incidência cumulativa, ou seja, umas vantagens pecuniárias sobre outras; (b) seu cômputo para fins de acréscimos ulteriores, ou seja, o percentual da vantagem não pode ser somado ao padrão de vencimento para o efeito de constituir a base para a incidência da vantagem sucessiva" [SILVA, 2007, p. 343].

5.3.8. Irredutibilidade de subsídios e vencimentos

O inciso XV garante que "o subsídio e os vencimentos dos ocupantes de cargos e empregos públicos são *irredutíveis*, ressalvado o disposto nos incisos XI e XIV deste artigo e nos arts. 39, § 4º, 150, II, 153, III, e 153, § 2º, I". O dispositivo assegura a *irredutibilidade de vencimentos* dos servidores públicos. Isso significa que nem o padrão, nem os adicionais ou outras vantagens fixas poderão ser reduzidos.

5.3.9. Acumulação remunerada de cargos públicos

De acordo com o inciso XVI, "é vedada a acumulação remunerada de cargos públicos". Note-se que a Constituição não proíbe a acumulação de cargos públicos, mas a acumulação *remunerada* dos mesmos. Vale dizer, a simples acumulação, *sem remuneração*, não encontra óbices constitucionais.

No que tange à acumulação *remunerada*, a regra não é absoluta. De fato, o texto constitucional abre exceção ao dizer "exceto quando houver compatibilidade de horários, observado em qualquer caso o disposto no inciso XI". Assim, *havendo compatibilidade de horários*, está autorizada a acumulação *remunerada* de cargos públicos.

Mas não de quaisquer cargos. Apenas aqueles expressamente enumerados no próprio inciso XVI, a saber: (1) dois cargos de professor; (2) um cargo de professor com outro técnico ou científico; (3) dois cargos ou empregos privativos de profissionais de saúde, com profissões regulamentadas.

Em complemento ao inciso XVI, o inciso XVII determina que "a proibição de acumular estende-se a empregos e funções e abrange autarquias, fundações, empresas públicas, sociedades de economia mista, suas subsidiárias, e sociedades controladas, direta ou indiretamente, pelo poder público". Desse modo, a Administração Indireta também sujeita-se à regra da vedação da acumulação remunerada de cargos públicos, *exceto* nas hipóteses previstas pela própria Constituição.

5.3.10. Administração fazendária e tributária

De acordo com o inciso XVIII, "a administração fazendária e seus servidores fiscais terão, dentro de suas áreas de competência e jurisdição, *precedência* sobre os demais setores administrativos, na forma da lei".

O inciso XXII, por seu turno, determina que "as administrações tributárias da União, dos Estados, do Distrito Federal e dos Municípios, *atividades essenciais ao funcionamento do Estado*, exercidas por servidores de carreiras específicas, terão *recursos prioritários* para a realização de suas atividades e *atuarão de forma integrada*, inclusive com o *compartilhamento de cadastros e de informações fiscais*, na forma da lei ou convênio".

As administrações *fazendárias* e *tributárias* são importantes para o Estado porque lidam diretamente com a arrecadação de tributos. Os tributos são as principais fontes de receitas públicas, isto é, dos recursos financeiros necessários para que o Estado possa cumprir seus deveres constitucionais.

Por isso, as administrações fazendárias e tributárias recebem um tratamento especial por parte da Constituição, que assegura à:

- *Administração fazendária* – E a seus servidores, *precedência* com relação aos demais setores da Administração. Assim, por exemplo, se um setor da Administração recebeu dois pedidos simultâneos, deve cumprir, primeiro, o que provém da administração fazendária;

- *Administração tributária* – É considerada *atividade essencial* ao funcionamento do Estado. Deve seguir os seguintes preceitos: (a) deve ser exercida por servidores de carreira; (b) terão recursos prioritários para a realização de suas atividades; (c) deve atuar de forma *integrada*, inclusive compartilhando cadastros e informações fiscais na forma da lei ou convênio.

5.3.11. Improbidade administrativa

O art. 37, § 4º, da CF/88 prescreve: "Os atos de improbidade administrativa importarão a suspensão dos direitos políticos, a perda da função pública, a indisponibilidade dos bens e o ressarcimento ao erário, na forma e gradação previstas em lei, sem prejuízo da ação penal cabível".

A Constituição é rigorosa no tratamento dos atos de improbidade administrativa. Já analisamos o princípio da moralidade. Existe um vínculo bastante estreito entre moralidade e improbidade porque, na verdade, os atos de improbidade administrativa podem ser compreendidos como atos de imoralidade *qualificados pela lei* (Lei n. 8.429/92).

Os atos de improbidade, nos termos da Constituição Federal, podem ocasionar: (1) suspensão dos direitos políticos (*suspensão* e não perda); (2) *perda* da função pública; (3) indisponibilidade dos bens; (4) ressarcimento ao erário; e (5) sem prejuízo da ação penal cabível.

Alexandre de Moraes [MORAES, 2008, p. 362/363] coloca em evidência duas características básicas dos atos de improbidade administrativa:

- *Natureza civil* – "Decorre da redação constitucional, que é bastante clara ao consagrar a independência da responsabilidade civil por ato de improbidade administrativa e a possível responsabilidade penal, derivadas da mesma conduta, ao utilizar a fórmula "... *sem prejuízo da ação penal cabível*";

- *Necessidade de tipificação em lei federal* – "A possibilidade de responsabilização dos agentes públicos por improbidade administrativa depende de prévia previsão legal das condutas ilícitas, sob pena de ferimento aos princípios da reserva legal e anterioridade".

5.3.12. Prescrição dos ilícitos administrativos

De acordo com o § 5º do art. 37, "a lei estabelecerá os prazos de prescrição para ilícitos praticados por qualquer agente, servidor ou não, que causem prejuízos ao erário, ressalvadas as respectivas ações de ressarcimento".

O direito sempre se preocupou com a influência do decurso do tempo sobre as relações jurídicas. Nesse sentido, a *prescrição* pode ser compreendida como a perda da exigibilidade de um direito pela *inércia* de seu titular durante determinado período de tempo. O dispositivo em questão trata da prescrição dos *ilícitos administrativos,* ou seja, a lei estabelecerá o período de tempo após o qual a Administração não pode mais exercer seu *jus persequendi* relativamente ao agente que praticou um ilícito administrativo.

5.3.13. Responsabilidade civil objetiva do Estado

De acordo com o § 6º, do art. 37, "as pessoas jurídicas de direito público e as de direito privado prestadoras de serviços públicos responderão pelos danos que seus agentes, nessa qualidade, causarem a terceiros, assegurado o direito de regresso contra o responsável nos casos de dolo ou culpa".

O dispositivo trata da responsabilidade civil *objetiva* do Estado. O Poder Público, em suas relações com os administrados, tende a cometer atos que causam prejuízos aos mesmos. É um princípio geral de direito que aquele que causar dano a outrem deve repará-lo. Tal princípio aplica-se ao Estado também.

Entretanto, aplica-se de maneira diversa daquela que se aplica aos particulares. Assim, por exemplo, se um particular causa um dano a outro (uma batida de carro), devem estar presentes os seguintes requisitos:

- *Ação ou omissão* – O motorista deu marcha à ré e atingiu o veículo que estava estacionado atrás;
- *Dano* – A ação ou omissão deve causar *dano*. No caso, deve-se comprovar que o veículo atingido foi danificado;
- *Nexo de causalidade* – Deve-se provar que a ação ou omissão do motorista que deu marcha à ré causou, *de fato*, o dano;
- *Dolo ou culpa* – Deve-se comprovar que o motorista quis causar o dano ou assumiu o risco de produzi-lo por imprudência, negligência ou imperícia.

No caso da responsabilidade do Estado por danos causados aos particulares, a Constituição adotou a responsabilidade *objetiva*. Segundo o dispositivo em comento, são requisitos exigidos para que se configure a responsabilidade estatal:

- *Ação ou omissão do Estado* – O agente público conduz o veículo da Administração Pública e colide com o veículo de um particular;
- *Dano* – Deve-se comprovar que o veículo do particular foi danificado;
- *Nexo de causalidade* – Deve-se comprovar que a ação ou omissão do agente na condução do veículo causou, *de fato*, o dano;
- *Ausência de causa excludente da responsabilidade do Estado* – Força maior, caso fortuito e culpa exclusiva da vítima são causas que excluem a responsabilidade do Poder Público.

Note-se que, no caso da responsabilidade *objetiva* do Estado, *não é necessário comprovar que o agente estatal agiu com dolo ou culpa*. Quer dizer, o elemento subjetivo (dolo ou culpa) não precisa ser demonstrado. Se o agente quis ou não causar o dano, ou assumiu o risco de produzi-lo, é irrelevante. Por isso tal responsabilidade denomina-se "objetiva".

A responsabilidade objetiva do Estado assume as seguintes características, de acordo com o § 6º:

- *Respondem objetivamente as pessoas jurídicas de direito público e as pessoas jurídicas de direito privado prestadoras de serviço público* – Respondem objetivamente os entes da Administração Pública *Direta* e da Administração Pública *Indireta*, que assumam personalidade jurídica de *direito público*, como as Autarquias e Fundações. Também respondem objetivamente as pessoas jurídicas de *direito privado prestadoras de serviço público*, como as concessionárias e permissionárias;
- *O dano deve ser causado por agente que aja nessa qualidade específica* – O agente da entidade pública ou privada *prestadora de serviço público* deve agir nessa qualidade, quer dizer, no exercício da função profissional. Se um policial estiver de folga, utilizando seu próprio carro e causar dano ao particular, obviamente a Administração não estará vinculada;
- *Existência de nexo causal entre o dano e a ação ou omissão administrativa* – Se não houver nexo de causalidade entre o dano e a ação ou omissão do agente, não há que se cogitar de responsabilidade objetiva. Suponhamos que

um particular ultrapasse o sinal vermelho de um semáforo e atinja uma viatura policial. Nesse caso, não há que se cogitar da responsabilidade do Estado;

- *Ausência de causa excludente da responsabilidade estatal* – Existem algumas causas que excluem a responsabilidade do Estado (culpa exclusiva da vítima, caso fortuito e força maior). Se, por exemplo, um terremoto danificar uma ponte e causar prejuízo a alguns veículos, o Estado não poderá ser responsabilizado, haja vista que o terremoto não foi causado pelo Poder Público.

Devemos colocar em evidência que o § 6º em comento também consagra a *responsabilidade subjetiva*. Se o agente público causador do dano tiver agido com *dolo ou culpa*, abre-se para o Estado a possibilidade de acioná-lo judicialmente pleiteando indenização reparadora do dano. É o denominado "direito de regresso".

Imaginemos que um policial seja desafeto de seu vizinho. No momento em que este último retira seu veículo de sua residência para se dirigir a seu local de trabalho, o policial, *por querer*, lança a viatura sobre o veículo, destruindo-o parcialmente. Pergunta-se: o Estado deve responder *objetivamente* pelo dano?

Resposta: sim. A responsabilidade do Estado para com o particular é objetiva. Entretanto, como o agente público agiu com *dolo ou culpa*, o Estado pode processá-lo, exigindo indenização no valor do que gastou para indenizar o particular. Nesse caso, entretanto, deve comprovar o *elemento subjetivo* (isto é, o dolo ou a culpa do agente). Por isso, nesse caso, a responsabilidade é *subjetiva* e não objetiva.

Assim, no caso de dano causado pelo Estado ao particular, abrem-se duas possibilidades: (1) *responsabilidade objetiva*, do Estado para com o particular; (2) *responsabilidade subjetiva*, do agente público para com o Estado.

5.4. SERVIDOR EM MANDATO ELETIVO

Vimos que é vedada a acumulação *remunerada* de cargos públicos, *exceto* nas hipóteses expressamente admitidas pelo texto constitucional (CF, art. 37, XVI).

Pois bem, é possível que o servidor público seja *eleito* para mandato público. Nesse caso, não estamos diante de simples acumulação remunerada de cargos, mas de acumulação de cargos com *mandato eletivo*. Como agir nessa situação?

A Constituição, no art. 38, determina que ao servidor público da administração direta, autárquica e fundacional, *no exercício de mandato eletivo*, aplicam-se as seguintes disposições:

- *Tratando-se de mandato eletivo federal, estadual ou distrital, ficará afastado de seu cargo, emprego ou função* – O servidor, caso seja eleito para o cargo de deputado federal, por exemplo, deve se *afastar* de seu cargo, emprego ou função;

- Investido no mandato de *Prefeito*, será *afastado* do cargo, emprego ou função, sendo-lhe facultado *optar* pela sua remuneração – Nesse caso, a Constituição permite a *opção* pela remuneração que lhe aprouver;

- Investido no mandato de *Vereador*, abrem-se duas possibilidades:
  - Havendo *compatibilidade* de horários, perceberá as vantagens de seu cargo, emprego ou função, sem prejuízo da remuneração do cargo eletivo – Ou seja, havendo compatibilidade de horários, a Constituição permite a *acumulação* de vencimentos;
  - *Não havendo compatibilidade*, será aplicada a norma do inciso anterior – Se não houver compatibilidade de horários, deve *optar* pela remuneração que deseja receber.

Em qualquer caso que exija o afastamento para o exercício de mandato eletivo, seu tempo de serviço será contado para todos os efeitos legais, *exceto* para promoção por merecimento. Para efeito de *benefício previdenciário*, no caso de afastamento, os valores serão determinados como se no exercício estivesse.

Percebe-se que o dispositivo busca, *quando possível*, a conciliação do exercício de ambas as funções. Entretanto, em algumas hipóteses, a Constituição houve por bem determinar o desligamento do servidor de uma de suas atividades.

Valladão explica que "se for mandato federal, estadual ou distrital, ficará afastado e receberá o subsídio do mandato eletivo; se for mandato de prefeito, ficará afastado e poderá optar entre remuneração de seu cargo, emprego ou função efetiva ou subsídio do mandato; se for mandato de vereador, havendo compatibilidade de horários, *poderá acumular* ambas as ocupações e as respectivas remunerações; se os horários não forem compatíveis, deverá se afastar do cargo, emprego ou função, mas poderá optar pela remuneração que lhe for mais conveniente (como o prefeito)" [FERRAZ, 2006, p. 336].

5.5. SERVIDORES PÚBLICOS E REGIME DE PREVIDÊNCIA

O art. 39, *caput*, da CF/88, prescreve: "A União, os Estados, o Distrito Federal e os Municípios instituirão, no âmbito de sua competência, regime jurídico único e planos de carreira para os servidores da administração pública direta, das autarquias e das fundações públicas".

Quanto aos padrões de vencimento, deve-se observar o disposto no § 1º: (1) a natureza, o grau de responsabilidade e a complexidade dos cargos componentes de cada carreira; (2) os requisitos para a investidura; e (3) as peculiaridades do cargo.

O art. 40, por sua vez, assegura *regime de previdência específico*, que não se inclui no Regime Geral da Previdência Social, previsto no art. 201 da Constituição: "Aos servidores titulares de cargos efetivos da União, dos Estados, do Distrito Federal e dos Municípios, incluídas suas autarquias e fundações, é assegurado regime de previdência de caráter contributivo e solidário, mediante contribuição do respectivo ente público, dos servidores ativos e inativos e dos pensionistas, observados critérios que preservem o equilíbrio financeiro e atuarial e o disposto neste artigo".

Note-se que:

> 1. *Sob o aspecto subjetivo*, abrange os servidores titulares de cargos efetivos da Administração Direta, autárquica e fundacional dos quatro entes federativos. Ao servidor ocupante, exclusivamente, de cargo em comissão declarado em lei de livre nomeação e exoneração bem como de outro cargo temporário ou de emprego público, aplica-se o regime geral de previdência social (CF/88, art. 40, § 13);
>
> 2. *Sob o aspecto objetivo*, o regime é *contributivo* e *solidário*, contando com contribuição: (a) do ente público, isto é, União, Estados, DF e Municípios, suas autarquias ou fundações; (b) dos servidores ativos e inativos e (c) dos pensionistas. Necessário observar, ainda, critérios que preservem o *equilíbrio financeiro e atuarial*, isto é, as receitas obtidas não devem ser inferiores às despesas suportadas pelo sistema.

O art. 40, § 1º, fixa os benefícios previdenciários aos quais os servidores podem ter acesso e os requisitos a serem observados: "Os servidores abrangidos pelo regime de previdência de que trata este artigo serão aposentados, calculados os seus proventos a partir dos valores fixados na forma dos §§ 3º e 17":

> I – Por *invalidez permanente*, sendo os proventos proporcionais ao tempo de contribuição, exceto se decorrente de acidente em serviço, moléstia profissional ou doença grave, contagiosa ou incurável, na forma da lei;
>
> II – Compulsoriamente, com proventos proporcionais ao tempo de contribuição, aos 70 (setenta) anos de idade, ou aos 75 (setenta e cinco) anos de idade, na forma de *lei complementar* (inciso com redação dada pela Emenda Constitucional n. 88/2015);
>
> III – *Voluntariamente*, desde que cumprido tempo mínimo de dez anos de efetivo exercício no serviço público e cinco anos no cargo efetivo em que se dará a aposentadoria, observadas as seguintes condições:
>
> > (a) Sessenta anos de idade e trinta e cinco de contribuição, se homem, e cinquenta e cinco anos de idade e trinta de contribuição, se mulher;
> >
> > (b) Sessenta e cinco anos de idade, se homem, e sessenta anos de idade, se mulher, com proventos proporcionais ao tempo de contribuição.

Perceba-se que as aposentadorias são:

> 1. *Por invalidez permanente*, com proventos (valores a serem recebidos) proporcionais ao tempo de contribuição (não de serviço!), exceto os casos mencionados no dispositivo;
>
> 2. *Compulsória*, isto é, obrigatória, aos 70 (setenta) anos de idade, com proventos *proporcionais* ao tempo de contribuição (não de serviço!), ou aos 75 (setenta e cinco) anos de idade, mas, neste último caso, *na forma de lei complementar*;
>
> 3. *Voluntária*, ou seja, por opção do servidor, desde que permaneça o período mínimo de 10 anos no serviço público e 5 no cargo específico, (a) *por tempo de contribuição e idade*, com proventos *integrais* ou (b) *por idade*, com proventos *proporcionais*.

De acordo com o art. 40, § 5º, os requisitos de *idade* e de *tempo de contribuição* serão reduzidos em cinco anos, em relação à *aposentadoria voluntária por tempo de contribuição* (CF/88, art. 40, § 1º, III, *a*), para o *professor* que comprove exclusivamente tempo de efetivo exercício das funções de *magistério na educação infantil e no ensino fundamental e médio*.

O art. 40, § 6º, por sua vez, estabelece importante vedação à acumulação de aposentadorias: "Ressalvadas as aposentadorias decorrentes dos cargos acumuláveis na forma desta Constituição, é vedada a percepção de mais de uma aposentadoria à conta do regime de previdência previsto neste artigo".

Quer dizer: veda-se o acúmulo de aposentadorias pelo regime dos servidores públicos (exceto os cargos acumuláveis nos termos da Constituição), porém, permite-se o acúmulo neste regime (dos servidores públicos) com benefício suportado pelo Regime Geral de Previdência Social, do setor privado, disciplinado no art. 201 da CF/88.

5.6. ESTABILIDADE

O art. 41, *caput*, da CF/88, estabelece: "São estáveis após *três anos* de efetivo exercício os servidores nomeados para cargo de provimento efetivo em virtude de concurso público (...)".

A estabilidade é um direito que a Constituição assegura ao servidor público. É garantia do servidor e não atributo do cargo. Como os vencimentos dos servidores são, geralmente, inferiores aos pagos pela iniciativa privada, um dos atrativos para a função pública é justamente a *estabilidade*.

A estabilidade constitui o direito que o servidor tem de não ser desligado do cargo, a não ser nos seguintes casos (CF, art. 41, § 1º):

- *Em virtude de sentença judicial transitada em julgado*;
- *Mediante processo administrativo em que lhe seja assegurada a ampla defesa*;
- *Mediante procedimento de avaliação periódica de desempenho, na forma de lei complementar, assegurada a ampla defesa.*

Devemos mencionar uma *quarta* possibilidade de desligamento do cargo, prevista no art. 169, § 4º. Segundo o *caput* de tal dispositivo, "a despesa com pessoal ativo e inativo da União, dos Estados, do Distrito Federal e dos Municípios não poderá exceder os limites estabelecidos em lei complementar".

O § 4º, por seu turno, determina que, "se as medidas adotadas com base no parágrafo anterior não forem suficientes para assegurar o cumprimento da determinação da lei complementar referida neste artigo, *o servidor estável poderá perder o cargo*, desde que ato normativo motivado de cada um dos Poderes especifique a atividade funcional, o órgão ou unidade administrativa objeto da redução de pessoal".

Voltando ao art. 41, são *condições* para a aquisição da estabilidade (CF, art. 41, *caput*, e § 4º):

- *Que o servidor seja ocupante de cargo efetivo*;
- *Que seu ingresso tenha ocorrido em virtude de concurso público*;
- *Que tenha cumprido três anos de efetivo exercício (estágio probatório)*;
- *Que tenha sido aprovado em avaliação especial de desempenho efetuada por comissão instituída especialmente para essa finalidade (art. 41, § 4º).*

O que ocorre com o servidor que ainda não completou os três anos de estágio probatório? É possível sua demissão? Valladão explica que "a exoneração de servidor público efetivo durante o estágio probatório independe de processo administrativo, sendo imprescindível, outrossim, o exercício do direito à ampla defesa como espécie de procedimento sumário" [FERRAZ, 2006, p. 340].

O desligamento do servidor pode ser invalidado por sentença judicial. O que acontece nesse caso? O § 2º, do art. 41 determina que: (1) o servidor será *reintegrado* aos quadros do serviço público e (2) o eventual ocupante da vaga, *se estável* será: (a) reconduzido ao cargo de origem, *sem direito à indenização*; (b) aproveitado em outro cargo; ou (c) posto em disponibilidade com remuneração *proporcional* ao tempo de serviço.

É possível que o cargo do servidor estável seja declarado *extinto* ou *desnecessário*? Sim. O servidor estável ficará em *disponibilidade*, com remuneração *proporcional* ao tempo de serviço, até seu adequado aproveitamento em outro cargo (CF, art. 41, § 3º).

QUESTÕES

1. **(FCC – 2011 – TRF – 1ª REGIÃO – Analista Judiciário)**

   Com relação aos servidores públicos,

   a) o membro de Poder, o detentor de mandato eletivo, os Ministros de Estado e os Secretários Estaduais e Municipais serão remunerados exclusivamente por subsídio fixado em doze parcelas.

   b) a fixação dos padrões de vencimento e dos demais componentes do sistema remuneratório observará a natureza, o grau de responsabilidade e a complexidade dos cargos componentes de cada carreira, os requisitos para a investidura e as peculiaridades dos cargos.

   c) Lei da União, dos Estados, do Distrito Federal e dos Municípios disciplinará a aplicação de recursos orçamentários provenientes da economia com despesas correntes em cada órgão, autarquia e fundação, para aplica-

DIREITO CONSTITUCIONAL

ção no desenvolvimento de programas de qualidade e produtividade, treinamento e desenvolvimento, modernização, reaparelhamento e racionalização do serviço público, exceto sob a forma de adicional ou prêmio de produtividade.

d) aos servidores titulares de cargos efetivos da União, dos Estados, do Distrito Federal e dos Municípios, incluídas suas autarquias e fundações, é assegurado regime de previdência de caráter contributivo e subsidiário, mediante contribuição do respectivo ente público, dos servidores ativos e inativos e dos pensionistas.

e) ao servidor ocupante, exclusivamente, de cargo em comissão declarado em Lei de livre nomeação e exoneração, bem como de outro cargo temporário ou de emprego público, não se aplica o regime geral de previdência social.

2. (FCC – 2011 – TRT – 4ª REGIÃO/RS – Analista Judiciário)

Os agentes administrativos submetidos ao regime estatutário, ou sejam, os servidores públicos; os agentes políticos, a exemplo dos chefes dos Executivos; e os empregados públicos como os presidentes de empresas públicas, estão sujeitos ao sistema remuneratório consistente, técnica e respectivamente, na categoria de

a) vantagens pecuniárias, salário e subsídio.
b) vantagens pecuniárias, vencimentos e salário.
c) subsídio, vencimentos e salário.
d) vencimentos, subsídio e salário.
e) vencimentos, vantagens pecuniárias e subsídio.

3. (FCC – 2011 – TRT – 24ª REGIÃO/MS – Analista Judiciário)

No que diz respeito à Administração Pública,

a) os acréscimos pecuniários percebidos por servidor público serão computados e acumulados para fins de concessão de acréscimos ulteriores.

b) é vedada a vinculação ou equiparação de quaisquer espécies remuneratórias para o efeito de remuneração de pessoal do serviço público.

c) a administração fazendária e seus servidores fiscais não terão, ainda que dentro de suas áreas de competência e jurisdição, precedência sobre os demais setores administrativos.

d) somente por lei específica poderá ser criada autarquia e autorizada a instituição de fundação, cabendo à lei ordinária, neste último caso, definir as áreas de sua atuação.

e) independe de autorização legislativa, em cada caso, a criação de subsidiárias de sociedade de economia mista, assim como a participação delas em empresa privada.

4. (FCC – 2011 – TRF – 1ª REGIÃO – Técnico Judiciário)

As administrações tributárias da União, dos Estados, do Distrito Federal e dos Municípios, atividades essenciais ao funcionamento do Estado, exercidas por servidores de carreiras específicas, terão recursos prioritários para a realização de suas atividades e atuarão de forma

a) desassociada, sendo vedado o compartilhamento de cadastros e de informações fiscais.

b) integrada, inclusive com o compartilhamento de cadastros e de informações fiscais, na forma da lei ou convênio.

c) separada, dividindo-se em três órgãos multidisciplinares, controladores dos cadastros e de informações fiscais em âmbito nacional, estadual e municipal.

d) separada, dividindo-se em dois órgãos multidisciplinares, controladores dos cadastros e de informações fiscais em âmbito nacional.

e) subordinada à Receita Federal, sendo que, por ordem judicial, serão compartilhados os cadastros e as informações fiscais.

5. (FCC – 2011 – TRE/TO – Técnico Judiciário – Área Administrativa)

Maria foi investida no mandato de Prefeita da cidade XYZ. Tendo em vista que Maria é servidora pública da administração direta ela:

a) não será afastada de seu cargo, se houver compatibilidade de horário, e perceberá as vantagens de seu cargo sem prejuízo da remuneração do cargo eletivo.

b) será afastada de seu cargo, recebendo obrigatoriamente a remuneração relativa ao cargo eletivo.

c) será afastada de seu cargo, sendo-lhe facultado optar pela sua remuneração.

d) não será afastada de seu cargo, se houver compatibilidade de horário, e perceberá apenas as vantagens de seu cargo.

e) não será afastada de seu cargo, se houver compatibilidade de horário, e perceberá as vantagens apenas do cargo eletivo.

GABARITO

1. B
2. D
3. B
4. B
5. C

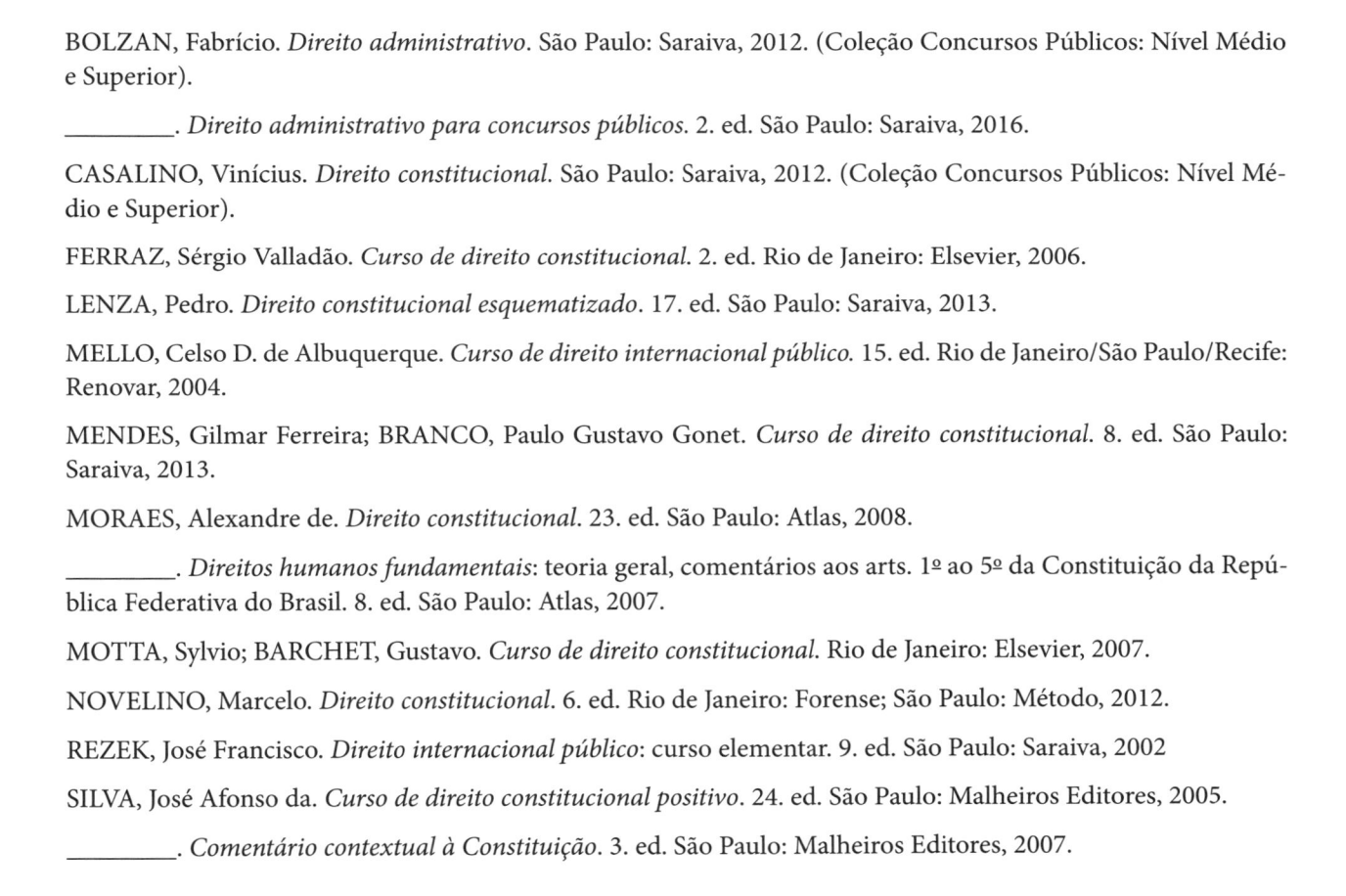

REFERÊNCIAS BIBLIOGRÁFICAS

BOLZAN, Fabrício. *Direito administrativo*. São Paulo: Saraiva, 2012. (Coleção Concursos Públicos: Nível Médio e Superior).

_____. *Direito administrativo para concursos públicos*. 2. ed. São Paulo: Saraiva, 2016.

CASALINO, Vinícius. *Direito constitucional*. São Paulo: Saraiva, 2012. (Coleção Concursos Públicos: Nível Médio e Superior).

FERRAZ, Sérgio Valladão. *Curso de direito constitucional*. 2. ed. Rio de Janeiro: Elsevier, 2006.

LENZA, Pedro. *Direito constitucional esquematizado*. 17. ed. São Paulo: Saraiva, 2013.

MELLO, Celso D. de Albuquerque. *Curso de direito internacional público*. 15. ed. Rio de Janeiro/São Paulo/Recife: Renovar, 2004.

MENDES, Gilmar Ferreira; BRANCO, Paulo Gustavo Gonet. *Curso de direito constitucional*. 8. ed. São Paulo: Saraiva, 2013.

MORAES, Alexandre de. *Direito constitucional*. 23. ed. São Paulo: Atlas, 2008.

_____. *Direitos humanos fundamentais*: teoria geral, comentários aos arts. 1º ao 5º da Constituição da República Federativa do Brasil. 8. ed. São Paulo: Atlas, 2007.

MOTTA, Sylvio; BARCHET, Gustavo. *Curso de direito constitucional*. Rio de Janeiro: Elsevier, 2007.

NOVELINO, Marcelo. *Direito constitucional*. 6. ed. Rio de Janeiro: Forense; São Paulo: Método, 2012.

REZEK, José Francisco. *Direito internacional público*: curso elementar. 9. ed. São Paulo: Saraiva, 2002

SILVA, José Afonso da. *Curso de direito constitucional positivo*. 24. ed. São Paulo: Malheiros Editores, 2005.

_____. *Comentário contextual à Constituição*. 3. ed. São Paulo: Malheiros Editores, 2007.

DIREITO PREVIDENCIÁRIO

ANDRÉ STUDART LEITÃO

Doutor e Mestre em Direito Previdenciário pela PUC-SP. Procurador Federal. Professor no Complexo de Ensino Renato Saraiva. Professor do Programa de Pós-Graduação *stricto sensu* da Unichristus. Sócio fundador do Instituto Intellegens.

AUGUSTO GRIECO SANT'ANNA MEIRINHO

Doutor e Mestre em Direito Previdenciário pela PUC-SP. Procurador do Trabalho. Professor Universitário.

CAPÍTULO 1

EVOLUÇÃO HISTÓRICA DA SEGURIDADE SOCIAL

1.1. INTRODUÇÃO

Há duas formas de estudarmos a evolução histórica da seguridade social: a primeira, enumerando cronologicamente os principais eventos e normas relacionados ao tema; a segunda, por intermédio da análise do contexto histórico, social, econômico, entre outros fatores, em cada etapa por que passou o Estado.

Procuraremos, neste breve capítulo, mesclar as duas formas acima referidas, objetivando permitir que o leitor situe as opções encontradas pelo Estado para garantir a proteção social conforme cada contexto histórico.

Os **fatos históricos são fontes materiais do Direito** na medida em que os acontecimentos levam o legislador a produzir a norma. Por outro giro, o Direito pretende ser instrumento de transformação social. Assim, Direito e História estão sempre irmanados e devem ser estudados com olhares recíprocos. Por isso entendemos que o presente capítulo tem sua importância nesta obra, não somente porque eventualmente a evolução histórica da seguridade social possa ser cobrada em concurso (e realmente está "caindo" nos concursos públicos), mas também pela importância que possui para se compreender o atual estágio de desenvolvimento do Estado Social.

Em primeiro lugar, importante fazermos um corte histórico em nosso estudo. Poder-se-ia buscar no passado remoto qualquer medida de proteção instituída pelo Estado (não o Estado Nação como conhecemos hoje) em favor de seus cidadãos como, por exemplo, a pensão aos legionários criada por Roma, para estabelecermos a origem da seguridade social. Contudo, essa busca "arqueológica" perde o aspecto pragmático de nossa investigação, já que pretendemos identificar o sentido moderno de seguridade social, conforme atualmente encontrado em nossa Constituição.

Assim, estabelecemos como ponto de partida de nossa análise os **eventos relacionados com a Revolução Industrial**, já que se convencionou atribuir a intervenção do Estado nas relações capital x trabalho como decorrência das péssimas condições sociais dos trabalhadores nessa época (excesso de jornada, trabalho infantil, baixa remuneração, elevado número de acidentes do trabalho, exploração do trabalho da mulher etc.).

Antes de iniciarmos o estudo da evolução da proteção social estatal, entendemos importante situar o atual contexto de crítica ao Estado Social.

1.2. A EVOLUÇÃO DO ESTADO SOCIAL NO MUNDO

A questão social foi a mola propulsora que impulsionou o surgimento do Estado Social. A previsão de direitos sociais, em primeiro momento, deferidos aos trabalhadores, com viés expansionista, até a inclusão na carta de direitos das constituições adotadas após o fim da Primeira Guerra Mundial, tinha como objetivo precípuo permitir que a vida em sociedade fosse usufruída com o mínimo de dignidade.

Paulo Bonavides, em sua importante obra *Teoria do Estado*, afirma que a premissa capital do Estado Moderno é a conversão do Estado absoluto em Estado constitucional, a partir da qual o poder deixa de ser das pessoas e passa a centrar-se nas leis, sendo que a "legalidade é a máxima de valor supremo e se traduz com toda energia no texto dos Códigos e das Constituições"[1].

Continuando seus ensinamentos, o referido autor diz que o Estado constitucional ostenta três modalidades distintas: a primeira seria o Estado constitucional

---

1 BONAVIDES, Paulo. *Teoria do Estado*. 5. ed. rev. e ampl. São Paulo: Malheiros, 2004, p. 37.

da separação dos Poderes, o qual identifica com o Estado Liberal; a segunda, o Estado constitucional dos direitos fundamentais, que seria o Estado Social; e a terceira, por derradeiro, o Estado constitucional da Democracia participativa, que seria identificado como Estado Democrático-Participativo[2].

Faremos nossa análise a partir da sistematização proposta por Luís Roberto Barroso[3]. Segundo esse constitucionalista, o Estado passou por três fases diversas e relativamente bem definidas, quais sejam, pré-modernidade, modernidade e pós-modernidade.

A **fase pré-modernidade** refere-se ao Estado Liberal da virada do século XIX para o XX. Esse modelo tem como base o primado da não intervenção do Estado na economia, a qual se organizaria pelas suas próprias forças, na concepção clássica de Adam Smith[4] exposta em sua obra *Riqueza das nações* (1776). Como consequência do liberalismo, o Estado assume dimensões reduzidas, circunscritas a três funções básicas – segurança, ou seja, a proteção da sociedade em face da violência e da invasão oriunda de outros Estados, justiça, por meio de sua adequada administração e serviços essenciais, geralmente economicamente desinteressantes para os particulares. O Estado, por sua vez, mantinha-se afastado das discussões relacionadas às desigualdades econômicas e sociais.

Uma das poucas manifestações estatais sobre proteção social pode ser apontada como sendo a Lei dos Pobres (***Poor Relief Act***), de 1601, editada na **Inglaterra**, que instituiu auxílios e socorros públicos aos necessitados.

O Estado liberal, partindo do princípio de igualdade jurídico-política de todos os cidadãos, consagrou a liberdade contratual e, consequentemente, a não intervenção estatal. O modelo econômico adotado acentuou as desigualdades sociais em decorrência da concentração e acumulação das riquezas nas mãos da classe dominante, revelando questões sociais significativas.

Evidentemente, a Revolução Industrial, além de intensificar o crescimento econômico da época, elevou, profundamente, a tensão entre capital e trabalho, ameaçando a subsistência do próprio modo de produção capitalista[5].

Foi nesse cenário de enorme pressão social que surgiram as **primeiras manifestações normativas de caráter previdenciário**. Em **1883**, instituiu-se, na Alemanha de **Otto von Bismarck**, o **seguro-doença** e, em seguida, o seguro de acidente do trabalho (1884), o de invalidez (1889) e o de velhice (1889). Segundo a doutrina majoritária, trata-se do marco inicial da previdência social no mundo.

> Marco inicial da previdência social no mundo: Instituição do seguro-doença na Alemanha de Otto von Bismarck (1883).

Importante instrumento de valorização do trabalho humano foi a Encíclica *Rerum Novarum*, do Papa Leão XIII, editada em 1891, e que traz a ideia da caridade como centro das virtudes humanas e trata da condição dos operários, sendo o marco histórico da doutrina social da Igreja. Foi um dos primeiros instrumentos a fazer referência à dignidade da pessoa humana.

Vejamos este breve trecho da Encíclica *Rerum Novarum*: "quanto aos ricos e aos patrões, não devem tratar o operário como escravo, mas respeitar nele a **dignidade do homem** (...). O trabalho do corpo, pelo testemunho comum da razão e da filosofia cristã, longe de ser um objeto de vergonha, honra o homem, porque lhe fornece um nobre meio de sustentar a sua vida. O que é vergonhoso e desumano é usar dos homens como de vis instrumentos de lucro, e não os estimar senão na proporção do vigor dos seus braços".

A segunda fase, denominada **modernidade**, refere-se ao Estado Social, também conhecida como *Welfare State*, que começa a ganhar contornos a partir da segunda década do século passado. A Primeira Guerra Mundial deu início a um processo que culminou com o fim do abstencionismo econômico postulado pela teoria liberal clássica.

A ruptura com o estado de coisas engendrado pelo industrialismo teve início, formalmente, com a promulgação da **Constituição do México de 1917 que, pela**

---

2 Idem, ibidem, p. 37.
3 Como explica Luís Roberto Barroso, a terminologia pré-modernidade, modernidade e pós-modernidade foi empregada por Norbert Reich na *Revista de Direito Público* 94/265 no artigo "Intervenção do Estado na economia (reflexões sobre a pós-modernidade na teoria jurídica)". Essa sistematização evolutiva do Estado se deu no trabalho de Diogo de Figueiredo Moreira Neto, *Direito regulatório*, p. 15-66.
4 Na visão de Adam Smith, o mundo real, caso se deixasse a livre concorrência atuar sem qualquer intervenção estatal, seria harmônico; a economia seria orientada por uma "mão invisível", a qual levaria a sociedade à perfeição.

5 DIAS, Eduardo Rocha; MACÊDO, José Leandro Monteiro de. *Curso de direito previdenciário*. São Paulo: Método, 2010, p. 66.

primeira vez na história, incluiu os novos direitos sociais e econômicos na sua Declaração de Direitos.

Atenção! Quando se fala em Estado Social de Direito, é comum ilustrá-lo com referências à **Constituição Alemã de Weimar (1919)**. Todavia, a Constituição Mexicana de 1917 foi a primeira a dispor sobre matéria previdenciária.

Reconhece-se que a Primeira Guerra Mundial produziu uma rápida expansão dos sistemas de bem-estar, sobretudo na Europa. Os países atingidos pelo conflito mundial suportaram uma crise doméstica causada pelas privações impostas à população pelos esforços de guerra, além de o Estado ter que assumir encargos em relação a um novo grupo de destinatários de proteção social, quais sejam, as viúvas de guerra, os feridos provenientes dos campos de batalha, entre outros. Assim, a expansão dos direitos sociais em retorno ao sacrifício da população era inevitável.

Nessa fase, o Estado assume diretamente alguns papéis econômicos, "tanto como condutor do desenvolvimento como outros de cunho distributivista, destinado a atenuar certas distorções do mercado e a amparar os contingentes que ficavam à margem do progresso econômico"[6]. O Estado passa a exercer algumas funções que nunca deteve, responsabilizando-se por garantir saúde, previdência, assistência social, educação, entre outras atividades.

Não obstante as primeiras manifestações de reação às desigualdades sociais tenham ocorrido ainda no século XIX, principalmente no campo das relações de trabalho[7] e da Previdência Social[8], é no século XX que se observam as maiores transformações do Estado. O Estado sofre mutações e segue-se, à fase liberal, uma fase "social".

O Estado Liberal é contraposto a um Estado em sentido democrático, intervencionista, preocupado com as mazelas sociais originadas no liberalismo econômico. A necessidade de intervenção visando à redução das desigualdades geradas pela Revolução Industrial e pelo modo de produção capitalista fez com que o Estado deixasse de ser um ente absenteísta para se transformar em um agente ativo na ordem econômica e social.

O Estado Social de Direito intervém nas relações entre particulares visando assegurar a igualdade material, em flagrante reação àquela igualdade meramente formal reinante no Estado Liberal.

O ponto mais importante deste período de evolução da proteção social é o Relatório Beveridge, produzido por uma Comissão interministerial presidida por Sir William Beveridge, apresentado na **Inglaterra** em **1942**, que deu origem ao **Plano Beveridge**, considerado como a **origem da Seguridade Social**, na medida em que o Estado se responsabilizaria não apenas pela previdência social, mas também por ações de assistência e saúde. Como observa Fábio Zambitte Ibrahim, no Pós-Guerra surge uma tendência universalizadora do seguro social com base nas premissas teóricas do Plano Beveridge[9].

Sistema Bismarckiano	Sistema Beveridgiano
Proteção limitada aos trabalhadores e a determinadas necessidades sociais.	Visa à proteção universal (proteção de tudo e de todos).
Financiado pelas contribuições dos trabalhadores e das empresas.	Financiado por toda a sociedade mediante a arrecadação dos impostos.

A **Declaração Universal dos Direitos Humanos de 1948** reconheceu a seguridade social como um direito fundamental (art. 22), além de prever a necessidade de proteção do indivíduo na hipótese de desemprego, doença, invalidez, viuvez, velhice, maternidade e nos demais casos de perda involuntária dos meios de subsistência.

A Organização Internacional do Trabalho (OIT) adotou a **Convenção n. 102**, em 28 de junho de 1952, conhecida como **normas mínimas de seguridade social**, somente ratificada pelo Brasil em 2008, com a

---

6   BARROSO, Luís Roberto. Aspectos constitucionais: Constituição, ordem econômica e agências reguladoras. In: MOREIRA NETO, Diogo de Figueiredo. *Direito regulatório*: a alternativa participativa e flexível para a administração pública de relações setoriais complexas no estado democrático. Rio de Janeiro: Renovar, 2003, p. 17.

7   O embate entre a classe econômica detentora do capital e a classe obreira foi decisivo. Tal conflito motivou a Igreja Católica a editar a Encíclica *Rerum Novarum*, proferida pelo Papa Leão XIII (1891), em que, pela primeira vez, houve manifestação da Autoridade Papal acerca dessas questões sociais. Por sua vez, o pensamento marxista, especialmente no campo trabalhista, serviu de base para a discussão do significado de acesso à justiça, enquanto proteção ao trabalhador (CARNEIRO, Paulo Cezar Pinheiro. *Acesso à justiça*. 2. ed. rev. e atual. Rio de Janeiro: Forense, 2003, p. 20).

8   Com o modelo germânico do seguro social instituído pelo Chanceler Otto von Bismarck.

9   IBRAHIM, Fábio Zambitte, *Curso de direito previdenciário*, Niterói: Impetus, 2011, p. 51.

aprovação de seu texto pelo Decreto Legislativo n. 269/2008.

Para a OIT, a seguridade social é caracterizada como sistema de "proteção social que a sociedade proporciona a seus membros, mediante uma série de medidas públicas contra as privações econômicas e sociais que, de outra maneira, provocariam o desaparecimento ou forte redução dos seus rendimentos em consequência de enfermidade, maternidade, acidente de trabalho, enfermidade profissional, emprego, invalidez, velhice e morte, bem como de assistência médica e de apoio à família com filhos".

A terceira e última fase da evolução proposta por Barroso, denominada **pós-modernidade**, reporta-se ao final do século passado. É uma fase de mudança político-administrativa, a qual se reveste de uma tendência mundial de "enxugamento" do Estado. São os tempos do denominado Estado Mínimo.

Até meados dos anos 80, os Estados intervinham fortemente na economia, por razões múltiplas como questões de equidade social, criação de infraestruturas vultosas não lucrativas, necessidade de evitar a monopolização de mercados, fomentar regiões menos desenvolvidas, prestar serviços públicos não interessantes do ponto de vista econômico ao particular, entre outras. O Estado Democrático se agigantou para atender a todas as novas funções que assumiu, acarretando a multiplicação das despesas públicas, sem, contudo, obter as correspondentes receitas necessárias para financiar suas atribuições. Simultaneamente, a estrutura burocrática do Estado tornou-se cada vez mais complexa e setorizada, altamente formalista nos procedimentos de controle.

O momento em que foi promulgada a Constituição brasileira vigente coincide com uma crítica generalizada ao Estado Social ou *Welfare State*. Mesmo diante desse contexto em que era ressaltada a falência do Estado Providência, o constituinte originário pátrio optou, de forma inequívoca, por um **Sistema de Seguridade Social** amplo e expansionista, informado pelo princípio da universalidade da cobertura e do atendimento, entre outros (art. 194, parágrafo único, da CF/88).

A seguridade social surge como integrante de um programa de política social, configurando-se como um dos instrumentos para que o Estado cumpra seus fins nessa área, quais sejam, a justiça e o bem-estar sociais (art. 193 da Constituição da República). Revela-se como uma função essencial do Estado Democrático de Direito, estruturada e instrumentalizada como remédio para a cobertura de situações de necessidade. A finalidade precípua das prestações de seguridade social é a **libertação do estado de necessidade social** que acomete o ser humano em uma sociedade de massa, assolada pelas desigualdades advindas, principalmente, do conflito capital-trabalho.

1.3. A EVOLUÇÃO HISTÓRICA DA PREVIDÊNCIA SOCIAL NO BRASIL

Pode-se afirmar que a evolução da proteção social no Brasil seguiu o mesmo caminho trilhado no plano internacional: da origem privada e voluntária da comunidade, passando pela formação de planos mutualistas chegando à intervenção do Estado.

Mesmo inspirada pelo momento histórico reinante na Europa e nos Estados Unidos, a **Constituição do Império do Brasil de 25 de março de 1824** previu, em seu art. 179, XXXI, os **socorros públicos**, podendo ser considerada, segundo Ivan Kertzman, o primeiro ato securitário com previsão constitucional[10].

A partir de então, vários socorros mútuos foram criados, tais como o Socorro Mútuo Previdência (1875), o Socorro Mútuo Vasco da Gama (1881) e o Socorro Mútuo Marquês de Pombal (1882).

Antes disso, Fábio Zambitte Ibrahim[11] salienta as Santas Casas de Misericórdia (1543), do Plano de Benefícios dos Órfãos e Viúvas dos Oficiais da Marinha (1795), do Montepio para a guarda pessoal de D. João VI (1808), do Montepio Geral dos Servidores do Estado (1835).

Contudo, foi com a edição do Decreto n. 9.912-A, de 26 de março de 1888, que foi regulamentado o direito à aposentadoria dos empregados dos Correios, fixando em 30 anos de efetivo serviço e idade mínima de 60 anos os requisitos para a aposentadoria. Nesse mesmo ano, foi editada a Lei n. 3.397, que criou a Caixa de Socorros em cada uma das Estradas de Ferro do Império.

Em 1889, o Decreto n. 10.269, de 20 de julho, criou o Fundo de Pensões do Pessoal das Oficinas de Imprensa Nacional.

---

10 KERTZMAN, Ivan. *Questões comentadas de direito previdenciário*. Salvador: JusPodivm, 2009, p. 38.
11 IBRAHIM, Fábio Zambitte, op. cit., p. 54.

O Decreto n. 221, de 26 de fevereiro de 1890, instituiu a aposentadoria para os empregados da Estrada de Ferro Central do Brasil, benefício depois ampliado a todos os ferroviários do Estado, pelo Decreto n. 565, de 12 de julho de 1890. Ainda em 1890 foi criado o Montepio Obrigatório dos Empregados do Ministério da Fazenda, pelo Decreto n. 942-A, de 31 de outubro.

No ano de 1892, a Lei n. 217, de 29 de novembro, instituiu a aposentadoria por invalidez e a pensão por morte dos operários do Arsenal da Marinha do Rio de Janeiro.

Já no século XX, o Decreto n. 9.284, de 30 de dezembro de 1911, criou a Caixa de Pensões dos Operários da Casa da Moeda, e no ano seguinte, o Decreto n. 9.517, de 17 de abril de 1912, criou uma Caixa de Pensões e Empréstimos para o pessoal das Capatazias da Alfândega do Rio de Janeiro.

Marco muito importante nessa evolução histórica foi a edição da Lei n. 3.724, de 15 de janeiro de 1919, que tornou compulsório o seguro contra acidentes do trabalho em certas atividades. Essa lei é considerada a primeira Lei Acidentária no Brasil.

Finalmente chegamos ao ano de 1923, ocasião em que foi editado o **Decreto n. 4.682, de 24 de janeiro, conhecido como Lei Eloy Chaves**, que determinou a criação de uma Caixa de Aposentadoria e Pensões para os empregados de cada empresa ferroviária. É considerada pela doutrina majoritária o marco da Previdência Social brasileira.

> Marco inicial da Previdência Social brasileira: Lei Eloy Chaves (1923).

Atenção! Embora a Lei Eloy Chaves seja considerada o marco histórico da Previdência Social no Brasil, ela não foi a primeira manifestação de proteção social ocorrida em nosso país. Por exemplo, a Lei n. 3.397/1888 previu o seguro social de amparo ao empregado público, patrocinado pelo Estado, instituindo a Caixa de Socorros em cada uma das estradas de ferro do Estado. Em 1892, pelo Decreto n. 127/92, é instituída a aposentadoria por idade e invalidez, além da pensão por morte, para os operários do Arsenal de Marinha. O Decreto Legislativo n. 3.724/1919 cria o seguro de acidentes de trabalho, sendo a primeira Lei Acidentária. **Porém, para concursos públicos, deve-se considerar a Lei Eloy Chaves como marco inicial da previdência social brasileira.**

No mesmo ano de 1923, o Decreto n. 16.037, de 30 de abril, criou o Conselho Nacional do Trabalho com atribuições, inclusive, de decidir sobre questões relativas à Previdência Social.

Em 1926, a Lei n. 5.109, de 20 de dezembro, estendeu o Regime da Lei Eloy Chaves aos portuários e marítimos e, em 1928, a Lei n. 5.485, de 30 de junho, estendeu aos trabalhadores dos serviços telegráficos e radiotelegráficos.

O Decreto n. 19.433, de 26 de novembro de 1930, criou o Ministério do Trabalho, Indústria e Comércio, tendo como uma das atribuições orientar e supervisionar a Previdência Social, inclusive como órgão de recursos das decisões das Caixas de Aposentadorias e Pensões. Neste mesmo ano, o Decreto n. 19.497, de 17 de dezembro, determinou a criação de Caixas de Aposentadorias e Pensões para os empregados nos serviços de força, luz e bondes.

O Decreto n. 20.465, de 1º de outubro de 1931, estendeu o Regime da Lei Eloy Chaves aos empregados dos demais serviços públicos concedidos ou explorados pelo Poder Público, além de consolidar a legislação referente às Caixas de Aposentadorias e Pensões, sendo que, no ano de 1932, os trabalhadores nas empresas de mineração foram incluídos no Regime da Lei Eloy Chaves.

O que se observa, nesta fase, é a contínua expansão do regime da Lei Eloy Chaves para diversos setores, abrangendo cada vez mais trabalhadores.

O ano de 1933 é importante na consolidação do processo expansionista da previdência social no Brasil, com a criação, pelo Decreto n. 22.872, de 29 de junho, do **Instituto de Aposentadoria e Pensões dos Marítimos** (IAPM), considerado a primeira instituição brasileira de previdência social de âmbito nacional, com base na atividade genérica da empresa. A partir do IAPM, foram criados diversos Institutos de Aposentadorias e Pensões, organizados por categorias profissionais. Estes institutos, os IAPs, foram formados a partir da reunião das conhecidas Caixas de Aposentadorias e Pensões, que eram organizadas por empresas. Vejamos os principais IAPs:

Decreto n. 24.615, de 9 de julho de 1934, criou o Instituto de Aposentadoria e Pensões dos Bancários.

Lei n. 367, de 31 de dezembro de 1936, criou o Instituto de Aposentadoria e Pensões dos Industriários.

Decreto-Lei n. 288, de 23 de fevereiro de 1938, criou o Instituto de Previdência e Assistência dos Servidores do Estado.

Decreto-Lei n. 651, de 26 de agosto de 1938, criou o Instituto de Aposentadorias e Pensões dos Empregados em Transportes e Cargas.

Decreto-Lei n. 1.355, de 19 de junho de 1939, criou o Instituto de Aposentadoria e Pensões dos Operários Estivadores.

A **Constituição de 1934** também é importante do ponto de vista histórico por ter previsto a **tríplice forma de custeio da previdência social**, mediante recursos oriundos do Poder Público, dos trabalhadores e das empresas. Também foi a primeira a utilizar o termo "previdência", ainda sem o complemento "social".

A **Constituição de 1937**, praticamente, em nada inovou. Porém, utilizou, pela primeira vez, o termo "**seguro social**" como sinônimo de previdência social.

A primeira Constituição brasileira que inseriu textualmente a expressão "**previdência social**", em substituição a "seguro social", foi a **de 1946**.

Em 1943, o Decreto-Lei n. 5.452, de 1º de maio, aprovou a Consolidação das Leis do Trabalho, elaborada pelo Ministério do Trabalho, Indústria e Comércio e que ordenou também o primeiro projeto de Consolidação das Leis de Previdência Social.

O Decreto n. 34.586, de 12 de novembro de 1953, criou a Caixa de Aposentadoria e Pensões dos Ferroviários e Empregados em Serviços Públicos, que ficou sendo a Caixa Única.

O Decreto n. 35.448, de 1º de maio de 1954, expediu o Regulamento Geral dos Institutos de Aposentadoria e Pensões.

Marco importante na sistematização legislativa foi a aprovação da **LOPS – Lei Orgânica da Previdência Social** (Lei n. 3.807/60), em 26 de agosto de 1960, que unificou a legislação referente aos Institutos de Aposentadorias e Pensões. O Decreto n. 48.959-A/60, aprovou o Regulamento Geral da Previdência Social.

Outro momento importante na evolução previdenciária brasileira se deu com a edição da Lei n. 4.214, de 2 de março de 1963, a qual criou o **Fundo de Assistência ao Trabalhador Rural (FUNRURAL)**.

Chega-se então à unificação dos IAPs. O Decreto-Lei n. 72, de 21 de novembro de 1966, reuniu os seis Institutos de Aposentadorias e Pensões no **Instituto Nacional de Previdência Social** – INPS. Portanto, em 1966 foi criado o INPS.

Em 1967, a Lei n. 5.316, de 14 de setembro, **integrou o seguro de acidentes do trabalho na Previdência Social**.

O Decreto-Lei n. 564, de 1º de maio de 1969, estendeu a Previdência Social ao trabalhador rural, especialmente aos empregados do setor agrário da agroindústria canavieira, mediante um plano básico, sendo que o Decreto-Lei n. 704, de 24 de julho de 1969, ampliou o plano básico de Previdência Social Rural. Ainda em relação ao meio rural, a Lei Complementar n. 11, de 25 de maio de 1971, institui o Programa de Assistência ao Trabalhador Rural – PRORURAL, em substituição ao plano básico de Previdência Social Rural.

A Lei n. 5.859, de 11 de dezembro de 1972, incluiu os empregados domésticos na Previdência Social.

Em 1977, merecem destaque as Leis n. 6.435 e 6.439. A primeira dispôs sobre as entidades de previdência privada. A segunda, por sua vez, instituiu o Sistema Nacional de Previdência e Assistência Social, que compreendia as seguintes entidades:

SINPAS:
- **IAPAS:** Instituto de Administração Financeira da Previdência e Assistência Social (responsável pela arrecadação e fiscalização das contribuições);
- **INAMPS:** Instituto Nacional de Assistência Médica da Previdência Social (responsável pela saúde);
- **INPS:** Instituto Nacional de Previdência Social (responsável pela concessão e fiscalização das prestações previdenciárias);
- **LBA:** Fundação Legião Brasileira de Assistência (responsável pela assistência social);
- **FUNABEM:** Fundação Nacional do Bem-Estar do Menor (responsável pela proteção dos menores);
- **CEME:** Central de Medicamentos (responsável pela distribuição de medicamentos);
- **DATAPREV:** Empresa de Tecnologia e Informações da Previdência Social – responsável pelo gerenciamento dos sistemas de dados previdenciários).

Enfim, foi promulgada a **Constituição Federal de 1988**, a primeira a reunir a previdência, a assistência social e a saúde em um único sistema de proteção social de caráter tridimensional: a **seguridade social**.

Frederico Amado[12], em interessante colação, enumera as principais conquistas sociais promovidas pela CF/88:

A saúde pública passou a ser universal, sem que fosse exigido o pagamento de contribuições específicas.

---

12 AMADO, Frederico. *Direito e processo previdenciário sistematizado*. Salvador: Juspodivm, 2011, p. 95.

Previsão do benefício assistencial ao idoso e ao deficiente hipossuficientes.

Determinação de que os benefícios previdenciários substitutivos não podem ser inferiores ao salário mínimo.

Redução do requisito etário em cinco anos para a aposentadoria por idade dos trabalhadores rurais, dos garimpeiros e dos pescadores artesanais.

Possibilidade de o homem ser beneficiário de pensão por morte, independentemente de seu estado de saúde.

Com o advento da Lei n. 8.029/90, criou-se o **Instituto Nacional do Seguro Social**, resultado da fusão do INPS (Instituto Nacional de Previdência Social) com o IAPAS (Instituto de Administração Financeira da Previdência e Assistência Social).

| INPS | + | IAPAS | = | INSS |

Com a promulgação da Lei n. 11.457, de 16 de março de 2007, consolida-se a função fiscal acerca das contribuições previdenciárias na Secretaria da Receita Federal do Brasil, deixando ao Instituto Nacional do Seguro Social a atribuição exclusiva de promover o reconhecimento de direito ao recebimento de benefícios administrados pela Previdência Social, assegurando agilidade, comodidade aos seus usuários e ampliação do controle social (conforme o Regimento do INSS aprovado pelo Decreto n. 7.556, de 24 de agosto de 2011, revogado posteriormente pelo Decreto n. 9.104, de 24 de julho de 2017, que aprovou a atual Estrutura Regimental do INSS).

Atualmente, questiona-se o papel do Estado na sociedade diante de uma economia globalizada e mais competitiva. Essa competitividade transparece de maneira mais sensível na economia e acaba pressionando os setores produtivos pela busca de uma reorganização que reduza os custos sociais da produção. Como existe um arcabouço protetivo gerado pela intervenção estatal nas relações sociais, as críticas se voltam para o Estado, mediante um discurso que atribui aos direitos sociais a responsabilidade pelos reduzidos índices de desenvolvimento da economia brasileira.

A solução apontada por alguns atores sociais é a redução dos direitos trabalhistas, a flexibilização das relações de trabalho, a precarização do trabalho humano e as reformas previdenciárias. Pelo neoliberalismo, o Estado deve ter dimensões mínimas.

A Previdência Social deve fornecer apenas as condições básicas de subsistência ao trabalhador, o qual deverá buscar por esforço próprio, por meio da previdência complementar, por exemplo, a manutenção de seu padrão de vida.

Embora a CF/88 tenha criado um sistema de seguridade social edificado sobre três subsistemas – saúde, previdência social e assistência social – a configuração protetiva original sofreu diversas modificações ao longo do tempo. Algumas, é verdade, ampliadoras de direitos e, portanto, positivas; contudo, não há dúvida de que a maior parte das alterações constitucionais provocou redução do nível de proteção social, sobretudo no âmbito do subsistema previdenciário (Emendas n. 20 e 41).

As críticas vertidas pelos defensores do "neoliberalismo" e as opções apresentadas para a reformulação de nosso Estado Social devem ser confrontadas com o modelo de *Welfare State* inaugurado pela CF/88, sob pena de violação do princípio da **vedação ao retrocesso social ou *effet cliquet***[13].

Logicamente não se está falando de um engessamento do Estado que o impeça de se adequar às conjunturas internas e externas, que impõem adequações orçamentárias indispensáveis para a viabilização dos interesses públicos. Trata-se, aqui, de outro importante princípio a ser considerado: o da "**reserva do possível**".

Mas o universo das ressalvas não se restringe às limitações orçamentárias atuais. É indispensável que o sistema também avalie cuidadosamente o contexto fático, ponderando outras variáveis fundamentais para o equilíbrio atuarial das contas públicas, tais como o crescimento vegetativo, o envelhecimento da população (aumento da expectativa de vida dos brasileiros) e o mercado informal de trabalho.

O embate entre a vedação ao retrocesso e a reserva do possível nos leva a afirmar que as mudanças adaptadoras não podem desvirtuar a vertente traçada pela

---

13 A vedação ao retrocesso social também pode ser reconhecida na expressão francesa *effet cliquet*. O efeito *cliquet* é uma expressão utilizada no alpinismo para representar o movimento de ascensão que só permite ao alpinista subir. Essa expressão já foi cobrada em concurso para o cargo de Procurador da República.

Constituição, desfigurando o Estado Social e Democrático de Direito construído e lastreado no Sistema de Seguridade Social.

Deve-se ponderar, ademais, que a aferição do grau de desenvolvimento de um Estado não deve limitar-se a uma análise estritamente quantitativa. O desenvolvimento precisa ser analisado também sob o aspecto qualitativo, afinal o crescimento econômico dissociado de justiça social não passa de uma quimera restrita a poucos em detrimento do bem-estar da maioria. Seria uma afronta direta ao texto da Constituição da República, mediante violação de normas de elevada carga axiológica, como as inseridas nos arts. 1º e 3º, que prescrevem os fundamentos e objetivos de nosso Estado Democrático.

O que é certo é que o sistema previdenciário pátrio ainda não está maduro. Certamente, outras reformas virão. Reparos normativos urgentes precisam ser feitos, a fim de selecionar melhor os beneficiários de proteção. Como justificar, por exemplo, o término da pensão para o filho universitário aos 21 anos? Por outro lado, como defender a manutenção vitalícia da pensão para a esposa que ficou viúva aos 20 anos?

1.4. EM RESUMO

A evolução do Estado Social no mundo
1601: Poor Relief Act (Lei dos Pobres) – Inglaterra. Lei de caráter assistencial.
1883: Instituição do seguro-doença por Otto von Bismarck – Alemanha. Considerado o marco da previdência social no mundo.
1917: Constituição Mexicana. Incluiu o seguro social no plano constitucional.
1919: Constituição de Weimar – Alemanha.
1942: Plano Beveridge – Inglaterra. Marca a estrutura moderna da seguridade social.

A evolução histórica da Previdência Social no Brasil
1824: A Constituição Imperial previu os "socorros públicos".
1923: A Lei Eloy Chaves (Decreto-Lei n. 4.682) criou as caixas de aposentadorias e pensões para os ferroviários, mantidas pelas empresas. Considerado o marco da Previdência Social no Brasil.
1934: A Constituição previu a tríplice forma de custeio, com contribuição do Poder Público, dos trabalhadores e das empresas.
1937: A Constituição utilizou, pela primeira vez, o termo "**seguro social**" como sinônimo de previdência social.
1946: A Constituição inseriu textualmente a expressão "**previdência social**", em substituição a "seguro social".
1977: Criação do SINPAS, integrando as áreas de saúde, assistência e previdência social.
1988: A Constituição Federal previu o sistema de seguridade social, de caráter tridimensional, visto que integrado por saúde, previdência e assistência social.
1990: Criação do INSS, a partir da fusão do IAPAS com o INPS.
1998: Emenda Constitucional n. 20.
2003: Emenda Constitucional n. 41.
2005: Emenda Constitucional n. 47.

QUESTÃO

1 **(ANALISTA DO SEGURO SOCIAL – DIREITO – FUNRIO – 2014) Questão 41**

Qual foi a primeira norma legal a instituir a previdência social no Brasil?

a) A Constituição de 1824.

b) A Constituição de 1946.

c) A Lei Áurea.

d) A Lei Orgânica da Previdência Social de 1960.

e) O Decreto Legislativo n. 4.682, de 24 de janeiro de 1923, conhecido como Lei Eloy Chaves.

GABARITO

1. E

CAPÍTULO 2

LEGISLAÇÃO PREVIDENCIÁRIA

2.1. CONCEITO E CONTEÚDO

A legislação previdenciária pode ser entendida de duas formas: em sentido amplo e em sentido estrito.

Em sentido estrito, a legislação restringe-se às normas derivadas do processo legislativo, ou seja, aquelas que podem inovar no ordenamento (emendas constitucionais, leis complementares, leis ordinárias, medidas provisórias, leis delegadas, decretos legislativos e resoluções das Casas Legislativas).

Em sentido amplo, significa todas as normas jurídicas que disciplinam as condutas humanas, abrangendo também as normas infralegais, como os regulamentos, as portarias, as instruções normativas, etc.

Observando o edital do concurso para o INSS, podemos concluir que o Instituto requer do candidato, além das principais leis que regem a matéria, o conhecimento dos principais decretos regulamentadores (Decreto n. 3.048/99 – que regulamenta as Leis 8.212/91 e 8.213/91 e o Decreto n. 6.214/2007 – que regulamenta ao benefício assistencial de prestação continuada de que trata a Lei n. 8.742/93).

Podemos dizer, de forma simples, que legislação previdenciária significa o conjunto de normas (legais e infralegais) que disciplinam a matéria previdenciária, abrangendo benefícios, custeio, processo administrativo previdenciário, etc.

Nesta medida, sobretudo para a atuação dos servidores do INSS (técnicos, analistas, médicos peritos, assistentes sociais, etc.), a legislação previdenciária deve ser entendida em seu sentido amplo, embora a centralidade das questões de concursos busque fundamento nas normas legais (Constituição, emendas constitucionais, leis complementares e ordinárias).

Considera-se legislação previdenciária o conjunto de normas que visam a organizar a seguridade social e, em especial, a previdência social.

Basicamente, o Direito Previdenciário é o ramo do direito que estuda as normas relativas ao custeio e à proteção da previdência social.

O benefício assistencial de prestação continuada, previsto no art. 203, V, da CF/88 e regulamentado na Lei n. 8.742/93, apesar de ser uma prestação da assistência social, possui relação de proximidade com o direito previdenciário, por ser concedido e fiscalizado pela Autarquia Previdenciária (INSS).

As demais normas da assistência social, assim como as normas específicas que regulam o SUS (sistema único de saúde), não integram o Direito Previdenciário.

2.2 AUTONOMIA DIDÁTICA

A doutrina tradicional considera um ramo do direito autônomo quando possui objeto, institutos, método e princípios próprios.

Logicamente, esta autonomia é didática e tem como objetivo facilitar o estudo e o entendimento de determinado ramo do Direito.

Antigamente, apresentava-se como uma extensão do Direito do Trabalho, ramo do Direito Privado. Atualmente, parece não haver dúvida de que se trata de um ramo do Direito Público, afinal o vínculo jurídico se estabelece com o Estado, seja na relação de custeio (contribuinte x Estado), seja na relação de proteção (beneficiário x Estado).

Diante de tal peculiaridade, cada vez mais, ganha força na doutrina o movimento que prega a autonomia didática do direito previdenciário.

Não poderia ser diferente. Na verdade, trata-se de uma disciplina de caráter multifário, apresentando, ao mesmo tempo, especificidades próprias e vínculos materiais outros ramos do direito.

Direito Previdenciário	Vínculo com outros ramos do direito
Teoria geral e benefícios previdenciários	Ramo específico do direito. Apresenta, eventualmente, alguma relação com o direito do trabalho.
Custeio da seguridade social	Direito tributário
Processo administrativo previdenciário (fiscal e de benefícios)	Direito administrativo e direito tributário
Previdência complementar (pública e privada)	Direito civil e direito administrativo
Crimes previdenciários	Direito penal
Processo judicial previdenciário e Juizados Especiais Federais	Processo civil
Benefício assistencial de prestação continuada	Ramo específico

Esta autonomia didática pode ser comprovada com o elevado número de obras doutrinárias versando sobre Direito Previdenciário, bem como a existência da disciplina em diversos cursos de direito, além, é claro, de sua cobrança em provas de concursos públicos.

2.3. FONTES

Falar de legislação previdenciária conduz a outro tema importante do Direito Previdenciário que se relaciona às suas fontes.

A doutrina em geral, quando aborda o tema fontes do direito, inicia o estudo apresentando o significado do vocábulo "fonte", que se refere à nascente de água. Fontes do direito, portanto, seriam, nesta concepção, a origem, o lugar de onde vem o direito.

As fontes do direito podem ser entendidas de duas maneiras: a origem da criação das normas jurídicas (fontes materiais) e a forma de expressão da norma, ou seja, a forma como o direito se manifesta (fontes formais).

As fontes materiais seriam os fatos (sociais, históricos, econômicos, demográficos etc.) que acontecem na sociedade que levam à produção da norma jurídica. Por exemplo, a mudança da expectativa de vida da sociedade combinado com a inexistência de idade mínima para aposentadoria por tempo de contribuição levaram à criação do fator previdenciário.

As fontes formais, também conhecidas como fontes de conhecimento, são as formas pelas quais o direito se manifesta.

No âmbito do Direito Previdenciário, ao lado das fontes formais primárias (legislação produzida pelo processo legislativo), existem as fontes formais secundárias, integradas pelos diversos atos normativos editados pelo Poder Executivo para regulamentar a legislação e disciplinar o exercício da função administrativa previdenciária.

⇨ **Fontes Primárias:**
– Constituição Federal
– Emendas Constitucionais
– Leis Complementares
– Leis Ordinárias
– Leis Delegadas
– Medidas Provisórias
– Decretos Legislativos
– Resoluções das Casas Legislativas do Congresso Nacional
– Tratados e Convenções Internacionais ratificados pelo Brasil

⇨ **Fontes Secundárias (exemplificativas):**
– Regulamentos editados pelo Poder Executivo
– Portarias Ministeriais
– Portarias da Presidência do INSS
– Ordens de Serviços
– Instruções Normativas
– Memorandos

Assim, podemos considerar como fontes formais secundárias do Direito Previdenciário o Decreto n. 3.048/99, a Instrução Normativa n. 77/2015, o Regimento Interno do Conselho de Recursos do Seguro Social, entre outros atos infralegais de natureza normativa.

Em síntese, podemos dizer que as principais normas de estudo do Direito Previdenciário são as seguintes:

a) Constituição Federal (arts. 193 a 204);

b) As Emendas Constitucionais versando sobre Direito Previdenciário (EC 20/98, 41/2003 e 47/2005);

c) Lei 8.213/91 (plano de benefícios da previdência social);

d) Lei 8.212/91 (plano de custeio da seguridade social);

e) Decreto 3.048/99 (regulamento da previdência social);

f) Lei 8.742/93 (especificamente o art. 20, que trata do benefício assistencial de prestação continuada);

g) Instrução Normativa do INSS 77/2015 e demais atos infralegais.

Para o concurso do INSS é importante ficar atento aos tratados e convenções internacionais versando sobre matéria previdenciária.

O art. 85-A da Lei n. 8.212/91 dispõe que os tratados, convenções e outros acordos internacionais de que Estado estrangeiro ou organismo internacional e o Brasil sejam partes, e que versem sobre matéria previdenciária, serão interpretados como lei especial.

O Brasil celebra diversos acordos bilaterais com outros Estados para regular matéria previdenciária, sobretudo as implicações de prestação de serviços de brasileiros no exterior e de estrangeiros em território nacional.

Assim, os motivos pelos quais o Brasil firma esses acordos internacionais com outros países podem ser: a) aumento do comércio exterior; b) recebimento de investimentos externos no Brasil; c) intenso fluxo migratório, sobretudo no passado; d) relações especiais de amizade com determinados países.

Os acordos internacionais em matéria previdenciária têm por objetivo principal garantir os direitos de seguridade social previstos nas legislações dos dois países aos respectivos trabalhadores e dependentes legais, residentes ou em trânsito no país. Estabelecem uma relação de prestação de benefícios previdenciários, não trazendo modificação da legislação vigente no país, cumprindo a cada Estado analisar os pedidos de benefícios apresentados e decidir quanto ao direito e condições, conforme sua própria legislação aplicável, e o respectivo Acordo firmado.

Outra questão importante em relação ao citado art. 85-A da Lei n. 8.212/91 se refere aos tratados internacionais ratificados pelo Brasil em matéria de seguridade social, como é o caso das Convenções da Organização Internacional do Trabalho (OIT).

O Brasil ratificou a Convenção n. 102 da OIT em 2009, após a aprovação pelo Congresso Nacional pelo Decreto Legislativo n. 269, de 2008. Esta Convenção da OIT, adotada em 1952, trata de Normas Mínimas para a Seguridade Social.

2.4. APLICAÇÃO DAS NORMAS PREVIDENCIÁRIAS

O tema aplicação das normas previdenciárias refere-se ao momento em que a própria norma passa a reger uma determinada situação fática.

Tecnicamente, a aplicação da norma previdenciária ocorre quando o antecedente normativo incide sobre o fato que ocorre no mundo real para regular as situações que se formam entre os sujeitos da relação previdenciária (de custeio ou de proteção).

Por exemplo, quando o segurado completa a idade de 65 anos e requerer ao INSS a concessão do benefício correspondente (aposentadoria por idade), a Autarquia irá analisar se o requerente preencheu todos os pressupostos legais e, em caso positivo, concederá a aposentadoria a que o cidadão tem direito.

Contudo, há situações em que pode haver dúvidas quanto à norma a ser aplicada no caso concreto, cabendo ao intérprete identificar a norma de regência.

Nos termos do art. 5º da Lei de Introdução às Normas do Direito Brasileiro (LINDB, antiga Lei de Introdução ao Código Civil – Decreto-Lei n. 4.657/42), na aplicação da lei, o juiz atenderá aos fins sociais a que ela se dirige e às exigências do bem comum.

a) VIGÊNCIA

A vigência está relacionada ao momento, no tempo e no espaço, em que a norma passa a ser obrigatória. Vigência é diferente de validade. Validade significa que a norma foi produzida sem vícios.

Não há diferença da vigência da lei previdenciária em relação às demais normas jurídicas. Assim, se aplica o disposto na Lei de Introdução às Normas do Direito Brasileiro. O art. 1º da LINDB dispõe que, salvo disposição contrária, a lei começa a vigorar em todo o país quarenta e cinco dias depois de oficialmente publicada.

Nos Estados estrangeiros, a obrigatoriedade da lei brasileira, quando admitida, se inicia três meses depois de oficialmente publicada.

Segundo o art. 8º da Lei Complementar n. 95/98, a vigência da lei será indicada de forma expressa e de modo a contemplar prazo razoável para que dela se tenha amplo conhecimento, reservada a cláusula "entra em vigor na data de sua publicação" para as leis de pequena repercussão.

O período compreendido entre a data da publicação até a sua entrada em vigor é denominado de *vacatio legis*. Durante o período de *vacatio legis*, a norma já ingressou no ordenamento jurídico, sendo, portanto, válida, mas ainda não possui vigência.

Podemos concluir que vigência é o período de tempo que vai do momento em que a norma entra em vigor até quando é revogada, ou transcorre o prazo estabelecido para a duração.

Assim dispõe o art. 2º da LINDB: não se destinando à vigência temporária, a lei terá vigor até que outra a modifique ou revogue.

b) HIERARQUIA

O sistema jurídico brasileiro apresenta-se hierarquizado, na medida em que a sua estrutura normativa tem encadeamento de validade a partir da Constituição da República.

Falar em sistema hierarquizado significa dizer que a norma inferior deve encontrar fundamento de validade na norma superior. Toda esta compatibilidade vertical encontra fundamento na norma de maior hierarquia no ordenamento jurídico, que é a Constituição Federal de 1988.

Assim, a Instrução Normativa n. 77/2015 editada pela Presidência do INSS deve ser compatível com o Decreto n. 3.048/99 editado pelo Presidente da República que, por sua vez, deve ser compatível com a Lei n. 8.213/91 adotada pelo Congresso Nacional e, finalmente, deve ter a sua validade lastreada na própria Constituição da República de 1988.

Não se deve esquecer que a Constituição Federal de 1988 é hierarquicamente superior a todas as normas do ordenamento jurídico, as quais devem ser plenamente compatíveis com o Texto Constitucional para serem válidas.

Para representar a hierarquia das normas, é comum se utilizar de uma representação gráfica, qual seja, uma pirâmide (ou triângulo) que comumente é denominada de pirâmide de Kelsen (em referência a Hans Kelsen).

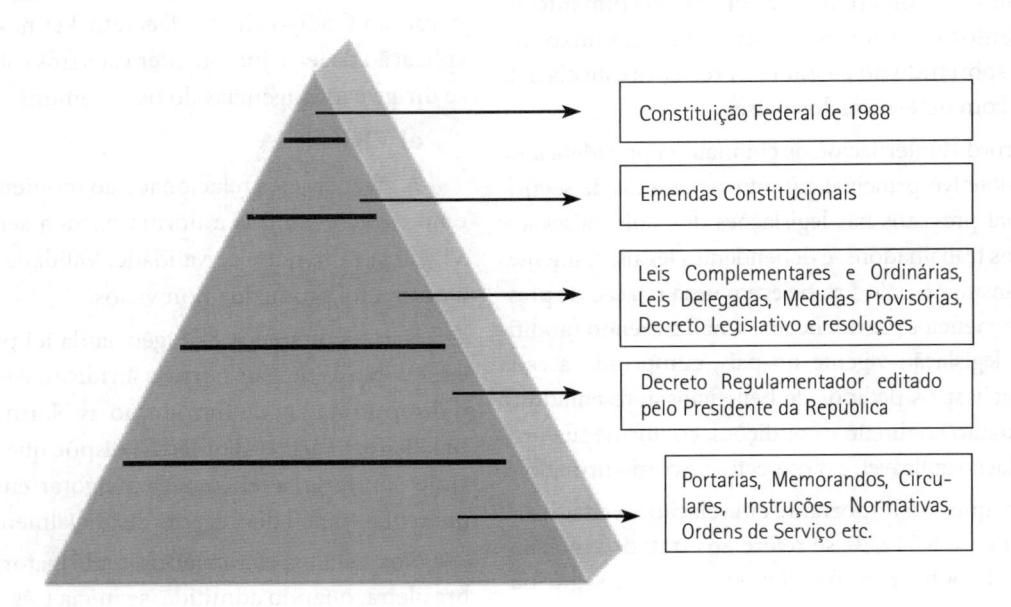

Questão importante em relação à hierarquia das normas se refere à posição que devem ocupar os tratados e convenções internacionais versando sobre matéria previdenciária.

Tradicionalmente, o Supremo Tribunal Federal entendia que os tratados internacionais (e convenções, que devem ser consideradas como sinônimo de tratados), qualquer que seja a matéria disciplinada na norma internacional, quando internalizada e integrada ao ordenamento jurídico brasileiro, passavam a ter *status* de lei ordinária federal.

A Emenda Constitucional n. 45, de 2004, introduziu no art. 5º da CRFB/88 o § 3º, com a seguinte redação: "os tratados e convenções internacionais sobre direitos humanos que forem aprovados, em cada Casa do Congresso Nacional, em dois turnos, por três quintos dos votos dos respectivos membros, serão equivalentes às emendas constitucionais".

Embora os tratados e convenções internacionais versando sobre matéria previdenciária possam ser considerados como normas de direitos humanos, para possuírem *status* de emenda constitucional precisam ser aprovados pelo *quorum* qualificado do art. 5º, § 3º, da CFB/88.

> ⇨ ATENÇÃO
>
> Alguns autores sustentavam, antes mesmo da promulgação da EC n. 45/2004, que os tratados internacionais que versassem sobre direitos humanos ingressavam no ordenamento brasileiro com o *status* de norma constitucional, com aplicação imediata ao ordenamento interno a partir de sua ratificação, diante da disposição constante do art. 5º, § 2º, da CRFB/88 (Os direitos e garantias expressos nesta Constituição não excluem outros decorrentes do regime e dos princípios por ela adotados, ou dos tratados internacionais em que a República Federativa do Brasil seja parte). Contudo, essa tese não foi a adotada no Supremo Tribunal Federal.
>
> Com a promulgação da EC n. 45/2004, foi introduzido no art. 5º da CRFB/88 o § 3º que dispõe que "os tratados e convenções internacionais sobre direitos humanos que forem aprovados, em cada Casa do Congresso Nacional, em dois turnos, por três quintos dos votos dos respectivos membros, serão equivalentes às emendas constitucionais".
>
> Assim, se aprovados com esse *quorum* qualificado, os tratados internacionais sobre direitos humanos ingressam no ordenamento nacional com *status* de emenda constitucional.
>
> Contudo, se um tratado internacional versando sobre direitos humanos for internalizado sem a aprovação qualificada, ingressará no ordenamento jurídico com *status* de norma supralegal e infraconstitucional (tese apresentada pelo Ministro Gilmar Mendes).

Até o presente momento (data de publicação da presente obra), somente um tratado sobre direitos humanos foi aprovado segundo o *quorum* qualificado estabelecido no art. 5º, § 3º, da Constituição da República de 1988. Trata-se da Convenção Internacional sobre os Direitos das Pessoas com Deficiência e seu Protocolo Facultativo, assinados em Nova York, em 30 de março de 2007 e promulgado pelo Decreto Presidencial n. 6.949, de 25 de agosto de 2009.

c) INTERPRETAÇÃO

A interpretação decorre da análise da norma jurídica feita pelo intérprete para revelar o seu significado, de forma a ser aplicada corretamente na tutela do bem jurídico disciplinado.

Interpretar significa descobrir o alcance e significado da norma jurídica visando à sua aplicação ao caso concreto.

Cabe destacar que toda norma jurídica, para ser aplicada, deve ser interpretada. Não há norma jurídica que não precise desta atividade intelectiva, que é a interpretação.

A doutrina enumera critérios de interpretação das normas jurídicas, sendo os principais os seguintes:

a) Quanto ao Método ou Meio

– **gramatical** ou **literal** ⇨ busca-se o sentido da norma verificando o sentido do texto (linguagem) empregado. Por este critério, identifica-se o sentido etimológico das palavras e o encadeamento sintático no dispositivo legal;

– **histórica** ⇨ analisa-se a evolução do instituto objeto da interpretação. Por este critério, é analisada a evolução histórica dos fatos que levaram o legislador a produzir a norma, bem como a adaptação da norma à evolução da sociedade;

– **lógica** ⇨ busca-se estabelecer o encadeamento lógico entre os textos legais a serem interpretados de forma a compatibilizá-los entre si;

– **teleológica** ou **finalística** ⇨ busca-se alcançar a finalidade que se pretende atingir com a norma jurídica interpretada;

– **sistemática** ⇨ busca-se analisar a norma no contexto mais amplo do ordenamento jurídico sistêmico, evitando a interpretação isolada da norma;

b) Quanto ao Alcance ou Resultado

– **extensiva** ou **ampliativa** ⇨ busca-se conferir à norma um sentido mais amplo do que aquele evidenciado pela leitura do texto legal interpretado;

– **restritiva** ou **limitativa** ⇨ busca-se conferir à norma um sentido mais restrito do que aquele evidenciado pela leitura do texto legal interpretado;

– **declarativa** ⇨ é aquela que corresponde ao reconhecimento da coincidência da interpretação com o espírito da norma;

c) Quanto ao Agente

– **autêntica** ⇨ é aquela realizada pelo próprio órgão que produziu a norma jurídica, o qual irá declinar o alcance da norma;

– **judicial** ⇨ é aquela feita pelo Poder Judiciário no exercício da função jurisdicional, ao aplicar a norma na solução dos conflitos que lhe são submetidos;

– **doutrinária** ⇨ é aquela realizada pela doutrina, ou seja, pelos estudiosos do direito, pelos autores de obras jurídicas, pelos professores na academia.

Não existe método interpretativo mais correto ou perfeito. Na atividade hermenêutica (de interpretação), o intérprete fará uso de pluralidade de métodos para alcançar o seu objetivo.

d) INTEGRAÇÃO

O vocábulo integrar tem o significado de completar. Não deve ser considerado que o ordenamento jurídico seja incompleto. Na verdade, a dinâmica da sociedade implica a impossibilidade de o legislador contemplar integralmente todas as hipóteses da vida em sociedade.

A integração se faz necessária na medida em que pode haver lacunas, que se revelam pela omissão do legislador, que requeiram a sua complementação.

As técnicas utilizadas para a integração são a analogia, os costumes, a utilização dos princípios gerais do direito e, quando autorizado, a equidade. Em relação à equidade, cabe destacar o disposto no art. 127 do Código de Processo Civil, segundo o qual, o juiz só decidirá por equidade nos casos previstos em lei

O art. 4º da LINDB dispõe que, quando a lei for omissa, o juiz decidirá o caso de acordo com a analogia, os costumes e os princípios gerais de direito.

QUESTÕES

1. (TÉCNICO DO SEGURO SOCIAL – 2012 – FCC) Em relação às fontes do direito previdenciário:

    a) o memorando é fonte primária.

    b) a orientação normativa é fonte primária.

    c) a instrução normativa é fonte secundária.

    d) a lei delegada é fonte secundária.

    e) a medida provisória é fonte secundária.

2. (TÉCNICO DO SEGURO SOCIAL – 2012 – FCC) A interpretação da legislação previdenciária deve observar

    a) o costume, quando mais favorável ao segurado.

    b) a Jurisprudência do Juizado Especial Federal.

    c) a analogia, quando mais favorável ao segurado.

    d) os princípios gerais de direito, na omissão legislativa.

    e) o princípio do *in dubio pro societate* em qualquer situação.

GABARITO

1. C
2. D

CAPÍTULO 3

A SEGURIDADE SOCIAL NA CF/88

3.1. NOÇÕES GERAIS

> **Qual(is) seria(m) a(s) diferença(s) entre as seguintes expressões?**
> Ordem social, seguridade social, previdência social, assistência social, saúde, seguro social e INSS.

Com o intuito de garantir o bem-estar e a justiça sociais para a sociedade, a Constituição Federal previu a intervenção ativa ou negativa do Poder Público (Estado) em diversas áreas, que acabaram reunidas sob o título **ordem social**.

Segundo Uadi Lammêgo Bulos, ordem social é o conjunto de preceitos constitucionais que implementam os direitos previstos no art. 6º da Constituição da República, harmonizando-os com o princípio da ordem econômica[14]. Essa harmonização é necessária, pois os valores sociais do trabalho e da livre-iniciativa, ao lado da dignidade da pessoa humana, configuram-se como fundamentos da República Federativa do Brasil (art. 1º, incisos III e IV).

```
              ┌ Seguridade Social*
              │ Educação, cultura e desporto
              │ Ciência e tecnologia
   Ordem      │ Comunicação social
   Social     │ Meio ambiente
              │ Da Família, da Criança, do Adolescente,
              │ do Jovem e do Idoso
              └ Índios
```

Seguridade Social *Intervenção ativa*	Educação, cultura e desporto *Intervenção ativa*
Art. 194. A seguridade social compreende um conjunto integrado de ações de **iniciativa** dos Poderes Públicos e da sociedade, destinadas a assegurar os direitos relativos à saúde, à previdência e à assistência social.	Art. 205. A educação, direito de todos e **dever do Estado** e da família, será promovida e incentivada com a colaboração da sociedade, visando ao pleno desenvolvimento da pessoa, seu preparo para o exercício da cidadania e sua qualificação para o trabalho. Art. 215. **O Estado garantirá** a todos o pleno exercício dos direitos culturais e acesso às fontes da cultura nacional, e apoiará e incentivará a valorização e a difusão das manifestações culturais. Art. 217. É **dever do Estado** fomentar práticas desportivas formais e não formais, como direito de cada um, observados:
Ciência e tecnologia *Intervenção ativa*	**Comunicação social** *Intervenção negativa*
Art. 218. **O Estado promoverá e incentivará** o desenvolvimento científico, a pesquisa e a capacitação tecnológicas.	Art. 220. A manifestação do pensamento, a criação, a expressão e a informação, sob qualquer forma, processo ou veículo **não sofrerão qualquer restrição**, observado o disposto nesta Constituição.
Meio ambiente *Intervenção ativa*	**Da Família, da Criança, do Adolescente, do Jovem e do Idoso** *Intervenção ativa*
Art. 225. Todos têm direito ao meio ambiente ecologicamente equilibrado, bem de uso comum do povo e essencial à sadia qualidade de vida, **impondo-se ao Poder Público** e à coletividade o dever de defendê-lo e preservá-lo para as presentes e futuras gerações.	Art. 226. A família, base da sociedade, **tem especial proteção do Estado**.
Índios Art. 231. São reconhecidos aos índios sua organização social, costumes, línguas, crenças e tradições, e os direitos originários sobre as terras que tradicionalmente ocupam, **competindo à União demarcá-las, proteger e fazer respeitar todos os seus bens**.	

---

14 BULOS, Uadi Lammêgo. *Direito constitucional ao alcance de todos*. São Paulo: Saraiva, 2009, p. 575.

A **seguridade social**, parte integrante da ordem social, **compreende um conjunto integrado de ações** de iniciativa dos Poderes Públicos e da sociedade, destinadas a assegurar os direitos relativos à **saúde**, à **previdência** e à **assistência social** (art. 194 da CF/88). Portanto, conclui-se que a seguridade social é um sistema de proteção social composto de três subsistemas: previdência, assistência social e saúde.

Seguridade Social → Conjunto integrado de ações de iniciativa [Poderes Públicos / Sociedade] — Destinadas a assegurar os direitos relativos à saúde, à previdência e à assistência social.

Seguridade Social: Previdência social / Assistência social / Saúde

Atenção! A educação NÃO integra a seguridade social! Para confundir o candidato, várias questões de concurso incluem a educação como parte integrante da seguridade social.

Dentre os três subsistemas da Seguridade Social, a Previdência Social é o único cuja proteção está condicionada ao pagamento de contribuição[15] direta por parte do beneficiário. Isso não significa que a assistência social e a saúde não sejam financiadas por contribuições sociais. Muito pelo contrário, logo adiante veremos que diversas contribuições financiam o sistema de seguridade social. Quer-se dizer apenas que, ao contrário da Previdência Social (em que, *a priori*, apenas o contribuinte institui benefícios e serviços previdenciários), o direito à saúde e à assistência social independe de contribuição direta do indivíduo que busca o atendimento.

Previdência social
Caráter contributivo

Art. 201. A previdência social será organizada sob a forma de regime geral, **de caráter contributivo** e de filiação obrigatória, observados critérios que preservem o equilíbrio financeiro e atuarial, e atenderá, nos termos da lei, a: (...)

Assistência social
Caráter NÃO contributivo

Art. 203. A assistência social será prestada a quem dela necessitar, **independentemente de contribuição à seguridade social**, e tem por objetivos:

Saúde
Caráter NÃO contributivo

Art. 196. A saúde é **direito de todos** e dever do Estado, garantido mediante políticas sociais e econômicas que visem à redução do risco de doença e de outros agravos e **ao acesso universal** e igualitário às ações e serviços para sua promoção, proteção e recuperação.

João sofre de deficiência física. É miserável e nunca efetuou o pagamento de uma contribuição social.

Mesmo sem ter contribuído, João terá direito à saúde? **Sim (art. 196 da CF/88)**.

Mesmo sem ter contribuído, João terá direito à assistência social? **Sim (art. 203, V, da CF/88)**.

Mesmo sem ter contribuído, João terá direito à previdência social? **Não (art. 201)**.

Falemos sobre o **seguro social**. Para entender o seu conceito, é preciso compará-lo com o seguro privado. Imaginemos, então, que um sujeito pretenda contratar um seguro para o seu automóvel. Para garantir a cobertura diante de determinados eventos infortunísticos (p. ex., furto, roubo, incêndio e abalroamento), ele deverá efetuar o pagamento de determinado montante (chamado de prêmio[16]) para a seguradora.

O seguro social é muito semelhante ao seguro privado. A lógica da relação é praticamente a mesma. Para garantir a cobertura em face de determinados eventos sociais (morte, invalidez, doença, maternidade, idade avançada etc.), o sujeito deve efetuar o pagamento de um montante (chamado de contribuição previdenciária) ao Regime Geral de Previdência Social (RGPS).

Finalmente, o **INSS** é a Autarquia Federal com sede em Brasília, Distrito Federal, instituída com fundamento no disposto no art. 17 da Lei n. 8.029, de 12 de abril de 1990, estando atualmente vinculada ao Ministério do Desenvolvimento Social (art. 1º do Regimento Interno do INSS, aprovado pela Portaria MDS n. 414, de 28 de setembro de 2017). Criado em 1990 pela Lei n. 8.029/90, resultou da fusão do INPS (Instituto Nacional de Previdência Social) com o IAPAS (Instituto de Administração Financeira da Previdência e Assistência Social).

INPS + IAPAS = INSS

---

[15] Fala-se de contribuição como espécie do gênero tributo.

[16] O prêmio consiste no valor que o sujeito paga para garantir a cobertura do bem.

3.2. OBJETIVOS (PRINCÍPIOS) CONSTITUCIONAIS DA SEGURIDADE SOCIAL

De acordo com o parágrafo único do art. 194 da CF/88, compete ao Poder Público, nos termos da lei, organizar a seguridade social, com base nos seguintes **objetivos (ou princípios)**:

I – universalidade da cobertura e do atendimento;

II – uniformidade e equivalência dos benefícios e serviços às populações urbanas e rurais;

III – seletividade e distributividade na prestação dos benefícios e serviços;

IV – irredutibilidade do valor dos benefícios;

V – equidade na forma de participação no custeio;

VI – diversidade da base de financiamento;

VII – caráter democrático e descentralizado da administração, mediante gestão quadripartite, com participação dos trabalhadores, dos empregadores, dos aposentados e do Governo nos órgãos colegiados.

Atenção! É muito importante que o candidato lembre esses objetivos!

3.2.1. Universalidade da cobertura e do atendimento

A meta da Seguridade Social é garantir a proteção universal. Do ponto de vista objetivo (**universalidade da cobertura**), deve-se garantir amparo ao indivíduo em face de toda e qualquer situação de vida que provoque um estado de necessidade (contingência social). Exemplo: a doença incapacitante e a maternidade impossibilitam o exercício de atividade remunerada durante determinado período. Logo, devem ser protegidas pela Seguridade Social.

A **universalidade do atendimento**, por sua vez, é a dimensão subjetiva da universalidade já que se refere aos titulares do direito à proteção. Afinal, quais indivíduos têm direito à proteção da Seguridade Social? Para a melhor doutrina[17], o sistema deve proteger todas as pessoas residentes no território nacional, sem qualquer discriminação.

Universalidade
- **Cobertura: Em razão de quê** o sistema deve proteger? Em razão da ocorrência de toda e qualquer situação de vida que conduza a um estado de necessidade.
- **Atendimento: quem** o sistema deve proteger? Todas as pessoas.

Dúvida: como compatibilizar a universalidade da cobertura e do atendimento com a previdência social (subsistema de caráter contributivo)?

É indispensável adequar os objetivos da Seguridade Social às peculiaridades de cada um de seus subsistemas. De um lado, é certo que o art. 194 da CF/88 prevê a universalidade do atendimento como objetivo da Seguridade Social. De outro lado, também é certo que o art. 201 da CF/88 expressamente dispõe sobre o **caráter contributivo** da previdência social.

Assim, diante da exigência de contribuição do beneficiário, não se pode dizer que todas as pessoas têm direito à previdência social. A regra é que apenas o **contribuinte** pode gerar proteção previdenciária. Sem embargo, deve-se ponderar que o acesso à Previdência Social é universal, no sentido de que todas as pessoas que quiserem podem filiar-se ao sistema previdenciário. Ou seja, qualquer pessoa que queira contribuir, poderá fazê-lo, sem qualquer restrição de acesso (**princípio da universalidade de participação nos planos previdenciários** – art. 2º, I, da Lei n. 8.213/91).

Saliente-se que a universalidade de acesso à Previdência Social somente foi viabilizada após a previsão normativa do **segurado facultativo**. A partir de então, para se filiar ao sistema previdenciário, o indivíduo não precisa estar exercendo atividade remunerada, fato que era necessário com base na legislação anterior. Atualmente, qualquer pessoa física, com mais de dezesseis anos[18], se quiser, pode aderir ao Regime Geral de Previdência Social.

---

17 Nesse sentido: Wagner Balera (BALERA, Wagner. *Noções preliminares de direito previdenciário*. São Paulo: Quartier Latin, 2010, p. 106), Fábio Zambitte Ibrahim (IBRAHIM, Fábio Zambitte. *Curso de direito previdenciário*. Niterói: Impetus, 2011, p. 66). Eduardo Rocha Dias e José Leandro Monteiro de Macêdo (DIAS, Eduardo Rocha; MACÊDO, José Leandro Monteiro de.

Curso de direito previdenciário. São Paulo: Método, 2010, p. 96).
18 O menor aprendiz poderá filiar-se a partir dos 14 anos como segurado obrigatório.

Seguridade Social	Previdência Social
Art. 194. (...) Parágrafo único. Compete ao Poder Público, nos termos da lei, organizar a seguridade social, com base nos seguintes objetivos: I – **universalidade da cobertura e do atendimento;**	Art. 201. A previdência social será organizada sob a forma de regime geral, **de caráter contributivo** e de filiação obrigatória, observados critérios que preservem o equilíbrio financeiro e atuarial, e atenderá, nos termos da lei, a:

↓

REGRA: **apenas o contribuinte** poderá beneficiar-se da previdência social.

↓

Para ser contribuinte da previdência social, não é necessário que o indivíduo esteja trabalhando. Com a previsão do **segurado facultativo**, qualquer pessoa com mais de dezesseis anos pode filiar-se à previdência social.

Outra questão interessante consiste em saber se a universalidade do atendimento viabiliza a proteção ao **estrangeiro**. Em relação à previdência social, se o estrangeiro residente no Brasil estiver contribuindo, obviamente, ele poderá tornar-se beneficiário do RGPS. Quanto à saúde, o Estado sempre deve garantir o atendimento primário emergencial. No final das contas, a dúvida recai sobre a assistência social. Será que o estrangeiro tem direito à bolsa-família e ao benefício assistencial de prestação continuada (art. 203, V, da CF/88)? A questão foi apreciada pelo **STF** (RE 587.970 – repercussão geral admitida)[19], que fixou a seguinte tese: "Os estrangeiros residentes no País são beneficiários da assistência social prevista no artigo 203, inciso V, da Constituição Federal, uma vez atendidos os requisitos constitucionais e legais"[20].

3.2.2. Seletividade e distributividade na prestação dos benefícios e serviços

Um dos objetivos constitucionais da Seguridade Social é a universalização da proteção (proteger todas as pessoas em face de qualquer contingência social). Entretanto, partindo da premissa de que todo direito tem o seu custo, o Estado está limitado em seu agir, mesmo em se tratando de um segmento normativo tão indispensável, como é a seguridade social. Vale dizer, o Estado não dispõe de recursos orçamentários para garantir a proteção universal. Trata-se da **reserva do possível**.

Diante dessa limitação financeira, é imprescindível **selecionar** as prioridades e estabelecer os critérios de escolha[21]. É exatamente nesse contexto em que se insere o princípio da **seletividade e distributividade na prestação dos benefícios e serviços**. Como no estágio atual da sociedade, o Estado brasileiro não possui suporte financeiro suficiente para universalizar a proteção, é imprescindível selecionar as prioridades, ou seja, escolher as situações de vida que provoquem maior estado de necessidade.

Nesse contexto, é importante salientar que a própria Constituição Federal selecionou algumas contingências sociais. Somente a título de exemplo, podemos citar a doença (art. 201, I, e art. 196), a invalidez (art. 201, I, e art. 196), a morte (art. 201, I), a idade avançada (art. 201, I) e deficiência (art. 203, V, e art. 196). Evidentemente, a seleção constitucional não inviabiliza que novas contingências sejam escolhidas pelo legislador ordinário, até porque a meta é a universalização da proteção. Porém, conforme veremos adiante, a expansão da cobertura da Seguridade Social, através da criação de novas prestações (benefícios e serviços), está condicionada à discriminação da prévia fonte de custeio, por força do princípio da preexistência de custeio, previsto no art. 195, § 5º, da CF/88.

Porém, as escolhas não incidem apenas sobre as situações de vida. Os titulares do direito também precisam ser selecionados. A ideia é simples: nem todas as pessoas com idade avançada têm direito à aposentadoria por idade; nem todas as pessoas que falecem instituem a pensão por morte. Portanto, cabe à legislação definir não apenas as contingências sociais (situações de vida), mas também os beneficiários (quem efetivamente terá direito ao amparo do sistema de seguridade social).

É claro que as escolhas normativas precisam ser feitas à luz de um critério de justiça social). Esse critério, que é a **distributividade, impõe que as** escolhas legislativas sejam feitas de modo que a proteção estatal contemple de maneira mais abrangente as pessoas ne-

---

19 **STF:** "(...) Possui repercussão geral a controvérsia sobre a possibilidade de conceder a estrangeiros residentes no país o benefício assistencial previsto no artigo 203, inciso V, da Carta da República" (RE 587970 RG, Rel. Min. Marco Aurélio, julgado em 25-6-2009).

20 Essa decisão transitou em julgado em 12 de outubro de 2017.

21 LEITÃO, André Studart. *Teoria geral da filiação previdenciária*. São Paulo: Conceito Editorial, 2012, p. 27-32.

cessitadas. **Seleciona-se** para **distribuir** prestações àqueles que necessitem de proteção.

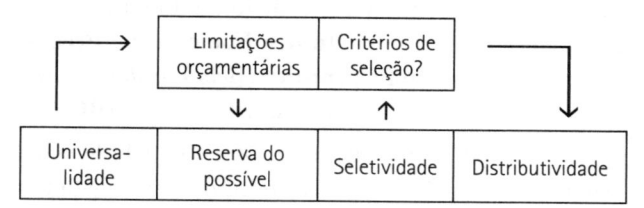

```
         ┌─────────────┬─────────────┐
    ┌───→│ Limitações  │ Critérios de│
    │    │orçamentárias│  seleção?   │
    │    └──────┬──────┴──────┬──────┘
    │           ↓             ↑
    ↓           
┌─────────┬──────────┬────────────┬──────────────┐
│Universa-│Reserva do│Seletividade│Distributividade│
│ lidade  │ possível │            │               │
└─────────┴──────────┴────────────┴──────────────┘
```

3.2.3. Uniformidade e equivalência dos benefícios e serviços às populações urbanas e rurais

Depois da promulgação da CF/88, garantiu-se a isonomia entre os trabalhadores, independentemente do local onde eles exercem atividade (**se no campo ou na cidade**).

Uniformidade significa igual rol de prestações, ou seja, os benefícios e serviços garantidos aos trabalhadores urbanos devem também ser garantidos aos rurícolas. Já a equivalência impõe a aplicação da mesma sistemática de cálculo dos benefícios previdenciários devidos aos trabalhadores urbanos e rurais.

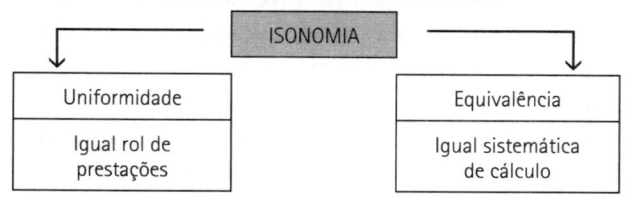

```
                    ISONOMIA
        ┌──────────────┴──────────────┐
        ↓                             ↓
  ┌──────────────┐            ┌──────────────┐
  │Uniformidade  │            │ Equivalência │
  ├──────────────┤            ├──────────────┤
  │Igual rol de  │            │Igual sistemá-│
  │ prestações   │            │tica de cálculo│
  └──────────────┘            └──────────────┘
```

É preciso chamar a atenção para uma das modalidades de segurado obrigatório: o **segurado especial** (art. 11, VII, da Lei n. 8.213/91). Basicamente, trata-se do pequeno trabalhador rural e do pescador artesanal. Qual seria a sua peculiaridade? É que o segurado especial não faz jus a todos os benefícios previdenciários, nos termos do art. 39, I e parágrafo único e art. 18, § 1º, todos da Lei n. 8.213/91. Por exemplo, o segurado especial, em regra, não tem direito à aposentadoria por tempo de contribuição.

A priori, pode-se pensar que essa restrição protetiva decorre do exercício de atividade rurícola. Mas não é o caso. A **restrição protetiva do segurado especial justifica-se por sua sistemática peculiar de tributação**. Enquanto os demais segurados efetuam recolhimentos mensais sobre o salário de contribuição[22], o segurado especial apenas contribui se comercializar a produção (ou o resultado da pesca), nos termos do art. 195, § 8º, da CF/88[23]. Portanto, a contribuição do segurado especial, de caráter sazonal, acaba sendo inferior à dos outros segurados, o que justifica a proteção previdenciária diferenciada, afinal os desiguais precisam ser tratados desigualmente.

Porém, é bom lembrar que, se o segurado especial optar por contribuir facultativamente, de forma idêntica aos demais segurados, a legislação garante-lhe a mesma cobertura previdenciária (art. 39, II, da Lei n. 8.213/91). Nesse sentido, dispõe a **Súmula n. 272 do STJ**: "O trabalhador rural, na condição de segurado especial, sujeito à contribuição obrigatória sobre a produção rural comercializada, somente faz jus à aposentadoria por tempo de serviço, se recolher contribuições facultativas".

Segurado especial *cobertura básica*	Segurado especial que contribua facultativamente
Art. 39, I: aposentadoria por idade ou por invalidez, de auxílio-doença, de auxílio-reclusão ou de pensão, e de auxílio-acidente.	Art. 39. Para os segurados especiais (...) fica garantida a concessão:
Art. 39, parágrafo único: salário-maternidade.	II – dos benefícios especificados nesta Lei, (...) **desde que contribuam facultativamente para a Previdência Social** (...).
Art. 18, § 1º: auxílio-acidente.	

Por outro lado, deve-se ponderar que **a própria CF/88 prevê um tratamento diferenciado entre trabalhadores urbanos e trabalhadores rurais**. Com efeito, o art. 201, § 7º, II, da CF/88 dispõe que os trabalhadores rurais de ambos os sexos (além do garimpeiro e do pescador artesanal) terão direito à aposentadoria por idade com 60 anos, se homem, e 55 anos, se mulher. Ou seja, a idade necessária para essa modalidade de aposentadoria é reduzida em cinco anos. Essa redução etária decorre do fato de o trabalhador rural exercer a sua atividade em condições penosas, ficando exposto ao sol e à chuva e a outras adversidades próprias do trabalho campesino.

---

22 Base de cálculo da contribuição dos segurados (à exceção do segurado especial, que contribui sobre a receita decorrente da comercialização da produção) e do empregador doméstico.

23 Art. 195, § 8º: "O produtor, o parceiro, o meeiro e o arrendatário rurais e o pescador artesanal, bem como os respectivos cônjuges, que exerçam suas atividades em regime de economia familiar, sem empregados permanentes, contribuirão para a seguridade social mediante a aplicação de uma alíquota sobre o resultado da comercialização da produção e farão jus aos benefícios nos termos da lei".

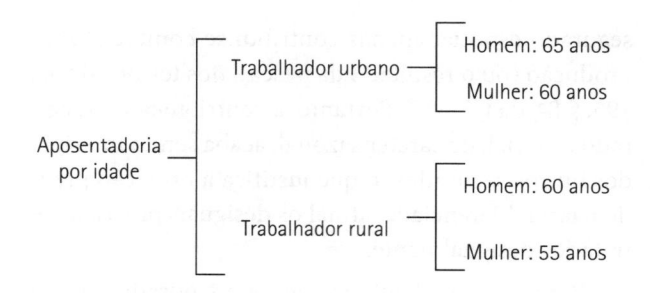

Aposentadoria por idade
- Trabalhador urbano
  - Homem: 65 anos
  - Mulher: 60 anos
- Trabalhador rural
  - Homem: 60 anos
  - Mulher: 55 anos

3.2.4. Irredutibilidade do valor dos benefícios

As prestações previdenciárias classificam-se em serviços e benefícios. Enquanto estes, em vista do caráter pecuniário, estão vinculados a uma obrigação de pagar, aqueles estão vinculados exclusivamente a uma obrigação de fazer. Portanto, se apenas o benefício é passível (em tese) de redução, a ideia de irredutibilidade somente se aplica a essa espécie de prestação, afinal não há como reduzir um serviço do ponto de vista pecuniário.

Prestação
- Benefício: obrigação de pagar
- Serviço: obrigação de fazer

Atenção! Não existe o princípio da irredutibilidade do valor dos **serviços**.

Diante do princípio da irredutibilidade, o benefício não pode ser reduzido em seu valor monetário. Assim, se um segurado estava recebendo em 2013 um benefício previdenciário de R$ 2.000,00, no ano seguinte, ele não poderia receber quantia inferior a esse montante.

Dúvida: poderia o beneficiário receber o mesmo montante, sem qualquer reajuste, durante vários anos? Vários autores defendem que o princípio em comento também abrange a impossibilidade de redução do valor real do benefício, como forma de assegurar o seu respectivo poder de compra, protegendo-o da perda inflacionária[24].

Ainda é importante ressaltar que o **índice de reajuste do benefício previdenciário não está atrelado à variação do salário mínimo**. Com efeito, segundo o art. 41-A da Lei n. 8.213/91, o valor dos benefícios em manutenção será reajustado, anualmente, na mesma data do reajuste do salário mínimo, *pro rata*, de acordo com suas respectivas datas de início ou do último reajustamento, com base no **Índice Nacional de Preços ao Consumidor – INPC, apurado pela Fundação Instituto Brasileiro de Geografia e Estatística – IBGE**.

Não custa lembrar que o art. 7º, IV, da CF/88 veda qualquer vinculação do salário mínimo para qualquer fim. Destarte, alguém que se tenha aposentado com rendimento de dois salários mínimos não tem direito adquirido à manutenção dessa equivalência.

3.2.5. Diversidade da base de financiamento

A Constituição de 1934 previu a tríplice fonte de custeio, mediante contribuição igual dos trabalhadores, das empresas e do Governo (conforme dispunha o seu art. 121, § 1º, h^{25}). A normatização atual é diferente. Em primeiro lugar, a CF/88 prevê a contribuição do importador e a contribuição sobre a receita de concursos de prognósticos (antigamente não previstas), tornando o financiamento do sistema ainda mais diversificado. Ademais, ao contrário do que previa a Constituição de 1934, o art. 195 da CF/88 não prevê nenhuma contribuição devida pelo Governo na condição de sujeito passivo. Mas cuidado! Isso não significa que o Governo não financia a seguridade social. Ele participa do financiamento de três formas, porém nenhuma delas resulta de contribuição paga diretamente na condição de sujeito passivo tributário.

Formas de financiamento do sistema de seguridade social pelo Governo

Governo
- 1ª) Na condição de empregador (art. 195, I, da CF/88).
- 2ª) Por força de sua responsabilidade legal por eventuais insuficiências financeiras da seguridade social (art. 16, parágrafo único, da Lei n. 8.212/91).
- 3ª) Através do financiamento indireto (art. 195 da CF/88 e art. 16 da Lei n. 8.212/91) – examinado logo adiante.

---

[24] Nesse sentido, Wagner Balera (in BALERA, Wagner. *Noções preliminares de direito previdenciário*. São Paulo: Quartier Latin, 2010, p. 114-116), Miguel Horvath Júnior (in JÚNIOR, Miguel Horvath. *Direito previdenciário*. São Paulo: Quartier Latin, 2008, p. 88), Fábio Zambitte Ibrahim (IBRAHIM, Fábio Zambitte. *Curso de direito previdenciário*. Niterói: Impetus, 2010, p. 68-70), além de outros.

[25] Constituição de 1934: "Art. 121. (...) § 1º A legislação do trabalho observará os seguintes preceitos, além de outros que colimem melhorar as condições do trabalhador: (...) h) assistência médica e sanitária ao trabalhador e à gestante, assegurando a esta descanso antes e depois do parto, sem prejuízo do salário e do emprego, e instituição de previdência, mediante contribuição igual da União, do empregador e do empregado, a favor da velhice, da invalidez, da maternidade e nos casos de acidentes de trabalho ou de morte;".

Examinada a participação do Governo no custeio do sistema, resta examinar o conteúdo do princípio da diversidade da base de financiamento.

O princípio da diversidade da base de financiamento possui duplo significado: a **diversidade subjetiva** e a **diversidade objetiva**. O primeiro significa que o sistema é suportado, do ponto de vista financeiro, por mais de um sujeito, ou seja, várias pessoas contribuem para o sistema de seguridade social. Pelo segundo, pode-se dizer que vários fatos dão ensejo à incidência da contribuição.

Diversidade da base de financiamento
- **Subjetiva:** vários sujeitos financiam o sistema de seguridade social.
- **Objetiva:** vários fatos geram a incidência da contribuição.

Art. 195. A seguridade social será financiada por toda a sociedade, de forma direta e indireta, nos termos da lei, mediante recursos provenientes dos orçamentos da União, dos Estados, do Distrito Federal e dos Municípios, e das seguintes contribuições sociais:	
I – do empregador, da empresa e da entidade a ela equiparada na forma da lei, incidentes sobre: a) a folha de salários e demais rendimentos do trabalho pagos ou creditados, a qualquer título, à pessoa física que lhe preste serviço, mesmo sem vínculo empregatício; b) a receita ou o faturamento; c) o lucro;	**PRIMEIRO SUJEITO: empregador** *Fato gerador: ter folha de remuneração* *Fato gerador: ter receita* *Fato gerador: ter lucro*
II – do trabalhador e dos demais segurados da previdência social, não incidindo contribuição sobre aposentadoria e pensão concedidas pelo regime geral de previdência social de que trata o art. 201;	**SEGUNDO SUJEITO: segurados** *Fato gerador: exercer atividade remunerada*
III – sobre a receita de concursos de prognósticos;	**TERCEIRO SUJEITO: administrador de concurso de prognóstico** *Fato gerador: realização de concursos de sorteios de números, loterias, apostas, inclusive as realizadas em reuniões hípicas*
IV – do importador de bens ou serviços do exterior, ou de quem a lei a ele equiparar.	**QUARTO SUJEITO: Importador** *Fato gerador: importar bens ou serviços do exterior*

Após a promulgação da Emenda Constitucional n. 42/2003, o princípio da diversidade da base de financiamento acabou sendo mitigado pela regra prevista no art. 195, § 13, da CF/88, que prevê a possibilidade de **substituição gradual, total ou parcial, da contribuição incidente na forma do inciso I, *a* (contribuição sobre a folha), pela incidente sobre a receita ou o faturamento.**

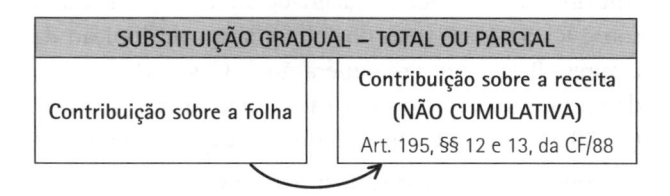

SUBSTITUIÇÃO GRADUAL – TOTAL OU PARCIAL	
Contribuição sobre a folha	Contribuição sobre a receita (NÃO CUMULATIVA) Art. 195, §§ 12 e 13, da CF/88

O motivo por que a Emenda Constitucional n. 42/2003 previu a possibilidade de substituição da contribuição sobre a folha pela contribuição sobre a receita é simples: a contribuição sobre a folha (art. 195, I, *a*, da CF/88) onera ainda mais a mão de obra, diferentemente da contribuição sobre a receita. Assim, dependendo das condições econômicas do país, poderá ser necessário **desonerar a mão de obra** com o intuito de reduzir a taxa de desemprego. Observe-se que essa substituição não provocará perda de arrecadação, afinal a eventual extinção da contribuição sobre a folha será compensada com a majoração da contribuição sobre a receita.

3.2.6. Equidade na forma de participação no custeio

Sendo a seguridade social um sistema de proteção que visa ao bem-estar e justiça sociais, é fundamental que a divisão de seus encargos seja equânime, justa. Para que isso aconteça, devem ser observadas duas máximas, quais sejam: 1ª) a capacidade contributiva; e 2ª) o risco social.

Equidade na forma de participação do custeio
- Capacidade contributiva
- Risco social

A – Capacidade contributiva

Quanto maior a capacidade econômica do contribuinte, maior deve ser a sua contribuição. Com base nesse raciocínio, há três formas de tributação diferenciada: a) empresas × segurados; b) segurados × segurados; c) empresas × empresas.

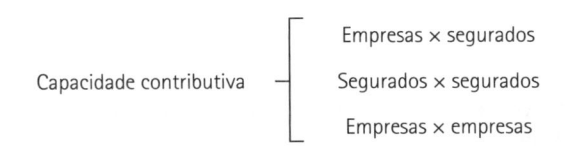

Capacidade contributiva
- Empresas × segurados
- Segurados × segurados
- Empresas × empresas

Empresas × segurados: a maioria das contribuições sociais previstas no art. 195 da CF/88 recai sobre as empresas, e não sobre os segurados. Ademais, enquanto a contribuição do segurado incide sobre um valor máximo (chamado de teto, fixado em R$ 5.645,80 para o ano de 2018), a contribuição da empresa não sofre limitação. Exemplo: Caio é empregado da empresa Beta e tem uma remuneração de R$ 20.000,00. Nesse caso, a contribuição de Caio, na qualidade de segurado, incidirá sobre R$ 5.645,80 (teto do INSS); já a contribuição da empresa Beta sobre a remuneração de Caio (art. 195, I, *a*, da CF/88) incidirá sobre o valor total da remuneração (R$ 20.000,00), independentemente de qualquer limite.

Segurados × segurados: nem todos os segurados possuem a mesma capacidade econômica. Exatamente por isso, é razoável que a contribuição de alguns segurados (empregados, avulsos e domésticos) incida de forma progressiva. Trata-se da **progressividade**: quanto maior a base de cálculo do tributo, maior é a alíquota. Ressalte-se que a incidência da alíquota não é cumulativa, ou seja, incide uma única alíquota sobre o valor total do salário de contribuição (base de cálculo da contribuição do segurado). Não obstante a simplificação do cálculo do tributo, a incidência direta da alíquota à remuneração integral, sem qualquer graduação quanto às faixas salariais, acaba possibilitando contrassensos indesejados: se um empregado que recebe R$ 2.822,90 tiver um incremento salarial de R$ 1,00, passará a contribuir com 11% sobre a remuneração, o que levará, certamente, à redução salarial em valores líquidos[26].

SALÁRIO DE CONTRIBUIÇÃO (R$) EMPREGADOS, AVULSOS E DOMÉSTICOS	ALÍQUOTA DA CONTRIBUIÇÃO
Até R$ 1.693,72	8%
de R$ 1.693,73 até R$ 2.822,90	9%
de R$ 2.822,91 até R$ 5.645,80	11%

Empresas × empresas: ainda falando sobre a capacidade contributiva, deve-se ponderar a impossibilidade de tributar de forma idêntica todas as pessoas jurídicas. Aliás, um dos princípios gerais da atividade econômica é o **tratamento favorecido para as empresas de pequeno porte** constituídas sob as leis brasileiras e que tenham sua sede e administração no País (art. 170, IX, da CF/88).

---

26 IBRAHIM, Fábio Zambitte. *Curso de direito previdenciário*. Niterói: Impetus, 2011, p. 222.

Dúvida: qual seria a relação desse princípio da ordem econômica com a Seguridade Social? É que, segundo o art. 13 da Lei Complementar n. 123/2006, o Simples Nacional implica o recolhimento mensal, mediante documento único de arrecadação, de diversos tributos, **entre os quais estão inseridas algumas contribuições para a Seguridade Social**.

B – Risco social

A equidade no custeio também está relacionada a outro critério: o **risco social. Quanto maior o risco, maior a contribuição.**

Inicialmente, é preciso esclarecer que nenhum empregado exerce atividade de risco por vontade própria. Faz isso por imposição da empresa, a qual aufere proveito econômico do trabalho alheio. Esse empregado, além de estar mais suscetível a doenças incapacitantes, provavelmente terá direito à aposentadoria especial, espécie de aposentadoria antecipada por tempo de contribuição. Portanto, ressai evidente que o maior risco da atividade provoca maior chance de intervenção protetiva da seguridade social. Consequentemente, é justa a previsão de contribuição adicional para a empresa que impõe ao seu empregado o exercício de atividade em condições adversas. Como exemplo, cita-se a contribuição para o seguro de acidente do trabalho (SAT), a qual, nos termos do art. 22, II, da Lei n. 8.212/91, poderá incidir sobre três possíveis alíquotas (1%, 2% ou 3%), conforme abaixo:

a) **1% (um por cento)** para as empresas em cuja atividade preponderante o risco de acidentes do trabalho seja considerado **LEVE**;

b) **2% (dois por cento)** para as empresas em cuja atividade preponderante esse risco seja considerado **MÉDIO**;

c) **3% (três por cento)** para as empresas em cuja atividade preponderante esse risco seja considerado **GRAVE**.

Em resumo:

Equidade no custeio
- **Capacidade contributiva:** quanto maior o poder econômico, maior deve ser a contribuição.
- **Risco social:** quanto maior o risco, maior deve ser a contribuição.

O **art. 195, § 9º, da CF/88**, com redação dada pela Emenda n. 47/2005, prevê a possibilidade de tributação diferenciada, **através de alíquotas ou bases de cálculo** diversas, em razão de quatro variáveis: a) **atividade econômica**; b) **utilização intensiva de mão de obra**; c) **porte da empresa**; e d) **condição estrutural do mercado de trabalho**.

Esse dispositivo constitucional guarda relação direta com o princípio da equidade na forma de participação do custeio. O porte da empresa, por exemplo, tem fundamento na capacidade contributiva: quanto maior o porte da empresa, maior deve ser o peso da contribuição. Da mesma maneira, é justo tributar de forma diferenciada empresas que não utilizam intensivamente mão de obra. Se compararmos uma instituição financeira e uma construtora, proporcionalmente ao capital movimentado, qual delas necessita de mais mão de obra? Sem dúvida, a construtora precisa de mais trabalhadores. Isso significa que, do ponto de vista da ordem social (que tem por base o primado do trabalho – art. 193 da CF/88), a instituição financeira possui um papel menos relevante, o que justifica, *a priori*, a incidência de uma maior contribuição.

Cuidado! O art. 195, § 9º, da CF/88 faz referência expressa às contribuições sociais previstas no inciso I do mesmo artigo. Ou seja, apenas as contribuições da empresa poderão ter alíquotas ou bases de cálculo diferenciadas em razão da atividade econômica, do porte da empresa, da utilização intensiva de mão de obra e da condição estrutural do mercado de trabalho.

Equidade no custeio (art. 195, § 8º, da CF/88)
1) Atividade econômica
2) Utilização intensiva de mão de obra
3) Porte da empresa
4) Condição estrutural do mercado de trabalho

Risco social: quanto maior o risco, maior deve ser a contribuição.

↓

Alíquotas ou bases de cálculo diferenciadas

3.2.7. Caráter democrático e descentralizado da administração mediante gestão quadripartite

O caráter democrático significa a necessidade de **participação** das classes interessadas na gestão da Seguridade Social. São elas: os trabalhadores, os empregadores, os aposentados e o Governo. Percebe-se que há **quatro** classes interessadas na administração do sistema, de onde se extrai a composição **quadripartite** dos órgãos colegiados. Logo, a gestão quadripartite é uma decorrência do caráter democrático da administração da Seguridade Social.

Atenção! Muitas provas de concursos públicos procuram confundir o candidato fazendo referência à gestão tripartite. Desde a promulgação da Emenda Constitucional n. 20/98, a gestão é quadripartite.

Quadro elaborado por Ivan Kertzman	
Trabalhadores	Têm interesse em manter o sistema sólido e sustentável para dele se beneficiar no futuro.
Empregadores	Vertem boa parte das suas receitas para o financiamento do sistema e desejam saber como seus recursos estão sendo aplicados.
Aposentados	Têm interesse em manter o sistema sólido e perene, pois são por ele sustentados.
Governo	Responsável direto pela administração do sistema.

DEMOCRACIA → Participação → Quais classes têm **interesse** na gestão do sistema? → Trabalhadores, empregadores, aposentados e Governo

Gestão **QUADRIPARTITE** ← **QUATRO** classes

Diante dessa exigência constitucional, foram criados alguns conselhos de composição colegiada. Para concursos públicos, sem dúvida, o mais importante é o **Conselho Nacional de Previdência Social – CNPS**, previsto no art. 3º da Lei n. 8.213/91.

O CNPS é um órgão superior de deliberação colegiada no âmbito da Previdência Social, que apresenta a seguinte composição:

Representantes do Governo	Representantes da sociedade civil	
SEIS	NOVE	Note que o princípio do art. 194 da CF/88 apenas fala em **APOSENTADOS**. O **CNPS**, porém, conta com a participação de representantes dos aposentados e **PENSIONISTAS**.
	Três representantes dos aposentados e **pensionistas**	
	Três representantes dos trabalhadores	
	Três representantes dos empregadores	

↓

TOTAL: QUINZE membros

Conforme disposto no art. 3º, § 1º, da Lei n. 8.213/91, os membros do CNPS e seus respectivos suplentes serão **nomeados pelo Presidente da República**, tendo os representantes titulares da sociedade civil

mandato de dois anos, podendo ser **reconduzidos, de imediato, uma única vez**. Ademais, de acordo com o § 2º do mesmo artigo, os representantes dos trabalhadores em atividade, dos aposentados, dos empregadores e seus respectivos suplentes serão indicados pelas centrais sindicais e confederações nacionais.

O sistema também tem a gestão **descentralizada**. Eduardo Rocha Dias e José Leandro Monteiro de Macêdo lembram que, na descentralização, desloca-se a atividade pública para entidades externas, com personalidade jurídica própria pública (autarquia) ou privada (fundações, empresas públicas, sociedades de economia mista). Ou seja, na descentralização, há pluralização de titularidade. Conclui-se, então, que o Instituto Nacional do Seguro Social (INSS) é um exemplo de descentralização administrativa na gestão da seguridade social[27].

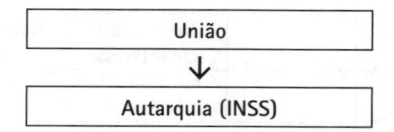

```
        União
          ↓
   Autarquia (INSS)
```

Para Wagner Balera, enquanto existirem estruturas centralizadas e burocráticas, das quais não se consigam compreender os caminhos para a tomada de decisões, a participação estará tolhida. Exemplificando, na saúde e na assistência social, é óbvio que a eficiência protetiva do sistema encontra-se diretamente articulada com a população assistida. Por conseguinte, em um país como o Brasil, de projeção continental, jamais será possível administrar a Seguridade Social de forma centralizada. A gestão e o controle desses setores através de órgãos municipais contribuirão para torná-los mais sensíveis aos problemas de cada comunidade[28].

3.3. PRINCÍPIO DA SOLIDARIEDADE, FINANCIAMENTO DA SEGURIDADE SOCIAL E SEU ORÇAMENTO DIFERENCIADO

Um dos objetivos fundamentais da República Federativa do Brasil é construir uma sociedade livre, justa e **solidária** (art. 3º da CF/88). Esse dispositivo não é o único fundamento para defender a solidariedade no âmbito da Seguridade Social. Com efeito, apesar de os arts. 194 e 195 da CF/88 não mencionarem expressamente o caráter solidário da seguridade[29], ambos são claros quando chamam toda a sociedade para participar das ações do sistema. O art. 195 é ainda mais enfático, já que prevê **a participação de toda a sociedade no financiamento do sistema**, senão vejamos:

Art. 194 da CF/88	Art. 195 da CF/88
Art. 194. A seguridade social compreende um **conjunto integrado de ações** de iniciativa dos Poderes Públicos **e da sociedade**, destinadas a assegurar os direitos relativos à saúde, à previdência e à assistência social.	Art. 195. A **seguridade social será financiada por toda a sociedade**, de forma direta e indireta, nos termos da lei, mediante recursos provenientes dos orçamentos da União, dos Estados, do Distrito Federal e dos Municípios, e das seguintes contribuições sociais:

Ivan Kertzman lembra que a solidariedade pode ser analisada sob a ótica **vertical** ou **horizontal**. Verticalmente significa que uma geração deve trabalhar para pagar os benefícios da geração anterior (**pacto intergeracional**). Horizontalmente representa a redistribuição de renda entre as populações (**pacto intrageracional**)[30]. Em acréscimo, defendemos que o pacto intrageracional também viabiliza a manutenção dos benefícios pagos aos indivíduos de mesma geração que estão impossibilitados de trabalhar, em virtude de uma doença, maternidade etc.

Nesse contexto, importa salientar as duas principais formas de organização previdenciária: o **sistema de capitalização** e o **sistema de repartição simples**[31]. O primeiro, típico da previdência complementar (art. 202 da CF/88), consiste na cobrança de valores que possibilitem futuramente o pagamento dos próprios benefícios e das demais despesas de administração através da formação de um fundo de reserva individualizado ou capitalizado[32]. Já o sistema de repartição simples, típico da Previdência Social (art. 201 da CF/88),

---

27 DIAS, Eduardo Rocha; MACÊDO, José Leandro Monteiro de. *Curso de direito previdenciário*. São Paulo: Método, 2010, p. 106.
28 BALERA, Wagner. *Noções preliminares de direito previdenciário*. São Paulo: Quartier Latin, 2011, p. 128.
29 Ao contrário do que faz o art. 40 da CF/88 em relação ao regime próprio de previdência.
30 KERTZMAN, Ivan. *Curso prático de direito previdenciário*. Salvador: JusPodivm, 2011, p. 48.
31 Existe ainda o regime de repartição dos capitais de cobertura, pouco relevante para concursos públicos.
32 TAVARES, Marcelo Leonardo (coord.). *Reforma da Previdência Social*: temas polêmicos e aspectos controvertidos. Rio de Janeiro: Lumen Juris, 2004, p. 120-121.

parte da ideia de que as contribuições são direcionadas para um fundo único destinado ao pagamento das prestações já concedidas. Por óbvio, o sistema de repartição simples possibilita a melhor redistribuição de renda e uma proteção social mais eficiente, viabilizando, inclusive, o amparo daqueles que, por algum infortúnio, não contribuíram o suficiente para, sozinhos, garantir o benefício[33].

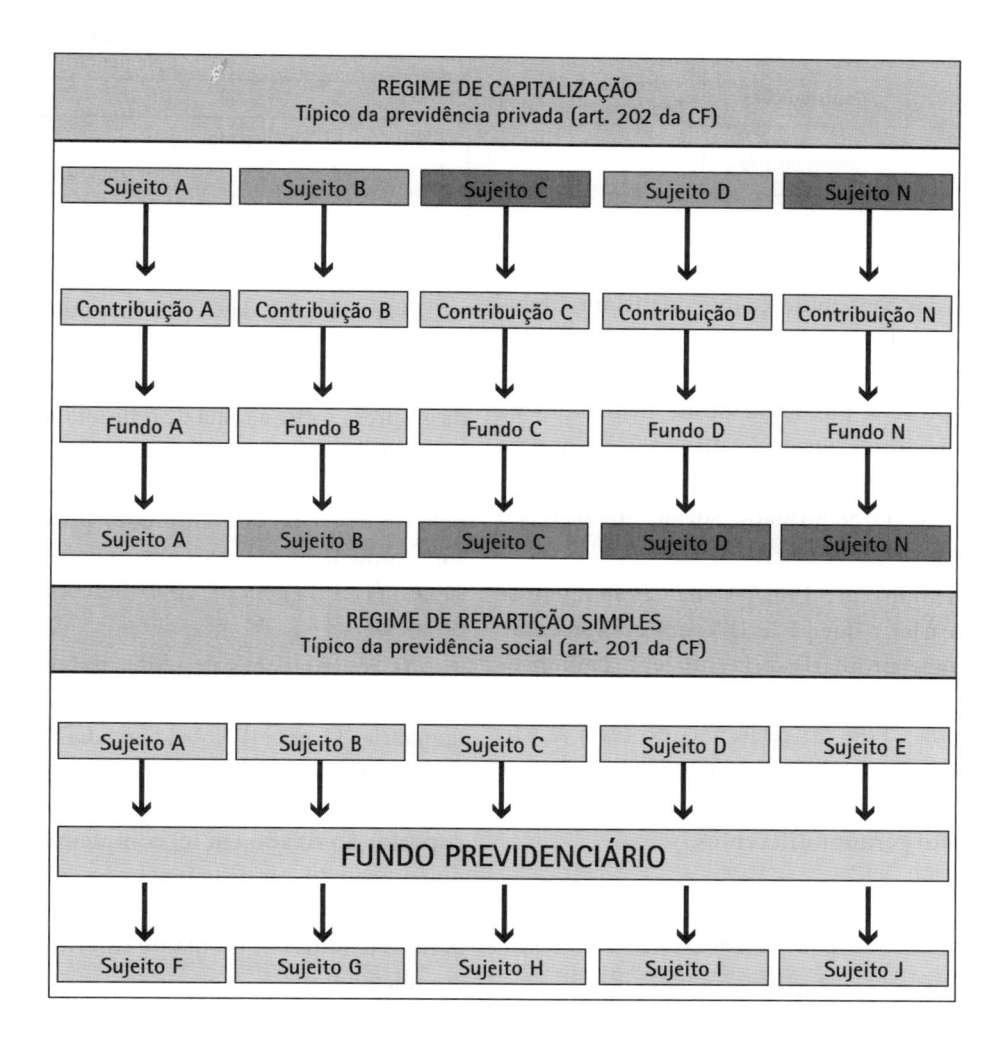

REGIME DE CAPITALIZAÇÃO
Típico da previdência privada (art. 202 da CF)

Sujeito A → Contribuição A → Fundo A → Sujeito A
Sujeito B → Contribuição B → Fundo B → Sujeito B
Sujeito C → Contribuição C → Fundo C → Sujeito C
Sujeito D → Contribuição D → Fundo D → Sujeito D
Sujeito N → Contribuição N → Fundo N → Sujeito N

REGIME DE REPARTIÇÃO SIMPLES
Típico da previdência social (art. 201 da CF)

Sujeito A, Sujeito B, Sujeito C, Sujeito D, Sujeito E → **FUNDO PREVIDENCIÁRIO** → Sujeito F, Sujeito G, Sujeito H, Sujeito I, Sujeito J

O princípio da solidariedade enseja duas consequências: 1ª) a sociedade precisa ser solidária com o sistema; 2ª) o sistema deve ser solidário com as pessoas que se encontram em estado de necessidade.

Até aqui, vimos que toda a sociedade tem o dever de financiar a Seguridade Social. De acordo com o art. 195 da CF/88, esse financiamento é direto e indireto.

O **financiamento direto** provém das contribuições sociais, espécie tributária de destinação vinculada. Vale dizer, o financiamento é direto por força da destinação vinculada a que estão sujeitas as contribuições. Exemplo: assim como a contribuição para a iluminação pública destina-se ao custeio da iluminação pública[34], as contribuições para a Seguridade Social destinam-se ao financiamento da Seguridade Social, **sem possibilidade de desvio.**

---

33 TAVARES, Marcelo Leonardo (coord.). *Reforma da Previdência Social*: temas polêmicos e aspectos controvertidos. Rio de Janeiro: Lumen Juris, 2004, p. 120-121.

34 "Art. 149-A. Os Municípios e o Distrito Federal poderão instituir contribuição, na forma das respectivas leis, para o custeio do serviço de iluminação pública, observado o disposto no art. 150, I e III."

■ DIREITO PREVIDENCIÁRIO

> Na verdade, a única exceção diz respeito à desvinculação das receitas da União (DRU), na forma do art. 76 do ADCT: "É desvinculado de órgão, fundo ou despesa, até 31 de dezembro de 2011, 20% (vinte por cento) da arrecadação da União de impostos, contribuições sociais e de intervenção no domínio econômico, já instituídos ou que vierem a ser criados até a referida data, seus adicionais e respectivos acréscimos legais".

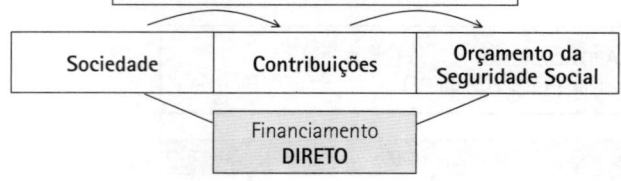

```
Sociedade    Contribuições    Orçamento da
                              Seguridade Social
              Financiamento
                 DIRETO
```

O art. 195 da CF/88 enumera, em seus quatro incisos, a **maioria** das contribuições que financiam diretamente a Seguridade Social. Por que "a maioria"? Há como criar mais contribuições? Sim, o art. 195, § 4º, da CF/88 ainda prevê a possibilidade de instituição de **contribuição residual**. Segundo dispõe, a lei poderá instituir outras fontes destinadas a garantir a manutenção ou expansão da Seguridade Social, obedecido o disposto no art. 154, I, da CF/88.

Observe-se que o art. 195, § 4º, da CF/88 refere-se genericamente à lei, o que poderia levar à compreensão (falsa) de que a lei ordinária seria suficiente para instituir a contribuição residual. Mas não é o caso, pois o art. 195, § 4º, da CF/88 faz referência expressa às exigências previstas no art. 154, I, da CF/88, quais sejam: a) **lei complementar; b) não cumulatividade; c) base de cálculo e fato gerador diferentes.**

Em síntese:

Requisitos para instituição de contribuição residual
- Lei complementar
- Não cumulatividade
- Base de cálculo e fato gerador diferentes das contribuições previstas no art. 195 da CF/88.

Note que a exigência de lei complementar somente se aplica à contribuição residual (art. 195, § 4º, da CF/88). Destarte, **as contribuições que têm fundamento nos incisos do art. 195 são regulamentadas por simples lei ordinária.**

CONTRIBUIÇÃO	REGULAMENTADA POR:
Contribuição da empresa sobre a folha	Basta a edição de lei ordinária
Contribuição da empresa sobre a receita/faturamento	
Contribuição da empresa sobre o lucro	
Contribuição dos trabalhadores e demais segurados	
Contribuição sobre a receita de concursos de prognósticos	
Contribuição do importador	
Contribuição residual	Necessária a edição de lei complementar

> **CF/88:** Art. 167. São vedados:
> XI – a utilização dos recursos provenientes das contribuições sociais de que trata o art. 195, I, *a*, e II, para a realização de despesas distintas do pagamento de benefícios do regime geral de previdência social de que trata o art. 201.

O art. 167, XI, da CF/88 vinculou obrigatoriamente duas contribuições do art. 195 à Previdência Social (**princípio da vinculação obrigatória**): a contribuição da empresa sobre a folha de remuneração (art. 195, I, *a*) e a contribuição dos trabalhadores e demais segurados (art. 195, II). Exatamente por isso, elas são chamadas pela doutrina de **contribuições previdenciárias**. Assim, conclui-se que as contribuições previdenciárias são espécies do gênero "contribuições para a seguridade social".

As contribuições previdenciárias, de certa forma, acabam sendo mais protegidas pela legislação previdenciária. O art. 195, § 11, da CF/88, por exemplo, **veda a concessão de remissão ou anistia das contribuições previdenciárias, para débitos em montante superior ao fixado em lei complementar**. Observe-se que o preceito constitucional não veda a concessão de remissão e anistia das contribuições previdenciárias para os débitos em montante **inferior** ao fixado em lei complementar.

Outra forma de proteger a arrecadação efetiva dessas contribuições diz respeito à previsão legal do crime de apropriação indébita previdenciária (art. 168-A do CP), tema que será analisado no capítulo dos Crimes Previdenciários.

> I – do empregador, da empresa e da entidade a ela equiparada na forma da lei, incidentes sobre:
> a) a folha de salários e demais rendimentos do trabalho pagos ou creditados, a qualquer título, à pessoa física que lhe preste serviço, mesmo sem vínculo empregatício;
> b) a receita ou o faturamento;
> c) o lucro;
> II – do trabalhador e dos demais segurados da previdência social;
>
> → **SEGURIDADE SOCIAL: SAÚDE, ASSISTÊNCIA E PREVIDÊNCIA SOCIAL**

III – sobre a receita de concursos de prognósticos.

IV – do importador de bens ou serviços do exterior, ou de quem a lei a ele equiparar.

Contribuição residual

→ SEGURIDADE SOCIAL: SAÚDE, ASSISTÊNCIA E PREVIDÊNCIA SOCIAL

Observação: as contribuições marcadas em vermelho destinam-se exclusivamente à previdência social, que também está marcada em vermelho.

O **financiamento indireto** da Seguridade Social, por sua vez, envolve os recursos provenientes dos orçamentos da União, dos Estados, do Distrito Federal e dos Municípios. Pode ser compreendido pela seguinte sequência: 1ª) a sociedade paga impostos (tributos não vinculados a uma prestação estatal específica); 2ª) os impostos alimentam os orçamentos fiscais dos entes políticos (União, Estados, Distrito Federal e Municípios); 3ª) os entes políticos, por força de imposições constitucionais e legais, acabam financiando a Seguridade Social.

Diante disso, pode-se dizer que a seguridade social, além de ser destinatária das contribuições, recebe recursos provenientes dos orçamentos da União, dos Estados, do Distrito Federal e dos Municípios (financiamento indireto).

Atente-se que os recursos são destinados à Seguridade Social, e não à União, tanto que o art. 165, § 5º, da CF/88 consagra o **princípio do orçamento diferenciado**. E mais: **as receitas dos Estados, do Distrito Federal e dos Municípios destinadas à seguridade social constarão dos respectivos orçamentos, não integrando o orçamento da União** (art. 195, § 1º, da CF/88). Assim, se o Estado do Ceará reservar parte de seu orçamento para a construção de um hospital público (saúde), esse montante integrará o seu respectivo orçamento.

CF/88: Art. 165. (...) § 5º A lei orçamentária anual compreenderá:

I – o orçamento fiscal referente aos Poderes da União, seus fundos, órgãos e entidades da administração direta e indireta, inclusive fundações instituídas e mantidas pelo Poder Público;

II – o orçamento de investimento das empresas em que a União, direta ou indiretamente, detenha a maioria do capital social com direito a voto;

III – o orçamento da seguridade social, abrangendo todas as entidades e órgãos a ela vinculados, da administração direta ou indireta, bem como os fundos e fundações instituídos e mantidos pelo Poder Público.

Ademais, segundo prescreve o art. 195, § 10, da CF/88, a lei definirá os critérios de transferência de recursos para o Sistema Único de Saúde e ações de assistência social da União para os Estados, o Distrito Federal e os Municípios, e dos Estados para os Municípios, observada a respectiva contrapartida de recursos.

3.4. PRINCÍPIO DA ANTERIORIDADE NONAGESIMAL

Princípio da anterioridade	Princípio da anterioridade nonagesimal
Exige-se a virada do ano. Tributo criado em 2011 só pode ser cobrado em 2012.	Não se exige a virada do ano. Tributo criado em 2012 pode ser cobrado em 2012, desde que respeitado o transcurso de 90 dias.

Pelo **princípio da anterioridade nonagesimal**, previsto no art. 195, § 6º, da CF/88, as contribuições para a Seguridade Social só poderão ser exigidas após decorridos noventa dias da data da publicação da lei que as houver instituído ou modificado, não se lhes aplicando o disposto no art. 150, III, *b*. Trata-se da **única limitação temporal a que estão sujeitas as contribuições para a Seguridade Social**, já que o próprio texto constitucional afasta expressamente a aplicação do art. 150, III (que prevê a anterioridade genérica). Logo, uma contribuição criada em 2012 pode ser cobrada no mesmo ano (= exercício financeiro), desde que respeitado o transcurso de noventa dias.

Questão interessante consiste em saber se é necessária a fluência de noventa dias na hipótese de mudança de prazo de recolhimento da contribuição. O **STF** tem aplicado o mesmo conteúdo da **Súmula 669** para a anterioridade nonagesimal. Portanto, **a alteração do prazo para o recolhimento das contribuições sociais, por não gerar criação ou majoração de tributo, não ofende o princípio da anterioridade nonagesimal** (RE 295992).

Súmula 669 do STF: Normal legal que altera o prazo de recolhimento da obrigação tributária não se sujeita ao **princípio da anterioridade**.

3.5. PRINCÍPIO DA PREEXISTÊNCIA DE CUSTEIO (REGRA DA CONTRAPARTIDA)

Conforme disposto no art. 195, § 5º, da CF/88, **nenhum benefício ou serviço da Seguridade Social poderá ser criado, majorado ou estendido sem a correspondente fonte de custeio total**. Impõe-se rígido equilíbrio entre receitas e despesas, no sentido de que estas não podem superar aquelas, sob o risco de desmoronamento do sistema e de todos aqueles que dele dependem. O constituinte impôs limitação em face de eventuais abusos legislativos (mormente em anos eleitorais) consistentes na criação, extensão ou majoração de prestações.

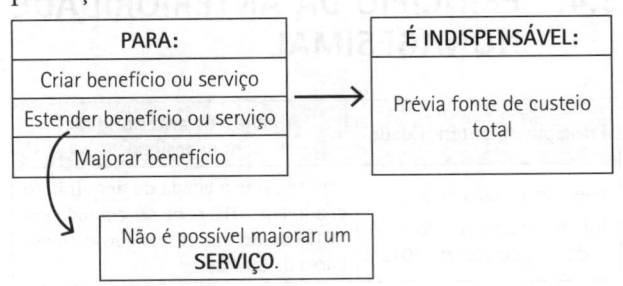

PARA:	É INDISPENSÁVEL:
Criar benefício ou serviço	Prévia fonte de custeio total
Estender benefício ou serviço	
Majorar benefício	

Não é possível majorar um **SERVIÇO**.

3.6. COMPETÊNCIA TRIBUTÁRIA E CAPACIDADE TRIBUTÁRIA ATIVA EM MATÉRIA DE SEGURIDADE SOCIAL

Em regra, a Constituição Federal não cria tributo. Apenas autoriza a sua criação. Um bom exemplo é o imposto sobre grandes fortunas, o qual, apesar de previsto na CF/88 desde o texto originário, até hoje não foi instituído (art. 153, VII, da CF/88).

Dúvida: então, a quem compete a instituição do tributo? Quando a Constituição Federal prevê o tributo, ela já define o ente com competência para criá-lo. Essa definição é conhecida pela doutrina como **competência tributária**. Para melhor compreensão, vejamos alguns exemplos.

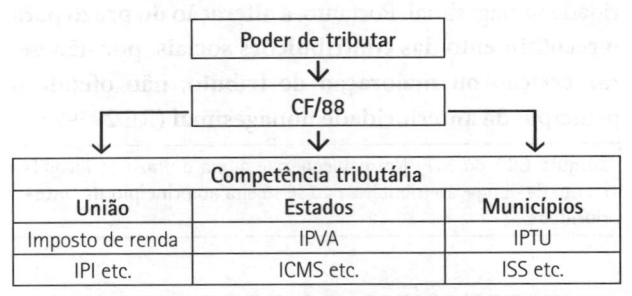

Poder de tributar → CF/88

Competência tributária		
União	Estados	Municípios
Imposto de renda	IPVA	IPTU
IPI etc.	ICMS etc.	ISS etc.

Leandro Paulsen define a competência tributária como sendo a parcela de poder conferida pela Constituição Federal a cada ente político (União, Estados, Distrito Federal e Municípios) para a instituição de tributos[35]. Trata-se, portanto, da aptidão para criar tributo.

---

35 PAULSEN, Leandro. *Direito tributário*: Constituição e Código Tributário à luz da doutrina e da jurisprudência. Porto Alegre: Livraria do Advogado, 2005, p. 670.

Dúvida: e, afinal, qual ente político possui competência tributária em matéria de contribuição para a seguridade social?

Conforme disposto no art. 149 da CF/88, **compete exclusivamente à União instituir contribuições sociais (dentre as quais estão incluídas as contribuições para a Seguridade Social)**, de intervenção no domínio econômico e de interesse das categorias profissionais ou econômicas, como instrumento de sua atuação nas respectivas áreas, observado o disposto nos arts. 146, III, e 150, I e III, e sem prejuízo do previsto no art. 195, § 6º, relativamente às contribuições a que alude o dispositivo.

Isso não significa que todas as contribuições previdenciárias são instituídas pela União. Com efeito, segundo art. 149, § 1º, da CF/88, os Estados, o Distrito Federal e os Municípios **instituirão contribuição, cobrada de seus servidores**, para o custeio, em benefício destes, do **regime próprio de que trata o art. 40 da CF/88**, cuja alíquota não será inferior à da contribuição dos servidores titulares de cargos efetivos da União.

> Em razão dos regimes próprios de previdência, a CF/88 previu a **competência legislativa concorrente em matéria de previdência social**.
> **CF/88: Art. 24.** Compete à União, aos Estados e ao Distrito Federal legislar concorrentemente sobre: (...)
> XII – previdência social, proteção e defesa da saúde;
> **CF/88: Art. 30.** Compete aos Municípios:
> I – legislar sobre assuntos de interesse local;

Segundo o art. 7º do CTN, a **competência tributária é indelegável, salvo atribuição das funções de arrecadar ou fiscalizar tributos,** ou de executar leis, serviços, atos ou decisões administrativas em matéria tributária, conferida por uma pessoa jurídica de direito público a outra.

Assim, é preciso ter atenção para diferenciar a competência tributária (aptidão para instituir tributos – indelegável) e a **capacidade tributária ativa** (atribuição das funções de arrecadação de tributos – delegável).

COMPETÊNCIA TRIBUTÁRIA	CAPACIDADE TRIBUTÁRIA ATIVA
Indelegável	Delegável
Aptidão para instituir tributos.	Aptidão para ser colocado, por lei, na posição de sujeito ativo da relação tributária (responsabilidade pelas funções de arrecadação e fiscalização das contribuições).

Resta ainda definir quem possui **capacidade tributária ativa** em matéria de contribuição social. Ao contrário do que muitos pensam, a capacidade tributária ativa das contribuições para a seguridade social não pertence ao Instituto Nacional do Seguro Social. Com efeito, de acordo com a legislação em vigor, a arrecadação de todas as contribuições sociais é competência da União Federal, que a exerce através da Receita Federal do Brasil (Super--Receita – órgão criado pela Lei n. 11.457/97)[36].

COMPETÊNCIA TRIBUTÁRIA	CAPACIDADE TRIBUTÁRIA ATIVA
União	União, que a exerce através da Receita Federal do Brasil.

Dúvida: o fato de a Receita Federal do Brasil, órgão da União Federal, ser responsável pela arrecadação das contribuições ofende o princípio do orçamento diferenciado?

Segundo a jurisprudência pacífica do **STF**, não compromete a autonomia do orçamento da seguridade social a atribuição à Secretaria da Receita Federal do Brasil de administração e fiscalização da contribuição (ADI 1.417).

3.7. IMUNIDADES NA SEGURIDADE SOCIAL

A **imunidade** é uma limitação constitucional ao poder de tributar. Possui fundamento na própria Constituição e não pode ser confundida com a **isenção**, esta última conceituada por Eduardo Sabbag como um favor legal consubstanciado na dispensa de pagamento do tributo devido[37].

IMUNIDADE	ISENÇÃO
Limitação constitucional ao poder de tributar.	Favor legal consubstanciado na dispensa de pagamento de tributo devido.
↓	↓
Prevista na CONSTITUIÇÃO	Prevista em LEI

---

36 Lei n. 8.212/91: "Art. 33. À Secretaria da Receita Federal do Brasil compete planejar, executar, acompanhar e avaliar as atividades relativas à tributação, à fiscalização, à arrecadação, à cobrança e ao recolhimento das contribuições sociais previstas no parágrafo único do art. 11 desta Lei, das contribuições incidentes a título de substituição e das devidas a outras entidades e fundos".

37 SABBAG, Eduardo de Moraes. *Direito tributário*. São Paulo: Prima Cursos Preparatórios, 2004, p. 46.

No âmbito da Seguridade Social, há três imunidades: a) sobre aposentadoria e pensão concedidas pelo Regime Geral da Previdência Social (art. 195, II, da CF/88); b) sobre as receitas decorrentes de exportação (art. 149, § 2º, I, da CF/88); c) das entidades beneficentes de assistência social (art. 195, § 7º, da CF/88).

Imunidades na seguridade social
- Sobre aposentadoria e pensão do RGPS
- Sobre as receitas decorrentes de exportação
- Das entidades beneficentes de assistência social

3.7.1. Imunidade sobre aposentadoria e pensão do RGPS

CF/88: Art. 195. A seguridade social será financiada por toda a sociedade, de forma direta e indireta, nos termos da lei, mediante recursos provenientes dos orçamentos da União, dos Estados, do Distrito Federal e dos Municípios, e das seguintes contribuições sociais: (...)

II – do trabalhador e dos demais segurados da previdência social, **não incidindo contribuição sobre aposentadoria e pensão concedidas pelo regime geral de previdência social de que trata o art. 201;**

Segundo o art. 195, II, da CF/88, não incide contribuição sobre aposentadoria e pensão concedidas pelo RGPS. Três aspectos devem ser ressaltados.

Em primeiro lugar, a imunidade incide exclusivamente sobre aposentadoria e pensão do regime geral de previdência social (RGPS). Consequentemente, **a regra não se aplica ao regime próprio de previdência**, previsto no art. 40 da CF/88 e destinado aos servidores públicos titulares de cargos efetivos.

REGIME GERAL DE PREVIDÊNCIA SOCIAL	REGIME PRÓPRIO DE PREVIDÊNCIA (servidor público titular de cargo efetivo)
Não incide contribuição sobre suas aposentadorias e pensões.	**É possível a incidência** de contribuição sobre aposentadoria e pensão (art. 40, §§ 18 e 21).

Em segundo lugar, pela redação do art. 195 da CF/88, a imunidade só é aplicável às aposentadorias e pensões. Entretanto, isso não significa que os outros benefícios previdenciários sofrem incidência de contribuição. Na verdade, segundo o art. 28, §§ 2º e 9º, da Lei n. 8.212/91, **o único benefício previdenciário tributado é o salário-maternidade.**

Portanto, enquanto as aposentadorias e pensões do RGPS não são tributadas por força de uma imunidade, as demais prestações previdenciárias (à exceção do salário-maternidade) estão dispensadas do pagamento da contribuição em virtude de isenção.

Aposentadoria e pensão do RGPS	Demais benefícios do RGPS (à exceção do salário-maternidade)
IMUNIDADE	ISENÇÃO

↓

Art. 28. (...)
§ 2º O salário-maternidade é considerado salário-de-contribuição.
(...)
§ 9º Não integram o salário-de-contribuição para os fins desta Lei, exclusivamente:
a) os benefícios da previdência social, nos termos e limites legais, salvo o salário-maternidade;

Em terceiro lugar, deve-se verificar se a imunidade incide sobre o benefício ou sobre o beneficiário.

Inicialmente, é preciso saber que, no ordenamento jurídico pátrio, **não há impedimento para que o aposentado do RGPS, salvo o aposentado por invalidez, volte ou continue exercendo atividade laborativa.** Nesse caso, o trabalhador-aposentado deverá contribuir? Apesar da não incidência da contribuição sobre a aposentadoria (haja vista a imunidade), o trabalhador-aposentado deve contribuir **sobre a renda do trabalho**. Isso porque, segundo o art. 11, § 3º, da Lei n. 8.213/91, o aposentado do RGPS que estiver exercendo ou que voltar a exercer atividade abrangida por esse regime é segurado obrigatório em relação a essa atividade, ficando sujeito às contribuições previdenciárias, para fins de custeio da Seguridade Social.

Lei n. 8.213/91: Art. 11. (...) § 3º O aposentado pelo Regime Geral de Previdência Social – RGPS que estiver exercendo ou que voltar a exercer atividade abrangida por este Regime é segurado obrigatório em relação a essa atividade, ficando sujeito às contribuições de que trata a Lei n. 8.212, de 24 de julho de 1991, para fins de custeio da Seguridade Social.

Dúvida: se o trabalhador-aposentado continua recolhendo contribuições em razão de seu trabalho, ele fará jus a todos os benefícios previdenciários?

De acordo com o art. 18, § 2º, da Lei n. 8.213/91, o aposentado pelo Regime Geral de Previdência Social – RGPS que permanecer em atividade sujeita a este Regime, ou a ele retornar, não fará jus a prestação alguma da Previdência Social em decorrência do exercício dessa atividade, exceto ao **salário-família e à reabilitação profissional, quando empregado**. O art. 103 do Regulamento da Previdência Social (Decreto n. 3.048/99), em dispositivo de questionável constitucio-

nalidade[38], também garantiu o **salário-maternidade** para a segurada aposentada que estiver exercendo atividade laborativa.

3.7.2. Imunidade sobre as receitas decorrentes de exportação

CF/88: Art. 149. (...) § 2º As contribuições sociais e de intervenção no domínio econômico de que trata o *caput* deste artigo:
I – não incidirão sobre as receitas decorrentes de exportação;

Uma das contribuições para a Seguridade Social incide sobre a receita ou faturamento (art. 195, II, da CF/88). Pois bem, segundo a imunidade prevista no art. 149, § 2º, I, da CF/88, sempre que a receita decorrer de exportação, não haverá a incidência da referida contribuição. Infere-se, pois, que essa imunidade objetiva incentiva a exportação, viabilizando o superávit da balança comercial brasileira e consequentemente o desenvolvimento da economia nacional.

3.7.3. Imunidade das entidades beneficentes de assistência social

CF/88: Art. 195. (...) § 7º São isentas de contribuição para a seguridade social as entidades beneficentes de assistência social que atendam às exigências estabelecidas em lei.

Em que pese a redação do art. 195, § 7º, da CF/88, conforme já entendeu o **STF**, trata-se de imunidade, e não de isenção (RMS 27093, RMS 27977[39]).

---

38 Questionável constitucionalidade porque estende benefício (salário-maternidade) sem a discriminação da prévia fonte de custeio total, portanto, sem observar o art. 195, § 5º, da Constituição da República de 1988.

39 **STF**: "(...) I – A jurisprudência desta Corte é no sentido de que não existe direito adquirido à manutenção de regime jurídico de imunidade tributária. Precedentes. II – **A Constituição Federal de 1988, no seu art. 195, § 7º, conferiu imunidade às entidades beneficentes de assistência social em relação às contribuições para a Seguridade Social**, desde que atendidos os requisitos definidos por lei. III – A decisão judicial invocada pela agravante somente garantiu que a renovação do CEBAS fosse apreciada à luz da legislação então vigente e o Ministro de Estado da Previdência Social, ao efetuar essa análise, entendeu que os requisitos não foram preenchidos. Afastar essa conclusão demandaria o reexame do conjunto probatório, que se mostra inviável nesta via. IV – Agravo regimental desprovido" (RMS 27977 AgR, Rel. Min. Ricardo Lewandowski, 1ª Turma, *DJe* 26-5-2011).

CAPÍTULO 3 – A SEGURIDADE SOCIAL NA CF/88

> **ISENÇÃO OU IMUNIDADE – O QUE RESPONDER EM PROVA OBJETIVA?**
>
> Quando esta imunidade é cobrada em provas objetivas de concursos públicos, na imensa maioria das vezes o item reproduz a redação prevista no art. 195, § 7º, da CF/88 ("São isentas de contribuição as entidades beneficentes de assistência social que atendam às exigências estabelecidas em lei."). Por óbvio, o item **deve ser considerado correto**, pois, apesar de a jurisprudência do STF entender que se trata de imunidade, houve simples reprodução de preceito constitucional. Por outro lado, na hipótese de a questão fazer referência ao entendimento do STF acerca do instituto tributário cabível, o candidato deve saber que se trata de imunidade, e não de isenção.

3.8. PESSOA JURÍDICA EM DÉBITO COM A SEGURIDADE SOCIAL

De acordo com o art. 195, § 3º, da CF/88, a pessoa jurídica em débito com o sistema da seguridade social, como estabelecido em lei, não poderá contratar com o Poder Público nem dele receber benefícios ou incentivos fiscais ou creditícios.

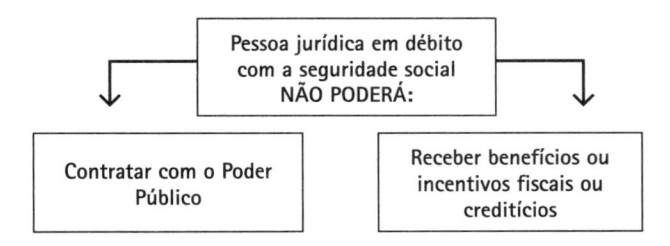

```
         Pessoa jurídica em débito
         com a seguridade social
              NÃO PODERÁ:
         ↙                    ↘
Contratar com o Poder    Receber benefícios ou
      Público            incentivos fiscais ou
                              creditícios
```

QUESTÕES

1. **(TÉCNICO DO SEGURO SOCIAL – FCC – 2012)** É correto afirmar que a Seguridade Social compreende

   a) a Assistência Social, a Saúde e a Previdência Social.

   b) a Assistência Social, o Trabalho e a Saúde.

   c) o Sistema Tributário, o Lazer e a Previdência Social.

   d) a Educação, a Previdência Social e a Assistência Social.

   e) a Cultura, a Previdência Social e a Saúde.

2. **(TÉCNICO DO SEGURO SOCIAL – FCC – 2012)** O INSS, autarquia federal, resultou da fusão das seguintes autarquias:

   a) INAMPS e SINPAS

   b) IAPAS e INPS

   c) FUNABEM e CEME

   d) DATAPREV e LBA

   e) IAPAS e INAMPS

   COMENTÁRIOS: o INAMPS era a Autarquia responsável pela saúde. Atualmente, essa competência pertence ao SUS (Sistema Único de Saúde).

3. **(TÉCNICO DO SEGURO SOCIAL – FCC – 2012)** A Seguridade Social encontra-se inserida no título da Ordem Social da Constituição Federal e tem entre seus objetivos:

   a) promover políticas sociais que visem à redução da doença.

   b) uniformizar o atendimento nacional.

   c) universalizar o atendimento da população.

   d) melhorar o atendimento da população.

   e) promover o desenvolvimento regional.

4. **(ANALISTA DO SEGURO SOCIAL – 2008 – CESPE)** Germano, segurado especial do regime geral, contribui para o sistema na proporção do resultado da comercialização de sua produção. Nessa situação, Germano somente terá direito à aposentadoria por contribuição caso promova, pelo prazo legal, os devidos recolhimentos na qualidade de contribuinte individual.

   COMENTÁRIOS: já vimos que o segurado especial contribui sobre a receita de sua produção. Se quiser, porém, poderá contribuir facultativamente para a Previdência Social, o que lhe garantia a concessão de outros benefícios, como a aposentadoria por tempo de contribuição. Segundo dispunha o art. 200, § 2º, do Decreto n. 3.048/99, o segurado especial referido neste artigo, além da contribuição obrigatória de que tratam os incisos I e II do *caput*, poderá contribuir, facultativamente, na forma do art. 199, na condição de contribuinte individual. Esse parágrafo foi alterado pelo Decreto n. 6.042/2007. Atualmente, o art. 200, § 2º, do Decreto n. 3.048/99 dispõe que: "O segurado especial referido neste artigo, além da contribuição obrigatória de que tratam os incisos I e II do *caput*, poderá contribuir, facultativamente, na forma do art. 199".

   Percebe-se, pois, que o dispositivo não mais prevê que o recolhimento facultativo será feito na condição de contribuinte individual. Entretanto, mesmo assim, o CESPE considerou o item como CORRETO.

5. **(TÉCNICO DO SEGURO SOCIAL – FCC – 2012)** Entre as fontes de financiamento da Seguridade Social encontra-se

   a) o imposto de renda;

   b) o imposto sobre circulação de mercadorias;

   c) a contribuição do Fundo de Garantia do Tempo de Serviço;

   d) a contribuição social sobre a folha de salários;

   e) a contribuição de melhoria.

COMENTÁRIOS: note que a contribuição para o FGTS e a contribuição de melhoria nada têm que ver com a Seguridade Social.

6. (TÉCNICO DA RECEITA FEDERAL – 2006 – ESAF) Nos termos da CF/88, no seu art. 194, parágrafo único, inciso VII, a gestão da Seguridade Social ocorre de forma

   a) descentralizada, monocrática e quadripartite.

   b) centralizada, monocrática e quadripartite.

   c) centralizada, colegiada e quadripartite.

   d) descentralizada, colegiada e tripartite.

   e) descentralizada, democrática e quadripartite.

7. (ANALISTA DO SEGURO SOCIAL – CESPE – 2008) A importância da proteção social justifica a ampla diversidade da base de financiamento da seguridade social. Com o objetivo de expandir ou de garantir a seguridade social, a lei poderá instituir outras fontes de financiamento, de acordo com o texto constitucional.
   Observação: item mal formulado[40].

8. (TÉCNICO DO SEGURO SOCIAL – 2008 – CESPE) De acordo com recentes alterações constitucionais, as contribuições sociais que financiam a seguridade social somente poderão ser exigidas depois de decorridos noventa dias da publicação da lei que as houver instituído ou modificado. Essas alterações também acrescentaram, no que concerne a esse assunto, a exigência da anterioridade do exercício financeiro.

GABARITO

1. A
2. B
3. C
4. CERTO
5. D
6. E
7. CERTO
8. ERRADO

---

40 Questão mal formulada. Veja-se que o item reproduz literalmente os requisitos previstos no art. 154 da CF/88, sem atentar para a jurisprudência do STF, que aplica a ideia do paralelismo das espécies tributárias. Assim, a contribuição residual apenas não poderá ter base de cálculo e fato gerador de alguma das contribuições previstas na CF/88.

CAPÍTULO 4

DISPOSIÇÕES CONSTITUCIONAIS SOBRE SAÚDE E ASSISTÊNCIA SOCIAL

4.1. INTRODUÇÃO

Como visto anteriormente, a Seguridade Social é um sistema complexo de proteção, já que integrado por três subsistemas. Portanto, a Seguridade Social é gênero com três espécies, que são a saúde, a previdência social e a assistência social. Apenas a Previdência Social tem a característica de ser um subsistema contributivo, na medida em que o segurado, para ostentar esta qualidade e ter direito às prestações previdenciárias, deve contribuir com um tributo específico. Os demais subsistemas, quais sejam, a assistência social e a saúde, são subsistemas do tipo não contributivo, que quer dizer que não se exige uma contribuição específica para que o beneficiário possa usufruir de suas prestações.

Seguridade Social
- Previdência Social (contributivo)
- Assistência social (não contributivo)
- Saúde (não contributivo)

Como a saúde é financiada? De acordo com o art. 195 da CF/88, a Seguridade Social (entenda-se: a saúde, a previdência e a assistência social) será financiada por toda a sociedade, de forma direta e indireta, nos termos da lei, mediante recursos provenientes dos orçamentos da União, dos Estados, do Distrito Federal e dos Municípios, e das seguintes contribuições sociais: a) da empresa sobre a folha de remuneração, sobre a receita e o faturamento e sobre o lucro; b) dos trabalhadores e demais segurados; c) sobre a receita de concursos de prognósticos; d) do importador de bens e serviços do exterior.

Portanto, infere-se que a saúde é financiada tanto pela receita advinda das contribuições sociais como dos orçamentos dos entes políticos.

4.2. SAÚDE

O art. 196 da Constituição da República de 1988 introduz a saúde, um dos sistemas setoriais da Seguridade Social. Esse dispositivo afirma que a **saúde é direito de todos e dever do Estado**, garantido mediante políticas sociais e econômicas que visem à redução do risco de doença e de outros agravos e ao **acesso universal e igualitário** às ações e serviços para sua promoção, proteção e recuperação.

Podemos concluir que a saúde é um direito fundamental, reconhecido como direito social, conforme se verifica do art. 6º da CF/88. Ademais, o art. 196 da CF/88 afirma ser um direito de todos, o que implica dizer que todas as pessoas, sem exceção, têm direito ao acesso às prestações de saúde (universalidade de acesso à saúde pública).

A positivação constitucional do direito à saúde de natureza universalizante é fruto de um processo de amadurecimento de nosso Estado Social e tem na VIII Conferência Nacional de Saúde um papel decisivo para a criação do Sistema Único de Saúde.

Assim, por força da garantia constitucional da universalidade do acesso à saúde pública, todas as pessoas, independentemente das condições financeiras particulares, têm o mesmo direito à saúde. Nesse sentido, restrições irrazoáveis por critérios subjetivos podem revelar conduta inconstitucional por parte do Poder Público.

Outra norma constitucional de grande importância é a prevista no art. 197, que afirma serem de **relevância pública as ações e serviços de saúde**, cabendo ao Poder Público dispor, nos termos da lei, sobre sua regulamentação, fiscalização e controle, devendo sua execução ser feita diretamente ou através de terceiros e, também, por pessoa física ou jurídica de direito privado.

Este dispositivo corrobora o caráter de indisponibilidade do direito à saúde, trazendo a legitimidade do Ministério Público na tutela desse direito, tanto como órgão agente quanto como órgão interveniente (ou seja, como *custos legis*).

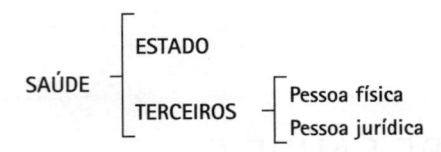

SAÚDE ⎰ ESTADO
       ⎱ TERCEIROS ⎰ Pessoa física
                    ⎱ Pessoa jurídica

Conforme estabelecido no art. 198 da Constituição Federal de 1988, as ações e serviços públicos de saúde integram uma **rede regionalizada e hierarquizada** e constituem um **sistema único**, organizado de acordo com as seguintes diretrizes:

I – descentralização, com direção única em cada esfera de governo;

II – atendimento integral, com prioridade para as atividades preventivas, sem prejuízo dos serviços assistenciais; e

III – participação da comunidade.

Essas diretrizes podem ser entendidas como princípios pelos quais o SUS deve se organizar, embora este rol não seja taxativo, sendo complementado pelos princípios previstos nas demais normas constitucionais sobre a saúde, "devendo ser interpretado como um conteúdo mínimo a ser observado na organização dos serviços e ações de saúde, especialmente quanto ao exercício de competências legislativas e administrativas pelos diferentes entes públicos envolvidos", explica Mariana Filchtiner Figueiredo[41].

Atenção! Apesar da nomenclatura "Sistema Único de Saúde", uma das diretrizes das ações e serviços públicos de saúde é a descentralização!

Conforme se verifica do art. 200 da Constituição da República Federativa do Brasil de 1988, compete ao SUS, além de outras atribuições, nos termos da lei:

I – controlar e fiscalizar procedimentos, produtos e substâncias de interesse para a saúde e participar da produção de medicamentos, equipamentos, imunobiológicos, hemoderivados e outros insumos;

II – executar as ações de vigilância sanitária e epidemiológica, bem como as de saúde do trabalhador;

III – ordenar a formação de recursos humanos na área de saúde;

IV – participar da formulação da política e da execução das ações de saneamento básico;

V – incrementar em sua área de atuação o desenvolvimento científico e tecnológico e a inovação[42];

VI – fiscalizar e inspecionar alimentos, compreendido o controle de seu teor nutricional, bem como bebidas e águas para consumo humano;

VII – participar do controle e fiscalização da produção, transporte, guarda e utilização de substâncias e produtos psicoativos, tóxicos e radioativos;

VIII – colaborar na proteção do meio ambiente, nele compreendido o do trabalho.

O art. 198, § 1º, da CF/88 prescreve que o Sistema Único de Saúde será financiado, nos termos do art. 195, com recursos do orçamento da Seguridade Social, da União, dos Estados, do Distrito Federal e dos Municípios, além de outras fontes. Observe que os recursos para o financiamento do SUS advindos do orçamento da Seguridade Social revelam o financiamento direto, ao passo que os recursos utilizados na área da saúde transferidos dos orçamentos dos entes federativos e de outras fontes enquadram-se como financiamento indireto.

Destacamos, ainda, que a União, os Estados, o Distrito Federal e os Municípios aplicarão, anualmente, em ações e serviços públicos de saúde recursos mínimos previstos na CF/88, conforme se verifica do previsto em seu art. 198, § 2º, introduzido pela EC n. 29/2000. Esses percentuais, conforme prescrito pelo art. 198, § 3º, da CF/88 deveriam ser estabelecidos por lei complementar.

Recentemente este dispositivo foi regulamentado pela Lei Complementar n 141, de 13 de janeiro de 2012, após uma inércia de quase doze anos do Congresso Nacional. A LC n. 141/2012, ao regulamentar o § 3º do art. 198 da CF, dispõe sobre os valores mínimos a serem aplicados anualmente pela União, Estados, Distrito Federal e Municípios em ações e serviços públicos de saúde estabelecendo, também, os critérios de rateio dos recursos de transferências para a saúde e as normas de fiscalização, avaliação e controle das despesas com saúde nas três esferas de governo.

Segundo o art. 5º da LC n. 141/2012, a União aplicará, anualmente, em ações e serviços públicos de saúde, o montante correspondente ao valor empenhado no exercício financeiro anterior, apurado nos termos desta Lei Complementar, acrescido de, no mínimo, o

---

41 FIGUEIREDO, Mariana Filchtiner. *Direito à saúde*. 2 ed. Salvador: JusPodivm, 2011, p. 63-64.

42 Redação dada pela Emenda Constitucional n. 85, de 2015.

percentual correspondente à variação nominal do Produto Interno Bruto (PIB) ocorrida no ano anterior ao da lei orçamentária anual.

A EC n. 86, de 2015, deu nova redação ao inciso I, do § 2º, do art. 198, da CF/1988, para dispor que, no caso da União, a receita corrente líquida do respectivo exercício financeiro não pode ser inferior a 15% (quinze por cento).

Os Estados e o Distrito Federal aplicarão, anualmente, em ações e serviços públicos de saúde, no mínimo, 12% (doze por cento) da arrecadação dos impostos a que se refere o art. 155 e dos recursos de que tratam o art. 157, a alínea *a* do inciso I e o inciso II do *caput* do art. 159, todos da Constituição Federal, deduzidas as parcelas que forem transferidas aos respectivos Municípios (art. 6º).

Por sua vez, os Municípios e o Distrito Federal aplicarão anualmente em ações e serviços públicos de saúde, no mínimo, 15% (quinze por cento) da arrecadação dos impostos a que se refere o art. 156 e dos recursos de que tratam o art. 158 e a alínea *b* do inciso I do *caput* e o § 3º do art. 159, todos da Constituição Federal. Cabe destacar que, segundo o art. 8º da LC n. 141/2012, o Distrito Federal também aplicará, anualmente, em ações e serviços públicos de saúde, no mínimo, 12% (doze por cento) do produto da arrecadação direta dos impostos que não possam ser segregados em base estadual e em base municipal.

Esta Lei Complementar ainda define o que serão consideradas despesas com ações e serviços públicos de saúde (art. 3º) e o que não constituirão despesas com ações e serviços públicos de saúde, para fins de apuração dos percentuais mínimos (art. 4º).

De acordo com o art. 199 da CF/88, a assistência à saúde é livre à iniciativa privada. Com efeito, as instituições privadas, preferencialmente as entidades filantrópicas e as sem fins lucrativos, poderão participar do Sistema Único de Saúde **de forma complementar**, mediante contrato de direito público ou convênio. Essa participação deve observar os seguintes aspectos: 1º) necessidade de estar em conformidade com as diretrizes do SUS; 2º) é vedada a destinação de recursos públicos para auxílios ou subvenções às instituições privadas com fins lucrativos; 3º) é vedada a participação direta ou indireta de empresas ou capitais estrangeiros na assistência à saúde no País, salvo nos casos previstos em lei.

Nos termos do art. 199, § 4º, da Constituição da República de 1988, a lei disporá sobre as condições e os requisitos que facilitem a remoção de órgãos, tecidos e substâncias humanas para fins de transplante, pesquisa e tratamento, bem como a coleta, processamento e transfusão de sangue e seus derivados, **sendo vedado todo tipo de comercialização**.

A Lei n. 9.434, de 4 de fevereiro de 1997, dispõe sobre a remoção de órgãos, tecidos e partes do corpo humano para fins de transplante e tratamento, destacando, em seu art. 1º, parágrafo único, que, "para efeitos desta Lei, não estão compreendidos entre os tecidos o sangue, o esperma e o óvulo".

Por sua vez, a Lei n. 10.205, de 21 de março de 2001, regulamenta o § 4º do art. 199 da Constituição Federal, relativo à coleta, processamento, estocagem, distribuição e aplicação do sangue, seus componentes e derivados, estabelece o ordenamento institucional indispensável à execução adequada dessas atividades.

4.3. ASSISTÊNCIA SOCIAL

Segundo o art. 203 da CF/88, a assistência social será prestada a quem dela necessitar, **independentemente de contribuição à seguridade social**, e tem por objetivos:

I – a proteção à família, à maternidade, à infância, à adolescência e à velhice;

II – o amparo às crianças e adolescentes carentes;

III – a promoção da integração ao mercado de trabalho;

IV – a habilitação e reabilitação das pessoas portadoras de deficiência e a promoção de sua integração à vida comunitária;

V – a garantia de um salário mínimo de benefício mensal à pessoa portadora de deficiência e ao idoso que comprovem não possuir meios de prover à própria manutenção ou de tê-la provida por sua família, conforme dispuser a lei[43].

Atenção! O fato de a assistência social ser prestada independentemente de contribuição direta do beneficiário não implica dizer que a criação, a majoração ou a extensão de seus benefícios prescindem de fonte de custeio. Já vimos que a assistência social integra a seguridade social. Vimos também que, por força do art. 195, § 5º, da CF/88, nenhum benefício ou serviço da

---

43 Esse benefício será tratado em tópico específico.

seguridade social (consequentemente, da assistência social, também) poderá ser criado, majorado ou estendido sem a correspondente fonte de custeio total. Logo, os benefícios e serviços da assistência social dependem da respectiva fonte de custeio.

Segundo o art. 204 da CF/88, as ações governamentais na área da assistência social serão realizadas com recursos do orçamento da seguridade social, previstos no art. 195, além de outras fontes, e organizadas com base nas seguintes diretrizes:

I – descentralização político-administrativa, cabendo a coordenação e as normas gerais à esfera federal e a coordenação e a execução dos respectivos programas às esferas estadual e municipal, bem como a entidades beneficentes e de assistência social;

II – participação da população, por meio de organizações representativas, na formulação das políticas e no controle das ações em todos os níveis.

Por sua vez, o parágrafo único do art. 204 da CF/88 dispõe que é facultado aos Estados e ao Distrito Federal vincular a programa de apoio à inclusão e promoção social até cinco décimos por cento de sua receita tributária líquida, vedada a aplicação desses recursos no pagamento de:

I – despesas com pessoal e encargos sociais;

II – serviço da dívida;

III – qualquer outra despesa corrente não vinculada diretamente aos investimentos ou ações apoiados.

Segundo o art. 6º-A da Lei n. 8.742/93 (LOAS – Lei Orgânica da Assistência Social), a assistência social organiza-se pelos seguintes tipos de proteção:

I – **proteção social básica**: conjunto de serviços, programas, projetos e benefícios da assistência social que visa a prevenir situações de vulnerabilidade e risco social por meio do desenvolvimento de potencialidades e aquisições e do fortalecimento de vínculos familiares e comunitários;

II – **proteção social especial**: conjunto de serviços, programas e projetos que tem por objetivo contribuir para a reconstrução de vínculos familiares e comunitários, a defesa de direito, o fortalecimento das potencialidades e aquisições e a proteção de famílias e indivíduos para o enfrentamento das situações de violação de direitos.

A vigilância socioassistencial é um dos instrumentos das proteções da assistência social que identifica e previne as situações de risco e vulnerabilidade social e seus agravos no território.

O art. 6º-B da LOAS prescreve que as proteções sociais básica e especial serão ofertadas pela rede socioassistencial, de forma integrada, diretamente pelos entes públicos e/ou pelas entidades e organizações de assistência social vinculadas ao SUAS, respeitadas as especificidades de cada ação.

A vinculação ao SUAS é o reconhecimento pelo Ministério do Desenvolvimento Social e Combate à Fome de que a entidade de assistência social integra a rede socioassistencial.

As entidades e organizações de assistência social vinculadas ao SUAS celebrarão convênios, contratos, acordos ou ajustes com o poder público para a execução, garantido financiamento integral, pelo Estado, de serviços, programas, projetos e ações de assistência social, nos limites da capacidade instalada, aos beneficiários abrangidos pela LOAS.

As proteções sociais, básica e especial, serão ofertadas precipuamente no Centro de Referência de Assistência Social (CRAS) e no Centro de Referência Especializado de Assistência Social (CREAS), respectivamente, e pelas entidades sem fins lucrativos de assistência social de que trata o art. 3º da LOAS.

O CRAS é a unidade pública municipal, de base territorial, localizada em áreas com maiores índices de vulnerabilidade e risco social, destinada à articulação dos serviços socioassistenciais no seu território de abrangência e à prestação de serviços, programas e projetos socioassistenciais de proteção social básica às famílias.

Por sua vez, o CREAS é a unidade pública de abrangência e gestão municipal, estadual ou regional destinada à prestação de serviços a indivíduos e famílias que se encontram em situação de risco pessoal ou social, por violação de direitos ou contingência, que demandam intervenções especializadas da proteção social especial.

Ambas são unidades públicas estatais instituídas no âmbito do SUAS, que possuem interface com as demais políticas públicas e articulam, coordenam e ofertam os serviços, programas, projetos e benefícios da assistência social.

QUESTÕES

1. **(ANALISTA DO INSS – 2008 – CESPE)** As ações e serviços públicos de saúde integram uma rede regionalizada e hierarquizada, que constitui um sistema

único, organizado de acordo com as diretrizes de descentralização, atendimento integral e participação da comunidade.

2. (TÉCNICO DA RECEITA FEDERAL – 2006 – ESAF) De acordo com a Constituição Federal/88, as instituições poderão participar do Sistema Único de Saúde, segundo diretrizes deste, mediante contrato de direito público ou convênio, tendo preferência as entidades filantrópicas e as sem fins lucrativos, podendo elas participar de forma

   a) alternativa.
   b) supletiva.
   c) complementar.
   d) contributiva.
   e) suspensiva.

3. (TÉCNICO DO SEGURO SOCIAL – 2008 – CESPE) Pelo fato de serem concedidos independentemente de contribuição, os benefícios e serviços prestados na área da assistência social prescindem da respectiva fonte de custeio.

GABARITO

1. CERTO
2. C
3. ERRADO

CAPÍTULO 5

INTRODUÇÃO À PREVIDÊNCIA SOCIAL

5.1. INTRODUÇÃO

Fixando o que já estudamos: a Seguridade Social é um sistema de proteção tripartite, possuindo três subsistemas, quais sejam, a saúde, a assistência social e a previdência social. Nem todos os setores da Seguridade Social funcionam da mesma forma no que tange ao custeio por parte de seus usuários. Assim, como já visto acima, a Previdência Social apresenta, como toque diferenciador, o seu caráter contributivo. Isso significa que o beneficiário das prestações previdenciárias deve contribuir diretamente para o regime de previdência social a que estiver vinculado, tornando-se segurado dele e, por via de consequência, sujeito ativo (quem pode exigir as prestações previdenciárias) da relação de proteção.

Esquematizando a Previdência Social brasileira, identificamos dois grupos de regimes previdenciários: os regimes previdenciários básicos (cogentes ou obrigatórios) e os regimes previdenciários complementares. Usamos "regimes previdenciários básicos" no plural porque existe ainda uma subdivisão interna, na medida em que temos a previdência dos trabalhadores em geral e a possibilidade de os entes federativos instituírem regime de previdência social específico para os seus servidores ocupantes de cargos efetivos.

Assim, no Brasil, os regimes básicos de previdência social são o Regime Geral de Previdência Social e os Regimes Próprios de Previdência Social.

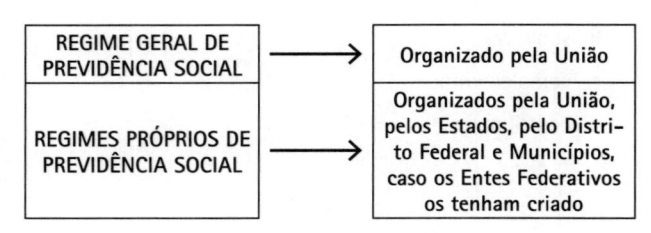

Regimes básicos ou obrigatórios
- Regime Geral de Previdência Social (art. 201 da CF/88)
- Regime próprio de previdência (art. 40 da CF/88)
- Regime dos militares (art. 142, § 3º, X, da CF/88)

Regimes complementares
- Previdência complementar privada (art. 202 da CF/88)
- Previdência complementar pública (art. 40, §§ 14 a 16, da CF/88)

REGIME GERAL DE PREVIDÊNCIA SOCIAL → Organizado pela União

REGIMES PRÓPRIOS DE PREVIDÊNCIA SOCIAL → Organizados pela União, pelos Estados, pelo Distrito Federal e Municípios, caso os Entes Federativos os tenham criado

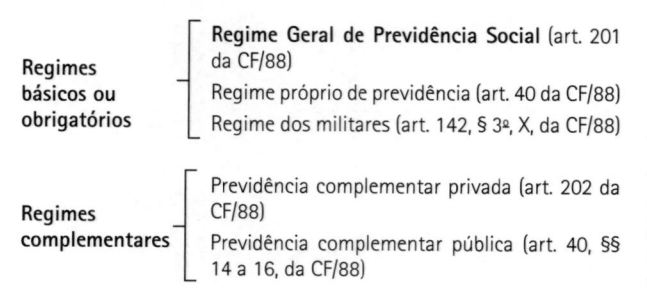

O leitor deve ficar atento a algumas questões de concurso que podem parecer corretas em uma primeira leitura. Por exemplo, o Instituto Nacional do Seguro Social não tem a função de administrar o Regime Geral de Previdência Social, já que esta atribuição é acometida ao Ministério da Previdência Social.

Veja o que dispõe o art. 7º do Regulamento da Previdência Social (Decreto n. 3.048/99): "a administração do Regime Geral de Previdência Social é atribuída ao Ministério da Previdência e Assistência Social, sendo exercida pelos órgãos e entidades a ele vinculados".

Desde o ano de 2016, a estrutura da Presidência da República vem passando por alterações, como no caso da Previdência Social, que já integrou o Ministério do Trabalho. Atualmente, no entanto, nos termos do art. 41, X, da Lei n. 13.502, de 1º de novembro de 2017[44], constituem área de competência do Ministério da Fazenda a previdência e a previdência complementar.

Por sua vez, o art. 42 da Lei n. 13.502, de 2017, dispõe que integra a estrutura básica do Ministério da Fazenda, entre outros órgãos, o Conselho Nacional de Previdência, que, segundo o parágrafo único desse mesmo dispositivo, estabelecerá as diretrizes gerais previdenciárias a serem seguidas pelo Instituto Nacional do Seguro Social (INSS).

---

44 A Lei n. 13.502, de 1º de novembro de 2017, estabelece a organização básica dos órgãos da Presidência da República e dos Ministérios, altera a Lei n. 13.334, de 13 de setembro de 2016, e revoga a Lei n. 10.683, de 28 de maio de 2003, e a Medida Provisória n. 768, de 2 de fevereiro de 2017.

O INSS, que tem natureza jurídica de autarquia federal e, por isso, descentralizada da Administração Direta (o INSS integra a Administração Pública Indireta), foi criado para exercer atividade típica do Estado, com autonomia gerencial e administrativa, na aferição dos pressupostos legais para a concessão de benefícios e serviços do RGPS (bem como do benefício assistencial de prestação continuada).

Observe o disposto no art. 1º da Estrutura Regimental do INSS, aprovada pelo Decreto n. 9.104, de 24 de julho de 2017:

> Art. 1º O Instituto Nacional do Seguro Social – INSS, autarquia federal com sede em Brasília, Distrito Federal, instituída com fundamento no disposto no art. 17 da Lei n. 8.029, de 12 de abril de 1990, é vinculado ao Ministério do Desenvolvimento Social.

Podemos concluir, portanto, que **o INSS não administra o Regime Geral de Previdência Social**.

5.2. PRINCÍPIOS PREVIDENCIÁRIOS

A Previdência Social é tratada na Constituição Federal de 1988 basicamente no art. 201. Segundo o *caput* do art. 201, a Previdência Social será organizada sob a forma de regime geral, de **caráter contributivo** e de **filiação obrigatória**, observados critérios que preservem o **equilíbrio financeiro e atuarial**.

De plano, da leitura deste artigo identificamos três princípios típicos do subsistema previdenciário, quais sejam, o caráter contributivo, a filiação obrigatória e o equilíbrio financeiro e atuarial, que se somam aos princípios da seguridade social abordados em passagem anterior.

Contudo, não é apenas no texto constitucional que vamos encontrar os princípios informadores da Previdência Social. O legislador ordinário elenca, na Lei n. 8.213/91, mais precisamente em seu art. 2º, outros princípios previdenciários, conforme percebemos do dispositivo transcrito:

"Art. 2º A Previdência Social rege-se pelos seguintes princípios e objetivos:

I – universalidade de participação nos planos previdenciários;

II – uniformidade e equivalência dos benefícios e serviços às populações urbanas e rurais;

III – seletividade e distributividade na prestação dos benefícios;

IV – cálculo dos benefícios considerando-se os salários de contribuição corrigidos monetariamente;

V – irredutibilidade do valor dos benefícios de forma a preservar-lhes o poder aquisitivo;

VI – valor da renda mensal dos benefícios substitutos do salário de contribuição ou do rendimento do trabalho do segurado não inferior ao do salário mínimo;

VII – previdência complementar facultativa, custeada por contribuição adicional;

VIII – caráter democrático e descentralizado da gestão administrativa, com a participação do governo e da comunidade, em especial de trabalhadores em atividade, empregadores e aposentados".

Esquematizando, em uma chave única, os princípios informadores da Previdência Social, para melhor visualização.

Princípios previdenciários:
- Caráter contributivo e filiação obrigatória;
- Equilíbrio financeiro e atuarial;
- Universalidade de participação nos planos previdenciários;
- Uniformidade e equivalência dos benefícios e serviços às populações urbanas e rurais;
- Seletividade e distributividade na prestação dos benefícios;
- Cálculo dos benefícios considerando-se os salários de contribuição corrigidos monetariamente;
- Irredutibilidade do valor dos benefícios de forma a preservar-lhes o poder aquisitivo;
- Valor da renda mensal dos benefícios substitutos do salário de contribuição ou do rendimento do trabalho do segurado não inferior ao do salário mínimo;
- Previdência complementar facultativa, custeada por contribuição adicional;
- Caráter democrático e descentralizado da gestão administrativa, com a participação do governo e da comunidade, em especial de trabalhadores em atividade, empregadores e aposentados.

Como alguns princípios enumerados no art. 2º da Lei n. 8.213/91 são repetições dos princípios constitucionais da Seguridade Social, para evitar a repetição dos comentários, elaboramos o quadro abaixo identificando em que momento eles foram analisados nesta obra.

PRINCÍPIO	COMENTÁRIO
Caráter contributivo e filiação obrigatória	Este princípio será analisado a seguir.
Equilíbrio financeiro e atuarial	Este princípio será analisado a seguir.

PRINCÍPIO	COMENTÁRIO
Universalidade de participação nos planos previdenciários	Este princípio já foi estudado no Capítulo que tratou da Seguridade Social. Será estudado abaixo complementando a análise, direcionando os comentários para o subsistema previdenciário.
Uniformidade e equivalência dos benefícios e serviços às populações urbanas e rurais	Este princípio também já foi estudado no Capítulo que trata da Seguridade Social. Como o princípio não traz especificidades no subsistema previdenciário, não teceremos novos comentários sobre ele.
Seletividade e distributividade na prestação dos benefícios	Também já foi estudado no Capítulo dedicado à Seguridade Social. Apresenta mesmo sentido e conteúdo no subsistema previdenciário. Fazemos uma breve observação quanto à redação, já que identificamos uma diferença, qual seja, a não referência aos serviços. Verificamos que o art. 2º, III, da Lei n. 8.213/91 não se referiu aos serviços, limitando-se aos benefícios. Esta omissão somente pode ser reputada como um equívoco do legislador, já que não há fundamento lógico ou jurídico para a sua exclusão do referido princípio. Observe, no quadro abaixo, a comparação entre os dois princípios. | Princípio da seguridade | Princípio da previdência | |---|---| | Seletividade e distributividade na prestação dos benefícios e serviços. | Seletividade e distributividade na prestação dos benefícios. |
Cálculo dos benefícios considerando-se os salários de contribuição corrigidos monetariamente	Este princípio será examinado a seguir.
Irredutibilidade do valor dos benefícios de forma a preservar-lhes o poder aquisitivo	Também já foi comentado no Capítulo dedicado à Seguridade Social.
Valor da renda mensal dos benefícios substitutos do salário de contribuição ou do rendimento do trabalho do segurado não inferior ao do salário mínimo	Este princípio será examinado a seguir.
Previdência complementar facultativa, custeada por contribuição adicional	Este princípio será examinado a seguir.

PRINCÍPIO	COMENTÁRIO
Caráter democrático e descentralizado da gestão administrativa, com a participação do governo e da comunidade, em especial de trabalhadores em atividade, empregadores e aposentados	Este princípio também já foi estudado no Capítulo dedicado ao estudo da Seguridade Social.

5.2.1. Caráter contributivo e filiação obrigatória

Como visto anteriormente, o subsistema previdenciário é contributivo. A contributividade da Previdência Social repousa na necessidade de o segurado recolher contribuições para ter direito às prestações previstas no plano de benefícios do regime. Assim, o reconhecimento de algum direito perante a previdência social requer a aferição da qualidade de segurado que, via de regra, é mantida por intermédio dos recolhimentos de contribuições específicas (contribuições previdenciárias).

Além da necessidade do recolhimento das contribuições previdenciárias (espécie do gênero contribuições sociais), a Constituição da República de 1988 impõe a obrigatoriedade de filiação ao regime de previdência social. A pessoa que exerce atividade remunerada constitui uma relação jurídica com a Previdência Social de forma cogente, passando a ser filiada (segurada) do sistema previdenciário. O trabalhador não tem a opção de não se filiar ao regime previdenciário correspondente (geral ou próprio) na medida em que, exercendo atividade remunerada que lhe imponha a filiação obrigatória a algum regime de previdência social, passa a ser filiado obrigatório deste regime.

Portanto, o exercício da atividade remunerada configura o elemento fático que gera a filiação ao regime previdenciário e, por consequência, o dever de recolher as contribuições previdenciárias.

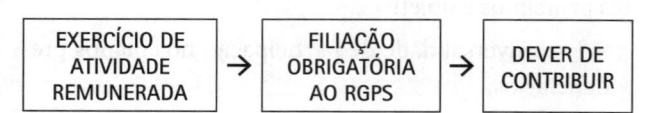

EXERCÍCIO DE ATIVIDADE REMUNERADA → FILIAÇÃO OBRIGATÓRIA AO RGPS → DEVER DE CONTRIBUIR

5.2.2. Equilíbrio financeiro e atuarial

O regime previdenciário deve ser equilibrado. Este equilíbrio apresenta dois aspectos: equilíbrio financeiro e equilíbrio atuarial. O **equilíbrio financeiro** deve ser entendido como a capacidade financeira do sistema de fazer frente às despesas com o pagamento dos benefícios previdenciários, de forma imediata. Portanto, o equilíbrio financeiro tem um parâmetro temporal restrito, considerando as necessidades atuais do sistema. Portanto, é um equilíbrio de curto prazo, mas que o sistema deve procurar sempre manter.

O **equilíbrio atuarial**, por sua vez, impõe o conhecimento da ciência atuarial (atuária), que é a área do conhecimento humano que tem por finalidade analisar os riscos e expectativas financeiras e econômicas relacionadas, sobretudo, na gestão de seguros e pensões. Possui parâmetro temporal mais amplo, ou seja, considera as necessidades do sistema a médio e a curto prazo. O equilíbrio atuarial apresenta maior grau de complexidade na medida em que se devem levar em conta os aspectos demográficos da população (envelhecimento, expectativa de sobrevida, tempo de atividade etc.) e os riscos que impõem necessidades sociais a serem enfrentadas pelo sistema, elaborando modelos matemáticos que indiquem, *ad futurum*, as receitas previdenciárias necessárias para que os benefícios previdenciários sejam mantidos.

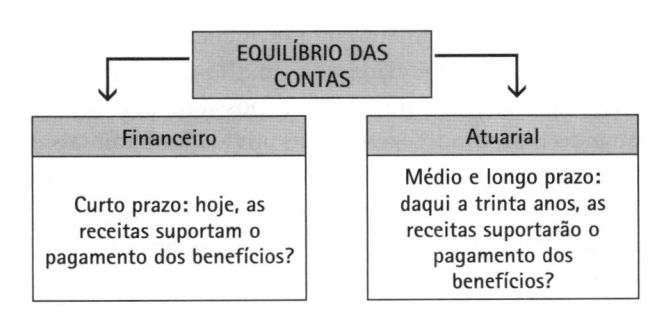

```
              EQUILÍBRIO DAS
                 CONTAS
         ↙                    ↘
    Financeiro              Atuarial
 Curto prazo: hoje, as   Médio e longo prazo:
 receitas suportam o    daqui a trinta anos, as
 pagamento dos          receitas suportarão o
 benefícios?            pagamento dos
                        benefícios?
```

5.2.3. Universalidade de participação nos planos previdenciários

Conforme já salientamos por ocasião da análise do princípio da seguridade social da universalidade da cobertura e do atendimento, diante da exigência de contribuição do beneficiário, não podemos dizer que todas as pessoas têm direito à previdência social. Apenas o **contribuinte** poderá gerar proteção previdenciária. Por outro lado, deve-se ponderar que o acesso à Previdência Social é universal, no sentido de que todas as pessoas que quiserem podem filiar-se ao sistema previdenciário. Vale dizer: de fato, para ser beneficiário da Previdência Social, em regra, é necessário que o indivíduo esteja contribuindo. Porém, qualquer pessoa que queira contribuir, poderá fazê-lo, sem qualquer restrição de acesso (**princípio da universalidade de participação nos planos previdenciários** – art. 2º, I, da Lei n. 8.213/91). Saliente-se que a universalidade de acesso à previdência social somente foi viabilizada após a previsão normativa do **segurado facultativo**. A partir de então, para se filiar ao sistema previdenciário, não mais se exige que o sujeito esteja exercendo atividade remunerada, como se exigia no passado. Qualquer pessoa física, com mais de dezesseis anos[45], se quiser, pode aderir ao Regime Geral de Previdência Social.

5.2.4. Cálculo dos benefícios considerando-se os salários de contribuição corrigidos monetariamente

Além do fundamento legal (art. 2º, IV, da Lei n. 8.213/91), o princípio em comento está previsto no art. 201, § 3º, da CF/88: "Todos os salários de contribuição considerados para o cálculo de benefício serão devidamente atualizados, na forma da lei".

A melhor forma de entender este princípio é através de um exemplo. Mas, antes, é preciso registrar que, atualmente, o benefício previdenciário é calculado com base em todos os salários de contribuição do indivíduo (e não apenas com base nos últimos, como era antigamente). Admitamos então que José filiou-se ao sistema previdenciário em janeiro de 2006. Exerceu atividade até setembro de 2011, oportunidade em que ficou incapaz para o trabalho. Diante disso, requereu o benefício no INSS. Quais salários de contribuição (por ora, entenda-se como remunerações) serão utilizados para o cálculo do auxílio-doença?

---

45 O menor aprendiz poderá filiar-se a partir dos quatorze anos como segurado obrigatório.

■ DIREITO PREVIDENCIÁRIO

Resposta: **Todos**, desde a filiação de José até setembro de 2011. E todos eles devem ser devidamente atualizados na forma da lei, com base no **INPC (e não pelo salário mínimo!)**, por força do art. 29-B da Lei n. 8.213/91.

> **Qual é o índice de atualização?** Lei n. 8.213/91: Art. 29-B. Os salários de contribuição considerados no cálculo do valor do benefício serão corrigidos mês a mês de acordo com a variação integral do **Índice Nacional de Preços ao Consumidor – INPC**, calculado pela Fundação Instituto Brasileiro de Geografia e Estatística – IBGE.

Benefício será calculado com base em todos os salários de contribuição (por ora = remunerações)

	2006	2007	2008	2009	2010	2011
Janeiro	R$ 400,00	R$ 430,00	R$ 500,00	R$ 550,00	R$ 610,00	R$ 660,00
Fevereiro	R$ 400,00	R$ 430,00	R$ 500,00	R$ 550,00	R$ 610,00	R$ 660,00
Março	R$ 400,00	R$ 430,00	R$ 500,00	R$ 550,00	R$ 610,00	R$ 660,00
Abril	R$ 400,00	R$ 430,00	R$ 500,00	R$ 550,00	R$ 610,00	R$ 660,00
Maio	R$ 400,00	R$ 430,00	R$ 500,00	R$ 550,00	R$ 610,00	R$ 660,00
Junho	R$ 400,00	R$ 430,00	R$ 500,00	R$ 550,00	R$ 610,00	R$ 660,00
Julho	R$ 400,00	R$ 430,00	R$ 500,00	R$ 550,00	R$ 610,00	R$ 660,00
Agosto	R$ 400,00	R$ 430,00	R$ 500,00	R$ 550,00	R$ 610,00	R$ 660,00
Setembro	R$ 400,00	R$ 430,00	R$ 500,00	R$ 550,00	R$ 610,00	R$ 660,00
Outubro	R$ 400,00	R$ 430,00	R$ 500,00	R$ 550,00	R$ 610,00	BENE-FÍCIO
Novembro	R$ 400,00	R$ 430,00	R$ 500,00	R$ 550,00	R$ 610,00	
Dezembro	R$ 400,00	R$ 430,00	R$ 500,00	R$ 550,00	R$ 610,00	

Depois da atualização monetária pelo INPC[46]

	2006	2007	2008	2009	2010	2011
Janeiro	R$ 520,50	R$ 540,10	R$ 580,90	R$ 605,00	R$ 649,00	R$ 675,00
Fevereiro	R$ 519,00	R$ 538,15	R$ 579,12	R$ 604,10	R$ 648,37	R$ 674,30
Março	R$ 518,70	R$ 537,40	R$ 578,15	R$ 603,05	R$ 647,20	R$ 673,21
Abril	R$ 517,40	R$ 536,35	R$ 577,90	R$ 602,00	R$ 645,00	R$ 672,00
Maio	R$ 516,00	R$ 535,70	R$ 576,02	R$ 600,34	R$ 644,15	R$ 671,14
Junho	R$ 514,33	R$ 534,30	R$ 575,20	R$ 599,40	R$ 643,14	R$ 670,33
Julho	R$ 512,70	R$ 533,20	R$ 574,12	R$ 598,30	R$ 641,79	R$ 668,32
Agosto	R$ 511,20	R$ 532,80	R$ 573,10	R$ 597,21	R$ 640,20	R$ 667,00
Setembro	R$ 509,30	R$ 531,60	R$ 572,77	R$ 595,31	R$ 638,00	R$ 665,19
Outubro	R$ 507,80	R$ 530,21	R$ 571,00	R$ 594,12	R$ 637,30	BENE-FÍCIO
Novembro	R$ 506,00	R$ 529,14	R$ 570,23	R$ 593,00	R$ 636,00	
Dezembro	R$ 503,00	R$ 526,80	R$ 569,14	R$ 591,50	R$ 635,00	

Valores para 2011 | Valores para 2011 | Valores para 2011 | Valores para 2011 | Valores para 2011

---

46 Foram utilizados índices hipotéticos apenas para facilitar a compreensão.

5.2.5. Valor da renda mensal dos benefícios substitutos do salário de contribuição ou do rendimento do trabalho do segurado não inferior ao do salário mínimo

Este princípio também possui força constitucional, estando previsto no art. 201, § 2º, da CF/88: "Nenhum benefício que substitua o salário de contribuição ou o rendimento do trabalho do segurado terá valor mensal inferior ao salário mínimo".

Percebe-se que a regra constitucional não veda totalmente a possibilidade de um benefício previdenciário ser inferior ao salário mínimo. **Apenas os benefícios substitutivos** (ou seja, que visem a substituir a renda do trabalhador) não podem ser inferiores ao salário mínimo. Nesse contexto, dois benefícios previdenciários claramente não possuem caráter substitutivo: a) o **auxílio-acidente**, que tem caráter indenizatório (indeniza a redução da capacidade para o trabalho); e b) o **salário-família**, que tem caráter complementar (complementa a renda do segurado em razão do excesso de gastos decorrentes da prole). O art. 73 do Decreto n. 3.048/99 (Regulamento da Previdência Social) também prevê a possibilidade de o **auxílio-doença** ser inferior ao salário mínimo. Essa possibilidade ocorre quando o segurado exerce duas atividades habituais e fica incapaz apenas para uma delas. Nesse caso, pelo Decreto n. 3.048/99, o valor do auxílio-doença poderá ser inferior ao salário mínimo desde que somado às demais remunerações recebidas resultar valor superior a este. Segundo nos parece, o dispositivo do Decreto não só é ilegal como também inconstitucional. Isso porque o art. 201, § 2º, da CF/88 é bastante claro quando dispõe que nenhum benefício substitutivo terá valor mensal inferior ao salário mínimo, e não há dúvida de que o auxílio-doença tem caráter substitutivo. Entretanto, considerando que algumas provas têm exigido dispositivos do Regulamento, é prudente que o candidato conheça a previsão do art. 73.

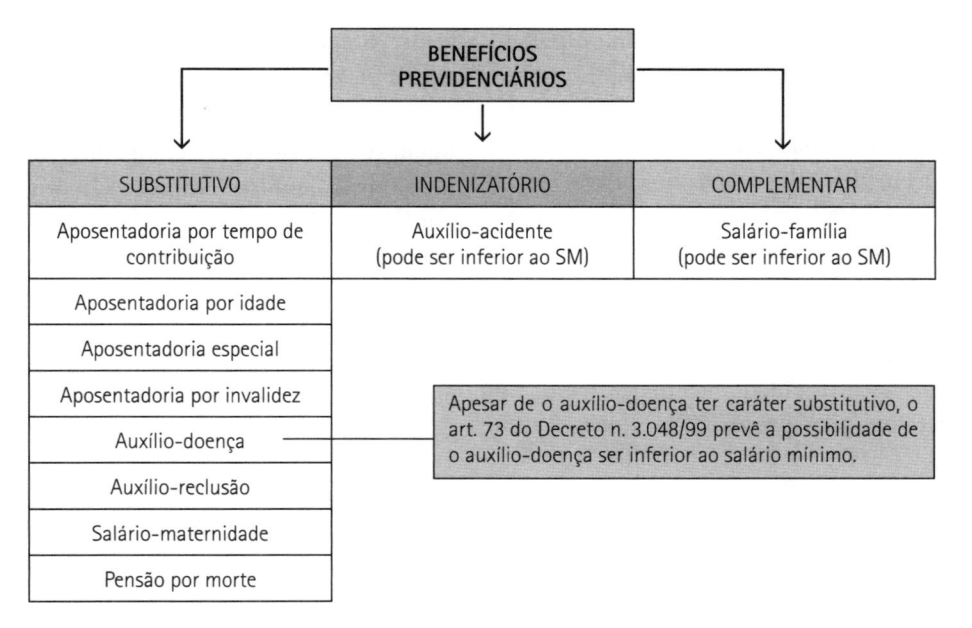

BENEFÍCIOS PREVIDENCIÁRIOS

SUBSTITUTIVO	INDENIZATÓRIO	COMPLEMENTAR
Aposentadoria por tempo de contribuição	Auxílio-acidente (pode ser inferior ao SM)	Salário-família (pode ser inferior ao SM)
Aposentadoria por idade		
Aposentadoria especial		
Aposentadoria por invalidez		
Auxílio-doença		
Auxílio-reclusão		
Salário-maternidade		
Pensão por morte		

Apesar de o auxílio-doença ter caráter substitutivo, o art. 73 do Decreto n. 3.048/99 prevê a possibilidade de o auxílio-doença ser inferior ao salário mínimo.

5.2.6. Previdência complementar facultativa, custeada por contribuição adicional

A Previdência Social visa a assegurar a sobrevivência digna do beneficiário, e não o mesmo padrão financeiro da atividade. Prova disso é a previsão de um **teto máximo para a maioria dos benefícios previdenciários**. Portanto, um empresário que sempre teve renda mensal de aproximadamente R$ 50.000,00, ao se aposentar em 2018, vai perceber no máximo R$ 5.645,80, teto da previdência social.

Atenção! Apenas dois benefícios podem extrapolar o teto da Previdência Social:

a) Salário-maternidade das seguradas empregadas[47] e trabalhadora avulsa;

b) Grande invalidez: aposentadoria por invalidez com o acréscimo de 25%.

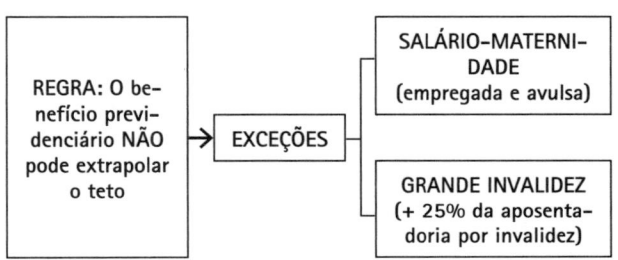

---

47 Observar o disposto no art. 25 da Lei Complementar n. 150, de 2015, segundo o qual a empregada doméstica gestante tem direito a licença-maternidade de 120 (cento e vinte) dias, sem prejuízo do emprego e do salário, nos termos da Seção V do Capítulo III do Título III da Consolidação das Leis do Trabalho (CLT), aprovada pelo Decreto-Lei n. 5.452, de 1º de maio de 1943. O art. 7ª, parágrafo único, da CF, de 1988, com a redação dada pela EC n. 72, de 2013, prescreve ser aplicável ao doméstico o inciso XVIII do mesmo artigo, que estende ao trabalhador doméstico o direito à licença à gestante, sem prejuízo do emprego e do salário, com a duração de cento e vinte dias.

REGRA: O benefício previdenciário NÃO pode extrapolar o teto → **EXCEÇÕES**:
- SALÁRIO-MATERNIDADE (empregada e avulsa)
- GRANDE INVALIDEZ (+ 25% da aposentadoria por invalidez)

Para garantir a manutenção do padrão de vida, o indivíduo precisará recorrer à previdência complementar privada. Pelo art. 202 da CF/88, o regime de previdência privada, de caráter complementar e organizado de forma autônoma em relação ao Regime Geral de Previdência Social, será facultativo, baseado na constituição de reservas que garantam o benefício contratado, e regulado por lei complementar.

5.3. CONTAGEM RECÍPROCA DE TEMPO DE CONTRIBUIÇÃO

Para efeito de aposentadoria, é assegurada a contagem recíproca do tempo de contribuição na administração pública e na atividade privada, rural e urbana, hipótese em que os diversos regimes de previdência social se compensarão financeiramente, segundo critérios estabelecidos em lei (art. 201, § 9º, da CF/88).

Diante da determinação constitucional, é plenamente possível que o indivíduo transite de um regime previdenciário para o outro, levando consigo o tempo de contribuição já acumulado. Vamos a um exemplo: José colou grau em direito, conseguiu aprovação na OAB e iniciou suas atividades como advogado privado em 2005, segurado obrigatório do RGPS. Efetuou o recolhimento de suas contribuições previdenciárias até 2010, ano em que foi aprovado em concurso público para Procurador Federal (regime próprio). Nesse caso, José poderá levar os cinco anos de contribuição para o RGPS para o regime próprio? A resposta é afirmativa.

Note-se que o preceito constitucional indica dois aspectos fundamentais para a viabilização da contagem recíproca. O primeiro é a compensação financeira entre os regimes. O segundo consiste na necessidade de observar os critérios estabelecidos em lei.

Compensação financeira. No exemplo acima, qual regime previdenciário recebeu os cinco anos de contribuição de José? O RGPS. Qual regime previdenciário precisará aposentar José no final das contas? O regime próprio. Portanto, impõe-se a compensação financeira (= acerto de contas) entre os regimes previdenciários. É o que prescreve o art. 94, § 1º (renumerado pela Lei Complementar n. 123/2006) da Lei n. 8.213/91: "A compensação financeira será feita ao sistema a que o interessado estiver vinculado ao requerer o benefício pelos demais sistemas, em relação aos respectivos tempos de contribuição ou de serviço, conforme dispuser o Regulamento".

Necessidade de observar os critérios estabelecidos em lei. De acordo com o art. 96 da Lei n. 8.213/91 e com o art. 21, § 3º, da Lei n. 8.212/91, o direito a contagem recíproca está condicionado à observância das seguintes regras: **I** – não será admitida a contagem em dobro ou em outras condições especiais; **II** – é vedada a contagem de tempo de serviço público com o de atividade privada, quando concomitantes; **III** – não será contado por um sistema o tempo de serviço utilizado para concessão de aposentadoria pelo outro; **IV** – o tempo de serviço anterior ou posterior à obrigatoriedade de filiação à Previdência Social só será contado mediante indenização da contribuição correspondente ao período respectivo, com acréscimo de juros moratórios de um por cento ao mês e multa de dez por cento; **V** – o segurado que aderir ao plano simplificado de previdência social e pretenda contar o tempo de contribuição correspondente para fins de obtenção da aposentadoria por tempo de contribuição **ou da contagem recíproca** deverá complementar a contribuição mensal mediante recolhimento, sobre o valor correspondente ao limite mínimo mensal do salário de contribuição em vigor na competência a ser complementada, da diferença entre o percentual pago e o de 20% (vinte por cento), acrescido dos juros moratórios. Essa contribuição complementar será exigida a qualquer tempo, sob pena de indeferimento do benefício (art. 21, § 3º, da Lei n. 8.212/91).

REGRA: Não será admitida a contagem em dobro ou em outras condições especiais.

Contagem em dobro: O art. 40, § 10, da CF/88, que dispõe sobre regime próprio, prescreve que a lei não poderá estabelecer qualquer forma de contagem de tempo de contribuição fictício. Ora, se não é possível contabilizar tempo fictício dentro do regime próprio, não há lógica em admitir que, na migração do RGPS para o regime próprio, o indivíduo possa contabilizar tempo fictício.

Trabalho em condições especiais: segundo o parágrafo único do art. 5º da Lei n. 9.717/98, que trata das regras gerais dos regimes próprios, fica vedada a concessão de aposentadoria especial, nos termos do § 4º do art. 40 da CF/88, até que lei complementar federal discipline a matéria. Ora, **exclusivamente do ponto de vista legal**, se não é possível a concessão de aposentadoria especial dentro do regime próprio, não haveria lógica em admitir que, na migração do RGPS para o regime próprio, o indivíduo levasse tempo especial.

REGRA: É vedada a contagem de tempo de serviço público com o de atividade privada, quando concomitantes.

Exemplo 1: durante os anos de 2001, 2002 e 2003, José exerceu atividade como professor de uma universidade privada (filiação ao RGPS) e como procurador federal. Nesse caso, ele não poderá levar o tempo de trabalho do RGPS para o regime próprio, pois, no mesmo período (2001 a 2003), ele exerceu atividade no regime próprio (períodos concomitantes).

Exemplo 2: durante os anos de 2001 e 2002, Mário exerceu atividade como professor de uma universidade privada. Em 2003, depois de aprovado em concurso público para procurador federal, entrou em exercício. Nesse caso, Mário poderá levar o tempo laborado no RGPS (2001 e 2002) para o regime próprio, afinal ele só passou a exercer atividade no regime próprio no ano de 2003.

REGRA: Não será contado por um sistema o tempo de serviço utilizado para concessão de aposentadoria pelo outro.

Exemplo: Maria começou a trabalhar na iniciativa privada em 1970 (aos dezesseis anos de idade). Em 2000, completou o tempo necessário para a aposentadoria no RGPS. Nesse mesmo ano, Maria foi aprovada no concurso para analista judiciário. Nesse caso, Maria poderá utilizar os trinta anos para se aposentar no regime geral e levar esse mesmo tempo para o regime próprio (via contagem recíproca)? Óbvio que não. Não é possível utilizar uma única contribuição duas vezes.

REGRA: O tempo de serviço anterior ou posterior à obrigatoriedade de filiação à Previdência Social só será contado mediante indenização da contribuição correspondente ao período respectivo.

> Nesse diapasão, foi editada a **Súmula 10 da Turma Nacional de Uniformização dos Juizados Especiais Federais**: "O tempo de serviço rural anterior à vigência da Lei n. 8.213/91 pode ser utilizado para fins de contagem recíproca, assim entendida aquela que soma tempo de atividade privada, rural ou urbana, ao de serviço público estatutário, desde que sejam recolhidas as respectivas contribuições previdenciárias".
>
> **REGRA**: O segurado que aderir ao plano simplificado de previdência social e pretenda contar o tempo de contribuição correspondente para fins de obtenção da aposentadoria por tempo de contribuição ou da contagem recíproca deverá complementar a contribuição mensal mediante recolhimento, sobre o valor correspondente ao limite mínimo mensal do salário de contribuição em vigor na competência a ser complementada, da diferença entre o percentual pago e o de 20% (vinte por cento), acrescido dos juros moratórios. Essa contribuição complementar será exigida a qualquer tempo, sob pena de indeferimento do benefício.
>
> Esclarecimentos no próximo tópico (Sistema Especial de Inclusão Previdenciária).

5.4. SISTEMA ESPECIAL DE INCLUSÃO PREVIDENCIÁRIA

Segundo o art. 201, § 12, da CF/88, lei disporá sobre sistema especial de inclusão previdenciária para atender a trabalhadores de baixa renda e àqueles sem renda própria que se dediquem exclusivamente ao trabalho doméstico no âmbito de sua residência, desde que pertencentes a famílias de baixa renda, garantindo-lhes acesso a benefícios de valor igual a um salário mínimo. O § 13 do mesmo artigo ainda prevê que esse sistema terá alíquotas e carências inferiores às vigentes para os demais segurados do RGPS.

O escopo do sistema especial de inclusão previdenciária, sem dúvida, é a ampliação subjetiva da proteção previdenciária. A pessoa que não contribuía para a Previdência Social (em virtude de seu alto custo) poderá passar a ter condição financeira de suportar o pagamento da contribuição previdenciária (haja vista redução da alíquota). Vale dizer: quem não possuía proteção previdenciária poderá tornar-se segurado do RGPS.

Evidentemente, como os benefícios garantidos pelo sistema de inclusão previdenciária serão fixados em um salário mínimo, o valor do salário de contribuição também está **limitado ao salário mínimo**.

O sistema especial de inclusão previdenciária, quando foi regulamentado, passou a ser chamado de **plano simplificado de previdência social (PSPS)**, estando atualmente previsto no art. 21, § 2º, da Lei n. 8.212/91, adiante transcrito:

Lei n. 8.212/91: Art. 21. (...) § 2º No caso de **opção pela exclusão do direito ao benefício de aposentadoria por tempo de contribuição**, a alíquota de contribuição incidente sobre o limite mínimo mensal do salário de contribuição será de:		
I – 11% (onze por cento), no caso do segurado contribuinte individual, que trabalhe por conta própria, sem relação de trabalho com empresa ou equiparado e do segurado facultativo.	**II – 5% (cinco por cento)**:	
	a) no caso do microempreendedor individual, de que trata o art. 18-A da Lei Complementar no 123, de 14 de dezembro de 2006; e	b) do segurado facultativo sem renda própria que se dedique exclusivamente ao trabalho doméstico no âmbito de sua residência, desde que pertencente a família de baixa renda.
§ 3º O segurado que tenha contribuído na forma do § 2º deste artigo e pretenda contar o tempo de contribuição correspondente para fins de obtenção da aposentadoria por tempo de contribuição ou da contagem recíproca do tempo de contribuição a que se refere o art. 94 da Lei n. 8.213, de 24 de julho de 1991, deverá complementar a contribuição mensal mediante recolhimento, sobre o valor correspondente ao limite mínimo mensal do salário de contribuição em vigor na competência a ser complementada, da diferença entre o percentual pago e o de 20% (vinte por cento), acrescido dos juros moratórios de que trata o § 3º do art. 5º da Lei n. 9.430, de 27 de dezembro de 1996.		

↓ ↓

Decreto n. 3.048/99: Art. 9º (...) § 25. É considerado MEI o empresário individual a que se refere o art. 966 do Código Civil, que tenha auferido receita bruta, no ano-calendário anterior, de até R$ 36.000,00 (trinta e seis mil reais), optante pelo Simples Nacional e que não esteja impedido de optar pela sistemática de recolhimento mencionada na alínea p do inciso V do caput. Obs.: atualmente, o limite é de R$ 60.000,00, conforme disposto no art. 18-A, § 1ª, da LC 123/2006.	**Lei n. 8.212/91**: Art. 21. (...) § 4º Considera-se de **baixa renda**, para os fins do disposto na alínea b do inciso II do § 2º deste artigo, a família inscrita no Cadastro Único para Programas Sociais do Governo Federal – CadÚnico cuja renda mensal seja de até 2 (dois) salários mínimos.

Pela leitura do regramento legal, percebe-se que a adesão ao plano não implica apenas a vantagem de pagar uma contribuição reduzida. Com efeito, **quem aderir ao plano simplificado terá uma cobertura previdenciária mais restrita, sem direito ao benefício de aposentadoria por tempo de contribuição e à conta-**

gem recíproca de tempo de contribuição (ressalvada a possibilidade de complementação da contribuição, na forma do art. 21, § 3º, da Lei n. 8.212/91). E mais: o indivíduo que aderir ao Plano Simplificado só pode contribuir sobre o salário mínimo. Consequentemente, só poderá receber um salário mínimo.

QUESTÕES

1. (TÉCNICO DO SEGURO SOCIAL – FCC – 2012) No tocante à Previdência Social, é correto afirmar que

   a) é organizada sob a forma de regime especial e observa critérios que preservem o equilíbrio financeiro.

   b) é descentralizada, de caráter facultativo.

   c) tem caráter complementar e autônomo.

   d) baseia-se na constituição de reservas que garantam o benefício contratado.

   e) é contributiva, de caráter obrigatório.

   COMENTÁRIOS: o item A está errado porque a Previdência Social está organizada sob a forma de regime geral, e não especial. Além do mais, a CF/88 fala em equilíbrio financeiro e atuarial.

   O item B está errado porque a Previdência Social está organizada sob a forma de regime geral, de caráter contributivo e filiação obrigatória. O caráter facultativo aplica-se à previdência privada.

   O item C está errado porque o caráter complementar e autônomo, na verdade, são características da previdência privada (art. 202 da CF/88).

   O item D está errado por prever uma característica da previdência privada (art. 202 da CF/88).

2. (ANALISTA DO SEGURO SOCIAL – DIREITO – FUNRIO – 2014 – Questão adaptada – Citação de um item) Serão devidamente atualizados, na forma de portaria ministerial, todos os salários de contribuição considerados para o cálculo de benefício.

3. (QUESTÃO ELABORADA) Nenhum benefício previdenciário pode ser inferior ao salário mínimo.

   O item está ERRADO porque existem benefícios inferiores ao salário mínimo. Apenas os benefícios substitutivos não podem ser inferiores ao salário mínimo, o que não é o caso do auxílio-acidente e do salário-família.

4. (ANALISTA DO SEGURO SOCIAL – DIREITO – FUNRIO – 2014 – Questão adaptada – Citação de um item) É assegurada, para efeito de aposentadoria, a contagem recíproca do tempo de contribuição na administração pública e na atividade privada, rural e urbana, hipótese em que os diversos regimes de previdência social se compensarão financeiramente, segundo critérios estabelecidos em portaria ministerial.

5. (ANALISTA DO SEGURO SOCIAL – DIREITO – FUNRIO – 2014 – Questão adaptada – Citação de um item) O tempo de contribuição ou de serviço será contado de acordo com a legislação pertinente, sendo admitida a contagem em dobro ou em outras condições especiais.

6. (ANALISTA DO SEGURO SOCIAL – DIREITO – FUNRIO – 2014 – Questão adaptada – Citação de um item) O tempo de contribuição ou de serviço será contado de acordo com a legislação pertinente, sendo contado por um sistema o tempo de serviço utilizado para concessão de aposentadoria pelo outro.

   Comentários: o item está claramente errado. De acordo com o art. 96, III, da Lei 8.213/91, não será contado por um sistema o tempo de serviço utilizado para concessão de aposentadoria pelo outro.

7. (ANALISTA DO SEGURO SOCIAL – DIREITO – FUNRIO – 2014 – Questão adaptada – Citação de um item) O tempo de serviço anterior ou posterior à obrigatoriedade de filiação à Previdência Social só será contado mediante indenização da contribuição correspondente ao período respectivo, com acréscimo de juros moratórios de um por cento ao mês e multa de doze por cento.

8. (TÉCNICO DO SEGURO SOCIAL – FCC – 2012 – Questão adaptada – Citação de um item) João montou seu próprio negócio em 2010, obteve receita bruta, no ano-calendário anterior, de R$ 30.000,00 (trinta mil reais) e é optante do Simples Nacional. João não pretende receber aposentadoria por tempo de contribuição. Nessa situação, a contribuição previdenciária a ser recolhida por João é de 5% (cinco por cento) do limite mínimo do salário de contribuição.

GABARITO

1. E
2. ERRADO
3. ERRADO
4. ERRADO
5. ERRADO
6. CERTO
7. ERRADO
8. CERTO

CAPÍTULO 6

TEORIA GERAL DE BENEFÍCIOS

6.1. BENEFICIÁRIOS DA PREVIDÊNCIA SOCIAL

Conforme estabelecido no art. 1º da Lei de Benefícios (Lei n. 8.213/91), a Previdência Social, mediante contribuição, tem por fim assegurar aos seus **beneficiários** meios indispensáveis de manutenção, por motivo de incapacidade, desemprego involuntário, idade avançada, tempo de serviço, encargos familiares e prisão ou morte daqueles de quem dependiam economicamente.

Repare que este dispositivo, de forma resumida, elencou as contingências sociais previstas no art. 201 da CF/88: cobertura dos eventos de doença, invalidez, morte e idade avançada; proteção à maternidade, especialmente à gestante; proteção ao trabalhador em situação de desemprego involuntário; salário-família e auxílio-reclusão para os dependentes dos segurados de baixa renda; e pensão por morte do segurado, homem ou mulher, ao cônjuge ou companheiro e dependentes.

> **Atenção!** Embora o *caput* do art. 1º da Lei n. 8.213/91 refira-se ao desemprego involuntário como contingência a ser protegida pela Previdência Social, o RGPS não é responsável pela operacionalização do seguro-desemprego.
> A Lei n. 7.998/90 rege atualmente a concessão do seguro-desemprego, que é pago pelo Ministério do Trabalho e Emprego, com recursos do FAT (Fundo de Amparo ao Trabalhador), que possui como principal fonte, entre outras receitas, as contribuições sociais do PIS-Pasep, prescritas no art. 239 da CF/88.

De acordo com o art. 10 da Lei n. 8.213/91, os **beneficiários** do RGPS classificam-se em segurados e dependentes. Consequentemente, infere-se que **beneficiário é gênero do qual são espécies os segurados e os dependentes**.

```
                          ┌ Obrigatórios
              ┌ SEGURADOS ┤
BENEFICIÁRIOS ┤           └ Facultativos
              └ DEPENDENTES
```

Atenção! O pensionista não se apresenta como uma terceira espécie de beneficiário da Previdência Social. Na verdade, trata-se de um dependente em gozo de pensão por morte.

Os segurados são as **pessoas físicas** que, em decorrência do exercício de atividade laborativa (segurado obrigatório) ou mediante o recolhimento voluntário de contribuições (segurado facultativo), vinculam-se diretamente ao RGPS. Por sua vez, os dependentes são as **pessoas físicas** que possuem vínculo com o segurado e, em decorrência dessa relação, são abarcadas pela proteção social previdenciária.

O segurado é titular de direito próprio. O dependente também exerce direito próprio, contudo sua vinculação com a Previdência Social dá-se de forma reflexa. O aperfeiçoamento da relação protetiva entre o dependente e o RGPS está condicionado à manutenção da relação jurídica do segurado com o sistema previdenciário.

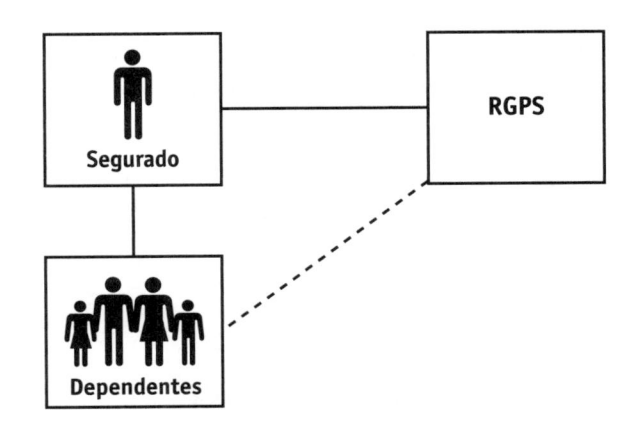

6.2. SEGURADOS

O segurado mantém um vínculo com a Previdência Social baseado em contribuição. Essa vinculação pode ser estabelecida de forma obrigatória, impositiva, ou de forma voluntária. No primeiro caso, tem-se o segurado obrigatório e no segundo, o segurado facultativo.

O segurado mantém com a Previdência Social uma relação com direitos e deveres para ambas as partes. De um lado, a Previdência tem o direito de receber contribuições e o dever de conceder as prestações na hipótese de preenchimento dos pressupostos legais. De outro, o segurado tem o dever de contribuir para o sistema e o direito de receber as prestações quando atingido pelas contingências sociais e preencher os demais requisitos estabelecidos no plano de benefícios.

6.2.1. Segurados obrigatórios

O reconhecimento da qualidade de segurado na modalidade obrigatório independe da vontade do indivíduo. **Para alguém ser considerado segurado obrigatório, basta exercer atividade remunerada (formal ou não)**, situação que dá ensejo à obrigação de verter contribuições previdenciárias para o RGPS. O recolhimento das contribuições previdenciárias pode ser de responsabilidade do próprio segurado (no caso do contribuinte individual que trabalha por conta própria e não presta serviço a pessoa jurídica, por exemplo) ou de terceiros (como ocorre na relação de emprego em que a obrigação de arrecadação e recolhimento das contribuições do trabalhador incumbe ao empregador).

Assim, em nosso ordenamento jurídico previdenciário milita, para o segurado obrigatório, a regra da **automaticidade da filiação**, que independe de sua vontade. Exercendo atividade remunerada que lhe imponha a filiação obrigatória ao RGPS, o indivíduo está, portanto, automaticamente filiado ao RGPS[48].

Os segurados obrigatórios estão referenciados no art. 12 da Lei n. 8.212/91, no art. 11 da Lei n. 8.213/91 e no art. 9º do Decreto n. 3.048/99 (Regulamento da Previdência Social).

> Sugerimos a leitura dos dispositivos constantes do Decreto Regulamentador para uma melhor compreensão das espécies de segurados obrigatórios, pois ele traz alguns exemplos que facilitam o enquadramento dos trabalhadores em cada um dos grupos de segurados. Essa leitura também se justifica porque algumas questões de concursos públicos têm utilizado exemplos de enquadramento expressamente previstos no Decreto n. 3.048/99, ainda que não referidos na Lei n. 8.212/91, nem na Lei n. 8.213/91.

Há uma divisão interna que permite reconhecer a existência de cinco espécies de segurados obrigatórios: **empregado, empregado doméstico, contribuinte individual, trabalhador avulso e segurado especial**.

Oportuno destacar que eram sete as categorias de segurados obrigatórios. Contudo, a Lei n. 9.876/99 consolidou três categorias de segurados obrigatórios (empresário, autônomo e equiparado a autônomo) em uma única categoria, qual seja, a de contribuinte individual. Assim, com a mudança legislativa, passam a ser cinco as categorias de segurados obrigatórios conforme se verifica da chave abaixo.

SEGURADOS OBRIGATÓRIOS
- Empregado
- Empregado doméstico
- Trabalhador avulso
- Contribuinte individual
- Segurado especial

A – Empregado

No direito previdenciário, **o conceito de segurado empregado é mais amplo do que o conceito de empregado fornecido pela Consolidação das Leis do Trabalho**. Portanto, nem todo trabalhador que seja vinculado ao RGPS na qualidade de segurado empregado manterá uma relação de emprego nos termos da CLT.

Empregado PREVIDENCIÁRIO > Empregado CELETISTA

São eles:

a) aquele que presta serviço de natureza urbana ou rural à empresa, em caráter não eventual, sob sua subordinação e mediante remuneração, inclusive como diretor empregado;

É o empregado descrito no art. 3º da CLT, cuja relação de trabalho apresenta as seguintes características: pessoalidade, não eventualidade, onerosidade e subor-

---

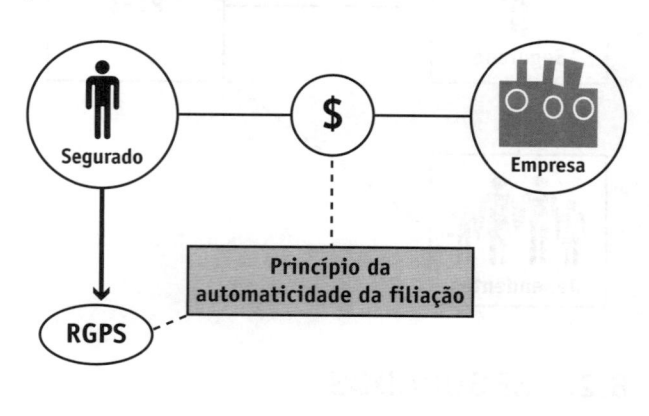

48 LEITÃO. André Studart. *Teoria geral da filiação previdenciária*: controvérsias sobre a filiação obrigatória e a filiação facultativa. São Paulo: Conceito, 2012, p. 200.

dinação jurídica. Observe-se que, para a legislação previdenciária, é irrelevante se o vínculo de emprego é urbano ou rural (lembrar que a CLT não rege a relação de emprego rural, salvo alguns dispositivos).

Atenção! O **diretor empregado** de sociedade empresária também se enquadra como segurado empregado, conforme se observa no final do dispositivo.

Também serão segurados empregados todos os trabalhadores enquadrados no conceito acima descrito, mesmo que tenham suas relações de emprego regidas por legislação especial, como é o caso do aeronauta (Lei n. 7.183/84[49]), do atleta profissional de futebol (Lei n. 9.615/98), do advogado empregado (Lei n. 8.906/94[50]), entre outras.

O **menor aprendiz** também é segurado empregado, pois a relação de aprendizagem é uma relação de trabalho especial, conforme definido pelo art. 428 da CLT. Segundo o dispositivo celetista, contrato de aprendizagem é o contrato de trabalho especial, ajustado por escrito e por prazo determinado (não podendo ser estipulado por mais de dois anos, exceto quando se tratar de aprendiz portador de deficiência), em que o empregador se compromete a assegurar **ao maior de 14 e menor de 24 anos** (não se aplicando esse limite de idade máximo ao aprendiz portador de deficiência) inscrito em programa de aprendizagem e formação técnico-profissional metódica, compatível com o seu desenvolvimento físico, moral e psicológico, e o aprendiz, a executar com zelo e diligência as tarefas necessárias a essa formação.

Não podemos confundir o **menor aprendiz** com o **aluno-aprendiz**. Quanto ao menor aprendiz, como vimos, não há qualquer controvérsia sobre o seu enquadramento na qualidade de segurado empregado do RGPS. O mesmo não se pode dizer em relação ao aluno-aprendiz, que só teve o reconhecimento do direito à contagem de tempo de contribuição para fins de aposentadoria a partir de decisões judiciais.

Com efeito, a jurisprudência dominante entende que o aluno-aprendiz será considerado como segurado empregado, "desde que receba remuneração, mesmo que indireta (valores recebidos a título de alimentação, fardamento, material escolar e parcela de renda auferida com a execução de encomendas para terceiros, entre outros)". Sobre o tema, foram editadas as seguintes súmulas:

Atenção! De acordo com o art. 40, § 13, da CF/88, até por motivos óbvios, o **empregado público** filia-se ao RGPS na qualidade de segurado empregado. Destarte, o empregado da Caixa Econômica Federal está filiado ao RGPS.

b) aquele que, contratado por empresa de trabalho temporário, definida em legislação específica, presta serviço para atender a necessidade transitória de substituição de pessoal regular e permanente ou a acréscimo extraordinário de serviços de outras empresas;

Trata-se do trabalhador temporário, regido pela Lei n. 6.019/74, que define como trabalho temporário aquele prestado por pessoa física contratada por uma empresa de trabalho temporário que a coloca à disposição de uma empresa tomadora de serviços, para atender à necessidade de substituição transitória de pessoal permanente ou à demanda complementar de serviços (art. 2º, com a redação dada pela Lei n. 13.429, de 2017). Como exemplo, podemos citar uma empresa de trabalho temporário que fornece pessoas fantasiadas para trabalharem em estabelecimentos comerciais em determinadas épocas do ano: Papais Noéis nos meses de novembro e dezembro, coelhinhos da Páscoa nas semanas que antecedem a Semana Santa etc.

Segundo a Lei n. 6.019/74, o contrato de trabalho celebrado entre a empresa de trabalho temporário e cada um dos assalariados colocados à disposição de uma empresa tomadora ou cliente será, obrigatoriamente, escrito e dele deverão constar, expressamente, os direitos conferidos aos trabalhadores por esta Lei, ficando assegurado ao trabalhador temporário, entre diversos direitos trabalhistas, seguro contra acidente do trabalho e proteção previdenciária. A condição de trabalhador temporário deverá, ainda, ser registrada em sua CTPS.

c) o brasileiro ou o estrangeiro domiciliado e contratado no Brasil para trabalhar como empregado em sucursal ou agência de empresa nacional no exterior;

Esse trabalhador também tem a proteção previdenciária brasileira. Pelo dispositivo legal, a contratação do trabalhador deve ser como empregado de uma

---

[49] A Lei n. 7.183, de 1984, foi revogada pela Lei n. 13.475, de 2017, exceto no que tange aos arts. 12, 13, 20, 21, 29 e 30. Assim, a Lei n. 13.475, de 28 de agosto de 2017, passou a dispor sobre o exercício da profissão de tripulante de aeronave, denominado aeronauta.

[50] A Lei n. 8.906, de 1994, trata do Estatuto da Advocacia e da Ordem dos Advogados do Brasil.

empresa nacional. Mesmo sendo transferido para exercer atividade no exterior, esse empregado permanece vinculado ao RGPS.

Ressalte-se, a nacionalidade do trabalhador é irrelevante para o vínculo filiatório. A única exigência é que o trabalhador seja domiciliado e contratado no Brasil. Exemplo: José, brasileiro, domiciliado em Fortaleza-CE, é contratado pela Vale para exercer atividade nos Estados Unidos.

d) o brasileiro ou estrangeiro domiciliado e contratado no Brasil para trabalhar como empregado em empresa domiciliada no exterior, cuja maioria do capital votante pertença a empresa brasileira de capital nacional;

Esta hipótese é muito semelhante ao enquadramento acima comentado. Existe apenas uma diferença: aqui, o indivíduo foi contratado para trabalhar como empregado em empresa domiciliada no exterior, cuja maioria do capital votante pertença a empresa de capital nacional. Por exemplo: Ribeiro, um engenheiro de minas, foi contratado no Brasil para trabalhar no exterior para a Inco (empresa australiana), empresa cuja maioria do capital votante pertence à Vale (empresa brasileira).

e) aquele que presta serviço no Brasil a missão diplomática ou a repartição consular de carreira estrangeira e a órgãos a elas subordinados, ou a membros dessas missões e repartições, excluídos o não brasileiro sem residência permanente no Brasil e o brasileiro amparado pela legislação previdenciária do país da respectiva missão diplomática ou repartição consular;

A missão diplomática e a repartição consular estrangeiras podem contratar brasileiros ou estrangeiros domiciliados no Brasil para prestarem serviços a elas, ou a seus membros, impondo o reconhecimento dos trabalhadores como segurados obrigatórios na qualidade de empregados.

Como assinala Adriana de Almeida Menezes, esta modalidade está de acordo com as normas da Convenção de Viena sobre Relações Diplomáticas que dispõem sobre as imunidades e isenções de que gozam o Estado Acreditante e agentes diplomáticos no Estado Acreditado[51].

Perceba que o dispositivo apenas exclui do RGPS duas situações: 1ª) quando o trabalhador já encontra amparo na legislação previdenciária do país acreditante (país estrangeiro que estabelece representação no Brasil); 2ª) quando o estrangeiro não possui residência permanente no Brasil, que é o caso de funcionários que trabalham na representação permanecendo no Brasil apenas enquanto estiverem exercendo suas funções (adido militar, embaixador, secretários consulares, entre tantos outros).

Interessante observar que, na condição de tomadora de serviço, a missão diplomática ou a repartição consular são equiparadas à empresa para fins de pagamento das contribuições previdenciárias (art. 15, parágrafo único, da Lei n. 8.212/91), não se falando em imunidade tributária nesse tocante.

f) o brasileiro civil que trabalha para a União, no exterior, em organismos oficiais brasileiros ou internacionais dos quais o Brasil seja membro efetivo, ainda que lá domiciliado e contratado, salvo se segurado na forma da legislação vigente do país do domicílio;

O dispositivo refere-se exclusivamente ao brasileiro civil, possibilitando as seguintes conclusões.

Em primeiro lugar, essa hipótese de filiação não se aplica aos estrangeiros. Por outro lado, observa-se que a lei expressamente prevê a possibilidade de o indivíduo ser domiciliado e contratado no exterior. Exemplo: brasileiro que exerce funções para a União Federal junto à Organização das Nações Unidas.

Em segundo lugar, como a lei faz referência ao brasileiro **civil**, por motivos óbvios, excluiu a situação do militar. Essa exclusão é lógica, pois o militar está filiado a regime próprio de previdência social. Também fica excluído da incidência desse dispositivo o servidor público civil ocupante de cargo efetivo vinculado a regime próprio de previdência social.

Atenção! Não se deve confundir esta hipótese com a retratada na alínea e do inciso V (que trata do segurado contribuinte individual, que trabalha diretamente para o organismo oficial internacional, e não para a União). Para evitar confusões de enquadramento previdenciário, façamos uma comparação entre todas as hipóteses em que o trabalho é prestado fora do país.

---

51 MENEZES, Adriana de Almeida. *Direito previdenciário.* Salvador: JusPodivm, 2012, p. 73.

EXTRATERRITORIALIDADE – EXERCÍCIO DE ATIVIDADE FORA DO BRASIL	
Empregado	Contribuinte individual
Brasileiro ou o estrangeiro domiciliado e contratado no Brasil para trabalhar como empregado em sucursal ou agência de empresa nacional no exterior.	–
Brasileiro ou estrangeiro domiciliado e contratado no Brasil para trabalhar como empregado em empresa domiciliada no exterior, cuja maioria do capital votante pertença a empresa brasileira de capital nacional.	–
Brasileiro civil que **trabalha para a União**, no exterior, em organismos oficiais brasileiros ou internacionais dos quais o Brasil seja membro efetivo, ainda que lá domiciliado e contratado, **salvo se segurado na forma da legislação vigente do país do domicílio**.	Brasileiro civil que trabalha no exterior para organismo oficial internacional do qual o Brasil é membro efetivo, ainda que lá domiciliado e contratado, **salvo quando coberto por regime próprio de previdência social**.
Única diferença entre as duas situações: se o brasileiro trabalhar para a União, ele será empregado. Caso contrário, será contribuinte individual.	

g) o servidor público ocupante de cargo em comissão, sem vínculo efetivo com a União, Autarquias, inclusive em regime especial, e Fundações Públicas Federais;

Nessa alínea estão incluídos os servidores públicos que ocupam exclusivamente cargo em comissão, excluindo os servidores titulares de cargo público efetivo, mesmo que exercendo temporariamente função de confiança (e que estejam filiados a regime próprio de previdência social).

Em que pese a letra *g* fazer referência apenas à União, suas autarquias e fundações públicas, os servidores públicos ocupantes de cargo em comissão dos demais entes federativos também se enquadram como segurados empregados do RGPS, por força do disposto no art. 40, § 13, da CF/88: "Ao servidor ocupante, exclusivamente, de cargo em comissão declarado em lei de livre nomeação e exoneração bem como de outro cargo temporário ou de emprego público, aplica-se o regime geral de previdência social".

Portanto, além do servidor ocupante exclusivamente de cargo em comissão de qualquer ente federativo, os servidores ocupantes de cargo temporário ou de emprego público também se filiam, obrigatoriamente, ao RGPS. Por exemplo: o professor substituto de universidade pública, como ocupante de cargo temporário, é segurado empregado do RGPS.

O art. 11, § 5º, da Lei n. 8.213/91 estende o disposto nesta alínea ao ocupante de cargo de Ministro de Estado, de Secretário Estadual, Distrital ou Municipal, sem vínculo efetivo com a União, Estados, Distrito Federal e Municípios, suas autarquias, ainda que em regime especial, e fundações. Logo, se eles não forem servidores públicos filiados a regime próprio de previdência social, estarão vinculados ao RGPS.

Atenção! Sem dúvida, este enquadramento é um dos mais recorrentes em provas de concursos públicos.

Ressalte-se que apenas será segurado empregado o servidor que ocupar **exclusivamente** cargo em comissão ou outro cargo temporário. Portanto, se o indivíduo for titular de cargo efetivo e estiver exercendo algum cargo em comissão, ele será segurado do regime próprio de previdência.

Filiação ao Regime Próprio	Filiação ao RGPS
José é titular de cargo efetivo (analista do TJCE).	Roberto NÃO é titular de cargo efetivo.
José exerce também cargo em comissão na qualidade de assessor de um Desembargador do TJCE.	Roberto exerce exclusivamente cargo em comissão na qualidade de assessor de outro Desembargador do TJCE.

Atenção! O art. 12 da Lei n. 8.213/91 dispõe que o servidor civil ocupante de cargo efetivo ou o militar da União, dos Estados, do Distrito Federal ou dos Municípios, bem como o das respectivas autarquias e fundações, **são excluídos** do RGPS, **desde que amparados por regime próprio** de previdência social. Nesse contexto, é bom lembrar que a União, o Distrito Federal e todos os Estados possuem regime próprio de previdência. Porém, o mesmo não se pode dizer em relação aos municípios. A maioria dos municípios do Brasil não possui regime próprio de previdência. Diante disso, podemos estabelecer as seguintes regras:

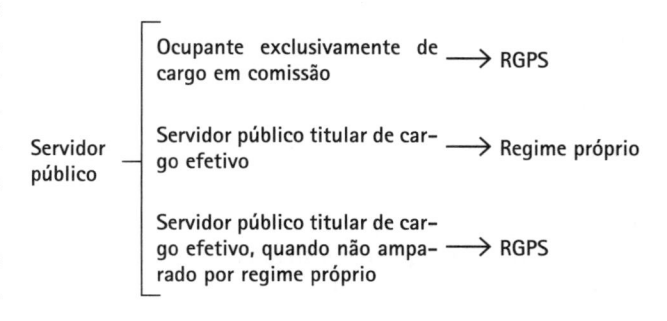

Servidor público:
- Ocupante exclusivamente de cargo em comissão ⟶ RGPS
- Servidor público titular de cargo efetivo ⟶ Regime próprio
- Servidor público titular de cargo efetivo, quando não amparado por regime próprio ⟶ RGPS

h) o exercente de mandato eletivo federal, estadual ou municipal, desde que não vinculado a regime próprio de previdência social;

Em relação ao exercente de mandato eletivo há uma peculiaridade. Se observarmos a letra *j* do inciso I do art. 11 da Lei n. 8.213/91, verificaremos que a redação é exatamente a mesma da presente letra. A letra *h* foi inserida no art. 11, inciso I, da Lei de Benefícios pela Lei n. 9.506, de 1997.

A Lei n. 9.506, de 30 de outubro de 1997, teve como propósito extinguir o Instituto de Previdência dos Congressistas (IPC), criando um Plano de Seguridade Social dos Congressistas de filiação facultativa.

Em seu art. 13, a Lei n. 9.506/97 prescreveu que o Deputado Federal, Senador ou suplente em exercício de mandato que não estiver vinculado ao Plano instituído por esta Lei ou a outro regime de previdência participará, obrigatoriamente, do Regime Geral de Previdência Social, e que essa filiação seria como segurado empregado.

Esse dispositivo teve sua constitucionalidade questionada perante o STF (RE 351.717 interposto pelo Município de Timbaji – PR) sob o argumento de que a redação do art. 195, I, da CF/88, quando da edição da Lei n. 9.506/97, não permitira o enquadramento do parlamentar como empregado, já que o referido dispositivo constitucional se referia à contribuição dos empregadores incidentes sobre a folha de salários e, logicamente, os congressistas não poderiam ser enquadrados como empregados do Congresso Nacional (ou da União). Ainda em relação a esta questão, foi alegado que a criação de nova fonte de custeio para a seguridade social não prevista no art. 195 da CF/88 exigia a edição de lei complementar.

Diante dos fundamentos veiculados neste recurso extraordinário, o STF declarou a inconstitucionalidade do dispositivo, em 2003, anotando os Ministros Sepúlveda Pertence e Carlos Ayres Britto que o julgamento teve como cenário os dispositivos constitucionais vigentes antes da publicação da Emenda Constitucional n. 20/98.

A ressalva dos Ministros deu-se em razão da promulgação, pelo Congresso Nacional, da Emenda Constitucional n. 20/98, alterando a redação do art. 195, I, que passou a dispor que uma das contribuições para o custeio da seguridade social do empregador, da empresa e da entidade a ela equiparada na forma da lei, incidiria sobre a folha de salários e demais rendimentos do trabalho pagos ou creditados, a qualquer título, à pessoa física que lhe preste serviço, mesmo sem vínculo empregatício.

A partir dessa alteração, a Constituição Federal passou a permitir a cobrança de contribuição previdenciária de qualquer trabalhador (inclusive do parlamentar), passando a matéria a ser tema de lei ordinária, e não mais se exigindo lei complementar, pois não se tratava de nova contribuição. A questão foi resolvida com a edição da Lei n. 10.887, de 18 de junho de 2004, que incluiu no art. 12, I, da Lei n. 8.212/91 e no art. 11, I, da Lei n. 8.213/91 as correspondentes letras *j*.

i) o empregado de organismo oficial internacional ou estrangeiro em funcionamento no Brasil, salvo quando coberto por regime próprio de previdência social;

A proteção previdenciária brasileira, no caso dessa alínea, somente abrange o trabalhador, nacional ou estrangeiro, que preste serviço como empregado de organismo oficial internacional ou estrangeiro em funcionamento no Brasil **quando não houver vinculação a regime previdenciário próprio**. É o caso, por exemplo, da pessoa que trabalha com vínculo para o escritório da Organização Internacional do Trabalho localizado em Brasília.

j) o exercente de mandato eletivo federal, estadual ou municipal, desde que não vinculado a regime próprio de previdência social; (Incluído pela Lei n. 10.887/2004)

Aquele que exerce cargo eletivo seja federal, estadual, municipal ou distrital, é considerado segurado obrigatório na qualidade de empregado.

Caso o ocupante de cargo eletivo seja vinculado a regime próprio de previdência social, manterá a sua filiação originária, sem se vincular ao RGPS. Por exemplo: Romeu é servidor público titular de cargo efetivo (professor efetivo da Universidade Federal do Ceará). Se Romeu for eleito para o cargo de deputado estadual, levará consigo o seu enquadramento previdenciário de origem e permanecerá filiado ao regime próprio de previdência.

Frederico Amado também lembra que não será filiado ao RGPS o congressista federal que optar por se filiar ao Plano de Seguridade Social dos Congressistas, criado pela Lei n. 9.506/97[52].

---

52 AMADO, Frederico. *Direito e processo previdenciário sistematizado*. Salvador: JusPodivm, 2011, p. 124.

B – Empregado doméstico

Segurado empregado doméstico é aquele que presta serviço de natureza contínua à pessoa ou à família, no âmbito residencial desta, em atividades sem fins lucrativos.

A Lei Complementar n. 150, de 1º de junho de 2015, que dispõe sobre o contrato de trabalho doméstico, permite diferenciar o empregado doméstico do diarista, tomando como base os dias de trabalho semanais.

De acordo com o art. 1º da **Lei Complementar n. 150/2015 (Lei do Empregado Doméstico)**, ao empregado doméstico, assim considerado aquele que presta serviços de forma contínua, subordinada, onerosa e pessoal e de finalidade não lucrativa à pessoa ou à família, no âmbito residencial destas, por mais de dois dias por semana, aplica-se o disposto nesta Lei.

Em primeiro lugar, verifica-se que **o empregado doméstico não pode exercer atividade para uma pessoa jurídica**. Se isso acontecer, não se trata de empregado doméstico, e sim de empregado, o que acarreta a alteração do respectivo enquadramento previdenciário.

Outro elemento que caracteriza o empregado doméstico é a natureza contínua da atividade. Aqui, **não basta a "não eventualidade", aplicável à relação de emprego convencional**. Antes da Lei Complementar n. 150/2015, havia controvérsia quanto à periodicidade necessária para caracterizar a continuidade do contrato de trabalho doméstico. Essa questão foi superada com a referida lei, na medida em que foi positivado expressamente que a continuidade pressupõe a prestação de serviço por mais de dois dias por semana, ou seja, no mínimo três vezes.

Ao contrário, quem exerce atividade doméstica durante duas vezes por semana, por exemplo, é denominado de diarista e deve ser enquadrado como contribuinte individual.

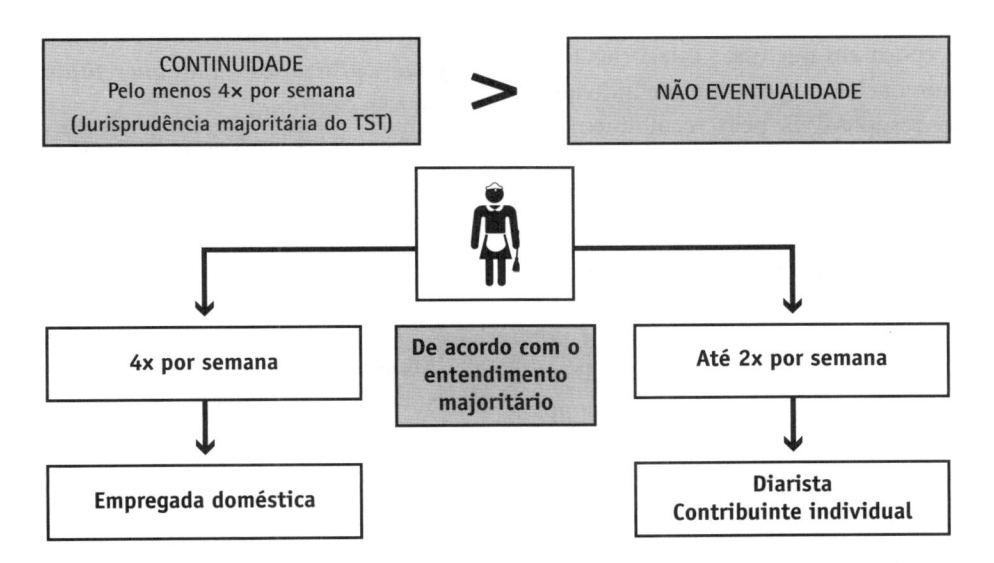

```
CONTINUIDADE
Pelo menos 4x por semana          >    NÃO EVENTUALIDADE
(Jurisprudência majoritária do TST)

        ┌──────────────┬──────────────┐
        │              │              │
   4x por semana   De acordo com o   Até 2x por semana
                   entendimento
                   majoritário
        │                             │
   Empregada doméstica           Diarista
                                 Contribuinte individual
```

Não obstante a lei disponha que a atividade do empregado doméstico seja exercida no âmbito residencial, é plenamente possível que ele exerça suas atividades profissionais fora da residência, desde que essas atividades visem ao atendimento da necessidade familiar. É o que acontece, por exemplo, com o motorista.

Observe-se que a atividade exercida pelo empregado doméstico **não pode ter finalidade lucrativa**. Vale dizer, o trabalhador doméstico não pode ser utilizado em atividade com fins lucrativos para a família ou para um de seus integrantes. Por exemplo: uma família contratou uma empregada doméstica para preparar as refeições para o grupo familiar. Posteriormente, a família abriu um restaurante no jardim da residência, utilizando-se da cozinheira da casa para a preparação das refeições do restaurante. Nesse caso, como a atividade passou a ter finalidade lucrativa, a cozinheira passou a manter uma relação de emprego com a família, nos termos da CLT, enquadrando-se como segurada empregada.

De acordo com o art. 30, V, da Lei n. 8.212/91, com a redação dada pela Lei Complementar n. 150, de 2015, o empregador doméstico (patrão) é obrigado a arrecadar e a recolher a contribuição do segurado empregado a seu serviço, assim como a parcela a seu cargo, até o dia 7 do mês seguinte ao da competência. Essa competência é do patrão.

C – Contribuinte individual

Como bem explicado por Fábio Zambitte Ibrahim[53], o contribuinte individual é uma espécie genérica de segurado, na qual são incluídos trabalhadores que não se enquadram em nenhuma das outras espécies de segurados obrigatórios (empregado, empregado doméstico, trabalhador avulso e segurado especial). Portanto, o enquadramento do trabalhador como contribuinte individual tem caráter residual. Será contribuinte individual aquele que não for enquadrado em nenhuma das outras categorias de segurados obrigatórios (empregado, empregado doméstico, trabalhador avulso ou segurado especial).

A categoria de contribuinte individual foi formada a partir da unificação de três espécies de segurados, quais sejam, o empresário, o autônomo e o equiparado ao autônomo, procedida pela Lei n. 9.876/99, que deu nova redação ao inciso V e revogou os incisos III e IV do art. 11.

Atenção! À época em que essas categorias foram reunidas sob a nomenclatura "contribuinte individual", todas elas eram responsáveis pelo recolhimento da contribuição previdenciária, o qual sempre era feito através da Guia de Previdência Social (GPS).

Entretanto, com o advento da MP n. 83/2002, posteriormente convertida na Lei n. 10.666/2003, essa sistemática de arrecadação foi parcialmente alterada. Desde então, vale o seguinte: **1º)** se o contribuinte individual prestar serviço para uma pessoa física, caberá a ele mesmo o recolhimento da contribuição. Exemplo: médico que atende um paciente em seu consultório particular; **2º)** se o contribuinte individual prestar serviço em uma pessoa jurídica, caberá a esta descontar e recolher a contribuição do contribuinte individual a seu serviço. Exemplo: médico que dá plantão em um hospital. Nesse caso, caberá ao hospital recolher a contribuição do médico a seu serviço.

Enquadram-se como contribuintes individuais os seguintes trabalhadores:

a) a pessoa física, proprietária ou não, que explora atividade agropecuária, a qualquer título, em caráter permanente ou temporário, em área superior a 4 (quatro) módulos fiscais; ou, quando em área igual ou inferior a 4 (quatro) módulos fiscais ou atividade pesqueira, com auxílio de empregados ou por intermédio de prepostos; ou ainda nas hipóteses dos §§ 9º e 10 deste artigo;

Esse dispositivo teve sua redação alterada pela Lei n. 11.718/2008 para compatibilizá-lo às novas regras do segurado especial.

Para que um produtor rural se enquadre como contribuinte individual, deve estar presente pelo menos uma das seguintes condições: **1º)** ele deve explorar atividade agropecuária em área superior a quatro módulos fiscais; **ou 2º)** ele deve utilizar-se de empregados por mais de 120 pessoas/dia por ano.

Caso nenhuma dessas condições esteja presente, o enquadramento previdenciário provável do produtor rural será como segurado especial.

b) a pessoa física, proprietária ou não, que explora atividade de extração mineral – garimpo, em caráter permanente ou temporário, diretamente ou por intermédio de prepostos, com ou sem o auxílio de empregados, utilizados a qualquer título, ainda que de forma não contínua;

O **garimpeiro** enquadra-se como segurado **contribuinte individual**, mesmo laborando sem o auxílio de empregados, sendo irrelevantes a propriedade explorada (se do próprio trabalhador ou de um terceiro) e o lapso temporal despendido no exercício da atividade (se temporário ou permanente).

Atenção! A condição rudimentar em que, muitas vezes, o garimpeiro exerce atividade poderia levar o candidato a pensar que o seu enquadramento previdenciário é como segurado especial. Inclusive, o garimpeiro já foi considerado segurado especial. **Porém, desde a Lei n. 8.398/92, é considerado contribuinte individual.**

Atenção! Não obstante o garimpeiro ser contribuinte individual, ele continua tendo direito à redução de cinco anos na idade necessária para a aposentadoria por idade, nos termos do art. 201, § 7º, II, da CF/88.

Em resumo: para fins de enquadramento de segurado, o garimpeiro é contribuinte individual, devendo contribuir para a Previdência Social como tal, sem prejuízo de seu direito à redução de cinco anos na idade nos termos do art. 201, § 7º, II, da CF/88. Evidentemente, como a espécie contribuinte individual é subsidiária, se estiverem presentes as características da relação de emprego, ele passa a ser segurado empregado.

---

53 IBRAHIM, Fábio Zambitte. *Curso de direito previdenciário*. Niterói: Impetus, 2011, p. 160.

c) o ministro de confissão religiosa e o membro de instituto de vida consagrada, de congregação ou de ordem religiosa;

Os ministros de confissão religiosa são os padres, reverendos, párocos, pastores, sacerdotes, rabinos e qualquer outra pessoa que exerça atividade consagrada a difundir a fé sob os auspícios de qualquer religião, nos termos da liberdade religiosa estabelecida na Constituição Federal (direito fundamental previsto no art. 5º, VI, da CF/88 – é inviolável a liberdade de consciência e de crença, sendo assegurado o livre exercício dos cultos religiosos e garantida, na forma da lei, a proteção aos locais de culto e a suas liturgias).

O voluntarismo e a vocação à profissão da fé não impedem que o ministro de confissão religiosa e o membro de instituto de vida consagrada, de congregação ou de ordem religiosa recebam valores a título de contraprestação. Contudo, é interessante salientar que **o valor recebido por esses segurados não se enquadra no conceito de remuneração**, haja vista o disposto no art. 22, § 13, da Lei n. 8.212/91: "Não se considera como remuneração direta ou indireta, para os efeitos desta Lei, os valores despendidos pelas entidades religiosas e instituições de ensino vocacional com ministro de confissão religiosa, membros de instituto de vida consagrada, de congregação ou de ordem religiosa em face do seu mister religioso ou para sua subsistência desde que fornecidos em condições que independam da natureza e da quantidade do trabalho executado".

Destarte, o valor recebido por esses segurados visa a atender às necessidades de subsistência e despesas básicas, não podendo ser quantificado com parâmetros estabelecidos pela natureza e quantidade do trabalho executado.

Sobre a questão, Fábio Zambitte Ibrahim faz ponderações importantes no sentido de que o recebimento de valores elevados por ministros de confissão religiosa, como retribuição pela atividade prestada, descaracterizariam a situação de contribuinte individual nessa alínea: "o pagamento de quantias vultosas a ministros de confissão religiosa deve gerar a perda da filiação destes na fundamentação legal supracitada, gerando nova filiação em outra espécie ou, até na mesma (contribuinte individual), mas com fundamento legal distinto, como por exemplo, as alíneas *f* ou *g*"[54].

A regra é que o ingresso dos religiosos na Previdência Social não implica a relação de emprego, vínculos de trabalho assalariado ou prestação de serviços remunerados, em virtude da natureza das entidades ou instituições, que não têm fins lucrativos nem assumem os riscos da atividade econômica. Contudo, não podemos deixar de advertir que existem alguns poucos casos em que a Justiça do Trabalho reconhece a relação de emprego, quando evidente a desproporcionalidade dos valores recebidos pela pessoa e também na hipótese de desvirtuamento da instituição.

Atenção! O ministro de confissão religiosa e o membro de instituto de vida consagrada, de congregação ou de ordem religiosa podem ser filiados à Previdência Social em outra categoria de segurado, já que, conforme o art. 11, § 2º, da Lei n. 8.213/91, todo segurado que exerça mais de uma atividade remunerada vinculado ao RGPS, concomitantemente, será obrigatoriamente filiado em relação a cada uma delas.

Um exemplo facilita o entendimento: Um frade que ministre aulas de filosofia em uma faculdade mantida pelo convento em que professa sua religião e receba remuneração em decorrência dessas aulas. Em relação a sua atividade como professor de filosofia, será segurado empregado.

O ministro de confissão religiosa e o membro de instituto de vida consagrada, de congregação ou de ordem religiosa serão filiados a regime próprio, quando ocupar cargo efetivo na Administração Pública. O exemplo evidente dessa situação é o capelão militar, de qualquer religião, aprovado em concurso público no âmbito das Forças Armadas ou Polícias e Corpos de Bombeiros Militares.

Por fim, considera-se como início da atividade dos religiosos o ato de emissão de votos temporários ou perpétuos ou compromissos equivalentes, que os habilitem ao exercício estável da atividade religiosa a que se consagraram. Assim, a jurisprudência tem entendido que o período laborado na condição de aspirante à vida religiosa deve ser computado como tempo de serviço.

d) o empregado de organismo oficial internacional ou estrangeiro em funcionamento no Brasil, salvo quando coberto por sistema próprio de previdência social;

---

54 IBRAHIM, Fábio Zambitte. *Curso de direito previdenciário*. Niterói: Impetus, 2011, p. 201.

Esta letra *d* foi revogada pela Lei n. 9.876, de 26 de novembro de 1999, razão pela qual optamos por deixar tachado o texto transcrito para chamar a atenção do leitor. Se observarmos a sequência de letras do inciso V do art. 11 da Lei n. 8.213/91, veremos, atualmente, que não há hipótese de contribuinte individual prevista na letra *d* desse artigo.

Por esta mesma Lei n. 9.876/99, o empregado de organismo oficial internacional ou estrangeiro em funcionamento no Brasil, salvo quando coberto por regime próprio de previdência social, passou a ser segurado obrigatório do RGPS na qualidade de empregado (conforme se verifica do art. 11, inciso I, letra *i*, da Lei n. 8.213/91).

e) o brasileiro civil que trabalha no exterior para organismo oficial internacional do qual o Brasil é membro efetivo, ainda que lá domiciliado e contratado, salvo quando coberto por regime próprio de previdência social;

Esse caso já foi visto acima, quando se tratou do brasileiro civil que trabalha para a União no exterior, em organismos oficiais brasileiros ou internacionais dos quais o Brasil seja membro efetivo.

Nesse, o brasileiro civil não trabalha para a União Federal e sim para o próprio organismo oficial internacional. Não sendo segurado empregado e não estando vinculado a regime próprio de previdência social, será segurado obrigatório na qualidade de contribuinte individual.

É evidente que a legislação previdenciária não poderia impor a filiação do brasileiro que trabalha no exterior para o organismo internacional como segurado empregado, pois não teria como obrigar a entidade internacional a recolher as contribuições na qualidade de empresa, pois a prestação de serviço se dá, nessa hipótese, justamente no exterior.

O elemento de conectividade a justificar a filiação do brasileiro civil como segurado obrigatório é, além de sua condição de nacional, o fato de o Brasil ser membro efetivo do organismo internacional.

f) o titular de firma individual urbana ou rural, o diretor não empregado e o membro de conselho de administração de sociedade anônima, o sócio solidário, o sócio de indústria, o sócio-gerente e o sócio cotista que recebam remuneração decorrente de seu trabalho em empresa urbana ou rural, e o associado eleito para cargo de direção em cooperativa, associação ou entidade de qualquer natureza ou finalidade, bem como o síndico ou administrador eleito para exercer atividade de direção condominial, desde que recebam remuneração;

Nessa alínea encontram-se elencados os profissionais que antes se enquadravam como segurados empresários.

Atenção! Não basta ser sócio em sociedade empresária para ser qualificado como contribuinte individual; o indivíduo deve exercer função de direção e receber remuneração (*pro labore*) pelo exercício dessa atividade.

Também se inclui nessa modalidade de segurado obrigatório o síndico de condomínio edilício, **desde que receba remuneração (bem como nos casos de isenção de pagamento da taxa condominial** – o síndico que, para exercer essa função, fica isento de cota condominial, recebe remuneração indireta).

g) quem presta serviço de natureza urbana ou rural, em caráter eventual, a uma ou mais empresas, sem relação de emprego;

Trata-se do trabalhador eventual (não confundir com trabalhador temporário. Este é segurado empregado, como visto acima). Também não deve ser confundido com o trabalhador avulso, que presta serviço a diversos tomadores de serviço, sem relação de emprego. A diferença principal é que o trabalho avulso não apresenta a característica da eventualidade.

É o que vulgarmente se denomina biscateiro (a pessoa que faz "bicos"). O trabalhador exerce atividade em caráter eventual, sem vinculação a qualquer empregador, muitas vezes executando atividades diversas. A natureza do trabalho pode ser urbana ou rural.

h) a pessoa física que exerce, por conta própria, atividade econômica de natureza urbana, com fins lucrativos ou não;

Essa alínea expressa o trabalhador autônomo, o indivíduo que exerce atividade de natureza urbana, por conta própria. O trabalhador autônomo, como visto anteriormente, já foi uma categoria independente de segurados obrigatórios. Com a edição da Lei n. 9.876/99, criou-se a categoria de contribuinte individual, abarcando o empresário, o autônomo e o equiparado a autônomo.

Exemplificando: advogado, médico, ortodontista, fisioterapeuta, ou seja, normalmente profissionais liberais, bem como a diarista, o taxista, entre outros. Ressalte-se, porém, que nada impede que esses profissionais sejam enquadrados como segurados empregados, desde que exerçam as atividades por intermédio de uma relação de emprego, com os pressupostos estabelecidos no art. 3º da CLT. Por exemplo: se um médico exerce atividade em seu consultório particular, ele é segurado contribuinte individual. Se outro médico exerce atividade na qualidade de empregado de um hospital, ele é segurado empregado.

O art. 9º, § 15, do Decreto n. 3.048/99 prevê uma lista exemplificativa dos trabalhadores que se enquadram nessas duas últimas alíneas. Vejamos as hipóteses:

"I – o condutor autônomo de veículo rodoviário, assim considerado aquele que exerce atividade profissional sem vínculo empregatício, quando proprietário, coproprietário ou promitente comprador de um só veículo;

II – aquele que exerce atividade de auxiliar de condutor autônomo de veículo rodoviário, em automóvel cedido em regime de colaboração, nos termos da Lei n. 6.094/74;

III – aquele que, pessoalmente, por conta própria e a seu risco, exerce pequena atividade comercial em via pública ou de porta em porta, como comerciante ambulante, nos termos da Lei n. 6.586/78;

IV – o trabalhador associado a cooperativa que, nessa qualidade, presta serviços a terceiros;

V – o membro de conselho fiscal de sociedade por ações;

VI – aquele que presta serviço de natureza não contínua, por conta própria, a pessoa ou família, no âmbito residencial desta, sem fins lucrativos;

VII – o notário ou tabelião e o oficial de registros ou registrador, titular de cartório, que detêm a delegação do exercício da atividade notarial e de registro, não remunerados pelos cofres públicos, admitidos a partir de 21 de novembro de 1994;

VIII – aquele que, na condição de pequeno feirante, compra para revenda produtos hortifrutigranjeiros ou assemelhados;

IX – a pessoa física que edifica obra de construção civil;

X – o médico residente de que trata a Lei n. 6.932, de 7 de julho de 1981;

XI – o pescador que trabalha em regime de parceria, meação ou arrendamento, em embarcação de médio ou grande porte, nos termos da Lei n. 11.959, de 2009; (Redação dada pelo Decreto n. 8.424, de 2015.)

XII – o incorporador de que trata o art. 29 da Lei n. 4.591, de 16 de dezembro de 1964;

XIII – o bolsista da Fundação Habitacional do Exército contratado em conformidade com a Lei n. 6.855, de 18 de novembro de 1980;

XIV – o árbitro e seus auxiliares que atuam em conformidade com a Lei n. 9.615, de 24 de março de 1998;

XV – o membro de conselho tutelar de que trata o art. 132 da Lei n. 8.069, de 13 de julho de 1990, quando remunerado;

XVI – o interventor, o liquidante, o administrador especial e o diretor fiscal de instituição financeira de que trata o § 6º do art. 201".

Para encerrar a análise do contribuinte individual, reputamos importante fazer referência às letras *n* e *p* do inciso V do art. 9º do próprio Decreto n. 3.048/99, por entendermos possível a cobrança desse conhecimento em concursos públicos.

Assim, são contribuintes individuais o **cooperado de cooperativa de produção que, nesta condição**, presta serviço à sociedade cooperativa mediante remuneração ajustada ao trabalho executado (letra "n"), bem como o **Microempreendedor Individual – MEI** de que tratam os arts. 18-A e 18-C da Lei Complementar n. 123/2006, que opte pelo recolhimento dos impostos e contribuições abrangidos pelo Simples Nacional em valores fixos mensais (letra "p").

Nesse contexto, é interessante ressalvar que, de acordo com o art. 21, § 2º, da Lei n. 8.212/91, com redação dada pela Lei n. 12.470/2011, no caso de opção pela exclusão do direito ao benefício de aposentadoria por tempo de contribuição, a alíquota de contribuição incidente sobre o limite mínimo mensal do salário de contribuição será de **5% (cinco por cento) no caso do microempreendedor individual (MEI)**.

D – Trabalhador avulso

Nos termos do art. 10, VI, da Lei n. 8.213, de 1991, é segurado obrigatório como trabalhador avulso quem presta, a diversas empresas, sem vínculo empregatício, serviço de natureza urbana ou rural definido no Regulamento.

De acordo com o art. 9º, VI, do Decreto n. 3.048/99, o trabalhador avulso é aquele que, sindicalizado ou não, presta serviço de natureza urbana ou rural, a diversas empresas, sem vínculo empregatício, **com a intermediação obrigatória do órgão gestor de mão de obra** ou do sindicato da categoria.

Atenção! Não confundir o trabalhador avulso com o trabalhador autônomo ou eventual (contribuintes individuais).

O trabalhador avulso típico é o trabalhador portuário (estivador, vigia de embarcação, trabalhador de capatazia, conferente de carga, trabalhador de bloco e consertador de carga), embora também seja possível encontrar o avulso em atividade rural ou urbana desvinculada ao porto.

Portanto, fixando o conceito, nos termos do Decreto n. 3.048/99, o trabalhador avulso é aquele que, sindicalizado ou não, presta serviço de **natureza urbana ou rural**, a diversas empresas, sem vínculo empregatício, com a intermediação obrigatória do órgão gestor de mão de obra, nos termos da Lei n. 12.815, de 5 de junho de 2013[55], ou do sindicato da categoria, assim considerados:

a) o trabalhador que exerce atividade portuária de capatazia, estiva, conferência e conserto de carga, vigilância de embarcação e bloco;

b) o trabalhador de estiva de mercadorias de qualquer natureza, inclusive carvão e minério;

c) o trabalhador em alvarenga (embarcação para carga e descarga de navios);

d) o amarrador de embarcação;

e) o ensacador de café, cacau, sal e similares;

f) o trabalhador na indústria de extração de sal;

g) o carregador de bagagem em porto;

h) o prático de barra em porto;

i) o guindasteiro; e

j) o classificador, o movimentador e o empacotador de mercadorias em portos.

> Segundo o art. 40, § 1º, da Lei n. 12.815/2013, as atividades desempenhadas pelos trabalhadores portuários dos portos organizados são as seguintes:
>
> – **capatazia:** atividade de movimentação de mercadorias nas instalações dentro do porto, compreendendo o recebimento, conferência, transporte interno, abertura de volumes para a conferência aduaneira, manipulação, arrumação e entrega, bem como o carregamento e descarga de embarcações, quando efetuados por aparelhamento portuário;
>
> – **estiva:** atividade de movimentação de mercadorias nos conveses ou nos porões das embarcações principais ou auxiliares, incluindo o transbordo, arrumação, peação e despeação, bem como o carregamento e a descarga, quando realizados com equipamentos de bordo;
>
> – **conferência de carga:** contagem de volumes, anotação de suas características, procedência ou destino, verificação do estado das mercadorias, assistência à pesagem, conferência do manifesto e demais serviços correlatos nas operações de carregamento e descarga de embarcações;
>
> – **conserto de carga:** reparo e restauração das embalagens de mercadorias, nas operações de carregamento e descarga de embarcações, reembalagem, marcação, remarcação, carimbagem, etiquetagem, abertura de volumes para vistoria e posterior recomposição;
>
> – **vigilância de embarcações:** atividade de fiscalização da entrada e saída de pessoas a bordo das embarcações atracadas ou fundeadas ao largo, bem como da movimentação de mercadorias nos portalós, rampas, porões, conveses, plataformas e em outros locais da embarcação; e
>
> – **bloco:** atividade de limpeza e conservação de embarcações mercantes e de seus tanques, incluindo batimento de ferrugem, pintura, reparos de pequena monta e serviços correlatos.

Desta forma, podemos ter trabalhador avulso portuário e não portuário. O não portuário, por sua vez, pode exercer atividade urbana ou rural. Para facilitar a visualização do avulso, apresentamos a seguinte chave.

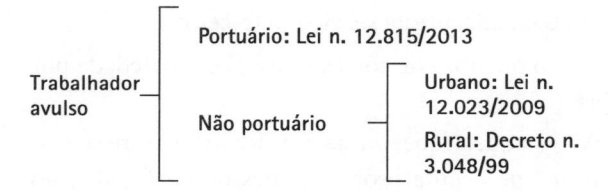

Trabalhador avulso
- Portuário: Lei n. 12.815/2013
- Não portuário
  - Urbano: Lei n. 12.023/2009
  - Rural: Decreto n. 3.048/99

E – Segurado especial

Quem é o segurado especial?

De acordo com o art. 11, VII, da Lei n. 8.213/91, com redação dada pela Lei n. 11.718/2008, segurado especial é a **pessoa física residente em imóvel rural ou em aglomerado urbano ou rural próximo a ele que, individualmente ou em regime de economia familiar**, ainda que com **auxílio eventual de terceiros**, trabalhe na condição de produtor na agropecuária ou na extração vegetal, bem como o seringueiro. Também é segurado especial o pescador artesanal que faça dessa atividade sua profissão habitual, sem falar dos cônjuges, o(a) companheiro(a) e os filhos maiores de 16 anos que, comprovadamente, trabalhem com o grupo familiar respectivo.

---

55 Observe que o art. 9º, VI, do Decreto n. 3.048/99 ainda faz referência à Lei n. 8.630/93 quando trata do avulso portuário de forma imprópria, na medida em que a antiga Lei de Modernização dos Portos (Lei n. 8.630/93) foi expressamente revogada pelo art. 76 da Lei n. 12.815/2013.

Façamos uma análise detalhada dos elementos conceituais:

a) Pessoa física residente em imóvel rural ou em aglomerado urbano ou rural próximo a ele: por óbvio, o segurado especial, assim como qualquer outro segurado da Previdência Social, é uma pessoa física. Basicamente, trata-se do pequeno trabalhador rural e do pescador artesanal. Note-se que a lei não exige que o segurado especial trabalhador rural resida necessariamente em zona rural. Nada obsta que o segurado especial resida em aglomerado urbano, desde que este fique localizado próximo ao local onde supostamente ele exerce as suas atividades campesinas.

b) Exercício da atividade em regime individual ou em regime de economia familiar, ainda que com o auxílio eventual de terceiros: o segurado especial pode trabalhar sozinho (individualmente) ou em regime de economia familiar.

Segundo o art. 11, § 1º, da Lei n. 8.213/91, entende-se como regime de economia familiar a atividade em que o trabalho dos membros da família é indispensável à própria subsistência e ao desenvolvimento socioeconômico do núcleo familiar e é exercido em condições de mútua dependência e colaboração, **sem a utilização de empregados permanentes**.

Percebe-se, pois, que o segurado especial pode utilizar-se de empregados, mas o regime de contratação deve ser transitório. De fato, conforme prescreve o art. 11, § 7º, da Lei n. 8.213/91, o grupo familiar poderá utilizar-se de empregados contratados por prazo determinado ou de trabalhador rural eventual, à razão de no máximo 120 (cento e vinte) pessoas por dia no ano civil, em períodos corridos ou intercalados ou, ainda, por tempo equivalente em horas de trabalho, não sendo computado nesse prazo o período de afastamento em decorrência da percepção de auxílio-doença.

Como se deve entender esta razão de 120 pessoas/dia? Pelo seguinte raciocínio: 1 trabalhador rural durante 120 dias ao longo de um ano; 2 trabalhadores com 60 dias de atividade ao longo de um ano; 3 trabalhadores com 40 dias ao longo de um ano; 4 trabalhadores com 30 dias ao longo de um ano; e assim por diante. Portanto, **a multiplicação do número de trabalhadores pelo número de dias deve ser menor ou igual a 120**. Se o resultado da multiplicação for superior a 120, fica descaracterizado o enquadramento como segurado especial. Nesse caso, o indivíduo passa a ser considerado contribuinte individual, nos termos do art. 11, V, *a*, da Lei n. 8.213/91.

SEGURADO ESPECIAL	CONTRIBUINTE INDIVIDUAL
Regime individual; Regime de economia familiar; Possibilidade de auxílio eventual de terceiros, desde que não superior a 120 pessoas/dia ao longo do ano civil.	Se o auxílio eventual de terceiros exceder a multiplicação 120 pessoas/dia ao longo do ano civil, o indivíduo passa a ser considerado contribuinte individual.

Evidentemente, o **período de afastamento do empregado em decorrência de gozo de auxílio-doença não pode ser computado na contagem**[56]. Exemplo: João foi contratado como empregado de Ivens (segurado especial), para ajudá-lo na época de colheita. Depois de quarenta e cinco dias de trabalho, João ficou incapaz para o trabalho em virtude de um acidente. Recebeu auxílio-doença durante cem dias. Depois da alta médica, trabalhou por mais quarenta e cinco dias, quando, então, encerrou o vínculo empregatício. No caso, apesar de o contrato de trabalho ter ficado em aberto durante cento e noventa dias, o regime de economia familiar não restou descaracterizado, afinal o período de gozo de auxílio-doença não pode ser computado.

c) Segurado especial trabalhador rural: na qualidade de trabalhador rural, o segurado especial pode explorar a atividade agropecuária, em área de até quatro módulos fiscais, ou de seringueiro ou extrativista vegetal.

De acordo com a alínea *a* do inciso VII do art. 11 da Lei n. 8.213/91, o segurado especial poderá ser proprietário, usufrutuário, possuidor, assentado, parceiro ou meeiro outorgados, comodatário ou arrendatário rurais.

Na hipótese de exploração da agropecuária, após o advento da Lei n. 11.718/2008, a lei previdenciária passou a estabelecer uma dimensão máxima da propriedade explorada: a área não pode ser superior a quatro módulos fiscais. **Mas atenção!** A limitação territorial somente se aplica ao segurado especial rural que explora a agropecuária. Ou seja, não há qualquer limitação para o indivíduo que exerce atividade como seringueiro ou extrativista vegetal.

---

56 Essa ressalva relativa à percepção de auxílio-doença foi introduzida na Lei n. 8.213/91 pela MP n. 619/2013, que, posteriormente, foi convertida na Lei n. 12.873/2013.

O segurado especial trabalhador rural pode explorar a atividade:	
Agropecuária	De seringueiro ou extrativista vegetal
Em área de até 4 módulos fiscais	Não há limite máximo para a terra

O **módulo fiscal é uma unidade de medida expressa em hectares**, fixada para cada município, conforme as instruções normativas editadas pelo INCRA (Instituto Nacional de Colonização e Reforma Agrária). Para a sua fixação, consideram-se os seguintes fatores: a) tipo de exploração predominante no município; b) renda obtida com a exploração predominante; c) outras explorações existentes no município que, embora não predominantes, sejam significativas em função da renda ou da área utilizada; e d) conceito de propriedade familiar.

Segundo o entendimento do INSS (art. 20, I, *b*, da Instrução Normativa n. 77/2015), a limitação da dimensão da propriedade em até 4 módulos fiscais, para fins de enquadramento previdenciário, **somente será considerada a partir da vigência da Lei n. 11.718/2008 (lei que passou a prever referida limitação)**.

Qual será a consequência se o indivíduo explorar a agropecuária em área superior a quatro módulos fiscais? Ele será contribuinte individual, e não segurado especial, nos termos do art. 11, V, *a*, da Lei n. 8.213/91.

SEGURADO ESPECIAL (Explora a agropecuária)	CONTRIBUINTE INDIVIDUAL
Se a dimensão da área explorada for de até quatro módulos fiscais.	Se a dimensão da área explorada for superior a quatro módulos fiscais.

d) Pescador artesanal: conforme disposto no art. 9º, § 14, do Decreto n. 3.048/99, considera-se pescador artesanal aquele que, individualmente ou em regime de economia familiar, faz da pesca sua profissão habitual ou meio principal de vida, desde que: **I** – não utilize embarcação; **II** – utilize embarcação de pequeno porte, nos termos da Lei n. 11.959, de 29 de junho de 2009.

Por sua vez, nos termos do art. 10, § 1º, I, da Lei n. 11.959, de 2009, considera-se embarcação de pequeno porte aquela que possui arqueação bruta (AB) igual ou menor que 20 (vinte)[57].

---

57 O pescador que trabalha em regime de parceria, meação ou arrendamento, em embarcação de médio ou grande porte, nos termos da Lei n. 11.959, de 2009, será enquadrado como contribuinte individual.

Entende-se por arqueação bruta a expressão da capacidade total da embarcação constante da respectiva certificação fornecida pelo órgão competente. Os órgãos competentes para certificar a capacidade total da embarcação são a capitania dos portos, a delegacia ou a agência fluvial ou marítima. Contudo, na impossibilidade de obtenção da informação por parte desses órgãos, poderá ser solicitada ao segurado a apresentação da documentação da embarcação fornecida pelo estaleiro naval ou construtor da respectiva embarcação.

Considera-se **assemelhado ao pescador artesanal** aquele que realiza atividade de apoio à pesca artesanal, exercendo trabalhos de confecção e de reparos de artes e petrechos de pesca e de reparos em embarcações de pequeno porte ou atuando no processamento do produto da pesca artesanal.

e) Cônjuge, companheiro(a) e filho maior de dezesseis anos ou equiparado: a condição de segurado especial é **estendida** ao cônjuge ou companheiro, bem como filho maior de 16 anos de idade ou a este equiparado, que, **comprovadamente, trabalhem com o grupo familiar respectivo**. Assim, para serem considerados segurados especiais, os familiares citados deverão ter **participação ativa nas atividades rurais** do grupo familiar (art. 11, § 6º, da Lei n. 8.213/91).

f) Indígena: enquadra-se também como segurado especial o **índio reconhecido pela Fundação Nacional do Índio** (FUNAI), inclusive o artesão que utilize matéria-prima proveniente de extrativismo vegetal (desde que o processo de beneficiamento ou industrialização artesanal, na exploração da atividade, se dê pelo próprio grupo familiar), independentemente do local onde resida ou exerça suas atividades, **sendo irrelevante** a definição de indígena aldeado, indígena não aldeado, índio em vias de integração, índio isolado ou índio integrado, desde que exerça a atividade rural em regime de economia familiar e faça dessas atividades o principal meio de vida e de sustento.

Regra: impossibilidade de o segurado especial ter renda complementar

Em regra, se o membro do grupo familiar possui outra fonte de rendimento, ele deixará de ser segurado especial. A ideia é simples: se o indivíduo possui outra fonte de renda, a atividade rural/pesca artesanal não é indispensável para a manutenção do grupo familiar. Contudo, os §§ 8º e 9º do art. 11 da Lei n. 8.213/91 excepcionam algumas hipóteses em que, mesmo tendo outro rendimento, a pessoa permanecerá enquadrada como segurada especial. Vejamos[58]:

I – a percepção de benefício de pensão por morte, auxílio-acidente ou auxílio-reclusão, cujo valor não supere o do menor benefício de prestação continuada da Previdência Social;

II – a percepção de benefício previdenciário pela participação em plano de previdência complementar instituído nos termos do inciso IV do § 8º do art. 11 da Lei n. 8.213/91;

III – o exercício de atividade remunerada em período de entressafra ou do defeso, não superior a 120 dias, corridos ou intercalados, no ano civil. Em sentido análogo, foi editada a **Súmula 46 da Turma Nacional de Uniformização dos Juizados Especiais Federais**: "O exercício de atividade urbana intercalada não impede a concessão de benefício previdenciário de trabalhador rural, condição que deve ser analisada no caso concreto";

Atenção! Nos termos do art. 12, § 13, da Lei n. 8.212/91, a possibilidade de o indivíduo que exerce atividade urbana durante o período de entressafra ou do defeso manter a condição de segurado especial NÃO dispensa o recolhimento da contribuição devida em relação ao exercício da respectiva atividade urbana.

IV – o exercício de mandato eletivo de dirigente sindical de organização da categoria de trabalhadores rurais;

V – o exercício de mandato de vereador do Município em que desenvolve a atividade rural ou de dirigente de cooperativa rural constituída, exclusivamente, por segurados especiais, observado o disposto no § 13 do art. 12 da Lei n. 8.212/91;

Atenção! Nos termos do art. 12, § 13, da Lei n. 8.212/91, a possibilidade de o indivíduo que exerce atividade como vereador manter a condição de segurado especial NÃO dispensa o recolhimento da contribuição devida em relação ao exercício dessa atividade política.

VI – a parceria ou meação outorgada na forma e condições estabelecidas no inciso I do § 8º do art. 11 da Lei n. 8.213/91;

VII – a atividade artesanal desenvolvida com matéria-prima produzida pelo respectivo grupo familiar, podendo ser utilizada matéria-prima de outra origem, desde que a renda mensal obtida na atividade não exceda ao menor benefício de prestação continuada da Previdência Social;

VIII – a atividade artística, desde que em valor mensal inferior ao menor benefício de prestação continuada da Previdência Social;

IX – a exploração da atividade turística da propriedade rural, inclusive com hospedagem, por não mais de 120 (cento e vinte) dias ao ano;

X – a participação do segurado especial em sociedade empresária, em sociedade simples, como empresário individual ou como titular de empresa individual de responsabilidade limitada de objeto ou âmbito agrícola, agroindustrial ou agroturístico, considerada microempresa nos termos da Lei Complementar n. 123, de 14 de dezembro de 2006, não o exclui de tal categoria previdenciária, desde que, mantido o exercício da sua atividade rural na forma do inciso VII do *caput* e do § 1º, a pessoa jurídica componha-se apenas de segurados de igual natureza e sedie-se no mesmo Município ou em Município limítrofe àquele em que eles desenvolvam suas atividades (exceção incluída pela MP 619/2013, posteriormente convertida na Lei n. 12.873/2013 – produção de efeito a partir de 1º de janeiro de 2014).

Atenção! Nos termos do art. 12, § 13, da Lei n. 8.212/91, a possibilidade de o indivíduo que exerce atividade empresária manter a condição de segurado especial NÃO dispensa o recolhimento da contribuição devida em relação ao exercício da respectiva atividade empresária.

Situações que não descaracterizam a condição de segurado especial

De acordo com o § 8º do art. 11 da Lei n. 8.213/91, não descaracteriza a condição de segurado especial:

I – a outorga, por meio de contrato escrito de parceria, meação ou comodato, de até 50% (cinquenta por cento) de imóvel rural cuja área total não seja superior a 4 (quatro) módulos fiscais, desde que outorgante e outorgado continuem a exercer a respectiva atividade, individualmente ou em regime de economia familiar;

II – a exploração da atividade turística da propriedade rural, inclusive com hospedagem, por não mais de 120 (cento e vinte) dias ao ano;

III – a participação em plano de previdência complementar instituído por entidade classista a que seja associado em razão da condição de trabalhador rural ou de produtor rural em regime de economia familiar;

---

[58] Destacaremos as exceções que reputamos mais importantes para concursos públicos.

IV – ser beneficiário ou fazer parte de grupo familiar que tem algum componente que seja beneficiário de programa assistencial oficial de governo;

V – a utilização pelo próprio grupo familiar, na exploração da atividade, de processo de beneficiamento ou industrialização artesanal, na forma do § 11 do art. 25 da Lei n. 8.212/91;

VI – a associação em cooperativa agropecuária ou de crédito rural; (Redação dada pela Lei n. 13.183, de 2015.)

VII – a incidência do Imposto Sobre Produtos Industrializados – IPI sobre o produto das atividades desenvolvidas nos termos do § 12[59] (atividade empresária exercida por segurado especial[60]).

Princípio da uniformidade e equivalência dos benefícios e serviços devidos às populações urbanas e rurais e tratamento tributário diferenciado

Pelo art. 195, § 8º, da CF/88, o produtor, o parceiro, o meeiro e o arrendatário rurais e o pescador artesanal, bem como os respectivos cônjuges, que exerçam suas atividades em regime de economia familiar, sem empregados permanentes, contribuirão para a seguridade social mediante a aplicação de uma alíquota sobre o resultado da comercialização da produção e farão jus aos benefícios nos termos da lei.

Por força desse dispositivo constitucional, o segurado especial está sujeito a um regime de tributação diferenciado. Enquanto os demais segurados da Previdência Social contribuem sobre o salário de contribuição (grandeza de periodicidade mensal que será analisada em capítulo próprio), o segurado especial contribui sobre a receita decorrente da comercialização da produção. Essa diferença de tratamento é razoável e justifica-se porque o segurado especial possui renda sazonal. Na condição de trabalhador rural, certamente, ele não terá renda durante todos os meses do ano em virtude do período de entressafra. Da mesma forma, o pescador artesanal não pode pescar durante todos os meses do ano, haja vista o período do defeso.

Exatamente por isso, o segurado especial não precisa comprovar o efetivo recolhimento de contribuições previdenciárias para fazer jus aos benefícios previdenciários (carência). A legislação de regência, reconhecendo as peculiaridades do trabalho do segurado especial, exige tão somente a comprovação do exercício de atividade rural (ou pesca artesanal), ainda que de forma descontínua, no período, imediatamente anterior ao requerimento do benefício, igual ao número de meses correspondentes à carência do benefício requerido. Vale dizer, para ter direito às prestações previdenciárias, o segurado especial somente deve comprovar o efetivo exercício em atividade rural (ou pesca artesanal), e não o recolhimento de contribuições.

Pois bem, o art. 39 da Lei n. 8.213/91 prescreve que, para os segurados especiais, referidos no inciso VII do art. 11 desta Lei, fica garantida a concessão de aposentadoria por idade ou por invalidez, de auxílio-doença, de auxílio-reclusão ou de pensão, **no valor de um salário mínimo**, e de auxílio-acidente, desde que comprove o exercício de atividade rural, ainda que de forma descontínua, no período imediatamente anterior ao requerimento do benefício, igual ao número de meses correspondentes à carência do benefício requerido (inciso I). Para a segurada especial fica garantida a concessão do salário-maternidade no valor de um salário mínimo, desde que comprove o exercício de atividade rural, ainda que de forma descontínua, nos dez meses imediatamente anteriores ao do início do benefício. O segurado especial também faz jus ao auxílio-acidente, conforme disposto no art. 18, § 1º, da Lei n. 8.213/91.

---

59 Produção de efeitos a partir de 1º de janeiro de 2014.
60 Lei n. 8.213/91: Art. 11. (...) § 12. A participação do segurado especial em sociedade empresária, em sociedade simples, como empresário individual ou como titular de empresa individual de responsabilidade limitada de objeto ou âmbito agrícola, agroindustrial ou agroturístico, considerada microempresa nos termos da Lei Complementar n. 123, de 14 de dezembro de 2006, não o exclui de tal categoria previdenciária, desde que, mantido o exercício da sua atividade rural na forma do inciso VII do *caput* e do § 1º, a pessoa jurídica componha-se apenas de segurados de igual natureza e sedie-se no mesmo Município ou em Município limítrofe àquele em que eles desenvolvam suas atividades (Redação dada pela Lei n. 12.873/2013) – Produção de efeitos a partir de 1º de janeiro de 2014.

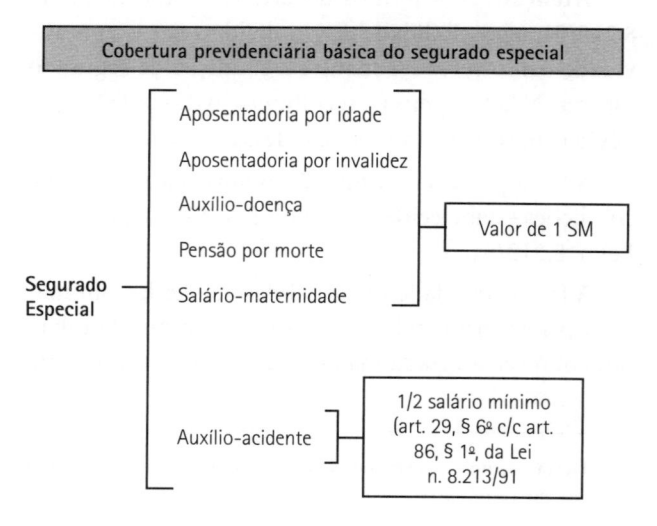

Cobertura previdenciária básica do segurado especial

Segurado Especial:
- Aposentadoria por idade — Valor de 1 SM
- Aposentadoria por invalidez — Valor de 1 SM
- Auxílio-doença — Valor de 1 SM
- Pensão por morte — Valor de 1 SM
- Salário-maternidade — Valor de 1 SM
- Auxílio-acidente — 1/2 salário mínimo (art. 29, § 6º c/c art. 86, § 1º, da Lei n. 8.213/91)

Percebe-se, pois, que a cobertura previdenciária básica do segurado especial não abrange todos os benefícios previstos no RGPS. Não abrange, por exemplo, o direito à aposentadoria por tempo de contribuição. Essa restrição protetiva nada tem que ver com o fato de o segurado especial, na maioria das vezes, exercer atividade rural. Logo, não ofende o princípio da uniformidade e equivalência dos benefícios e serviços devidos às populações urbanas e rurais. Na verdade, conforme já salientado, o segurado especial recebe "menos" porque paga "menos". Tanto que a Lei n. 8.213/91, em seu art. 39, II, prevê a possibilidade de o segurado especial igualar-se, do ponto de vista de cobertura previdenciária, aos demais segurados, fazendo jus à aposentadoria por tempo de contribuição e, inclusive, podendo receber benefícios em valor superior ao salário mínimo (o valor do benefício seguirá a sistemática de cálculo tradicional). Mas, para isso, ele deverá contribuir "facultativamente" para a Previdência Social.

Na verdade, a facultatividade referida não diz respeito à filiação como segurado facultativo. Tem-se, na verdade, uma sistemática, não obrigatória, que autoriza a ampliação da cobertura previdenciária do segurado especial. A contribuição desse segurado, pelas peculiaridades de sua atividade (renda sazonal), é inferior à dos demais segurados, o que leva a uma filiação mais restrita. Nesse contexto, o já citado art. 39, II, da Lei n. 8.213/91 apresenta-se como **ferramenta de igualação** do segurado especial. Possibilita que ele se iguale no plano tributário e, consequentemente, no plano protetivo. Quer dizer: se ele pagar igual contribuição, fará jus a igual cobertura.

Para Wladimir Novaes Martinez, exceto em relação às prestações, os dois cenários não se confundem, e a qualidade de contribuinte obrigatório não se comunica, por falta de determinação legal, à condição de contribuinte facultativo. Na visão de Martinez, trata-se, portanto, de uma hipótese que enseja um duplo enquadramento à Previdência Social. Dessa maneira, se o segurado deixar de recolher facultativamente por mais de sete meses e quinze dias, perderá exclusivamente esse *status*, sem qualquer reflexo quanto a sua condição de segurado especial[61].

De acordo com o art. 25, § 1º, da Lei n. 8.212/91, o segurado especial que optar pela ferramenta de igualação **não ficará isento da contribuição obrigatória**, incidente sobre a receita da comercialização, senão vejamos: "O segurado especial de que trata este artigo, **além da contribuição obrigatória referida no *caput***, poderá contribuir, facultativamente, na forma do art. 21 desta Lei".

Cobertura previdenciária do segurado especial que contribui facultativamente para a Previdência Social

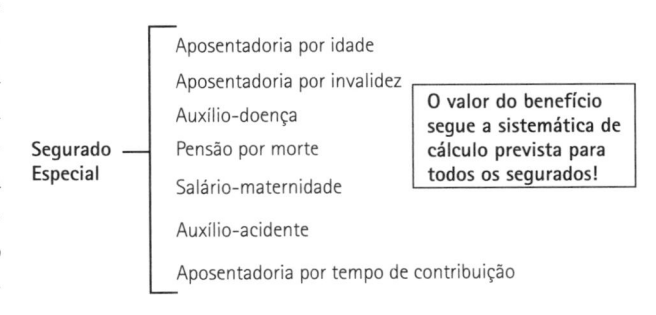

Segurado Especial:
- Aposentadoria por idade
- Aposentadoria por invalidez
- Auxílio-doença
- Pensão por morte
- Salário-maternidade
- Auxílio-acidente
- Aposentadoria por tempo de contribuição

O valor do benefício segue a sistemática de cálculo prevista para todos os segurados!

Atenção! A jurisprudência do **STJ** acolheu a restrição da cobertura previdenciária básica do segurado especial (art. 39, I + art. 39, parágrafo único + art. 18, § 1º, todos da Lei n. 8.213/91), quando entendeu que essa espécie de segurado somente faz jus à aposentadoria por tempo de contribuição se recolher contribuições facultativas. Nesse sentido, inclusive, editou a **Súmula 272**: "O trabalhador rural, na condição de segurado especial, sujeito à contribuição obrigatória sobre a produção rural comercializada, somente faz jus à aposentadoria por tempo de serviço, se recolher contribuições facultativas".

Quadro-resumo do segurado especial

Disposição comum: pessoa física residente no imóvel rural ou em aglomerado urbano ou rural próximo a ele que, individualmente ou em regime de economia familiar, ainda que com o auxílio eventual de terceiros, na condição de:

– Produtor (proprietário ou não) que explore:
- agropecuária, em área de até 4 módulos fiscais
- atividade de seringueiro ou extrativista vegetal

– Pescador artesanal ou assemelhado

– Cônjuge, companheiro(a) e filhos maiores de 16 anos ou equiparado que comprovadamente trabalhem com o respectivo grupo familiar.

Devendo-se lembrar que:

a) O garimpeiro NÃO é segurado especial, mesmo que trabalhe com ajuda de sua família e com a utilização de equipamentos rudimentares.

b) Se o indivíduo utiliza empregados à razão superior a 120 pessoas/dia no ano civil, em períodos corridos ou intercalados ou, ainda, por tempo equivalente em horas de trabalho, ele não se enquadra como segurado especial, e sim como contribuinte individual.

---

61 MARTINEZ, Wladimir Novaes. *Manual prático do segurado facultativo*. São Paulo: LTr, 2006, p. 55.

> c) se o indivíduo explorar a agropecuária, somente será segurado especial se a área explorada tiver extensão máxima de 4 módulos fiscais. Se a área superar tal extensão máxima, ele será contribuinte individual.
>
> d) para a atividade de seringueiro (ou extrativista vegetal), não existe limite para a extensão territorial. Se o exercício da atividade for em regime de economia familiar, ele será segurado especial.

Dirigente sindical

Nos termos do art. 11, § 4º, da Lei n. 8.213/91, o dirigente sindical mantém, durante o exercício do mandato eletivo, o mesmo enquadramento no RGPS de antes da investidura. Assim, caso o dirigente sindical seja empregado, ao ser eleito para o exercício do mandato de dirigente, mantém esse enquadramento perante o RGPS. Da mesma forma, caso o trabalhador rural enquadrado como segurado especial seja eleito como presidente de seu sindicato manterá, durante o exercício de seu mandato, o enquadramento como segurado especial.

Seguro-desemprego do pescador artesanal e a Lei n. 13.134, de 2015 (fruto da conversão da MP n. 665/2014)

De acordo com o art. 1º da Lei n. 10.779/2003, com redação dada pela Lei n. 13.134, de 2015, o pescador artesanal de que tratam a alínea *b* do inciso VII do art. 12 da Lei n. 8.212, de 24 de julho de 1991, e a alínea *b* do inciso VII do art. 11 da Lei n. 8.213, de 24 de julho de 1991, desde que exerça sua atividade profissional ininterruptamente, de forma artesanal e individualmente ou em regime de economia familiar, fará jus ao benefício do seguro-desemprego, no valor de 1 (um) salário-mínimo mensal, durante o período de defeso de atividade pesqueira para a preservação da espécie.

Nos termos do art. 2º da Lei, cabe ao Instituto Nacional do Seguro Social – INSS receber e processar os requerimentos e habilitar os beneficiários nos termos do regulamento.

Para fazer jus ao benefício, o pescador não poderá estar em gozo de nenhum benefício decorrente de benefício previdenciário ou assistencial de natureza continuada, exceto pensão por morte e auxílio-acidente.

Para se habilitar ao benefício, o pescador deverá apresentar ao INSS os seguintes documentos:

I – registro como pescador profissional, categoria artesanal, devidamente atualizado no Registro Geral da Atividade Pesqueira (RGP), emitido pelo Ministério da Pesca e Aquicultura com antecedência mínima de 1 (um) ano, contado da data de requerimento do benefício;

II – cópia do documento fiscal de venda do pescado a empresa adquirente, consumidora ou consignatária da produção, em que conste, além do registro da operação realizada, o valor da respectiva contribuição previdenciária de que trata o § 7º do art. 30 da Lei n. 8.212, de 24 de julho de 1991, ou comprovante de recolhimento da contribuição previdenciária, caso tenha comercializado sua produção a pessoa física; e

III – outros estabelecidos em ato do Ministério da Previdência Social que comprovem:

a) o exercício da profissão, na forma do art. 1º desta Lei;

b) que se dedicou à pesca durante o período definido no § 3º do art. 1º desta Lei;

c) que não dispõe de outra fonte de renda diversa da decorrente da atividade pesqueira.

O INSS, no ato de habilitação ao benefício, deverá verificar a condição de segurado pescador artesanal e o pagamento da contribuição previdenciária, nos termos da Lei n. 8.212, de 24 de julho de 1991, nos últimos 12 (doze) meses imediatamente anteriores ao requerimento do benefício ou desde o último período de defeso até o requerimento do benefício, o que for menor, observado, quando for o caso, o disposto no inciso II do § 2º.

A Previdência Social poderá, quando julgar necessário, exigir outros documentos para a habilitação do benefício.

6.2.2. Segurado facultativo

Conforme já salientamos nos capítulos introdutórios, a possibilidade de alguém filiar-se facultativamente ao RGPS decorre do princípio da universalidade de participação nos planos previdenciários, previsto no art. 2º da Lei n. 8.213/91, o qual não deixa de estar relacionado, em certa medida, ao princípio da universalidade do atendimento, disposto no art. 194, parágrafo único, I, da CF/88.

Portanto, a filiação na qualidade de segurado facultativo representa ato volitivo da pessoa, gerando efeito somente a partir da inscrição e do primeiro recolhimento, não podendo retroagir e não permitindo o pagamento de contribuições relativas a competências anteriores à data da inscrição, ressalvada a opção pelo recolhimento trimestral de suas contribuições previdenciárias.

Segurado facultativo é toda pessoa física que não exerce atividade remunerada e contribui voluntariamente para a Previdência Social. A análise da idade mínima para a filiação do segurado facultativo será feita em tópico próprio (limite etário para filiação). Portanto, a regra é que o segurado facultativo não pode trabalhar. Havendo trabalho remunerado, a filiação é obrigatória. Existem, porém, três situações em que o indivíduo, de certa forma, exerce atividade remunerada, mas não está sujeito à filiação obrigatória. Nesses casos, se ele quiser, poderá filiar-se como facultativo. São elas: **1ª**) o segurado recolhido à prisão sob regime fechado ou semiaberto, que, nesta condição, presta serviço, dentro ou fora da unidade penal, a uma ou mais empresas, com ou sem intermediação da organização carcerária ou entidade afim, ou que exerce atividade artesanal por conta própria; **2ª**) o estagiário contratado nos termos da Lei n. 11.788/2008 (que revogou a Lei n. 6.494/77); **3ª**) o bolsista que se dedica em tempo integral a pesquisa, curso de especialização, pós-graduação, mestrado ou doutorado, no Brasil ou no exterior, desde que não esteja vinculado a nenhum regime de previdência social.

Cuidado! Nos termos do art. 12, § 2º, da Lei n. 11.788/2008, o estagiário poderá se inscrever e contribuir como segurado facultativo do RGPS. Contudo, o descumprimento de qualquer dos incisos do art. 3º da Lei n. 11.788/2008 ou de qualquer obrigação contida no termo de compromisso caracteriza vínculo de emprego do educando com a parte concedente do estágio para todos os fins da legislação trabalhista e previdenciária, passando o estagiário à condição de empregado e, portanto, de segurado obrigatório (na qualidade de segurado empregado).

Atenção! Até o advento do Decreto n. 7.054/2009, o segurado recolhido à prisão sob regime fechado ou semiaberto que prestasse serviço dentro ou fora da unidade penal, a uma ou mais empresas, com ou sem intermediação da organização carcerária ou entidade afim, ou que exercia atividade artesanal por conta própria era contribuinte individual. Depois desse Decreto, ele passou a ser segurado facultativo.

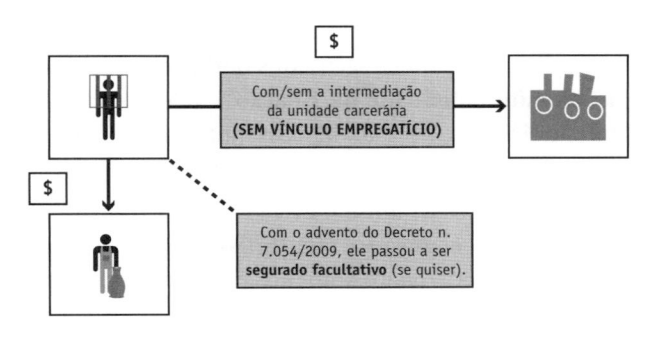

Atenção! Cuidado para não confundir o bolsista pesquisador com o bolsista da Fundação Habitacional do Exército contratado em conformidade com a Lei n. 6.855, de 18 de novembro de 1980. Este último é contribuinte individual. Aquele, se quiser, poderá ser segurado facultativo.

Bolsista pesquisador → Se quiser, poderá ser segurado facultativo

Bolsista da Fundação Habitacional do Exército → Contribuinte individual

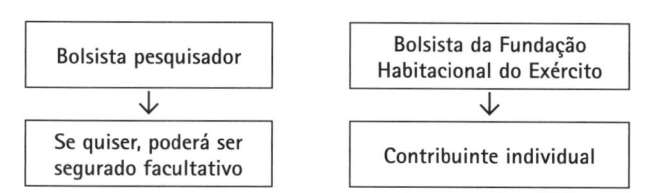

De acordo com o art. 201, § 5º, da CF/88, **é vedada a filiação ao RGPS, na qualidade de segurado facultativo, de pessoa participante de regime próprio de previdência**. Nesse contexto, impende salientar que essa vedação nada tem que ver com a instituição da previdência complementar pública. Se o indivíduo pertence a um regime próprio de previdência, está vedada a possibilidade de ele filiar-se ao RGPS como segurado facultativo.

Observe-se, porém, que o Decreto n. 3.048/99 ressalva a possibilidade de filiação como facultativo do servidor que está afastado sem vencimento, e desde que não permitida, nesta condição, contribuição ao respectivo regime próprio (art. 11, § 2º).

Cuidado! O art. 201, § 5º, da CF/88 não impossibilita que uma mesma pessoa esteja filiada, simultaneamente, ao regime próprio e ao RGPS. A CF/88 veda apenas que um participante de regime próprio filie-se ao RGPS **como facultativo**. Nada obsta que um servidor já filiado a um regime próprio de previdência também se filie ao RGPS como segurado obrigatório. Vamos a dois exemplos.

Exemplo 1: Roberval pertence a regime próprio de previdência (Juiz de Direito) e também exerce atividade como empregado em uma instituição particular de ensino. Nessa situação, ele está filiado, obrigatoriamente, ao regime próprio e ao RGPS (como empregado).

Exemplo 2: Jenivaldo pertence a regime próprio de previdência (Juiz de Direito) e não exerce atividade remunerada privada. Nesse caso, Jenivaldo não poderá filiar-se ao RGPS como segurado facultativo.

Conforme disposto no art. 55, § 4º, II, da Instrução Normativa do INSS n. 77/2015, **para o servidor público aposentado**, qualquer que seja o regime de Previdência Social a que esteja vinculado (RGPS ou regime próprio), **não será permitida a filiação facultativa no**

RGPS. Vale dizer, a vedação do art. 201, § 5º, estende-se ao servidor público já aposentado. Essa questão, inclusive, foi explorada pelo CESPE no concurso público para Defensor Público da União de 2010.

O art. 11, § 1º, do Decreto n. 3.048/99 elenca, **exemplificativamente**, algumas situações fáticas que permitem a filiação da pessoa como segurada facultativa do RGPS. Podem filiar-se facultativamente, **entre outros**:

I – a dona de casa;

II – o síndico de condomínio, quando não remunerado;

III – o estudante;

IV – o brasileiro que acompanha cônjuge que presta serviço no exterior;

V – aquele que deixou de ser segurado obrigatório da previdência social;

VI – o membro de conselho tutelar de que trata o art. 132 da Lei n. 8.069/90, quando não esteja vinculado a qualquer regime de previdência social;

VII – o bolsista e o estagiário que prestam serviços a empresa de acordo com a Lei n. 6.494 (lei revogada pela Lei n. 11.788/2008);

VIII – o bolsista que se dedique em tempo integral a pesquisa, curso de especialização, pós-graduação, mestrado ou doutorado, no Brasil ou no exterior, desde que não esteja vinculado a qualquer regime de previdência social;

IX – o presidiário que não exerce atividade remunerada nem esteja vinculado a qualquer regime de previdência social;

X – o brasileiro residente ou domiciliado no exterior, salvo se filiado a regime previdenciário de país com o qual o Brasil mantenha acordo internacional; e

XI – o segurado recolhido à prisão sob regime fechado ou semiaberto, que, nesta condição, preste serviço, dentro ou fora da unidade penal, a uma ou mais empresas, com ou sem intermediação da organização carcerária ou entidade afim, ou que exerce atividade artesanal por conta própria.

O **síndico de condomínio** poderá ser enquadrado como segurado facultativo ou obrigatório, a depender da existência de remuneração para o exercício de suas atribuições. Para o síndico de condomínio ser enquadrado como segurado facultativo, **ele não poderá receber remuneração, mesmo que indireta**. Como visto na análise do contribuinte individual, a **isenção da cota condominial do síndico caracteriza remuneração indireta** e, portanto, leva ao seu enquadramento como segurado obrigatório na espécie contribuinte individual.

Uma última observação. Acima, vimos que o segurado especial, se quiser ter direito à aposentadoria por tempo de contribuição e à aplicação da mesma sistemática de cálculo prevista para os demais segurados, pode contribuir facultativamente para a previdência social. Entretanto, é bom lembrar novamente que essa contribuição facultativa não torna o segurado especial um segurado facultativo. Trata-se de um segurado obrigatório que pode optar por uma cobertura previdenciária complementar.

6.3. FILIAÇÃO

De acordo com o art. 20 do Decreto n. 3.048/99, **filiação é o vínculo jurídico** que se estabelece entre pessoas que contribuem para a previdência social e esta, do qual decorrem direitos e obrigações.

Sob a perspectiva do filiado, enquanto o "direito" envolve a garantia à cobertura previdenciária em face de determinados eventos previstos na legislação, a "obrigação" refere-se ao dever de contribuir para o RGPS, de caráter contributivo.

De outro lado, sob a perspectiva do RGPS, o sistema tem o direito de receber as contribuições previdenciárias e o dever de prestar os benefícios e serviços àqueles que cumprirem todas as exigências legais.

No direito previdenciário, o filiado é conhecido como **segurado**.

Existem duas espécies de filiação: a obrigatória e a facultativa. De igual modo, há duas espécies de segurados: os obrigatórios e os facultativos.

Nos termos do art. 201 da CF/88, no âmbito do RGPS, a regra é a filiação obrigatória. Qual é o pressuposto de fato que dá ensejo à filiação obrigatória? Conforme disposto no art. 9º, § 12, do Decreto n. 3.048/99, o exercício de atividade remunerada sujeita a filiação obrigatória ao RGPS. No mesmo rumo, o art. 20, § 1º, do Decreto n. 3.048/99 dispõe que a filiação à Previdência Social decorre automaticamente do exercício de atividade remunerada para os segurados obrigatórios (**princípio da automaticidade da filiação**). Vale dizer: basta que o indivíduo exerça atividade remunerada, formal ou não, para ele estar obrigatoriamente filiado ao RGPS.

Por sua vez, segundo o art. 11, § 3º, **a filiação na qualidade de segurado facultativo representa ato volitivo**, gerando efeito somente a partir da inscrição e do primeiro recolhimento, não podendo retroagir e não permitindo o pagamento de contribuições relativas a competências anteriores à data da inscrição, ressalvado o caso de recolhimento trimestral das contribuições.

Segurados
- Obrigatórios: exercício de atividade remunerada
- Facultativos: ato volitivo e pagamento da primeira contribuição

6.4. INSCRIÇÃO

O art. 17 da Lei n. 8.213/91 remete ao Regulamento (Decreto n. 3.048/99) a disciplina da forma de inscrição do segurado e dos dependentes.

De acordo com o art. 18 do Decreto n. 3.048/99, considera-se inscrição de segurado para os efeitos da Previdência Social o ato pelo qual o segurado é cadastrado no RGPS, mediante comprovação dos dados pessoais e de outros elementos necessários e úteis a sua caracterização. Portanto, a inscrição é o **ato formal de cadastramento** do beneficiário perante o RGPS.

Atenção! Apesar de o art. 18 do Decreto n. 3.048/99 falar apenas sobre a inscrição do segurado, o dependente também precisa se inscrever. Portanto, enquanto a filiação é um conceito aplicável exclusivamente ao segurado, a inscrição ocorre tanto para o segurado quanto para o dependente.

FILIAÇÃO	INSCRIÇÃO
Vínculo jurídico que se estabelece entre o segurado e o RGPS.	Ato formal de cadastramento do beneficiário junto ao RGPS.
↓	↓
Só o segurado se filia perante o RGPS.	O segurado e o dependente se inscrevem perante o RGPS.

6.4.1. Inscrição dos segurados

Em relação aos segurados, a inscrição dá-se da seguinte forma:

I – o empregado e trabalhador avulso: pelo preenchimento dos documentos que os habilitem ao exercício da atividade, formalizado pelo contrato de trabalho, no caso de empregado, observado o disposto no § 2º do art. 20 do Decreto n. 3.048/99[62], e pelo cadastramento e registro no sindicato ou órgão gestor de mão de obra, no caso de trabalhador avulso;

II – empregado doméstico: pela apresentação de documento que comprove a existência de contrato de trabalho;

III – contribuinte individual: pela apresentação de documento que caracterize a sua condição ou o exercício de atividade profissional, liberal ou não;

IV – facultativo: pela apresentação de documento de identidade e declaração expressa de que não exerce atividade que o enquadre na categoria de segurado obrigatório; e

V – segurado especial: pela apresentação de documento que comprove o exercício de atividade rural.

A inscrição do segurado especial será feita de forma a vinculá-lo ao seu respectivo grupo familiar e conterá, além das informações pessoais, a identificação da propriedade em que desenvolve a atividade e a que título, se nela reside ou o Município onde reside e, quando for o caso, a identificação e inscrição da pessoa responsável pela unidade familiar.

Cabe ressaltar, ainda, que o segurado especial integrante de grupo familiar que não seja proprietário ou dono do imóvel rural em que desenvolve sua atividade deverá informar, no ato da inscrição, conforme o caso, o nome do parceiro ou meeiro outorgante, arrendador, comodante ou assemelhado.

Uma regra de extrema importância está prescrita no art. 18, § 5º, do Decreto n. 3.048/99, segundo o qual, presentes os pressupostos da filiação, **admite-se a inscrição *post mortem* do segurado especial**.

Atenção! A inscrição do empregado e do trabalhador avulso será efetuada diretamente na empresa, sindicato ou órgão gestor de mão de obra e a dos demais no Instituto Nacional do Seguro Social.

Como acentua Frederico Amado, em regra, para os segurados, a inscrição ocorre após a filiação, exceto para o segurado facultativo, cuja filiação pressupõe a inscrição e o pagamento da primeira contribuição previdenciária[63].

SEGURADO OBRIGATÓRIO	SEGURADO FACULTATIVO
Filiação → Inscrição	Inscrição → Filiação
Exercício de atividade $ → Cadastro	Cadastro → Pagamento da 1ª contribuição

---

62 A filiação do trabalhador rural contratado por produtor rural pessoa física por prazo de até dois meses dentro do período de um ano, para o exercício de atividades de natureza temporária, decorre automaticamente de sua inclusão na GFIP, mediante identificação específica.

63 AMADO, Frederico Augusto Di Trindade. *Direito e processo previdenciário sistematizado*. Salvador: JusPodivm, 2011, p. 144.

A Previdência Social possui uma ferramenta de informação de grande importância para a gestão do RGPS, que é o **Cadastro Nacional de Informações Sociais (CNIS)**, desenvolvido e gerido pela Dataprev. O CNIS é o sistema responsável pelo controle das informações de todos os segurados e contribuintes da Previdência Social e, desde a sua criação, no ano de 1989, armazena as informações necessárias para garantir direitos trabalhistas e previdenciários aos cidadãos brasileiros. Para compor o CNIS, a Dataprev recebe e processa o conteúdo recebido de diversos órgãos governamentais, além da alimentação de informações sobre vínculos e remunerações provenientes da Guia do Fundo de Garantia de Informações Previdenciárias (GFIP), da Relação Anual de Informações Sociais (RAIS), do Cadastro Geral de Empregados e Desempregados (Caged), além dos dados sobre contribuições atualizados pela Guia da Previdência Social (GPS).

Segundo o Decreto n. 6.722/2008, os dados constantes no CNIS valem para todos os efeitos como prova de filiação à Previdência Social, relação de emprego, tempo de serviço ou de contribuição e salários de contribuição. Contudo, em caso de dúvida, o INSS pode exigir a apresentação dos documentos que serviram de base à anotação procedida no sistema.

6.4.2. Inscrição dos dependentes[64]

Em relação aos dependentes, não há mais a inscrição destes procedida pelo segurado de forma prévia perante a Previdência Social. Com efeito, de acordo com o art. 17, § 1º, da Lei n. 8.213/91, com a redação dada pela Lei n. 10.403/2002, **incumbe ao próprio dependente do segurado promover a sua inscrição quando do requerimento do benefício** a que estiver habilitado.

6.5. LIMITE ETÁRIO PARA FILIAÇÃO

A idade laboral mínima no Brasil é 16 anos de idade, exceto para o aprendiz, que pode iniciar o trabalho, nesta qualidade, a partir dos 14 anos de idade. A Constituição da República de 1988 proíbe o trabalho noturno, perigoso ou insalubre a menores de 18 e de qualquer trabalho a menores de 16 anos, salvo na condição de aprendiz, a partir de 14 anos.

No direito previdenciário, a idade mínima para a filiação e para a inscrição é **16 anos**, ressalvado o caso de **aprendiz, o qual já pode filiar-se ao RGPS a partir dos 14 anos**, na condição de segurado empregado.

A idade mínima para a filiação facultativa segue a regra geral: 16 anos. Ou seja, somente pode ser **segurado facultativo o maior de 16 anos**.

Atenção! Em que pese o art. 14 da Lei n. 8.212/91 e o art. 13 da Lei n. 8.213/91 ainda preverem a idade mínima de 14 anos para filiação do segurado facultativo ao RGPS, o correto é considerar como sendo 16 anos, haja vista a alteração da idade mínima para o trabalho provocada pela EC n. 20/98. Nesse sentido, inclusive, dispõe o art. 11 do Decreto n. 3.048/99: "É segurado **facultativo o maior de dezesseis anos de idade** que se filiar ao Regime Geral de Previdência Social, mediante contribuição, na forma do art. 199, desde que não esteja exercendo atividade remunerada que o enquadre como segurado obrigatório da previdência social".

Dica: apesar do parágrafo anterior, em concursos públicos, **prevalece** o entendimento de que a idade mínima para filiação do segurado facultativo é 14 anos. Recomenda-se que o candidato apegue-se ao enunciado da questão. Se ele fizer referência à Lei 8.212/91 ou à Lei 8.213/91, deve-se marcar o item que preveja idade mínima de 14 anos.

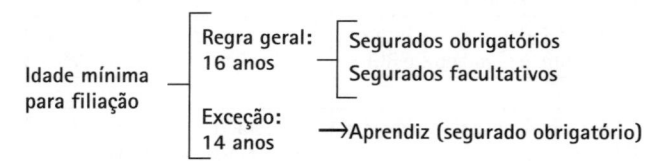

Idade mínima para filiação
- Regra geral: 16 anos → Segurados obrigatórios / Segurados facultativos
- Exceção: 14 anos → Aprendiz (segurado obrigatório)

Porém, é preciso salientar que, ao longo do tempo, houve sucessivas alterações envolvendo a idade mínima para o trabalho e consequentemente para a filiação à Previdência Social. Exatamente por isso, o art. 7º, §1º, da Instrução Normativa INSS n. 77/2015 prevê que o limite mínimo de idade para ingresso no RGPS do segurado obrigatório que exerce atividade urbana ou rural, do facultativo e do segurado especial segue a tabela adiante colacionada:

CONSTITUIÇÃO	IDADE MÍNIMA
CF de 1946	14 anos
CF de 1967	12 anos
CF de 1988	14 anos
Emenda Constitucional n. 20, de 1998	16 anos

---

64 Voltaremos a falar sobre este assunto no tópico relativo aos dependentes previdenciários.

As ressalvas previstas na Instrução Normativa são de fato necessárias. Não importa que, atualmente, a CF/88 preveja uma idade mínima de 16 anos. Se, à época da prestação do serviço, a idade mínima era outra, esta é a idade que deve prevalecer para fins previdenciários, tendo em vista o princípio *tempus regit actum*, tantas vezes invocado pelo STF em demandas de natureza previdenciária. Logo, é devida a averbação de período laborado por menor com 12 anos entre 15 de março de 1967, data da vigência da Constituição Federal de 1967, e 4 de outubro de 1988, véspera da promulgação da Constituição Federal de 1988[65].

Por outro lado, é bom salientar que **não existe idade máxima para filiação ao RGPS**. Assim, qualquer pessoa que exerça atividade remunerada, mesmo que possua idade avançada, está compulsoriamente filiada ao RGPS. De igual modo, qualquer pessoa que não seja segurado obrigatório de um regime previdenciário (RGPS ou regime próprio) poderá filiar-se na condição de segurado facultativo, sem qualquer limitação máxima de idade.

Atenção! No regime próprio de previdência, ao contrário do que acontece no RGPS, existe idade máxima para filiação, haja vista a previsão da aposentadoria compulsória (aos 75 anos – Lei Complementar n. 152, de 3 de dezembro de 2015).

6.6. FILIAÇÃO MÚLTIPLA, INSCRIÇÃO MÚLTIPLA E UNICIDADE DE FILIAÇÃO

O art. 11, § 2º, da Lei n. 8.213/91, expressamente, dispõe que todo aquele que exercer, **concomitantemente**, mais de uma atividade remunerada sujeita ao RGPS é **obrigatoriamente filiado em relação a cada uma delas**.

---

65 **STJ:** "(...) II – *In casu*, ao tempo da prestação dos serviços – entre 17.08.68 e 31.12.69 – vigorava o art. 165, inciso X, da CF/67, repetido na EC n. 1/69, que admitia o trabalho do menor a partir dos 12 (doze) anos. III – Reconhecendo a Lei 8.213/91, art. 55, § 2º, o tempo de serviço rural pretérito, sem contribuição, para efeitos previdenciários – não para contagem recíproca – não podia limitar aos 14 (quatorze) anos, sem ofensa à Norma Maior. É que o tempo de serviço, para fins de aposentadoria, é disciplinado pela lei vigente à época em que efetivamente prestado, passando a integrar, como direito autônomo, o patrimônio jurídico do trabalhador. IV – Comprovada a atividade rurícola de menor de 14 anos, antes da Lei 8.213/91, impõe-se seu cômputo para fins previdenciários. A proibição do trabalho aos menores de catorze anos foi estabelecida pela Constituição em benefício do menor e não em seu prejuízo. V – Embargos acolhidos" (EREsp 329.269/RS, Rel. Min. Gilson Dipp, 3ª Seção, julgado em 28-8-2002, *DJ* 23-9-2002, p. 221).

Por motivos óbvios, a mesma regra aplica-se para a inscrição. Com efeito, o art. 18, § 3º, do Decreto n. 3.048/99 dispõe que todo aquele que exercer, concomitantemente, mais de uma atividade remunerada sujeita ao RGPS será **obrigatoriamente inscrito em relação a cada uma delas**. Vamos a um exemplo.

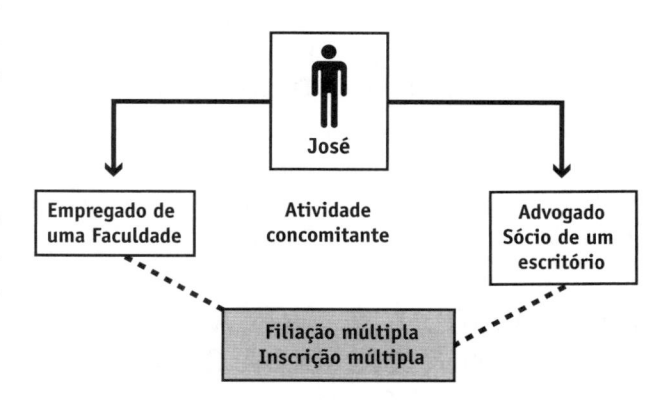

Do ponto de vista tributário (custeio da seguridade social), é importante salientar que a filiação múltipla não significa que o segurado deve contribuir acima do teto previdenciário. Assim, se José, na condição de empregado, auferir remuneração de R$ 6.000,00, não precisará mais contribuir na qualidade de contribuinte individual, pois sua contribuição já atingiu o teto do salário de contribuição (para 2018, fixado em R$ 5.645,80). Em resumo: José mantém as duas filiações (como empregado e como contribuinte individual), porém sua contribuição está limitada ao teto do salário de contribuição (devendo-se somar, para esse fim, as duas remunerações).

A existência do teto previdenciário é um dos fundamentos de outro importante princípio da previdência social: a **unicidade da filiação**. *A priori*, pode-se pensar que existe contradição elementar entre o princípio da unicidade da filiação e a previsão legal de filiações múltiplas. Porém, a ideia é simples. Ainda que o segurado exerça duas atividades abrangidas pelo RGPS e consequentemente esteja filiado e contribua em relação a cada uma delas (filiações múltiplas), a contribuição ficará limitada ao teto previdenciário, rendendo-lhe, no futuro, um **único benefício substitutivo**.

6.7. APOSENTADO QUE VOLTA A TRABALHAR

No capítulo sobre a seguridade social, vimos que, de acordo com o art. 11, § 3º, da Lei n. 8.213/91, o aposentado pelo RGPS que estiver exercendo ou que voltar a exercer atividade abrangida por este Regime é segurado obrigatório em relação a essa atividade, ficando sujeito às contribuições previdenciárias. Nesse caso, a despeito da obrigatoriedade de contribuir, o trabalhador-aposentado só terá direito às seguintes prestações: salário-família e reabilitação profissional, nos termos do art. 18, § 2º, da Lei n. 8.213/91) e ao salário-maternidade, nos termos do art. 103 do Decreto n. 3.048/99.

Atenção! Conforme salientamos no capítulo sobre a seguridade social, a imunidade prevista no art. 195, II, da CF/88 incide sobre o benefício de aposentadoria do RGPS, e não sobre o beneficiário.

6.8. PERÍODO DE GRAÇA E MANUTENÇÃO DA QUALIDADE DE SEGURADO

6.8.1. Conceito

Diante do caráter contributivo da Previdência Social, infere-se que, via de regra, o segurado só possui direito à proteção previdenciária se estiver vertendo contribuições para o RGPS.

Todavia, sendo a Previdência Social um seguro informado pelo **princípio da solidariedade**, reconhece-se que alguns fatos (a maioria, involuntários) podem inviabilizar o pagamento da contribuição pelo segurado. Deve-se ter em mente que a Previdência Social apresenta dinâmica diversa daquela verificada no seguro privado, o que se justifica, sobretudo pelas vicissitudes que podem ocorrer ao longo da vida contributiva do segurado (como são os casos de desemprego, dificuldades financeiras momentâneas com gastos familiares inesperados, entre outras hipóteses que drenam a capacidade de contribuição do segurado). Nesse contexto, não há dúvida de que, em uma sociedade de massa, seria injusto que o segurado, ao deixar de recolher suas contribuições, perdesse imediatamente a sua proteção.

Exatamente por isso a Lei n. 8.213/91 prevê situações em que o indivíduo, mesmo sem estar contribuindo para o RGPS, conserva por determinado tempo a qualidade de segurado e, consequentemente, todos os direitos inerentes a essa qualidade.

Embora não haja uma denominação legal específica para esse instituto, a doutrina especializada o denomina **período de graça**. A nomenclatura adotada facilita a memorização. O período de graça é assim conhecido por se tratar de um período adicional de cobertura previdenciária que, na maioria das vezes, sai, literalmente, de graça. **Só há um caso de pagamento da contribuição durante o período de graça: ocorre quando a segurada está em gozo de salário-maternidade.**

Em síntese: a perda da qualidade de segurado não ocorre imediatamente com a cessação das contribuições previdenciárias. Na verdade, ela só acontece depois de expirado o período de graça previsto na legislação.

Portanto, **período de graça** é o lapso temporal em que, mesmo sem contribuir e/ou sem exercer atividade que o vincule obrigatoriamente à previdência, o indivíduo continua ostentando a qualidade de segurado. Portanto, se o indivíduo ficar incapaz durante o período de graça, terá direito a um benefício por incapacidade (desde que cumpridos os outros requisitos legais). De igual modo, se um indivíduo falecer durante o período de graça, seus dependentes terão direito à pensão por morte.

Dúvida: o período de graça pode ser contado como tempo de contribuição? Como não existe o pagamento efetivo da contribuição[66], o período de graça, em regra, não pode ser aproveitado como tempo de contribuição. Só há duas exceções, que estão previstas nos incisos III e IX do art. 60 do Decreto n. 3.048/99: III) o período em que o segurado esteve recebendo auxílio-doença ou aposentadoria por invalidez, entre períodos de atividade; IX) o período em que o segurado esteve recebendo benefício por incapacidade por acidente do trabalho, intercalado ou não.

Dúvida: o período de graça pode ser contado como carência? De acordo com o § 1º do art. 153 da Instrução Normativa INSS n. 77/2015, por força da decisão judicial proferida na Ação Civil Pública n. 2009.71.00.004103-4 (novo n. 0004103-29.2009.4.04.7100), é devido o cômputo, para fins de carência, do período em gozo de benefício por incapacidade, inclusive os decorrentes de acidente do trabalho, desde que intercalado com períodos de contribuição ou atividade, observadas as datas a seguir: I – no período compreendido entre 19 de setembro de 2011 a

---

[66] Como se verá a seguir, a primeira hipótese do período de graça é o prazo em que o segurado está em gozo de benefício previdenciário. Como exceção à regra de que no período de graça não há contribuições previdenciárias tem-se o salário-maternidade que, além de ter a natureza de benefício, também é considerado pela legislação como salário-de-contribuição e, portanto, base de cálculo para incidência da espécie tributária contribuição previdenciária.

3 de novembro de 2014, a decisão judicial teve abrangência nacional; e II – para os residentes nos Estados do Rio Grande do Sul, Santa Catarina e Paraná, a determinação permanece vigente, observada a decisão proferida pelo Superior Tribunal de Justiça no Recurso Especial n. 1.414.439-RS, e alcança os benefícios requeridos a partir de 29 de janeiro de 2009.

6.8.2. Períodos básicos de graça

Segundo o art. 15 da Lei n. 8.213/91, mantém a qualidade de segurado, independentemente de contribuições:

"**I – sem limite de prazo**, quem está em gozo de benefício, inclusive durante a percepção de auxílio-acidente ou de auxílio-suplementar (art. 137, I, da Instrução Normativa INSS n. 77/2015)".

Somente **mantém** a qualidade de segurado o indivíduo que está recebendo benefício na qualidade **de segurado**. Por conseguinte, o gozo de pensão por morte não implica que o respectivo beneficiário é segurado da previdência social. Só mantém a qualidade de segurado quem já a tinha no passado.

"**II – até 12 (doze) meses após a cessação das contribuições,** o segurado que deixar de exercer atividade remunerada abrangida pela Previdência Social ou estiver suspenso ou licenciado sem remuneração;

III – até 12 (doze) meses após cessar a segregação, o segurado acometido de doença de segregação compulsória;

IV – até 12 (doze) meses após o livramento, o segurado retido ou recluso. Evidentemente, o indivíduo só sairá segurado da prisão se, à época de início do cumprimento da pena, já ostentava a qualidade de segurado.

V – até 3 (três) meses após o licenciamento, o segurado incorporado às Forças Armadas para prestar serviço militar;

VI – até 6 (seis) meses após a cessação das contribuições, o segurado facultativo."

Observação: De acordo com o art. 13 do Decreto n. 3.048, o indivíduo mantém a qualidade de segurado, independentemente de contribuições, até **doze meses após a cessação de benefício por incapacidade**.

Um dado curioso: quem pratica um fato típico qualificado como crime e se vê recluso (ou "retido") pelo Estado, após o livramento tem um período de graça de doze meses, enquanto o indivíduo que serve à Pátria pelo serviço militar, após o licenciamento das Forças Armadas, possui apenas três meses de período de graça.

DICAS PARA MEMORIZAÇÃO!		
	Quem está em gozo de benefício	Sem limite de prazo
	Segurado que deixar de exercer atividade remunerada abrangida pela Previdência Social ou estiver suspenso ou licenciado sem remuneração	12 meses
	Segurado acometido de doença de segregação compulsória	12 meses
	Segurado retido ou recluso	12 meses
	Segurado facultativo (p. ex., estudante)	6 meses
	Segurado incorporado às Forças Armadas para prestar serviço militar	3 meses

↓

Todos os períodos são múltiplos de 3

6.8.3. Hipóteses de prorrogação do período de graça

Existem duas hipóteses que prorrogam o período básico de graça. Por expressa disposição legal, ambas aplicam-se **exclusivamente** ao segurado que deixar de exercer atividade remunerada abrangida pela Previdência Social ou estiver suspenso ou licenciado sem remuneração. Cada uma delas garante um acréscimo de doze meses no período de graça. Desse modo, se o segurado cumprir, simultaneamente, as exigências das duas hipóteses de prorrogação, seu período de graça será de trinta e seis meses (12 + 12 + 12 = 36).

São elas:

1) Pagamento de mais de 120 contribuições mensais sem interrupção que acarrete a perda da qualidade de segurado;

2) Comprovação do desemprego pelo registro junto ao órgão próprio do Ministério do Trabalho e Emprego.

Ambas dependem de esclarecimentos.

a) Pagamento de mais de 120 (cento e vinte) contribuições mensais sem interrupção que acarrete a perda da qualidade de segurado: de acordo com o art. 15, § 1º, da Lei n. 8.213/91, o prazo do inciso II será prorrogado para até 24 (vinte e quatro) meses se o segurado já tiver pago **mais de 120** (cento e vinte) contribuições mensais sem interrupção que acarrete a perda da qualidade de segurado.

12 meses	+	12 meses	=	24 meses
Período básico de graça		Hipótese de prorrogação 1		Período de graça final

Atenção! Segurado facultativo efetuou o pagamento de mais de cento e vinte contribuições mensais sem interrupção que tenha acarretado a perda da qualidade de segurado. Nesse caso, qual é o seu período de graça? **Resposta: sempre é de seis meses!** Isso porque, conforme já salientado, as hipóteses de prorrogação somente se aplicam ao inciso II do art. 15 da Lei n. 8.213/91, ou seja, ao segurado que deixou de exercer atividade remunerada abrangida pela Previdência Social ou está suspenso ou licenciado sem remuneração.

Atenção! A lei não exige que o pagamento das mais de 120 contribuições seja consecutivo. Vale dizer, mesmo havendo interrupção no pagamento, é plenamente possível que o período de graça seja prorrogado, desde que a interrupção não tenha provocado a perda da qualidade de segurado. Vamos a um exemplo:

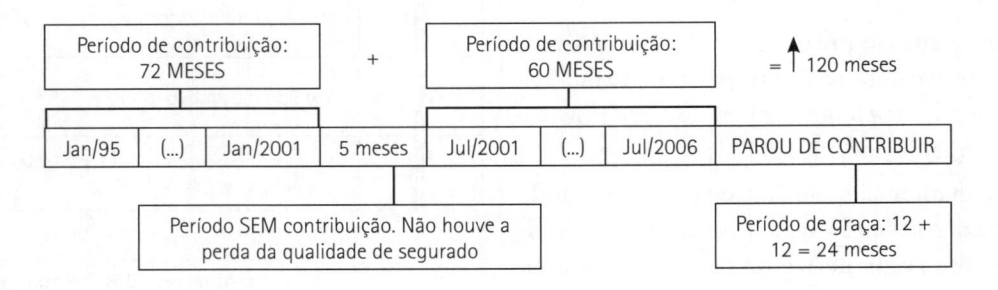

Período de contribuição: 72 MESES	+	Período de contribuição: 60 MESES	= 120 meses
Jan/95 (...) Jan/2001	5 meses	Jul/2001 (...) Jul/2006	PAROU DE CONTRIBUIR
	Período SEM contribuição. Não houve a perda da qualidade de segurado		Período de graça: 12 + 12 = 24 meses

Portanto, somente haverá a prorrogação do período de graça se não houver interrupção que leve à perda da qualidade de segurado.

b) Comprovação do desemprego pelo registro junto ao órgão próprio do Ministério do Trabalho e Emprego: de acordo com o art. 15, § 2º, da Lei n. 8.213/91, os prazos do inciso II ou do § 1º serão acrescidos de doze meses para o segurado desempregado, desde que comprovada essa situação pelo registro no órgão próprio do Ministério do Trabalho e Emprego.

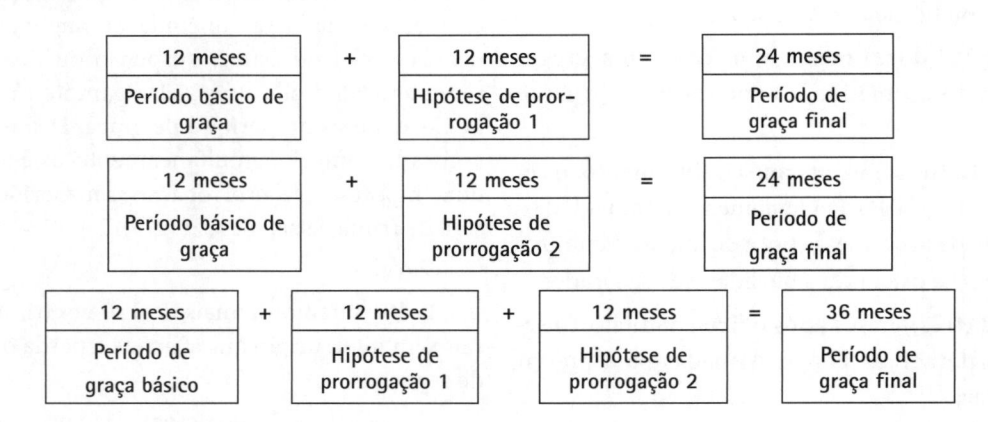

12 meses	+	12 meses	=	24 meses
Período básico de graça		Hipótese de prorrogação 1		Período de graça final

12 meses	+	12 meses	=	24 meses
Período básico de graça		Hipótese de prorrogação 2		Período de graça final

12 meses	+	12 meses	+	12 meses	=	36 meses
Período de graça básico		Hipótese de prorrogação 1		Hipótese de prorrogação 2		Período de graça final

Pela lei, não basta a alegação da situação de desemprego para que o segurado faça jus à prorrogação de seu período de graça. Exige-se que o desemprego seja comprovado pelo registro no órgão próprio do Ministério do Trabalho e Emprego.

Segundo a Instrução Normativa INSS n. 77/2015, o desemprego pode ser comprovado, dentre outras formas:

I – comprovação do recebimento do seguro-desemprego; ou

II – inscrição cadastral no Sistema Nacional de Emprego – SINE, órgão responsável pela política de emprego nos Estados da Federação.

6.8.4. Perda da qualidade de segurado

Por derradeiro, cabe analisar o disposto no § 4º do art. 15 da Lei n. 8.213/91, já que pode influenciar na conservação ou não da qualidade de segurado. Dispõe o referido parágrafo que "a perda da qualidade de segurado ocorrerá no dia seguinte ao do término do prazo fixado no Plano de Custeio da Seguridade Social para recolhimento da contribuição referente ao mês imediatamente posterior ao do final dos prazos fixados neste artigo e seus parágrafos".

Portanto, a perda da qualidade de segurado não ocorre de plano, imediatamente após o término do período de graça. Existe ainda uma pequena prorrogação que permite o recolhimento da contribuição com vistas à manutenção da qualidade de segurado.

> **Um exemplo facilita o entendimento:**
> Vamos imaginar que um segurado contribuinte individual tenha deixado de recolher suas contribuições no mês de janeiro/2011.
> Nos termos do inciso II do art. 15 da Lei de Benefícios, seu período de graça é de doze meses (nesse exemplo não ficaram demonstradas as hipóteses de prorrogação do período de graça dos §§ 1º e 2º).
> Assim, o prazo do período de graça termina em janeiro de 2012 (essa a referência para a aplicação da regra do § 4º).
> O mês imediatamente posterior ao do final dos prazos (janeiro/2012) é fevereiro/2012, e o recolhimento da contribuição de fevereiro/2012 pode ser feito até o dia 15 de março de 2012.
> Portanto, no exemplo, o indivíduo manterá a qualidade de segurado até o dia 15 de março de 2012. Perderá, pois, a qualidade de segurado, no dia 16 de março de 2012.

Atenção! As provas de concurso, **na imensa maioria das vezes**, **NÃO** têm considerado essa pequena extensão prevista no art. 15, § 4º, da Lei n. 8.213/91.

Sintetizando as informações sobre os prazos do período de graça, com o objetivo de facilitar o estudo, apresenta-se o quadro a seguir:

Situação do Segurado	Período de Graça	Perda da Qualidade de Segurado
Até 120 contribuições	12 meses após encerramento da atividade	Dia 16 do 14º mês
Mais de 120 contribuições	24 meses após encerramento da atividade	Dia 16 do 26º mês
Em gozo de benefício	12 ou 24 meses após a cessação do benefício	Dia 16 do 14º ou 26º mês
Recluso	12 meses após o livramento	Dia 16 do 14º mês
Facultativo	6 meses após a interrupção das contribuições	Dia 16 do 8º mês
Segurado Especial	12 meses após o encerramento da atividade	Dia 16 do 14º mês
Serviço Militar	3 meses após o licenciamento	Dia 16 do 5º mês

Segundo o art. 102 da Lei n. 8.213/91, a perda da qualidade de segurado importa em caducidade dos direitos inerentes a essa qualidade. Entretanto, nos termos do § 1º desse artigo, a perda dessa condição não prejudica o direito à aposentadoria para cuja concessão tenham sido preenchidos todos os requisitos, segundo a legislação em vigor à época em que estes requisitos foram atendidos.

Finalmente, conforme disposto no art. 102, § 2º, da Lei n. 8.213/91, não será concedida pensão por morte aos dependentes do segurado que falecer após a perda desta qualidade, salvo se preenchidos os requisitos para obtenção da aposentadoria.

6.9. DEPENDENTES

6.9.1. Regras gerais sobre os dependentes

De acordo com o art. 16 da Lei n. 8.213/91, são beneficiários do RGPS, na condição de dependentes do segurado:

I – o cônjuge, a companheira, o companheiro e o filho não emancipado, de qualquer condição, menor de 21 (vinte e um) anos ou inválido ou que tenha deficiência intelectual ou mental ou deficiência grave; (Redação dada pela Lei n. 13.146, de 2015.)

II – os pais;

III – o irmão não emancipado, de qualquer condição, menor de 21 (vinte e um) anos ou inválido ou que tenha deficiência intelectual ou mental ou deficiência grave. (Redação dada pela Lei n. 13.146, de 2015.)

Antigamente, existia também o inciso IV no art. 16. Tratava-se do dependente designado. Para que alguém fosse enquadrado como dependente designado, deveria ser menor de 21 anos ou maior de 60 anos ou inválido, e ser inscrito como dependente pelo próprio segurado. Porém, esse inciso foi revogado pela Lei n. 9.032/95. Diante disso, não mais existe a possibilidade de o segurado indicar como dependente pessoa não prevista no rol da Lei de Benefícios (incisos I a III do art. 16).

A exclusão legal do dependente designado acabou dando ensejo à seguinte controvérsia: seria possível a concessão de pensão por morte para o indivíduo que foi designado dependente antes da Lei n. 9.032/95, na hipótese de o óbito do segurado ter sido posterior a essa lei? Ou seja, a designação anterior à Lei n. 9.032/95 geraria direito adquirido à condição de dependente?

Para responder à indagação, deve-se ter em mente o princípio *tempus regit actum*, segundo o qual a lei do tempo rege o ato. Logo, para definir a legislação aplicável ao caso, o intérprete precisa verificar a data do evento gerador do benefício. E, no caso da pensão por morte, esse evento é óbito. Com base nesse raciocínio, que acabou prevalecendo na seara administrativa[67] e na jurisprudência pátria, somente haveria direito adquirido à condição de dependente se o evento determinante tivesse ocorrido antes da Lei n. 9.032/95. Inclusive, nesse sentido, foi editada a **Súmula 4 da Turma Nacional de Uniformização dos Juizados Especiais Federais**: "Não há direito adquirido à condição de dependente de pessoa designada, quando o falecimento do segurado deu-se após o advento da Lei 9.032/95".

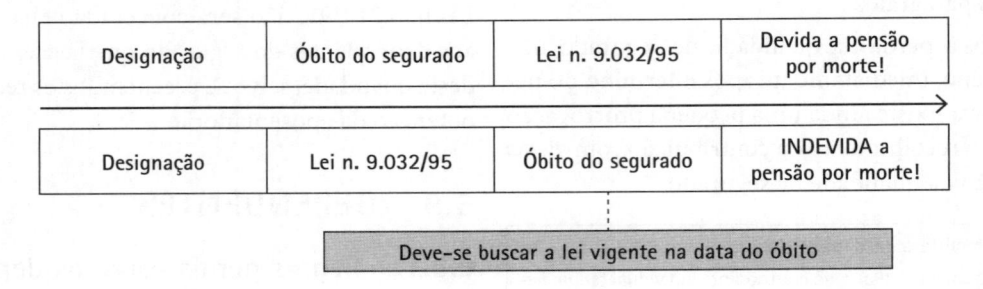

| Designação | Óbito do segurado | Lei n. 9.032/95 | Devida a pensão por morte! |

→

| Designação | Lei n. 9.032/95 | Óbito do segurado | INDEVIDA a pensão por morte! |

Deve-se buscar a lei vigente na data do óbito

Atenção! Lei n. 13.135/2015 – Impossibilidade de o dependente condenado pela prática de crime doloso (de que tenha resultado a morte do segurado) receber o benefício de pensão.

A MP n. 664/2014, convertida na Lei n. 13.135/2015, alterou a redação do art. 74, § 1º, da Lei n. 8.213/91, nos seguintes termos: "Perde o direito à pensão por morte, **após o trânsito em julgado**, o condenado pela prática de crime de que tenha dolosamente resultado a morte do segurado".

A vedação é salutar, já que não cabe à sociedade protetora assegurar o pagamento de benefício a dependente que, praticando crime doloso, acarreta o óbito do segurado, até porque ninguém pode se beneficiar de sua própria torpeza.

Note-se que a Lei n. 13.135/2015 não exige que se trate de crime doloso contra a vida. Assim, por exemplo, caso um dependente seja condenado em definitivo pelo crime de lesão corporal (dolosa) seguida de morte, não será possível a concessão do benefício de pensão. Também é importante chamar atenção para a exigência do trânsito em julgado.

A – Divisão dos dependentes e a hierarquia entre as classes

Os dependentes do segurado são classificados em três classes: dependentes de classe I, de classe II e de classe III. Essa classificação segue exatamente a numeração dos incisos do art. 16 da Lei n. 8.213/91.

A divisão dos dependentes em três grupos diferentes justifica-se porque a Lei n. 8.213/91 estabeleceu uma **hierarquia entre as classes**. Com efeito, segundo o art. 16, § 1º, da Lei de Benefícios, a existência de dependente de qualquer das classes exclui do direito às prestações os das classes seguintes.

Por conta dessa hierarquia, os dependentes de classe I são chamados de **preferenciais** por se encontrarem em posição de precedência em relação aos dependentes das classes II e III. Além de precederem as demais classes, eles excluem o direito dos outros dependentes potenciais. Logo, os dependentes de classe I têm preferência sobre os de classe II, os quais, por sua vez, têm preferência sobre os de classe III. Consequentemente, o dependente de classe II somente fará jus à pensão por morte se não houver dependente habilitado da classe I, e o dependente da classe III só terá direito ao benefício se não houver dependentes habilitados das classes I e II. Em síntese: uma classe exclui a outra.

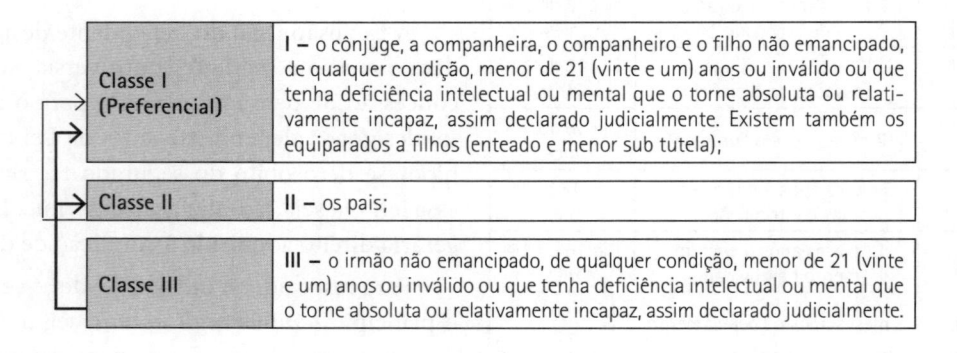

Classe I (Preferencial)	I – o cônjuge, a companheira, o companheiro e o filho não emancipado, de qualquer condição, menor de 21 (vinte e um) anos ou inválido ou que tenha deficiência intelectual ou mental que o torne absoluta ou relativamente incapaz, assim declarado judicialmente. Existem também os equiparados a filhos (enteado e menor sub tutela);
Classe II	II – os pais;
Classe III	III – o irmão não emancipado, de qualquer condição, menor de 21 (vinte e um) anos ou inválido ou que tenha deficiência intelectual ou mental que o torne absoluta ou relativamente incapaz, assim declarado judicialmente.

---

67 **Instrução Normativa do INSS n. 77/2015**: Art. 133. A pessoa cuja designação como dependente do segurado tenha sido feita até 28 de abril de 1995, véspera da publicação da Lei n. 9.032, de 28 de abril de 1995, fará jus à pensão por morte ou ao auxílio-reclusão, se o fato gerador do benefício, o óbito ou a prisão, ocorreu até aquela data, desde que comprovadas as condições exigidas pela legislação vigente.

Várias questões de concurso público exploram exclusivamente o rol de dependentes previdenciários.

B – Rateio do benefício

Conforme disposto no art. 16, § 1º, do Decreto n. 3.048/99, **os dependentes de uma mesma classe concorrem entre si em igualdade de condições**. Por exemplo: uma pensão por morte foi concedida a quatro dependentes da classe I. Nesse caso, a renda mensal do benefício será rateada em quatro partes iguais (denominadas cotas-partes). Portanto, no RGPS, definida a classe que será contemplada com o gozo do benefício, todos os dependentes dessa mesma classe terão direito a cotas idênticas.

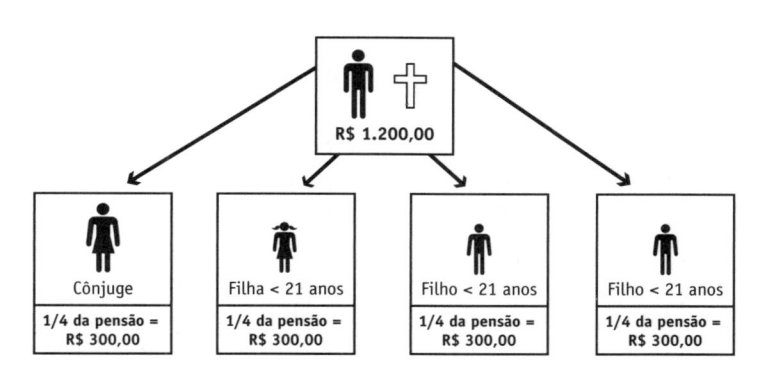

```
                    R$ 1.200,00
        ┌──────────┬──────────┬──────────┐
     Cônjuge   Filha<21   Filho<21   Filho<21
    1/4 pensão  1/4 pensão 1/4 pensão 1/4 pensão
    R$ 300,00   R$ 300,00  R$ 300,00  R$ 300,00
```

Atenção! No exemplo dado, verifica-se que o valor da cota-parte (R$ 300,00) é inferior ao salário mínimo. Isso não implica ofensa ao art. 201, § 2º, da CF/88 (Nenhum benefício que substitua o salário de contribuição ou o rendimento do trabalho do segurado terá valor mensal inferior ao salário mínimo). O que não pode ser inferior ao salário mínimo é o benefício cujo valor corresponde ao somatório de todas as cotas-partes.

Atenção! Em alguns regimes próprios de previdência, o cônjuge sempre tem direito a 50% do valor do benefício, independentemente do número de filhos do *de cujus*. Isso não acontece no RGPS. O valor da cota-parte dos dependentes de classe I é sempre o mesmo.

C – Reversão das cotas-partes

De acordo com a redação do art. 77, § 1º, da Lei n. 8.213/91, reverterá em favor dos demais a parte daquele cujo direito à pensão cessar. A mesma regra é aplicável ao auxílio-reclusão, benefício que também é concedido aos dependentes.

Por conseguinte, sempre que um dos beneficiários da prestação perde a condição de dependente, **a sua cota-parte é revertida em favor dos dependentes remanescentes**. Ou seja, a cota-parte que era devida ao indivíduo que perdeu a qualidade de dependente será incorporada automaticamente (independentemente de qualquer requerimento) aos valores percebidos pelos demais dependentes. Ao cessar a última cota, pela perda da qualidade de dependente do beneficiário (por exemplo, óbito do cônjuge que percebia a pensão por morte sem haver mais dependentes da classe I), o benefício cessa, não sendo transferido às classes inferiores.

Em resumo:

a) **rateio do benefício:** : somente ocorre dentro de uma mesma classe. Se houver mais de um dependente dentro da classe, todos receberão o benefício em partes iguais;

b) **reversão das cotas-partes:** ocorre à medida que os dependentes vão perdendo essa condição e as suas cotas vão se incorporando nas cotas recebidas pelos dependentes remanescentes (reversão). Só há reversão dentro de uma mesma classe.

D – Habilitação tardia

A exclusão de uma classe superior por uma inferior é definitiva. Assim, se a pensão por morte foi concedida para um dependente de classe I, jamais será possível que esse benefício seja revertido para a classe II ou para a classe III, mesmo na hipótese de óbito do titular. Dizendo mais claramente: se o único dependente de classe I recebedor da pensão vier a falecer, o benefício será extinto definitivamente. Não poderá, portanto, o dependente de classe II habilitar-se após o óbito do dependente preferencial.

Por outro lado, admite-se que o benefício passe de uma classe inferior para outra superior (classe III à classe II à classe I). Por exemplo: Adriano, segurado da previdência social, faleceu em maio de 2011. Seu pai (Romeu) comprovou a dependência econômica e pleiteou o benefício, o qual foi concedido, já que a pensão não poderá ser protelada pela falta de habilitação de outro possível dependente. Alguns meses depois, descobriu-se que Adriano tinha um filho (José), até então desconhecido. José poderá habilitar-se para o recebimento do benefício? Sim. Veja que essa habilitação tardia implicará a exclusão de Romeu, por se tratar de dependente de classe superior. E Romeu precisará devolver os valores? Não. A habilitação tardia tem efeito *ex nunc*, ou seja, não retroage. Ela só produzirá efeitos a partir da data da inscrição do dependente tardio. Nesse sentido, dispõe o art. 76 da Lei n. 8.213/91.

> Lei n. 8.213/91: Art. 76. A concessão da pensão por morte não será protelada pela falta de habilitação de outro possível dependente, e qualquer inscrição ou habilitação posterior que importe em exclusão ou inclusão de dependente só produzirá efeito a contar da data da inscrição ou habilitação.

Em resumo:

a) uma vez ocorrido o fato gerador, o benefício será concedido para os dependentes que se habilitarem, devendo-se lembrar que a inscrição do dependente é feita por ele mesmo, quando do requerimento do benefício;

b) a concessão do benefício não será protelada pela falta de habilitação de outro possível dependente;

c) as classes superiores têm preferência sobre as inferiores;

d) na hipótese de habilitação tardia, admite-se a mudança da classe beneficiária da prestação, desde que o dependente tardio seja de classe superior. O filho do segurado falecido poderá habilitar-se tardiamente e provocará a exclusão da pensão para o pai do segurado falecido, por ser de classe superior (classe II à classe I). O contrário não pode acontecer.

6.9.2. Dependentes de classe I

Os dependentes da classe I são os seguintes: o cônjuge, a companheira, o companheiro e o filho não emancipado, de qualquer condição, menor de 21 anos ou inválido ou que tenha deficiência intelectual ou mental ou deficiência grave.

A – Cônjuge

A condição de cônjuge é demonstrada mediante a apresentação da certidão de casamento:

E o que acontece na hipótese de divórcio, separação judicial[68] ou de fato?

De acordo com o art. 76, § 2º, da Lei n. 8.213/91, o cônjuge divorciado ou separado de fato ou judicialmente que **recebia pensão de alimentos** concorrerá em igualdade de condições com os dependentes referidos no inciso I do art. 16 da mesma lei. Portanto, para que a pessoa que não mais convivia com o segurado seja reconhecida como sua dependente, deve comprovar o recebimento de pensão alimentícia.

Apesar do entendimento do INSS (de exigir a percepção de pensão alimentícia à época do óbito), para a jurisprudência majoritária essa exigência pode ser flexibilizada, desde que comprovada a necessidade econômica superveniente. Nesse sentido, temos a **Súmula 336 do STJ**: "A mulher que renunciou aos alimentos na separação judicial tem direito à pensão previdenciária por morte do ex-marido, comprovada a necessidade econômica superveniente".

Atenção! Como vimos logo acima, o valor da pensão por morte é calculado com base no número de dependentes da classe contemplada com a prestação. **Logo, não há correspondência entre o valor da pensão alimentícia (percebida pelo ex-cônjuge) e o valor da pensão por morte.**

Outra questão polêmica refere-se ao momento a partir do qual o cônjuge ou o companheiro do sexo masculino podem ser considerados dependentes da segurada do sexo feminino. De acordo com o art. 129 da Instrução Normativa INSS n. 77/2015, somente a partir de 5 de abril de 1991, a pessoa do sexo masculino que não seja inválida pode ser considerada dependente previdenciário. Esse também é o entendimento do **Conselho de Recursos da Previdência Social (CRPS)** traduzido através do **Enunciado n. 26**: "A concessão da pensão por morte ao cônjuge ou companheiro do sexo masculino, no período compreendido entre a promulgação da Constituição Federal de 1988 e o advento da Lei 8.213 de 1991, rege-se pelas

---

[68] Apesar de a doutrina civilista majoritária entender que a Emenda Constitucional n. 66/2010 pôs fim ao instituto da separação judicial, por prudência, entendemos pela necessidade de citá-la no âmbito previdenciário, já que a Lei n. 8.213/91 ainda faz referência a ela, sendo certo que várias provas de concursos públicos limitam-se a reproduzir o texto de lei.

normas do Dec. 83.080, de 24/01/79, seguido pela Consolidação das Leis da Previdência Social (CLPS) expedida pelo Dec. 89.312, de 23/01/84, que continuaram a viger até o advento da Lei 8.213/91, aplicando-se tanto ao trabalhador do regime previdenciário rural quanto ao segurado do regime urbano".

Porém, o **STF**, nos autos do RE-AgR 607.907[69], entendeu que os óbitos de segurados ocorridos entre o advento da CF/88 e a Lei n. 8.213/91 regem-se, **direta e imediatamente, pelo disposto no art. 201, V, da Constituição Federal**, o qual, sem recepcionar a parte discriminatória da legislação anterior, equiparou homens e mulheres para efeito de pensão por morte (outros precedentes: RE 352.744/AgR/SC e RE 607.907/AgR/RS).

Atenção! O novo casamento não é causa de cessação da pensão por morte para o cônjuge ou companheiro. Por outro lado, a lei veda a acumulação de duas pensões por morte instituídas por cônjuge e/ou companheiro. Assim, por exemplo, uma mulher pensionista que venha a casar-se novamente não perderá a pensão instituída pelo primeiro marido. Entretanto, se o seu segundo marido falecer, não será possível que ela acumule as duas pensões. Ela deverá escolher a pensão mais vantajosa.

Outra alteração importante na Lei n. 8.213/91 (art. 77, § 2º) trazida pela **Lei n. 13.135/2015** envolve a sistemática de manutenção da pensão por morte (e consequentemente do auxílio-reclusão), com a previsão de **tempo máximo de duração do benefício**, conforme a seguir:

Art. 77. (...) § 2º O direito à percepção de cada cota individual cessará:

(...)

V – para cônjuge ou companheiro:

a) se inválido ou com deficiência, pela cessação da invalidez ou pelo afastamento da deficiência, respeitados os períodos mínimos decorrentes da aplicação das alíneas *b* e *c*;

b) em 4 (quatro) meses, se o óbito ocorrer sem que o segurado tenha vertido 18 (dezoito) contribuições mensais ou se o casamento ou a união estável tiverem sido iniciados em menos de 2 (dois) anos antes do óbito do segurado;

c) transcorridos os seguintes períodos, estabelecidos de acordo com a idade do beneficiário na data de óbito do segurado, se o óbito ocorrer depois de vertidas 18 (dezoito) contribuições mensais e pelo menos 2 (dois) anos após o início do casamento ou da união estável:

1) 3 (três) anos, com menos de 21 (vinte e um) anos de idade;

2) 6 (seis) anos, entre 21 (vinte e um) e 26 (vinte e seis) anos de idade;

3) 10 (dez) anos, entre 27 (vinte e sete) e 29 (vinte e nove) anos de idade;

4) 15 (quinze) anos, entre 30 (trinta) e 40 (quarenta) anos de idade;

5) 20 (vinte) anos, entre 41 (quarenta e um) e 43 (quarenta e três) anos de idade;

6) vitalícia, com 44 (quarenta e quatro) ou mais anos de idade.

§ 2º-A. Serão aplicados, conforme o caso, a regra contida na alínea *a* ou os prazos previstos na alínea *c*, ambas do inciso V do § 2º, se o óbito do segurado decorrer de acidente de qualquer natureza ou de doença profissional ou do trabalho, independentemente do recolhimento de 18 (dezoito) contribuições mensais ou da comprovação de 2 (dois) anos de casamento ou de união estável.

§ 2º-B. Após o transcurso de pelo menos 3 (três) anos e desde que nesse período se verifique o incremento mínimo de um ano inteiro na média nacional única, para ambos os sexos, correspondente à expectativa de sobrevida da população brasileira ao nascer, poderão ser fixadas, em números inteiros, novas idades para os fins previstos na alínea c do inciso V do § 2º, em ato do Ministro de Estado da Previdência Social, limitado o acréscimo na comparação com as idades anteriores ao referido incremento.

---

69 STF: "(...) 2. Os óbitos de segurados ocorridos entre o advento da Constituição de 1988 e a Lei 8.213/91 regem-se, direta e imediatamente, pelo disposto no artigo 201, inciso V, da Constituição Federal, que, sem recepcionar a parte discriminatória da legislação anterior, equiparou homens e mulheres para efeito de pensão por morte. 3. Agravo regimental não provido" (RE-AgR 607907/RE-AgR – AgRg no Recurso Extraordinário, Rel. Min. Luiz Fux, 1ª Turma, 21-6-2011).

DURAÇÃO DE 4 MESES

- Se o óbito ocorrer sem que o segurado tenha vertido 18 contribuições mensais.

OU

- Se o casamento ou união estável tiverem sido iniciados em menos de 2 anos antes do óbito do segurado.

EXCEÇÕES:

1) invalidez ou deficiência do cônjuge ou companheiro(a);
2) morte decorrente de acidente de qualquer natureza, doença profissional ou do trabalho.

Se o segurado tiver vertido mais que 18 contribuições mensais para o regime previdenciário **E**, quando de sua morte, já fosse casado ou vivesse em união estável há mais de 2 (dois) anos, **salvo exceção**.

TEMPO DE DURAÇÃO	IDADE DO CÔNJUGE/ COMPANHEIRO(A)
3 anos	Menos de 21 anos
6 anos	Entre 21 e 26 anos
10 anos	Entre 27 e 29 anos
15 anos	Entre 30 e 40 anos
20 anos	Entre 41 e 43 anos
Vitalícia	44 anos ou mais

DEFICIÊNCIA OU INVALIDEZ

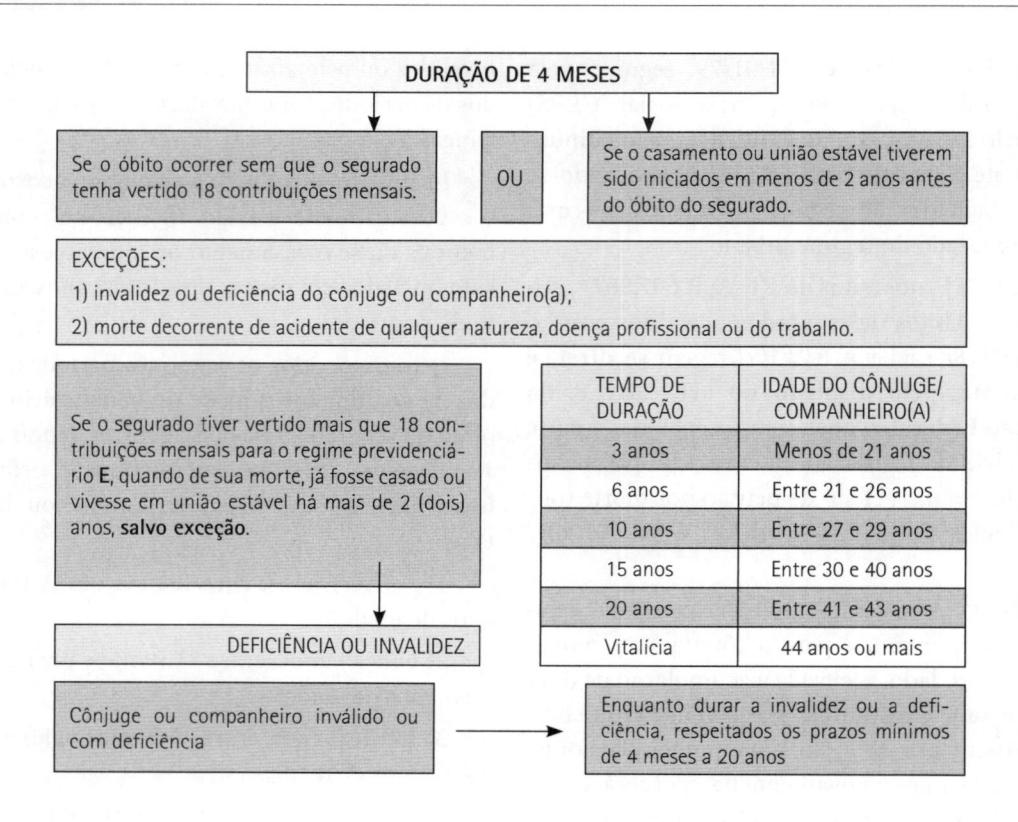

Cônjuge ou companheiro inválido ou com deficiência → Enquanto durar a invalidez ou a deficiência, respeitados os prazos mínimos de 4 meses a 20 anos

B – Companheiro(a)

De acordo com o art. 16, § 3º, da Lei n. 8.213/91, considera-se companheira ou companheiro a pessoa que, **sem ser casada**, mantém união estável com o segurado ou com a segurada, de acordo com o § 3º do art. 226 da Constituição Federal. O vínculo em questão é o de união estável.

Sobre a duração do benefício de pensão para o(a) companheiro(a), a sistemática é a mesma da aplicada ao cônjuge, como visto acima.

Sobre a união estável, três questões merecem nossa atenção.

A primeira refere-se à **união homoafetiva.** Diante da evolução do Estado Social, sobretudo na formação de uma sociedade livre, justa e solidária, promovendo o bem de todos sem qualquer forma de discriminação (art. 3º, I e IV, da CF/88), não há mais espaço para posicionamentos que excluam a união homoafetiva como entidade familiar. Sobre esse tema são importantes as palavras de Rosangela da Silveira Toledo Novaes, no sentido de que "o Direito não regula sentimentos, mas define as relações com base neles geradas. Demonstrada a convivência entre duas pessoas do mesmo sexo, pública, contínua e duradoura, estabelecida com o objetivo de constituição de família, haverá, por consequência, o reconhecimento de União Homoafetiva como entidade familiar, com a respectiva atribuição dos efeitos jurídicos dela advindos. As uniões entre pessoas do mesmo sexo representam um fato social cada vez mais constante em todo o mundo"[70].

A relação homoafetiva é uma realidade fática e, como tal, gera consequências no mundo dos fatos, com repercussões jurídicas. Revelando-se como relações jurídicas, merecem a tutela do Estado, mesmo na ausência de legislação específica.

Em 5 de maio de 2011, o **STF**, ao julgar a ADI 4.277 e a ADPF 132, **reconheceu a união estável para casais do mesmo sexo**. As ações foram ajuizadas na Corte, respectivamente, pela Procuradoria-Geral da República e pelo Governador do Rio de Janeiro. O relator das ações, Ministro Carlos Ayres Britto, votou no sentido de dar interpretação conforme a Constituição para excluir qualquer significado do art. 1.723 do CC que impeça o reconhecimento da união entre pessoas do mesmo sexo como entidade familiar. O relator argumentou que o art. 3º, IV, da CF/88 veda qualquer discriminação em virtude de sexo, raça, cor e que, nesse sentido, ninguém pode ser diminuído ou discriminado em função de sua preferência sexual. "O sexo das pes-

---

70 Disponível em: <http://www.uniaohomoafetiva.com.br>. Acesso em: 28 jun. 2011.

soas, salvo disposição contrária, não se presta para desigualação jurídica", observou o Ministro, para concluir que qualquer depreciação da união estável homoafetiva colide, portanto, com o inciso IV do art. 3º da CF. Cabe destacar que o julgamento se deu por unanimidade e tem efeito vinculante diante da natureza do controle concentrado de constitucionalidade[71].

O art. 130 da Instrução Normativa do INSS n. 77/2015 dispõe que, de acordo com a Portaria MPS n. 513, de 9 de dezembro de 2010, o companheiro ou a companheira do mesmo sexo de segurado inscrito no RGPS integra o rol dos dependentes e, desde que comprovada a união estável, concorre, para fins de pensão por morte e de auxílio-reclusão, com os dependentes preferenciais de que trata o inciso I do art. 16 da Lei n. 8.213, de 1991, para óbito ou reclusão ocorridos a partir de 5 de abril de 1991.

A segunda questão consiste em saber se o concubinato (adulterino) gera proteção previdenciária. Discute-se aqui se é possível considerar dependente o(a) concubino(a) que mantém relação extraconjugal paralela e simultânea com o casamento.

Ao longo dos últimos anos, as duas Turmas do **STF** discutiram a questão no **âmbito do regime próprio de previdência**. Ambas partiram da premissa de que a proteção do Estado à união estável alcança apenas as situações legítimas e nestas **não está incluído o concubinato**. Por essa razão, entenderam que a titularidade da pensão decorrente do falecimento de segurado pressupunha vínculo agasalhado pelo ordenamento jurídico, mostrando-se impróprio o rateio que beneficiasse a concubina em detrimento da família (RE 590779). A jurisprudência vem aplicando a mesma orientação no âmbito do RGPS. Vale dizer, a existência de impedimento para o matrimônio, por parte de um dos componentes do casal, embaraça a constituição da união estável e consequentemente o direito à pensão previdenciária por morte.

Atenção! O fato de o segurado ser casado não impede, por si só, o reconhecimento da união estável. Com efeito, se o segurado é casado, mas está separado judicialmente ou de fato, é plenamente possível reconhecer a união estável. **Em síntese:** de acordo com os precedentes do STF, do STJ e da TNU, a relação concubinária, paralela a casamento válido, não pode ser reconhecida como união estável, **salvo se configurada separação de fato ou judicial entre os cônjuges**.

Situação 1:

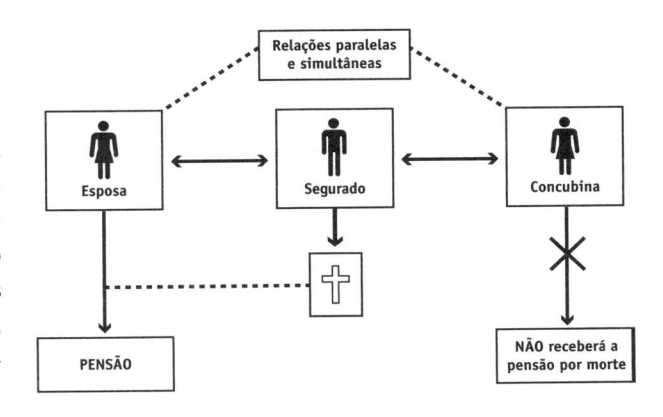

Situação 2:

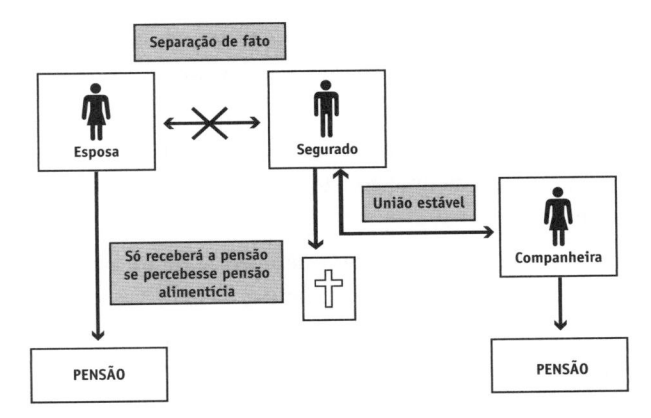

Na situação 2, verifica-se que concurso entre esposa e companheira para o recebimento de pensão por morte só é possível na hipótese de "cônjuge divorciado ou separado judicialmente ou de fato que recebia pensão de alimentos", nos termos do art. 76, § 2º, da Lei n. 8.213/91. Do contrário, não sendo o cônjuge separado de fato ou de direito não há que se falar em relação de companheirismo, mas de concubinato, que não enseja o direito à pensão previdenciária (**situação 1**).

A terceira questão diz respeito à forma de comprovação da união estável. De acordo com o entendimento do INSS, nos termos do art. 22, § 3º, do Decreto n. 3.048/99, a comprovação do vínculo depende da apresentação de **no mínimo três** dos seguintes documentos:

I – certidão de nascimento de filho havido em comum;

---

71 Apesar disso, o STF, em 8 de março de 2012, entendeu que possui repercussão geral a questão constitucional alusiva à possibilidade de reconhecimento jurídico de união estável homoafetiva (ARE 656298 RG/SE).

II – certidão de casamento religioso;

III – declaração do imposto de renda do segurado, em que conste o interessado como seu dependente;

IV – disposições testamentárias;

V – (Revogado pelo Decreto n. 5.699, de 2006)

VI – declaração especial feita perante tabelião;

VII – prova de mesmo domicílio;

VIII – prova de encargos domésticos evidentes e existência de sociedade ou comunhão nos atos da vida civil;

IX – procuração ou fiança reciprocamente outorgada;

X – conta bancária conjunta;

XI – registro em associação de qualquer natureza, onde conste o interessado como dependente do segurado;

XII – anotação constante de ficha ou livro de registro de empregados;

XIII – apólice de seguro da qual conste o segurado como instituidor do seguro e a pessoa interessada como sua beneficiária;

XIV – ficha de tratamento em instituição de assistência médica, da qual conste o segurado como responsável;

XV – escritura de compra e venda de imóvel pelo segurado em nome de dependente;

XVI – declaração de não emancipação do dependente menor de vinte e um anos; ou

XVII – quaisquer outros que possam levar à convicção do fato a comprovar.

Porém, é importante salientar que, para a jurisprudência majoritária, **a prova exclusivamente testemunhal é suficiente à comprovação da união estável previdenciária**. No mesmo sentido, a **TNU** editou a **Súmula 63**: "A comprovação de união estável para efeito de concessão de pensão por morte prescinde de início de prova material".

C – Filho não emancipado menor de 21 anos

Consideram-se dependentes os filhos de qualquer condição não emancipados menores de 21 anos. Filhos de qualquer condição são aqueles havidos ou não da relação de casamento, ou adotados, que possuem os mesmos direitos e qualificações dos demais, proibidas quaisquer designações discriminatórias relativas à filiação, nos termos do art. 227, § 6º, da CF/88.

A redução da maioridade provocada pelo Código Civil de 2002 não se aplica na esfera previdenciária. Isso porque a legislação previdenciária, sob esse aspecto, é norma especial e não sofre derrogação quando da entrada de norma geral posterior.

Ainda sobre a maioridade previdenciária, discute-se se é possível ou não prorrogar a condição de dependente em virtude da pendência de curso universitário. Na seara administrativa, a Autarquia Previdenciária, vinculada ao princípio da legalidade, aplica a lei literalmente, ou seja, o benefício cessa automaticamente assim que o filho dependente completa 21 anos.

A jurisprudência majoritária vem ratificando a posição do INSS. Inclusive, foi editada a **Súmula 37 da TNU**: "A pensão por morte, devida ao filho até os 21 anos de idade, não se prorroga pela pendência do curso universitário". No mesmo sentido, há precedentes no **STJ** (REsp 1369832/SP – **Repetitivo**).

A única condição impeditiva de recebimento de benefício enquanto dependente do segurado seria a hipótese de **emancipação**, que caracteriza a antecipação da capacidade civil plena.

Os casos de emancipação estão previstos no art. 5º, parágrafo único, do CC vigente e, segundo esse dispositivo, ocorre:

I – pela concessão dos pais, ou de um deles na falta do outro, mediante instrumento público, independentemente de homologação judicial, ou por sentença do juiz, ouvido o tutor, se o menor tiver 16 (dezesseis) anos completos;

II – pelo casamento;

III – pelo exercício de emprego público efetivo;

IV – pela colação de grau em curso de ensino superior;

V – pelo estabelecimento civil ou comercial, ou pela existência de relação de emprego, desde que, em função deles, o menor com 16 (dezesseis) anos completos tenha economia própria.

Ressalte-se que o art. 114, II, do Decreto n. 3.048/99 prevê uma exceção no que diz respeito à perda da qualidade de dependente por emancipação: a colação de grau científico em curso de ensino superior. Ou seja, **o filho não perderá a qualidade de dependente por ter se emancipado em decorrência de colação de grau em curso superior.**

Oportuno destacar que o entendimento do INSS é no sentido de que a união estável do filho ou do irmão entre os 16 e os 18 anos de idade não constitui causa de emancipação justamente por ausência de previsão legal da união estável como hipótese de emancipação prevista no art. 5º do CC.

Dúvida: considerando que o Código Civil de 2002 reduziu a maioridade para 18 anos, conclui-se que a emancipação só pode acontecer entre 16 e 18 anos. Assim, se um indivíduo casa aos 17 anos, ele se emancipa e consequentemente perde a qualidade de dependente previdenciário. Mas o que acontece quando o indivíduo casa aos 19 anos? Do ponto de vista etário, ele ainda é dependente, sendo certo que não se trata de hipótese de emancipação porque ele já é maior segundo a lei civil. Afinal, ele perde ou não a qualidade de dependente? Tanto a Lei n. 8.213/91 quanto o Decreto n. 3.048/99 são omissos. Coube à Instrução Normativa n. 77/2015 disciplinar a questão. Valendo-se de mecanismo lógico de interpretação, a Instrução Normativa dispôs, em seu art. 131, § 2º, que os filhos maiores de 18 e menores de 21 anos que incorrerem em uma das situações dos incisos II, III e V do art. 5º do CC de 2002 também perdem a qualidade de dependente.

D – Filho inválido

A Lei n. 8.213/91 também inclui o filho inválido entre os dependentes previdenciários.

Administrativamente, entende-se que o filho ou o irmão inválido maior de vinte e um anos somente figurará como dependente do segurado se restar comprovado em exame médico-pericial (a cargo da Previdência Social), cumulativamente:

I – o diagnóstico de invalidez: incapacidade total e permanente para o trabalho;

II – que a invalidez é anterior a eventual ocorrência de emancipação ou à data em que completou vinte e um anos; e

III – a invalidez manteve-se de forma ininterrupta até o preenchimento de todos os requisitos de elegibilidade ao benefício.

Destarte, infere-se que, para a Autarquia, uma vez perdida a qualidade de dependente, não há mais como recuperá-la.

Segundo o entendimento majoritário da **Turma Nacional de Uniformização dos Juizados Especiais Federais**, o art. 16, I e § 4º, da Lei n. 8.213/91 não distingue se a invalidez que enseja a dependência presumida deve ser ou não precedente à maioridade civil (precedentes: PEDILEF 200970660001207, *DOU* 8-3-2013; PEDILEF 0036299 5320104013300, *DJ* 6-9-2012). De qualquer maneira, a questão ainda é controversa, havendo decisões em sentido contrário, inclusive no âmbito dos Juizados Especiais Federais[72].

Em que pese a jurisprudência da TNU sobre a matéria, conforme salientado por Frederico Amado, é o posicionamento da Administração que vem sendo adotado, de forma majoritária, pelas bancas examinadoras de concurso até o momento[73].

O art. 114 do Decreto n. 3.048/99 dispõe que o pagamento da cota individual da pensão por morte cessa para o pensionista menor de idade ao completar vinte e um anos, salvo se for inválido, ou pela emancipação, **ainda que inválido**, exceto, neste caso, se a emancipação for decorrente de colação de grau científico em curso de ensino superior. Parece-nos que o trecho em destaque ("ainda que inválido"), desde o advento do Decreto n. 6.939/2009, não é mais aplicado pelo INSS. Desde então, a Administração vem entendendo que a emancipação não exclui a qualidade de dependente do filho/irmão inválido, senão vejamos o disposto no art. 375, § 2º, da Instrução Normativa INSS n. 77/2015: "O dependente que recebe pensão por morte na condição de menor que se invalidar antes de completar vinte e um anos ou **de eventual causa de emancipação** deverá ser submetido a exame médico-pericial, **não se extinguindo a respectiva cota se confirmada a invalidez**, independentemente de a invalidez ter ocorrido antes ou após o óbito do segurado".

Evidentemente, o pensionista inválido perde a qualidade de dependente após a cessação da invalidez, o que deve ser verificado através de exame médico a cargo do INSS (art. 77, III, da Lei n. 8.213/91).

Em resumo, podemos estabelecer as seguintes conclusões:

---

72 **Pela impossibilidade de concessão do benefício quando a invalidez é posterior à maioridade:** "TURMA RECURSAL DE SÃO PAULO: PREVIDENCIÁRIO. PENSÃO POR MORTE. CONDIÇÃO DE DEPENDENTE. FILHO MAIOR. INCAPACIDADE POSTERIOR À MAIORIDADE. IMPOSSIBILIDADE DE RETORNO À CONDIÇÃO DE DEPENDENTE. INTELIGÊNCIA DO ART. 16 DA LEI 8.213/91. RECURSO DO INSS PROVIDO" (Processo 00025044520094036304, Juiz(a) Federal Kyu Soon Lee, TRSP, 1ª Turma Recursal, SP, DJF3, 19-5-2011).

73 AMADO, Frederico Augusto Di Trindade. *Direito e processo previdenciário sistematizado*. Salvador: JusPodivm, 2011, p. 242.

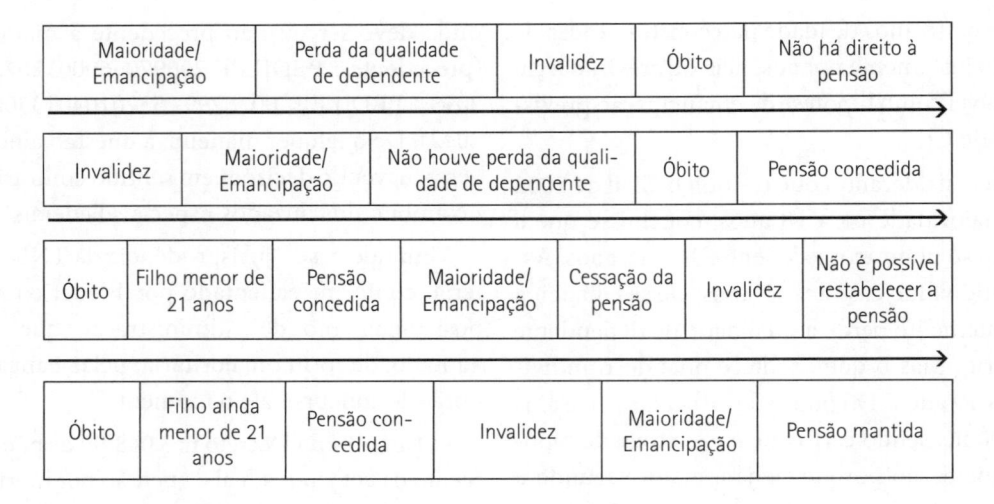

Maioridade/ Emancipação	Perda da qualidade de dependente	Invalidez	Óbito	Não há direito à pensão

---------→

Invalidez	Maioridade/ Emancipação	Não houve perda da qualidade de dependente	Óbito	Pensão concedida

---------→

Óbito	Filho menor de 21 anos	Pensão concedida	Maioridade/ Emancipação	Cessação da pensão	Invalidez	Não é possível restabelecer a pensão

---------→

Óbito	Filho ainda menor de 21 anos	Pensão concedida	Invalidez	Maioridade/ Emancipação	Pensão mantida

E – Filho com deficiência mental ou intelectual

Antigamente, o art. 16 da Lei n. 8.213/91 considerava dependente previdenciário o filho/irmão que tivesse deficiência intelectual ou mental que o tornasse absoluta ou relativamente incapaz, assim declarado judicialmente.

À época em que esse dispositivo estava em vigor, o reconhecimento da condição de dependente pressupunha exclusivamente a declaração judicial (sentença de interdição). Ou seja, não se exigia exame médico a cargo da Previdência Social. Com o levantamento da interdição, perdia-se a qualidade de dependente, nos termos do já revogado art. 77, § 2º, III, da Lei n. 8.213/91.

Porém, a Lei n. 13.146, de 6 de julho de 2015 (Estatuto da Pessoa com Deficiência), passou a considerar como dependente do segurado **o filho não emancipado, de qualquer condição, menor de 21 anos ou inválido ou que tenha deficiência intelectual ou mental ou deficiência grave**.

Note-se que a nova redação não mais se refere à declaração judicial. Outra mudança foi a inclusão expressa da deficiência grave como fator de dependência previdenciária.

Outro ponto importante é que, segundo o art. 77, § 6º, da Lei n. 8.213/91, com redação dada pela Lei n. 13.183/2015, o exercício de atividade remunerada, inclusive na condição de microempreendedor individual, não impede a concessão ou manutenção da parte individual da pensão do dependente com deficiência intelectual ou mental ou com deficiência grave. Portanto, o exercício de atividade remunerada pelo filho com deficiência não implicará o cancelamento de sua pensão. O mesmo não se pode dizer em relação ao filho inválido. Se este voltar a trabalhar, deve-se cessar o seu benefício de pensão.

F – Equiparados a filhos

Conforme disposto no art. 16, § 2º, da Lei n. 8.213/91, o enteado e o menor tutelado equiparam-se a filho **mediante declaração do segurado e desde que comprovada a dependência econômica** na forma estabelecida no Regulamento. Evidentemente, o menor tutelado somente poderá ser equiparado aos filhos do segurado **mediante apresentação de termo de tutela** (art. 16, § 4º, do Decreto n. 3.048/99).

Atenção! Observe-se que, segundo o art. 1.728 do CC/2002, os filhos **menores** são postos em tutela: a) com o falecimento dos pais, ou sendo estes julgados ausentes; b) em caso de os pais decaírem do poder familiar. Logo, pode-se concluir que, para o tutelado, a condição de dependente termina quando ele atinge a maioridade civil, o que acontece aos dezoito anos.

Do ponto de vista exclusivamente ETÁRIO, perde-se a qualidade de dependente aos:
- Filhos: 21 anos
- Enteado: 21 anos
- Tutelado: 18 anos
- Irmão: 21 anos

Atenção! De fato, o enteado e o tutelado são dependentes previdenciários. Mas o mesmo não se pode dizer em relação ao padrasto/madrasta e ao tutor. Estes últimos não são dependentes segundo a legislação previdenciária.

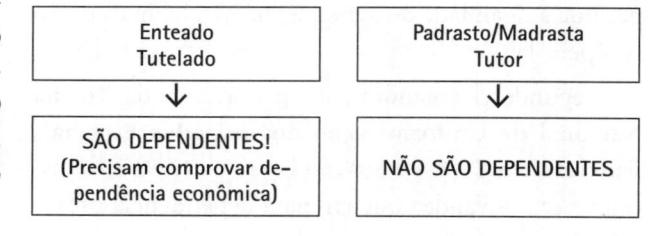

Enteado / Tutelado	Padrasto/Madrasta / Tutor
↓	↓
SÃO DEPENDENTES! (Precisam comprovar dependência econômica)	NÃO SÃO DEPENDENTES

Até o advento da Medida Provisória n. 1.523/96, posteriormente convertida na Lei n. 9.528/97, o **menor sob guarda** também se equiparava a filho para fins previdenciários.

Como o INSS está vinculado ao princípio da legalidade, administrativamente, entende-se que, a partir de 14 de outubro de 1996, data da publicação da MP n. 1.523, de 11 de outubro de 1996, reeditada e convertida na Lei n. 9.528, de 1997, o menor sob guarda deixou de integrar o rol de dependentes para os fins previstos no RGPS, inclusive aquele já inscrito, **a não ser que o óbito do segurado tenha ocorrido em data anterior.**

Atenção! Os equiparados a filho (enteado e o menor sob tutela), apesar de concorrerem em igualdade de condições com os dependentes de classe I, **precisam comprovar dependência econômica**, conforme determinação legal constante no § 2º do art. 16 da Lei n. 8.213/91. Trata-se, portanto, de dependentes preferenciais *sui generis*. São preferenciais, mas **não** gozam da presunção de dependência econômica.

6.9.3. Dependentes de classe II

Os dependentes de classe II são os pais do segurado falecido. Note que a lei previdenciária fala em pais, e não em ascendentes.

> *Todo pai é um ascendente, porém, nem todo ascendente é pai! Exemplo: avô.*

Parece relevante destacar que a legislação previdenciária elenca como dependentes **os pais** (genitor e genitora), e não apenas a mãe, como é comum constar do polo ativo das demandas ajuizadas em face do INSS. Assim, pode ser sustentado que a mãe, casada ou que mantenha união estável (normalmente com o genitor do segurado) e que conserve o seu núcleo familiar, não é dependente singular do segurado. Melhor explicando, dependendo do caso completo, se o outro cônjuge ou companheiro tem renda própria (exerce atividade remunerada ou percebe benefício previdenciário), a mãe é dependente presumida deste, não sendo razoável reconhecer a sua dependência em relação ao filho segurado (instituidor do benefício pleiteado).

6.9.4. Dependentes de classe III

Por derradeiro, temos os dependentes da classe III (o irmão não emancipado, de qualquer condição, menor de vinte e um anos ou inválido ou que tenha deficiência intelectual ou mental ou deficiência grave).

Os dependentes de classe III também precisam comprovar a dependência econômica, sendo a última classe de dependentes na linha sucessiva. Somente terão direito a receber benefício previdenciário na qualidade de dependentes do segurado na eventualidade de não existirem dependentes das classes I e II.

6.9.5. Presunção de dependência econômica para a classe I e necessidade de comprovação para as demais classes

Nos termos do art. 16, § 4º, da Lei de Benefícios, **a dependência econômica dos dependentes da classe I é presumida**, ou seja, não há que se comprovar tal dependência. O que se tem que demonstrar é a situação jurídica que liga a pessoa ao segurado (filho, cônjuge, companheiro). Comprovada tal condição, a situação de dependência é presumida pela legislação.

Para os dependentes das demais classes (II e III) há necessidade de comprovação da dependência econômica. **A mesma exigência é aplicável aos equiparados a filho (enteado e menor tutelado).** Deveras, apesar de os equiparados a filho concorrerem em igualdade de condições com os dependentes de classe I, precisam comprovar a dependência econômica. **Em resumo:**

Dependentes
- Dependentes "puros" de classe I: **presunção de dependência**
- Dependentes de classe I por equiparação: necessidade de comprovar a dependência econômica
- Dependentes de classe II: necessidade de comprovar a dependência econômica
- Dependentes de classe III: necessidade de comprovar a dependência econômica

Para comprovação do vínculo e da dependência econômica, o art. 22, § 3º, do Decreto n. 3.048/99 prevê um **rol meramente exemplificativo (*vide* a alínea *p* desse rol)**, donde consta uma série de documentos que podem ser apresentados pelo interessado no momento de sua habilitação. O dispositivo prevê uma **exigência totalmente questionável do ponto de vista normativo: a de que sejam apresentados, no mínimo, três dos seguintes documentos:**

a) certidão de nascimento de filho havido em comum;

b) certidão de casamento religioso;

c) declaração do imposto de renda do segurado, em que conste o interessado como seu dependente;

d) disposições testamentárias;

e) declaração especial feita perante tabelião;

f) **prova de mesmo domicílio;**

g) prova de encargos domésticos evidentes e existência de sociedade ou comunhão nos atos da vida civil;

h) procuração ou fiança reciprocamente outorgada;

i) **conta bancária conjunta;**

j) registro em associação de qualquer natureza, onde conste o interessado como dependente do segurado;

k) anotação constante de ficha ou livro de registro de empregados;

l) apólice de seguro da qual conste o segurado como instituidor do seguro e a pessoa interessada como sua beneficiária;

m) ficha de tratamento em instituição de assistência médica, da qual conste o segurado como responsável;

n) escritura de compra e venda de imóvel pelo segurado em nome de dependente;

o) declaração de não emancipação do dependente menor de 21 anos; ou

p) **quaisquer outros que possam levar à convicção do fato a comprovar. Essa alínea deixa claro que o rol é exemplificativo.**

Outra questão interessante consiste em saber se a dependência econômica apta a gerar a qualidade de dependente sempre deve ser exclusiva ou se pode ser parcial.

A própria Previdência Social reconhece que a dependência econômica não precisa ser exclusiva, mas o auxílio financeiro do segurado deve ser substancial e permanente. Vale dizer, para o INSS, a dependência econômica pode ser parcial ou total, devendo, no entanto, ser permanente e representar um auxílio substancial. Inclusive, foi editado o **Enunciado n. 13 do Conselho de Recursos da Previdência Social**: "A dependência econômica pode ser parcial, devendo, no entanto, representar um auxílio substancial, permanente e necessário, cuja falta acarretaria desequilíbrio dos meios de subsistência do dependente".

6.9.6. Inscrição dos dependentes

Até a edição da Lei n. 10.403, de 2002, incumbia ao próprio segurado a inscrição de seus dependentes. Eventualmente, os próprios dependentes podiam promovê-la na hipótese de o segurado falecer sem que tivesse efetivado.

Contudo, foi dada nova redação ao § 1º do art. 17 da Lei de Benefícios, passando o texto a dizer que incumbe ao dependente promover a sua inscrição quando do requerimento do benefício a que estiver habilitado. Dessa forma, não há mais a prévia inscrição do dependente pelo segurado. **Cabe ao próprio dependente se habilitar junto ao INSS no momento em que requerer o benefício.**

De acordo com o art. 17 da Lei n. 8.213/91, cabe ao Regulamento disciplinar a forma de inscrição do segurado e de seus dependentes. Cumprindo a delegação legal, o art. 22 do Decreto n. 3.048/99 dispõe que a inscrição do dependente do segurado será promovida quando do requerimento do benefício a que tiver direito, mediante a apresentação dos seguintes documentos:

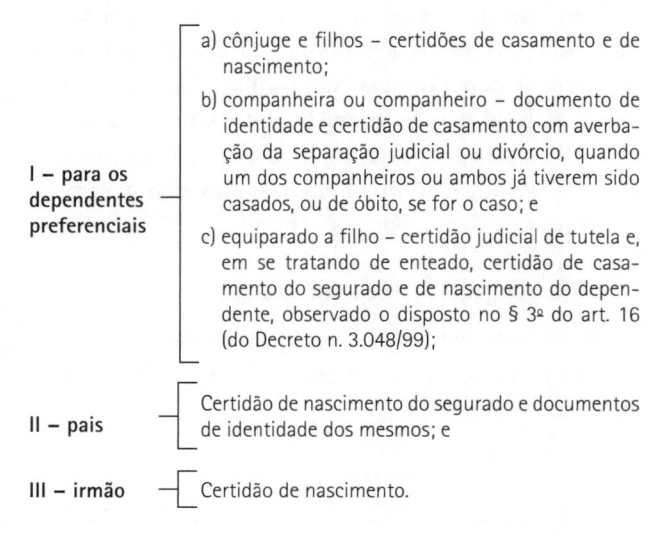

I – para os dependentes preferenciais	a) cônjuge e filhos – certidões de casamento e de nascimento;
	b) companheira ou companheiro – documento de identidade e certidão de casamento com averbação da separação judicial ou divórcio, quando um dos companheiros ou ambos já tiverem sido casados, ou de óbito, se for o caso; e
	c) equiparado a filho – certidão judicial de tutela e, em se tratando de enteado, certidão de casamento do segurado e de nascimento do dependente, observado o disposto no § 3º do art. 16 (do Decreto n. 3.048/99);
II – pais	Certidão de nascimento do segurado e documentos de identidade dos mesmos; e
III – irmão	Certidão de nascimento.

No caso de dependente inválido, para fins de inscrição e concessão de benefício, a invalidez será comprovada mediante exame médico-pericial a cargo do Instituto Nacional do Seguro Social (art. 22, § 9º, do Decreto n. 3.048/99).

Nos termos do art. 22, § 10, do Decreto n. 3.048/99, o dependente menor de 21 anos, no ato de sua inscrição, deverá apresentar declaração de não emancipação. Por sua vez, com base no § 12 do mesmo artigo, os dependentes excluídos da condição de não emancipado em razão de lei têm suas inscrições tornadas nulas de pleno direito.

No caso de dependente equiparado a filho, a inscrição será feita mediante a comprovação da equiparação por documento escrito do segurado falecido manifestando essa intenção, da dependência econômica e da declaração de que não tenha sido emancipado.

Por não serem dependentes preferenciais, os pais ou irmãos deverão, para fins de concessão de benefícios, **comprovar a inexistência de dependentes prefe-**

renciais, **mediante declaração por eles firmada perante o Instituto Nacional do Seguro Social.** É o que dispõe o art. 24 do Decreto n. 3.048/99 de forma expressa: "os pais ou irmãos deverão, para fins de concessão de benefícios, comprovar a inexistência de dependentes preferenciais, mediante declaração firmada perante o Instituto Nacional do Seguro Social".

6.9.7. Perda da qualidade de dependente

O art. 17 do Decreto n. 3.048/99 prevê as hipóteses de perda da qualidade de dependente, agrupando-as em quatro grupos, conforme segue:

Para o(s):	A perda da qualidade de dependente ocorre:
Cônjuge	Pela separação judicial ou divórcio, enquanto não lhe for assegurada a prestação de alimentos, pela anulação do casamento, pelo óbito ou por sentença judicial transitada em julgado.
Companheiro(a)	Pela cessação da união estável com o segurado ou segurada, enquanto não lhe for garantida a prestação de alimentos.
Filho e o irmão de qualquer condição	Ao completarem 21 anos de idade, salvo se inválidos, desde que a invalidez tenha ocorrido antes: a) de completarem 21 anos de idade; b) do casamento; c) do início do exercício de emprego público efetivo; d) da constituição de estabelecimento civil ou comercial ou da existência de relação de emprego, desde que, em função deles, o menor com 16 anos completos tenha economia própria; ou e) da concessão de emancipação, pelos pais, ou de um deles na falta do outro, mediante instrumento público, independentemente de homologação judicial, ou por sentença do juiz, ouvido o tutor, se o menor tiver 16 anos completos.
Dependentes em geral:	Pela cessação da invalidez pelo falecimento.

6.10. CARÊNCIA

6.10.1. Conceito

Conforme disposto no art. 24 da Lei n. 8.213/91, **carência é o número mínimo de contribuições mensais** indispensáveis para que o beneficiário faça jus a determinados benefícios, consideradas a partir do transcurso do primeiro dia dos meses de suas competências. Portanto, para o segurado ter direito ao recebimento de alguns benefícios previdenciários, deve recolher certo número de contribuições.

O cumprimento da carência pressupõe não apenas o pagamento da contribuição. Também é imprescindível que as contribuições sejam recolhidas mensal ou trimestralmente, nos termos do art. 216, § 15, do Decreto n. 3.048/99. Por conseguinte, não se admite que o segurado antecipe o pagamento da contribuição para fins de carência, até porque esse procedimento arriscaria a lógica do seguro social.

Atenção! É preciso ter cuidado para não confundir período de graça e período de carência. Trata-se de institutos que apresentam ideias claramente opostas. Durante o período de graça, o indivíduo não está contribuindo, mas ainda ostenta a qualidade de segurado. Durante o período de carência, o segurado está contribuindo, mas ainda não tem direito ao benefício.

PERÍODO DE GRAÇA		PERÍODO DE CARÊNCIA
O indivíduo não está contribuindo, mas continua ostentando a qualidade de segurado.	×	O indivíduo está contribuindo, mas ainda não possui direito ao benefício.

A parte final do art. 24 da Lei n. 8.213/91 ("consideradas a partir do transcurso do primeiro dia dos meses de suas competências") demanda alguns comentários. A ideia é simples: **um dia de trabalho é suficiente para computar integralmente a carência do mês correspondente**, independentemente da categoria de segurado. Desta forma, trabalhando apenas um dia no mês, considera-se uma contribuição para fins de carência.

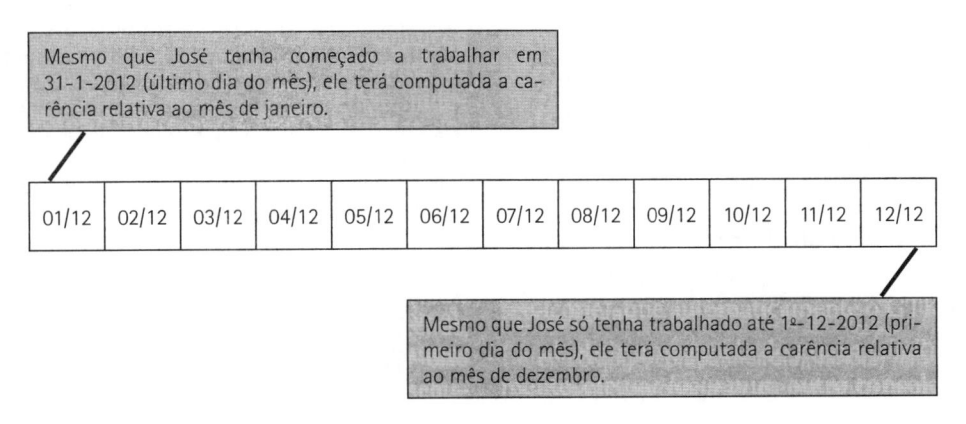

Mesmo que José tenha começado a trabalhar em 31-1-2012 (último dia do mês), ele terá computada a carência relativa ao mês de janeiro.

| 01/12 | 02/12 | 03/12 | 04/12 | 05/12 | 06/12 | 07/12 | 08/12 | 09/12 | 10/12 | 11/12 | 12/12 |

Mesmo que José só tenha trabalhado até 1º-12-2012 (primeiro dia do mês), ele terá computada a carência relativa ao mês de dezembro.

6.10.2. Períodos de carência

Via de regra, a carência varia segundo a natureza do benefício requerido. O sistema apresenta uma lógica própria: para benefícios programáveis, como a aposentadoria por idade, a aposentadoria especial e a aposentadoria por tempo de contribuição, a carência será maior; para benefícios que apresentam certo grau de imprevisibilidade, a carência é menor, como é o caso do salário-maternidade para a segurada contribuinte individual e da aposentadoria por invalidez e do auxílio-doença (em regra); **para benefícios absolutamente imprevisíveis, a carência não é exigida** (benefícios por incapacidade decorrente de acidente de qualquer natureza).

Os períodos de carência estão previstos no art. 25 da Lei n. 8.213/91 e devem ser memorizados pelo candidato, já que eles vêm sendo cobrados em várias provas de concursos públicos. Examinaremos cada um.

A – Auxílio-doença e aposentadoria por invalidez

Em regra, para ter direito ao auxílio-doença ou à aposentadoria por invalidez, o segurado deverá comprovar a carência de 12 contribuições mensais. Contudo, há situações em que a concessão desses dois benefícios independe de carência: **a)** quando a incapacidade decorrer de acidente de qualquer natureza ou causa ou de doença profissional ou do trabalho; **b)** nos casos de segurado que, após filiar-se ao RGPS, for acometido de alguma das doenças e afecções especificadas em lista elaborada pelos Ministérios da Saúde e da Previdência Social, atualizada a cada 3 (três) anos, de acordo com os critérios de estigma, deformação, mutilação, deficiência ou outro fator que lhe confira especificidade e gravidade que mereçam tratamento particularizado.

O art. 26, II, teve alteração pontual, na medida em que retirou o Ministério do Trabalho dos ministérios responsáveis pela elaboração da lista contendo as doenças que afastam a exigência da carência para o auxílio-doença e aposentadoria por invalidez. Também deve ser considerado que, na atual estrutura orgânica da Presidência, como visto anteriormente, não existe mais o Ministério da Previdência Social.

Quando a incapacidade decorrer de acidente de qualquer natureza ou causa ou de doença profissional ou do trabalho

O acidente de qualquer natureza tanto pode ser um acidente do trabalho (ou qualquer figura equiparada a acidente do trabalho[74]) como um acidente extralaboral. Ambos são eventos infortunísticos e isentam a carência do auxílio-doença e da aposentadoria por invalidez. Portanto, se um segurado sofrer um acidente durante o seu primeiro dia de trabalho e ficar inválido, ele terá direito ao auxílio-doença ou à aposentadoria por invalidez, haja vista a isenção de carência decorrente do acidente.

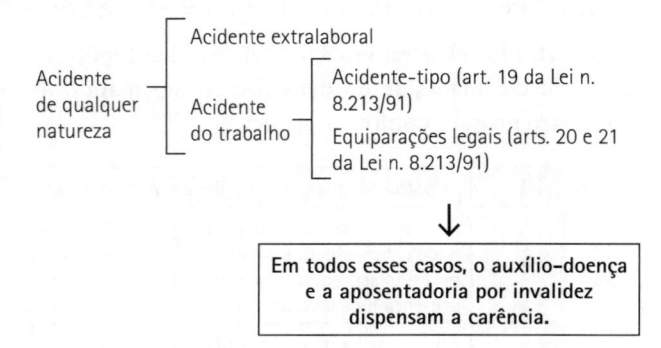

Acidente de qualquer natureza
- Acidente extralaboral
- Acidente do trabalho
  - Acidente-tipo (art. 19 da Lei n. 8.213/91)
  - Equiparações legais (arts. 20 e 21 da Lei n. 8.213/91)

↓

Em todos esses casos, o auxílio-doença e a aposentadoria por invalidez dispensam a carência.

Nos casos de segurado que, após filiar-se ao RGPS, for acometido de alguma das doenças e afecções especificadas em lista elaborada pelos Ministérios da Saúde e da Previdência Social, atualizada a cada três anos, de acordo com os critérios de estigma, deformação, mutilação, deficiência ou outro fator que lhe confira especificidade e gravidade que mereçam tratamento particularizado.

A isenção em comento justifica-se pela especificidade e gravidade das patologias elencadas em Portaria Interministerial. Observe-se que só existe isenção de carência se o segurado tiver sido acometido pela doença **depois da filiação ao RGPS**.

Com o advento da Lei n. 13.135/2015, o rol do art. 151 da Lei n. 8.213/91 passou a incluir mais duas doenças: esclerose múltipla e hepatopatia grave.

Lei n. 8.213/91: Art. 151. Até que seja elaborada a lista de doenças mencionada no inciso II do art. 26, independe de carência a concessão de auxílio-doença e de aposentadoria por invalidez ao segurado que, após filiar-se ao RGPS, for acometido das seguintes doenças: tuberculose ativa, hanseníase, alienação mental, esclerose múltipla, hepatopatia grave, neoplasia maligna, cegueira, paralisia irreversível e incapacitante, cardiopatia grave, doença de Parkinson, espondiloartrose anquilosante, nefropatia grave, estado avançado da doença de Paget (osteíte deformante), síndrome da deficiência imunológica adquirida (aids) ou contaminação por radiação, com base em conclusão da medicina especializada. (Redação dada pela Lei n. 13.135/2015.)

---

74 Como, por exemplo, a doença profissional e a doença do trabalho.

B – Aposentadorias programáveis (por idade, tempo de contribuição e especial)

Conforme disposto no art. 25, II, da Lei n. 8.213/91, a concessão da aposentadoria por idade, da aposentadoria por tempo de contribuição[75] e da especial pressupõe o cumprimento da carência de 180 contribuições mensais.

Todavia, esse prazo de carência só é exigido para os segurados que se filiaram ao sistema previdenciário após o advento da Lei n. 8.213/91. Isso porque, na vigência do ordenamento previdenciário anterior (Lei n. 3.807/60), a carência necessária exigida para as aposentadorias programáveis era de apenas 60 contribuições mensais. Vale dizer, com o advento da Lei n. 8.213/91, houve elevação considerável na carência necessária para o deferimento dessas prestações. Temos então o seguinte:

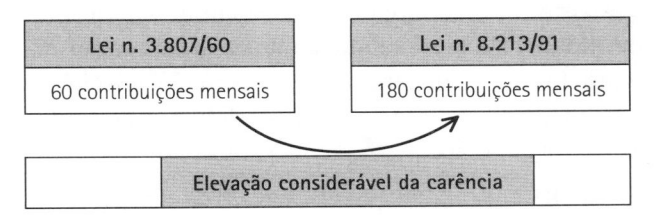

Lei n. 3.807/60	Lei n. 8.213/91
60 contribuições mensais	180 contribuições mensais

Elevação considerável da carência

Essa sucessão legislativa (Lei n. 3.807/60 à Lei n. 8.213/91) dá ensejo a três possíveis situações:

1ª situação: o segurado filiou-se ao sistema sob a égide da Lei n. 3.807/60 e preencheu todos os requisitos para a aposentadoria programável antes da Lei n. 8.213/91. Nesse caso, a questão resolve-se totalmente à luz do direito anterior com base no direito adquirido. Assim, o indivíduo poderá se aposentar com apenas 60 contribuições mensais (carência exigida pela legislação da época).

2ª situação: o segurado filiou-se ao sistema previdenciário depois da Lei n. 8.213/91. Nesse caso, a situação resolve-se totalmente à luz da legislação atual. Vale dizer, o segurado só poderá se aposentar se cumprir a carência de 180 contribuições mensais.

3ª situação: o segurado filiou-se ao sistema previdenciário sob a égide da Lei n. 3.807/60. Porém, à época do advento da Lei n. 8.213/91, ele ainda não havia preenchido todos os requisitos para a aposentadoria programável. Nesse caso, não existe direito adquirido. Consequentemente, não seria possível aplicar a carência anterior. Por outro lado, não seria razoável aplicar a carência de 180 contribuições mensais. O mais justo seria uma carência intermediária. E foi essa a opção do legislador. Para essas hipóteses, a Lei n. 8.213/91 previu uma regra de transição (art. 142 da Lei n. 8.213/91), examinada logo adiante.

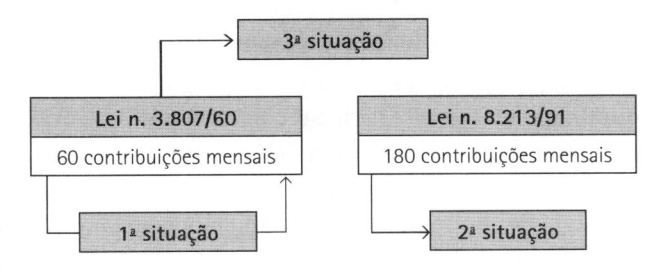

De acordo com o art. 142 da Lei n. 8.213/91, para o segurado inscrito na Previdência Social Urbana até 24 de julho de 1991, bem como para o trabalhador e o empregador rural cobertos pela Previdência Social Rural, a carência das aposentadorias por idade, por tempo de serviço e especial obedecerá à tabela disposta nesse artigo, levando-se em conta o ano em que o segurado implementou todas as condições necessárias à obtenção do benefício.

Ano de implementação das condições	Meses de contribuição exigidos
1991	60 meses
1992	60 meses
1993	66 meses
1994	72 meses
1995	78 meses
1996	90 meses
1997	96 meses
1998	102 meses
1999	108 meses
2000	114 meses
2001	120 meses
2002	126 meses
2003	132 meses
2004	138 meses
2005	144 meses
2006	150 meses
2007	156 meses
2008	162 meses
2009	168 meses
2010	174 meses
2011	180 meses

---

[75] Na verdade, o art. 25, II, da Lei n. 8.213/91 fala em aposentadoria por tempo de serviço. Contudo, a nomenclatura desse benefício foi alterada após a promulgação da Emenda Constitucional n. 20/98.

Apesar de o art. 142 falar em "segurado inscrito", deve-se entender "segurado filiado", afinal o vínculo jurídico que caracteriza a relação previdenciária decorre da filiação, e não da inscrição (ato formal de cadastramento).

Percebe-se que a tabela progressiva constante do art. 142 prevê inicialmente a carência de 60 meses de contribuição. A cada ano, o número de contribuições é aumentado até, finalmente, igualar-se à carência definitiva de 180 contribuições mensais.

A lógica de aplicação da tabela progressiva é bastante simples. Deve-se verificar o ano em que o segurado implementou todas as condições para o benefício. Feito isso, basta verificar qual é a carência exigida para esse ano. Por exemplo: Marcos completou a idade legal para a aposentadoria em 2006. Nesse caso, para Marcos ter direito à aposentadoria por idade, deverá cumprir a carência progressiva de 150 contribuições mensais (carência exigida para o ano de 2006). Outro exemplo: se Vinícius completou a idade legal em 2009, a concessão do benefício de aposentadoria estaria condicionada à carência de 168 contribuições.

Dúvida: para concursos públicos, o candidato deve memorizar a carência progressiva prevista na tabela do art. 142 da Lei n. 8.213/91? **Não é necessário.**

Atenção! Conforme disposto no art. 55, § 2º, da Lei n. 8.213/91, o tempo de serviço do segurado trabalhador rural, anterior à data de início de vigência desta Lei, será computado independentemente do recolhimento das contribuições a ele correspondentes, **exceto para efeito de carência**, conforme dispuser o Regulamento. Nesse sentido, foi editada a **Súmula 27 da AGU**: "Para concessão de aposentadoria no RGPS, é permitido o cômputo do tempo de serviço rural exercido anteriormente à Lei n. 8.213, de 24 de julho de 1991, independente do recolhimento das contribuições sociais respectivas, exceto para efeito de carência". Vamos a um exemplo!

Mário exerceu atividade rural entre 1967 e 1991. Depois de passar alguns anos descansando, Mário começou a trabalhar como carpinteiro em 2000, o que fez durante doze anos. Nesse caso, Mário poderá se aposentar por tempo de contribuição?

Como veremos adiante, a aposentadoria por tempo de contribuição pressupõe que o homem tenha cumprido, além da carência, 35 anos de contribuição.

No exemplo, Mário possui 36 anos de contribuição, já que o tempo de serviço rural poderá ser computado independentemente de contribuição (24 anos + 12 anos = 36 anos). Entretanto, Mário não cumpriu a carência necessária, afinal o tempo de serviço rural anterior à

Lei n. 8.213/91 não poderá ser computado como carência. Ele só tinha 12 anos de carência, ou seja, 144 contribuições mensais, número insuficiente para a carência do benefício.

Vide art. 55, § 2º, da Lei n. 8.213/91.

C – Salário-maternidade

Inicialmente, impende salientar que a Lei n. 12.873/2013 passou a prever a possibilidade de concessão desse benefício para segurados do sexo masculino. Em virtude dessa alteração, adaptaremos a redação dos dispositivos legais que restringem o deferimento do salário-maternidade para mulheres.

De acordo com o art. 26, VI, da Lei 8.213/91, independe de carência a concessão de salário-maternidade para os(as) **segurados(as) empregado(a), trabalhador(a) avulso(a) e empregado(a) doméstico(a)**. Destarte, mesmo que uma dessas seguradas filie-se à previdência social já em estágio avançado de gestação, ela terá direito ao benefício de salário-maternidade. De igual modo, para um segurado ter direito ao salário-maternidade, basta que ele ostente a qualidade de segurado à época do fato gerador (adoção, por exemplo).

Já para o(a) contribuinte individual, o(a) segurado(a) especial[76] que contribua facultativamente e para o(a) segurado(a) facultativo(a), o salário-maternidade pressupõe carência de **dez contribuições mensais**. Observe-se que esse período de carência de dez meses **será reduzido em número de contribuições equivalente ao número de meses em que o parto foi antecipado** (art. 25, parágrafo único, da Lei n. 8.213/91).

D – Segurado especial e regra diferenciada

Para o segurado especial, **considera-se período de carência o tempo mínimo de efetivo exercício de atividade rural, ainda que de forma descontínua, igual ao número de meses necessário à concessão do benefício requerido.**

---

76 No caso da(o) segurada(o) especial, será devido o benefício (salário-maternidade) mesmo que ele(a) não contribua como contribuinte individual, desde que comprove o exercício de atividade rural nos últimos dez meses imediatamente anteriores ao requerimento do benefício, mesmo que de forma descontínua (art. 26, § 1º, do Decreto n. 3.048/99 – Para o segurado especial, considera-se período de carência o tempo mínimo de efetivo exercício de atividade rural, ainda que de forma descontínua, igual ao número de meses necessário à concessão do benefício requerido).

O tratamento distinto concedido ao segurado especial justifica-se pela forma diferenciada de recolhimento de suas contribuições, que apenas ocorre quando da comercialização de sua produção, nos termos do art. 195, § 8º, da CF/88: "O produtor, o parceiro, o meeiro e o arrendatário rurais e o pescador artesanal, bem como os respectivos cônjuges, que exerçam suas atividades em regime de economia familiar, sem empregados permanentes, contribuirão para a seguridade social mediante a aplicação de uma alíquota sobre o resultado da comercialização da produção e farão jus aos benefícios nos termos da lei".

Esse regime tributário especial decorre das peculiaridades desse segurado. Ao contrário dos outros, o segurado especial possui renda sazonal em virtude do período de entressafra, das estiagens (trabalhador rural) e do período do defeso (pescador artesanal).

Exatamente por isso, o art. 26, III, da Lei n. 8.213/91 dispõe que independe de carência a concessão dos benefícios previstos no inciso I do art. 39, aos segurados especiais. A mesma interpretação deve ser feita em relação ao salário-maternidade para o(a) segurado(a) especial.

Não obstante a isenção de carência para os benefícios do segurado especial, a Lei n. 8.213/91 prevê exigência diversa. Em vez de precisar recolher um número mínimo de contribuições mensais, **o segurado especial deve comprovar o tempo de efetivo exercício de atividade rural (ou pesca artesanal), igual aos meses necessários para a concessão do benefício em questão, no período imediatamente anterior ao requerimento do benefício.**

CARÊNCIA		EXIGÊNCIA SUPLETIVA PARA O SEGURADO ESPECIAL
Número mínimo de contribuições mensais		Comprovação do trabalho rural ou pesca artesanal durante o período equivalente à carência do benefício
180 contribuições mensais	Aposentadoria por idade	Comprovar a atividade por 180 meses
12 contribuições mensais	Auxílio-doença	Comprovar a atividade por 12 meses
12 contribuições mensais	Aposentadoria por invalidez	Comprovar a atividade por 12 meses
10 contribuições mensais	Salário-maternidade	Comprovar a atividade por 10 meses
24 contribuições mensais	Pensão	Comprovar a atividade por 24 meses (MP n. 664/2014)
24 contribuições mensais	Auxílio-reclusão	Comprovar a atividade por 24 meses (MP n. 664/2014)

Caso prevaleça o texto da MP n. 664/2014.

6.10.3. Isenções de carência

De acordo com o art. 26 da Lei n. 8.213/91, independe de carência a concessão das seguintes prestações:

"I – pensão por morte, auxílio-reclusão, salário-família e auxílio-acidente;

II – auxílio-doença e aposentadoria por invalidez nos casos de acidente de qualquer natureza ou causa e de doença profissional ou do trabalho, bem como nos casos de segurado que, após filiar-se ao RGPS, for acometido de alguma das doenças e afecções especificadas em lista elaborada pelos Ministérios da Saúde e da Previdência Social, atualizada a cada 3 (três) anos, de acordo com os critérios de estigma, deformação, mutilação, deficiência ou outro fator que lhe confira especificidade e gravidade que mereçam tratamento particularizado;

III – os benefícios concedidos na forma do inciso I do art. 39, aos segurados especiais referidos no inciso VII do art. 11 desta Lei;

IV – serviço social;

V – reabilitação profissional;

VI – salário-maternidade para as seguradas empregada, trabalhadora avulsa e empregada doméstica".

Atenção! Durante o curtíssimo período de vigência da **MP n. 664/2014**, exigiu-se, em regra, carência de 24 meses para a pensão por morte e o auxílio-reclusão. Entretanto, durante a sua tramitação no Congresso Nacional, referida exigência foi descartada do texto, que acabou sendo sancionado pela Presidente da República (**Lei n. 13.135/2015**).

6.10.4. Termo inicial da carência

Conforme disposto no art. 27 da Lei n. 8.213/91, com a redação dada pela Lei Complementar n. 150, de 2015, para cômputo do período de carência, serão consideradas as contribuições:

I – referentes ao período a partir da data de filiação ao Regime Geral de Previdência Social (RGPS), no caso dos segurados empregados, inclusive os domésticos, e dos trabalhadores avulsos;

II – realizadas a contar da data de efetivo pagamento da primeira contribuição sem atraso, não sendo consideradas para este fim as contribuições recolhidas com atraso referentes a competências anteriores, no caso dos segurados contribuinte individual, especial e facultativo, referidos, respectivamente, nos incisos V e VII do art. 11 e no art. 13.

Apresentando a questão esquematicamente, temos o seguinte:

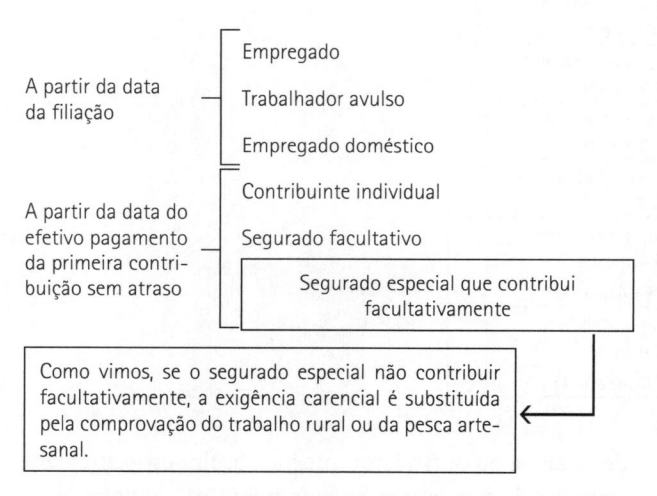

```
A partir da data         ┌ Empregado
da filiação             ─┤ Trabalhador avulso
                         └ Empregado doméstico

A partir da data do      ┌ Contribuinte individual
efetivo pagamento       ─┤ Segurado facultativo
da primeira contri-      │ ┌─────────────────────────────┐
buição sem atraso        └─┤ Segurado especial que contribui
                           │ facultativamente            │
                           └─────────────────────────────┘
                                       ▲
┌─────────────────────────────────────────────────────┐
│ Como vimos, se o segurado especial não contribuir  │
│ facultativamente, a exigência carencial é substituída│
│ pela comprovação do trabalho rural ou da pesca arte-│
│ sanal.                                              │
└─────────────────────────────────────────────────────┘
```

Percebe-se que, para efeito de fixação do termo inicial da carência, segundo a lei, os segurados estão divididos em dois grupos diversos. **No primeiro grupo**, estão os segurados empregados, inclusive os empregados domésticos e trabalhadores avulsos e a contagem do período de carência inicia-se a partir da data da filiação ao RGPS. **No segundo grupo**, estão os segurados contribuinte individual, especial e facultativo.

Qual seria a razão de a Lei n. 8.213/91 ter previsto regras diferentes para os dois grupos?

O tratamento diferenciado tem fundamento no art. 33, § 5º, da Lei n. 8.212/91: "O desconto de contribuição e de consignação legalmente autorizadas sempre se presume feito oportuna e regularmente pela empresa a isso obrigada, não lhe sendo lícito alegar omissão para se eximir do recolhimento, ficando diretamente responsável pela importância que deixou de receber ou arrecadou em desacordo com o disposto nesta Lei".

A presunção justifica-se porque a obrigação de recolher a contribuição desses segurados recai sobre a empresa e o empregador doméstico (para este último por força da Lei Complementar n. 150/2015), nos termos do art. 30, I, *a*, da Lei n. 8.212/91. A partir de abril de 2003, essa mesma sistemática passou a ser aplicada na hipótese de o contribuinte individual prestar serviço para uma pessoa jurídica. Com efeito, conforme disposto no art. 4º da Lei n. 10.666/2003[77], fica a empresa obrigada a arrecadar a contribuição do segurado contribuinte individual a seu serviço, descontando-a da respectiva remuneração, e a recolher o valor arrecadado juntamente com a contribuição a seu cargo até o dia 20 (vinte) do mês seguinte ao da competência, ou até o dia útil imediatamente anterior se não houver expediente bancário naquele dia.

Por conseguinte, para efeito de carência, considera-se **presumido o recolhimento das contribuições** do segurado empregado, empregado doméstico, do trabalhador avulso e do contribuinte individual a serviço de empresa (após abril de 2003). Diante da alteração normativa provocada pela Medida Provisória n. 83/2002, posteriormente convertida na Lei n. 10.666/2003, acreditamos que o termo inicial de carência deve ser assim sintetizado:

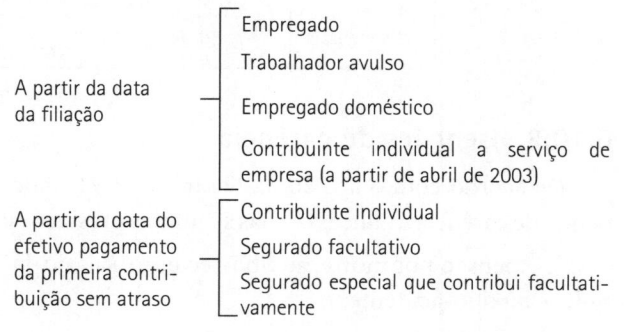

```
                         ┌ Empregado
                         │ Trabalhador avulso
A partir da data        ─┤ Empregado doméstico
da filiação              │
                         └ Contribuinte individual a serviço de
                           empresa (a partir de abril de 2003)

A partir da data do      ┌ Contribuinte individual
efetivo pagamento       ─┤ Segurado facultativo
da primeira contri-      │ Segurado especial que contribui facultati-
buição sem atraso        └ vamente
```

Assim, o empregado, o trabalhador avulso e o contribuinte individual a serviço de pessoa jurídica não precisam comprovar o efetivo recolhimento das contri-

---

[77] A Medida Provisória n. 83/2002 acabou sendo convertida na Lei n. 10.666/2003.

buições previdenciárias, já que todo o tempo de filiação será considerado no cômputo do período de carência. Caso a empresa tenha deixado de recolher as contribuições previdenciárias, por exemplo, por um período de dois anos, tais segurados não serão prejudicados, pois a obrigação de efetuar o recolhimento das contribuições é do tomador de serviço e não do segurado. Embora o sujeito passivo da contribuição previdenciária seja o segurado, o dever de arrecadá-la pertence à empresa ou à entidade a ela equiparada.

Atenção! A presunção de recolhimento das contribuições do contribuinte individual somente se aplica no caso de a sua prestação de serviços ter como tomadora uma empresa (art. 4º, *caput*, da Lei n. 10.666/2003). A retenção da contribuição do contribuinte individual não se aplica quando contratado por outro contribuinte individual equiparado a empresa ou por produtor rural pessoa física ou por missão diplomática e repartição consular de carreira estrangeiras, e nem ao brasileiro civil que trabalha no exterior para organismo oficial internacional do qual o Brasil é membro efetivo (art. 4º, § 3º, da Lei n. 10.666/2003).

Para os segurados contribuinte individual[78] e facultativo, o início da contagem do período de carência dá-se a partir da data do efetivo recolhimento da primeira contribuição sem atraso, não sendo consideradas, para este fim (contagem de carência), as contribuições recolhidas com atraso referentes a competências anteriores.

6.10.5. Carência de reingresso e a Lei n. 13.457, de 2017

Conforme já salientado, a interrupção no pagamento da contribuição não implica automaticamente a perda da qualidade de segurado. Havendo a cessação, inicia-se o período de graça, período em que o indivíduo mantém a qualidade de segurado, independentemente do pagamento da contribuição (art. 15 da Lei n. 8.212/91). Expirado o período de graça, aí, sim, o indivíduo perde a qualidade de segurado.

De acordo com o art. 102 da Lei n. 8.212/91, a perda da qualidade de segurado importa em caducidade dos direitos inerentes a essa qualidade. Como a carência é um instituto de natureza previdenciária, poder-se-ia pensar que ela seria totalmente atingida pela perda da condição de segurado.

Contudo, considerando a vocação de proteção social do RGPS, a legislação previdenciária possibilita que o indivíduo recupere, a partir da nova filiação, as contribuições vertidas no passado para fins de carência. Trata-se do instituto que chamamos de carência de reingresso, que estava previsto no parágrafo único do art. 24 da Lei n. 8.213/91: "Havendo perda da qualidade de segurado, as contribuições anteriores a essa data só serão computadas para efeito de carência depois que o segurado contar, a partir da nova filiação à Previdência Social, com, **no mínimo, 1/3 (um terço) do número de contribuições exigidas para o cumprimento da carência definida para o benefício a ser requerido**".

Contudo, esse parágrafo único foi revogado pela MP n. 767/2017, e mantida a revogação na Lei n. 13.457, de 2017 (lei de conversão da MP n. 767, de 2017).

A Lei n. 13.457, de 2017, também deu nova redação ao art. 27-A acrescentado pela MP n. 767, de 2017, que reinseriu o instituto da carência de reingresso, agora com a seguinte redação: "No caso de perda da qualidade de segurado, para efeito de carência para a concessão dos benefícios de que trata esta Lei, o segurado deverá contar, a partir da nova filiação à Previdência Social, com metade dos períodos previstos nos incisos I e III do *caput* do art. 25 desta Lei".

Atenção! O pagamento da carência de reingresso (1/2 da carência do benefício) não implica a concessão automática do benefício. Significa apenas que as contribuições vertidas antes da perda da qualidade de segurado poderão ser aproveitadas pelo indivíduo para fins de percepção do benefício previdenciário. **No final das contas, somando-se as contribuições do passado com as contribuições vertidas após o reingresso, o indivíduo deverá atingir a carência do benefício.** Vamos a exemplos!

---

78 No final de 2002 houve inovação no ordenamento jurídico criando-se outra hipótese de presunção de desconto das contribuições previdenciárias. Trata-se da Medida Provisória n. 83, de 12-12-2002, posteriormente convertida na Lei n. 10.666, de 8-5-2003, que passou a obrigar a empresa a arrecadar e recolher a contribuição do contribuinte individual que lhe preste serviço, descontando tais contribuições da remuneração paga a esse profissional. Observa-se, também, que a cooperativa de trabalho também tem o dever legal de arrecadar e recolher a contribuição previdenciária de seu cooperado. É bom advertir que a Medida Provisória n. 83/2002, para efeito da aplicação da presunção de desconto do contribuinte individual a serviço de empresa, só vale a partir de abril de 2003, nos termos do art. 14 da referida MP.

Exemplo 1

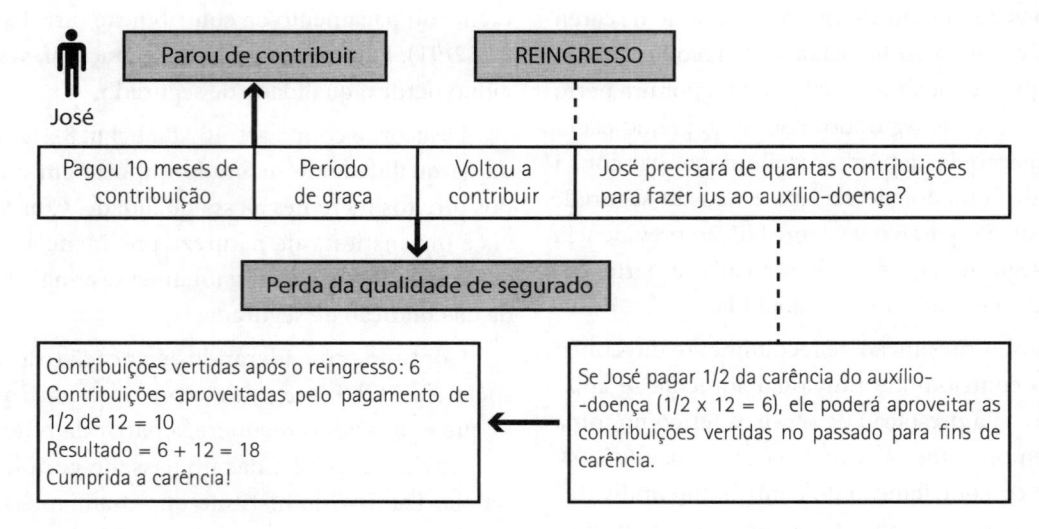

```
        Parou de contribuir          REINGRESSO
  👤
 José
┌──────────────┬──────────────┬──────────────┬──────────────────────────────┐
│ Pagou 10     │ Período      │ Voltou a     │ José precisará de quantas    │
│ meses de     │ de graça     │ contribuir   │ contribuições para fazer jus │
│ contribuição │              │              │ ao auxílio-doença?           │
└──────────────┴──────────────┴──────────────┴──────────────────────────────┘
              Perda da qualidade de segurado
```

| Contribuições vertidas após o reingresso: 6
Contribuições aproveitadas pelo pagamento de 1/2 de 12 = 10
Resultado = 6 + 12 = 18
Cumprida a carência! | ← | Se José pagar 1/2 da carência do auxílio-doença (1/2 × 12 = 6), ele poderá aproveitar as contribuições vertidas no passado para fins de carência. |

Exemplo 2

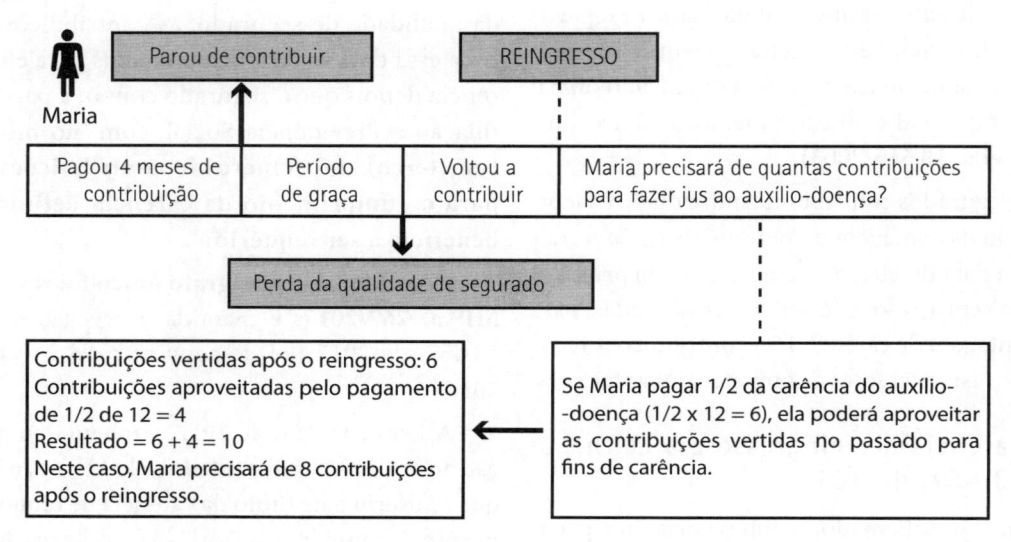

```
        Parou de contribuir          REINGRESSO
  👤
 Maria
┌──────────────┬──────────────┬──────────────┬──────────────────────────────┐
│ Pagou 4      │ Período      │ Voltou a     │ Maria precisará de quantas   │
│ meses de     │ de graça     │ contribuir   │ contribuições para fazer jus │
│ contribuição │              │              │ ao auxílio-doença?           │
└──────────────┴──────────────┴──────────────┴──────────────────────────────┘
              Perda da qualidade de segurado
```

| Contribuições vertidas após o reingresso: 6
Contribuições aproveitadas pelo pagamento de 1/2 de 12 = 4
Resultado = 6 + 4 = 10
Neste caso, Maria precisará de 8 contribuições após o reingresso. | ← | Se Maria pagar 1/2 da carência do auxílio-doença (1/2 × 12 = 6), ela poderá aproveitar as contribuições vertidas no passado para fins de carência. |

Verificação da aprendizagem! Caso concreto!

Nicolau, empregado de uma empresa que fabricava enfeites de Natal, laborou para esse empregador por mais de dez anos ininterruptos (digamos, por 160 meses), sendo dispensado em novembro de 2008. Sem exercer qualquer atividade laborativa por mais de cinco anos (portanto, perdendo a qualidade de segurado após o transcurso do período de graça), é contratado por uma microempresa do ramo de brinquedos em agosto de 2017.

Durante um feriado prolongado, em fevereiro de 2018, em uma viagem pelo Polo Norte adquire uma doença que se manifesta em março de 2018 (ou seja, oito meses após o início da atividade na empresa), ficando constatada a partir de então a sua incapacidade para o trabalho.

Pergunta-se: Nicolau teria direito a receber o benefício por incapacidade?

Solução: em primeiro lugar, cabe verificar se o benefício a ser pleiteado por Nicolau exige a comprovação de número mínimo de contribuições mensais, ou seja, de carência. Como não se trata de hipótese de acidente de qualquer natureza, nem de entidade mórbida equiparada a acidente do trabalho, nem mesmo de doença relacionada no art. 151 da Lei de Benefícios, requer a comprovação de doze meses de carência para o deferimento do benefício.

Como houve a perda da qualidade de segurado após a cessação de seu vínculo empregatício na empresa de enfeites de Natal, as contribuições vertidas não podem ser computadas para fins de concessão do benefício a menos que se observe o disposto no art. 27-A, da Lei n. 8.213/91, que diz: "No caso de perda da qualidade de segurado, para efeito de carência para a concessão dos benefícios de que trata esta Lei, o segurado deverá contar, a partir da nova filiação à Previdência Social, com metade dos períodos previstos nos incisos I e III do *caput* do art. 25 desta Lei".

Desta forma, para saber se o sujeito faz jus ao auxílio-doença, em primeiro lugar verifica-se a carência desse benefício, qual seja, 12 contribuições mensais. Pelo art. 27-A, para o aproveitamento das contribuições anteriores, há necessidade de que, a partir da nova filiação, tenha o segurado contribuído com 1/2 da carência do benefício pleiteado (1/2 de doze contribuições = 6 contribuições).

Na hipótese, Nicolau adoece em março de 2018, isto é, oito meses após o reingresso no RGPS. Nesse caso, como 8 é maior que 6 (1/2 da carência do benefício requerido), vai poder somar às contribuições mensais pagas antes de perder a qualidade de segurado. Assim, 160 + 8 = 168. Como 168 é maior do que 12 (carência do auxílio-doença), Nicolau terá direito ao benefício do auxílio-doença.

Atenção! A regra da carência de reingresso não se aplica aos benefícios de aposentadoria por idade, aposentadoria por tempo de contribuição e aposentadoria especial. Isso porque, desde o advento da Lei n. 10.666/2003, a qualidade de segurado deixou de ser considerada para a concessão dessas aposentadorias, desde que o segurado conte com, no mínimo, a carência exigida para o benefício em questão (180 contribuições ou a regra de transição do art. 142 da Lei n. 8.213/91, conforme o caso).

Um exemplo facilita o entendimento:

Vamos imaginar que uma senhora tenha trabalhado como empregada em uma fábrica de confecção de calçados no período compreendido entre os anos 1970 e 1984 (portanto, 14 anos, o que equivale a 168 contribuições).

Após deixar o seu emprego, não mais retornou ao mercado de trabalho, passando a se dedicar à família. Assim, a senhora perde a qualidade de segurada perante o RGPS após o transcurso do período de graça.

Tendo notícia da edição da Lei n. 10.666/2003, bem como da jurisprudência favorável que passou a se formar na Justiça Federal, vai ao INSS requerer o benefício de aposentadoria por idade, tendo em vista que completou 60 anos em 2006.

Pergunta-se: essa senhora terá direito a receber a aposentadoria por idade?

Solução: em primeiro lugar, deve se observar que a senhora do exemplo era filiada do RGPS antes da entrada em vigor da Lei n. 8.213/91 e, portanto, como não adquiriu o direito ao benefício de aposentadoria por idade quando ainda segurada, será aplicada a regra de transição constante do art. 142 da Lei de Benefícios.

A Lei n. 10.666/2003 dispõe que, na hipótese de aposentadoria por idade, a perda da qualidade de segurado não será considerada para a concessão desse benefício, desde que o segurado conte com, no mínimo, o tempo de contribuição correspondente ao exigido para efeito de carência na data do requerimento do benefício.

Contudo, a jurisprudência majoritária passou a entender que, no caso da aposentadoria por idade, o ano a ser considerado para efeito de carência será aquele em que o segurado completou o requisito etário.

Assim, deve-se verificar, na tabela do art. 142, qual a carência necessária para o ano de 2006, que é o ano em que a senhora do exemplo completou a idade de 60 anos.

Em 2006, ano em que a senhora completou 60 anos, os meses de contribuição exigidos são de 150 meses. Como a senhora já havia contribuído, em seu vínculo de 1970 a 1984, por 168 meses, preencheu o requisito da carência.

Desta forma, a senhora terá direito a receber o benefício de aposentadoria por idade, já que 168 contribuições revelam um número maior do que a carência exigida pela tabela do art. 142 da Lei n. 8.213/91 (150 contribuições).

6.10.6. Quadro-resumo da carência

Prestação	Exige carência?	Há alguma isenção?
Auxílio-doença e Aposentadoria por invalidez	12 CM	Duas hipóteses de isenção de carência: 1ª) Acidente de qualquer natureza (acidente do trabalho + equiparações legais ao conceito de acidente do trabalho + acidente de qualquer natureza). 2ª) Quando o segurado, após se filiar ao RGPS, foi acometido por doença grave prevista em Portaria Interministerial.

CM = contribuições mensais

Prestação	Exigência de carência?	Há alguma isenção?
Salário-maternidade	10 CM para a contribuinte individual e para a facultativa.	Isenção de carência para a empregada, a trabalhadora avulsa e a empregada doméstica.

Possibilidade de redução da carência?
A carência será antecipada na hipótese de parto prematuro.

Prestação	Exigência de carência?	Há alguma isenção?
Aposentadoria por idade, por tempo de contribuição e aposentadoria especial.	180 CM	Não

Possibilidade de redução da carência?
Para o segurado que ingressou no sistema antes da Lei n. 8.213/91, deve-se observar a regra de transição prevista no art. 142 desta mesma lei.

Prestação	Exige carência?
Pensão, auxílio-reclusão, auxílio-acidente, salário-família, serviço social e reabilitação profissional.	Prestações isentas de carência.

Benefícios dos segurados especiais
Em vez de o segurado especial cumprir a carência, ele deverá comprovar o exercício da atividade rural ou da pesca artesanal em período equivalente à carência do benefício.

6.11. SALÁRIO DE BENEFÍCIO

6.11.1. Conceito

Salário de benefício é a base de cálculo da renda mensal inicial da maioria dos benefícios previdenciários, conforme abaixo:

BENEFÍCIOS PREVIDENCIÁRIOS	RENDA MENSAL INICIAL
Aposentadoria por idade	70% do SB + 1% a cada 12 contribuições (aplicação facultativa do fator previdenciário)
Aposentadoria por tempo de contribuição	100% do SB (aplicação obrigatória do fator previdenciário)
Aposentadoria especial	100% do SB
Aposentadoria por invalidez	100% do SB
Auxílio-doença	91% do SB
Auxílio-acidente	50% do SB
Auxílio-reclusão	Indiretamente é calculado pelo SB
Salário-maternidade	Não é calculado pelo SB
Salário-família	Não é calculado pelo SB
Pensão por morte	Indiretamente, é calculada pelo SB

SB = Salário de benefício

6.11.2. Etapas do cálculo dos benefícios previdenciários com base no salário de benefício

Neste tópico, falaremos exclusivamente sobre o cálculo dos benefícios previdenciários que dependem do salário de benefício.

A – Definição do período básico de cálculo (PBC)

A primeira etapa envolve a definição do período básico de cálculo das prestações previdenciárias.

De acordo com a regra permanente, **o período básico de cálculo dos benefícios previdenciários (cujo cálculo depende do salário de benefício) corresponde a todo o período contributivo**.

Um exemplo: José ingressou no sistema previdenciário em 2000. Ele terá direito à aposentadoria por tempo de contribuição depois de trinta e cinco anos. Admitindo que contribuiu ininterruptamente, José completará o tempo necessário para o benefício em 2035. Pois bem, nesse caso, o seu período básico de cálculo será exatamente os trinta e cinco anos de contribuição. Portanto, ao contrário do que muitos pensam, atualmente, o benefício não é calculado com base apenas nos últimos trinta e seis salários de contribuição. Todos os salários de contribuição são computados para o cálculo desses benefícios, conforme detalhamento gráfico abaixo.

PERÍODO BÁSICO DE CÁLCULO – BENEFÍCIO DE JOSÉ								
2000	2001	2002	2003	2004	2005	2006	(...)	2035

Entretanto, o art. 3º da Lei n. 9.876, de 26 de novembro de 1999, previu uma **regra de transição**. Para o segurado filiado à Previdência Social até o dia anterior à data de publicação dessa lei (25 de novembro de 1999), que vier a cumprir as condições exigidas para a concessão dos benefícios do RGPS, somente entrarão na base de cálculo os salários de contribuição posteriores a junho de 1994 (ou seja, de julho de 1994 em diante). Qual foi a razão de a Lei n. 9.876 ter fixado essa competência? Provavelmente, porque foi esse período que marcou a consolidação da nova moeda (Real), facilitando sobremaneira o cálculo das prestações previdenciárias. Um exemplo: Antônio ingressou no sistema previdenciário em 1985. Contribuiu ininterruptamente até 2020, completando o tempo necessário para a aposentadoria por tempo de contribuição. Nesse caso, seu período básico de cálculo será julho/94 até mês/2020.

PERÍODO BÁSICO DE CÁLCULO – BENEFÍCIO DE ANTÔNIO								
07/94	1995	1996	1997	1998	1999	2000	(...)	2020

Observação 1 (cálculo do benefício e auxílio-acidente): O valor mensal do auxílio-acidente integra o salário de contribuição exclusivamente para fins de cálculo do salário de benefício de qualquer aposentadoria. Isso não significa dizer que esse benefício sofre incidência de contribuição.

Observação 2 (cálculo do benefício e décimo terceiro salário): De acordo com o art. 29, § 3º, da Lei n. 8.213/91, serão considerados para cálculo do salário de benefício os ganhos habituais do segurado empregado, a qualquer título, sob forma de moeda corrente ou de utilidades, sobre os quais tenha incidido contribuições previdenciárias, exceto o décimo terceiro salário (gratificação natalina).

Vale dizer, o décimo terceiro salário, apesar de sofrer a incidência da contribuição, não entra para o cálculo do benefício, o que é razoável, já que o aposentado recebe o abono anual (décimo terceiro salário).

Observação 3 (quando o segurado recebeu benefício por incapacidade durante o período básico de cálculo): nos termos do art. 29, § 5º, da Lei n. 8.213/91, se, no período básico de cálculo, o segurado tiver recebido benefícios por incapacidade, sua duração será contada, considerando-se como salário de contribuição, no período, o salário de benefício que serviu de base para o cálculo da renda mensal, reajustado nas mesmas épocas e bases dos benefícios em geral, não podendo ser inferior ao valor de 1 (um) salário mínimo.

Exemplo: Flávio já acumulou tempo suficiente para a aposentadoria por tempo de contribuição. Durante alguns meses de 2011, ele recebeu auxílio-doença no valor de R$ 910,00. Nesse caso, qual será o valor do salário de contribuição a ser computado no cálculo do benefício de aposentadoria? No início deste tópico, vimos que a renda mensal inicial do auxílio-doença equivale a 91% do salário de benefício. Se Flávio recebeu um auxílio-doença de R$ 910,00, isso significa que o seu salário de benefício era de R$ 1.000,00 (desconsiderando-se a atualização monetária, que deverá incidir).

B – Atualização monetária dos salários de contribuição integrantes do PBC

Definido o PBC, é necessário atualizar todos os salários de contribuição que o integram, nos termos do art. 201, § 3º, da CF/88: "Todos os salários de contribuição considerados para o cálculo de benefício serão devidamente atualizados, na forma da lei". De acordo com o art. 29-B da Lei n. 8.213/91, o índice de atualização é o **INPC** (Índice Nacional de Preços ao Consumidor).

Para facilitar a compreensão da matéria, vamos a um exemplo. Admitamos então que Ricardo filiou-se ao sistema previdenciário em dezembro de 2010. Exerceu atividade até janeiro de 2012, oportunidade em que ficou incapaz para o trabalho. Diante disso, requereu o benefício no INSS. Quais salários-de-contribuição serão utilizados para o cálculo do auxílio-doença? Todos, desde a filiação de Ricardo até janeiro de 2012. Todos eles devem ser devidamente atualizados na forma da lei, com base no INPC, conforme disposto no art. 29-B da Lei n. 8.213/91.

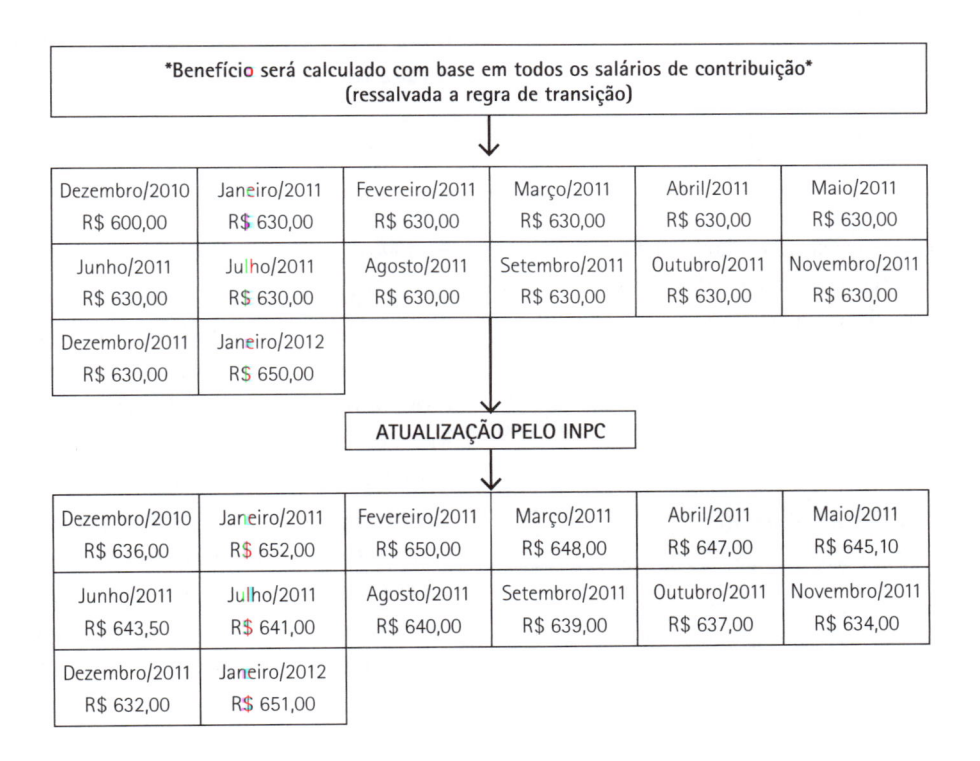

Benefício será calculado com base em todos os salários de contribuição
(ressalvada a regra de transição)

Dezembro/2010	Janeiro/2011	Fevereiro/2011	Março/2011	Abril/2011	Maio/2011
R$ 600,00	R$ 630,00	R$ 630,00	R$ 630,00	R$ 630,00	R$ 630,00
Junho/2011	Julho/2011	Agosto/2011	Setembro/2011	Outubro/2011	Novembro/2011
R$ 630,00	R$ 630,00	R$ 630,00	R$ 630,00	R$ 630,00	R$ 630,00
Dezembro/2011	Janeiro/2012				
R$ 630,00	R$ 650,00				

ATUALIZAÇÃO PELO INPC

Dezembro/2010	Janeiro/2011	Fevereiro/2011	Março/2011	Abril/2011	Maio/2011
R$ 636,00	R$ 652,00	R$ 650,00	R$ 648,00	R$ 647,00	R$ 645,10
Junho/2011	Julho/2011	Agosto/2011	Setembro/2011	Outubro/2011	Novembro/2011
R$ 643,50	R$ 641,00	R$ 640,00	R$ 639,00	R$ 637,00	R$ 634,00
Dezembro/2011	Janeiro/2012				
R$ 632,00	R$ 651,00				

C – Seleção dos 80% maiores salários de contribuição

Depois da atualização monetária, todos os salários de contribuição já foram atualizados para a mesma competência (= mês). Assim, é possível identificar quais são os maiores salários de contribuição. Isso é importante porque a próxima etapa do cálculo consiste na seleção dos 80% dos maiores salários de contribuição. Dizendo de forma mais clara: apenas 80% dos maiores salários de contribuição efetivamente entram para o cálculo do benefício. Exemplo: Caio, filiado ao RGPS desde janeiro de 2010, contribuiu até agosto de 2011, data em que ficou incapaz para o trabalho. Seus salários de contribuição (já atualizados pelo INPC) estão descritos abaixo:

■ DIREITO PREVIDENCIÁRIO

SALÁRIOS DE CONTRIBUIÇÃO PARA O ANO DE 2010			
MÊS/10	SC	MÊS/10	SC
Janeiro	R$ 700,00	Julho	R$ 900,00
Fevereiro	R$ 720,00	Agosto	R$ 600,00
Março	R$ 800,00	Setembro	R$ 550,00
Abril	R$ 900,00	Outubro	R$ 1.000,00
Maio	R$ 900,00	Novembro	R$ 900,00
Junho	R$ 800,00	Dezembro	R$ 800,00

SALÁRIOS DE CONTRIBUIÇÃO PARA O ANO DE 2011			
MÊS/11	SC	MÊS/11	SC
Janeiro	R$ 1.000,00	Julho	R$ 800,00
Fevereiro	R$ 900,00	Agosto	R$ 900,00
Março	R$ 800,00		
Abril	R$ 900,00		
Maio	R$ 900,00		
Junho	R$ 800,00		

COMENTÁRIOS

Quantos salários de contribuição integram o PBC? **20 (vinte)**. Depois da atualização monetária pelo INCP, devem ser selecionados os 80% maiores SC (80% de 20 = 16). Logo, apenas **16 (dezesseis) SC serão considerados efetivamente para o cálculo do benefício**. Os quatro SC menores (em vermelho) serão desconsiderados do cálculo.

D – Média aritmética simples dos 80% maiores salários de contribuição

Depois de selecionados os salários de contribuição que efetivamente integrarão o cálculo do benefício (80% maiores), faz-se a média aritmética simples. Vale dizer: somam-se todos os salários de contribuição e divide-se pelo número de salários de contribuição que efetivamente foram utilizados no cálculo. Utilizando o mesmo exemplo (auxílio-doença): como só foram selecionados 16 (dezesseis) salários de contribuição, devemos somá-los todos e, em seguida, dividir por 16 (dezesseis). Ao final, o valor do salário de benefício será R$ 875,00.

$$\frac{800 + 900 + 900 + 800 + 900 + 1.000 + 900 + 800 + 1.000 + 900 + 800 + 900 + 900 + 800 + 800 + 900}{16} = 875$$

A média aritmética será o salário de benefício para os seguintes benefícios: aposentadoria especial, aposentadoria por invalidez, auxílio-doença e auxílio-acidente. Porém, para a aposentadoria por tempo de contribuição e a aposentadoria por idade, o cálculo do salário de benefício ainda requer outra etapa, explicada no próximo tópico.

Lei n. 13.135/2015 – Sistemática de cálculo do auxílio-doença – Limitador

A **Lei n. 13.135/2015** incluiu o § 10 ao art. 29 da Lei n. 8.213/91, com o seguinte teor: "O auxílio-doença não poderá exceder a média aritmética simples dos últimos 12 (doze) salários-de-contribuição, inclusive no caso de remuneração variável, ou, se não alcançado o número de 12 (doze), a média aritmética simples dos salários-de-contribuição existentes".

Trata-se de um limitador. Para melhor compreensão, passemos a um exemplo: Marcelo filiou-se à previdência social há exatos 100 meses. Ficou incapaz para o seu trabalho. Requereu auxílio-doença. Vimos que, depois da atualização monetária, apenas entram no cálculo os 80% maiores salários de contribuição. A média aritmética desses salários de contribuição (chamada salário de benefício) resultou no valor de R$ 2.000,00. A renda mensal do auxílio-doença é de 91% do salário de benefício (91% de R$ 2.000,00 = R$ 1.800,00). Entretanto, apurando-se a média aritmética dos últimos doze salários de contribuição, chegou-se ao valor de R$ 1.650,00. Nesse caso, considerando o limitador imposto pela MP n. 664/2014 (convertida na Lei n. 13.135/2015), o auxílio-doença será de R$ 1.650,00.

E – Multiplicação pelo fator previdenciário

O fator previdenciário incide exclusivamente no cálculo de três benefícios: aposentadoria por tempo de contribuição, aposentadoria por idade e aposentadoria da pessoa com deficiência (LC n. 142/2013). Mas atenção. A aplicação do fator previdenciário ocorre de forma diferente nesses benefícios.

Na aposentadoria por idade (art. 7º da Lei n. 9.876/99) e na aposentadoria da pessoa com deficiência (art. 9º, I, da LC n. 142/2013), a aplicação do fator é facultativa no sentido de que ele somente será aplicado para beneficiar o segurado (ou seja, se aumentar o benefício).

FATOR PREVIDENCIÁRIO	
Aposentadoria por tempo de contribuição	Aposentadoria por idade
	Aposentadoria das pessoas com deficiência (por idade ou por tempo de contribuição)
Aplicação **OBRIGATÓRIA**	Aplicação facultativa

Até o advento da **MP n. 676, de 17 de junho de 2015**, que entrou em vigor na data de sua publicação, para a aposentadoria por tempo de contribuição, a aplicação do fator previdenciário sempre era obrigatória, fosse para aumentar ou para diminuir o valor da aposentadoria.

A MP n. 676/2015 incluiu o art. 29-C da Lei n. 8.213/91, **flexibilizando** a aplicação obrigatória do fator previdenciário. Submetida ao Congresso Nacional, referida MP foi convertida na **Lei n. 13.183/2015**, com algumas alterações em seu texto. Vejamos o texto final do art. 29-C da Lei n. 8.213/91:

Ano	Total para homens (TC + Idade)	Total para mulheres (TC + Idade)
Até 30-12-2018	95	85
A partir de 31-12-2018	96	86
A partir de 31-12-2020	97	87
A partir de 31-12-2022	98	88
A partir de 31-12-2024	99	89
A partir de 31-12-2026	100	90

Lembrando que o tempo mínimo de contribuição é de 35 anos para homens e 30 para mulheres.

> **Lei n. 8.213/91: Art. 29-C.** O segurado que preencher o requisito para a aposentadoria por tempo de contribuição poderá optar pela não incidência do fator previdenciário no cálculo de sua aposentadoria, quando o total resultante da soma de sua idade e de seu tempo de contribuição, incluídas as frações, na data de requerimento da aposentadoria, for:
>
> I – igual ou superior a noventa e cinco pontos, se homem, observando o tempo mínimo de contribuição de trinta e cinco anos; ou
>
> II – igual ou superior a oitenta e cinco pontos, se mulher, observado o tempo mínimo de contribuição de trinta anos.
>
> § 1º Para os fins do disposto no *caput*, serão somadas as frações em meses completos de tempo de contribuição e idade.
>
> § 2º As somas de idade e de tempo de contribuição previstas no *caput* serão majoradas em um ponto em:
>
> I – 31 de dezembro de 2018;
>
> II – 31 de dezembro de 2020;
>
> III – 31 de dezembro de 2022;
>
> IV – 31 de dezembro de 2024; e
>
> V – 31 de dezembro de 2026.
>
> § 3º Para efeito de aplicação do disposto no *caput* e no § 2º, o tempo mínimo de contribuição do professor e da professora que comprovarem exclusivamente tempo de efetivo exercício de magistério na educação infantil e no ensino fundamental e médio será de, respectivamente, trinta e vinte e cinco anos, e serão acrescidos cinco pontos à soma da idade com o tempo de contribuição.
>
> § 4º Ao segurado que alcançar o requisito necessário ao exercício da opção de que trata o *caput* e deixar de requerer aposentadoria será assegurado o direito à opção com a aplicação da pontuação exigida na data do cumprimento do requisito nos termos deste artigo.

De acordo com o art. 29-C da Lei n. 8.213/91, com redação dada pela Lei n. 13.183/2015, a **aplicação facultativa do fator previdenciário** pressupõe:

1º) tempo mínimo de contribuição de 35 (trinta e cinco) anos para homens e 30 (trinta) anos para mulheres;

2º) que o total resultante da soma de idade e de tempo de contribuição, incluídas as frações, na data de requerimento da aposentadoria, seja igual ou superior a:

O que é o fator previdenciário? Trata-se de um índice criado pela Lei n. 9.876/99, que leva em consideração três variáveis: a) **tempo de contribuição**; b) **idade**; c) **expectativa de sobrevida**. A expectativa de sobrevida do segurado na idade da aposentadoria será obtida a partir da tábua completa de mortalidade construída pela Fundação Instituto Brasileiro de Geografia e Estatística – IBGE, considerando-se a média nacional única para ambos os sexos[79]. Um dado curioso: o aumento da expectativa de vida do brasileiro implica a concessão de benefícios previdenciários menores, já que o aumento da **expectativa de sobrevida** provocará a redução do benefício.

Lógica do fator previdenciário: Quanto maior o tempo de contribuição, maior o fator previdenciário; logo, maior o benefício. Quanto maior a idade, maior o fator previdenciário; logo, maior o benefício. Quanto maior a expectativa de sobrevida, maior será o tempo em que o segurado receberá o benefício. Portanto, menor será o fator previdenciário e menor, o benefício.

	Variável (TC, ID e ES)	Fator previdenciário	Benefício
Tempo de contribuição (TC)	↑	↑	↑
Idade (ID)	↑	↑	↑
Expectativa de sobrevida (ES)	↑	↓	↓

Uma expectativa de sobrevida maior implica o recebimento do benefício por mais tempo. Logo, o benefício será menor.

---

79 Decreto n. 3.268/99: Art. 2º Compete ao IBGE publicar, anualmente, até o dia primeiro de dezembro, no *Diário Oficial da União*, a tábua completa de mortalidade para o total da população brasileira referente ao ano anterior.

■ DIREITO PREVIDENCIÁRIO

O Plenário do **STF**, no julgamento da ADI 2.111-MC/DF, decidiu pela **constitucionalidade do fator previdenciário**. Naquela oportunidade, o Tribunal argumentou que a matéria atinente ao cálculo do montante do benefício previdenciário já não possui disciplina constitucional. Por essa razão, a utilização do fator previdenciário, previsto na Lei n. 9.876/99, no cálculo da aposentadoria, não implica qualquer ofensa à Carta Magna.

FATOR PREVIDENCIÁRIO: CONSTITUCIONAL (STF)

Contudo, o fator previdenciário voltará a ser discutido pelo **STF** (RE 639.856 – repercussão geral já admitida). **Desta vez, a questão não envolve a constitucionalidade do índice (matéria já decidida no julgamento da ADI 2.111-MC/DF), mas apenas a interpretação das regras de transição trazidas pela EC n. 20/98 (art. 9º), a fim de se perquirir a viabilidade constitucional da incidência do fator previdenciário (Lei n. 9.876/99), em substituição às referidas normas de transição.**

Em outras palavras, a questão constitucional debatida no RE 639.856 consiste em saber se a forma de cálculo do salário de benefício deve observar, para os segurados filiados ao RGPS até 16 de dezembro de 1998 (data de promulgação da EC n. 20/98), as regras editadas pela Lei n. 9.876/99 ou apenas as regras da referida emenda constitucional.

6.11.3. Em resumo

CÁLCULO DO SALÁRIO DE BENEFÍCIO	
Aposentadoria especial, aposentadoria por invalidez, auxílio-doença e auxílio-acidente	Aposentadoria por idade e aposentadoria por tempo de contribuição
Definição do PBC	Definição do PBC
Atualização monetária dos SC	Atualização monetária dos SC
Seleção dos 80% maiores SC	Seleção dos 80% maiores SC
Média aritmética simples	Média aritmética simples
	Multiplicação pelo FATOR PREVIDENCIÁRIO: 1) Tempo de contribuição; 2) Idade; 3) Expectativa de sobrevida.
↓	↓
SALÁRIO DE BENEFÍCIO	SALÁRIO DE BENEFÍCIO
↓	
Atente-se para o limitador imposto pela Lei n. 13.135, de 2017, ao auxílio-doença.	

6.11.4. Regra de transição

De acordo com o art. 3º da Lei n. 9.876/99, para o segurado filiado à Previdência Social até o dia anterior à data de publicação desta Lei (26-11-1999), que vier a cumprir as condições exigidas para a concessão dos benefícios do Regime Geral de Previdência Social, no cálculo do salário de benefício será considerada a média aritmética simples dos maiores salários de contribuição, correspondentes a, no mínimo, 80% de todo o período contributivo decorrido desde a competência julho de 1994, devendo-se observar as demais regras previstas para o cálculo dos benefícios.

Vale dizer, para esses segurados, só muda o período básico de cálculo, que só considera os salários de contribuição desde a competência julho de 1994.

Segurado filiado até o dia anterior à Lei n. 9.876/99	Segurado filiado após a Lei n. 9.876/99
PBC: Julho de 1994 em diante	PBC: desde a filiação do segurado.

QUESTÕES

1. **(TÉCNICO PREVIDENCIÁRIO – INSS – CESGRANRIO – 2005)** A Previdência Social é o segmento da Seguridade Social que visa a propiciar os meios indispensáveis à subsistência da pessoa humana, quando ocorrer certa contingência prevista em lei. São beneficiários das prestações previdenciárias:

   a) somente os segurados.

   b) segurados e seus dependentes.

   c) toda e qualquer pessoa que já tiver contribuído para a Previdência Social, pelo menos com 01 (uma) contribuição mensal, sendo indiferente o período de tal recolhimento.

   d) aqueles que sofrerem riscos sociais, tais como incapacidade laborativa e idade avançada, independente de contribuição à Previdência Social.

   e) todos os brasileiros, independente de contribuição à Previdência Social.

2. **(TÉCNICO DO SEGURO SOCIAL – 2012 – FCC – Questão adaptada – Citação de um item)** O trabalhador autônomo não está obrigado a recolher contribuição.

3. **(MÉDICO PERITO – INSS – FCC – 2006)**

   Considera-se empregado toda pessoa física

   a) que prestar serviços de natureza eventual ou não a empregador, com exclusividade, sob a dependência deste e mediante salário.

b) que prestar serviços de natureza eventual a empregador, sob a dependência deste e mediante salário.

c) ou jurídica que prestar serviços de natureza não eventual a empregador, sob a dependência deste e mediante salário.

d) que prestar serviços de natureza não eventual a empregador, sob a dependência deste e mediante salário.

e) ou jurídica que prestar serviços de natureza não eventual a empregador, com exclusividade, sob a dependência deste e mediante salário.

4. (ANALISTA DO SEGURO SOCIAL – FUNRIO – 2014 – Questão adaptada – Citação de um item) Considera-se segurado obrigatório da Previdência Social, nos termos da Lei 8213/91, aquele que presta serviço de natureza urbana ou rural à empresa, em caráter eventual, sem subordinação e mediante remuneração, exceto como diretor empregado.

5. (TÉCNICO PREVIDENCIÁRIO – INSS – CESGRANRIO – 2005)

   Antônio Walas, devido a sua notória experiência no mercado financeiro, recebeu proposta para ser diretor-empregado de um grande banco de investimentos, com direito a participação direta nos resultados da empresa. Caso Antônio aceite a proposta, sua inscrição no Regime Geral de Previdência Social será:

   a) obrigatória, como empregado.

   b) obrigatória, como contribuinte individual.

   c) obrigatória, como segurado especial.

   d) facultativa, por ter deixado de ser segurado obrigatório.

   e) facultativa, como associado eleito para cargo de direção remunerada.

6. (TÉCNICO DO SEGURO SOCIAL – CESPE – 2008) Um adolescente de 14 anos de idade, menor aprendiz, contratado de acordo com a Lei n. 10.097/2000, apesar de ter menos de 16 anos de idade, que é o piso para a inscrição na Previdência Social, é segurado empregado do regime geral.

7. (TÉCNICO DO SEGURO SOCIAL – INSS – CESPE – 2008) Um cidadão belga que seja domiciliado e contratado no Brasil por empresa nacional para trabalhar como engenheiro na construção de uma rodovia em Moçambique é segurado da Previdência Social brasileira na qualidade de empregado.

8. (PERITO MÉDICO PREVIDENCIÁRIO – INSS – CESPE – 2010) Pedro foi contratado para prestar serviços no Brasil, em missão diplomática norte-americana. Nessa situação, Pedro será segurado obrigatório da previdência social brasileira, ainda que a legislação previdenciária dos Estados Unidos da América expressamente lhe confira proteção.

9. (ANALISTA DO SEGURO SOCIAL – FUNRIO – 2014 – Questão adaptada – Citação de um item) Considera-se segurado obrigatório da Previdência Social, nos termos da Lei 8213/91, o exercente de mandato eletivo federal, estadual ou municipal, desde mesmo que vinculado a regime próprio de previdência social.

10. (ANALISTA – INSS – FUNRIO – 2009 – Questão adaptada – Citação de um item) São segurados obrigatórios da Previdência Social, na condição de contribuintes individuais, as seguintes pessoas físicas: d) o empregado de organismo oficial internacional ou estrangeiro em funcionamento no Brasil, salvo quando coberto por Regime Próprio de Previdência Social.

11. (ANALISTA – INSS – FUNRIO – 2009 – Questão adaptada – Citação de um item) São segurados obrigatórios da Previdência Social, na condição de contribuintes individuais, as seguintes pessoas físicas: b) aquele que presta serviço de natureza contínua a pessoa ou família, no âmbito residencial desta, em atividade sem fins lucrativos;

12. (TÉCNICO PREVIDENCIÁRIO – INSS – CESGRANRIO – 2005) Carlos Afonso foi contratado pela esposa de um fazendeiro para ser seu motorista. Sua função é transportá-la da propriedade rural onde mora para os locais que ela desejar, cumprindo jornada de 6 (seis) horas de trabalho, com uma folga semanal. A inscrição de Carlos no Regime Geral de Previdência Social será obrigatória, na qualidade de:

    a) empregado.

    b) empregado doméstico.

    c) trabalhador avulso.

    d) contribuinte individual.

    e) segurado especial.

13. (ANALISTA DO SEGURO SOCIAL – FUNRIO – 2014 – Questão adaptada – Citação de um item) Considera-se segurado obrigatório da Previdência Social, nos termos da Lei 8213/91, o ministro de confissão religiosa e o membro de instituto de vida consagrada, de congregação ou de ordem religiosa.

14. (ANALISTA DO SEGURO SOCIAL – FUNRIO – 2014 – Questão adaptada – Citação de um item) Considera-se segurado obrigatório da Previdência Social, nos termos da Lei 8213/91, o brasileiro civil que trabalha no

exterior para organismo oficial internacional do qual o Brasil não é membro efetivo, ainda que lá domiciliado e contratado, salvo quando coberto por regime próprio de previdência social.

15. (TÉCNICO DO SEGURO SOCIAL – INSS – CESPE – 2008) Miguel, civil, brasileiro nato que mora há muito tempo na Suíça, foi contratado em Genebra para trabalhar na Organização Mundial de Saúde. Seu objetivo é trabalhar nessa entidade por alguns anos e retornar ao Brasil, razão pela qual optou por não se filiar ao regime próprio daquela organização. Nessa situação, Miguel é segurado obrigatório da previdência social brasileira na qualidade de contribuinte individual.

COMENTÁRIOS: na questão, há o enquadramento de Miguel na letra e do inciso V do art. 11 da Lei de Benefícios. Pelo teor da assertiva, a banca do concurso presume que o candidato saiba que o Brasil é membro efetivo da OMS.

16. (TÉCNICO DO SEGURO SOCIAL – INSS – FCC – 2012) Márcio é administrador, não empregado na sociedade por cotas de responsabilidade limitada XYZ, e recebe remuneração mensal pelos serviços prestados. Nessa situação, Márcio

a) não é segurado obrigatório da previdência social.

b) é segurado facultativo da previdência social.

c) é segurado especial da previdência social.

d) é contribuinte individual da previdência social.

e) é segurado eventual da previdência social.

17. (TÉCNICO DO SEGURO SOCIAL – INSS – CESPE – 2008) Um síndico de condomínio que resida no condomínio que administra e receba remuneração por essa atividade é segurado da Previdência Social na qualidade de empregado.

18. (ANALISTA DO SEGURO SOCIAL – FUNRIO – 2014 – Questão adaptada – Citação de um item) Considera-se segurado obrigatório da Previdência Social, nos termos da Lei 8213/91, quem presta serviço de natureza urbana ou rural, em caráter eventual, a uma ou mais empresas, com relação de emprego.

19. (TÉCNICO DO SEGURO SOCIAL – INSS – CESPE – 2008) Um tabelião que seja titular do cartório de registro de imóveis em determinado Município é vinculado ao respectivo regime de previdência estadual, pois a atividade que exerce é controlada pelo Poder Judiciário.

20. (TÉCNICO DO SEGURO SOCIAL – FCC – 2012) João exerce individualmente atividade de pescador artesanal e possui embarcação com 5 toneladas de arqueação bruta, com parceiro eventual, que o auxilia. Nessa situação, João é

a) segurado facultativo.

b) segurado especial.

c) contribuinte individual.

d) trabalhador avulso.

e) não segurado da Previdência Social.

COMENTÁRIOS: se o indivíduo possuir embarcação com mais de 6 toneladas de arqueação bruta, ele será contribuinte individual.

21. (TÉCNICO PREVIDENCIÁRIO – INSS – CESPE – 2003) Trabalhador avulso é aquele que presta serviços sem vínculo empregatício, de natureza urbana ou rural, a diversas empresas, com ou sem intermediação de sindicato ou órgão gestor de mão de obra.

22. (ANALISTA DO SEGURO SOCIAL – DIREITO – FUNRIO – 2014 – Questão adaptada – Citação de um item) Com relação ao Regime da Previdência Social, nos termos da Constituição Federal, é correto afirmar que é vedada a filiação ao regime geral de previdência social, na qualidade de segurado facultativo, de pessoa participante de regime próprio de previdência.

COMENTÁRIOS: item considerado errado equivocadamente. Está certo, conforme disposto no art. 201, § 5º, da CF/88.

23. (TÉCNICO PREVIDENCIÁRIO – INSS – CESPE – 2003) A inscrição é ato pelo qual o segurado é cadastrado no RGPS, por meio de comprovação de dados pessoais e outros elementos.

COMENTÁRIOS: apesar de o item não mencionar a inscrição do dependente, ele não está errado, até porque reproduz integralmente o disposto no art. 18 do Decreto n. 3.048/99.

24. (TÉCNICO PREVIDENCIÁRIO – INSS – CESPE – 2003) A filiação materializa a inscrição junto ao RGPS e objetiva a identificação pessoal do segurado.

25. (TÉCNICO PREVIDENCIÁRIO – INSS – CESPE – 2003) É vedada a inscrição de segurado após sua morte, exceto em caso de segurado especial.

26. (ANALISTA PREVIDENCIÁRIO – INSS – CESPE – 2003) A inscrição de dependente na previdência social não pode ser feita antes do requerimento do benefício a que tiver direito.

27. (TÉCNICO DO SEGURO SOCIAL – INSS – CESPE – 2008) Um adolescente de 14 anos de idade, menor aprendiz, contratado de acordo com a Lei n. 10.097/2000, apesar de ter menos de 16 anos de idade, que é o piso para a inscrição na previdência social, é segurado empregado do regime geral.
COMENTÁRIOS: a Lei n. 10.097/2000 alterou diversos dispositivos da CLT. Entre eles, o art. 403 que passou a ter a seguinte redação: *é proibido qualquer trabalho a menores de dezesseis anos de idade, salvo na condição de aprendiz, a partir dos quatorze anos.*

28. (ANALISTA DO SEGURO SOCIAL – FUNRIO – 2014) O Regime Geral de Previdência Social, nos termos da Lei n. 8212/91, reconhece como segurado facultativo

   a) o maior de 16 (dezesseis) anos de idade que se filiar ao Regime Geral de Previdência Social, mediante contribuição.

   b) o maior de 18 (dezoito) anos de idade que se filiar ao Regime Geral de Previdência Social, mediante contribuição.

   c) o maior de 14 (quatorze) anos de idade que se filiar ao Regime Geral de Previdência Social, mediante contribuição.

   d) aquele que, independentemente da idade, se filiar ao Regime Geral de Previdência Social, mediante contribuição.

   e) o maior de 12 (doze) anos de idade que se filiar ao Regime Geral de Previdência Social, mediante contribuição.

   COMENTÁRIOS: Como vimos, a resposta correta seria a letra A. Porém, como o enunciado fez referência à Lei 8.212/91 (que prevê a idade mínima de 14 anos), por prudência, deve-se marcar o item C.

29. (TÉCNICO DO SEGURO SOCIAL – INSS – CESPE – 2008) Célia, professora de uma universidade, eventualmente, presta serviços de consultoria na área de educação. Por isso, Célia é segurada empregada pela atividade de docência e contribuinte individual quando presta consultoria. Nessa situação, Célia tem uma filiação para cada atividade.

30. (TÉCNICO DO SEGURO SOCIAL – INSS – CESPE – 2008) Ronaldo, afastado de suas atividades laborais, tem recebido auxílio-doença. Nessa situação, a condição de segurado de Ronaldo será mantida sem limite de prazo, enquanto estiver no gozo do benefício, independentemente de contribuição para a previdência social.

31. (TÉCNICO DO SEGURO SOCIAL – INSS – CESPE – 2008) Alzira, estudante, filiou-se facultativamente ao regime geral de previdência social, passando a contribuir regularmente. Em razão de dificuldades financeiras, Alzira deixou de efetuar esse recolhimento por oito meses. Nessa situação, Alzira não deixou de ser segurada, uma vez que a condição de segurado permanece por até doze meses após a cessação das contribuições.

32. (TÉCNICO DO SEGURO SOCIAL – INSS – CESPE – 2008) Osvaldo cumpriu pena de reclusão devido à prática de crime de fraude contra a empresa em que trabalhava. No período em que esteve na empresa, Osvaldo era segurado da previdência social. Nessa situação, Osvaldo tem direito de continuar como segurado da previdência social por até dezoito meses após o seu livramento.

33. (TÉCNICO DO SEGURO SOCIAL – 2012 – FCC) Maria trabalhou de 02 de janeiro de 1990 até 02 de fevereiro de 2005 como empregada de uma empresa, desligando-se do emprego para montar um salão de beleza. Apesar de ter passado à categoria de contribuinte individual, deixou de recolher contribuições para a Previdência Social durante dois anos, até fevereiro de 2007. Nessa situação, o período de graça de Maria é de

   a) 12 (doze) meses.
   b) 24 (vinte e quatro) meses.
   c) 36 (trinta e seis) meses.
   d) 48 (quarenta e oito) meses.
   e) 60 (sessenta) meses.

   COMENTÁRIOS: Maria recolheu mais de 120 contribuições sem condição que lhe tenha acarretado a perda da qualidade de segurada, o que lhe garante um acréscimo de doze meses no período de graça. Veja que Maria não está em situação de desemprego, já que está exercendo atividade como contribuinte individual.

34. (TÉCNICO PREVIDENCIÁRIO – INSS – CESGRANRIO – 2005) São dependentes do segurado do Regime Geral da Previdência Social:

   a) todos aqueles que dependem economicamente do segurado, sendo irrelevante o vínculo conjugal ou consanguíneo.

   b) todos aqueles indicados como dependentes, nos termos da legislação tributária do imposto de renda.

   c) as pessoas designadas pelo segurado para serem dependentes.

   d) cônjuge, companheiro(a), filho(a) não emancipado(a), de qualquer condição, menor de 21 (vinte e um) ou inválido(a), pais, irmão(ã) não emancipado(a), de qualquer condição, menor de 21 (vinte e um) anos ou inválido(a).

   e) cônjuge, companheiro(a), filho(a) não emancipado(a), de qualquer condição, menor de 18 (dezoito) ou inválido(a), pais, irmão(ã) não emancipado(a), de qualquer condição, menor de 18 (dezoito) anos ou inválido(a).

35. (TÉCNICO PREVIDENCIÁRIO – INSS – CESPE – 2003)
João, casado com Sônia, é beneficiário da previdência social na condição de segurado. João tem um filho, José, com vinte anos de idade, de união anterior; um irmão inválido, chamado Mário, com 23 anos de idade; e um menor sob tutela, Luís, com seis anos de idade. Sônia tem um filho, Pedro, com 20 anos de idade, de pai falecido. Em comum, João e Sônia têm dois filhos: Josué, com cinco anos de idade, e Paulo, com dezenove anos de idade, que é inválido. Mário, Luís e Pedro não possuem bens suficientes para seu sustento e educação. Com base nessa situação hipotética e considerando o plano de benefícios da previdência social, julgue os itens a seguir:

a) Caso João faleça, Sônia e os filhos de ambos, em comum ou não, concorrerão para o recebimento de pensão.

COMENTÁRIOS: veja que não foi usada a palavra "apenas", que poderia levar à incorreção da questão, já que o menor sob tutela também é dependente do segurado João se comprovada a dependência econômica.

b) Em caso de falecimento de João, na distribuição de cotas de pensão, Sônia receberá 50% do valor, enquanto os outros 50% serão igualmente distribuídos entre os demais dependentes.

COMENTÁRIOS: a assertiva está errada, já que Sônia não tem direito à meação; as cotas de pensão são rateadas por todos os dependentes em igualdade, com valores iguais. Atentar apenas para o coeficiente aplicável segundo as regras da MP n. 664/2014 (em relação a essa matéria, em vigor a partir de 1º de março de 2015).

c) A condição de dependente de Paulo prescinde de comprovação de sua dependência econômica.

COMENTÁRIOS: a assertiva é correta pois Paulo é filho de João e Sônia (dependente da classe I) e, por força do art. 16, § 4º, da Lei n. 8.213/91, a sua dependência é presumida. O que se deve demonstrar é a sua condição de filho.

36. (TÉCNICO PREVIDENCIÁRIO – INSS – CESGRANRIO – 2005)
Caio, em maio de 2000, separou-se judicialmente de Maria. Na referida separação, acordou-se, judicialmente, que Caio não iria pagar pensão alimentícia à ex-esposa e que só iria pagar tal encargo para Ana, filha do casal, 19 anos. Em agosto de 2002, Caio conhece Teresa, com a qual vem a morar e manter união estável. Em agosto de 2004, Caio falece. Quem tem direito ao recebimento de pensão por morte, na qualidade de dependente de Caio?

a) Maria, Ana e Teresa.
b) Maria e Ana.
c) Ana e Teresa.
d) Ana.
e) Teresa.

COMENTÁRIOS: Maria não recebia pensão alimentícia, a qual somente era paga à filha do casal, com 19 anos à época do divórcio. Como o óbito de Caio ocorreu em 2004, Ana já tinha completado 21 anos, perdendo a condição de dependente. Assim, apenas Teresa faria jus à pensão por morte, na qualidade de companheira do segurado.

37. (PERITO MÉDICO – INSS – CESGRANRIO – 2005)
Caio, segurado do Regime Geral de Previdência Social, divorciou-se de Dora, em julho de 1999, ficando ajustado que pagaria uma pensão alimentícia no valor de 20% do seu salário. Em janeiro de 2003, Caio casa-se com Ana e, fruto da relação, nasce Márvio. Com o falecimento de Caio em agosto de 2004, quem tem direito ao recebimento de pensão por morte na qualidade de seu dependente?

a) Ana, somente.
b) Márvio, somente.
c) Ana e Márvio, somente.
d) Dora e Márvio, somente.
e) Dora, Ana e Márvio.

COMENTÁRIOS: Dora recebia pensão alimentícia de Caio, conservando, portanto, a qualidade de dependente. O fato de receber alimentos no valor de 20% do salário de Caio não influencia no valor da cota da pensão por morte, já que a renda mensal do benefício será rateada em cotas iguais.

38. (PERITO MÉDICO PREVIDENCIÁRIO – INSS – CESPE – 2010)
Prevalece no STJ o entendimento de que a mulher que renunciou aos alimentos na separação judicial tem direito a pensão previdenciária por morte do ex-marido, comprovada a necessidade econômica superveniente.

COMENTÁRIOS: ao resolver questões envolvendo o tema, o candidato deve ficar atento ao enunciado para verificar qual o questionamento da banca. Se a pergunta se relacionar à jurisprudência, a banca pode estar querendo aferir se o candidato conhece a posição assumida pelo Superior Tribunal de Justiça na Súmula 336.

39. (TÉCNICO PREVIDENCIÁRIO – INSS – CESPE – 2003)
Equiparam-se aos filhos, mediante declaração escrita do segurado, comprovada a dependência econômica na forma estabelecida pela legislação, o enteado e o menor sob guarda, desde que não possuam bens suficientes para seu sustento e educação.

CAPÍTULO 6 – TEORIA GERAL DE BENEFÍCIOS

40. (TÉCNICO DO SEGURO SOCIAL – INSS – CESPE – 2008) Edson é menor de idade sob a guarda de Coutinho, segurado da previdência social. Nessa situação, Coutinho não pode requerer o pagamento do salário-família em relação a Edson, já que este não é seu dependente.

41. (TÉCNICO DO SEGURO SOCIAL – 2012 – FCC) João fora casado com Maria, com quem teve três filhos, João Junior, de 22 anos e universitário; Marília, com 18 anos e Renato com 16 anos, na data do óbito de João, ocorrido em dezembro de 2011. João se divorciara de Maria que renunciou ao direito a alimentos para si. Posteriormente, João veio a contrair novas núpcias com Norma, com quem manteve união estável até a data de seu óbito. Norma possui uma filha, Miriam, que mora com a mãe e foi por João sustentada. Nessa situação, são dependentes de João, segundo a legislação previdenciária:

a) João Junior, Marília e Renato.

b) João Junior, Maria, Marília, Renato e Norma.

c) Marília, Renato, Miriam e Norma.

d) Maria, João Junior, Marília, Renato e Norma.

e) João Junior, Marília, Renato, Maria, Norma e Miriam.

COMENTÁRIOS: analisemos individualmente a situação de cada um:
– Maria: No divórcio, renunciou aos alimentos. A questão não fala em dependência econômica superveniente. Logo, não é dependente.
– João Júnior: maior de 21 anos, sem qualquer referência ao fato de ele ser inválido. Logo, não é dependente.
– Marília: menor de 21 anos. Dependente.
– Renato: menor de 21 anos. Dependente.
– Norma: o falecido contraiu união estável com ela. Trata-se, pois, de companheira. Logo, é dependente.
– Miriam: enteada de João (falecido). A questão diz claramente que ela era sustentada por João, o que comprova a dependência econômica. Logo, é dependente.

42. (TÉCNICO DO SEGURO SOCIAL – 2012 – FCC) João fora casado com Maria, com quem teve dois filhos, Artur e Lia de 6 e 8 anos respectivamente, na data do óbito de João, ocorrido em 2011. Maria já fora casada com Márcio, de quem teve uma filha, Rosa, de 10 anos, que era mantida por João, porque Márcio não tivera condições de prover seu sustento. O falecido ajudava financeiramente, também, sua mãe, Sebastiana e seu irmão, Antônio que era inválido. Nessa situação, a pensão por morte de João será concedida a:

a) Artur, Lia, Maria e Rosa.

b) Artur, Lia, Maria, Rosa e Sebastiana.

c) Artur, Lia, Rosa e Sebastiana.

d) Artur, Lia e Sebastiana.

e) Artur, Lia, Sebastiana e Antônio.

COMENTÁRIOS: analisemos individualmente a situação de cada um:
– Maria: esposa de João. Dependente!
– Artur: possui 6 anos e é filho de João. Dependente!
– Lia: possui 8 anos e é filha de João. Dependente!
– Marcio: primeiro marido de Maria. Não tinha condições de prover o sustenta de sua filha Rosa (que também era filha de Maria).
– Rosa: possui 10 anos e é enteada de João. A questão diz claramente que ela era sustentada por João, o que comprova dependência econômica. Dependente!
– Sebastiana: mãe de João. Apesar de depender economicamente de João, existem dependentes preferenciais, que acabam excluindo o direito de Sebastiana. Não é dependente.
– Antônio: irmão de João. Era inválido. Apesar de depender economicamente dele, existem dependentes preferenciais, que acabam excluindo o direito de Antônio. Não é dependente.

43. (TÉCNICO DO SEGURO SOCIAL – CESGRANRIO – 2005) A inscrição do(a) companheiro(a) do segurado no Regime Geral da Previdência Social será promovida, na qualidade de dependente, quando do requerimento do benefício a que tiver direito. Para a comprovação do vínculo e da dependência econômica do(a) companheiro(a), é suficiente a apresentação de:

a) certidão de nascimento de filho havido em comum.

b) prova testemunhal de que o segurado e o dependente mantêm ou mantiveram união estável.

c) disposições testamentárias, prova de mesmo domicílio e conta bancária conjunta.

d) declaração do(a) companheiro(a) de que viveu uma relação de companheirismo com o segurado, mesmo que esta tenha terminado anos antes do ato de inscrição.

e) sentença homologatória em procedimento judicial de justificação que se presta a colher prova testemunhal.

44. (TÉCNICO DO SEGURO SOCIAL – INSS – CESPE – 2008) Uma profissional liberal que seja segurada contribuinte individual da previdência social há três meses e esteja grávida de seis meses terá direito ao salário-maternidade, caso recolha antecipadamente as sete contribuições que faltam para completar a carência.

COMENTÁRIOS: como visto, as contribuições devem ser mensais e estar integralizadas quando do evento determinante. Assim, não será possível a contribuinte individual recolher antecipadamente as contribuições para integralizar a carência necessária à concessão do benefício.

45. (TÉCNICO JUDICIÁRIO – TRT RN – CESPE – 2010) Para fazer jus a qualquer prestação do RGPS, o beneficiário deve preencher o período de carência, assim entendido como o número mínimo de contribuições mensais indispensáveis.

46. (TÉCNICO DO SEGURO SOCIAL – INSS – CESPE – 2008) Uma segurada empregada do regime de previdência social que tenha conseguido seu primeiro emprego e, logo na primeira semana, sofra um grave acidente que determine seu afastamento do trabalho por quatro meses não terá direito ao auxílio-doença pelo fato de não ter cumprido a carência de doze contribuições.

47. (AUDITOR-FISCAL DO TRABALHO – INSS – CESPE – 2013) Para a concessão dos benefícios de aposentadoria por invalidez e auxílio-doença em decorrência de acidente do trabalho, a legislação de regência do RGPS dispensa o cumprimento do período de carência, dado que se trata de evento não programável.

48. (TÉCNICO DO SEGURO SOCIAL – INSS – CESPE – 2008) Roberto, produtor rural, é segurado especial e não fez recolhimento para a previdência social como contribuinte individual. Nessa situação, para recebimento dos benefícios a que Roberto tem direito, não é necessário o recolhimento para a contagem dos prazos de carência, sendo suficiente a comprovação da atividade rural por igual período.

49. (ANALISTA DO SEGURO SOCIAL – DIREITO – FUNRIO – 2014) A concessão das prestações pecuniárias do Regime Geral de Previdência Social depende de que períodos de carência?

a) Aposentadoria por idade, aposentadoria por tempo de serviço, aposentadoria especial e abono de permanência em serviço: 180 (cento e oitenta) contribuições mensais;

b) Aposentadoria por idade, aposentadoria por tempo de serviço e aposentadoria especial: 120 contribuições mensais;

c) Auxílio-doença e aposentadoria por invalidez: 24 (vinte e quatro) contribuições mensais;

d) Auxílio-doença e aposentadoria por invalidez: 12 (doze) contribuições mensais;

e) Aposentadoria por idade, aposentadoria por tempo de serviço, aposentadoria especial e abono de permanência em serviço: 150 (cento e cinquenta) contribuições mensais.

50. (TÉCNICO DO SEGURO SOCIAL – INSS – CESPE – 2008) Roberto, produtor rural, é segurado especial e não fez recolhimento para a previdência social como contribuinte individual. Nessa situação, para recebimento dos benefícios a que Roberto tem direito, não é necessário o recolhimento para a contagem dos prazos de carência, sendo suficiente a comprovação da atividade rural por igual período.

51. (TÉCNICO PREVIDENCIÁRIO – INSS – CESGRANRIO – 2005)

12 (doze) contribuições mensais, 180 (cento e oitenta) contribuições mensais e nenhuma contribuição são os períodos de carência, respectivamente, dos seguintes benefícios previdenciários:

a) auxílio-doença, aposentadoria por idade e pensão por morte.

b) auxílio-doença, aposentadoria por invalidez e pensão por morte.

c) auxílio-acidente, pensão por morte e serviço social.

d) auxílio-acidente, aposentadoria por idade e pensão por morte.

e) aposentadoria por invalidez, aposentadoria por tempo de contribuição e aposentadoria por idade.

COMENTÁRIOS: à luz da MP n. 664/2014, não haveria resposta correta, já que a pensão, via de regra, passou a exigir 24 contribuições a título de carência.

52. (TÉCNICO PREVIDENCIÁRIO – INSS – CESPE – 2003) Os segurados trabalhadores avulsos deverão provar o recolhimento das contribuições para que sejam contadas para efeito de carência.

COMENTÁRIOS: como vimos, para os segurados empregado, avulso e contribuinte individual a serviço de pessoa jurídica (este último só a partir de abril de 2003), há presunção de recolhimento das contribuições.

53. (TÉCNICO DO SEGURO SOCIAL – INSS – CESPE – 2008) Se uma empregada doméstica estiver devidamente inscrita na previdência social, será considerado, para efeito do início da contagem do período de carência dessa segurada, o dia em que sua carteira de trabalho tenha sido assinada.

COMENTÁRIOS: a assertiva está errada diante do disposto no art. 27, II, da Lei n. 8.213/91.

54. (TÉCNICO DO SEGURO SOCIAL – FCC – 2012) Em relação ao valor da renda mensal dos benefícios, é correto afirmar que:

a) o auxílio-doença corresponde a 100% (cem por cento) do salário de benefício.

b) a aposentadoria por invalidez corresponde a 91% (noventa e um por cento) do salário de benefício.

c) a aposentadoria por idade corresponde a 70% (setenta por cento) do salário de benefício.

d) a renda mensal da aposentadoria especial não está sujeita ao fator previdenciário.

e) a renda mensal da aposentadoria por tempo de contribuição não está sujeita ao fator previdenciário.

55. (TÉCNICO DO SEGURO SOCIAL – 2008 – CESPE) Mário, segurado inscrito na previdência social desde 1972, requereu sua aposentadoria por tempo de contribuição. Nessa situação, a renda inicial da aposentadoria de Mário corresponderá à média aritmética simples dos salários de contribuição desde 1972, multiplicada pelo fator previdenciário.
COMENTÁRIO: segundo a regra de transição, o período básico de cálculo inicia-se em julho de 1994, e não em 1972

56. (ANALISTA DO SEGURO SOCIAL – DIREITO – FUNRIO – 2014 – Questão adaptada – Citação de um item) Serão considerados para cálculo do salário de benefício os ganhos habituais do segurado empregado, a qualquer título, sob forma de moeda corrente ou de utilidades, sobre os quais tenha incidido contribuições previdenciárias, incluindo o décimo-terceiro salário (gratificação natalina).

57. (ANALISTA DO SEGURO SOCIAL – DIREITO – FUNRIO – 2014 – Questão adaptada – Citação de um item) Será contada a duração se, no período básico de cálculo, o segurado tiver recebido benefícios por incapacidade, considerando-se como salário de contribuição, no período, o salário de benefício que serviu de base para o cálculo da renda mensal, reajustado nas mesmas épocas e bases dos benefícios em geral, podendo ser inferior ao valor de 1 (um) salário mínimo.

58. (TÉCNICO DO SEGURO SOCIAL – FCC – 2012) O salário de benefício serve de base de cálculo da renda mensal do benefício. Para os segurados inscritos na Previdência Social, até 28.11.1999, calcula-se

a) o auxílio-doença, pela média aritmética simples dos maiores salários-de-contribuição, corrigidos mês a mês, correspondentes a oitenta por cento do período contributivo decorrido desde julho de 1994, multiplicada pelo fator previdenciário.

b) a aposentadoria especial, pela média aritmética simples dos maiores salários-de-contribuição, corrigidos mês a mês, correspondentes a oitenta por cento do período contributivo decorrido desde julho de 1994, multiplicada pelo fator previdenciário.

c) a aposentadoria por tempo de contribuição, pela média aritmética simples dos oitenta por cento maiores salá-

rios de contribuição, corrigidos mês a mês, de todo o período contributivo, decorrido desde julho de 1994, multiplicada pelo fator previdenciário.

d) as aposentadorias por idade e tempo de contribuição, inclusive de professor, pela média aritmética simples dos oitenta por cento maiores salários de contribuição, corrigidos mês a mês, de todo o período contributivo, decorrido desde julho de 1994.

e) o auxílio-doença, aposentadoria por invalidez, pela média aritmética simples dos maiores salários-de-contribuição corrigidos mês a mês, correspondentes a cem por cento do período contributivo, decorrido desde julho de 1994, multiplicada pelo fator previdenciário.

Atenção! A **MP n. 664/2014** incluiu o § 10 no art. 29 da Lei n. 8.213/91, com o seguinte teor: "O auxílio-doença não poderá exceder a média aritmética simples dos últimos doze salários de contribuição, inclusive no caso de remuneração variável, ou, se não alcançado o número de doze, a média aritmética simples dos salários de contribuição existentes".

GABARITO

1. B
2. ERRADO
3. D
4. ERRADO
5. A
6. CERTO
7. CERTO
8. ERRADO
9. ERRADO
10. ERRADO
11. ERRADO
12. B
13. CERTO
14. ERRADO
15. CERTO
16. D
17. ERRADO
18. ERRADO
19. ERRADO
20. B
21. ERRADO
22. ERRADO
23. CERTO

24. ERRADO
25. CERTO
26. CERTO
27. CERTO
28. C
29. CERTO
30. CERTO
31. ERRADO
32. ERRADO
33. B
34. D
35. A – CERTO
    B – ERRADO
    C – CERTO
36. E
37. E
38. CERTO
39. ERRADO
40. CERTO
41. C
42. C
43. C
44. ERRADO
45. ERRADO
46. ERRADO
47. CERTO
48. CERTO
49. D
50. CERTO
51. A
52. ERRADO
53. ERRADO
54. D
55. ERRADO
56. ERRADO
57. CERTO
58. C

CAPÍTULO 7

PRESTAÇÕES DO RGPS

7.1. INTRODUÇÃO

A Previdência Social, mediante contribuição, tem por fim assegurar aos seus beneficiários meios indispensáveis de manutenção por motivo de incapacidade, desemprego involuntário, idade avançada, tempo de serviço, encargos familiares e prisão ou morte daqueles de quem dependiam economicamente.

Com fundamento no **princípio da seletividade e distributividade** na prestação dos benefícios, cabe ao legislador, dentro dos parâmetros constitucionais, selecionar as contingências sociais ensejadoras de proteção previdenciária e dos respectivos beneficiários.

Por exemplo, o segurado que atinge a idade avançada (contingência social que gera necessidade) é protegido pela Previdência Social através do benefício previdenciário de aposentadoria por idade; a incapacidade, por sua vez, pode ser protegida pela aposentadoria por invalidez ou pelo auxílio-doença; a falta do segurado mantenedor do núcleo familiar é protegida, via de regra, pela pensão por morte devida aos seus dependentes.

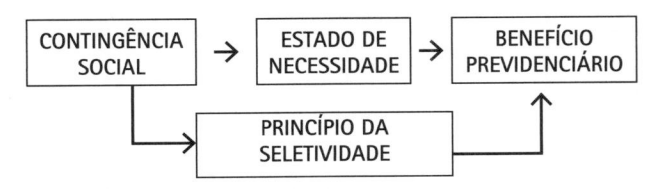

```
CONTINGÊNCIA      →    ESTADO DE      →    BENEFÍCIO
SOCIAL                 NECESSIDADE         PREVIDENCIÁRIO
    ↓                                           ↑
              PRINCÍPIO DA
              SELETIVIDADE
```

Na **relação jurídica de proteção**, o indivíduo (segurado ou dependente) que preenche os requisitos legais para determinado benefício passa a ostentar **direito subjetivo** à prestação previdenciária. O Estado Social, por seu turno, por intermédio do INSS, assume a obrigação de conceder o benefício.

De acordo com o art. 18 da Lei n. 8.213/91, a proteção conferida pelo RGPS aos seus beneficiários compreende diversas **prestações**, devidas inclusive em razão de eventos decorrentes de acidente do trabalho, expressas em **benefícios e serviços**. Percebe-se, pois, que **prestação é gênero do qual são espécies os benefícios** (vinculados a uma obrigação de pagar) **e os serviços** (vinculados a uma obrigação de fazer).

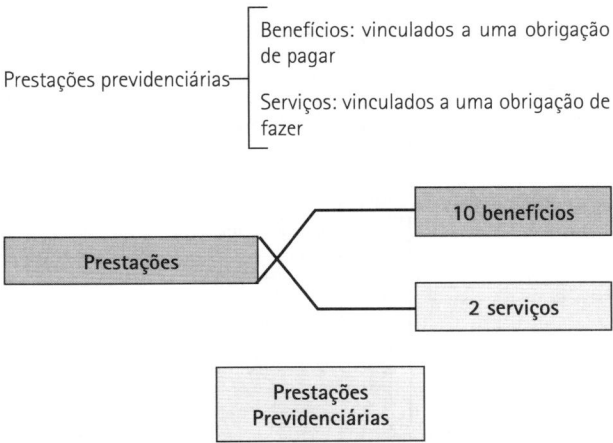

Prestações previdenciárias:
- Benefícios: vinculados a uma obrigação de pagar
- Serviços: vinculados a uma obrigação de fazer

Prestações:
- 10 benefícios
- 2 serviços

Prestações Previdenciárias

Quanto ao segurado	Quanto ao dependente	Quanto ao segurado e ao dependente
a) aposentadoria por invalidez;	a) pensão por morte;	a) serviço social;
b) aposentadoria por idade;	b) auxílio-reclusão.	b) reabilitação profissional.
c) aposentadoria por tempo de contribuição;		
d) aposentadoria especial;		
e) auxílio-doença;		
f) salário-família;		
g) salário-maternidade;		
h) auxílio-acidente.		

Portanto, há benefícios que são devidos apenas aos segurados (como é o caso das aposentadorias), enquanto outros são típicos dos dependentes (pensão por morte e auxílio-reclusão). Prestações de alcance comum, ou seja, para segurados e dependentes, apenas os serviços.

■ DIREITO PREVIDENCIÁRIO

> Para não esquecer os benefícios devidos aos dependentes: os benefícios dos dependentes terminam com o ditongo **ÃO**: Pens**ÃO** e auxílio-reclus**ÃO**.

Para facilitar a memorização dos benefícios previdenciários (exigência necessária para a maioria dos concursos públicos), vale a pena transcrever a dica de André Oliveira[80]: são **dez os benefícios previdenciários, como também são dez os mandamentos (4 aposentadorias, 3 auxílios, 2 salários e 1 pensão)**.

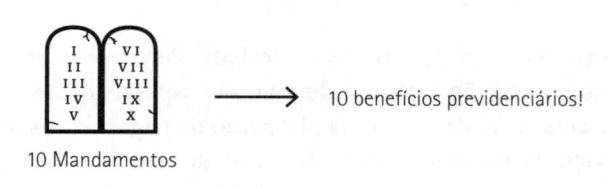

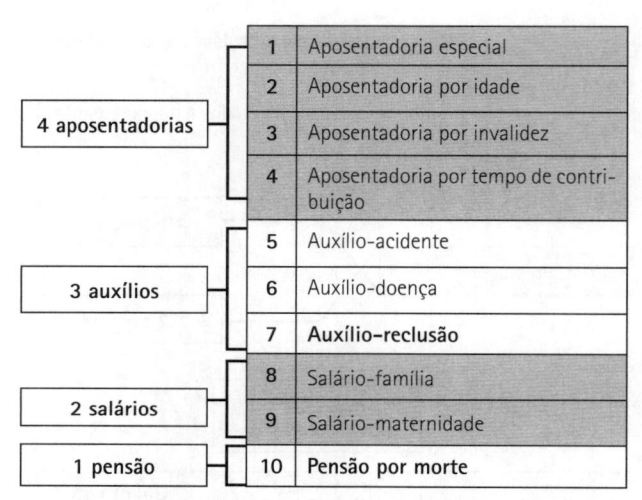

10 Mandamentos → 10 benefícios previdenciários!

4 aposentadorias	1	Aposentadoria especial
	2	Aposentadoria por idade
	3	Aposentadoria por invalidez
	4	Aposentadoria por tempo de contribuição
3 auxílios	5	Auxílio-acidente
	6	Auxílio-doença
	7	**Auxílio-reclusão**
2 salários	8	Salário-família
	9	Salário-maternidade
1 pensão	10	Pensão por morte

Por questões didáticas, seguiremos a seguinte ordem de explanação: 1º) os três benefícios por incapacidade (auxílio-doença, aposentadoria por invalidez e auxílio-acidente); 2º) as três aposentadorias programáveis (por idade, por tempo de contribuição e especial); 3º) os dois salários (salário-maternidade e salário-família); 4º) os benefícios dos dependentes (pensão por morte e auxílio-reclusão).

7.2. AUXÍLIO-DOENÇA

7.2.1. Requisitos legais

Conforme disposto no art. 59 da Lei n. 8.213/91, o auxílio-doença será devido ao segurado que, após cumprida, quando for o caso, a carência exigida, **ficar incapacitado para o seu trabalho ou para a sua atividade habitual por mais de quinze dias consecutivos**.

Requisitos legais:
- Qualidade de segurado
- Carência (quando for o caso)
- Fato gerador (incapacidade para o trabalho, ou atividade habitual, por mais de 15 dias consecutivos)

A – Qualidade de segurado

A regra é que o auxílio-doença somente será concedido a quem sustenta a qualidade de segurado quando da ocorrência do evento determinante. É benefício devido a todos os segurados do RGPS (segurados obrigatórios e segurado facultativo), bem como às pessoas que estejam em período de graça (que, como visto, é aquela que não contribui para a Previdência Social, mas conserva a qualidade de segurado perante o RGPS).

Entretanto, **excepcionalmente, admite-se a concessão do benefício ao indivíduo que não mais ostenta a qualidade de segurado, desde que a perda dessa condição seja decorrente da própria patologia incapacitante**. Exemplo:

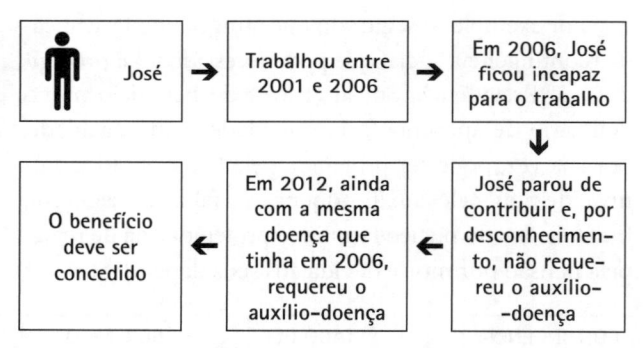

José → Trabalhou entre 2001 e 2006 → Em 2006, José ficou incapaz para o trabalho ↓ José parou de contribuir e, por desconhecimento, não requereu o auxílio-doença ← Em 2012, ainda com a mesma doença que tinha em 2006, requereu o auxílio-doença ← O benefício deve ser concedido

B – Carência

Conforme já salientado, a concessão de auxílio-doença pressupõe o cumprimento da carência de **12 (doze) contribuições mensais**. Contudo, **há duas hipóteses em que a carência não será exigida**: a) acidentes de qualquer natureza (acidente do trabalho + equiparações legais a acidente do trabalho + acidente extralaboral); b) quando o segurado, após filiar-se ao RGPS, for acometido por alguma das doenças previstas em portaria interministerial.

Carência de reingresso: nos termos do art. 27-A, da Lei n. 8.213/91, acrescentado pela Lei n. 13.457, de 2017, no caso de perda da qualidade de segurado, para

---

[80] Procurador Federal no Rio de Janeiro, em suas aulas de direito previdenciário em cursos preparatórios para concursos públicos.

efeito de carência para a concessão dos benefícios de que trata esta Lei, o segurado deverá contar, a partir da nova filiação à Previdência Social, com metade dos períodos previstos nos incisos I e III do *caput* do art. 25 desta Lei.

C – Fato gerador

Segundo a redação original do art. 59 da Lei n. 8.213/91, o fato gerador do benefício é a incapacidade para o trabalho ou para a atividade habitual por mais de 15 dias consecutivos.

Atenção! O que gera o direito ao auxílio-doença não é a doença, e sim a incapacidade para o trabalho ou para a atividade habitual do segurado por mais de quinze dias consecutivos.

Durante o período inicial de afastamento (conhecido como **período de espera**), incumbirá à empresa pagar ao segurado empregado o seu salário integral. O período de espera é de 15 dias (sendo o benefício devido a partir do 16º dia de afastamento).

Somente após o término do período de espera, passa a ser devido o auxílio-doença, oportunidade em que o **empregado, inclusive o doméstico, será considerado pela empresa e pelo empregador doméstico como licenciado (contrato de trabalho suspenso)**, haja vista o disposto no art. 63 da Lei n. 8.213/91.

Ademais, a empresa que garantir ao segurado licença remunerada ficará obrigada a pagar-lhe, durante o período de gozo do auxílio-doença, eventual diferença entre o valor deste e a importância garantida pela licença.

Ressalte-se que não há imposição legal, seja na esfera previdenciária ou trabalhista, para que a empresa assuma esse ônus. Normalmente, esse dever decorre de negociação coletiva, inscrito em acordo ou convenção coletiva de trabalho, podendo ser previsto, ainda, no próprio contrato de trabalho, conforme regulamento da empresa.

Havendo a complementação pela empresa, os valores recebidos diretamente do empregador não integrarão o salário de contribuição, desde que esse direito seja estendido a todos os empregados, conforme previsto no art. 28, § 9º, *n*, da Lei n. 8.212/91.

Ivan Kertzman lembra que a obrigatoriedade de o empregador pagar o empregado durante o período inicial de afastamento (período de espera) não abrange o empregador doméstico, "devendo a Previdência conceder o benefício ao empregado doméstico a partir do início da incapacidade"[81].

Sobre esse período inicial de afastamento (período de espera), duas considerações: 1ª) para a melhor doutrina, trata-se de interrupção do contrato de trabalho, já que ainda remanesce uma das obrigações principais do contrato de trabalho (pagamento pela empresa); 2ª) segundo entendimento do **STJ em sede de recurso repetitivo, não incide contribuição previdenciária sobre o montante pago pela empresa durante o período inicial de afastamento por ostentar natureza indenizatória, e não remuneratória** (REsp 1.230.957/RS, 1ª Seção, julgado em 26-2-2014).

E se o segurado voltar a ficar novamente incapaz para o trabalho após a cessação do auxílio-doença? A empresa deverá pagar novamente a sua remuneração nos primeiros 15 dias? A resposta é negativa. O art. 75, §§ 3º a 5º, do Decreto n. 3.048/99 regula a questão: se dentro de 60 dias a partir do término do auxílio-doença o segurado voltar a ficar incapaz em **razão da mesma doença**, a empresa fica desobrigada do pagamento relativo ao novo período de espera, prorrogando-se o benefício anterior e descontando-se os dias trabalhados, se for o caso. Porém, se for outra causa, é possível que a empresa volte a pagar o salário durante o período de espera.

Para concessão do auxílio-doença, é necessária a comprovação da incapacidade em exame realizado pela perícia médica do INSS.

Segundo o § 5º do art. 60 da Lei n. 8.213/91, incluído pela **Lei n. 13.135/2015**, nos casos de impossibilidade de realização de perícia médica pelo órgão ou setor próprio competente, assim como de efetiva incapacidade física ou técnica de implementação das atividades e de atendimento adequado à clientela da previdência social, o INSS poderá, sem ônus para os segurados, celebrar, nos termos do regulamento, convênios, termos de execução descentralizada, termos de fomento ou de colaboração, contratos não onerosos ou acordos de cooperação técnica para realização de perícia médica, por delegação ou simples cooperação técnica, sob sua coordenação e supervisão, com órgãos e entidades públicos ou que integrem o Sistema Único de Saúde (SUS).

---

[81] KERTZMAN, Ivan. *Curso prático de direito previdenciário*. 6. ed. Salvador: Juspodivm, 2009, p. 402.

Nos termos do parágrafo único do art. 75-B do Decreto n. 3.048/99, com redação dada pelo Decreto n. 8.691/2016, a possibilidade de a perícia ser realizada por órgãos e entidades públicos ou que integrem o SUS fica condicionada à edição de: I – ato do INSS para normatizar as hipóteses de cooperação técnica; e II – ato conjunto dos Ministérios do Trabalho e Previdência Social e da Saúde para dispor sobre a cooperação entre o INSS e os órgãos e as entidades que integram o SUS, observado o disposto no art. 14-A da Lei n. 8.080, de 19 de setembro de 1990.

Previsão regulamentar de reconhecimento da incapacidade exclusivamente com base na documentação médica do segurado. O Decreto n. 8.691, editado em 14 de março de 2016, alterou o Regulamento da Previdência Social e passou a admitir o reconhecimento da incapacidade pela recepção da documentação médica do segurado. Segundo o § 1º do art. 75-A do Decreto n. 3.048/99, com redação dada pelo Decreto n. 8.691/2016, o reconhecimento da incapacidade pela recepção da documentação médica do segurado poderá ser admitido, conforme disposto em ato do INSS: I – nos pedidos de prorrogação do benefício do segurado empregado; II – nas hipóteses de concessão inicial do benefício quando o segurado, independentemente de ser obrigatório ou facultativo, estiver internado em unidade de saúde.

A previsão regulamentar não significa que o INSS acolherá necessariamente o prazo indicado no atestado médico. Com efeito, o art. 78 do Decreto n. 3.048/99, com redação dada pelo Decreto n. 8.691/2016, prescreve que o INSS poderá estabelecer, mediante avaliação pericial ou **com base na documentação médica do segurado**, o prazo que entender suficiente para a recuperação da capacidade para o trabalho do segurado.

Evidentemente, caso o prazo concedido para a recuperação se revele insuficiente, o segurado poderá solicitar a sua prorrogação, na forma estabelecida pelo INSS. Exatamente por isso, a comunicação da concessão do auxílio-doença conterá as informações necessárias para o requerimento de sua prorrogação. De outro lado, a recepção de novo atestado fornecido por médico assistente com declaração de alta médica do segurado, antes do prazo estipulado na concessão ou na prorrogação do auxílio-doença, culminará na cessação do benefício na nova data indicada.

Conforme disposto no § 2º do art. 75-A do Decreto n. 3.048/99, com redação dada pelo Decreto n. 8.691/2016, para a viabilização do procedimento de recepção da documentação médica do segurado, o INSS ainda definirá: I – o procedimento pelo qual irá receber, registrar e reconhecer a documentação médica do segurado, por meio físico ou eletrônico, para fins de reconhecimento da incapacidade laboral; e II – as condições para o reconhecimento do período de recuperação indicado pelo médico assistente, com base em critérios estabelecidos pela área técnica do INSS.

Segundo o art. 73 do Decreto n. 3.048/99, o auxílio-doença do segurado que exercer mais de uma atividade abrangida pela Previdência Social será devido mesmo no caso de incapacidade apenas para o exercício de uma delas, devendo a perícia médica ser conhecedora de todas as atividades que ele estiver exercendo. Evidentemente, o auxílio-doença será concedido em relação à atividade para a qual o segurado estiver incapacitado, considerando-se para efeito de carência somente as contribuições relativas a essa atividade. Nesse caso, o valor do auxílio-doença poderá ser inferior ao salário mínimo, desde que, somado às demais remunerações recebidas, resultar valor superior a este.

Exemplo: Osmar exerce duas atividades habituais: instrutor de mergulho e professor universitário. Ficou incapaz apenas para a atividade de instrutor de mergulho. Ele poderá receber o benefício de auxílio-doença, mesmo possuindo capacidade para o trabalho de professor universitário? A resposta é positiva. O benefício poderá ser concedido em relação à atividade para a qual ele está incapaz. Contudo, deverá ser observada a carência exclusivamente em relação a essa atividade. Vale dizer: se Osmar estiver exercendo a atividade de instrutor de mergulho há 15 meses, ele terá direito ao benefício, já que cumpriu a carência necessária para o benefício (12 meses). Por outro lado, se Osmar só tivesse 7 meses de contribuição como instrutor de mergulho, não teria direito ao benefício pelo não cumprimento da carência do benefício, ainda que seja professor universitário há vários anos. Como ele ficou incapaz para o trabalho de instrutor de mergulho, a carência deve ater-se exclusivamente aos meses de contribuição relativos a essa função.

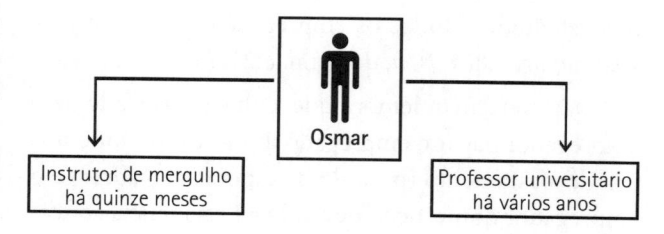

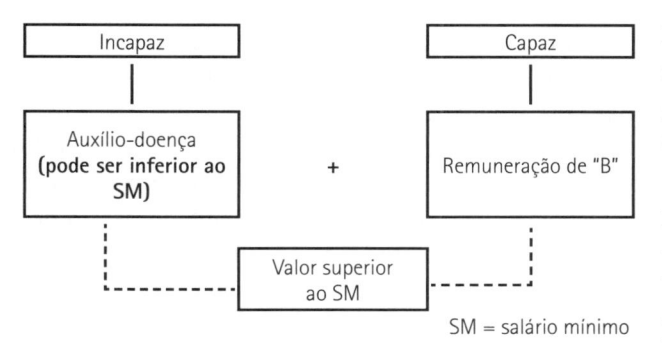

[Fluxograma: Incapaz → Auxílio-doença (pode ser inferior ao SM) + Capaz → Remuneração de "B" → Valor superior ao SM. SM = salário mínimo]

Na maioria das vezes, a incapacidade geradora do auxílio-doença é temporária. Porém, não se trata de regra absoluta. Com efeito, segundo disposto no art. 74 do Decreto n. 3.048/99, quando o segurado que exercer mais de uma atividade se incapacitar **definitivamente** para uma delas, **deverá o auxílio-doença ser mantido indefinidamente**, não cabendo sua transformação em aposentadoria por invalidez, enquanto essa incapacidade não se estender às demais atividades.

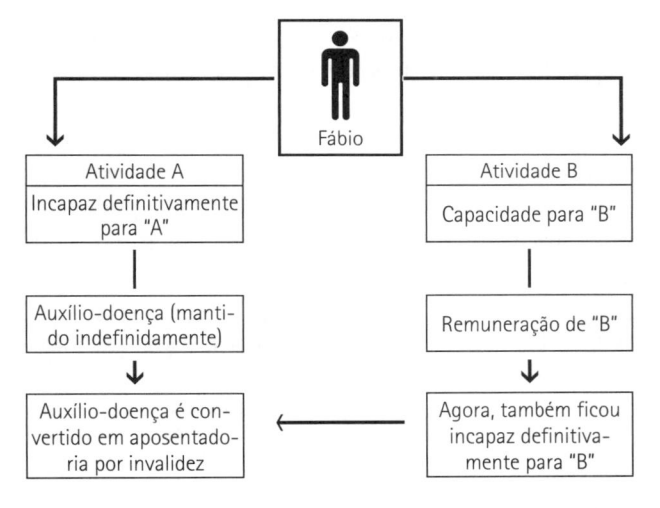

[Fluxograma: Fábio — Atividade A: Incapaz definitivamente para "A" → Auxílio-doença (mantido indefinidamente) → Auxílio-doença é convertido em aposentadoria por invalidez ← Atividade B: Capacidade para "B" → Remuneração de "B" → Agora, também ficou incapaz definitivamente para "B"]

Não será devido auxílio-doença ao segurado que se filiar ao RGPS já portador da doença ou da lesão invocada como causa para o benefício, **salvo quando a incapacidade sobrevier por motivo de progressão ou agravamento dessa doença ou lesão**. Portanto, a doença preexistente, por si só, não impossibilita a concessão do auxílio-doença, desde que a incapacidade tenha aparecido após a filiação ao sistema.

O que não poderá ser preexistente à filiação é a incapacidade. A explicação é simples: como a previdência social tem fundamento em técnica securitária, a pessoa não poderia ingressar ou reingressar ao sistema protetor já atingido pela contingência social (ou seja, o sinistro). Exatamente nesse sentido, foi editada a **Súmula 53 da TNU**: "Não há direito a auxí-

lio-doença ou a aposentadoria por invalidez quando a incapacidade para o trabalho é preexistente ao reingresso do segurado no Regime Geral de Previdência Social".

Exemplo: Kléber, já portador de HIV, filia-se ao RGPS no estágio inicial da doença. Depois de 2 anos de trabalho, Kléber ficou incapaz para o seu trabalho habitual durante 42 dias consecutivos. Nesse caso, será possível a concessão do benefício, já que, apesar da preexistência da doença, a incapacidade sobreveio por motivo de progressão da patologia.

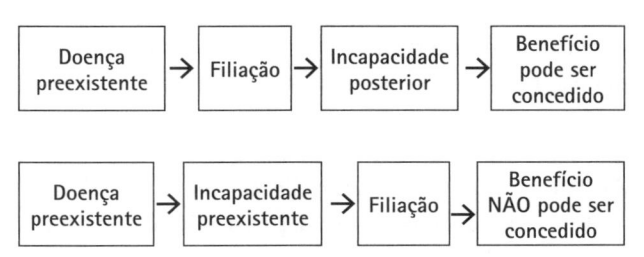

[Fluxograma: Doença preexistente → Filiação → Incapacidade posterior → Benefício pode ser concedido]

[Fluxograma: Doença preexistente → Incapacidade preexistente → Filiação → Benefício NÃO pode ser concedido]

7.2.2. Data de início do benefício e data de restabelecimento do benefício

A data de início do benefício (DIB) varia de acordo com a espécie de segurado.

Para o segurado empregado: a DIB será no 16º dia do afastamento da atividade, pois durante os quinze primeiros dias a empresa será responsável pela remuneração (trata-se de hipótese de interrupção do contrato de trabalho).

No caso dos demais segurados: a DIB será a data do início da incapacidade.

Quando requerido for segurado (todos os segurados) afastado da atividade por mais de trinta dias: o auxílio-doença será devido a contar da data da entrada do requerimento. Ou seja, quando o segurado deixar transcorrer lapso temporal superior a trinta dias, a DIB do auxílio-doença será fixada na DER.

Auxílio-doença e exercício de atividade: de acordo com o art. 60, § 6º, da Lei n. 8.213/91, com redação dada pela **Lei n. 13.135/2015**, o segurado que durante o gozo do auxílio-doença vier a exercer atividade que lhe garanta subsistência poderá ter o benefício cancelado a partir do retorno à atividade.

Não faz sentido manter o auxílio-doença se o segurado vem exercendo a sua atividade habitual. Evidentemente, o cancelamento do benefício pressupõe a observância do devido processo legal (contraditório e ampla defesa).

Por outro lado, nos termos do § 7º do mesmo dispositivo, caso o segurado, durante o gozo do auxílio-doença, venha a exercer atividade diversa daquela que gerou o benefício, deverá ser verificada a incapacidade para cada uma das atividades exercidas. É bom lembrar a possibilidade de o segurado exercer outra atividade (diferente da habitual que gerou a concessão do auxílio-doença) sem que isso implique a aplicação do art. 60, § 6º, e consequente cessação do benefício. Com efeito, conforme já salientamos, segundo o art. 73 do Decreto n. 3.048/99, o auxílio-doença do segurado que exercer mais de uma atividade abrangida pela previdência social será devido mesmo no caso de incapacidade apenas para o exercício de uma delas, devendo a perícia médica ser conhecedora de todas as atividades que ele estiver exercendo. Não é à toa que o art. 60, § 6º, da Lei n. 8.213/91, com redação dada pela Lei n. 13.135/2015, apenas registra a **possibilidade** de cancelamento do benefício. Caberá, portanto, à perícia médica avaliar se realmente existe incapacidade, bem como se o exercício da atividade pelo segurado é compatível com ela.

7.2.3. Deveres do beneficiário

De acordo com o art. 77 do Decreto n. 3.048/99, o segurado em gozo de auxílio-doença está obrigado, independentemente de sua idade e sob pena de suspensão do benefício, a submeter-se a exame médico a cargo da previdência social, processo de reabilitação profissional por ela prescrito e custeado e tratamento dispensado gratuitamente, exceto o cirúrgico e a transfusão de sangue, que são facultativos.

Para a **TNU**, a concessão judicial de benefício por incapacidade não impede a revisão administrativa pelo INSS, na forma prevista em norma regulamentadora, mesmo durante o curso da demanda (PEDILEF 50005252320124047114, *DOU* 7-6-2013).

Deveres do beneficiário	Submeter-se aos exames médicos a cargo do INSS
	Submeter-se a processos de reabilitação profissional prescritos pela perícia do INSS
	Tratamento dispensado gratuitamente, EXCETO o cirúrgico e a transfusão de sangue, que são facultativos

Dúvida: todos os beneficiários de auxílio-doença, necessariamente, devem submeter-se ao processo de reabilitação profissional? De forma nenhuma. Conforme disposto no art. 62 da Lei n. 8.213/91, com a redação conferida pela Lei n. 13.457, de 2017, **apenas o beneficiário de auxílio-doença, insuscetível de recuperação para sua atividade habitual**, deverá submeter-se a processo de reabilitação profissional para o exercício de outra atividade. Nesse caso, o auxílio-doença não será cessado até que seja dado como habilitado para o desempenho de nova atividade que lhe garanta a subsistência ou, quando considerado não recuperável, for aposentado por invalidez. Exemplo: Maria é empregada de uma empresa onde exerce a atividade de operadora de telemarketing. Em junho de 2010, Maria apresentou problema em suas cordas vocais, que inviabilizaram definitivamente o exercício de sua atividade (habitual). Nesse caso, a perícia médica do INSS deverá prescrever o processo de reabilitação profissional, para que Maria seja reabilitada para o exercício de outra atividade.

7.2.4. Valor do benefício

O auxílio-doença, inclusive o decorrente de acidente do trabalho, consistirá numa renda mensal correspondente a 91% (noventa e um por cento) do salário de benefício. Como é benefício de prestação continuada que substitui o salário de contribuição ou o rendimento do trabalho do segurado, não poderá ter valor inferior ao do salário mínimo. Também não poderá ter valor superior ao do limite máximo do salário de contribuição.

Lei n. 13.135/2015 – Sistemática de cálculo do auxílio-doença

A **Lei n. 13.135/2015** incluiu o § 10 ao art. 29 da Lei n. 8.213/91, com o seguinte teor: "O auxílio-doença não poderá exceder a média aritmética simples dos últimos 12 (doze) salários-de-contribuição, inclusive em caso de remuneração variável, ou, se não alcançado o número de doze, a média aritmética simples dos salários-de-contribuição existentes".

Trata-se de um limitador. Para melhor compreensão, passemos a um exemplo: Marcelo filiou-se à previdência social há exatos 100 meses. Ficou incapaz para o seu trabalho. Requereu auxílio-doença. Vimos que, depois da atualização monetária, apenas entram no cálculo os 80% maiores salários de contribuição. A média aritmética desses salários de contribuição (chamada salário de benefício) resultou no valor de R$ 2.000,00. A renda mensal do auxílio-doença é de 91% do salário de benefício (91% de R$ 2.000,00 = R$ 1.800,00). Entretanto, apurando-se a média aritmética dos últimos 12 salários de contribuição, chegou-se ao valor de R$ 1.650,00. Nesse caso, considerando o limitador imposto pela Lei n. 13.135/2015, o auxílio-doença será de R$ 1.650,00.

7.2.5. Cessação do benefício

O benefício de auxílio-doença cessa nas seguintes hipóteses:

Recuperação da capacidade aferida pela perícia médica do INSS;

Conversão do auxílio-doença em aposentadoria por invalidez ou em auxílio-acidente;

Morte do segurado;

Alta programada.

A **alta programada** foi introduzida em nosso ordenamento previdenciário pelo Decreto n. 5.844/2006, que introduziu três parágrafos no art. 78 do Decreto n. 3.048/99. Esse instituto também é conhecido como **COPES (Cobertura Previdenciária Estimada)**.

O INSS poderá estabelecer, mediante avaliação médico-pericial, o prazo que entender suficiente para a recuperação da capacidade para o trabalho do segurado, dispensada nessa hipótese a realização de nova perícia. Caso o prazo concedido para a recuperação se revele insuficiente, **o segurado poderá solicitar a realização de nova perícia médica**, na forma estabelecida pelo Ministério da Previdência Social.

A alta programada ganhou força normativa após o advento da MP n. 767/2017, convertida na Lei n. 13.457, de 2017, que incluiu o § 8º no art. 60 da Lei n. 8.213/91, dispondo que, "sempre que possível, o ato de concessão ou de reativação de auxílio-doença, judicial ou administrativo, deverá fixar o prazo estimado para a duração do benefício". Segundo o § 9º, também incluído pela Lei n. 13.457/2017, na ausência de fixação desse prazo, o benefício cessará após o prazo de cento e vinte dias, contado da data de concessão ou de reativação do auxílio-doença, exceto se o segurado requerer a sua prorrogação perante o INSS, na forma do regulamento, observado o disposto no art. 62 desta Lei.

Trata-se de uma regra que busca a eficiência administrativa, introduzida em virtude de avanços na medicina diagnóstica que permitem ao médico perito estabelecer período de recuperação da capacidade do segurado com alguma precisão.

A Lei n. 13.457/2017 ainda previu a possibilidade de o segurado em gozo de auxílio-doença, concedido judicial ou administrativamente, ser convocado, a qualquer momento, para avaliação das condições que ensejaram a sua concessão e a sua manutenção.

Por fim, nos termos do § 11 do art. 60 da Lei de Benefícios, também incluído pela Lei n. 13.457, de 2017, o segurado que não concordar com o resultado da avaliação da qual dispõe o § 10 deste artigo poderá apresentar, no prazo máximo de trinta dias, recurso da decisão da administração perante o Conselho de Recursos do Seguro Social, cuja análise médica pericial, se necessária, será feita pelo assistente técnico médico da junta de recursos do seguro social, perito diverso daquele que indeferiu o benefício.

7.2.6. Quadro-resumo

Requisitos legais
- **Qualidade de segurado**, ressalvada a aplicação da Súmula 26 da AGU (não será considerada a perda da qualidade de segurado decorrente da própria moléstia incapacitante).
- **Carência de 12 contribuições mensais**, ressalvadas as duas exceções (acidente de qualquer natureza ou acometimento por doença prevista em Portaria Interministerial).
- **Fato gerador: incapacidade para o trabalho ou atividade habitual por mais de quinze dias consecutivos.** Ressalte-se o disposto na Súmula 25 da AGU: "Será concedido auxílio-doença ao segurado considerado temporariamente incapaz para o trabalho ou sua atividade habitual, de forma total ou parcial, atendidos os demais requisitos legais, entendendo-se por incapacidade parcial aquela que permita sua reabilitação para outras atividades laborais".

7.3. APOSENTADORIA POR INVALIDEZ

7.3.1. Requisitos legais

A aposentadoria por invalidez apresenta os mesmos requisitos do auxílio-doença em matéria de qualidade de segurado e de carência (12 contribuições mensais), com as mesmas exceções. A diferença determinante entre os dois benefícios é o fato gerador: a aposentadoria por invalidez será concedida ao segurado que for considerado **incapaz e insusceptível de reabilitação para o exercício de atividade que lhe garanta a subsistência (= incapaz total e permanentemente para qualquer trabalho).**

Requisitos legais
- Qualidade de segurado (= auxílio-doença)
- Carência (= auxílio-doença)
- Fato gerador: incapacidade total e permanente para qualquer trabalho

Outro ponto de aproximação entre o auxílio-doença e a aposentadoria por invalidez refere-se às regras sobre a **doença preexistente**. Assim como no auxílio-doença, segundo o art. 42, § 2º, da Lei n. 8.213/91, a doença ou lesão de que o segurado já era portador ao filiar-se ao RGPS não lhe conferirá direito à aposentadoria por invalidez, salvo quando a incapacidade sobrevier por motivo de progressão ou agravamento dessa doença ou lesão.

Para evitar repetição desnecessária de conteúdo, passemos à análise do fato gerador da aposentadoria por invalidez.

Conforme já salientamos, a concessão da aposentadoria por invalidez pressupõe a **incapacidade total e permanente** do segurado para **qualquer atividade que lhe garanta a subsistência**. Ressalte-se que, segundo a jurisprudência majoritária, a aferição da invalidez deve levar em consideração as condições pessoais do trabalhador, como a idade, o grau de instrução e o meio onde ele está inserido. Nesse sentido, foi editada a **Súmula 47 da TNU**: "Uma vez reconhecida a incapacidade parcial para o trabalho, o juiz deve analisar as condições pessoais e sociais do segurado para a concessão de aposentadoria por invalidez". Essa também é a posição atual do **STJ** (AgRg no AREsp 283.029/SP, *DJe* 15-4-2013[82]).

Exemplo de aplicação da Súmula 47 da TNU: João sempre exerceu atividade rural no município de Morada Nova-CE. Atualmente, com 52 anos e analfabeto, João foi considerado incapaz de forma permanente apenas para atividades braçais. Logo, do ponto de vista físico, não haveria óbice para que ele exercesse uma atividade não braçal. O problema é que, por suas condições pessoais (idade avançada, baixo grau de instrução e o meio onde vive), a chance de João ser considerado reabilitado para outra função (não braçal) é praticamente inexistente, o que justifica a concessão do benefício de aposentadoria por invalidez.

Fato gerador da aposentadoria por invalidez	Para a jurisprudência majoritária (Súmula 47 da TNU)
Incapacidade total e permanente para qualquer atividade.	A aferição da invalidez pressupõe a análise das condições pessoais e sociais do segurado. Porém, o julgador não é obrigado a analisar as condições pessoais e sociais quando não reconhecer a incapacidade do requerente para a sua atividade habitual **(Súmula 77 da TNU)**.

7.3.2. Data de início do benefício

Em regra, a aposentadoria por invalidez será devida a partir do dia imediato ao da cessação do auxílio-doença (art. 43 da Lei n. 8.213/91). Porém, concluindo a perícia médica **inicial** pela existência de incapacidade total e definitiva para o trabalho, a aposentadoria por invalidez será devida nas mesmas condições do auxílio-doença, ou seja:

Segurado empregado: a contar do décimo sexto dia do afastamento da atividade ou a partir da entrada do requerimento, se entre o afastamento e a entrada do requerimento decorrerem mais de trinta dias;

Segurado empregado doméstico, trabalhador avulso, contribuinte individual, especial e facultativo: a contar da data do início da incapacidade ou da data da entrada do requerimento, se entre essas datas decorrerem mais de trinta dias.

Atenção! Percebe-se, portanto, que aposentadoria por invalidez não precisa ser precedida do auxílio-doença. Se, desde o primeiro momento, a perícia médica atesta a existência de incapacidade total e permanente para qualquer trabalho, a aposentadoria por invalidez deve ser concedida diretamente, ou seja, sem a necessidade de um auxílio-doença prévio.

O § 2º do art. 42 da Lei n. 8.213/91, assim como no auxílio-doença, impõe à empresa o dever de pagar ao empregado o salário durante o período de espera, isto é, o período inicial de afastamento da atividade por motivo de invalidez (15 dias).

Logicamente, no caso de "conversão" do auxílio-doença em aposentadoria por invalidez, a empresa não suportará novamente o ônus relativo ao período de espera, já que a aposentadoria é concedida no dia seguinte ao da cessação do auxílio (sendo certo que a empresa suportou esse ônus quando da concessão do auxílio-doença).

7.3.3. Deveres do beneficiário

Assim como no auxílio-doença, nos termos do *caput* do art. 101 da Lei n. 8.213/91, o segurado em gozo de auxílio-doença, aposentadoria por invalidez e o pensionista inválido estão obrigados, sob pena de suspensão do benefício, a submeter-se a exame médico a cargo da Previdência Social, processo de reabilitação profissional por ela prescrito e custeado, e tratamento dispensado gratuitamente, exceto o cirúrgico e a transfusão de sangue, que são facultativos. De igual modo, para a **TNU**, a concessão judicial de benefício por incapacidade não impede a revisão administrativa pelo INSS, na forma prevista em norma regulamentadora, mesmo durante o curso da demanda (PEDILEF 50005252320124047114, *DOU* 7-6-2013).

---

82 STJ: "(...) 2. É firme o entendimento nesta Corte de Justiça de que a concessão da aposentadoria por invalidez deve considerar, além dos elementos previstos no art. 42 da Lei n. 8.213/91, os aspectos socioeconômicos, profissionais e culturais do segurado, ainda que o laudo pericial apenas tenha concluído pela incapacidade parcial para o trabalho. Agravo regimental improvido" (AgRg no AREsp 283029/SP, Rel. Min. Humberto Martins, 2ª Turma, julgado em 9-4-2013, *DJe* 15-4-2013).

A Lei n. 13.457/2017 incluiu o § 4º do art. 43 da Lei n. 8.213/91, dispondo que o segurado aposentado por invalidez **poderá ser convocado a qualquer momento** para avaliação das condições que ensejaram o afastamento ou a aposentadoria, concedida judicial ou administrativamente, observado o disposto no art. 101.

Art. 101. O segurado em gozo de auxílio-doença, aposentadoria por invalidez e o pensionista inválido estão obrigados, sob pena de suspensão do benefício, a submeter-se a exame médico a cargo da Previdência Social, processo de reabilitação profissional por ela prescrito e custeado, e tratamento dispensado gratuitamente, exceto o cirúrgico e a transfusão de sangue, que são facultativos

§ 1º O aposentado por invalidez e o pensionista inválido que não tenham retornado à atividade estarão isentos do exame de que trata o *caput* deste artigo:

I – após completarem cinquenta e cinco anos ou mais de idade e quando decorridos quinze anos da data da concessão da aposentadoria por invalidez ou do auxílio-doença que a precedeu; ou

II – após completarem sessenta anos de idade.

§ 2º A isenção de que trata o § 1º não se aplica quando o exame tem as seguintes finalidades:

I – verificar a necessidade de assistência permanente de outra pessoa para a concessão do acréscimo de 25% (vinte e cinco por cento) sobre o valor do benefício, conforme dispõe o art. 45;

II – verificar a recuperação da capacidade de trabalho, mediante solicitação do aposentado ou pensionista que se julgar apto;

III – subsidiar autoridade judiciária na concessão de curatela, conforme dispõe o art. 110.

A perícia de que trata o art. 101 da Lei n. 8.213, de 1991, terá acesso aos prontuários médicos do municiado no Sistema Único de Saúde (SUS), desde que haja a prévia anuência do periciado e seja garantido o sigilo sobre os dados dele.

Outra alteração importante foi a inclusão do § 5º ao art. 101 da Lei de Benefícios pela Lei n. 13.457, de 2017, segundo o qual é assegurado o atendimento domiciliar e hospitalar pela perícia médica e social do INSS ao segurado com dificuldades de locomoção, quando seu deslocamento, em razão de sua limitação funcional e de condições de acessibilidade, imponha-lhe ônus desproporcional e indevido, nos termos do regulamento.

Dúvida: se a aposentadoria por invalidez pressupõe a incapacidade permanente, qual seria a razão de a Lei n. 8.213/91 prever exames médicos bienais? Parte-se do pressuposto de que a incapacidade permanente pode ser revertida a qualquer momento. Trata-se, portanto, de um benefício de manutenção duradoura, mas não necessariamente vitalícia.

7.3.4. Valor do benefício

A aposentadoria por invalidez, inclusive a decorrente de acidente do trabalho, consistirá numa **renda mensal correspondente a 100% (cem por cento) do salário de benefício**. No cálculo da renda mensal da aposentadoria por invalidez **não** há a incidência do fator previdenciário. Havendo a necessidade de assistência permanente de terceiro, a renda mensal terá o acréscimo de 25%, questão que analisaremos logo mais.

Como a aposentadoria por invalidez é um benefício de prestação continuada que substitui o salário de contribuição ou o rendimento do trabalho do segurado, não poderá ter valor inferior ao do salário mínimo. Também, ordinariamente, não poderá ter valor superior ao do limite máximo do salário de contribuição.

Quando o acidentado do trabalho estiver em gozo de auxílio-doença, o valor da aposentadoria por invalidez será igual ao do auxílio-doença se este, por força de reajustamento, for superior ao previsto no art. 44 da Lei n. 8.213/91 (ou seja, for maior que 100% do salário de benefício). Observe que essa regra é aplicada apenas aos benefícios de natureza acidentária.

Recentemente ganhou força questionamento judicial acerca da metodologia de cálculo empregada pelo INSS na concessão da aposentadoria por invalidez precedida de auxílio-doença. Para a conversão, a Autarquia majora o percentual do benefício de 91% para 100%, mantendo o salário de benefício anteriormente calculado. A controvérsia surge da interpretação do art. 29, § 5º, da Lei n. 8.213/91, segundo o qual, se, no período básico de cálculo, o segurado tiver recebido benefícios por incapacidade, sua duração será contada, considerando-se como salário de contribuição, no período, o salário de benefício que serviu de base para o cálculo da renda mensal, reajustado nas mesmas épocas e bases dos benefícios em geral, não podendo ser inferior ao valor de um salário mínimo.

Assim, a tese procurava ver reconhecido o direito ao recálculo do salário de benefício da aposentadoria por invalidez levando-se em consideração o salário de benefício que serviu de base para o cálculo do benefício por incapacidade recebido (auxílio-doença).

A questão chegou ao **STF** (RE 583.834-0/SC), **que julgou constitucional a sistemática de cálculo utilizada pelo INSS**. Consignou-se que o § 5º do art. 29 da Lei n. 8.213/91 "é exceção razoável à regra proibitiva de tempo de contribuição ficto com apoio no inciso II do art. 55 da mesma Lei. E é aplicável somente às situações em que a aposentadoria por invalidez seja precedida do recebimento de auxílio-doença durante período de afastamento intercalado com atividade laborativa, em que há recolhimento da contribuição previdenciária. Entendimento, esse, que não foi modificado pela Lei n. 9.876/99".

Por conseguinte, tratando-se de conversão de auxílio-doença em aposentadoria por invalidez, aplica-se o art. 36, § 7º, do Decreto n. 3.048/99, modificando-se o coeficiente de 91% para 100% do salário de benefício.

7.3.5. Cessação do benefício

Já vimos que a aposentadoria por invalidez não é definitiva. Havendo a recuperação da capacidade laborativa, independentemente do tempo em que o segurado recebeu o benefício, a aposentadoria será cessada. A forma de cessação, contudo, dependerá da conduta do segurado perante o INSS e do tempo de gozo do benefício.

Nos termos do art. 46 da Lei n. 8.213/91, o aposentado por invalidez que **retornar voluntariamente** à atividade terá sua aposentadoria automaticamente cancelada, a partir da data do retorno. Na verdade, essa cessação imediata configura-se como uma penalidade ao segurado que retorna ao trabalho sem que a Previdência Social tenha conhecimento. O aposentado por invalidez, caso deseje retornar à atividade, deve solicitar a realização de nova avaliação pericial ao INSS.

Verificada pela Perícia Médica do INSS a recuperação da capacidade de trabalho do aposentado por invalidez, será observado o seguinte procedimento:

I – Quando a recuperação for total e ocorrer dentro de cinco anos, contados da data do início da aposentadoria por invalidez ou do auxílio-doença que a antecedeu sem interrupção, o benefício cessará:
a) De imediato, para o segurado empregado que tiver direito a retornar à função que desempenhava na empresa quando se aposentou, na forma da legislação trabalhista, valendo como documento, para tal fim, o certificado de capacidade fornecido pela Previdência Social;
b) após tantos meses quantos forem os anos de duração do auxílio-doença ou da aposentadoria por invalidez, para os demais segurados;

II – quando a recuperação for parcial, ou ocorrer após o período do inciso I, ou ainda quando o segurado for declarado apto para o exercício de trabalho diverso do qual habitualmente exerça, a aposentadoria será mantida, sem prejuízo da volta à atividade:
a) no seu valor integral, durante 6 (seis) meses contados da data em que for verificada a recuperação da capacidade;
b) com redução de 50% (cinquenta por cento), no período seguinte de 6 (seis) meses;
c) com redução de 75% (setenta e cinco por cento), também por igual período de 6 (seis) meses, ao término do qual cessará definitivamente.

Verifica-se, pois, que a recuperação da capacidade laborativa do segurado não implica, necessariamente, a suspensão imediata do benefício, o qual continua sendo pago durante determinado período de tempo, através das **mensalidades de recuperação**.

7.3.6. Grande invalidez

Segundo o art. 45 da Lei n. 8.213/91, o valor da aposentadoria por invalidez do segurado que necessitar da **assistência permanente de outra pessoa** será acrescido de 25% (vinte e cinco por cento). Trata-se do benefício da grande invalidez.

Esse acréscimo apresenta duas peculiaridades importantes.

Em primeiro lugar, **o acréscimo de 25% será devido ainda que o valor da aposentadoria atinja o limite máximo legal**. Assim, somando-se a renda mensal da aposentadoria por invalidez com esse acréscimo, o segurado poderá receber do INSS valor superior ao teto do RGPS. Exemplo: Mário recebe uma aposentadoria por invalidez no valor de R$ 5.000,00. Em janeiro de 2018, Mário passou a depender da assistência permanente de terceiro. Nesse caso, seu benefício terá o acréscimo de 25% (+ R$ 1.250,00), o que resultará num benefício total de R$ 6.250,00, valor superior ao teto do RGPS para o ano de 2018 (R$ 5.645,80). Evidentemente, sempre que o benefício que lhe deu origem for reajustado, o acréscimo de 25% também será recalculado.

Ademais, o acréscimo de 25% relativo à grande invalidez é um **direito personalíssimo**, ou seja, cessa com a morte do aposentado, **não sendo incorporável ao valor da pensão**. Exemplo: Paulo está recebendo uma aposentadoria por invalidez com o acréscimo de 25% no valor de R$ 1.250,00. Se ele falecer, o valor da pensão será R$ 1.000,00, já que o acréscimo de 25% não se incorpora ao valor da pensão.

Dúvida: o acréscimo de 25% só é devido se a assistência permanente de terceiro for remunerada? Não. O fato gerador da grande invalidez é a necessidade de assistência permanente de terceiro, sendo irrelevante saber se ela é prestada por um membro da família ou por um cuidador profissional.

Dúvida: seria possível aplicar o acréscimo de 25% ao beneficiário de aposentadoria por tempo de contribuição? Não. Em virtude do princípio da legalidade, a grande invalidez pressupõe que o benefício-base seja, obrigatoriamente, a aposentadoria por invalidez. Dessa maneira, ainda que o beneficiário de uma aposentadoria por tempo de contribuição necessite de um cuidador permanente, não é caso de concessão do adicional de 25%. Nesse contexto, é oportuno lembrar o disposto no art. 195, § 5º, da CF/88: "Nenhum benefício ou serviço da seguridade social poderá ser criado, majorado ou estendido sem a correspondente fonte de custeio total".

De acordo com o Anexo I do Decreto n. 3.048/99, o aposentado por invalidez tem direito à majoração de 25% nos seguintes casos: 1 – Cegueira total; 2 – Perda de nove dedos das mãos ou superior a esta; 3 – Paralisia dos dois membros superiores ou inferiores; 4 – Perda dos membros inferiores, acima dos pés, quando a prótese for impossível; 5 – Perda de uma das mãos e de dois pés, ainda que a prótese seja possível; 6 – Perda de um membro superior e outro inferior, quando a prótese for impossível; 7 – Alteração das faculdades mentais com grave perturbação da vida orgânica e social; 8 – Doença que exija permanência contínua no leito; e 9 – incapacidade permanente para as atividades da vida diária.

7.4. AUXÍLIO-ACIDENTE

7.4.1. Requisitos legais

A concessão de auxílio-acidente pressupõe o cumprimento dos seguintes requisitos legais: 1º) o enquadramento previdenciário como segurado empregado, trabalhador avulso ou segurado especial; e 2º) o fato gerador: redução da capacidade para o trabalho habitual em razão de acidente de qualquer natureza.

Auxílio-acidente
- Enquadramento previdenciário como empregado, trabalhador avulso ou segurado especial
- Redução da capacidade para o trabalho habitual em razão de acidente de qualquer natureza

Atenção! O auxílio-acidente independe de carência!

A – Segurados com direito ao auxílio-acidente

Ao contrário da aposentadoria por invalidez e do auxílio-doença, o auxílio-acidente é um **benefício de concessão restrita**. Com efeito, segundo a atual redação do art. 18, § 1º, o auxílio-acidente somente é devido para o empregado, o empregado doméstico (por força da Lei Complementar n. 150, de 2015), o trabalhador avulso e o segurado especial. Consequentemente, o contribuinte individual e o segurado facultativo não têm direito ao benefício.

Auxílio-acidente
- Segurado empregado
- Segurado empregado doméstico
- Segurado trabalhador avulso
- Segurado especial

Atenção! A Emenda Constitucional n. 72, de 2013, estendeu ao doméstico diversos direitos, inclusive previdenciários. Um deles foi o direito ao seguro contra acidentes de trabalho, a cargo do empregador, sem excluir a indenização a que este está obrigado, quando incorrer em dolo ou culpa, previsto no art. 7º, XXVIII, da CF/88. Contudo, a própria Emenda ressalvou a necessidade de edição de uma lei integrativa que regulamente o direito ao SAT. **Essa lei somente foi editada em 1º de junho de 2015 (Lei Complementar n. 150/2015)**.

Nos termos do art. 4º, § 1º, da Lei n. 6.932/81 e do art. 9º, § 15, X, do Decreto n. 3.048/99, o médico-residente enquadra-se como contribuinte individual. Portanto, sob a égide da legislação previdenciária atual, o **médico-residente não tem direito ao auxílio-acidente**.

Contudo, é importante salientar que a Instrução Normativa INSS n. 77/2015 reconhece o direito do médico-residente ao benefício, quando o acidente tiver ocorrido antes de 26 de novembro de 2001, data da publicação do Decreto n. 4.032/2001.

O Decreto n. 3.048/99 tinha uma regra que vedava a concessão do auxílio-acidente quando o segurado estivesse desempregado na data do acidente, mesmo que estivesse no período de graça. Corrigindo esse equívoco, o Decreto n. 6.722/2008 deu nova redação ao art. 104, § 7º, do Decreto n. 3.048/99, tornando viável a concessão de auxílio-acidente oriundo de acidente de qualquer natureza ocorrido durante o período de manutenção da qualidade de segurado (que é o período de graça), desde que atendidas as condições inerentes à espécie.

B – Fato gerador

De acordo com o art. 86 da Lei n. 8.213/91, o auxílio-acidente será concedido, como indenização, ao segurado quando, após consolidação das lesões **decorrentes de acidente de qualquer natureza**, resultarem sequelas que impliquem **redução da capacidade para o trabalho que habitualmente exerce**.

Atenção! O auxílio-acidente é decorrente de acidente de qualquer natureza e não apenas de acidente do trabalho. Com isso, o fato gerador remoto poderá ser: a) acidente típico do trabalho; b) qualquer equiparação legal ao conceito de acidente do trabalho (p. ex.: doenças ocupacionais); e c) acidente extralaboral.

FATO GERADOR REMOTO	FATO GERADOR IMEDIATO
Acidente extralaboral	Redução da capacidade para o trabalho habitual
Acidente típico do trabalho	Impossibilidade de exercer sua atividade habitual, porém, com possibilidade de desempenhar outra função, após processo de reabilitação profissional, nos casos indicados pela perícia médica do INSS.
Equiparações legais ao conceito de acidente do trabalho	

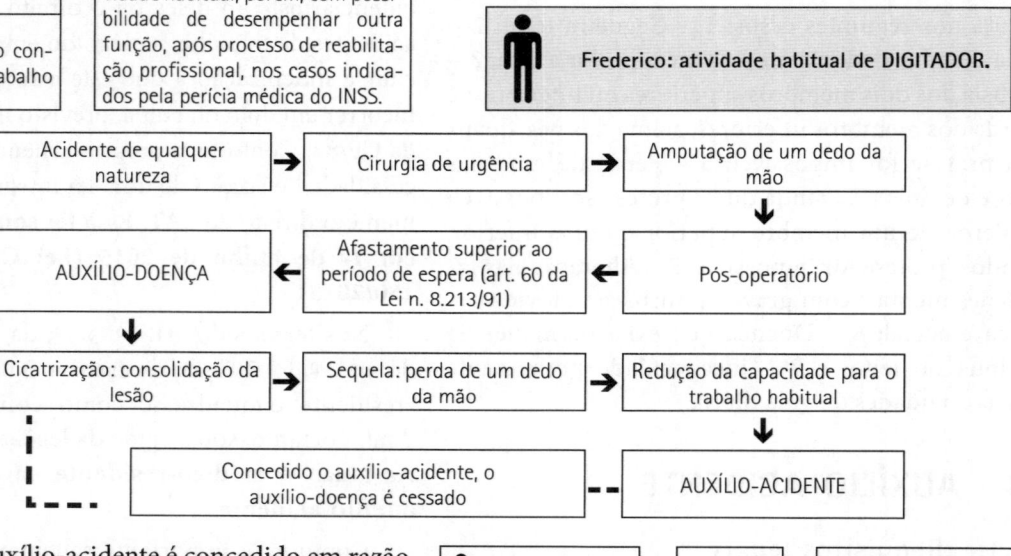

Dizer que o auxílio-acidente é concedido em razão da redução da capacidade para a atividade habitual implica reconhecer a **possibilidade de seu beneficiário continuar exercendo essa atividade, sem prejuízo do benefício**. Deveras, quem está em gozo de auxílio-acidente pode continuar exercendo o seu trabalho habitual. É o que dispõe o art. 104, § 2º, do Decreto n. 3.048/99: "O auxílio-acidente será devido a contar do dia seguinte ao da cessação do auxílio-doença, **independentemente de qualquer remuneração ou rendimento auferido pelo acidentado**, vedada sua acumulação com qualquer aposentadoria".

Assim, no exemplo acima: Frederico poderá receber, ao mesmo tempo, o auxílio-acidente e a remuneração decorrente de seu trabalho como digitador.

Exemplo: Frederico exerce a atividade habitual de digitador. Certo dia, sofreu um acidente de qualquer natureza. Submetido a uma cirurgia de urgência, acabou tendo um dedo amputado. Evidentemente, após a cirurgia, Frederico precisou de repouso. Afastou-se do trabalho durante 70 dias, o que viabilizou a concessão do auxílio-doença, afinal ficou incapaz para a sua atividade habitual por tempo superior ao período de espera previsto na legislação (art. 60 da Lei n. 8.213/91). Porém, com o passar do tempo, a lesão consolidou-se e desencadeou uma sequela: perda definitiva de um dedo. Nesse momento, indaga-se: será que Frederico pode voltar a sua atividade habitual (digitador) com nove dedos? Claro que sim, só que agora ele possui redução da capacidade para o seu trabalho. Nessa oportunidade, o auxílio-doença é convertido em auxílio-acidente.

Frederico: atividade habitual de DIGITADOR.

Acidente de qualquer natureza → Cirurgia de urgência → Amputação de um dedo da mão → Pós-operatório → Afastamento superior ao período de espera (art. 60 da Lei n. 8.213/91) → AUXÍLIO-DOENÇA → Cicatrização: consolidação da lesão → Sequela: perda de um dedo da mão → Redução da capacidade para o trabalho habitual → AUXÍLIO-ACIDENTE

Concedido o auxílio-acidente, o auxílio-doença é cessado.

Renda mensal de Frederico = Auxílio-acidente + Remuneração do trabalho como digitador

Atenção! Há quem se refira à redução da capacidade para o trabalho habitual como **incapacidade parcial e permanente para o trabalho habitual**.

Redução da capacidade para o trabalho habitual = Incapacidade parcial e permanente para a atividade habitual

O art. 104 do Decreto n. 3.048/99 também prevê a concessão do auxílio-acidente quando o segurado ficar impossibilitado de exercer sua atividade habitual, porém, com possibilidade de desempenhar outra função, após processo de reabilitação profissional, nos casos indicados pela perícia médica do INSS.

Acidente de qualquer natureza
- Redução da capacidade para o trabalho habitual
- Impossibilidade de desempenho da atividade que se exercia à época do acidente, porém permitindo-se o desempenho de outra, após processo de reabilitação profissional, nos casos indicados pela perícia médica do Instituto Nacional do Seguro Social

↓

Auxílio-acidente

A **perda da audição** tem tratamento específico no art. 86, § 4º, da Lei n. 8.213/91. Segundo o referido preceito, a perda da audição, em qualquer grau, somente proporcionará a concessão do auxílio-acidente, quando, além do reconhecimento de causalidade entre o trabalho e a doença, resultar, comprovadamente, na redução ou perda da capacidade para o trabalho que habitualmente exerce. Portanto, conclui-se que o legislador estabeleceu a necessidade de haver nexo de causalidade da perda da audição com o exercício do trabalho.

O art. 104, § 4º, do Decreto n. 3.048/99 dispõe que **não darão ensejo ao auxílio-acidente as seguintes situações**:

▶ quando o segurado apresentar danos funcionais ou redução da capacidade funcional sem repercussão na capacidade laborativa; e

▶ quando houver mudança de função, mediante readaptação profissional promovida pela empresa, como medida preventiva, em decorrência de inadequação do local de trabalho.

7.4.2. Caráter indenizatório

O benefício de auxílio-acidente foi introduzido no ordenamento jurídico previdenciário por intermédio da Lei n. 5.316, de 14 de setembro de 1967, considerada como a quinta lei acidentária brasileira. Inicialmente, era uma verba de natureza trabalhista e de cunho securitário privado.

Atualmente, por expressa disposição legal, o auxílio-acidente possui caráter indenizatório, senão vejamos o disposto no art. 86 da Lei n. 8.213/91: "O auxílio-acidente será concedido, **como indenização**, ao segurado quando, após consolidação das lesões decorrentes de acidente de qualquer natureza, resultarem sequelas que impliquem redução da capacidade para o trabalho que habitualmente exerça".

Dúvida: o que o auxílio-acidente indeniza? Ele indeniza a redução da capacidade para o trabalho habitual, decorrente de um acidente de qualquer natureza.

Não há o que substituir, até porque o beneficiário da prestação pode continuar exercendo o seu trabalho habitual. Por não se tratar de benefício substituto da renda do trabalhador, o auxílio-acidente pode ser inferior ao salário mínimo.

CF/88: Art. 201. (...) § 2º Nenhum benefício **que substitua o salário de contribuição ou o rendimento do trabalho** do segurado terá valor mensal inferior ao salário mínimo → Como o auxílio-acidente não substitui o salário de contribuição ou o rendimento do trabalho, ele pode ser inferior ao salário mínimo.

7.4.3. Data de início do benefício

Conforme disposto no art. 104, § 2º, do Decreto n. 3.048/99, o auxílio-acidente **será devido a contar do dia seguinte ao da cessação do auxílio-doença**, independentemente de qualquer remuneração ou rendimento auferido pelo acidentado, vedada sua acumulação com qualquer aposentadoria. Logo, após a consolidação das lesões, havendo sequela que reduza a capacidade para o trabalho habitual, sem inviabilizá-la por completo, cessa-se o auxílio-doença e se concede o auxílio-acidente.

Dúvida: o auxílio-acidente pressupõe a percepção prévia de auxílio-doença? Essa questão, recentemente, foi explorada no concurso para Técnico do Seguro Social. Na oportunidade, a FCC considerou indispensável para o auxílio-acidente a concessão prévia de auxílio-doença, senão vejamos:

7.4.4. Manutenção do benefício

Assim como no auxílio-doença e na aposentadoria por invalidez, a **concessão** do auxílio-acidente pressupõe a análise da perícia médica do INSS.

Entretanto, ao contrário do que acontece no auxílio-doença e na aposentadoria por invalidez, a **manutenção** do auxílio-acidente não exige que o segurado se submeta a exames médicos periódicos e a processo de reabilitação profissional.

Isso porque a redução da capacidade para o trabalho (fato gerador do auxílio-acidente) decorre de uma **sequela**, entendida como uma alteração anatômica ou funcional permanente. Por exemplo: digitador que perde um dedo da mão em virtude de um acidente de qualquer natureza. Nesse caso, a concessão do benefício pressupõe a primeira perícia médica, que vai atestar a redução da capacidade para o trabalho habitual. Concedida a prestação, o segurado não mais precisa se submeter a perícias médicas periódicas nem à reabilitação profissional. A perda de um dedo é irreversível, ou seja, certamente o dedo não nascerá de novo!

7.4.5. Valor do benefício

O auxílio-acidente mensal corresponderá a **cinquenta por cento do salário de benefício que deu origem ao auxílio-doença** do segurado, corrigido até o mês anterior ao do início do auxílio-acidente e será devido até a véspera de início de qualquer aposentadoria ou até a data do óbito do segurado.

7.4.6. Reabertura de auxílio-doença

Vimos que o auxílio-acidente, na maioria das vezes, é precedido de um auxílio-doença. Cessado o auxílio-doença e havendo sequela com redução da capacidade laborativa (decorrente de acidente de qualquer natureza), o segurado terá direito ao auxílio-acidente.

No caso de reabertura de auxílio-doença em decorrência do acidente de qualquer natureza **que tenha dado origem ao auxílio-acidente**, este será suspenso até a cessação do auxílio-doença reaberto, quando será reativado. Assim, está vedada a acumulação de auxílio-acidente com o auxílio-doença que o tenha originado, por caracterizar *bis in idem* protetivo.

Se o segurado, entretanto, em gozo de auxílio-acidente ficar incapacitado para a sua atividade habitual em decorrência **de outro evento (por exemplo, outro acidente)**, diverso daquele que deu origem ao auxílio-acidente em manutenção, será possível acumular o novo auxílio-doença com o auxílio-acidente que recebe.

Repita-se: para o direito ao recebimento conjunto de auxílio-acidente e auxílio-doença, este (o auxílio-doença) deve ter causa diversa daquela que originou a sequela que originou a percepção do auxílio-acidente. **O auxílio-acidente somente será suspenso no caso de reabertura do mesmo auxílio-doença.**

7.4.7. Cessação do benefício

O art. 86, § 1º, da Lei n. 8.213/91 prescreve que o auxílio-acidente será devido até a véspera do início de qualquer aposentadoria ou até a data do óbito do segurado. Portanto, são **causas de cessação do auxílio-acidente** a **concessão de qualquer espécie de aposentadoria** e, é claro, o **óbito do segurado**.

Causas de cessação do auxílio-acidente
- Óbito (→ pensão por morte)
- Aposentadoria do segurado

Antes da MP n. 1.596-14, convertida na Lei n. 9.528/97, o **auxílio-acidente era um benefício vitalício** e podia ser cumulado com aposentadoria. A MP e a respectiva lei de conversão excluíram o caráter vitalício do benefício, ao mesmo tempo que passaram a vedar a percepção conjunta dessas duas prestações.

Como antes da MP n. 1.596-14 (convertida na Lei n. 9.528/97) era possível a acumulação do auxílio-acidente com aposentadoria, gerou-se controvérsia sobre os efeitos da aplicação dos novos regramentos. **Identificam-se três situações:**

▶ **1ª Situação:** segurado recebia auxílio-acidente e aposentadoria antes da MP n. 1.596-14 (convertida na Lei n. 9.528/97). Exemplo: auxílio-acidente concedido em 1995. Aposentadoria concedida em 1996.

Solução: direito adquirido à acumulação.

▶ **2ª Situação:** segurado não recebia nenhum benefício antes da MP n. 1.596-14 (convertida na Lei n. 9.528/97). Exemplo: auxílio-acidente concedido em 1998. Aposentadoria concedida em 2012.

Solução: a situação enquadra-se totalmente à luz do direito novo, que veda a acumulação dos benefícios. Consequentemente, no exemplo, o auxílio-acidente cessará por ocasião da concessão da aposentadoria.

▶ **3ª Situação:** segurado recebia auxílio-acidente antes da MP n. 1.596-14 (convertida na Lei n. 9.528/97) e requereu a aposentadoria após a MP n. 1.596-14.

Solução: de acordo com a **Súmula 507 do STJ**, "a acumulação de auxílio-acidente com aposentadoria pressupõe que a lesão incapacitante e a aposentadoria sejam anteriores a 11/11/1997, observado o critério do art. 23 da Lei n. 8.213/1991 para definição do momento da lesão nos casos de doença profissional ou do trabalho".

No mesmo sentido, foi editada a **Súmula 75 da AGU**: "Para a acumulação do auxílio-acidente com proventos de aposentadoria, a consolidação das lesões decorrentes de acidentes de qualquer natureza, que resulte sequelas definitivas, nos termos do art. 86 da Lei n. 8.213/91, e a concessão da aposentadoria devem ser anteriores às alterações inseridas no art. 86, § 2º da Lei n. 8.213/91, pela Medida Provisória n. 1.596-14, convertida na Lei n. 9.528/97".

Atenção! A MP n. 1.596-14 (convertida na Lei n. 9.528/97), ao mesmo tempo que passou a vedar a acumulação de aposentadoria com auxílio-acidente, determinou a consideração da renda mensal do auxílio-acidente para fins de integração do cálculo da aposentadoria. Com efeito, de acordo com o art. 31 da Lei n. 8.213/91, incluído pela Lei n. 9.528/97, **o valor mensal do auxílio-acidente integra o salário de contribuição**, para fins de cálculo do salário de benefício de qualquer aposentadoria.

Exemplo: desde fevereiro de 2000, Miguel é beneficiário de auxílio-acidente. Atualmente, o valor do benefício é R$ 450,00 (para maio de 2012). Miguel também exerce atividade remunerada, auferindo mensalmente a importância de R$ 1.000,00 (para maio de 2012). Miguel deverá contribuir para a previdência social **apenas** sobre a renda do trabalho (R$ 1.000,00), já que não incide contribuição sobre os benefícios previdenciários, à exceção do salário-maternidade. Apesar de Miguel não contribuir sobre o auxílio-acidente, o seu valor mensal será utilizado para o cálculo de sua futura aposentadoria. Assim, quando a aposentadoria for calculada, deve-se utilizar como salário de contribuição referente ao mês de maio de 2012 o valor de R$ 1.450,00.

Em relação ao auxílio-acidente...	
Vantagem trazida pela MP n. 1.596-14 (convertida na Lei n. 9.528/97)	Desvantagem trazida pela MP n. 1.596-14 (convertida na Lei n. 9.528/97)
O valor mensal do auxílio-acidente integra o salário de contribuição, para fins de cálculo do salário de benefício de qualquer aposentadoria.	Passou-se a vedar a acumulação de auxílio-acidente com qualquer aposentadoria.

7.4.8. Quadro-resumo

Auxílio-acidente
- Devido apenas para o empregado, o empregado doméstico, o trabalhador avulso e o segurado especial.
- Benefício isento de carência
- Redução da capacidade para o trabalho habitual em razão de acidente de qualquer natureza ou impossibilidade de desempenho da atividade que se exercia à época do acidente, porém permitindo-se o desempenho de outra, após processo de reabilitação profissional

7.5. QUADRO COMPARATIVO DOS BENEFÍCIOS POR INCAPACIDADE

Critério	Auxílio-doença	Aposentadoria por invalidez	Auxílio-acidente
Devido a quem?	Todos os segurados da Previdência Social		Apenas ao empregado, ao empregado doméstico, ao avulso e ao segurado especial
Carência?	12 contribuições mensais. Isenção de carência nos seguintes casos: a) acidente de qualquer natureza; b) acometimento por doença grave prevista em portaria interministerial		Sempre é isento de carência
Decorre de quê?	Podem decorrer de doença ou de acidente de qualquer natureza (trabalho ou não)		Só pode decorrer de acidente de qualquer natureza (acidente do trabalho + equiparações legais + acidente extralaboral)
Fato gerador	Incapacidade para o trabalho ou atividade habitual por mais de quinze dias consecutivos	Incapacidade total e permanente para qualquer atividade, ressalvada a Súmula 47 da TNU	Redução da capacidade para o trabalho habitual em razão de acidente de qualquer natureza ou impossibilidade de desempenho da atividade que se exercia à época do acidente, porém permita o desempenho de outra, após processo de reabilitação profissional
Caráter	Substitutivo (visa a substituir a renda do trabalho)		Indenizatório
Possibilidade de exercer o trabalho habitual?	Não		Sim
Deveres do beneficiário	Submeter-se a perícias médicas periódicas a cargo da previdência social e a reabilitação profissional (quando prescrita)		Nenhum
Valor do benefício	91% SB	100% SB	50% SB
Inferior ao salário mínimo?	Excepcionalmente (art. 73, § 4º, do Decreto n. 3.048/99)	Não	Pode ser. Caráter indenizatório

7.6. APOSENTADORIA POR IDADE

7.6.1. Requisitos legais

No plano previdenciário, a proteção da pessoa idosa tem fundamento no art. 201 da CF/88, que prevê a cobertura à idade avançada. O benefício selecionado pelo legislador infraconstitucional para cobrir esse risco social é a aposentadoria por idade.

Conforme disposto no art. 48 da Lei n. 8.213/91, a aposentadoria por idade será devida ao **segurado** que, **cumprida a carência exigida nesta Lei**, completar **65**

(sessenta e cinco) anos de idade, se homem, e 60 (sessenta), se mulher.

Possíveis requisitos para a aposentadoria por idade:
- Fato gerador: idade avançada
- 180 contribuições mensais
- Qualidade de segurado?

A – Idade avançada

Para fins de concessão de aposentadoria por idade, a legislação previdenciária previu idades diferentes conforme o gênero do segurado. **Pela regra geral**, a idade necessária para a aposentadoria por idade é 65 anos para o segurado do sexo masculino, e 60 anos para a segurada do sexo feminino.

Atenção! Não se deve confundir a idade necessária para a aposentadoria por idade com a idade a partir da qual alguém é considerado idoso, prevista na Lei n. 10.741/2003 (Estatuto do Idoso).

Idade legal para a aposentadoria por idade	Idade a partir da qual alguém é considerado idoso
Regra Geral: 65 anos (H) e 60 anos (M)	60 anos (H e M)

▶ Fundamentos da diferença etária entre homem e mulher

Certamente, o principal fundamento para a redução do limite etário para as mulheres é a dupla jornada, caracterizada pelo exercício concomitante da atividade profissional com a responsabilidade em torno da administração do ambiente familiar. Outro argumento em favor da diferenciação etária está na suposta desigualdade das condições de trabalho, especialmente em relação ao acesso e à remuneração. Fala-se também que, hoje, o número de mulheres aposentadas é bem inferior ao de homens aposentados.

Segundo nos parece, o tratamento etário diferenciado não mais se justifica no cenário contemporâneo. Vários são os argumentos.

Em primeiro lugar, deve-se ponderar que a evolução da sociedade está desencadeando alteração dos costumes sociais, com a repartição crescente das tarefas domiciliares entre o casal.

Outro reflexo claro dessa alteração está no aumento considerável no número de admissões femininas. Com efeito, hoje, as mulheres não mais encontram a resistência patronal de outrora no momento em que procuram uma vaga no mercado de trabalho. Cada vez mais, os critérios de seleção são indiferentes ao sexo do trabalhador, até porque, em uma sociedade fortemente marcada pela concorrência, o que vale é a qualificação profissional. Entra quem é mais qualificado (meritocracia), pouco importa se homem ou mulher. Inclusive, não custa lembrar que a meritocracia foi o critério eleito pelo constituinte para ingresso no serviço público: o concurso público.

Em segundo lugar, quando o assunto é previdência social, não há como analisar uma norma protetiva sem descurar o respectivo impacto financeiro e atuarial. Sendo assim, também é preciso considerar que a mulher, que se aposenta cinco anos antes do homem, possui uma expectativa de vida mais longa. Ou seja, contribui menos e recebe o benefício durante mais tempo.

Quanto ao argumento de que há mais homens aposentados do que mulheres, realmente, não haveria como ser diferente. Os aposentados de hoje são os trabalhadores do passado. Nesse contexto, é certo que, antigamente, aí sim, havia uma enorme diferença entre homens e mulheres em matéria de acesso ao trabalho. No futuro, com a alteração dos costumes, a tendência é a igualação, talvez com leve preponderância feminina no número de aposentadorias mantidas pelo RGPS, já que as mulheres vivem mais.

De qualquer maneira, o debate acerca da diferença etária entre homens e mulheres limita-se ao plano teórico. Sequer é possível discutir a sua constitucionalidade, pois se trata de regra constitucional originária, atualmente prevista no art. 201, § 7º, da CF/88.

▶ Redução etária aplicável à aposentadoria por idade

De acordo com o art. 201, § 7º, II, da CF/88, o requisito etário para a aposentadoria por idade no RGPS será reduzido em cinco anos para os trabalhadores rurais de ambos os sexos e para os que exerçam suas atividades em regime de economia familiar, nestes incluídos o produtor rural, o garimpeiro e o pescador artesanal.

Atenção! Observe-se que o professor não tem direito à redução etária para fins de percepção da aposentadoria por idade. A redução aplicável ao magistério diz respeito a outro benefício: a aposentadoria por tempo de contribuição.

APOSENTADORIA POR IDADE	APOSENTADORIA POR TEMPO DE CONTRIBUIÇÃO
65 anos de idade (homem) 60 anos de idade (mulher)	35 anos de contribuição (homem) 30 anos de contribuição (mulher)

– 5 anos

Para os trabalhadores rurais de ambos os sexos e para os que exerçam suas atividades em regime de economia familiar, nestes incluídos o produtor rural, o garimpeiro e o pescador artesanal.	Para os professores do ensino infantil, médio e fundamental, que comprovem o exercício das seguintes funções: docência, coordenação, direção e assessoramento pedagógico.

Atenção! O garimpeiro não é segurado especial (é enquadrado como contribuinte individual), mas se exercer a sua atividade de garimpo em regime de economia familiar terá direito à redução de cinco anos na aposentadoria por idade.

Para que o trabalhador rural tenha direito a essa redução de cinco anos na idade, ele deve comprovar o efetivo exercício de atividade rural, ainda que de forma descontínua, no período imediatamente anterior ao requerimento do benefício, por tempo igual ao número de meses de contribuição correspondente à carência do benefício pretendido. Exemplo: para que um trabalhador rural (segurado especial) tenha direito ao benefício de aposentadoria por idade, ele deve comprovar o exercício de atividade rural no período equivalente à carência do benefício (180 meses).

Aposentadoria por idade híbrida

De acordo com o art. 48, § 3º, da Lei n. 8.213/91, para o trabalhador rural que não conseguir comprovar a atividade rural no período imediatamente anterior ao requerimento do benefício, por tempo igual à carência necessária, mas que satisfaça essa condição (carência), se forem considerados períodos de contribuição sob outras categorias de segurado (trabalhador urbano ou empregado doméstico, por exemplo), será possível a concessão do benefício em comento aos 65 anos de idade, se homem, e 60 anos, se mulher.

Exemplo: João exerceu atividade rural entre 1998 e 2003 (cinco anos) no município de Mombaça-CE, ano em que se mudou para São Paulo para trabalhar como empregado do restaurante "ViceVaxco". Nessa condição trabalhou até 2012 (nove anos), quando, então, retornou para o seu roçado no interior do Ceará, onde trabalhou até o final de 2014 (por mais dois anos). Em 2013, quando tinha 64 anos, requereu administrativamente o benefício de aposentadoria por idade. Percebe-se que a concessão de aposentadoria por idade rural seria inviável (apesar de João ter mais de 60 anos), pois seria necessário que João comprovasse o exercício de atividade exclusivamente rural no período imediatamente anterior ao requerimento do benefício (de 1997 até 2012). Isso não é possível, já que ele trabalhou como segurado urbano entre 2003 e 2012. Nesse caso, ele poderá somar o tempo urbano com o tempo rural, para fins de carência. Porém, não fará jus à redução etária aplicável ao trabalhador rural. Ou seja, João só terá direito ao benefício de aposentadoria híbrida quando completar 65 anos. Note-se que a concessão do benefício pressupõe que João acumule 180 meses, somando-se o tempo urbano e o tempo rural (5 anos de rural + 9 anos de urbano + 2 anos de rural = 16 anos > 180 meses).

Nos termos do art. 48, § 4º, da Lei 8.213/91, para efeito de concessão da aposentadoria híbrida, o cálculo da renda mensal do benefício será apurado de acordo com o disposto no inciso II do *caput* do art. 29 desta Lei, considerando-se como salário de contribuição mensal do período como segurado especial o limite mínimo de salário de contribuição da Previdência Social.

Aposentadoria por idade urbana		65 anos (H) e 60 anos (M) e 180 contribuições mensais. Para a TNU, não é possível utilizar como carência o período comprovado de trabalho rural.
Aposentadoria por idade do segurado especial[83]	Aposentadoria por idade rural	60 anos (H) e 55 anos (M) e comprovar o exercício da atividade rural durante 180 meses (art. 39 da Lei n. 8.213/91).
	Aposentadoria por idade híbrida	65 anos (H) e 60 anos (M) e completar o período de 180 meses, seja através do recolhimento de contribuições mensais (atividades urbanas), seja através da comprovação do exercício de atividade rural.

B – Carência

Conforme já salientamos, a aposentadoria por idade pressupõe que o segurado possua uma carência de 180 contribuições mensais. Para quem já estava no sis-

---

83 Apesar do que foi decidido pela TNU, é importante ressaltar que o art. 48, § 3º, da Lei n. 8.213/91, com redação dada pela Lei n. 11.718/2008, fala em "trabalhadores rurais", e não apenas no segurado especial.

tema previdenciário quando do advento da Lei n. 8.213/91, a carência é definida com base na regra de transição prevista no art. 142 dessa lei. Para mais detalhes, sugerimos a leitura do tópico relativo à carência constante do Capítulo sobre a Teoria Geral de Benefícios.

C – Qualidade de segurado? Não!

Durante algum tempo, discutiu-se a necessidade, ou não, de preenchimento concomitante dos requisitos para a concessão da aposentadoria por idade: idade, carência e qualidade de segurado.

O INSS considerava necessária a concomitância. Consequentemente, segundo o entendimento antigo da Autarquia, o indivíduo só teria direito ao benefício se, à época do implemento do requisito etário, tivesse cumprido a carência e também ostentasse a qualidade de segurado.

Entretanto, consolidou-se entendimento jurisprudencial em sentido contrário. Por essa interpretação, se alguém tivesse cumprido a carência da aposentadoria, em seguida, perdido a qualidade de segurado e, somente após a perda essa condição, completado a idade, teria adquirido o direito ao benefício.

Comungamos do ensinamento de Fábio Zambitte Ibrahim, ao criticar a posição da jurisprudência, reputando-a como equivocada. Para o autor o direito somente adere ao patrimônio jurídico do segurado, tornando-se adquirido, quando este preenche todos os requisitos legais: "tais decisões são tomadas em razão de simplório e equivocado raciocínio, no qual haveria verdadeira injustiça pelo fato de o segurado ter efetivamente vertido contribuições no passado, sem agora obter vantagem alguma"[84].

O entendimento da jurisprudência seria correto se o sistema de custeio do RGPS fosse de capitalização. Como não o é, não há sustentação científica para o deferimento de aposentadoria por idade à pessoa que não mais ostenta a qualidade de segurado quando do preenchimento da idade sob o argumento de "direito adquirido" ao benefício.

De qualquer forma, no final das contas, prevaleceu a interpretação jurisprudencial, o que ensejou a edição da Lei n. 10.666/2003, cujo art. 3º, § 1º, expressamente passou a dispensar a qualidade de segurado para fins de aposentadoria por idade, senão vejamos: "**Na hipótese de aposentadoria por idade, a perda da qualidade de segurado não será considerada para a concessão desse benefício**, desde que o segurado conte com, no mínimo, o tempo de contribuição correspondente ao exigido para efeito de carência na data do requerimento do benefício". A mesma interpretação vale para as demais aposentadorias programáveis (por tempo de contribuição e idade).

Destarte, atualmente, os únicos requisitos legais para a aposentadoria por idade são a idade e a carência. A qualidade de segurado não é necessária.

Aposentadoria por idade
- Fato gerador: idade
- Carência

7.6.2. Data de início do benefício

Nos termos do art. 49 da Lei n. 8.213/91, a aposentadoria por idade será devida:

I – ao segurado empregado, inclusive o doméstico, a partir:

a) da data do desligamento do emprego, quando requerida até essa data ou até 90 dias depois dela; ou

b) da data do requerimento, quando não houver desligamento do emprego ou quando for requerida após o prazo de 90 dias do desligamento;

Segundo vários precedentes do STF (RE 605501 AgR), a **aposentadoria espontânea, qualquer que seja ela, não extingue o contrato de trabalho**.

II – para os demais segurados, da data da entrada do requerimento.

7.6.3. Valor do benefício

A aposentadoria por idade, observado o disposto no art. 33 da Lei n. 8.213/91[85], consistirá numa renda mensal de 70% do salário de benefício, acrescido de 1% deste, por grupo de 12 contribuições, não podendo ultrapassar 100% do salário de benefício. Logo, a renda mensal do benefício não poderá ultrapassar 100% do salário de benefício.

Ressalte-se que, no cálculo da aposentadoria por idade, o **fator previdenciário somente incidirá para majoração do benefício** (aplicação facultativa).

---

84 IBRAHIM, Fábio Zambitte, op. cit., p. 588.

85 Lei n. 8.213/91: "Art. 33. A renda mensal do benefício de prestação continuada que substituir o salário de contribuição ou o rendimento do trabalho do segurado não terá valor inferior ao do salário mínimo, nem superior ao do limite máximo do salário de contribuição, ressalvado o disposto no art. 45 desta Lei".

Para o segurado especial, em regra, aposentadoria por idade terá valor de um salário mínimo (art. 39, I, da Lei n. 8.213/91). Contudo, na hipótese de o segurado especial contribuir facultativamente para a Previdência Social, o valor da aposentadoria por idade é estabelecido conforme os critérios gerais (estabelecimento do salário de benefício, com a incidência do coeficiente correspondente).

7.6.4. Aposentadoria compulsória por idade

Nos termos do art. 51 da Lei n. 8.213/91, a aposentadoria por idade pode ser requerida pela empresa, desde que o segurado empregado tenha cumprido o período de carência e completado 70 anos de idade, se do sexo masculino, ou 65 anos, se do sexo feminino, sendo compulsória para ele. Trata-se da **aposentadoria compulsória por idade**.

Observe-se que essa aposentadoria só é compulsória para o empregado. Para a empresa, é uma faculdade. Vale dizer: quando o empregado completa 70 anos, se homem, e 65 anos, se mulher, e desde que ele tenha cumprido a carência necessária, a empresa **pode** requerer a aposentadoria por idade em seu nome. Se a empresa requerer, o empregado **deve** aposentar-se compulsoriamente.

A aposentadoria compulsória por idade implica a rescisão do vínculo empregatício e equivale a uma **despedida sem justa causa**. Exatamente por isso, o empregado tem direito à indenização trabalhista, devendo-se considerar como data da rescisão do contrato de trabalho a imediatamente anterior à do início da aposentadoria.

Por ser oportuno, vale a pena fazer uma comparação entre as aposentadorias compulsórias do RGPS e do regime próprio.

Aposentadoria compulsória no RGPS	Aposentadoria compulsória no regime próprio
Idade: 70 (H) e 65 (M)	Idade: 75 (H ou M)
Facultativa para a empresa. Obrigatória para o segurado.	Obrigatória para os dois sujeitos da relação (o servidor e o ente público).
Gera o direito à indenização trabalhista	Não gera direito à indenização

7.6.5. Regra de transição prevista no art. 143 da Lei n. 8.213/91

De acordo com a regra de transição prevista no art. 143 da Lei n. 8.213/91, "o trabalhador rural ora enquadrado como segurado obrigatório no Regime Geral de Previdência Social, na forma da alínea *a* do inciso I, ou do inciso IV ou VII do art. 11 desta Lei, pode **requerer aposentadoria por idade, no valor de um salário mínimo**, durante quinze anos, contados a partir da data de vigência desta Lei, desde que comprove o exercício de atividade rural, ainda que descontínua, no período imediatamente anterior ao requerimento do benefício, em número de meses idêntico à carência do referido benefício".

Pois bem, o prazo de quinze anos previsto no art. 143 da Lei n. 8.213/91 expiraria no ano de 2006. Contudo, por questões de política social, a Medida Provisória n. 312/2006 prorrogou esse prazo por mais dois anos e, com a sua conversão na Lei n. 11.718/2008, houve nova prorrogação até 31 de dezembro de 2010 (art. 2º da Lei n. 11.718/2008).

A partir do ano de 2011, o empregado rural e o contribuinte individual rural devem observar o disposto no art. 3º da Lei n. 11.718/2008, conforme segue:

I – até 31 de dezembro de 2010, a atividade comprovada na forma do art. 143 da Lei n. 8.213/91;

II – de janeiro de 2011 a dezembro de 2015, cada mês comprovado de emprego, multiplicado por 3, limitado a 12 meses, dentro do respectivo ano civil; e

III – de janeiro de 2016 a dezembro de 2020, cada mês comprovado de emprego, multiplicado por 2, limitado a 12 meses dentro do respectivo ano civil.

Nos termos do parágrafo único do referido art. 3º da Lei n. 11.718/2008, aplica-se o disposto no *caput* deste artigo e respectivo inciso I ao trabalhador rural enquadrado na categoria de segurado contribuinte individual que comprovar a prestação de serviço de natureza rural, em caráter eventual, a uma ou mais empresas, sem relação de emprego.

A partir do ano de 2021, segue-se a regra geral de recolhimento de doze contribuições mensais por ano, cessando a regra de transição (caso não haja nova prorrogação, anote-se).

7.6.6. Quadro-resumo

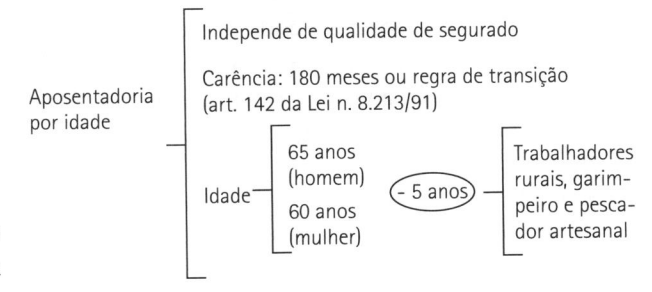

Aposentadoria por idade
- Independe de qualidade de segurado
- Carência: 180 meses ou regra de transição (art. 142 da Lei n. 8.213/91)
- Idade:
  - 65 anos (homem)
  - 60 anos (mulher)
  - − 5 anos → Trabalhadores rurais, garimpeiro e pescador artesanal

7.7. APOSENTADORIA POR TEMPO DE CONTRIBUIÇÃO

7.7.1. Nomenclatura do benefício

Depois da promulgação da Emenda Constitucional n. 20/98, a **aposentadoria por tempo de serviço passou a ser chamada de aposentadoria por tempo de contribuição**. Certamente, a ideia do constituinte foi condicionar a concessão desse benefício ao tempo efetivamente contribuído, até em razão da necessidade de equilíbrio financeiro e atuarial.

Apesar da alteração terminológica, a própria Emenda Constitucional n. 20/98 dispôs, em seu art. 4º, que, observado o disposto no art. 40, § 10, da CF/88, o tempo de serviço considerado pela legislação vigente para efeito de aposentadoria, cumprido até que a lei discipline a matéria, será contado como tempo de contribuição[86]. A única ressalva constante do preceito mencionado diz respeito à **impossibilidade de a lei estabelecer qualquer forma de contagem de tempo de contribuição fictício**.

Tempo fictício é aquele considerado em lei anterior como tempo de serviço, público ou privado, computado para fins de concessão de aposentadoria **sem que haja, por parte do servidor ou segurado, cumulativamente, a prestação de serviço e a correspondente contribuição social**. Por exemplo: tempo contado em dobro da licença-prêmio por assiduidade não gozada.

Em resumo: até o advento da lei específica:

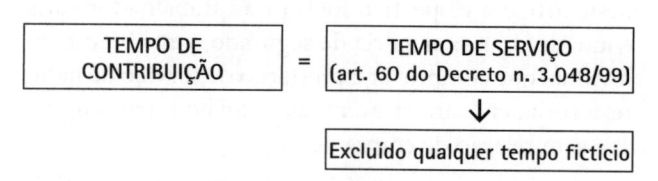

```
TEMPO DE           =    TEMPO DE SERVIÇO
CONTRIBUIÇÃO            (art. 60 do Decreto n. 3.048/99)
                            ↓
                   Excluído qualquer tempo fictício
```

7.7.2. Inexistência de contingência social

Ao contrário dos outros benefícios previdenciários, a aposentadoria por tempo de contribuição é concedida independentemente de contingência social. Com efeito, se partirmos do pressuposto de que esse benefício é concedido independentemente de idade mínima (tema que será analisado logo adiante), chega-se à conclusão de que seu principal objetivo não é amparar o indivíduo em situação de necessidade, e sim premiá-lo pelo acúmulo de tempo de contribuição considerável.

Benefício	Contingência social
Aposentadoria por idade	Idade avançada
Aposentadoria por invalidez	Invalidez
Aposentadoria por tempo de contribuição	Não existe
Aposentadoria especial	Saúde do trabalhador
Auxílio-doença	Doença
Auxílio-acidente	Redução da capacidade para o trabalho
Auxílio-reclusão	Recolhimento à prisão
Salário-maternidade	Maternidade ou aborto não criminoso
Salário-família	Prole
Pensão por morte	Morte

Como salientado por Ivan Kertzman, a aposentadoria por tempo de contribuição, por não representar qualquer contingência social, fere a lógica do sistema previdenciário público, compulsório, solidário e protetivo, mais se assemelhando a benefício de regime privado de capitalização[87]. Hermes Arrais Alencar lembra que a aposentadoria por tempo de contribuição/serviço, sem limite mínimo de idade, é privilégio existente apenas em quatro países no mundo: Brasil, Iraque, Irã e Equador[88 e 89].

7.7.3. Espécies de aposentadoria por tempo de contribuição

A Emenda Constitucional n. 20/98 **extinguiu a aposentadoria com valor proporcional ao tempo de contribuição**. Porém, essa Emenda previu duas ressalvas: 1ª) os casos de direito adquirido (art. 3º da EC n. 20/98[90]); 2ª) **uma regra de transição** (art. 9º, § 1º, da

---

86 Adiante, trataremos sobre a comprovação do trabalho para fins de averbação de tempo de contribuição.

87 LEITÃO, André Studart; MEIRINHO, Augusto Grieco Sant'Anna. *Prática previdenciária. A defesa do INSS em juízo*. São Paulo: Ed. Quartier Latin, 2008, p. 248.

88 ALENCAR, Hermes Arrais. *Benefícios previdenciários*. São Paulo: Ed. Leud, 2009, p. 293.

89 Veremos que a aposentadoria por tempo de contribuição com proventos integrais independe de idade mínima. Porém, a aposentadoria por tempo de contribuição com proventos proporcionais (que só existe como regra de transição) está condicionada ao implemento de idade mínima.

90 "Art. 3º É assegurada a concessão de aposentadoria e pensão, a qualquer tempo, aos servidores públicos e aos segurados do regime geral de previdência social, bem como aos seus dependentes, que, até a data da publicação desta Emenda, tenham cumprido os requisitos para a obtenção destes benefícios, com base nos critérios da legislação então vigente."

EC n. 20/98) que beneficia exclusivamente o segurado que se filiou ao RGPS, até a data de publicação da Emenda (16-12-1998).

A regra de transição está prevista no art. 9º da EC n. 20/98, segundo o qual é assegurado o direito à aposentadoria com valores proporcionais ao segurado que se tenha filiado ao RGPS, até a data de publicação dessa Emenda, quando, **cumulativamente**, atender aos seguintes requisitos:

I – idade: 53 anos de idade, se homem, e 48 anos de idade, se mulher;

II – tempo de contribuição igual, no mínimo, à soma de:

a) trinta anos, se homem, e vinte e cinco anos, se mulher; e

b) pedágio: um período adicional de contribuição equivalente a 40% do tempo que, na data da publicação dessa Emenda, faltaria para atingir o limite de tempo constante da alínea anterior. Exemplo: Maria, à época da promulgação da EC n. 20/98, tinha 20 anos de contribuição, tempo insuficiente para a concessão do benefício proporcional. O pedágio incide exatamente sobre o período que faltaria para Maria completar o tempo necessário para a aposentadoria proporcional (25 – 20 = 5 anos). Sobre os cinco anos, incide o percentual de 40 pontos (40% de 5 anos = 2 anos). Nessa situação, o pedágio necessário para a aposentadoria proporcional de Maria será de dois anos. Ou seja, Maria só terá direito à aposentadoria proporcional quando tiver a idade (48 anos) e tempo de contribuição de 27 anos (25 anos + 2 anos).

Neste capítulo, nosso foco principal será a análise dos requisitos da aposentadoria com valor integral ao tempo de contribuição.

Aposentadoria por tempo de contribuição:
- Com valor integral
- Com valores proporcionais ao tempo de contribuição: apenas pode ser requerida por segurados que já estavam no sistema quando da promulgação da Emenda n. 20/98

Quem se filiou até 16-12-1998	EC n. 20/98 (16-12-1998)	Quem se filiou a partir de 17-12-1998
Pode requerer a aposentadoria com valor proporcional ao tempo de contribuição		Não possui direito à aposentadoria com valor proporcional

7.7.4. Aposentadoria por tempo de contribuição com valor integral

A concessão de aposentadoria por tempo de contribuição pressupõe a observância dos seguintes requisitos legais: 1º) enquadramento previdenciário adequado; 2º) carência; e 3º) tempo de contribuição.

Aposentadoria por tempo de contribuição:
- Enquadramento previdenciário adequado
- Carência
- Tempo de contribuição

Atenção! Nos termos do art. 3º da Lei n. 10.666/2003, a perda da qualidade de segurado não será considerada para a concessão da aposentadoria por tempo de contribuição.

Atenção! De acordo com o art. 201, § 7º, da CF/88, é assegurada aposentadoria no Regime Geral de Previdência Social, nos termos da lei, obedecidas as seguintes condições: **I –** 35 anos de contribuição, se homem, e 30 anos de contribuição, se mulher; **II –** 65 anos de idade, se homem, e 60 anos de idade, se mulher, reduzido em cinco anos o limite para os trabalhadores rurais de ambos os sexos e para os que exerçam suas atividades em regime de economia familiar, nestes incluídos o produtor rural, o garimpeiro e o pescador artesanal.

É importante observar que o preceito constitucional **NÃO** prevê requisitos cumulativos. Na verdade, cada inciso do § 7º refere-se a uma modalidade diferente de aposentadoria. **Enquanto o inciso I trata da aposentadoria por tempo de contribuição, o inciso II trata da aposentadoria por idade.**

Portanto, a idade **NÃO** é requisito da aposentadoria por tempo de contribuição com valor integral. Logo, conclui-se que somente se exige a idade na aposentadoria com valor **proporcional** ao tempo de contribuição, nos termos do já citado art. 9º da Emenda Constitucional n. 20, de 1998.

Aposentadoria com valor proporcional ao tempo de contribuição	Aposentadoria com valor integral ao tempo de contribuição
Requer idade mínima	**NÃO** requer idade mínima

A – Segurados com direito ao benefício

A aposentadoria por tempo de contribuição é devida a quase todos os segurados da previdência social. **Só**

há duas exceções: 1ª) segurado especial que não opte pelo pagamento de contribuições facultativas; **2ª)** segurado que aderiu ao plano simplificado de previdência social.

Segurados que NÃO têm direito à aposentadoria por tempo de contribuição	Segurado especial que NÃO recolheu contribuições facultativas
	Segurado que aderiu ao plano simplificado de previdência social

Segurado especial que não recolhe contribuições facultativas: a contribuição obrigatória a que está sujeito o segurado especial incide sobre a receita decorrente da comercialização de sua produção, nos termos do art. 195, § 8º, da CF/88. Essa contribuição obrigatória garante para o segurado especial uma cobertura previdenciária sem direito à aposentadoria por tempo de contribuição. Isso não significa que o segurado especial nunca terá direito a essa modalidade de aposentadoria. Se ele optar por contribuir facultativamente, de forma idêntica aos demais segurados, a legislação garante-lhe a mesma cobertura previdenciária (art. 39, II, da Lei n. 8.213/91). Nesse sentido, dispõe a **Súmula 272 do STJ**: "O trabalhador rural, na condição de segurado especial, sujeito à contribuição obrigatória sobre a produção rural comercializada, somente faz jus à aposentadoria por tempo de serviço, se recolher contribuições facultativas".

Segurado especial *cobertura básica*	Segurado especial que contribua facultativamente
Art. 39, I: aposentadoria por idade ou por invalidez, de auxílio-doença, de auxílio-reclusão ou de pensão, e de auxílio-acidente.	Art. 39. Para os segurados especiais (...) fica garantida a concessão: (...)
Art. 39, parágrafo único: salário-maternidade.	II – dos benefícios especificados nesta Lei, (...) desde que contribuam facultativamente para a Previdência Social (...).
Art. 18, § 1º: auxílio-acidente.	

Segurado que aderiu ao plano simplificado de previdência social: com o advento da Lei Complementar n. 123/2006, foi instituído o Plano Simplificado de Previdência Social, o qual possibilita a redução da alíquota da contribuição para o contribuinte individual (que trabalhe por conta própria, sem relação de trabalho com empresa ou equiparado) e para o segurado facultativo. Basicamente, a ideia do Plano Simplificado de Previdência Social é facilitar o acesso do indivíduo à Previdência Social, mediante redução da alíquota do tributo para 5% ou 11% (em vez de 20%).

Entretanto, conforme salientamos no Capítulo 4 (tópico: sistema especial de inclusão previdenciária), a adesão ao plano simplificado também possui desvantagens. Com efeito, **quem aderir ao plano simplificado terá uma cobertura previdenciária mais restrita, sem direito ao benefício de aposentadoria por tempo de contribuição e à contagem recíproca (ressalvada a possibilidade de complementação da contribuição).** E mais: o indivíduo que aderir ao Plano Simplificado só pode contribuir sobre o salário mínimo. Consequentemente, só poderá receber um salário mínimo.

> Art. 18, § 3º, da Lei n. 8.213/91, com redação dada pela LC n. 123/2006: "O segurado contribuinte individual, que trabalhe por conta própria, sem relação de trabalho com empresa ou equiparado, e o segurado facultativo que contribuam na forma do § 2º do art. 21 da Lei n. 8.212, de 24 de julho de 1991, não farão jus à aposentadoria por tempo de contribuição".
>
> Art. 21, § 3º, da Lei n. 8.212/91: "O segurado que tenha contribuído na forma do § 2º deste artigo e pretenda contar o tempo de contribuição correspondente para fins de obtenção da aposentadoria por tempo de contribuição ou da contagem recíproca do tempo de contribuição a que se refere o art. 94 da Lei n. 8.213, de 24 de julho de 1991, **deverá complementar a contribuição mensal mediante recolhimento**, sobre o valor correspondente ao limite mínimo mensal do salário-de-contribuição em vigor na competência a ser complementada, da diferença entre o percentual pago e o de 20% (vinte por cento), acrescido dos juros moratórios de que trata o § 3º do art. 5º da Lei n. 9.430, de 27 de dezembro de 1996".

A alíquota de 5% passou a estar prevista a partir da Lei n. 12.470/2011, que previu sua incidência em duas situações: **1ª)** no caso do microempreendedor individual, de que trata o art. 18-A da Lei Complementar n. 123, de 14 de dezembro de 2006. Nos termos do § 25 do art. 9º do Decreto n. 3.048/99, c/c art. 18-A, § 1º, da LC n. 123/2006, com redação dada pela Lei Complementar n. 155, de 2016, é considerado MEI o empresário individual que se enquadre na definição do art. 966 da Lei n. 10.406, de 10 de janeiro de 2002 – Código Civil, ou o empregador que exerça as atividades de industrialização, comercialização e prestação de serviços no âmbito rural, que tenha auferido receita bruta, no ano-calendário anterior, de até R$ 81.000,00 (oitenta e um mil reais), que seja optante do Simples Nacional e que não esteja impedido de optar pela sistemática prevista neste artigo; **2ª)** do segurado facultativo sem renda própria que se dedique exclusivamente ao trabalho doméstico no âmbito de sua residência, desde que pertencente a família de baixa renda (**basicamente, as donas de casa**). Nesse contexto, considera de baixa renda, para os fins do disposto na alínea *b* do inciso II do § 2º deste artigo, a família inscrita no Cadastro Único para Programas Sociais do Governo Federal – CadÚnico cuja renda mensal seja de até 2 (dois) salários mínimos.

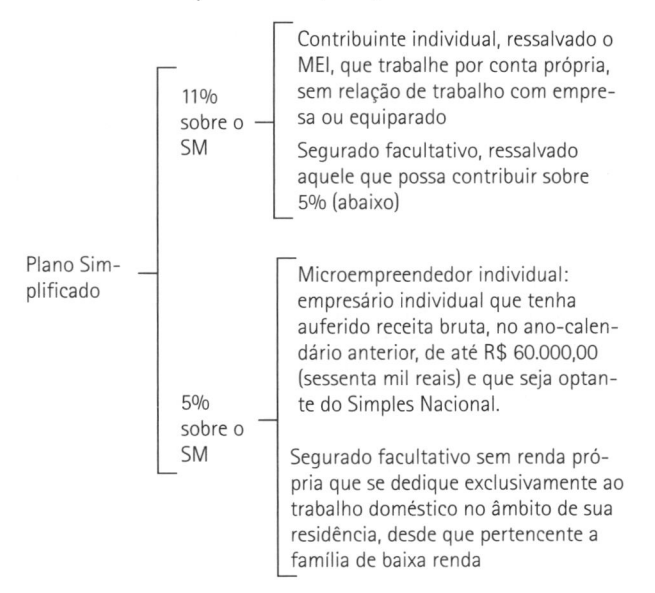

Plano Simplificado
- 11% sobre o SM
  - Contribuinte individual, ressalvado o MEI, que trabalhe por conta própria, sem relação de trabalho com empresa ou equiparado
  - Segurado facultativo, ressalvado aquele que possa contribuir sobre 5% (abaixo)
- 5% sobre o SM
  - Microempreendedor individual: empresário individual que tenha auferido receita bruta, no ano-calendário anterior, de até R$ 60.000,00 (sessenta mil reais) e que seja optante do Simples Nacional.
  - Segurado facultativo sem renda própria que se dedique exclusivamente ao trabalho doméstico no âmbito de sua residência, desde que pertencente a família de baixa renda

Atenção! A adesão ao plano simplificado de previdência social não é definitiva. Com efeito, segundo o art. 21, § 3º, da Lei n. 8.212/91, o segurado que aderir ao plano e pretenda contar o tempo de contribuição correspondente para fins de obtenção da aposentadoria por tempo de contribuição ou da contagem recíproca deverá complementar a contribuição mensal mediante recolhimento, sobre o valor correspondente ao limite mínimo mensal do salário de contribuição em vigor na competência a ser complementada, da diferença entre o percentual pago e o de 20% (vinte por cento), acrescido dos juros moratórios. Essa contribuição complementar será exigida a qualquer tempo, sob pena de indeferimento do benefício.

Exemplo: Maurício contribuiu para a previdência social durante 35 anos. Ao longo desses 35 anos, permaneceu no plano simplificado durante três anos, recolhendo 11% sobre o salário mínimo. Nesse caso, Maurício não poderá utilizar esses três anos como tempo de contribuição para uma aposentadoria por tempo de contribuição, a não ser que ele complemente a contribuição, valor que deve ser acrescido de juros moratórios. Como a alíquota desse período foi de 11%, Maurício deverá recolher 9% (= 20% – 11%), para fazer jus à aposentadoria por tempo de contribuição.

PLANO SIMPLIFICADO DE PREVIDÊNCIA SOCIAL	
VANTAGEM	**DESVANTAGEM**
20% → 5% ou 11% — Redução da alíquota da contribuição	Renúncia ao benefício de aposentadoria por tempo de contribuição

Variação percentual do Plano Simplificado	
I – 11% (onze por cento), no caso do segurado contribuinte individual, que trabalhe por conta própria, sem relação de trabalho com empresa ou equiparado e do segurado facultativo, que opte pela exclusão do direito à aposentadoria por tempo de contribuição.	II – 5% (cinco por cento): a) no caso do microempreendedor individual, de que trata o art. 18-A da LC n. 123/2006. b) do segurado facultativo sem renda própria que se dedique exclusivamente ao trabalho doméstico no âmbito de sua residência, desde que pertencente a família de baixa renda.

B – Carência

Conforme já salientamos, a aposentadoria por tempo de contribuição pressupõe que o segurado possua uma carência de 180 contribuições mensais. Para quem já estava no sistema previdenciário quando do advento da Lei n. 8.213/91, a carência é definida com base na regra de transição prevista no art. 142 dessa lei. Para mais detalhes, sugerimos a leitura do tópico relativo à carência constante do Capítulo referente à Teoria Geral de Benefícios.

C – Tempo de contribuição

De acordo com o art. 201, § 7º, I, da CF/88, é assegurada aposentadoria no RGPS, nos termos da lei, quando o indivíduo completar 35 anos de contribuição, se homem, e 30 anos de contribuição, se mulher. O § 8º do mesmo artigo prevê a redução de cinco anos decorrente do exercício do magistério, tema que será analisado no próximo tópico.

Aposentadoria por tempo de contribuição com valor integral
- 35 anos de contribuição (homem)
- 30 anos de contribuição (mulher)
- Não exige idade mínima
- – 5 anos para o professor

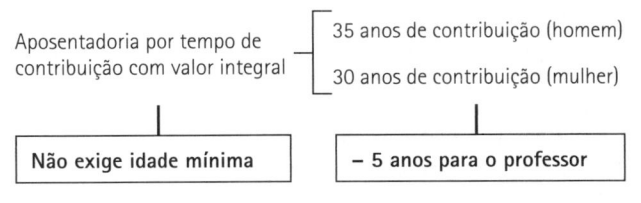

Já vimos que, depois da Emenda Constitucional n. 20/98, a **aposentadoria por tempo de serviço passou a ser chamada de aposentadoria por tempo de contribuição**. Não obstante a alteração terminológica, a própria Emenda ressalvou que o tempo de serviço considerado pela legislação vigente para efeito de aposentadoria, cumprido **até que a lei discipline a matéria**, será contado como tempo de contribuição. Atualmente, a questão é tratada no art. 60 do Decreto n. 3.048/99, abaixo transcrito (destacaremos as hipóteses mais importantes para concursos públicos, em nosso entender):

> Art. 60. Até que lei específica discipline a matéria, são contados como tempo de contribuição, entre outros:
>
> I – o período de exercício de atividade remunerada abrangida pela previdência social urbana e rural, ainda que anterior à sua instituição, respeitado o disposto no inciso XVII;
>
> II – o período de contribuição efetuada por segurado depois de ter deixado de exercer atividade remunerada que o enquadrava como segurado obrigatório da previdência social;
>
> **III – o período em que o segurado esteve recebendo auxílio-doença ou aposentadoria por invalidez, entre períodos de atividade;**
>
> IV – o tempo de serviço militar, salvo se já contado para inatividade remunerada nas Forças Armadas ou auxiliares, ou para aposentadoria no serviço público federal, estadual, do Distrito Federal ou municipal, ainda que anterior à filiação ao Regime Geral de Previdência Social, nas seguintes condições:
>
> a) obrigatório ou voluntário; e
>
> b) alternativo, assim considerado o atribuído pelas Forças Armadas àqueles que, após alistamento, alegarem imperativo de consciência, entendendo-se como tal o decorrente de crença religiosa e de convicção filosófica ou política, para se eximirem de atividades de caráter militar;
>
> **V – o período em que a segurada esteve recebendo salário-maternidade;**
>
> VI – o período de contribuição efetuada como segurado facultativo;
>
> VII – o período de afastamento da atividade do segurado anistiado que, em virtude de motivação exclusivamente política, foi atingido por atos de exceção, institucional ou complementar, ou abrangido pelo Decreto Legislativo n. 18, de 15 de dezembro de 1961, pelo Decreto-Lei n. 864, de 12 de setembro de 1969, ou que, em virtude de pressões ostensivas ou expedientes oficiais sigilosos, tenha sido demitido ou compelido ao afastamento de atividade remunerada no período de 18 de setembro de 1946 a 5 de outubro de 1988;
>
> VIII – o tempo de serviço público federal, estadual, do Distrito Federal ou municipal, inclusive o prestado a autarquia ou a sociedade de economia mista ou fundação instituída pelo Poder Público, regularmente certificado na forma da Lei n. 3.841, de 15 de dezembro de 1960, desde que a respectiva certidão tenha sido requerida na **entidade para a qual o serviço foi prestado até 30 de setembro de 1975, véspera do início da vigência da Lei n. 6.226, de 14 de junho de 1975;**
>
> **IX – o período em que o segurado esteve recebendo benefício por incapacidade por acidente do trabalho, intercalado ou não;**
>
> **X – o tempo de serviço do segurado trabalhador rural anterior à competência novembro de 1991;**
>
> XI – o tempo de exercício de mandato classista junto a órgão de deliberação coletiva em que, nessa qualidade, tenha havido contribuição para a previdência social;
>
> **XII – o tempo de serviço público prestado à administração federal direta e autarquias federais, bem como às estaduais, do Distrito Federal e municipais, quando aplicada a legislação que autorizou a contagem recíproca de tempo de contribuição;**
>
> XIII – o período de licença remunerada, desde que tenha havido desconto de contribuições;
>
> XIV – o período em que o segurado tenha sido colocado pela empresa em disponibilidade remunerada, desde que tenha havido desconto de contribuições;
>
> XV – o tempo de serviço prestado à Justiça dos Estados, às serventias extrajudiciais e às escrivanias judiciais, desde que não tenha havido remuneração pelos cofres públicos e que a atividade não estivesse à época vinculada a regime próprio de previdência social;
>
> XVI – o tempo de atividade patronal ou autônoma, exercida anteriormente à vigência da Lei n. 3.807, de 26 de agosto de 1960, desde que indenizado conforme o disposto no art. 122;
>
> XVII – o período de atividade na condição de empregador rural, desde que comprovado o recolhimento de contribuições na forma da Lei n. 6.260, de 6 de novembro de 1975, com indenização do período anterior, conforme o disposto no art. 122;
>
> XVIII – o período de atividade dos auxiliares locais de nacionalidade brasileira no exterior, amparados pela Lei n. 8.745, de 1993, anteriormente a 1º de janeiro de 1994, desde que sua situação previdenciária esteja regularizada junto ao Instituto Nacional do Seguro Social;
>
> XIX – o tempo de exercício de mandato eletivo federal, estadual, distrital ou municipal, desde que tenha havido contribuição em época própria e não tenha sido contado para efeito de aposentadoria por outro regime de previdência social;
>
> XX – o tempo de trabalho em que o segurado esteve exposto a agentes nocivos químicos, físicos, biológicos ou associação de agentes prejudiciais à saúde ou à integridade física, observado o disposto nos arts. 64 a 70; e
>
> XXI – o tempo de contribuição efetuado pelo servidor público de que tratam as alíneas *i, j* e *l* do inciso I do *caput* do art. 9º e o § 2º do art. 26, com base nos arts. 8º e 9º da Lei n. 8.162, de 8 de janeiro de 1991, e no art. 2º da Lei n. 8.688, de 21 de julho de 1993.
>
> XXII – o tempo exercido na condição de aluno-aprendiz referente ao período de aprendizado profissional realizado em escola técnica, desde que comprovada a remuneração, mesmo que indireta, à conta do orçamento público e o vínculo empregatício.

Incisos III e IX[91]: é bom lembrar que, durante o gozo de auxílio-doença ou aposentadoria por invalidez, não há recolhimento de contribuição. Mesmo assim, esse período pode ser utilizado como tempo de contribuição, pelo menos até que lei específica disciplina a matéria. O Decreto n. 3.048/99 prevê tratamento diferenciado conforme a tipologia do benefício. Em se tratando de benefício previdenciário por incapacidade, o período de gozo somente contará como tempo de contribuição quando intercalado (= entre períodos de atividade). De outro lado, o período de percepção de benefício por incapacidade decorrente de acidente de trabalho sempre contará como tempo de contribuição.

---

91 Em sentido semelhante, dispõe o art. 55, II, da Lei n. 8.213/91: "Art. 55. O tempo de serviço será comprovado na forma estabelecida no Regulamento, compreendendo, além do correspondente às atividades de qualquer das categorias de segurados de que trata o art. 11 desta Lei, mesmo que anterior à perda da qualidade de segurado: (...) II – o tempo intercalado em que esteve em gozo de auxílio-doença ou aposentadoria por invalidez".

```
┌─────────────────┐     ┌─────────────────┐
│ Auxílio-doença e│     │Auxílio-doença e aposentadoria│
│ aposentadoria por│    │ por invalidez de natureza│
│ invalidez decorrente de│ │ previdenciária (não decorrente│
│ acidente do trabalho│  │ de acidente do trabalho)│
└─────────────────┘     └─────────────────┘
         ↓                       ↓
┌─────────────────┐     ┌─────────────────┐
│ Sempre conta como│    │ Só conta como tempo de│
│ tempo de contribuição│ │ contribuição quando intercalado│
│ (intercalado ou não).│ │ (= entre períodos de atividade).│
└─────────────────┘     └─────────────────┘
                                 ↓
                        ┌─────────┬──────────┬─────────┐
                        │Trabalho │ Período  │Trabalho │
                        │         │intercalado│        │
                        └─────────┴──────────┴─────────┘
```

Inciso V: não há dúvida de que o período de gozo de salário-maternidade é averbado como tempo de contribuição, até porque esse benefício integra o salário de contribuição, ou seja, sofre incidência de contribuição previdenciária.

Incisos VIII e XII: ambos os incisos tratam da **contagem recíproca de tempo de contribuição** e têm fundamento no art. 201, § 9º, da CF/88: "Para efeito de aposentadoria, é assegurada a contagem recíproca do tempo de contribuição na administração pública e na atividade privada, rural e urbana, hipótese em que os diversos regimes de previdência social se compensarão financeiramente, segundo critérios estabelecidos em lei".

Inciso X: o tempo de serviço do segurado trabalhador rural anterior à competência novembro de 1991 (vigência do Decreto n. 356/91) também será contado como tempo de contribuição. Porém, não poderá ser utilizado como carência, nos termos do art. 55, § 2º, da Lei n. 8.213/91: "O tempo de serviço do segurado trabalhador rural, anterior à data de início de vigência desta Lei, será computado independentemente do recolhimento das contribuições a ele correspondentes, exceto para efeito de carência, conforme dispuser o Regulamento".

Nesse sentido, foi editada a **Súmula 27 da AGU:** "Para concessão de aposentadoria no RGPS, é permitido o cômputo do tempo de serviço rural exercido anteriormente à Lei n. 8.213, de 24 de julho de 1991, independente do recolhimento das contribuições sociais respectivas, exceto para efeito de carência".

Vamos a um exemplo!

> José exerceu atividade nos seguintes períodos:
> Foi trabalhador rural entre janeiro de 1970 e janeiro de 1991 = 21 anos (rural)
> Exerceu atividade urbana entre fevereiro de 1991 e fevereiro de 1992 = 1 ano (urbano)
> Exerceu atividade urbana entre janeiro de 1999 e janeiro de 2012 = 13 anos (urbano)
>
> Qual é o tempo de contribuição de José?
> O período de atividade rural anterior à Lei n. 8.213/91 pode ser contado como tempo de contribuição. Logo: 21 + 1 + 13 = 35 anos de contribuição.
> PORÉM, o período rural anterior à Lei n. 8.213/91 não pode ser utilizado como carência. Sendo assim, José possui apenas 168 contribuições (= 14 anos) que podem ser utilizadas como carência. Logo, José ainda não possui direito ao benefício.

Inciso XXII: também é contado como tempo de contribuição o tempo exercido na condição de aluno-aprendiz referente ao período de aprendizado profissional realizado em escola técnica, desde que comprovada a remuneração, mesmo que indireta, à conta do orçamento público e o vínculo empregatício. Entende-se **que o requisito referente à remuneração à conta do orçamento da União poderá ser substituído por certidão que ateste o recebimento de alimentação, fardamento, material escolar e parcela de renda auferida com a execução de encomendas para terceiros.**

O inciso regulamentar acabou sendo repetido pela **Súmula 24 da AGU:** "É permitida a contagem, como tempo de contribuição, do tempo exercido na condição de aluno-aprendiz referente ao período de aprendizado profissional realizado em escolas técnicas, desde que comprovada a remuneração, **mesmo que indireta**, à conta do orçamento público e o vínculo empregatício". Nesse diapasão, podemos citar a **Súmula 18 da TNU** e a **Súmula 96 do TCU** (Tribunal de Contas da União), além de vários precedentes no **STJ** (AgRg no REsp 1.147.229/RS[92]).

> **Súmula 18 da TNU:** Provado que o aluno aprendiz de Escola Técnica Federal recebia remuneração, **mesmo que indireta**, à conta do orçamento da União, o respectivo tempo de serviço pode ser computado para fins de aposentadoria previdenciária.
>
> **Súmula 96 do TCU:** Conta-se para todos os efeitos, como tempo de serviço público, o período de trabalho prestado, na qualidade de aluno-aprendiz, em Escola Pública Profissional, desde que compro-

---

92 **STJ:** "(...) I – A jurisprudência das Turmas que compõem a Terceira Seção deste Superior Tribunal é uníssona no sentido de ser facultado ao aluno-aprendiz de escola pública profissional o direito à contagem de tempo estudado para fins de complementação de aposentadoria, desde que comprove o vínculo empregatício e remuneração à conta do orçamento da União. II – O requisito referente à remuneração à conta do orçamento da União poderá ser substituído por certidão que ateste o recebimento de alimentação, fardamento, material escolar e parcela de renda auferida com a execução de encomendas para terceiros. (...)" (AgRg no REsp 1.147.229/RS, *DJe* 14-10-2011).

> vada a retribuição pecuniária à conta do Orçamento, admitindo-se, como tal, o recebimento de alimentação, fardamento, material escolar e parcela de renda auferida com a execução de encomendas para terceiros.

D – Redução provocada pelo magistério

Conforme disposto no art. 201, § 8º, da CF/88, o tempo de contribuição será reduzido, em **cinco anos**, para o professor que comprove exclusivamente tempo de efetivo exercício das funções de magistério na educação infantil e no ensino fundamental e médio.

Em primeiro lugar, percebe-se que apenas o magistério na educação infantil e nos ensinos fundamental e médio provoca o direito à redução do tempo de contribuição. **Desde a Emenda Constitucional n. 20/98, o professor universitário foi excluído do alcance dessa regra.**

Outro ponto fundamental refere-se ao conceito de magistério. Afinal, o que caracteriza função de magistério? Durante algum tempo, essa pergunta foi respondida pela **Súmula 726 do STF**: "Para efeito de aposentadoria especial de professores, não se computa o tempo de serviço prestado fora de sala de aula".

Entretanto, em 2006, foi editada a **Lei n. 11.301**, que alterou a redação do art. 67 da Lei n. 9.394/96, nos seguintes termos: "Para os efeitos do disposto no § 5º do art. 40 e no § 8º do art. 201 da Constituição Federal, são consideradas funções de magistério as exercidas por professores e especialistas em educação no desempenho de atividades educativas, quando exercidas em estabelecimento de educação básica em seus diversos níveis e modalidades, incluídas, além do exercício da docência, as de direção de unidade escolar e as de coordenação e assessoramento pedagógico".

Logo após o advento da Lei n. 11.301/2006, a questão voltou a ser controvertida. Inclusive, foi ajuizada uma Ação Direta de Inconstitucionalidade contra a Lei n. 11.301/2006 (**ADIn 3.772**). Ao julgar a ação, o **STF**, mediante **interpretação conforme**, passou a entender que as funções de direção, coordenação e assessoramento pedagógico integram a carreira do magistério, desde que exercidos, em estabelecimentos de ensino básico, por professores de carreira, excluídos os especialistas em educação[93]. Como essa decisão foi proferida em controle concentrado e possui efeitos vinculantes em relação ao Poder Judiciário e à Administração Pública, a questão, atualmente, encontra-se pacificada. **Após o julgamento da ADIn 3.772, a Súmula 726 deixou de ser aplicada.**

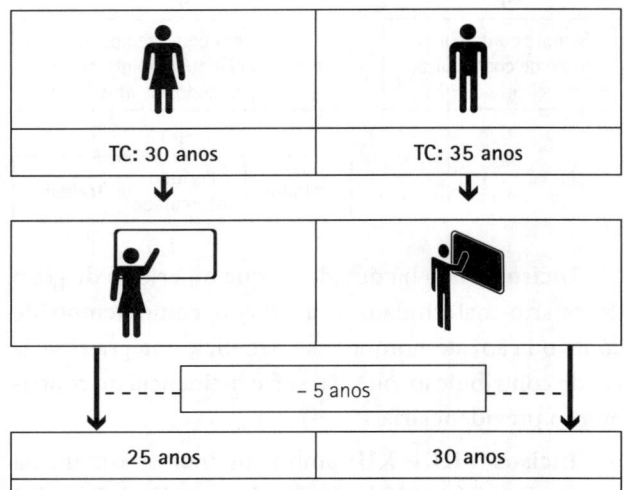

TC: 30 anos	TC: 35 anos
25 anos	30 anos

– 5 anos

Para professores da educação infantil, ensino fundamental e médio. Consideram-se magistério as atividades de direção, coordenação e assessoramento pedagógico, quando exercidas por professores de carreira.

7.7.5. Data de início do benefício

De acordo com o art. 54 da Lei n. 8.213/91, a data do início da aposentadoria por tempo de contribuição será fixada da mesma forma que a da aposentadoria por idade (art. 49). Assim, o benefício será devido:

I – ao segurado empregado, inclusive o doméstico, a partir:

a) da data do desligamento do emprego, quando requerida até essa data ou até 90 (noventa) dias depois dela; ou

b) da data do requerimento, quando não houver desligamento do emprego ou quando for requerida após o prazo de noventa dias.

Segundo vários precedentes do **STF** (RE 605501 AgR), **a aposentadoria espontânea, qualquer que seja ela, não extingue o contrato de trabalho.**

---

93 STF: "(...) I – A função de magistério não se circunscreve apenas ao trabalho em sala de aula, abrangendo também a preparação de aulas, a correção de provas, o atendimento aos pais e alunos, a coordenação e o assessoramento pedagógico e, ainda, a direção de unidade escolar. II – As funções de direção, coordenação e assessoramento pedagógico integram a carreira do magistério, desde que exercidos, em estabelecimentos de ensino básico, por professores de carreira, excluídos os especialistas em educação, fazendo jus aqueles que as desempenham ao regime especial de aposentadoria estabelecido nos arts. 40, § 5ª, e 201, § 8ª, da Constituição Federal. III – Ação direta julgada parcialmente procedente, com interpretação conforme, nos termos *supra*" (ADIn 3.772, Rel. Min. Carlos Britto, Rel. p/ acórdão Min. Ricardo Lewandowski, Tribunal Pleno, julgado em 29-10-2008, publ. 29-10-2009).

II – para os demais segurados, da data da entrada do requerimento.

7.7.6. Valor do benefício

A aposentadoria por tempo de contribuição com valor integral corresponde a 100% do salário de benefício, **com incidência obrigatória do fator previdenciário**.

Até o advento da **MP n. 676, de 17 de junho de 2015**, que entrou em vigor na data de sua publicação, para a aposentadoria por tempo de contribuição, a aplicação do fator previdenciário sempre era obrigatória, fosse para aumentar ou para diminuir o valor da aposentadoria.

A MP n. 676/2015 incluiu o art. 29-C da Lei n. 8.213/91, **flexibilizando** a aplicação obrigatória do fator previdenciário. Submetida ao Congresso Nacional, referida MP foi convertida na **Lei n. 13.183/2015**, com algumas alterações em seu texto. Vejamos o texto final do art. 29-C da Lei n. 8.213/91:

Lei n. 8.213/91: Art. 29-C. O segurado que preencher o requisito para a aposentadoria por tempo de contribuição poderá optar pela não incidência do fator previdenciário no cálculo de sua aposentadoria, quando o total resultante da soma de sua idade e de seu tempo de contribuição, incluídas as frações, na data de requerimento da aposentadoria, for:

I – igual ou superior a noventa e cinco pontos, se homem, observando o tempo mínimo de contribuição de trinta e cinco anos; ou

II – igual ou superior a oitenta e cinco pontos, se mulher, observado o tempo mínimo de contribuição de trinta anos.

§ 1º Para os fins do disposto no *caput*, serão somadas as frações em meses completos de tempo de contribuição e idade.

§ 2º As somas de idade e de tempo de contribuição previstas no *caput* serão majoradas em um ponto em:

I – 31 de dezembro de 2018;

II – 31 de dezembro de 2020;

III – 31 de dezembro de 2022;

IV – 31 de dezembro de 2024; e

V – 31 de dezembro de 2026.

§ 3º Para efeito de aplicação do disposto no *caput* e no § 2º, o tempo mínimo de contribuição do professor e da professora que comprovarem exclusivamente tempo de efetivo exercício de magistério na educação infantil e no ensino fundamental e médio será de, respectivamente, trinta e vinte e cinco anos, e serão acrescidos cinco pontos à soma da idade com o tempo de contribuição.

§ 4º Ao segurado que alcançar o requisito necessário ao exercício da opção de que trata o *caput* e deixar de requerer aposentadoria será assegurado o direito à opção com a aplicação da pontuação exigida na data do cumprimento do requisito nos termos deste artigo.

De acordo com o art. 29-C da Lei n. 8.213/91, com redação dada pela Lei n. 13.183/2015, a **aplicação facultativa do fator previdenciário** pressupõe:

1º) tempo mínimo de contribuição de 35 (trinta e cinco) anos para homens e 30 (trinta) anos para mulheres;

2º) que o total resultante da soma de idade e de tempo de contribuição, incluídas as frações, na data de requerimento da aposentadoria, seja igual ou superior a:

Ano	Total para homens (TC + Idade)	Total para mulheres (TC + Idade)
Até 30-12-2018	95	85
A partir de 31-12-2018	96	86
A partir de 31-12-2020	97	87
A partir de 31-12-2022	98	88
A partir de 31-12-2024	99	89
A partir de 31-12-2026	100	90

> Lembrando que o tempo mínimo de contribuição é de 35 anos para homens e 30 para mulheres.

Se algum desses pressupostos não for atendido, o fator previdenciário passa a ter aplicação obrigatória.

A aposentadoria com valor proporcional ao tempo de contribuição corresponde a 70% do salário de benefício, acrescido de 5% por ano de contribuição que supere a soma de 30 anos (homem) ou 25 anos (mulher) de contribuição com o pedágio, até o limite de cem por cento. De igual modo, incide o fator previdenciário obrigatoriamente, sem nenhuma possibilidade de flexibilização, pois um dos requisitos para a não aplicação do fator previdenciário é o tempo mínimo de contribuição de 35 anos para homens e 30 anos para mulheres.

7.7.7. Quadro-resumo

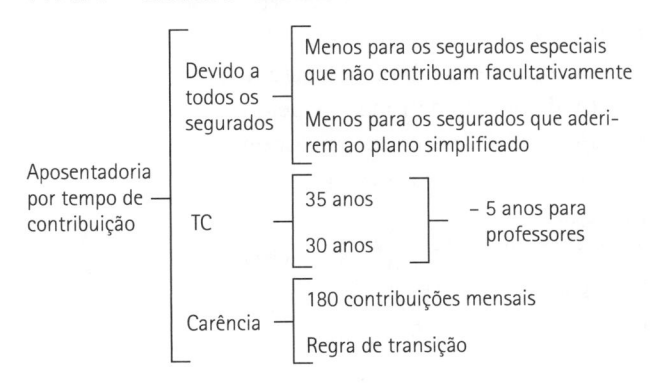

Aposentadoria por tempo de contribuição:
- Devido a todos os segurados
  - Menos para os segurados especiais que não contribuam facultativamente
  - Menos para os segurados que aderirem ao plano simplificado
- TC
  - 35 anos
  - 30 anos
  - – 5 anos para professores
- Carência
  - 180 contribuições mensais
  - Regra de transição

7.8. APOSENTADORIA ESPECIAL

7.8.1. Fundamento constitucional

Conforme disposto no art. 201, § 1º, da CF/88, é vedada a adoção de requisitos e critérios diferenciados para a concessão de aposentadoria aos beneficiários do RGPS, ressalvados os casos de atividades exercidas sob condições especiais que prejudiquem a saúde ou a integridade física e quando se tratar de segurados portadores de deficiência, nos termos definidos em lei complementar.

O tratamento diferenciado de quem exerce atividade especial não implica ofensa ao princípio da isonomia por revelar um critério razoável. O exercício de atividade potencialmente nociva à saúde ou à integridade física do trabalhador justifica a aposentadoria em menor tempo, tutelando como bem jurídico a saúde, em sentido amplo, do segurado.

7.8.2. Requisitos legais

O art. 57 da Lei n. 8.213/91 dispõe que a aposentadoria especial será devida, uma vez cumprida a carência exigida nesta Lei, ao segurado que tiver trabalhado sujeito a condições especiais que prejudiquem a saúde ou a integridade física, durante 15 (quinze), 20 (vinte) ou 25 (vinte e cinco) anos, conforme dispuser a lei.

Atenção! A idade **NÃO** é requisito para a aposentadoria especial!

A – Segurados com direito à aposentadoria especial

De acordo com o art. 64 do Decreto n. 3.048/99, a aposentadoria especial é devida exclusivamente ao segurado **empregado, trabalhador avulso e contribuinte individual, este somente quando cooperado filiado a cooperativa de trabalho ou de produção.**

Por que o Decreto n. 3.048/99 limita o alcance protetivo da aposentadoria especial para esses três segurados? É que esse benefício é custeado por uma contribuição específica, prevista no art. 57, § 6º, da Lei n. 8.213/91 e no art. 1º, §§ 1º e 2º, da Lei n. 10.666/2003. E essa contribuição só é devida em razão do exercício de atividade pelo empregado, pelo avulso e pelos cooperados. Existe, portanto, correspondência direta entre o financiamento e a proteção.

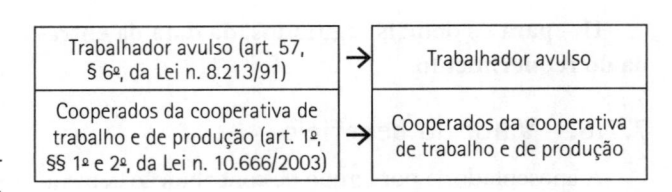

A contribuição existe em razão do trabalho dos seguintes segurados:	Segurados com direito ao benefício
Empregado (art. 57, § 6º, da Lei n. 8.213/91) →	Empregado
Trabalhador avulso (art. 57, § 6º, da Lei n. 8.213/91) →	Trabalhador avulso
Cooperados da cooperativa de trabalho e de produção (art. 1º, §§ 1º e 2º, da Lei n. 10.666/2003) →	Cooperados da cooperativa de trabalho e de produção

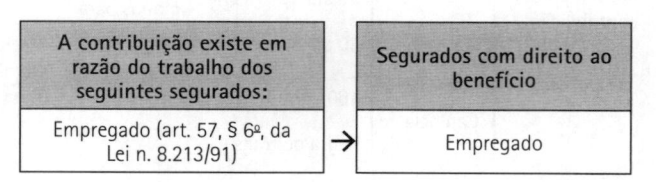

Entretanto, é importante salientar que a **TNU**, recentemente, reconheceu o direito do contribuinte individual à aposentadoria especial, ao argumento de que não há na Lei n. 8.213/91 qualquer vedação à concessão desse benefício a essa categoria de segurados, não sendo possível que atos administrativos do INSS estabeleçam restrições não previstas na legislação de regência (Pedido n. 200970520004390, *DOU* 9-3-2012[94]). Esse entendimento acabou dando ensejo à edição da **Súmula 62 da TNU**: "O segurado contribuinte individual pode obter reconhecimento de atividade especial para fins previdenciários, desde que consiga comprovar exposição a agentes nocivos à saúde ou à integridade física".

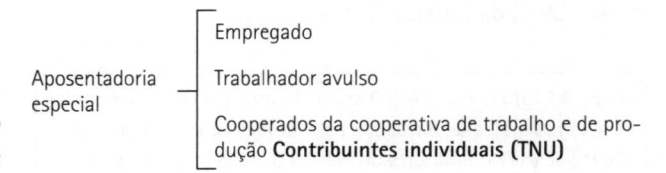

Aposentadoria especial
- Empregado
- Trabalhador avulso
- Cooperados da cooperativa de trabalho e de produção **Contribuintes individuais (TNU)**

Atenção! Apesar da nomenclatura, o segurado **especial NÃO** tem direito à aposentadoria **especial**.

B – Carência

A aposentadoria especial pressupõe que o segurado possua uma carência de 180 contribuições mensais. Para quem já estava no sistema previdenciário quando do advento da Lei n. 8.213/91, a carência é definida

---

[94] TNU: "(...) 1. Ao contribuinte individual é reconhecido o direito à aposentadoria especial, eis que não há na Lei n. 8.213/91 vedação à concessão do referido benefício a essa categoria de segurados. Atos administrativos do INSS não podem estabelecer restrições que não são previstas na legislação de regência. 2. Ao sócio-gerente de empresa, como categoria de contribuinte individual, também é estendido o direito à aposentadoria especial. 3. No caso de agente nocivo ruído, devidamente comprovado por meio de laudo técnico, pode ser reconhecida a existência de habitualidade e permanência da exposição para o sócio-gerente. 4. Sugiro ao em. Presidente desta Turma que imprima, ao resultado deste julgamento, a sistemática prevista no art. 7º letra 'a' do Regimento desta Turma, devolvendo às Turmas de origem todos os outros incidentes que versem sobre o mesmo objeto, a fim de que mantenham ou promovam a adequação da decisão recorrida às premissas jurídicas firmadas, já que reflete entendimento consolidado nesta Corte. 5. Incidente conhecido e não provido" (PEDILEF 200970520004390, Juiz Federal Adel Américo de Oliveira, *DOU* 9-3-2012).

com base na regra de transição prevista no art. 142 dessa lei. Para mais detalhes, sugerimos a leitura do tópico relativo à carência constante do Capítulo sobre a Teoria Geral de Benefícios.

Atenção! Todas as aposentadorias do RGPS, para os segurados filiados após a promulgação da Lei n. 8.213/91, com exceção da aposentadoria por invalidez, dependem da comprovação da carência de 180 contribuições mensais.

C – Exercício de atividade especial durante 15, 20 ou 25 anos

A aposentadoria especial será devida, uma vez cumprida a carência exigida na Lei n. 8.213, ao segurado que tiver trabalhado sujeito a condições especiais que prejudiquem a saúde ou a integridade física, durante 15, 20 ou 25 anos, conforme dispuser a lei.

Duas observações preliminares: 1ª) a aposentadoria especial independe de idade do beneficiário; 2ª) a variação do tempo de espera necessário para a concessão da aposentadoria especial nada tem que ver com o sexo do trabalhador, mas sim com potencialidade nociva do agente. Quanto mais grave o agente nocivo, menor será o tempo de exposição. Exemplo: aqueles que executam trabalhos no subsolo de minerações subterrâneas em frente de produção adquirem o direito à aposentadoria após 15 anos de atividade, enquanto os segurados que trabalham na extração, processamento, beneficiamento e atividades de manutenção realizadas em unidades de extração, plantas petrolíferas e petroquímicas adquirem o direito à aposentadoria após 25 anos. Essa diferença justifica-se pela maior nocividade do ambiente de trabalho em minas do que na atividade de extração de petróleo.

Enquadramento pelo agente nocivo e *tempus regit actum*

De acordo com o art. 57, § 4º, da Lei n. 8.213/91, o segurado deverá comprovar, além do tempo de trabalho, **exposição aos agentes nocivos** químicos, físicos, biológicos ou associação de agentes prejudiciais à saúde ou à integridade física, pelo período equivalente ao exigido para a concessão do benefício. Ou seja, para ter direito à aposentadoria especial, o indivíduo precisa comprovar a exposição efetiva ao agente nocivo.

Porém, a exigência de comprovação da efetiva exposição ao agente nocivo nem sempre foi necessária. Com efeito, **antes da Lei n. 9.032/95, o enquadramento da atividade especial também podia ser feito pela catego-** **ria profissional**. Exigia-se apenas que a função exercida pelo segurado estivesse prevista como especial, o que ensejava a presunção absoluta de exposição, tornando desnecessária a comprovação da condição de trabalho. Apenas quando não fosse possível o enquadramento pelo grupo profissional, partia-se para a tentativa de comprovar a exposição efetiva ao agente nocivo.

Diante disso, firmou-se o entendimento de que, até o advento da Lei n. 9.032, de 29 de abril de 1995, é possível o reconhecimento do tempo de serviço especial em face do enquadramento na categoria profissional do trabalhador. Somente para períodos posteriores a essa data, exige-se a comprovação do agente nocivo (AgRg no REsp 877.972/SP). Argumenta-se que as atividades devem ser qualificadas ou não como especiais de acordo com a legislação vigente à época em que foram exercidas, por força do princípio *tempus regit actum*, indispensável à proteção da segurança jurídica.

Exemplo: Cesar exerceu a atividade de motorista de ônibus entre janeiro de 1985 e fevereiro de 2010, quando requereu o benefício de aposentadoria especial. Essa categoria profissional era considerada especial, segundo a legislação em vigor à época da prestação do serviço. Nesse caso, Cesar terá direito a averbar como especial o período entre janeiro de 1985 e 28 de abril de 1995, haja vista a presunção absoluta de exposição.

Uma das categorias profissionais elencadas como especial até o advento da Lei n. 9.032/95 era a de guarda.

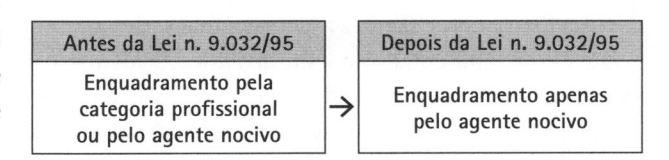

Antes da Lei n. 9.032/95	Depois da Lei n. 9.032/95
Enquadramento pela categoria profissional ou pelo agente nocivo	Enquadramento apenas pelo agente nocivo

Portanto, desde o advento da Lei n. 9.032/95, o segurado tem o dever de comprovar a exposição ao agente nocivo. E quais são esses agentes? Nos termos do art. 58 da Lei n. 8.213/91, a relação dos agentes nocivos químicos, físicos e biológicos ou associação de agentes prejudiciais à saúde ou à integridade física considerados para fins de concessão da aposentadoria especial **será definida pelo Poder Executivo**.

Relação dos agentes nocivos	DEFINIDA PELO PODER EXECUTIVO

Os agentes nocivos podem ser classificados em **quantitativos** e **qualitativos**, conforme abaixo.

AGENTE NOCIVO QUALITATIVO	AGENTE NOCIVO QUANTITATIVO
Nocividade presumida e independente de mensuração. Constatada pela simples presença do agente no ambiente de trabalho (ex.: agentes iodo e níquel).	Nocividade considerada pela ultrapassagem dos limites de tolerância ou doses. Depende de mensuração da intensidade ou da concentração, consideradas no tempo de exposição no ambiente de trabalho (ex.: ruído).

Entende-se por **limite de tolerância** a concentração ou intensidade máxima ou mínima, relacionada com a natureza e o tempo de exposição ao agente, que não causará dano à saúde do trabalhador, durante a sua vida laboral.

Exigência de habitualidade e permanência

O art. 57, § 3º, da Lei n. 8.213/91, com redação dada pela Lei n. 9.032/95, prescreve que a concessão do benefício dependerá de comprovação pelo segurado, perante o INSS, do tempo de **trabalho permanente, não ocasional nem intermitente**, em condições especiais que prejudiquem a saúde ou a integridade física, durante o período mínimo fixado.

Pelo art. 65 do Decreto n. 3.048/99, considera-se trabalho permanente aquele que é exercido de forma não ocasional nem intermitente, no qual a exposição do empregado, do trabalhador avulso ou do cooperado ao agente nocivo seja **indissociável do bem ou da prestação do serviço**.

Atenção! Os períodos de descanso determinados pela legislação trabalhista, inclusive férias, os de afastamento decorrentes de gozo de benefícios de auxílio-doença ou aposentadoria por invalidez acidentários, bem como os de percepção de salário-maternidade, desde que, à data do afastamento, o segurado estivesse exercendo atividade considerada especial, serão considerados como trabalho exposto a condições especiais por força do art. 65, parágrafo único, do Decreto n. 3.048/99.

Licença para exercício de cargo de administração ou de representação sindical

Como, atualmente, a lei exige a exposição efetiva ao agente nocivo, o período em que o empregado esteve licenciado da atividade para exercer cargo de administração ou de representação sindical **não** pode ser considerado especial para fins previdenciários.

Meios de comprovação

Segundo o art. 68, § 2º, do Decreto n. 3.048/99, a comprovação da efetiva exposição do segurado aos agentes nocivos será feita mediante formulário denominado **perfil profissiográfico previdenciário (PPP)**, na forma estabelecida pelo INSS, emitido pela empresa ou seu preposto, com base em laudo técnico de condições ambientais do trabalho expedido por médico do trabalho ou engenheiro de segurança do trabalho.

Do laudo técnico referido acima deverão constar informação sobre a existência de **tecnologia de proteção coletiva ou individual (EPC e EPI)** que diminua a intensidade do agente agressivo a limites de tolerância e recomendação sobre a sua adoção pelo estabelecimento respectivo.

A empresa que não mantiver laudo técnico atualizado com referência aos agentes nocivos existentes no ambiente de trabalho de seus trabalhadores ou que emitir documento de comprovação de efetiva exposição em desacordo com o respectivo laudo estará sujeita à penalidade prevista no art. 133 da Lei n. 8.213/91.

Ademais, a empresa deverá elaborar e manter atualizado perfil profissiográfico abrangendo as atividades desenvolvidas pelo trabalhador e fornecer a este, quando da rescisão do contrato de trabalho, cópia autêntica desse documento.

EM RESUMO
1ª) Para fazer jus à aposentadoria especial, o indivíduo deve comprovar a exposição habitual e permanente ao agente nocivo durante 15, 20 ou 25 anos.
2ª) A relação de agentes nocivos está prevista no Anexo IV do Decreto n. 3.048/99 (definida pelo Poder Executivo).
3ª) A atividade especial deve ser comprovada através do PPP, documento que deve ser preenchido pela empresa (empregado), cooperativa (contribuinte individual cooperado), órgão gestor de mão de obra ou sindicato da categoria (trabalhador avulso).
4ª) O PPP deve ser elaborado com base em LTCAT (laudo técnico de condições ambientais do trabalho) expedido por médico do trabalho ou por engenheiro de segurança do trabalho.
5ª) Do LTCAT deve constar informação sobre o uso de EPI e EPC.

É bom ressaltar que, antes da Medida Provisória n. 1.523-13/96, a comprovação da atividade especial podia ser feita pela simples apresentação dos formulários pretéritos, não se exigindo a apresentação de laudo pericial, salvo para os agentes nocivos ruído e calor[95]. Somente após a referida medida provisória passou-se a exigir que os formulários fossem preenchidos com base em laudo técnico de condições ambientais do trabalho.

Diante disso, pergunta-se: é possível exigir o laudo pericial para períodos anteriores à Medida Provisória

---

95 Haja vista a necessidade de aferição por medição técnica.

n. 1.523-13/96? De acordo com a **própria Administração**, a caracterização e a comprovação do tempo de atividade sob condições especiais obedecerão ao disposto na legislação em vigor na época da prestação do serviço (art. 70, § 1º, do Decreto n. 3.048/99). Também nesse sentido, o STJ consolidou o entendimento de que o tempo de serviço é disciplinado pela lei vigente à época em que efetivamente prestado (*tempus regit actum*), passando a integrar, como direito autônomo, o patrimônio jurídico do trabalhador. **A lei nova que venha a estabelecer restrição ao cômputo do tempo de serviço não pode ser aplicada retroativamente** (AgRg no REsp 924.827/SP[96]).

Eficácia do equipamento de proteção individual (EPI)

Na hipótese de eficácia do EPI, o período pode ser averbado como especial?

O **STF**, nos autos do ARE 664.335, por maioria de votos, fixou duas teses relativas ao uso do EPI: 1ª) o direito à aposentadoria especial pressupõe a efetiva exposição do trabalhador a agente nocivo, de modo que, se o EPI for realmente capaz de neutralizar a nocividade, não haverá respaldo à concessão constitucional de aposentadoria especial; 2ª) na hipótese de exposição do trabalhador a ruído acima dos limites legais de tolerância, a declaração do empregador no âmbito do PPP, no sentido da eficácia do Equipamento de Proteção Individual (EPI), não descaracteriza o tempo de serviço especial para a aposentadoria.

---

96 **STJ:** "(...) I – O tempo de serviço é disciplinado pela lei vigente à época em que efetivamente prestado, passando a integrar, como direito autônomo, o patrimônio jurídico do trabalhador. A lei nova que venha a estabelecer restrição ao cômputo do tempo de serviço não pode ser aplicada retroativamente. II – A exigência de comprovação de efetiva exposição aos agentes nocivos, estabelecida no § 4º do art. 57 e §§ 1º e 2º do artigo 58 da Lei 8.213/91, este na redação da Lei 9.732/98, só pode aplicar-se ao tempo de serviço prestado durante a sua vigência, e não retroativamente, porque se trata de condição restritiva ao reconhecimento do direito. Se a legislação anterior exigia a comprovação da exposição aos agentes nocivos, mas não limitava os meios de prova, a lei posterior, que passou a exigir laudo técnico, tem inegável caráter restritivo ao exercício do direito, não podendo ser aplicada a situações pretéritas. III – É inviável, em sede de recurso especial, o reexame de matéria fático-probatória, tendo em vista o óbice contido no verbete Sumular 07-STJ. Desta forma, tendo o Órgão *a quo*, com base nas provas dos autos, concluído pela inexistência de efetiva exposição, de forma permanente, a agentes nocivos, perigosos ou insalubres, incabível a concessão do benefício. IV – Agravo interno desprovido" (AgRg no REsp 924.827/SP, Rel. Min. Gilson Dipp, 5ª Turma, *DJ* 6-8-2007, p. 688).

Mesmo depois da decisão do STF, a Administração manteve na Instrução Normativa INSS n. 77/2015 o entendimento de que a eficácia do EPI deve ser considerada para demonstrações ambientais emitidas a partir de 3 de dezembro de 1998, data da publicação da MP n. 1.729/98 (convertida na Lei n. 9.732/98). A fixação desse marco temporal justifica-se porque, somente depois dessa MP, a legislação passou a exigir que constasse do laudo a informação sobre o uso de EPI.

7.8.3. Conversão de tempo especial

De acordo com o art. 57, § 5º, da Lei n. 8.213/91, o tempo de trabalho exercido sob condições especiais que sejam ou venham a ser consideradas prejudiciais à saúde ou à integridade física será somado, após a respectiva conversão ao tempo de trabalho exercido em atividade comum, segundo critérios estabelecidos pelo Ministério da Previdência Social, para efeito de concessão de qualquer benefício.

Apesar de a Lei n. 8.213/91 apenas prever a conversão de tempo especial em comum, também se admite a conversão de tempo especial em especial. De outro lado, é vedada a possibilidade de converter tempo comum em especial.

Tempo especial	----→	Tempo especial
Tempo especial	----→	Tempo comum
Tempo comum	--✕--→	Tempo especial

A – Conversão de tempo especial em especial

Conforme disposto no art. 66 do Decreto n. 3.048/99, para o segurado que houver exercido sucessivamente duas ou mais atividades sujeitas a condições especiais prejudiciais à saúde ou à integridade física, sem completar em qualquer delas o prazo mínimo exigido para a aposentadoria especial, os respectivos períodos serão somados após conversão, conforme tabela abaixo, considerada a atividade preponderante:

Tempo a converter	Multiplicadores		
	Para 15	Para 20	Para 25
De 15 anos	–	1,33	1,67
De 20 anos	0,75	–	1,25
De 25 anos	0,60	0,80	–

Por exemplo: Rogério exerceu atividade especial "20 anos" durante oito anos na Empresa Jothe. Depois desse período, começou a exercer atividade especial "25 anos" na empresa Beta. Qual seria o tempo necessário para a aposentadoria especial? Utilizando-se os multiplicadores constantes da tabela acima (em destaque), aplica-se 1,25 sobre cada ano de exercício de atividade especial "20 anos". Ou seja, quando Rogério iniciar as suas atividades na empresa Beta, já terá 10 anos de atividade especial (1,25 x 8 = 10). Portanto, ele poderá aposentar-se após mais quinze anos de trabalho (10 + 15 = 25 anos).

B – Conversão de tempo especial em comum

Pelo art. 70 do Decreto n. 3.048/99, a conversão de tempo de atividade sob condições especiais em tempo de atividade comum dar-se-á de acordo com a seguinte tabela:

Tempo a converter	Multiplicadores	
	Mulher (para 30)	Homem (para 35)
De 15 anos	2,00	2,33
De 20 anos	1,50	1,75
De 25 anos	1,20	1,40

Por exemplo: durante 10 anos, Rodrigo exerceu atividade especial "25 anos". Após esse período, Rodrigo desligou-se do trabalho e passou a exercer atividade comum. De quanto tempo ele precisará na atividade comum para se aposentar? Aplicando-se o fator de conversão 1,4 (em destaque na tabela), os 10 anos de atividade especial equivalem a 14 anos de atividade comum (1,4 x 10 anos = 14 anos). Logo, Rodrigo precisará trabalhar por mais vinte e um anos para cumprir o tempo necessário para a aposentadoria por tempo de contribuição.

7.8.4. Contribuição para a aposentadoria especial

De acordo com o art. 57, § 6º, da Lei n. 8.213/91, a aposentadoria especial será financiada com os recursos provenientes da contribuição para o SAT, cujas alíquotas serão acrescidas de doze, nove ou seis pontos percentuais, conforme a atividade exercida pelo segurado a serviço da empresa permita a concessão de aposentadoria especial após quinze, vinte ou vinte e cinco anos de contribuição, respectivamente. O § 7º do mesmo artigo dispõe que esse **acréscimo incide exclusivamente sobre a remuneração do segurado sujeito às condições especiais**.

Para mais detalhes, remetemos o leitor para o Capítulo referente ao Custeio da Seguridade Social, que separa um tópico exclusivamente para essa contribuição.

7.8.5. Data de início do benefício

De acordo com o art. 57, § 2º, da Lei n. 8.213/91, a data do início da aposentadoria especial será fixada da mesma forma que a da aposentadoria por idade (art. 49). Assim, o benefício será devido:

I – ao segurado empregado, a partir:

a) da data do desligamento do emprego, quando requerida até essa data ou até noventa dias depois dela; ou

b) da data do requerimento, quando não houver desligamento do emprego ou quando for requerida após o prazo de noventa dias.

Segundo vários precedentes do STF (RE 605501 AgR), a **aposentadoria espontânea, qualquer que seja ela, não extingue o contrato de trabalho**.

II – para os demais segurados, da data da entrada do requerimento.

7.8.6. Valor do benefício

A aposentadoria especial, observado o disposto no art. 33 da Lei n. 8.213/91[97], consistirá numa renda mensal equivalente a 100% do salário de benefício, **sem incidência do fator previdenciário**.

7.8.7. Cessação do benefício

Evidentemente o benefício cessa pelo óbito do titular, podendo ser instituída pensão por morte para os dependentes do segurado.

Ademais, segundo prescreve o art. 57, § 8º, da Lei n. 8.213/91, aplica-se o disposto no art. 46 ao beneficiário de aposentadoria especial que continuar no exercício de atividade ou operação que o sujeite aos agentes nocivos constantes da relação referida no art. 58 dessa Lei. Diante disso, o segurado em gozo de aposentadoria especial não pode voltar a exercer atividade especial. Nada obsta, porém, que ele volte a exercer atividade comum.

---

97 Lei n. 8.213/91: "Art. 33. A renda mensal do benefício de prestação continuada que substituir o salário de contribuição ou o rendimento do trabalho do segurado não terá valor inferior ao do salário mínimo, nem superior ao do limite máximo do salário de contribuição, ressalvado o disposto no art. 45 desta Lei".

Observe-se que a legislação previdenciária só prevê restrição para o beneficiário de aposentadoria especial. Dessa maneira, não existe qualquer restrição de trabalho para o indivíduo que converteu tempo especial em comum e passou a ser beneficiário de aposentadoria por tempo de contribuição.

[Diagrama: Beneficiário de aposentadoria especial → Voltar ou continuar exercendo atividade especial (vedado); Começar a exercer atividade comum (sem exposição a agentes nocivos)]

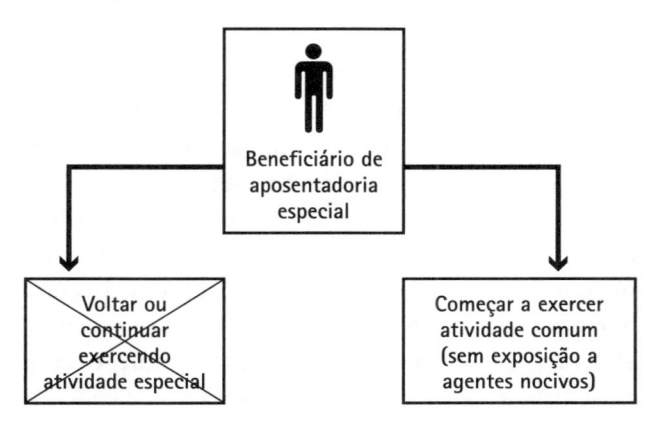

Cabe observar que a questão da possibilidade de percepção do benefício de aposentadoria especial na hipótese em que o segurado permanece no exercício de atividades laborais nocivas à saúde está pendente de julgamento no STF por intermédio do RE 791.961, com repercussão geral reconhecida.

7.8.8. Quadro-resumo

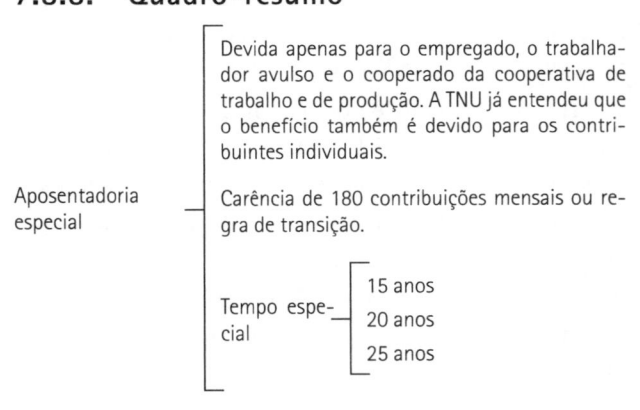

Aposentadoria especial:
- Devida apenas para o empregado, o trabalhador avulso e o cooperado da cooperativa de trabalho e de produção. A TNU já entendeu que o benefício também é devido para os contribuintes individuais.
- Carência de 180 contribuições mensais ou regra de transição.
- Tempo especial: 15 anos / 20 anos / 25 anos

7.9. QUADRO COMPARATIVO DAS APOSENTADORIAS PROGRAMÁVEIS

Critério	Aposentadoria por idade	Aposentadoria por tempo de contribuição	Aposentadoria especial
Devida a quem?	Todos os segurados da Previdência Social	Devida a praticamente todos os segurados, exceto: a) segurado especial que não contribuir facultativamente; b) segurado que aderir ao plano simplificado de previdência social.	Apenas ao empregado e ao trabalhador avulso. A TNU já entendeu que o benefício também é devido para o contribuinte individual.
Carência?	180 contribuições mensais ou regra de transição prevista no art. 142 da Lei n. 8.213/91		
Fato gerador	Idade avançada: 65 anos (homem) e 60 anos (mulher), reduzido em 5 anos o limite para os trabalhadores rurais e para os que exerçam suas atividades em regime de economia familiar, nestes incluídos o produtor rural, o garimpeiro e o pescador artesanal.	Tempo de contribuição: 35 anos (homem) e 30 anos (mulher), reduzidos em 5 anos, para o professor que comprove exclusivamente tempo de efetivo exercício das funções de magistério na educação infantil e no ensino fundamental e médio. Para o STF, o magistério engloba a docência, a direção, a coordenação e o assessoramento pedagógico, desde que exercidos, em estabelecimentos de ensino básico, por professores de carreira, excluídos os especialistas em educação. OBS.: benefício com proventos integrais independe de idade mínima.	Exercício de atividade em condições prejudiciais à saúde ou à integridade física durante 15, 20 ou 25 anos, devendo a exposição ao agente nocivo ser habitual e permanente. A comprovação da atividade especial deve ser feita com base no perfil profissiográfico previdenciário, o qual deve ser elaborado com base em laudo pericial. Desse laudo deve constar informação quanto ao uso de equipamento de proteção individual e coletiva. OBS.: benefício independe de idade mínima.
Qualidade de segurado	Não. A Lei n. 10.666/2003, expressamente, dispensou o requisito da qualidade de segurado para todas as aposentadorias programáveis.		
Caráter	Substitutivo (visa a substituir a renda do trabalho). Logo, nenhum deles pode ser inferior ao salário mínimo.		
Valor do benefício	70% do SB, acrescido de 1% deste, por grupo de 12 contribuições, não podendo ultrapassar 100% do SB. Fator previdenciário facultativo.	Em se tratando da aposentadoria com proventos integrais, 100% do SB, com aplicação obrigatória do fator previdenciário, ressalvada a regra 85/95 e progressões.	100% do SB, sem aplicação do fator previdenciário.

7.10. APOSENTADORIA DA PESSOA COM DEFICIÊNCIA

7.10.1. Fundamento constitucional e Lei Complementar n. 142/2013

Conforme disposto no art. 201, § 1º, da CF/88, é vedada a adoção de requisitos e critérios diferenciados para a concessão de aposentadoria aos beneficiários do Regime Geral de Previdência Social, ressalvados os casos de atividades exercidas sob condições especiais que prejudiquem a saúde ou a integridade física e quando se tratar de **segurados portadores de deficiência**, nos termos definidos em lei complementar.

Segundo a classificação tradicional das normas constitucionais quanto à aplicabilidade, trata-se de norma de eficácia limitada, sujeita à integração por parte do legislador infraconstitucional. O dispositivo constitucional que estabeleceu o direito à aposentadoria das pessoas com deficiência com critérios diferenciados teve a sua redação formalizada pela EC n. 47, de 5 de julho de 2005.

Em 8 de maio de 2013, aproximadamente oito anos depois da EC n. 47/2005, foi sancionada a Lei Complementar n. 142, que regulamentou o art. 201, § 1º, da CF/88, no tocante à aposentadoria da pessoa com deficiência segurada do RGPS[98].

Infelizmente, a Lei Complementar n. 142 regulamenta apenas a aposentadoria especial da pessoa com deficiência no âmbito do RGPS, não se aplicando ao RPPS (art. 40, § 4º, da CF).

A Lei n. 13.146, de 6 de julho de 2015, que institui a Lei Brasileira de Inclusão da Pessoa com Deficiência[99], prescreve em seu art. 41 que a pessoa com deficiência segurada do Regime Geral de Previdência Social tem direito à aposentadoria nos termos da Lei Complementar n. 142, de 2013.

Atenção! Não se deve confundir a aposentadoria especial destinada ao segurado portador de deficiência (art. 201, § 1º, da CF/88 c/c a LC n. 142/2013) com o amparo social para o deficiente (art. 203, V, da CF/88 c/c o art. 20 da Lei n. 8.742/93).

Aposentadoria especial para o segurado portador de deficiência	Amparo social para o deficiente
Benefício da **previdência social**	Benefício da **assistência social**
Art. 201, § 1º, da CF/88 c/c a LC n. 142/2013	Art. 203, V, da CF/88 c/c o art. 20 da Lei n. 8.742/93

7.10.2. Requisitos legais

De acordo com o art. 2º da LC n. 142/2013, para o reconhecimento do direito à aposentadoria especial para o segurado portador de deficiência, considera-se pessoa com deficiência aquela que tem **impedimentos de longo prazo de natureza física, mental, intelectual ou sensorial, os quais, em interação com diversas barreiras, podem obstruir sua participação plena e efetiva na sociedade em igualdade de condições com as demais pessoas**. Note-se que esse conceito é idêntico ao previsto na Convenção das Nações Unidas sobre os Direitos das Pessoas com Deficiência[100] e no art. 20, § 2º, da Lei n. 8.742/93 (que trata do amparo social para o deficiente).

Nos termos do art. 3º da LC n. 142/2013, é assegurada a concessão de aposentadoria pelo RGPS ao segurado com deficiência, observadas as seguintes condições:

I – aos 25 (vinte e cinco) anos de tempo de contribuição, se homem, e 20 (vinte) anos, se mulher, no caso de segurado com deficiência grave;

II – aos 29 (vinte e nove) anos de tempo de contribuição, se homem, e 24 (vinte e quatro) anos, se mulher, no caso de segurado com deficiência moderada;

III – aos 33 (trinta e três) anos de tempo de contribuição, se homem, e 28 (vinte e oito) anos, se mulher, no caso de segurado com deficiência leve; ou

IV – aos 60 (sessenta) anos de idade, se homem, e 55 (cinquenta e cinco) anos de idade, se mulher, independentemente do grau de deficiência, desde que cumprido tempo mínimo de contribuição de 15 (quinze) anos e comprovada a existência de deficiência durante igual período.

---

98 O legislador complementar estabeleceu uma *vacatio legis* de seis meses (art. 11 da LC n. 142/2013) para a entrada em vigor da lei.

99 A Lei n. 13.146/2015 foi denominada Estatuto da Pessoa com Deficiência.

100 O Congresso Nacional aprovou, por intermédio do Decreto Legislativo n. 186, de 9 de julho de 2008, conforme o procedimento do § 3º do art. 5º da CF/88, a Convenção sobre os Direitos das Pessoas com Deficiência e seu Protocolo Facultativo, assinados em Nova York, em 30 de março de 2007. Portanto, esta é o primeiro tratado internacional versando sobre direitos humanos com *status* de Emenda Constitucional.

Aposentadoria por tempo de contribuição da pessoa com deficiência		
Grau de Deficiência	Tempo de Contribuição	
	Homem	Mulher
Grave	25	20
Moderado	29	24
Leve	33	28

Aposentadoria por idade da pessoa com deficiência	
Homem	60 anos de idade e 15 anos de contribuição
Mulher	55 anos de idade e 15 anos de contribuição

O legislador complementar delegou ao Poder Executivo a competência para definir as deficiências grave, moderada e leve para fins de concessão de aposentadoria às pessoas com deficiência, bem como a forma como será feita a avaliação **médica e funcional** da deficiência.

No Dia Internacional das Pessoas com Deficiência, 3 de dezembro (de 2013), foi assinado o decreto que regulamenta a aposentadoria especial das pessoas com deficiência. Trata-se do Decreto n. 8.145, de 3 de dezembro de 2013, que alterou o Regulamento da Previdência Social (Decreto n. 3.048/99), para dispor sobre a aposentadoria por tempo de contribuição e por idade da pessoa com deficiência.

Em que pese a edição do Decreto n. 8.145/2013, a eficácia plena do benefício previdenciário para o deficiente ainda ficou condicionada à edição de um ato conjunto do Ministro de Estado Chefe da Secretaria de Direitos Humanos da Presidência da República, dos Ministros de Estado da Previdência Social, da Fazenda, do Planejamento, Orçamento e Gestão e do Advogado-Geral da União, que definiria impedimento de longo prazo para os efeitos do Decreto n. 8.145/2013 (art. 6º, § 4º).

Finalmente, em 27-1-2014, foi editada a Portaria Interministerial SDH/MPS/MF/MOG/AGU n. 1. De acordo com o seu art. 3º, considera-se impedimento de longo prazo, para os efeitos do Decreto n. 3.048/99, aquele que produza efeitos de natureza física, mental, intelectual ou sensorial, pelo prazo mínimo de dois anos, contados de forma ininterrupta.

A definição de impedimento de longo prazo não pode ser considerada uma novidade no âmbito da seguridade social. De fato, desde 2011, o impedimento de longo prazo vem sendo utilizado como critério de seleção do benefício assistencial de prestação continuada.

Não obstante sejam prestações de subsistemas diversos, seria totalmente irrazoável se a legislação regulamentasse de forma diferente um fato gerador com premissas conceituais idênticas.

Deficiência para fins de aposentadoria do segurado deficiente	Deficiência para fins de amparo social ao deficiente
Lei Complementar n. 142/2013: Art. 2ª Para o reconhecimento do direito à aposentadoria de que trata esta Lei Complementar, considera-se pessoa com deficiência aquela que tem impedimentos de longo prazo de natureza física, mental, intelectual ou sensorial, os quais, em interação com diversas barreiras, podem obstruir sua participação plena e efetiva na sociedade em igualdade de condições com as demais pessoas. Portaria Interministerial SDH/MPS/MF/MOG/AGU n. 1/2014: Art. 3ª Considera-se impedimento de longo prazo, para os efeitos do Decreto n. 3.048/99, aquele que produza efeitos de natureza física, mental, intelectual ou sensorial, pelo prazo mínimo de dois anos, contados de forma ininterrupta.	Lei n. 8.742/93: Art. 20, § 2º Para efeito de concessão deste benefício, considera-se pessoa com deficiência aquela que tem impedimentos de longo prazo de natureza física, mental, intelectual ou sensorial, os quais, em interação com diversas barreiras, podem obstruir sua participação plena e efetiva na sociedade em igualdade de condições com as demais pessoas. § 10. Considera-se impedimento de longo prazo, para os fins do § 2º deste artigo, aquele que produza efeitos pelo prazo mínimo de dois anos.

Nos termos do art. 70-D do Decreto n. 3.048/99, incluído pelo Decreto n. 8.145/2013, para efeito de concessão da aposentadoria da pessoa com deficiência, compete à perícia própria do INSS, nos termos de ato conjunto do Ministro de Estado Chefe da Secretaria de Direitos Humanos da Presidência da República, dos Ministros de Estado da Previdência Social, da Fazenda, do Planejamento, Orçamento e Gestão e do Advogado--Geral da União: I – avaliar o segurado e fixar **a data provável do início da deficiência** e o seu grau; e II – identificar a ocorrência de variação no grau de deficiência e indicar os respectivos períodos em cada grau[101].

---

101 Portaria Interministerial SDH/MPS/MF/MOG/AGU n. 1, de 27-1-2014: "Art. 2ª Compete à perícia própria do Instituto Nacional do Seguro Social – INSS, por meio de avaliação médica e funcional, para efeito de concessão da aposentadoria da pessoa com deficiência, avaliar o segurado e fixar a data provável do início da deficiência e o respectivo grau, assim como identificar a ocorrência de variação no grau de deficiência e indicar os respectivos períodos em cada grau. § 1º A avaliação funcional indicada no *caput* será realizada com base no conceito de funcionalidade disposto na Classificação Internacional de Funcionalidade, Incapacidade e Saúde – CIF, da Organização Mundial de Saúde, e mediante a aplicação do Índice de Funcionalidade Brasileiro Aplicado para Fins de Aposentadoria – IFBrA, conforme o instrumento anexo a esta Portaria.
§ 2º A avaliação médica e funcional, disposta no *caput*, será realizada pela perícia própria do INSS, a qual engloba a perícia médica e o serviço social, integrantes do seu quadro de servidores públicos.

Note-se que a avaliação da pessoa com deficiência será realizada para fazer prova dessa condição **exclusivamente para fins previdenciários** (art. 70-D, § 2º, do Decreto n. 3.048/99). Assim, o reconhecimento da deficiência pelo INSS não gerará nenhum reflexo na esfera cível (ação de interdição), na esfera trabalhista (reserva de vagas para deficientes) ou na esfera administrativa (reserva de vagas para deficientes em concurso público).

Dúvida: em que momento é feita a avaliação médica e funcional? À época do requerimento administrativo do benefício ou quando do início da deficiência?

De acordo com o art. 70-A do Decreto n. 3.048/99, a concessão da aposentadoria por tempo de contribuição ou por idade ao segurado que tenha reconhecido, em avaliação médica e funcional realizada por perícia própria do INSS, grau de deficiência leve, moderada ou grave, está condicionada à comprovação da condição de pessoa com deficiência **na data da entrada do requerimento ou na data da implementação dos requisitos para o benefício.**

Em que pese o disposto no art. 70-A do Decreto n. 3.048/99, parece-nos que o art. 2º do Decreto n. 8.145/2013 autoriza a solicitação de agendamento de avaliação médica e funcional **a qualquer tempo, independentemente de requerimento administrativo ou da implementação dos pressupostos para a prestação.** Vejamos:

> Art. 2º A pessoa com deficiência poderá, a partir da entrada em vigor deste Decreto, solicitar o agendamento de avaliação médica e funcional, a ser realizada por perícia própria do INSS, para o reconhecimento do direito às aposentadorias por tempo de contribuição ou por idade nos termos da Lei Complementar n. 142, de 8 de maio de 2013.
>
> § 1º Até dois anos após a entrada em vigor deste Decreto será realizada a avaliação de que trata o *caput* para o segurado que requerer o benefício de aposentadoria e contar com os seguintes requisitos:
>
> I – no mínimo vinte anos de contribuição, se mulher, e vinte e cinco, se homem; ou
>
> II – no mínimo quinze anos de contribuição e cinquenta e cinco anos de idade, se mulher, e sessenta, se homem.
>
> § 2º Observada a capacidade da perícia própria do INSS, de acordo com a demanda local, poderá ser realizada a avaliação do segurado que não preencha os requisitos mencionados no § 1º.

---

§ 3º O instrumento de avaliação médica e funcional, destinado a avaliar o segurado, e constante do anexo a esta Portaria, será objeto de revisão por instância técnica específica instituída no âmbito do Ministério da Previdência Social, no prazo máximo de um ano, a contar da data de publicação deste ato normativo, podendo haver revisões posteriores".

Percebe-se que o art. 2º do Decreto n. 8.145/2013 estabeleceu uma **ordem de prioridade** que, *a priori*, deverá ser observada pela perícia médica. Com efeito, nos primeiros dois anos após a entrada em vigor do Decreto n. 8.145/2013, optou-se por priorizar dois grupos distintos de segurados: **I** – os que contarem com no mínimo vinte anos de contribuição, se mulher, e vinte e cinco, se homem (tempo de contribuição necessário para o segurado com deficiência grave ter direito ao benefício de aposentadoria especial por tempo de contribuição); ou **II** – os que contarem no mínimo quinze anos de contribuição e cinquenta e cinco anos de idade, se mulher, e sessenta, se homem (carência e idade necessárias para o segurado ter direito ao benefício de aposentadoria especial por idade).

Porém, a depender da capacidade da perícia médica do INSS e da demanda local, o § 2º do mesmo artigo autoriza a realização da avaliação médica e funcional **mesmo para os indivíduos que não preencham os requisitos mencionados acima**. Vale dizer: no final das contas, a legislação admite que a deficiência seja avaliada em momento anterior ao requerimento administrativo ou à data da implementação dos requisitos para o benefício. Nesse caso, havendo a confirmação da deficiência e de seu respectivo grau pela perícia médica, é indispensável que a Autarquia registre tais informações no CNIS, haja vista o disposto no art. 19, § 8º, do Decreto n. 3.048/99 ("Constarão no CNIS as informações do segurado relativas aos períodos com deficiência leve, moderada e grave, fixadas em decorrência da avaliação médica e funcional").

Mesmo sendo possível a realização da avaliação antes do implemento dos requisitos da aposentadoria, não há dúvida de que, na data do requerimento administrativo, o segurado deverá submeter-se à nova perícia, que avaliará eventual alteração do grau de deficiência no interregno temporal entre a última avaliação e o requerimento administrativo.

Dúvida: é possível conferir **eficácia retroativa** à LC n. 142/2013 no que diz respeito ao reconhecimento da deficiência? Sim. A própria LC n. 142/2013 admite essa possibilidade, ao dispor que a existência de deficiência anterior à data de sua vigência deverá ser certificada, inclusive quanto ao seu grau, por ocasião da primeira avaliação, sendo obrigatória a fixação da data provável do início da deficiência (art. 6º, § 1º). Por outro lado, o § 2º do mesmo dispositivo legal ressalva que a comprovação de tempo de contribuição na condição de segurado com deficiência em período anterior à entrada em vigor da Lei Complementar **NÃO será admitida por meio de prova exclusivamente testemunhal.**

Atenção! A possibilidade de retroagir o início da deficiência para um momento anterior à LC n. 142/2013 não implicará, em hipótese alguma, retroação de efeitos financeiros. Exemplo: José, segurado desde 1980 e comprovadamente deficiente desde 1990, requereu sua aposentadoria em abril de 2012, a qual foi indeferida por falta de tempo de contribuição. Nesse caso, apesar da possibilidade de o INSS considerá-lo deficiente desde 1990, o que viabilizaria o cumprimento do requisito tempo de contribuição à época do requerimento administrativo (após a conversão de tempo analisada no próximo parágrafo), não é possível conceder a aposentadoria desde abril de 2012, afinal a LC n. 142 nem sequer estava em vigor.

Por outro lado, mesmo não se admitindo a retroatividade financeira da norma, será viável que os interessados **postulem administrativamente a revisão de seus benefícios de aposentadoria já concedidos**. Exemplificando: José sempre laborou como empregado nas vagas destinadas a deficientes. Depois de trinta e cinco anos de contribuição, postulou o seu benefício de aposentadoria em 2 de abril de 2013, o qual foi concedido em 30 de abril (antes, portanto, da LC n. 142/2013). Com o advento da LC n. 142/2013 e de sua respectiva regulamentação, José poderá pleitear a revisão de sua aposentadoria mediante aplicação das regras da lei complementar, o que, sem dúvida, majorará a renda mensal do benefício, haja vista a majoração do tempo de contribuição (em virtude da conversão de tempo) e aplicação facultativa do fator previdenciário.

Dúvida: e se já houver transcorrido o prazo decadencial para revisão do ato concessório do benefício, previsto no art. 103 da Lei n. 8.213/91[102]? Nesse caso, parece-nos que a solução é a mesma. Não há como defender o *tempus regit actum*, já que a própria LC n. 142 autoriza a certificação de deficiência em momento anterior à data de sua vigência. Nesse sentido, não seria justo tratar de forma diversa duas pessoas em razão do momento em que foi requerida a aposentadoria.

7.10.3. Conversão de tempo de serviço

Segundo o art. 7º da LC n. 142/2013, se o segurado, após a filiação ao RGPS, tornar-se pessoa com deficiência, ou tiver seu grau de deficiência alterado, os parâmetros mencionados no seu art. 3º **serão proporcionalmente ajustados**, considerando-se o número de anos em que o segurado exerceu atividade laboral sem deficiência e com deficiência, observado o grau de deficiência correspondente, nos termos do regulamento a que se refere o parágrafo único do art. 3º da LC n. 142/2013.

Para dar cumprimento a esse dispositivo legal, foi incluído o art. 70-E no Decreto n. 3.048/99 (pelo Decreto n. 8.145/2013). Assim, para o segurado que, após a filiação ao RGPS, tornar-se pessoa com deficiência, ou tiver seu grau alterado, os parâmetros mencionados nos incisos I, II e III do *caput* do art. 70-B (do Decreto n. 3.048/99) serão proporcionalmente ajustados e os respectivos períodos serão somados após conversão, conforme as tabelas abaixo, considerando o **grau de deficiência preponderante:**

MULHER				
TEMPO A CONVERTER	MULTIPLICADORES			
	Para 20	Para 24	Para 28	Para 30
De 20 anos	1,00	1,20	1,40	1,50
De 24 anos	0,83	1,00	1,17	1,25
De 28 anos	0,71	0,86	1,00	1,07
De 30 anos	0,67	0,80	0,93	1,00

HOMEM				
TEMPO A CONVERTER	MULTIPLICADORES			
	Para 25	Para 29	Para 33	Para 35
De 25 anos	1,00	1,16	1,32	1,40
De 29 anos	0,86	1,00	1,14	1,21
De 33 anos	0,76	0,88	1,00	1,06
De 35 anos	0,71	0,83	0,94	1,00

Dúvida: o que significa o **grau de deficiência preponderante**? É aquele em que o segurado cumpriu maior tempo de contribuição, antes da conversão, e servirá como parâmetro para definir o tempo mínimo necessário para a aposentadoria por tempo de contribuição da pessoa com deficiência e para a conversão. Seguindo a mesma lógica, quando o segurado contribuiu alternadamente na condição de pessoa sem deficiência e com deficiência, os respectivos períodos poderão ser somados, após aplicação da conversão.

---

102 "Art. 103. É de dez anos o prazo de decadência de todo e qualquer direito ou ação do segurado ou beneficiário para a revisão do ato de concessão de benefício, a contar do dia primeiro do mês seguinte ao do recebimento da primeira prestação ou, quando for o caso, do dia em que tomar conhecimento da decisão indeferitória definitiva no âmbito administrativo".

Para compreender o grau de deficiência preponderante, em primeiro lugar, é importante observar que as tabelas de conversão possuem quatro colunas de multiplicadores conforme o sexo do segurado. No caso dos segurados do sexo masculino, três delas ("Para 25", "Para 29" e "Para 33") dizem respeito ao tempo de contribuição previsto conforme o grau de deficiência (leve, moderada e grave). A quarta coluna refere-se ao tempo necessário para a aposentadoria por tempo de contribuição convencional (35 anos). Passemos então a um exemplo: João filiou-se à Previdência Social em janeiro de 1985. Em janeiro de 1993, exatamente oito anos depois de sua filiação, foi diagnosticado com deficiência moderada. Dois anos depois, em janeiro de 1995, a sua deficiência passou a ser considerada grave. Mesmo diante das adversidades, João sempre optou pela manutenção da qualidade de segurado, através do recolhimento de contribuições previdenciárias. Em janeiro de 2014, João requereu o seu benefício de aposentadoria. Vejamos então qual será considerado o grau de deficiência preponderante de João e qual será o seu tempo de contribuição final.

Atividade comum	Atividade exercida com deficiência moderada	Atividade exercida com deficiência grave
8 anos	2 anos	19 anos
		GRAU DE DEFICIÊNCIA PREPONDERANTE: o que o segurado cumpriu mais tempo de contribuição.

HOMEM				
TEMPO A CONVERTER	MULTIPLICADORES			
	Para 25 (deficiência grave) Parâmetro	Para 29	Para 33	Para 35
De 25 anos	1,00	1,16	1,32	1,40
De 29 anos (deficiência moderada)	0,86	1,00	1,14	1,21
De 33 anos	0,76	0,88	1,00	1,06
De 35 anos	0,71	0,83	0,94	1,00

Definido o grau de deficiência preponderante (grave), utiliza-se como parâmetro a coluna "Para 25". Temos então o seguinte.

Tempo laborado com deficiência grave: 19 anos (multiplicador 1,00) = 19 anos.

Tempo laborado com deficiência moderada: 2 anos (multiplicador 0,86) = 1,72 ano.

Tempo laborado sem deficiência: 8 anos (multiplicador 0,71) = 5,68 anos.

Tempo total superior a 25 anos. Suficiente para o benefício.

Também é garantida a conversão do tempo de contribuição cumprido em condições especiais que prejudiquem a saúde ou a integridade física do segurado, inclusive da pessoa com deficiência, para fins da aposentadoria por tempo de contribuição da pessoa com deficiência, se resultar mais favorável ao segurado, conforme tabela abaixo:

MULHER					
TEMPO A CONVERTER	MULTIPLICADORES				
	Para 15	Para 20	Para 24	Para 25	Para 28
De 15 anos	1,00	1,33	1,60	1,67	1,87
De 20 anos	0,75	1,00	1,20	1,25	1,40
De 24 anos	0,63	0,83	1,00	1,04	1,17
De 25 anos	0,60	0,80	0,96	1,00	1,12
De 28 anos	0,54	0,71	0,86	0,89	1,00

HOMEM					
TEMPO A CONVERTER	MULTIPLICADORES				
	Para 15	Para 20	Para 25	Para 29	Para 33
De 15 anos	1,00	1,33	1,67	1,93	2,20
De 20 anos	0,75	1,00	1,25	1,45	1,65
De 25 anos	0,60	0,80	1,00	1,16	1,32
De 29 anos	0,52	0,69	0,86	1,00	1,14
De 33 anos	0,45	0,61	0,76	0,88	1,00

Por outro lado, segundo o art. 70-F, § 2º, do Decreto n. 3.048/99, é vedada a conversão do tempo de contribuição da pessoa com deficiência para fins de concessão da aposentadoria especial. Manteve-se, pois, a lógica de conversão da aposentadoria especial (art. 57, § 5º, da Lei n. 8.213/91). Pode-se converter tempo de atividade especial para de contribuição do segurado deficiente. Contudo, não se admite a conversão de contribuição do segurado deficiente para tempo de atividade especial.

Tempo especial	------>	Tempo de contribuição do segurado deficiente
Tempo de contribuição do segurado deficiente	--✗-->	Tempo especial

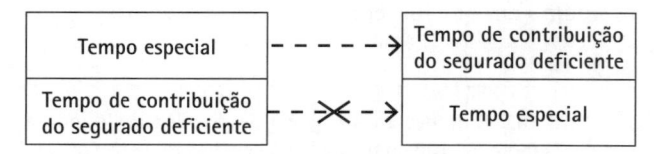

Atenção! Para fins da **aposentadoria por IDADE da pessoa com deficiência**, o § 3º do art. 70-F do Decreto n. 3.048/99 assegura a conversão do período de exercício de atividade sujeita a condições especiais que prejudiquem a saúde ou a integridade física, cumprido na condição de pessoa com deficiência, **exclusivamente para efeito de cálculo do valor da renda mensal, vedado o cômputo do tempo convertido para fins de carência.**

Note-se que o art. 70-F, § 3º, trata da aposentadoria por idade, e não da aposentadoria por tempo de contribuição. Conforme vimos acima, a LC n. 142/2013 previu a concessão de aposentadoria por idade aos 60 (sessenta) anos de idade, se homem, e 55 (cinquenta e cinco) anos de idade, se mulher, independentemente do grau de deficiência, desde que cumprido tempo mínimo de contribuição de 15 (quinze) anos e comprovada a existência de deficiência durante igual período.

Assim, o segurado não poderá valer-se das regras de conversão para fins de cumprimento da carência de 15 anos exigida para a aposentadoria por idade. NÃO será viável, por exemplo, a alegação de que um segurado com deficiência grave exerceu 11 anos de atividade e que, por isso, já teria 15,4 anos de contribuição (isso se aplicássemos o multiplicador: 11 x 1,4 = 15,4). Ou seja, para a percepção de aposentadoria por idade para o deficiente, é indispensável que o indivíduo possua efetivamente os 15 anos de contribuição. Verificado o direito à aposentadoria por idade, aí sim, será possível converter tempo de contribuição do segurado deficiente, na forma do art. 70-E do Decreto n. 3.048/99, o que, certamente, elevará a renda mensal do benefício. Exemplo: Júlio Cesar, segurado com deficiência grave, contribuiu para a Previdência Social durante 15 anos. Aos 60 anos de idade, requereu o benefício de aposentadoria por idade ao deficiente no INSS. Nessa situação, verifica-se que Júlio Cesar preencheu todos os requisitos da aposentadoria por idade para o deficiente (15 anos de contribuição e 60 anos de idade). Portanto, o benefício será concedido. Agora, qual tempo de contribuição será utilizado para o cálculo da prestação? O § 3º do art. 70-F do Decreto n. 3.048/99 admite a possibilidade de conversão de tempo de trabalho de segurado deficiente para atividade comum para efeito de cálculo da renda mensal. Logo, para fins de cálculo da prestação, Júlio Cesar teria 21 anos de contribuição (15 x 1,4 = 21).

7.10.4. Valor do benefício

A renda mensal da aposentadoria devida ao segurado com deficiência será calculada aplicando-se sobre o salário de benefício, apurado em conformidade com o disposto no art. 29 da Lei n. 8.213/91, os seguintes percentuais:

I – 100% (cem por cento), no caso da aposentadoria de que tratam os incisos I, II e III do art. 3º; ou

II – 70% (setenta por cento) mais 1% (um por cento) do salário de benefício por grupo de 12 (doze) contribuições mensais até o máximo de 30% (trinta por cento), no caso de aposentadoria por idade.

Segundo o art. 32, § 23, do Decreto n. 3.048/99, é garantida a aplicação do **fator previdenciário** no cálculo das aposentadorias por tempo de contribuição e por idade devidas ao segurado com deficiência, **se resultar em renda mensal de valor mais elevado**, devendo o INSS, quando da concessão do benefício, proceder ao cálculo da renda mensal inicial com e sem a aplicação do fator previdenciário.

> FATOR PREVIDENCIÁRIO na aposentadoria do segurado com deficiência: só incide se melhorar a situação do segurado.

Portanto, é dever do INSS fazer o cálculo da renda mensal do benefício da pessoa com deficiência com a aplicação do fator previdenciário de forma a verificar se o valor do benefício a ser concedido ao segurado seja mais vantajoso do que aquele sem a aplicação do fator. Devemos lembrar que o INSS tem o dever legal de conceder sempre o benefício mais vantajoso a que tiver direito o segurado.

7.10.5. Outras regras

Os arts. 9º e 10 da LC n. 142/2013 estabelece que se aplicam à pessoa com deficiência as seguintes previsões:

1ª) a **contagem recíproca do tempo de contribuição** na condição de segurado com deficiência relativo à filiação ao RGPS, ao regime próprio de previdência do servidor público ou a regime de previdência militar, devendo os regimes compensar-se financeiramente;

2ª) as regras de pagamento e de recolhimento das contribuições previdenciárias contidas na Lei n. 8.212/91;

3ª) as demais normas relativas aos benefícios do RGPS;

4ª) a percepção de qualquer outra espécie de aposentadoria estabelecida na Lei n. 8.213/91, que lhe seja mais vantajosa do que as opções apresentadas na LC n. 142/2013;

5ª) a redução do tempo de contribuição prevista na LC n. 142/2013 não poderá ser acumulada, no tocante ao mesmo período contributivo, com a redução assegurada aos casos de atividades exercidas sob condições especiais que prejudiquem a saúde ou a integridade física.

7.10.6. Quadro-resumo

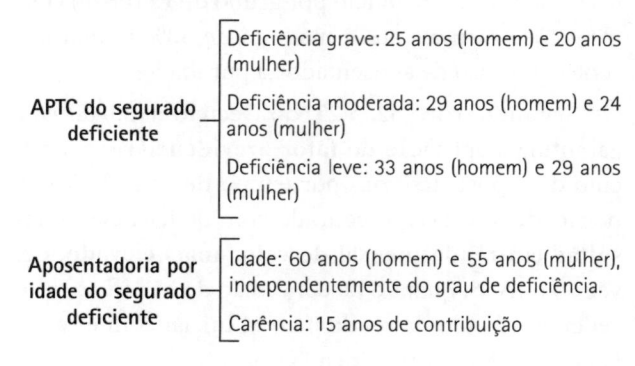

APTC do segurado deficiente
- Deficiência grave: 25 anos (homem) e 20 anos (mulher)
- Deficiência moderada: 29 anos (homem) e 24 anos (mulher)
- Deficiência leve: 33 anos (homem) e 29 anos (mulher)

Aposentadoria por idade do segurado deficiente
- Idade: 60 anos (homem) e 55 anos (mulher), independentemente do grau de deficiência.
- Carência: 15 anos de contribuição

7.11. APOSENTADORIA ESPONTÂNEA E CONTRATO DE TRABALHO

Segundo diversos precedentes do STF, a aposentadoria espontânea (por idade, tempo de contribuição e especial) não extingue, por si só, o contrato de trabalho (RE 471.158 AgR). Dessa forma, havendo continuidade do trabalho mesmo após a aposentadoria voluntária, não há que falar em ruptura do vínculo empregatício.

Em virtude do posicionamento do STF, o **TST cancelou a OJ SDI I n. 177**, que dispunha que a aposentadoria espontânea extinguia o contrato de trabalho, mesmo que o empregado continuasse trabalhando na empresa após a concessão do benefício previdenciário. Em seu lugar, foi editada a **OJ-SDI1-361**: "A aposentadoria espontânea não é causa de extinção do contrato de trabalho se o empregado permanece prestando serviços ao empregador após a jubilação. Assim, por ocasião da sua dispensa imotivada, o empregado tem direito à multa de 40% do FGTS sobre a totalidade dos depósitos efetuados no curso do pacto laboral".

7.12. DESAPOSENTAÇÃO E DESPENSÃO

7.12.1. Conceito e justificativa

A desaposentação consiste no desfazimento do ato concessório da aposentadoria, por vontade do beneficiário.

Após a sua efetivação, a figura do beneficiário converte-se novamente em potencial beneficiário, com o pleno resguardo do direito (existencial e quantitativo) à prestação, que permanece incólume, haja vista a inatingibilidade do direito adquirido.

Entretanto, se a desaposentação torna novamente latente um direito pronto, qual seria o interesse de alguém requerê-la? Dizendo mais claramente: o que levaria um indivíduo a requerer a desconstituição do ato administrativo gerador da aposentadoria, com a consequente dispensa dos proventos dela decorrentes?

A desaposentação será interessante para o segurado em duas situações: 1ª) quando ele pretende migrar para outro regime de previdência; e 2ª) quando ele pretende majorar o coeficiente de cálculo de seu benefício dentro do mesmo regime previdenciário.

Com relação à primeira hipótese, ela se justifica porque o sistema previdenciário público brasileiro ainda não se caracteriza pela unidade regimental, existindo, cumulativa e simultaneamente, o regime geral, em que se incluem os trabalhadores da iniciativa privada, e os regimes próprios dos servidores públicos.

Esses regimes possuem tratamento normativo diferenciado, tanto sob a ótica da relação de custeio quanto da relação protetiva. Os sujeitos públicos envolvidos em seu regramento são diversos. Enquanto no regime geral a responsabilidade gerencial recai sobre o INSS, nos regimes próprios recai sobre a entidade à qual se acha vinculado o servidor. Disso resulta a diversidade de fundos e da fonte que financiará os benefícios.

Feitas essas considerações, veja-se o seguinte exemplo: durante dez anos, determinado obreiro exerceu atividade na vida privada, oportunidade em que logrou aprovação em concurso público. Se ele pretender aposentar-se na qualidade de servidor, poderá utilizar o tempo de contribuição vertido na condição de particular?

A resposta é afirmativa, em razão de uma das garantias constitucionais do sistema previdenciário pátrio: a **contagem recíproca de tempo de contribuição**, prevista no art. 201, § 9º, da CF/88, e com disciplina infraconstitucional nos arts. 94 a 99 da Lei n. 8.213/91, e na Lei n. 9.796/99.

A contagem recíproca possibilita o cômputo do tempo de serviço exercido em um regime previdenciário, para fins de obtenção de benefício previdenciário em regime diverso. Operacionaliza-se, materialmente, através da expedição de certidão de tempo de contribuição pelo órgão ao qual o segurado esteve vinculado durante o período de aproveitamento.

Dessa forma, o tempo de atividade laboral privada pode ser somado ao tempo de serviço público, e vice-versa, e, acaso atingido o tempo contributivo exigido pela sistemática regimental onde se está pleiteando a prestação previdenciária, devida será ela.

Sem embargo, impõe-se, como não poderia deixar de ser, a compensação financeira entre os regimes, como medida imprescindível à manutenção do equilíbrio financeiro e atuarial de cada um deles. Caso contrário, o regime receptor sofreria prejuízos, na medida em que terá que arcar com o benefício definitivo. Portanto, o regime responsável pela concessão do benefício deve ser indenizado pelo outro, quanto ao lapso que será aproveitado pelo indivíduo, na forma da Lei n. 9.796/99.

Dando continuidade à apresentação das justificativas da desaposentação, é preciso citar a vedação insculpida no art. 96, III, da Lei n. 8.213/91, segundo a qual, "não será contado por um sistema o tempo de serviço utilizado para concessão de aposentadoria pelo outro". Com isso, impede-se que o tempo já considerado para o cálculo de um benefício seja novamente empregado. Trata-se de uma determinação necessária, já que a contagem simultânea de tempo de contribuição, para fins de concessão de benefícios em esferas regimentais diferentes, implicaria uma relação de desequilíbrio: um único custeio para duas prestações, ou seja, custeio singular, de um lado, e proteção duplicada, de outro.

A desaposentação também seria uma opção interessante se o segurado pretendesse apenas a majoração do coeficiente de sua aposentadoria.

Atualmente, existem no RGPS quatro modalidades de aposentadoria: por idade; por invalidez; por tempo de contribuição (integral e proporcional[103]); e especial. Dentre elas, merecem destaque a aposentadoria proporcional, que nunca terá renda mensal integral (100% do salário de benefício), e a aposentadoria por idade, cuja renda mensal inicial corresponderá a 70% do salário de benefício mais 1% por grupo de doze contribuições.

Portanto, não sendo integrais as rendas dessas aposentadorias, o beneficiário possui interesse de que as contribuições vertidas após o gozo do benefício sejam posteriormente incorporadas ao seu histórico contributivo e, consequentemente, majorado o coeficiente de cálculo de sua prestação. Exemplo: o indivíduo começou a receber uma aposentadoria com proventos proporcionais (70% do salário de benefício). Deferida a prestação e passados cinco anos de atividade, o segurado requer a integralização do tempo de contribuição e, consequentemente, a conversão da aposentadoria proporcional em integral.

Destarte, o desfazimento da aposentadoria no RGPS, uma vez que leva à desconstituição do ato concessório do benefício e da relação jurídico-protetiva, tem como finalidade aproveitar, num mesmo ou em outro regime previdenciário, o tempo de serviço que deu causa a essa prestação. Abdica-se de um benefício, para perceber outro mais vantajoso, do ponto de vista monetário.

7.12.2. Entendimentos sobre a desaposentação

De acordo com o art. 181-B do Decreto n. 3.048/99, as aposentadorias por idade, tempo de contribuição e especial concedidas pela previdência social são irreversíveis e irrenunciáveis. É o entendimento do **INSS**.

Em sentido oposto, a **1ª Seção do STJ**, sob o regime do art. 543-C do CPC e da Resolução STJ 8/2008 (**recurso repetitivo**), estabeleceu que "os benefícios previdenciários são direitos patrimoniais disponíveis e, portanto, suscetíveis de desistência pelos seus titulares, prescindindo-se da devolução dos valores recebidos da aposentadoria a que o segurado deseja preterir para a concessão de novo e posterior jubilamento" (REsp 1.334.488/SC, *DJe* 14-5-2013). Ademais, ao apreciar os embargos de declaração opostos contra a decisão proferida nesse Recurso Especial, o **STJ** decidiu que **a nova aposentadoria deveria computar os salários de contribuição subsequentes à aposentadoria a que se renunciou** (EDcl no REsp 1334488/SC, *DJe* 30-9-2013).

Coube ao STF a missão de dar a palavra final sobre a questão nos autos do RE 381.367 (e RE 661.256 RG/DF), com repercussão geral.

Em 26 de outubro de 2016, por 7 votos a 4, o STF rejeitou a tese da desaposentação nos autos do RE 381.367 (e RE 661.256 RG/DF). A maioria dos ministros entendeu que o sistema previdenciário público no Brasil é baseado no princípio da solidariedade e não há previsão na lei para o acréscimo. Assim, considerou in-

---

103 Em razão do direito adquirido e de dispositivos transitórios.

viável o recálculo do valor da aposentadoria por meio da chamada desaposentação. Prevaleceu o argumento de que somente por meio de lei é possível fixar critérios para que os benefícios sejam recalculados com base em novas contribuições decorrentes da permanência ou volta do segurado ao mercado de trabalho após concessão do benefício da aposentadoria.

Em síntese:

– A desaposentação não é possível para o INSS

– O STF não reconheceu o direito à desaposentação (RE 381.367)

A propósito, não custa registrar que a desaposentação prioriza o individualismo em detrimento da solidariedade. Indo mais além, é a clara manifestação de total negação ao princípio da solidariedade. Quando se trata de pedir a proteção previdenciária, sempre se invoca a solidariedade. É justo, devido, moral e proporcional exigir do INSS o pagamento de pensão aos dependentes de um indivíduo que trabalhou um único dia e não chegou sequer a pagar uma contribuição. Nesses casos, o sistema precisa ser solidário com os necessitados. Agora, quando se trata de cobrança de contribuição, sempre se invoca o sinalagma e a contrapartida tributária. É injusto, indevido, imoral e desproporcional negar a um aposentado trabalhador o direito de revisar o seu benefício mediante inclusão de tempo de contribuição. Dois pesos, duas medidas.

7.12.3. Despensão

Nos autos do AgRg no AREsp 436.056-RS, julgado em 3-3-2015, *DJe* 10-3-2015, a **2ª Turma do STJ** concluiu que os sucessores do segurado falecido não têm legitimidade para pleitear a revisão do valor da pensão a que fazem jus se a alteração pretendida depender de um pedido de desaposentação não efetivado quando em vida pelo instituidor da pensão. Não obstante seja pacífica a jurisprudência do STJ no sentido de que, por se tratar de direito patrimonial disponível, o segurado pode renunciar à sua aposentadoria, com o propósito de obter benefício mais vantajoso, trata-se de direito personalíssimo do segurado aposentado, pois não se trata de mera revisão do benefício de aposentadoria, mas, sim, de renúncia, para que novo e posterior benefício, mais vantajoso, seja-lhe concedido. Dessa forma, os sucessores não têm legitimidade para pleitear direito personalíssimo não exercido pelo instituidor da pensão (renúncia e concessão de outro benefício), o que difere da possibilidade de os herdeiros pleitearem diferenças pecuniárias de benefício já concedido em vida ao instituidor da pensão (art. 112 da Lei n. 8.213/91). Precedentes citados: REsp 1.222.232-PR, Sexta Turma, *DJe* 20-11-2013; AgRg no REsp 1.270.481-RS, Quinta Turma, *DJe* 26-8-2013; AgRg no REsp 1.241.724-PR, Quinta Turma, *DJe* 22-8-2013; e AgRg no REsp 1.107.690-SC, Sexta Turma, *DJe* 13-6-2013.

Recentemente, a **TNU** não conheceu de questão relativa à legitimidade *ad causam* dos sucessores para pleitearem direito personalíssimo, não exercido pelo instituidor da pensão (renúncia e concessão de outro benefício), por constituir matéria de natureza processual (Processo 0515687-40.2014.4.05.8100, julgado em 20-7-2016).

7.13. SALÁRIO-MATERNIDADE

7.13.1. Licença à gestante x salário--maternidade

Inicialmente, é importante salientar a diferença entre licença à gestante e salário-maternidade. Enquanto a **licença à gestante**, prevista no art. 7º, XVIII, da CF/88, consiste no direito trabalhista ao afastamento do(a) segurado(a) durante o período de resguardo (na hipótese de parto) ou de adaptação (na hipótese de adoção), o **salário-maternidade** é o benefício previdenciário que, em regra, será pago durante o período de licença. Portanto, apesar da nomenclatura, **o salário-maternidade nada tem que ver com o salário pago pelo empregador em decorrência dos serviços prestados**. Trata-se de benefício garantido pela Previdência Social.

Licença à gestante	Salário-maternidade
Direito trabalhista ao repouso (parto) ou ao resguardo (adoção).	Benefício previdenciário que, em regra, será pago durante a licença à gestante.

7.13.2. Qualidade de segurada(o)

Há até pouco tempo, o salário-maternidade era um benefício previdenciário concedido **exclusivamente para as SEGURADAS da Previdência Social** (empregada, trabalhadora avulsa, doméstica, contribuinte individual, segurada especial e facultativa). Vale dizer, ainda que o benefício fosse concedido em virtude da adoção, **o segurado do sexo masculino não TINHA direito ao salário-maternidade.**

**Contudo, recentemente, a Lei 12.873/2013 alterou o art. 71-A da Lei n. 8.213/91 e incluiu a possibilidade de concessão do salário-maternidade para HOMENS, senão vejamos[104]:

> Art. 71-A. Ao **segurado** ou segurada da Previdência Social que adotar ou obtiver guarda judicial para fins de adoção de criança é devido salário-maternidade pelo período de 120 (cento e vinte) dias.
>
> Art. 71-B. No caso de falecimento da segurada ou segurado que fizer jus ao recebimento do salário-maternidade, o benefício será pago, por todo o período ou pelo tempo restante a que teria direito, ao **cônjuge ou companheiro sobrevivente que tenha a qualidade de segurado**, exceto no caso do falecimento do filho ou de seu abandono, observadas as normas aplicáveis ao salário-maternidade.

Observação: praticamente todos os dispositivos da legislação previdenciária restringem a concessão do benefício apenas para as seguradas. Por atecnia, o legislador deixou de alterá-los por ocasião da Lei n. 12.873/2013. De qualquer maneira, considerando a possibilidade atual de deferimento do benefício para os segurados do sexo masculino, adequaremos a redação dos dispositivos legais que tratam do benefício.

Atenção! Lembre-se novamente de que o art. 103 do Decreto n. 3.048/99 dispõe que a segurada aposentada que retornar à atividade fará jus ao pagamento do salário-maternidade. Com o advento da Lei n. 12.873/2013, o segurado aposentado também poderá pleitear o benefício.

De acordo com o parágrafo único do art. 97 do Decreto n. 3.048/99, a **segurada desempregada** fará jus ao recebimento do salário-maternidade nos casos de demissão antes da gravidez, ou, durante a gestação, nas hipóteses de dispensa por justa causa ou a pedido, situações em que o benefício será pago diretamente pela Previdência Social[105]. Como a situação em questão envolve a maternidade biológica (gravidez), *a priori*, apenas a segurada mulher terá direito ao benefício. O homem apenas poderá perceber a prestação na hipótese de óbito da titular originária, na forma do art. 71-B da Lei n. 8.213/91.

7.13.3. Carência do salário-maternidade

Já vimos que todos os segurados da Previdência Social têm direito ao salário-maternidade. Dentre eles, o(a) empregado(a), o(a) trabalhador(a) avulso(a) e o(a) doméstico(a) têm direito ao benefício independentemente de carência (art. 26, VI, da Lei n. 8.213/91). Portanto, ainda que uma empregada doméstica tenha começado a trabalhar no oitavo mês de gestação, ela terá direito ao salário-maternidade. De igual modo, para um indivíduo do sexo masculino receber o benefício em virtude da adoção de uma criança, basta que ele ostente a qualidade de segurado à época do fato gerador.

De outro lado, o(a) contribuinte individual e o(a) segurado(a) facultativo(a) somente terão direito ao benefício se cumprirem a carência de dez contribuições mensais (art. 25, III, da Lei n. 8.213/91). Atente-se que essa carência de dez contribuições mensais não é fixa. Na hipótese de parto antecipado, a carência do benefício será antecipada no mesmo número de meses de antecipação do parto.

A legislação previdenciária apresenta algumas inconsistências em relação ao(à) segurado(a) especial, demandando maiores comentários. De acordo com o art. 25, III, da Lei n. 8.213/91, a concessão do salário-maternidade para o(a) segurado(a) especial pressupõe o pagamento de dez contribuições mensais, respeitado o disposto no parágrafo único do art. 39 da mesma lei. Por sua vez, o parágrafo único do art. 39 dispõe que, para o(a) segurado(a) especial fica garantida a concessão do salário-maternidade no valor de 1 (um) salário mínimo, desde que comprove o exercício de atividade rural, ainda que de forma descontínua, nos 12 (doze) meses imediatamente anteriores ao do início do benefício.

Em primeiro lugar, é preciso advertir que o(a) segurado(a) especial não precisa cumprir carência no formato tradicional (que exige um número mínimo de contribuições mensais indispensáveis para o gozo do benefício). Isso porque o(a) segurado(a) especial, ao contrário dos demais segurados, não dispõe de capacidade econômica para efetuar recolhimentos tributários mensais, haja vista o caráter sazonal de sua renda. De fato, ao contrário do(a) empregado(a), por exemplo, que certamente terá renda nos meses em que trabalha, o(a) segurado(a) especial poderá não auferir renda em determinados meses (período de entressafra ou do defeso). Exatamente por isso, o art. 25, III, da Lei n. 8.213/91 remete ao parágrafo único do art. 39, o qual condiciona o deferimento da prestação à comprovação da atividade rural ou da pesca artesanal (e não ao pagamento das contribuições!) durante determinado período. Qual seria esse período? Segundo o parágrafo único do art. 39 da Lei n. 8.213/91, para o(a) segurado(a)

---

104 Essa questão será mais bem analisada nos tópicos 7.13.4 e 7.13.5 deste capítulo.

105 No tópico 7.13.6, falaremos sobre a possibilidade de concessão do benefício para a segurada desempregada demitida sem justa causa durante o período de estabilidade gestacional.

especial ter direito ao salário-maternidade, ele(a) deverá comprovar a atividade durante os doze meses imediatamente anteriores ao início do benefício. **O prazo referido no preceito legal não se aplica.** Segundo entendimento pacificado na Administração (INSS) e na jurisprudência, **o prazo é de dez meses porque esse é o tempo de duração da carência do benefício.** Não seria razoável exigir do(a) contribuinte individual e do(a) segurado(a) facultativo(a) dez contribuições mensais e exigir do(a) segurado(a) especial a comprovação de atividade rural durante doze meses. Assim, conclui-se que, para o(a) segurado(a) especial ter direito ao salário-maternidade, terá que comprovar o exercício de atividade rural ou de pesca artesanal, ainda que de forma descontínua, **nos últimos dez meses imediatamente anteriores à data do parto (ou outro evento gerador do benefício)** ou do requerimento do benefício, quando requerido antes do parto (art. 93, § 2º, do Decreto n. 3.048/99). O prazo de comprovação da atividade também não é fixo, podendo ser antecipado na hipótese de antecipação do parto.

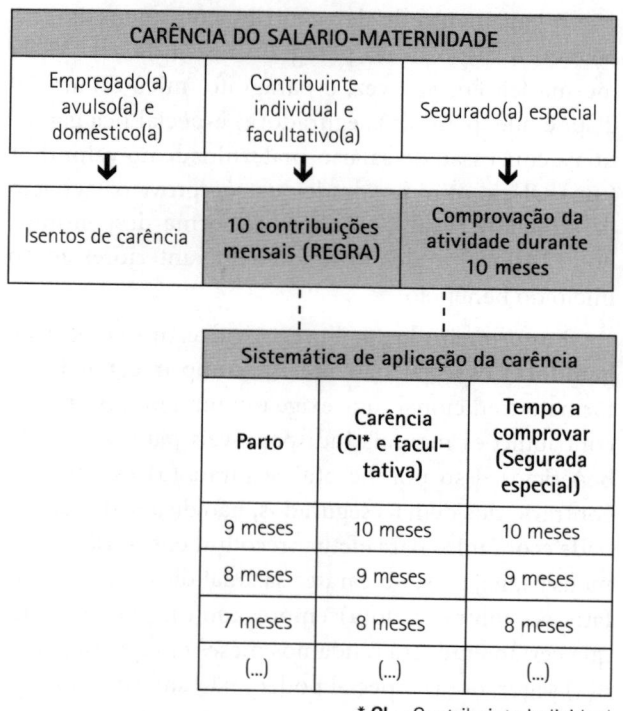

CARÊNCIA DO SALÁRIO-MATERNIDADE

Empregado(a) avulso(a) e doméstico(a)	Contribuinte individual e facultativo(a)	Segurado(a) especial
Isentos de carência	10 contribuições mensais (REGRA)	Comprovação da atividade durante 10 meses

Sistemática de aplicação da carência

Parto	Carência (CI* e facultativa)	Tempo a comprovar (Segurada especial)
9 meses	10 meses	10 meses
8 meses	9 meses	9 meses
7 meses	8 meses	8 meses
(...)	(...)	(...)

* CI = Contribuinte Individual

7.13.4. Fato gerador do salário-maternidade

O salário-maternidade pode ser concedido em razão de três fatos geradores: a) parto (maternidade biológica); b) aborto não criminoso; e c) maternidade decorrente de adoção (e guarda judicial para fins de adoção).

Salário-maternidade: Parto | Aborto não criminoso | Adoção ou guarda judicial para fins de adoção

A – Parto

De acordo com o art. 93 do Decreto n. 3.048/99, o salário-maternidade é devido à segurada da Previdência Social, durante cento e vinte dias, com início vinte e oito dias antes e término noventa e um dias depois do parto.

O § 3º do mesmo artigo dispõe que, em casos excepcionais, **os períodos de repouso anterior e posterior ao parto podem ser aumentados de mais duas semanas**, mediante atestado médico específico. Consequentemente, **o período máximo de percepção do salário-maternidade é de 148 dias (120 + 14 + 14 = 148).**

Dúvida! O que aconteceria se, após a prorrogação do período de repouso posterior, a gestante não tivesse condições de retornar ao trabalho? Nessa situação, seria possível a concessão do benefício de auxílio-doença. A propósito, é oportuno ressaltar a **impossibilidade de acumulação de salário-maternidade com auxílio-doença.** Assim, caso uma beneficiária de auxílio-doença peça o salário-maternidade, o benefício por incapacidade deverá ser suspenso administrativamente enquanto perdurar o salário-maternidade. Findo este e persistindo a incapacidade, o auxílio-doença poderá ser restabelecido.

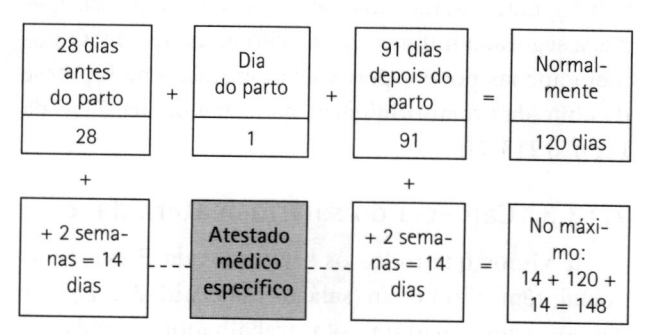

28 dias antes do parto	+	Dia do parto	+	91 dias depois do parto	=	Normalmente
28		1		91		120 dias
+				+		
+ 2 semanas = 14 dias		Atestado médico específico		+ 2 semanas = 14 dias	=	No máximo: 14 + 120 + 14 = 148

Lei n. 13.301/2016 e previsão de salário-maternidade de 180 dias no caso das mães de crianças acometidas por sequelas neurológicas decorrentes de doenças transmitidas pelo *Aedes aegypti*. Em 27 de junho de 2016, foi editada a Lei n. 13.301/2006, com a previsão de que a licença-maternidade será de 180 dias no caso das mães de crianças acometidas por sequelas neurológicas decorrentes de doenças transmitidas pelo *Aedes aegypti*, assegurado, nesse período, o recebimento de salário-maternidade, inclusive no caso da segurada especial, da contribuinte individual, da segurada facultativa e da trabalhadora avulsa (art. 18, §§ 3º e 4º, da Lei n. 13.301/2016).

Embora não haja referência à empregada doméstica na Lei n. 13.301/2016, não há fundamento para a sua exclusão do direito à percepção do salário-maternidade de 180 dias no caso de filho acometido de sequelas neurológicas decorrentes de doenças transmitidas pelo mosquito *Aedes aegypti*.

Não obstante a legislação previdenciária disponha que o salário-maternidade tenha início vinte e oito dias antes e término noventa e um dias depois do parto, **é plenamente possível que o benefício seja requerido posteriormente, desde que seja observado o prazo de cinco anos, a contar da data do parto.** Nesse caso, de acordo com a **Súmula 45 da TNU** e **Súmula 38 da AGU**, incide correção monetária sobre o salário-maternidade desde a época do parto, independentemente da data do requerimento administrativo.

> **Súmula 38 da AGU:** Incide a correção monetária sobre as parcelas em atraso não prescritas, relativas aos débitos de natureza alimentar, assim como aos benefícios previdenciários, desde o momento em que passaram a ser devidos, mesmo que em período anterior ao ajuizamento de ação judicial.
>
> **Súmula 45 da TNU:** Incide correção monetária sobre o salário-maternidade desde a época do parto, independentemente da data do requerimento administrativo.

Havendo partos múltiplos, é devido apenas um salário-maternidade. Se esse benefício visa a substituir a renda da trabalhadora, é óbvio que o parto gemelar não dá ensejo à multiplicação do benefício, até porque, após o gozo da licença à gestante, a remuneração paga pela empresa não se multiplicará.

Atenção! No âmbito do RGPS, o prazo normal de concessão do salário-maternidade é de cento e vinte dias, e não cento e oitenta dias. Como veremos logo adiante, a Lei n. 11.770/2008, que instituiu o **Programa Empresa Cidadã,** possibilitou exclusivamente a extensão da licença à gestante por mais sessenta dias (período de repouso), nada falando sobre o salário-maternidade.

B – Aborto não criminoso

Em caso de **aborto não criminoso**, comprovado mediante atestado médico, a segurada terá direito ao salário-maternidade correspondente a duas semanas.

Aborto não criminoso
- Aborto natural ou espontâneo
- Aborto necessário (para salvar a vida da gestante)
- Aborto em razão de estupro
- Interrupção da gravidez de feto anencéfalo (decisão do STF proferida nos autos da ADPF n. 54)

C – Adoção e guarda judicial para fins de adoção

De acordo com o art. 71-A da Lei n. 8.213/91, **com redação dada pela Lei n. 12.873/2013, ao segurado ou segurada** da Previdência Social que adotar ou obtiver guarda judicial para fins de adoção de criança[106] é devido salário-maternidade pelo **período de 120 (cento e vinte) dias**. Independentemente do sexo do beneficiário, **a percepção do salário-maternidade pressupõe o afastamento do trabalho ou da atividade desempenhada, sob pena de suspensão do benefício.**

Na hipótese de adoção (ou guarda judicial para fins de adoção) **de mais de uma criança (adoção de gêmeos, p. ex.), é devido um único salário-maternidade.**

Nos termos do § 2º do mesmo art. 71-A (que também foi incluído pela Lei n. 12.873/2013), ressalvado o pagamento do salário-maternidade à mãe biológica e o disposto no art. 71-B, **NÃO** poderá ser concedido o benefício a mais de um segurado, **decorrente do mesmo processo de adoção ou guarda, ainda que os cônjuges ou companheiros estejam submetidos a regime próprio de previdência.**

Pois bem, em relação ao art. 71-A da Lei n. 8.213/91, quatro aspectos chamam a atenção:

1º) com o advento da Lei n. 12.873/2013, o homem passou a ter direito a pleitear o salário-maternidade na hipótese de adoção ou guarda judicial para fins de adoção;

2º) o § 2º do mesmo artigo ressalvou a impossibilidade de concessão do salário-maternidade a mais de um segurado, decorrente do mesmo processo de adoção ou guarda, ainda que os cônjuges ou companheiros estejam submetidos a regime próprio. Evidentemente, o escopo do preceito legal é vedar a concessão de dois

---

[106] O salário-maternidade não é devido quando o termo de guarda não contiver a observação de que é para fins de adoção ou só contiver o nome do cônjuge ou companheiro. Para a concessão do salário-maternidade é indispensável que conste da nova certidão de nascimento da criança, ou do termo de guarda, o nome da segurada adotante ou guardiã. Ademais, é imprescindível que se trate de guarda para fins de adoção.

benefícios em razão de um único fato gerador[107]. **Por outro lado, parece-nos clara a possibilidade de o casal escolher qual dos cônjuges perceberá o benefício. Obviamente, na maioria das vezes, o casal escolherá o cônjuge/companheiro com maior remuneração;**

3º) antigamente, a licença-maternidade (direito trabalhista) tinha duração de 120 dias, independentemente da idade da criança[108]. Já a duração do salário-maternidade (direito previdenciário) era escalonada conforme a idade da criança adotada (até 1 ano: 120 dias; 1 a 4 anos: 60 dias; 4 a 8 anos: 30 dias). Felizmente, a MP n. 619/2013, posteriormente convertida na Lei n. 12.873/2013, superou, de uma vez por todas, a falta de sincronia entre o tempo de duração da licença-maternidade (direito trabalhista) e o período de manutenção do salário-maternidade (direito previdenciário). Assim, com base no direito atual, se uma mulher (ou um homem) adotar uma criança com sete anos de idade, terá direito ao salário-maternidade durante 120 dias;

4º) o art. 2º do Estatuto da Criança e do Adolescente (Lei n. 8.069/90) considera criança a pessoa até doze anos de idade incompletos. Logo, o salário-maternidade é devido na hipótese de adoção/guarda judicial para fins de adoção de pessoas até doze anos de idade incompletos.

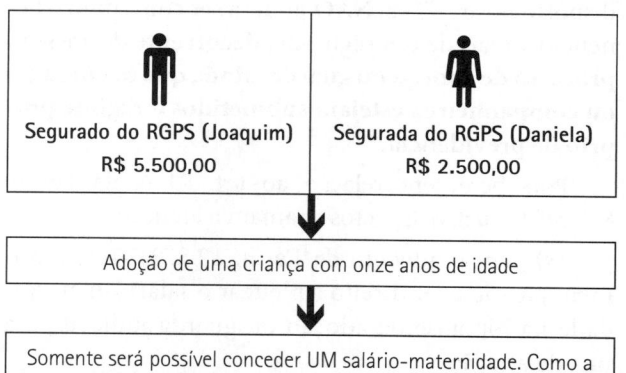

Segurado do RGPS (Joaquim) R$ 5.500,00 | Segurada do RGPS (Daniela) R$ 2.500,00

Adoção de uma criança com onze anos de idade

Somente será possível conceder UM salário-maternidade. Como a remuneração de Joaquim é superior, o casal poderá optar pelo deferimento do benefício apenas para ele. Nesse caso, para receber o salário-maternidade, Joaquim deverá se afastar do trabalho

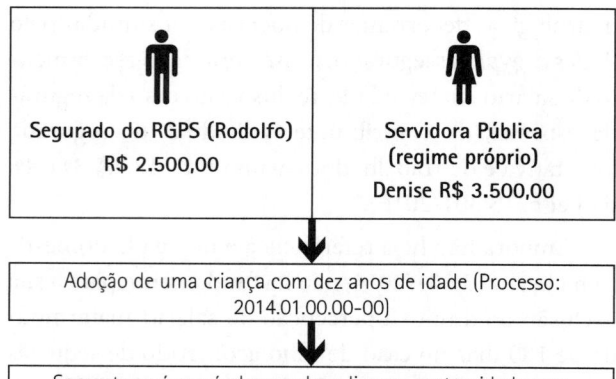

Segurado do RGPS (Rodolfo) R$ 2.500,00 | Servidora Pública (regime próprio) Denise R$ 3.500,00

Adoção de uma criança com dez anos de idade (Processo: 2014.01.00.00-00)

Somente será possível conceder a licença-maternidade para Denise no âmbito do regime próprio, haja vista a vedação constante do art. 71-A, § 2º, da Lei n. 8.213/91.

Dúvida: é possível conceder o salário-maternidade para o(a) segurado(a) adotante se a mãe biológica já o recebeu por ocasião do parto? A resposta é afirmativa. Segundo o art. 93-A, § 1º, do Decreto n. 3.048/99, o **salário-maternidade é devido à segurada independentemente de a mãe biológica ter recebido o mesmo benefício quando do nascimento da criança.**

D – Em resumo

PARTO	ABORTO NÃO CRIMINOSO	ADOÇÃO OU GUARDA JUDICIAL PARA ADOÇÃO
120 dias	2 semanas	120 dias

Em casos excepcionais, os períodos de repouso anterior e posterior ao parto podem ser aumentados de mais duas semanas, mediante atestado médico específico.

7.13.5. Falecimento do(a) segurado(a) que fizer jus ao salário-maternidade

Outra importante inovação trazida pela Lei n. 12.873/2013 consiste na possibilidade de concessão do benefício ao cônjuge ou companheiro(a) sobrevivente na hipótese de óbito do(a) titular. É o que dispõe o novel art. 71-B da Lei n. 8.213/91: "No caso de falecimento da segurada ou segurado que fizer jus ao recebimento do salário-maternidade, o benefício será pago, por todo o período ou pelo tempo restante a que teria direito, ao cônjuge ou companheiro sobrevivente **que tenha a qualidade de segurado, exceto no caso do falecimento do filho ou de seu abandono**, observadas as normas aplicáveis ao salário-maternidade".

---

[107] É importante que fique claro que a Lei n. 8.213/91 trata exclusivamente do benefício do RGPS. A propósito, no âmbito do regime próprio dos servidores federais, por exemplo, nem sequer há previsão de um benefício chamado "salário-maternidade". O que existe é a previsão de afastamento remunerado (licença à gestante e à adotante, sem prejuízo da remuneração). Logo, quando o § 2º do art. 71-A fala em "benefício" do regime próprio, ele está se referindo à licença remunerada à adotante.

[108] Somente depois da Lei n. 12.010/2009, a licença-maternidade passou a ter duração de 120 dias, independentemente da idade da criança.

O benefício derivado deverá ser requerido até o último dia do prazo previsto para o término do salário-maternidade originário. **Será pago diretamente pelo INSS** durante o período entre a data do óbito e o último dia do término do salário-maternidade originário e será calculado sobre: **I** – a remuneração integral, para o empregado e trabalhador avulso; **II** – o último salário de contribuição, para o empregado doméstico; **III** – 1/12 (um doze avos) da soma dos 12 (doze) últimos salários de contribuição, apurados em um período não superior a 15 (quinze) meses, para o contribuinte individual, facultativo e desempregado; e **IV** – o valor do salário mínimo, para o segurado especial.

Dúvida: o art. 71-B da Lei n. 8.213/91 é uma decorrência do disposto no art. 112 da Lei n. 8.213/91 *(Art. 112. O valor não recebido em vida pelo segurado só será pago aos seus dependentes habilitados à pensão por morte ou, na falta deles, aos seus sucessores na forma da lei civil, independentemente de inventário ou arrolamento)*?

A resposta é negativa. Havendo a morte do(a) titular do benefício originário, **outro benefício**, diferente do primeiro, será concedido durante o período remanescente (entre a data do óbito e o último dia do término do salário-maternidade originário). Não é à toa que o art. 71-B expressamente condiciona o deferimento da prestação à exigência de que o cônjuge ou companheiro(a) sobrevivente ostente a qualidade de segurado. Além do mais, não há vinculação entre o valor mensal do benefício originário e o valor mensal do benefício derivado, o qual será recalculado, nos termos do art. 71-B, § 2º. Finalmente, a percepção do salário-maternidade pressupõe que o cônjuge ou companheiro(a) sobrevivente afaste-se do trabalho ou da atividade desempenhada, sob pena de suspensão do benefício. **Assim, trata-se de outro benefício, e não da percepção de valores residuais.**

7.13.6. Sistemática de pagamento do benefício

De acordo com o art. 72, § 1º, da Lei n. 8.213/91, cabe à empresa pagar o salário-maternidade devido à respectiva empregada gestante, **efetivando-se a compensação (chamada de reembolso)**, quando do recolhimento das contribuições incidentes sobre a folha de salários e demais rendimentos pagos ou creditados, a qualquer título, à pessoa física que lhe preste serviço.

Vale dizer, a empresa antecipa o pagamento do salário-maternidade e posteriormente realiza um acerto de contas com a previdência (reembolso) no momento em que for recolher as suas contribuições.

De acordo com o art. 72, § 2º, da Lei n. 8.213/91, a empresa deverá conservar **durante 10 (dez) anos** os comprovantes dos pagamentos e os atestados correspondentes para exame pela fiscalização da Previdência Social. Segundo nos parece, não há mais razão para a exigência de manutenção dos comprovantes de pagamento relativos aos últimos dez anos. Isso porque, depois da edição de Súmula Vinculante n. 8 do STF, o prazo de decadência das contribuições sociais passou a ser de cinco anos.

Atenção! Há três situações em que o salário-maternidade do(a) empregado(a) será pago diretamente pela Previdência Social, e não pela empresa: **1ª)** na hipótese de adoção ou guarda judicial para adoção (art. 71-A, § 1º, da Lei n. 8.213/91); **2ª)** quando se tratar de salário-maternidade devido ao(à) empregado(a) do microempreendedor individual de que trata o art. 18-A da Lei Complementar n. 123/2006 (art. 72, § 3º, da Lei n. 8.213/91); **3ª)** no caso de salário-maternidade derivado concedido em virtude do óbito do(a) titular (art. 71-B, § 2º, da Lei n. 8.213/91).

Em todos os outros casos, inclusive nas hipóteses de concessão do benefício para o(a) trabalhador(a) avulso(a), o salário-maternidade será pago diretamente pela Previdência Social.

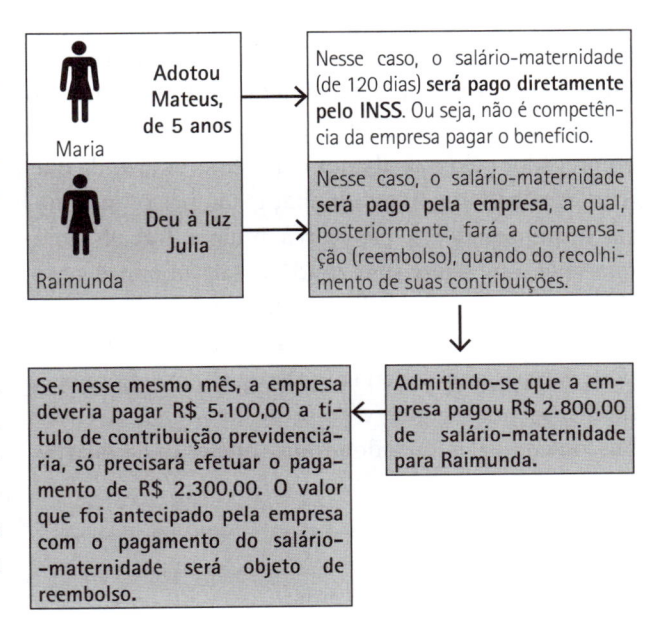

Maria — Adotou Mateus, de 5 anos	Nesse caso, o salário-maternidade (de 120 dias) **será pago diretamente pelo INSS**. Ou seja, não é competência da empresa pagar o benefício.
Raimunda — Deu à luz Julia	Nesse caso, o salário-maternidade **será pago pela empresa**, a qual, posteriormente, fará a compensação (reembolso), quando do recolhimento de suas contribuições.

Se, nesse mesmo mês, a empresa deveria pagar R$ 5.100,00 a título de contribuição previdenciária, só precisará efetuar o pagamento de R$ 2.300,00. O valor que foi antecipado pela empresa com o pagamento do salário-maternidade será objeto de reembolso.

← Admitindo-se que a empresa pagou R$ 2.800,00 de salário-maternidade para Raimunda.

Espécie de segurado(a)	Quem deve pagar o salário-maternidade?	
Empregado(a)	Regra: Empresa	Entretanto, será pago diretamente no INSS:
Avulso(a)	INSS	1ª) Na hipótese de adoção ou guarda judicial para adoção
Empregado(a) doméstico(a)		2ª) No caso do(a) empregado(a) do microempreendedor individual
Contribuinte individual		
Segurado(a) especial		3ª) No caso de falecimento do titular originário

7.13.7. Valor do benefício

Conforme disposto no art. 201, § 2º, da CF/88, nenhum benefício que substitua o salário de contribuição ou o rendimento do trabalho do segurado terá valor mensal inferior ao salário mínimo. Assim, como **o salário-maternidade visa a substituir a renda do(a) segurado(a) durante o período de repouso (parto ou aborto) ou de adaptação (adoção), não poderá ser inferior ao salário mínimo, independentemente da espécie de segurado(a).**

De acordo com o art. 7º, XVIII, da CF/88, é direito da trabalhadora a licença à gestante, sem prejuízo do emprego e do salário, com a duração de cento e vinte dias. O inciso XXXIV do mesmo artigo ainda prevê a igualdade de direitos entre o trabalhador com vínculo empregatício permanente e o trabalhador avulso.

Com fundamento nesses dispositivos e no princípio da isonomia, o **STF**, nos autos da ADIn 1.946/99, entendeu que o salário-maternidade da empregada e da trabalhadora avulsa será pago independentemente do teto da Previdência Social[109]. Na oportunidade, o Tribunal partiu de duas premissas: 1ª) a limitação do benefício ao teto facilitaria sobremaneira e estimularia a opção do empregador pelo trabalhador masculino, em vez da mulher trabalhadora; 2ª) essa limitação também conclamaria o empregador a oferecer à mulher trabalhadora, quaisquer que sejam suas aptidões, salário nunca superior ao teto previdenciário. Diante disso, concluiu que a incidência do teto do RGPS para o salário-maternidade poderia ensejar o tratamento desigual entre homens e mulheres, prática que, diga-se de passagem, a CF/88 buscou combater, quando proibiu diferença de salários,

de exercício de funções e de critérios de admissão, por motivo de sexo (art. 7º, XXX, da CF/88).

Assim, por força dessa decisão, o salário-maternidade do(a) empregado(a) e do(a) trabalhador(a) avulso(a) consiste numa renda mensal igual à sua remuneração integral[110], podendo, inclusive, extrapolar o teto do RGPS. Porém, não poderá superar o teto do funcionalismo público (subsídio do Ministro do STF), nos termos do art. 248 da CF/88.

Atenção! Apenas dois benefícios previdenciários podem extrapolar o teto da previdência social: o salário-maternidade do(a) empregado(a) e do(a) avulso(a) e a aposentadoria por invalidez, quando acrescida de 25% em razão da necessidade de assistência permanente de terceira pessoa (grande invalidez).

Benefícios que podem superar o teto do RGPS	Salário-maternidade do(a) empregado(a) e do(a) avulso(a)
	Aposentadoria por invalidez, quando acrescida de 25% em razão da necessidade de assistência permanente de terceiro

Segundo o art. 73 da Lei n. 8.213/91, para os(as) demais segurados(as) da Previdência Social, o salário-maternidade, assegurado o valor de um salário mínimo, consistirá:

a) para o(a) empregado(a) doméstico(a): em um valor correspondente ao do seu último salário de contribuição;

Atenção! Essa disposição do art. 73 da Lei n. 8.213/91 é bastante questionável após o entendimento firmado pelo STF, isso porque o parágrafo único do art. 7º da CF/88, desde sempre, garantiu às empregadas domésticas o direito à licença à gestante sem prejuízo da remuneração. A EC n. 72/2013 e a LC n. 150/2015 ratificaram esse direito.

---

109 À época da decisão, ainda não havia previsão legal para a concessão do benefício para o homem.

110 De acordo com o art. 206 da Instrução Normativa INSS n. 77/2015, a renda mensal do salário-maternidade será calculada da seguinte forma:
I – para a segurada empregada, consiste numa renda mensal igual à sua remuneração no mês do seu afastamento ou, em caso de salário total ou parcialmente variável, na média aritmética simples dos seus seis últimos salários, apurada de acordo com o valor definido para a categoria profissional em lei ou dissídio coletivo, excetuando-se, para esse fim, o décimo terceiro salário, adiantamento de férias e as rubricas constantes do § 9º do art. 214 do RPS;
II – para a segurada trabalhadora avulsa, corresponde ao valor de sua última remuneração integral equivalente a um mês de trabalho, não sujeito ao limite máximo do salário de contribuição, observado o disposto no inciso I deste artigo em caso de salário variável.

> CF/88: Art. 7º São direitos dos trabalhadores urbanos e rurais, além de outros que visem à melhoria de sua condição social:
>
> XVIII – licença à gestante, sem prejuízo do emprego e do salário, com a duração de cento e vinte dias;
>
> Parágrafo único. São assegurados à categoria dos trabalhadores domésticos os direitos previstos nos incisos IV, VI, VII, VIII, X, XIII, XV, XVI, XVII, **XVIII**, XIX, XXI, XXII, XXIV, XXVI, XXX, XXXI e XXXIII e, atendidas as condições estabelecidas em lei e observada a simplificação do cumprimento das obrigações tributárias, principais e acessórias, decorrentes da relação de trabalho e suas peculiaridades, os previstos nos incisos I, II, III, IX, XII, XXV e XXVIII, bem como a sua integração à previdência social.
>
> Lei Complementar n. 150/2015: Art. 25. A empregada doméstica gestante tem direito a licença-maternidade de 120 (cento e vinte) dias, **sem prejuízo do emprego e do salário**, nos termos da Seção V do Capítulo III do Título III da Consolidação das Leis do Trabalho (CLT), aprovada pelo Decreto-Lei n. 5.452, de 1º de maio de 1943.

b) para o(a) segurado(a) especial: em um doze avos do valor sobre o qual incidiu sua última contribuição anual, para a segurada especial. Ressalte-se que não houve a regulamentação da contribuição anual do segurado especial, haja vista a ausência de aprovação do projeto de lei que tratava da matéria. Consequentemente, para a segurada especial, nos termos do art. 39, parágrafo único, o salário-maternidade equivale a um salário mínimo, a não ser que ela opte pelo recolhimento facultativo de contribuições;

c) para os(as) demais segurados(as), inclusive para o(a) desempregado(a): em um doze avos da soma dos doze últimos salários de contribuição, apurados em um período não superior a quinze meses. Na verdade, o art. 73 da Lei n. 8.213/91 é omisso em relação à sistemática de cálculo do benefício para o(a) desempregado(a). Por essa razão, parece-nos razoável aplicar o disposto no art. 71-B, § 2º.

Valor do salário-maternidade:
- **Empregado(a) e trabalhador(a) avulso(a):** remuneração integral, ainda que superior ao teto do RGPS. Porém, não poderá ser superior ao teto do funcionalismo público.
- **Empregado(a) doméstico(a):** valor do último salário de contribuição.
- **Segurado(a) especial:** um salário mínimo, ressalvada a opção pelo recolhimento facultativo de contribuições.
- **Demais segurados(as):** em um doze avos da soma dos doze últimos salários de contribuição, apurados em um período não superior a quinze meses.

No mínimo, será de um salário mínimo, haja vista o seu caráter substitutivo.

7.13.8. Programa Empresa Cidadã

A Lei n. 11.770/2008 instituiu o **Programa Empresa Cidadã, destinado a prorrogar por sessenta dias a duração da licença-maternidade** prevista no inciso XVIII do *caput* do art. 7º da CF/88. Considerando o advento da Lei n. 12.873/2013, parece-nos não haver dúvida quanto à possibilidade de o segurado do sexo masculino ter direito a essa extensão (art. 392-A, § 5º, da CLT).

Durante o período de prorrogação da licença-maternidade, a empregada terá direito à sua remuneração integral, nos mesmos moldes devidos no período de percepção do salário-maternidade pago pelo regime geral de previdência social.

Atenção! O Programa Empresa Cidadã possibilita exclusivamente a prorrogação da licença à gestante. Não prorroga o benefício de salário-maternidade!

A prorrogação será garantida ao(à) empregado(a) da pessoa jurídica que aderir ao Programa, desde que a empregada a requeira até o final do primeiro mês após o parto, e concedida imediatamente após a fruição da licença-maternidade.

A quem compete o pagamento dos valores oriundos da prorrogação?

De acordo com o art. 5º da Lei n. 11.770/2008, a pessoa jurídica tributada com base no lucro real poderá deduzir do imposto devido, em cada período de apuração, o total da remuneração integral da empregada pago nos sessenta dias de prorrogação de sua licença-maternidade, vedada a dedução como despesa operacional.

Portanto, mais uma vez, observa-se que a prorrogação da licença não é mantida pela Previdência. Da mesma forma, não é mantida pela empresa. Esta possui exclusivamente o ônus de antecipar o pagamento da remuneração integral do(a) empregado(a), já que, posteriormente, deduzirá do imposto devido o total despendido por ocasião da prorrogação. **No final das contas, cabe ao Tesouro Nacional arcar com as despesas decorrentes da prorrogação.**

Da interpretação conjugada dos arts. 1º e 5º da Lei n. 11.770/2008, conclui-se que apenas as empresas tributadas pelo lucro real podem aderir ao Programa Empresa Cidadã. Assim, por exemplo, os empregadores pessoas físicas, as pessoas jurídicas tributadas pelo lucro presumido e as pessoas jurídicas inscritas no Simples Nacional não podem aderir ao programa. Consequentemente, seus(suas) empregados(as) não fazem jus à prorrogação da licença à gestante.

7.13.9. Quadro-resumo

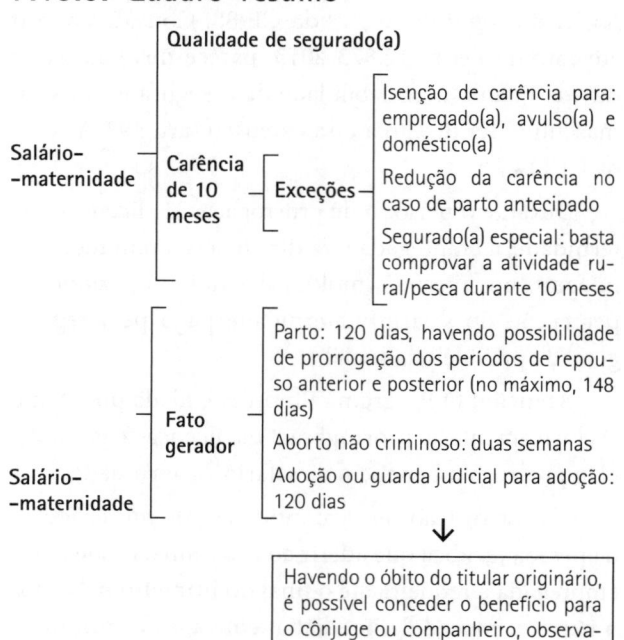

Salário-maternidade
- Qualidade de segurado(a)
- Carência de 10 meses
  - Exceções:
    - Isenção de carência para: empregado(a), avulso(a) e doméstico(a)
    - Redução da carência no caso de parto antecipado
    - Segurado(a) especial: basta comprovar a atividade rural/pesca durante 10 meses

Salário-maternidade
- Fato gerador
  - Parto: 120 dias, havendo possibilidade de prorrogação dos períodos de repouso anterior e posterior (no máximo, 148 dias)
  - Aborto não criminoso: duas semanas
  - Adoção ou guarda judicial para adoção: 120 dias

↓

> Havendo o óbito do titular originário, é possível conceder o benefício para o cônjuge ou companheiro, observados os requisitos legais.

7.14. SALÁRIO-FAMÍLIA

7.14.1. Fundamento constitucional

O salário-família é referido na Constituição Federal de 1988 em dois momentos: no art. 7º, XII, que prescreve ser direito do trabalhador o salário-família pago em razão do dependente do trabalhador de baixa renda nos termos da lei; e no art. 201, que inclui, entre os riscos sociais, a concessão de salário-família para o segurado de baixa renda.

7.14.2. Requisitos legais

Nos termos do art. 65 da Lei n. 8.213/91, com redação dada pela Lei Complementar n. 150/2015, o salário-família será devido, mensalmente, ao segurado empregado, inclusive ao doméstico, ao segurado trabalhador avulso, a determinados aposentados e ao beneficiário de auxílio-doença, todos eles de baixa renda, na proporção do respectivo número de filhos ou equiparados de até 14 (quatorze) anos de idade.

Atenção! Observe-se que o salário-família é benefício de titularidade do segurado, e não do dependente!

O salário-família é um benefício que **não exige carência mínima** para a sua concessão. Preenchendo os pressupostos legais, o benefício é devido, independentemente do número de contribuições vertidas pelo segurado ao RGPS.

A – Segurados com direito ao salário-família

Conforme disposição do art. 65 da Lei n. 8.213/91, pode-se afirmar que o salário-família é um **benefício de concessão restrita** devido exclusivamente aos seguintes segurados: **a)** empregado; **b)** trabalhador avulso; **c)** empregado doméstico (Lei Complementar n. 150/2015); **d)** empregado e trabalhador avulso aposentados por idade, por invalidez ou em gozo de auxílio-doença; **e)** demais empregados e trabalhadores avulsos aposentados aos 65 anos de idade, se do sexo masculino, ou 60 anos, se do sexo feminino.

Segundo o art. 82 do Decreto n. 3.048/99, para o pagamento do salário-família ao aposentado, deve-se considerar a categoria em que ele se enquadrava **na última atividade**, já que somente terão direito ao benefício os aposentados empregados e trabalhadores avulsos.

Ressalte-se ainda, que, de acordo com a **Súmula 344 do TST**, "o salário-família é devido aos trabalhadores rurais somente após a vigência da Lei n. 8.213, de 24-7-1991".

Salário-família
- Empregado
- Empregado doméstico
- Trabalhador avulso
- Empregado e trabalhador avulso aposentados por idade, por invalidez ou em gozo de auxílio-doença
- Demais empregados e trabalhadores avulsos aposentados aos 65 anos de idade, se do sexo masculino, ou 60 anos, se do sexo feminino

B – Fato gerador

O salário-família tem **caráter complementar** e visa a auxiliar o segurado no sustento de seus filhos (ou equiparados) de até 14 anos de idade ou inválidos de qualquer idade. Equiparam-se a filho o enteado e o menor tutelado, mediante declaração do segurado e desde que comprovada a dependência econômica na forma estabelecida no Regulamento.

A invalidez do filho ou equiparado maior de 14 anos de idade deve ser verificada em exame médico-pericial a cargo da Previdência Social.

C – Baixa renda

Desde a promulgação da Emenda Constitucional n. 20/98, o salário-família somente é devido para os segurados de baixa renda.

Para o ano de 2018, são segurados de baixa renda aqueles que têm salário de contribuição igual ou inferior a R$ 1.319,18[111].

A restrição subjetiva do salário-família aos segurados de baixa renda tem respaldo no princípio da seletividade e distributividade dos benefícios e serviços (art. 194, parágrafo único, III, da CF/88). Como salienta Fábio Zambitte Ibrahim, apesar do valor diminuto, trata-se de prestação fundamental para os segurados de baixa renda[112], não havendo razão para o pagamento desse benefício aos segurados com melhores condições financeiras.

Observe-se que, para fins de concessão do benefício, **não se considera a renda do grupo familiar, e sim a renda de cada segurado considerado individualmente**. Por consequência, se o pai e a mãe são empregados e recebem, cada um, remuneração de um salário mínimo, ambos têm direito ao salário-família.

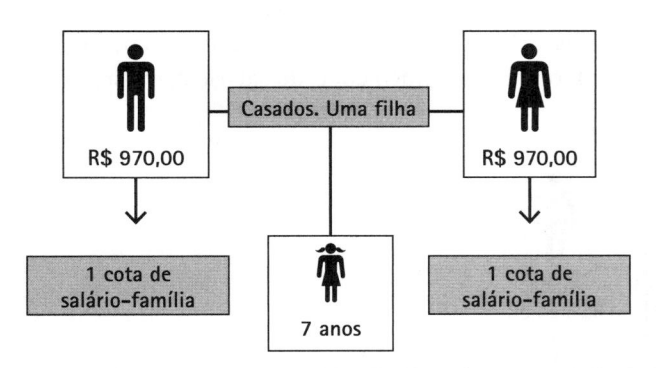

7.14.3. Valor do salário-família

O valor do benefício, **que tem caráter complementar**, define-se pela renda do segurado. De acordo com a Portaria do Ministro da Fazenda MF n. 15, de 16 de janeiro de 2018, será de R$ 45,00, por filho de até 14 anos incompletos ou inválido, para quem ganhar até R$ 877,67. Para o trabalhador que receber de R$ 877,67 até R$ 1.319,18, o valor do salário-família por filho de até 14 anos de idade ou inválido de qualquer idade será de R$ 31,71.

VALOR DO BENEFÍCIO	RENDA DO SEGURADO
R$ 45,00	Para quem ganha até R$ 877,67
R$ 31,71	Para quem recebe de R$ 877,67 até R$ 1.319,18

Atenção! Considerando que o salário-família não é benefício substitutivo da remuneração do trabalhador (ou de seu salário de contribuição), não há óbice constitucional para que o seu valor seja inferior ao salário mínimo vigente.

Para fins de aferição da condição de baixa renda do segurado, deve-se considerar o valor do **salário de contribuição mensal**. Nesse contexto, considera-se remuneração mensal do segurado o valor total do respectivo salário de contribuição, **ainda que resultante da soma dos salários de contribuição correspondentes a atividades simultâneas**. O direito à cota do salário-família é definido em razão da remuneração que seria devida ao empregado no mês, independentemente do número de dias efetivamente trabalhados.

Exemplo: Ribeiro possui dois vínculos empregatícios, recebendo em cada um a remuneração de um salário mínimo (R$ 954,00). Se considerarmos individualmente cada vínculo empregatício, Ribeiro ficaria dentro do limite de baixa renda. Contudo, deve-se considerar o salário de contribuição total do mês da competência, ou seja, devem-se somar as duas remunerações do trabalhador. Fazendo isso, Ribeiro tem salário de contribuição mensal de R$ 1.908,00, o que afasta o direito ao recebimento do salário-família, já que o limite de baixa renda é R$ 1.319,18 (para o ano de 2018).

Apesar de ser devido ao segurado, o salário-família é calculado de acordo com o número de filhos menores (ou equiparados) de 14 anos ou inválidos. Cada filho ou equiparado gera o direito a uma cota. Assim, um segurado empregado com remuneração mensal de R$ 800,00 e cinco filhos menores de 14 anos terá direito a cinco cotas do salário-família, cada uma no valor de R$ 45,00.

---

111 Nos termos da Portaria MF n. 15/2018.
112 IBRAHIM, Fábio Zambitte, Op. cit., p. 68.

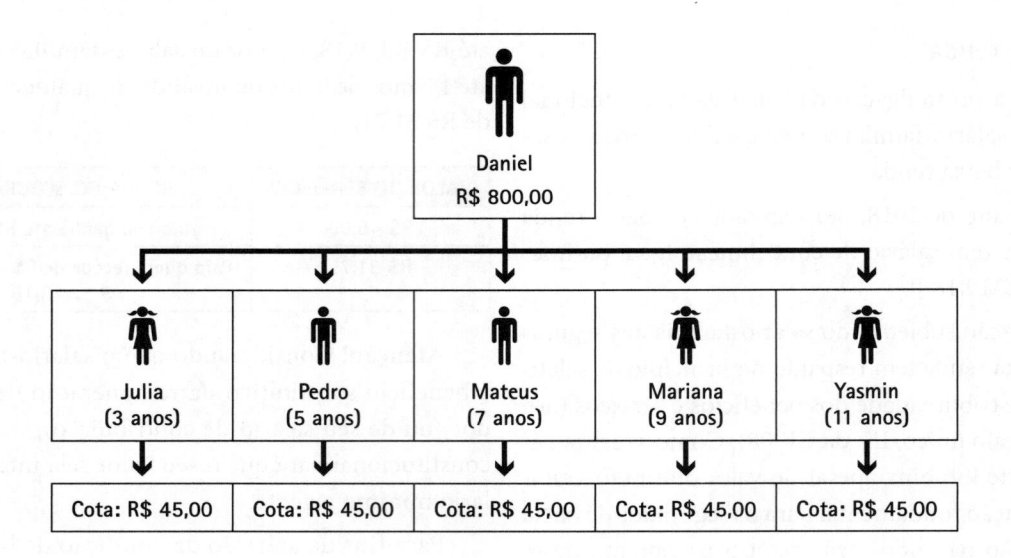

```
                    Daniel
                   R$ 800,00
     ┌──────────┬──────────┼──────────┬──────────┐
    Julia      Pedro     Mateus    Mariana    Yasmin
  (3 anos)   (5 anos)  (7 anos)  (9 anos)  (11 anos)
     ↓          ↓         ↓          ↓         ↓
 Cota: R$45,00  Cota: R$45,00  Cota: R$45,00  Cota: R$45,00  Cota: R$45,00
```

Dúvida: e se o recebimento da cota do salário-família fizer com que a renda mensal do segurado extrapole o limite de baixa renda? **As cotas do salário-família não serão incorporadas, para qualquer efeito, ao salário ou ao benefício.**

Exemplo: José, segurado empregado, possui remuneração de R$ 1.300,00 e um filho de dez anos de idade. Nesse caso, ele tem direito a uma cota de salário-família no valor de R$ 31,71. Se José tiver um segundo filho, a sua renda para fins de apuração do direito ao benefício continua sendo de R$ 1.300,00, ou seja, as cotas do salário-família não deverão ser incorporadas, para qualquer efeito, ao salário do trabalhador.

Dúvida: no exemplo acima, o que aconteceria se Maria, esposa de Daniel e mãe de Julia, Pedro, Mateus, Mariana e Yasmin, começasse a exercer atividade como empregada de uma empresa, recebendo remuneração de um salário mínimo (R$ 954,00)?

Conforme já salientamos, deve-se levar em consideração a renda individual do segurado, e não a renda familiar. Dessa maneira, cada segurado (Daniel e Maria) terá direito a cinco cotas do salário-família.

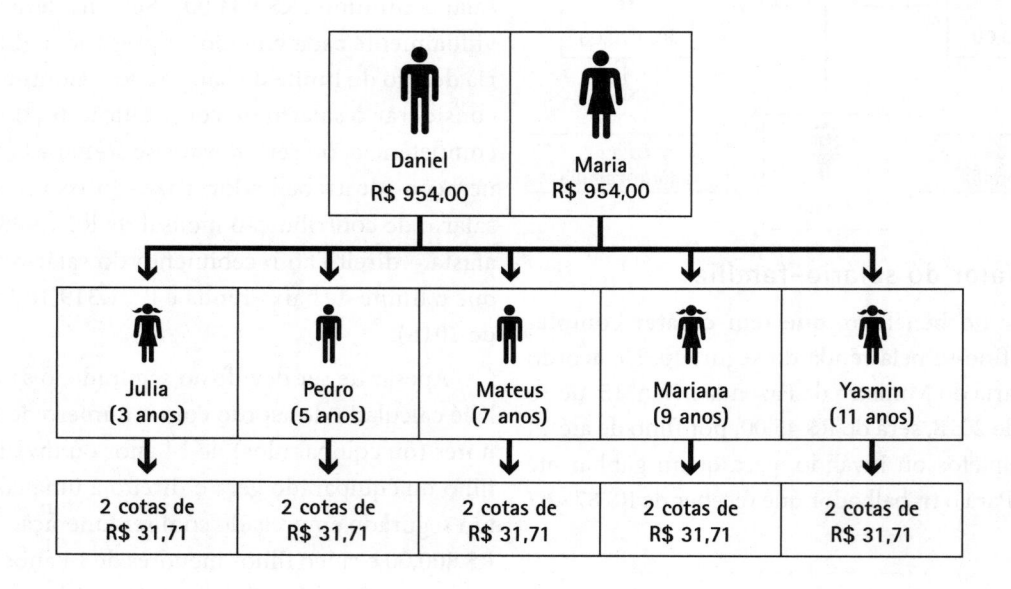

```
        Daniel        |       Maria
      R$ 954,00       |     R$ 954,00
     ┌──────────┬──────────┼──────────┬──────────┐
    Julia      Pedro     Mateus    Mariana    Yasmin
  (3 anos)   (5 anos)  (7 anos)  (9 anos)  (11 anos)
     ↓          ↓         ↓          ↓         ↓
  2 cotas de  2 cotas de  2 cotas de  2 cotas de  2 cotas de
  R$ 31,71    R$ 31,71    R$ 31,71    R$ 31,71    R$ 31,71
```

Havendo divórcio, separação judicial ou de fato dos pais, ou em caso de abandono legalmente caracterizado ou perda do poder familiar, o salário-família passará a ser pago diretamente àquele a cujo cargo ficar o sustento do menor, ou a outra pessoa, se houver determinação judicial nesse sentido.

7.14.4. Deveres do beneficiário e termo inicial

De acordo com o art. 67 da Lei n. 8.213/91 e art. 84 do Decreto n. 3.048/99, o pagamento do salário-família será devido a partir da data da apresentação da certidão de nascimento do filho ou da documentação relativa ao equiparado, estando condicionado à apresentação anual de atestado de vacinação obrigatória, até seis anos de idade, e de comprovação semestral de frequência à escola do filho ou equiparado, a partir dos sete anos de idade.

Segundo o parágrafo único do art. 67 da Lei n. 8.213/91, incluído pela Lei Complementar n. 150/2015, o empregado doméstico deve apresentar apenas a certidão de nascimento.

Se o segurado não apresentar o atestado de vacinação obrigatória e a comprovação de frequência escolar do filho ou equiparado, nas datas definidas pelo INSS, o benefício será **suspenso**, até que a documentação seja apresentada. A prestação não é devida no período entre a suspensão do benefício motivada pela falta de comprovação da frequência escolar e a sua reativação, **salvo se provada a frequência escolar regular no período**.

De acordo com a **Súmula 254 do TST**, "o termo inicial do direito ao salário-família coincide com a prova da filiação. Se feita em juízo, corresponde à data de ajuizamento do pedido, salvo se comprovado que anteriormente o empregador se recusara a receber a respectiva certidão".

A propósito, recentemente, a 1ª Turma do TST, nos autos do RR – 102400-89.2010.5.13.0023 (Rel. Min. Lelio Bentes Corrêa, julgado em 14-11-2012), entendeu que o ônus de comprovação do direito às cotas do salário-família é do empregado, e não da empresa. Dessa forma, se o empregado não encaminhar para a empresa os documentos necessários à comprovação da paternidade, não é devido o pagamento da indenização substitutiva do salário-família.

	Até 6 anos de idade: apresentação **anual** de atestado de vacinação obrigatória do filho ou equiparado.
	A partir dos 7 anos de idade: comprovação **semestral** de frequência à escola do filho ou equiparado.

Segundo o art. 89 do Decreto n. 3.048/99, para efeito de concessão e manutenção do salário-família, o segurado deve firmar **termo de responsabilidade**, no qual se comprometa a comunicar à empresa ou ao INSS qualquer fato ou circunstância que determine a perda do direito ao benefício, ficando sujeito, em caso do não cumprimento, às sanções penais e trabalhistas.

A falta de comunicação oportuna de fato que implique cessação do salário-família, bem como a prática, pelo empregado, de fraude de qualquer natureza para o seu recebimento, autoriza a empresa, o INSS, o sindicato ou OGMO, conforme o caso, a descontar dos pagamentos de cotas devidas com relação a outros filhos ou, na falta delas, do próprio salário do empregado ou da renda mensal do seu benefício, o valor das cotas indevidamente recebidas, sem prejuízo das sanções penais cabíveis.

Por caracterizar, em tese, fraude contra a Previdência Social, o recebimento indevido de cotas de salário-família deverá ser apurado pela Polícia Federal, com o consequente ajuizamento de ação penal pelo Ministério Público Federal perante a Justiça Federal.

7.14.5. Sistemática de pagamento

O salário-família será pago mensalmente:

I – ao empregado, pela empresa, com o respectivo salário, e **ao trabalhador avulso**, pelo sindicato ou órgão gestor de mão de obra, mediante convênio. As cotas do salário-família serão pagas pela empresa, mensalmente, junto com o salário, efetivando-se a compensação quando do recolhimento das contribuições. Essa compensação é conhecida como **reembolso**.

De acordo com o art. 68, § 1º, da Lei n. 8.213/91, a empresa deverá conservar, **durante dez anos**, os comprovantes dos pagamentos e as cópias das certidões correspondentes, para exame pela fiscalização do INSS. Segundo nos parece, não há mais razão para a exigência de manutenção dos comprovantes de pagamento relativos aos últimos dez anos. Isso porque, depois da edição da Súmula Vinculante n. 8 do STF, o prazo de decadência das contribuições sociais passou a ser de cinco anos.

Segundo o art. 91 do Decreto n. 3.048/99, o empregado deve dar quitação à empresa, sindicato ou OGMO de cada recebimento mensal do salário-família, na própria folha de pagamento ou por outra forma admitida, de modo que a quitação fique plena e claramente caracterizada.

II – ao empregado e trabalhador avulso aposentados por invalidez ou em gozo de auxílio-doença, pelo INSS, juntamente com o benefício.

III – ao trabalhador rural aposentado por idade aos 60 anos, se do sexo masculino, ou 55 anos, se do sexo feminino, pelo INSS, juntamente com a aposentadoria.

IV – aos demais empregados e trabalhadores avulsos aposentados aos 65 anos de idade, se do sexo masculino, ou 60 anos, se do sexo feminino, pelo INSS, juntamente com a aposentadoria.

V – ao empregado doméstico, pelo empregador doméstico (art. 68 da Lei n. 8.213/91, com redação dada pela Lei Complementar n. 150/2015).

Espécie de segurado	Quem deve pagar?	
Empregado	Empresa	→ Reembolso: depois de pagar o salário-família, a empresa deve fazer a compensação quando do recolhimento de suas contribuições sobre a folha.
Trabalhador avulso	Sindicato ou OGMO (mediante convênio)	
Aposentado e beneficiário de auxílio-doença	INSS	
Empregado doméstico	Empregador doméstico	

Quando o salário do empregado não for mensal, o salário-família será pago juntamente com o último pagamento relativo ao mês, nos termos do art. 62, § 2º, do Decreto n. 3.048/99. De outro lado, o **salário-família do trabalhador avulso independe do número de dias trabalhados no mês, devendo o seu pagamento corresponder ao valor integral da cota.**

Segundo o art. 86 do Decreto n. 3.048/99, o salário-família correspondente ao mês de afastamento do trabalho será pago integralmente pela empresa, pelo sindicato ou órgão gestor de mão de obra, conforme o caso, e o do mês da cessação de benefício pelo INSS.

7.14.6. Cessação do benefício

O direito ao salário-família cessa automaticamente:

I – por morte do filho ou equiparado, a contar do mês seguinte ao do óbito;

II – quando o filho ou equiparado completar 14 anos de idade, salvo se inválido, a contar do mês seguinte ao da data do aniversário;

III – pela recuperação da capacidade do filho ou equiparado inválido, a contar do mês seguinte ao da cessação da incapacidade; ou

IV – pelo desemprego do segurado.

7.14.7. Quadro-resumo

Salário--família	Benefício devido exclusivamente ao empregado, ao empregado doméstico, ao trabalhador avulso, ao beneficiário de auxílio-doença, ao aposentado por idade, por invalidez e aos demais aposentados que tenham 65 anos, se homem, e 60 anos, se mulher.
	Baixa renda
	Ter filho ou equiparado de até 14 anos de idade ou inválido de qualquer idade
	Benefício ISENTO de carência

7.15. PENSÃO POR MORTE

7.15.1. Requisitos legais

A concessão de pensão por morte pressupõe o cumprimento dos seguintes requisitos legais: **1º**) qualidade de segurado do instituidor (*de cujus*); **2º**) qualidade de dependente de quem está requerendo o benefício; **3º**) óbito.

Atenção! A pensão por morte independe de carência. Consequentemente, ainda que um segurado venha a falecer no primeiro dia de trabalho, será devida a concessão do benefício, ainda que seja por um curto período de tempo (quatro meses).

> **Importante!** Durante o curtíssimo período de vigência da **MP n. 664/2014**, exigiu-se, em regra, carência de 24 meses para a pensão por morte e o auxílio-reclusão. Entretanto, durante a sua tramitação no Congresso Nacional, referida exigência foi descartada do texto que acabou sendo sancionado pela Presidenta da República (**Lei n. 13.135/2015**).
>
> **Dúvida:** e quanto aos benefícios que eventualmente foram indeferidos pelo INSS por falta de carência durante o curtíssimo período de vigência da MP n. 664/2014 (1º de março de 2015 até a edição da Lei n. 13.135/2015)?
>
> De acordo com a Lei n. 13.135/2015, os atos praticados com base em dispositivos da Medida Provisória n. 664, de 30 de dezembro de 2014, serão revistos e adaptados ao disposto nesta Lei. Assim, independentemente de postulação administrativa, caberá ao INSS, de ofício, rever os atos indeferitórios para adaptá-los à Lei n. 13.135/2015 e, consequentemente, garantir a concessão do benefício, mantendo-se a data original do requerimento administrativo. Vale dizer: é como se a exigência carencial prevista na MP nunca tivesse existido.

A – Qualidade de segurado

Nem todas as pessoas que falecem geram pensão por morte. **Em regra, apenas o segurado da Previdência Social pode instituir o benefício**, até porque, de acordo com o art. 102 da Lei n. 8.213/91, a perda da qualidade de segurado importa em caducidade dos direitos inerentes a essa qualidade. Nesse contexto, é bom lembrar que ostenta a qualidade de segurado quem efetivamente está contribuindo e quem está em período de graça (período em que o sujeito, mesmo sem contribuir, continua ostentando a qualidade de segurado), na forma do art. 15 da Lei n. 8.213/91.

Qualidade de segurado
- Quem está efetivamente contribuindo
- Quem está em período de graça

Porém, excepcionalmente, **admite-se que o benefício de pensão seja concedido mesmo quando o *de cujus* não mais ostentava a qualidade de segurado na data do óbito**. Para isso, é indispensável que ele tenha cumprido todas as exigências necessárias para a concessão de aposentadoria, nos termos do art. 102, § 2º, da Lei n. 8.213/91 e da **Súmula 416 do STJ**.

> **Lei n. 8.213/91**: Art. 102. (...) § 2º Não será concedida pensão por morte aos dependentes do segurado que falecer após a perda desta qualidade, nos termos do art. 15 desta Lei, **salvo se preenchidos os requisitos para obtenção da aposentadoria na forma do parágrafo anterior**.
>
> **Súmula 416 do STJ**: É devida a pensão por morte aos dependentes do segurado que, apesar de ter perdido essa qualidade, preencheu os requisitos legais para a obtenção de aposentadoria até a data do seu óbito. (REsp 1110565/SE – **recurso repetitivo**)

Quem pode instituir pensão por morte
- Segurado
  - Quem está efetivamente contribuindo
  - Quem está em período de graça
- O indivíduo que perdeu a qualidade de segurado, mas preencheu todas as exigências necessárias para a concessão de aposentadoria

João	Tempo de contribuição: 1973 a 2008 = 35 anos
†	Óbito: 2012.
Caso	João contribuiu, de forma ininterrupta, para o sistema previdenciário entre 1973 e 2008. No ano de 2008, parou de verter contribuições para o RGPS. Em 2012, João faleceu.
Solução	Seus dependentes têm direito à pensão por morte? Como João parou de contribuir em 2008, à época do óbito (2012), ele não mais ostentava a qualidade de segurado, já que o período de graça, no máximo, atinge 36 meses. Mesmo assim, a pensão deve ser concedida. Não obstante a perda da qualidade de segurado, João preencheu todos os requisitos do benefício de aposentadoria por tempo de contribuição (35 anos de contribuição e 180 meses de carência). Aplica-se, pois, o disposto no art. 102, § 2º, da Lei n. 8.213/91 e na Súmula 416 do STJ.

Recentemente, a **TNU** editou a **Súmula 52**: "Para fins de concessão de pensão por morte, é incabível a regularização do recolhimento de contribuições de segurado contribuinte individual posteriormente a seu óbito, exceto quando as contribuições devam ser arrecadadas por empresa tomadora de serviços". Essa também é a posição do **STJ** (REsp 1346852/PR, *DJe* 28-5-2013[113]).

Façamos uma análise sobre a Súmula. O contribuinte individual pode exercer atividade por conta própria ou a serviço de pessoa jurídica.

Contribuinte individual
- Exercer atividade por conta própria
- Exercer atividade para uma pessoa jurídica

Quando o contribuinte individual exerce atividade por conta própria, ele é responsável pelo recolhimento da própria contribuição. Dessa maneira, se, à época do óbito, o contribuinte individual por conta própria estivesse inadimplente com a Previdência Social, não será possível a regularização do débito pelos dependentes, sob pena de forte incentivo à sonegação fiscal das contribuições.

Situação diversa ocorre quando o contribuinte individual presta serviço para uma pessoa jurídica. Nesse caso, a responsabilidade pelo recolhimento de sua contribuição recai sobre a pessoa jurídica (empresa tomadora de serviços), nos termos da Lei n. 10.666/2003. Logo, não seria razoável que o segurado e seus dependentes fossem prejudicados pelo descumprimento de obrigação legal de terceiro, especialmente em virtude da presunção de desconto prevista no art. 33, § 5º, da Lei n. 8.212/91.

---

113 STJ: "(...) 3. Em relação ao recolhimento *post mortem* das contribuições previdenciárias, esta Corte vem firmando orientação no sentido de que 'é imprescindível o recolhimento das contribuições respectivas pelo próprio segurado quando em vida para que seus dependentes possam receber o benefício de pensão por morte. Desta forma, não há base legal para uma inscrição *post mortem* ou para que sejam regularizadas as contribuições pretéritas, não recolhidas em vida pelo de *cujus*' (REsp 1.328.298/PR, Rel. Ministro Castro Meira, *DJe* 28-9-2012). 4. Decisões monocráticas no mesmo sentido: REsp 1.325.452/SC, Relator Ministro Mauro Campbell Marques, *DJe* 19-3-2013; REsp 1.251.442/PR, Relatora Ministra Laurita Vaz, *DJe* 1º-2-2013; REsp 1.248.399/RS, Relatora Ministra Maria Thereza de Assis Moura, *DJe* 14-11-2012; REsp 1.349.211/PR, Relatora Ministra Eliana Calmon, *DJe* 8-11-2012; REsp 1.328.298/PR, Relator Ministro Castro Meira, *DJe* 28-9-2012. Recurso especial provido" (REsp 1346852/PR, Rel. Ministro Humberto Martins, 2ª Turma, julgado em 21-5-2013, *DJe* 28-5-2013).

| CI por conta própria (médico de consultório) | ↔ | Pessoa física que recebe o serviço (paciente) |

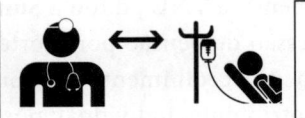

Caberá ao contribuinte individual (médico) realizar o recolhimento da própria contribuição. Se ele nunca recolheu a contribuição previdenciária e veio a falecer, os dependentes não poderão regularizar o débito previdenciário, para fins de percepção de pensão previdenciária por morte.

| CI a serviço de pessoa jurídica (médico plantonista) | ↔ | Hospital no qual o médico presta serviço (plantão) |

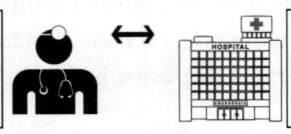

Caberá ao hospital realizar o desconto e subsecutivo recolhimento da contribuição do médico que lhe prestava serviço. Se o hospital nunca recolheu a contribuição previdenciária do médico, e este veio a falecer, os dependentes terão direito ao benefício de pensão por morte, pois a obrigação tributária recaía sobre um terceiro, e não sobre o segurado. Os dependentes não podem ser penalizados com a omissão de um terceiro.

B – Qualidade de dependente

Também é indispensável que o postulante do benefício ostente a qualidade de dependente, na forma do art. 16 da Lei n. 8.213/91, tema que já foi analisado no Capítulo referente à Teoria Geral de Benefícios. Ressalte-se novamente que, nos termos do art. 17, § 1º, **incumbe ao próprio dependente promover a sua inscrição quando do requerimento do benefício a que estiver habilitado.**

Para revisar, seguem abaixo as regras sobre os dependentes:

Art. 16. São beneficiários do Regime Geral de Previdência Social, na condição de dependentes do segurado:

I – o cônjuge, a companheira, o companheiro e o filho não emancipado, de qualquer condição, menor de 21 (vinte e um) anos ou inválido ou que tenha deficiência intelectual ou mental ou deficiência grave;

II – os pais;

III – o irmão não emancipado, de qualquer condição, menor de 21 (vinte e um) anos ou inválido ou que tenha deficiência intelectual ou mental ou deficiência grave;

§ 1º A existência de dependente de qualquer das classes deste artigo exclui do direito às prestações os das classes seguintes.

§ 2º O enteado e o menor tutelado equiparam-se a filho mediante declaração do segurado e desde que comprovada a dependência econômica na forma estabelecida no Regulamento.

§ 3º Considera-se companheira ou companheiro a pessoa que, sem ser casada, mantém união estável com o segurado ou com a segurada, de acordo com o § 3º do art. 226 da CF/88.

§ 4º A dependência econômica das pessoas indicadas no inciso I é presumida e a das demais deve ser comprovada.

Lei n. 13.135/2015 – Tempo de duração da pensão por morte no caso de cônjuge e companheiro(a)

Outra alteração importante ocorrida na Lei n. 8.213/91 (art. 77, § 2º) pela **Lei n. 13.135/2015** envolve a sistemática de manutenção da pensão por morte (e consequentemente do auxílio-reclusão), com a previsão de **tempo máximo de duração do benefício**, conforme a seguir:

Art. 77. (...) § 2º O direito à percepção de cada cota individual cessará:

(...)

V – para cônjuge ou companheiro:

a) se inválido ou com deficiência, pela cessação da invalidez ou pelo afastamento da deficiência, respeitados os períodos mínimos decorrentes da aplicação das alíneas *b* e *c*;

b) em 4 (quatro) meses, se o óbito ocorrer sem que o segurado tenha vertido 18 (dezoito) contribuições mensais ou se o casamento ou a união estável tiverem sido iniciados em menos de 2 (dois) anos antes do óbito do segurado;

c) transcorridos os seguintes períodos, estabelecidos de acordo com a idade do beneficiário na data de óbito do segurado, se o óbito ocorrer depois de vertidas 18 (dezoito) contribuições mensais e pelo menos 2 (dois) anos após o início do casamento ou da união estável:

1) 3 (três) anos, com menos de 21 (vinte e um) anos de idade;

2) 6 (seis) anos, entre 21 (vinte e um) e 26 (vinte e seis) anos de idade;

3) 10 (dez) anos, entre 27 (vinte e sete) e 29 (vinte e nove) anos de idade;

4) 15 (quinze) anos, entre 30 (trinta) e 40 (quarenta) anos de idade;

5) 20 (vinte) anos, entre 41 (quarenta e um) e 43 (quarenta e três) anos de idade;

6) vitalícia, com 44 (quarenta e quatro) ou mais anos de idade.

§ 2º-A. Serão aplicados, conforme o caso, a regra contida na alínea *a* ou os prazos previstos na alínea *c*, ambas do inciso V do § 2º, se o óbito do segurado decorrer de acidente de qualquer natureza ou de doença profissional ou do trabalho, independentemente do recolhimento de 18 (dezoito) contribuições mensais ou da comprovação de 2 (dois) anos de casamento ou de união estável.

§ 2º-B. Após o transcurso de pelo menos 3 (três) anos e desde que nesse período se verifique o incremento mínimo de um ano inteiro na média nacional única, para ambos os sexos, correspondente à expectativa de sobrevida da população brasileira ao nascer, poderão ser fixadas, em números inteiros, novas idades para os fins previstos na alínea *c* do inciso V do § 2º, em ato do Ministro de Estado da Previdência Social, limitado o acréscimo na comparação com as idades anteriores ao referido incremento.

Passemos à análise das seguintes situações:

Critérios:
1) Duração da pensão com base no tempo de contribuição do segurado instituidor (falecido)
2) Duração da pensão com base no tempo mínimo de união
3) Duração da pensão com base na idade do cônjuge/companheiro(a) na data do óbito do instituidor
4) Duração da pensão com base na invalidez ou deficiência do cônjuge

Desconsiderados nas seguintes situações: 1) se o óbito do segurado decorreu de acidente de qualquer natureza ou de doença profissional ou do trabalho
→ 2) se o cônjuge/companheiro(a) é inválido ou apresenta deficiência

1) Duração da pensão com base no tempo de contribuição do segurado instituidor (falecido)

Para o cônjuge ou companheiro(a), a pensão cessará depois de quatro meses, se o óbito ocorrer sem que o segurado tenha vertido dezoito contribuições mensais.

Exemplo: José filiou-se à previdência social em dezembro de 2014. Em agosto de 2015, faleceu em razão de uma doença. Lúcia, sua esposa, que goza de perfeito estado de saúde (o que afasta a aplicação da alínea *a*[114]), somente receberá o benefício durante quatro meses. Por outro lado, se José já possuísse dezoito contribuições ao tempo de seu óbito, observado o tempo de união de dois anos, o benefício seria mantido nos termos da alínea *c* (duração de acordo com a idade do dependente).

Óbito decorrente de acidente de qualquer natureza ou de doença profissional ou do trabalho: nesse caso, desconsidera-se o prazo de quatro meses de manutenção da pensão. A duração do benefício será definida com base na idade do cônjuge ou do(a) companheiro(a) na data do falecimento (art. 77, § 2º, V, *c*).

O segurado tinha menos de dezoito contribuições na data do óbito, porém o seu cônjuge/companheiro(a) é inválido ou possui deficiência: nesse caso, o benefício de pensão será mantido até a cessação da invalidez ou até o afastamento da deficiência. O período de quatro meses será o tempo mínimo de duração do benefício. Exemplo: a invalidez do cônjuge cessou um mês depois do óbito do segurado. Mesmo assim, o benefício será mantido pelo período mínimo de quatro meses.

Atenção! O pressuposto implementado pela Lei n. 13.135/2015 de tempo mínimo de contribuição de dezoito meses não pode ser confundido com carência.

TEMPO MÍNIMO DE CONTRIBUIÇÃO ≠ CARÊNCIA

Relembrando, considera-se carência o período mínimo de cotização **indispensável** para que o beneficiário faça jus a determinada prestação. Não é o caso do requisito em comento. Como vimos, ainda que o segurado falecido não tivesse o tempo mínimo de dezoito contribuições ao tempo de seu óbito, a pensão seria concedida ao dependente (cônjuge/companheiro), só que por um curto espaço de tempo (quatro meses). Aliás, o art. 26, I, da Lei n. 8.213/91 prevê expressamente que a pensão por morte será concedida **independentemente de carência**.

C – Fato gerador: óbito

O fato gerador da pensão é a morte do segurado. Sendo assim, com base no princípio *tempus regit actum*, **a lei aplicável à concessão da pensão por morte é aquela vigente na data do óbito do segurado (Súmula 340 do STJ).**

Atenção! Conforme já salientamos, a **MP n. 664/2014**, posteriormente convertida na **Lei n. 13.135/2015**, alterou o § 1º do art. 74 e passou a prever a impossibilidade de concessão de pensão por morte para o dependente condenado pela prática de **crime doloso** de que tenha resultado a morte do segurado. A incidência dessa regra pressupõe o trânsito em julgado da condenação. Também não custa lembrar que a lei não exige que se trate de crime doloso contra a vida. Assim, por exemplo, caso um dependente fosse condenado em definitivo pelo crime de lesão corporal (dolosa) seguida de

---

114 A alínea *a* trata do cônjuge ou companheiro inválido ou com deficiência.

morte, com base no texto legal, não seria possível a concessão do benefício de pensão.

Normalmente, a morte é comprovada através da certidão correspondente. Porém, **a legislação previdenciária também admite a morte presumida** para fins de concessão de pensão por morte.

Admitem-se duas espécies de morte presumida: **1ª) por ausência:** declarada pela autoridade judicial competente (Justiça Federal, conforme já decidido pelo STJ[115]), depois de seis meses de ausência do segurado; **2ª) pelo desaparecimento do segurado em consequência de desastre, catástrofe ou acidente:** independe de declaração judicial e do prazo de seis meses.

```
        ┌ Certa    ─── Comprovada através da certidão de óbito
        │
        │           ┌ Ausência      ┌ Prazo de seis meses
Morte ──┤           │               └ Declaração judicial
        │           │
        └ Presumida ┤ Desaparecimento
                    │ do segurado em    ┌ Independe de prazo
                    └ virtude de desas- ┤ e de declaração ju-
                      tre, acidente ou  └ dicial
                      catástrofe
```

Por óbvio, verificado o reaparecimento do segurado, o pagamento da pensão cessará imediatamente, desobrigados os dependentes da reposição dos valores recebidos, salvo má-fé (art. 78, § 2º, da Lei n. 8.213/91).

7.15.2. Termo inicial do benefício e habilitação tardia

De acordo com o art. 74 da Lei n. 8.213/91, com redação dada pela Lei n. 13.183/2015, a pensão por morte será devida ao conjunto dos dependentes do segurado que falecer, aposentado ou não, a contar da data: I – do óbito: quando requerida até **90 dias** depois deste; II – do requerimento administrativo, quando requerida após **90 dias** do óbito; III – da decisão judicial, no caso de morte presumida.

Atenção! Antes da Lei n. 13.183/2015, o prazo era de 30 dias, e não de 90.

---

115 **STJ**: RECURSO ESPECIAL. PENSÃO. MORTE PRESUMIDA. COMPETÊNCIA. 1. O reconhecimento da morte presumida do segurado, com vistas à percepção de benefício previdenciário (art. 78 da Lei n. 8.213/91), não se confunde com a declaração de ausência prevista nos Códigos Civil e de Processo Civil, razão pela qual compete à Justiça Federal processar e julgar a ação. 2. Recurso conhecido e provido (REsp 256.547/SP, *DJ* 11-9-2000 p. 303).

Atenção! Tratando-se de dependente de até 16 anos de idade, o próprio **INSS**[116] entende que a pensão é devida a partir do óbito, quando requerida até trinta dias após completar essa idade (atualmente, até 90 dias, por força da Lei n. 13.183/2015), devendo apenas ser verificado se houve a emancipação. Para esse fim, equiparam-se ao menor de até 16 anos os absolutamente incapazes, na forma do art. 3º do CC. Argumenta-se que o prazo contido no art. 74, II, da Lei 8.213/91 não se aplica aos menores impúberes, por se tratar de verdadeiro prazo prescricional, nos termos do que dispõe o art. 198, I, do Código Civil.

Nos termos do art. 118 do Decreto n. 3.048/99, falecendo o segurado detido ou recluso, o auxílio-reclusão que estiver sendo pago será automaticamente convertido em pensão por morte. Assim, existe a possibilidade de a **pensão por morte ser concedida de ofício pela Administração**, ou seja, independentemente de requerimento administrativo. E como o INSS teria conhecimento da morte do segurado? Pelo art. 68 da Lei n. 8.212/91, o Titular do Cartório de Registro Civil de Pessoas Naturais fica obrigado a comunicar, ao INSS, até o dia 10 de cada mês, o registro dos óbitos ocorridos no mês imediatamente anterior, devendo da relação constar a filiação, a data e o local de nascimento da pessoa falecida.

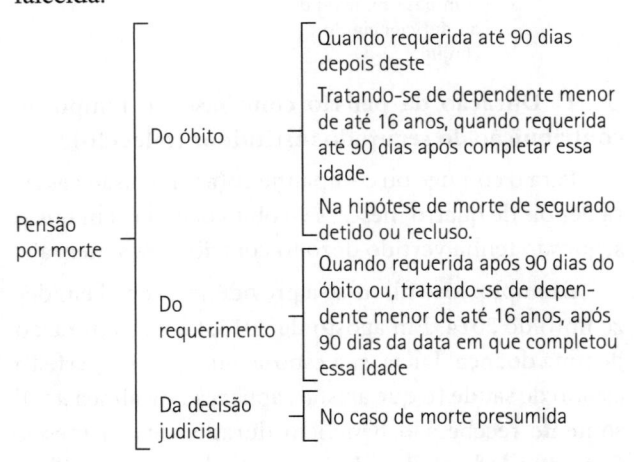

```
                    ┌ Do óbito         ┌ Quando requerida até 90 dias
                    │                  │ depois deste
                    │                  │
                    │                  │ Tratando-se de dependente menor
                    │                  ┤ de até 16 anos, quando requerida
                    │                  │ até 90 dias após completar essa
                    │                  │ idade.
                    │                  │
Pensão ─────────────┤                  └ Na hipótese de morte de segurado
por morte           │                    detido ou recluso.
                    │
                    │                  ┌ Quando requerida após 90 dias do
                    │ Do               │ óbito ou, tratando-se de depen-
                    ┤ requerimento     ┤ dente menor de até 16 anos, após
                    │                  │ 90 dias da data em que completou
                    │                  └ essa idade
                    │
                    └ Da decisão      ─── No caso de morte presumida
                      judicial
```

Lembre-se de que, conforme disposto no art. 76 da Lei n. 8.213/91, a concessão da pensão por morte não será protelada pela falta de habilitação de outro possível dependente, e qualquer inscrição ou habilitação posterior que importe em exclusão ou inclusão de dependente só produzirá efeito a contar da data da inscrição ou habilitação.

---

116 Art. 364 da Instrução Normativa do INSS n. 77/2015.

7.15.3. Valor do benefício

O valor da pensão por morte sofreu alterações ao longo do tempo. Sob a égide da Lei n. 3.807/60, a importância da pensão devida ao conjunto dos dependentes do segurado será constituída de uma parcela familiar, igual a 50% do valor da aposentadoria que o segurado percebia ou daquela a que teria direito se na data do seu falecimento fosse aposentado, e mais tantas parcelas iguais, cada uma, a 10% do valor da mesma aposentadoria quantos forem os dependentes do segurado, até o máximo de 5.

Com o advento da Lei n. 8.213/91, a pensão por morte passou a ser constituída de uma parcela, relativa à família, de 80% do valor da aposentadoria que o segurado recebia ou a que teria direito, se estivesse aposentado na data do seu falecimento, mais tantas parcelas de 10% (dez por cento) do valor da mesma aposentadoria quantos forem os seus dependentes, até o máximo de 2.

Depois da Lei n. 9.032/95, o valor mensal da pensão por morte passou a ser de 100% do valor da aposentadoria que o segurado recebia ou daquela a que teria direito se estivesse aposentado por invalidez na data de seu falecimento.

Com o advento da MP n. 664/2014, resgatou-se a sistemática da Lei n. 3.807/60. Segundo o novo texto, o valor mensal da pensão por morte corresponde a 50% do valor da aposentadoria que o segurado recebia ou daquela a que teria direito se estivesse aposentado por invalidez na data de seu falecimento, acrescido de tantas cotas individuais de 10% do valor da mesma aposentadoria, quantos forem os dependentes do segurado, até o máximo de cinco, observado o limite de 100%. Em relação a este preceito, a MP n. 664/2014 só entrará em vigor no primeiro dia do terceiro mês subsequente à data de sua publicação (1º-3-2015).

Porém, **esse dispositivo da MP n. 664/2014 não foi aprovado pelo Congresso Nacional, o que ensejou o restabelecimento da sistemática de cálculo anterior**. Vale dizer, a lei de conversão da MP n. 664/2014 (Lei n. 13.135/2015) restabeleceu o valor de 100% do salário de benefício para a pensão por morte.

Sob a égide da Lei n. 3.807/60	Sob a égide da Lei n. 8.213/91	Sob a égide da Lei n. 9.032/95	Sob a égide da MP n. 664/2014 (1º-3-2015)	Lei n. 13.135/2015
50% + 10% por dependente	80% + 10% por dependente	100%	50% + 10% por dependente	100%

Dúvida: Maria recebia pensão por morte desde 1992. Nesse caso, seria possível a majoração do percentual de sua pensão para 100% depois da Lei n. 9.032/95? A questão chegou ao **STF, nos autos do RE 415.454**, tendo o Tribunal entendido pela **impossibilidade de revisão do benefício**, em virtude de dois princípios: **1º)** *tempus regit actum*: deve-se aplicar a lei vigente no momento em que são preenchidos os requisitos do benefício. No exemplo, como a morte do segurado aconteceu sob a égide da lei anterior, é essa a lei aplicável para fins de cálculo da prestação; **2º)** preexistência de custeio para a majoração do percentual (art. 195, § 5º, da CF/88).

Decisão do STF: impossibilidade de majoração do percentual do benefício
- *Tempus regit actum*
- Preexistência de custeio (art. 195, § 5º, da CF/88)

7.15.4. Quadro-resumo

Pensão por morte
- Qualidade de segurado do instituidor falecido, ressalvada a aplicação do art. 102, § 2º, da Lei n. 8.213/91 e da Súmula 416 do STJ
- Benefício isento de carência
- Qualidade de dependente
- Óbito
  - Certa: comprovada pela certidão de óbito
  - Presumida
    - Ausência: 6 meses de ausência + declaração judicial
    - Acidente, desastre ou catástrofe

7.16. AUXÍLIO-RECLUSÃO

7.16.1. Requisitos legais do benefício

A concessão de auxílio-reclusão pressupõe o cumprimento dos seguintes requisitos legais: **1º)** qualidade de segurado do instituidor (preso); **2º)** não recebimento de remuneração da empresa, aposentadoria, auxílio-doença ou abono de permanência em serviço (o abono de permanência foi extinto no RGPS); 3º) baixa renda do instituidor (segurado); 4º) recolhimento à prisão; 5º) qualidade de dependente de quem está requerendo o benefício.

Importante! Durante o curtíssimo período de vigência da MP n. 664/2014, exigiu-se, em regra, carência de 24 meses para a pensão por morte e o auxílio-reclusão. Entretanto, durante a sua tramitação no Congresso Nacional, referida exigência foi descartada do texto que acabou sendo sancionado pela Presidente da República (**Lei n. 13.135/2015**).

Dúvida: e quanto aos benefícios que eventualmente foram indeferidos pelo INSS por falta de carência durante o período de vigência da MP n. 664/2014 (1º de março de 2015 até a edição da Lei n. 13.135/2015)?

De acordo com a Lei n. 13.135/2015, os atos praticados com base em dispositivos da MP n. 664, de 30 de dezembro de 2014, serão revistos e adaptados ao disposto nesta Lei. Assim, independentemente de postulação administrativa, caberá ao INSS, de ofício, rever os atos indeferitórios para adaptá-los à Lei n. 13.135/2015 e, consequentemente, garantir a concessão do benefício, mantendo-se a data original do requerimento administrativo. Vale dizer: é como se a exigência carencial prevista na MP nunca tivesse existido.

Auxílio-reclusão
- Qualidade de segurado do instituidor (preso) (= pensão por morte)
- Não recebimento pelo segurado de remuneração da empresa, aposentadoria, auxílio-doença ou abono de permanência (o abono de permanência foi extinto no RGPS)
- Baixa renda do instituidor (segurado)
- Recolhimento à prisão
- Qualidade de dependente do requerente (= pensão por morte)

Neste tópico, somente serão analisados os requisitos específicos do auxílio-reclusão. Os requisitos relativos à qualidade de segurado do instituidor e à qualidade de dependente do requerente do benefício seguem as mesmas regras da pensão por morte.

A – Não recebimento de remuneração da empresa, aposentadoria, auxílio-doença ou abono de permanência em serviço

Nos termos do art. 80 da Lei n. 8.213/91, o auxílio-reclusão será devido, nas mesmas condições da pensão por morte, aos dependentes do segurado recolhido à prisão, que não receber remuneração da empresa nem estiver em gozo de auxílio-doença, de aposentadoria ou de abono de permanência em serviço.

O abono de permanência em serviço foi extinto pela Lei n. 8.870/94. Porém, como em concursos públicos, é recorrente que as questões repitam preceitos legais, recomenda-se que o candidato marque como certa a alternativa que transcreva a redação do dispositivo legal citado.

Atenção! A lei veda a concessão do benefício quando o **segurado (e não o dependente!)** estiver recebendo, na data do recolhimento à prisão, remuneração da empresa, aposentadoria, auxílio-doença e abono de permanência. A ideia é simples: sendo o auxílio-reclusão um benefício substituto da renda, é imprescindível que o instituidor não esteja auferindo renda **como segurado**. Vamos a dois exemplos!

> **Exemplo 1: Segurado (preso) é aposentado – Benefício indevido**
> Vinícius, beneficiário de uma aposentadoria do RGPS no valor de um salário mínimo, foi recolhido à prisão. Nesse caso, sua esposa não terá direito ao auxílio-reclusão, pois, na data do fato gerador do benefício, o segurado está recebendo aposentadoria.
>
> **Exemplo 2: Dependente é aposentado – Benefício devido**
> Felipe exerce atividade como contribuinte individual, recolhendo contribuições sobre um salário mínimo. Em fevereiro de 2012, foi recolhido à prisão em regime fechado. Sua esposa recebe uma aposentadoria por invalidez no valor de um salário mínimo. Nesse caso, será devida a concessão de auxílio-reclusão para a sua esposa, já que a lei apenas veda que o segurado instituidor (e não o seu dependente) esteja recebendo aposentadoria, auxílio-doença ou remuneração da empresa.

Por outro lado, é bom advertir que **nada impede que o auxílio-reclusão seja concedido quando o instituidor esteja recebendo auxílio-acidente (benefício indenizatório) ou pensão por morte (benefício que decorre de outra relação previdenciária)**. Vamos a um exemplo!

> **Exemplo 1: Segurado é aposentado – Benefício indevido**
> Martônio, 19 anos, exerce atividade como contribuinte individual, recolhendo contribuições sobre um salário mínimo. É também beneficiário de uma pensão por morte instituída por sua genitora no valor de um salário mínimo. Em 2011, nasceu Guilherme, seu filho. Em abril de 2012, Martônio foi recolhido à prisão em regime fechado. Nesse caso, ainda que Martônio esteja recebendo pensão por morte à época de seu recolhimento à prisão, seu filho terá direito ao auxílio-reclusão.

Apesar de o segurado preso não poder receber remuneração da empresa, o art. 2º da Lei n. 10.666/2003 dispõe que o exercício de atividade remunerada do segurado recluso em cumprimento de pena em regime fechado ou semiaberto **que contribuir na condição de contribuinte individual ou facultativo** não acarreta a perda do direito ao recebimento do auxílio-reclusão para seus dependentes.

Após o Decreto n. 7.054/2009, a legislação previdenciária passou a enquadrar como **facultativo** o segurado recolhido à prisão sob regime fechado ou semiaberto, que, nesta condição, preste serviço, dentro ou fora da unidade penal, a uma ou mais empresas, com ou sem intermediação da organização carcerária ou entidade afim, ou que exerça atividade artesanal por conta própria. Assim, ausente o vínculo empregatício, o presidiário, mesmo quando exerça atividade remunerada, somente poderá contribuir como segurado facultativo.

Em resumo:

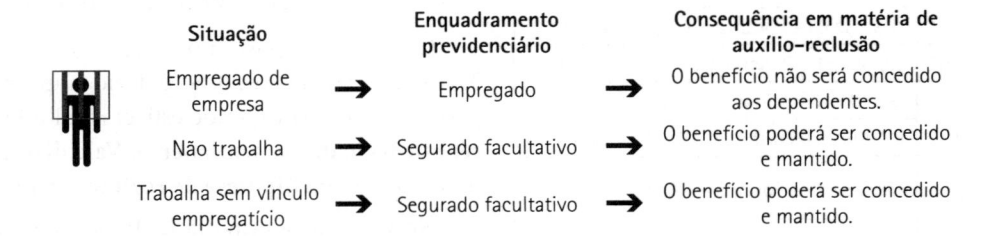

Situação	Enquadramento previdenciário	Consequência em matéria de auxílio-reclusão
Empregado de empresa	Empregado	O benefício não será concedido aos dependentes.
Não trabalha	Segurado facultativo	O benefício poderá ser concedido e mantido.
Trabalha sem vínculo empregatício	Segurado facultativo	O benefício poderá ser concedido e mantido.

B – Baixa renda do instituidor (segurado)

A Emenda Constitucional n. 20/98 alterou a redação do inciso IV do art. 201 da CF/88, que passou a dispor que o auxílio-reclusão somente é devido para os dependentes dos segurados de baixa renda.

Depois de alguma controvérsia na jurisprudência, o **STF entendeu que a renda do segurado preso é que deve ser utilizada como parâmetro para a concessão do benefício e não a de seus dependentes** (RE 587365[117]). Para firmar esse posicionamento, o Ministro Lewandowski, relator do processo, valeu-se dos seguintes argumentos: **1º) interpretação literal do art. 201, IV, da CF/88:** se a baixa renda fosse do dependente, o texto constitucional deveria dizer "auxílio-reclusão para os dependentes de baixa renda do segurado"; **2º) interpretação teleológica:** no atual contexto das finanças previdenciárias, não há dúvida de que um dos escopos da Emenda Constitucional n. 20/98 foi restringir o acesso ao auxílio-reclusão, utilizando, para tanto, a renda do segurado. Quer dizer: o constituinte derivado amparou-se no critério da seletividade que deve reger a prestação dos benefícios e serviços previdenciários, para identificar aqueles que efetivamente necessitaram do benefício. Nesse contexto, tal desiderato somente pode ser alcançado se a seleção tiver como parâmetro a renda do próprio preso segurado. Interpretação diversa que tome em conta a renda dos dependentes, a qual forçosamente teria de incluir no rol daqueles os menores de 14 anos – impedidos de trabalhar, levaria a distorções indesejáveis. Com efeito, caso o critério de seleção fosse baseado na renda dos dependentes, o auxílio-reclusão alcançaria qualquer segurado preso, independentemente de sua condição financeira, que possuísse filhos menores de catorze anos.

Para o ano de 2018, o limite de baixa renda foi fixado em R$ 1.319,18, pela Portaria MF n. 15, de 16 de janeiro de 2018. Consequentemente, com base no entendimento atual do STF, se o segurado, à época de seu recolhimento (ocorrido em janeiro de 2018), auferia remuneração mensal de R$ 1.400,00, não será possível a concessão de auxílio-reclusão aos seus dependentes, mesmo que eles não possuam qualquer fonte de renda.

E quando inexistir salário de contribuição na data do recolhimento? Conforme disposto no art. 385, § 2º, da Instrução Normativa do INSS n. 77/2015, o auxílio-reclusão será devido, desde que: **a)** não tenha havido perda da qualidade de segurado; **b)** o último salário de contribuição, tomado em seu valor mensal, na data da cessação das contribuições ou do afastamento do trabalho, seja igual ou inferior ao limite de baixa renda da época, conforme tabela abaixo:

---

117 **STF:** "(...) I – Segundo decorre do art. 201, IV, da Constituição, a renda do segurado preso é a que deve ser utilizada como parâmetro para a concessão do benefício e não a de seus dependentes. II – Tal compreensão se extrai da redação dada ao referido dispositivo pela EC 20/1998, que restringiu o universo daqueles alcançados pelo auxílio-reclusão, a qual adotou o critério da seletividade para apurar a efetiva necessidade dos beneficiários. III – Diante disso, o art. 116 do Decreto 3.048/1999 não padece do vício da inconstitucionalidade. IV – Recurso extraordinário conhecido e provido" (RE 587365, Rel. Min. Ricardo Lewandowski, Tribunal Pleno, julgado em 25-3-2009).

PERÍODO	SALÁRIO DE CONTRIBUIÇÃO TOMADO EM SEU VALOR MENSAL
A partir de 1º-1-2018	R$ 1.319,18 – Portaria n. 15, de 16-1-2018
A partir de 1º-1-2017	R$ 1.292,43 – Portaria n. 8, de 13-1-2017
A partir de 1º-1-2016	R$ 1.212,64 – Portaria n. 1, de 8-1-2016
A partir de 1º-1-2015	R$ 1.089,72 – Portaria n. 13, de 9-1-2015
A partir de 1º-1-2014	R$ 1.025,81 – Portaria n. 19, de 10-1-2014
A partir de 1º-1-2013	R$ 971,78 – Portaria n. 15, de 10-1-2013
A partir de 1º-1-2012	R$ 915,05 – Portaria n. 2, de 6-1-2012
A partir de 15-7-2011	R$ 862,60 – Portaria n. 407, de 14-7-2011
A partir de 1º-1-2011	R$ 862,11 – Portaria n. 568, de 31-12-2010
A partir de 1º-7-2010	R$ 810,18 – Portaria n. 333, de 29-6-2010
A partir de 1º-1-2010	R$ 798,30 – Portaria n. 350, de 30-12-2009
De 1º-2-2009 a 31-12-2009	R$ 752,12 – Portaria n. 48, de 12-2-2009
De 1º-3-2008 a 31-1-2009	R$ 710,08 – Portaria n. 77, de 11-3-2008
De 1º-4-2007 a 29-2-2008	R$ 676,27 – Portaria n. 142, de 11-4-2007
De 1º-4-2006 a 31-3-2007	R$ 654,61 – Portaria n. 119, de 18-4-2006
De 1º-5-2005 a 31-3-2006	R$ 623,44 – Portaria n. 822, de 11-5-2005
De 1º-5-2004 a 30-4-2005	R$ 586,19 – Portaria n. 479, de 7-5-2004
De 1º-6-2003 a 31-4-2004	R$ 560,81 – Portaria n. 727, de 30-5-2003

Vamos a um exemplo!
Frederico exerceu atividade como empregado até outubro de 2011, quando então foi demitido. Sua última remuneração foi de R$ 2.000,00. Em maio de 2012, foi recolhido à prisão. Com base no entendimento do INSS, é devido o auxílio-reclusão?

Como Frederico não possuía salário de contribuição à época do recolhimento à prisão, o INSS verifica se o último salário de contribuição do segurado está dentro do limite de baixa renda da época. Em outubro de 2011, segundo tabela colacionada acima, o limite de baixa renda era de R$ R$ 862,60. Logo, o INSS indeferirá o benefício, já que o último salário de contribuição de Frederico foi R$ 2.000,00, valor superior ao limite de baixa renda vigente para o ano de 2011.

Ressalte-se, porém, que esse entendimento encontra boa resistência na doutrina e na jurisprudência. Frederico Amado, por exemplo, defende que, não havendo salário de contribuição do segurado à época do recolhimento à prisão, o auxílio-reclusão deve ser concedido mesmo que o seu último salário de contribuição seja superior ao limite de baixa renda vigente quando do encerramento da atividade remunerada[118]. Nesse sentido, já decidiu o **TRF da 1ª Região**[119]. Sem dúvida, essa interpretação é a mais adequada. Se o fato gerador do benefício é o recolhimento à prisão, os requisitos legais do benefício devem ser examinados nesta oportunidade. Por consequência, se, à época do recolhimento, o segurado não possui salário de contribuição, ele é de baixa renda (na verdade, é segurado sem renda), impondo-se a concessão do auxílio.

C – Fato gerador: recolhimento à prisão

Conforme disposto no art. 116, § 5º, do Decreto n. 3.048/99, o auxílio-reclusão é devido, apenas, durante o período em que o segurado estiver recolhido à prisão sob **regime fechado ou semiaberto. Vale dizer, o benefício não é devido na hipótese de regime prisional aberto.**

Note-se que a gravidade do delito cometido pelo segurado e a duração da pena são irrelevantes para fins de concessão do benefício. Ainda que se trate de crime hediondo com pena elevada, cumpridos os demais requisitos legais, será plenamente possível a concessão do auxílio-reclusão.

Atenção! Apesar de o *nomen juris* do benefício ser auxílio-reclusão, ele também é devido na hipótese de detenção. Existe ainda a pena de prisão simples, que deve ser cumprida, sem rigor penitenciário, em estabelecimento especial ou seção especial de prisão comum, em regime semiaberto ou aberto. Se o cumprimento da pena se der em regime semiaberto, será possível a concessão do benefício.

Auxílio-reclusão
- Reclusão: fechado ou semiaberto
- Detenção: fechado ou semiaberto
- Prisão simples: semiaberto

Para o **INSS**, equipara-se à condição de recolhido à prisão, a situação do maior de 16 e menor de 18 anos de idade que se encontre internado em estabelecimento educacional ou congênere (medida socioeducativa de internação), sob custódia do Juizado da Infância e da Juventude (art. 381, § 2º, da Instrução Normativa INSS n. 77/2015).

Prisão cautelar: o benefício também é devido nos casos de prisão cautelar (temporária, em flagrante e preventiva)? Apesar de a Lei n. 8.213/91 e o Decreto n. 3.048/99 serem omissos, a Instrução Normativa INSS n. 77/2015, em seu art. 381, § 1º, dispõe que os depen-

---

118 AMADO, Frederico. *Direito e processo previdenciário sistematizado.* Salvador: Juspodivm, 2012, p. 597.

119 AMS 2004.38.01.004047-1, julgado em 6-7-2011.

dentes do segurado detido em prisão provisória (preventiva ou temporária) terão direito ao benefício desde que comprovem o efetivo recolhimento do segurado por meio de documento expedido pela autoridade responsável. Nada mais razoável. Se existe o recolhimento à prisão, o segurado está impossibilitado de trabalhar e, consequentemente, de garantir o sustento da família. Devido, pois, o benefício.

> **Atenção!** Apesar do entendimento administrativo, é preciso registrar que a ESAF e o CESPE, em seleções passadas, já consideraram descabido o deferimento do benefício na hipótese de prisão cautelar.

Prisão civil: o benefício é devido na hipótese de prisão civil? Para Frederico Amado e Fábio Zambitte Ibrahim está excluída do evento determinante do auxílio-reclusão a prisão civil do inadimplente voluntário e inescusável de obrigação alimentícia, pois essa previsão não caracteriza sanção penal, e sim meio de coerção para pagamento de valores devidos[120]. É a nossa posição. Por outro lado, outros doutrinadores, a exemplo de Marisa Santos, defendem que o benefício é devido mesmo quando se tratar de prisão civil, já que a lei não apresenta qualquer distinção nesse tocante[121].

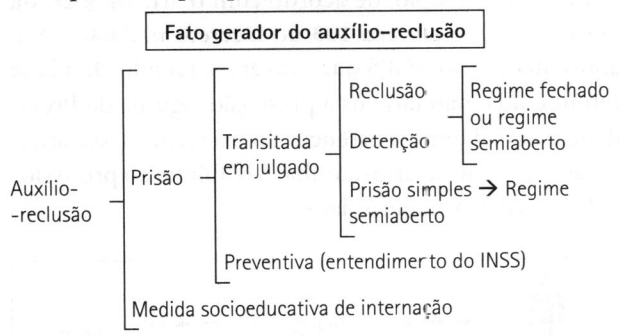

Fato gerador do auxílio-reclusão

Auxílio-reclusão → Prisão:
- Transitada em julgado:
  - Reclusão → Regime fechado ou regime semiaberto
  - Detenção → Regime fechado ou regime semiaberto
  - Prisão simples → Regime semiaberto
- Preventiva (entendimento do INSS)
- Medida socioeducativa de internação

7.16.2. Manutenção do auxílio-reclusão

O art. 117, § 1º, do Decreto n. 3.048/99 exige que o beneficiário do auxílio-reclusão apresente **trimestralmente** atestado de que o segurado continua detido ou recluso, firmado pela autoridade competente, sob pena de suspensão do benefício.

7.16.3. Suspensão do auxílio-reclusão

Os pagamentos do auxílio-reclusão serão suspensos nos seguintes casos: 1º) fuga; 2º) se o segurado, ainda que privado de liberdade, passar a receber auxílio-doença; 3º) se o dependente deixar de apresentar atestado trimestral; e 4º) Quando o segurado deixar a prisão por livramento condicional, por cumprimento da pena em regime aberto ou por prisão-albergue.

A – No caso de fuga

O benefício será suspenso no caso de fuga do segurado. Havendo a recaptura, será restabelecido a contar da data em que esta ocorrer, desde que mantida a qualidade de segurado. Nesse contexto, importa salientar que, se houver exercício de atividade dentro do período de fuga, o mesmo será considerado para a verificação da perda ou não da qualidade de segurado. Vamos a dois exemplos!

> **Exemplo 1:** Em virtude do recolhimento de Caíque à prisão, foi concedido auxílio-reclusão para os seus dependentes. Em 5-1-2011, Caíque fugiu do estabelecimento prisional, o que acarretou a suspensão do benefício. **Quinze meses depois, quando já expirado o período de graça** (que seria de doze meses, na forma do art. 15 da Lei n. 8.213/91), Caíque foi **recapturado**. Nesse caso, o benefício não poderá ser restabelecido, pois, na data da recaptura, Caíque não mais ostentava a qualidade de segurado.
>
> **Exemplo 2:** Em virtude do recolhimento de Adriano à prisão, foi concedido auxílio-reclusão para os seus dependentes. Em 16-3-2011, Adriano fugiu do estabelecimento prisional, o que acarretou a suspensão do benefício. **Dezessete meses depois**, Adriano foi **recapturado**. Durante o período em que esteve foragido, Adriano exerceu atividade remunerada e recolheu as contribuições previdenciárias correspondentes. Nesse caso, o benefício poderá ser restabelecido, pois, na data da recaptura, Adriano ostentava a qualidade de segurado, tendo em vista o recolhimento das contribuições previdenciárias.

B – Se o segurado, ainda que privado de liberdade, passar a receber auxílio-doença

O art. 2º, § 1º, da Lei n. 10.666/2003 dispõe que o segurado recluso não terá direito aos benefícios de auxílio-doença e de aposentadoria durante a percepção, pelos dependentes, do auxílio-reclusão, ainda que, nessa condição, contribua como contribuinte individual ou facultativo, **permitida a opção, desde que manifestada, também, pelos dependentes, ao benefício mais vantajoso**.

Já vimos que o auxílio-reclusão não será concedido quando o segurado for beneficiário de auxílio-doença. Ressaltamos também que o segurado que estiver cumprindo pena pode contribuir para a Previdência Social. Se o segurado ficar incapaz, somente será possível a concessão do auxílio-doença, se esse benefício for mais vantajoso, e os dependentes renunciarem ao auxílio-reclusão.

C – Se o dependente deixar de apresentar atestado trimestral

Como vimos acima, a legislação exige que o beneficiário apresente trimestralmente atestado de que o

---

120 Nesse sentido, podemos citar, por exemplo: Frederico Amado (*Direito e processo previdenciário sistematizado*. Salvador: Juspodivm, 2012, p. 597) e Fábio Zambitte Ibrahim (*Curso de direito previdenciário*. Rio de Janeiro, 2012, p. 662).
121 SANTOS, Marisa Ferreira dos. *Direito previdenciário esquematizado*. São Paulo: Saraiva, 2011, p. 299.

segurado continua detido ou recluso, firmado pela autoridade competente. Somente através desse atestado, o INSS tem conhecimento sobre a manutenção do fato gerador da prestação.

D – Quando o segurado deixar a prisão por livramento condicional, por cumprimento da pena em regime aberto ou por prisão-albergue

Havendo livramento condicional ou progressão de regime, desaparece o fato gerador do benefício, já que deixa de existir o recolhimento do segurado à prisão, o que viabiliza o seu retorno potencial ao trabalho.

7.16.4. Valor do benefício

O benefício é calculado de modo idêntico ao da pensão por morte, com uma pequena ressalva: como o segurado aposentado não pode instituir auxílio-reclusão por expressa disposição legal, o benefício sempre é calculado a partir de uma hipotética aposentadoria por invalidez a que o segurado faria jus na data da reclusão.

7.16.5. Quadro-resumo

Auxílio-reclusão
- Qualidade de segurado do instituidor (preso) (= pensão por morte)
- Não recebimento pelo segurado de remuneração da empresa, aposentadoria, auxílio-doença ou abono de permanência (o abono de permanência foi extinto no RGPS)
- Benefício isento de carência
- Baixa renda do instituidor (segurado)
- Recolhimento à prisão (reclusão ou detenção)
  - Regime fechado
  - Regime semiaberto
- Qualidade de dependente do requerente (= pensão por morte)

7.17. ACUMULAÇÃO DE BENEFÍCIOS PREVIDENCIÁRIOS

De acordo com o art. 124 da Lei n. 8.213/91 e o art. 167 do Decreto n. 3.048/99, salvo no caso de direito adquirido, não é permitido o recebimento conjunto dos seguintes benefícios da Previdência Social, inclusive quando decorrentes de acidente do trabalho:

I – aposentadoria com auxílio-doença;

II – mais de uma aposentadoria;

III – aposentadoria com abono de permanência em serviço;

IV – salário-maternidade com auxílio-doença;

V – mais de um auxílio-acidente;

VI – mais de uma pensão deixada por cônjuge;

VII – mais de uma pensão deixada por companheiro ou companheira;

VIII – mais de uma pensão deixada por cônjuge e companheiro ou companheira;

IX – auxílio-acidente com qualquer aposentadoria.

Conforme disposto no art. 4º da Portaria Interministerial SDH/MPS/MF/MOG/AGU n. 1/2014, os benefícios concedidos em decorrência da Lei Complementar n. 142/2013 (aposentadoria para pessoas com deficiência) devem observar as vedações legais relativas à proibição de acumulação de benefícios de natureza previdenciária, assistencial ou indenizatória.

A **regra** é que um segurado do RGPS só pode receber, nessa condição (como segurado), um único benefício de cada vez. Com efeito, a respeito das aposentadorias, por exemplo, de acordo com o art. 18, § 2º, da Lei n. 8.213/91 e o art. 103 do Decreto n. 3.048/99, o aposentado pelo RGPS que estiver exercendo atividade remunerada, não fará jus a prestação alguma da Previdência Social em decorrência do exercício dessa atividade, exceto ao salário-família, à reabilitação profissional e ao salário-maternidade.

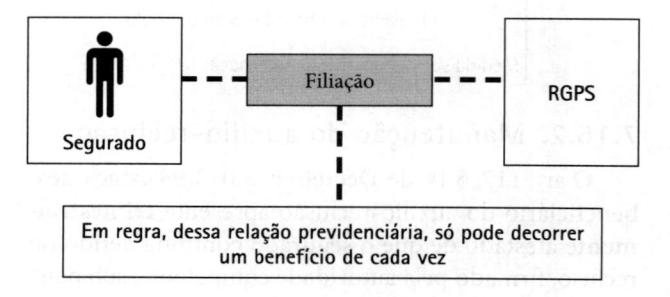

Segurado --- Filiação --- RGPS

Em regra, dessa relação previdenciária, só pode decorrer um benefício de cada vez

Atenção! Não há óbice para a acumulação de aposentadoria e pensão por morte, afinal tais benefícios decorrem de relações previdenciárias diversas. Enquanto a aposentadoria decorre da própria condição de segurado, a pensão por morte decorre do óbito de outro segurado.

Exemplo: Maria e José são casados. Maria preencheu todos os requisitos necessários para a aposentadoria. José faleceu e instituiu pensão por morte para a sua esposa. Nesse caso, Maria poderá acumular os benefícios de aposentadoria e de pensão por morte.

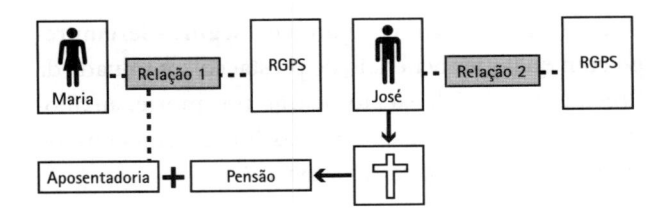

7.17.1. Acumulações vedadas envolvendo as aposentadorias

Mais de uma aposentadoria
Aposentadoria com abono de permanência em serviço
Aposentadoria com auxílio-doença
Qualquer aposentadoria com auxílio-acidente

É importante salientar que a vedação de percepção de mais de uma aposentadoria **limita-se ao RGPS**. Vale dizer, um mesmo segurado não poderá receber mais de uma aposentadoria à conta do RGPS.

Por outro lado, nada obsta que um indivíduo seja beneficiário de duas aposentadorias, **quando decorrentes de regimes previdenciários diversos**. Na verdade, é possível que um indivíduo perceba, simultaneamente, **até três aposentadorias decorrentes de regimes previdenciários diversos: duas à conta de regimes próprios e uma à conta do RGPS**. Exemplo: Romeu é servidor público do Estado do Ceará (médico de um hospital). É também servidor público federal, atuando como professor na Universidade Federal do Ceará. Além dessas duas atividades públicas (acumuláveis), Romeu foi contratado para exercer atividade como professor em instituição particular, fato que provoca a sua filiação obrigatória ao RGPS. Cumpridos os requisitos legais, Romeu terá direito a três aposentadorias.

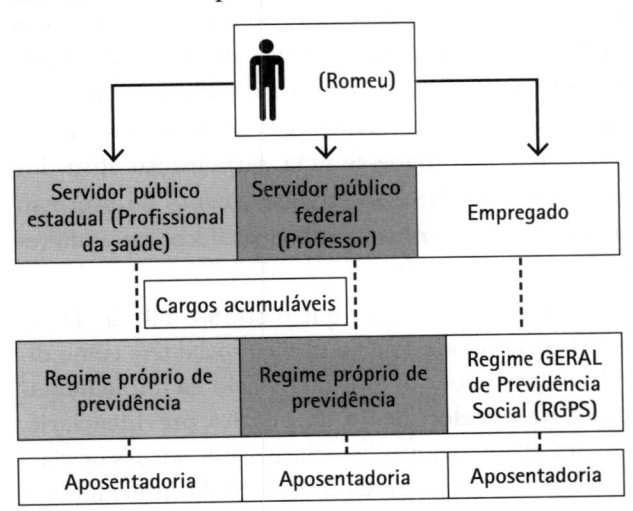

Também não é possível acumular aposentadoria e abono de permanência em serviço. Esse benefício foi extinto no âmbito do RGPS pela Lei n. 8.870/94. Permanece, porém, sua previsão no regime próprio de previdência.

Ademais, conforme já salientamos, o aposentado pelo RGPS que estiver exercendo atividade remunerada não fará jus a prestação alguma da Previdência Social em decorrência do exercício dessa atividade, exceto ao salário-família, à reabilitação profissional e ao salário-maternidade. Destarte, também está vedada a possibilidade de percepção conjunta de aposentadoria com auxílio-doença e com auxílio-acidente.

A propósito, é bom lembrar que, desde o advento da Medida Provisória n. 1.596-14, a concessão de qualquer espécie de aposentadoria é causa de cessação do auxílio-acidente, o que inviabiliza o pagamento conjunto dessas duas prestações[122].

De acordo com a jurisprudência majoritária, se o auxílio-acidente é anterior à Medida Provisória n. 1.596-14, pouco importa se a aposentadoria é ou não anterior à modificação legislativa. Será possível a acumulação do auxílio-acidente com aposentadoria, pois sob a égide da legislação anterior o **auxílio-acidente era vitalício**.

7.17.2. Acumulações vedadas envolvendo o auxílio-acidente

Mais de um auxílio-acidente
Auxílio-acidente com qualquer aposentadoria (já analisado)

A Lei n. 8.213/91, em sua redação original, não vedava a acumulação de mais de um auxílio-acidente, desde que os fatos geradores fossem diversos. Com a edição da Lei n. 9.032/95, a acumulação tornou-se expressamente proibida.

Diante disso, com fundamento no art. 336 da Instrução Normativa n. 77/2015, o INSS entende que, quando o segurado em gozo de auxílio-acidente fizer jus a um novo auxílio-acidente, em decorrência de outro acidente ou de doença, serão comparadas as rendas mensais dos dois benefícios e mantido o benefício mais vantajoso.

---

122 Ver tópico relativo à cessação do auxílio-acidente.

7.17.3. Acumulações vedadas envolvendo o auxílio-doença

| Auxílio-doença com salário-maternidade |
| Auxílio-doença com aposentadoria (já analisada) |

Mais uma vez, vale a regra de que não é possível o recebimento de dois benefícios na condição de segurado(a).

De acordo com o art. 313 da Instrução Normativa INSS n. 77/2015, tratando-se de segurada gestante em gozo de auxílio-doença, inclusive o decorrente de acidente de trabalho, o benefício deverá ser suspenso administrativamente no dia anterior à data de início do salário-maternidade.

Se, após o período do salário-maternidade, a requerente mantiver a incapacidade laborativa, deverá ser submetida a uma nova perícia médica.

7.17.4. Acumulações vedadas envolvendo a pensão por morte

Não é possível acumular: a) mais de uma pensão deixada por cônjuge; b) mais de uma pensão deixada por companheiro ou companheira; c) mais de uma pensão deixada por cônjuge e companheiro ou companheira. Em todos esses casos, faculta-se ao dependente optar pela pensão mais vantajosa. Exemplo: Maria é viúva de José e está recebendo uma pensão por morte. Ela se casa novamente com Roberto[123]. Se Roberto falecer, Maria não poderá receber as duas pensões, ficando-lhe assegurado o direito ao recebimento da mais vantajosa.

Observe-se que a Lei n. 8.213/91 não veda, por completo, a possibilidade de percepção conjunta de duas pensões por morte. Só existe vedação quando o instituidor do benefício é o cônjuge e o(a) companheiro(a). Dessa maneira, nada obsta que uma pessoa receba pensão por morte como viúva e mãe. Exemplo: Jéssica está recebendo a pensão por morte em virtude do óbito de seu filho Paulo. Se o seu marido (Miguel) falecer, Jéssica poderá acumular as duas pensões.

7.17.5. Acumulações vedadas envolvendo o seguro-desemprego

De acordo com o art. 124, parágrafo único, da Lei n. 8.213/91 e o art. 167, § 2º, do Decreto n. 3.048/99, é vedado o recebimento conjunto do **seguro-desemprego** com qualquer benefício de prestação continuada da Previdência Social, **exceto** pensão por morte, auxílio-reclusão, auxílio-acidente, auxílio-suplementar ou abono de permanência em serviço.

7.18. SERVIÇOS

As prestações do RGPS são divididas em benefícios e serviços. Enquanto os benefícios são prestações com expressão econômica, os serviços apresentam-se, basicamente, como obrigações de fazer atribuídas à Previdência Social em favor dos beneficiários, segurados e dependentes.

O art. 18, III, da Lei n. 8.213/91 lista como serviços da Previdência Social, destinados ao segurado e dependente, o serviço social e a reabilitação profissional.

Serviços do RGPS
- Serviço social
- Habilitação e reabilitação profissional

7.18.1. Serviço social

Compete ao serviço social **esclarecer** junto aos beneficiários seus direitos sociais e os meios de exercê-los e estabelecer conjuntamente com eles o processo de solução dos problemas que emergirem da sua relação com a Previdência Social, tanto no âmbito interno da instituição como na dinâmica da sociedade.

Atenção! O serviço social não está incluso na Assistência Social. É prestação do RGPS. Portanto, está inserido na Previdência Social.

O serviço social apresenta-se como importante instrumento de educação previdenciária junto aos destinatários da proteção, segurados e dependentes, já que seu objetivo precípuo é o esclarecimento dos direitos sociais dos cidadãos e os meios de exercê-los. Mas não é só: impõe-se uma participação ativa dos servidores do INSS no estabelecimento do processo de solução de eventuais problemas decorrentes da relação previdenciária.

Tanto isso é verdade que o art. 88, § 3º, da Lei n. 8.213/91 prescreveu que o serviço social terá como diretriz a **participação do beneficiário na implementação e no fortalecimento da política previdenciária**, em articulação com as associações e entidades de classe. Assim, compõe-se de um dever de **informação e**

---

[123] Aqui, vale a pena relembrar que o novo casamento não provoca o cancelamento do benefício de pensão.

orientação por parte da Administração Pública, bem como de **cooperação** desta com os beneficiários. Advém do dever de informação imposto ao Estado pela Constituição Federal de 1988 [art. 5º, XIV – é assegurado a todos o acesso à informação (...); art. 5º, XXXIII – todos têm direito a receber dos órgãos públicos informações de seu interesse particular, ou de interesse coletivo ou geral, (...)].

O serviço social independe de carência (art. 26, IV, da Lei n. 8.213/91), sendo devido a todos os segurados e dependentes. Portanto, é prestação assegurada de forma ampla, sob o aspecto subjetivo.

O evento determinante dessa prestação é a necessidade de esclarecimentos aos beneficiários do RGPS acerca de seus direitos sociais e os meios de exercê-los a fim de se atingir a plenitude satisfativa da proteção social prescrita na legislação. Evidentemente, será dada **prioridade** aos segurados em benefício por incapacidade temporária e atenção especial aos aposentados e pensionistas.

Daniel Machado da Rocha e José Paulo Baltazar Junior lembram que caberá ao serviço social a efetivação do programa de preparação dos trabalhadores para a aposentadoria, por meio de estímulo de novos projetos sociais e esclarecimentos sobre os direitos sociais e de cidadania, conforme disposto no art. 28, II, da Lei n. 10.741/2003 (Estatuto do Idoso)[124].

Os instrumentos utilizados pelo INSS para assegurar o efetivo atendimento dos usuários são: intervenção técnica, assistência de natureza jurídica, ajuda material, recursos sociais, intercâmbio com empresas e pesquisa social, inclusive mediante celebração de convênios, acordos ou contratos.

Considerando a **universalização** da Previdência Social, o serviço social prestará assessoramento técnico aos Estados e Municípios na elaboração e implantação de suas propostas de trabalho.

As ações do serviço social são realizadas por servidores assistentes sociais das Gerências Executivas do INSS e das Agências da Previdência Social. Cabe ao assistente social do INSS prestar atendimento individual e grupal aos usuários esclarecendo quanto ao acesso aos direitos previdenciários (benefícios e serviços, condições e documentos necessários para o requerimento e concessão dos benefícios previdenciários e assistenciais, manutenção e possibilidade da perda da qualidade de segurado, entre outros. Também se incluem entre as atribuições do assistente social da Previdência: a realização de pesquisa social para identificação do perfil e das necessidades dos usuários, a emissão de parecer social fornecendo elementos para a concessão, manutenção, recurso de benefícios e decisão médico-pericial, nos casos de segurados em auxílio-doença previdenciário ou acidentário, cujas situações sociais interfiram na origem, evolução ou agravamento de determinadas doenças, o assessoramento de entidades governamentais e não governamentais em assuntos de política e legislação previdenciária e assistencial, bem como o cadastramento de recursos sociais e grupos organizados.

Os instrumentos técnicos do serviço social à disposição dos Assistentes Sociais do INSS são o parecer técnico e a pesquisa social. Podemos citar, ainda, o cadastro das organizações da sociedade e os recursos materiais.

O **parecer social** consiste no pronunciamento profissional do Assistente Social, com base no estudo de determinada situação, podendo ser emitido na fase de concessão, manutenção, recurso de benefícios ou para embasar decisão médico-pericial, por solicitação do setor respectivo ou por iniciativa do próprio Assistente Social. A escolha do instrumento a ser utilizado para elaboração do parecer (visitas, entrevistas colaterais ou outros) é de responsabilidade do assistente social.

A **pesquisa social** constitui-se em um recurso técnico fundamental para a realimentação do saber e do fazer profissional, voltado para a busca do conhecimento crítico e interpretativo da realidade, favorecendo a identificação e a melhor caracterização das demandas dirigidas ao INSS e do perfil socioeconômico cultural dos beneficiários como recursos para a qualificação dos serviços prestados, a fim de possibilitar:

I – o conhecimento do contexto político, social e econômico da região ou do município onde se insere a Agência da Previdência Social;

II – o conhecimento da realidade das unidades de prestação dos serviços e benefícios previdenciários e da população usuária considerando suas condições objetivas de vida e suas demandas;

III – elaboração de planos, programas e projetos baseados na Matriz Teórico-Metodológica do serviço

---

124 ROCHA, Daniel Machado da; BALTAZAR JUNIOR, José Paulo, *Comentários à Lei de Benefícios da Previdência Social*, 9. ed. Porto Alegre: Livraria do Advogado, 2009, p. 330.

social, na Previdência Social, que deverão embasar a ação profissional; e

IV – produção e divulgação de novos conhecimentos resultantes de experiências profissionais.

Também pode ser considerado como instrumento do serviço social o **Cadastro das Organizações da Sociedade**. Este cadastro é um instrumento que facilita a necessária articulação para o desenvolvimento do trabalho social e atendimento aos usuários da Previdência Social. O Cadastro das Organizações da Sociedade propiciará ao INSS o conhecimento dos recursos sociais existentes na região ou município, para informação e encaminhamento de usuários da Previdência Social, bem como a articulação com esses recursos, oportunizando o acesso aos serviços, a socialização das informações previdenciárias, o fortalecimento de ações coletivas e a conjugação de esforços para o exercício da cidadania.

Por fim, ressaltamos os **recursos materiais** que se constituem num instrumento das ações profissionais do serviço social destinado ao atendimento de algumas demandas do usuário na sua relação com a Previdência Social. Trata-se de instrumento para se ter acesso aos direitos previdenciários e o atendimento das situações emergenciais, constituindo-se como direitos sociais, que de outro modo são negados à população usuária. Podem ser citados como exemplos o pagamento das despesas com transporte do beneficiário para deslocamento até a agência do INSS, diárias para beneficiários carentes, disponibilização de veículo para transporte de segurado para realização de perícia médica, entre outros.

Reputamos que o serviço social é prestação de extrema relevância no contexto atual do desenvolvimento de nossa sociedade, sobretudo porque a maioria da população não possui o conhecimento básico de suas obrigações perante a Previdência Social, bem como de seus direitos em relação à Administração Pública em matéria de direitos sociais.

7.18.2. Habilitação e reabilitação profissional

A habilitação e a reabilitação profissional são serviços da Previdência Social destinados aos beneficiários incapacitados para o trabalho, de forma total ou parcial. A habilitação está associada à educação e adaptação laborativa dos cidadãos que ainda não iniciaram a sua vida profissional ativa. Por sua vez, a reabilitação profissional é o serviço associado à reeducação e a readaptação do beneficiário incapacitado para o trabalho para o seu retorno ao mercado.

O art. 89 da Lei n. 8.213/91 dispõe que a **habilitação** e a **reabilitação profissional** e social deverão proporcionar ao beneficiário incapacitado parcial ou totalmente para o trabalho, e às pessoas portadoras de deficiência, **os meios para a (re)educação e (re)adaptação profissional e social** indicados para participar do mercado de trabalho e do contexto em que vive.

A reabilitação profissional independe de carência (art. 26, V, da Lei n. 8.213/91), sendo devido a todos os segurados e dependentes. Portanto, é prestação assegurada de forma ampla, sob o aspecto subjetivo.

O art. 136 do Decreto n. 3.048/99 expõe de forma mais evidente as características desse serviço, nos seguintes termos: a assistência (re)educativa e de (re)adaptação profissional, instituída sob a denominação genérica de habilitação e reabilitação profissional, visa proporcionar aos beneficiários, incapacitados parcial ou totalmente para o trabalho, em caráter obrigatório, independentemente de carência, e às pessoas portadoras de deficiência, os meios indicados para proporcionar o reingresso no mercado de trabalho e no contexto em que vivem.

O processo de habilitação e de reabilitação profissional do beneficiário será desenvolvido por meio das funções básicas de: I – avaliação do potencial laborativo; II – orientação e acompanhamento da programação profissional; III – articulação com a comunidade, inclusive mediante a celebração de convênio para reabilitação física restrita a segurados que cumpriram os pressupostos de elegibilidade ao programa de reabilitação profissional, com vistas ao reingresso no mercado de trabalho; e IV – acompanhamento e pesquisa da fixação no mercado de trabalho.

Cabe destacar que o acompanhamento e a pesquisa da fixação no mercado de trabalho são obrigatórios e visam à comprovação da efetividade do processo de reabilitação profissional (art. 140, § 3º, do Decreto n. 3.048/99).

A execução dessas funções será realizada, preferencialmente, mediante o trabalho de equipe multiprofissional especializada em medicina, serviço social, psicologia, sociologia, fisioterapia, terapia ocupacional e outras afins ao processo, sempre que possível na localidade do domicílio do beneficiário, ressalvadas as situações excepcionais em que este terá direito à reabilitação profissional fora dela.

Se o tratamento ou exame, no caso de habilitação ou reabilitação profissional, ocorrer fora do domicílio do beneficiário, a Previdência Social concede auxílio, nos termos do Decreto n. 3.048/99. Nesse contexto, o art. 137, § 2º, do Decreto n. 3.048/99 dispõe que, quando indispensáveis ao desenvolvimento do processo de reabilitação profissional, o INSS fornecerá, aos segurados, transporte urbano e alimentação. São recursos materiais destinados a custear o deslocamento do beneficiário para a execução do serviço em local diverso de seu domicílio.

RECURSOS MATERIAIS FORNECIDOS PELO INSS

I – órteses: que são aparelhos para correção ou complementação de funcionalidade;

II – próteses: que são aparelhos para substituição de membros ou parte destes;

III – auxílio-transporte urbano, intermunicipal e interestadual: que consiste no pagamento de despesas com o deslocamento do beneficiário de seu domicílio para atendimento na APS e para avaliações, cursos e/ou treinamentos em empresas e/ou instituições na comunidade;

IV – auxílio-alimentação: que consiste no pagamento de despesas referentes aos gastos com alimentação (almoço ou jantar) aos beneficiários em programa profissional com duração de oito horas;

V – diárias: que serão concedidas conforme o art. 171 do RPS;

VI – implemento profissional: que consiste no conjunto de materiais indispensáveis para o desenvolvimento da formação ou do treinamento profissional, compreendendo material didático, uniforme, instrumentos e equipamentos técnicos, inclusive os de proteção individual (EPI); e

VII – instrumento de trabalho: composto de um conjunto de materiais imprescindíveis ao exercício de uma atividade laborativa, de acordo com o Programa de Habilitação/Reabilitação Profissional desenvolvido.

Nos termos do art. 89, parágrafo único, da Lei n. 8.213/91, a reabilitação profissional compreende: **a)** o fornecimento de aparelho de prótese, órtese e instrumentos de auxílio para locomoção quando a perda ou redução da capacidade funcional puder ser atenuada por seu uso e dos equipamentos necessários à habilitação e reabilitação social e profissional; **b)** a reparação ou a substituição dos aparelhos mencionados no inciso anterior, desgastados pelo uso normal ou por ocorrência estranha à vontade do beneficiário; **c)** o transporte do acidentado do trabalho, quando necessário.

Observe-se que o § 4º do art. 137 do Decreto n. 3.048/99 estabelece que o INSS não reembolsará as despesas realizadas com a aquisição de órtese ou prótese e outros recursos materiais não prescritos ou não autorizados por suas unidades.

A reabilitação profissional é devida em **caráter obrigatório** aos segurados, inclusive aposentados e, **na medida das possibilidades** do órgão da Previdência Social, aos seus dependentes (**reserva do possível**). Portanto, segundo o art. 90 da Lei n. 8.213/91, a reabilitação profissional é direito subjetivo dos segurados, sendo dever legal do INSS, ao passo que, para os dependentes, a prestação do serviço fica condicionada à existência de recursos do órgão da Previdência Social.

Reabilitação profissional
- Segurados: obrigatória
- Dependente: na medida das possibilidades do INSS

No caso das pessoas com deficiência, a concessão dos recursos materiais para o atendimento da habilitação profissional (e reabilitação) ficará condicionada à celebração de convênio de cooperação técnico-financeira.

A programação profissional será desenvolvida mediante cursos e/ou treinamentos, na comunidade, por meio de contratos, acordos e convênios com instituições e empresas públicas ou privadas. O treinamento do reabilitando, quando realizado em empresa, **não estabelece qualquer vínculo empregatício ou funcional entre o reabilitando e a empresa**, bem como entre estes e o INSS. Embora essa conclusão seja óbvia, o Regulamento da Previdência Social entendeu por bem deixar esse aspecto evidente.

Conforme prescrito no art. 101 da Lei n. 8.213/91, o segurado em gozo de auxílio-doença, aposentadoria por invalidez e o pensionista inválido estão **obrigados**, sob pena de suspensão do benefício, a submeter-se a exame médico a cargo da Previdência Social, processo de reabilitação profissional por ela prescrito e custeado, e tratamento dispensado gratuitamente, **exceto o cirúrgico e a transfusão de sangue**, que são facultativos.

Assim, a reabilitação profissional não é um serviço opcional ofertado ao segurado e dependente. Os beneficiários têm o dever legal de se submeter ao processo de reabilitação. Segundo o art. 139, § 2º, do Decreto n. 3.048/99, compete ao reabilitando, além de acatar e cumprir as normas estabelecidas nos contratos, acordos ou convênios, pautar-se no regulamento das organizações que estão realizando a reabilitação.

Concluído o processo de reabilitação profissional, o INSS emitirá **certificado** individual indicando a função para a qual o reabilitando foi capacitado profissionalmente, sem prejuízo do exercício de outra para a qual se julgue capacitado. Por outro lado, não constitui obrigação da Previdência Social a manutenção do segurado no mesmo emprego ou a sua colocação em outro para o qual foi reabilitado, cessando o processo de reabilitação profissional com a emissão do certificado individual anteriormente aludido.

Entretanto, reconhecendo a dinâmica do mercado de trabalho, sobretudo diante da seletividade e exigência cada vez maiores a que são submetidos os candidatos a empregos, o legislador ordinário estabeleceu uma norma de inclusão social, que se reveste de verdadeira **ação afirmativa**. Trata-se do disposto no art. 93 da Lei n. 8.213/91, segundo a qual a empresa com 100 ou mais empregados está obrigada a preencher de 2% a 5% dos seus cargos com beneficiários reabilitados ou pessoas com deficiência, habilitadas, na seguinte proporção:

I – até 200 empregados 2%;

II – de 201 a 500 ....3%;

III – de 501 a 1.000 ....4%;

IV – de 1.001 em diante ....5%.

Daniel Machado da Rocha e José Paulo Baltazar Junior salientam que se trata de norma trabalhista louvável que tem por objetivo a integração do segurado acidentado e do deficiente ao mercado, e, por consequência, à vida em sociedade, concretizando mandamentos constitucionais, em especial o inciso XXXI do art. 7º, que proíbe discriminação no tocante a salários e critérios de admissão do trabalhador portador de deficiência e o inciso IV do art. 203, que estabelece entre os objetivos da assistência social a habilitação e reabilitação das pessoas portadoras de deficiência e a promoção de sua integração à vida em comunidade[125].

A ação afirmativa procura ser efetiva ao máximo, tanto que condiciona a dispensa de beneficiário admitido segundo o disposto no art. 93 da Lei n. 8.213/91 à contratação de outro trabalhador em condições iguais. Assim, segundo o art. 93, § 1º, da Lei n. 8.213/91, a dispensa de trabalhador reabilitado ou de deficiente habilitado ao final de contrato por prazo determinado de mais de 90 dias, e a imotivada, no contrato por prazo indeterminado, **só poderá ocorrer após a contratação de substituto de condição semelhante**.

Nos termos do art. 36, § 2º, do Decreto n. 3.298/99 (que regulamentou a Lei n. 7.853/89), considera-se pessoa com deficiência habilitada aquela que concluiu curso de educação profissional de nível básico, técnico ou tecnológico, ou curso superior, com certificação ou diplomação expedida por instituição pública ou privada, legalmente credenciada pelo Ministério da Educação ou órgão equivalente, ou aquela com certificado de conclusão de processo de habilitação ou reabilitação profissional fornecido pelo INSS. Considera-se, também, pessoa portadora de deficiência habilitada aquela que, não tendo se submetido a processo de habilitação ou reabilitação, esteja capacitada para o exercício da função (art. 36, § 2º, do Decreto n. 3.298/99). Percebe-se, portanto, que a pessoa com deficiência habilitada, a que se refere o art. 93 da Lei n. 8.213/91, não é somente aquela habilitada no processo de reabilitação profissional do RGPS.

Compete ao Ministério do Trabalho estabelecer sistemática de fiscalização, avaliação e controle das empresas, bem como instituir procedimentos e formulários que propiciem estatísticas sobre o número de empregados com deficiência e de vagas preenchidas, para fins de acompanhamento do disposto no art. 93 da Lei n. 8.213/91.

Por fim, a Coordenadoria Nacional de Promoção de Igualdade de Oportunidades e Eliminação da Discriminação no Trabalho do Ministério Público do Trabalho (MPT), que tem como objetivo definir estratégias coordenadas e integradas de política de atuação institucional no combate à exclusão social e à discriminação no trabalho, atua em torno de três eixos temáticos: combate à discriminação a trabalhadores, **inclusão nos ambientes de trabalho da pessoa com deficiência ou reabilitada** e proteção da intimidade dos trabalhadores.

---

125 ROCHA, Daniel Machado da; BALTAZAR JUNIOR, José Paulo, Op. cit., p. 333.

7.19. OUTRAS DICAS RÁPIDAS SOBRE BENEFÍCIOS

7.19.1. Benefícios de concessão restrita

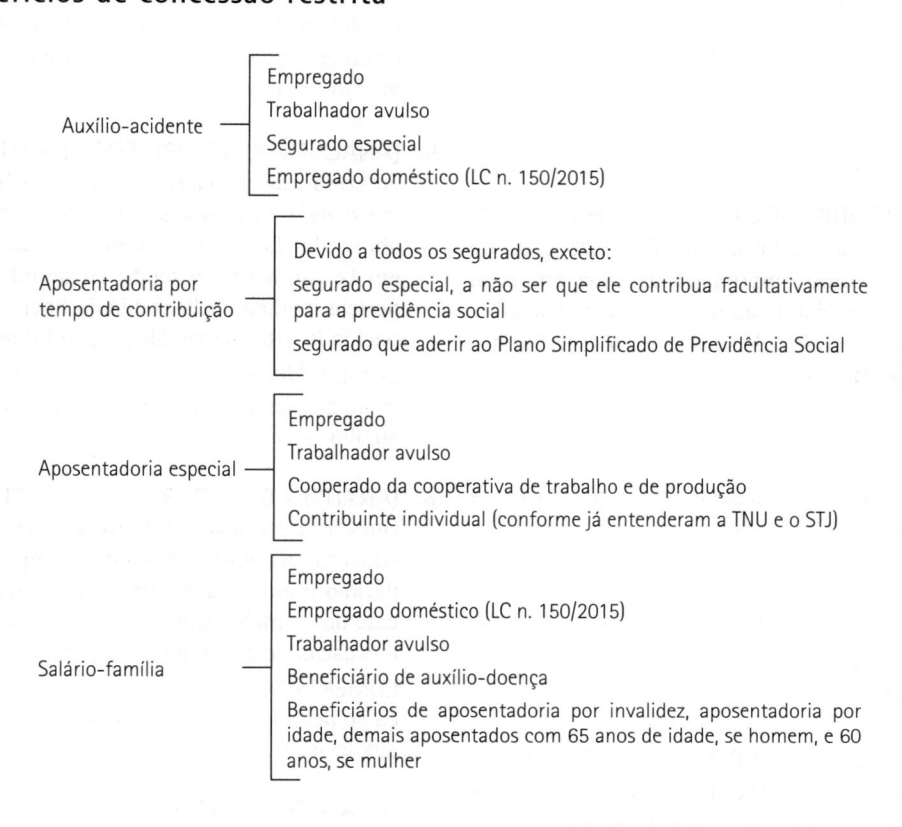

Auxílio-acidente
- Empregado
- Trabalhador avulso
- Segurado especial
- Empregado doméstico (LC n. 150/2015)

Aposentadoria por tempo de contribuição
- Devido a todos os segurados, exceto:
- segurado especial, a não ser que ele contribua facultativamente para a previdência social
- segurado que aderir ao Plano Simplificado de Previdência Social

Aposentadoria especial
- Empregado
- Trabalhador avulso
- Cooperado da cooperativa de trabalho e de produção
- Contribuinte individual (conforme já entenderam a TNU e o STJ)

Salário-família
- Empregado
- Empregado doméstico (LC n. 150/2015)
- Trabalhador avulso
- Beneficiário de auxílio-doença
- Beneficiários de aposentadoria por invalidez, aposentadoria por idade, demais aposentados com 65 anos de idade, se homem, e 60 anos, se mulher

7.19.2. Benefícios dos dependentes

Benefícios dos dependentes
- Pensão por morte
- Auxílio-reclusão

7.19.3. Benefícios que exigem a baixa renda do segurado

Benefícios que exigem a baixa renda do segurado
- Salário-família (devido ao segurado)
- Auxílio-reclusão (devido ao dependente)

7.19.4. Natureza jurídica dos benefícios previdenciários

Benefícios substitutivos
- Auxílio-doença
- Aposentadoria por invalidez
- Aposentadoria por idade
- Aposentadoria por tempo de contribuição
- Aposentadoria especial
- Salário-maternidade
- Auxílio-reclusão
- Pensão por morte

Benefício indenizatório
- Auxílio-acidente

Benefício complementar
- Salário-família

7.19.5. Benefícios que podem ser inferiores ao salário mínimo

Benefícios que podem ser inferiores ao salário mínimo
- Auxílio-acidente
- Salário-família
- Auxílio-doença (contestável; disposição regulamentar)

> Decreto n. 3.048/99: "Art. 73. O auxílio-doença do segurado que exercer mais de uma atividade abrangida pela previdência social será devido mesmo no caso de incapacidade apenas para o exercício de uma delas, devendo a perícia médica ser conhecedora de todas as atividades que o mesmo estiver exercendo.
>
> § 1º Na hipótese deste artigo, o auxílio-doença será concedido em relação à atividade para a qual o segurado estiver incapacitado, considerando-se para efeito de carência somente as contribuições relativas a essa atividade.

■ DIREITO PREVIDENCIÁRIO

(...)
§ 4º Ocorrendo a hipótese do § 1º, o valor do auxílio-doença poderá ser inferior ao salário mínimo desde que somado às demais remunerações recebidas resultar valor superior a este".

QUESTÕES

1. (TÉCNICO DO SEGURO SOCIAL – INSS – FCC – 2012) Maria trabalhou de 02 de janeiro de 2006 a 02 de julho de 2006 como empregada de uma empresa, vindo a contrair moléstia não relacionada ao trabalho, com prejuízo do exercício de suas atividades habituais. Nessa situação, Maria

    a) não terá direito ao recebimento do auxílio-doença, por ausência do cumprimento da carência.

    b) terá direito à aposentadoria por invalidez, que independe do cumprimento de carência.

    c) terá direito ao auxílio-acidente, que não exige carência.

    d) terá direito ao auxílio-doença, que independe de carência.

    e) poderá receber aposentadoria por invalidez, se recolher mais duas contribuições.

2. (ANALISTA DO SEGURO SOCIAL – FUNRIO – 2014 – Questão adaptada – Citação de um item) O auxílio-doença será devido ao segurado empregado a contar do décimo quinto dia do afastamento da atividade, e, no caso dos demais segurados, a contar da data do início da incapacidade e enquanto ele permanecer incapaz.
    COMENTÁRIOS: atentar para a MP n. 664/2014 (mudança do período de espera necessário para a concessão de auxílio-doença).

3. (TÉCNICO DO SEGURO SOCIAL – INSS – FCC – 2012) Silvia trabalhou na empresa X, de janeiro de 2009 a janeiro de 2010, como digitadora, quando foi acometida de tendinite, por 30 dias, que a impedia de exercer suas atividades habituais. Submetida a tratamento médico, recuperou-se para suas atividades. Nessa situação, Silvia teve direito a receber

    a) auxílio-acidente.

    b) aposentadoria por invalidez.

    c) auxílio-doença.

    d) reabilitação profissional.

    e) tratamento médico fornecido pelo INSS.

4. (ANALISTA DO SEGURO SOCIAL – FUNRIO – 2014) Durante os primeiros quinze dias úteis consecutivos ao do afastamento da atividade por motivo de doença, incumbirá à empresa pagar ao segurado empregado o seu salário integral.
    COMENTÁRIOS: atentar para a MP n. 664/2014 (mudança do período de espera necessário para a concessão de auxílio-doença).

5. (ANALISTA DO SEGURO SOCIAL – FUNRIO – 2014) A empresa que dispuser de serviço médico, próprio ou em convênio, terá a seu cargo o exame médico e o abono das faltas correspondentes ao período referido em Lei, somente devendo encaminhar o segurado à perícia médica da Previdência Social quando a incapacidade ultrapassar 15 (quinze) dias úteis.
    COMENTÁRIOS: atentar para a MP n. 664/2014 (mudança do período de espera necessário para a concessão de auxílio-doença).

6. (ANALISTA DO SEGURO SOCIAL – FUNRIO – 2014 – Questão adaptada – Citação de um item) O auxílio-doença será devido ao segurado empregado a contar do décimo quinto dia do afastamento da atividade, e, no caso dos demais segurados, a contar da data do início da incapacidade e enquanto ele permanecer incapaz.
    COMENTÁRIOS: atentar para a MP n. 664/2014 (mudança do período de espera necessário para a concessão de auxílio-doença).

7. (ANALISTA DO SEGURO SOCIAL – FUNRIO – 2014) O auxílio-doença será devido ao segurado empregado a contar do décimo sexto dia do afastamento da atividade, e, no caso dos demais segurados, a contar da data do início da incapacidade e enquanto ele permanecer incapaz.
    COMENTÁRIOS: atentar para a MP n. 664/2014 (mudança do período de espera necessário para a concessão de auxílio-doença).

8. (ANALISTA DO SEGURO SOCIAL – FUNRIO – 2014) O auxílio-doença, inclusive o decorrente de acidente do trabalho, consistirá numa renda mensal correspondente a 100% (cem por cento) do salário de benefício.
    COMENTÁRIOS: atentar para a MP n. 664/2014 (previsão do limitador do valor do benefício).

9. (PROCURADOR – BACEN – CESPE – 2009) O auxílio-doença é encerrado apenas com a morte do segurado, de forma que o segurado poderá recebê-lo conjuntamente com qualquer outro benefício, inclusive com a aposentadoria por invalidez.

10. (TÉCNICO DO SEGURO SOCIAL – INSS – CESPE – 2008) Tomás, segurado empregado do regime geral da previdência social, teve a sua capacidade laborativa reduzida por sequelas decorrentes de grave acidente. Nessa

situação, se não tiver cumprido a carência de doze meses, Tomás não poderá receber o auxílio-acidente.

11. (TÉCNICO DO INSS – CESPE – 2008) Marcela, empregada doméstica, após ter sofrido grave acidente enquanto limpava a vidraça da casa de sua patroa, recebeu auxílio-doença por três meses. Depois desse período, foi comprovadamente constatada a redução de sua capacidade laborativa. Nessa situação, Marcela terá direito ao auxílio-acidente correspondente a 50% do valor que recebia a título de auxílio-doença.
COMENTÁRIOS: o auxílio-acidente não é devido ao empregado(a) doméstico(a). Apenas após a regulamentação da Emenda Constitucional n. 72, o benefício será estendido aos domésticos.

12. (TÉCNICO DO SEGURO SOCIAL – INSS – FCC – 2012) Cláudio exerceu atividade de caldeireiro na fábrica X de 01 de janeiro de 2009 a 01 de julho de 2009 e sofreu acidente de trabalho que acarretou a perda de dois dedos da mão. Nessa situação, Cláudio

a) não terá direito a receber benefício previdenciário por ausência do cumprimento do período de carência.

b) receberá auxílio-doença e após a consolidação da perda dos dedos, auxílio-acidente.

c) terá direito à reabilitação profissional e aposentadoria por invalidez.

d) não terá direito a benefício.

e) terá direito a auxílio-acidente e aposentadoria por invalidez, após a consolidação da perda dos dedos.

13. (TÉCNICO DO SEGURO SOCIAL – FCC – 2012) João é carpinteiro, exerce atividade como empregado da empresa Carpintaria São José desde dezembro de 2010. Ele sofreu acidente não relacionado ao trabalho, ocasião em que teve limitada a flexão de seu membro superior direito, lesão esta já consolidada. João passou por reabilitação profissional e foi treinado para outra profissão e não se recolocou ainda no mercado de trabalho. Nessa situação, João tem direito a

a) auxílio-doença seguido de auxílio-acidente.

b) aposentadoria especial.

c) aposentadoria por invalidez.

d) aposentadoria especial.

e) aposentadoria por invalidez seguida de auxílio-acidente.
COMENTÁRIOS: a situação concreta é bem semelhante ao exemplo citado logo acima.

14. (TÉCNICO DO SEGURO SOCIAL – FCC – 2012) Em relação ao auxílio-acidente, assinale a resposta INCORRETA.

a) Tem caráter indenizatório.

b) Cessa com o advento de qualquer aposentadoria.

c) Corresponde a 50% (cinquenta por cento) do salário de benefício.

d) Somente é devido após a consolidação das lesões decorrentes de acidente.

e) É devido se não houver a concessão do auxílio-doença previamente.
COMENTÁRIOS: questão controversa. *Vide* abaixo.

15. (ADVOGADO – CEF – CESPE – 2010) Marcone pagou 180 contribuições mensais, sendo 140 na condição de trabalhador rural e as demais na condição de trabalhador avulso. Nessa situação, Marcone poderá requerer sua aposentadoria por idade quando completar 60 anos de idade.
COMENTÁRIOS: para o direito à redução de cinco anos na idade da aposentadoria, deve ser observada a regra do art. 48, § 2º, da Lei n. 8.213/91. Caso contrário, somam-se as carências em atividade rural e urbana, mas segue-se a idade da regra geral.

16. (ANALISTA DO SEGURO SOCIAL – FUNRIO – 2014 – Questão adaptada – Citação de um item) São condições para a aposentadoria no regime geral de previdência social, nos termos da Constituição Federal: sessenta e cinco anos de idade, se homem, e sessenta anos de idade, se mulher, reduzido em dez anos o limite para os trabalhadores rurais de ambos os sexos e para os que exerçam suas atividades em regime de economia familiar, nestes incluídos o produtor rural, o garimpeiro e o pescador artesanal.

17. (ANALISTA DO SEGURO SOCIAL – FUNRIO – 2014 – Questão adaptada – Citação de um item) São condições para a aposentadoria no regime geral de previdência social, nos termos da Constituição Federal: sessenta e cinco anos de idade, se homem, e sessenta anos de idade, se mulher, reduzido em cinco anos o limite para os trabalhadores rurais de ambos os sexos e para os que exerçam suas atividades em regime de economia familiar, nestes incluídos o produtor rural, o garimpeiro e o pescador artesanal.

18. (TÉCNICO DO SEGURO SOCIAL – 2012 – FCC) Luciana possuía em dezembro de 1998, 21 (vinte e um) anos de contribuição para a Previdência Social, e continuou trabalhando até julho de 2005, quando completou 48 (quarenta e oito) anos de idade. Nessa situação, Luciana terá direito a

a) aposentadoria integral por tempo de contribuição.

b) aposentadoria especial.

c) aposentadoria por idade.

d) aposentadoria proporcional por tempo de contribuição.

e) aposentadoria por invalidez.

COMENTÁRIOS: Luciana, à época da promulgação da EC n. 20/98, tinha 21 anos de contribuição, tempo insuficiente para a concessão do benefício proporcional. O pedágio incide exatamente sobre o período que faltaria para Luciana completar o tempo necessário para a aposentadoria proporcional (25 – 21 = 4 anos). Sobre os quatro anos, incide o percentual de 40 pontos (40% de 4 anos = 1,60 ano). Nessa situação, o pedágio necessário para a aposentadoria proporcional de Luciana será de 1,6 ano (cerca de 7 meses). No exemplo, Luciana tem 28 anos de contribuição, tempo suficiente para a aposentadoria proporcional. Ressalte-se ainda que ela possui a idade mínima de 48 anos.

19. (ANALISTA DO SEGURO SOCIAL – 2008 – CESPE) Germano, segurado especial do regime geral, contribui para o sistema na proporção do resultado da comercialização de sua produção. Nessa situação, Germano somente terá direito à aposentadoria por contribuição caso promova, pelo prazo legal, os devidos recolhimentos na qualidade de contribuinte individual.

COMENTÁRIOS: já vimos que o segurado especial contribui sobre a receita de sua produção. Se quiser, porém, poderá contribuir facultativamente para a previdência social, o que lhe garantirá a concessão de outros benefícios, como a aposentadoria por tempo de contribuição. Segundo dispunha o art. 200, § 2º, do Decreto n. 3.048/99, o segurado especial referido neste artigo, além da contribuição obrigatória de que tratam os incisos I e II do *caput*, poderá contribuir, facultativamente, na forma do art. 199, na condição de contribuinte individual.

Esse parágrafo foi alterado pelo Decreto n. 6.042/2007. Atualmente, o art. 200, § 2º, do Decreto n. 3.048/99 dispõe que: O segurado especial referido neste artigo, além da contribuição obrigatória de que tratam os incisos I e II do *caput*, poderá contribuir, facultativamente, na forma do art. 199.

Percebe-se, pois, que o dispositivo não mais prevê que o recolhimento facultativo será feito na condição de contribuinte individual. Entretanto, mesmo assim, o CESPE considerou o item como correto.

20. (TÉCNICO DO SEGURO SOCIAL – FCC – 2012) João montou seu próprio negócio em 2010, obteve receita bruta, no ano-calendário anterior, de R$ 30.000,00 (trinta mil reais) e é optante do Simples Nacional. João não pretende receber aposentadoria por tempo de contribuição. Nessa situação, a contribuição previdenciária a ser recolhida por João é de

a) 20% (vinte por cento) do limite mínimo do salário de contribuição.

b) 11% (onze por cento) do limite mínimo do salário de contribuição.

c) 8% (oito por cento) do limite mínimo do salário de contribuição.

d) 9% (nove por cento) do limite mínimo do salário de contribuição.

e) 5% (cinco por cento) do limite mínimo do salário de contribuição.

21. (ANALISTA DO SEGURO SOCIAL – FUNRIO – 2014 – Questão adaptada – Citação de um item) São condições para a aposentadoria no regime geral de previdência social, nos termos da Constituição Federal: trinta anos de contribuição, se homem, e vinte anos de contribuição, se mulher.

22. (ANALISTA DO SEGURO SOCIAL – FUNRIO – 2014 – Questão adaptada – Citação de um item) São condições para a aposentadoria no regime geral de previdência social, nos termos da Constituição Federal: trinta e cinco anos de contribuição, se homem, e vinte anos de contribuição, se mulher.

23. (ANALISTA DO SEGURO SOCIAL – FUNRIO – 2014 – Questão adaptada – Citação de um item) São condições para a aposentadoria no regime geral de previdência social, nos termos da Constituição Federal: trinta e cinco anos, para ambos os sexos, reduzidos em dez anos, para o professor que comprove tempo de efetivo e exclusivo exercício das funções de magistério na educação infantil e no ensino fundamental e médio.

24. (TÉCNICO DO SEGURO SOCIAL – FCC – 2012) Lúcia exerce a atividade de professora do ensino fundamental desde dezembro de 1986, tem 56 anos de idade e pretende obter benefício previdenciário em dezembro de 2011. Nessa situação, segundo o INSS, Lúcia tem direito a

a) aposentadoria por idade.

b) auxílio-doença.

c) aposentadoria especial.

d) aposentadoria por invalidez.

e) aposentadoria por tempo de contribuição.

COMENTÁRIOS: Lúcia possui 25 anos de exercício de magistério, tempo suficiente para a aposentadoria por tempo de contribuição como professora. Lembre-se que essa aposentadoria independe de idade mínima. Logo, no caso, é irrelevante a idade de Lúcia.

25. (TÉCNICO PREVIDENCIÁRIO – INSS – CESGRANRIO – 2005 – Questão adaptada – Citação de um item) Atualmente, para a concessão de aposentadoria espe-

cial, é imprescindível que o segurado tenha, no mínimo, 50 (cinquenta) anos de idade.

26. (TÉCNICO PREVIDENCIÁRIO – INSS – CESGRANRIO – 2005 – Questão adaptada – Citação de um item) Atualmente, para a concessão de aposentadoria especial, é imprescindível que o segurado comprove, além do tempo de contribuição, a exposição aos agentes nocivos químicos, físicos, biológicos ou associação de agentes prejudiciais à saúde ou à integridade física, de modo habitual, permanente e não intermitente.

27. (TÉCNICO DO SEGURO SOCIAL – 2012 – FCC) José recebe aposentadoria especial no Regime Geral de Previdência Social. Nessa situação, José

a) não poderá retornar ao mercado de trabalho.

b) não poderá retornar à função que ocupava anteriormente à aposentadoria.

c) gozará de isenção da contribuição previdenciária se retornar ao mercado de trabalho.

d) está inválido para o exercício da atividade laborativa.

e) deve provar o nexo de causalidade entre o agente nocivo e o trabalho desempenhado.

28. (ANALISTA DO INSS – 2008 – CESPE) Para fins de obtenção de salário-maternidade Lúcia, segurada especial, comprovou o exercício de atividade rural, de forma descontínua, nos dez meses anteriores ao início do benefício. Nessa situação, Lúcia tem direito ao salário-maternidade no valor de um salário mínimo.

29. (TÉCNICO DO INSS – 2008 – CESPE) Cláudia está grávida e exerce atividade rural, sendo segurada especial da previdência. Nessa situação, ela tem direito ao salário-maternidade desde que comprove o exercício da atividade rural nos últimos dez meses imediatamente anteriores à data do parto ou do requerimento do benefício, quando solicitado antes do parto, mesmo que a atividade tenha sido realizada de forma descontínua.

30. (TÉCNICO DO SEGURO SOCIAL – 2008 – CESPE) Há oito meses, Edna, profissional liberal, fez sua inscrição na previdência social, na qualidade de contribuinte individual, passando a recolher regularmente as suas contribuições mensais. Dois meses depois da inscrição, descobriu que estava grávida de 1 mês, vindo seu filho a nascer, prematuramente, com sete meses. Nessa situação, não há nada que impeça Edna de receber o salário-maternidade, pois a carência do benefício será reduzida na quantidade de meses em que o parto foi antecipado.

31. (MÉDICO-PERITO DA PREVIDÊNCIA SOCIAL – 2006 – FCC – Questão adaptada – Citação de um item) O salário-maternidade poderá ser prorrogado por duas semanas nas situações em que exista risco de vida para o feto, a criança ou a mãe.

32. (MÉDICO-PERITO DA PREVIDÊNCIA SOCIAL – 2006 – FCC – Questão adaptada – Citação de um item) Havendo partos múltiplos, é devido apenas um salário-maternidade.

COMENTÁRIOS: Se esse benefício visa a substituir a renda da trabalhadora, é óbvio que o parto gemelar não dá ensejo à multiplicação do benefício.

33. (TÉCNICO DO SEGURO SOCIAL – 2008 – CESPE) Rute, professora em uma escola particular, impossibilitada de ter filhos, adotou gêmeas recém-nascidas cuja mãe falecera logo após o parto e que não tinham parentes que pudessem cuidar delas. Nessa situação, Rute terá direito a dois salários-maternidade.

34. (MÉDICO-PERITO DA PREVIDÊNCIA SOCIAL – 2006 – FCC – Questão adaptada – Citação de um item) O salário-maternidade é indevido à mãe adotiva quando a mãe biológica tiver recebido o mesmo benefício por ocasião do nascimento da criança.

35. (TÉCNICO DO SEGURO SOCIAL – 2012 – FCC) Em relação ao salário-maternidade e ao salário-família pagos às seguradas empregadas, é correto afirmar que são

a) pagos pela empresa que poderá compensá-los com as contribuições incidentes sobre a folha de salários.

b) pagos pelo INSS.

c) pagos pelas empresas sem direito à compensação.

d) pagos pela Assistência Social.

e) indevidos às seguradas autônomas.

36. (QUESTÃO ELABORADA) Com o advento da Lei n. 11.770/08, que instituiu o programa empresa cidadã, o salário-maternidade passou a ser de 180 dias.

37. (QUESTÃO ELABORADA) A prorrogação da licença-maternidade para 180 dias será garantida a todas as trabalhadoras da iniciativa privada.

38. (ANALISTA JUDICIÁRIO – TRF 2ª Região – FCC – 2007 – Questão adaptada – Citação de um item) O salário-família será devido, mensalmente, ao segurado empregado, inclusive ao doméstico e ao segurado trabalhador avulso, na proporção do respectivo número de filhos.

39. (ANALISTA JUDICIÁRIO – TRF 2ª Região – FCC – 2007 – Questão adaptada – Citação de um item) O aposentado por invalidez ou por idade e os demais aposentados com sessenta e cinco anos ou mais de idade, se do sexo masculino, ou sessenta anos ou mais, se do feminino, terão direito ao salário-família, pago juntamente com a aposentadoria.

40. (ANALISTA JUDICIÁRIO – TRF 5ª Região – FCC – 2008 – Questão adaptada – Citação de um item) O aposentado por invalidez não terá direito ao salário-família, uma vez que já recebe a respectiva aposentadoria.

41. (ANALISTA JUDICIÁRIO – TRF 2ª Região – FCC – 2007 – Questão adaptada – Citação de um item) A cota do salário-família não será incorporada ao salário ou ao benefício.

42. (ANALISTA JUDICIÁRIO – TRF 5ª Região – FCC – 2008 – Questão adaptada – Citação de um item) A empresa conservará durante quinze anos os comprovantes dos pagamentos do salário família para exame pela fiscalização da Previdência Social.

43. (ANALISTA JUDICIÁRIO – TRF 5ª Região – FCC – 2008 – Questão adaptada – Citação de um item) Quando o pagamento do salário não for mensal, o salário-família será obrigatoriamente pago mensalmente.
COMENTÁRIOS: o art. 62, § 2º, da Lei n. 8.213/91 dispõe que, quando o pagamento do salário não for mensal, o salário-família será pago juntamente com o último pagamento relativo ao mês.

44. (TÉCNICO DO SEGURO SOCIAL – 2012 – FCC)
José foi segurado da Previdência Social até janeiro de 2010 e recebia a título de auxílio-doença R$ 580,00 (quinhentos e oitenta reais). Nessa ocasião, envolveu-se com drogas e foi recolhido à prisão em regime fechado, fugindo em julho de 2011. Ele foi casado com Lídia com quem teve dois filhos, menores de 21 anos, na data do recolhimento à prisão. Posteriormente à prisão, Lídia separou- se de José e casou-se com João, em janeiro de 2011.
Nessa situação,
a) Lídia não poderá receber auxílio-reclusão.
b) nenhum dependente poderá receber o auxílio-reclusão.
c) o auxílio-reclusão será devido a todos os dependentes, da data do recolhimento à prisão até a data da fuga.
d) o auxílio-reclusão será devido à Lídia, desde a data da prisão até suas novas núpcias.
e) o auxílio-reclusão será devido aos filhos de José, desde o recolhimento à prisão até que completem 21 anos.

45. (AUDITOR-FISCAL DA RECEITA FEDERAL – 2005 – ESAF) Conforme estabelece o art. 80 da Lei n. 8.213/91, é correto afirmar com relação ao auxílio-reclusão:
a) Será concedido aos dependentes do segurado que estiver preso preventivamente.
b) Será concedido aos dependentes do segurado que estiver respondendo a processo criminal, independentemente de recolhimento à prisão.
c) Será concedido aos dependentes do segurado recolhido à prisão, que não tiver remuneração.
d) Será concedido aos dependentes do segurado recolhido à prisão, ainda que receba benefício de aposentadoria.
e) Será concedido aos dependentes do segurado recolhido ou não à prisão, mas que esteja condenado e não receba qualquer remuneração.
COMENTÁRIOS: percebe-se que o item A foi considerado ERRADO pela ESAF. Ou seja, à época do certame, a entidade entendeu que o benefício não pode ser concedido aos dependentes do segurado que estiver preso preventivamente, o que contraria o posicionamento da própria Administração.

46. (TÉCNICO DO SEGURO SOCIAL – 2008 – CESPE) Hugo, segurado do regime geral de previdência há mais de dez anos, desempregado há seis meses, envolveu-se em atividades ilícitas, o que determinou sua prisão em flagrante. Nessa condição, caso Hugo seja casado, sua esposa faz jus ao auxílio-reclusão junto à previdência social.
COMENTÁRIOS: percebe-se que o item foi considerado ERRADO pelo CESPE. Ou seja, à época do certame, a entidade entendeu que o benefício não pode ser concedido aos dependentes do segurado que tiver sido preso em flagrante, o que contraria o posicionamento da própria Administração.

47. (ANALISTA PREVIDENCIÁRIO – INSS – CESGRANRIO – 2005 – Questão adaptada – Citação de um item) A reabilitação profissional, serviço abrangido pelo RGPS, compreende, entre outros serviços, o reembolso das despesas realizadas para a aquisição de próteses ou de órteses e outros recursos não prescritos ou não autorizados pelas unidades de reabilitação do INSS.

48. (ANALISTA DO SEGURO SOCIAL – FUNRIO – 2014) Analise as seguintes informações sobre o tema da reabilitação profissional, considerando os termos da Lei n. 8213/91:
I – Haverá fornecimento de aparelho de prótese, órtese e instrumentos de auxílio para locomoção quando a perda ou redução da capacidade funcional puder ser

atenuada por seu uso e dos equipamentos necessários à habilitação e reabilitação social e profissional;

II – Haverá reparação ou substituição dos aparelhos mencionados na Lei, desgastados pelo uso normal ou por ocorrência estranha à vontade do beneficiário;

III – Será efetuado o transporte do acidentado do trabalho, quando necessário;

IV – Não será concedido, no caso de habilitação e reabilitação profissional, auxílio para tratamento ou exame fora do domicílio do beneficiário, conforme dispuser o Regulamento;

V – Concluído o processo de habilitação ou reabilitação social e profissional, a Previdência Social emitirá certificado individual, indicando as atividades que poderão ser exercidas pelo beneficiário, impedindo-se que este exerça outra atividade para a qual se capacitar.

Quantas dessas informações são procedentes nesse quesito?

a) Apenas a segunda e a quarta.
b) Apenas a segunda e a quinta.
c) Apenas a terceira e a quinta.
d) Apenas a primeira e a terceira.
e) Apenas a primeira e a quarta.

COMENTÁRIOS: acreditamos que o item II foi considerado errado por um pequeno detalhe textual. De acordo com a alínea *b* do parágrafo único do art. 89 da Lei n. 8.213/91, a reabilitação profissional compreende a reparação ou a substituição dos aparelhos mencionados no inciso anterior, desgastados pelo uso normal ou por ocorrência estranha à vontade do beneficiário. Já o item da prova dispõe que haverá reparação ou substituição dos aparelhos mencionados na Lei, desgastados pelo uso normal ou por ocorrência estranha à vontade do beneficiário. Vale dizer: a diferença é que a lei fala em "inciso anterior", enquanto o item da prova fala em "Lei".

Conforme salientamos no parágrafo que antecede o quadro "RECURSOS MATERIAIS FORNECIDOS PELO INSS", se o tratamento ou exame, no caso de habilitação ou reabilitação profissional, ocorrer fora do domicílio do beneficiário, a Previdência Social concede auxílio, nos termos do Decreto n. 3.048/99. Portanto, o item IV está errado.

O item V está errado, por contrariar o disposto no art. 92 da Lei n. 8.213/91: "Concluído o processo de habilitação ou reabilitação social e profissional, a Previdência Social emitirá certificado individual, indicando as atividades que poderão ser exercidas pelo beneficiário, nada impedindo que este exerça outra atividade para a qual se capacitar".

49. (ANALISTA PREVIDENCIÁRIO – INSS – CESGRANRIO – 2005 – Questão adaptada – Citação de um item) Os serviços de habilitação e reabilitação profissional serão prestados pelo INSS aos segurados, inclusive aposentados e, de acordo com as possibilidades administrativas, técnicas, financeiras e as condições locais do órgão, aos seus dependentes.

50. (PERITO-MÉDICO – INSS – FCC – 2006) Em relação à habilitação e reabilitação profissional das pessoas portadoras de deficiência, pode-se afirmar que:

a) As empresas com até duzentos empregados estão obrigadas a preencher 2% de seus cargos com beneficiários reabilitados ou pessoas portadoras de deficiência, desde que habilitadas.

b) Visam proporcionar aos beneficiários incapacitados total ou parcialmente para o trabalho os meios indicados para o reingresso no mercado de trabalho, sem incluir o fornecimento de órteses e próteses.

c) É responsabilidade da Previdência Social a recolocação do reabilitado no mercado de trabalho, após a conclusão da reabilitação.

d) Não se estende aos dependentes do segurado.

e) É responsabilidade da Assistência Social.

GABARITO

1. A
2. ERRADO
3. C
4. ERRADO
5. ERRADO
6. ERRADO
7. CERTO
8. ERRADO
9. ERRADO
10. ERRADO
11. ERRADO
12. B
13. A
14. E
15. ERRADO
16. ERRADO
17. CERTO
18. D
19. CERTO
20. E

DIREITO PREVIDENCIÁRIO

21. ERRADO
22. ERRADO
23. ERRADO
24. E
25. ERRADO
26. CERTO
27. B
28. CERTO
29. CERTO
30. CERTO
31. CERTO
32. CERTO
33. ERRADO
34. ERRADO
35. A
36. ERRADO
37. ERRADO
38. CERTO
39. ERRADO
40. CERTO
41. CERTO
42. ERRADO
43. ERRADO
44. B
45. C
46. ERRADO
47. CERTO
48. D
49. CERTO
50. A

CAPÍTULO 8

COMPROVAÇÃO DA ATIVIDADE

8.1. REGRA GERAL

De acordo com o art. 55, § 3º, da Lei n. 8.213/91, a comprovação do tempo de serviço para os efeitos desta Lei, inclusive mediante justificação administrativa ou judicial, **só produzirá efeito quando baseada em início de prova material, não sendo admitida prova exclusivamente testemunhal**, salvo na ocorrência de motivo de força maior ou caso fortuito, conforme disposto no Regulamento.

Para caracterização do início de prova material, a jurisprudência estabeleceu os seguintes requisitos: 1º) deve tratar-se de um documento; 2º) o documento deve ser contemporâneo à época dos fatos que se pretende provar. Saliente-se, porém, que, segundo a **TNU, as certidões de registro civil são válidas a título de início de prova material, ainda que não contemporâneas aos fatos que se quer provar, em razão de ostentarem fé pública** (Pedido 200481100140398, julgamento em 7-10-2011); 3º) o documento deve indicar a função exercida e o período da atividade.

Note-se que esse dispositivo é aplicável para fins de comprovação do trabalho urbano e do trabalho rural. Porém, não há dúvida de que o trabalhador rural enfrenta maior dificuldade quando do requerimento do benefício, tendo em vista a carência de provas aptas a comprovar o exercício de sua atividade.

Início de prova material — Trabalho urbano / Trabalho rural

Exatamente por isso, quando se trata de comprovação de atividade para fins previdenciários, percebe-se que a maior parte das discussões judiciais envolve o labor rural. Neste capítulo, estudaremos as principais questões relativas à forma de comprovação do trabalho urbano e do trabalho rural.

8.2. COMPROVAÇÃO DO TRABALHO URBANO

De acordo com o art. 29-A da Lei n. 8.213/91, o INSS utilizará as informações constantes no **Cadastro Nacional de Informações Sociais – CNIS** sobre os vínculos e as remunerações dos segurados, para fins de cálculo do salário de benefício, comprovação de filiação ao Regime Geral de Previdência Social, tempo de contribuição e relação de emprego.

O CNIS, gerido pela Dataprev, é o sistema responsável pelo controle das informações de todos os segurados e contribuintes da Previdência Social e, desde a sua criação, no ano de 1989, armazena as informações necessárias para garantir direitos trabalhistas e previdenciários aos cidadãos brasileiros. Para compor o CNIS, a Dataprev recebe e processa o conteúdo recebido de diversos órgãos governamentais, além da alimentação de informações sobre vínculos e remunerações provenientes da Guia do Fundo de Garantia de Informações Previdenciárias (GFIP), da Relação Anual de Informações Sociais (Rais), do Cadastro Geral de Empregados e Desempregados (Caged), além dos dados sobre contribuições atualizados pela Guia da Previdência Social (GPS).

Não obstante ser a principal base de dados do INSS, eventualmente, o CNIS pode apresentar omissões e até mesmo informações que divergem da realidade. Tanto que o art. 29-A, § 2º, da Lei n. 8.213/91 dispõe que "**o segurado poderá solicitar, a qualquer momento, a inclusão, exclusão ou retificação de informações constantes do CNIS, com a apresentação de documentos comprobatórios dos dados divergentes, conforme critérios definidos pelo INSS**".

Que documentos podem suprir as falhas (omissões e equívocos) do CNIS? Como já salientado, a comprovação do tempo de serviço só produzirá efeito quando baseada em **início de prova material**, não sendo admitida prova exclusivamente testemunhal, salvo na ocorrência de motivo de força maior ou caso fortuito.

Nesse contexto, o art. 62, § 1º, do Decreto n. 3.048/99 dispõe que as anotações em Carteira Profissional e/ou Carteira de Trabalho e Previdência Social relativas a férias, alterações de salários e outras que demonstrem a sequência do exercício da atividade podem suprir possível falha de registro de admissão ou dispensa.

Além da carteira de trabalho, nos termos do art. 62, § 2º, do Decreto n. 3.048/99, podem-se utilizar os seguintes documentos (**rol exemplificativo**): **a)** a carteira de férias, a carteira sanitária, a caderneta de matrícula e a caderneta de contribuições dos extintos institutos de aposentadoria e pensões, a caderneta de inscrição pessoal visada pela Capitania dos Portos, pela Superintendência do Desenvolvimento da Pesca, pelo Departamento Nacional de Obras Contra as Secas e declarações da Secretaria da Receita Federal do Brasil; **b)** certidão de inscrição em órgão de fiscalização profissional, acompanhada do documento que prove o exercício da atividade; **c)** contrato social e respectivo distrato, quando for o caso, ata de assembleia geral e registro de empresário; ou **d)** certificado de sindicato ou órgão gestor de mão de obra que agrupa trabalhadores avulsos.

Questão controversa diz respeito à possibilidade (ou não) de utilizar como início de prova material a anotação na CTPS decorrente de sentença trabalhista.

De acordo com o art. 71 da Instrução Normativa INSS n. 77/2015, a reclamatória trabalhista transitada em julgado restringe-se à garantia dos direitos trabalhistas e, por si só, não produz efeitos para fins previdenciários. Para a contagem do tempo de contribuição e o reconhecimento de direitos para os fins previstos no RGPS, a análise do processo pela Unidade de Atendimento deverá observar:

I – a existência de início de prova material;

II – o início de prova deve constituir-se de documentos contemporâneos juntados ao processo judicial trabalhista ou no requerimento administrativo e que possibilitem a comprovação dos fatos alegados;

III – os valores de remunerações constantes da reclamatória trabalhista transitada em julgado serão computados, independentemente de início de prova material, ainda que não tenha havido o recolhimento das contribuições devidas à Previdência Social, respeitados os limites máximo e mínimo de contribuição e ressalvadas as seguintes situações: o contribuinte individual para competências anteriores a abril de 2003 e o empregado doméstico, para qualquer data; e

IV – tratando-se de reclamatória trabalhista transitada em julgado envolvendo apenas a complementação de remuneração de vínculo empregatício devidamente comprovado, não será exigido início de prova material, independentemente de existência de recolhimentos

Segundo o § 1º do preceito citado (art. 71), a apresentação pelo filiado da decisão judicial em inteiro teor, com informação do trânsito em julgado e a planilha de cálculos dos valores devidos homologada pelo Juízo que levaram a Justiça do Trabalho a reconhecer o tempo de contribuição ou homologar o acordo realizado, não exime o INSS de confrontar tais informações com aquelas existentes nos sistemas corporativos disponíveis na Previdência Social para fins de validação do tempo de contribuição.

O § 2º do mesmo artigo, por sua vez, prescreve que o cálculo de recolhimento de contribuições devidas por empregador doméstico em razão de determinação judicial em reclamatória trabalhista não dispensa a obrigatoriedade do requerimento de inclusão de vínculo com vistas à atualização de informações no CNIS.

8.3. COMPROVAÇÃO DO TRABALHO RURAL

8.3.1. Introdução

Qualquer pessoa que exerce atividade campesina é trabalhador rural. Assim, por exemplo, o indivíduo que trabalha com carteira assinada no meio rural enquadra-se como empregado rural. Por sua vez, o indivíduo que explora a agropecuária utilizando-se de empregados permanentes está filiado como contribuinte individual (produtor rural pessoa física).

Evidentemente, esses trabalhadores rurais estão sujeitos à mesma regra que exige início de prova material. No entanto, se comparados ao segurado especial, sem dúvida, possuem maior facilidade na colheita de provas relativas ao exercício da atividade. O empregado rural, por exemplo, pode utilizar a sua carteira de trabalho, sem prejuízo de outros documentos válidos como início de prova material.

Portanto, **no final das contas, em matéria de comprovação do trabalho, a situação mais complexa é a**

do segurado especial. Como vimos no capítulo da Teoria Geral, trata-se do pequeno trabalhador rural que exerce atividade individualmente ou em regime de economia familiar, ainda que com o auxílio eventual de terceiros.

Para o segurado especial fazer jus aos benefícios previdenciários, em vez da carência (número mínimo de contribuições mensais), ele precisa comprovar o exercício de atividade rural, ainda que de forma descontínua, no período, imediatamente anterior ao requerimento do benefício, igual ao número de meses correspondentes à carência do benefício requerido. Para compreender o alcance da norma, vamos a um exemplo!

> Guilherme sempre exerceu atividade rural como segurado especial. Completou 60 anos de idade em 2012. Nesse caso, o que Guilherme deve fazer para ter direito à aposentadoria por idade?
>
> Inicialmente, é preciso lembrar que os trabalhadores rurais têm direito à redução de cinco anos para a obtenção de aposentadoria por idade. Assim, Guilherme cumpriu o requisito etário.
>
> Guilherme também deve comprovar o exercício de atividade rural em período equivalente à carência do benefício. Como ele completou a idade em 2012, precisará comprovar o exercício de atividade rural durante 180 meses. Caso comprove, terá direito à aposentadoria por idade.

Entendimento do INSS

Conforme disposto no art. 47 da Instrução Normativa INSS n. 77/2015, a comprovação do exercício de atividade rural do segurado especial será feita mediante a apresentação de um dos seguintes documentos:

I – contrato de arrendamento, parceria, meação ou comodato rural, cujo período da atividade será considerado somente a partir da data do registro ou do reconhecimento de firma do documento em cartório;

II – declaração fundamentada de sindicato que represente o trabalhador rural ou, quando for o caso, de sindicato ou colônia de pescadores, desde que homologada pelo INSS;

III – comprovante de cadastro do Instituto Nacional de Colonização e Reforma Agrária – INCRA, através do Certificado de Cadastro de Imóvel Rural – CCIR ou qualquer outro documento emitido por esse órgão que indique ser o beneficiário proprietário de imóvel rural;

IV – bloco de notas do produtor rural;

V – notas fiscais de entrada de mercadorias, de que trata o § 24 do art. 225 do RPS, emitidas pela empresa adquirente da produção, com indicação do nome do segurado como vendedor;

VI – documentos fiscais relativos à entrega de produção rural à cooperativa agrícola, entreposto de pescado ou outros, com indicação do segurado como vendedor ou consignante;

VII – comprovantes de recolhimento de contribuição à Previdência Social decorrentes da comercialização da produção;

VIII – cópia da declaração de imposto de renda, com indicação de renda proveniente da comercialização de produção rural;

IX – comprovante de pagamento do Imposto sobre a Propriedade Territorial Rural – ITR, Documento de Informação e Atualização Cadastral do Imposto sobre a Propriedade Territorial Rural – DIAC e/ou Documento de Informação e Apuração do Imposto sobre a Propriedade Territorial Rural – DIAT, entregue à RFB;

X – licença de ocupação ou permissão outorgada pelo INCRA ou qualquer outro documento emitido por esse órgão que indique ser o beneficiário assentado do programa de reforma agrária; ou

XI – certidão fornecida pela FUNAI, certificando a condição do índio como trabalhador rural.

Os documentos de que tratam os incisos I, III a X do *caput* devem ser considerados para todos os membros do grupo familiar, para o período que se quer comprovar, mesmo que de forma descontínua, quando corroborados com outros que confirmem o vínculo familiar, sendo indispensável a realização de entrevista e, restando dúvidas, deverão ser tomados os depoimentos de testemunhas (art. 47, § 1º, da Instrução Normativa INSS n. 77/2015).

No caso de benefícios de aposentadoria por invalidez, auxílio-doença, auxílio-acidente, pensão por morte, auxílio-reclusão e salário-maternidade, o segurado especial poderá apresentar um dos documentos de que trata o *caput* do art. 47, independentemente de apresentação de declaração do sindicato dos trabalhadores rurais, de sindicato dos pescadores ou colônia de pescadores, desde que comprove que a atividade rural vem sendo exercida nos últimos doze meses, dez meses ou no período que antecede a ocorrência do evento, conforme o benefício requerido (art. 47, § 5º, da Instrução Normativa INSS n. 77/2015).

No que diz respeito à comprovação do exercício de atividade rural em regime de economia familiar, a apresentação dos documentos não dispensa a apreciação e confrontação dos mesmos com as informações constantes nos sistemas corporativos da Previdência Social e dos órgãos conveniados (art. 47, § 3º, da Instrução Normativa INSS n. 77/2015).

A comprovação do exercício de atividade rural para os filhos casados, separados, divorciados, viúvos e ainda aqueles que estão ou estiveram em união estável, inclusive os homoafetivos, que permanecerem ou retornarem ao exercício desta atividade juntamente com seus pais, poderá ser feita por contrato de arrendamento, parceria, meação, comodato ou assemelhado, para regularização da situação daqueles e dos demais membros do novo grupo familiar (art. 48 da Instrução Normativa INSS n. 77/2015).

Consideram-se início de prova material, para fins de comprovação da atividade rural, entre outros, os seguintes documentos, desde que neles conste a profissão ou qualquer outro dado que evidencie o exercício da atividade rurícola e seja contemporâneo ao fato nele declarado (art. 54 da Instrução Normativa INSS n. 77/2015):

I – certidão de casamento civil ou religioso;

II – certidão de união estável;

III – certidão de nascimento ou de batismo dos filhos;

IV – certidão de tutela ou de curatela;

V – procuração;

VI – título de eleitor ou ficha de cadastro eleitoral;

VII – certificado de alistamento ou de quitação com o serviço militar;

VIII – comprovante de matrícula ou ficha de inscrição em escola, ata ou boletim escolar do trabalhador ou dos filhos;

IX – ficha de associado em cooperativa;

X – comprovante de participação como beneficiário, em programas governamentais para a área rural nos estados, no Distrito Federal ou nos Municípios;

XI – comprovante de recebimento de assistência ou de acompanhamento de empresa de assistência técnica e extensão rural;

XII – escritura pública de imóvel;

XIII – recibo de pagamento de contribuição federativa ou confederativa;

XIV – registro em processos administrativos ou judiciais, inclusive inquéritos, como testemunha, autor ou réu;

XV – ficha ou registro em livros de casas de saúde, hospitais, postos de saúde ou do programa dos agentes comunitários de saúde;

XVI – carteira de vacinação;

XVII – título de propriedade de imóvel rural;

XVIII – recibo de compra de implementos ou de insumos agrícolas;

XIX – comprovante de empréstimo bancário para fins de atividade rural;

XX – ficha de inscrição ou registro sindical ou associativo junto ao sindicato de trabalhadores rurais, colônia ou associação de pescadores, produtores ou outras entidades congêneres;

XXI – contribuição social ao sindicato de trabalhadores rurais, à colônia ou à associação de pescadores, produtores rurais ou a outras entidades congêneres;

XXII – publicação na imprensa ou em informativos de circulação pública;

XXIII – registro em livros de entidades religiosas, quando da participação em batismo, crisma, casamento ou em outros sacramentos;

XXIV – registro em documentos de associações de produtores rurais, comunitárias, recreativas, desportivas ou religiosas;

XXV – (Revogado pela IN INSS/PRES n. 85, de 18-2-2016);

XXVI – título de aforamento;

XXVII – declaração de aptidão fornecida para fins de obtenção de financiamento junto ao Programa Nacional de Desenvolvimento da Agricultura Familiar – PRONAF; e

XXVIII – ficha de atendimento médico ou odontológico.

Serão considerados os documentos referidos neste artigo, ainda que anteriores ao período a ser comprovado, em conformidade com o Parecer CJ/MPS n. 3.136, de 23 de setembro de 2003 (art. 54, § 2º, da Instrução Normativa INSS n. 77/2015).

Para fins de comprovação do exercício de atividade rural, a apresentação dos documentos referidos no dispositivo pertinente da Instrução Normativa INSS n. 77/2015 não dispensa a apreciação e confrontação destes com as informações constantes nos sistemas corporativos da Previdência Social e dos órgãos públicos (art. 47, § 3º, da Instrução Normativa INSS n. 77/2015).

Decreto n. 3.048/99: "Art. 62. (...) § 3º Na falta de documento contemporâneo podem ser aceitos declaração do empregador ou seu preposto, atestado de empresa ainda existente, certificado ou certidão de entidade oficial dos quais constem os dados previstos no *caput* deste artigo, desde que extraídos de registros efetivamente existentes e acessíveis à fiscalização do Instituto Nacional do Seguro Social. § 4º Se o documento apresentado pelo segurado não atender ao estabelecido neste artigo, a prova exigida pode ser complementada por outros documentos que levem à convicção do fato a comprovar, inclusive mediante justificação administrativa, na forma do Capítulo VI deste Título".

8.3.2. Documentos de terceiros são aceitos como início de prova?

Questão interessante consiste em saber se **documento em nome de terceiro** pode ser utilizado como início de prova material.

De acordo com o art. 115 da Instrução Normativa INSS n. 77/2015, tratando-se de comprovação na categoria de segurado especial, o documento existente em nome de um dos componentes do grupo familiar poderá ser utilizado como início de prova material por qualquer dos integrantes desse grupo, assim entendidos os pais, cônjuges, companheiros, inclusive os homoafetivos e filhos solteiros ou a estes equiparados.

Em sentido análogo dispõe o **Enunciado 22 do CRSS**: "Considera-se segurada especial a mulher que, além das tarefas domésticas, exerce atividades rurais com o grupo familiar respectivo, aproveitando-se-lhe as provas materiais apresentadas em nome de seu cônjuge ou companheiro, corroboradas por meio de pesquisa, entrevista ou Justificação Administrativa".

Ressalte-se, porém, que a certidão de casamento que qualifique o cônjuge da requerente como rurícola **não pode ser considerada como início de prova material se ele tiver exercido atividade urbana no período de carência**.

QUESTÃO

1. (TÉCNICO DO SEGURO SOCIAL – FCC – 2012) José exerceu atividade rural em regime de parceria com João, não tinha empregados, contava com a ajuda de seus familiares para o cultivo de subsistência e pretende aposentar-se por idade, em 2011, no valor mínimo. Nessa situação, José deve

a) comprovar o exercício de atividade rural no período de 36 meses que antecedem o requerimento do benefício.

b) comprovar o exercício de atividade rural por contrato de parceria firmado em 2011, por seu parceiro, João.

c) comprovar o exercício de atividade rural no período de 180 meses que antecedem o benefício, por prova testemunhal.

d) requerer o processamento de justificação administrativa, acompanhada de início de prova documental.

e) apresentar declaração de duas testemunhas com firma reconhecida em cartório.

GABARITO

1. Em nosso entender, a questão está mal formulada. Deve-se marcar o item D por exclusão. O item A está errado porque o período de comprovação da atividade não é de 36 meses, devendo corresponder ao período de carência da prestação (180 meses ou regra de transição). O item B está errado, já que o contrato de parceria foi firmado apenas em 2011, não podendo ser considerado documento contemporâneo. Os itens C e E estão errados porque a prova testemunhal não é suficiente para fins de comprovação do trabalho, exigindo-se início de prova material. Quanto ao item D, vale a pena transcrever os dispositivos do Decreto n. 3.048/88 sobre a justificação administrativa.

Art. 142. A justificação administrativa constitui recurso utilizado para suprir a falta ou insuficiência de documento ou produzir prova de fato ou circunstância de interesse dos beneficiários, perante a previdência social.

§ 1º Não será admitida a justificação administrativa quando o fato a comprovar exigir registro público de casamento, de idade ou de óbito, ou de qualquer ato jurídico para o qual a lei prescreva forma especial.

§ 2º O processo de justificação administrativa é parte de processo antecedente, vedada sua tramitação na condição de processo autônomo

Art. 143. A justificação administrativa ou judicial, no caso de prova exigida pelo art. 62, dependência econômica, identidade e de relação de parentesco, somente produzirá efeito quando baseada em início de prova material, não sendo admitida prova exclusivamente testemunhal.

§ 1º No caso de prova exigida pelo art. 62 é dispensado o início de prova material quando houver ocorrência de motivo de força maior ou caso fortuito.

§ 2º Caracteriza motivo de força maior ou caso fortuito a verificação de ocorrência notória, tais como incêndio, inundação ou desmoronamento, que tenha atingido a empresa na qual o segurado alegue ter trabalhado, devendo ser comprovada mediante registro da ocorrência policial feito em época própria ou apresentação de documentos contemporâneos dos fatos, e verificada a correlação entre a atividade da empresa e a profissão do segurado.

§ 3º Se a empresa não estiver mais em atividade, deverá o interessado juntar prova oficial de sua existência no período que pretende comprovar.

§ 4º No caso dos segurados empregado doméstico e contribuinte individual, após a homologação do processo, este deverá ser encaminhado ao setor competente de arrecadação para levantamento e cobrança do crédito.

Art. 144. A homologação da justificação judicial processada com base em prova exclusivamente testemunhal dispensa a justificação administrativa, se complementada com início razoável de prova material.

Art. 145. Para o processamento de justificação administrativa, o interessado deverá apresentar requerimento expondo, clara e minuciosamente, os pontos que pretende justificar, indicando testemunhas idôneas, em número não inferior a três nem superior a seis, cujos depoimentos possam levar à convicção da veracidade do que se pretende comprovar.

Parágrafo único. As testemunhas, no dia e hora marcados, serão inquiridas a respeito dos pontos que forem objeto da justificação, indo o processo concluso, a seguir, à autoridade que houver designado o processante, a quem competirá homologar ou não a justificação realizada.

Art. 146. Não podem ser testemunhas:

I – os loucos de todo o gênero;

II – os cegos e surdos, quando a ciência do fato, que se quer provar, depende dos sentidos, que lhes faltam;

III – os menores de dezesseis anos; e

IV – o ascendente, descendente ou colateral, até o terceiro grau, por consanguinidade ou afinidade.

Art. 147. Não caberá recurso da decisão da autoridade competente do Instituto Nacional do Seguro Social que considerar eficaz ou ineficaz a justificação administrativa.

Art. 148. A justificação administrativa será avaliada globalmente quanto à forma e ao mérito, valendo perante o Instituto Nacional do Seguro Social para os fins especificamente visados, caso considerada eficaz.

Art. 149. A justificação administrativa será processada sem ônus para o interessado e nos termos das instruções do Instituto Nacional do Seguro Social.

Art. 150. Aos autores de declarações falsas, prestadas em justificações processadas perante a previdência social, serão aplicadas as penas previstas no art. 299 do Código Penal.

Art. 151. Somente será admitido o processamento de justificação administrativa na hipótese de ficar evidenciada a inexistência de outro meio capaz de configurar a verdade do fato alegado, e o início de prova material apresentado levar à convicção do que se pretende comprovar.

CAPÍTULO 9

DECADÊNCIA E PRESCRIÇÃO NOS BENEFÍCIOS

9.1. DECADÊNCIA NOS BENEFÍCIOS PREVIDENCIÁRIOS

9.1.1. Decadência para o beneficiário

Conforme disposto no art. 103 da Lei n. 8.213/91, é de **dez** anos o prazo de decadência de todo e qualquer direito ou ação do segurado ou beneficiário para a revisão do ato de concessão de benefício, a contar do dia primeiro do mês seguinte ao do recebimento da primeira prestação ou, quando for o caso, do dia em que tomar conhecimento da decisão indeferitória definitiva no âmbito administrativo.

Isso significa que existe um prazo máximo para que o beneficiário peça, administrativa ou judicialmente, a revisão de seu benefício de aposentadoria. Exemplo: Mário recebe o benefício de aposentadoria desde janeiro de 2003. Nesse caso, ele poderá pleitear a revisão de seu benefício até janeiro de 2013. A partir dessa data, haverá decadência do direito de revisar o benefício previdenciário e, consequentemente, Mário não mais poderá buscá-la.

O dispositivo legal apresenta redação truncada e desperta dúvidas em sua interpretação, especialmente no que diz respeito à parte final: "do dia em que tomar conhecimento da decisão indeferitória definitiva no âmbito administrativo". Afinal, está-se falando da decisão que indeferiu administrativamente o pedido de revisão do benefício previdenciário ou da decisão administrativa que indeferiu o benefício propriamente dito?

Do ponto de vista literal, o art. 103 da Lei n. 8.213/91 somente previu prazo decadencial para uma única hipótese: para a revisão do ato de concessão de benefício. A parte textual remanescente envolve o termo inicial de contagem do prazo decadencial, que poderá ser o dia primeiro do mês seguinte ao do recebimento da primeira prestação ou então o dia em que o beneficiário tomar conhecimento da decisão indeferitória definitiva no âmbito administrativo. Segundo essa interpretação, o indeferimento a que se refere a lei é, na verdade, o desprovimento do recurso administrativo que pugnava pela revisão do benefício.

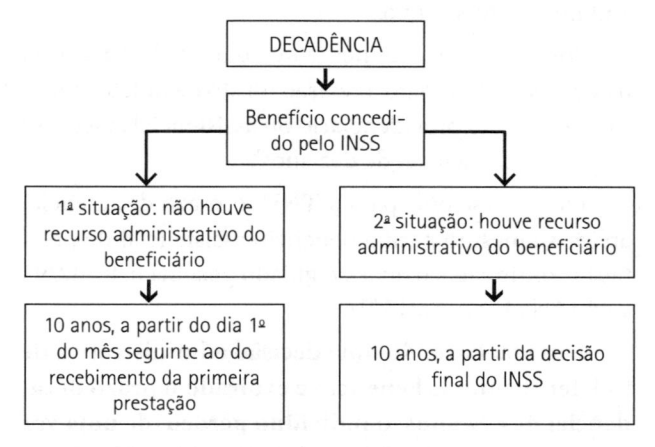

```
                    DECADÊNCIA
                        ↓
              Benefício concedi-
                do pelo INSS
           ↙                      ↘
1ª situação: não houve      2ª situação: houve recurso
recurso administrativo do   administrativo do beneficiário
beneficiário
        ↓                              ↓
10 anos, a partir do dia 1º    10 anos, a partir da decisão
do mês seguinte ao do          final do INSS
recebimento da primeira
prestação
```

Outra forma de interpretar o art. 103 confere a maior abrangência ao seu conteúdo, por incluir **também** a decadência sobre o ato de indeferimento do benefício. Segundo essa interpretação, indeferida a prestação previdenciária, o indivíduo dispõe de dez anos, a partir da decisão indeferitória definitiva, para impugnar o ato administrativo que negou o benefício. Por exemplo: em setembro de 2008, Rogério recebeu a carta de indeferimento do benefício de aposentadoria por idade que havia requerido. Nesse caso, segundo essa interpretação, Rogério terá dez anos para impugnar esse ato de indeferimento, ou seja, até setembro de 2018.

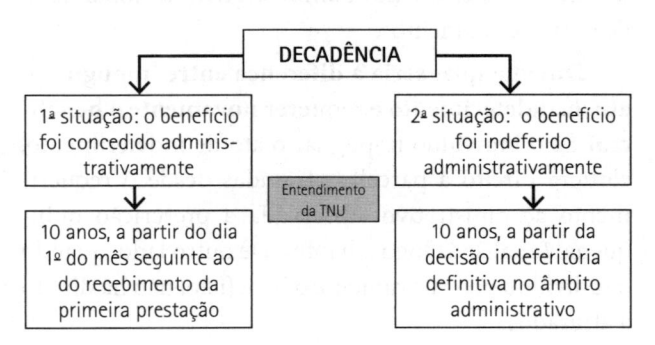

```
                    DECADÊNCIA
           ↙                      ↘
1ª situação: o benefício    2ª situação: o benefício
foi concedido adminis-      foi indeferido
trativamente                administrativamente
                  [Entendimento
                    da TNU]
        ↓                              ↓
10 anos, a partir do dia    10 anos, a partir da
1º do mês seguinte ao       decisão indeferitória
do recebimento da           definitiva no âmbito
primeira prestação          administrativo
```

Importante! Essa interpretação mais abrangente representa o entendimento atual da **TNU**. Com efeito, ao julgar o Processo n. 0508032- 49.2007.4.05.8201, a TNU uniformizou o entendimento de que o prazo decadencial de dez anos previsto no art. 103 da Lei n. 8.213/91 também se aplica **na hipótese de indeferimento de benefício previdenciário**. Segundo entendeu o relator Juiz Federal Adel Américo de Oliveira, em que pese a redação de o art. 103 tratar, a princípio, exclusivamente de prazo para revisão do ato de concessão do benefício, essa interpretação restritiva acabaria tornando inócua a parte final do dispositivo, donde consta a previsão de que um dos marcos iniciais de contagem do prazo é do dia em que o segurado toma conhecimento da decisão indeferitória definitiva no âmbito administrativo.

Sobre o tema, recentemente, foi editada a **Súmula 64 da TNU**: "O direito à revisão do ato de indeferimento de benefício previdenciário ou assistencial sujeita-se ao prazo decadencial de dez anos".

Observe-se que, para a **TNU**, o prazo decadencial aplica-se mesmo para o benefício assistencial de prestação continuada, o qual é regulado pela Lei n. 8.742/93 e não pela Lei n. 8.213/91.

Dúvida: havendo uma decisão administrativa de indeferimento de benefício e expirado o prazo decadencial de dez anos, o indivíduo perdeu, de uma vez por todas, o direito à prestação previdenciária? Por óbvio que não. O direito ao benefício previdenciário, em vista de seu caráter alimentar, não caduca nunca. O que o indivíduo perde, na verdade, é o direito de impugnar aquele específico ato de indeferimento. Tanto que o art. 347, § 2º, do Decreto n. 3.048/99 dispõe que não é considerado pedido de revisão de decisão indeferitória definitiva, mas de novo pedido de benefício, o que vier acompanhado de outros documentos além dos já existentes no processo. Assim, mesmo após expirado o prazo decenal, nada obsta que o indivíduo faça um novo requerimento administrativo acompanhado de outros documentos.

Dúvida: qual seria a diferença entre impugnar o ato de indeferimento e requerer novamente o benefício? Se o indivíduo impugnar o ato de indeferimento, ele terá direito a parcelas atrasadas desde o requerimento administrativo, observada a prescrição quinquenal (analisada logo adiante). De outro lado, quando o indivíduo pede novamente o benefício, não há direito a atrasados.

João	Requerimento administrativo do benefício: maio de 2003 (indeferido pelo INSS – ciência da decisão em junho de 2003).

Sem decadência	Com decadência
Se João ingressar com a ação judicial em dezembro de 2012, ele poderá impugnar o ato de indeferimento (2003), pois não houve a decadência. Na hipótese de procedência do pedido, há direito aos atrasados desde o requerimento administrativo? Sim, observada a prescrição quinquenal. Logo, João terá direito às diferenças relativas aos últimos cinco anos que antecederam o ajuizamento da ação (dezembro de 2007 a dezembro de 2012).	Se João ingressar com a ação judicial em setembro de 2013, ele NÃO mais poderá impugnar o ato de indeferimento (2003), já que houve a decadência. Isso significa que ele nunca mais terá direito ao benefício? Claro que não! Nada obsta que João faça um novo requerimento administrativo (sem impugnar o anterior). Assim, se ele fizer um novo requerimento em janeiro de 2014, e o benefício for concedido, João terá direito a receber a prestação a partir do novo requerimento (janeiro de 2014).

Atenção! De acordo com o art. 208 do CC, aplica-se à decadência o disposto no art. 198, I, do CC. Logo, **a decadência não correrá contra os absolutamente incapazes**, em que pese a Lei n. 8.213/91 ser omissa a respeito.

Se considerarmos apenas o direito previdenciário moderno (posterior à Lei n. 8.213/91), até a publicação da Medida Provisória n. 1.523-9, de 1997, a legislação previdenciária não previa prazo decadencial para a revisão dos atos administrativos.

Portanto, não há dúvida de que os benefícios concedidos após a referida Medida Provisória estão sujeitos ao prazo decadencial. E quanto aos benefícios concedidos antes dessa alteração normativa? Eles estão ou não sujeitos à decadência?

O **Plenário do STF**, nos autos do **RE 626.489 (repercussão geral – *Informativo* 724)**, entendeu que **NÃO** há direito adquirido à inexistência de prazo decadencial para fins de revisão de benefício previdenciário. Considerou-se legítimo que o Estado, ao sopesar justiça e segurança jurídica, procurasse impedir que situações geradoras de instabilidade social e litígios pudessem se eternizar. Nesse sentido, asseverou-se que o lapso de dez anos seria razoável, inclusive porque também adotado quanto a eventuais previsões revisionais por parte da Administração (Lei n. 8.213/91, art. 103-A). Ademais, o STF concluiu pela aplicação do lapso decadencial de dez anos para o pleito revisional **a contar da vigência da Medida Provisória n. 1.523/97** aos benefícios originariamente concedidos antes dela. Vale dizer, para o STF, o termo inicial da contagem do prazo decadencial em relação aos benefícios originariamente concedidos antes da entrada em vigor da Medida Provisória n. 1.523/97 **seria o momento de vigência da nova lei**. Evidenciou-se que, se antes da modificação normativa podia o segurado promover, a qualquer tempo, o pedido revisional, a norma superveniente não poderia incidir sobre tempo passado, de modo a impedir a revisão, mas estaria apta a incidir sobre tempo futuro, a contar de sua vigência. Na oportunidade do julgamento, o Ministro Luiz Fux distinguiu **retroatividade** e **retrospectividade de lei**, esta a significar que a norma jurídica poderia atribuir efeitos futuros a situações ou relações jurídicas já existentes, como, por exemplo, as modificações dos estatutos funcionais ou de regras de previdência dos servidores públicos. Assim, a medida provisória em questão atingiria relações jurídicas pendentes, em andamento, e não voltaria seu alcance para o passado, para os atos jurídicos perfeitos. Portanto, não retroagiria.

Benefícios concedidos antes da MP n. 1.523-9, de 1997	Benefícios concedidos depois da MP n. 1.523-9, de 1997
Termo inicial do prazo decadencial: a data em que entrou em vigor a MP n. 1.523-9/97.	Termo inicial do prazo decadencial: dia 1º do mês seguinte ao do recebimento da primeira prestação ou, quando for o caso, do dia em que tomar conhecimento da decisão indeferitória definitiva no âmbito administrativo.

9.1.2. Decadência para a Administração

Da mesma forma que o beneficiário possui prazo para pleitear a revisão de seu benefício, a Administração também está sujeita a um prazo máximo para revisão. Com efeito, segundo o art. 103-A da Lei n. 8.213/91, o direito da Previdência Social de anular os atos administrativos de que decorram efeitos favoráveis para os seus beneficiários decai em **dez anos**, contados da data em que foram praticados, **salvo comprovada má-fé**.

Atenção! Cuidado para não confundir a decadência no benefício (de dez anos) aplicável à Administração com a decadência no custeio (de cinco anos).

Decadência — Custeio: 5 anos
            — Benefício: 10 anos

Atenção! Por óbvio, esse prazo decadencial não se aplica às hipóteses que dependem de reavaliação administrativa, como é o caso da aposentadoria por invalidez, benefício cuja manutenção exige que o segurado se submeta periodicamente a perícias médicas administrativas.

No caso de efeitos patrimoniais contínuos, o prazo decadencial contar-se-á da percepção do primeiro pagamento.

Considera-se exercício do direito de anular qualquer medida de autoridade administrativa que importe impugnação à validade do ato. Destarte, a revisão iniciada dentro do prazo decadencial com a devida expedição de notificação para ciência do segurado impedirá a consumação da decadência, ainda que a decisão definitiva do procedimento revisional ocorra após a extinção de tal lapso.

Se considerarmos o direito previdenciário moderno (posterior à Lei n. 8.213/91), esse prazo decadencial só passou a existir depois do advento da Lei n. 9.784/99. Evidentemente, impõe-se a aplicação da mesma lógica utilizada para a decadência do direito dos beneficiários: o prazo decadencial inicia-se com a vigência da Lei n. 9.784/99.

Benefícios concedidos antes da Lei n. 9.784/99	Benefícios concedidos depois da Lei n. 9.784/99
Termo inicial do prazo decadencial: a data em que entrou em vigor a Lei n. 9.784/99.	Termo inicial do prazo decadencial: contados da data em que foram praticados, salvo comprovada má-fé.

Atenção! Não se aplica a decadência quando o ato concessório foi correto, mas a manutenção do benefício está irregular por falta de cessação do benefício, cuja causa esteja expressamente prevista em lei, podendo, neste caso, o benefício, ou a cota-parte, ser cessado a qualquer tempo. Exemplo: em março de 1999, foi concedida pensão por morte para Diógenes que, à época, tinha 20 anos de idade. O benefício deveria ter cessado no ano seguinte, em razão da maioridade previdenciária. Entretanto, por algum erro de sistema, o benefício continuou sendo pago. Apenas em 2012, a Previdência verificou o equívoco e cessou o benefício. Observe-se que, no exemplo, não houve revisão do ato concessório, mas sim a manutenção irregular do benefício, o que afasta a aplicação do prazo decadencial.

Ressalte-se que a verificação de irregularidades em momento posterior à concessão do benefício só é possível graças ao **programa permanente de revisão da concessão e da manutenção dos benefícios previdenciários** e ao **recenseamento previdenciário**, ambos previstos no art. 179 do Decreto n. 3.048/99.

Havendo indício de irregularidade na concessão ou na manutenção do benefício, a Previdência Social notificará o beneficiário para apresentar defesa, provas ou documentos de que dispuser, no prazo de dez dias. Essa notificação far-se-á por via postal com aviso de recebimento e, não comparecendo o beneficiário nem apresentando defesa, será suspenso o benefício, com notificação ao beneficiário.

Decorrido o prazo concedido pela notificação postal, sem que tenha havido resposta, ou caso seja considerada pela Previdência Social como insuficiente ou improcedente a defesa apresentada, o benefício será cancelado, dando-se conhecimento da decisão ao beneficiário.

Portanto, fica clara a impossibilidade de a Administração cancelar o benefício previdenciário sem antes oportunizar o direito de defesa ao interessado, em obediência aos princípios do contraditório e da ampla defesa.

9.2. PRESCRIÇÃO QUINQUENAL

Dizer que o beneficiário dispõe de dez anos para impugnar o ato administrativo que concedeu o benefício não implica reconhecer, na hipótese de procedência da irresignação, o direito a todas as diferenças daí decorrentes.

Com efeito, se, de um lado, o direito à impugnação do ato administrativo persiste durante dez anos, de outro, o direito ao recebimento das parcelas prescreve em cinco anos por força do parágrafo único do art. 103 da Lei n. 8.213/91, com o seguinte teor: "Prescreve em cinco anos, a contar da data em que deveriam ter sido pagas, toda e qualquer ação para haver prestações vencidas ou quaisquer restituições ou diferenças devidas pela Previdência Social, **salvo o direito dos menores, incapazes e ausentes, na forma do Código Civil**".

Atenção! O dispositivo da lei previdenciária ressalva a situação dos absolutamente incapazes. Contra eles não corre prescrição (art. 198, I, do CC).

Exemplo: Luiz teve concedido o benefício previdenciário no dia 31 de maio de 2004. Nesse caso, ele poderá ingressar com uma ação revisional em maio de 2013? Sim, pois ainda não houve decadência do direito à revisão. Mas ele terá direito às diferenças devidas desde 2004? Não. Em face da prescrição quinquenal, Luiz só fará jus às parcelas relativas aos últimos cinco anos que antecederam o ajuizamento da ação. Como a ação foi ajuizada em maio de 2013, Luiz terá direito às diferenças a partir de maio de 2008.

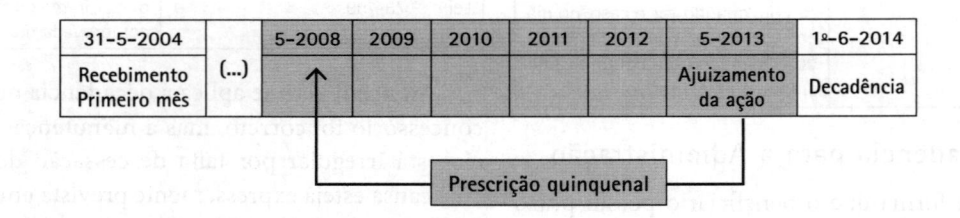

31-5-2004		5-2008	2009	2010	2011	2012	5-2013	1º-6-2014
Recebimento Primeiro mês	(...)	↑					Ajuizamento da ação	Decadência

Prescrição quinquenal

9.3 QUADRO-RESUMO

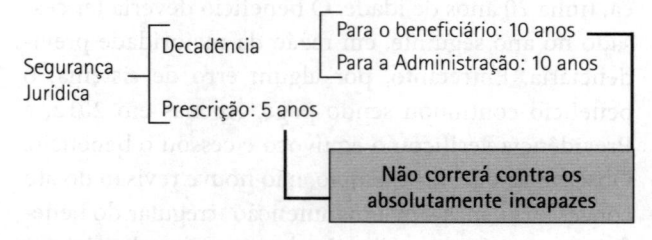

Segurança Jurídica
- Decadência
  - Para o beneficiário: 10 anos
  - Para a Administração: 10 anos
- Prescrição: 5 anos

Não correrá contra os absolutamente incapazes

QUESTÃO

1. (TÉCNICO DO SEGURO SOCIAL – 2012 – FCC) José pleiteou aposentadoria por tempo de contribuição perante o INSS, que foi deferida pela autarquia e pretende a revisão do ato de concessão do benefício para alterar o valor da renda mensal inicial. O prazo decadencial para o pedido de José é de

a) dez anos contados a partir do primeiro dia do mês seguinte ao do recebimento da primeira prestação.

b) cinco anos contados a partir do primeiro dia do mês seguinte ao do recebimento da primeira prestação.

c) três anos contados a partir do primeiro dia do mês seguinte ao do recebimento da primeira prestação.

d) cinco anos contados da ciência da decisão que deferiu o benefício.

e) dez anos contados da ciência da decisão que deferiu o benefício.

GABARITO

1. A

CAPÍTULO 10

ACIDENTE DO TRABALHO

10.1. INTRODUÇÃO

A proteção ao acidentado do trabalho advém do agravamento da questão social trazida pela Revolução Industrial, sobretudo no final do século XIX. Pelas peculiaridades que envolviam a relação *capital × trabalho*, a utilização dos mecanismos de vertente liberal mostrou-se inadequada para a proteção do ser humano.

O Estado Social erigiu-se sobre a perspectiva de proteção do trabalhador como fator preponderante na manutenção do sistema capitalista. Amenizando as condições severas em que o trabalho era prestado, sobretudo após a Revolução Industrial, e fornecendo proteção aos infortúnios, o sistema capitalista conseguiu prevalecer nos países centrais industrializados, sob a roupagem do *Welfare State*.

O direito social não foi gerado, portanto, a partir de um altruísmo do Estado Liberal; ao contrário, foi forjado no calor dos movimentos sociais por melhores condições de trabalho e pela redução dos acidentes de trabalho ocorridos nas fábricas.

A proteção contra os acidentes do trabalho ocupou papel de destaque nesta transposição do Estado Liberal para o Estado Social. Seguindo essa perspectiva, houve a necessidade da introdução de institutos que se afastassem das normas civilistas referentes à indenização civil edificada sobre a teoria da responsabilidade subjetiva.

> Conforme prescrito na CF/88, em seu art. 7º, são direitos dos trabalhadores urbanos e rurais, entre outros:
>
> Inciso XXII – redução dos riscos inerentes ao trabalho, por meio de normas de saúde, higiene e segurança;
>
> Inciso XXVIII – seguro contra acidentes de trabalho, a cargo do empregador, sem excluir a indenização a que este está obrigado, quando incorrer em dolo ou culpa;

O acidente do trabalho é um fato social que pode gerar incapacidade para o trabalho e, como consequência, a concessão de benefícios por incapacidade. Como a incapacidade para o trabalho, no sistema previdenciário, é uma contingência social a ser protegida pelo RGPS, os riscos advindos de infortúnios dessa natureza são socializados, repartidos entre os membros da sociedade, não necessariamente na mesma proporção, como se verá mais adiante.

Os **riscos de ocorrência de acidentes do trabalho** variam para cada ramo de atividade econômica, em função de tecnologias utilizadas, condições de trabalho, características da mão de obra empregada e medidas de segurança adotadas, dentre outros fatores. A seguridade social está atenta a essas variáveis, podendo impor tratamento diferenciado aos setores que promovem maiores riscos sociais, o que se dá pela aplicação do princípio da **equidade na forma de participação no custeio**, como já estudado.

> O art. 195, § 9º, da CF/88 prevê a possibilidade de as contribuições sociais a cargo da empresa terem alíquotas ou bases de cálculo diferenciadas, em razão da atividade econômica, da utilização intensiva de mão de obra, do porte da empresa ou da condição estrutural do mercado de trabalho.

→

> O art. 22, II, da Lei n. 8.212/91 estabelece acréscimo de percentuais sobre o total das remunerações pagas aos segurados empregados e avulsos para o financiamento de aposentadoria especial e daqueles concedidos em razão do grau de incidência de incapacidade laborativa decorrente dos riscos ambientais do trabalho.

Ocorrido um acidente de trabalho, diversas podem ser as consequências para o segurado protegido, tais como:

1ª) Simples assistência médica: o segurado recebe atendimento médico e retorna para as suas atividades profissionais. Nesse caso, não há concessão de benefício pela Previdência Social.

2ª) Incapacidade para o trabalho habitualmente exercido: o segurado fica afastado do trabalho por um período até que esteja apto para retomar sua atividade profissional. Nesse caso, será possível a concessão de auxílio-doença.

> Para a Previdência Social é importante precisar o período de afastamento. Se ele for superior a 15 dias, o segurado terá direito ao auxílio-doença.

3ª) Incapacidade permanente para qualquer atividade: o segurado fica incapacitado permanentemente para qualquer atividade profissional. Nesse caso, será possível a concessão de aposentadoria por invalidez.

4ª) Redução da capacidade para o trabalho habitualmente exercido: em razão do acidente do trabalho, a capacidade para o exercício do trabalho habitual (exercido à época do acidente) é reduzida. Nesse caso, será possível a concessão de auxílio-acidente.

5ª) Óbito: o segurado falece em virtude do acidente do trabalho. Nesse caso, será possível a concessão de pensão por morte.

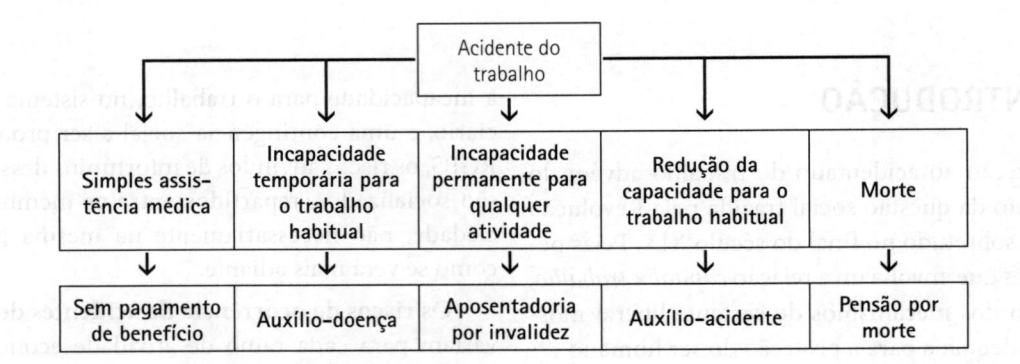

```
                        Acidente do trabalho
    ┌──────────┬──────────────┬──────────────┬──────────────┬──────────┐
  Simples    Incapacidade   Incapacidade    Redução da      Morte
  assis-     temporária     permanente      capacidade
  tência     para o         para            para o
  médica     trabalho       qualquer        trabalho
             habitual       atividade       habitual
    ↓            ↓              ↓               ↓              ↓
  Sem         Auxílio-      Aposentadoria   Auxílio-        Pensão
  pagamento   doença        por invalidez   acidente        por morte
  de benefício
```

Atenção! Percebe-se que o acidente do trabalho pode dar ensejo a qualquer um dos benefícios por incapacidade (aposentadoria por invalidez, auxílio-doença e auxílio-acidente). Tudo dependerá do grau de incapacidade do segurado. Portanto, **NÃO** é correto dizer que o benefício decorrente de acidente chama-se auxílio-acidente, e o decorrente de doença, auxílio-doença.

A inclusão do acidente de trabalho entre os eventos protegidos pelo RGPS representa, claramente, a adoção da **teoria do seguro social** e consequentemente da **responsabilidade objetiva** do Estado Social. Por conseguinte, o Estado deve garantir a proteção previdenciária através de benefícios, **ainda que o próprio segurado tenha dado causa ao acidente por culpa**.

De acordo com o art. 201, § 10, da CF/88, incluído pela Emenda Constitucional n. 20/98, **lei** disciplinará a cobertura do risco de acidente do trabalho, a ser atendida concorrentemente pelo RGPS e pelo setor privado. Destarte, a partir dessa Emenda, a cobertura do risco de acidente do trabalho passou a ser concorrente entre o RGPS e a iniciativa privada.

Entretanto, após mais de uma década da promulgação da Emenda Constitucional n. 20, o Congresso Nacional ainda não editou a lei necessária para regulamentação do preceito, sendo mais um exemplo, entre tantos outros, de inércia legislativa.

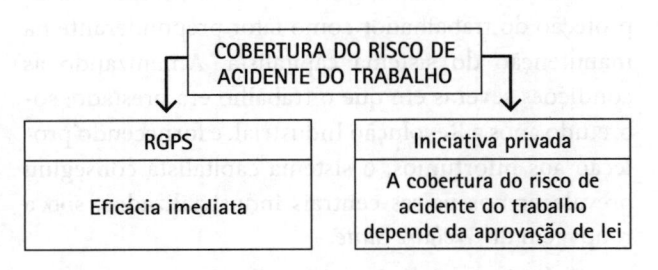

```
         COBERTURA DO RISCO DE
          ACIDENTE DO TRABALHO
         ┌──────────┴──────────┐
        RGPS              Iniciativa privada
   Eficácia imediata    A cobertura do risco de
                        acidente do trabalho
                        depende da aprovação de lei
```

Atualmente, a própria Lei de Benefícios disciplina questões relacionadas ao acidente do trabalho sob o enfoque previdenciário.

10.2. ACIDENTE DE QUALQUER NATUREZA

O **acidente de qualquer natureza** é gênero do qual são espécies o acidente do trabalho e o acidente não laboral (ou extralaboral).

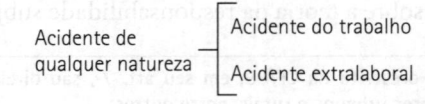

```
                    ┌── Acidente do trabalho
Acidente de
qualquer natureza
                    └── Acidente extralaboral
```

Por **acidente extralaboral** deve-se entender o evento infortunístico sem conexão com o trabalho. Trata-se de definição com caráter residual, compreendida a partir da análise *a contrario sensu* do conceito de acidente do trabalho: o acidente extralaboral é aquele que se produz sem o enquadramento em nenhuma das hipóteses previstas como acidente do trabalho (arts. 19, 20 e 21 da Lei n. 8.213/91).

10.3. ACIDENTE DO TRABALHO

De acordo com a legislação previdenciária (arts. 19, 20 e 21 da Lei n. 8.213/91), o acidente do trabalho é um conceito diversificado e genérico. Seu conteúdo abrange, além do acidente típico (que ocorre pelo exercício da atividade), algumas situações qualificadas expressamente como acidente do trabalho. É o caso, por exemplo, das entidades mórbidas (doença profissional e doença do trabalho) e do acidente de trajeto.

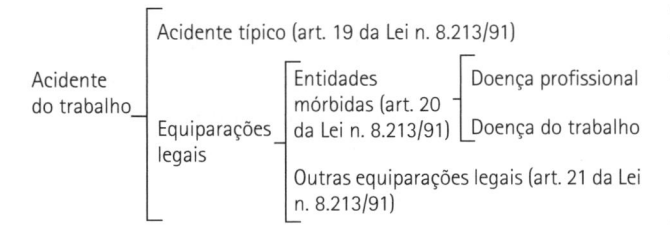

```
                ┌ Acidente típico (art. 19 da Lei n. 8.213/91)
                │
Acidente        │                  ┌ Entidades        ┌ Doença profissional
do trabalho ────┤  Equiparações    │ mórbidas (art. 20┤
                │  legais       ───┤ da Lei n. 8.213/91)└ Doença do trabalho
                │                  │
                │                  └ Outras equiparações legais (art. 21 da Lei
                                     n. 8.213/91)
```

10.4. ACIDENTE TÍPICO E ABRANGÊNCIA SUBJETIVA

Segundo o art. 19 da Lei n. 8.213/91, com redação dada pela **Lei Complementar n. 150/2015 (Lei do Empregado Doméstico)**, acidente do trabalho é o que ocorre pelo exercício do trabalho a serviço de empresa ou de **empregador doméstico** ou pelo exercício do trabalho dos segurados referidos no inciso VII do art. 11 desta Lei, provocando lesão corporal ou perturbação funcional que cause a morte ou a perda ou redução, permanente ou temporária, da capacidade para o trabalho. Trata-se do conceito legal de acidente típico.

Atenção! A Emenda Constitucional n. 72/2013 estendeu ao doméstico diversos direitos, inclusive previdenciários. Um deles foi o direito ao seguro contra acidentes de trabalho, fonte de financiamento para os benefícios decorrentes de acidentes do trabalho. Porém, considerando o disposto na própria Emenda, a extensão desse direito dependia de uma lei integrativa, que acabou sendo editada em junho de 2015 (Lei Complementar regulamentar n. 150/2015)[126].

---

126 Art. 31. É instituído o regime unificado de pagamento de tributos, de contribuições e dos demais encargos do empregador doméstico (Simples Doméstico), que deverá ser regulamentado no prazo de 120 (cento e vinte) dias a contar da data de entrada em vigor desta Lei.

```
                        ┌ Empregado
Segurados que           │ Trabalhador avulso
podem sofrer          ──┤
acidente do trabalho    │ Segurado especial
                        └ Empregado doméstico (LC n. 150/2015)
```

Com base nessa definição, quais segurados podem sofrer acidente do trabalho? O preceito legal faz referência expressa ao segurado especial e aos que exercem atividade a serviço da empresa ou de empregador doméstico.

Aqui, uma nova indagação: **quais segurados exercem atividade a serviço da empresa?** Para essa última pergunta, a resposta é: os empregados, os avulsos e os contribuintes individuais.

Não obstante a possibilidade de os contribuintes individuais exercerem atividade a serviço da empresa (na qualidade de prestadores de serviço), **eles não podem sofrer o evento social qualificado legalmente como acidente do trabalho.** Isso porque é imprescindível conciliar a abrangência subjetiva do acidente do trabalho com a fonte de financiamento dos benefícios decorrentes de acidente do trabalho (SAT). Nesse contexto, o SAT incide exclusivamente em razão do trabalho prestado pelos empregados, pelos avulsos e pelos segurados especiais, senão vejamos o disposto nos arts. 22, II, e 25 da Lei n. 8.213/91 e 31 e 34 da Lei Complementar n. 150/2015:

FONTE DE FINANCIAMENTO DOS BENEFÍCIOS DECORRENTES DE ACIDENTE DO TRABALHO (SAT)	ABRANGÊNCIA SUBJETIVA DO ACIDENTE DO TRABALHO
Lei n. 8.212/91: Art. 22. A contribuição a cargo da empresa, destinada à Seguridade Social, além do disposto no art. 23, é de: (...) II – para o financiamento do benefício previsto nos arts. 57 e 58 da Lei n. 8.213, de 24 de julho de 1991, **e daqueles concedidos em razão do grau de incidência de incapacidade laborativa decorrente dos riscos ambientais do trabalho**, sobre o total das remunerações pagas ou creditadas, no decorrer do mês, **aos segurados empregados e trabalhadores avulsos:** a) 1% (...) para as empresas em cuja atividade preponderante o risco de acidentes do trabalho seja considerado leve; b) 2% (...) para as empresas em cuja atividade preponderante esse risco seja considerado médio; c) 3% (...) para as empresas em cuja atividade preponderante esse risco seja considerado grave.	Empregados e trabalhadores avulsos

Lei n. 8.212/91: Art. 25. A contribuição do empregador rural pessoa física, em substituição à contribuição de que tratam os incisos I e II do art. 22, e a do **segurado especial**, referidos, respectivamente, na alínea *a* do inciso V e no inciso VII do art. 12 desta Lei, destinada à Seguridade Social, é de: (...) II – 0,1% da receita bruta proveniente da comercialização da sua produção **para financiamento das prestações por acidente do trabalho.**	Segurados especiais
Lei Complementar n. 150/2015: Art. 31. É instituído o regime unificado de pagamento de tributos, de contribuições e dos demais encargos do empregador doméstico (Simples Doméstico), **que deverá ser regulamentado no prazo de 120 (cento e vinte) dias a contar da data de entrada em vigor desta Lei.** Art. 34. O Simples Doméstico assegurará o recolhimento mensal, mediante documento único de arrecadação, dos seguintes valores: (...) III – 0,8% (oito décimos por cento) de contribuição social **para financiamento do seguro contra acidentes do trabalho.**	Empregados domésticos

Em resumo: o SAT existe para financiar os benefícios decorrentes de acidente do trabalho. Essa contribuição só incide em razão do trabalho dos empregados, dos avulsos, dos empregados domésticos e dos segurados especiais. Consequentemente, quando um contribuinte individual sofre um acidente durante o exercício da atividade, esse evento social não pode ser considerado "acidente do trabalho".

Dúvida: se o contribuinte individual, o empregado doméstico (até a regulamentação a que faz referência o art. 31 da LC n. 150/2015) e especialmente o segurado facultativo (que sequer exercer atividade) não podem sofrer acidente do trabalho, fica-lhes vedada a concessão de benefício previdenciário por incapacidade na hipótese de acidente? **De forma nenhuma. Eles têm direito, sim, à proteção previdenciária, porém o evento social não pode ser considerado acidente do trabalho.**

Conforme o grau de incapacidade, existem três benefícios por incapacidade: a aposentadoria por invalidez, o auxílio-doença e o auxílio-acidente. Entretanto, dependendo do fato social de origem (doença não ocupacional, doença ocupacional, acidente do trabalho ou acidente extralaboral), cada um desses benefícios admite duas variações: uma puramente previdenciária e outra acidentária. Isso significa dizer que, na verdade, existem seis espécies de benefícios por incapacidade pagos pela Previdência Social:

Benefícios por incapacidade pagos pela Previdência Social:
- Aposentadoria por invalidez previdenciária
- Aposentadoria por invalidez acidentária
- Auxílio-doença previdenciário
- Auxílio-doença acidentário
- Auxílio-acidente previdenciário
- Auxílio-acidente acidentário

O benefício será acidentário sempre que decorrer de acidente do trabalho (acidente típico ou qualquer uma das equiparações legais). Em todos os outros casos, o benefício será puramente previdenciário.

Vamos a dois exemplos.

1º) José, **empregado** da empresa Alfa, sofreu um acidente enquanto exercia sua atividade (acidente do trabalho) e ficou incapaz para o trabalho habitual por mais de quinze dias consecutivos. Nesse caso, será devida a concessão de auxílio-doença **acidentário**.

2º) Maria presta serviço, sem vínculo empregatício, para a empresa Alfa. Seu enquadramento previdenciário, portanto, é como **contribuinte individual**. Enquanto exercia atividade para a empresa, sofreu um acidente e ficou incapaz para o trabalho por mais de quinze dias consecutivos. Nesse caso, será devida a concessão de auxílio-doença **previdenciário**.

Dúvida: mas qual é a diferença entre um benefício previdenciário e um benefício acidentário? Atualmente, poucas são as diferenças entre eles. **Inclusive, não há diferença de valores.** Assim, por exemplo, o valor do auxílio-doença acidentário é idêntico ao do auxílio-doença previdenciário (91% do salário de benefício). A seguir, citaremos as principais diferenças:

Benefício acidentário	Benefício previdenciário
Direito à estabilidade provisória no emprego, nos termos do art. 118 da Lei n. 8.213/91: "O segurado que sofreu acidente do trabalho tem garantida, pelo prazo mínimo de doze meses, a manutenção do seu contrato de trabalho na empresa, após a cessação do auxílio-doença acidentário, independentemente de percepção de auxílio-acidente".	Sem direito à estabilidade provisória no emprego.

Na hipótese de o benefício ser requerido judicialmente, a competência é da Justiça **Estadual**, nos termos do art. 129, II, da Lei n. 8.213/91: "Os litígios e medidas cautelares relativos a acidentes do trabalho serão apreciados: (...) II – na via judicial, pela Justiça dos Estados e do Distrito Federal, segundo o rito sumaríssimo, inclusive durante as férias forenses, mediante petição instruída pela prova de efetiva notificação do evento à Previdência Social, através de Comunicação de Acidente do Trabalho – CAT".	Na hipótese de o benefício ser requerido judicialmente, a competência é da Justiça **Federal**.
Durante o gozo do benefício, o empregador tem o dever de recolher o FGTS, nos termos do art. 28 do Decreto n. 99.684/90: "Art. 28. O depósito na conta vinculada do FGTS é obrigatório também nos casos de interrupção do contrato de trabalho prevista em lei, tais como: (...) III – licença por acidente de trabalho".	**Durante o gozo do benefício, o empregador não está obrigado a recolher o FGTS.**

O acidente típico do trabalho também pressupõe a existência de **três nexos causais** para a sua configuração plena: 1º) o acidente deve estar relacionado com o exercício do trabalho; 2º) o acidente deve causar lesão corporal ou perturbação funcional; 3º) a lesão ou a perturbação funcional devem ocasionar incapacidade (ou redução da capacidade) para o trabalho ou a morte. Havendo a quebra de algum desses nexos causais, há a descaracterização do acidente como do trabalho.

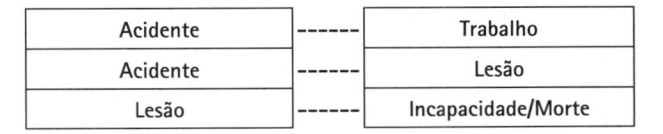

Acidente	------	Trabalho
Acidente	------	Lesão
Lesão	------	Incapacidade/Morte

10.5. ENTIDADES MÓRBIDAS EQUIPARADAS A ACIDENTE DO TRABALHO

A Lei n. 8.213/91 equiparou a acidente do trabalho determinadas patologias (entidades mórbidas) ligadas ao exercício do trabalho. São as doenças ocupacionais, que tanto podem ser as doenças profissionais como as doenças do trabalho. Com efeito, nos termos do art. 20 da Lei de Benefícios, consideram-se acidente do trabalho as seguintes entidades mórbidas:

I – doença profissional, assim entendida a produzida ou desencadeada pelo exercício do trabalho peculiar a determinada atividade e constante da respectiva relação elaborada pelo Ministério da Previdência Social. Em síntese: trata-se de uma doença típica de determinada profissão. Exemplo: bancário e lesão de esforço repetitivo.

II – doença do trabalho, assim entendida a adquirida ou desencadeada em função de condições especiais em que o trabalho é realizado e com ele se relacione diretamente. Em síntese: trata-se de uma doença que decorre não da profissão do segurado, mas das condições em que ele exerce a atividade. Exemplo: Oscar foi contratado para exercer atividade como segurança. Algum tempo depois, Oscar apresentou disacusia (disfunção auditiva). Até aí, não se verifica nenhuma relação entre a profissão e a doença. Só que Oscar trabalhava como segurança de uma danceteria. Nesse caso, a doença, sem qualquer relação com a profissão, decorreu das condições especiais em que ele exerceu atividade.

Portanto, apesar de ambas serem equiparadas a acidente do trabalho, a doença profissional e a doença do trabalho NÃO são a mesma coisa.

Doenças ocupacionais (= acidente do trabalho):
- Doença profissional (tecnopatia): típica da profissão (nexo presumido)
- Doença do trabalho (mesopatia): decorre das condições em que o indivíduo exerce a atividade (nexo requer comprovação)

Como as doenças profissionais são decorrentes de trabalho peculiar a determinada atividade exercida pelo trabalhador, o seu reconhecimento independe de demonstração cabal do nexo de causalidade, por ser presumido. Já no caso das doenças do trabalho, que decorrem das condições especiais em que o trabalho é executado e com ele diretamente relacionado, o nexo de causalidade deve ser demonstrado, não sendo presumido.

Segundo o art. 20, § 1º, da Lei n. 8.213/91, **não** são consideradas como doença do trabalho: **a)** a doença degenerativa; **b)** a inerente a grupo etário; **c)** a que não produza incapacidade laboral; **d)** a doença endêmica adquirida por segurado habitante de região em que ela se desenvolva, salvo comprovação de que é resultante de exposição ou contato direto determinado pela natureza do trabalho.

Ressalte-se que a doença endêmica, eventualmente, pode ser equiparada a acidente do trabalho, com fundamento no art. 21, III, da Lei n. 8.213/91: "Art. 21. Equiparam-se também a acidente do trabalho para efeitos desta Lei: (...) III – a doença proveniente de contaminação acidental do empregado no exercício de sua atividade". Basta imaginar a hipótese de um empregado de uma empresa situada em São Paulo que precisou viajar a serviço para a Região Norte, onde contraiu malária.

Os agentes patogênicos causadores de doenças profissionais ou do trabalho, conforme previsto no art. 20 da Lei n. 8.213/91, estão listados no Anexo II do Decreto n. 3.048/99. Sem dúvida, trata-se de **rol meramente exemplificativo**, haja vista a possibilidade de a Previdência Social considerar a doença como acidente do trabalho, mesmo que ela não conste da relação. É o que dispõe o art. 20, § 2º, da Lei n. 8.213/91: "Em caso excepcional, constatando-se que a doença não incluída na relação prevista nos incisos I e II deste artigo resultou das condições especiais em que o trabalho é executado e com ele se relaciona diretamente, a Previdência Social deve considerá-la acidente do trabalho".

De acordo com o art. 23 da Lei n. 8.213/91, considera-se como **dia do acidente**, no caso de doença profissional ou do trabalho, a data do início da incapacidade laborativa para o exercício da atividade habitual, ou o dia da segregação compulsória, ou o dia em que for realizado o diagnóstico, valendo para este efeito o que ocorrer primeiro.

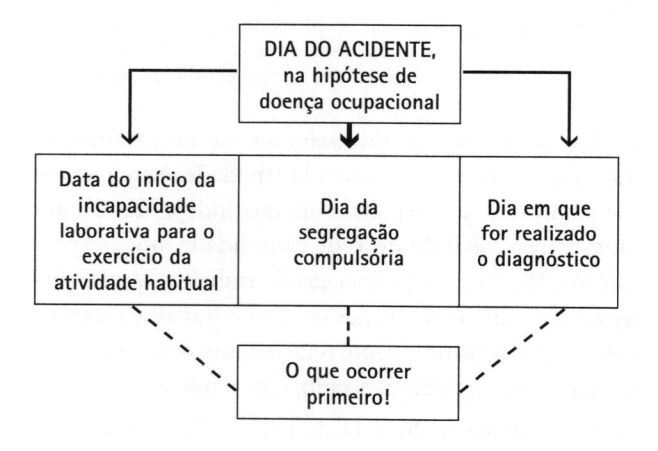

```
            DIA DO ACIDENTE,
            na hipótese de
            doença ocupacional
    ↙              ↓              ↘
Data do início   Dia da         Dia em que
da incapacidade  segregação     for realizado
laborativa para  compulsória    o diagnóstico
o exercício da
atividade habitual
    ↘              ↓              ↙
            O que ocorrer
            primeiro!
```

10.6. OUTRAS EQUIPARAÇÕES LEGAIS

O art. 21 da Lei n. 8.213/91 prevê outras situações que também são consideradas "acidente do trabalho", para efeitos legais.

Também se equiparam a acidente do trabalho:

I – o acidente ligado ao trabalho que, embora não tenha sido a causa única, haja contribuído diretamente para a morte do segurado, para redução ou perda da sua capacidade para o trabalho, ou produzido lesão que exija atenção médica para a sua recuperação;

II – o acidente sofrido pelo segurado no local e no horário do trabalho, em consequência de: a) ato de agressão, sabotagem ou terrorismo praticado por terceiro ou companheiro de trabalho; b) ofensa física intencional, inclusive de terceiro, por motivo de disputa relacionada ao trabalho; c) ato de imprudência, de negligência ou de imperícia de terceiro ou de companheiro de trabalho; d) ato de pessoa privada do uso da razão; e) desabamento, inundação, incêndio e outros casos fortuitos ou decorrentes de força maior;

III – a doença proveniente de contaminação acidental do empregado no exercício de sua atividade;

IV – o acidente sofrido pelo segurado ainda que fora do local e horário de trabalho: a) na execução de ordem ou na realização de serviço sob a autoridade da empresa; b) na prestação espontânea de qualquer serviço à empresa para lhe evitar prejuízo ou proporcionar proveito; c) em viagem a serviço da empresa, inclusive para estudo quando financiada por esta, dentro de seus planos para melhor capacitação da mão de obra, independentemente do meio de locomoção utilizado, inclusive veículo de propriedade do segurado; d) no percurso da residência para o local de trabalho ou deste para aquela, qualquer que seja o meio de locomoção, inclusive veículo de propriedade do segurado.

10.6.1. Concausa (inciso I)

O inciso I do art. 21 apresenta a hipótese de concausalidade. O fato ensejador do resultado, embora não esteja ligado diretamente ao exercício do trabalho (ausência da causalidade direta), concorre com o acidente (esse ligado ao trabalho) para a produção do resultado (morte, redução ou perda da capacidade laborativa). Vale dizer, o acidente ou a doença do trabalho não são as únicas causas para a incapacidade ou a morte do segurado. Ambas contribuem diretamente para o resultado. Exemplo: Galileu, portador de hemofilia (distúrbio na coagulação do sangue), exercia atividade na empresa Beta. Certo dia, Galileu sofreu um acidente que lhe provocou extenso corte em seu braço e, em consequência, a sua morte. No caso, Galileu faleceu pela concorrência das duas causas (hemofilia + acidente).

As concausas são divididas em **preexistentes** (que preexistem ao acidente – caso de hemofilia, cardiopatia grave), **concomitantes** (que ocorrem simultaneamente ao acidente – infarto durante um incêndio ocorrido na sede da empresa) ou **supervenientes** (que ocorrem em momento posterior ao acidente – morte decorrente de infecção hospitalar após internação em virtude de acidente do trabalho)[127].

Por sua vez, nos termos do art. 21, § 2º, da Lei n. 8.213/91, não é considerada agravação ou complicação de acidente do trabalho a lesão que, resultante de acidente de outra origem, se associe ou se superponha às consequências do anterior. Nesse contexto, vale a pena citar o exemplo trazido por Frederico Amado: "(...) suponha-se que um empregado sofre uma torção de tornozelo no exercício do trabalho e fica incapacitado, configurando um acidente do trabalho. Contudo, quando ele está em casa se recuperando, a televisão cai sobre o seu pé e quebra os ossos do tornozelo. Neste caso, a segunda lesão não se configura como agravação ou complicação do acidente de trabalho, pois se superpôs à torção, lesão bem mais leve"[128].

10.6.2. Acidente sofrido no local e no horário do trabalho (inciso II)

De acordo com o art. 21, II, da Lei n. 8.213/91, equipara-se a acidente do trabalho, para os efeitos legais, o acidente sofrido pelo segurado **no local e no horário do trabalho**, em consequência de: a) ato de agressão, sabotagem ou terrorismo **praticado por terceiro ou companheiro de trabalho**; b) ofensa física intencional, inclusive de **terceiro**, por motivo de disputa relacionada ao trabalho; c) ato de imprudência, de negligência ou de imperícia de **terceiro ou de companheiro de trabalho**; d) **ato de pessoa privada do uso da razão**; e) **desabamento, inundação, incêndio e outros casos fortuitos ou decorrentes de força maior**.

A Justiça do Trabalho tem reconhecido a responsabilidade do empregador no caso de dano causado por trabalhador que no exercício de suas funções provoca acidente vitimando colega, reforçando a hipótese prevista na legislação previdenciária. Desta forma, se o acidente foi causado por terceiro ou colega de trabalho por motivo relacionado ao trabalho, fica configurado o acidente de trabalho, conforme previsto no art. 21 da Lei n. 8.213/91 (TRT/SP RO – Ac. 5ª T. 20090386510[129]).

10.6.3. Doença proveniente de contaminação acidental (inciso III)

O inciso III refere-se à doença proveniente de contaminação acidental do empregado no exercício de sua atividade. Observe-se que a hipótese não trata de doença decorrente de trabalho peculiar a atividade exercida pelo trabalhador ou de doença fruto das condições especiais em que o trabalho é executado. Se a contaminação foi acidental, **não há como considerar a enfermidade como doença do trabalho ou doença profissional**.

O nexo de causalidade com o trabalho, que no caso é direto, justifica a equiparação da enfermidade com o acidente de trabalho já que a contaminação acidental que acarretou a doença se deu no exercício da atividade do trabalhador.

10.6.4. Acidente ocorrido fora do local e do horário de trabalho (inciso IV)

Conforme disposto no art. 21, IV, da Lei n. 8.213/91, equipara-se a acidente do trabalho, para os efeitos legais, o acidente sofrido pelo segurado **ainda que fora do local e horário de trabalho**: a) na execução de ordem ou na realização de serviço sob a autoridade da empresa; b) na prestação espontânea de qualquer serviço à empresa para lhe evitar prejuízo ou proporcionar proveito; c) em viagem a serviço da empresa, inclusive para estudo quando financiada por esta dentro de seus planos para melhor capacitação da mão de obra, independentemente do meio de locomoção utilizado, **inclusive veículo de propriedade do segurado**; d) no percurso da residência para o local de trabalho ou deste para aquela, qualquer que seja o meio de locomoção, inclusive veículo de propriedade do segurado.

Pelas alíneas *a*, *b* e *c* infere-se que o local do acidente é irrelevante para a equiparação, desde que a atividade exercida pelo trabalhador no momento do infortú-

---

127 RIBEIRO, Juliana de Oliveira Xavier. *Direito previdenciário esquematizado*. São Paulo: Quartier Latin, 2008, p. 271.

128 AMADO, Frederico. *Direito e processo previdenciário sistematizado*. Salvador: JusPodivm, 2012, p. 368.

129 "(...) Com amparo no art. 932, III, do Código Civil, o empregador responde objetivamente pelo dano causado por trabalhador que no exercício das funções provoca acidente vitimando um colega. Não o beneficia a alegação de culpa exclusiva de terceiro para esquivar-se da indenização devida ao acidentado, pois sua responsabilidade independe de culpa. (...)" (TRT/SP – 01843200620202005-RO – Ac. 5ª Turma 20090386510, Rel. José Ruffolo, *DOE* 5-6-2009).

nio esteja associada diretamente à empresa. Em síntese: sempre que o acidente ocorre durante o exercício de atividade em benefício da empresa, ainda que fora do expediente e do local de trabalho, está-se diante de acidente do trabalho.

A alínea *d* do inciso IV também equipara ao acidente de trabalho o **acidente de trajeto** ou **acidente *in itinere*.** Trata-se do acidente que ocorre no percurso da residência para o trabalho, e do trabalho para a residência, independentemente do meio de locomoção utilizado (ônibus, trem, metrô, bicicleta, automóvel particular, motocicleta, a pé).

Evidentemente, também será considerado como de trajeto o acidente que ocorre no trajeto do local de trabalho para o local onde o segurado faz as suas refeições e vice-versa, sobretudo se esse estiver localizado fora da empresa.

Para estar caracterizado o acidente de trajeto, devem estar presentes dois nexos: o **nexo cronológico** e o **nexo topográfico.**

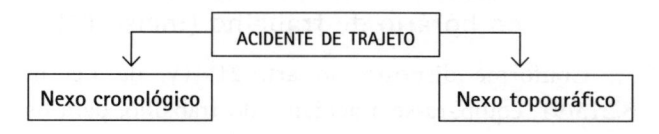

```
              ACIDENTE DE TRAJETO
              /                  \
    Nexo cronológico         Nexo topográfico
```

Haverá quebra do nexo cronológico se o segurado demorar, além do razoável, para percorrer o seu trajeto usual. Exemplo: após o término do expediente, o segurado vai para uma *happy hour* juntamente com os seus amigos. Saliente-se que pequenas variações devem ser admitidas, sobretudo em virtude de fatos alheios à vontade do segurado, como grandes engarrafamentos, greve de transportes coletivos, temporais e alagamentos etc.

Por sua vez, haverá quebra do nexo topográfico se o segurado fizer um desvio voluntário substancial, por caminhos que não percorre habitualmente. Seria o caso de um segurado que, após o trabalho, vai visitar um amigo em sentido oposto ao de sua residência. Nesse contexto, é importante salientar que a jurisprudência admite pequenos desvios. É o caso, por exemplo, do indivíduo que, no retorno para a sua casa, desvia de sua rota habitual apenas para realizar a compra de um medicamento.

10.7. PERÍODOS DESTINADOS À REFEIÇÃO OU AO DESCANSO

De acordo com o art. 21, § 1º, da Lei n. 8.213/91, nos períodos destinados a refeição ou descanso, ou por ocasião da satisfação de outras necessidades fisiológicas, no local do trabalho ou durante este, o empregado é considerado no exercício do trabalho. Dessa forma, ocorrendo alguma das hipóteses descritas no art. 21 da Lei n. 8.213/91 durante esses períodos, será caso de acidente do trabalho.

10.8. COMUNICAÇÃO DO ACIDENTE DO TRABALHO

Segundo o art. 22 da Lei n. 8.213/91, a **empresa** deverá comunicar o acidente do trabalho (e todas as equiparações legais, inclusive as doenças ocupacionais) à Previdência Social até o primeiro dia útil seguinte ao da ocorrência e, em caso de morte, de imediato, à autoridade competente.

O documento padronizado pelo qual a empresa comunica o acidente do trabalho é a **CAT** (Comunicação de Acidente do Trabalho).

```
              Prazo para
              emissão da CAT
              /             \
    Acidente não fatal     Acidente fatal
    1º dia útil seguinte   Imediatamente
    ao da ocorrência
```

Tratando-se de trabalhador temporário, a comunicação do acidente do trabalho deverá ser feita pela empresa de trabalho temporário. No caso do trabalhador avulso, a responsabilidade pelo preenchimento e encaminhamento da CAT é do Órgão Gestor de Mão de Obra e, na falta deste, do sindicato da categoria. Por sua vez, no caso de segurado especial, a CAT poderá ser formalizada pelo próprio acidentado ou dependente, pelo médico responsável pelo atendimento, pelo sindicato da categoria ou por autoridade pública.

Da comunicação de acidente do trabalho receberão cópia fiel o acidentado ou seus dependentes, bem como o sindicato a que corresponda a sua categoria.

Caso a empresa não comunique o acidente do trabalho dentro do prazo legal, ela fica sujeita à incidência de multa variável entre o limite mínimo e o limite máximo do salário-de-contribuição, sucessivamente aumentada nas reincidências, aplicada e cobrada pela Previdência Social.

Como o trabalhador ou seus dependentes não poderiam ficar à mercê da empresa, sobretudo pela evidente subnotificação de acidentes de trabalho, a legislação previdenciária previu a possibilidade de outras pessoas comunicarem o evento. Com efeito, na falta de comunicação por parte da empresa, podem formalizá-la o próprio acidentado, seus dependentes, a entidade sindical competente, o médico que o assistiu ou qualquer autoridade pública, não prevalecendo nesses casos o prazo de emissão do documento pela empresa.

Logicamente, a comunicação substitutiva não exime a empresa da responsabilidade pela falta do cumprimento do dever de emitir a CAT. Em virtude do interesse social na comunicação do acidente do trabalho, o art. 22, § 4º, da Lei n. 8.213/91 dispõe que os sindicatos e entidades representativas de classe poderão acompanhar a cobrança, pela Previdência Social, das multas previstas no art. 22 da Lei n. 8.213/91.

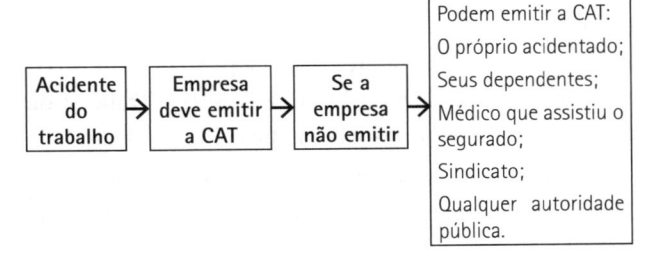

```
Acidente    →   Empresa      →   Se a         →   Podem emitir a CAT:
do              deve emitir      empresa          O próprio acidentado;
trabalho        a CAT            não emitir       Seus dependentes;
                                                  Médico que assistiu o segurado;
                                                  Sindicato;
                                                  Qualquer autoridade pública.
```

10.9. NEXO TÉCNICO EPIDEMIOLÓGICO (NTEP)

O nexo técnico epidemiológico, conhecido como NTEP, foi instituído pelo INSS diante da constatação de subnotificações de acidentes de trabalho por parte dos empregadores.

O sistema acidentário modelado pelo legislativo brasileiro para a Previdência Social tem na CAT (Comunicação de Acidente do Trabalho) a sua fonte primária, que padece de forte sonegação, conforme destacam Paulo Rogério Albuquerque de Oliveira e Anadergh Barbosa-Branco[130].

Daniel Machado da Rocha e José Paulo Baltazar Junior reforçam essa realidade ao exporem que "em face do elevado grau de descumprimento das regras que determinam a emissão da CAT, e da dificuldade de fiscalização, muitos trabalhadores têm sido prejudicados nos seus direitos, em face da incorreta caracterização de seu benefício"[131].

São razões para a sonegação da emissão da CAT pelo empregador, entre outras: 1ª) como o acidente do trabalho e as doenças ocupacionais são considerados socialmente negativos, evita-se que o dado apareça nas estatísticas oficiais; 2ª) diante do disposto no art. 118 da Lei n. 8.213/91, sonega-se a emissão da CAT para que a empresa não reconheça a estabilidade do trabalhador; 3ª) para não se configurar o dever legal de depositar a contribuição do FGTS, correspondente ao período de afastamento; 4ª) para não se reconhecer a presença de agente nocivo causador de doença do trabalho ou profissional, e para não se reconhecer a contribuição específica da aposentadoria especial; 5ª) para não majorar a contribuição para o SAT, o fator acidentário previdenciário, com a consequente majoração da contribuição previdenciária adicional.

Com o objetivo de reduzir as subnotificações de acidentes do trabalho, foi inserido na Lei n. 8.213/91 o art. 21-A (posteriormente alterado pela LC n. 150/2015 – Lei do Empregado Doméstico), com o seguinte teor: "A perícia médica do Instituto Nacional do Seguro Social (INSS) considerará caracterizada a natureza acidentária da incapacidade quando constatar ocorrência de nexo técnico epidemiológico entre o trabalho e o agravo, decorrente da relação entre a atividade da empresa ou do **empregado doméstico** e a entidade mórbida motivadora da incapacidade elencada na Classificação Internacional de Doenças (CID), em conformidade com o que dispuser o regulamento".

Por intermédio dessa nova metodologia, cruzam-se as informações do Cadastro Nacional de Atividade Econômica (CNAE) com a relação da Classificação Internacional de Doenças (CID-10), caracterizando a enfermidade como ocupacional. Assim, diante desse cruzamento de dados, há uma **presunção relativa** de que a enfermidade tenha nexo de causalidade com o exercício da atividade laboral e, portanto, equiparada a acidente do trabalho. Trata-se de uma presunção legal que associa a patologia (conforme a CID) à atividade econômica da empresa (CNAE).

---

130 OLIVEIRA, Paulo Rogério Albuquerque de; BARBOSA-BRANCO, Anadergh. *Nexo Técnico Epidemiológico Previdenciário – NTEP. Fator Acidentário de Prevenção – FAP.* Um novo olhar sobre a saúde do trabalhador. São Paulo: LTr, 2009, p. 18.

131 ROCHA, Daniel Machado da; BALTAZAR JUNIOR, José Paulo. Op. cit., p. 121.

■ DIREITO PREVIDENCIÁRIO

Anote-se que, com a metodologia do NTEP, reconhece-se a natureza acidentária da enfermidade **sem a necessidade da emissão da CAT**.

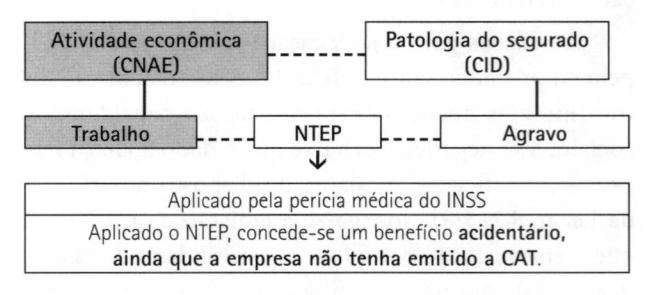

```
Atividade econômica          Patologia do segurado
      (CNAE)        -------        (CID)

   Trabalho -------- NTEP -------- Agravo
                      ↓
   Aplicado pela perícia médica do INSS
   Aplicado o NTEP, concede-se um benefício acidentário,
   ainda que a empresa não tenha emitido a CAT.
```

Exemplo: Rivaldo exerce atividade laboral em uma pedreira na extração de mármore. Passou a manifestar Bronquectasia, doença que o está incapacitando para o trabalho. Estando afastado de suas atividades laborais por mais de quinze dias, apresentou-se no INSS munido de atestado médico da empresa com a anotação da CID J47.

INTERVALO CID-10 Classificação Internacional de Doenças	CNAE – Classificação Nacional de Atividades Econômicas
J40-J47	0810 1031 1220 1311 1321 1351 1411 1412 1610 1622 1629 2330 2342 2539 3101 3102 3329 4120 4211 4213 4292 4299 4313 4319 4399 4921 8121 8122 8129 8411

Na Lista C do Anexo II do Decreto n. 3.048/99, ao consultar o intervalo da CID-10 J40-J47, verifica-se que diversas atividades podem estar relacionadas com a doença apresentada pelo segurado. No exemplo, a extração de mármore é identificada no CNAE pela numeração 0810-0/03. Após o cruzamento das informações da CID-10 com o CNAE, se o médico perito do INSS verificar que a atividade exercida pelo segurado está relacionada à doença constante do atestado médico apresentado, irá reconhecer o NTEP e, por consequência, a natureza acidentária da enfermidade.

www.cnae.ibge.gov.br	
CÓDIGO	DESCRIÇÃO CNAE
0810-0/01	Ardósia; Extração de
0810-0/02	Granito; Extração de
→ 0810-0/03	Mármore; Extração de
0810-0/04	Calcário; Extração de

Por outro lado, a perícia médica do INSS deixará de aplicar o disposto no art. 21-A da Lei n. 8.213/91, quando demonstrada a inexistência do nexo técnico epidemiológico. **Portanto, a presunção do nexo, pelo cruzamento das informações, é relativa**.

A empresa ou o empregador doméstico poderão requerer a não aplicação do nexo técnico epidemiológico, de cuja decisão caberá recurso, com efeito suspensivo, da empresa, do empregador doméstico ou do segurado ao Conselho de Recursos da Previdência Social (art. 22, § 2º, da Lei n. 8.213/91, com redação dada pela LC n. 150/2015, Lei do Empregado Doméstico).

10.10. ESTABILIDADE ACIDENTÁRIA

A legislação previdenciária garante ao segurado que sofreu acidente do trabalho, pelo **prazo mínimo de doze meses**, a manutenção do seu contrato de trabalho na empresa, após a cessação do auxílio-doença acidentário, independentemente de percepção de auxílio-acidente (art. 118 da Lei n. 8.213/91). Trata-se de uma estabilidade provisória estabelecida por lei.

Estabilidade provisória e Lei Complementar n. 150/2015: apesar de o art. 118 referir-se ao "contrato de trabalho na empresa" e de a Lei Complementar n. 150 ter sido omissa em relação a essa questão, parece-nos que a nova legislação do empregado doméstico, que passou a prever seu direito ao seguro contra acidente do trabalho, garante a esse trabalhador o direito à estabilidade provisória pelo prazo mínimo de 12 meses.

O art. 118 da Lei n. 8.213/91 teve a sua constitucionalidade questionada perante o **STF** ao argumento de que a proteção contra a despedida arbitrária ou sem justa causa deveria ser objeto de lei complementar, nos termos do art. 7º, I, da CF/88. Entretanto, **o STF julgou improcedente o pedido**, reconhecendo a constitucionalidade do art. 118 da Lei de Benefícios, por entender que "norma que se refere às garantias constitucionais do trabalhador em face de acidentes de trabalho não guarda pertinência com a proteção da relação de emprego nos termos do art. 7º, I, da Constituição" (ADIn 639/DF). No mesmo diapasão, foi editada a **Súmula 378, I, do TST**: "I – É constitucional o artigo 118 da Lei n. 8.213/1991 que assegura o direito à estabilidade provisória por período de 12 meses após a cessação do auxílio-doença ao empregado acidentado".

Segundo a jurisprudência majoritária[132], **em regra, o direito à estabilidade provisória pressupõe o acidente do trabalho e o gozo de auxílio-doença acidentário**. Inclusive, nesse sentido, foi editada a **Súmula 378, II, do TST**: "II – São pressupostos para a concessão da estabilidade o afastamento superior a 15 dias e a consequente percepção do auxílio-doença acidentário, salvo se constatada, após a despedida, doença profissional que guarde relação de causalidade com a execução do contrato de emprego".

Observe-se, porém, que a Súmula 378 do TST ressalva **a hipótese de doença ocupacional constatada após a despedida**, desde que guarde relação de causalidade com a execução do contrato de emprego. Aparentemente, o TST conferiu tratamentos diversos entre o acidente típico e a doença ocupacional. O motivo é razoável: as doenças ocupacionais podem se manifestar meses, ou até mesmo anos, após a cessação da relação de trabalho. Portanto, a Súmula, levando em consideração essa realidade fática, confere maior proteção ao trabalhador acometido da enfermidade[133].

Vamos a dois exemplos.

Exemplo 1	Exemplo 2
Cléber sofreu acidente do trabalho no dia 1º de março de 2012. Em razão do acidente, Cléber ficou afastado de suas atividades durante treze dias. Após o retorno, Cléber não terá direito à estabilidade provisória, já que não foi beneficiário de auxílio-doença (benefício que pressupõe o afastamento superior a quinze dias).	Douglas sofreu acidente do trabalho no dia 1º de março de 2012. Em razão do acidente, Douglas ficou afastado de suas atividades durante sessenta dias. Após o retorno, Douglas terá direito à estabilidade provisória.

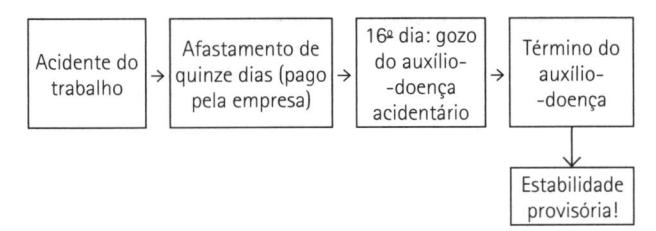

Acidente do trabalho → Afastamento de quinze dias (pago pela empresa) → 16º dia: gozo do auxílio-doença acidentário → Término do auxílio-doença → Estabilidade provisória!

10.11. RESPONSABILIDADE PELO MEIO AMBIENTE DO TRABALHO

Conforme disposto no art. 19, § 1º, da Lei n. 8.213/91, a **empresa é responsável pela adoção e uso das medidas coletivas e individuais de proteção e segurança da saúde do trabalhador**. O art. 19, § 3º, da Lei n. 8.213/91 prescreve, ainda, ser dever da empresa prestar informações pormenorizadas sobre os riscos da operação a executar e do produto a manipular.

O art. 157 da CLT dispõe caber às empresas cumprir e fazer cumprir as normas de segurança e medicina do trabalho, instruir os empregados, por meio de ordens de serviço, quanto às precauções a tomar no sentido de evitar acidentes do trabalho ou doenças ocupacionais, adotar as medidas que lhes sejam determinadas pelo órgão regional competente, bem como facilitar o exercício da fiscalização pela autoridade competente.

O art. 19, § 4º, da Lei de Benefícios estabelece o dever dos órgãos públicos (notadamente os Ministérios do Trabalho e Emprego e da Previdência Social) de fiscalizar o fiel cumprimento dos dispositivos referentes ao meio ambiente do trabalho. Por sua vez, os sindicatos e entidades representativas de classe poderão acompanhar o Poder Público nesta fiscalização, por ser do interesse da categoria como um todo, e dos trabalhadores, em particular.

---

132 Em sentido contrário: "Acidente de trabalho. Estabilidade. Art. 118 da Lei 8.213/91. O fato de o autor não ter se afastado, nem percebido o benefício previdenciário não quer significar, necessariamente, que não seja portador de doença profissional. O que dá direito à estabilidade não é o afastamento previdenciário ou a percepção do benefício previdenciário, mas o fato objetivo do acidente de trabalho (ou doença profissional equiparada). O bem jurídico tutelado é a condição do trabalhador acidentado, não a existência de uma formalidade previdenciária. A Súmula 378, do TST, não despreza a realidade" (TRT/SP – 01702200529102000 – RO, Ac. 6ª T. 20090649154, Rel. Rafael Edson Pugliese Ribeiro, *DOE* 28-8-2009).

133 Sobre o tema, vale a pena colacionar precedente do TRT de São Paulo: "(...) Ocorrendo doença ocupacional (DORT), detectada após a despedida da trabalhadora, não se exigem as mesmas formalidades do acidente do trabalho para fruição do direito à garantia de emprego. Isso porque o afastamento do trabalho por mais de 15 dias e a percepção de auxílio-doença acidentário estão intimamente ligados às características do acidente do trabalho típico, mas não se aplicam às doenças ocupacionais, que, em regra, são silenciosas, com comprometimento gradativo da saúde. Recurso Ordinário da autora a que se dá provimento" (TRT/SP – 01744009520035020037 (01742200303702008) – RO, Ac. 20110360359, Rel. Cíntia Táffari, 1ª Turma, *DOE* 1º-4-2011).

Constitui **contravenção penal, punível com multa**, deixar a empresa de cumprir as normas de segurança e higiene do trabalho (art. 19, § 2º, da Lei n. 8.213/91). Observe-se que se trata de uma infração penal com tipo aberto, o que é motivo de crítica e pouca efetividade no plano fático.

Ressalte-se, ainda, que o pagamento, pela Previdência Social, das prestações por acidente do trabalho **não exclui a responsabilidade civil da empresa ou de outrem**. Vale dizer, não é porque o seguro social cobre o risco de acidente do trabalho que o causador do dano não poderá ser responsabilizado civilmente. Nesse sentido, o art. 7º, XXVIII, da CF/88 dispõe ser direito dos trabalhadores urbanos e rurais, entre outros, seguro contra acidentes de trabalho, a cargo do empregador, sem excluir a indenização a que este está obrigado, quando incorrer em dolo ou culpa.

10.12. AÇÃO REGRESSIVA DO INSS

Conforme prescreve o art. 120 da Lei n. 8.213/91, nos casos de negligência quanto às normas padrão de segurança e higiene do trabalho indicados para a proteção individual e coletiva, a Previdência Social proporá ação regressiva contra os responsáveis.

No AREsp 387.412 (em 10-9-2013), o **STJ** entendeu que o **prazo prescricional da pretensão regressiva do INSS, em respeito ao princípio da isonomia, é de cinco anos** (nos termos do art. 1º do Decreto n. 20.910/32), e não de três anos (conforme disposto no art. 206, § 3º, V, do CC)[134].

A propositura da ação regressiva por parte da Previdência Social não é uma faculdade e sim um dever legal imposto ao INSS pela legislação previdenciária. Comprovada a negligência da empresa (ou dos responsáveis pelo dano) quanto às normas de segurança e higiene do trabalho, surge para a Administração Pública o dever legal de ajuizar a ação regressiva em face do responsável. A ação regressiva, além de buscar a recomposição do Erário pelas despesas decorrentes do pagamento de prestações acidentárias, possui nítido escopo pedagógico.

Embora exista o entendimento de que a previsão normativa da ação regressiva da Previdência Social é inconstitucional, sob o fundamento de que o empregador já custeia o risco social por intermédio da contribuição específica (SAT), a jurisprudência majoritária inclina-se pela constitucionalidade do art. 120 da Lei n. 8.213/91. O fato de o tomador de serviço já recolher o seguro de acidente do trabalho não afasta a sua responsabilidade em ressarcir a Previdência Social quando decorrente de culpa. Portanto, mesmo contribuindo para o custeio dos benefícios decorrentes de acidente do trabalho por meio do SAT, não fica a empresa excluída da responsabilidade nos casos de acidente de trabalho decorrentes de culpa em que incorreu, por inobservância das normas cogentes de segurança e higiene do trabalho. Essa responsabilidade irá se materializar no ressarcimento dos danos causados ao trabalhador (ou à sua família, em caso de óbito) e dos causados à Previdência Social, por meio da ação regressiva proposta pela Procuradoria Federal Especializada do INSS[135].

Com relação à competência para processar e julgar a ação regressiva ajuizada pela Previdência Social é da Justiça Federal.

Em 3 de novembro de 2011, o INSS e a AGU ajuizaram a primeira ação regressiva de trânsito, na Justiça Federal de Brasília. Trata-se da segunda geração das ações regressivas. Segundo o entendimento da Previdência Social, todo infrator que causar acidente por negligência, ao cometer infração gravíssima, deve ressarcir os valores pagos pelo INSS a título de indenização e pensão à família das vítimas.

No dia 7 de agosto de 2012, o INSS ajuizou a primeira ação regressiva decorrente da violência doméstica e familiar contra a mulher. Esta data foi escolhida pelo Instituto por ser aniversário da Lei n. 11.340/2006, que criou

---

134 Argumentos do Ministro Humberto Martins: se nas ações indenizatórias contra a Fazenda Pública o prazo prescricional é quinquenal, o mesmo deve ser aplicado nos casos em que a Fazenda Pública é autora, como na hipótese de ação de regresso acidentária, em respeito ao Princípio da Isonomia. Ressalta-se que não se desconhece a corrente doutrinária e jurisprudencial que defende que nos casos de ação regressiva acidentária o prazo prescricional é o disposto no art. 206, § 3º, V, do CC. Todavia, tal entendimento não merece prosperar, pois no presente caso o INSS não atua como particular, submetendo-se ao Direito Civil. Na verdade, busca-se o ressarcimento ao erário, evitando, assim, que as consequências do ato ilícito que gerou o acidente de trabalho sejam suportadas por toda a sociedade. Ademais, nas hipóteses de ausência de norma específica sobre o assunto, o STJ vem aplicando o Princípio da Isonomia nas ações propostas pela Fazenda Pública em face do administrado.

135 LAGO, Priscila Rocha; MEIRINHO, Augusto Grieco Sant'Anna. Responsabilidade civil do empregador e o Seguro de Acidente do Trabalho – SAT. In: FREITAS JÚNIOR, Antonio Rodrigues de (Coord.). *Responsabilidade civil nas relações de trabalho*: questões atuais e controvertidas. São Paulo: LTr, 2011, p. 206.

mecanismos para coibir a violência doméstica e familiar contra a mulher e que ficou conhecida como Lei Maria da Penha. Esta espécie de ação regressiva já vem sendo conhecida como terceira geração das ações regressivas.

10.13. QUADRO ESQUEMÁTICO

BENEFÍCIO	BENEFICIÁRIOS	CONDIÇÕES P/ CONCESSÃO	INÍCIO DO BENEFÍCIO	CESSAÇÃO DO BENEFÍCIO	VALOR
Auxílio-doença acidentário (esp. 91)	Acidentado do trabalho	Afastamento do trabalho por incapacidade laborativa temporária por acidente do trabalho	– 16º dia de afastamento consecutivo do empregado; – na data do afastamento demais segurados	– morte; – concessão de auxílio-acidente ou aposentadoria; – cessação da incapacidade; – alta médica; – volta ao trabalho	91% do SB
Aposentadoria por invalidez acidentária (esp. 92)	Acidentado do trabalho	Afastamento do trabalho por invalidez acidentária	– no dia em que o auxílio-doença teria início; ou – no dia seguinte à cessação do auxílio-doença	– morte; – cessação da invalidez; – volta ao trabalho	100% do SB
Auxílio-acidente acidentário (esp. 94)	Acidentado do trabalho	Redução da capacidade laborativa por lesão acidentária	– no dia seguinte à cessação do auxílio-doença	– concessão de aposentadoria; – óbito	50% do SB
Pensão por morte acidentária (esp. 93)	Dependentes do acidentado do trabalho	Morte por acidente do trabalho	– na data do óbito; ou – na DER, quando requerida após 30 dias do óbito	– morte do dependente; – cessação da qualidade de dependente	100% do SB

QUESTÕES

1. (ANALISTA DO SEGURO SOCIAL – DIREITO – FUNRIO – 2014 – Questão adaptada – Citação de um item) Será disciplinada por Lei Complementar a cobertura do risco de acidente do trabalho, a ser atendida concorrentemente pelo regime geral de previdência social e pelo setor privado.

COMENTÁRIOS: facilmente, percebe-se que o item está errado. O dispositivo constitucional fala em "lei", sem especificar a sua tipologia.

2. (ANALISTA JUDICIÁRIO/ÁREA JUDICIÁRIA –TRT 16ª Região – CESPE – 2005) Dois vigilantes prestavam serviços noturnos em um mesmo posto de trabalho, sendo responsáveis pela segurança do estacionamento de um grande supermercado. Em determinada ocasião, por motivos religiosos, tiveram séria discussão, que se iniciou com agressões verbais e que culminou com um deles sendo baleado, com sério risco de morte. Nessa situação, embora o dano sofrido não tenha sido resultado da execução do contrato de trabalho, o trabalhador baleado fará jus ao benefício previdenciário previsto para a hipótese de acidente do trabalho.

3. (ANALISTA JUDICIÁRIO / ÁREA JUDICIÁRIA – TRT 16ª Região – CESPE – 2005) Durante o mês de janeiro do ano em curso, a sede de determinada empresa foi alagada por fortes chuvas que se abateram sobre a cidade de São Paulo. Em razão desse fato, algumas das paredes daquele imóvel desabaram sobre alguns empregados, causando-lhes danos físicos significativos. Nessa situação, o infortúnio sofrido pelos trabalhadores será equiparado, para todos os efeitos, ao acidente do trabalho.

4. (JUIZ DO TRABALHO –TRT 2ª Região – 2010 – Questão adaptada – Citação de um item) Equipara-se ao acidente de trabalho, para todos os efeitos legais, a ofensa física ou psicológica intencional, inclusive de terceiros, por motivo de assédio moral ou de disputa relacionada ao trabalho.

COMENTÁRIOS: a banca examinadora desse concurso de JUIZ DO TRABALHO considerou esta alternativa incorreta, já que o art. 21, II, b, da Lei n. 8.213/91 se refere apenas a ofensas físicas e não psicológicas. Desta forma, prevaleceu, para o examinador, a literalidade do dispositivo legal.

5. (INSTITUTO DE PREVIDÊNCIA DOS SERVIDORES / ES – CESPE – 2010) O estudo da infortunística começou a surgir com a Revolução Industrial, em que foi substituído o trabalho manual pelo uso de máquinas. O tear e a máquina a vapor eram os causadores dos acidentes do trabalho. A partir daí é que começa a haver preocupação com o acidentado. Verifica-se que o acidentado no trabalho não conseguia nova colocação em outras empresas, ficando totalmente desprotegido. (Sérgio Pinto Martins. Direito da seguridade social. 29ª ed., p. 395 (com adaptações)). Tendo como referência o texto acima, é considerado(a) acidente de trabalho

a) o acidente decorrente de ato de agressão, sabotagem ou terrorismo praticado por terceiro ou companheiro de trabalho;

b) toda doença degenerativa;

c) toda doença proveniente de contaminação voluntária do empregado no exercício de sua atividade;

d) o acidente sofrido pelo segurado fora do local e horário de trabalho;

e) o acidente ligado ao trabalho, ainda que não haja contribuído diretamente para a morte do segurado, para a redução ou perda da sua capacidade para o trabalho, ou produzido lesão que exija atenção médica para a sua recuperação.

6. (TÉCNICO DO SEGURO SOCIAL – FCC – 2012) Maria é advogada, empregada de uma empresa desde 1990 e, a caminho do Fórum, bateu seu automóvel por cruzar o farol vermelho, sofrendo ferimentos que se agravaram em razão de Maria ser portadora de diabetes e a incapacitaram para suas atividades habituais, por mais de 15 (quinze) dias. Nessa situação, Maria

a) não terá direito a receber benefício acidentário, em razão de o acidente não ter ocorrido no local de trabalho.

b) não terá direito a benefício acidentário em razão de a incapacidade decorrer da diabetes.

c) receberá aposentadoria por invalidez acidentária.

d) não receberá benefício acidentário por estar dirigindo veículo próprio e não da empresa.

e) receberá auxílio-doença acidentário.

COMENTÁRIOS: em primeiro lugar, verifica-se que o enquadramento previdenciário de Maria é como empregada. Logo, ela pode sofrer acidente do trabalho. O item A está ERRADO. Apesar de a questão não especificar de onde Maria saiu, ela estava se dirigindo ao Fórum para fins de exercício de sua atividade. Trata-se, pois, de acidente do trabalho. O item D também está errado. É irrelevante que Maria estivesse dirigindo veículo próprio, nos termos do art. 21, IV, *d*, da Lei n. 8.213/91. O caso concreto narra hipótese de concausa (acidente + diabetes), que se equipara a acidente do trabalho para efeitos legais. Logo, comprovada a incapacidade, Maria terá direito, sim, a um benefício acidentário por incapacidade. Portanto, o item B também está errado. Como Maria ficou incapaz para suas atividades habituais por mais de quinze dias, trata-se de hipótese de concessão de auxílio-doença, e não de aposentadoria por invalidez. Ademais, como o fato é considerado acidente do trabalho, Maria terá direito a um auxílio-doença acidentário. Portanto, deve-se marcar o item E.

Atenção! A prova foi aplicada antes da MP n. 664/2014. Atentar para os ajustes decorrentes da Medida Provisória.

GABARITO

1. CERTO
2. CERTO
3. CERTO
4. ERRADO
5. A
6. E

CAPÍTULO 11

CUSTEIO DA SEGURIDADE SOCIAL

11.1. INTRODUÇÃO AO CUSTEIO

Nos termos do art. 195 da CF/88, a seguridade social será financiada por toda a **sociedade de forma direta e indireta**, mediante recursos provenientes dos orçamentos da União, dos Estados, do Distrito Federal e dos Municípios, e das seguintes contribuições sociais: a) do empregador, empresa e equiparado: sobre a folha, sobre a receita ou faturamento e sobre o lucro; b) do trabalhador e demais segurados; c) sobre a receita de concursos prognósticos; d) do importador.

Para garantir a expansão ou manutenção da seguridade social, o art. 195, § 4º, da CF/88 ainda autoriza a criação de contribuição residual, desde que observados os seguintes requisitos: a) lei complementar; b) não cumulatividade; c) base de cálculo e fato gerador diferentes das contribuições previstas nos incisos do art. 195 da CF/88.

```
                    ┌ Contribuição ─┬ Folha de remuneração
                    │ da empresa    ├ Receita ou faturamento
                    │               └ Lucro
                    ├ Contribuição dos segurados
Financiamento ──────┤
direto              ├ Contribuição sobre a receita de concursos de prog-
                    │ nósticos
                    ├ Contribuição do importador
                    └ Contribuição residual

Financiamento ──────┬ Recursos provenientes dos orçamentos dos entes
indireto              políticos
```

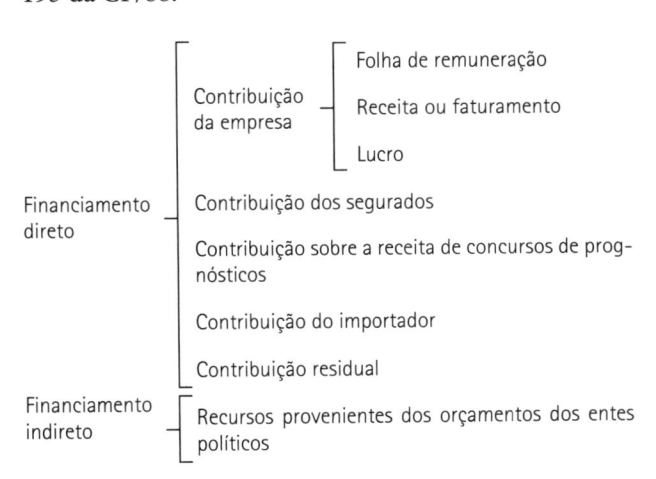

Obs.: Destaque em vermelho → contribuições previdenciárias.

Apesar de a CF/88 ser omissa, ainda existem **outras receitas** (previstas no art. 27 da Lei n. 8.212/91) que serão analisadas oportunamente.

O foco principal deste capítulo são as contribuições para a Seguridade Social **mais recorrentes em provas de concursos públicos**: a contribuição dos segurados e do empregador doméstico, a contribuição do empregador, empresa ou entidade a ela equiparada sobre a folha, a contribuição sobre a receita de concursos de prognósticos e a contribuição para o PIS-PASEP.

11.2. CONTRIBUIÇÃO DOS SEGURADOS E DO EMPREGADOR DOMÉSTICO

Por força do disposto no art. 167, XI, da CF/88 (princípio da vinculação obrigatória), a contribuição dos trabalhadores e demais segurados destina-se especificamente à previdência social. Trata-se, pois, de uma contribuição previdenciária.

A base de contribuição da maioria dos segurados da previdência social é o **salário de contribuição**. Apenas o segurado especial, em virtude de sua situação peculiar (renda sazonal), contribui sobre base de cálculo diversa, nos termos do art. 195, § 8º, da CF/88 (resultado da comercialização de sua produção).

BC da contribuição do segurado especial	BC da contribuição dos demais segurados
RESULTADO DA COMERCIALIZAÇÃO DA PRODUÇÃO CF/88: Art. 195. (...) § 8º O produtor, o parceiro, o meeiro e o arrendatário rurais e o pescador artesanal, bem como os respectivos cônjuges, que exerçam suas atividades em regime de economia familiar, sem empregados permanentes, contribuirão para a seguridade social mediante a aplicação de uma alíquota sobre o resultado da comercialização da produção e farão jus aos benefícios nos termos da lei.	**SALÁRIO DE CONTRIBUIÇÃO**

Passemos então ao estudo do salário de contribuição.

11.2.1. Conceito de salário de contribuição

Salário de contribuição é a **base de cálculo da contribuição dos segurados, à exceção do segurado especial** (que contribui sobre base de cálculo diversa), e também é a **base de cálculo da contribuição do empregador doméstico** (único patrão que recolhe sobre o salário de contribuição). Isso significa dizer que as contribuições dos segurados (menos a do segurado especial) e a do empregador doméstico incidem sobre o salário de contribuição.

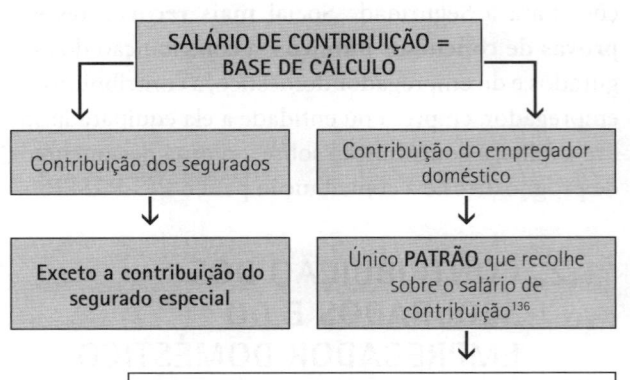

```
            SALÁRIO DE CONTRIBUIÇÃO =
                 BASE DE CÁLCULO
              ↓                    ↓
   Contribuição dos segurados   Contribuição do empregador
              ↓                        doméstico
                                       ↓
   Exceto a contribuição do      Único PATRÃO que recolhe
     segurado especial            sobre o salário de
                                    contribuição¹³⁶
                                       ↓
              Art. 14. I, da Lei n. 8.213/91: Considera-se empregador
              doméstico a pessoa ou família que admite a seu servi-
              ço, sem finalidade lucrativa, empregado doméstico.
```

Qual é a base de cálculo da contribuição do segurado especial? De acordo com o art. 195, § 8º, da CF/88, o segurado especial contribuirá para a seguridade social mediante a aplicação de uma alíquota sobre o **resultado da comercialização da produção**. A tributação diferenciada do segurado especial é necessária, tendo em vista o caráter sazonal de sua remuneração. Diferentemente dos demais segurados da Previdência Social, o segurado especial só terá renda quando comercializar sua produção rural ou o resultado da pesca, sendo certo que ele não fará isso durante todos os meses do ano em razão do período de entressafra (rural) ou do período do defeso (pescador).

Atenção! Verifica-se, pois, que o segurado especial não está isento de contribuição!

11.2.2. Definição do valor do salário de contribuição

De acordo com o art. 28 da Lei n. 8.212/91 (Plano de Custeio), o valor do salário de contribuição varia conforme a espécie de segurado.

---

136 A contribuição da empresa (que também é patronal) incide sobre a remuneração, e não sobre o salário de contribuição.

A – Segurado empregado e trabalhador avulso

De acordo com o art. 201, § 11, da CF/88, os ganhos habituais do empregado, a qualquer título, serão incorporados ao salário para efeito de contribuição previdenciária e consequente repercussão em benefícios, nos casos e na forma da lei.

Cumprindo a delegação constitucional, o inciso I do art. 28 da Lei n. 8.212/91 dispõe que, para o empregado e para o trabalhador avulso, entende-se por salário de contribuição: a **remuneração** auferida em uma ou mais empresas, assim entendida a totalidade dos rendimentos **pagos, devidos ou creditados** a qualquer título, durante o mês, destinados a retribuir o trabalho, qualquer que seja a sua forma, **inclusive as gorjetas, os ganhos habituais sob a forma de utilidades e os adiantamentos decorrentes de reajuste salarial**, quer pelos serviços efetivamente prestados, quer pelo tempo à disposição do empregador ou tomador de serviços nos termos da lei ou do contrato ou, ainda, de convenção ou acordo coletivo de trabalho ou sentença normativa.

Porquanto destinados a retribuir o trabalho, os adicionais (periculosidade, noturno, hora extra e seu respectivo adicional etc.) também integram o salário de contribuição. Nesse sentido, há o entendimento do **STJ** firmado em sede de **recurso repetitivo** (REsp 1.358.281/SP). Porém, é importante salientar que o **STF** enfrentará a questão no âmbito do regime próprio (RE 593.068, com repercussão geral já admitida).

Salário-utilidade (salário *in natura*): alimentação, habitação e vestuário concedidos habitualmente pela empresa, de **forma gratuita**, ao empregado fazem parte do salário, além do pagamento em dinheiro. Isso para todos os efeitos legais, inclusive repercussão em férias mais um terço, décimo terceiro salário e aviso prévio. Note-se que o **salário-utilidade não pode implicar onerosidade ao empregado**, por ínfima que seja, pois, nesse caso, deixa de ter natureza salarial, ou seja, passa a não integrar o salário.

Atenção! Observe-se que o art. 28, I, da Lei n. 8.212/91, do ponto de vista textual, acrescentou a incidência de contribuição sobre a remuneração DEVIDA. A CF/88 apenas prevê a contribuição sobre a remuneração paga ou creditada.

CAPÍTULO 11 – CUSTEIO DA SEGURIDADE SOCIAL

Art. 195, I, da CF/88	Art. 28, I, da Lei n. 8.212/91
Art. 195. A seguridade social será financiada por toda a sociedade, de forma direta e indireta, nos termos da lei, mediante recursos provenientes dos orçamentos da União, dos Estados, do Distrito Federal e dos Municípios, e das seguintes contribuições sociais: I – do empregador, da empresa e da entidade a ela equiparada na forma da lei, incidentes sobre: *a)* a folha de salários e demais rendimentos do trabalho **pagos ou creditados**, a qualquer título, à pessoa física que lhe preste serviço, mesmo sem vínculo empregatício;	Art. 28. Entende-se por salário de contribuição: I – para o empregado e trabalhador avulso: a remuneração auferida em uma ou mais empresas, assim entendida a totalidade dos rendimentos **pagos, devidos ou creditados** a qualquer título, durante o mês, destinados a retribuir o trabalho, qualquer que seja a sua forma, inclusive as gorjetas, os ganhos habituais sob a forma de utilidades e os adiantamentos decorrentes de reajuste salarial, quer pelos serviços efetivamente prestados, quer pelo tempo à disposição do empregador ou tomador de serviços nos termos da lei ou do contrato ou, ainda, de convenção ou acordo coletivo de trabalho ou sentença normativa;

Atenção! Nos termos do art. 28, § 1º, da Lei n. 8.212/91, quando a admissão, a dispensa, o afastamento ou a falta do empregado ocorrer no curso do mês, o salário de contribuição **será proporcional ao número de dias de trabalho efetivo**, na forma estabelecida em regulamento.

B – Segurado empregado doméstico (e do empregador doméstico)

De acordo com o art. 28, II, o salário de contribuição do empregado doméstico é a **remuneração registrada na Carteira de Trabalho e Previdência Social**. O salário de contribuição do **empregador** doméstico também é a remuneração registrada na Carteira de Trabalho.

Os incisos I e II do art. 34 da Lei Complementar n. 150/2015[137], que tratam das contribuições previdenciárias do empregado e do empregador domésticos, fazem referência expressa aos arts. 20 e 24 da Lei n. 8.212/91, dispositivos que preveem o salário de contribuição como base de cálculo da contribuição.

Lei Complementar n. 150/2015	Lei n. 8.212/91
Art. 34. O Simples Doméstico assegurará o recolhimento mensal, mediante documento único de arrecadação, dos seguintes valores: I – 8% (oito por cento) a 11% (onze por cento) de contribuição previdenciária, a cargo do segurado empregado doméstico, nos termos do art. 20 da Lei n. 8.212, de 24 de julho de 1991;	Art. 20. A contribuição do empregado, inclusive o doméstico, e a do trabalhador avulso é calculada mediante a aplicação da correspondente alíquota sobre o seu **salário de contribuição mensal**, de forma não cumulativa, observado o disposto no art. 28, de acordo com a seguinte tabela:
II – 8% (oito por cento) de contribuição patronal previdenciária para a seguridade social, a cargo do empregador doméstico, nos termos do art. 24 da Lei n. 8.212, de 24 de julho de 1991;	Art. 24. A contribuição do empregador doméstico é de 12% (doze por cento) do **salário de contribuição** do empregado doméstico a seu serviço.

Essa referência leva à precipitada compreensão de que a Lei Complementar não alterou a base de cálculo da contribuição do empregado e do empregador doméstico. Entretanto, houve alteração. Segundo o § 1º do art. 34 da Lei Complementar n. 150/2015, as contribuições, os depósitos e o imposto arrolados nos incisos I a VI **incidem sobre a remuneração paga ou devida no mês anterior**, a cada empregado, incluída na remuneração a gratificação de Natal a que se refere a Lei n. 4.090, de 13 de julho de 1962, e a Lei n. 4.749, de 12 de agosto de 1965.

O que isso significa? Ora, deve-se ponderar que a Emenda Constitucional n. 72/2013 estendeu ao doméstico alguns direitos trabalhistas, como o direito às horas extras e ao adicional noturno. Diante disso, a partir da Lei Complementar n. 150/2015, passou a existir previsão normativa de incidência de contribuição sobre tais verbas trabalhistas ("remuneração paga ou devida no mês anterior").

Exemplo: em novembro de 2015, uma empregada doméstica auferiu, além da remuneração registrada na CTPS (R$ 1.000,00), o valor de R$ 200,00 a título de hora extra. Com base na nova legislação, a contribuição previdenciária incidirá sobre o valor de R$ 1.200,00. De acordo com a legislação anterior, ela incidiria apenas sobre o valor registrado na CTPS (R$ 1.000,00).

Antes da LC n. 150/2015	Depois da LC n. 150/2015
Salário de contribuição = remuneração registrada na CTPS.	Salário de contribuição = remuneração paga ou devida no mês anterior.

Como a cobrança efetiva de tais valores somente foi condicionada à viabilização operacional do Simples

---

137 Apesar de o inciso III do art. 34 da Lei Complementar n. 150/2015, que prevê a contribuição para o SAT, não fazer referência expressa ao art. 24 da Lei n. 8.212/91, não há dúvida de que o salário de contribuição também é a base de cálculo do SAT. A Lei n. 13.202/2015, afastando qualquer dúvida, estabeleceu que a alíquota para o financiamento do seguro contra acidentes do trabalho é de 0,8% (oito décimos por cento) incidentes sobre o salário de contribuição do empregado doméstico (art. 24, II, da Lei n. 8.212/91).

■ DIREITO PREVIDENCIÁRIO

Doméstico por meio da criação do eSocial (www.esocial.gov.br), atendeu-se ao princípio da anterioridade nonagesimal.

C – Segurado contribuinte individual

Pelo art. 28, III, o salário de contribuição do contribuinte individual é a **remuneração auferida em uma ou mais empresas ou pelo exercício de sua atividade por conta própria durante o mês**. Imaginemos, portanto, um profissional da saúde (médico, por exemplo) que exerça atividade em seu consultório particular (trabalho por conta própria) e em um hospital (trabalho a serviço de pessoa jurídica). Nesse caso, seu salário de contribuição será o somatório das duas rendas.

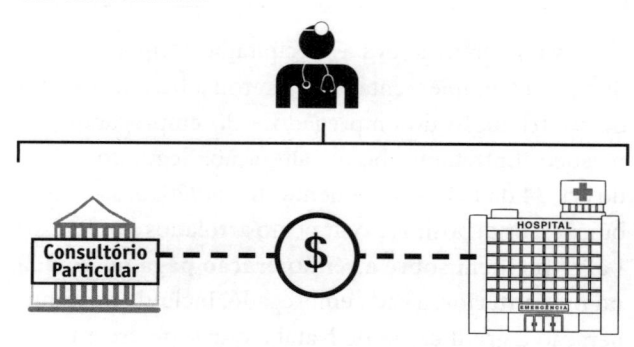

A Lei n. 13.202/2015 acrescentou o § 11 ao art. 28 da Lei n. 8.212/91 para tratar do salário de contribuição do contribuinte individual que trabalha como condutor autônomo de veículo rodoviário, como auxiliar de condutor autônomo de veículo rodoviário, em automóvel cedido em regime de colaboração (nos termos da Lei n. 6.094/74), como operador de trator, máquina de terraplenagem, colheitadeira e assemelhados. Para esses trabalhadores, considera-se remuneração o montante correspondente a 20% do valor bruto do frete, carreto, transporte de passageiros ou do serviço prestado, observado o limite máximo do salário de contribuição.

D – Segurado facultativo

Finalmente, conforme disposto no art. 28, IV, da Lei n. 8.212/91, o salário de contribuição do segurado facultativo é o **valor por ele declarado**. Ressalte-se que, antigamente, o salário de contribuição do contribuinte individual (trabalhador autônomo, equiparado e o empresário) e do segurado facultativo chamava-se **salário-base**. Contudo, **essa nomenclatura foi totalmente descartada da nossa ordem jurídica**. Dessa maneira, na hipótese de uma questão de prova mencioná-la em referência ao direito em vigor, o candidato deve marcar o item como errado.

11.2.3. Limites do salário de contribuição

Já sabemos qual é o valor do salário de contribuição de cada um dos segurados da Previdência Social (exceto o segurado especial, que contribui sobre base diferente). Entretanto, é preciso advertir que **o salário de contribuição é uma grandeza que possui um limite mínimo e um limite máximo**. De acordo com o art. 28, § 3º, da Lei n. 8.212/91, o limite mínimo do salário de contribuição corresponde ao **piso salarial, legal ou normativo, da categoria ou, inexistindo este, ao salário mínimo**, tomado no seu valor mensal, diário ou horário, conforme o ajustado e o tempo de trabalho efetivo durante o mês. O **limite máximo corresponde ao teto da previdência social**, anualmente reajustado pelo INPC e, em 2018, fixado em R$ 5.645,80.

Salário de contribuição
- Limite máximo: teto da previdência social (R$ 5.645,80 para 2018)
- Limite mínimo: Piso salarial da categoria ou o salário mínimo

Passemos para o exame de várias situações hipotéticas. Considere (R) como remuneração e (SC) como salário de contribuição.

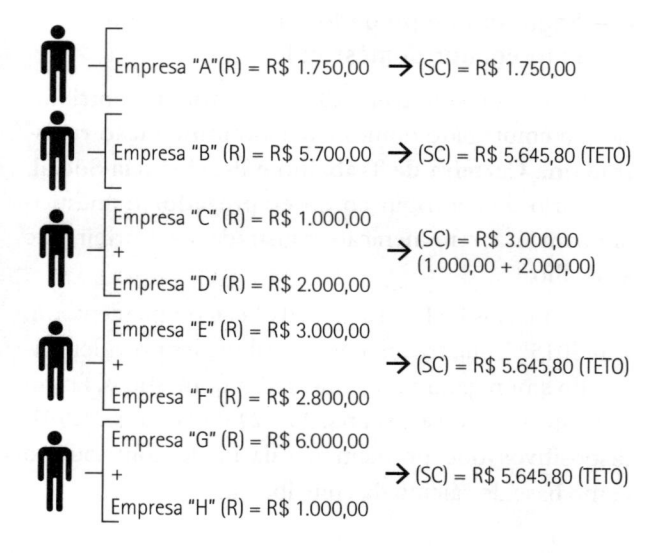

- Empresa "A" (R) = R$ 1.750,00 → (SC) = R$ 1.750,00

- Empresa "B" (R) = R$ 5.700,00 → (SC) = R$ 5.645,80 (TETO)

- Empresa "C" (R) = R$ 1.000,00
  +
  Empresa "D" (R) = R$ 2.000,00
  → (SC) = R$ 3.000,00 (1.000,00 + 2.000,00)

- Empresa "E" (R) = R$ 3.000,00
  +
  Empresa "F" (R) = R$ 2.800,00
  → (SC) = R$ 5.645,80 (TETO)

- Empresa "G" (R) = R$ 6.000,00
  +
  Empresa "H" (R) = R$ 1.000,00
  → (SC) = R$ 5.645,80 (TETO)

Nesse último caso, percebe-se que o segurado atingiu o teto com base na remuneração percebida em razão do trabalho na empresa G. **Logo, a empresa H sequer precisará efetuar o desconto da contribuição previdenciária do segurado.** Entretanto, para que não haja o desconto, o segurado deverá apresentar o comprovante de desconto da contribuição na empresa H.

Atenção! Como já salientamos, **o empregadoR doméstico é o único patrão que recolhe sobre o salário de contribuição** (grandeza que possui um valor máximo). Diferente é a situação tributária do empregador (não doméstico), da empresa ou entidade a ela equiparada. Com efeito, **a contribuição do empregador, empresa ou equiparado sobre a folha de remuneração NÃO está sujeita a nenhum tipo de limitação**. Logo, o tributo incidirá sobre o valor total da remuneração independentemente de teto. Vejamos abaixo duas situações hipotéticas:

EMPREGADOR DOMÉSTICO	EMPREGADOR, EMPRESA OU EQUIPARADO
(R) do empregado doméstico: R$ 5.700,00. (SC): R$ 5.645,80 (teto). (BC) da contribuição do empregado doméstico: R$ 5.645,80 (BC) da contribuição do EMPREGADOR doméstico (SC): R$ 5.645,80	(R) do empregado: R$ 8.000,00. (SC): R$ 5.645,80 (teto). (BC) da contribuição do empregado: R$ 5.645,80 (BC) da contribuição do EMPREGADOR, EMPRESA OU EQUIPARADO: R$ 8.000,00 (não limitado ao teto).
(R) = Remuneração (SC) = Salário de contribuição (BC) = Base de cálculo Teto = Limitado ao teto	

11.2.4. Algumas parcelas integrantes do salário de contribuição

Dizer que uma parcela integra o salário de contribuição implica reconhecer a incidência de contribuição sobre ela. Já mencionamos algumas parcelas importantes (**gorjetas, adicionais e utilidades habituais**). Adiante, citaremos outras parcelas importantes para concursos públicos.

Décimo terceiro salário: de acordo com o art. 28, § 7º, da Lei n. 8.212/91, o décimo terceiro salário integra o salário de contribuição, o que está plenamente de acordo com a **Súmula 688 do STF**: "É legítima a incidência da contribuição previdenciária sobre o 13º salário".

Alguns autores advogam a tese de que a incidência da contribuição é indevida, pois o décimo terceiro não integra o cálculo do benefício previdenciário. De fato, **o décimo terceiro salário não integra o cálculo do benefício**, porém não podemos esquecer que todos os benefícios previdenciários geram o direito ao abono anual (gratificação natalina). Destarte, conclui-se que a incidência de contribuição sobre o décimo terceiro salário acaba financiando a gratificação natalina percebida por ocasião do gozo da prestação previdenciária.

Salário-maternidade: como já examinamos acima, trata-se do único benefício previdenciário que integra o salário de contribuição, ou seja, é o único benefício que sofre a incidência da contribuição (art. 28, § 9º, *a*, da Lei n. 8.212/91). Atualmente, está-se aguardando decisão do STF sobre a constitucionalidade da exigência tributária (repercussão geral admitida – RE 57.967).

O candidato deve tomar cuidado em relação ao instituto das diárias, pois o art. 28, § 8º, da Lei n. 8.212, de 1991, dispunha que integrava o salário de contribuição a **totalidade das diárias pagas, quando excedente a 50% da remuneração mensal**. Cabe destacar que a diária não possui caráter remuneratório, pois sua finalidade não é remunerar, e sim indenizar o indivíduo em razão de gastos decorrentes do serviço. Contudo, o art. 28, § 8º, *a*, da Lei n. 8.212/91 determina a incidência de contribuição sobre essa verba com base no **art. 457, § 2º, da CLT**, segundo o qual não se incluem nos salários as ajudas de custo, assim como as diárias para viagem que não excedam de 50% do salário percebido pelo empregado. Nesse sentido, sempre que a diária fosse superior a 50% da remuneração, por presunção legal, ela passaria a ter caráter remuneratório.

Entretanto, a Lei n. 13.467, de 2017, denominada reforma trabalhista, modificou essa situação, revogando expressamente o art. 28, § 8º, *a*, da Lei n. 8.212/91 e alterando a redação do art. 457, § 2º, da CLT, que passou a dispor que as importâncias, ainda que habituais, pagas a título de ajuda de custo, auxílio-alimentação, vedado seu pagamento em dinheiro, diárias para viagem, prêmios e abonos não integram a remuneração do empregado, não se incorporam ao contrato de trabalho e não constituem base de incidência de qualquer encargo trabalhista e previdenciário.

A Lei n. 13.467, de 2017, também alterou a redação da letra h, do § 9º, do art. 20 da Lei n. 8.212, de 1991, para constar que não integram o salário de contribuição as diárias de viagens.

Comissões: o art. 457, § 1º, da CLT dispõe que integram o salário a importância fixa estipulada, as gratificações e as comissões pagas pelo empregador. Esse dispositivo também teve a sua redação alterada pela Lei n. 13.467, de 2017. Se as comissões integram o conceito de salário, por óbvio, integram o salário de contribuição. A dúvida maior recai sobre a incidência (ou não) de contribuição na hipótese de pagamento de comissão a indivíduo que não mantém vínculo empregatício com a fonte pagadora. Um exemplo é o corretor de seguros. Será que incide a contribuição previdenciária sobre a comissão paga ao corretor de seguros? De acordo com a **Súmula 458 do STJ**, "a contribuição previdenciária incide sobre a comissão paga ao corretor de seguros". Com razão o STJ, afinal, se o corretor presta o serviço de intermediação no contrato de seguro, devida é a contribuição previdenciária desde a edição da Lei Complementar n. 84/96.

Férias e respectivo adicional: como salienta Ivan Kertzman, segundo dispõe a legislação previdenciária, **a remuneração das férias dos empregados, incluindo o adicional de um terço, é considerada salário de contribuição**, desde que as férias sejam gozadas pelos empregados. **A incidência da contribuição ocorrerá no mês a que elas se referem, mesmo quando pagas antecipadamente na forma da legislação trabalhista**[138].

Não obstante a legislação atual disponha que o terço de férias integra o salário de contribuição, o **STJ pacificou o entendimento de que o adicional de férias (mesmo quando gozadas) não integra o salário de contribuição, haja vista o seu caráter indenizatório.**

Atenção! Logo adiante, veremos que as férias NÃO gozadas (e o respectivo adicional) não integram o salário de contribuição, dado o seu caráter indenizatório!

11.2.5. Algumas parcelas não integrantes do salário de contribuição

No art. 28, § 9º, da Lei n. 8.212/91, existem diversas parcelas que não integram o salário de contribuição. A seguir, ressaltaremos somente as parcelas que reputamos mais importantes para concursos públicos.

Benefícios previdenciários: não integram o salário de contribuição os benefícios da Previdência Social, **salvo o salário-maternidade** (art. 28, § 9º, *a*, da Lei n. 8.212/91). Não custa lembrar que, em relação aos benefícios de aposentadoria e pensão, incide, na verdade, a regra de imunidade prevista no art. 195, II, da CF/88.

Verbas indenizatórias: em regra, as verbas indenizatórias não integram o salário de contribuição (art. 28, § 9º da Lei n. 8.212/91), afinal não integram o conceito de remuneração, pois não visam a remunerar o indivíduo pelo serviço prestado, mas sim a indenizá-lo. Assim, podemos estabelecer uma **regra**: as verbas indenizatórias não integram o salário de contribuição. Alguns exemplos:

Atenção! Várias verbas indenizatórias possuem a rubrica "indenizado(a)"

---
[138] KERTZMAN, Ivan. *Curso prático de direito previdenciário.* Salvador: JusPodivm, 2011, p. 133.

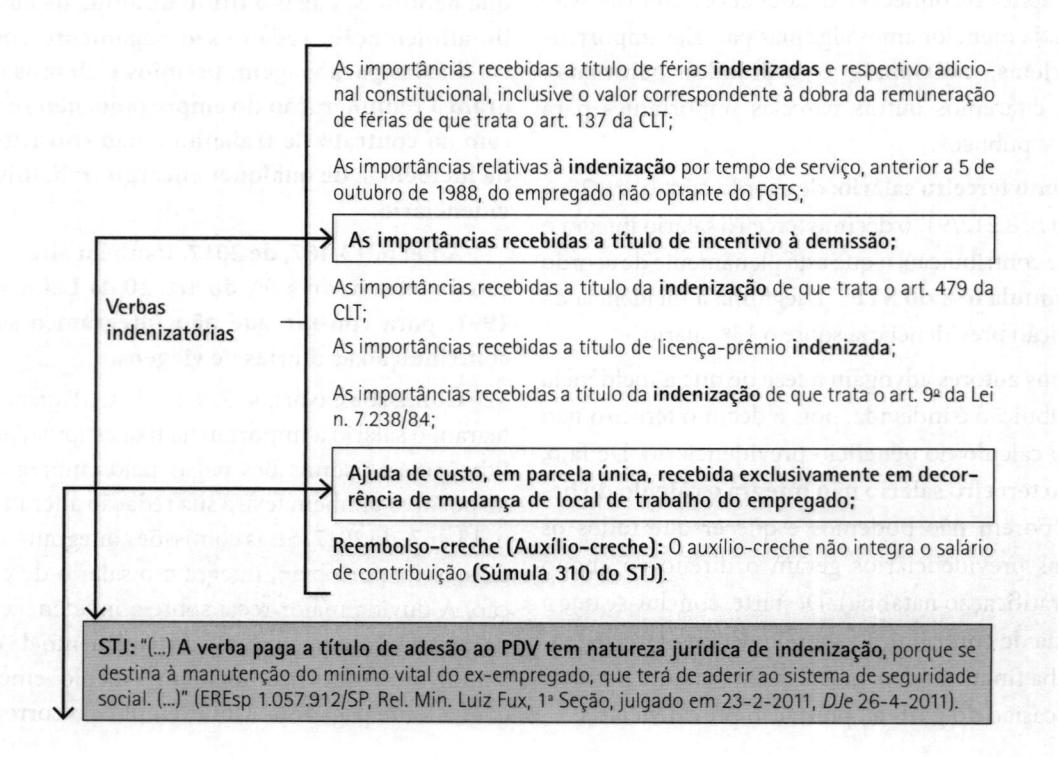

Verbas indenizatórias:

- As importâncias recebidas a título de férias **indenizadas** e respectivo adicional constitucional, inclusive o valor correspondente à dobra da remuneração de férias de que trata o art. 137 da CLT;
- As importâncias relativas à **indenização** por tempo de serviço, anterior a 5 de outubro de 1988, do empregado não optante do FGTS;
- **As importâncias recebidas a título de incentivo à demissão;**
- As importâncias recebidas a título da **indenização** de que trata o art. 479 da CLT;
- As importâncias recebidas a título de licença-prêmio **indenizada**;
- As importâncias recebidas a título da **indenização** de que trata o art. 9º da Lei n. 7.238/84;
- **Ajuda de custo, em parcela única, recebida exclusivamente em decorrência de mudança de local de trabalho do empregado;**
- **Reembolso-creche (Auxílio-creche):** O auxílio-creche não integra o salário de contribuição **(Súmula 310 do STJ).**

STJ: "(...) A verba paga a título de adesão ao PDV tem natureza jurídica de indenização, porque se destina à manutenção do mínimo vital do ex-empregado, que terá de aderir ao sistema de seguridade social. (...)" (EREsp 1.057.912/SP, Rel. Min. Luiz Fux, 1ª Seção, julgado em 23-2-2011, *DJe* 26-4-2011).

Atenção! Apenas não integra o salário de contribuição a ajuda de custo recebida **em parcela única, em decorrência de mudança de local de trabalho do empregado.** Dessa maneira, como salientam Ivan Kertzman e Sinésio Cyrino, se o montante for dividido em dois ou mais meses, ou, ainda, se for utilizado para outra finalidade que não a mudança de local de trabalho, ele integrará o salário de contribuição[139].

Entretanto, é importante salientar que o Decreto n. 6.727/2009 alterou o Regulamento da Previdência Social (Decreto n. 3.048/99) e passou a exigir a contribuição sobre o **aviso prévio indenizado.** Além de importar ruptura à ideia legal de que apenas as verbas remuneratórias integram o salário de contribuição, a mudança é bastante questionável do ponto de vista normativo. Poderia um simples decreto modificar critério de incidência de um tributo? Não é à toa que o **STJ**, mesmo após a alteração regulamentar, continua entendendo que não incide contribuição previdenciária sobre os valores pagos a título de aviso prévio indenizado, por não se tratar de verba salarial (AgRg no REsp 1.218.883/SC, Rel. Ministro Benedito Gonçalves, 1ª Turma, *DJe* 22-2-2011).

Se existe dúvida acerca da incidência de contribuição sobre o aviso prévio indenizado (a jurisprudência não está alinhada com a legislação atualmente vigente), o mesmo não se pode dizer em relação ao **aviso prévio trabalhado.** Não há dúvida de que ele integra o salário de contribuição, afinal trata-se de verba salarial.

AVISO PRÉVIO INDENIZADO	AVISO PRÉVIO TRABALHADO
É verba indenizatória. Para o Decreto n. 3.048/99: sofre a incidência de contribuição. Para o STJ: não sofre a incidência de contribuição.	É verba remuneratória. Não há controvérsia. Sofre a incidência de contribuição previdenciária.

As diferenças recebidas a título de abono de férias na forma dos arts. 143 e 144 da CLT: de acordo com o art. 143 da CLT, é facultado ao empregado converter 1/3 do período de férias a que tiver direito em abono pecuniário, no valor da remuneração que lhe seria devida nos dias correspondentes.

O art. 144 da CLT dispõe que o abono pecuniário de férias não integra a remuneração do trabalhador. Trata-se de verba indenizatória, pois visa a indenizar o obreiro pelo não gozo da parcela de férias[140] (REsp 973.436/SC). Consequentemente, não sofre a incidência de contribuição previdenciária.

Também não integra a remuneração, segundo o art. 144 da CLT, o abono concedido em virtude de cláusula do contrato de trabalho, do regulamento da empresa, de convenção ou acordo coletivo, desde que não excedente a 20 dias de salário. Consequentemente, não sofre a incidência de contribuição previdenciária.

Atenção! Esse abono não se confunde com o abono pecuniário de férias decorrente da venda de 10 dias, conforme abaixo.

Abono pecuniário de férias	Abono equivalente a 20 dias de salário
É facultado ao empregado converter 1/3 (um terço) do período de férias a que tiver direito em abono pecuniário, no valor da remuneração que lhe seria devida nos dias correspondentes. Observação: o art. 144 da CLT dispõe que esse abono não integra a remuneração.	Abono concedido em virtude de cláusula do contrato de trabalho, do regulamento da empresa, de convenção ou acordo coletivo, **desde que não excedente de vinte dias do salário**, não integrarão a remuneração do empregado para os efeitos da legislação do trabalho.

Não integram o salário de contribuição!

Abono do PIS e do PASEP: de acordo com o art. 239, § 3º, da CF/88, aos empregados que percebam de empregadores que contribuem para o PIS ou para o PASEP, até dois salários mínimos de remuneração mensal, é assegurado o pagamento de um salário mínimo anual, computado neste valor o rendimento das contas individuais, no caso daqueles que já participavam dos referidos programas, até a data da promulgação desta Constituição.

A Lei n. 8.212/91, expressamente, afastou a incidência de contribuição previdenciária sobre tal verba.

As diárias para viagens: já vimos que a reforma trabalhista modificou o tratamento acerca das diárias de viagem, que passaram a não integrar o salário de contribuição, qualquer que seja o percentual percebido pelo segurado.

As diferenças recebidas a título de ganhos eventuais e os abonos expressamente desvinculados do

---

139 KERTZMAN, Ivan; CYRINO, Sinésio. *Salário de contribuição. A base de cálculo previdenciária das empresas e dos segurados.* Salvador: JusPodivm, 2010, p. 228.

140 DELGADO, Maurício Godinho. *Curso de direito do trabalho.* São Paulo: LTr, 2005, p. 979.

salário: o art. 457, § 1º, da CLT prescreve que integram o salário a importância fixa estipulada, as gratificações legais e de função e as comissões pagas pelo empregador. Portanto, em regra, os abonos integram o salário de contribuição. Apenas não haverá a incidência de contribuição quando se tratar de abono expressamente desvinculado do salário.

A **Lei n. 13.467, de 2017, acrescentou a letra z ao § 9º do art. 28 da Lei de Custeio para deixar expresso que não integram o salário de contribuição os prêmios e abonos.**

Parcela recebida a título de vale-transporte: atualmente, segundo a jurisprudência pacífica do STF e do STJ, o pagamento deste benefício em vale-transporte ou **em moeda (dinheiro)** não afeta seu caráter **não salarial**. Ou seja, **tanto para o STF quanto para o STJ, a cobrança de contribuição sobre o valor pago, em dinheiro, a título de vale-transporte, afronta a Constituição em sua totalidade normativa.** Diante da forte jurisprudência nesse sentido, a Advocacia-Geral da União **(AGU)** acabou editando a **Súmula 60**: "Não há incidência de contribuição previdenciária sobre o vale-transporte pago em pecúnia, considerando o caráter indenizatório da verba".

Em 2008, no concurso para Técnico do Seguro Social (CESPE), havia uma questão com o seguinte enunciado: "Mateus trabalha em uma empresa de informática e recebe o vale-transporte junto às demais rubricas que compõem sua remuneração, que é devidamente depositada em sua conta bancária. Nessa situação, incide contribuição previdenciária sobre os valores recebidos por Mateus a título de vale-transporte".

O item foi considerado errado pelo CESPE, porque, à luz do disposto no art. 28, § 9º, *f*, da Lei n. 8.212/91, não incide contribuição sobre a parcela recebida a título de vale-transporte, na forma da legislação própria. E a legislação específica (Lei n. 7.418/85) só prevê a isenção para o vale-transporte que tenha sido entregue ao trabalhador. Como no caso concreto da questão, Mateus recebeu o vale-transporte em dinheiro (maculando o disposto na Lei n. 7.418/85), trata-se de hipótese de incidência de contribuição (com fundamento na letra da lei).

Registre-se que essa prova foi aplicada antes da decisão do STF sobre o assunto (proferida em maio de 2010). **E se a prova tivesse sido aplicada depois da decisão do STF? Qual seria a resposta correta?** Como a decisão do Tribunal não gerou a edição de súmula vinculante, nem foi proferida em sede de controle concentrado, ainda permanece válido o disposto na Lei n. 7.418/85. Ou seja, para fins legais, incide contribuição previdenciária quando o vale-transporte tiver sido pago em dinheiro. Portanto, se hoje o candidato deparar-se com uma questão de conteúdo idêntico, **em nosso sentir**, o procedimento mais prudente é marcar o item como CERTO. **Porém, é preciso ficar atento!** Se a questão fizer referência ao entendimento atual da jurisprudência ou da Advocacia-Geral da União (AGU), o candidato deve saber que, atualmente, tanto o STF quanto o STJ e até mesmo a AGU entendem que não incide contribuição previdenciária mesmo quando o vale-transporte é pago em dinheiro.

SE A PROVA FOSSE APLICADA EM 2012...	
(QUESTÃO HIPOTÉTICA 1) Não incide contribuição sobre os valores pagos a título de vale-transporte, quando tal benefício for pago em dinheiro.	**(QUESTÃO HIPOTÉTICA 2)** De acordo com a jurisprudência dos Tribunais Superiores, não incide contribuição sobre o vale-transporte pago em dinheiro.
RESPOSTA: ERRADO porque, de acordo com a lei, só não incide a contribuição quando o vale for entregue ao empregado.	RESPOSTA: CORRETO

Participação nos lucros ou resultados da empresa, quando paga ou creditada de acordo com lei específica: também não incide contribuição sobre a participação nos lucros ou resultados da empresa, **desde que ela tenha sido paga ou creditada de acordo com lei específica (Lei n. 10.101/2000).** De acordo com o art. 3º, § 2º, da Lei n. 10.101/2000, é vedado o pagamento de qualquer antecipação ou distribuição de valores a título de participação nos lucros ou resultados da empresa **em periodicidade inferior a um semestre civil, ou mais de duas vezes no mesmo ano civil.** A ressalva justifica-se porque o CESPE, no ano de 2008, elaborou duas questões sobre o assunto, que exigiam do candidato o conhecimento sobre a periodicidade na percepção dos lucros.

▶ Vale-refeição recebido de acordo com o programa do Ministério do Trabalho: também não integra o salário de contribuição a parcela *in natura* recebida de acordo com os programas de alimentação aprovados pelo Ministério do Trabalho, nos termos da Lei n. 6.321, de 14 de abril de 1976 (art. 28, § 9º, *c*, da Lei n. 8.212/91). Logo, se o vale-refeição for recebido em desacordo com o Ministério do Trabalho, ele integra o salário de contribuição.

Valores recebidos em decorrência da cessão de direitos autorais: também não integram o salário de contribuição os valores decorrentes de direitos autorais.

Benefícios decorrentes do contrato de trabalho relacionados à previdência e à saúde, desde que sejam extensivos à totalidade dos empregados da empresa: os benefícios e vantagens decorrentes do contrato de trabalho relativos à previdência e à saúde não integram o salário de contribuição, desde que sejam extensivos à totalidade dos empregados da empresa.

Benefícios relativos à PREVIDÊNCIA
- A importância paga ao empregado a título de complementação ao valor do auxílio-doença, desde que este direito seja extensivo à totalidade dos empregados da empresa.
- O valor das contribuições efetivamente pago pela pessoa jurídica relativo a programa de previdência complementar, aberto ou fechado, desde que disponível à totalidade de seus empregados e dirigentes, observados, no que couber, os arts. 9º e 468 da CLT.

Benefício relativo à SAÚDE
- O valor relativo à assistência prestada por serviço médico ou odontológico, próprio da empresa ou por ela conveniado, inclusive o reembolso de despesas com medicamentos, óculos, aparelhos ortopédicos, despesas médico-hospitalares e outras similares, a partir da reforma trabalhista.

Assim, não integra o salário de contribuição, nos termos da letra q, do § 9º, do art. 28, da Lei n. 8.212, de 1991, com a redação dada pela Lei n. 13.467, de 2017, o valor relativo à assistência prestada por serviço médico ou odontológico, próprio da empresa ou por ela conveniado, inclusive o reembolso de despesas com medicamentos, óculos, aparelhos ortopédicos, próteses, órteses, despesas médico-hospitalares e outras similares. Assim, não há mais necessidade de extensão a todos os empregados da empresa.

Antigamente, a mesma lógica era aplicável em relação aos benefícios decorrentes relativos à **educação**. Segundo dispunha a Lei n. 8.212/91, não integrava o salário de contribuição o valor relativo a plano educacional, desde que não fosse utilizado em substituição de parcela salarial e que todos os empregados e dirigentes tivessem acesso ao mesmo. Entretanto, **a Lei n. 12.513/2011 alterou a previsão legal. A partir de então, não mais se exige que o benefício da área da educação seja extensivo a todos os empregados da empresa**, senão vejamos:

> Lei n. 8.212/91: Art. 28 (...) § 9º **Não integram o salário de contribuição** para os fins desta Lei, exclusivamente: (...)
>
> t) o valor relativo a plano educacional, ou bolsa de estudo, que vise à educação básica de empregados e seus dependentes e, desde que vinculada às atividades desenvolvidas pela empresa, à educação profissional e tecnológica de empregados, nos termos da Lei n. 9.394, de 20 de dezembro de 1996, e: (Redação dada pela Lei n. 12.513, de 2011)
>
> 1. não seja utilizado em substituição de parcela salarial; e (Incluído pela Lei n. 12.513, de 2011)
>
> 2. o valor mensal do plano educacional ou bolsa de estudo, considerado individualmente, não ultrapasse 5% (cinco por cento) da remuneração do segurado a que se destina ou o valor correspondente a uma vez e meia o valor do limite mínimo mensal do salário de contribuição, o que for maior; (Incluído pela Lei n. 12.513, de 2011)

11.2.6. Alíquota da contribuição dos segurados (e do empregador doméstico) que contribuem sobre o salário de contribuição

A alíquota da contribuição dos segurados que contribuem sobre o salário de contribuição apresenta exclusivamente três variáveis, quais sejam: **(1) o enquadramento previdenciário (tipo de segurado); (2) a escolha do plano de cobertura previdenciária (plano geral previdenciário ou plano simplificado de previdência social); e (3) valor do salário de contribuição** (base de cálculo da contribuição dos segurados, à exceção do segurado especial).

VARIÁVEIS	ESPÉCIES DE CONTRIBUINTES	ALÍQUOTA DA CONTRIBUIÇÃO	
Plano Geral Previdenciário	Segurado empregado, avulso e doméstico	Até R$ 1.693,72	8%
		de R$ 1.693,73 até R$ 2.822,90	9%
		de R$ 2.822,91 até R$ 5.645,80	11%
	Segurado facultativo	20%	
	Segurado contribuinte individual (por conta própria)	20%	
	Segurado contribuinte individual (a serviço de pessoa jurídica)	11%	
	Empregador doméstico	8%, além da contribuição para o SAT e o FGTS (esta última não é contribuição previdenciária) – LC n. 150/2015	

Art. 34 da Lei Complementar n. 150, de 2015. O Simples Doméstico assegurará o recolhimento mensal, mediante documento único de arrecadação, dos seguintes valores:

I – 8% (oito por cento) a 11% (onze por cento) de contribuição previdenciária, a cargo do segurado empregado doméstico, nos termos do art. 20 da Lei n. 8.212, de 24 de julho de 1991;

(OBS.: contribuição do segurado empregado doméstico)

II – 8% (oito por cento) de contribuição patronal previdenciária para a seguridade social, a cargo do empregador doméstico, nos termos do art. 24 da Lei n. 8.212, de 24 de julho de 1991;

(OBS.: contribuição do segurado empregador doméstico)

III – 0,8% (oito décimos por cento) de contribuição social para financiamento do seguro contra acidentes do trabalho;

(OBS.: contribuição do segurado empregador doméstico)

IV – 8% (oito por cento) de recolhimento para o FGTS;

V – 3,2% (três inteiros e dois décimos por cento), na forma do art. 22 desta Lei; e

VI – imposto sobre a renda retido na fonte de que trata o inciso I do art. 7º da Lei n. 7.713, de 22 de dezembro de 1988, se incidente.

(...)

§ 7º O recolhimento mensal, mediante documento único de arrecadação, e a exigência das contribuições, dos depósitos e do imposto, nos valores definidos nos incisos I a VI do *caput*, somente serão devidos após 120 (cento e vinte) dias da data de publicação desta Lei.

Dúvida: Vicente exerce atividade em duas empresas, percebendo, em cada uma delas, a remuneração de R$ 1.500,00. Para definir a alíquota aplicável, deve-se apurar o salário de contribuição a partir do somatório de todas as suas remunerações. Assim, o salário de contribuição de Vicente corresponde a R$ 3.000,00, o que implica a incidência da alíquota de 11% sobre o valor total da remuneração auferida.

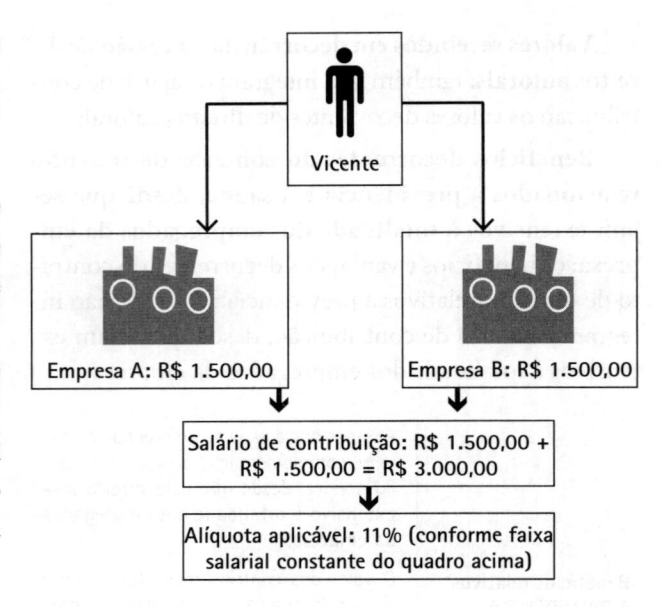

```
                    Vicente
              ↙              ↘
    Empresa A: R$ 1.500,00    Empresa B: R$ 1.500,00
              ↘              ↙
    Salário de contribuição: R$ 1.500,00 +
          R$ 1.500,00 = R$ 3.000,00

    Alíquota aplicável: 11% (conforme faixa
       salarial constante do quadro acima)
```

Dúvida: se a obrigação de recolher a contribuição do segurado recai sobre a empresa, como a empresa saberá qual é a faixa de enquadramento do salário de contribuição do segurado a seu serviço? Ou seja, como a empresa A saberá que Vicente trabalha em outra empresa, resultando um salário de contribuição de R$ 3.000,00?

De acordo com o art. 64 da Instrução Normativa da Receita Federal do Brasil n. 971/2009, o **segurado empregado, inclusive o doméstico, que possuir mais de um vínculo, deverá comunicar a todos os seus empregadores**, mensalmente, a remuneração recebida até o limite máximo do salário de contribuição, envolvendo todos os vínculos, a fim de que o empregador possa apurar corretamente o salário de contribuição sobre o qual deverá incidir a contribuição social previdenciária do segurado, bem como a alíquota a ser aplicada. O § 4º do mesmo artigo determina a aplicação da mesma regra ao trabalhador avulso que, concomitantemente, exercer atividade de segurado empregado.

	Segurado facultativo (plano simplificado)	11%
	Segurado contribuinte individual (plano simplificado)	11%
Plano simplificado	Microempreendedor individual	5%
	Segurado facultativo sem renda própria que se dedique exclusivamente ao trabalho doméstico no âmbito de sua residência, desde que pertencente a família de baixa renda	5%

Há razões que justificam a existência de tantas alíquotas. A **primeira delas** é o princípio da **capacidade contributiva**, que possui como um de seus pilares a ideia de **progressividade** (e não proporcionalidade). Esse princípio justifica a variação percentual da contribuição dos segurados empregados, avulsos e domésticos. Quanto maior a remuneração do trabalhador, maior será a alíquota da contribuição (8% a 11%). Atente-se para o fato de que a incidência da alíquota é não cumulativa, ou seja, **incide uma única alíquota sobre o valor total do salário de contribuição**. Não obstante a simplificação do cálculo do tributo, a incidência direta da alíquota à remuneração integral, sem qualquer graduação quanto às faixas salariais, acaba possibilitando contrassensos indesejados: se um empregado que recebe R$ 2.822,00 tiver um incremento salarial de R$ 1,00, passará a contribuir com 11% sobre a remuneração, o que levará, certamente, à redução salarial em valores líquidos.

Infelizmente, o alcance da progressividade na Previdência Social ainda é bastante reduzido. Em primeiro lugar, a contribuição deveria incidir gradualmente, conforme as faixas salariais, e não diretamente[141]. Além do mais, a variação percentual é mínima, para não dizer insignificante, o que conspurca o princípio da equidade na forma de participação do custeio. Apenas três pontos percentuais separam os limites mínimo (R$ 954,00) e máximo (R$ 5.645,80) do salário de contribuição.

Outra diferença de percentual existe em relação aos contribuintes individuais por conta própria e segurados facultativos. Normalmente, para eles, a alíquota da contribuição é de 20% do salário de contribuição, bem superior, portanto, à alíquota aplicável aos empregados, trabalhadores avulsos e domésticos (variável entre 8% e 11%). O maior percentual justifica-se, basicamente, por dois motivos: **1º)** inexistência de pagamento de contribuição sobre o décimo terceiro salário[142] (até porque eles não o recebem); **2º)** ausência da contribuição da empresa na relação previdenciária de financiamento.

Com efeito, o exercício de atividade remunerada pelo empregado dá ensejo a duas contribuições, uma paga pelo próprio trabalhador, com alíquota variável entre 8% e 11% do salário de contribuição e outra paga pelo empregador (contribuição da empresa), com alíquota de 20% da remuneração. Quando o contribuinte individual exerce atividade por conta própria, não há contribuição da empresa. Para compensar a inexistência da contribuição da empresa, o legislador optou por uma alíquota maior para o contribuinte individual (por conta própria) e para o segurado facultativo.

RELAÇÃO DE TRABALHO DO SEGURADO EMPREGADO		RELAÇÃO DE TRABALHO DO CONTRIBUINTE INDIVIDUAL (CI)	
Empregado	Empresa	CI por conta própria (médico de consultório)	Pessoa física que recebe o serviço (paciente)
Contribuição do segurado empregado	Contribuição da empresa sobre a FOLHA	Contribuição do segurado CI	NÃO HÁ CONTRIBUIÇÃO
Contribuição de 8%, 9% ou 11%	Contribuição de 20% + SAT + Adicional do SAT + Adicional da instituição financeira	Contribuição de 20%	

Contudo, nem sempre o contribuinte individual exerce atividade por conta própria. Uma empresa pode contratar os serviços de um trabalhador sem que exista o vínculo empregatício. Nesses casos, tanto incide a contribuição do trabalhador (contribuinte individual) como a da empresa (art. 22, III, da Lei n. 8.212/91[143]), o

---

141 Nesse sentido, Fábio Zambitte Ibrahim salienta: "A simplicidade acaba por trazer situações esdrúxulas em que um aumento pode ser uma verdadeira redução salarial. Como esses cálculos são hoje feitos por computadores, poderia muito bem a lei prever a incidência cumulativa, de modo a evitar-se esses desvios" (*Curso de direito previdenciário*. Niterói: Impetus, 2010, p. 240).

142 Exigida para os empregados, avulsos e domésticos, nos termos do art. 28, § 7º, da Lei n. 8.212/91: "O décimo terceiro salário (gratificação natalina) integra o salário de contribuição, exceto para o cálculo de benefício, na forma estabelecida em regulamento. (Redação dada pela Lei n. 8.870, de 15-4-94)". Nesse contexto, importa salientar o disposto na Súmula 688 do STF: "É legítima a incidência da contribuição previdenciária sobre o 13º salário".

143 "Art. 22. A contribuição a cargo da empresa, destinada à Seguridade Social, além do disposto no art. 23, é de: (...) III – vinte por cento sobre o total das remunerações pagas ou creditadas a qualquer título, no decorrer do mês, aos segurados contribuintes individuais que lhe prestem serviços; (Incluído pela Lei n. 9.876, de 1999)."

que leva à natural redução da alíquota da contribuição desse segurado, que passa a ser de 11% (percentual fixo, independentemente do valor do salário de contribuição), em vez de 20%.

RELAÇÃO DE TRABALHO DO CONTRIBUINTE INDIVIDUAL (CI) A SERVIÇO DE PESSOA JURÍDICA	
Contribuinte individual (prestador de serviço)	Empresa
Contribuição do segurado CI	Contribuição da empresa sobre a FOLHA
Contribuição fixa de 11% (independentemente do salário de contribuição) Cabe à empresa tomadora DESCONTAR e RECOLHER a contribuição	Contribuição de 20% + Adicional da instituição financeira (NÃO HÁ SAT, NEM O ADICIONAL DO SAT)

Finalmente, com o advento da Lei Complementar n. 123/2006, foi instituído o **Plano Simplificado de Previdência Social**, o qual possibilita a redução da alíquota da contribuição para o contribuinte individual (que trabalhe por conta própria, sem relação de trabalho com empresa ou equiparado) e para o segurado facultativo. Basicamente, a ideia do Plano Simplificado de Previdência Social é **facilitar o acesso do indivíduo à Previdência Social**, mediante redução da alíquota do tributo[144] para 5% ou 11% (em vez de 20%). Entretanto, conforme já salientamos anteriormente, a adesão ao plano não traz apenas a vantagem de pagar uma contribuição reduzida. Com efeito,

---

144 Segundo dados da Pesquisa Nacional por Amostra de Domicílios do IBGE (PNAD 2002/IBGE), havia 27 milhões de pessoas no setor privado sem cobertura previdenciária, o que correspondia a 38,3% da população ocupada no setor privado. Partindo desse levantamento estatístico, a exposição de motivos que deu ensejo à Lei Complementar n. 123/2006 estabeleceu o provável prognóstico da situação social desse contingente: no futuro, sem a renda de aposentadoria, eles precisarão recorrer a benefícios assistenciais ou ao amparo familiar. Mesmo na atualidade, se o trabalhador não estiver filiado à previdência, a perda da capacidade de trabalho temporária ou permanente devido a acidentes e doenças, ou mesmo o falecimento, trará consequências nefastas para ele e para a sua família, devido à ausência de garantias à reposição de renda para si e para seus dependentes (§§ 16, 17 e 18 da Exposição de Motivos – EM Interministerial n. 122/2004 – MF, MTE, MPS e MDIC).

quem aderir ao plano simplificado terá uma cobertura previdenciária mais restrita, sem direito ao benefício de aposentadoria por tempo de contribuição e à contagem recíproca de tempo de contribuição (ressalvada a possibilidade de complementação da contribuição). E mais: o indivíduo que aderir ao Plano Simplificado só pode contribuir sobre o salário mínimo. Consequentemente, só poderá receber um salário mínimo.

> Lei n. 8.212/91: "Art. 21. (...) § 2º **No caso de opção pela exclusão do direito ao benefício de aposentadoria por tempo de contribuição**, a alíquota de contribuição incidente sobre o limite mínimo mensal do salário de contribuição será de:
>
> I – 11% (onze por cento), no caso do segurado contribuinte individual, ressalvado o disposto no inciso II, que trabalhe por conta própria, sem relação de trabalho com empresa ou equiparado e do segurado facultativo, observado o disposto na alínea b do inciso II deste parágrafo;
>
> II – 5% (cinco por cento):
>
> a) no caso do microempreendedor individual, de que trata o art. 18-A da Lei Complementar n. 123, de 14 de dezembro de 2006; e
>
> b) do segurado facultativo sem renda própria que se dedique exclusivamente ao trabalho doméstico no âmbito de sua residência, desde que pertencente a família de baixa renda".
>
> Lei n. 8.212/91: "§ 3º O segurado que tenha contribuído na forma do § 2º deste artigo e pretenda contar o tempo de contribuição correspondente para fins de obtenção da aposentadoria por tempo de contribuição ou da contagem recíproca do tempo de contribuição a que se refere o art. 94 da Lei n. 8.213, de 24 de julho de 1991, **deverá complementar a contribuição mensal mediante recolhimento**, sobre o valor correspondente ao limite mínimo mensal do salário de contribuição em vigor na competência a ser complementada, da diferença entre o percentual pago e o de 20% (vinte por cento), acrescido dos juros moratórios de que trata o § 3º do art. 5º da Lei n. 9.430, de 27 de dezembro de 1996.

A alíquota de 5% passou a estar prevista a partir da Lei n. 12.470/2011, que previu sua incidência em duas situações: 1ª) no caso do **microempreendedor individual (MEI)**, de que trata o art. 18-A da Lei Complementar n. 123, de 14 de dezembro de 2006; 2ª) do segurado facultativo sem renda própria que se dedique exclusivamente ao trabalho doméstico no âmbito de sua residência, desde que pertencente a família de baixa renda (**basicamente, as donas de casa**). Nesse contexto, considera de **baixa renda**, para os fins do disposto na alínea b do inciso II do § 2º deste artigo, a família inscrita no Cadastro Único para Programas Sociais do Governo Federal – CadÚnico cuja renda mensal seja de até dois salários mínimos.

CAPÍTULO 11 – CUSTEIO DA SEGURIDADE SOCIAL

Plano Simplificado
- 11% sobre o SM
  - Contribuinte individual, ressalvado o MEI, que trabalhe por conta própria, sem relação de trabalho com empresa ou equiparado
  - Segurado facultativo, ressalvado aquele que possa contribuir sobre 5% (abaixo)
- 5% sobre o SM
  - Microempreendedor individual: empresário individual que tenha auferido receita bruta, no ano-calendário anterior, de até R$ 81.000,00 (oitenta e um mil reais) e que seja optante do Simples Nacional
  - Segurado facultativo sem renda própria que se dedique exclusivamente ao trabalho doméstico no âmbito de sua residência, desde que pertencente a família de baixa renda

Variação percentual do Plano Simplificado		
I – 11% (onze por cento), no caso do segurado contribuinte individual, que trabalhe por conta própria, sem relação de trabalho com empresa ou equiparado e do segurado facultativo, que opte pela exclusão do direito à aposentadoria por tempo de contribuição.	II – 5% (cinco por cento):	
	a) no caso do microempreendedor individual, de que trata o art. 18-A da Lei Complementar n. 123, de 14 de dezembro de 2006; e	b) do segurado facultativo sem renda própria que se dedique exclusivamente ao trabalho doméstico no âmbito de sua residência, desde que pertencente a família de baixa renda.

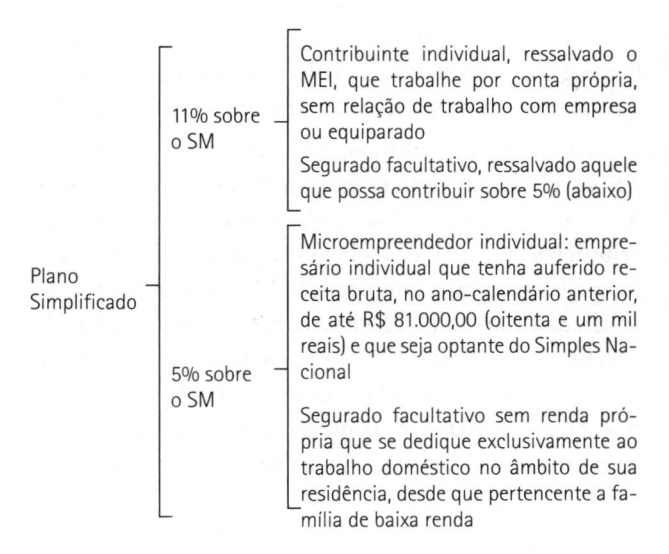

Atenção! A adesão ao plano simplificado de previdência social não é definitiva. Nos termos do mencionado art. 21, § 3º, da Lei n. 8.212/91, o segurado que aderir ao plano e pretenda contar o tempo de contribuição correspondente para fins de obtenção da aposentadoria por tempo de contribuição ou da contagem recíproca deverá complementar a contribuição mensal mediante recolhimento, sobre o valor correspondente ao limite mínimo mensal do salário de contribuição em vigor na competência a ser complementada, da diferença entre o percentual pago e o de 20% (vinte por cento), acrescido dos juros moratórios. Essa contribuição complementar será exigida a qualquer tempo, sob pena de indeferimento do benefício.

Por exemplo: Maurício contribuiu para a Previdência Social durante 35 anos. Ao longo desses 35 anos, permaneceu no plano simplificado durante três anos, recolhendo 11% sobre o salário mínimo. Nesse caso, Maurício não poderá utilizar esses três anos como tempo de contribuição para uma aposentadoria por tempo de contribuição, a não ser que ele complemente a contribuição, valor que deve ser acrescido de juros moratórios. Como a alíquota desse período foi de 11%, Maurício deverá recolher 9% (= 20% – 11%), para fazer jus à aposentadoria por tempo de contribuição.

PLANO SIMPLIFICADO DE PREVIDÊNCIA SOCIAL		
VANTAGEM		DESVANTAGEM
20%	5% ou 11%	Renúncia ao benefício de aposentadoria por tempo de contribuição e à contagem recíproca (ressalvada a possibilidade de complementação da contribuição
→ Redução da alíquota da contribuição ↓		

11.2.7. Contribuição do segurado especial

Já vimos que o segurado especial, em vista de suas peculiaridades, contribui de forma diferenciada, nos termos do art. 195, § 8º, da CF/88, mediante a aplicação de uma alíquota sobre o resultado da comercialização da produção. Pois bem, no plano legal, como se dá a incidência dessa contribuição?

De acordo com o art. 25 da Lei n. 8.212/91, a contribuição do segurado especial é de: I – **2% da receita bruta proveniente da comercialização da sua produção**; II – **0,1% da receita bruta proveniente da comercialização da sua produção para financiamento das prestações por acidente do trabalho.**

Ressalte-se que o segurado especial, além da contribuição obrigatória (acima), poderá contribuir, **facultativamente**, para a Previdência Social.

O pagamento dessa contribuição facultativa garante ao segurado especial o direito à mesma cobertura previdenciária devida aos demais segurados. Trata-se, portanto, de uma ferramenta de igualação.

Isso significa que o segurado especial que verte contribuições facultativas tem direito à aposentadoria por tempo de contribuição (Súmula 272 do STJ) e à aplicação da mesma sistemática de cálculo válida para os demais segurados da Previdência Social (ou seja, quando ele contribui facultativamente, seus benefícios podem ser superiores ao salário mínimo).

Atenção! Segundo dispunha o art. 200, § 2º, do Decreto n. 3.048/99, o segurado especial, além da contribuição obrigatória, poderá contribuir, facultativamente, na condição de contribuinte individual.

Esse parágrafo foi alterado pelo Decreto n. 6.042/2007. Atualmente, o art. 200, § 2º, do Decreto n. 3.048/99 dispõe que o segurado especial, além da contribuição obrigatória, poderá contribuir, facultativamente, na forma do art. 199. Ou seja, excluiu-se a passagem que dizia que esse recolhimento era feito como contribuinte individual.

Porém, algumas seleções públicas ainda consideram correta a afirmação de que esse recolhimento é feito como contribuinte individual.

Contribuição do segurado especial
- 2% da receita bruta proveniente da comercialização da sua produção
- 0,1% da receita bruta proveniente da comercialização da sua produção para financiamento das prestações por acidente do trabalho
- POSSIBILIDADE de contribuir facultativamente para a previdência social, para ampliação da cobertura previdenciária

Nos termos do art. 25, § 3º, da Lei n. 8.212/91, integram a produção, para os efeitos de incidência da contribuição, os produtos de origem animal ou vegetal, em estado natural ou submetidos a processos de beneficiamento ou industrialização rudimentar, assim compreendidos, entre outros, os processos de lavagem, limpeza, descaroçamento, pilagem, descascamento, lenhamento, pasteurização, resfriamento, secagem, fermentação, embalagem, cristalização, fundição, carvoejamento, cozimento, destilação, moagem, torrefação, bem como os subprodutos e os resíduos obtidos por meio desses processos.

De acordo com o § 10 do mesmo artigo, também integra a receita bruta a receita proveniente: I – da comercialização da produção obtida em razão de contrato de parceria ou meação de parte do imóvel rural; II – da comercialização de artigos de artesanato (na forma do inciso VII do § 10 do art. 12 da Lei n. 8.212/91); III – de serviços prestados, de equipamentos utilizados e de produtos comercializados no imóvel rural, desde que em atividades turística e de entretenimento desenvolvidas no próprio imóvel, inclusive hospedagem, alimentação, recepção, recreação e atividades pedagógicas, bem como taxa de visitação e serviços especiais; IV – do valor de mercado da produção rural dada em pagamento ou que tiver sido trocada por outra, qualquer que seja o motivo ou finalidade; e V – de atividade artística (na forma do inciso VIII do § 10 do art. 12 da Lei n. 8.212/91).

11.3. CONTRIBUIÇÕES DA EMPRESA SOBRE A FOLHA

De acordo com o art. 195, I, *a*, da CF/88, o empregador, empresa ou entidade a ela equiparada deve contribuir sobre a folha de salários e demais rendimentos do trabalho pagos ou creditados, a qualquer título, à pessoa física que lhe preste serviço, mesmo sem vínculo empregatício.

Pela leitura do dispositivo constitucional, pode-se pensar que existe uma única contribuição sobre a folha. Não é o que acontece. Na verdade, existem **quatro contribuições** que incidem sobre essa mesma base de cálculo, quais sejam: **a)** a contribuição básica de 20% (art. 22, I e III, da Lei n. 8.212/91); **b)** o seguro contra acidente do trabalho – SAT (art. 22, II, da Lei n. 8.212/91); **c)** contribuição para a aposentadoria especial (art. 57, § 6º, da Lei n. 8.213/91); e **d)** a contribuição adicional das instituições financeiras (art. 22, § 1º, da Lei n. 8.212/91).

Contribuições da empresa sobre a folha
- Contribuição básica de 20%
- Contribuição para o SAT
- Contribuição para a aposentadoria especial
- Contribuição adicional das instituições financeiras

É bom salientar novamente que o art. 195, § 13, da CF/88 prevê a possibilidade de substituição gradual, total ou parcial, desta contribuição (sobre a folha) pela contribuição incidente sobre a receita ou faturamento.

Outro ponto que deve ser lembrado diz respeito à destinação específica desta contribuição. Por força do art. 167, XI, da CF/88, a contribuição do empregador, empresa ou entidade a ela equiparada, assim como a contribuição dos segurados, destina-se especificamente à Previdência Social.

Antes, porém, de partirmos para a análise das contribuições da empresa sobre a folha, é indispensável definir a empresa para fins previdenciários.

11.3.1. Conceito legal de empresa

De acordo com o art. 15 da Lei n. 8.212/91, considera-se empresa: a firma individual ou sociedade que assume o risco de atividade econômica urbana ou rural, **com fins lucrativos ou não**, bem como os órgãos e entidades da administração pública direta, indireta e fundacional.

Empresa
- Firma individual ou sociedade
- Assunção do risco da atividade econômica urbana ou rural
- Com fins lucrativos ou não
- Órgãos e entidades da administração pública direta, indireta e fundacional

Equiparam-se a empresa, para os efeitos desta Lei, o contribuinte individual e a pessoa física na condição de proprietário ou dono de obra de construção civil, em relação a segurado que lhe presta serviço, bem como a cooperativa, a associação ou a entidade de qualquer natureza ou finalidade, a missão diplomática e a repartição consular de carreira estrangeiras.

O parágrafo único do mesmo artigo apresenta um rol de sujeitos que se equiparam a empresa para fins previdenciários. São eles: 1) o contribuinte individual em relação a segurado que lhe presta serviço; 2) a pessoa física na condição de proprietário ou dono de obra de construção civil em relação a segurado que lhe presta serviço; 3) a cooperativa, a associação ou entidade de qualquer natureza ou finalidade; e 4) a missão diplomática e a repartição consular de carreira estrangeiras.

Equiparam-se a empresa:
- Contribuinte individual em relação a segurado que lhe presta serviço
- Pessoa física na condição de proprietário ou dono de obra de construção civil em relação a segurado que lhe presta serviço
- Associação ou entidade de qualquer natureza ou finalidade
- A missão diplomática e a repartição consular de carreira estrangeiras

Dentre as equiparações apresentadas, sem dúvida, a que suscita mais dúvidas refere-se ao contribuinte individual em relação ao segurado que lhe presta serviço. Como um contribuinte individual (pessoa física) pode ser equiparado a empresa para fins previdenciários? Qual seria a situação?

Vamos a um exemplo! Daniel exerce atividade como dentista em seu consultório particular e possui uma secretária, de nome Maria, que é responsável pelo agendamento de seus pacientes. Nesse caso, além de Daniel enquadrar-se como contribuinte individual (já que exerce atividade por conta própria), ele é considerado empresa para fins previdenciários em relação ao segurado (Maria) que lhe presta serviço. Consequentemente, Daniel deverá contribuir de duas formas: uma como segurado (contribuinte individual) e outra como empresa (por equiparação).

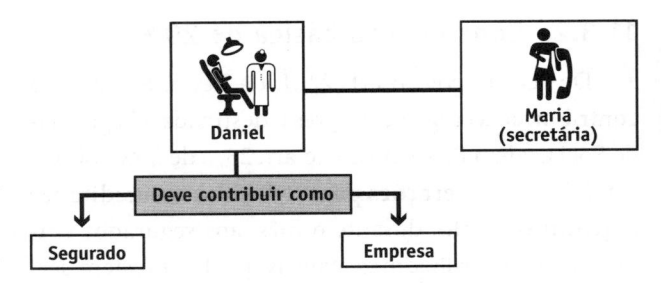

A empresa, assim como o segurado, precisa se cadastrar perante a previdência social. **Esse cadastramento previdenciário chama-se matrícula.**

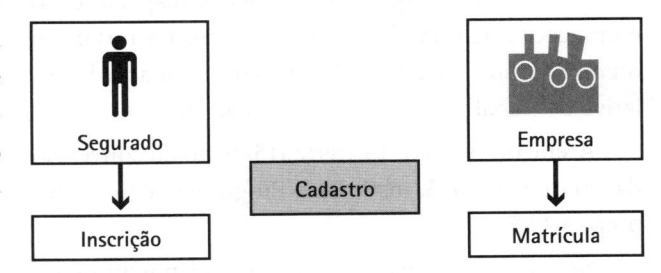

O art. 49 da Lei n. 8.212/91 dispõe que a matrícula da empresa será efetuada nos termos e condições estabelecidos pela Secretaria da Receita Federal do Brasil.

Segundo o art. 17 da Instrução Normativa n. 971/2009, da RFB, considera-se matrícula a identificação dos sujeitos passivos perante a Previdência Social, podendo ser o número do: a) Cadastro Nacional de Pessoa Jurídica (CNPJ) para empresas e equiparados a ele obrigados; ou b) Cadastro Específico do INSS (CEI) para equiparados à empresa desobrigados da inscrição no CNPJ, obra de construção civil, produtor rural contribuinte individual, segurado especial, consórcio de produtores rurais, titular de cartório, adquirente de produção rural e empregador doméstico (este último desde que optante do pagamento do FGTS).

Cumprindo a determinação legal, o art. 19 da Instrução Normativa n. 971/2009, da RFB, dispõe que a inscrição ou a matrícula serão efetuadas, conforme o caso:

I – **simultaneamente com a inscrição no CNPJ**, para as pessoas jurídicas ou equiparados;

II – **no CEI**, no prazo de 30 (trinta) dias contados do início de suas atividades, para o equiparado à empresa, quando for o caso, o produtor rural contribuinte individual, o segurado especial e obra de construção civil, sendo responsável pela matrícula:

11.3.2. Contribuição básica de 20%

De acordo com o art. 22, I, da Lei n. 8.212/91, a contribuição a cargo da empresa, destinada à Seguridade Social, além do disposto no art. 23, é de 20% sobre o **total das remunerações pagas, devidas ou creditadas a qualquer título**, durante o mês, aos segurados empregados e trabalhadores avulsos que lhe prestem serviços, destinadas a retribuir o trabalho, qualquer que seja a sua forma, inclusive as gorjetas, os ganhos habituais sob a forma de utilidades e os adiantamentos decorrentes de reajuste salarial, quer pelos serviços efetivamente prestados, quer pelo tempo à disposição do empregador ou tomador de serviços, nos termos da lei ou do contrato ou, ainda, de convenção ou acordo coletivo de trabalho ou sentença normativa.

Atenção! A Lei n. 13.189/2015, fruto da conversão da MP n. 680/2015, instituiu o Programa Seguro-Emprego – PSE.

Nos termos do art. 1º da Lei, o PSE possui os seguintes objetivos: I – possibilitar a preservação dos empregos em momentos de retração da atividade econômica; II – favorecer a recuperação econômico-financeira das empresas; III – sustentar a demanda agregada durante momentos de adversidade, para facilitar a recuperação da economia; IV – estimular a produtividade do trabalho por meio do aumento da duração do vínculo empregatício; e V – fomentar a negociação coletiva e aperfeiçoar as relações de emprego.

De acordo com o art. 5º da Lei n. 13.189/2015, o acordo coletivo de trabalho específico para adesão ao PSE, celebrado entre a empresa e o sindicato de trabalhadores representativo da categoria da atividade econômica preponderante da empresa, pode reduzir em até 30% (trinta por cento) a jornada e o salário.

Porém, para amenizar o impacto da redução salarial, o art. 4º dispõe que os empregados de empresas que aderirem ao PSE e que tiverem o seu salário reduzido, nos termos do art. 5º desta Lei, fazem jus à compensação pecuniária equivalente a 50% (cinquenta por cento) do valor da redução salarial e limitada a 65% (sessenta e cinco por cento) do valor máximo da parcela do seguro-desemprego, enquanto perdurar o período de redução temporária da jornada de trabalho.

Essa compensação pecuniária será custeada pelo Fundo de Amparo ao Trabalhador (FAT), nos termos do § 1º do art. 4º da Lei n. 13.189/2015.

Dúvida: como fica a questão em torno da incidência da contribuição previdenciária? Incide contribuição sobre a compensação pecuniária?

O art. 9º da Lei n. 13.189/2015 preceitua que a compensação pecuniária integra as parcelas remuneratórias para efeito do disposto no inciso I do art. 22 e no § 8º do art. 28 da Lei n. 8.212/91. Isso significa que, segundo a legislação, incide contribuição sobre a compensação pecuniária custeada pelo FAT.

Evidentemente, é bastante discutível a constitucionalidade dessa incidência, afinal não existe respaldo constitucional. A compensação pecuniária pública não pode ser considerada remuneração propriamente dita, o que afasta a incidência da moldura prevista no art. 195, I, *a*, da CF/88.

Observe-se que o art. 22, I, da Lei n. 8.212/91 (assim como fez o art. 28, I, da mesma Lei), do ponto de vista textual, previu a incidência de contribuição sobre a remuneração **DEVIDA**. A Constituição Federal de 1988 apenas prevê a contribuição sobre a remuneração paga ou creditada.

Art. 195, I, da CF/88	Art. 22, I, da Lei n. 8.212/91
Art. 195. A seguridade social será financiada por toda a sociedade, de forma direta e indireta, nos termos da lei, mediante recursos provenientes dos orçamentos da União, dos Estados, do Distrito Federal e dos Municípios, e das seguintes contribuições sociais: I – do empregador, da empresa e da entidade a ela equiparada na forma da lei, incidentes sobre: a) a folha de salários e demais rendimentos do trabalho **pagos ou creditados**, a qualquer título, à pessoa física que lhe preste serviço, mesmo sem vínculo empregatício;	Art. 22. A contribuição a cargo da empresa, destinada à Seguridade Social, além do disposto no art. 23, é de: I – vinte por cento sobre o total das remunerações **pagas, devidas ou creditadas** a qualquer título, durante o mês, aos segurados empregados e trabalhadores avulsos que lhe prestem serviços, destinadas a retribuir o trabalho, qualquer que seja a sua forma, inclusive as gorjetas, os ganhos habituais sob a forma de utilidades e os adiantamentos decorrentes de reajuste salarial, quer pelos serviços efetivamente prestados, quer pelo tempo à disposição do empregador ou tomador de serviços, nos termos da lei ou do contrato ou, ainda, de convenção ou acordo coletivo de trabalho ou sentença normativa.

O art. 22, III, da Lei n. 8.212/91 também prevê a contribuição sobre a folha de remuneração dos **contribuintes individuais** a serviço da empresa.

Em síntese: a empresa deve efetuar o pagamento de contribuição de 20% sobre a folha de remuneração dos empregados, dos trabalhadores avulsos e dos contribuintes individuais que lhe prestem serviço.

CAPÍTULO 11 – CUSTEIO DA SEGURIDADE SOCIAL

```
                    Contribuição básica de 20%
                    /                        \
    Folha dos empregados              Folha dos contribuintes
         e avulsos                         individuais
```

20 empregados		5 contribuintes individuais (CI)	
2 empregados	R$ 10.000,00	1 CI	R$ 15.000,00
8 empregados	R$ 1.000,00	3 CIs	R$ 3.000,00
10 empregados	R$ 600,00	1 CI	R$ 1.000,00
TOTAL DA FOLHA	R$ 34.000,00	TOTAL DA FOLHA	R$ 25.000,00

Alíquota: 20%

Valor da contribuição	Valor da contribuição
R$ 6.800,00	R$ 5.000,00

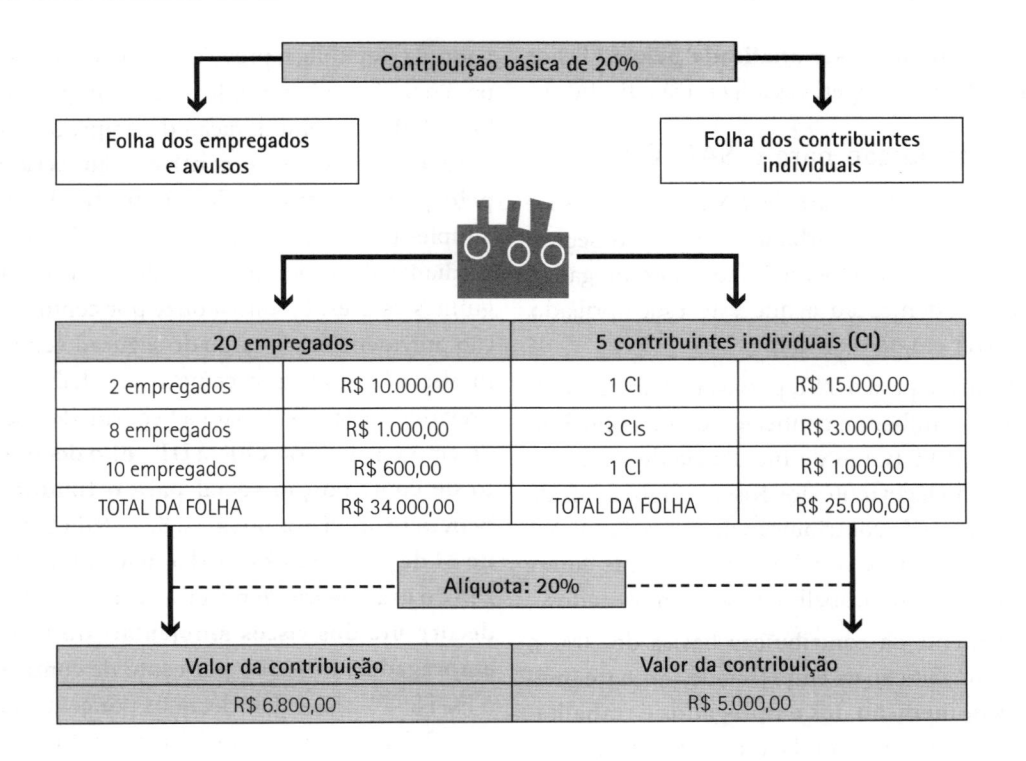

Ao contrário da contribuição do segurado (que está sujeita a um teto máximo), a contribuição da empresa sobre a folha não está sujeita a qualquer limitação. A própria Lei n. 8.212/91 dispõe expressamente que a contribuição é de 20% sobre o **total das remunerações**. Assim, por exemplo, se um empregado tiver remuneração de R$ 100.000,00, a sua contribuição incidirá sobre o teto (R$ 5.645,80, para 2018), enquanto a contribuição da empresa incidirá sobre a remuneração total (R$ 100.000,00).

Finalmente, convém salientar que, segundo o STJ, sobre os valores pagos pelo empregador ao empregado nos quinze primeiros dias de afastamento do trabalho, a título de auxílio-doença, não incide contribuição previdenciária, tendo em vista que a referida verba não possui natureza remuneratória.

11.3.3. Adicional de 2,5% das instituições financeiras

No caso de bancos comerciais, bancos de investimentos, bancos de desenvolvimento, caixas econômicas, sociedades de crédito, financiamento e investimento, sociedades de crédito imobiliário, sociedades corretoras, distribuidoras de títulos e valores mobiliários, empresas de arrendamento mercantil, cooperativas de crédito, empresas de seguros privados e de capitalização, agentes autônomos de seguros privados e de crédito e entidades de previdência privada abertas e fechadas, também é devida a **contribuição adicional de 2,5% sobre a folha de remuneração dos empregados, trabalhadores avulsos e contribuintes individuais** (art. 22, § 1º, da Lei n. 8.212/91).

Atenção! Esta contribuição adicional incide sobre a folha dos empregados, dos avulsos e, inclusive, dos contribuintes individuais a serviço das instituições financeiras.

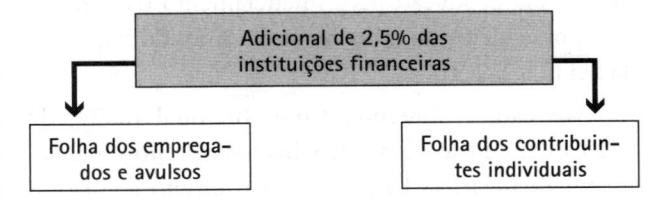

```
             Adicional de 2,5% das
             instituições financeiras
            /                        \
    Folha dos emprega-          Folha dos contribuin-
      dos e avulsos                tes individuais
```

Dessa maneira, as instituições financeiras previstas no art. 22, § 1º, da Lei n. 8.212/91, além da contribuição básica de 20%, devem efetuar o pagamento de uma contribuição adicional de 2,5%, que também incidirá sobre a folha.

Segundo já entendeu o **STF** nos autos de medida cautelar (AC 1.109 MC, *DJ* 18-10-2007), essa **sobrecarga imposta aos bancos comerciais e às entidades financeiras não fere, à primeira vista, o princípio da isonomia tributária**, ante a expressa previsão constitucional, haja vista o disposto no art. 195, § 9º, da CF/88.

A questão voltará a ser analisada pelo STF nos autos do RE 598.572 (repercussão geral já admitida).

11.3.4. Contribuição para o SAT (GILRAT)

Conforme disposto no art. 7º, XXVIII, da CF/88, é direito dos trabalhadores urbanos e rurais o seguro contra acidentes de trabalho, a cargo do empregador, sem excluir a indenização a que este está obrigado, quando incorrer em dolo ou culpa.

A contribuição para o SAT, prevista no art. 22, I, da Lei n. 8.212/91, também é conhecida como contribuição para o GILRAT (Grau de Incidência de Incapacidade Laborativa Decorrente dos Riscos Ambientais do Trabalho). Trata-se de contribuição devida pela empresa, e não pelo segurado, afinal é a empresa que aufere proveito econômico do trabalho de seus empregados.

Diferentemente da contribuição básica de 20%, o SAT é uma contribuição da empresa que **somente incide sobre a remuneração dos empregados e trabalhadores avulsos**. Destarte, ainda que um contribuinte individual preste um serviço extremamente perigoso a uma empresa, não será hipótese de incidência dessa contribuição.

O SAT só incide sobre a folha total
- Empregados
- Trabalhadores avulsos

Saliente-se que o **segurado especial também é contribuinte do SAT**, tendo a incumbência de recolher 0,1% da receita bruta proveniente da comercialização da sua produção para financiamento das prestações por acidente do trabalho, nos termos do art. 25, II, da Lei n. 8.212/91.

Atenção! A **Emenda Constitucional n. 72, de 2013**, estendeu ao doméstico diversos direitos, inclusive previdenciários. Um deles foi o direito ao seguro contra acidentes de trabalho, a cargo do empregador, sem excluir a indenização a que este está obrigado, quando incorrer em dolo ou culpa, previsto no art. 7º, XXVIII, da CF/88. Porém, considerando que a própria Emenda ressalvou a necessidade de edição de uma lei integrativa, a extensão desse direito, efetivamente, só acontecerá depois da regulamentação. Nesse contexto, é importante salientar que a redação do projeto de lei, de autoria do Senador Romero Jucá, já aprovada no Senado da República, prevê a incidência da contribuição para o SAT, mediante aplicação da alíquota de 0,8% sobre a folha de remuneração do empregado doméstico. **Evidentemente, essa contribuição será suportada pelo patrão (empregador doméstico)**. Vejamos: "O Simples Doméstico assegurará o recolhimento mensal, mediante documento único de arrecadação, dos seguintes valores: I – oito a onze por cento de contribuição previdenciária a cargo do segurado empregado doméstico; II – oito por cento de contribuição patronal previdenciária (CPP) para a Seguridade Social, a cargo do empregador doméstico; **III – oito décimos por cento de contribuição social para o financiamento do benefício previstos nos arts. 57 e 58 da Lei n. 8.213/91, de 24 de julho de 1991, e daqueles concedidos em razão do grau de incidência de incapacidade laborativa decorrente dos riscos ambientais do trabalho, pelo empregador**; IV – oito por cento de contribuição para o FGTS; V – três e dois décimos por cento, na forma do art. 22; VI – imposto sobre a renda retido na fonte".

De acordo com o art. 201, § 10, da CF/88, lei disciplinará a cobertura do risco de acidente do trabalho, a ser atendida concorrentemente pelo regime geral de previdência social e pelo setor privado. Por se tratar de norma constitucional de eficácia limitada (ainda não regulamentada), atualmente, os benefícios acidentários ainda são administrados pelo INSS.

O SAT também tem fundamento constitucional no princípio da **equidade na forma de participação do custeio (art. 194 da CF/88)**, já que está baseado no risco social. Quanto maior o risco da atividade, maior deve ser a contribuição. Seguindo essa lógica de tributação, o art. 22, II, da Lei n. 8.213/91 prevê três possíveis alíquotas:

SAT
- 1% para as empresas em cuja atividade preponderante o risco de acidentes do trabalho seja considerado LEVE.
- 2% para as empresas em cuja atividade preponderante o risco de acidentes do trabalho seja considerado MÉDIO.
- 3% para as empresas em cuja atividade preponderante o risco de acidentes do trabalho seja considerado GRAVE.

É importante chamar a atenção para o fato de que qualquer atividade possui risco. Assim, se imaginarmos uma empresa em que a maioria de seus empregados exerce atividade aparentemente sem nenhum risco de acidente, a alíquota aplicável para o SAT será 1% (um por cento).

Quanto à sistemática de incidência da contribuição, define-se primeiro a atividade preponderante e o seu respectivo grau de risco (se grave, médio ou leve). Feito isso, aplica-se a alíquota correspondente sobre a folha de remuneração de todos os empregados e trabalhadores avulsos. Em resumo: definida a alíquota aplicável com base na atividade preponderante, ela incidirá sobre a folha de remuneração de todos os empregados e trabalhadores avulsos.

Dúvida: como definir a atividade preponderante de uma empresa? Considerando que a Lei n. 8.212/91 não previu o conceito de atividade preponderante, coube ao Regulamento da Previdência Social (Decreto n. 3.048/99) a supressão da omissão legislativa, por intermédio de seu art. 202, § 3º: **"Considera-se preponderante a atividade que ocupa, na empresa, o maior número de segurados empregados e trabalhadores avulsos"**.

Vamos a um exemplo! A empresa ALFA possui cem empregados, dos quais cinquenta exercem atividade considerada grave, trinta exercem atividade com o risco considerado médio e vinte exercem atividade considerada leve. Nesse caso, qual será a alíquota aplicável para fins de incidência do SAT?

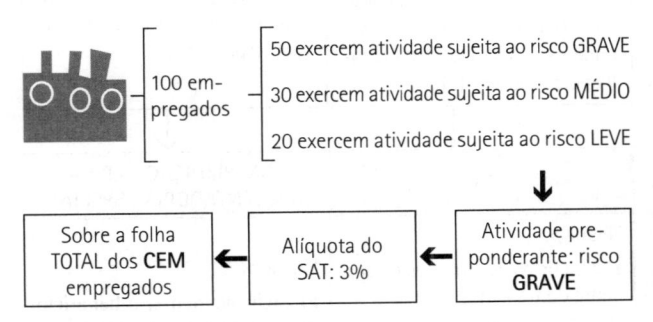

100 empregados
- 50 exercem atividade sujeita ao risco GRAVE
- 30 exercem atividade sujeita ao risco MÉDIO
- 20 exercem atividade sujeita ao risco LEVE

↓

Atividade preponderante: risco **GRAVE** → Alíquota do SAT: 3% → Sobre a folha TOTAL dos **CEM** empregados

Como se trata de uma contribuição sujeita ao lançamento por homologação, cabe à empresa realizar o enquadramento na atividade preponderante, cabendo ao Fisco revê-lo dentro do prazo decadencial de cinco anos[145] (art. 202, § 5º, do Decreto n. 3.048/99). Verificado o erro no autoenquadramento, a Secretaria da Receita Federal do Brasil adotará as medidas necessárias à sua correção, orientará o responsável pela empresa em caso de recolhimento indevido e procederá à notificação dos valores devidos (art. 202, § 6º, do Decreto n. 3.048/99).

Após o advento da Lei n. 10.666/2003, a legislação previdenciária passou a prever a possibilidade de flexibilização das alíquotas do SAT. Segundo dispõe o seu art. 10, **a alíquota de contribuição de 1%, 2% ou 3% para o SAT poderá ser reduzida, em até 50%, ou aumentada, em até 100%**, conforme dispuser o regulamento, em razão do desempenho da empresa em relação à respectiva atividade econômica, apurado em conformidade com os resultados obtidos a partir dos índices de frequência, gravidade e custo, calculados segundo metodologia aprovada pelo Conselho Nacional de Previdência Social.

A regulamentação da matéria sobreveio com o Decreto n. 6.042/2007, que acrescentou ao Regulamento da Previdência Social (Decreto n. 3.048/99) o art. 202-A. Criou-se então o **fator acidentário de prevenção (FAP)**, multiplicador variável no intervalo contínuo de cinco décimos (0,5000) a dois inteiros (2,000) que incide sobre a alíquota da contribuição para SAT, com base no desempenho da empresa, dentro da respectiva atividade econômica.

Dúvida: Como se apura esse desempenho da empresa? Mediante a análise conjugada de três índices: **gravidade, frequência** e **custo**.

Frequência	Número de registros de acidentes e doenças do trabalho informados ao INSS por meio de Comunicação de Acidente do Trabalho (CAT) e de benefícios acidentários concedidos com base no Nexo Técnico Epidemiológico (NTEP – art. 21-A da Lei n. 8.213/91).
Gravidade	Quanto maior a gravidade do resultado do acidente do trabalho, maior deverá ser o FAP. Assim, a morte tem um peso maior do que a invalidez, que, por sua vez, possui um peso maior do que o auxílio-doença.
Custo	Os valores dos benefícios de natureza acidentária pagos ou devidos pela Previdência Social.

---

145 Na verdade, o art. 202, § 5º, do Decreto n. 3.048/99 dispõe que o Fisco poderá rever o enquadramento feito pela empresa a qualquer tempo. Entretanto, por se tratar de tributo sujeito ao lançamento por homologação, veremos que a Fazenda possui o prazo de cinco anos para homologar o lançamento.

A empresa que investir na segurança de seus trabalhadores, provavelmente, será beneficiada com a redução do FAP, já que, provavelmente, haverá redução no número de ocorrências acidentárias. De outro lado, a empresa que não cuidar da segurança de seus trabalhadores pagará uma alíquota maior do SAT, pois, provavelmente, haverá o aumento no número de ocorrências acidentárias. Por todo o exposto, temos o seguinte:

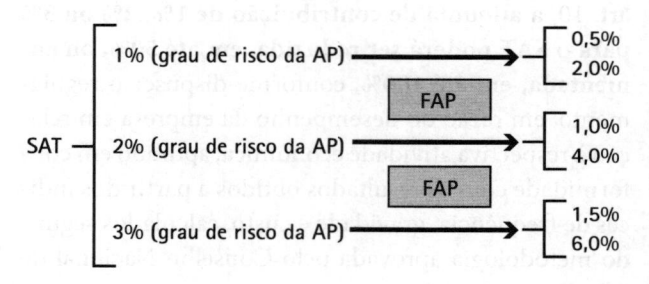

```
         ┌ 1% (grau de risco da AP) ──FAP──►  0,5%
         │                                    2,0%
SAT ─────┤ 2% (grau de risco da AP) ──FAP──►  1,0%
         │                                    4,0%
         └ 3% (grau de risco da AP) ────────► 1,5%
                                              6,0%
```

11.3.5. Contribuição para a aposentadoria especial

Conforme disposto no art. 57, § 6º, da Lei n. 8.213/91, com redação dada pela Lei n. 9.732/98, a **aposentadoria especial** dos segurados empregados e trabalhadores avulsos será financiada com os recursos provenientes da contribuição de que trata o inciso II do art. 22 da Lei n. 8.212/91, cujas alíquotas serão acrescidas de doze, nove ou seis pontos percentuais, conforme a atividade exercida pelo segurado a serviço da empresa permita a concessão de aposentadoria especial após quinze, vinte ou vinte e cinco anos de contribuição, respectivamente.

Assim como o SAT, a contribuição para a aposentadoria especial tem fundamento no risco social, uma das facetas do princípio da equidade na forma de participação do custeio. Quanto maior o risco, maior deve ser a imposição tributária. Por óbvio, é uma contribuição que também deve ser paga pela empresa, e não pelo segurado, afinal é ela (a empresa) que aufere proveito econômico do trabalho em condições adversas de seus empregados.

A lei prevê três alíquotas (6%, 9% ou 12%), que são inversamente proporcionais ao período de trabalho necessário para a concessão da aposentadoria especial (15, 20 ou 25 anos). Quanto menor o período de trabalho, maior é a nocividade do agente e consequentemente maior é a alíquota da contribuição.

PERÍODO DE TRABALHO	ALÍQUOTA DA CONTRIBUIÇÃO
15 anos	12%
20 anos	9%
25 anos	6%

Nos termos da legislação vigente (art. 22, II, da Lei n. 8.212/91), a aposentadoria especial tanto será financiada pela alíquota básica do SAT (1%, 2% ou 3%) como por seus respectivos adicionais (6%, 9% ou 12%). **De outro lado, estes adicionais não poderão financiar qualquer outro benefício que não seja a aposentadoria especial, por força da vinculação legal específica.**

SAT	CONTRIBUIÇÃO PARA APOSENTADORIA ESPECIAL
Art. 22. A contribuição a cargo da empresa, destinada à seguridade social, além do disposto no art. 23, é de: (...) II – para o financiamento do benefício previsto nos arts. 57 e 58 da Lei n. 8.213, de 24 de julho de 1991, e daqueles concedidos em razão do grau de incidência de incapacidade laborativa decorrente dos riscos ambientais do trabalho, sobre o total das remunerações pagas ou creditadas, no decorrer do mês, aos segurados empregados e trabalhadores avulsos: (...)	Art. 57. (...) § 6º O benefício previsto neste artigo será financiado com os recursos provenientes da contribuição de que trata o inciso II do art. 22 da Lei n. 8.212, de 24 de julho de 1991, cujas alíquotas serão acrescidas de doze, nove ou seis pontos percentuais, conforme a atividade exercida pelo segurado a serviço da empresa permita a concessão de aposentadoria especial após quinze, vinte ou vinte e cinco anos de contribuição, respectivamente.

SAT	CONTRIBUIÇÃO PARA A APOSENTADORIA ESPECIAL
Financia: a) benefícios decorrentes de acidente do trabalho; b) benefício de aposentadoria especial.	Financia: a) exclusivamente, o benefício de aposentadoria especial.

Outra questão importante sobre essa contribuição refere-se a sua peculiar forma de incidência (? da sistemática do SAT). No SAT, definida a alíquota (a partir do enquadramento na atividade preponderante), a contribuição incide sobre a folha de todos os trabalhadores. **De outro lado, a contribuição para a aposentadoria especial só incide sobre a folha dos trabalhadores que efetivamente exercem atividade especial, nos termos do art. 57, § 7º, da Lei n. 8.213/91. Vamos a um exemplo!**

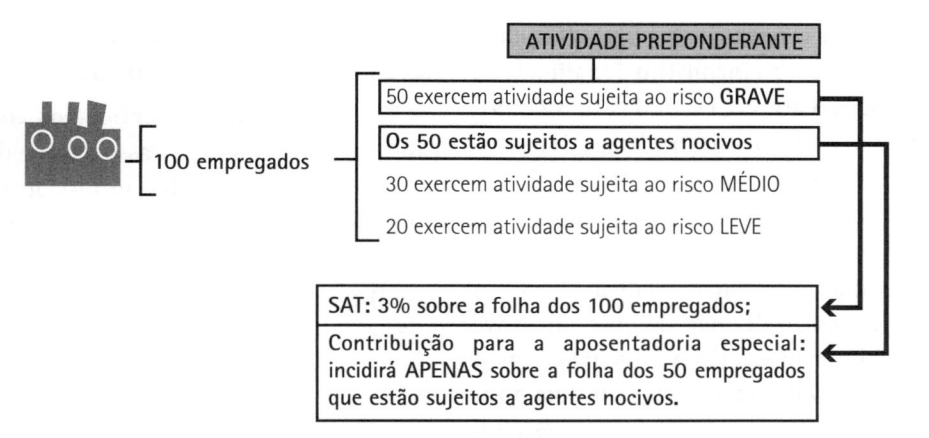

ATIVIDADE PREPONDERANTE

100 empregados
- 50 exercem atividade sujeita ao risco **GRAVE**
- Os 50 estão sujeitos a agentes nocivos
- 30 exercem atividade sujeita ao risco MÉDIO
- 20 exercem atividade sujeita ao risco LEVE

SAT: 3% sobre a folha dos 100 empregados;

Contribuição para a aposentadoria especial: incidirá APENAS sobre a folha dos 50 empregados que estão sujeitos a agentes nocivos.

A **Lei n. 10.666/2003 estendeu a aposentadoria especial para os segurados cooperados da cooperativa de trabalho e de produção** (espécies de contribuintes individuais)[146]. Atendendo ao comando previsto no art. 195, § 5º, da CF/88, referida lei também previu fonte de custeio específica, senão vejamos o disposto em seu art. 1º:

Lei n. 10.666/2003	
Cooperado da cooperativa de trabalho	Cooperado da cooperativa de produção
Art. 1º (...) § 1º **Será devida contribuição adicional de nove, sete ou cinco pontos percentuais, a cargo da empresa tomadora de serviços** de cooperado filiado a cooperativa de trabalho, incidente sobre o valor bruto da nota fiscal ou fatura de prestação de serviços, conforme a atividade exercida pelo cooperado permita a concessão de aposentadoria especial após quinze, vinte ou vinte e cinco anos de contribuição, respectivamente.	Art. 1º (...) § 2º **Será devida contribuição adicional de doze, nove ou seis pontos percentuais, a cargo da cooperativa de produção**, incidente sobre a remuneração paga, devida ou creditada ao cooperado filiado, na hipótese de exercício de atividade que autorize a concessão de aposentadoria especial após quinze, vinte ou vinte e cinco anos de contribuição, respectivamente.

POR QUE AS ALÍQUOTAS SÃO DIFERENTES?	
RESPOSTA: Porque as bases de cálculo são diferentes!	
COOPERATIVA DE TRABALHO	**COOPERATIVA DE PRODUÇÃO**
Alíquota: 9%, 7% ou 5%	Alíquota: 12%, 9% ou 6%
Base de cálculo: valor bruto da nota fiscal ou fatura de prestação de serviços.	Base de cálculo: remuneração paga, devida ou creditada ao cooperado filiado (sistemática tradicional).

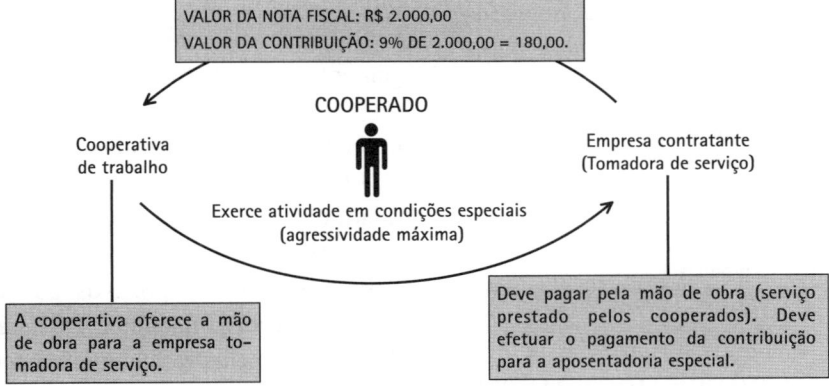

VALOR DA NOTA FISCAL: R$ 2.000,00
VALOR DA CONTRIBUIÇÃO: 9% DE 2.000,00 = 180,00.

COOPERADO

Cooperativa de trabalho — Exerce atividade em condições especiais (agressividade máxima) — Empresa contratante (Tomadora de serviço)

A cooperativa oferece a mão de obra para a empresa tomadora de serviço.

Deve pagar pela mão de obra (serviço prestado pelos cooperados). Deve efetuar o pagamento da contribuição para a aposentadoria especial.

---

146 O cooperado é uma das espécies de contribuinte individual.

Atenção! Conforme veremos mais à frente (Capítulo 11, tópico 7), o **STF** declarou a **inconstitucionalidade** da contribuição prevista no art. 22, IV, da Lei n. 8.212/91, que possuía a mesma sistemática de incidência da contribuição prevista no art. 1º, § 1º, da Lei n. 10.666/2003.

A **Lei n. 10.666/2003 (art. 6º)** também previu que o percentual de retenção do valor bruto da nota fiscal ou fatura de prestação de serviços relativa a serviços prestados mediante cessão de mão de obra, inclusive em regime de trabalho temporário, a cargo da empresa contratante, **é acrescido de quatro, três ou dois pontos percentuais**, relativamente aos serviços prestados pelo segurado empregado cuja atividade permita a concessão de aposentadoria especial após quinze, vinte ou vinte e cinco anos de contribuição, respectivamente. A hipótese tratada no art. 6º da Lei n. 10.666/2003 refere-se à **retenção obrigatória de 11% sobre a nota fiscal**, tema que nós estudaremos adiante.

Segue abaixo uma tabela comparativa entre o SAT e a contribuição para a aposentadoria especial.

SAT	Contribuição para a aposentadoria especial	
Sujeito passivo: contribuição paga pela empresa	**Sujeito passivo:** contribuição paga pela empresa	
Fundamento: risco social	**Fundamento:** risco social	
Incidência: só incide sobre o exercício de atividade prestado pelos empregados e avulsos.	**Incidência:** incide sobre o exercício de atividade em condições especiais pelos empregados, avulsos e cooperados (da cooperativa de trabalho e de produção).	
Alíquota: 1%, 2% ou 3%, conforme o grau de risco da atividade preponderante.	**Alíquota:** 6%, 9% ou 12%, conforme a agressividade do agente nocivo.	**Alíquota:** 5%, 7% ou 9%, conforme a agressividade do agente nocivo.
SAT	Contribuição para a aposentadoria especial	
BC: folha total de remuneração. Definida a alíquota, ela incidirá sobre a folha de todos os trabalhadores da empresa.	**BC:** exclusivamente a folha dos trabalhadores que exercem atividade especial (empregado, avulso e cooperado da cooperativa de produção).	**BC:** na hipótese de cooperado da cooperativa de trabalho, será o valor bruto da nota fiscal.

BC = Base de cálculo.

11.4. CONTRIBUIÇÕES SUBSTITUTIVAS

Para determinados contribuintes, o legislador optou por substituir a folha de remuneração por outra base de cálculo. Exatamente por isso, **elas são chamadas contribuições substitutivas.**

Os **contribuintes beneficiados com a substituição** são os seguintes: a) associações desportivas que mantêm equipe de futebol profissional; b) produtores rurais pessoas físicas (e consórcios simplificados de produtores rurais); c) produtores rurais pessoas jurídicas; d) agroindústrias.

Contribuintes beneficiados com a substituição:
- a) Associação desportiva que mantém equipe de futebol profissional (art. 22, § 6º, da Lei n. 8.212/91).
- b) Produtor rural pessoa física (art. 25 da Lei n. 8.212/91) e consórcio simplificado de produtores rurais (art. 22-B da Lei n. 8.212/91).
- c) Produtor rural pessoa jurídica (art. 25 da Lei n. 8.870/94).
- d) Agroindústrias (art. 22-A da Lei n. 8.212/91).

O tema tem sido pouco explorado em provas de concursos públicos. De qualquer maneira, é importante chamar a atenção para três aspectos.

Em primeiro lugar: qual é a ideia da substituição? Como salienta Ivan Kertzman, a contribuição decorre da necessidade de diferenciar contribuintes em situações diversas. Com efeito, sabe-se que determinados ramos possuem características singulares que dificultariam sobremaneira o pagamento da contribuição tradicional. A opção legislativa foi substituir a base de cálculo para adequar a contribuição previdenciária à capacidade de pagamento do empregador[147]. Um exemplo: imagine um clube de futebol profissional recém-criado. No total, ele possui quarenta empregados entre comissão técnica e jogadores, todos percebendo um salário mínimo. Sem patrocínio e basicamente sem nenhuma torcida, como esse clube poderá efetuar o pagamento da contribuição previdenciária sobre a folha (20% + SAT)? Nesse caso, para não inviabilizar a manutenção da pessoa jurídica, o art. 22, § 6º, da Lei n. 8.212/91 dispõe que a contribuição empresarial das entidades desportivas que mantêm equipe de futebol profissional corresponde a 5% da receita bruta, decorrente dos espetáculos desportivos de que participem em todo o território nacional, em qualquer modalidade desportiva, inclusive jogos internacionais, e, também,

---

147 KERTZMAN, Ivan. *Curso prático de direito previdenciário*. Salvador: JusPodivm, 2011, p. 202.

5% da receita de patrocínio, de licenciamento de uso de marcas e símbolos de publicidade, de propaganda e de transmissão de espetáculos desportivos.

Em segundo lugar: no que diz respeito à contribuição prevista no art. 22, § 6º, da Lei n. 8.212/91, é importante ressaltar que só existe substituição na hipótese de associação desportiva que **mantenha equipe de futebol profissional**. Logo, em se tratando de associação desportiva que explore exclusivamente vôlei e basquete, não haverá substituição, e sim a incidência convencional da contribuição sobre a folha.

Em terceiro lugar: o Plenário do **STF** declarou a inconstitucionalidade (de modo incidental) da contribuição substitutiva do produtor rural pessoa física, alegando ofensa ao art. 150, II, da CF/88 em virtude da exigência de dupla contribuição caso o produtor rural seja empregador, o que ensejaria a necessidade de lei complementar para a instituição de nova fonte de custeio para a seguridade social (RE 596.177).

Segue um quadro-resumo sobre as contribuições substitutivas.

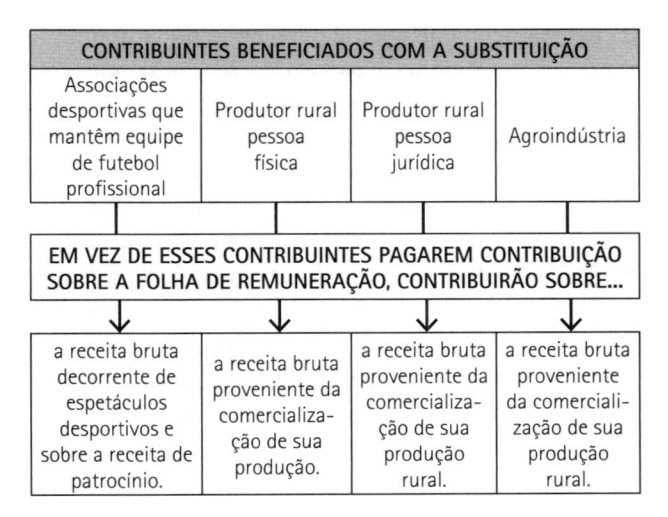

CONTRIBUINTES BENEFICIADOS COM A SUBSTITUIÇÃO			
Associações desportivas que mantêm equipe de futebol profissional	Produtor rural pessoa física	Produtor rural pessoa jurídica	Agroindústria
EM VEZ DE ESSES CONTRIBUINTES PAGAREM CONTRIBUIÇÃO SOBRE A FOLHA DE REMUNERAÇÃO, CONTRIBUIRÃO SOBRE...			
a receita bruta decorrente de espetáculos desportivos e sobre a receita de patrocínio.	a receita bruta proveniente da comercialização de sua produção.	a receita bruta proveniente da comercialização de sua produção rural.	a receita bruta proveniente da comercialização de sua produção rural.

A recente Lei n. 13.202/2015 acrescentou o § 15 ao art. 22 da Lei n. 8.212/91, com a seguinte redação: "Na contratação de serviços de transporte rodoviário de carga ou de passageiro, de serviços prestados com a utilização de trator, máquina de terraplenagem, colheitadeira e assemelhados, a base de cálculo da contribuição da empresa corresponde a 20% (vinte por cento) do valor da nota fiscal, fatura ou recibo, quando esses serviços forem prestados por condutor autônomo de veículo rodoviário, auxiliar de condutor autônomo de veículo rodoviário, bem como por operador de máquinas".

Neste caso, teríamos nova hipótese de substituição da base de cálculo da contribuição a cargo da empresa diversa da geral (que é a folha de remuneração). A peculiaridade é que o serviço que leva à substituição da base de cálculo deve ser prestado por condutor autônomo de veículo rodoviário, por auxiliar de condutor autônomo de veículo ou por operador de máquinas.

11.5. CONTRIBUIÇÃO PARA O PIS-PASEP

O Programa de Integração Social (PIS) foi criado pela Lei Complementar n. 7/70, e o Programa de Formação do Patrimônio do Servidor Público (PASEP), pela Lei Complementar n. 8/70. Esses programas foram reunidos pela Lei Complementar n. 26/75, o que levou à criação do fundo PIS-PASEP.

Segundo reiterada jurisprudência do **STF**, as Leis Complementares citadas foram recepcionadas pela Constituição Federal de 1988, por estarem expressamente autorizadas no art. 239 (RE 169.091 e ADIn 1.417/DF).

Nos termos do *caput* do art. 239, *caput* e § 1º, a contribuição para o PIS-PASEP financia: **a) o programa do seguro-desemprego; b) o abono do PIS; e c) programas de desenvolvimento econômico.**

PIS-PASEP
- Programa do seguro-desemprego
- Abono do PIS
- Programas de desenvolvimento econômico

De acordo com a **Súmula 659 do STF**, "é legítima a cobrança da COFINS, do PIS e do FINSOCIAL sobre as operações relativas a energia elétrica, serviços de telecomunicações, derivados de petróleo, combustíveis e minerais do País".

A contribuição para o PIS/PASEP será apurada mensalmente pelas pessoas jurídicas de direito privado e as que lhes são equiparadas pela legislação do imposto de renda, inclusive as empresas públicas e as sociedades de economia mista e suas subsidiárias, com base no faturamento do mês.

A Lei n. 11.933/2009 alterou o art. 18 da Medida Provisória n. 2.158-35/ 2001, cujo art. 18 passou a dispor que o pagamento da Contribuição para o PIS-PASEP e da Contribuição para o Financiamento da Seguridade Social (COFINS) deverá ser efetuado: a) até o 20º (vigésimo) dia do mês subsequente ao mês de ocorrência dos fatos geradores, pelas pessoas jurídicas referidas no § 1º do art. 22 da Lei n. 8.212, de 24 de julho de 1991; e b) até o 25º (vigésimo quinto) dia do mês subsequente ao mês de ocorrência dos fatos geradores, pelas demais pessoas jurídicas.

11.6. RETENÇÃO DE 11% SOBRE A NOTA FISCAL

De acordo com o art. 31 da Lei n. 8.212/91 e art. 219 do Decreto n. 3.048/99, empresa contratante de serviços executados mediante cessão ou empreitada de mão de obra, inclusive em regime de trabalho temporário, deverá reter 11% do valor bruto da nota fiscal, fatura ou recibo de prestação de serviços e recolher a importância retida em nome da empresa contratada (= empresa cedente) até o dia 20 do mês subsequente ao da emissão da respectiva nota fiscal ou fatura, ou até o dia útil imediatamente anterior se não houver expediente bancário naquele dia, observado o disposto no art. 33, § 5º, da Lei n. 8.212/91.

Imaginemos uma nota fiscal de R$ 10.000,00. Nesse caso, a empresa tomadora de mão de obra deve reter 11% da nota fiscal (ou seja, R$ 1.100,00) e recolher, em nome da empresa cedente da mão de obra (= empresa contratada), a importância retida no prazo previsto na legislação.

O **STF** declarou a constitucionalidade da retenção, basicamente porque o art. 31 trata de hipótese de **técnica de arrecadação via substituição tributária**, e não de uma contribuição nova.

Duas perguntas são oportunas: 1ª) Se o art. 31 da Lei n. 8.212/91 não prevê nova contribuição, por que a obrigação legal de retenção foi fixada em 11%? 2ª) O que acontecerá se o montante retido for superior ao valor efetivamente devido pelo contribuinte (empresa prestadora de mão de obra)?

Para explicar o percentual eleito para a retenção (11%), plausível é a citação de Fernando Osorio de Almeida Júnior: "Afinal, qual a lógica da fixação do montante de 11% sobre o faturamento das empresas cedentes de mão de obra? Para respondermos a esta questão basta sabermos que o lançamento por arbitramento de contribuições sociais com base na remuneração dos trabalhadores, no âmbito do INSS é chamada de aferição indireta (art. 33, § 6º, da Lei n. 8.212/91), se faz quando, ante a impossibilidade de se calcular dita contribuição, por ausência, insuficiência ou inidoneidade de documentos pertinentes ao montante de remuneração paga ou devida aos trabalhadores, a fiscalização arbitra, em regra, esse montante de 'rendimentos' em, no mínimo, 40% do valor dos serviços prestados constantes das faturas emitidas pela empresa cedente de mão de obra. Trata-se de uma presunção – decorrente da experiência – de que tal percentual do faturamento representa em média a parcela da receita da empresa que presta serviços mediante cessão de mão de obra e a qual costuma ser absorvida pelo pagamento dos trabalhadores a seu serviço. Sobre essa base de cálculo arbitrada, incidirá a alíquota de 20% devida pela empresa (art. 22, I, da Lei n. 8.212/91), mais 1%, 2% ou 3% (art. 22, II, da citada lei) a título de adicional do SAT (Seguro de Acidente do Trabalho), de acordo com o grau de risco e a atividade preponderante da empresa, e, por fim, a contribuição dos trabalhadores, que será calculada mediante a aplicação da alíquota mínima (8%), além do percentual da parte patronal (20%), teremos uma alíquota global de 29% que incidirá sobre a base de cálculo arbitrada correspondente a 40% do faturamento, pelo que o montante arbitrado a título de contribuições devidas ao INSS sobre os rendimentos dos trabalhadores [29% (20 + 8 + 1) x 40% do faturamento] representa 11,6% do faturamento. Ou seja, eliminando-se os décimos, encontramos 11% do faturamento. Coincidência? Claro que não"[148].

---

148 ALMEIDA JÚNIOR, Fernando Osório de. Ainda sobre a retenção na fonte da contribuição devida ao INSS pelas empresas cedentes de mão de obra. Impertinência lógico-jurídica do enquadramento do novo regime como contribuição com base no faturamento e equidade do CTN. *Revista Dialética de Direito Tributário – RDDT* n. 45, p. 55-60, jun. 1999. Citado in PAULSEN, Leandro. *Direito tributário*:

O que acontecerá se o montante retido pela empresa tomadora for superior ao valor efetivamente devido pelo contribuinte (empresa prestadora de mão de obra)? Pelo art. 31, § 2º, da Lei n. 8.212/91, "na impossibilidade de haver compensação integral na forma do parágrafo anterior, o saldo remanescente será objeto de restituição".

Apesar de a Lei n. 8.212/91 somente autorizar o pedido de restituição do valor recolhido a maior, o art. 219, § 9º, do Decreto n. 3.048/99 autoriza que o saldo remanescente também seja compensado nas competências (= meses) subsequentes, inclusive na relativa à gratificação natalina.

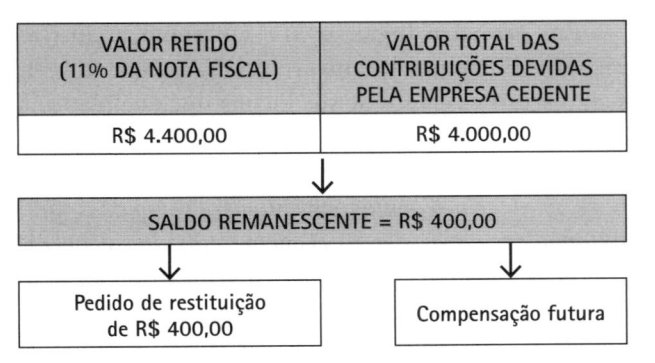

VALOR RETIDO (11% DA NOTA FISCAL)	VALOR TOTAL DAS CONTRIBUIÇÕES DEVIDAS PELA EMPRESA CEDENTE
R$ 4.400,00	R$ 4.000,00

SALDO REMANESCENTE = R$ 400,00

- Pedido de restituição de R$ 400,00
- Compensação futura

Finalmente, conforme já salientado acima, a **Lei n. 10.666/2003 (art. 6º)** previu que o percentual de retenção do valor bruto da nota fiscal ou fatura de prestação de serviços relativa a serviços prestados mediante cessão de mão de obra, inclusive em regime de trabalho temporário, a cargo da empresa contratante, é **acrescido de quatro, três ou dois pontos percentuais**, relativamente aos serviços prestados pelo segurado empregado cuja atividade permita a concessão de aposentadoria especial após quinze, vinte ou vinte e cinco anos de contribuição, respectivamente.

11.7. CONTRIBUIÇÃO DA EMPRESA SOBRE OS SERVIÇOS PRESTADOS POR COOPERATIVAS DE TRABALHO (DECLARADA INCONSTITUCIONAL PELO STF)

O art. 22, IV, da Lei n. 8.212/91, **com redação dada pela Lei n. 9.876/99**, prevê a contribuição a cargo da empresa de **quinze por cento sobre o valor bruto da nota fiscal** ou fatura de prestação de serviços, relativamente a serviços que lhe são prestados por cooperados por intermédio de **cooperativas de trabalho**.

Atente-se que a previsão legal trata exclusivamente da contribuição devida em razão de serviços prestados a empresa por cooperados com a intermediação de **cooperativas de trabalho** (≠ cooperativa de produção).

A tributação prevista no art. 22, IV, da Lei n. 8.212/91 é semelhante à retenção de 11% sobre a nota fiscal. Entretanto, existem diferenças importantes.

A **primeira diferença** refere-se aos sujeitos envolvidos na relação. Na retenção de 11% sobre a nota fiscal, a relação é composta por duas empresas (a cedente de mão de obra e a tomadora). De outro lado, na contribuição do art. 22, IV, da Lei n. 8.212/91, a relação é composta pela cooperativa de trabalho e pela empresa tomadora de serviço.

A **segunda diferença** está na alíquota. Enquanto na retenção (art. 31) o percentual é de 11%, na contribuição da empresa sobre o serviço prestado por cooperado de cooperativa de trabalho, a alíquota aplicável é de 15%.

A **terceira diferença** está na sistemática de tributação. Na retenção de 11%, o montante recolhido à Previdência Social é descontado do valor pago à empresa cedente. Vale dizer, se uma nota fiscal tiver valor bruto de R$ 20.000,00, o montante de R$ 2.200,00 deverá ser retido pela empresa tomadora, sobrando para a empresa cedente a importância líquida de R$ 17.800,00. De outro lado, na contribuição prevista no art. 22, IV, da Lei n. 8.212/91, não há retenção. A contribuição será paga sobre o valor da nota fiscal, onerando em 15% a mais o custo da contratação. Exemplo: a empresa tomadora pagou R$ 10.000,00 para a cooperativa de trabalho Gama. Nesse caso, a contribuição da tomadora será R$ 1.500,00, independentemente do montante de R$ 10.000,00, o qual deverá ser pago para a cooperativa.

Na retenção de 11%	Na contribuição da empresa sobre nota fiscal de serviço prestado por cooperado
Valor da nota fiscal: R$ 10.000,00	Valor da nota fiscal: R$ 10.000,00
Valor retido: 11% de R$ 10.000,00 = R$ 1.100,00	Valor da contribuição: 15% de R$ 10.000,00 = R$ 1.500,00
Custo final: R$ 10.000,00. O valor de R$ 1.100,00 será retido.	Custo final: R$ 10.000,00 + R$ 1.500,00 = R$ 11.500,00

Constituição e Código Tributário à luz da doutrina e da jurisprudência. Porto Alegre: Livraria do Advogado, 2005, p. 990.

A **quarta diferença** é que a retenção de 11% caracteriza sistemática de arrecadação via substituição tributária, tornando possíveis a compensação ou a restituição, na hipótese de o valor descontado ser superior ao total devido pela empresa cedente de mão de obra. Já a contribuição do art. 22, IV, da Lei n. 8.212/91 não prevê a possibilidade de compensação ou restituição. Trata-se, realmente, de contribuição.

RETENÇÃO DE 11%	CONTRIBUIÇÃO DA EMPRESA SOBRE A NOTA FISCAL DOS SERVIÇOS PRESTADOS POR COOPERADOS
Empresa cedente x Empresa tomadora	Cooperativa de trabalho x Empresa tomadora
Alíquota de 11%	Alíquota de 15%
Existe retenção	A contribuição incide sobre a nota, aumentando o custo final da contratação
Possibilidade de compensação ou restituição	Impossível a compensação ou restituição. Trata-se de efetiva contribuição

O **Plenário do STF, nos autos do RE 595838/SP, julgado em 23/04/2014, sob o regime de repercussão geral, entendeu pela inconstitucionalidade** da contribuição em comento, prevista no art. 22, IV, da Lei 8.212/1991, com a redação dada pela Lei 9.876/1999. Vejamos a sequência argumentativa utilizada pela Corte:

1º) a Lei 9.876/1999 transferira a sujeição passiva da obrigação tributária para as empresas tomadoras dos serviços;

2º) embora os sócios/usuários pudessem prestar seus serviços no âmbito dos respectivos locais de trabalho, com seus equipamentos e técnicas próprios, a prestação dos serviços não seria dos sócios/usuários, mas da sociedade cooperativa;

3º) os terceiros interessados nesses serviços efetuariam os pagamentos diretamente à cooperativa, que se ocuparia, posteriormente, de repassar aos sócios/usuários as parcelas relativas às respectivas remunerações;

4º) a tributação de empresas, na forma delineada na Lei 9.876/1999, mediante desconsideração legal da personalidade jurídica das sociedades cooperativas, subverteria os conceitos de pessoa física e de pessoa jurídica estabelecidos pelo direito privado;

5º) a norma teria extrapolado a base econômica delineada no art. 195, I, *a*, da CF, ou seja, a regra sobre a competência para se instituir contribuição sobre a folha de salários ou sobre outros rendimentos do trabalho. Reputou afrontado o princípio da capacidade contributiva (CF, art. 145, § 1º), porque os pagamentos efetuados por terceiros às cooperativas de trabalho, em face de serviços prestados por seus associados, não se confundiriam com os valores efetivamente pagos ou creditados aos cooperados;

6º) o legislador ordinário, ao tributar o faturamento da cooperativa, descaracterizara a contribuição hipoteticamente incidente sobre os rendimentos do trabalho dos cooperados, com evidente *bis in idem*.

Conclusão: assim, o Tribunal concluiu que contribuição destinada a financiar a seguridade social, que tivesse base econômica estranha àquelas indicadas no art. 195 da CF, somente poderia ser legitimamente instituída por lei complementar, nos termos do art. 195, § 4º, da CF.

Em primeiro lugar, o STF enfrentou exclusivamente o tributo previsto no art. 22, IV, da Lei 8.212/91, sem discutir os efeitos de sua inconstitucionalidade na contribuição disposta no art. 1º, § 1º, da Lei n. 10.666/2003 (*"Será devida contribuição adicional de nove, sete ou cinco pontos percentuais, a cargo da empresa tomadora de serviços de cooperado filiado a cooperativa de trabalho, incidente sobre o valor bruto da nota fiscal ou fatura de prestação de serviços, conforme a atividade exercida pelo cooperado permita a concessão de aposentadoria especial após quinze, vinte ou vinte e cinco anos de contribuição, respectivamente"*).

Ora, a lógica de incidência da contribuição prevista no art. 1º, § 1º, da Lei 10.666/03 é a mesma do art. 22, IV, da Lei 8.212/91. Consequentemente, segundo nos parece, trata-se de hipótese de extensão dos efeitos da declaração de inconstitucionalidade a dispositivo não impugnado, no caso o art. 1º, § 1º, da Lei 10.666/03 (inconstitucionalidade por arrastamento).

Em segundo lugar, considerando que a decisão foi proferida em sede de controle difuso, sem que tenha sido editada uma súmula vinculante, o art. 22, IV, da Lei 8.212/91 continua em pleno vigor, não havendo que se falar em efeito repristinatório.

11.8. CONTRIBUIÇÃO SOBRE A RECEITA DE CONCURSOS DE PROGNÓSTICOS

Constitui receita da seguridade social a **renda líquida dos concursos de prognósticos**, excetuando-se os valores destinados ao Programa de Crédito Educativo (art. 26 da Lei n. 8.212/91). Por renda líquida, entende-se o total da arrecadação, deduzidos os valores destinados ao pagamento de prêmios, de impostos e de despesas com a administração, conforme fixado em lei, que inclusive estipulará o valor dos direitos a serem pagos às entidades desportivas pelo uso de suas denominações e símbolos.

> **Renda líquida** = Total da arrecadação, deduzidos os valores destinados ao pagamento de prêmios, de impostos e de despesas com a administração, conforme fixado em lei, que inclusive estipulará o valor dos direitos a serem pagos às entidades desportivas pelo uso de suas denominações e símbolos (art. 26, § 2º, da Lei n. 8.212/91).

Será que é legítima a incidência desta contribuição sobre a **exploração de jogos de azar (atividade ilícita)**? O STF entendeu não ser devida a contribuição sobre a receita de concursos de prognósticos na hipótese de exploração de jogos de azar mediante pagamento feito por particular.

FATO GERADOR (?)	INCIDÊNCIA DO TRIBUTO?
Atividade ilícita (JOGO DO BICHO) Não pode ser considerado concurso de prognóstico	Descabida a incidência do tributo
Atividade lícita (LOTERIA)	Devida a incidência do tributo

11.9. CONTRIBUIÇÃO DA UNIÃO

De acordo com o art. 16 da Lei n. 8.212/91, a contribuição da União é constituída de recursos adicionais do Orçamento Fiscal, fixados obrigatoriamente na lei orçamentária anual (financiamento indireto da Seguridade Social).

Ademais, segundo o parágrafo único do mesmo artigo, a União é **responsável pela cobertura de eventuais insuficiências financeiras da seguridade social**, quando decorrentes do pagamento de benefícios de prestação continuada da Previdência Social, na forma da Lei Orçamentária Anual.

Atenção! Quando se fala na "contribuição da União", não se está falando de contribuição enquanto espécie tributária, mas da **participação** da União no financiamento da Seguridade Social.

```
                    União
           ┌──────────┴──────────┐
           ▼                     ▼
```

Financiamento indireto: a contribuição (participação) da União é constituída de recursos adicionais do Orçamento Fiscal, fixados obrigatoriamente na lei orçamentária anual.	Contribuição (participação) eventual: a União também é responsável pela cobertura de eventuais insuficiências financeiras da seguridade social, quando decorrentes do pagamento de benefícios de prestação continuada da previdência social.

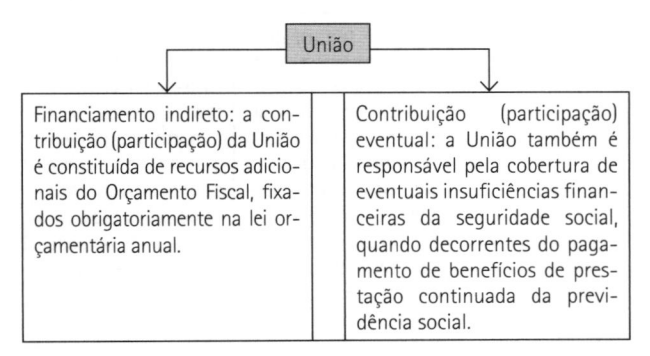

11.10. OUTRAS RECEITAS DA SEGURIDADE SOCIAL

De acordo com o art. 27 da Lei n. 8.212/91, constituem outras receitas da seguridade social as seguintes verbas:

Outras receitas da Seguridade Social

1) As multas, a atualização monetária e os juros moratórios;

2) A remuneração recebida por serviços de arrecadação, fiscalização e cobrança prestados a terceiros;

3) As receitas provenientes de prestação de outros serviços e de fornecimento ou arrendamento de bens;

4) As demais receitas patrimoniais, industriais e financeiras;

5) As doações, legados, subvenções e outras receitas eventuais;

6) 50% (cinquenta por cento) dos valores obtidos e aplicados na forma do parágrafo único do art. 243 da Constituição Federal;

7) 40% (quarenta por cento) do resultado dos leilões dos bens apreendidos pelo Departamento da Receita Federal;

8) Outras receitas previstas em legislação específica;

9) As companhias seguradoras que mantêm o seguro obrigatório de danos pessoais causados por veículos automotores de vias terrestres, de que trata a Lei n. 6.194, de dezembro de 1974, deverão repassar

Outras receitas da Seguridade Social

à Seguridade Social 50% (cinquenta por cento) do valor total do prêmio recolhido e destinado ao Sistema Único de Saúde – SUS, para custeio da assistência médico-hospitalar dos segurados vitimados em acidentes de trânsito.

> **CUIDADO!** Em tese, a remuneração pelo serviço de arrecadação prestado a terceiro, atualmente, destina-se ao Fundo Especial de Desenvolvimento e Aperfeiçoamento das Atividades de Fiscalização – FUNDAF, e não mais à Seguridade Social.
>
> **Lei n. 11.457/07:** "Art. 3º (...)
>
> § 1º O produto da arrecadação das contribuições especificadas no *caput* deste artigo e acréscimos legais incidentes serão destinados, em caráter exclusivo, ao pagamento de benefícios do Regime Geral de Previdência Social e creditados diretamente ao Fundo do Regime Geral de Previdência Social, de que trata o art. 68 da Lei Complementar n. 101, de 4 de maio de 2000. (...)
>
> § 4º A remuneração de que trata o § 1º deste artigo será creditada ao Fundo Especial de Desenvolvimento e Aperfeiçoamento das Atividades de Fiscalização – FUNDAF, instituído pelo Decreto-Lei n. 1.437, de 17 de dezembro de 1975".

11.11. ASPECTOS RELEVANTES SOBRE A ARRECADAÇÃO DAS CONTRIBUIÇÕES

Sobre a arrecadação das contribuições sociais, destacaremos as seguintes questões: **a)** resumo sobre as obrigações legais relativas à arrecadação das contribuições previdenciárias; **b)** Guia de Recolhimento do FGTS e Informações à Previdência Social (GFIP); **c)** prerrogativas da fiscalização; **d)** aferição indireta; **e)** prazo de arquivamento dos documentos; **f)** presunção de desconto da contribuição e reflexos nos benefícios; **g)** responsabilidade solidária; **h)** execução de ofício das contribuições na Justiça do Trabalho.

Questões sobre arrecadação das contribuições:
- Resumo sobre as obrigações legais relativas à arrecadação das contribuições previdenciárias
- Guia de Recolhimento do FGTS e Informações à Previdência Social (GFIP)
- Prerrogativas da fiscalização
- Aferição indireta
- Prazo de arquivamento dos documentos
- Presunção de desconto da contribuição e reflexos nos benefícios
- Responsabilidade solidária
- Execução de ofício das contribuições na Justiça do Trabalho

11.11.1. Resumo sobre a responsabilidade legal de recolher contribuições previdenciárias

PRINCIPAIS SITUAÇÕES		
Responsável	Obrigação legal	Prazo
Empresa	Arrecadar as contribuições dos segurados empregados, trabalhadores avulsos e **contribuintes individuais** a seu serviço, descontando-as da respectiva remuneração e recolher a importância descontada aos cofres públicos.	
	Recolher a contribuição prevista no art. 22, IV, da Lei n. 8.212/91 (contribuição de 15% sobre o valor bruto da nota fiscal ou fatura de prestação de serviços, relativamente a serviços que lhe são prestados por cooperados por intermédio de cooperativas de trabalho). **Contribuição declarada inconstitucional pelo STF.**	Até o dia 20 do mês subsequente ao da competência
	Recolher as contribuições a seu cargo sobre as remunerações pagas,	
Empresa	devidas ou creditadas, a qualquer título, aos segurados empregados, trabalhadores avulsos e contribuintes individuais a seu serviço.	Até o dia 20 do mês subsequente ao da competência
Empregador doméstico	Arrecadar a contribuição do segurado empregado a seu serviço e a recolhê-la, assim como a parcela a seu cargo, no prazo referido no inciso II deste artigo.	Até o dia 7 do mês subsequente ao da competência
Segurado facultativo	Recolher sua contribuição por iniciativa própria.	Até o dia 15 do mês subsequente ao da competência
Segurado contribuinte individual (por conta própria)	Recolher sua contribuição por iniciativa própria.	

Atenção! Conforme já salientamos em outras passagens, desde o advento da Lei n. 10.666/2003, sempre que um contribuinte individual exercer atividade a serviço de uma pessoa jurídica, caberá a esta efetuar o desconto e recolher a contribuição do contribuinte individual a seu serviço. Ou seja, a contribuição previdenciária do contribuinte individual deve ser descontada do valor a ser pago a ele a título de remuneração e posteriormente recolhida pela empresa tomadora do serviço juntamente com as demais contribuições a seu cargo.

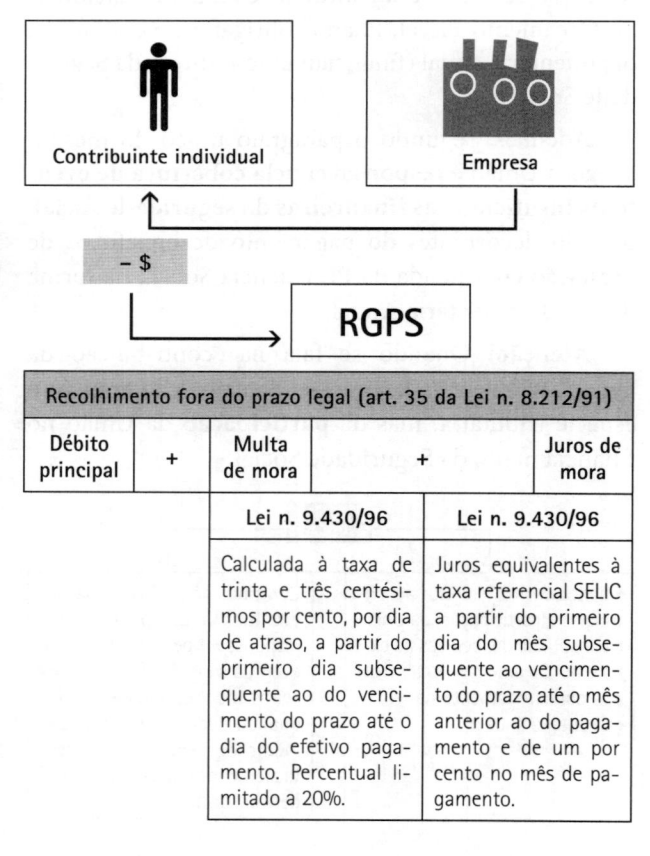

Recolhimento fora do prazo legal (art. 35 da Lei n. 8.212/91)		
Débito principal	+ Multa de mora +	Juros de mora
	Lei n. 9.430/96	Lei n. 9.430/96
	Calculada à taxa de trinta e três centésimos por cento, por dia de atraso, a partir do primeiro dia subsequente ao do vencimento do prazo até o dia do efetivo pagamento. Percentual limitado a 20%.	Juros equivalentes à taxa referencial SELIC a partir do primeiro dia do mês subsequente ao vencimento do prazo até o mês anterior ao do pagamento e de um por cento no mês de pagamento.

11.11.2. Guia de Recolhimento do FGTS e Informações à Previdência Social (GFIP)

O inciso IV do art. 32 da Lei n. 8.212/91 prevê a obrigação da empresa de declarar à Secretaria da Receita Federal do Brasil e ao Conselho Curador do Fundo de Garantia do Tempo de Serviço – FGTS, na forma, prazo e condições estabelecidos por esses órgãos, dados relacionados a fatos geradores, base de cálculo e valores devidos da contribuição previdenciária e outras informações de interesse do INSS ou do Conselho Curador do FGTS. Essa declaração é feita através **da GFIP (Guia de Recolhimento do FGTS e Informações à Previdência Social)**.

Portanto, a GFIP atende a duas demandas: a **obrigação principal de recolhimento do FGTS** e a **obrigação acessória previdenciária**[149]. Na esfera previdenciária, o documento foi criado para abastecer o Cadastro Nacional de Informações Sociais (CNIS), devendo a empresa nele informar dados acerca de todos os segurados que lhe prestem serviços, v.g., identidade nominal, remuneração, enquadramento e exposição a agentes insalubres. Com efeito, segundo o art. 32, § 2º, da Lei n. 8.212/91, as informações constantes da GFIP comporão a base de dados para fins de cálculo e concessão dos benefícios previdenciários.

Servindo de fonte para o CNIS, tal base de dados facilita sobremaneira a concessão de benefícios previdenciários, por dispensar do interessado a comprovação de seus vínculos laborais e respectivas remunerações. A propósito, vale transcrever o disposto no art. 29-A da Lei n. 8.213/91: "O INSS utilizará as informações constantes no Cadastro Nacional de Informações Sociais – CNIS sobre os vínculos e as remunerações dos segurados, para fins de cálculo do salário de benefício, comprovação de filiação ao Regime Geral de Previdência Social, tempo de contribuição e relação de emprego".

Ademais, a **GFIP é documento declaratório de valores devidos, servindo como confissão de dívida por parte da empresa**. Vale dizer, a declaração em GFIP constitui instrumento hábil e suficiente para a exigência do crédito tributário (art. 32, § 2º, da Lei n. 8.212/91), sem que seja necessária qualquer providência tributária por parte da Administração Pública. Resulta daí a possibilidade imediata de serem inscritos em dívida ativa os valores declarados em GFIP, dando-se início à execução fiscal. Se a empresa declarou o fato gerador através da GFIP, confessou o débito tributário. Nesse contexto, é importante salientar que, nos termos do art. 33, § 7º, da Lei n. 8.212/91, o crédito tributário também é constituído através da confissão de valores devidos e não recolhidos.

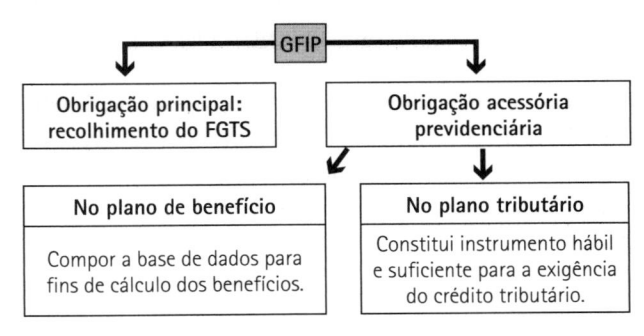

```
                    GFIP
           ↙                  ↘
Obrigação principal:      Obrigação acessória
recolhimento do FGTS      previdenciária
    ↓                          ↓
No plano de benefício    No plano tributário

Compor a base de dados   Constitui instrumento hábil
para fins de cálculo     e suficiente para a exigência
dos benefícios.          do crédito tributário.
```

Dada a sua importância para a sistemática de controle da Administração, a Lei n. 8.212/91, no art. 32-A, impõe a **aplicação de multa sempre que o contribuinte deixar de apresentar a GFIP no prazo legal ou encaminhá-la com incorreções ou omissões**, sem prejuízo, é claro, de sua intimação para apresentação do documento ou prestação de esclarecimentos à fiscalização.

Para efeito da aplicação da multa, será considerado como termo inicial o dia seguinte ao término do prazo fixado para entrega da declaração e como termo final a data da efetiva entrega ou, no caso de não apresentação, a data da lavratura do auto de infração ou da notificação de lançamento.

Com o intuito de incentivar o recolhimento mais rápido do contribuinte, o art. 32-A, § 2º, da Lei n. 8.212/91 prevê a possibilidade de redução do valor da multa: I – à metade, quando a declaração for apresentada após o prazo, mas antes de qualquer procedimento de ofício; ou II – a 75%, se houver apresentação da declaração no prazo fixado em intimação.

Além da penalidade pecuniária consistente na multa, o § 10 do art. 32 da Lei n. 8.212/91 prevê outra **sanção ao contribuinte**, ao dispor que o descumprimento do dever instrumental referente à GFIP é **condição impeditiva para expedição da prova de inexistência de débito**.

```
        Descumprimento da
      obrigação relativa à GFIP
         ↙              ↘
Aplicação de multa    Condição impeditiva para
                      expedição de prova de
                      inexistência de débito
```

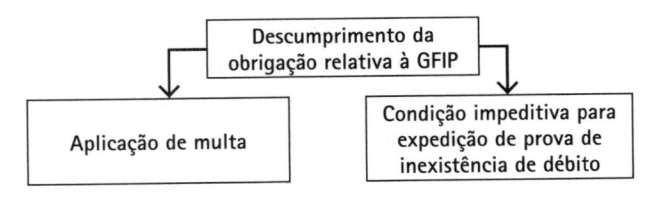

149 IBRAHIM, Fábio Zambitte. *Curso de direito previdenciário*. Niterói: Impetus, 2011, p. 372.

11.11.3. Prerrogativas da fiscalização

Pelo inciso III do art. 32 da Lei n. 8.212/91, a empresa deve prestar à Secretaria da Receita Federal do Brasil todas as informações cadastrais, financeiras e contábeis de seu interesse, na forma por ela estabelecida, bem como os esclarecimentos necessários à fiscalização.

É prerrogativa da Secretaria da Receita Federal do Brasil, por intermédio dos Auditores-Fiscais da Receita Federal do Brasil, o exame da contabilidade das empresas, ficando obrigados a prestar todos os esclarecimentos e informações solicitados o segurado e os terceiros responsáveis pelo recolhimento das contribuições previdenciárias e das contribuições devidas a outras entidades e fundos.

A empresa, o segurado da Previdência Social, o serventuário da Justiça, o síndico ou seu representante, o comissário e o liquidante de empresa em liquidação judicial ou extrajudicial são obrigados a exibir todos os documentos e livros relacionados com as contribuições previstas nesta Lei. Nesse sentido, foi editada a **Súmula 439 do STF**: "Estão sujeitos à fiscalização tributária ou previdenciária quaisquer livros comerciais, limitado o exame aos pontos objeto da investigação".

O art. 229, § 1º, do Decreto n. 3.048/99 assegura aos agentes fiscais o livre acesso a todas as dependências ou estabelecimentos da empresa, com vistas à verificação física dos segurados em serviço, para confronto com os registros e documentos da empresa, podendo requisitar e apreender livros, notas técnicas e demais documentos necessários ao perfeito desempenho de suas funções, caracterizando-se como embaraço a fiscalização qualquer dificuldade oposta à consecução do objetivo.

Outra importante competência da Fiscalização está prevista no art. 229, § 2º, do Decreto n. 3.048, de 1999. Por essa regra, se o Auditor-Fiscal da Receita Federal constatar que o segurado contratado como contribuinte individual, trabalhador avulso, ou sob qualquer outra denominação, preenche os requisitos da relação de emprego, deverá desconsiderar o vínculo pactuado e efetuar o enquadramento como segurado empregado.

11.11.4. Aferição indireta

De acordo com o art. 446 da Instrução Normativa da RFB n. 971/2009, **aferição indireta** é o procedimento de que dispõe a Receita Federal do Brasil para **apuração indireta da base de cálculo das contribuições sociais**.

Por representar uma ruptura na sistemática de determinação do valor da obrigação tributária, a aferição indireta é excepcional, estando condicionada à existência de irregularidades no cumprimento das obrigações acessórias.

Trata-se, por exemplo, da hipótese prevista no art. 33, § 3º, da Lei n. 8.212/91: "Ocorrendo recusa ou sonegação de qualquer documento ou informação, ou sua apresentação deficiente, a Secretaria da Receita Federal do Brasil pode, sem prejuízo da penalidade cabível, lançar de ofício a importância devida".

Outra hipótese de aplicação do procedimento está prevista no art. 33, § 6º, da Lei n. 8.212/91: "Se, no exame da escrituração contábil e de qualquer outro documento da empresa, a fiscalização constatar que a contabilidade não registra o movimento real de remuneração dos segurados a seu serviço, do faturamento e do lucro, serão apuradas, por aferição indireta, as contribuições efetivamente devidas, cabendo à empresa o ônus da prova em contrário".

11.11.5. Prazo de arquivamento dos documentos

De acordo com o art. 32, § 11, da Lei n. 8.212/91, em relação aos créditos tributários, os documentos comprobatórios do cumprimento das obrigações principais e acessórias previdenciárias devem ficar arquivados na empresa até que ocorra a prescrição relativa aos créditos decorrentes das operações a que se refiram.

O preceito legal deveria ter falado em "decadência", e não prescrição; afinal trata-se de constituição do crédito previdenciário, e não de sua cobrança judicial. Vale dizer, só existe necessidade de a documentação ficar arquivada até que ocorra a decadência. Depois desse momento, considera-se extinto o crédito tributário.

11.11.6. Presunção de desconto da contribuição e reflexos nos benefícios

Vimos que, por força do art. 30 da Lei n. 8.212/91, compete à empresa realizar o desconto da contribuição do segurado a seu serviço e, em seguida, recolher o montante descontado aos cofres previdenciários. Assim, admitindo-se que um segurado tem remuneração de R$ 2.000,00, caberá à empresa, além do recolhimento de suas próprias contribuições sobre a folha (20% + SAT + contribuição para a aposentadoria especial[150] +

---

150 Apenas se for o caso.

adicional das instituições financeiras[151]), o dever de descontar 11%[152] de R$ 2.000,00 (R$ 220,00) e recolher tal importância à Previdência Social.

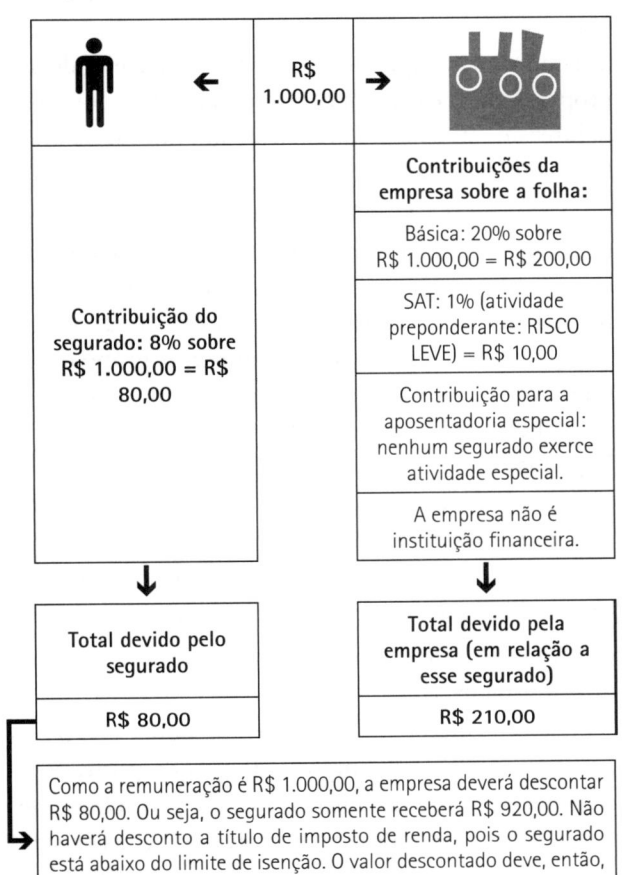

	R$ 1.000,00 →	
Contribuição do segurado: 8% sobre R$ 1.000,00 = R$ 80,00		**Contribuições da empresa sobre a folha:**
		Básica: 20% sobre R$ 1.000,00 = R$ 200,00
		SAT: 1% (atividade preponderante: RISCO LEVE) = R$ 10,00
		Contribuição para a aposentadoria especial: nenhum segurado exerce atividade especial.
		A empresa não é instituição financeira.
↓		↓
Total devido pelo segurado		**Total devido pela empresa (em relação a esse segurado)**
R$ 80,00		R$ 210,00

Como a remuneração é R$ 1.000,00, a empresa deverá descontar R$ 80,00. Ou seja, o segurado somente receberá R$ 920,00. Não haverá desconto a título de imposto de renda, pois o segurado está abaixo do limite de isenção. O valor descontado deve, então, ser recolhido pela empresa.

Nesse contexto, impende salientar que, de acordo com o art. 33, § 5º, da Lei n. 8.212/91, o desconto de contribuição e de consignação legalmente autorizadas sempre se presume feito oportuna e regularmente pela empresa a isso obrigada, não lhe sendo lícito alegar omissão para se eximir do recolhimento, ficando diretamente responsável pela importância que deixou de receber ou arrecadou em desacordo com a lei.

A presunção de desconto é absoluta, aplicando-se sempre que a retenção do tributo for obrigatória. Dimana do dever da empresa de descontar o valor equivalente à contribuição devida, recolhendo-o em seguida aos cofres fiscais. Como o pagamento do tributo não é incumbência do contribuinte, ele não pode ser penalizado pela omissão do retentor. Assim, no caso do segurado empregado, a ausência de recolhimento de sua contribuição pela empresa não pode prejudicá-lo quando do requerimento administrativo de benefício. É o que se infere do **art. 34, I, da Lei n. 8.213/91**, segundo o qual, para o segurado empregado, **inclusive o doméstico**, e o trabalhador avulso, serão considerados os salários de contribuição referentes aos meses de contribuições devidas, ainda que não recolhidas pela empresa ou pelo empregador doméstico, sem prejuízo da respectiva cobrança e da aplicação das penalidades cabíveis (**redação dada pela Lei Complementar n. 150/2015**). Destarte, se, em um mês, a empresa efetuou o desconto, mas não recolheu a contribuição do empregado, este (o empregado) não terá qualquer prejuízo. Por ocasião do requerimento administrativo, suas únicas obrigações junto à Autarquia serão: a) a prova do exercício da atividade (já que não constará do CNIS o respectivo salário de contribuição, dada a ausência de recolhimento da contribuição); b) a prova do valor do salário de contribuição[153].

A propósito, lembre-se de que, se a empresa efetuar o desconto, mas não recolher a importância, o seu responsável legal incorrerá na pena cominada para o crime de apropriação indébita previdenciária (art. 168-A do CP). De outro lado, se a empresa não efetuar o desconto, não incide em qualquer previsão típica penal[154], ficando, porém, diretamente responsável pelo valor não recolhido (art. 33, § 5º, da Lei n. 8.212/91).

11.11.7. Responsabilidade solidária

Pelo art. 264 do CC de 2002, há solidariedade quando, na mesma obrigação, concorre mais de um credor, ou mais de um devedor, cada um com direito, ou obrigado, à dívida toda. Interessa-nos especificamente a solidariedade passiva.

A solidariedade passiva está disciplinada no art. 275 do CC, segundo o qual o credor tem direito a exigir e receber de um ou de alguns dos devedores, parcial ou totalmente, a dívida comum; se o pagamento tiver sido parcial, todos os demais devedores continuam obriga-

---

151 Apenas se for o caso.
152 Alíquota aplicável conforme a faixa salarial do segurado.
153 Na verdade, mesmo sem a prova do valor dos salários de contribuição, será concedido o benefício, só que no valor mínimo, ressaltando-se, porém, que a renda deverá ser recalculada, após a apresentação de prova dos salários de contribuição (art. 35 da Lei n. 8.213/91).
154 Ressalte-se que a lavratura do auto de infração é sanção administrativa, e não penal.

dos solidariamente pelo resto. Assim, enquanto o pagamento total extingue a própria obrigação e, consequentemente, a solidariedade, o pagamento parcial apenas extingue parcela do dever obrigacional, mantendo a solidariedade no tocante ao remanescente.

A solidariedade tributária possui tratamento normativo específico no CTN, cujo art. 124, parágrafo único, afasta expressamente o benefício de ordem[155], o que é lógico, afinal, se existe solidariedade, não há como falar em benefício de ordem. Como veremos, esse afastamento manteve-se com o advento da Lei n. 8.212/91 (art. 30, VI).

O art. 125 do CTN enumera os seguintes efeitos da solidariedade tributária: a) o pagamento efetuado por um dos obrigados aproveita aos demais; b) a isenção ou remissão de crédito exonera todos os obrigados, salvo se outorgada pessoalmente a um deles, subsistindo, nesse caso, a solidariedade quanto aos demais pelo saldo; e c) a interrupção da prescrição em favor ou contra um dos obrigados favorece ou prejudica aos demais.

Nesse tópico, analisaremos algumas questões sobre responsabilidade solidária: **a)** responsabilidade solidária do proprietário, do incorporador, do dono da obra ou condômino da unidade imobiliária com o construtor e o subempreiteiro (art. 30, VI, da Lei n. 8.212/91); **b)** responsabilidade solidária da empresa de comercialização ou incorporador de imóveis com o construtor; **c)** responsabilidade solidária das empresas que integram o mesmo grupo econômico (art. 30, IX, da Lei n. 8.212/91); **d)** responsabilidade solidária dos produtores rurais integrantes do consórcio simplificado (art. 25-A, § 3º, da Lei n. 8.212/91); **e)** responsabilidade solidária dos gestores da Administração Pública Indireta.

A – Responsabilidade solidária do proprietário, incorporador, dono da obra, condômino e incorporador com o construtor e com o subempreiteiro

São sujeitos da relação jurídica de construção: a) o proprietário; b) o construtor; c) o dono da obra; d) o condômino; e e) incorporador. Com base nas lições de Wladimir Novaes Martinez, vejamos os principais aspectos de cada um deles.

O proprietário é o empreendedor da edificação, podendo ser uma pessoa física ou jurídica. A obra realiza-se sob sua supervisão direta e em terreno de sua propriedade. É ele quem contrata os profissionais prestadores de serviços (empreiteiros, autônomos ou eventuais) ou empresa e adquire o material[156].

Segundo o art. 220, § 4º, do Decreto n. 3.048/99, considera-se construtor a **pessoa física ou jurídica** que executa obra sob sua responsabilidade, no todo ou em parte. Vale dizer, o construtor é quem efetiva a construção, podendo ser profissional autônomo, grupo de autônomos ou empreiteiro estabelecido como empresa de construção civil registrada no Conselho Regional de Engenharia e Arquitetura – CREA. Conta com a participação de outras pessoas que não possuem qualquer ordem de responsabilidade quanto às cargas tributárias decorrentes da construção, como é o caso do administrador, do engenheiro e do fornecedor do material[157].

Atenção! Observe-se que o construtor pode ser uma pessoa física.

Dentre as espécies de construtor, destaca-se o empreiteiro, geralmente empresa de grande porte, especializada no ramo de construção civil. Já o subempreiteiro é o construtor de menor expressão. A sua existência pressupõe a do empreiteiro, o que significa dizer que o proprietário não pode contratar subempreiteiro diretamente, pois, caso o faça, este será empreiteiro, por ser o primeiro contratante. Visando a ilustrar, vejamos o esquema a seguir:

Proprietário → Empreiteiro → Subempreiteiro

O dono da obra é o administrador, pessoa física ou jurídica, da obra em terreno alheio e pode ser um promitente comprador ou posseiro[158].

Condomínio é reunião de pessoas físicas ou jurídicas que gerem em comum a construção por intermédio do incorporador[159]. O incorporador, por sua vez, é "a pessoa física ou jurídica, comerciante ou não, que, embora não efetuando a construção, compromis-

---

155 O benefício de ordem "é o direito à observância de uma ordem ou sequência preestabelecida para a execução, operando-se esta primeiramente contra um, e só depois contra o outro" (MACHADO, Hugo de Brito. *Curso de direito tributário*. São Paulo: Malheiros, 2005, p. 155).

156 MARTINEZ, Wladimir Novaes. *Comentários à lei básica da previdência social*. São Paulo: LTr, 2003, p. 477.
157 Idem, ibidem.
158 Idem, ibidem.
159 Idem, ibidem.

se ou efetive a venda de frações ideais de terreno objetivando a vinculação de tais frações a unidades autônomas, em edificações a serem construídas ou em construção sob regime condominial, ou que meramente aceita propostas para efetivação de tais transações, coordenando e levando a termo a incorporação e responsabilizando-se, conforme o caso, pela entrega, a certo prazo, preço e determinadas condições, das obras concluídas" (Lei n. 4.591/64).

A priori, apenas o sujeito passivo seria responsável pela contribuição devida à seguridade social. Contudo, para dar maior eficácia à satisfação do crédito tributário, o legislador previu a responsabilidade solidária dos sujeitos acima perfilhados. Com isso, o Poder Público poderá buscar o seu crédito em face de qualquer um dos sujeitos, não se aplicando, em qualquer hipótese, o benefício de ordem.

Vamos a um exemplo: José contrata a construtora Alfa para o levantamento de casa em terreno de sua propriedade (logo, José é proprietário/dono da obra). Para realização do serviço, a construtora contará com pedreiros que integram o seu quadro de empregados. Portanto, não há relação trabalhista entre José e os indivíduos que construirão a sua casa (os quais são empregados da construtora). Na condição de empregadora, é óbvio que a construtora possui algumas obrigações legais, tais como: a) recolher as suas contribuições previdenciárias a seu cargo (por exemplo, a contribuição básica de 20% e o SAT); b) descontar a contribuição dos segurados a seu serviço e recolher a importância descontada aos cofres previdenciários. Pois bem, apesar de a construtora ser a verdadeira devedora das contribuições, a Lei n. 8.212/91 previu a responsabilidade solidária de José, o qual poderá ser chamado para pagar o débito tributário total da construtora referente à obra contratada.

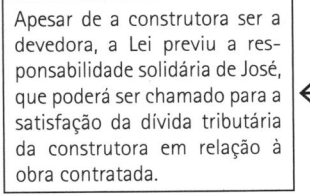

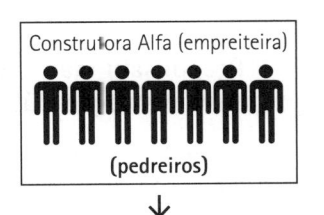

JOSÉ (dono da obra)	Construtora Alfa (empreiteira) (pedreiros)
Apesar de a construtora ser a devedora, a Lei previu a responsabilidade solidária de José, que poderá ser chamado para a satisfação da dívida tributária da construtora em relação à obra contratada.	REAL DEVEDORA DA CONTRIBUIÇÃO A construtora deve recolher as suas contribuições previdenciárias, além de ter o dever de arrecadar a contribuição dos segurados a seu serviço.

O inciso VI do art. 30 da Lei n. 8.212/91 prevê a possibilidade de **retenção**, para afastar a indesejável responsabilização solidária futura do proprietário, incorporador, dono da obra ou condômino. Saliente-se que esta retenção não é obrigatória. Trata-se de mera faculdade cujo objetivo é impedir os efeitos da solidariedade, em virtude de quitação própria dos débitos.

Desse modo, a ausência de retenção dos valores não implica violação à lei. No pior dos casos, o que poderá acontecer é a futura responsabilização solidária do agente em caso de inadimplemento da obrigação tributária pelo construtor/subempreiteiro. Por isso, como assinala Andrei Pitten Velloso, "é de extrema importância a diligência da retenção e do recolhimento das contribuições devidas, sob pena de, havendo inadimplemento, poderem ser o proprietário, o incorporador, o dono da obra ou o condômino diretamente acionados pelo pagamento do débito, sujeitando-se à necessidade de acionar o construtor para serem ressarcidos, de modo integral, do *quantum* desembolsado"[160]. Em nosso exemplo: para que não exista possibilidade de José ser responsabilizado solidariamente pelos débitos previdenciários da construtora Alfa decorrentes da construção da obra, ele poderá reter 11% da nota fiscal.

RETENÇÃO	~~RESPONSABILIDADE SOLIDÁRIA~~	~~DIREITO DE REGRESSO~~

Se o proprietário/incorporador/dono da obra/condômino optar pela retenção (que é uma faculdade), não há possibilidade de responsabilização solidária futura e, consequentemente, de direito de regresso.

O art. 30, VI, da Lei n. 8.212/91 também ressalva o **direito regressivo**, na tentativa de serem reavidos os valores desembolsados pelo responsável solidário. Enquanto a retenção visa a obstar a responsabilização solidária, o direito de regresso objetiva o ressarcimento de valores gastos pelo devedor solidário no saneamento do débito do real devedor. No exemplo: como José é devedor solidário da construtora, a Receita Federal poderá exigir dele o pagamento do tributo devido pela construtora Alfa. Se isso acontecer, José, posteriormente, poderá exigir da construtora (verdadeira devedora) o montante que precisou pagar em razão da solidariedade.

---

160 VELLOSO, Andrei Pitten; ROCHA, Daniel Machado da. JÚNIOR, José Paulo Baltazar. *Comentários à Lei do Custeio da Seguridade Social*. Porto Alegre: Livraria do Advogado, 2005, p. 244.

■ DIREITO PREVIDENCIÁRIO

[Diagrama: RETENÇÃO (riscado) → RESPONSABILIDADE SOLIDÁRIA → DIREITO DE REGRESSO]

> Se o sujeito não tiver optado pela retenção, ele poderá ser responsabilizado posteriormente, por força da solidariedade. Se isso acontecer, ele terá o direito de regresso em face da construtora ou, se for o caso, da subempreiteira.

Segundo o art. 30, VIII, da Lei n. 8.212/91, nenhuma contribuição à Seguridade Social é devida se a construção residencial unifamiliar, destinada ao uso próprio, de tipo econômico, for executada sem mão de obra assalariada (**regime de mutirão**). Esse dispositivo trata-se de uma isenção?

Hugo de Brito Machado sustenta que isenção é a exclusão, por lei, de parcela da hipótese de incidência, ou suporte fático da norma de tributação, sendo objeto da isenção a parcela que a lei retira dos fatos que realizam a hipótese de incidência da regra da tributação[161].

Ora, se o fato gerador da contribuição é o exercício de atividade remunerada, conclui-se que a ausência de contrapartida remuneratória implica ausência de fato gerador e, consequentemente, da obrigação de contribuir[162]. Portanto, trata-se, na verdade, de hipótese de não incidência tributária, e não de isenção.

B – Empresas de comercialização e incorporador de imóveis

Por força do art. 30, VII, da Lei n. 8.212/91, exclui-se da responsabilidade solidária perante a seguridade social o adquirente de prédio ou unidade imobiliária que realizar a operação com empresa de comercialização ou incorporador de imóveis, **ficando estes solidariamente responsáveis com o construtor**.

C – Empresas integrantes do mesmo grupo econômico

Outra hipótese de solidariedade está prevista no art. 30, IX, da Lei n. 8.212/91 e refere-se às empresas que integram grupo econômico de qualquer natureza. Wladimir Novaes Martinez afirma que "grupo econômico pressupõe a existência de duas ou mais pessoas jurídicas de direito privado, pertencentes às mesmas pessoas, não necessariamente em partes iguais ou coincidindo os proprietários, compondo um conjunto de interesses econômicos subordinados ao controle do capital. Nessa inteligência, Matarazzo, Bradesco, Votorantim, Silvio Santos, Petrobras são grupos econômicos. O importante, na caracterização da reunião dessas empresas, é o comando único, a posse de ações ou quotas capazes de controlar a administração, a convergência de políticas mercantis, a padronização de procedimentos e, se for o caso, mas sem ser exigência, o objetivo comum"[163]. Vamos a um exemplo:

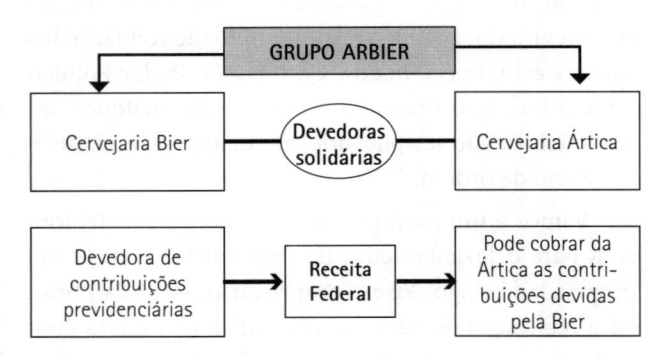

[Diagrama: GRUPO ARBIER — Cervejaria Bier e Cervejaria Ártica (Devedoras solidárias). Devedora de contribuições previdenciárias → Receita Federal → Pode cobrar da Ártica as contribuições devidas pela Bier]

D – Responsabilidade solidária dos produtores rurais integrantes do consórcio simplificado

Pelo art. 25-A da Lei n. 8.212/91, equipara-se ao empregador rural pessoa física o consórcio simplificado de produtores rurais, formado pela união de produtores rurais pessoas físicas, que outorgar a um deles poderes para contratar, gerir e demitir trabalhadores para prestação de serviços, exclusivamente, aos seus integrantes, mediante documento registrado em cartório de títulos e documentos.

Segundo o § 3º desse artigo, os produtores rurais integrantes do consórcio de que trata o *caput* serão responsáveis solidários em relação às obrigações previdenciárias.

E – Responsabilidade solidária dos gestores da Administração Pública Indireta

Nos termos do art. 42 da Lei n. 8.212/91, os administradores de autarquias e fundações públicas, criadas e mantidas pelo Poder Público, de empresas públicas e de sociedades de economia mista sujeitas ao controle da União, dos Estados, do Distrito Federal ou dos Mu-

---

161 MACHADO, Hugo de Brito. *Curso de direito tributário*. São Paulo: Malheiros, 2005, p. 231.
162 STUDART, André. *Arrecadação e recolhimento das contribuições previdenciárias*. São Paulo: Quartier Latin, 2007, p. 36.
163 MARTINEZ, Wladimir Novaes. *Comentários à lei básica da previdência social*. São Paulo: LTr, 2003, p. 485.

nicípios, que se encontrarem em mora, por mais de trinta dias, no recolhimento das contribuições previstas na Lei n. 8.212/91, tornam-se solidariamente responsáveis pelo respectivo pagamento, ficando ainda sujeitos às proibições do art. 1º e às sanções dos arts. 4º e 7º do Decreto-Lei n. 368/68.

11.11.8. Execução de ofício das contribuições na Justiça do Trabalho

De acordo com o art. 114 da CF/88, compete à Justiça do Trabalho processar e julgar a execução, de ofício, das contribuições sociais previstas no art. 195, I, *a*, e II, e seus acréscimos legais, decorrentes das sentenças que proferir.

> Art. 114. Compete à **Justiça do Trabalho** processar e julgar: (...)
> VIII - a execução, de ofício, das contribuições sociais previstas no art. 195, I, *a*, e II, e seus acréscimos legais, decorrentes das sentenças que proferir;

Cuidado! Quando se fala de execução de ofício de contribuição previdenciária na Justiça do Trabalho, o poder público é credor, e não devedor. Consequentemente, é totalmente inaplicável a sistemática de pagamento de precatório.

Ressalte-se que somente haverá execução de ofício da **contribuição previdenciária devida pela empresa sobre a folha e da contribuição previdenciária dos trabalhadores e demais segurados da previdência social** (art. 195, I, *a*, e II, da CF/88). Nesse contexto, como o SAT é uma contribuição patronal que incide sobre a remuneração, ela também deve ser executada pela Justiça do Trabalho.

Ademais, conforme entendeu o **STF**, a competência da Justiça do Trabalho limita-se à execução de ofício das contribuições mencionadas decorrentes **das sentenças condenatórias em pecúnia que proferir e aos valores objeto de acordo homologado** que integrem o salário de contribuição, não abrangendo, pois, as sentenças meramente declaratórias de vínculo. Por força dessa decisão do STF, o **TST** acabou editando a **Súmula 368**: "I. A Justiça do Trabalho é competente para determinar o recolhimento das contribuições fiscais. A competência da Justiça do Trabalho, quanto à execução das contribuições previdenciárias, limita-se às sentenças condenatórias em pecúnia que proferir e aos valores, objeto de acordo homologado, que integrem o salário de contribuição (ex-OJ 141 da SBDI-1 – inserida em 27.11.1998)".

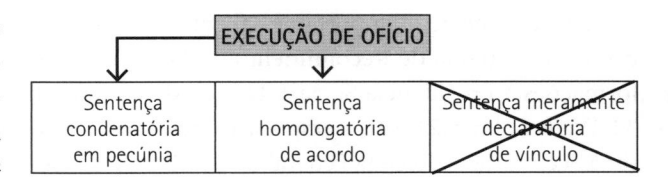

EXECUÇÃO DE OFÍCIO
- Sentença condenatória em pecúnia
- Sentença homologatória de acordo
- ~~Sentença meramente declaratória de vínculo~~

Segundo o art. 43, § 2º, da Lei n. 8.212/91, incluído pela Lei n. 11.941, de 2009, **considera-se ocorrido o fato gerador das contribuições sociais na data da prestação do serviço**. Portanto, ressai evidente que o fato gerador da contribuição previdenciária não é a sentença trabalhista, o acordo ou mesmo o pagamento da importância devida, mas sim o exercício da atividade remunerada.

Outra questão importante diz respeito à celebração de **acordo após o trânsito em julgado**. Com o advento da Lei n. 11.941/2009, o art. 43, § 5º, passou a ter a seguinte redação: "**Na hipótese de acordo celebrado após ter sido proferida decisão de mérito, a contribuição será calculada com base no valor do acordo**".

11.12. CONSTITUIÇÃO DO CRÉDITO PREVIDENCIÁRIO

Existem três espécies de lançamento: a) lançamento de ofício; b) lançamento por declaração; c) lançamento por homologação.

O lançamento de ofício é praticado por iniciativa da autoridade administrativa, independentemente de qualquer colaboração do sujeito passivo. Suas hipóteses estão previstas no art. 149 do CTN.

De acordo com o art. 147 do CTN, o lançamento por declaração é o efetuado com base na declaração do sujeito passivo ou de terceiro, quando um ou outro, na forma da legislação tributária, prestam à autoridade administrativa informações sobre matéria de fato, indispensáveis à sua efetivação.

Por fim, o lançamento por homologação, previsto no art. 150 do CTN, ocorre quando se exige do sujeito passivo o dever de antecipar o pagamento sem prévio exame da autoridade administrativa no que concerne à sua determinação. Opera-se pelo ato da autoridade, que, tomando conhecimento da determinação feita pelo sujeito passivo, expressa ou tacitamente a homologa.

As **contribuições sociais estão sujeitas ao lançamento por homologação e ao lançamento de ofício**. Cabe ao sujeito passivo declarar os fatos geradores, calcular o tributo devido e antecipar-lhe o pagamento, com posterior homologação (ou não) da Fazenda.

Nesse contexto, é importante salientar a importância da GFIP (Guia de Recolhimento do FGTS e de Informações à Previdência Social). De acordo com o art. 32, IV, da Lei n. 8.212/91, a empresa é obrigada a declarar à Secretaria da Receita Federal do Brasil e ao Conselho Curador do Fundo de Garantia do Tempo de Serviço – FGTS, na forma, prazo e condições estabelecidos por esses órgãos, dados relacionados a fatos geradores, base de cálculo e valores devidos da contribuição previdenciária e outras informações de interesse do INSS ou do Conselho Curador do FGTS. Trata-se, portanto, da obrigação acessória cujo cumprimento viabiliza a declaração do fato gerador da contribuição. A declaração em GFIP implica confissão de dívida e, consequentemente, a constituição do crédito tributário. Logo, não há necessidade de instauração de procedimento administrativo fiscal, até porque a própria devedora reconheceu o débito quando o declarou em GFIP.

Exatamente por isso, o art. 33, § 7º, da Lei n. 8.212/91 dispõe que o crédito da seguridade social é constituído por meio de **notificação de lançamento**, de **auto de infração** e de **confissão de valores devidos e não recolhidos pelo contribuinte** (= declaração em GFIP).

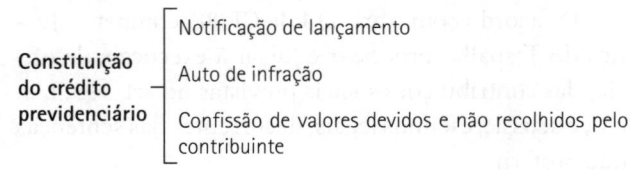

Constituição do crédito previdenciário:
- Notificação de lançamento
- Auto de infração
- Confissão de valores devidos e não recolhidos pelo contribuinte

EMPRESA GAMA

20 empregados

GFIP OK	GFIP NÃO

Empresa Gama declara em GFIP o total de 15 empregados, em vez de 20.

Contribuição devida em razão de 15 empregados:	Contribuição devida em razão de 5 empregados:
JÁ CONSTITUÍDA PELA GFIP	Necessidade de lançamento de ofício: notificação de lançamento e uto de infração.

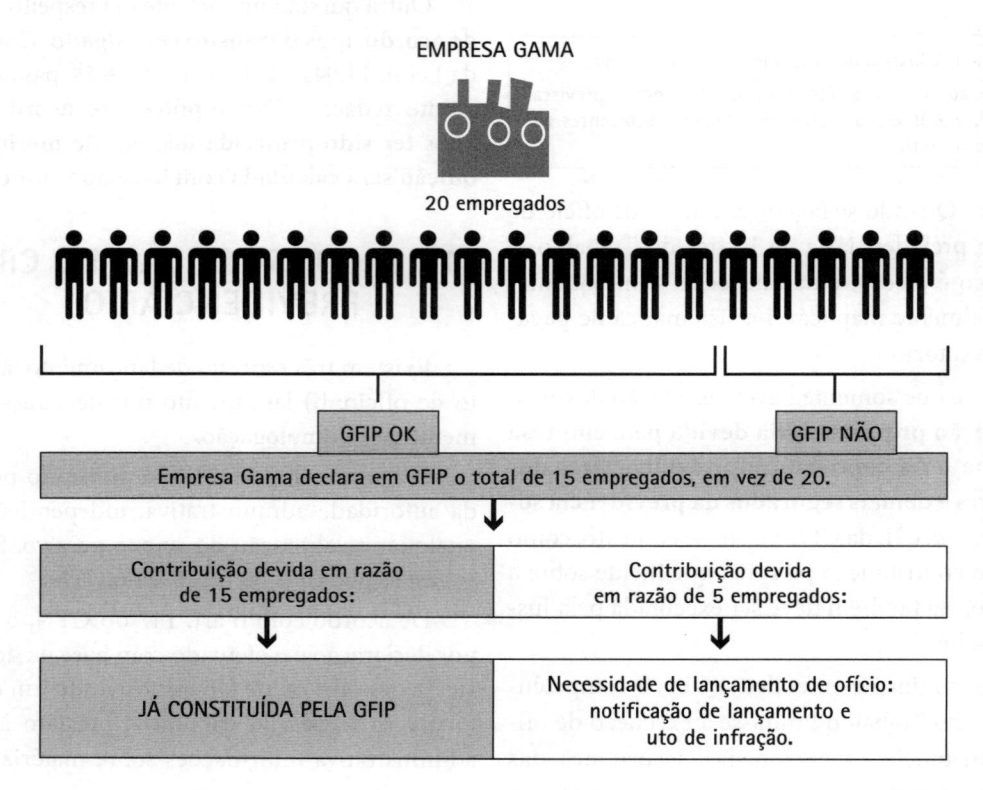

11.13. DECADÊNCIA E PRESCRIÇÃO NO CUSTEIO

Enquanto a decadência é a perda do direito de constituir o crédito tributário, a prescrição é a perda do direito de buscá-lo judicialmente (através de execução fiscal).

DECADÊNCIA	PRESCRIÇÃO
Perda do direito de constituir o crédito.	Perda do direito de buscar judicialmente (através da execução fiscal) o crédito já constituído.

Antigamente, os arts. 45 e 46 da Lei n. 8.212/91 previam que tanto o prazo decadencial quanto o prazo prescricional eram de dez anos, prazo diferente do previsto pelo CTN (cinco anos). Essa diferença entre os prazos legais foi impugnada judicialmente com bastante frequência, tendo, enfim, chegado ao **STF**. Segundo entendeu a Corte Suprema, os prazos previstos na Lei n. 8.212/91 eram inconstitucionais, senão vejamos a **Súmula Vinculante n. 8**: "São inconstitucionais o parágrafo único do artigo 5º do Decreto-lei 1.569/77 e os artigos 45 e 46 da Lei 8.212/91, que tratam de prescrição e decadência de crédito tributário".

O principal fundamento da decisão está no art. 146, III, *b*, da CF/88. De acordo com o dispositivo constitucional citado, cabe à lei complementar estabelecer normas gerais em matéria de legislação tributária, especialmente sobre decadência e prescrição tributários. Vale dizer, cabe ao CTN (recepcionado como lei complementar), e não à Lei n. 8.212/91, dispor sobre os prazos decadencial e prescricional.

Logo após a decisão, a Lei Complementar n. 128/2008 acabou revogando os arts. 45 e 46 da Lei n. 8.212/91.

Atualmente, ambos os prazos (de decadência e de prescrição) têm fundamento no CTN e são de **cinco anos**. Logo, a Fazenda Pública possui cinco anos para constituir o crédito, através do lançamento de ofício (notificação de lançamento ou auto de infração) e cinco anos para cobrá-lo judicialmente depois de constituído.

CONTRIBUIÇÕES PREVIDENCIÁRIAS	
DECADÊNCIA	PRESCRIÇÃO
Cinco anos	Cinco anos
Para constituir (= criar) o crédito	Cobrar judicialmente o crédito constituído

Para melhor elucidar o tema, passemos à análise de uma situação hipotética apresentada em concurso público para Advogado da Caixa Econômica Federal:

FG da contribuição	Fim do prazo decadencial	Constituição do crédito	Fim do prazo prescricional	Ano de realização da prova
2000, 2001 e 2002	2005, 2006 e 2007	2003	2008	2010

- 2003: Não houve decadência! / Início do prazo prescricional!
- 2008: PRESCRIÇÃO!

De acordo com o art. 45-A da Lei n. 8.212/91, o contribuinte individual que pretenda contar como tempo de contribuição, **para fins de obtenção de benefício no RGPS ou de contagem recíproca do tempo de contribuição**, período de atividade remunerada alcançada pela decadência **deverá indenizar o INSS**.

Perceba que o dispositivo fala exclusivamente no segurado contribuinte individual. Logo, não existe amparo legal para que o segurado facultativo recolha contribuições em atraso, quando perdida a qualidade de segurado. Para o empregado, o avulso e o doméstico, não se justifica a aplicação do art. 45-A, já que as contribuições desses segurados são recolhidas por terceiros (empresa e empregador doméstico).

Apuração ficta: o valor da indenização corresponderá a 20% (vinte por cento):

> I – da média aritmética simples dos maiores salários de contribuição, reajustados, correspondentes a 80% (oitenta por cento) de todo o período contributivo decorrido desde a competência julho de 1994; ou

> II – da remuneração sobre a qual incidem as contribuições para o regime próprio de previdência social a que estiver filiado o interessado, no caso de indenização para fins da contagem recíproca de que tratam os arts. 94 a 99 da Lei n. 8.213, de 24 de julho de 1991, observados o teto da Previdência Social e o disposto em regulamento.

Sobre esses valores incidirão juros moratórios de 0,5% ao mês, capitalizados anualmente, limitados ao percentual máximo de 50%, e multa de 10%.

Entretanto, a apuração ficta não se aplica aos casos de contribuições em atraso não alcançadas pela decadência do direito de a Previdência constituir o respectivo crédito, obedecendo-se, em relação a elas, as disposições aplicadas às empresas em geral.

11.14. PROVA DE INEXISTÊNCIA DE DÉBITO

De acordo com o art. 47 da Lei n. 8.212/91, **é exigida Certidão Negativa de Débito – CND, fornecida pelo órgão competente**, nos seguintes casos:

I – da empresa:

a) na contratação com o Poder Público e no recebimento de benefícios ou incentivo fiscal ou creditício concedido por ele;

b) na alienação ou oneração, a qualquer título, de bem imóvel ou direito a ele relativo;

c) na alienação ou oneração, a qualquer título, de bem móvel de valor superior ao limite previsto em legislação pertinente;

Atenção! Em se tratando de alienação de bens do ativo de empresa em regime de liquidação extrajudicial, visando à obtenção de recursos necessários ao pagamento dos credores, independentemente do pagamento ou da confissão de dívida fiscal, o Instituto Nacional do Seguro Social – INSS poderá autorizar a lavratura do respectivo instrumento, desde que o valor do crédito previdenciário conste, regularmente, do quadro geral de credores, observada a ordem de preferência legal.

d) no registro ou arquivamento, no órgão próprio, de ato relativo a baixa ou redução de capital de firma individual, redução de capital social, cisão total ou parcial, transformação ou extinção de entidade ou sociedade comercial ou civil e transferência de controle de cotas de sociedades de responsabilidade limitada;

II – do proprietário, pessoa física ou jurídica, de obra de construção civil, quando de sua averbação no registro de imóveis, salvo na hipótese de construção residencial unifamiliar, destinada ao uso próprio, de tipo econômico, for executada sem mão de obra assalariada, observadas as exigências do regulamento.

Ressalte-se que a prova de inexistência de débito deve ser exigida da empresa em relação a todas as suas dependências, estabelecimentos e obras de construção civil, independentemente do local onde se encontrem, **ressalvado aos órgãos competentes o direito de cobrança de qualquer débito apurado posteriormente**.

Quando exigível ao incorporador, a prova de inexistência de débito, independe da apresentada no registro de imóveis por ocasião da inscrição do memorial de incorporação.

Nos termos do art. 56 da Lei n. 8.212/91, a inexistência de débitos em relação às contribuições devidas ao Instituto Nacional do Seguro Social – INSS, a partir da publicação desta Lei, é condição necessária para que os Estados, o Distrito Federal e os Municípios possam receber as transferências dos recursos do Fundo de Participação dos Estados e do Distrito Federal – FPE e do Fundo de Participação dos Municípios – FPM, celebrar acordos, contratos, convênios ou ajustes, bem como receber empréstimos, financiamentos, avais e subvenções em geral de órgãos ou entidades da administração direta e indireta da União.

Fica dispensada a transcrição, em instrumento público ou particular, do inteiro teor do documento comprobatório de inexistência de débito, bastando a referência ao seu número de série e data da emissão, bem como a guarda do documento comprobatório à disposição dos órgãos competentes.

O documento comprobatório de inexistência de débito poderá ser apresentado por cópia autenticada, dispensada a indicação de sua finalidade, exceto na hipótese de obra de construção civil.

O prazo de validade da Certidão Negativa de Débito – CND é de sessenta dias, contados da sua emissão, podendo ser ampliado por regulamento para até cento e oitenta dias.

Independe de prova de inexistência de débito:

a) a lavratura ou assinatura de instrumento, ato ou contrato que constitua retificação, ratificação ou efetivação de outro anterior para o qual já foi feita a prova;

b) a constituição de garantia para concessão de crédito rural, em qualquer de suas modalidades, por instituição de crédito pública ou privada, desde que o contribuinte referido no art. 25 da Lei n. 8.212/91 não seja responsável direto pelo recolhimento de contribuições sobre a sua produção para a Seguridade Social;

c) a averbação prevista no inciso II do art. 47 da Lei n. 8.212, relativa a imóvel cuja construção tenha sido concluída antes de 22 de novembro de 1966;

d) o recebimento pelos Municípios de transferência de recursos destinados a ações de assistência social, educação, saúde e em caso de calamidade pública;

e) a averbação da construção civil localizada em área objeto de regularização fundiária de interesse social, na forma da Lei n. 11.977, de 7 de julho de 2009.

O condômino adquirente de unidades imobiliárias de obra de construção civil não incorporada na forma da Lei n. 4.591, de 16 de dezembro de 1964, poderá obter documento comprobatório de inexistência de débito, desde que comprove o pagamento das contribuições relativas à sua unidade, conforme dispuser o regulamento.

A prática de ato com inobservância do disposto no art. 47 da Lei n. 8.212/91, ou o seu registro, acarretará a

responsabilidade solidária dos contratantes e do oficial que lavrar ou registrar o instrumento, sendo o ato nulo para todos os efeitos. Ademais, o servidor, o serventuário da Justiça, o titular de serventia extrajudicial e a autoridade ou órgão que infringirem o disposto no mesmo artigo legal incorrerão em multa aplicada na forma estabelecida no art. 92 da Lei n. 8.212/91, sem prejuízo da responsabilidade administrativa e penal cabível.

Os órgãos competentes podem intervir em instrumento que depender de prova de inexistência de débito, a fim de autorizar sua lavratura, desde que o débito seja pago no ato ou o seu pagamento fique assegurado mediante confissão de dívida fiscal com o oferecimento de garantias reais suficientes, na forma estabelecida em regulamento.

Finalmente, impende salientar novamente que, segundo o § 10 do art. 32 da Lei n. 8.212/91, o descumprimento do dever instrumental referente à GFIP é condição impeditiva para expedição da prova de inexistência de débito.

QUESTÕES

1. (TÉCNICO DO SEGURO SOCIAL – 2012 – FCC – Questão adaptada – Citação de um item) O pequeno produtor rural está isento de recolhimento da contribuição.

2. (ANALISTA DO SEGURO SOCIAL – 2008 – CESPE) Pedro trabalha em empresa que, anualmente, paga a seus empregados participação nos lucros, de acordo com lei específica. Em fevereiro de 2008, Pedro recebeu, por participação nos lucros de sua empresa referentes ao ano que passou, o equivalente a 10% de sua remuneração no mês de dezembro de 2007, incluindo 13º salário e férias. Nessa situação, o montante recebido a título de participação nos lucros integrará a base de cálculo do salário de contribuição de Pedro, deduzidos os valores referentes a 13º salário e férias.
COMENTÁRIOS: Como a participação nos lucros foi paga de acordo com a Lei n. 10.101/2000, não integra o salário de contribuição, nos termos do art. 28, § 9º, da Lei n. 8.212/91.

3. (TÉCNICO DO SEGURO SOCIAL – 2008 – CESPE) A empresa em que Maurício trabalha paga a ele, a cada mês, um valor referente à participação nos lucros, que é apurado mensalmente. Nessa situação, incide contribuição previdenciária sobre o valor recebido mensalmente por Maurício a título de participação nos lucros.
COMENTÁRIOS: Como a empresa de Maurício pagava-lhe, a cada mês, um valor referente à participação nos lucros, houve ofensa ao disposto na Lei n. 10.101/2000. Logo, impõe-se a incidência de contribuição sobre o valor recebido mensalmente por Maurício a título de participação nos lucros.

4. (TÉCNICO DO SEGURO SOCIAL – FCC – 2012) José exerce a atividade de garçom, na qualidade de empregado do Restaurante X, e recebeu no mês de dezembro, além do salário mensal, o décimo terceiro salário, gorjetas, vale-refeição, de acordo com o programa do Ministério do Trabalho, horas extras, vale-transporte, na forma da legislação própria, férias indenizadas e respectivo adicional constitucional. Nessa situação, integram o salário de contribuição de José:

    a) o salário mensal, o décimo terceiro salário, as gorjetas e as horas extras.

    b) o salário mensal, o vale-transporte, o décimo terceiro salário e o vale-refeição.

    c) o salário mensal, as férias indenizadas e respectivo adicional e o vale-refeição.

    d) o salário mensal, o décimo terceiro salário, as gorjetas e o vale-refeição.

    e) o décimo terceiro salário, as gorjetas, o vale-refeição, as férias indenizadas e o respectivo adicional.

5. (TÉCNICO DO SEGURO SOCIAL – 2008 – CESPE) Luís é vendedor em uma grande empresa que comercializa eletrodomésticos. A título de incentivo, essa empresa oferece aos empregados do setor de vendas um plano de previdência privada. Nessa situação, incide contribuição previdenciária sobre os valores pagos, pela empresa, a título de contribuição para a previdência privada, a Luís.

6. (TÉCNICO DO SEGURO SOCIAL – 2012 – FCC – Questão adaptada – Citação de um item) O empregador doméstico recolhe o mesmo percentual de contribuição que as empresas em geral.
COMENTÁRIOS: mais adiante, veremos que a empresa paga diversas contribuições sobre a folha de remuneração. A principal delas é de 20% sobre a folha de remuneração.

7. (TÉCNICO DO SEGURO SOCIAL – 2012 – FCC – Questão adaptada – Citação de um item) O empregado, em qualquer caso, recolhe o percentual de 11% (onze por cento) sobre o salário de contribuição.

8. (TÉCNICO DO SEGURO SOCIAL – FCC – 2012) João montou seu próprio negócio em 2010, obteve receita bruta, no ano-calendário anterior, de R$ 30.000,00 (trinta mil reais) e é optante do Simples Nacional.

João não pretende receber aposentadoria por tempo de contribuição. Nessa situação, a contribuição previdenciária a ser recolhida por João é de

a) 20% (vinte por cento) do limite mínimo do salário de contribuição.

b) 11% (onze por cento) do limite mínimo do salário de contribuição.

c) 8% (oito por cento) do limite mínimo do salário de contribuição.

d) 9% (nove por cento) do limite mínimo do salário de contribuição.

e) 5% (cinco por cento) do limite mínimo do salário de contribuição.

9. (ANALISTA DO INSS – 2008 – CESPE) Germano, segurado especial do regime geral, contribui para o sistema na proporção do resultado da comercialização de sua produção. Nessa situação, Germano somente terá direito à aposentadoria por contribuição caso promova, pelo prazo legal, os devidos recolhimentos na qualidade de contribuinte individual.

COMENTÁRIOS: veja que, mesmo depois do Decreto n. 6.042/2007, o CESPE considerou que o recolhimento facultativo do segurado especial é feito como contribuinte individual.

10. (ANALISTA DO SEGURO SOCIAL – 2008 – CESPE) Lucas é beneficiário de aposentadoria especial em razão de ter trabalhado exposto a agentes nocivos durante um período que, de acordo com a lei pertinente, lhe garantiu o referido direito. Nessa situação, as despesas relativas ao pagamento da aposentadoria especial de Lucas devem ser custeadas com recursos arrecadados pela cobrança do segurado de acidente do trabalho.

COMENTÁRIO: a aposentadoria especial não é só financiada pelo SAT. Existe a contribuição específica prevista no art. 57, § 6º, da Lei n. 8.213/91.

11. (TÉCNICO DO SEGURO SOCIAL – 2012 – FCC – Questão adaptada – Citação de um item) A contribuição da empresa para financiamento da aposentadoria especial tem alíquotas variáveis de doze, nove ou seis pontos percentuais.

12. (TÉCNICO DO SEGURO SOCIAL – 2012 – FCC – Questão adaptada – Citação de um item) O pequeno produtor rural está isento de recolhimento da contribuição.

13. (ANALISTA TRIBUTÁRIO DA RECEITA FEDERAL – 2009 – ESAF) A empresa contratante de serviços executados mediante cessão ou empreitada de mão de obra, inclusive em regime de trabalho temporário, deverá reter determinado valor e recolher a importância retida. Assinale a assertiva correta com relação a qual o valor a ser retido e em nome de quem será recolhido.

a) Onze por cento do valor *líquido* da nota fiscal ou fatura de prestação de serviço; em nome da empresa cedente da mão de obra.

b) Onze por cento do valor bruto *dos salários pagos aos autônomos ou fatura de prestação de serviço; em nome do INSS*.

c) Onze por cento do valor *líquido* da nota fiscal ou fatura de prestação de serviço; em nome da empresa contratada.

d) Onze por cento do valor bruto dos *salários pagos aos autônomos ou fatura de prestação de serviço; em nome da empresa contratante*.

e) Onze por cento do valor bruto da nota fiscal ou fatura de prestação de serviço; em nome da empresa cedente da mão de obra.

COMENTÁRIOS: os erros das alternativas "a", "b", "c" e "d" estão destacados.

14. (TÉCNICO DA RECEITA FEDERAL – 2006 – ESAF) Leia cada um dos assertos abaixo e assinale (V) ou (F), conforme seja verdadeiro ou falso. Depois, marque a opção que contenha a exata sequência.

( ) A contribuição da União para a Seguridade Social é constituída de recursos adicionais do Orçamento Fiscal.

( ) Os recursos adicionais do Orçamento Fiscal para a Seguridade Social serão fixados obrigatoriamente na lei orçamentária anual.

( ) A União é responsável pela cobertura de eventuais insuficiências financeiras da Seguridade Social, quando decorrentes do pagamento de benefícios de prestação continuada da Previdência Social.

a) V, V, V

b) F, F, F

c) F, V, V

d) V, V, F

e) F, F, V

15. (ANALISTA DO SEGURO SOCIAL – FUNRIO – 2014) A contribuição previdenciária da União, na forma da Lei n. 8212/91,

a) constituída de recursos adicionais do Orçamento Fiscal, fixados obrigatoriamente no plano plurianual orçamentário.

b) constituída de recursos adicionais do Orçamento Fiscal, fixados obrigatoriamente na lei orçamentária anual.

c) responsabilidade da União na cobertura de eventuais insuficiências financeiras da Seguridade Social, quando decorrentes do pagamento de benefícios de prestação continuada da Previdência Social, na forma da Lei Orçamentária Anual.

d) fruto do repasse semestral dos recursos referentes às contribuições destinados à execução do Orçamento da Seguridade Social.

e) constituída de recursos fiscais constantes de Lei Complementar específica, aprovada anualmente pelo Congresso Nacional.

16. (Auditor-Fiscal da Receita Federal – 2009 – ESAF) Além das contribuições sociais, a seguridade social conta com outras receitas. Não constituem outras receitas da seguridade social:

a) as multas.

b) receitas patrimoniais.

c) doações.

d) juros moratórios.

e) sessenta por cento do resultado dos leilões dos bens apreendidos pela Secretaria da Receita Federal do Brasil.

COMENTÁRIOS: segundo a lei, constituem receita da seguridade social 40% do resultado dos leilões dos bens apreendidos pelo Departamento da Receita Federal (atual Secretaria da Receita Federal do Brasil).

17. (TÉCNICO DO SEGURO SOCIAL – FCC – 2012) Em relação às contribuições previdenciárias devidas pelos contribuintes da Previdência Social, é correto afirmar que

a) o segurado especial está dispensado de recolhê-las.

b) presume-se o recolhimento das contribuições do empregado.

c) presume-se o recolhimento das contribuições do trabalhador eventual.

d) o prazo de vencimento da contribuição das empresas é no dia 10 de cada mês.

e) o empregado doméstico deve recolher sua contribuição até o dia 10 de cada mês.

COMENTÁRIO: o item A está errado, porque o segurado especial, eventualmente, tem o dever de recolher a própria contribuição, nos termos do art. 30, X, da Lei n. 8.212/91. O item C está errado, porque a presunção referida não se aplica ao trabalhador eventual. O item D está errado, porque o prazo de vencimento da contribuição da empresa é no dia 20 de cada mês, nos termos do art. 30, II, da Lei n. 8.212/91. O item E está errado por duas razões: primeiro, porque a obrigação de arrecadar a contribuição do empregado doméstico é do empregador doméstico; segundo, porque o prazo de vencimento é no dia 15 de cada mês.

18. (TÉCNICO DO SEGURO SOCIAL – 2012 – FCC) Entre as obrigações previdenciárias da empresa, assinale a alternativa INCORRETA.

a) Declarar à Secretaria da Receita Federal do Brasil e ao Conselho Curador do FGTS dados relacionados aos fatos geradores das contribuições previdenciárias.

b) Arrecadar as contribuições dos empregados que lhe prestam serviços.

c) Efetuar a retenção de 11% (onze por cento) sobre o valor bruto da nota fiscal quando contratar serviços a serem executados com cessão de mão de obra.

d) Preparar as folhas de pagamento das remunerações pagas ou creditadas a todos os segurados a serviço da empresa de acordo com as normas estabelecidas pelo órgão competente.

e) Repassar aos empregados os valores devidos a título de contribuição previdenciária para fins de recolhimento.

19. (CAIXA ECONÔMICA – ADVOGADO – 2010 – CESPE) A seguridade social, em procedimento administrativo específico, apurou a existência de créditos em desfavor de Beta Ltda. relativos aos exercícios de 2000, 2001 e 2002, mas que foram constituídos em 2003. Nessa situação, a seguridade social podia cobrar os aludidos créditos tributários, pois o prazo prescricional ainda não havia transcorrido.

20. (TÉCNICO DO SEGURO SOCIAL – 2012 – FCC – Questão adaptada – Citação de um item) Em relação à comprovação da inexistência de débito perante a Previdência Social, é correto afirmar que a regularidade fiscal é indispensável para a contratação com o Poder Público.

21. (TÉCNICO DO SEGURO SOCIAL – 2012 – FCC) Em relação à comprovação da inexistência de débito perante a Previdência Social, é correto afirmar que não é exigida na alienação pela empresa, de bem imóvel ou direito a ele relativo.

22. (TÉCNICO DO SEGURO SOCIAL – 2012 – FCC) Em relação à comprovação da inexistência de débito perante a Previdência Social, é correto afirmar que impede a cobrança de débitos previdenciários apurados posteriormente à emissão da Certidão Negativa de Débito.

23. (TÉCNICO DO SEGURO SOCIAL – 2012 – FCC) Em relação à comprovação da inexistência de débito perante a Previdência Social, é correto afirmar que não é exigida dos Municípios que tenham empregados lhe prestando serviços.

GABARITO

1. ERRADO
2. ERRADO
3. CERTO
4. A
5. CERTO
6. ERRADO
7. ERRADO
8. E
9. CERTO
10. ERRADO
11. CERTO
12. ERRADO
13. E
14. A
15. B
16. E
17. B
18. E
19. ERRADO
20. CERTO
21. ERRADO
22. ERRADO
23. ERRADO

CAPÍTULO 12

CRIMES PREVIDENCIÁRIOS

12.1. INTRODUÇÃO

Após o advento da Lei n. 9.983/2000, os crimes previdenciários saíram do art. 95 da Lei n. 8.212/91 e passaram a estar previstos no próprio Código Penal. Observe-se que a alteração legislativa não implicou descriminalização da conduta (*abolitio criminis*). Houve tão somente a migração tópica dos crimes, os quais passaram a integrar o texto do Código Penal. A ilicitude continua sendo reprimida.

Neste capítulo, serão analisados os crimes previdenciários mais recorrentes em provas de concurso público: a) apropriação indébita previdenciária; b) sonegação fiscal previdenciária; c) estelionato contra previdência social, falsidade ideológica e falsificação documental.

12.2. APROPRIAÇÃO INDÉBITA PREVIDENCIÁRIA

12.2.1. Previsão legal

O art. 168-A do CP prevê pena de reclusão de **dois a cinco anos e multa** para quem deixar de repassar à previdência social as contribuições recolhidas dos contribuintes, no prazo e forma legal ou convencional. Nas mesmas penas incorre quem deixar de: I – recolher, no prazo legal, contribuição ou outra importância destinada à previdência social que tenha sido descontada de pagamento efetuado a segurados, a terceiros ou arrecadada do público; II – recolher contribuições devidas à previdência social que tenham integrado despesas contábeis ou custos relativos à venda de produtos ou à prestação de serviços; III – pagar benefício devido a segurado, quando as respectivas cotas ou valores já tiverem sido reembolsados à empresa pela previdência social.

Dentre as condutas típicas, duas merecem atenção. A primeira ocorre quando o empregador desconta a contribuição do empregado a seu serviço, porém não recolhe a importância descontada à Previdência Social. Exemplo: Felipe, empregado da Empresa Beta, tem remuneração mensal de R$ 3.000,00. Certo mês, a empresa Beta descontou a contribuição devida por Felipe de sua remuneração (11% de R$ 3.000,00 = R$ 330,00), mas não recolheu o montante aos cofres previdenciários. Caracterizado está o crime de apropriação indébita previdenciária.

A segunda conduta relevante está presente quando o empregador deixa de pagar o benefício pertinente ao segurado, apesar de as respectivas cotas ou valores já tiverem sido reembolsados à empresa pela previdência social. Exemplo: Gláucia, empregada da empresa Alfa, deu à luz uma criança. Vimos que o salário-maternidade da empregada será pago pela empresa, a qual, posteriormente, providencia o reembolso (acerto financeiro) quando do recolhimento de suas próprias contribuições. Haverá o crime de apropriação indébita se a empresa Alfa tiver sido reembolsada sem que tenha efetuado o pagamento do benefício de salário-maternidade para Gláucia.

Observe-se que o crime de apropriação indébita previdenciária pressupõe a inversão na posse dos valores. Dessa maneira, na hipótese de a empresa deixar de recolher a sua própria contribuição, não haverá o crime de apropriação indébita previdenciária, por se tratar de débito próprio.

12.2.2. Desnecessidade de dolo específico

Segundo **jurisprudência majoritária do STJ**[164],

---

164 STJ: "(...) 1. Para a configuração de apropriação indébita de contribuição previdenciária, **não há necessidade da comprovação do dolo de se apropriar dos valores destinados à previdência social**" (AgRg no Ag 108.341-7/SP, Rel. Min. Og Fernandes, 6ª Turma, julgado em 25-6-2013, *DJe* 5-8-2013). Outro precedente: EREsp 1.296.631-RN, Rel. Min. Laurita Vaz, julgado em 11-9-2013.

para a caracterização do delito de apropriação indébita previdenciária, basta o dolo genérico, já que é um crime **omissivo próprio**, não se exigindo, portanto, o dolo específico do agente de se beneficiar dos valores arrecadados dos empregados e não repassados à Previdência Social (*animus rem sibi habendi*). Até porque, como salienta o STJ, a exigência do dolo específico tornaria praticamente impossível atingir o objetivo do legislador ao editar a norma contida no art. 168-A do CP, que é o de proteger o patrimônio público e os segurados da Previdência Social (AgRg no REsp 750.979/RJ, Rel. Min. Paulo Gallotti, *DJe* 3-8-2009). No mesmo sentido, há precedentes do **STF**[165]. Vale dizer, o crime de apropriação indébita previdenciária não exige a demonstração do fim especial de agir, ou do dolo específico de fraudar a Previdência Social (*animus rem sibi habendi*), bastando que as contribuições recolhidas dos empregados não sejam repassadas à Previdência.

12.2.3. Natureza jurídica e consumação

De acordo com a jurisprudência do **STF** e do **STJ**, o crime de apropriação indébita previdenciária é espécie de delito omissivo material, exigindo, portanto, para sua consumação, efetivo dano, já que o objeto jurídico tutelado é o patrimônio da Previdência Social, razão por que a constituição definitiva do crédito tributário é **condição objetiva de punibilidade**, tal como previsto no art. 83 da Lei n. 9.430/96, aplicável à espécie. A mesma ideia está prevista na **Súmula Vinculante n. 24 do STF**: "Não se tipifica crime material contra a ordem tributária, previsto no art. 1º, incisos I a IV, da Lei n. 8.137/90, antes do lançamento definitivo do tributo".

A questão não é pacífica. No próprio STJ, há decisões em sentido oposto (inclusive da 6ª Turma): STJ: "(...) 1. O tipo do art. 168-A do Código Penal, embora tratando de crime omissivo próprio, não se esgota somente no 'deixar de recolher', isto significando que, **além da existência do débito, haverá a acusação de demonstrar a intenção específica ou vontade deliberada de pretender algum benefício com a supressão ou redução, já que o agente 'podia e devia' realizar o recolhimento**. 2. Agravo regimental improvido" (AgRg no Ag 138.827-5/SP, Rel. Min. Maria Thereza de Assis Moura, 6ª Turma, julgado em 28-5-2013, *DJe* 5-6-2013).

165 STF: "(...) A orientação jurisprudencial do Supremo Tribunal Federal é firme no sentido de que, para a configuração do crime de apropriação indébita previdenciária, basta a demonstração do dolo genérico, sendo dispensável um especial fim de agir, conhecido como *animus rem sibi habendi* (a intenção de ter a coisa para si)" (AP 516, Rel. Min. Ayres Britto, Tribunal Pleno, julgado em 27-9-2010, publ. 6-12-2010).

Assim, o **prévio esgotamento da via administrativa constitui condição de procedibilidade para a ação penal**, sem o que não se vislumbra justa causa sequer para a instauração de inquérito policial, já que o suposto crédito fiscal ainda pende de lançamento definitivo, impedindo a configuração do delito e, por conseguinte, o início da contagem do prazo prescricional (HC 96.348/BA).

12.2.4. Prisão civil por dívida?

De acordo com a jurisprudência do **STF** (HC 91.704) e do **STJ** (AgRg no REsp 610.389/PR), a sanção penal pelo cometimento do crime de apropriação indébita previdenciária não tem a mesma finalidade da prisão por dívida civil, não se afigurando, portanto, aplicável o Pacto de São José da Costa Rica. Ou seja, a prisão por omissão no recolhimento de contribuições previdenciárias caracteriza um tipo penal, e não prisão por dívida. Sobre o tema, o **TRF da 4ª Região** editou a **Súmula 65**: "A pena decorrente do crime de omissão de recolhimento de contribuições previdenciárias não constitui prisão por dívida".

12.2.5. Dificuldades financeiras

A jurisprudência majoritária entende que a dificuldade financeira contemporânea à omissão no recolhimento das contribuições previdenciárias pode caracterizar **inexigibilidade de conduta diversa** ou até mesmo **estado de necessidade** (causa excludente de antijuridicidade).

Para que as dificuldades financeiras possam caracterizar hipótese de inexigibilidade de conduta diversa, elas devem ser **excepcionais**, de inequívoca insolvência do empreendimento (TRF 3ª Região – HC 200803000293048 e TRF 4ª Região – ACR 200872080015961). Assim, por exemplo, se a apropriação indébita perdurou por largo período, havendo notícia de outros crimes da mesma natureza, infere-se que tal conduta acabou se tornando um modo normal de funcionamento da empresa, não uma exceção (TRF 3ª Região – ACR 200861190044275).

12.3. SONEGAÇÃO FISCAL PREVIDENCIÁRIA

O art. 337-A do CP prevê pena de **dois a cinco anos, e multa**, para quem suprimir ou reduzir contribuição social de previdência e qualquer acessório mediante as seguintes condutas: a) omitir folha de pagamento da empresa ou de documento de informação previsto na legislação previdenciária, segurados empregado, empresário, trabalhador avulso ou trabalhador autônomo ou a este equiparado que lhe preste serviços; b) deixar de lançar em títulos próprios da contabilidade da empresa as quantias descontadas dos segurados ou as devidas pelo empregador ou pelo tomador de serviços; c) omitir, total ou parcialmente, receitas ou lucros auferidos, remunerações pagas ou creditadas e demais fatos geradores de contribuições previdenciárias.

Basicamente, **a consumação do crime de sonegação fiscal previdenciária pressupõe duas omissões sucessivas**. A primeira refere-se ao descumprimento da obrigação acessória de declarar o fato gerador da contribuição. A segunda decorre da primeira omissão e tem que ver com o não recolhimento da contribuição. Exemplo: a empresa Gama possui dez empregados. Nesse caso, a empresa deve efetuar o pagamento das contribuições devidas sobre a folha dos dez empregados (20% + SAT + contribuição para a aposentadoria especial, se for o caso + adicional da instituição financeira, se for o caso). Para reduzir a carga tributária, a empresa Gama declara em GFIP[166] a existência de apenas seis empregados. Ou seja, ela omitiu a existência de quatro empregados (**primeira omissão**). Por conta dessa primeira omissão, a empresa deixou de recolher a contribuição sobre a folha dos quatro empregados não declarados (**segunda omissão**).

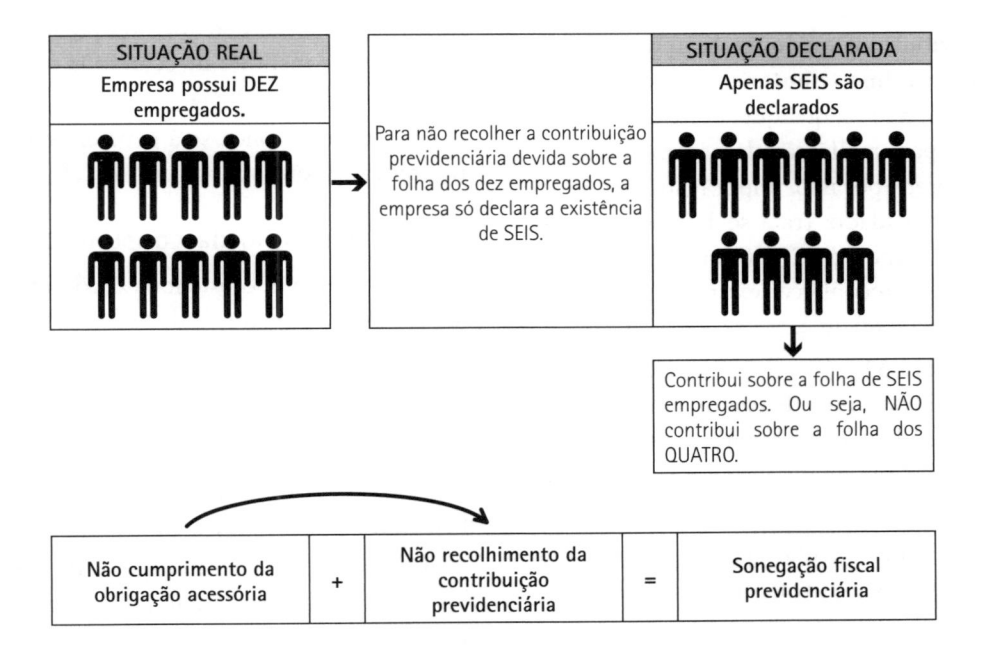

A jurisprudência tem aplicado o mesmo raciocínio da **Súmula Vinculante n. 24 do STF** em relação ao crime de sonegação fiscal previdenciária. Vale dizer: "Não se tipifica crime material contra a ordem tributária, previsto no art. 1º, incisos I a IV, da Lei n. 8.137/90, antes do lançamento definitivo do tributo".

12.4. EXTINÇÃO DE PUNIBILIDADE NA APROPRIAÇÃO INDÉBITA PREVIDENCIÁRIA E NA SONEGAÇÃO FISCAL PREVIDENCIÁRIA

No Código Penal, existem regras específicas de extinção de punibilidade para a apropriação indébita previdenciária e para a sonegação fiscal previdenciária.

Apropriação indébita previdenciária	Sonegação fiscal previdenciária
CP: Art. 168-A. (...) § 2º É extinta a punibilidade se o agente, espontaneamente, **declara, confessa e efetua o pagamento** das contribuições, importâncias ou valores e presta as informações devidas à Previdência Social, na forma definida em lei ou regulamento, antes do início da ação fiscal.	CP: Art. 337-A. § 1º É extinta a punibilidade se o agente, espontaneamente, **declara e confessa** as contribuições, importâncias ou valores e presta as informações devidas à Previdência Social, na forma definida em lei ou regulamento, antes do início da ação fiscal.

---

166 *Vide* Capítulo 11 sobre o custeio da seguridade social.

Em 30 de maio de 2003, foi editada a **Lei n. 10.684**, cujo art. 9º, § 2º, preleciona que se extingue a punibilidade da apropriação indébita previdenciária e da sonegação fiscal previdenciária quando a pessoa jurídica relacionada com o agente efetuar o pagamento integral dos débitos oriundos de tributos e contribuições sociais, inclusive acessórios.

Percebe-se que, ao contrário do que dispõe o art. 168-A, § 2º, do CP, a Lei n. 10.684/2003 possibilita a extinção da punibilidade mesmo após o recebimento da denúncia, o que a torna mais favorável do que a regra constante do art. 168-A, § 2º, do CP. Sendo **mais benéfica, segundo a jurisprudência do STF e do STJ, possui eficácia retroativa (*lex mitior*)**. Na verdade, indo mais além, nos autos da AP 516 ED/DF, julgado em 05/12/2013, o **Plenário do STF** entendeu **que o pagamento do tributo, a qualquer tempo, extingue a punibilidade do crime tributário**. Asseverou-se que, na Lei 10.684/03, não há qualquer restrição quanto ao momento ideal para realização do pagamento, não cabendo ao intérprete, por isso, impor restrições ao exercício do direito postulado. Trata-se de hipótese de incidência do art. 61, *caput*, do CPP ("Em qualquer fase do processo, o juiz, se reconhecer extinta a punibilidade, deverá declará-lo de ofício").

Atenção! O art. 337, § 1º, do CP, que envolve o crime de sonegação fiscal previdenciária, prevê a extinção de punibilidade independentemente do pagamento do débito tributário. Basta que o agente espontaneamente declare e confesse o débito antes do início da ação fiscal.

Finalmente, vale salientar que **a penhora não é considerada causa de extinção de punibilidad**e.

Embora não se trate de extinção da punibilidade, nos termos do § 3º do art. 168-A do Código Penal, é facultado ao juiz deixar de aplicar a pena ou aplicar somente a de multa se o agente for primário e de bons antecedentes, desde que: I – tenha promovido, após o início da ação fiscal e antes de oferecida a denúncia, o pagamento da contribuição social previdenciária, inclusive acessórios; ou II – o valor das contribuições devidas, inclusive acessórios, seja igual ou inferior àquele estabelecido pela previdência social, administrativamente, como sendo o mínimo para o ajuizamento de suas execuções fiscais. A Lei n. 13.606, de 2018, acrescentou um § 4º a esse dispositivo para dizer que a faculdade prevista no § 3º deste artigo não se aplica aos casos de parcelamento de contribuições cujo valor, inclusive dos acessórios, seja superior àquele estabelecido, administrativamente, como sendo o mínimo para o ajuizamento de suas execuções fiscais.

12.5. ESTELIONATO CONTRA A PREVIDÊNCIA SOCIAL E A FALSIDADE

12.5.1. Aplicação da causa de aumento de pena

De acordo com o art. 171 do CP, pune-se com pena de um a cinco anos o indivíduo que obtém, para si ou para outrem, vantagem ilícita, em prejuízo alheio, induzindo ou mantendo alguém em erro, mediante artifício, ardil, ou qualquer outro meio fraudulento. Em virtude do que dispõem o art. 171, § 3º, do CP e a **Súmula 24 do STJ**, a pena aumenta de um terço, se o crime é cometido em detrimento de entidade de direito público ou de instituto de economia popular, assistência social ou beneficência.

Por sua vez, aplica-se a pena em dobro se o crime for praticado contra idoso (art. 171, § 4º, do CP).

12.5.2. Princípio da consunção

Normalmente, o estelionato contra a Previdência Social é cometido através da utilização de prova ilícita, seja por falsidade documental (quando o documento é falso), seja por falsidade ideológica (o documento é verdadeiro, mas as informações dele constantes são falsas). Nesses casos, em tese, o indivíduo pratica dois crimes: a falsidade e o estelionato. Qual é o entendimento da jurisprudência sobre a questão?

De acordo com a **Súmula 17 do STJ**, "quando o falso se exaure no estelionato, sem mais potencialidade lesiva, e por este absorvido". Trata-se do **princípio da consunção**. Se a falsidade prestar-se exclusivamente para a realização do estelionato, o "crime-fim" (estelionato) absorverá o "crime-meio" (falsidade).

12.6. COMPARATIVO DE PENAS

Apropriação indébita previdenciária	Sonegação fiscal previdenciária	Estelionato previdenciário
2 a 5 anos, e multa	2 a 5 anos, e multa	1 a 5 anos, e multa

↓

Pena aumenta-se de um terço por ser cometido contra entidade de direito público.

CAPÍTULO 13

RECURSOS DAS DECISÕES ADMINISTRATIVAS

O cidadão deve, em regra, provocar a Administração Pública, no caso o INSS, para usufruir de alguma prestação no âmbito do Regime Geral de Previdência Social. Esta provocação se dá por intermédio do **requerimento administrativo** de benefícios.

O requerimento administrativo fixa a DER (data de entrada do requerimento) e instaura o processo administrativo previdenciário.

Considera-se processo administrativo previdenciário o conjunto de atos administrativos praticados através dos Canais de Atendimento da Previdência Social, iniciado em razão de requerimento formulado pelo interessado, de ofício pela Administração ou por terceiro legitimado, e concluído com a decisão definitiva no âmbito administrativo.

O processo administrativo previdenciário contemplará as fases inicial, instrutória, decisória, recursal e de cumprimento das decisões administrativas.

Observe que a Instrução Normativa n. 77/2015, estruturou sistematicamente o processo administrativo previdenciário em fase, inclusive disciplinando os recursos das decisões proferidas no âmbito da Previdência Social. Esta sistematização se encontra nos arts. 658 a 702 da Instrução Normativa n. 77/2015.

Visando a observância ao princípio constitucional da **ampla defesa e do contraditório** (art. 5º, LV, da CRFB/88), também assegurado na esfera administrativa, a legislação estabelece formas e prazos para a realização do processo administrativo previdenciário, em especial em relação aos recursos que podem ser interpostos em face das decisões administrativas pelos interessados.

O **recurso administrativo** objetiva a revisão do ato administrativo do INSS, quando interposto pelo interessado (segurado ou dependente) ao Conselho de Recursos do Seguro Social (CRSS) bem como a revisão de decisão favorável ao beneficiário, quando interposto pelo próprio INSS a uma das Câmaras de Julgamento do CRPS.

> O recurso administrativo suscita o **controle de legalidade do CRSS sobre os atos emanados do INSS.**

Das decisões proferidas pela Previdência Social, cabe recurso ao Conselho de Recursos da Previdência Social, conforme estabelecido no art. 126 da Lei n. 8.213/91. Nos termos do art. 303 do Decreto n. 3.048/99, o CRPS, colegiado integrante da estrutura do Ministério da Previdência Social, é **órgão de controle jurisdicional** das decisões do INSS, nos processos referentes a benefícios a cargo desta Autarquia.

De acordo com a MP n. 726/2016, convertida na Lei n. 13.341/2016, foi alterada a designação e subordinação do CRPS para Conselho de Recursos do Seguro Social – CRSS, que passou a integrar o atual Ministério do Desenvolvimento Social-MDS.

A Portaria n. 116, de 20 de março de 2017, aprovou o Regimento Interno do Conselho de Recursos do Seguro Social (RICRSS), que disciplina o processo administrativo previdenciário no âmbito deste importante órgão colegiado.

No âmbito administrativo previdenciário, há dois importantes recursos das decisões da Administração Pública.

- **Recurso Ordinário**
- **Recurso Especial**

– **Recurso Ordinário**

Das decisões proferidas pelo INSS poderão os interessados, segurados ou beneficiários da Seguridade Social, quando não conformados, interpor **recurso ordinário** às Juntas de Recursos do CRSS.

A legitimidade recursal é conferida aos titulares de direitos e interesses e serão interpostos, preferencialmente, **perante o órgão do INSS que proferiu a decisão sobre o seu benefício**, que deverá proceder a sua regular instrução.

O recurso interpõe-se por meio de requerimento no qual o recorrente deverá expor os **fundamentos do**

pedido de reexame, podendo juntar os documentos que julgar convenientes.

É de **trinta dias** o prazo comum às partes para a interposição de recurso e para o oferecimento de contrarrazões, contados: I – para o segurado e para a empresa, a partir da data da intimação da decisão; e II – para o INSS, a partir da data da protocolização do recurso ou da entrada do recurso pelo interessado ou representante legal na unidade do INSS que proferiu a decisão, devendo esta ocorrência ficar registrada nos autos, prevalecendo a data que ocorrer primeiro.

> Prazo recursal para interposição do recurso ordinário às JRs = 30 dias.

O recurso intempestivo do interessado não gera qualquer efeito, mas **deve ser encaminhado ao respectivo órgão julgador** com as devidas contrarrazões do INSS, onde deve estar apontada a ocorrência da intempestividade.

Cabe ressaltar que o não conhecimento do recurso ordinário por motivo de intempestividade não impede a revisão de ofício pelo INSS quando verificada a incorreção da decisão administrativa da Autarquia.

Atenção! O órgão de origem do INSS prestará nos autos informação fundamentada quanto à data da interposição do recurso, **não podendo recusar o recebimento ou obstar-lhe o seguimento do recurso ao órgão julgador com base nessa circunstância.**

Havendo interposição de recurso do interessado contra decisão do INSS, o processo deverá ser reanalisado pela autarquia. Portanto, antes de encaminhar o recurso para a Junta de Recursos do CRSS, o INSS deverá reanalisar, obrigatoriamente, o processo.

- Se a decisão questionada for mantida, o recurso deverá ser encaminhado à Junta de Recursos;
- Em caso de reforma total da decisão, deverá ser atendido o pedido formulado pelo recorrente e o recurso perderá o seu objeto; ou
- Em caso de reforma parcial da decisão, o recurso deverá ter prosseguimento quanto à matéria controvertida.

Caso o INSS confirme a decisão do indeferimento, será emitido despacho expondo por qual motivo deve ser mantida a decisão (que corresponde às contrarrazões da Autarquia), no prazo de 30 dias.

Procedidas estas formalidades, envia-se à Junta de Recursos do CRSS o **requerimento do interessado**, o **recurso protocolado** e toda a **documentação juntada ao processo**.

Às Juntas de Recursos compete julgar os Recursos Ordinários interpostos contra as decisões do INSS nos processos de interesse dos beneficiários do Regime Geral de Previdência Social e das empresas; nos processos referentes aos benefícios assistenciais de prestação continuada previstos no art. 20 da Lei n. 8.742, de 7 de dezembro de 1993, e nos casos previstos na legislação, nos processos de interesse dos contribuintes do Regime Geral de Previdência Social.

– Recurso-Especial

Das decisões proferidas no julgamento do recurso ordinário, ressalvadas as matérias de alçada das Juntas de Recursos, poderão os segurados, as empresas e os órgãos do INSS, quando não conformados, interpor recurso especial às Câmaras de Julgamento, na forma do Regimento Interno do CRSS.

Portanto, compete às Câmaras de Julgamento julgar os **Recursos Especiais** interpostos contra as decisões proferidas pelas Juntas de Recursos.

Das **matérias de alçada da Junta de Recursos**, conforme definido no Regimento Interno do CRPS, não caberá interposição de recurso para as Câmaras de Julgamento.

> Constituem **alçada exclusiva** das Juntas de Recursos, **não comportando recurso às Câmaras de Julgamento**, as seguintes decisões colegiadas:
> I – fundamentada exclusivamente em matéria médica, relativa aos benefícios de auxílio-doença;
> II – proferida sobre reajustamento de benefício em manutenção, em consonância com os índices estabelecidos em lei, exceto quando a diferença na Renda Mensal Atual (RMA) decorrer de alteração da Renda Mensal Inicial (RMI);

Cabe ressaltar que o INSS tem legitimidade limitada para recorrer das decisões das JRs. Assim, o INSS poderá recorrer das decisões das Juntas de Recursos somente quando:

I – violarem disposição de lei, de decreto ou de portaria ministerial;

II – divergirem de Súmula ou de Parecer do Advogado Geral da União, editado na forma da Lei Complementar n. 73, de 10 de fevereiro de 1993;

III – divergirem de pareceres da Consultoria Jurídica do MDSA, dos extintos MTPS e MPS ou da Procuradoria Federal Especializada – INSS, aprovados pelo Procurador-Chefe;

IV – divergirem de enunciados editados pelo Conselho Pleno do CRSS e do antigo CRPS;

V – tiverem sido fundamentadas em laudos ou pareceres médicos divergentes emitidos pela Assessoria

Técnico-Médica no âmbito do CRSS e pelos médicos peritos do INSS, ressalvados os benefícios de auxílio-doença, nos termos do inciso I do § 2º deste artigo; e

VI – contiverem vício insanável.

Em qualquer fase do processo, desde que antes do julgamento do recurso pelo órgão competente, o recorrente poderá, voluntariamente, desistir do recurso interposto. A desistência voluntária será manifestada de maneira expressa, por petição ou termo firmado nos autos do processo.

Uma vez interposto o recurso, o não cumprimento, pelo interessado, de exigência ou providência que a ele incumbiriam, e para a qual tenha sido devidamente intimado, **não implica desistência tácita ou renúncia ao direito de recorrer**, devendo o processo ser julgado no estado em que se encontra, arcando o interessado com o ônus de sua inércia.

A propositura, pelo interessado, de ação judicial que tenha objeto idêntico ao pedido sobre o qual versa o processo administrativo importa em **renúncia tácita** ao direito de recorrer na esfera administrativa e **desistência** do recurso interposto.

Certificada a ocorrência da propositura da ação judicial, os prazos processuais em curso ficam suspensos, e o INSS dará ciência ao interessado ou a seu representante legal para que se manifeste no prazo de 30 (trinta) dias. Expirado o prazo, os autos serão encaminhados para julgamento.

– **Embargos de Declaração**

Caberão **embargos de declaração** quando houver no acórdão dos órgãos julgadores do CRPS obscuridade, ambiguidade ou contradição entre a decisão e os seus fundamentos ou quando for omitido ponto sobre o qual deveriam pronunciar-se.

Também cabem embargos de declaração para corrigir erro material, entendendo-se como tal os decorrentes de erros de grafia, numéricos, de cálculos ou, ainda, de outros equívocos semelhantes, que não afetem o mérito do pedido, o fundamento ou a conclusão do voto, bem como não digam respeito às interpretações jurídicas dos fatos relacionados nos autos, o acolhimento de opiniões técnicas de profissionais especializados ou o exercício de valoração de provas.

Os embargos de declaração serão opostos pelas partes do processo, mediante petição fundamentada, dirigida ao Presidente do órgão julgador, no prazo de 30 dias contados da ciência do acórdão.

– **Reclamação**

Em caso de não cumprimento de decisão definitiva dos órgãos julgadores, no prazo e condições estabelecidos no RICRSS (art. 57), é facultado à parte prejudicada formular **reclamação**, mediante requerimento instruído com cópia da decisão descumprida e outros elementos necessários à compreensão do processo, dirigida ao Presidente do CRSS, a ser processada pela Coordenação de Gestão Técnica.

A Reclamação poderá ser protocolada junto ao INSS ou diretamente nos órgãos do CRSS, que a remeterão ao órgão responsável pelo seu processamento.

Recebida e autuada a reclamação, a Coordenação de Gestão Técnica expedirá, de imediato, ofício ou mensagem (podendo ser por via eletrônica), com as cautelas à autenticação da mensagem e do seu recebimento, ao órgão encarregado do cumprimento da decisão, para que informe sobre a situação processual, apresentando, se for o caso, os motivos do não cumprimento do julgado, **no prazo improrrogável de cinco dias**.

Encerrado este prazo, não havendo resposta ou sendo as justificativas consideradas improcedentes, será expedido ofício firmado pelo Presidente do CRSS à Diretoria de Benefícios do INSS para adoção das medidas cabíveis ao efetivo cumprimento da decisão e, se for o caso, instauração de **procedimento administrativo** para apuração de falta funcional do servidor responsável pelo retardamento.

QUESTÃO

1. (TÉCNICO DO SEGURO SOCIAL – 2012 – FCC) Maria requereu aposentadoria especial e teve seu pedido indeferido pela Agência da Previdência Social. Nessa situação, Maria poderá interpor recurso para:

a) Câmara de Julgamento.

b) Ministério da Previdência Social.

c) Junta de Recursos da Previdência Social.

d) Gerência Executiva.

e) Juizado Especial Federal.

Comentários: o recurso das decisões do INSS é julgado pela Junta de Recursos da Previdência Social, que é a primeira instância recursal do CRPS.

GABARITO

1. C

CAPÍTULO 14

BENEFÍCIO ASSISTENCIAL DE PRESTAÇÃO CONTINUADA

14.1. FUNDAMENTO CONSTITUCIONAL

De acordo com o art. 203 da CF/88, a assistência social será prestada a quem dela necessitar, **independentemente de contribuição** e tem por objetivos:

> I - a proteção à família, à maternidade, à infância, à adolescência e à velhice;
> II - o amparo às crianças e adolescentes carentes;
> III - a promoção da integração ao mercado de trabalho;
> IV - a habilitação e reabilitação das pessoas portadoras de deficiência e a promoção de sua integração à vida comunitária;
> V - **a garantia de um salário mínimo de benefício mensal à pessoa portadora de deficiência e ao idoso que comprovem não possuir meios de prover à própria manutenção ou de tê-la provida por sua família, conforme dispuser a lei.**

O inciso V do art. 203 da CF/88 prevê um benefício de extrema importância no ordenamento jurídico. Trata-se do benefício assistencial de prestação continuada, que poderá ser concedido ao idoso ou ao deficiente que comprovem a hipossuficiência econômica.

Apesar de ser um benefício da assistência social e, consequentemente, **ser concedido independentemente de contribuição**, o benefício assistencial de prestação continuada é concedido e fiscalizado pela Autarquia Previdenciária (Instituto Nacional do Seguro Social – INSS). Essa delegação justifica-se por economia e eficiência, afinal o INSS, além de contar com estrutura de abrangência nacional (agências espalhadas em todo o território nacional), tem acesso a uma base de dados necessária para a apuração do direito ao benefício assistencial (CNIS, sistema que viabiliza pesquisa sobre a renda dos interessados e de seus familiares).

Embora não seja um benefício exigido com frequência em concursos públicos, entendemos oportuno destacar ao leitor que, em virtude de alterações recentes no benefício provocadas pelas Leis n. 12.435/2011, 12.470/2011 e 13.146/2015, as bancas examinadoras, especialmente as de concursos federais, podem dedicar maior atenção a esse benefício.

14.2. REQUISITOS LEGAIS DO BENEFÍCIO ASSISTENCIAL

O benefício assistencial de prestação continuada está previsto nos arts. 20, 21 e 21-A da Lei n. 8.742/93 (Lei Orgânica da Assistência Social) e no Decreto n. 6.214/2007 (Regulamento do Benefício de Prestação Continuada).

Conforme o art. 40 da Lei n. 13.146/2015, é assegurado à pessoa com deficiência que não possua meios para prover sua subsistência nem de tê-la provida por sua família o benefício mensal de 1 (um) salário mínimo, nos termos da Lei n. 8.742, de 7 de dezembro de 1993.

De acordo com o art. 20 da Lei n. 8.742/93, o benefício de prestação continuada é a garantia de um salário mínimo mensal à **pessoa com deficiência** e ao **idoso com 65 anos ou mais que comprovem não possuir meios de prover a própria manutenção nem de tê-la provida por sua família**.

O art. 7º do Decreto n. 6.214/2007 limita a concessão do benefício assistencial apenas ao **brasileiro, naturalizado ou nato, que comprove domicílio e residência no Brasil** e atenda a todos os demais critérios estabelecidos neste Regulamento.

Contudo, o Decreto n. 8.805, de 2016, alterou a redação deste artigo, que passou a dispor expressamente sobre a concessão do BPC, não só ao brasileiro, nato ou naturalizado, mas também às pessoas de nacionalidade portuguesa, em consonância com o disposto no Decreto n. 7.999, de 8 de maio de 2013, desde que comprovem, em qualquer dos casos, residência no Brasil e atendam a todos os demais critérios estabelecidos neste Regulamento.

Outra exigência necessária para a percepção do benefício em comento tem caráter negativo. O benefício não pode ser acumulado pelo beneficiário com qualquer outro no âmbito da seguridade social ou de outro regime, inclusive o seguro-desemprego, salvo os da assistência médica e da pensão especial de natureza indenizatória.

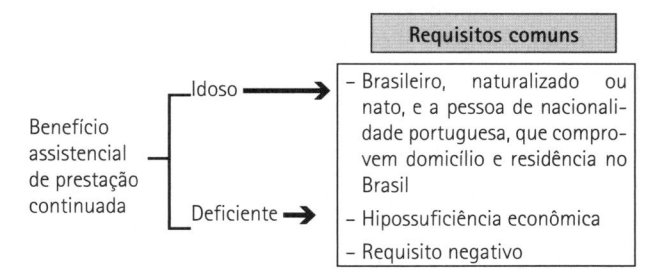

Benefício assistencial de prestação continuada:
- Idoso → Requisitos comuns:
  - Brasileiro, naturalizado ou nato, e a pessoa de nacionalidade portuguesa, que comprovem domicílio e residência no Brasil
  - Hipossuficiência econômica
  - Requisito negativo
- Deficiente →

Por questão didática, analisaremos os requisitos legais do benefício separadamente.

14.2.1. Nacionalidade brasileira

Pelo art. 7º do Decreto n. 6.214/2007, a concessão do benefício assistencial está limitada apenas ao **brasileiro, naturalizado ou nato, que comprove domicílio e residência no Brasil**. Observe-se que essa restrição tem respaldo legal, já que o art. 1º da Lei n. 8.742/93 restringe a cobertura da assistência social apenas aos cidadãos, ou seja, aos brasileiros em plena fruição de seus direitos políticos.

Sem embargo, é importante ressaltar que várias decisões judiciais vêm reconhecendo o direito do estrangeiro residente no Brasil ao recebimento do benefício assistencial de prestação continuada, com base no art. 5º da CF/88, que dispõe que todos são iguais perante a lei, sem distinção de qualquer natureza, garantindo-se aos brasileiros e aos estrangeiros residentes no País diversos direitos fundamentais.

A questão foi apreciada pelo **STF** (RE 587.970 – repercussão geral admitida), que fixou a seguinte tese: "Os estrangeiros residentes no País são beneficiários da assistência social prevista no artigo 203, inciso V, da Constituição Federal, uma vez atendidos os requisitos constitucionais e legais". Essa decisão transitou em julgado em 12 de outubro de 2017.

14.2.2. Idade

A Lei n. 12.345/2011 atualizou a redação do *caput* do art. 20 da Lei n. 8.742/93 para incluir a idade de 65 anos, em substituição à redação anterior que ainda constava 70 anos (embora a redução da idade para 67 anos e, posteriormente, para 65 anos já tivesse ocorrido[167]).

Destarte, para fins de concessão do benefício assistencial, idoso é quem tem 65 anos ou mais. Sobre o limite etário, duas observações são indispensáveis.

Em primeiro lugar, a idade de 65 anos é aplicável tanto para os homens quanto para as mulheres, **não havendo diferença etária entre os sexos**.

= 65 anos (independentemente do sexo)

Observe-se ainda que a idade necessária para o benefício não se confunde com a idade a partir da qual uma pessoa é considerada idosa (no caso do Brasil, 60 anos, por força do art. 1º da Lei n. 10.741/2003, Estatuto do Idoso).

| 60 anos: idade para alguém ser considerado idoso | X | 65 anos: idade necessária para a concessão do benefício assistencial |

14.2.3. Deficiência

Conforme disposto no § 2º do art. 20 da Lei n. 8.742/93, com a redação dada pela Lei n. 13.146, de 2015, para efeito de concessão do benefício de prestação continuada, considera-se pessoa com deficiência aquela que tem **impedimento de longo prazo de natureza física, mental, intelectual ou sensorial**, o qual, em interação com uma ou mais barreiras, pode obstruir sua participação plena e efetiva na sociedade em igualdade de condições com as demais pessoas.

Ressalte-se que o novo conceito de deficiência previsto na Lei n. 8.742/93 está de acordo com a Convenção Internacional sobre os Direitos das Pessoas com Deficiência e seu Protocolo Facultativo, assinada em Nova York, em 30 de março de 2007, e inserida no ordenamento jurídico pátrio pelo Decreto Legislativo n. 186, de 9 de julho de 2008, com *status* de emenda constitucional, por força do art. 5º, § 3º, da CF/88[168].

---

[167] A redução da idade para 65 anos foi promovida pela Lei n. 10.741/2003 (Estatuto do Idoso).

[168] CF/88: Art. 5º (...) § 3º Os tratados e convenções internacionais sobre direitos humanos que forem aprovados, em cada Casa do Congresso Nacional, em dois turnos, por três quintos dos votos dos respectivos membros, serão equivalentes às emendas constitucionais.

Atenção! O conceito de pessoa com deficiência para fins de recebimento do benefício assistencial foi alterado pelas Leis ns. 12.435/2011, 12.470/2011 e 13.146/2015. Antigamente, pessoa com deficiência era aquela incapaz para o trabalho e os atos da vida independente.

ANTES	DEPOIS (ATUALMENTE)
Pessoa com deficiência é aquela incapaz para o trabalho e os atos da vida independente	Pessoa com deficiência é aquela que tem impedimento de longo prazo de natureza física, mental, intelectual ou sensorial, o qual, em interação com uma ou mais barreiras, pode obstruir sua participação plena e efetiva na sociedade em igualdade de condições com as demais pessoas.

Inclusive, a Lei n. 8.742/93, em seu art. 21-A, § 2º, prevê que "**a contratação de pessoa com deficiência como aprendiz não acarreta a suspensão do benefício de prestação continuada**, limitado a 2 (dois) anos **o recebimento concomitante da remuneração e do benefício**". Vale dizer, a própria lei admite a possibilidade de um beneficiário de prestação assistencial exercer atividade remunerada.

```
   Benefício              +              Remuneração
   assistencial                          como aprendiz
         └────────── Recebimento conjunto ──────────┘
                     limitado a dois anos
```

Ademais, de acordo com o art. 21-A da Lei n. 8.742/93, o benefício de prestação continuada será **suspenso**, e não cessado, quando a pessoa com deficiência exercer atividade remunerada, inclusive na condição de microempreendedor individual. Extinta a relação trabalhista ou a atividade empreendedora e, quando for o caso, encerrado o prazo de pagamento do seguro-desemprego e não tendo o beneficiário adquirido direito a qualquer benefício previdenciário, **poderá ser requerida a continuidade do pagamento do benefício suspenso, sem necessidade de realização de perícia médica ou reavaliação da deficiência e do grau de incapacidade para esse fim**, respeitado o período de revisão bienal previsto no *caput* do art. 21.

Ora, se o fato gerador da deficiência fosse a incapacidade para o trabalho, certamente o exercício de atividade remunerada ensejaria a cessação, e não a suspensão, do benefício. Também não haveria a possibilidade de o benefício ser reativado, sem a necessidade de reavaliação multidisciplinar do indivíduo.

Para fins de reconhecimento do direito ao Benefício de Prestação Continuada às **crianças e adolescentes menores de 16 anos de idade**, deve ser avaliada a existência da deficiência e o seu impacto na limitação do desempenho de atividade e restrição da participação social, compatível com a idade (art. 4º, § 1º, do Regulamento do BPC, introduzido pelo Decreto n. 6.214/2007).

A concessão do benefício ficará sujeita à avaliação multidisciplinar da deficiência e do grau de impedimento, composta por avaliação médica e avaliação social realizadas por médicos peritos e por assistentes sociais do INSS.

Saliente-se, outrossim, que o desenvolvimento das capacidades cognitivas, motoras ou educacionais e a realização de atividades não remuneradas de habilitação e reabilitação, entre outras, não constituem motivo de suspensão ou cessação do benefício da pessoa com deficiência.

Nos termos do art. 20, § 10, da Lei n. 8.742/93, considera-se impedimento de longo prazo aquele que produza efeitos **pelo prazo mínimo de dois anos**.

14.2.4. Requisito negativo

Segundo o art. 20, § 4º, da Lei n. 8.742/93, o benefício assistencial de prestação continuada não pode ser acumulado pelo beneficiário com qualquer outro no âmbito da seguridade social ou de outro regime, salvo os da assistência médica e da pensão especial de natureza indenizatória. São exemplos de pensões especiais de natureza indenizatória a decorrente da "Síndrome da Talidomida", prevista pela Lei n. 7.070/82, e a devida aos dependentes das vítimas fatais de hepatite tóxica, por contaminação em processo de hemodiálise no Instituto de Doenças Renais, com sede na cidade de Caruaru, no Estado de Pernambuco, prevista na Lei n. 9.422/96.

14.2.5. Hipossuficiência econômica

A – Definição do critério de hipossuficiência

Conforme disposto no art. 203, V, da CF/88, o benefício assistencial é devido à pessoa portadora de deficiência e ao idoso que comprovem não possuir meios de prover à própria manutenção ou de tê-la provida por sua família, conforme dispuser a lei.

Atendendo à determinação constitucional, a Lei n. 8.742/93 regulamentou a hipossuficiência, dispondo, no art. 20, § 3º, que é considerada incapaz de prover a manutenção da pessoa com deficiência ou idosa "a **família cuja renda mensal *per capita* seja inferior a 1/4 (um quarto) do salário mínimo**". Logo mais veremos que esse critério objetivo foi **declarado inconstitucional pelo STF** (RE 567.985/MT e RE 580.963/PR).

Qual é o conceito de família? Pelo art. 20, § 1º, da Lei n. 8.742/93, para fins de percepção do benefício assistencial de prestação continuada, a família é composta do requerente, o cônjuge ou companheiro, os pais e, na ausência de um deles, a madrasta ou o padrasto, os irmãos solteiros, os filhos e enteados solteiros e os menores tutelados, **desde que vivam sob o mesmo teto**.

Dúvida: e se o indivíduo não possui família, mas foi acolhido em instituição assistencial? Ainda assim será possível a concessão do benefício? Segundo o § 5º do art. 20 da Lei n. 8.742/93, a condição de acolhimento em instituições de longa permanência não prejudica o direito do idoso ou da pessoa com deficiência ao benefício assistencial de prestação continuada. Inclusive, o § 7º do mesmo artigo prescreve que, na hipótese de não existirem serviços no município de residência do beneficiário, fica assegurado, na forma prevista em regulamento, o seu encaminhamento ao município mais próximo que contar com tal estrutura.

A.1 – O critério objetivo de hipossuficiência econômica (art. 20, § 3º, da Lei n. 8.742/93)

Administrativamente, entende-se que o critério de miserabilidade previsto na Lei n. 8.742/93, além de único, é objetivo, por decorrer de simples operação aritmética (soma-se a renda de todos os integrantes do grupo familiar e divide-se pelo número de integrantes). Vale dizer, pela interpretação do INSS, para que alguém tenha direito ao benefício assistencial, a renda *per capita* do grupo familiar **deve ser inferior a 1/4 do salário mínimo;** sendo igual, não há direito ao benefício. Vamos a dois exemplos:

Grupo familiar 1		Grupo familiar 2
Composição familiar: 4 pessoas Renda familiar: R$ 1.000,00 Renda *per capita*: R$ 250,00		Composição familiar: 7 pessoas Renda familiar: R$ 700,00 Renda *per capita*: R$ 100,00
Renda superior ao limite legal. Benefício indeferido pelo INSS.	← 1/4 do salário mínimo: R$ 238,50 (para 2018 – SM: R$ 954,00) →	Renda inferior ao limite legal. Benefício concedido pelo INSS.

A constitucionalidade do art. 20, § 3º, da Lei n. 8.742/93 já havia sido objeto de impugnação nos autos da ADIn 1.232-1. Na oportunidade, o **STF** considerou válido o critério objetivo de 1/4 do salário mínimo e julgou a ação improcedente.

Apesar dessa decisão, a jurisprudência majoritária, já há algum tempo, vem se albergando em decisões do **STJ** no sentido de que o critério objetivo não é o único a ser considerado para a aferição da hipossuficiência, sendo possível a utilização de outros parâmetros. De fato, para o **STJ (REsp 1.112.557-MG, representativo de controvérsia)**, a limitação do valor da renda *per capita* familiar não deve ser considerada a única forma de comprovar que a pessoa não possui outros meios para prover a própria manutenção ou de tê-la provida por sua família, visto que esse critério é apenas um elemento objetivo para aferir a necessidade. Ademais, argumenta-se que no âmbito judicial vige o princípio do livre convencimento motivado do juiz, não o sistema de tarifação legal de provas. Assim, essa delimitação do valor da renda familiar *per capita* não deve ser tida como único meio de prova da condição de miserabilidade do beneficiado, não podendo vincular o magistrado a um elemento probatório sob pena de cercear o seu direito de julgar.

Diante da contínua flexibilização jurisdicional do critério objetivo de um quarto do salário mínimo, a matéria voltou a ser discutida no **STF em sede de repercussão geral** (RE 567.985/MT e RE 580.963/PR). Pois bem, revendo o posicionamento anterior firmado na ADIn 1.232-1, o Plenário do **STF declarou a inconstitucionalidade *incidenter tantum* do § 3º do art. 20 da Lei n. 8.742/93** ["Art. 20, § 3º Considera-se incapaz de prover a manutenção da pessoa com deficiência ou idosa a família cuja renda mensal *per capita* seja inferior a 1/4 (um quarto) do salário mínimo"] e do parágrafo único do art. 34 da Lei n. 10.741/2003 (dispositivo que será analisado adiante).

Prevaleceu o voto do Ministro Gilmar Mendes, relator do RE 580.963/PR. Ressaltou ele haver esvaziamento da decisão tomada na ADI 1.232/DF – na qual assentada a constitucionalidade do art. 20, § 3º, da Lei n. 8.742/93 –, especialmente por verificar que inúmeras reclamações ajuizadas teriam sido indeferidas a partir de condições específicas, a demonstrar a adoção de outros parâmetros para a definição de miserabilidade. Aduziu que o juiz, diante do caso concreto, poderia fazer a análise da situação (entendimento do STJ). A propósito, o Ministro Celso de Mello acresceu que, conquanto excepcional, seria legítima a possibilidade de intervenção jurisdicional dos juízes e tribunais na conformação de determinadas políticas públicas, quando o próprio Estado deixasse de adimplir suas obrigações constitucionais, sem que isso pudesse configurar transgressão ao postulado da separação de Poderes.

O Ministro Gilmar Mendes aludiu que a Corte deveria revisitar a controvérsia, tendo em conta discrepâncias, haja vista a existência de ação direta de inconstitucionalidade com efeito vinculante e, ao mesmo tempo, pronunciamentos em reclamações, julgadas de alguma forma improcedentes, com a validação de decisões contrárias ao que naquela decidido. Enfatizou que a questão seria relevante sob dois prismas: 1º) a evolução ocorrida; e 2º) a concessão de outros benefícios com a adoção de critérios distintos de um quarto do salário mínimo. É que, paralelamente, foram editadas leis que estabeleceram critérios mais elásticos para a concessão de outros benefícios assistenciais, tais como: a Lei n. 10.836/2004, que criou o Bolsa Família; a Lei n. 10.689/2003, que instituiu o Programa Nacional de Acesso à Alimentação; a Lei n. 10.219/2001, que criou o Bolsa Escola; a Lei n. 9.533/97, que autoriza o Poder Executivo a conceder apoio financeiro a Municípios que instituírem programas de garantia de renda mínima associados a ações socioeducativas.

Tudo isso levou à constatação de que o critério objetivo de miserabilidade sofreu um **processo de inconstitucionalização** decorrente de notórias mudanças fáticas (políticas, econômicas e sociais) e jurídicas (sucessivas modificações legislativas dos patamares econômicos utilizados como critérios de concessão de outros benefícios assistenciais por parte do Estado brasileiro).

Ao final do julgamento, declarou-se a **inconstitucionalidade parcial, sem pronúncia de nulidade, do art. 20, § 3º, da Lei n. 8.742/93.**

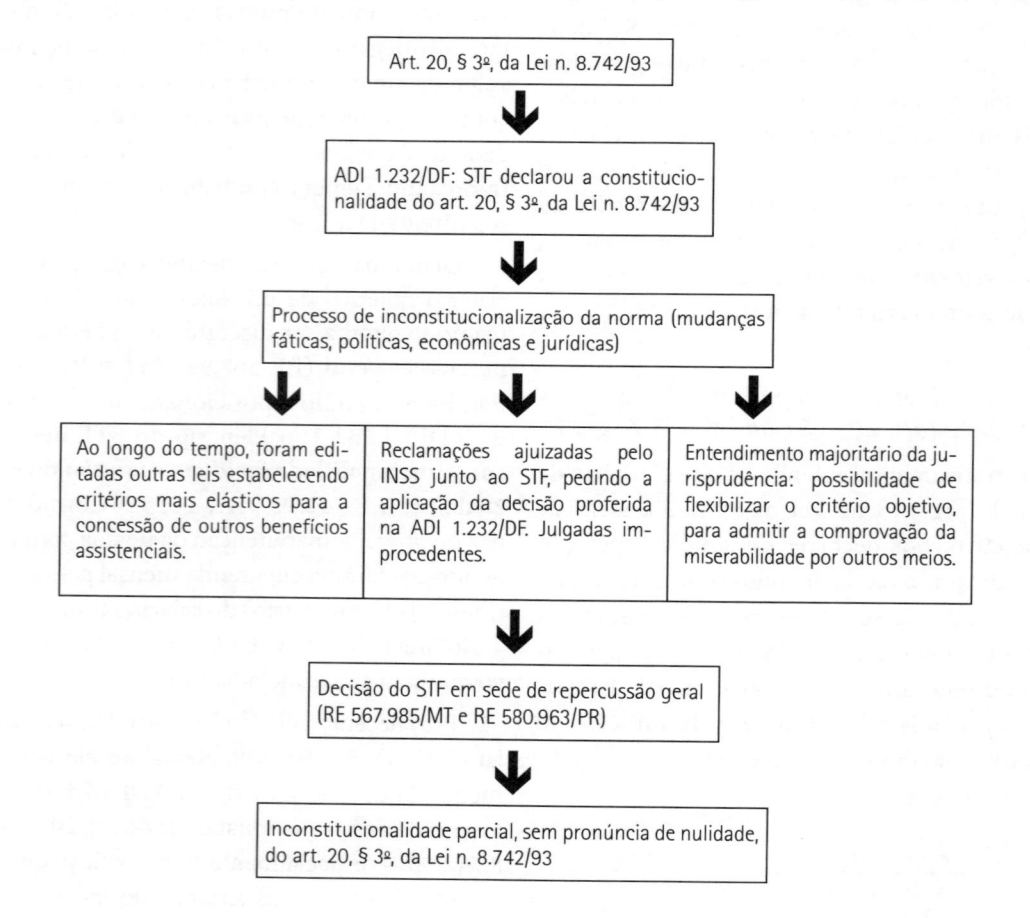

```
Art. 20, § 3º, da Lei n. 8.742/93
        ↓
ADI 1.232/DF: STF declarou a constitucionalidade do art. 20, § 3º, da Lei n. 8.742/93
        ↓
Processo de inconstitucionalização da norma (mudanças fáticas, políticas, econômicas e jurídicas)
    ↓           ↓           ↓
Ao longo do tempo, foram editadas outras leis estabelecendo critérios mais elásticos para a concessão de outros benefícios assistenciais.
Reclamações ajuizadas pelo INSS junto ao STF, pedindo a aplicação da decisão proferida na ADI 1.232/DF. Julgadas improcedentes.
Entendimento majoritário da jurisprudência: possibilidade de flexibilizar o critério objetivo, para admitir a comprovação da miserabilidade por outros meios.
        ↓
Decisão do STF em sede de repercussão geral (RE 567.985/MT e RE 580.963/PR)
        ↓
Inconstitucionalidade parcial, sem pronúncia de nulidade, do art. 20, § 3º, da Lei n. 8.742/93
```

B – Parcelas excluídas do conceito de renda

A **remuneração da pessoa com deficiência na condição de aprendiz ou de estagiário supervisionado não será considerada para fins do cálculo da renda mensal familiar** (art. 20, § 9º, da Lei n. 8.742/93). Também não serão computados como renda mensal bruta familiar, nos termos art. 4º, § 2º, do Decreto n. 6.214/2007:

I – benefícios e auxílios assistenciais de natureza eventual e temporária;
II – valores oriundos de programas sociais de transferência de renda;
III – bolsas de estágio supervisionado;
IV – pensão especial de natureza indenizatória e benefícios de assistência médica;
V – rendas de natureza eventual ou sazonal, a serem regulamentadas em ato conjunto do Ministério do Desenvolvimento Social e Combate à Fome e do INSS;
VI – rendimentos decorrentes de contrato de aprendizagem.

Ademais, segundo o art. 34, parágrafo único, do Estatuto do Idoso, o benefício assistencial já concedido a um idoso não será computado para fins de aferição da renda familiar *per capita* na hipótese de requerimento de outro benefício assistencial para um idoso do mesmo grupo familiar. Portanto, é possível a concessão de dois benefícios assistenciais a dois idosos integrantes do mesmo núcleo familiar.

Apesar de a Lei n. 10.741/2003 desconsiderar exclusivamente o benefício assistencial ao idoso, no **STJ** (AgRg no Ag 1394584/SP[169]) e na **TNU** (Pedido 200772520024887[170]) já há algum tempo prevalece o entendimento segundo o qual, "em respeito aos princípios da igualdade e da razoabilidade, deve ser excluído do cálculo da renda familiar *per capita* qualquer benefício de valor mínimo recebido por maior de 65 anos, independentemente se assistencial ou previdenciário, aplicando-se, analogicamente, o disposto no parágrafo único do art. 34 do Estatuto do Idoso" (Pet 2.203/PE, Rel. Min. Maria Thereza de Assis Moura, 3ª Seção, *DJe* 11-10-2011, e AgRg no AREsp 215.158-CE, Rel. Min. Mauro Campbell Marques, julgado em 18-10-2012).

A possibilidade de interpretação extensiva do art. 34, parágrafo único, do Estatuto do Idoso também aguardava o pronunciamento final do **STF** (RE 567.985/MT e RE 580.963/PR, repercussão geral admitida), o que aconteceu em abril de 2013.

No julgamento dos recursos extraordinários, o **STF reputou violado o princípio da isonomia e declarou a inconstitucionalidade do dispositivo legal**, argumentando que não existiria justificativa plausível para discriminação das pessoas com deficiência em relação aos idosos, bem como dos idosos beneficiários da assistência social em relação aos idosos titulares de benefícios previdenciários no valor de até um salário mínimo.

14.2.6. Valor do benefício

Nos termos do art. 203, V, da CF/88, a renda mensal do benefício assistencial de prestação continuada é fixa, de um salário mínimo.

Ademais, nos termos do art. 22 do Decreto n. 6.214/2007, o benefício de prestação continuada não está sujeito a desconto de qualquer contribuição e não gera direito ao pagamento de abono anual (que é a gratificação natalina).

14.2.7. Manutenção e cessação do benefício

Conforme disposto no art. 21 da Lei n. 8.742/83, o benefício de prestação continuada **deve ser revisto a cada dois anos** para avaliação da continuidade das condições que lhe deram origem.

O pagamento do benefício cessa nas seguintes hipóteses: 1ª) quando se constatar irregularidade na sua concessão ou utilização; 2ª) no momento em que forem superadas as condições de concessão; 3ª) em caso de morte do beneficiário. A propósito, por se tratar de direito personalíssimo, é um benefício intransferível, **não gerando direito à pensão por morte aos herdeiros ou sucessores**.

A reavaliação do benefício assistencial de prestação continuada consiste em verificar se as condições que deram origem ao benefício permanecem, ou seja, se os beneficiários (idoso e pessoa com deficiência) continuam apresentando renda mensal familiar *per capita* inferior a 1/4 do salário mínimo. No caso da pessoa com deficiência, além da verificação da renda, há necessidade de nova avaliação médica e avaliação social para verificação do grau de impedimento, em razão de possíveis mudanças da situação da deficiência. Trata-se de importante instrumento de controle do benefício.

O art. 21, § 4º, da Lei n. 8.742/93, expressamente, dispõe que a cessação do benefício de prestação conti-

---

169 **STJ:** "(...) 2. O art. 34, parágrafo único, da Lei n. 10.741/2003 pode ser aplicado, por analogia, para se excluir o benefício previdenciário da renda familiar *per capita*, a fim de se conceder benefício assistencial. (...)" (AgRg no Ag 1394584/SP, Rel. Ministro Sebastião Reis Júnior, 6ª Turma, julgado em 18-10-2011, *DJe* 17-11-2011).

170 **TNU:** "(...) 1. Para fins de concessão de benefício assistencial à pessoa idosa, o disposto no parágrafo único do art. 34 do Estatuto do Idoso (Lei n. 10.741/2003) aplica-se por analogia para a exclusão de um benefício previdenciário de valor mínimo recebido por membro idoso do grupo familiar, o qual também fica excluído do grupo para fins de cálculo da renda familiar *per capita*. 2. A interpretação abrigada no acórdão de origem já observa o entendimento desta Turma, autorizando a aplicação da questão de ordem n. 13, o que leva ao não conhecimento do incidente. 3. Pedido de uniformização não conhecido" (Pedido 200772520024887, Juíza Federal Rosana Noya Weibel Kaufmann, *DOU* 13-5-2011).

nuada concedido à pessoa com deficiência **não impede nova concessão do benefício**, desde que atendidos os requisitos definidos em regulamento.

> **Atenção!** A Lei n. 13.146/2015 (Estatuto da Pessoa com Deficiência) cria o auxílio-inclusão, por intermédio do seu art. 94, nos seguintes termos:
>
> Art. 94. Terá direito a auxílio-inclusão, nos termos da lei, a pessoa com deficiência moderada ou grave que:
>
> I – receba o benefício de prestação continuada previsto no art. 20 da Lei n. 8.742, de 7 de dezembro de 1993, e que passe a exercer atividade remunerada que a enquadre como segurado obrigatório do RGPS;
>
> II – tenha recebido, nos últimos 5 (cinco) anos, o benefício de prestação continuada previsto no art. 20 da Lei n. 8.742, de 7 de dezembro de 1993, e que exerça atividade remunerada que a enquadre como segurado obrigatório do RGPS.
>
> Trata-se de um incentivo à inclusão da pessoa com deficiência no mercado de trabalho, na medida em que confere este auxílio, mesmo com recebimento do benefício assistencial de prestação continuada previsto no art. 20 da LOAS.
>
> Contudo, o legislador ordinário condicionou o recebimento do auxílio-inclusão a edição de lei, não estabelecendo prazo para a sua edição.

14.3. BENEFÍCIO ASSISTENCIAL PARA O TRABALHADOR PORTUÁRIO AVULSO

A Lei n. 12.815, de 5-6-2013, fruto da conversão da MP n. 595/2012, que dispõe sobre a exploração direta e indireta pela União de portos e instalações portuárias e sobre as atividades desempenhadas pelos operadores portuários, criou uma nova espécie de benefício de natureza assistencial em seu art. 73.

Segundo esse dispositivo, a Lei n. 9.719, de 27-11-1998, passa a vigorar acrescida do art. 10-A, segundo o qual é assegurado, na forma do regulamento, benefício assistencial mensal, de até um salário mínimo, **aos trabalhadores portuários avulsos, com mais de 60 (sessenta) anos**, que não cumprirem os requisitos para a aquisição das modalidades de aposentadoria previstas nos arts. 42, 48, 52 e 57 da Lei n. 8.213, de 24-7-1991, e que não possuam meios para prover a sua subsistência.

Atenção! A idade estabelecida na nova Lei dos Portos para que o trabalhador portuário avulso (TPA) tenha direito a este benefício é 60 anos, diferentemente da idade estabelecida na Lei n. 8.742/93 (65 anos).

Portanto, o TPA, cujas categorias estão listadas no art. 40 da Lei n. 12.815/2013, quais sejam, capatazia, estiva, conferência de carga, conserto de carga, bloco e vigilância de embarcações, **que não preencher os requisitos para a concessão de nenhuma das espécies de aposentadoria da Lei de Benefícios terá assegura-** do o direito ao **benefício assistencial mensal no valor de um salário mínimo, condicionado, ainda, à demonstração da falta de meios para provimento de sua subsistência.**

O Decreto n. 8.033, de 27-6-2013, que regulamenta algumas disposições da Lei n. 12.815/2013, estabelece que ato conjunto dos Ministros de Estado da Fazenda, do Planejamento, Orçamento e Gestão, da Previdência Social, do Desenvolvimento Social e Combate à Fome e Chefe da Secretaria de Portos da Presidência da República disporá sobre a concessão do benefício assistencial de que trata o art. 10-A da Lei n. 9.719, de 27-11-1998.

O ato conjunto a que alude o Decreto n. 8.033/2013 já foi editado. Trata-se da Portaria Interministerial MDS/SEP/MPS/MP/MF n. 1, de 1º-8-2014.

O primeiro aspecto importante definido pela Portaria refere-se ao valor do benefício. O ponto é que nem a Lei n. 12.815/2013 nem o Decreto n. 8.033/2013 definem o valor da prestação. Na verdade, a Lei n. 12.815/2013 apenas estabelece o valor máximo do benefício, que deve ser de até um salário mínimo. Pois bem, seguindo a mesma lógica protetiva do art. 203, V, da CF/88 (que trata do benefício assistencial para o idoso e a pessoa com deficiência), o art. 1º da Portaria fixa o valor do assistencial dos trabalhadores portuários avulsos em um salário mínimo.

De acordo com o art. 2º da Portaria, para fazer jus ao benefício assistencial, o interessado deverá comprovar junto ao INSS – Instituto Nacional do Seguro Social:

Requisitos	Comentários
I – idade de sessenta anos ou mais;	Mera repetição do texto legal. Idade prevista na Lei n. 12.815/2013.
II – renda média mensal individual inferior ao valor de um salário mínimo mensal, calculada com base na média aritmética simples dos últimos doze meses anteriores ao requerimento, incluindo-se no cômputo a renda proveniente de décimo terceiro salário, se houver;	A Lei n. 12.815/2013 apenas prevê que o benefício é devido exclusivamente quando o indivíduo não possuir meios de prover a sua subsistência. O art. 45, II, do Decreto n. 8.033/2013, por sua vez, dispõe que os critérios para a comprovação da insuficiência de meios para prover a sua subsistência devem ser fixados pelo ato normativo conjunto (no caso, a Portaria). Atenção: note-se a considerável diferença entre a vulnerabilidade necessária para a concessão deste benefício e para a concessão do benefício assistencial para o idoso e a pessoa com deficiência.

III – domicílio no Brasil;	Nem a Lei n. 12.815/2013, nem o Decreto n. 8.033/2013 preveem essa exigência, apesar de ela ser muito plausível.
IV – quinze anos, no mínimo, de cadastro ou registro ativo como trabalhador portuário avulso;	A Lei n. 12.815/2013 é omissa sobre a questão. O parágrafo único do art. 45 prevê os três requisitos.
V – comparecimento, no mínimo, a oitenta por cento das chamadas realizadas pelo respectivo órgão de gestão de mão de obra; e	A Lei n. 12.815/2013 é omissa sobre a questão. O parágrafo único do art. 45 prevê os três requisitos.
VI – comparecimento, no mínimo, a oitenta por cento dos turnos de trabalho para os quais tenha sido escalado no período.	

Benefício assistencial para o TPA
- Idade de 60 anos (homens e mulheres).
- Renda média mensal individual inferior ao valor de um salário mínimo mensal, calculada com base na média aritmética simples dos últimos doze meses anterreriores ao requerimento, incluindo-se no cômputo a renda proveniente de décimo terceiro salário, se houver.
- Domicílio no Brasil.
- Comprovar, no mínimo, quinze anos de registro ou cadastro como trabalhador portuário avulso.
- Comprovar o comparecimento a, no mínimo, 80% das chamadas realizadas pelo respectivo órgão de gestão de mão de obra.
- Comprovar o comparecimento a, no mínimo, 80% dos turnos de trabalho para os quais tenha sido escalado no período.

Note-se que, embora o benefício seja de natureza assistencial, há exigência de o trabalhador portuário avulso demonstrar assiduidade no comparecimento às escalações do OGMO e engajamento nas atividades portuárias pelo período mínimo de quinze anos em que ele estiver matriculado (registrado e cadastrado). **Com isso, em que pese o disposto no art. 10-A da Lei n. 9.719/98, entendemos que esse benefício não pode ser considerado puramente assistencial. Há traços característicos da previdência social.**

Cabe ressaltar que esse benefício também não pode ser acumulado pelo beneficiário com qualquer outro no âmbito da seguridade social ou de outro regime, salvo os da assistência médica e da pensão especial de natureza indenizatória.

Aproveitando este tópico, embora não esteja relacionado a este tema específico (benefício assistencial), a nova Lei dos Portos albergou o entendimento do Supremo Tribunal Federal de que a aposentadoria voluntária não tem ensejo de rescindir, por si só, a relação de trabalho.

Na vigência da Lei n. 8.630/93, o TPA que se aposentava voluntariamente era excluído automaticamente do cadastro ou do registro no OGMO. O art. 41, § 3º, da Lei n. 12.815/2013 passou a dispor que a inscrição no cadastro e o registro do trabalhador portuário se extinguem por morte ou cancelamento, não mais dispondo que se extingue pela aposentadoria.

Por fim, cabe destacar que, nos termos do art. 3º da Portaria Interministerial MDS/SEP/MPS/MP/MF n. 1, de 1º-8-2014, a comprovação dos requisitos de que tratam os incisos IV (15 anos, no mínimo, de cadastro ou registro ativo como TPA), V (comparecimento, no mínimo, a 80% das chamadas realizadas pelo respectivo OGMO) e VI (comparecimento, no mínimo, a 80% dos turnos de trabalho para os quais tenha sido escalado no período) do art. 2º da mesma Portaria será realizada por meio de certidão emitida pelo Órgão Gestor de Mão de Obra – OGMO, conforme modelo constante do Anexo, e deverá ser fornecida em duas vias, em papel timbrado da entidade, com numeração sequencial controlada e ininterrupta, e conter as seguintes informações:

I – identificação e qualificação pessoal do requerente: nome, data de nascimento, filiação, Carteira de Identidade ou Carteira Profissional, CPF, título de eleitor e endereço;

II – número e data do Registro ou Cadastro no OGMO;

III – percentual de comparecimento às chamadas e aos turnos de trabalho;

IV – identificação da entidade: CNPJ e endereço; e

V – identificação e qualificação pessoal do emissor: nome, carteira de identidade, CPF, assinatura e cargo/função.

14.4. BENEFÍCIO ASSISTENCIAL PARA CRIANÇA VÍTIMA DE MICROCEFALIA DECORRENTE DE DOENÇAS TRANSMITIDAS PELO *AEDES AEGYPTI*

De acordo com o art. 18 da Lei n. 13.301/2016, fará jus ao benefício de prestação continuada temporário, a que se refere o art. 20 da Lei n. 8.742, de 7 de dezembro de 1993, pelo prazo máximo de três anos, na condição de pessoa com deficiência, a criança vítima de microcefalia em decorrência de sequelas neurológicas causadas por doenças transmitidas pelo *Aedes aegypti*.

O benefício será concedido após a cessação do gozo do salário-maternidade originado pelo nascimento da criança vítima de microcefalia.

Note-se que a Lei n. 13.301/2016 criou uma presunção absoluta: a criança com microcefalia é pessoa com deficiência para fins de recebimento de BPC. Destarte, ao requerer o benefício, somente será necessária a comprovação da microcefalia. Como consequência, a criança já será considerada pessoa com deficiência. Obviamente, passado o prazo de três anos, nada obsta que o benefício assistencial continue sendo pago para a criança, só que a manutenção dependerá da comprovação da deficiência, na forma do art. 20, § 2º, da Lei n. 8.742/93.

O art. 18 exige que a criança tenha sido vítima de microcefalia em decorrência de sequelas neurológicas causadas por doenças transmitidas pelo *Aedes aegypti*. Trata-se de uma disposição infundada, já que a medicina ainda não conseguiu comprovar cientificamente a necessária relação entre o vírus, a gravidez e a microcefalia. Diante disso, a melhor forma de interpretar a disposição talvez seja estabelecer outra presunção: sempre que a mulher tiver sido diagnosticada com zika durante a gestação, e a criança nascer com microcefalia, reconhece-se automaticamente a deficiência. Caso a parte interessada não consiga comprovar a patologia, nada obsta a concessão do benefício nos moldes tradicionais, isto é, mediante avaliação tradicional da deficiência.

Dúvida: a concessão desse benefício pressupõe a comprovação da hipossuficiência econômica? Sim. Primeiro porque o art. 18 da Lei n. 13.301/2016 faz remissão expressa ao art. 20 da Lei n. 8.742/93, o que indica a necessidade de aplicação de todas as regras referentes à prestação. Além do mais, é importante salientar que o Presidente da República vetou o § 1º do art. 18 da Lei n. 13.301/2016, que criava a presunção absoluta de miserabilidade do grupo familiar para efeito da primeira concessão do benefício. Ele se valeu dos seguintes argumentos: "O dispositivo apresenta incompatibilidade com as regras atuais do Benefício de Prestação Continuada (BPC), estabelecidas na Lei Orgânica da Assistência Social – LOAS (Lei n. 8.742, de 1993) e já em plena aplicabilidade. O comando constitucional do benefício o vincula à condição de miserabilidade comprovada, não sendo razoável sua presunção. Além disso, as regras atuais não impedem o alcance do objetivo da norma sob sanção, na medida em que já permitem o acesso das crianças com microcefalia, em situação de vulnerabilidade, ao BPC".

QUESTÃO

1. (MÉDICO PERITO – INSS – CESPE – 2010) O benefício de prestação continuada deverá ser revisto a cada 5 anos, para reavaliar as condições que lhe deram origem.

GABARITO

1. ERRADO

CAPÍTULO 15

SEGURO-DESEMPREGO, DURANTE OS PERÍODOS DO DEFESO, DO PESCADOR PROFISSIONAL QUE EXERCE A ATIVIDADE PESQUEIRA DE FORMA ARTESANAL

O seguro-desemprego do trabalhador pescador artesanal é uma assistência temporária concedida a esse trabalhador que exerça a atividade de pesca profissional de forma artesanal ou em regime de economia familiar, ainda que com o auxílio eventual de parceiros, e que teve as suas atividades paralisadas em virtude do período do defeso.

A Lei n. 10.779, de 25 de novembro de 2003, dispõe sobre o pagamento do benefício ao **Pescador Profissional desde que este, artesanalmente, exerça suas atividades de forma individual ou em regime de economia familiar**, ainda que com o auxílio eventual de parceiros (ou seja, sem empregados permanentes) e que faça da pesca profissão habitual ou principal meio de vida (Lei n. 8.213/91 com redação dada pela Lei n. 11.718/2008).

→ **Instrumentos normativos de regência:**

– Lei n. 10.779, de 25 de novembro de 2003, com alterações promovidas pela Lei n. 13.134/2015, fruto da conversão da MP n. 665/2014;

– Decreto n. 8.424, de 31 de março de 2015, que regulamenta a Lei n. 10.779/2003;

– Instrução Normativa do INSS n. 83, de 18 de dezembro de 2015.

→ **Defeso:**

O período do defeso é aquele fixado pelo Instituto Brasileiro do Meio Ambiente e dos Recursos Naturais Renováveis (IBAMA), em relação à espécie marinha, fluvial ou lacustre a cuja captura o pescador se dedique, e que tem a finalidade de preservação da espécie. Abrange, portanto, a atividade pesqueira marítima, fluvial e lacustre em relação a determinada espécie.

Nos termos do art. 2º, XIX, da Lei n. 11.959/2009, defeso é a **paralisação temporária da pesca para a preservação da espécie**, tendo como motivação a reprodução e/ou recrutamento, **bem como paralisações causadas por fenômenos naturais ou acidentes**.

Segundo o art. 1º da Lei n. 10.779/2003, o pescador artesanal de que tratam a alínea *b* do inciso VII do art. 12 da Lei n. 8.212, de 24 de julho de 1991, e a alínea *b* do inciso VII do art. 11 da Lei n. 8.213, de 24 de julho de 1991, desde que exerça sua atividade profissional ininterruptamente, de forma artesanal e individualmente ou em regime de economia familiar, fará jus ao benefício do seguro-desemprego, no valor de 1 (um) salário mínimo mensal, **durante o período de defeso de atividade pesqueira para a preservação da espécie**.

O art. 1º, § 3º, do Decreto n. 8.424/2015, define como **períodos de defeso**, para fins de concessão do benefício, **aqueles estabelecidos pelos órgãos federais competentes, determinando a paralisação temporária da pesca para preservação das espécies**, nos termos e prazos fixados nos respectivos atos.

Finalmente, o art. 1º da IN INSS/Pres n. 83/2015 dispõe ficarem estabelecidos procedimentos para a concessão do Seguro-Desemprego do Pescador Profissional Artesanal – SDPA que exerça sua atividade profissional ininterruptamente, de forma artesanal, individualmente ou em regime de economia familiar, **durante o período de defeso da atividade pesqueira para a preservação da espécie**, conforme disposto na Lei n. 10.779, de 25 de novembro de 2003.

Entende-se como período de defeso, para fins de concessão do benefício, **a paralisação temporária da pesca para preservação da espécie**, nos termos e prazos fixados pelos órgãos competentes (art. 1º, § 4º, da IN INSS/Pres n. 83/2015).

Conclusão: a definição do defeso da Lei n. 11.959/2009 é mais ampla do que a da Lei n. 10.779/2003, já que, nesta legislação específica para o pagamento do seguro-defeso ao pescador artesanal, o período do defeso está relacionado à proteção das espécies no período de reprodução.

Principais requisitos:

– exercer a pesca de forma ininterrupta, sozinho ou em regime de economia familiar;

– estar impedido de pescar, em função de período de defeso da espécie que captura;

– ter registro ativo no Registro Geral de Pesca (RGP), emitido com antecedência mínima de um ano, como pescador profissional artesanal, contado da data de requerimento do benefício (inciso I do § 2º do art. 2º da Lei n. 10.770/2003);

– ser segurado especial da Previdência Social, unicamente na condição de pescador profissional artesanal;

– ter realizado o pagamento da contribuição previdenciária, nos termos da Lei n. 8.212/91, nos doze meses imediatamente anteriores ao requerimento do benefício ou desde o último período de defeso até o requerimento do benefício, o que for menor;

– não estar em gozo de nenhum benefício de prestação continuada da Assistência Social ou da Previdência Social, exceto auxílio-acidente e pensão por morte (devendo-se também entender o auxílio-reclusão em virtude do tratamento semelhante dado pela legislação previdenciária), limitados a um salário mínimo, respeitando-se a cota individual;

– não dispor de qualquer fonte de renda diversa da decorrente da atividade pesqueira referente às espécies objeto do defeso.

→ **Documentos:**

I – documento de identificação oficial;

II – número de inscrição no Cadastro de Pessoa Física – CPF;

III – número do RGP ativo, com licença de pesca na categoria de pescador profissional artesanal;

IV – cópia do documento fiscal de venda do pescado à empresa adquirente, consumidora ou consignatária da produção, em que conste, além do registro da operação realizada, o valor da respectiva contribuição previdenciária de que trata o § 7º do art. 30 da Lei n. 8.212/91, ou comprovante do recolhimento da contribuição previdenciária, caso tenha comercializado sua produção a pessoa física, conforme art. 25 da Lei n. 8.212/91;

V – comprovante de residência em municípios abrangidos pela Portaria que declarou o defeso ou nos limítrofes; e

VI – os seguintes documentos, conforme o caso, para defesos restritos à pesca embarcada:

a) Certificado de Registro de Embarcação, emitido pelo Ministério da Agricultura, Pecuária e Abastecimento – MAPA, em que conste a autorização para captura da espécie objeto do defeso;

b) para as embarcações com propulsão a motor, cópia do Título de Inscrição de Embarcação registrado na Marinha do Brasil;

c) Caderneta de Inscrição e Registro – CIR, emitida pela Diretoria de Portos e Costas da Marinha do Brasil – DPC, em que conste a categoria do titular como Pescador Profissional; e

d) rol de equipagem da embarcação, emitido pela DPC, em que conste o pescador no rol de tripulantes.

Desde que atendidos os demais requisitos previstos neste artigo, **o benefício de seguro-desemprego será concedido ao pescador profissional artesanal cuja família seja beneficiária de programa de transferência de renda com condicionalidades**, e caberá ao órgão ou à entidade da administração pública federal responsável pela manutenção do programa a suspensão do pagamento pelo mesmo período da percepção do benefício de seguro-desemprego (art. 2º, § 8º, da Lei n. 10.779/2003).

Somente terá direito ao seguro-desemprego o segurado especial pescador artesanal que **não disponha de outra fonte de renda diversa da decorrente da atividade pesqueira** (art. 1º, § 4º, da Lei n. 10.779/2013, incluído pela Lei n. 13.134/2015).

O pescador profissional artesanal não fará jus, no mesmo ano, a mais de um benefício de seguro-desemprego decorrente de defesos relativos a espécies distintas (art. 1º, § 5º, da Lei n. 10.779/2013, incluído pela Lei n. 13.134/2015).

A concessão do benefício não será extensível às atividades de apoio à pesca nem aos familiares do pescador profissional que não satisfaçam os requisitos e as condições estabelecidos nesta Lei (art. 1º, § 6º, da Lei n. 10.779/2013, incluído pela Lei n. 13.134/2015).

Conforme prescrito no art. 3º da Lei n. 10.779/2013, sem prejuízo das sanções civis e penais cabíveis, todo aquele que fornecer ou beneficiar-se de atestado falso para o fim de obtenção do benefício de que trata esta Lei estará sujeito:

I – a demissão do cargo que ocupa, se servidor público;

II – a suspensão de sua atividade, com cancelamento do seu registro, por dois anos, se pescador profissional.

O benefício será cancelado nas seguintes hipóteses:

I – início de atividade remunerada;

II – início de percepção de outra renda;

III – morte do beneficiário;

IV – desrespeito ao período de defeso; ou

V – comprovação de falsidade nas informações prestadas para a obtenção do benefício.

CAPÍTULO 16

ANÁLISE DE EDITAIS DE CONCURSOS PÚBLICOS DO INSS

16.1. EDITAL DE TÉCNICO DO SEGURO SOCIAL (FCC)

Tópico do edital	Capítulo/ tópico do livro	Grau de importância	Dicas/ observações
1. Seguridade Social. 1.1. Origem e evolução legislativa no Brasil.	Capítulo 1	Médio	Atenção especial para a Lei Eloy Chaves.
1. Seguridade Social. 1.2. Conceituação. 1.3. Organização e princípios constitucionais. 3. Regime Geral de Previdência Social.	Capítulos 3, 4 e 5	Alto	É indispensável a leitura dos arts. 194 a 201 da CF/88.
2.1. Conteúdo, fontes, autonomia. 2.3. Aplicação das normas previdenciárias. 2.3.1. Vigência, hierarquia, interpretação e integração.	Capítulo 2	Baixo	
3.1. Segurados obrigatórios, 3.2. Filiação e inscrição. 3.3. Conceito, características e abrangência: empregado, empregado doméstico, contribuinte individual, trabalhador avulso e segurado especial. 3.4. Segurado facultativo: conceito, características, filiação e inscrição. 3.5. Trabalhadores excluídos do Regime Geral. 9. Plano de Benefícios da Previdência Social: beneficiários, espécies de prestações, benefícios, disposições gerais e específicas, períodos de carência, salário de benefício, renda mensal do benefício, reajustamento do valor dos benefícios. 10. Manutenção, perda e restabelecimento da qualidade de segurado.	Capítulos 6, 7, 8 e 10	Alto	Recomenda-se a leitura da Lei n. 8.213/91. É preciso memorizar os períodos de graça e de carência.
4. Empresa e empregador doméstico: conceito previdenciário. 5. Financiamento da Seguridade Social. 5.1. Receitas da União. 5.2. Receitas das contribuições sociais: dos segurados, das empresas, do empregador doméstico, do produtor rural, do clube de futebol profissional, sobre a receita de concursos de prognósticos, receitas de outras fontes. 5.3. Salário de contribuição. 5.3.1. Conceito. 5.3.2. Parcelas integrantes e parcelas não integrantes. 5.3.3. Limites mínimo e máximo. 5.3.4. Proporcionalidade.	Capítulos 11 e 9	Médio	Recomenda-se atenção especial para "salário de contribuição", tema bastante recorrente em provas de concursos públicos. O conceito de empregador doméstico decorre do conceito de empregado doméstico (Capítulo V, 3.1, D).

5.3.5. Reajustamento. 5.4. Arrecadação e recolhimento das contribuições destinadas à seguridade social. 5.4.1. Competência do INSS e da Secretaria da Receita Federal do Brasil. 5.4.2. Obrigações da empresa e demais contribuintes. 5.4.3. Prazo de recolhimento. 5.4.4. Recolhimento fora do prazo: juros, multa e atualização monetária. 6. Decadência e prescrição.			
7. Crimes contra a seguridade social.	Capítulo 12	Médio	Recomenda-se atenção especial para apropriação indébita previdenciária.
8. Recurso das decisões administrativas	Capítulo 13	Baixo	
Lei de Assistência Social – LOAS: conteúdo; fontes e autonomia (Lei n. 8.742/93 e alterações posteriores; Decreto n. 6.214/2007 e alterações posteriores).	Capítulo 14	Médio	Benefício assistencial.
Súmulas e jurisprudência do STF, STJ e TNU.	Todos os capítulos	Baixo	Sem dúvida, neste concurso, o mais importante é a letra da CF/88 e das leis.

Observação: a letra da lei é fundamental neste concurso.

15.2. EDITAL DE ANALISTA DO SEGURO SOCIAL (FUNRIO)

Tópico do edital	Capítulo/ tópico do livro	Grau de importância	Dicas/ observações
1. Seguridade social: origem e evolução legislativa no Brasil.	Capítulo I	Baixo	Histórico: atenção especial para a Lei Eloy Chaves.
1. Seguridade social: conceito; organização e princípios constitucionais. 8. Contagem recíproca do tempo de contribuição.	Capítulos 3 e 4	Alto	Recomenda-se a leitura dos arts. 194 e 195 da CF/88.
2. Regime Geral da Previdência Social: beneficiário, benefícios e custeio. 7. Reconhecimento da filiação.	Capítulos 5 e 6	Baixo/alto	Os Capítulos IV e V são indispensáveis.
3. Salário de contribuição: conceito, parcelas integrantes e excluídas, limites mínimo e máximo; salário-base, enquadramento, proporcionalidade e reajustamento.	Capítulo 11	Alto (Tópico 11.2)	É importante fazer a leitura do art. 28 da Lei n. 8.212/91.
4. Planos de benefícios da previdência social: espécies de benefícios e prestações, disposições gerais e específicas, períodos de carência, salário de benefício, renda mensal do benefício, reajustamento do valor do benefício.	Capítulos 7, 8, 9 e 10	Alto	Tópico mais importante do edital.
5. PIS/PASEP.	Capítulo 11, item 5	Baixo	É importante fazer a leitura do art. 239 da CF/88.
6. Legislação acidentária. 6.1. Regulamento do seguro de acidentes do trabalho (urbano e rural). 6.2. Moléstia profissional.	Capítulo 10	Médio	Recomenda-se a leitura dos arts. 19 e s. da Lei n. 8.213/91.
9. Justificação administrativa.	Não tratada	Baixo	Veja o art. 142 do Decreto n. 3.048/99.
Súmulas e jurisprudência do STF, STJ e TNU.	Todos os capítulos	Baixo	Sem dúvida, neste concurso, o mais importante é a letra da CF/88 e das leis.

Observação: a letra da lei é fundamental neste concurso.

REFERÊNCIAS BIBLIOGRÁFICAS

ALENCAR, Hermes Arrais. *Benefícios previdenciários*. São Paulo: Ed. Leud, 2009.

ALMEIDA JÚNIOR, Fernando Osório de. Ainda sobre a retenção na fonte da contribuição devida ao INSS pelas empresas cedentes de mão de obra. Impertinência lógico-jurídica do enquadramento do novo regime como contribuição com base no faturamento e equidade do CTN. *Revista Dialética de Direito Tributário – RDDT* n. 45, p. 55-60, jun. 1999.

AMADO, Frederico Augusto Di Trindade. *Direito e processo previdenciário sistematizado*. Salvador: JusPodivm, 2011.

_____. *Direito previdenciário*. Coleção Sinopses para Concursos. Salvador: JusPodivm, 2011.

BALERA, Wagner. *Noções preliminares de direito previdenciário*. São Paulo: Quartier Latin, 2010.

BARROSO, Luís Roberto. Aspectos constitucionais: Constituição, ordem econômica e agências reguladoras. In: MOREIRA NETO, Diogo de Figueiredo. *Direito regulatório*: a alternativa participativa e flexível para a administração pública de relações setoriais complexas no estado democrático. Rio de Janeiro: Renovar, 2003.

BONAVIDES, Paulo. *Teoria do Estado*. 5. ed. rev. e ampl. São Paulo: Malheiros, 2004.

BULOS, Uadi Lammêgo. *Direito constitucional ao alcance de todos*. São Paulo: Saraiva, 2009.

CARNEIRO, Paulo Cezar Pinheiro. *Acesso à justiça*. 2. ed. rev. e atual. Rio de Janeiro: Forense, 2003.

CASSAR, Vólia Bomfim. *Direito do trabalho*. Niterói: Impetus, 2008.

DELGADO, Maurício Godinho. *Curso de direito do trabalho*. São Paulo: LTr, 2005.

DENARI, Zelmo. *Curso de direito tributário*. Rio de Janeiro: Forense, 2000.

DIAS, Eduardo Rocha; MACÊDO, José Leandro Monteiro de. *Curso de direito previdenciário*. São Paulo: Método, 2010.

FALCÃO, Amílcar de Araújo. *O fato gerador da obrigação tributária*. São Paulo: Revista dos Tribunais, 1971.

FIGUEIREDO, Mariana Filchtiner. *Direito à saúde*. 2 ed. Salvador: JusPodivm, 2011.

GARCIA, Gustavo Filipe Barbosa. *Acidentes do trabalho*: doenças ocupacionais e nexo técnico epidemiológico. 2. ed. São Paulo: Método, 2009.

HORVATH JÚNIOR, Miguel. *Direito previdenciário*. São Paulo: Quartier Latin, 2008.

IBRAHIM, Fábio Zambitte. *Curso de direito previdenciário*. Niterói: Impetus, 2011.

KERTZMAN, Ivan. *Curso prático de direito previdenciário*. 6. ed. Salvador: JusPodivm, 2009.

_____. *Questões comentadas de direito previdenciário*. Salvador: JusPodivm, 2009.

_____; CYRINO, Sinésio. *Salário-de-contribuição. A base de cálculo previdenciária das empresas e dos segurados*. Salvador: JusPodivm, 2010.

LAGO, Priscila Rocha; MEIRINHO, Augusto Grieco Sant'Anna. Responsabilidade civil do empregador e o Seguro de Acidente do Trabalho – SAT. In: FREITAS JÚNIOR, Antonio Rodrigues de (Coord.). *Responsabilidade civil nas relações de trabalho*: questões atuais e controvertidas. São Paulo: LTr, 2011.

LEITÃO, André Studart. *Teoria geral da filiação previdenciária*: controvérsias sobre a filiação obrigatória e a filiação facultativa. São Paulo: Conceito Editorial, 2012.

_____; ANDRADE, Flávia Cristina Moura de. *Direito previdenciário I*. Coleção Saberes do Direito. São Paulo: Saraiva, 2012.

_____; MEIRINHO, Augusto Grieco Sant'Anna. *Prática previdenciária. A defesa do INSS em juízo*. São Paulo: Quartier Latin, 2008.

LIMA, Francisco Meton Marques de. *Elementos de direito do trabalho e processo trabalhista*. São Paulo: LTr, 2000.

MACHADO, Hugo de Brito. *Curso de direito tributário*. São Paulo: Malheiros, 2005.

MARMELSTEIN, George. *Curso de direitos fundamentais*. São Paulo: Atlas, 2008.

MARTINEZ, Wladimir Novaes. *Comentários à lei básica da previdência social*. São Paulo: LTr, 2003.

_____. *Manual prático do segurado facultativo*. São Paulo: LTr, 2006.

MENEZES, Adriana de Almeida. *Direito previdenciário*. Salvador: JusPodivm, 2012.

NASCIMENTO, Amauri Mascaro. *Curso de direito do trabalho*. São Paulo: LTr, 2004.

OLIVEIRA, Paulo Rogério Albuquerque de; BARBOSA-BRANCO, Anadergh. *Nexo Técnico Epidemiológico Previdenciário – NTEP. Fator Acidentário de Prevenção – FAP*. Um novo olhar sobre a saúde do trabalhador. São Paulo: LTr, 2009.

PAULSEN, Leandro. *Direito tributário*: Constituição e Código Tributário à luz da doutrina e da jurisprudência. Porto Alegre: Livraria do Advogado, 2005.

PULINO, Daniel. *Previdência complementar. Natureza jurídico-constitucional e seu desenvolvimento pelas entidades fechadas*. São Paulo: Conceito Editorial, 2011.

RIBEIRO, Juliana de Oliveira Xavier. *Direito previdenciário esquematizado*. São Paulo: Quartier Latin, 2008.

ROCHA, Daniel Machado da; BALTAZAR JUNIOR, José Paulo. *Comentários à Lei de Benefícios da Previdência Social*. 9. ed. Porto Alegre: Livraria do Advogado, 2009.

_____; _____; VELLOSO, Andrei Pitten. *Comentários à Lei do Custeio da Seguridade Social*. Porto Alegre: Livraria do Advogado, 2005.

RUSSOMANO, Mozart Victor. *Comentários à Consolidação das Leis do Trabalho*. Rio de Janeiro: Forense, 1982.

SABBAG, Eduardo de Moraes. *Direito tributário*. São Paulo: Prima Cursos Preparatórios, 2004.

STUDART, André. *Arrecadação e recolhimento das contribuições previdenciárias*. São Paulo: Quartier Latin, 2007.

SÜSSEKIND, Arnaldo; MARANHÃO, Délio; VIANNA, Segadas; TEIXEIRA, Lima. *Instituições de direito do trabalho*. São Paulo: LTr, 2005, v. 1.

TAVARES, Marcelo Leonardo (coord.). *Reforma da Previdência Social*: temas polêmicos e aspectos controvertidos. Rio de Janeiro: Lumen Juris, 2004.

INFORMÁTICA

SAMUEL LILÓ ABDALLA

Cursou Engenharia Eletrônica na UNESP, Pós-Graduação em Engenharia da Computação no ITA e Matemática na UNICAMP. Professor de Matemática, Raciocínio Lógico, Tecnologia da Informação, Estatística e Matemática Financeira nos ensinos médio e superior, além de professor do UNICURSOS – Campinas. Autor e colaborador do Complexo Educacional Damásio de Jesus. Coordenador Regional da Olimpíada Brasileira de Matemática e de Polos Olímpicos de Treinamento Intensivo – IMPA (Instituto de Matemática Pura e Aplicada). Foi bolsista pesquisador nas áreas de Matemática e Inteligência Artificial. Autor de artigos e publicações nas áreas correlacionadas a Matemática, a Computação e a Raciocínio Lógico. Colaborador das Revistas *Mathematical Excalibur*, *Eureka*, *Jornal dos Concursos*, *Exame*, *Discutindo Ciência*.

CAPÍTULO 1

INTERNET

1.1. INTRODUÇÃO

A rede **Internet** surgiu na década de 1970 como uma rede do Departamento de Defesa dos Estados Unidos chamada ARPAnet (Agência de Projetos de Pesquisa Avançada), que foi a primeira rede usada por cientistas, destinada a fornecer suporte militar.

A partir daí, o Protocolo Internet (IP), por meio de seus criadores, começou a ser distribuído através de seu programa de comunicação (o IP) para diferentes equipamentos, meio pelo qual diferentes computadores poderiam ser interligados, mesmo que fossem produzidos por fabricantes diferentes.

Com a vinda das *Workstations* (estações de trabalho) surgiram novas redes com padrão *Unix* e o programa de rede IP, usado na ARPAnet, permitindo a comunicação entre elas.

Hoje, a utilização destas redes se estendeu aos engenheiros, professores, estudantes, bibliotecários, médicos, comerciantes, políticos e muitas outras classes que utilizam a Internet para se comunicar com pessoas, receber jornais eletrônicos, acessar sistemas BBS e banco de dados, e usar computadores remotos e outros equipamentos. Dessa forma, a Internet passou a ser um conjunto de várias redes de computadores interligadas entre si.

Na rede **Internet**, o tempo e o espaço não têm muito significado, pois, por meio dela, as pessoas podem se comunicar, mesmo estando a milhares de quilômetros de distância, e obter informações de centenas de lugares, 24 horas por dia.

Assim, podemos dizer que a rede **Internet** é formada de redes de computadores do mundo todo, que se baseiam em um protocolo comum denominado TCP/IP, e que hoje é composta de mais de 1.000 redes como a NASA Science Internet e a **Redeusp**, com milhares de usuários.

Para se ter uma ideia ainda melhor da rede **Internet**, basta citar que hoje há aproximadamente mais de 150.000 localidades, entre redes locais e computadores isolados, conectados e com acesso a ela. Em 1994, chegou a 40 milhões de usuários, em 1995, a 900%, ou seja, chegou no fim do ano com aproximadamente 400 milhões de usuários em mais de 100 países interligados. Pode-se concluir que realmente a **Internet** é a "rede das redes". A cada dia centenas de milhares de novos usuários se habilitam para utilizá-la por meio do recebimento do chamado *e-mail*, ou endereço eletrônico, uma espécie de CEP, pelo qual o computador pode ser encontrado.

Uma visão da Internet

Para fazer uso dos recursos disponíveis desta rede, esta vasta comunidade se utiliza de alguns serviços, por intermédio de diversos programas, entre os quais destacamos o Telnet, Netscape Navigator e o Microsoft Internet Explorer.

Existe, ainda, a Internet 2 que foi desenvolvida para interligar instituições de ensino e algumas oficiais, devido ao grande uso e tráfego excessivo na Internet convencional.

1.2. TECNOLOGIA DE COMUNICAÇÃO NA INTERNET

1.2.1. Protocolo de comunicação

Na ciência da computação, protocolo é uma convenção ou padrão que controla e possibilita uma conexão, comunicação ou transferência de dados entre dois sistemas computacionais. De maneira simples, um protocolo pode ser definido como "as regras que governam" a sintaxe, semântica e sincronização da comunicação. Os protocolos podem ser implementados pelo *hardware*, *software* ou por uma combinação dos dois.

Exemplos de protocolos de comunicação em rede:

- IP (*Internet Protocol*)
- DHCP (*Dynamic Host Configuration Protocol*)
- TCP (*Transmission Control Protocol*)
- HTTP (*Hypertext Transfer Protocol*)
- FTP (*File Transfer Protocol*)
- Telnet (*Telnet Remote Protocol*)
- SSH (*SSH Remote Protocol*)
- POP3 (*Post Office Protocol 3*)
- SMTP (*Simple Mail Transfer Protocol*)
- IMAP (*Internet Message Access Protocol*)

1.2.2. Protocolo IP

IP é um acrônimo para a expressão inglesa *Internet Protocol* (ou Protocolo de Internet), que é um protocolo usado entre duas ou mais máquinas em rede para encaminhamento dos dados.

Os dados numa rede IP são enviados em blocos referidos como pacotes ou datagramas (os termos são basicamente sinônimos no IP, sendo usados para os dados em diferentes locais nas camadas IP). Em particular, no IP nenhuma definição é necessária antes de o *host* tentar enviar pacotes para outro *host* com o qual não comunicou previamente.

O IP oferece um serviço de datagramas não confiável (também chamado de melhor esforço); ou seja, o pacote vem quase sem garantias, podendo chegar desordenado (comparado com outros pacotes enviados entre os mesmos *hosts*), e também duplicado, ou pode ser perdido por inteiro. Se a aplicação precisa de confiabilidade, esta é adicionada na camada de transporte.

Os roteadores são usados para reencaminhar datagramas IP através das redes interconectadas na segunda camada. A falta de qualquer garantia de entrega significa que o desenho da troca de pacotes é feito de forma mais simplificada. (Note que se a rede cai, reordena ou de outra forma danifica um grande número de pacotes, a performance observada pelo utilizador será pobre, logo a maioria dos elementos de rede tenta arduamente não fazer este tipo de coisas – melhor esforço. Contudo, um erro ocasional não irá produzir nenhum efeito notável.)

Esta versão do protocolo é designada de versão 4, ou IPv4. O IPv6 tem endereçamento de origem e destino de 128 bits, oferecendo mais endereçamentos que os 32 bits do IPv4. Na prática, trata-se de localizador físico dos *hosts* (computadores) na rede.

Podemos resumir as principais características do IP como segue:

- Não confiável: entrega não garantida, sem controle de sequenciamento, não detecta erros nem informa o transmissor;
- *Connectionless*: cada pacote é tratado independentemente dos outros;
- Bem-intencionado: os pacotes só são descartados quando todos os recursos são exauridos;
- Unidade básica: datagrama – que é quebrado em fragmentos para se adequar ao MTU do *hardware*.

1.2.3. Protocolo TCP

O TCP (acrônimo para o inglês *Transmission Control Protocol*) é um dos protocolos sob o qual assenta o núcleo da Internet. A versatilidade e a robustez deste protocolo tornaram-no adequado a redes globais, já que este verifica se os dados são enviados de forma correta, na sequência apropriada e sem erros, pela rede.

O TCP é um protocolo do nível da camada de transporte (camada 4) do Modelo OSI e é sobre o qual assenta a maioria das aplicações cibernéticas, como o SSH, FTP, HTTP, portanto, a *World Wide Web*.

Podemos resumir as principais características do TCP como segue:

- *Transmission Control Protocol*;
- Transferência de dados contínua (*stream*);
- Confiável;
- Controle de fluxo: janelas deslizantes, temporização;
- Multiplexação: uso de portas de protocolo;
- Conexões lógicas;
- *Full Duplex*.

1.2.4. Protocolo UDP

O *User Datagram Protocol* (UDP) é um protocolo simples da camada de transporte. Ele permite que a aplicação escreva um datagrama encapsulado num pacote IPv4 ou IPv6, que então é enviado ao destino. Mas não há qualquer tipo de garantia de que o pacote irá chegar ou não.

O protocolo UDP não é confiável. Caso garantias sejam necessárias, é preciso implementar uma série de estruturas de controle, tais como *timeouts*, retransmissões, *acknowlegments*, controle de fluxo etc. Cada datagrama UDP tem um tamanho e pode ser considerado como um registro indivisível, diferentemente do TCP, que é um protocolo orientado a fluxos de *bytes* sem início e sem fim.

Também dizemos que o UDP é um serviço sem conexão, pois não há necessidade de manter um relacionamento longo entre cliente e o servidor. Assim, um cliente UDP pode criar um *socket*, enviar um datagrama para um servidor e imediatamente enviar outro datagrama com o mesmo *socket* para um servidor diferente. Da mesma forma, um servidor poderia ler datagramas vindos de diversos clientes, usando um único *socket*.

Podemos resumir as principais características do UDP como segue:

- *User Datagram Protocol*;
- UDP não é orientado a conexão e não tem tratamento de erros;
- Utiliza portas de protocolo para identificar os processos comunicantes de maneira unívoca;
- Protocolo leve, porém, transfere a recuperação de erros para a aplicação.

1.3. BACKBONE

O sistema de redes que está na base da estrutura da Internet é denominado *Backbone*. Para que uma rede esteja conectada à Internet ela deve de alguma maneira estar conectada a um *Backbone*, caso contrário, não teríamos acesso à Internet em nossas casas, empresas, nos shoppings e outros ambientes. *Backbone* significa "espinha dorsal", e é o termo utilizado para identificar a rede principal pela qual os dados de todos os clientes da Internet passam. É a espinha dorsal da Internet.

Esta rede também é a responsável por enviar e receber dados entre as cidades brasileiras ou para outros países. Para que a velocidade de transmissão não seja lenta, o *backbone* utiliza o sistema "dividir para conquistar", pois divide a grande espinha dorsal em várias redes menores.

Quando você envia um *e-mail* ou uma mensagem pelo MSN, as informações saem do seu computador, passando pela rede local para depois "desaguar" no *backbone*. Assim que o destino da mensagem é encontrado, a rede local recebe os dados para então repassar para o computador correto. Para entender melhor o conceito, pense no *backbone* como uma grande estrada, que possui diversas entradas e saídas para outras cidades (redes menores). Nesta estrada, trafegam todos os dados enviados à Internet, que procuram pela cidade certa a fim de entregar a mensagem.

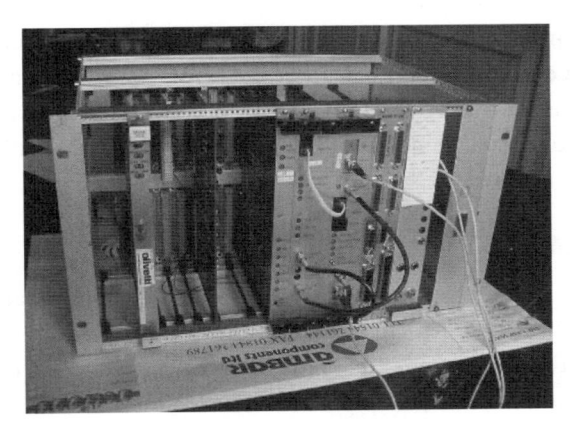

Hardware do *Backbone* de Cambridge

1.4. INTRANET

É a aplicação da tecnologia criada na Internet e do conjunto de protocolos de transporte e de aplicação TCP/IP em uma rede privada, interna a uma empresa. Em uma intranet, não somente a infraestrutura de comunicação é baseada em TCP/IP, mas também grande quantidade de informações e aplicações é disponibilizada por meio dos sistemas Web (protocolo HTTP), correio eletrônico e navegadores (*browsers*).

EXEMPLO: (TÉCNICO – 2012) "Uma _____ é, no mais simples conceito, um *site* interno a uma corporação. Este conjunto de páginas é acessível somente pelos funcionários da empresa (restrito)." Assinale a alternativa que completa corretamente a afirmativa anterior.

a) *Extranet.*

b) *Fortnet.*

c) *Intranet.*

d) *Arpanet.*

e) *Internet.*

1.4.1. Extranet

É a extensão dos serviços da intranet de uma empresa para interligar e fornecer aplicações para outras empresas, como clientes, fornecedores, parceiros etc. Desta forma a *extranet* é a utilização de tecnologias como Web e correio eletrônico para simplificar a comunicação e a troca de informações entre empresas.

1.4.2. *Login* remoto

Uma vez estabelecida a conexão via Internet, o usuário que possuir uma conta pode se logar naquele computador. O nome pelo qual uma conta é conhecida é *userid* (identificação de usuário). Além do nome, o usuário deve digitar também o código secreto para provar sua identidade. Este código é chamado senha ou *password*.

1.4.3. Telnet

Telnet é um protocolo cliente-servidor usado para permitir a comunicação entre computadores ligados a uma rede (ex.: rede local/LAN, Internet), baseado em TCP; é um protocolo de *login* remoto. Antes de existirem os *chats* em IRC, o Telnet já permitia este gênero de funções. O protocolo Telnet também permite obter um acesso remoto a um computador. Este protocolo vem sendo gradualmente substituído pelo SSH, cujo conteúdo é criptografado antes de ser enviado. O uso do protocolo Telnet tem sido desaconselhado, na medida em que os administradores de sistemas vão tendo maiores preocupações de segurança. Com o Telnet todas as comunicações entre o cliente e o servidor podem ser vistas, inclusive senhas, já que são somente texto plano, permitindo assim, que com o uso de *port-stealing* intercepte a conexão e seus pacotes, fazendo *hijacking*.

1.5. HTTP

Hypertext Transfer Protocol (ou o acrônimo HTTP; do português, Protocolo de Transferência de Hipertexto) é um protocolo de comunicação (na camada de aplicação segundo o Modelo OSI) utilizado para sistemas de informação de hipermídia distribuídos e colaborativos. Seu uso para a obtenção de recursos interligados levou ao estabelecimento da *World Wide Web*.

Coordenado pela *World Wide Web Consortium* e a *Internet Engineering Task Force*, culminou na publicação de uma série de *Requests for Comments*; mais notavelmente o RFC 2616, de junho de 1999, que definiu o HTTP/1.1.

Normalmente, este protocolo utiliza a porta 80 e é usado para a comunicação de sítios *web*, comunicando na linguagem HTML. Contudo, para haver comunicação com o servidor do sítio é necessário utilizar comandos adequados, que não estão em linguagem HTML.

Hipertexto é o termo que remete a um texto em formato digital, ao qual agregam-se outros conjuntos de informação na forma de blocos de textos, palavras, imagens ou sons, cujo acesso se dá por meio de referências específicas denominadas *hiperlinks*, ou, simplesmente, *links*. Esses *links* ocorrem na forma de termos destacados no corpo de texto principal, ícones gráficos ou imagens e têm a função de interconectar os diversos conjuntos de informação, oferecendo acesso sob demanda a informações que estendem ou complementam o texto principal.

1.6. FTP

O FTP (*File Transfer Protocol*) é na verdade um protocolo de transferência de arquivos pela Internet. O principal e um dos serviços mais importantes oferecido por este protocolo é a cópia de arquivos de um computador para outro. Virtualmente qualquer tipo de dado é armazenado em algum lugar, em algum computador, e está tudo disponível para o usuário.

1.7. WWW

Esta sigla vem do inglês *World Wide Web* ou tela de alcance mundial; caracteriza-se por ser o grande banco de dados da Internet e tem como maior vantagem a facilidade na sua utilização, pois, por intermédio de um menu gráfico de opções, o usuário poderá escolher o que quer ler ou ver, trata-se fundamentalmente do banco de dados da Internet. É um ser baseado em hipertexto que permite a pesquisa e recuperação de dados por meio de palavras chaves. Abaixo, seguem alguns endereços públicos WWW:

Localização	Endereço Internet	Endereço IP
BRASIL	www.brasil.gov.br	161.148.24.13
GOOGLE	www.google.com.br	64.233.169.104
LINUX	www.linux.org	198.182.196.56
JAPÃO	www.japao.org.br	187.16.28.2

1.7.1. HTML

HTML é o acrônimo de *HyperText Markup Language*, uma das linguagens utilizadas para desenvolver páginas na Internet. Existem outras linguagens mais avançadas, porém dificilmente você verá um *site* que não utilize HTML, sendo que o mais comum é encontrar aqueles que utilizam somente HTML.

1.8. PROVEDOR DE ACESSO

Empresa que constitui uma fornecedora de acesso à Internet (em inglês *Internet Service Provider*, ISP), agregando a ela outros serviços relacionados, tais como e-mail, hospedagem de *sites* ou *blogs*, entre outros.

Inicialmente, oferecia um serviço cobrado, com o tempo passou a ser disponibilizado como serviço gratuito, por empresas que estruturaram um outro modelo de negócio.

1.9. SERVIDOR

Em informática, servidor é um sistema de computação que fornece serviços a uma rede de computadores. Esses serviços podem ser de natureza diversa, por exemplo, arquivos e correio eletrônico. Os computadores que acessam os serviços de um servidor são chamados clientes. As redes que utilizam servidores são do tipo cliente-servidor, usadas em redes de médio e grande porte (com muitas máquinas) e em redes na qual a questão da segurança desempenha um papel de grande importância. O termo servidor é largamente aplicado a computadores completos, embora um servidor possa equivaler a um *software* ou a partes de um sistema computacional, ou até mesmo a uma máquina que não seja necessariamente um computador.

1.9.1. Endereçamento padrão Internet (URL)

Um URL (*Uniform Resource Locator*), em português Localizador de Recursos Universal, é o endereço de um recurso (um arquivo, uma impressor etc.), disponível em uma rede; seja a Internet, ou uma rede corporativa, uma intranet. Um URL tem a seguinte estrutura: protocolo://máquina/caminho/recurso.

O protocolo poderá ser HTTP, FTP, entre outros. O campo máquina estabelece o servidor que disponibiliza o documento ou recurso designado. O caminho especifica o local (geralmente num sistema de arquivos) em que se encontra o recurso dentro do servidor.

Pode-se perceber que os endereços da Net possuem uma sintaxe: Protocolo://nome_do_domínio.subdomínio.

Para aceder, por exemplo, ao *site* da FCA é necessário inserir o seguinte endereço: http://www.fca.pt. Este pode servir como exemplo de um endereço que possui uma sintaxe tipo. Em seguida decompõe-se o endereço em partes para uma melhor explicação:

- http:// – corresponde ao protocolo utilizado para aceder a páginas *web*;
- www.fca – identifica o computador/servidor *web* onde está alojada a página à qual se pretende aceder;
- pt – identifica, no presente exemplo, o país (Portugal).

A última parte do endereço, também chamada por vezes de subdomínio ou "extensão", pode indicar o código do país e/ou a área de "negócio" do *site* a que se está a aceder. Abaixo seguem alguns domínios e subdomínios.

Domínio	Significado
com	organização comercial
edu	instituição educacional
gov	governo
int	organização internacional
mil	militar
net	organização de rede
org	organização sem fins lucrativos

Exemplos de domínios de nível alto geográficos:

Domínio	Significado
ca	Canadá
it	Itália

Domínio	Significado
es	Espanha
gr	Grécia
pt	Portugal
fr	França
jp	Japão
br	Brasil

1.10. DNS

O DNS (*Domain Name Server* – Servidor de Nomes de Domínios) é um sistema de gerenciamento de nomes hierárquico e distribuído operando segundo duas definições:

- ▶ Examinar e atualizar seu banco de dados;
- ▶ Resolver nomes de domínios em endereços de rede (IPs).

Normalmente o DNS atua resolvendo o nome do domínio de um *host* qualquer para seu endereço IP correspondente. O DNS Reverso resolve o endereço IP, buscando o nome de domínio associado ao *host*. Ou seja, quando temos disponível o endereço IP de um *host* e não sabemos o endereço do domínio (nome dado à máquina ou outro equipamento que acesse uma rede), tentamos resolver o endereço IP pelo DNS Reverso, que procura qual nome de domínio está associado àquele endereço. Os servidores que utilizam o DNS Reverso conseguem verificar a autenticidade de endereços, verificando se o endereço IP atual corresponde ao endereço IP informado pelo servidor DNS. Isto evita que alguém utilize um domínio que não lhe pertence para enviar *spam*, por exemplo.

1.11. NAVEGADOR (*BROWSER*)

Um navegador, também conhecido pelos termos ingleses *web browser* ou simplesmente *browser*, é um programa de computador que habilita seus usuários a interagirem com documentos virtuais da Internet, também conhecidos como páginas HTML, que estão hospedadas num servidor *Web*.

Os navegadores *Web*, ou *Web Browsers*, se comunicam geralmente com servidores *Web* (podendo hoje em dia se comunicar com vários tipos de servidor), usando principalmente o protocolo de transferência de hipertexto HTTP para efetuar pedidos a arquivos (ou arquivos, em português), e processar respostas vindas do servidor. Estes arquivos/arquivos são, por sua vez, identificados por um URL. O navegador tem a capacidade de ler vários tipos de arquivo, sendo nativo o processamento dos mais comuns (HTML, XML, JPEG, GIF, PNG etc.), e os restantes possíveis pelos *plugins* (Flash, Java etc.).

Os navegadores mais recentes têm a capacidade de trabalhar também com vários outros protocolos de transferência, como, por exemplo, FTP, HTTPS (uma versão criptografada via SSL do HTTP) etc.

A finalidade principal do navegador é fazer o pedido de um determinado conteúdo da *Web* e providenciar a sua exibição. Geralmente, quando o processamento do arquivo não é possível, este apenas transfere o arquivo localmente. Quando se trata de texto (*Markup Language* e/ou texto simples) e/ou imagens *bitmaps*, o navegador tenta exibir o conteúdo.

Abaixo seguem exemplos dos primeiros navegadores:

- ▶ **World Wide Web** – por Tim Berners-Lee em 1990 para NeXTSTEP.
- ▶ **Felipe** – por Timdre, em 1990.
- ▶ **Microcamp** – grfdt higui, em 2000.
- ▶ **Jhakers** – por Matheus Vinicius Eugenio para Matheus Web.
- ▶ **Line-mode** – por Nicola Pellow, em 1991. Funcionava em modo texto e foi portado para uma série de plataformas, do Unix ao DOS.
- ▶ **Erwise** – por um grupo de estudantes da Universidade de Tecnologia de Helsinki em 1992.
- ▶ **Viola** – por Pei Wei, para Unix, em 1992.
- ▶ **Midas** – por Tony Johnson, em 1992, para Unix.
- ▶ **Samba** – por Robert Cailliau para Macintosh.
- ▶ **Mosaic** – por Marc Andreessen e Eric Bina, em 1993, para Unix. Aleks Totic desenvolveu uma versão para Macintosh alguns meses depois.
- ▶ **Arena** – por Dave Raggett, em 1993.
- ▶ **Lynx** – o Lynx surgiu na Universidade de Kansas como um navegador hipertexto independente da Web. O estudante Lou Montulli adicionou o recurso de acesso via TCP-IP na versão 2.0 lançada em março de 1993.
- ▶ **Cello** – por Tom Bruce, em 1993, para PC.
- ▶ **Opera** – por pesquisadores da empresa de telecomunicações norueguesa Telenor, em 1994.

No ano seguinte, dois pesquisadores, Jon Stephenson von Tetzchner e Geir Ivarsøy, deixaram a empresa e fundaram a Opera Software.

▶ **Internet in a box** – pela O'Reilly and Associates em janeiro de 1994.

▶ **Navipress** – pela Navisoft em fevereiro de 1994 para PC e Macintosh.

▶ **Netscape** – pela Nestcape em outubro de 1994.

▶ **Internet Explorer** – pela Microsoft em 23 de agosto de 1995.

▶ **Safari** – pela Apple Inc. em 23 de junho de 2003.

▶ **Mozilla Firefox** – pela Mozilla Foundation com ajuda de centenas de colaboradores em 9 de novembro de 2004.

▶ **Flock** – pela Flock Inc. baseado no Firefox em 22 de junho de 2006.

▶ **Google Chrome** – pela Google em setembro de 2008.

EXEMPLO: (TÉCNICO LEGISLATIVO – 2012) Hoje o mercado dos *browsers* está mais disputado. Depois de um longo período de domínio quase total do Internet Explorer outras opções vêm surgindo com força, entre eles podemos citar:

a) Microsoft Internet Explorer, Microsoft Outlook, Microsoft InfoPath.

b) Microsoft Access, Microsoft Excel, Microsoft Word.

c) Microsoft Power Point, Microsoft Outlook, Microsoft InfoPath.

d) Internet Explorer, Paint, Mozilla.

e) Mozilla Firefox, Google Chrome, Opera.

1.12. *E-MAIL*

E-mail ou correio-e é um método que permite compor, enviar e receber mensagens através de sistemas eletrônicos de comunicação. O termo *e-mail* é aplicado tanto aos sistemas que utilizam a Internet e são baseados no protocolo SMTP como àqueles sistemas conhecidos como intranets, que permitem a troca de mensagens dentro de uma empresa ou organização e são, normalmente, baseados em protocolos proprietários.

Alguns gerenciadores de *e-mail* são muito populares, tais como: Eudora light, Mozilla Thunder BIRD, Microsoft Outlook etc.

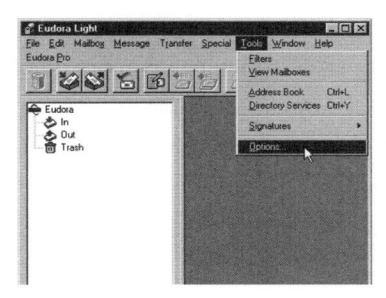

Eudora light

Mozilla Thunder BIRD

Microsoft Outlook

1.12.1. Endereçamento padrão de *e-mail*

Na Internet, a palavra *endereço* sempre se refere a um endereço eletrônico. Estes endereços seguem a mesma forma: o *userid*, seguido pelo símbolo "@", e, depois deste, pelo nome de um computador. O formato geral dos endereços Internet é: userid-domínio. Por exemplo: masteradm@ita.br.

EXEMPLO: (POLÍCIA FEDERAL – 2009) Em cada um dos itens a seguir, é apresentada uma forma de endereçamento de correio eletrônico.

I – pedro@gmail.com

II – ftp6maria@hotmail:www.servidor.com

III – joao da silva@servidor:linux-a-r-w

IV – www.gmail.com/paulo@

V – mateus.silva@cespe.unb.br

Como forma correta de endereçamento de correio eletrônico, estão certas apenas as apresentadas nos itens:

a) I e II.
b) I e V.
c) II e IV.
d) III e IV.
e) III e V.

1.12.2. SMTP

Simple Mail Transfer Protocol (SMTP) é o protocolo padrão para envio de *e-mails* através da Internet.

SMTP é um protocolo relativamente simples, baseado em texto simples, no qual um ou vários destinatários de uma mensagem são especificados (e, na maioria dos casos, validados) sendo, depois, a mensagem transferida. É bastante fácil testar um servidor SMTP usando o programa telnet.

EXEMPLO: (AGENTE ADMINISTRATIVO – 2012) O sistema "Simple Mail Transfer Protocol (SMTP)" é o protocolo padrão:

a) para enviar e-mails através da Internet.
b) para transmistir Mensagens de VoIP.
c) para portas de comunicação Bluetooth.
d) para enviar Arquivos com criptografia.
e) para se comunicar com impressoras via Rede.

1.12.3. POP

O *Post Office Protocol* (POP3) é um protocolo utilizado no acesso remoto a uma caixa de correio eletrônico. Ele permite que todas as mensagens contidas numa caixa de correio eletrônico possam ser transferidas sequencialmente para um computador local. Aí, o utilizador pode ler as mensagens recebidas, apagá-las, respondê-las, armazená-las etc.

EXEMPLO: (TJ – VUNESP – 2009) A Internet é uma rede pública de comunicação de dados, com controle descentralizado, e que utiliza o conjunto de protocolos TCP/IP como base para a estrutura de comunicação e seus serviços de rede. A arquitetura TCP/IP não só fornece os protocolos que habilitam a comunicação de dados entre redes, como também define uma série de aplicações que contribuem para eficiência e sucesso da arquitetura. Assinale a alternativa que estabelece a relação correta entre as colunas PROTOCOLO e SERVIÇO.

PROTOCOLO	SERVIÇO
1 – HTTP	Associação do nome da máquina ao endereço IP
2 – FTP	Envio de *e-mail*
3 – SMTP	*Login* remoto seguro
4 – SSH	Navegação na World Wide Web
5 – DNS	Transporte de arquivos
6 – TELNET	Sessão de trabalho numa máquina remota

a) 5, 2, 3, 4, 1, 6
b) 5, 3, 4, 1, 2, 6
c) 5, 3, 1, 4, 6, 2
d) 6, 3, 4, 1, 5, 2
e) 4, 3, 5, 1, 2, 6

1.13. CLASSIFICAÇÃO GEOGRÁFICA DA REDE (ESCALA)

SAN (STORAGE AREA NETWORK) – Um *Storage Area Network* (área de armazenamento em rede) ou SAN é uma rede projetada para agrupar dispositivos de armazenamento de computador. Os SANs são mais comuns nos armazenamentos de grande porte.

LAN (LOCAL AREA NETWORK) – Em computação, rede de área local (ou LAN, acrônimo de *local area network*) é uma rede de computador utilizada na interconexão de equipamentos processadores com a finalidade de troca de dados. Um conceito mais definido seria: é um conjunto de *hardware* e *software* que permite a computadores individuais estabelecerem comunicação entre si, trocando e compartilhando informações e recursos. Tais redes são denominadas locais por cobrirem apenas uma área limitada (10 km no máximo, quando passam a ser denominadas MANs), visto que, fisicamente, quanto maior a distância de um nó da rede ao outro, maior a taxa de erros que ocorrerão devido à degradação do sinal. As LANs são utilizadas para conectar estações, servidores, periféricos e outros dispositivos que possuam capacidade de processamento em uma casa, escritório, escola e edifícios próximos.

PAN (PERSONAL AREA NETWORK) – Rede de área pessoal, tradução de *Personal Area Network* (ou PAN), é uma tecnologia de rede formada por nós (dispositivos conectados à rede) muito próximos uns dos outros (geralmente não mais de uma dezena de metros). Por exemplo, um computador portátil conectando-se a um outro e este a uma impressora. São exemplos de PAN as redes do tipo *Bluetooth* e UWB.

MAN (METROPOLITAN AREA NETWORK) – *Metropolitan Area Network*, também conhecida como MAN, é o nome dado às redes que ocupam o perímetro de uma cidade. São mais rápidas e permitem que empresas com filiais em bairros diferentes se conectem entre si. A partir do momento que a internet atraiu uma audiência de massa, as operadoras de redes de TV a cabo começaram a perceber que com algumas mudanças no sistema elas poderiam oferecer serviços da Internet de mão dupla em partes não utilizadas do espectro. A televisão a cabo não é a única MAN.

WAN (WIDE AREA NETWORK) – A *Wide Area Network* (WAN), rede de área alargada ou rede de longa distância, também conhecida como rede geograficamente distribuída, é uma rede de computadores que abrange uma grande área geográfica, como um país ou continente. Difere, assim, das PAN, LAN e MAN.

RAN (REGIONAL AREA NETWORK) – RAN é a sigla para *Regional Area Network*, uma rede de dados que interconecta negócios, residências e governos em uma região geográfica específica. RANs são maiores que *Local Area Networks* (LANs) e *Metropolitan Area Networks* (MANs), mas menores que *Wide Area Networks* (WANs). RANs são comumente caracterizadas pelas conexões de alta velocidade utilizando cabo de fibra óptica ou outra mídia digital.

CAN (CAMPUS AREA NETWORK) – A *Campus Area Network* (CAN) é uma rede que usa ligações entre computadores localizados em áreas de edifícios ou prédios diferentes, como em *campi* universitários ou complexos industriais. Deve também usar *links* (ligações) típicos de *Local Area Networks* (LANs) ou perde-se seu caráter de CAN para tornar-se uma MAN ou WAN, dependendo de quem seja o dono do *link* usado.

1.14. CLASSIFICAÇÃO TOPOLÓGICA DA REDE

A topologia de rede descreve como é o *layout* de uma rede de computadores pela qual há o tráfego de informações, e também como os dispositivos estão conectados a ela. Há várias formas nas quais se pode organizar a interligação entre cada um dos nós (computadores) da rede. Topologias podem ser descritas física e logicamente. A topologia física é a verdadeira aparência ou *layout* da rede, enquanto a lógica descreve o fluxo dos dados através da rede. Exemplos de diversas topologias de rede: *Anel (ring), estrela (star), linha (line), árvore (tree), barramento (Bus), malha (Mesh), completamente conectada (Fully connected).*

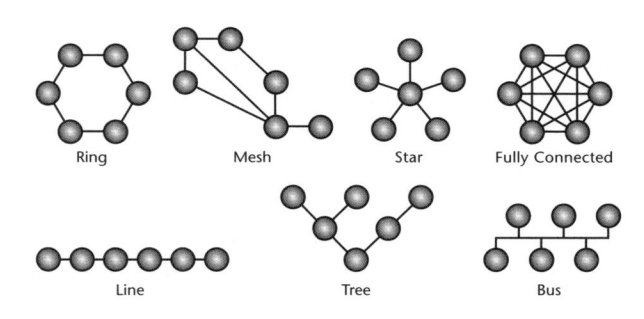

EXEMPLO: (INSS – 2012 – FCC) Pedro trabalha em uma pequena imobiliária cujo escritório possui cinco computadores ligados em uma rede com topologia estrela. Os computadores nessa rede são ligados por cabos de par trançado a um *switch* (concentrador) que filtra e encaminha pacotes entre os computadores da rede, como mostra a figura abaixo.

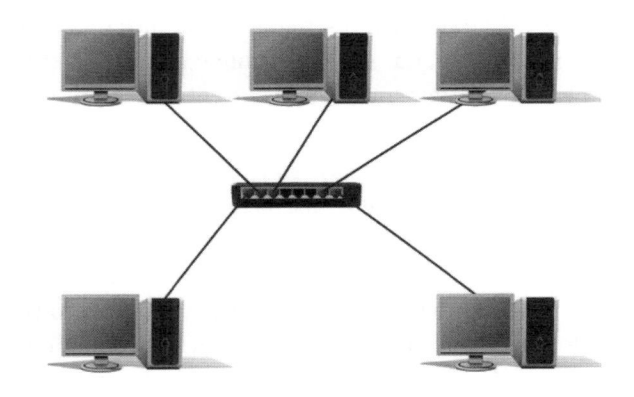

Certo dia, Pedro percebeu que não conseguia mais se comunicar com nenhum outro computador da rede. Vários são os motivos que podem ter causado esse problema, EXCETO:

a) O cabo de rede de um dos demais computadores da rede pode ter se rompido.

b) A placa de rede do computador de Pedro pode estar danificada.

c) A porta de switch onde o cabo de rede do computador de Pedro está conectado pode estar danificada.

d) O cabo de rede que liga o computador de Pedro ao switch pode ter se rompido.

e) Modificações nas configurações do computador de Pedro podem ter tornado as configurações de rede incorretas.

1.15. PORTAS TCP E UDP

Ao conectar na Internet, seu micro recebe um único endereço IP válido. Apesar disso, mantemos vários programas ou serviços abertos simultaneamente. Em um *desktop* é normal ter um programa de *e-mail*, um cliente de FTP ou SSH, o navegador, um cliente de ICQ ou MSN, dois ou três *downloads* via *bittorrent* e vários outros programas que enviam e recebem informações, enquanto um único servidor pode manter ativos servidores web, FTP, SSH, DNS, LDAP e muitos outros serviços, atendendo a centenas de clientes simultaneamente.

Se temos apenas um endereço IP, como todos estes serviços podem funcionar ao mesmo tempo sem entrar em conflito?

Imagine que as duas partes do endereço IP (a parte referente à rede e a parte referente ao *host*) correspondem ao CEP da rua e ao número do prédio. Um carteiro só precisa destas duas informações para entregar uma carta. Mas, dentro do prédio moram várias pessoas. O CEP e número do prédio só vão fazer a carta chegar até a portaria. Daí em diante é preciso saber o número do apartamento. É aqui que entram as famosas portas TCP.

Existem 65.536 portas TCP, numeradas de 0 a 65535. Cada porta pode ser usada por um programa ou serviço diferente, de forma que em teoria poderíamos ter até 65536 serviços diferentes ativos simultaneamente em um mesmo servidor, com um único endereço IP válido. O endereço IP contém o CEP da rua e o número do prédio, enquanto a porta TCP determina a que sala dentro do prédio a carta se destina. Abaixo segue a sequência de algumas portas padrão de serviço.

Porta	Serviço
20	ftp-data
21	ftp
23	Telnet
25	SMTP
53	DNS
80	www-http
109	POP2
110	POP3
143	IMAP
161	SNMP
220	IMAP3
434	Mobile IP
443	ssl
531	IRC
4827	HTCP
5010	Yahoo! Messenger
6667	IRC
8080	HTTP
8181	HTTP
30029	AOL Admin

1.16. GLOSSÁRIO

@ – Em português, quer dizer arroba; em inglês, *at* (em algum lugar). É sempre usado em endereços de correio eletrônico.

ADSL (*Assymetrical Digital Subscriber Line*) – É uma tecnologia que utiliza linha telefônica digital para tráfego de dados em velocidades de até 8 *megabits* por segundo (as velocidades máximas oferecidas por provedores brasileiros são menores).

ANSI – Conjunto de normas para a transmissão de caracteres de controle para um terminal, permitindo: tratamento de cores e outros atributos, movimento do cursor, som, terminais etc.

Antivírus – Programa que verifica a presença de vírus no computador e imediatamente o elimina da memória da máquina. É fundamental ter um antivírus instalado no seu computador, especialmente a partir do momento em que você passa a usar o sistema de *e-mail*, que pode receber mensagens ou arquivos "infectados".

Archie – O *Archie* foi criado por um grupo de pessoas na *McGill University*, no Canadá, com o objetivo de auxiliar os usuários a encontrar os arquivos desejados. É um sistema de consultas que possibilita descobrirmos pelo nome do arquivo (ou até mesmo uma abreviação deste) em que máquina e em que diretório está localizado. Para isso se faz necessária uma conexão *telnet* com o servidor ARCHIE, ou pelo serviço de *mail*.

ARP – O *Address Resolution Protocol* associa um endereço IP a um endereço de *hardware* ao pedir à máquina de envio uma informação adicional chamada de endereço MAC. O *WinRoute* usa o ARP apenas para fins de log de maneira a aumentar a segurança.

Arpanet – Rede de computadores criada em 1968 pelo Departamento de Defesa norte-americano, interligando instituições militares. Em meados dos anos 70 várias grandes universidades americanas aderiram a rede, que deu lugar à atual Internet.

***Asynchronous Transfer Mode*, ATM** (*modo de transferência assíncrona*) – Um protocolo orientado à conexão de alta velocidade usado para transportar muitos tipos diferentes de tráfego de rede.

Ataque – O ato de tentar entrar ou danificar um sistema, desviando-se dos seus controles de segurança. Um ataque pode buscar a obtenção de informações privilegiadas, a sua alteração ou a sua indisponibilização. O sucesso de um ataque depende da vulnerabilidade do sistema (vítima), da atividade e da eficácia de contramedidas existentes.

Attachment (arquivo atachado, anexado) – Envio de um arquivo associado a uma mensagem. Alguns programas de correio eletrônico permitem que qualquer arquivo seja anexado junto à mensagem. Ao chegar ao destinatário, o arquivo associado pode ser copiado para o computador.

B2B (*Business to Business*) – Termo elegante (e complicado...) para dizer comércio eletrônico entre empresas ou simplesmente atacado *on-line*.

B2C (*Business to Consumer*) – Sigla bonita para dizer comércio eletrônico para o consumidor final. Afinal, se se chamasse varejo *on-line* ia lembrar Santa Ifigênia, 25 de Março, feira livre, enfim, coisas que não são chiques.

Backbone – Espinha dorsal de uma rede, geralmente uma infraestrutura de alta velocidade que interliga várias redes.

Bandwidth – Largura de Banda. Termo que designa a quantidade de informação passível de ser transmitida por unidade de tempo, num determinado meio de comunicação (fio, onda de rádio, fibra óptica etc.). Normalmente medida em *bits* por segundo, *kilobits* por segundo, *megabits* por segundo, *kilobytes* por segundo, *megabytes* por segundo etc.

BBS (*Bulletin Board System*) – Computador (1 ou vários) que permite que os utilizadores se liguem a ele por uma linha telefônica e onde normalmente se trocam mensagens com outros utilizadores, procuram por programas, arquivos ou participam de conferências (fóruns de discussão) divulgadas por várias BBS.

Bookmark – Em português: favoritos ou, se traduzirmos, marcador de livro. A função *Bookmark* (favoritos) encontra-se normalmente nos *browsers* (o *Internet Explorer* ou o *Netscape Navigator*) para marcar uma página que se pretende visitar mais tarde. A página "marcada" é adicionada à lista de favoritos que é acessível no menu correspondente.

Bps (*baud rate*) – Uma medida da taxa de transferência real de dados de uma linha de comunicação. É dada em *bits* por segundo. Variantes ou derivativos importantes incluem Kbps (= 1.000 bps) e Mbps (= 1.000.000 bps).

Bridge – Um dispositivo que conecta duas ou mais redes de computadores transferindo, seletivamente, dados entre ambas.

Browser – Um programa que permite visualizar e utilizar uma base de dados, distribuída ou não por vários computadores. Termo normalmente aplicado para os programas que permitem navegar no *World Wide Web*.

Cache – Refere-se ao local onde os dados são armazenados temporariamente. O WinRoute usa o cache para armazenamento temporário de páginas da Web para manter a largura da banda.

Cavalo de Troia (*Trojan horse*) – Um programa de computador que contenha, escondidas, funções adicionais que exploram secretamente as autorizações do processo provocando perda da segurança. Tipo de ataque em que um *software* aparentemente inofensivo inicia, de forma escondida, ataques ao sistema.

Certificado de chave pública – Um passaporte digital que serve como prova de identidade. Os certificados de chaves públicas são emitidos por uma autoridade de certificação (CA). Consulte também CA; protocolo Kerberos.

Chat – Em inglês, significa bater papo. Hoje nos grandes portais existem salas de *chat* para os mais diversos públicos.

Chave de criptografia – Um valor usado por um algoritmo para codificar ou decodificar uma mensagem.

Ciberespaço – Termo criado pelo escritor William Gibson e inspirado no estado de transe em que ficam os aficionados de videogame durante uma partida. A palavra foi utilizada pela primeira vez no livro *Neuromancer*, de 1984, e adotada desde então pelos usuários da Internet como sinônimo de rede.

Client (Cliente) – No contexto cliente/servidor, um cliente é um programa que pede um determinado serviço (por exemplo, a transferência de um arquivo) a um servidor, outro programa. O cliente e o servidor podem estar em duas máquinas diferentes.

Cluster – Um conjunto de computadores que funcionam juntos para fornecer um serviço. O uso de um *cluster* melhora a disponibilidade do serviço e a escalabilidade do sistema operacional que fornece o serviço. O equilíbrio de carga de rede oferece uma solução de *software* para *clustering* de vários computadores que executam o *Windows 2000 Advanced Server*, fornecendo serviços de rede pela Internet e intranets particulares.

Comitê Gestor da Internet do Brasil – O Comitê Gestor da Internet do Brasil foi criado a partir da necessidade de coordenar e integrar todas as iniciativas de serviços Internet no país e com o objetivo de assegurar qualidade e eficiência dos serviços ofertados, assegurar justa e livre competição entre provedores e garantir a manutenção de adequados padrões de conduta de usuários e provedores. O Comitê Gestor tem como atribuições principais: fomentar o desenvolvimento de serviços Internet no Brasil; recomendar padrões e procedimentos técnicos e operacionais para a Internet no Brasil; coordenar a atribuição de endereços Internet, o registro de nomes de domínios, e a interconexão de espinhas dorsais; coletar, organizar e disseminar informações sobre os serviços Internet.

Conexão – Ligação do seu computador a um computador remoto.

Cookies – Se traduzirmos ao pé da letra significa "bolachas". Os *cookies* são pequenos arquivos criados pelo *Internet Explorer* (ou *Netscape Navigator*) a pedido do *web site* visitado. Um *cookie* contém normalmente um número de série. Quando se visita de novo o *web site* que gerou o *cookie*, o servidor da *web site* repara que já existe um *cookie* e assim percebe que o usuário já visitou o *site*.

Correio Eletrônico – É o serviço básico de comunicação em redes de computadores. O processo de troca de mensagens eletrônicas é bastante rápido e fácil, necessitando apenas de um programa de correio eletrônico e do endereço eletrônico dos envolvidos. O endereço eletrônico de um usuário na Internet contém todas as informações necessárias para que a mensagem chegue ao seu destino. Ele é composto de uma parte relacionada ao destinatário da mensagem (*username*) e uma parte relacionada à localização do destinatário, no formato: username@subdomínios.domínio. Ex.: joão@cr-df.rnp.br. Uma mensagem é composta de cabeçalho e corpo. O cabeçalho informa a data do envio da mensagem, o endereço do emitente, um título sobre o assunto, além de informações de controle. O corpo da mensagem é o seu conteúdo em si. Embora a grande maioria das mensagens trocadas via rede seja constituída por informação puramente textual, também é possível obter outros tipos de informação, tais como sons e imagens. Por meio de correio eletrônico também é possível utilizar outros serviços de rede, tais como listas de discussão, *Usenet News*, *ftp*, *archie*.

Cracker (1) – Indivíduo que faz de tudo para invadir um sistema alheio, quebrando sistemas de segurança, para poder espionar ou causar danos.

Cracker (2) – Especialista em informática que objetiva invadir ou explorar a falha de sistemas buscando o acesso, alteração ou destruição de informações privilegiadas. Tradicionalmente, o *cracker* é como chamamos o *hacker* que objetiva causar algum tipo de prejuízo à sua vítima. Pode ser motivado por razões financeiras, políticas, espionagem etc. Veja também *Hacker*.

Criptografia – Termo que designa qualquer técnica para embaralhar dados de tal forma que eles só poderão ser compreendidos por quem possuir uma chave de decodificação apropriada. Na Internet, técnicas criptográficas são usadas para proteger a privacidade de *e-mail*s, de números de cartões de crédito em compras *on-line*, senhas de banco, por exemplo. Utiliza-se equação matemática para transformar uma mensagem numa sequência de caracteres que só poderá retornar à mensagem anterior por um processo de decriptação.

Datagrama – Um pacote de dados não confirmado enviado para outro destino na rede. O destino pode ser outro dispositivo diretamente atingível na rede local ou um destino remoto atingível usando entrega roteada através de uma rede comutada de pacotes.

Decriptografia – O processo de tornar legíveis novamente os dados criptografados, convertendo *ciphertext* (texto criptografado) em *plaintext* (texto não codificado, também chamado de *cleartext*). Consulte também *ciphertext*; *criptografia*; *plaintext*.

Dial-Up – Designação de um tipo de ligação ou de um ato de ligação com a Internet, neste caso pelo estabelecimento de uma chamada (telefônica – Dial) para um computador remoto.

DNS (*Domain Name Server*) – Designa o conjunto de regras e/ou programas que constituem um Servidor de Nomes da Internet. Um servidor de nomes faz a tradução de um nome alfanumérico (p. ex., microbyte.com) para um número IP (p. ex., 192.190.100.57). Por exemplo, no DNS português, gerem-se todos os nomes terminados em pt. Qualquer outro nome será também traduzido pelo mesmo DNS, mas a partir de informação proveniente de outro DNS (isto se essa informação não tiver sido previamente obtida).

Domínio – Internet é formada por um conjunto de grandes domínios globais, divididos em países, como mostrado abaixo:

br	Brasil
ca	Canadá
uk	Reino Unido
it	Itália
pt	Portugal

Existem ainda alguns domínios globais pertencentes aos Estados Unidos. Estes foram os domínios iniciais da Internet, antes das expansões para os outros países:

mil	Militar
gov	Governamental
edu	Educacional
com	Comercial
net	Empresas/grupos preocupados com a Administração da Internet
org	Outras organizações da Internet

Cada um destes domínios apresenta vários subdomínios pelos quais são responsáveis. Por exemplo, o grande domínio global "br" (que é gerenciado pela FAPESP) possui alguns subdomínios:

DHCP – O *Dynamic Host Configuration Protocol* é um protocolo de organização e simplificação da administração de endereços IP de máquinas locais. Em muitos casos (tais como o *WinRoute*) um servidor DNS está embutido no servidor DHCP para maior simplificação. Ao especificar o endereço IP de um dispositivo de rede em particular, normalmente o dispositivo ligado à Internet, o DHCP usará os valores do DNS associado com aquele dispositivo.

Download – Fazer o *download* de um arquivo. Ato de transferir o arquivo de um computador remoto para o seu próprio computador, usando qualquer protocolo de comunicações.

E-mail (Electronic Mail) – Correio Eletrônico. O *e-mail* é um serviço de correio eletrônico, pelo qual se pode trocar correspondência de uma forma rápida e barata com outras pessoas, de forma análoga ao correio tradicional. Utilizando-se desta analogia, uma carta, quando enviada, deve conter o endereço do destinatário e do remetente. No correio eletrônico também usam-se endereços, denominados endereços eletrônicos.

Emoticons – Os *emoticons* são símbolos usados para expressar emoções que já fazem parte da linguagem da *web*, seja na comunicação por *e-mail* ou ainda nas salas de bate-papo. Confira os *emoticons* mais conhecidos e usados na internet:

:-) felicidade

:-(tristeza

:-0 susto

X-) vergonha

;-) piscando

[ ]'s abraços

:-x mandando beijo

:-@ grito

Endereço Eletrônico – É uma cadeia de caracteres, do tipo nome_utilizador@qqcoisa.empresax.br (sem aspas), que identifica univocamente um determinado utilizador dentro da Internet e, em particular, a sua caixa de correio eletrônico.

Ethernet – Um modelo de arquitetura de rede local. As redes *Ethernet* usam normalmente cabos coaxiais que interligam vários computadores. Cada um deles acessa a rede em concorrência com os outros, a informação pode ser transmitida em modo *Broadcast*, ou seja, para todos os outros computadores da rede e não apenas para um só.

Extranet – É a extensão dos serviços da intranet de uma empresa para interligar e fornecer aplicações para outras empresas, como clientes, fornecedores, parceiros etc. Desta forma a extranet é a utilização de tecnologias como Web e correio eletrônico para simplificar a comunicação e a troca de informações entre empresas.

FAQ (*Frequently Asked Questions*) – Em português: perguntas mais frequentes. Uma FAQ é um conjunto de respostas às perguntas mais frequentes, colocadas pelos utilizadores de determinado *site*, produto ou serviço.

Finger – O *Finger* é um aplicativo da Internet que permite obter informações sobre um usuário específico numa máquina específica.

Firewall – Parede de Fogo. Medida de segurança que pode ser implementada para limitar o acesso de terceiros a uma determinada rede ligada à Internet. Os mecanismos de implementação são variados, percorrendo variados tipos de controles por *software* ou *hardware*.

Fórum – Espaço para deixar mensagens sobre um assunto. A palavra fórum pode ser aplicada tanto para grupos de discussão da *Usenet* como para listas de distribuição.

Freeware – *Software* distribuído em regime gratuito, mas segundo alguns princípios gerais como a impossibilidade de alteração de qualquer parte para posterior distribuição, impossibilidade de venda etc.

FTP *(File Transfer Protocol)* – Como o próprio nome indica é um serviço que possibilita a transferência de arquivos entre máquinas. Com este aplicativo podemos transferir programas desenvolvidos por outras pessoas e executá-los em nosso computador. Por exemplo, uma pessoa que deseja obter um antivírus para o seu computador pode transferi-lo de uma máquina remota onde este está à disposição. Outros tipos de arquivos comumente transferidos são relacionados a textos e imagens.

FTP *Server* – Servidor de FTP. Computador que tem arquivos de *software* acessíveis através de programas que usem o protocolo de transferência de arquivos, FTP.

Gateway – O ponto de entrada de uma rede para outra. Um *gateway* é responsável pela distribuição correta dos dados que entram e saem de uma rede local. O *WinRoute* precisa estar instalado na máquina do *gateway*, também chamada o computador *host*.

Gopher – Uma espécie de parente pobrezinho do WWW, permite a procura de informação em bases de dados existentes em todo o mundo, utilizando-se ou não de algumas ferramentas próprias de pesquisa por palavras-chave. Tendo em vista a necessidade de facilitar a utilização das informações disponíveis na Internet, foi criada uma interface mais amigável, denominada *Gopher*. O *Gopher* procura organizar as informações através de menus hierárquicos, de tal forma que o usuário final não saiba o que está acontecendo por trás de um comando para que uma ação seja executada. Internamente, o *Gopher* executa comandos de FTP, Telnet, Wais etc. Mas para o usuário final é uma navegação suave. O *Gopher* é o predecessor da Web.

Hacker (1) – Habitualmente (e erradamente) confundido com *cracker*. Sob uma nova óptica, mais moderna, um *hacker* é um *expert* ou *Problem Solver*, aquele que apresenta soluções para problemas técnicos relativos à Internet.

Hacker (2) – Pessoa que pesquisa sistemas a fim de descobrir falhas que o permitam invadir ou explorar algum equipamento, servidor ou aplicativo específico. Tradicionalmente, o *hacker* é um especialista em informática que estuda alguns equipamentos e sistemas a fundo e descobre furos nestes, porém sem intenções malignas. Veja também *Cracker*.

Hiperlink – Nome que se dá às imagens ou palavras que dão acesso a outros conteúdos em um documento hipertexto. O *hiperlink* pode levar a outra parte do mesmo documento ou a outros documentos. Também é usada a palavra *link*.

Hipermídia – A definição formal de hipermídia une os conceitos de hipertexto e multimídia. Ou seja, um documento hipermídia contém imagens, sons, textos e vídeos, como qualquer título multimídia. Além disso, usa ligações de hipertextos para permitir que o usuário salte de um trecho para outro do documento ou até mesmo para um documento diferente.

Home Page – Página base do WWW de uma instituição ou particular. A página base é uma espécie de ponto de partida para a procura de informação relativa a essa pessoa ou instituição. É a página de apresentação ou entrada de um *site*, pode ser usada também para indicar a página principal de uma determinada seção, normalmente corresponde ao endereço da sua "URL". Na maioria das vezes sua definição é confundida com *site*, o que não é correto, pois ambos têm conceitos distintos. *Home page* é um arquivo de texto contendo comandos HTML que fica disponível no provedor de acesso à Internet para que usuários do mundo inteiro possam acessá-la.

Honey Pot – Técnica de defesa que consiste na disponibilização de um equipamento para ser atacado por *hackers*. Este equipamento servirá como isca, para facilitar a identificação de ataques, estudo de como foi feito e, também, para desviar a atenção dos atacantes. Assim, estes tentarão invadir o *Honey Pot*, em vez do servidor principal da empresa. Alguns autores nacionais chamam este recurso de "boi de piranha".

Host – Computador Central. Também chamado de servidor.

HTML (*Hypertext Markup Language*) – A linguagem HTML é a forma em que os documentos são estruturados para poderem ser visualizados pelos *Browsers* da Web. Quando a linguagem HTML surgiu, não existiam ferramentas para a edição dos documentos. Os documentos eram editados em arquivos de textos normais e depois podiam ser visualizados por um *Browser*. Com a explosão da Web começaram a surgir as ferramentas de editoração de HTML; um dos melhores editores HTML é o *FrontPage* da *Microsoft*.

HTTP (*Hypertext Transport Protocol*) – É o protocolo que define como é que dois programas/servidores devem interagir, de maneira a transferirem entre si comandos ou informação relativos ao WWW.

ICMP – O *Internet Control Message Protocol* usa datagramas para relatar erros na transmissão entre o *host* e o *gateway*.

ICQ – (do inglês, "*I Seek You*", que significa "Eu Procuro Você") é um programa que permite a seus usuários ver se outros usuários do mesmo programa estão conectados à Internet no mesmo momento. Além disso, é possível enviar mensagens instantâneas, abrir *chat*, enviar e receber arquivos e muito mais. O ICQ já é um programa quase obrigatório aos internautas do mundo inteiro.

IMAP *(Internet Message Access Protocol)* – É um protocolo de acesso a mensagens eletrônicas. Por meio desse padrão de comunicação, os *e-mail*s são recebidos e mantidos no servidor; os cabeçalhos e os remetentes podem ser checados a distância para que se decida, então, se a mensagem completa deve ser transferida. Por meio do IMAP, também é possível manipular pastas de mensagens no servidor ou ainda fazer pesquisas nos *e-mail*s. A diferença básica entre o IMAP e o POP, outro protocolo de correio eletrônico, é que o acesso ao *Post Office Protocol* é *off-line*, ou seja, o usuário puxa mensagens para uma única máquina à medida que vão chegando. O IMAP pode ser encarado como um servidor de arquivos remoto, enquanto o POP pode ser visto como um serviço de "armazenamento temporário e posterior encaminhamento". As vantagens do IMAP são várias, entre elas a possibilidade de uso de diferentes computadores para acesso a caixa de mensagens, menor quantidade de dados armazenados na máquina do usuário, acesso independentemente da plataforma a várias caixas de correio, entre outros. Além disso, o IMAP foi projetado para permitir a manipulação de caixas postais remotas, como se elas fossem locais, e o armazenamento das mensagens no servidor, não na máquina do usuário.

Internet – É a estrada da informação. A Internet (com I maiúsculo) é uma imensa rede de redes que se estende por todo o planeta e praticamente todos os países. Os meios de ligação dos computadores desta rede são variados, indo desde rádio, linhas telefônicas, ISDN, linhas digitais, satélite, fibras ópticas etc. Criada em 1969 pelo Departamento de Defesa dos EUA (DoD) como um projeto pioneiro de constituição de uma rede capaz de sobreviver a ataques nucleares, foi se expandindo até chegar ao tamanho e à importância que hoje tem. É formada pela conexão complexa entre centenas de milhares de redes entre si. A Internet tem suas políticas controladas pelo IAB (*Internet Architecture Board*), um fórum patrocinado pela *Internet Society*, uma comunidade aberta formada por usuários, fabricantes, representantes governamentais e pesquisadores.

Intranet – É a aplicação da tecnologia criada na Internet e do conjunto de protocolos de transporte e de aplicação TCP/IP em uma rede privada, interna a uma empresa. Numa intranet, não somente a infraestrutura de comunicação é baseada em TCP/IP, mas também grande quantidade de informações e aplicações é disponibilizada por meio dos sistemas Web (protocolo HTTP) e correio eletrônico.

IP *(Internet Protocol)* – Um dos protocolos mais importantes do conjunto de protocolos da Internet. Responsável pela identificação das máquinas e redes de encaminhamento correto das mensagens entre elas.

IRC *(Internet Relay Chat)* – É um sistema que permite a interação de vários usuários ao mesmo tempo, divididos por grupos de discussão.

ISDN *(Integrated Service Digital Network)* – Rede Digital Integradora de Serviços (RDIS). É uma evolução das linhas telefônicas atuais baseada em linhas digitais (e não analógicas) com velocidades de transmissão muito mais elevadas (a partir de 64 Kbps) e com melhor qualidade. Uma rede digital que integra serviços de diversas naturezas como voz, dados, imagens etc. que deve substituir gradualmente a infraestrutura física atual de comunicações, em que cada serviço tende a trafegar por segmentos independentes.

Java – Linguagem de programação que possibilita criar interatividade em páginas Web. A utilização de pequenos programas em Java, também denominados *Applets*, permite criar diversas funções, tais como animações, cálculos e outros truques.

LAN *(Local Area Network)* – Rede Local. Normalmente utilizada nas empresas para interligação local dos seus computadores. Existem várias tecnologias que permitem a realização de uma rede local, sendo a mais importante a *Ethernet*.

Link – No WWW, uma palavra destacada indica a existência de um *link*, que é uma espécie de apontador para outra fonte de informação. Escolhendo esse *link*, obtém-se a página de informação designada que pode, por sua vez, ter também vários *links*. Quando o cursor é posicionado sobre um *link*, ele se transforma em uma mãozinha. É por meio de *links* que as páginas da Web se interligam, formando uma teia virtual de alcance mundial. É possível passear por servidores de muitos países diferentes apenas clicando em sucessivos *links*.

Log **(ou Trilha de auditoria)** – Histórico das transações dos sistemas que estão disponíveis para a avaliação a fim de provar a correção de sua execução. Permite que as falhas e quebras na segurança sejam detectáveis.

Login – Identificação de um usuário perante um computador. Fazer o *login* é o ato de dar a sua identificação de operador do computador.

Logout – Ato de desconectar a sua ligação a um determinado sistema ou computador.

MAC – O endereço *Media Access Control* (MAC) é mais específico que o endereço IP e não pode ser modificado porque é característico de cada dispositivo de *hardware* de rede.

Mailing List – Uma lista de assinantes que se correspondem por correio eletrônico. Quando um dos assinantes escreve uma carta para um determinado endereço eletrônico todos os outros a recebem, o que permite que se constituam grupos (privados) de discussão por meio de correio eletrônico.

Mail Server – Programa de computador que responde automaticamente (enviando informações, arquivos etc.) a mensagens de correio eletrônico com determinado conteúdo.

Máscara de rede – A máscara de rede é usada para agrupar endereços IP. Há um grupo de endereços atribuídos a cada segmento de rede. Por exemplo, a máscara 255.255.255.0 agrupa um conjunto de 254 endereços IP. Se tivermos, por exemplo, uma sub-rede 194.196.16.0 com máscara 255.255.255.0, os endereços que poderemos atribuir aos computadores na sub-rede serão de 194.196.16.1 até 194.196.16.254.

Modem **(Modulador e demodulador)** – Pequeno aparelho que permite ligar um computador à linha telefônica, para assim estar apto a comunicar-se com outros. Muitos dos *modems* são também capazes de realizar funções de fax. A sua aplicação mais importante é a de fornecer acesso à rede da internet.

Modem **a cabo** – Um *modem* que fornece acesso à Internet de banda larga no intervalo de 10 a 30 Mbps.

Mosaic – O primeiro programa (*browser*) para o WWW concebido pela NCSA (EUA). Com ele o WWW tomou um grande impulso, pois foi a primeira ferramenta que permitia visualizar a informação do WWW, e utilizá-la de forma gráfica e atraente.

NAT – Com o NAT (*Network Address Translator*) você pode conectar-se à Internet por meio de um único endereço IP, e os computadores dentro da rede usarão a Internet como se estivessem conectados a ela diretamente (certas limitações se aplicam). A conexão de uma rede inteira com o uso de um único endereço IP é possível, uma vez que o módulo do NAT reescreve o endereço de origem nos pacotes enviados, dos computadores na rede local, com o endereço do computador no qual o *WinRoute* está sendo executado. O NAT diferencia-se significativamente de vários servidores *proxy* e *gateways* de nível de aplicação, pois esses, em princípio, nunca estariam aptos a suportar tantos protocolos como o NAT.

Navegar – Na Internet significa vaguear, passear, procurar informação, sobretudo no WWW. Também se pode dizer surfar, para os mais radicais!

NCSA – *National Center for Supercomputing Applications*.

Net – Rede (de computadores, neste contexto).

NetBIOS sobre TCP/IP (NetBT) – Um recurso que fornece a interface de programação NetBIOS sobre o protocolo TCP/IP. É usado para monitorizar servidores roteados que usam a resolução de nomes NetBIOS.

NetWare – O sistema operacional da rede *Novell*.

Network – Rede de computadores.

Newsgroup – Um grupo de *news*, um fórum ou grupo de discussão.

Nome de usuário – Um nome exclusivo que identifica uma conta de usuário para o *Windows 2000*. O nome de usuário de uma conta deve ser exclusivo entre os outros nomes do grupo e nomes de usuário dentro de seu próprio domínio ou grupo de trabalho.

Nome do computador – Um nome exclusivo de até 15 caracteres maiúsculos que identifica um computador para a rede. O nome não pode ser igual a nenhum outro nome de computador ou domínio na rede.

Nome do domínio – No *Windows 2000* e no *Active Directory*, o nome dado por um administrador a uma coleção de computadores em rede que compartilham um diretório comum. Para sistema de nomes de domínio (DNS), os nomes de domínio são nomes de nó específicos na árvore de espaço para nome DNS. Os nomes de domínio DNS usam nomes de nó singulares, conhecidos como "rótulos", unidos por pontos (.) que indicam cada nível de nó no espaço para nome.

Nome do *host* – O nome de um computador em uma rede. No *Windows 2000 Server Resource Kit*, o nome do *host* é usado para referir-se ao primeiro rótulo de um nome de domínio totalmente qualificado. Consulte também arquivo *hosts*.

Off-line – Em português: "fora da linha". Significa que nenhuma ligação por linha telefônica ou outro tipo de conexão está ativo no momento. Por exemplo, a leitura de *mail off-line* implica que se possa ler *e-mail* no seu próprio computador sem que ele esteja ligado ao servidor (tendo, portanto, sido transferidos os *e-mails* para esse computador, previamente). As ligações *off-line* não permitem a navegação interativa na Internet, pois o computador não pode enviar comandos e receber dados em tempo real.

On-line – Por oposição a *off-line*, *on-line* significa "estar em linha", estar ligado em determinado momento à rede ou a um outro computador. Para alguém, na Internet, "estar *on-line*" é necessário que nesse momento essa pessoa esteja a usar a Internet e que tenha, portanto, efetuado o *login* num determinado computador da rede.

Pacote – Um pacote é uma unidade básica de dados de comunicação usada na transmissão de dados de um computador para outro. Cada pacote contém um certo montante de dados. O tamanho máximo do pacote depende do meio de comunicação. Como um exemplo, em redes *Ethernet* o tamanho máximo é de 1500 bytes. Em cada camada, podemos dividir o conteúdo do pacote em duas partes: a parte do cabeçalho e a parte dos dados. O cabeçalho contém informações de controle da camada em particular, a parte dos dados contém dados que pertencem à camada superior. Informações mais detalhadas da estrutura do pacote podem ser obtidas na seção de filtragem de pacotes.

Password – Palavra-chave usada para identificação do usuário, em conjunto com o *login*.

Ping – Uma ferramenta que verifica conexões para um ou mais *hosts* remotos. O comando *ping* usa a solicitação de eco ICMP e os pacotes de resposta de eco para determinar se um sistema IP específico em uma rede está funcional. O *ping* é útil para diagnosticar falhas da rede IP ou de roteadores. Consulte também protocolo de mensagens de controle da Internet (ICMP).

Plug-Ins – Extensões do *browser*, fornecidas pelo fabricante do *browser* ou empresas parceiras que fornecem recursos adicionais de multimídia, facilitando a visualização de textos, som, vídeo etc. e maior interação com o usuário.

POP (*Post Office Protocol*) – Protocolo usado por clientes de correio eletrônico para manipulação de arquivos de mensagens em servidores de correio eletrônico.

POP3 – O protocolo POP3 é usado principalmente por *software* cliente de *e-mail* para pegar as mensagens nas caixas de correio em um servidor de correio compatível com o POP3. O servidor de correio do *WinRoute* tem tal capacidade também, isto é, pode pegar as mensagens automaticamente em qualquer servidor de correio compatível com POP3 e posteriormente distribuí-las para as caixas de correio dos destinatários locais. O protocolo POP3 é um protocolo TCP que funciona na porta 110. Se você quiser ter acesso a este servidor de correio em execução por trás do *WinRoute* ou no computador onde o *WinRoute* está instalado (para pegar suas mensagens DA Internet) você tem que efetuar o mapeamento de porta do protocolo TCP, porta 110 enviado para o endereço IP de classe privativa do PC em que o servidor de correio está sendo executado.

PPP (*Point to Point Protocol*) – O PPP implementa o protocolo TCP/IP (o(s) protocolo(s) da Internet) em uma linha telefônica, para que através dela um computador pessoal possa ser ligado à Internet e usufruir de todos os serviços e aplicações existentes.

Porta – Uma porta é um número de 16 *bits* (a faixa permitida vai de 1 até 65535) usado por protocolos da camada de transporte – os protocolos TCP e UDP. As portas são usadas para endereçar aplicações (serviços) que são executadas em um computador. Se houvesse apenas uma única aplicação de rede em execução no computador, não haveria a necessidade de números de portas e apenas o endereço IP seria suficiente para o endereçamento de serviços. Contudo, diversas aplicações podem ser executadas ao mesmo tempo em um determinado computador e nós precisamos diferenciá-las. É para isto que os números de portas são usados. Desse modo, um número de porta pode ser visto como um endereço de uma aplicação dentro do computador.

Portal – São *sites*, como o IG (Internet Grátis), que funcionam como uma porta de entrada à internet, oferecendo serviços e dando *links* para outros *sites* de conteúdo.

Protocolo – Além da conexão física entre os computadores, faz-se necessário o uso de uma certa linguagem comum (procedimentos) para a troca de informações entre eles. A este conjunto de procedimentos denominamos Protocolo de Comunicação. Estes protocolos definem os padrões e formalidades para uma perfeita comunicação na rede. Por exemplo, em uma comunicação por telefone é habitual o uso do "alô" para se iniciar uma conversa, o "tchau" para se terminar, além de outros. No rádio também faz-se o uso de alguns parâmetros para a comunicação, tal como "câmbio" e "câmbio final". Estes são exemplos de alguns protocolos utilizados em uma comunicação pessoal à distância. Em redes de computadores, tal como na Internet, acontece da mesma forma.

Provedor – São instituições que se conectam à Internet por meio de servidores, com o objetivo de fornecer serviços relacionados a outras instituições e pessoas. A partir do momento em que se está conectado a um provedor, utilizando-se uma conta, pode-se utilizar a Internet.

Proxy **(Procuração)** – Um servidor (programa) *proxy* (ou com capacidades de *proxy*) recebe pedidos de computadores ligados à sua rede e, caso necessário, efetua esses mesmos pedidos (de HTTP, Finger etc.) ao exterior dessa rede (nomeadamente, a própria Internet), usando como identificação o seu próprio número IP e não o número IP do computador que requisitou o serviço. Útil quando não se dispõem de números IP registrados numa rede interna ou por questões de segurança.

Quadro – Em comunicação síncrona, um pacote de informações transmitido como uma unidade de um dispositivo para outro. Quadro é um termo usado com mais frequência em redes *Ethernet*. Um quadro é semelhante ao pacote usado em outras redes.

RAS *(Remote Access Service)* **(serviço de acesso remoto)** – Um serviço do *Windows NT 4.0* que fornece conexões de redes remotas para usuários a distância, trabalhadores móveis e administradores de sistemas que monitorizam e gerenciam servidores em vários escritórios.

Rede padrão – No ambiente *Macintosh*, a rede física na qual os processos do servidor residem como nós e na qual o servidor aparece para os usuários. A rede padrão do servidor deve ser uma à qual o servidor está conectado. Somente servidores em internets *AppleTalk Fase 2* têm redes padrão.

Rede virtual – Uma rede lógica existente em servidores e roteadores *Novell NetWare* e compatíveis com *NetWare*, mas não associada a um adaptador físico. A rede virtual aparece para um usuário como uma rede separada. Em um computador que executa o *Windows 2000 Server*, os programas anunciam sua localização em uma rede virtual, não em uma rede física. O número de rede interna identifica uma rede virtual dentro de um computador.

Registros MX – Os registros MX contêm as informações sobre outros servidores de correio na Internet. Com o uso dos registros MX você pode contornar o servidor de correio do seu provedor de acesso e enviar *e-mail* diretamente para o servidor de correio de destino. A vantagem está no caso de o servidor de correio do seu provedor de acesso não estar confiável. Por outro lado, o fato de você tentar enviar *e-mail* diretamente ao destino pode ter impacto no período de tempo da entrega do *e-mail*. No caso de o servidor de correio de destino estar inacessível, o *e-mail* poderia permanecer parado na fila de correio de saída do seu servidor de correio do *WinRoute*.

RIS *(Remote Installation Services)* **(serviços de instalação remota)** – Um componente opcional do *Windows 2000* que instala remotamente o *Windows 2000 Professional*. Ele instala sistemas operacionais em computadores clientes compatíveis com inicialização remota, conectando o computador à rede, iniciando o computador cliente e efetuando *logon* com uma conta de usuário válida.

Roteador – Um servidor de rede que ajuda LANs e WANs a atingir interoperabilidade e conectividade e que pode conectar LANs com diferentes topologias de rede, como *Ethernet* e *Token Ring*.

Roteador IP – Um sistema conectado a várias redes físicas TCP/IP que pode rotear ou entregar pacotes IP entre as redes. Consulte também *Pacote*; *Roteador*; *TCP/IP*.

Roteamento – O processo de encaminhar um pacote com base no endereço IP de destino.

Router – Computador, *software* ou material dedicado que serve para interligar duas ou mais redes efetuando automaticamente a redireção correta das mensagens de uma rede para outra.

Script – Um atalho de programação que fornece ao usuário não técnico uma maneira de criar um conteúdo mais rico em seu respectivo computador e fornece aos programadores uma maneira rápida de criarem aplicativos simples.

Server **(Servidor)** – Um computador na Internet que oferece determinados serviços. No modelo cliente-servidor, é o programa responsável pelo atendimento a determinado serviço solicitado por um cliente. Serviços como *archie*, *Gopher*, WAIS e WWW são providos por servidores. Referindo-se a equipamento, o servidor é um sistema que provê recursos tais como armazenamento de dados, impressão e acesso *dial-up* para usuários de uma rede de computadores.

Servidor de acesso remoto – Um computador baseado no *Windows 2000 Server* que executa o serviço de roteamento e acesso remoto e está configurado para fornecer acesso remoto.

Servidor de arquivos – Um servidor que oferece a toda a organização o acesso aos arquivos, programas e aplicativos.

Servidor de impressão – Um computador dedicado ao gerenciamento de impressoras em uma rede. O servidor de impressão pode ser qualquer computador na rede.

Servidor de nomes – No modelo cliente/servidor do DNS, um servidor autoritativo para uma parte do banco de dados do DNS. O servidor torna os nomes de computadores e outras informações disponíveis para resolvedores clientes que consultam a resolução de nomes através da Internet ou de uma intranet. Consulte também *Sistema de Nomes de Domínio (DNS)*.

Servidor DNS – Um computador que executa programas de servidor DNS contendo mapeamentos de nome para endereço IP, mapeamentos de endereço IP para nome, informações sobre a estrutura da árvore de domínio e outras informações. Os servidores DNS também tentam resolver consultas de clientes.

Servidor Web – Um servidor que oferece a capacidade de desenvolver aplicativos baseados em COM e criar grandes *sites* para a Internet e intranets corporativas.

Shareware – *Software* que é distribuído livremente, desde que seja mantido o seu formato original, sem modificações, e seja dado o devido crédito ao seu autor. Normalmente, foi feito para ser testado durante um curto período de tempo (período de teste/avaliação) e, caso seja utilizado, o usuário tem a obrigação moral de enviar o pagamento ao seu autor (na ordem de algumas – poucas – dezenas de dólares). Quando é feito o registro, é normal receber um manual impresso do programa, assim como uma versão melhorada, possibilidade de assistência técnica e informações de novas versões.

Signature **(Assinatura)** – Geralmente é a porção de texto incluída no fim de uma carta eletrônica.

Site – São arquivos ou documentos gravados como arquivos texto cujos conteúdos são formados basicamente de textos e códigos especiais denominados *tags*. Essas páginas também contêm informações de imagens, fotos, vídeos, sons etc. Elas ficam armazenadas em provedores de acesso à Internet em computadores denominados servidores (em inglês *host*), para serem acessadas por qualquer pessoa que se conecte à rede.

SMTP *(Simple Mail Transport Protocol)* – Protocolo utilizado entre os programas que transferem correio eletrônico de um computador para outro. O *Simple Mail Transfer Protocol* é o protocolo TCP/IP usado para troca de mensagens via correio eletrônico na Internet.

Sniffer – Um aplicativo ou dispositivo que pode ler, monitorizar e capturar intercâmbios de dados de rede e ler pacotes de rede. Se os pacotes não estiverem criptografados, um *sniffer* oferece uma visão completa dos dados dentro do pacote.

SNMP *(Simple Network Management Protocol)* **(protocolo de gerenciamento de rede simples)** – Um protocolo de gerenciamento de rede instalado com o TCP/IP e largamente usado em redes TCP/IP e IPX. O SNMP transporta informações de gerenciamento e comandos entre um programa de gerenciamento executado por um administrador e o agente de gerenciamento da rede que é executado em um *host*. O agente SNMP envia informações de *status* para um ou mais *hosts* quando o *host* as solicita ou quando ocorre um evento significativo.

Spam – é o nome dado a qualquer mensagem não solicitada enviada por *e-mail*. É bom não confundir *spam* com *newsletter*. Vários *sites* permitem que você divulgue o seu *e-mail* para receber informações em base regular de produtos e serviços. Nesse caso, você está pedindo para receber *e-mail*s contendo informações de vez em quando vindas daquele *site*. É uma situação completamente diferente.

Streaming – Este termo tem origem na palavra *stream* que em português significa "corrente" (no sentido de corrente de um rio, por exemplo). Na Internet este termo aplica-se sobretudo ao vídeo e áudio que o utilizador começa a ver de imediato, mesmo quando o arquivo não chegou completamente ao computador. Ou seja, o vídeo/áudio começa a "chegar" ao computador do utilizador e é de imediato colocado no monitor, e à medida que o arquivo continua a ser transferido o seu conteúdo continua a ser mostrado. O áudio e vídeo dos eventos que são transmitidos ao vivo via Internet utilizam esta tecnologia.

Tags – São códigos usados no formato HTML para a construção de páginas na Internet. Geralmente têm este formato: <nomedocomando>.

TCP *(Transmission Control Protocol)* **(protocolo de controle de transmissão)** – É um dos protocolos sob os quais assenta o núcleo da Internet. Responsável prioritariamente pelo controle do fluxo de dados, a versatilidade e robustez deste protocolo tornou-o adequado a redes globais, já que este verifica se os dados são enviados de forma correta, na sequência apropriada e sem erros, pela rede.

TCP/IP – Conjunto de protocolos da Internet definindo como se processam as comunicações entre os vários computadores. Pode ser implementado virtualmente em qualquer tipo de computador, pois é independente do *hardware*.

Telnet – É o serviço que possibilita o acesso a máquinas remotas, como se seu terminal estivesse conectado a ela. Por exemplo, uma pessoa localizada no Laboratório de um Departamento de Informática pode acessar o Núcleo de Processamento de Dados (NPD) através deste serviço e, com isso, pode-se fazer uma impressão de texto nas impressoras do NPD, caso as do laboratório estejam inoperantes. É importante salientar que se pode fazer uma conexão com qualquer máquina, desde que esta esteja na Internet, e que ofereça o serviço de *Telnet*. Desta forma, uma pessoa localizada em Vitória pode se conectar com uma máquina localizada no Japão. Para isto é necessário que o usuário possua uma conta na máquina remota ou que a máquina ofereça acesso público.

Topologia – Disposição e modo de ligação dos computadores numa rede (em estrela, em anel etc.).

UDP (*User Datagram Protocol*) – Um dos protocolos do conjunto de protocolos da Internet (habitualmente denominado TCP/IP). É um protocolo de transporte, sem ligação. Em UDP, uma mensagem é enviada para o destino sem que haja uma ligação lógica efetuada entre a origem e o destino (semelhante a uma ligação telefônica entre dois pontos). Os pacotes de mensagens podem então passar por vários nós da Internet até chegar ao destino. Menos confiável que o TCP (outro protocolo de transporte, mas com ligação), mas bastante útil quando a perda de um ou outro pacote não seja importante e se pretenda ter velocidade na transmissão e evitar a sobrecarga de várias ligações lógicas estabelecidas.

Upload – Fazer o *upload* de um arquivo é transferir o arquivo do seu computador para um outro computador remoto, usando qualquer protocolo de comunicações.

URL (*Uniform Resource Locator*) – Localizador que permite identificar e acessar um serviço na rede *Web* (FTP, *News, Gopher, Mail,* HTTP etc.). Pretende uniformizar a maneira de designar a localização de um determinado tipo de informação na Internet. Exemplo: http://www.insa-lyon.fr – pedido, por HTTP, da *home page* (WWW) do INSA de Lyon.

Usenet – Conjunto dos grupos de discussão, artigos e computadores que os transferem. A Internet inclui a *Usenet*, mas esta pode ser transportada por computadores fora da Internet.

User – O usuário dos serviços de um computador, normalmente registado por um *login* e uma *password*.

Veronica (*Very Easy Rodent-Oriented Net-wide Index to Computerized Archives*) – Ferramenta para pesquisa no *GopherSpace*, o conjunto de servidores *Gopher* disponíveis na Internet.

Vírus – Uma classe de *software* malicioso que tem a habilidade de se autorreplicar e infectar partes do sistema operacional ou dos programas de aplicação, normalmente com o intuito de causar a perda ou dano nos dados.

VPN – A VPN (*Virtual Private Network*) envolve múltiplas redes locais com a habilidade de compartilhar recursos através da Internet ao criar um túnel direto que faz a criptografia e a decriptografia em ambas as extremidades. O *WinRoute* suporta o VPN através do PPTP.

WAN *(Wide Area Network)* **(rede de longa distância)** – Uma rede de comunicações conectando computadores, impressoras e outros dispositivos separados geograficamente. Uma WAN permite que qualquer dispositivo conectado interaja com qualquer outro na rede. Consulte também LAN.

Web – Em português, teia. Abreviatura para designar o *World Wide Web*.

WINS – É a abreviatura de *Windows Internet Name Services*. O WINS é um serviço de resolução de nomes, que é mantido por questões de compatibilidade com versões anteriores do *Windows* (95, 98, Me, 3.11) e de compatibilidade com aplicações mais antigas, que ainda dependam da resolução de nomes *NetBios*. O WINS é um serviço que permite que os clientes façam o seu registro dinamicamente durante a inicialização. O cliente registra o seu nome *NetBios* e o respectivo endereço IP. Com isso o WINS vai criando uma base de nomes *NetBios* e os respectivos endereços podendo fornecer o serviço de resolução de nomes *NetBios* na rede. O WINS tem muitas diferenças em relação ao DNS. A primeira e fundamental delas é que o WINS não forma um espaço de nomes hierárquico como o DNS. O espaço de nomes do WINS é plano (*flat*).

World Wide Web – Conjunto dos servidores que "falam" HTTP e informação lá armazenada em formato HTML. O *World Wide Web* é uma grande teia de informação multimídia em hipertexto. O hipertexto significa que se pode escolher uma palavra destacada numa determinada página e obter assim uma outra página de informação relativa (semelhante ao *Help* do *Windows*). As páginas podem conter texto, imagens, sons, animações etc. O *World Wide Web* é uma gigantesca base de dados distribuída de forma acessível, muito atraente e intuitiva. *World Wide Web* é a designação do conjunto de informações públicas disponibilizadas na Internet FCC por meio do protocolo HTTP. É o somatório das informações que podem ser acessadas por um *browser Web* na Internet. As informações internas de uma empresa que são acessíveis via um *browser Web* são enquadradas no termo intranet. O WWW é um serviço que, como o *gopher*, possibilita a navegação na Internet, porém a obtenção destas informações não é através de menus, e sim de hipertexto. O hipertexto consiste em um texto com palavras-chaves destacadas; estas palavras quando selecionadas fazem uma ligação com um outro texto, que pode estar em um diretório, disco ou máquina diferente dos atuais. Isto configura a não sequencialidade do texto. Um exemplo de hipertexto é o *help* do *Windows*.

WWW – Sigla de *World Wide Web*.

WWW Server – Um computador que fornece serviços e possui informação acessível no WWW.

ZIP – [1] Compactador de arquivos que mudou de nome para *WinZIP* depois do lançamento do *Windows 95*. [2] Extensão de arquivos compactados pelo *WinZIP*.

Zipar – Compactar arquivo de dados para que possa ser mais facilmente transmitido pela Internet ou gravado em disquete ou outra mídia. A palavra vem da extensão .zip, de um dos programas de compactação mais usados.

QUESTÕES

1. (ANALISTA – TRT – FCC – 2014) Devido à avançada infraestrutura de comunicação criada por todo o mundo é que as informações da Internet são transmitidas em quantidades e velocidades cada vez maiores. É correto afirmar que:

   a) quando um usuário envia um *e-mail* para uma pessoa, a mensagem sai do seu computador, passa necessariamente pelo *browser* e é entregue à operadora de telefonia deste usuário. Em seguida, a operadora entrega os dados em uma rede de conexões capaz de levar tudo isso até o *backbone*.

   b) a internet funciona como uma grande estrada de cabos telefônicos, que trabalha levando as informações de forma rápida até um *backbone* de dados fazendo, assim, com que as mensagens cheguem aos destinos usando as redes de telefonia instaladas.

   c) os *backbones* cruzam vários países interligando todos os 5 continentes da Terra, incluindo a Antártica. Essa tecnologia de comunicação de dados atravessa o espaço aéreo de todo o planeta, fazendo com que a troca de informações entre os mais longínquos países seja rápida e sempre eficiente.

   d) a maior parte das transmissões de dados da internet é coberta pelos satélites, uma vez que eles apresentam uma conexão muito rápida. Dessa forma, os cabos funcionam como um mecanismo adicional, que podem garantir a transmissão das informações no caso de acontecer algum acidente com os satélites.

   e) a infraestrutura de comunicação da internet é composta por milhares de quilômetros de fibra óptica, que respondem pela maior parte das conexões do planeta. Trafegando em cabos submarinos, contam com uma capacidade enorme de troca de dados.

2. (ANALISTA DE SISTEMAS – VUNESP – 2014) A diferença entre a internet e a intranet é que a intranet possui acesso restrito a partir de uma rede privada, enquanto na internet o acesso é realizado a partir de qualquer rede. Uma forma de acessar uma intranet a partir de um computador da internet é utilizar o recurso de

   a) FTP.
   b) TCP.
   c) VPN.
   d) VLAN.
   e) WLAN.

3. (OFICIAL DEFENSORIA PÚBLICA – FCC – 2010) Em relação à Internet, tráfegos Web comumente nos padrões https://www, ftp, xxx@ referem-se, respectivamente, a

   a) site da Web, site da Intranet e correio eletrônico.
   b) transferência de arquivos, site da Internet e correio eletrônico.

c) site da Web, transferência de arquivos e correio eletrônico.
d) correio eletrônico, transferência de arquivos e site da Web.
e) site da Web, chat e correio eletrônico.

GABARITO

1. E
2. C
3. C

CAPÍTULO 2

SISTEMAS OPERACIONAIS WINDOWS XP E WINDOWS SEVEN

2.1. INTRODUÇÃO

Os sistemas operacionais são os *softwares* básicos e essenciais para o funcionamento do computador, controlam todas as execuções das tarefas e têm função primordial no gerenciamento e distribuição dos recursos computacionais para a otimização e melhora na *performance* e rendimento.

2.1.1. Importância do tema

O papel dos sistemas operacionais ou sistemas operativos é servir de interface entre o operador e o *hardware* definindo qual programa recebe atenção do processador, realizando o gerenciamento das memórias, criando todo o sistema de alocação de arquivos.

Todos os programas trabalham sob um sistema operacional. Quando o computador é ligado primeiramente ocorre uma leitura da memória ROM e o sistema operacional é carregado na memória RAM.

2.1.2. Destaque

Entre o *software* básico destacam-se os sistemas operacionais: WINDOWS, MS-DOS, LINUX, SOLARIS, UNIX, OS X e, recentemente, o ANDROID.

Mas existem ainda centenas de outros sistemas operacionais desenvolvidos para aplicações específicas.

Existem quatro tipos de sistemas operacionais:

1. Sistema operacional de tempo real (RTOS – *Real Time Operating System*) – utilizado para controlar instrumentos e máquinas. Esse tipo de S.O. é entregue embarcado em produtos e não tem interface amigável.

2. Monousuário e Monotarefa – criado para um único usuário executando uma tarefa de cada vez.

3. Monousuário e Multitarefa – criado para um único usuário e executa várias tarefas ao mesmo tempo.

4. Multiusuário – é o caso dos sistemas operacionais para servidores; administra e distribui as tarefas sem interferências nos desenvolvimentos dos processos de cada operador.

2.2. SISTEMA OPERACIONAL WINDOWS XP

A Microsoft trabalhou com afinco na versão do Windows XP (o XP utilizado no nome vem da palavra eXPerience), que inicialmente foi chamado de Windows Whistler, e que sucedeu o Windows Me e o Windows 2000.

2.3. INICIANDO O WINDOWS

Ao iniciar o Windows XP a primeira tela que temos é a tela de *logon*. Nela selecionamos o usuário que irá utilizar o computador.

Ao entrarmos com o nome do usuário, o Windows efetuará o *logon* (entrada no sistema) e nos apresentará a área de trabalho:

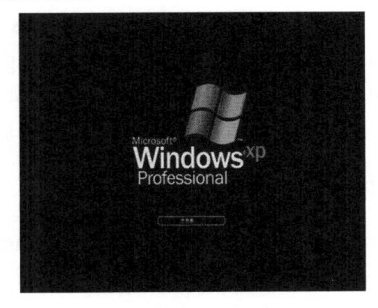

Inicialização do Windows XP

■ INFORMÁTICA

Tela de Logon

2.4. ÁREA DE TRABALHO

Na área de trabalho encontramos os seguintes itens:

- Ícones
- Propriedade de vídeo
- Barra de tarefas
- Botão Iniciar

Área de Trabalho ou Desktop

2.4.1. Ícones

Figuras que representam recursos do computador. Um ícone pode representar um texto, música, programa, fotos etc. Você pode adicionar ícones na área de trabalho, assim como pode excluí-los. Alguns ícones são padrão do Windows: Meu Computador, Meus Documentos, Meus locais de Rede, Internet Explorer.

2.4.2. Propriedades de vídeo

Para abrir Propriedades de Vídeo clique com o botão direito do *mouse* sobre o *desktop* e clique em propriedades.

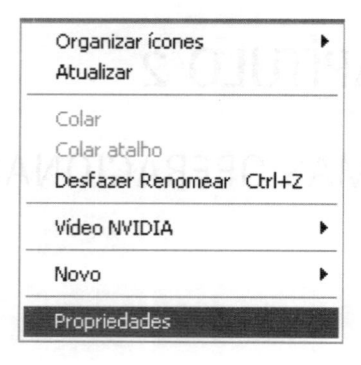

Com isso abrirá a tela:

Esta ferramenta possibilita modificar vários aspectos visuais como: temas, área de trabalho, proteção de tela, aparência e configurações.

- **Tema** – serve para personalizar a aparência das janelas do monitor.
- **Área de trabalho** – serve para modificar o plano de fundo como: inserir imagens, figuras etc.
- **Proteção de tela** – depois de você selecionar uma proteção de tela, ela será iniciada automaticamente quando o computador permanecer ocioso após o tempo em minutos especificado em Aguardar. Para desativar a proteção de tela depois de ter sido iniciada, mova o *mouse* ou pressione qualquer tecla. É possível ainda atribuir uma senha à proteção de tela, de forma que, quando a proteção de tela é acionada, o usuário deve usar uma senha para interromper essa proteção.

- **Aparência** – serve para configurar a aparência, especificar configurações de cor, assim como tamanho de fonte da janela do monitor.
- **Configurações** – serve para alterar a resolução da tela e definir a taxa de atualização do monitor (uma frequência de atualização superior reduz qualquer tremulação na tela, mas quando você escolhe uma configuração muito avançada para o monitor, pode inutilizar o vídeo e causar danos ao *hardware*).

2.4.3. Barra de tarefas

A barra de tarefas mostra quais as janelas estão abertas no momento, mesmo que algumas estejam minimizadas ou ocultas sob outra janela, permitindo assim alternar entre estas janelas ou entre programas com rapidez e facilidade.

A barra de tarefas é muito útil no dia a dia. Imagine que você esteja criando um texto em um editor de texto e um de seus colegas lhe pede para você imprimir uma determinada planilha que está em seu micro. Você não precisa fechar o editor de textos. Apenas salve o arquivo que está trabalhando, abra a planilha e mande imprimir, enquanto imprime você não precisa esperar que a planilha seja totalmente impressa, deixe a impressora trabalhando e volte para o editor de textos, dando um clique no botão correspondente na barra de tarefas e volte a trabalhar.

A barra de tarefas do Windows pode ocupar qualquer um dos quatro cantos da tela, mas só pode estar nos cantos, e o tamanho máximo que ela pode ocupar é 50% da tela.

A barra de tarefas, na visão da Microsoft, é uma das maiores ferramentas de produtividade do Windows. Vamos abrir alguns aplicativos e ver como ela se comporta.

2.4.4. Botão Iniciar

O botão Iniciar é o principal elemento da barra de tarefas. Ele dá acesso ao Menu Iniciar, de onde se podem acessar outros menus que, por sua vez, acionam programas do Windows. Ao ser acionado, o botão Iniciar mostra um menu vertical com várias opções. Alguns comandos do menu Iniciar têm uma seta para a direita, significando que há opções adicionais disponíveis em um menu secundário. Se você posicionar o ponteiro sobre um item com uma seta, será exibido outro menu.

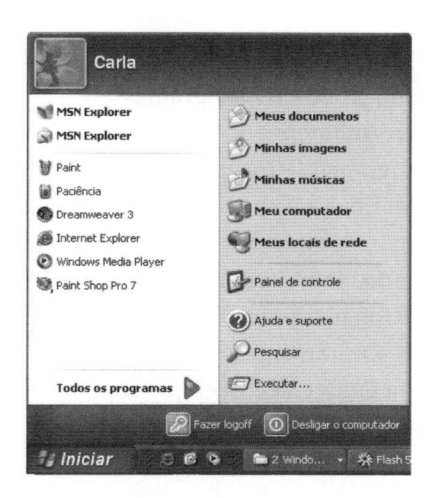

O botão Iniciar é a maneira mais fácil de iniciar um programa que estiver instalado no computador, ou fazer alterações nas configurações do computador, localizar um arquivo, abrir um documento.

O botão Iniciar pode ser configurado. No Windows XP você pode optar por trabalhar com o novo menu Iniciar ou, se preferir, configurar o menu Iniciar para que tenha a aparência das versões anteriores do Windows (95/98/Me). Clique na barra de tarefas com o botão direito do *mouse* e selecione propriedades e então clique na guia menu Iniciar.

Esta guia tem duas opções:

Menu Iniciar: oferece a você acesso mais rápido a *e-mail* e Internet, seus documentos, imagens e música e aos programas usados recentemente, pois estas opções são exibidas ao se clicar no botão Iniciar. Esta configuração é uma novidade do Windows XP.

Menu Iniciar Clássico: deixa o menu Iniciar com a aparência das versões antigas do Windows, como o Windows ME, 98 e 95.

Menu Iniciar – propriedades do menu Iniciar

■ INFORMÁTICA

2.4.4.1. Todos os programas

O menu Todos os programas ativa automaticamente outro submenu, no qual aparecem todas as opções de programas. Para entrar neste submenu arraste o *mouse* em linha reta para a direção em que o submenu foi aberto. Assim, você poderá selecionar o aplicativo desejado. Para executar, por exemplo, o Paint, basta posicionar o ponteiro do *mouse* sobre a opção Acessórios. O submenu Acessórios será aberto. Então aponte para Paint e dê um clique com o botão esquerdo do *mouse*.

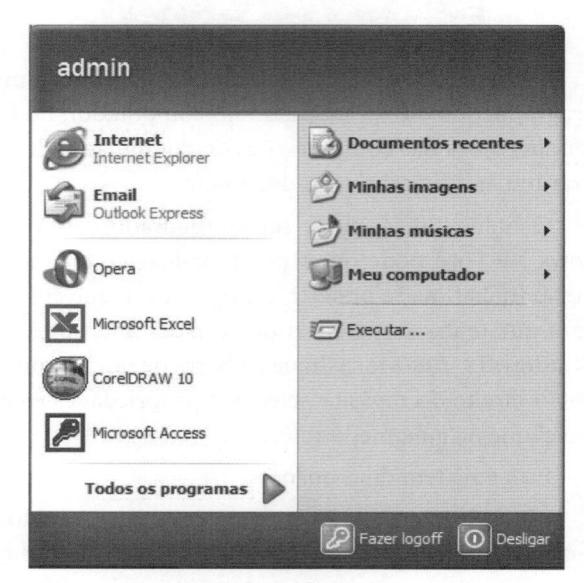

Todos os programas

2.4.4.2. Logon e logoff

Abre uma janela onde você poderá optar por fazer *logoff* ou mudar de usuário. Veja a função de cada um:

Trocar usuário: clicando nesta opção, os programas que o usuário atual está usando não serão fechados, e uma janela com os nomes dos usuários do computador será exibida para que a troca de usuário seja feita. Usa-se esta opção na seguinte situação: outro usuário vai usar o computador, mas depois você irá continuar a usá-lo. Então o Windows não fechará seus arquivos e programas, e quando você voltar ao seu usuário, a área de trabalho estará exatamente como você a deixou.

Fazer *logoff*: este caso é também para a troca de usuário. A grande diferença é que, ao efetuar o *logoff*, todos os programas do usuário atual serão fechados, e só depois aparece a janela para escolha do usuário.

Logoff

2.4.4.3. Desligando o Windows XP

Clicando-se em Iniciar, desligar, teremos uma janela em que é possível escolher entre três opções:

▶ **Hibernar:** clicando neste botão, o Windows salvará o estado da área de trabalho no disco rígido e depois desligará o computador. Desta forma, quando ele for ligado novamente, a área de trabalho se apresentará exatamente como você a deixou, com os programas e arquivos que você estava usando abertos.

▶ **Desativar:** desliga o Windows, fechando todos os programas abertos para que você possa desligar o computador com segurança.

▶ **Reiniciar:** encerra o Windows e o reinicia.

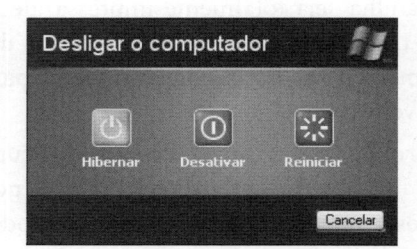

Desligar o computador

2.4.4.4. Acessórios do Windows

O Windows XP inclui muitos programas e acessórios úteis. São ferramentas para edição de texto, criação de imagens, jogos, ferramentas para melhorar a performance do computador, calculadora etc.

Se fôssemos analisar cada acessório que temos, encontraríamos várias aplicações, mas vamos citar as mais usadas e importantes. Imagine que você está montando um manual para ajudar as pessoas a trabalharem com um determinado programa do computador. Neste manual, com certeza, você acrescentaria a imagem das janelas do programa. Para copiar as janelas e retirar só a parte desejada, utilizaremos o Paint, que é um programa para trabalharmos com imagens. As pessoas que trabalham com criação de páginas para a Internet utilizam o acessório Bloco de Notas, que é um editor de texto muito simples. Assim, vimos duas aplicações para dois acessórios diferentes.

A pasta Acessórios é acessível dando-se um clique no botão Iniciar na barra de tarefas, escolhendo a opção Todos os Programas e, no submenu que aparece, escolha acessórios.

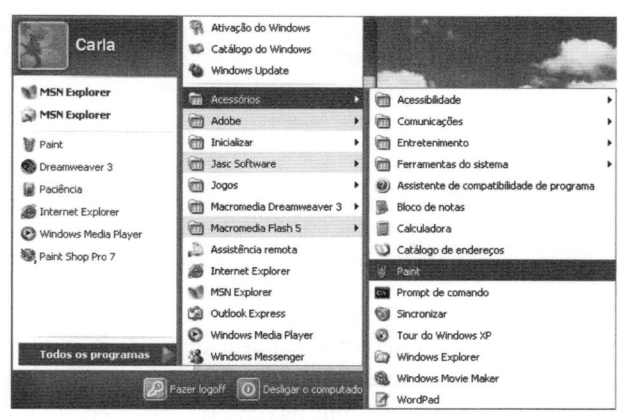

Acessórios

2.4.4.5. Janelas

Para exemplificarmos uma janela, utilizaremos a janela de um aplicativo do Windows. O Bloco de Notas. Para abri-lo clique no botão **Iniciar / Todos os Programas / Acessórios / Bloco de Notas**.

Janela

Barra de Título: esta barra mostra o nome do arquivo (Sem Título) e o nome do aplicativo (Bloco de Notas) que está sendo executado na janela. Por meio dela, conseguimos mover a janela quando esta não está maximizada. Para isso, clique na barra de título, mantenha o clique e arraste e solte o *mouse*. Assim, você estará movendo a janela para a posição desejada. Depois é só soltar o clicar.

Na Barra de Título encontramos os botões de controle da janela. Estes são:

▶ **Minimizar:** este botão oculta a janela da área de trabalho e mantém o botão referente à janela na barra de tarefas. Para visualizar a janela novamente, clique em seu botão na barra de tarefas.

▶ **Maximizar:** este botão aumenta o tamanho da janela até que ela ocupe toda a área de trabalho. Para que a janela volte ao tamanho original, o botão na Barra de Título, que era o maximizar, alternou para o botão Restaurar. Clique neste botão e a janela será restaurada ao tamanho original.

▶ **Fechar:** este botão fecha o aplicativo que está sendo executado e sua janela. Esta mesma opção poderá ser utilizada pelo menu Arquivo/Sair. Se os arquivos que estiverem sendo criados ou modificados dentro da janela não foram salvos antes de fechar o aplicativo, o Windows emitirá uma tela de alerta perguntando se queremos ou não salvar o arquivo, ou cancelar a operação de sair do aplicativo.

2.4.4.6. Salvando arquivos

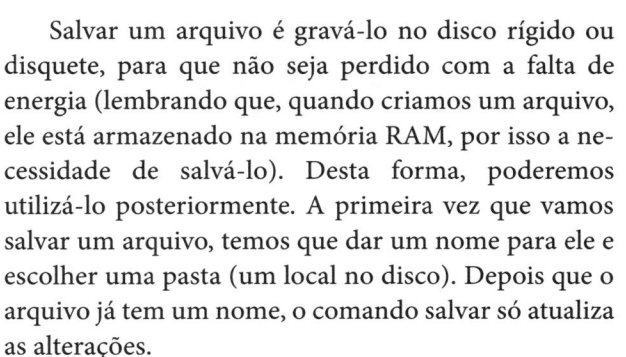

Salvar um arquivo é gravá-lo no disco rígido ou disquete, para que não seja perdido com a falta de energia (lembrando que, quando criamos um arquivo, ele está armazenado na memória RAM, por isso a necessidade de salvá-lo). Desta forma, poderemos utilizá-lo posteriormente. A primeira vez que vamos salvar um arquivo, temos que dar um nome para ele e escolher uma pasta (um local no disco). Depois que o arquivo já tem um nome, o comando salvar só atualiza as alterações.

Quando criamos um arquivo no editor de texto ou em uma planilha eletrônica, estes arquivos estão sendo guardados temporariamente na memória RAM. Para transferi-los para o disco rígido, devemos salvá-los. Para isso, execute os seguintes passos quando for salvar um arquivo pela primeira vez:

1. Você está com o Bloco de Notas aberto. Então, digite a frase *"meu primeiro texto"*. Agora, vamos gravar este pequeno texto que você digitou.

2. Clique no menu Arquivo / Salvar.

A janela **Salvar Como** no Windows XP traz uma barra de navegação de pastas à esquerda da janela (observe a figura abaixo). Esta barra fornece atalhos para locais em seu computador ou na rede como: A pasta **Histórico** (ou Documentos Recentes) mostra as últimas pastas e arquivos que foram acessados; a **Área de Trabalho** (Desktop); A pasta **Meus Documentos**; **Meu computador**, que permite acessar as unidades disponíveis em seu micro, como Disco Rígido, disquete e unidade de CD; e, por último, a pasta **Meus locais de Rede**. Quando você clicar em um local, ele aparecerá em **Salvar em**, e os arquivos e pastas no local selecionado serão listados à direita. Se, por exemplo, você deseja salvar o arquivo na pasta **Meus Documentos**, não será necessário localizar esta pasta na caixa **Salvar em**. Basta clicar no ícone **Meus Documentos** na barra de navegação de pastas e esta já estará selecionada.

3. Como é a primeira vez que está salvando o arquivo, será aberta a tela do **Salvar Como** para você definir o local e o nome do arquivo no disco rígido.

4. Na caixa **Salvar em**, escolha a unidade de disco na qual deseja gravar seu arquivo (C: ou Disco Flexível). No nosso caso, vamos escolher (C:).

5. Escolha uma pasta dando um clique duplo sobre ela. No nosso caso, **Meus Documentos.**

6. Na Caixa Nome do Arquivo, digite um nome para o arquivo. Este nome não poderá conter os caracteres: *, /, \,?. Pode haver um espaço de um arquivo.

7. Clique no botão **Salvar**.

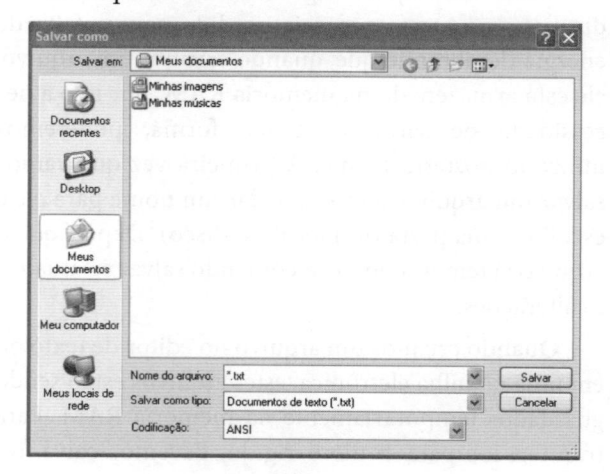

Salvar

2.5. MEU COMPUTADOR

No Windows XP, tudo o que você tem dentro do computador – programas, documentos, arquivos de dados e unidades de disco, por exemplo – torna-se acessível em um só local chamado Meu Computador. Quando você inicia o Windows XP, o Meu Computador aparece como um ícone na parte esquerda da tela, ou Área de Trabalho. Veja a figura a seguir:

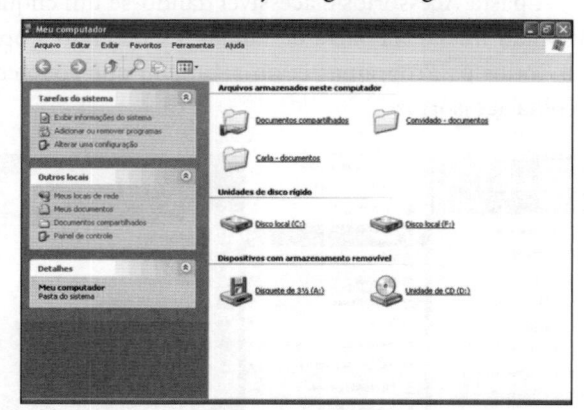

Meu Computador

O Meu Computador é a porta de entrada para o usuário navegar pelas unidades de disco (rígido, flexíveis e CD-ROM). Normalmente, nas empresas existem vários departamentos como administração, compras, estoque e outros. Para que os arquivos de cada departamento não se misturem, utilizamos o Meu Computador para dividir o Disco em pastas que organizam os arquivos de cada um dos departamentos. Em casa, se mais de uma pessoa utiliza o computador, também criaremos pastas para organizar os arquivos que cada um cria.

2.6. EXIBIR O CONTEÚDO DE UMA PASTA

Para você ter uma ideia prática de como exibir o conteúdo de uma pasta (estas são utilizadas para organizar o disco rígido, como se fossem gavetas de um armário), vamos, por exemplo, visualizar o conteúdo de pasta Windows. Siga os seguintes passos:

1. dê um clique sobre a pasta correspondente ao disco rígido (C:)

2. será aberta uma janela com título correspondente ao rótulo da unidade de disco rígido C:. Nesta janela aparecem as pastas correspondentes às "gavetas" existentes no disco rígido C:, bem como os ícones referentes aos arquivos gravados na "raiz" (pasta principal) da unidade C.

3. dê um clique sobre a pasta Windows. Ela será aberta como uma janela cujo título é Windows, mostrando todas as pastas ("gavetas") e ícones de arquivos existentes na pasta Windows, podendo ser exibidos de diversas formas: miniaturas, lado a lado, ícones, lista e detalhes.

2.7. CRIANDO PASTAS

Como já mencionado anteriormente, as pastas servem para organizar o disco rígido. Para conseguirmos esta organização, é necessário criarmos mais pastas e até mesmo subpastas destas.

Para criar uma pasta siga estes passos:

1. Abra a pasta ou unidade de disco que deverá conter a nova pasta que será criada.

2. clique no menu **Arquivo / Novo / Pasta**.

3. Aparecerá na tela uma **Nova Pasta** selecionada para que você digite um nome.

4. Digite o nome e tecle **ENTER**.

5. Pronto! A pasta está criada.

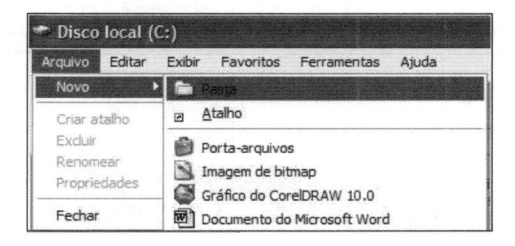

2.8. WINDOWS EXPLORER

O Windows Explorer tem a mesma função do Meu Computador: organizar o disco e possibilitar trabalhar com os arquivos fazendo, por exemplo, cópia, exclusão e mudança no local dos arquivos. Enquanto o Meu Computador traz como padrão a janela sem divisão, você observará que o Windows Explorer traz a janela dividida em duas partes. Mas tanto no primeiro como no segundo, esta configuração pode ser mudada.

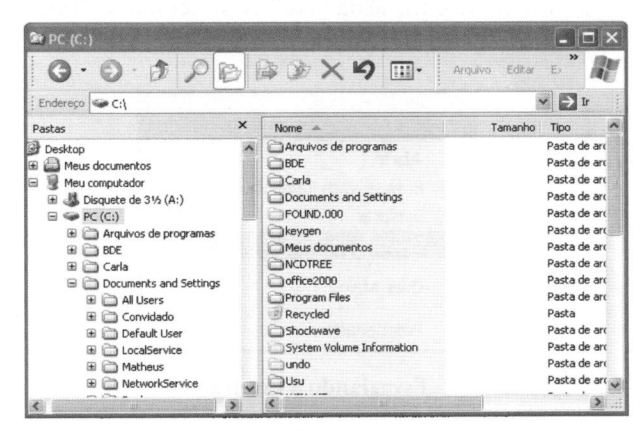

Janela do Windows Explorer

Podemos criar pastas para organizar o disco de uma empresa ou casa, copiar arquivos para disquete, apagar arquivos indesejáveis e muito mais.

No Windows Explorer, você pode ver a hierarquia das pastas em seu computador e todos os arquivos e pastas localizados em cada pasta selecionada. Ele é especialmente útil para copiar e mover arquivos.

Ele é composto de uma janela dividida em dois painéis: o painel da esquerda é uma árvore de pastas hierarquizada que mostra todas as unidades de disco, a Lixeira, a área de trabalho ou Desktop (também tratada como uma pasta); o painel da direita exibe o conteúdo do item selecionado à esquerda e funciona de maneira idêntica às janelas do Meu Computador (no Meu Computador, como padrão ele traz a janela sem divisão, mas é possível dividi-la também clicando no ícone Pastas na Barra de Ferramentas). Para abrir o Windows Explorer, clique no botão Iniciar, vá à opção Todos os Programas / acessórios e clique sobre Windows Explorer ou clique sobre o botão iniciar com o botão direito do *mouse* e selecione a opção Explorar.

No painel da esquerda todas as pastas com um sinal de + (mais) indicam que contêm outras pastas. As pastas que contêm um sinal de – (menos) indicam que já foram expandidas (ou já estamos visualizando as subpastas).

Quando você aprendeu a usar o Meu Computador, viu que, apesar de a janela não aparecer dividida, você pode dividi-la clicando no ícone que fica na barra de ferramentas.

Uma outra formatação que serve tanto para o Meu Computador quanto para o Windows Explorer é que você pode escolher se deseja ou não exibir, do lado esquerdo da janela, um painel que mostra as tarefas mais comuns para as pastas e *links* que mostram outras partes do computador. Clicando no menu Ferramentas e depois clicando em Opções de pasta, a janela seguinte é apresentada:

Opções de pasta

Principais Extensões de arquivos

Word	Excel	Powerpoint	Writer
.doc	.xls	.ppt	.odt
.docx	.xlsx	.pps	
.rtf	.dbf	.pptx	
.txt	.csv	.ppsx	
.htm	.htm	.htm	

Calc	Impress	Vídeo	Acrobat
.ods	.odp	divx	.pdf
		mpeg	
		.wmv	
		.mp4	

Áudio	Compactadores	Executáveis	Figura
.mp3	.zip	.exe	.bmp
.wma	.arj	.bat	.tif
.wav	.rar	.pif	.jpg
.midi		.com	jpeg
			.gif
			.cdr
			.psd

2.9. LIXEIRA DO WINDOWS

A Lixeira é uma pasta especial do Windows que se encontra na Área de trabalho, como já mencionado, mas pode ser acessada por meio do Windows Explorer. Se você estiver trabalhando com janelas maximizadas, não conseguirá ver a lixeira. Use o botão direito do *mouse* para clicar em uma área vazia da Barra de Tarefas. Em seguida, clique em Minimizar todas as Janelas. Para verificar o conteúdo da lixeira, dê um clique sobre o ícone e surgirá a figura abaixo.

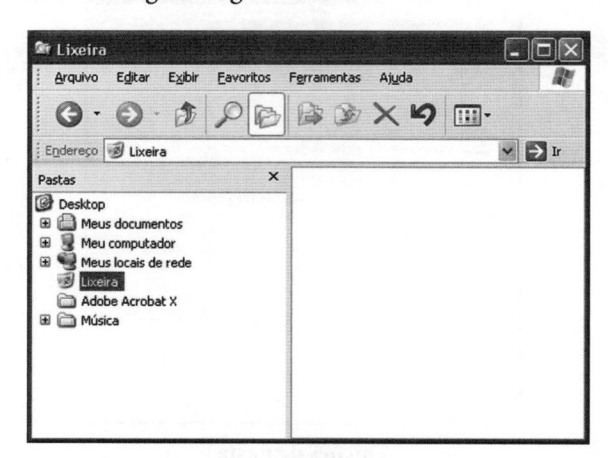

Lixeira do Windows

Atenção para o fato de que se a janela da lixeira estiver com a aparência diferente da figura ao lado, provavelmente o ícone Pasta está ativo. Vamos apagar um arquivo para poder comprovar que ele será colocado na lixeira. Para isso, vamos criar um arquivo de texto vazio com o bloco de notas e salvá-lo em Meus documentos, após isto, abra a pasta e selecione o arquivo recém-criado, e então pressione a tecla DELETE. Surgirá uma caixa de diálogo como a figura abaixo.

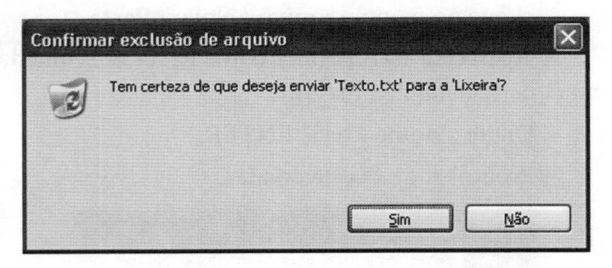

Clique em SIM e então o arquivo será enviado para Lixeira.

2.10. ESVAZIANDO A LIXEIRA

Ao Esvaziar a Lixeira, você está excluindo definitivamente os arquivos do seu Disco Rígido. Estes não poderão mais ser recuperados pelo Windows. Então, esvazie a Lixeira somente quando tiver certeza de que não precisa mais dos arquivos ali encontrados.

1. Abra a Lixeira.

2. No menu ARQUIVO, clique em Esvaziar Lixeira.

Você pode também esvaziar a Lixeira sem precisar abri-la, para tanto, basta clicar com o botão DIREITO do *mouse* sobre o ícone da Lixeira e selecionar no menu de contexto Esvaziar Lixeira.

Esvaziando a Lixeira

2.11. PAINEL DE CONTROLE

O painel de controle permite que sejam feitas as configurações mais importantes dentro do sistema operacional. Configurações de *hardware* como teclado, instalação de novos periféricos, impressoras, configurações de áudio e vídeo, configurações de periféricos referentes a redes de computadores e configurações de *softwares* como a instalação de novos programas e a configuração de perfis de usuário.

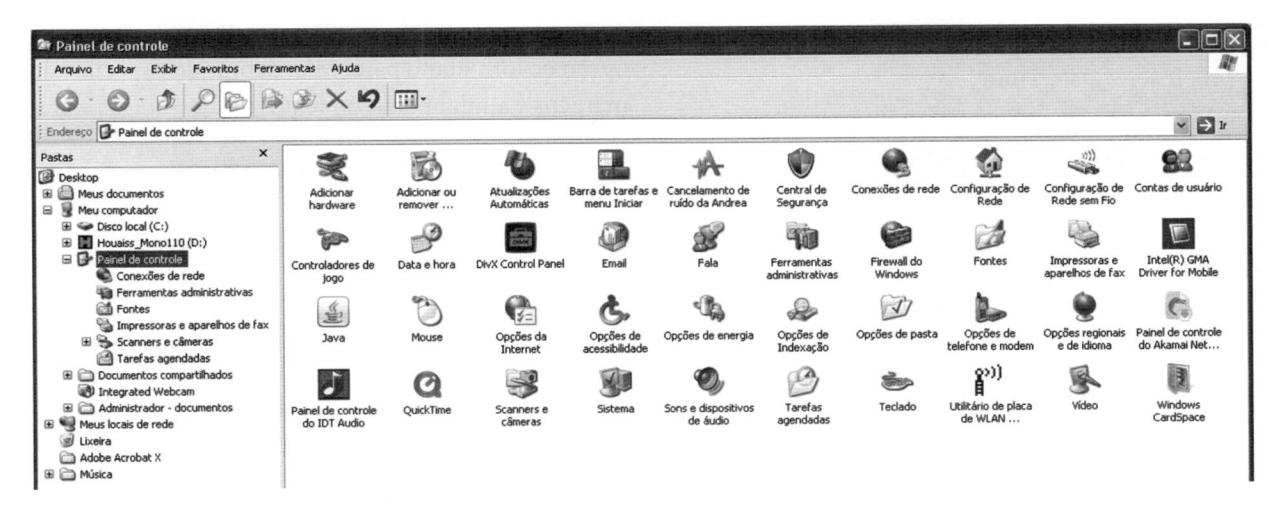

2.12. WORDPAD

O Windows traz junto dele um programa para edição de textos, o WordPad. Com o WordPad é possível digitar textos, deixando-os com uma boa aparência.

Como mencionado no parágrafo anterior, o WordPad é um editor de textos que nos auxiliará na criação de vários tipos de documentos. Mas poderíamos dizer que o WordPad é uma versão muito simplificada do Word. Os usuários do Word vão se sentir familiarizados, pois ele possui menus e barras de ferramentas similares. Porém o Word tem um número muito maior de recursos. A vantagem do WordPad é que ele já vem com o Windows. Então, se você não tem em seu computador o Microsoft Word, poderá usar o WordPad na criação de seus textos.

Tipos de documentos que podemos criar com o WordPad:

- Fax
- Avisos
- Memorandos
- Lista de compras

Agora, principalmente se você não tiver o Word no seu computador, o WordPad será sua principal ferramenta de criação de textos.

Para abrir o WordPad, localize o item Acessórios no Menu Iniciar. Ao abrir o programa a janela ao lado será exibida.

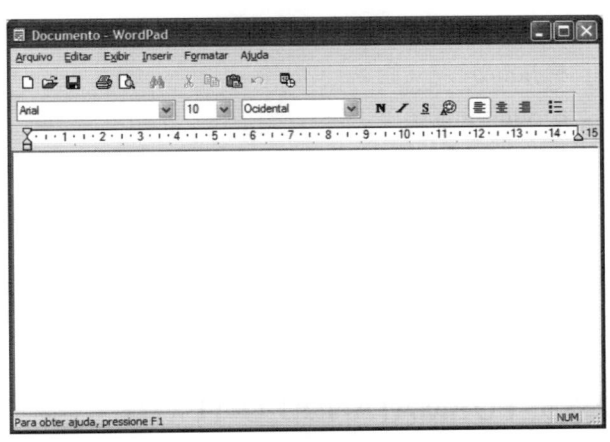

Janela do WordPad

2.13. BARRA PADRÃO

Na barra Padrão é onde encontramos os botões para as tarefas que executamos com mais frequência, tais como: Abrir, salvar, Novo documento, imprimir etc.

Funções dos botões:

1. Novo documento
2. Abrir documento
3. Salvar
4. Visualizar
5. Localizar (esmaecido)

6. Recortar (esmaecido)

7. Copiar (esmaecido)

8. Colar

9. Desfazer

10. Inserir Data/Hora

2.14. BARRA DE FORMATAÇÃO

Logo abaixo da barra padrão temos a barra de Formatação. Ela é usada para alterar o tipo de letra (fonte), tamanho, cor, estilo, disposição de texto etc.

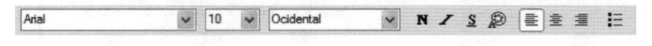

Funções dos botões:

1. Alterar fonte

2. Alterar tamanho da fonte

3. Lista de conjunto de caracteres do idioma

4. **Negrito**

5. *Itálico*

6. Sublinhado

7. Cor da fonte

8. Texto alinhado à esquerda

9. Texto centralizado

10. Texto alinhado à direita

11. Marcadores

2.15. FORMATANDO O TEXTO

Para que possamos formatar (alterar a forma) de um texto todo, palavras ou apenas letras, devemos antes de tudo selecionar o item em que iremos aplicar a formatação. Para selecionar, mantenha pressionado o botão esquerdo do *mouse* e arraste sobre a(s) palavra(s) ou letra(s) que deseja alterar:

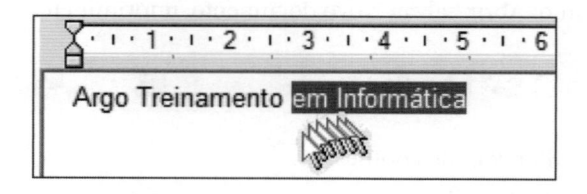

Feito isto, basta apenas alterar as propriedades na barra de formatação.

Você pode ainda formatar o texto pela caixa de diálogo para formatação, para isso clique em: Menu **Formatar/Fonte,** a seguinte tela será apresentada:

Aqui, você também poderá fazer formatações do texto, bem como colocar efeitos como ~~riscado~~ e <u>sublinhado</u>.

Com o Neste menu (Formatar), temos também a opção de formatar o parágrafo, definindo os recuos das margens e alinhamento do texto.

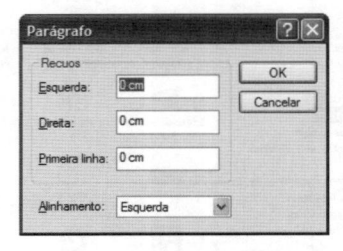

Formatar Parágrafo

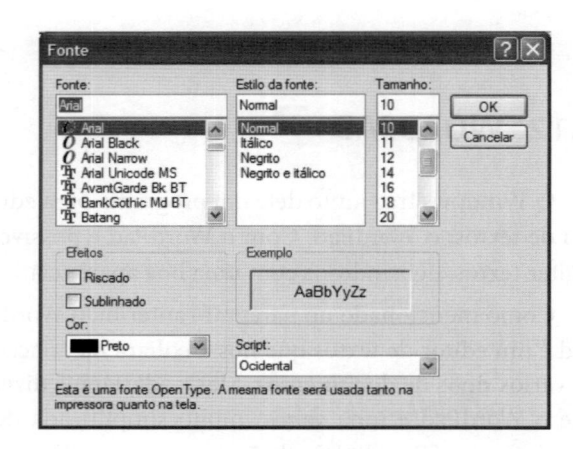

Formatar Fonte

2.16. *PAINT*

O *Paint* é um acessório do Windows que permite o tratamento de imagens e a criação de vários tipos de desenhos para nossos trabalhos.

Por intermédio deste acessório podemos criar logomarcas, papel de parede, copiar imagens, capturar telas do Windows e usá-las em documentos de textos.

Uma grande vantagem do *Paint* é que as pessoas que estão iniciando no Windows poderão aperfeiçoar-se nas funções básicas de outros programas, tais como: abrir, salvar, novo, desfazer. Além de desenvolver a coordenação motora no uso do *mouse*.

Para abrir o *Paint*, siga até os **Acessórios** do Windows. A seguinte janela será apresentada com os seguintes elementos:

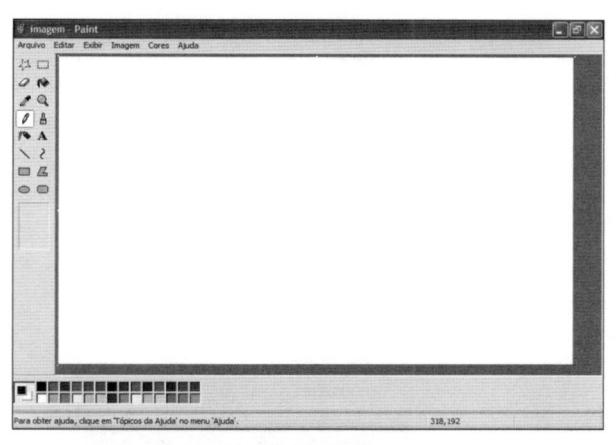

Janela do Paint

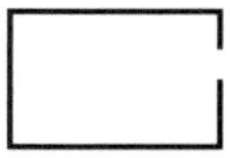

Figura vazada

Figura fechada

A Ferramenta Texto: Utilizada para inserir textos no Paint. Ao selecionar esta ferramenta e clicar na área de desenho, devemos desenhar uma caixa para que o texto seja inserido dentro dela. Junto com a ferramenta texto, surge também a caixa de formatação de texto, com função semelhante à estudada no WordPad, a barra de formatação.

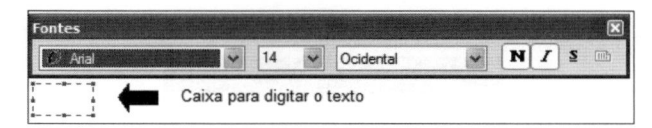

Caixa de ferramentas

Nesta caixa, selecionamos as ferramentas que iremos utilizar para criar nossas imagens. Podemos optar por: lápis, pincel, *spray*, linhas, curvas, quadrados, elipses etc.

Caixa de cores

Nesta caixa selecionamos a cor que iremos utilizar, bem como a cor do fundo em nossos desenhos.

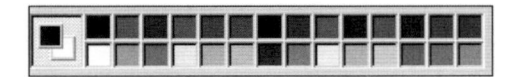

Você pode ainda salvar o seu desenho, para que possa abrir mais tarde ou mesmo imprimir. Para tanto, clique em Arquivo / Salvar.

Basta inserir um nome para o desenho, e clicar no botão **Salvar**.

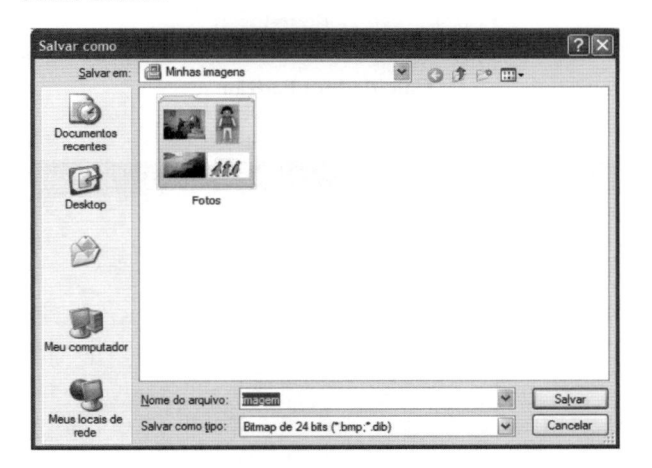

Vejamos agora as ferramentas mais utilizadas para criação de imagens:

Lápis: Apenas mantenha pressionado o botão do *mouse* sobre a área em branco e arraste para desenhar.

Pincel: Tem a mesma função do lápis, mas com alguns recursos a mais, nos quais podemos alterar a forma do pincel e o tamanho dele. Para isso, basta selecionar na caixa que aparece abaixo da Caixa de ferramentas:

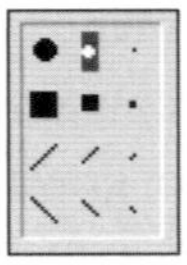

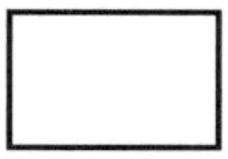

Após salvar seu desenho, você pode ainda colocá-lo como plano de fundo (papel de parede). Clique em **Arquivo / Definir como plano de fundo.**

Spray: Com esta ferramenta pintamos como se estivéssemos com um *spray* de verdade, podendo, ainda, aumentar o tamanho da área de alcance dele, assim como aumentamos o tamanho do pincel.

Preencher com cor ou balde de tinta: Serve para pintar os objetos, tais como círculos e quadrados. Use-o apenas se a sua figura estiver **fechada**, sem aberturas, conforme exemplo a seguir:

2.17. CALCULADORA

A calculadora do Windows contém muito mais recursos do que uma calculadora comum, pois além de efetuar as operações básicas, pode ainda trabalhar como uma calculadora científica. Para abri-la, vá até Acessórios.

A calculadora padrão contém as funções básicas, enquanto a calculadora científica é indicada para cálculos mais avançados. Para alternar entre elas clique no menu **Exibir**.

Calculadora Padrão

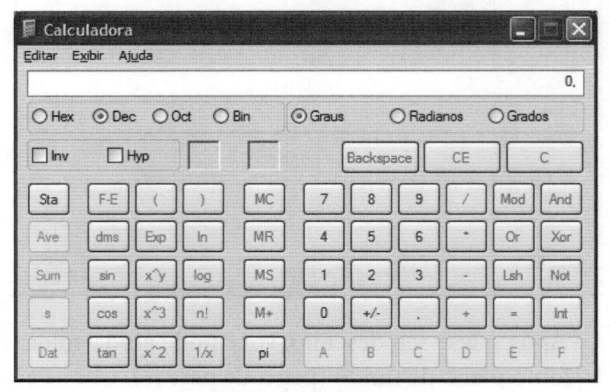

Calculadora Científica

2.18. FERRAMENTAS DO SISTEMA

O Windows XP traz consigo uma série de programas que nos ajudam a manter o sistema em bom funcionamento. Esses programas são chamados de Ferramentas do Sistema. Podemos acessá-los por meio do Menu Acessórios, ou abrindo Meu Computador e clicando com o botão direito do *mouse* sobre a unidade de disco a ser verificada, no menu de contexto, selecione a opção propriedades.

Na janela de Propriedades do Disco clique na guia Ferramentas.

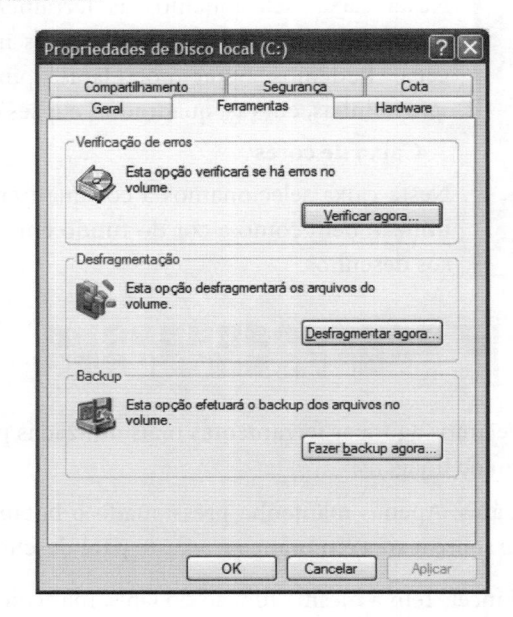

Nesta janela temos as seguintes opções:

Verificação de erros: Ferramenta que procura no disco erros, defeitos ou arquivos danificados. Recomenda-se fazer ao menos uma vez por semana.

Desfragmentação: Quando o Windows grava um arquivo no disco, ele o grava em partes separadas, quando precisar abrir esse mesmo arquivo, o próprio Windows levará mais tempo, pois precisa procurar por todo o disco. Usando esta ferramenta, ele ajusta o disco e torna o computador até 20% mais rápido. Recomenda-se fazer todo mês.

Backup: Ferramenta que cria uma cópia dos seus arquivos ou de todo o sistema, para que no caso de ocorrer algum problema, nada seja perdido. Recomenda-se fazer ao menos uma vez por mês.

2.19. RESTAURAÇÃO DO SISTEMA

O Windows XP apresenta uma ferramenta mais avançada e simples para proteger o sistema contra erros e falhas. Esta ferramenta encontra-se em **Acessórios / ferramentas do sistema**.

Você pode usar a restauração do sistema para desfazer alterações feitas no computador e restaurar configurações e o desempenho. A restauração do sistema retorna o computador a uma etapa anterior (ponto de restauração) sem que você perca trabalhos recentes, como documentos salvos, *e-mail* ou listas de histórico e de favoritos da internet.

As alterações feitas pela restauração do sistema são totalmente reversíveis. O computador cria automaticamente pontos de restauração, mas você também pode usá-la para criar seus próprios pontos de restauração. Isso é útil se você estiver prestes a fazer uma alteração importante no sistema, como a instalação de um novo programa ou alterações no registro.

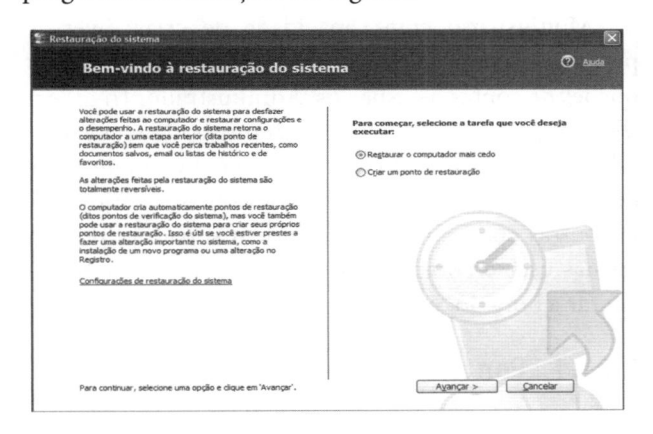

2.20. TECLAS DE ATALHOS WINDOWS XP

Windows = Abre o menu Iniciar

Windows + D = Minimizar ou restaurar todas as janelas e mostrar a área de trabalho

Windows + M = Minimizar todas as janelas

Shift + Windows + M = Maximizar todas as janelas abertas

Windows + Tab = Percorrer os botões da barra de tarefas

Windows + F = Localizar: Todos os discos

Ctrl + Windows + D = Localizar: Meu Computador

Windows + F1 = Ajuda

Windows + R = Executar

Windows + Pause = Propriedades do sistema

Windows + E = Abrir o Windows Explorer (Meu computador)

Alt + Espaço = Abrir Menu de sistema da janela ou programa aberto

CTRL + ESC = Abre o menu Iniciar

CTRL + ALT + DEL = Gerenciador de tarefas, permite fechar programas travados

Windows + L = Bloquear computador ou trocar de usuário sem fazer *logoff*

Caixas de diálogo

Ctrl + Tab = Navegar pelas abas (orelhas) da janela

Ctrl + Shift + Tab = Retroceder pelas abas

F1 = Apresentar Ajuda a um item selecionado

Esc = Cancelar, Sair

Espaço ou Enter = Fazer clique no botão selecionado

Espaço = Ativar ou desativar a caixa de verificação da opção selecionada

Tab = Avançar para as opções seguintes

Shift + Tab = Retroceder para as opções anteriores

Shift enquanto insere um CD = Avançar a inicialização automática do CD

Alt + Enter ou Alt + duplo clique = Propriedades de um item

Shift + Delete = Deletar o arquivo, sem enviar para a lixeira

Ctrl + A = Selecionar tudo

Meu computador e Windows Explorer

f2 = Renomear arquivo selecionado

F3 = Pesquisar arquivos na pasta atual

F4 = Abre a listinha da barra de endereços

F5 = Atualiza a janela atual

F6 = Alternar entre os painéis esquerdo e direito e entre as barras de menu

F11 = Abre a página em tela cheia. Tecle F11 para voltar ao normal

Ctrl + H = Abre a lista do histórico

Ctrl + I = Abre a lista dos favoritos

Alt + seta para a direita = Avançar para a vista anterior

Backspace = Ir para a pasta um nível acima

Shift enquanto faz clique em Fechar (apenas Meu Computador) = Fechar a pasta selecionada e todas as pastas associadas

Alt + seta para a esquerda = Retroceder para a vista anterior

Seta para a direita = Expandir a seleção atual se estiver fechada (+)

Num Lock + asterisco = Expandir todas as pastas abaixo da seleção

Num Lock + tecla + = Expandir a pasta selecionada

Seta para a esquerda = Fechar a seleção atual se estiver expandida (-)

Num Lock + tecla – = Fechar a pasta selecionada

Acessibilidade

Alt da esquerda + Shift da esquerda + Num Lock = Ativar/Desativar teclas do mouse

Shift cinco vezes = Ativar/Desativar Fixar Teclas

Num Lock durante cinco segundos = Ativar/Desativar avisos sonoros das Teclas de Alternância

Shift da direita durante oito segundos = Ativar/Desativar Teclas de Filtragem

Alt da esquerda + Shift da esquerda + Print Screen = Ativar/Desativar Alto Contraste

Aplicativos

Ctrl + C ou Ctrl + Insert = Copiar

Ctrl + V ou Shift + Insert = Colar

Ctrl + X ou Shift + Del = Recortar

Ctrl + Home = Ir para o início do documento

Ctrl + End = Ir para o fim do documento

Ctrl + Z ou Alt + Backspace = Desfazer últimas ações

Recursos especiais

Windows + Scroll Lock = Copiar o ecrã ampliado para a área de transferência sem o cursor

Windows + Page up = Alternar a inversão de cores

Windows + Page Down = Alternar o seguimento do cursor

Windows + seta para cima = Ampliar

Windows + seta para baixo = Reduzir

Windows + Print Screen = Copiar o ecrã ampliado e o cursor para a área de transferência

Recursos gerais

F10 = Ativar a barra de menus em programas

Ctrl + F4 = Fechar a janela atual do programa

Alt + F4 = Fechar a janela ou o programa ativo

Alt + Backspace = Abrir o menu do sistema da janela atual

Alt + Backspace + N = Minimizar a janela ativa

2.21. SISTEMA OPERACIONAL WINDOWS SEVEN

Sistema operacional multitarefa e múltiplos usuários. O novo sistema operacional da Microsoft trouxe, além dos recursos do Windows Seven, muitos recursos que tornam a utilização do computador mais amigável.

Multitarefa é mais uma característica do Windows Seven. Um sistema operacional multitarefa permite trabalhar com diversos programas ao mesmo tempo (Word e Excel abertos ao mesmo tempo).

Multiusuário com capacidade de criar diversos perfis de usuários. No caso, o Windows Seven tem duas opções de contas de usuários: Administrador (*root*) e o Usuário padrão (limitado). O administrador pode instalar e desinstalar impressoras, alterar as configurações do sistema, modificar a conta dos outros usuários, entre outras configurações. Já o usuário padrão poderá apenas usar o computador, não poderá, por exemplo, alterar a hora do Sistema.

2.21.1. Ponto de partida

À medida que os usuários começam a utilizar o computador pela primeira vez, normalmente completam um conjunto de tarefas que têm como objetivo otimizar o computador para as suas necessidades. Essas tarefas incluem a conexão à Internet, adicionar contas de utilizadores e a transferência de arquivos e configurações a partir de outro computador.

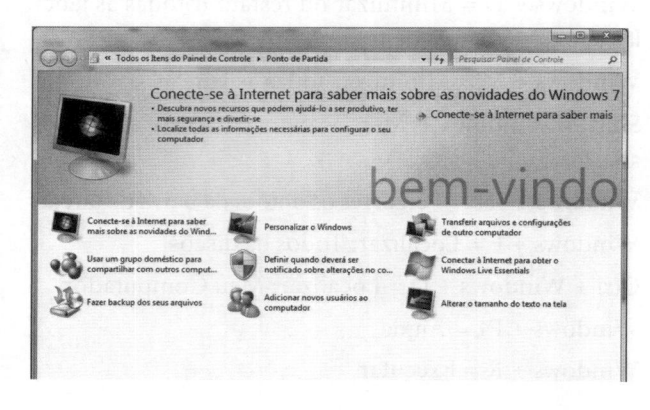

2.21.2. Área de trabalho (*desktop*)

Representação gráfica de um arquivo, pasta ou programa. Você pode adicionar ícones na área de trabalho, assim como pode excluir. Alguns ícones são padrões do Windows: Computador, Painel de Controle, Rede, Lixeira e a Pasta do usuário.

Os ícones de atalho são identificados pela pequena seta no canto inferior esquerdo da imagem. Eles permitem que você acesse programas, arquivos, pastas, unidades de disco, páginas da Web, impressoras e outros computadores.

2.21.3. Barra lateral/Dispositivos do Windows

A barra lateral do Windows oferece acesso rápido a dispositivos, os chamados *gadgets*, como apresentações de *slides*, controles do *Windows Media Player* ou manchetes de notícias. Escolha os dispositivos a serem exibidos na Barra Lateral do Windows.

2.21.4. Recurso *Flip*

O recurso *Flip* é utilizado para exibir as janelas abertas e navegar por elas.

2.21.5. Barra de tarefas

A barra de tarefas pode conter ícones e atalhos e também funciona como uma ferramenta do Windows. Desocupa memória RAM, quando as janelas são minimizadas.

Uma aparência nova, porém familiar, foi criada para o menu Iniciar do Windows 7.

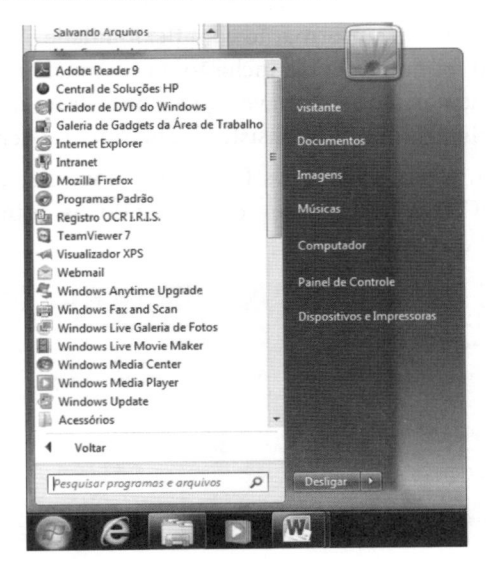

2.21.6. A Lixeira do Windows Seven

É uma pasta que armazena temporariamente arquivos excluídos. É possível restaurar arquivos excluídos. O tamanho padrão é personalizado (podemos alterar o tamanho da Lixeira acessando as propriedades dela).

A Lixeira do Windows possui dois ícones.

Lixeira vazia   **Lixeira com itens**

Para esvaziar a Lixeira o usuário deverá realizar o procedimento:

▶ Clicar com o botão direito do *mouse* sobre o ícone da Lixeira, no menu de contexto ativar o comando Esvaziar a lixeira. Na janela que aparece em decorrência desta ação, ativar o comando Sim.

▶ Ou, ainda, abrir a pasta Lixeira, clicar no comando Esvaziar lixeira na Barra de comandos.

Na janela que aparece em decorrência desta ação, ativar o botão Sim.

2.21.7. Windows Explorer

No Windows, os Exploradores são as ferramentas principais para procurar, visualizar e gerenciar informação e recursos – documentos, fotos, aplicações, dispositivos e conteúdos da Internet. Proporcionando uma experiência visual e funcional consistente, os novos Exploradores do Windows Seven permitem-lhe gerenciar a sua informação com flexibilidade e controle. Isto foi possível pela inclusão dos menus, barras de ferramentas, áreas de navegação e antevisão em uma única interface que é consistente em todo o sistema.

Ao abrir o Windows Explorer o novo sistema de BIBLIOTECAS permite acesso rápido às principais pastas do usuário.

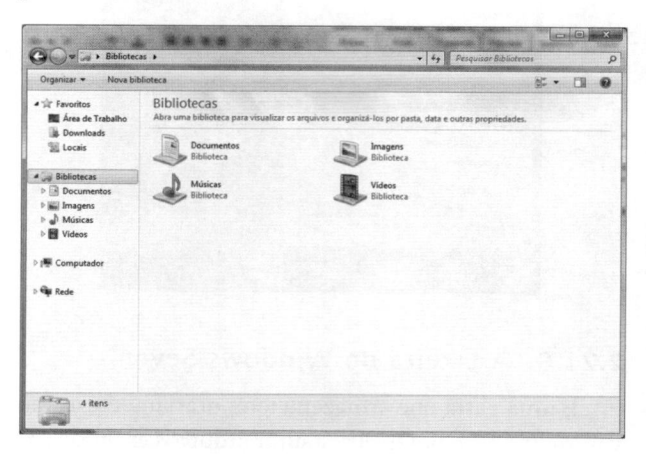

2.21.8. Busca instantânea

O exemplo mostrado na ilustração introduzindo a palavra GABARITO no campo de Busca Instantânea resulta na apresentação de um número de arquivos relacionados com o nome – arquivos cujo palavra é mencionada tanto no nome como no conteúdo do arquivo.

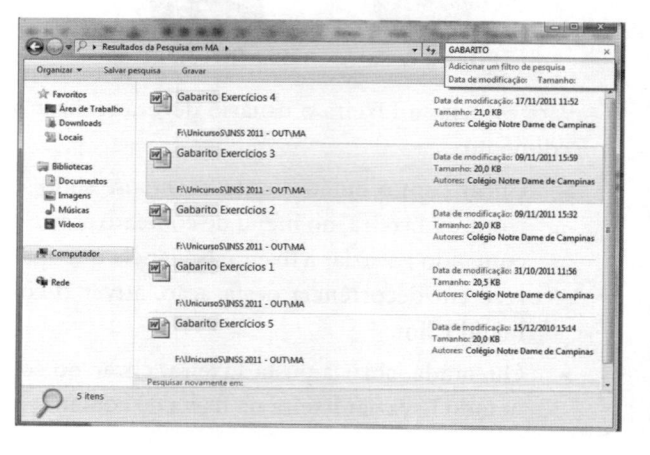

2.21.9. Ferramentas de segurança

Recursos como o *Firewall do Windows* e o *Windows Defender* podem ajudar a manter a segurança do computador. A Central de Segurança do Windows tem *links* para verificar o *status* do *firewall*, do *software* antivírus e da atualização do computador.

O UAC (Controle de Conta de Usuário) pode ajudar a impedir alterações não autorizadas no computador solicitando permissão antes de executar ações capazes de afetar potencialmente a operação do computador ou que alteram configurações que afetam outros usuários.

Outra funcionalidade importante do *Windows Seven* é o *Windows Update*, que ajuda a manter o computador atualizado oferecendo a opção de baixar e instalar automaticamente as últimas atualizações de segurança e funcionalidade. O processo de atualização foi desenvolvido para ser simples. A atualização ocorre em segundo plano e se for preciso reiniciar o computador poderá ser feito em qualquer outro momento.

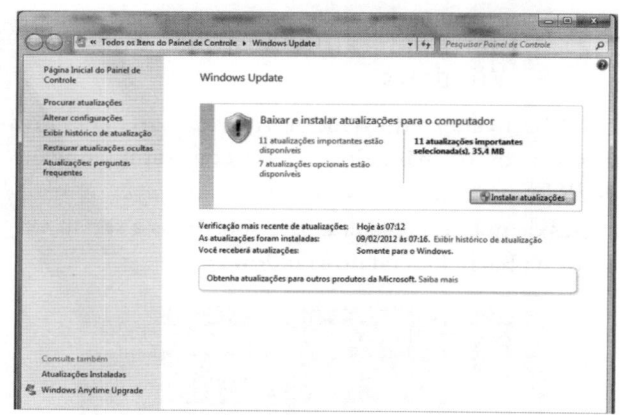

2.21.10. Windows Defender

O Windows Defender (anteriormente conhecido por Windows AntiSpyware) é uma funcionalidade do Windows Seven que ajuda a proteger o seu computador fazendo análises regulares ao disco rígido e oferecendo para remover qualquer *spyware* ou outro *software* potencialmente indesejado que encontrar. Também oferece uma proteção que está sempre ativa e que vigia locais do sistema, procurando alterações que assinalem a presença de *spyware* e comparando qualquer arquivo inserido com uma base de dados do *spyware* conhecido, que é constantemente atualizada.

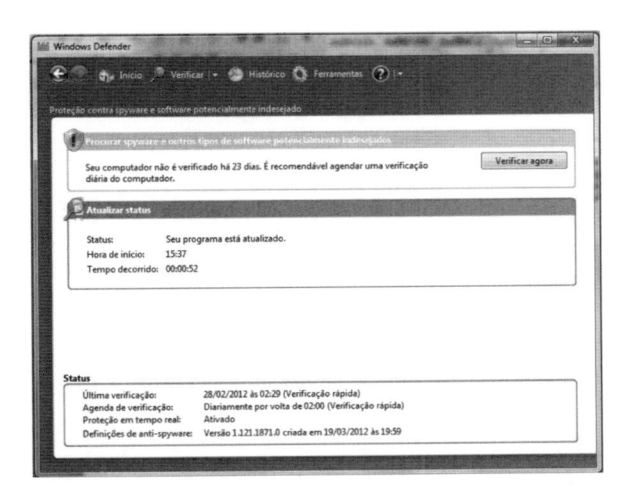

2.21.11. Backup (cópia de segurança)

Permite transferir arquivos do HD para outras unidades de armazenamento. As cópias realizadas podem seguir um padrão de intervalos entre um *backup* e outro.

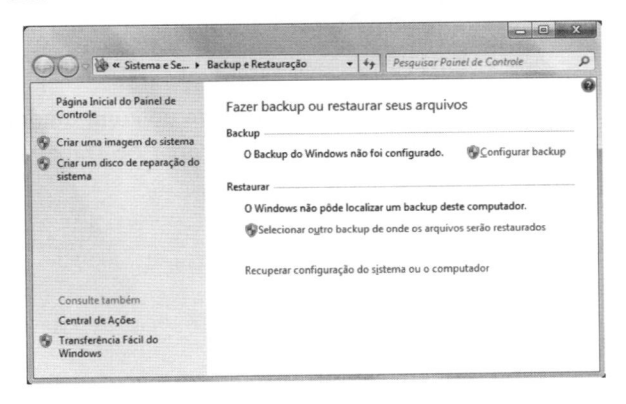

2.21.12. Os principais itens do menu Acessórios no Windows Seven

Bloco de Notas: editor simples de texto utilizado para gerar programas, retirar a formatação de um texto etc. Sua extensão de arquivo padrão é TXT. A formatação escolhida será aplicada em todo o texto.

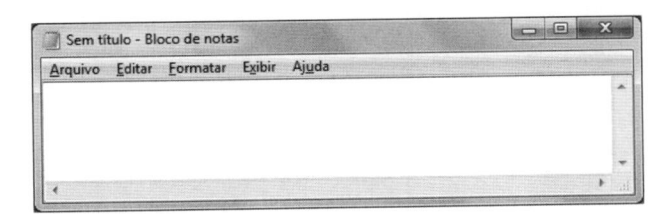

WordPad: editor de texto com formatação do Windows. Pode conter imagens, tabelas e outros objetos. A formatação é limitada se comparado com o Word. A extensão padrão gerada pelo WordPad é a RTF. Lembre-se de que por meio do programa WordPad você pode salvar um arquivo com a extensão DOC, entre outras.

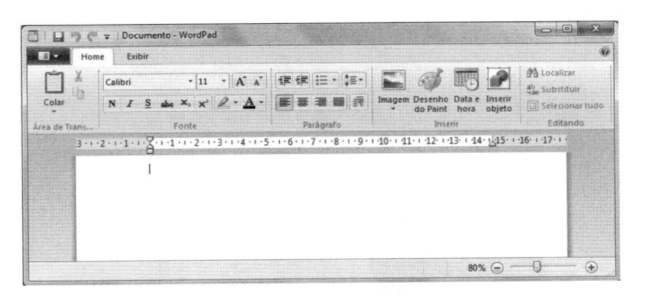

Paint: editor simples de imagens do Windows. A extensão padrão é a BMP. Permite manipular arquivos de imagens com as extensões: JPG ou JPEG, GIF, TIFF, PNG, ICO, entre outras.

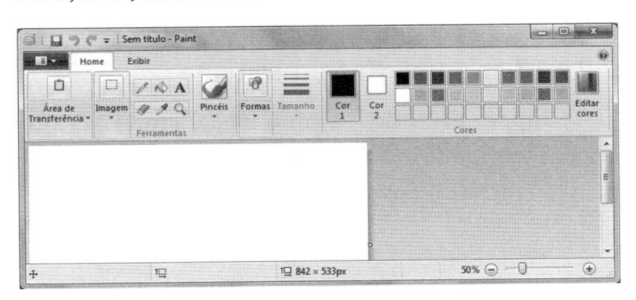

Calculadora: a nova calculadora pode ser exibida de quatro maneiras: padrão, científica, programador e estatística.

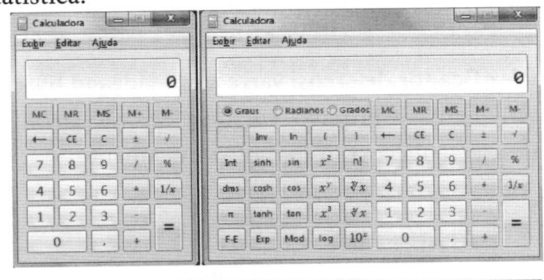

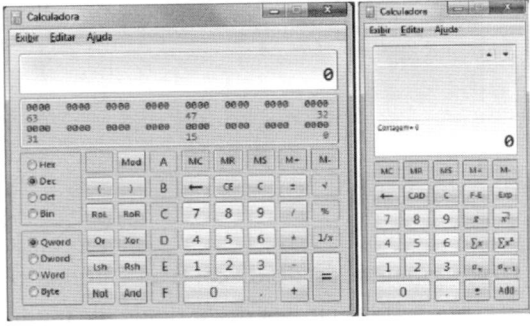

Windows Live Movie Maker: editor de vídeos. Permite a criação e edição de vídeos. Permite inserir narrações, músicas, legendas etc. Possui vários efeitos de transição para unir cortes ou cenas do vídeo. A extensão padrão gerada pelo Movie Maker é a MSWMM se desejar salvar o projeto, ou WMV se desejar salvar o vídeo.

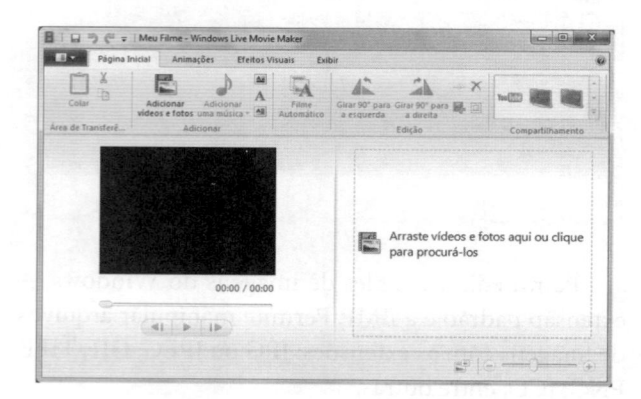

2.21.13 Ferramentas do sistema

Limpeza de disco: permite apagar arquivos e programas (temporários, da lixeira, que são pouco usados) para liberação do espaço no HD.

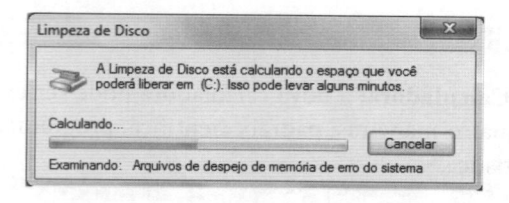

Verificador de erros: varre a unidade em busca de erros, defeitos ou arquivos corrompidos e, caso o usuário deseje, tenta corrigi-los automaticamente.

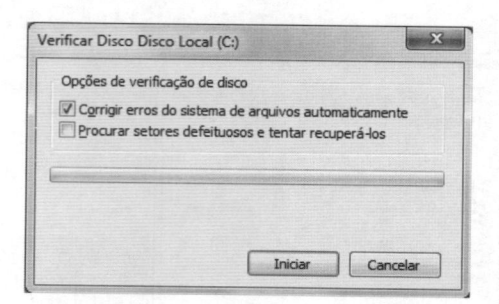

Desfragmentador de disco: é um utilitário que reorganiza os dados em seu disco rígido, de modo que cada arquivo seja armazenado em blocos contíguos em vez de serem dispersos em diferentes áreas do disco e elimina os espaços em branco.

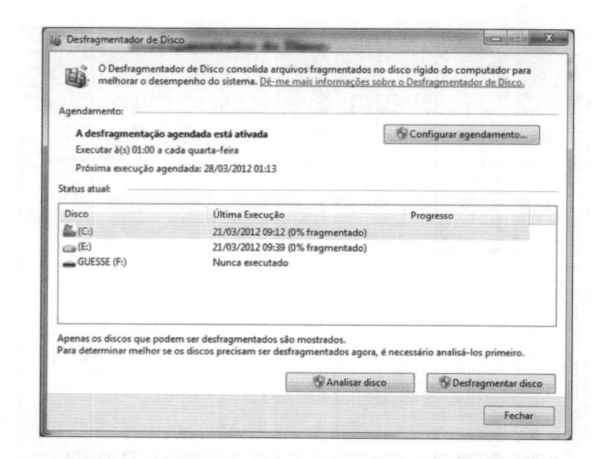

Desligamento do Windows Seven: o novo conjunto de comandos permite desligar o computador, bloquear o computador, fazer *logoff*, trocar usuário, reiniciar, suspender ou hibernar.

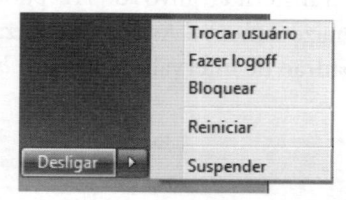

É possível solicitar o desligamento do computador pressionando as teclas ALT+F4 na área de trabalho, exibindo a janela de desligamento.

2.22. TECLAS DE ATALHO DO WINDOWS SEVEN

Atalho	Função
Win + Seta Acima	Maximiza a janela aberta
Win + Seta Abaixo	Restaura ou minimiza a janela atual
Win + Seta Esquerda	Move a janela atual para a porção esquerda do Dock
Win + Seta Direita	Move a janela atual para a porção direita do Dock
Win + [número]	Ativa e executa os programas na Taskbar do Windows 7, não afetando os outros programas em execução.
Win + Home	Minimiza todas as janelas
Win + Espaço	Deixa todas as janelas transparentes de forma que você consiga ver até o desktop

Atalho	Função
Win + Pause/Break	Abre as Propriedades de Sistema
Win + Tab	Flip Aero 3D [aperte Tab para alternar entre as janelas]
Win + B	Muda o focus para a tray de notificação (maior parte à direita na barra)
Win + D	Mostra/Esconde o desktop
Win + E	Windows Explorer
Win + F	Busca
Win + G	Mostra todos os gadgets sobre as janelas
Win + L	Bloquear Computador
Win + M	Minimiza todas janelas
Win + P	Abre o menu de projeção (geralmente usado em laptops)
Win + R	Comando Executar
Win + S	Ferramenta OneNote
Win + T	Mostra um preview dos aplicativos em execução na barra de tarefas, um a um
Win + X	Central de Mobilidade
Win + #	Quicklaunch
Win + =	Lupa
Win + [+/-]	Ativa a lupa e amplia ou reduz o zoom
Win + Shift + Seta Acima	Maximiza o tamanho vertical
Win + Shift + Seta Abaixo	Restaura o tamanho vertical
Win + Shift + Seta Esq.	Ir para o monitor à esquerda
Win + Shift + Seta Direita	Ir para o monitor à direita
Win + Shift + M	Desfaz todas as janelas minimizadas
Win + Shift + T	Alterna entre as janelas de trás
Win + Ctrl + F	Abre a caixa de localizar computadores do Active Directory
Ctrl + Seta Direita	Move o cursor para o início da próxima palavra
Ctrl + Seta Esquerda	Move o cursor para o início da palavra anterior
Ctrl + Seta Acima	Move o cursor para o início do parágrafo anterior
Ctrl + Seta Abaixo	Move o cursor para o início do próximo parágrafo
Ctrl + Click	Altera os ícones fixados na barra de tarefas com outras janelas abertas
Ctrl + Win + Tab	Flip 3D persistente
Ctrl + Shift com qualquer seta pressionada	Seleciona um bloco de texto
Ctrl com alguma seta + Espaço	Selecione individualmente múltiplos itens na janela ou no desktop
Ctrl + Shift + Esc	Gerenciador de Tarefas
Ctrl + Shift + N	Criar nova pasta

QUESTÕES

1. (CONSULTOR – FCC – 2014) No Windows 7 Profissional em português, ao se clicar no botão Iniciar e na opção Computador, aparece uma janela em que são mostradas as unidades de disco disponíveis no computador, como unidade de HD, *pen drive* e unidade de CD ou DVD. Considerando que há um *pen drive* conectado identificado pela letra de unidade E, e que os arquivos deste *pen drive* estão corrompidos ou não acessíveis devido a uma possível ação de vírus de computador, o ideal é limpar o conteúdo do disco através de um comando que pode ser acessado clicando-se com o botão direito do *mouse* sobre a unidade E. Trata-se do comando

   a) Boot.

   b) Limpar Disco.

   c) Formatar.

   d) Desfragmentar.

   e) Scandisk.

2. (ANALISTA DE SISTEMA OPERACIONAL – 2014) Com base no Windows 7, assinale a alternativa que apresenta o sistema de arquivos no qual pode ser efetuada a sua instalação.

   a) Em uma partição com sistema de arquivos FATX.

   b) Em uma partição com sistema de arquivos EXT3.

   c) Em uma partição com sistema de arquivos NTFS.

   d) Em uma partição com sistema de arquivos NFAT2.

   e) Em uma partição com sistema de arquivos UDT.

3. (CONSULTOR – FCC – 2014) É uma ferramenta que permite alterar as configurações do Windows 7 em português. Por meio dela é possível reconhecer novos componentes de *hardware*, adicionar e remover programas, configurar aspectos de segurança, configurar redes, teclado e *mouse*, modificar aspectos da aparência do Windows 7, gerenciar contas de usuários etc. Esta ferramenta pode ser acessada diretamente a partir de um clique no botão Iniciar. Trata-se da ferramenta

   a) Gerenciador de Dispositivos.

   b) Meu Computador.

   c) Gerenciador de Programas e Recursos.

   d) Windows Explorer.

   e) Painel de Controle.

GABARITO

1. C
2. C
3. E

CAPÍTULO 3

SISTEMAS OPERACIONAIS UNIX E LINUX

3.1. INTRODUÇÃO

3.1.1. O conceito da licença pública GNU

GNU é um projeto de *General Public Licence*.

As licenças de muitos *softwares* são desenvolvidas para a liberdade da licença de uso, em que só o autor pode compartilhar a sua mudança e desenvolvimento. A Licença Pública GNU, ao contrário, tem o objetivo de garantir a liberdade de compartilhar e alterar *softwares* de livre distribuição, tornando-os livre também para quaisquer usuários, sem restringir os direitos reservados do autor. A Licença Pública GNU aplica-se à maioria dos *softwares* da Free Software Foundation, sendo que qualquer autor que esteja de acordo com a GNU Project possa utilizá-lo.

Quando nos referimos a *software* de livre distribuição, tratamos da liberdade de Projetos Abertos mais conhecidos como Open Source. Se temos um Sistema Operacional aberto para todos que estejam dispostos à melhoria, por que não podemos adotar a GNU Project?

Para assegurar os direitos dos desenvolvedores, algumas restrições são feitas, proibindo a todas as pessoas a negação desses direitos ou a solicitação de sua abdicação. Essas restrições aplicam-se ainda a certas responsabilidades sobre a modificação do *software*.

Exemplo: ao distribuir cópias de determinado programa, por uma taxa determinada ou gratuitamente, deve-se informar sobre os direitos incidentes sobre esse programa, assegurando-se de que as fontes estejam disponíveis assim como a Licença Pública GNU.

A proteção dos direitos envolve dois passos:
- *copyright* do *software*.
- licença que dá permissão legal para a cópia ou modificação do *software*.

3.1.2. *Software* Livre

Software (programa) Livre (conhecido como *Free Software*, em inglês) é o ato de disponibilizar o *software* sem cobrar por ele.

É um ato de liberdade, não de preço. Deve-se entender como direito do usuário: rodar o programa, copiar, distribuir, estudar, mudar e melhorá-lo. De acordo com a Fundação de *Sotfware* Livre:
- liberdade de rodar o programa, com qualquer objetivo;
- liberdade de estudar o funcionamento do programa e adaptá-lo para suas necessidades;
- liberdade de distribuir o programa para ajudar a quem você acha pertinente;
- liberdade de melhorá-lo e distribuí-lo para o público, dando sua contribuição para a comunidade que lhe deu esta oportunidade.

Toda GNU pode ser obtida comprando-se um CD por preço quase de custo. Além disso, quem disponibilizou a venda do CD é obrigado a disponibilizar um ftp, em algum lugar, para que você possa baixar. Ele dá a oportunidade de escolha. Pode-se comprar ou baixar via rede, pois o *software* é livre.

3.2. SISTEMA OPERACIONAL UNIX

UNIX é um sistema operativo originalmente criado por um grupo de programadores da AT&T e dos Bell Labs. Em 1969 Thomson escreveu o primeiro sistema UNIX totalmente em *assembly*, apenas no início da década de 1970 o UNIX passou a ser desenvolvido usando exclusivamente a nova linguagem C. Finalmente, ao longo dos anos 70 e 80 foram sendo desenvolvidas as primeiras distribuições de grande dimensão como os sistemas BSD (na Universidade de Berkeley, na Califórnia) e os System III e System V (Bell Labs). O UNIX foi baseado na filosofia "*small is good*" no projeto de um sistema, em que a ideia é que cada programa execute bem uma única tarefa.

O UNIX é hoje um sistema operacional moderno, adequado aos projetos de reengenharia, que busca harmonizar diferentes ambientes de máquinas. Ele é uma coleção de programas projetados para controlar as interações das funções de mais baixo nível da máquina com os programas de aplicação, além de controlar os recursos do computador, faz sua distribuição entre os vários usuários concorrentes, executa o escalonamento de tarefas (processos), controla os dispositivos periféricos conectados ao sistema, fornece funções de gerenciamento do sistema, e de um modo geral oculta do usuário final a arquitetura interna da máquina. Isto é realizado por meio de uma arquitetura que usa camadas de *software* projetadas para diferentes finalidades.

Com ambiente de sistemas abertos, o UNIX possibilita também conferências de multimídia em redes corporativas, a grande responsável pela adesão crescente de novas empresas, como a Petrobras, na qual máquinas RISC convivem com os *mainframes*, em arquiteturas cliente/servidor ou em aplicações de CAD/CAM.

O sistema operacional UNIX é considerado o mais adequado e o mais utilizado nos computadores que atuam como servidores na rede mundial de computadores Internet. Com a popularização da Internet, as vendas de sistemas baseados no sistema operacional UNIX têm crescido vertiginosamente.

Vantagens da utilização do sistema operacional Unix:
- portabilidade – facilidade de ser convertido para executar em várias máquinas;
- padronização – cada fabricante segue um esquema predefinido para comandos etc.;
- sistema de arquivos hierárquico;
- generalidade – pode ser utilizado em qualquer tipo de aplicação.

Os sistemas UNIX mais modernos tendem a ser distribuídos (recursos espalhados entre várias máquinas), multiprocessados (executam em máquinas com mais de um processador) e suportam aplicações em tempo real.

As funções básicas do Unix são:
- interfaceamento direto com o *hardware*, fornecendo serviços de acesso ao *hardware* para o *shell*, utilitários do UNIX e aplicativos do usuário;
- gerenciamento de usuários;
- gerenciamento de arquivos e segurança;
- serviços de rede;
- contabilidade do sistema;
- gerenciamento de erros;
- gerenciamento de processos;
- controle de interrupções e erros;
- serviços de entrada e saída (E/S).

Distribuições atuais: BSD (FreeBSD, OpenBSD), Solaris 2 (anteriormente conhecido por SunOS), IRIX, AIX, HP-UX, Tru64, **Linux** (nos seus milhares de distribuições). Existem muitas versões do sistema Unix, mas as mais conhecidas são o System V da AT&T e o 4.2 BSD da Berkeley.

O Unix é um sistema operacional:
- **Multitarefa:** porque permite a execução de vários processos ao mesmo tempo, embora eles possam interagir entre si se assim o usuário desejar. Por exemplo, em um ambiente em que se trabalha com múltiplas janelas, podendo-se ativar um processo em cada uma delas, utilizando-as como terminais virtuais.
- **Multiusuário:** porque permite o compartilhamento dos recursos entre diversos usuários.
- **Seguro:** previne que um programa acesse a memória de outro programa ou arquivos de outro usuário.

O Unix apresenta também como característica o seu sistema de arquivos. Tudo neste sistema é considerado um arquivo, até mesmo os dispositivos de I/O são tratados como arquivo pelo sistema. Além do conceito de arquivos, outros conceitos presentes no sistema são: processos, *shell*, diretórios e *path*.

POSIX (*Portable Operating ace*): *system intertfé* o nome de uma família de normas relacionadas definidas pelo IEEE (Instituto de Engenheiros Eletricistas e Eletrônicos) com o objetivo de normalizar a interface de programação de aplicações para *software* desenhado para correr em variantes do sistema operativo UNIX.

FSCK: o utilitário de sistema fsck (*file system check*) é uma ferramenta usada para checar a consistência de um sistema de arquivos no Unix. Em geral, o fsck é rodado na inicialização do sistema, quando é detectado que um sistema de arquivos está num estado inconsistente, indicando um desligamento anormal, como um travamento ou desligamento de energia.

3.3. SISTEMA OPERACIONAL LINUX

O Linux é um sistema multiusuário e multitarefa, o que significa que várias pessoas podem utilizá-lo concomitantemente, e que este é capaz de realizar diversas tarefas ao mesmo tempo. Além disso, o Linux é um sistema operacional em constante evolução. Isto implica um eterno aprendizado por parte de seus usuários. Quando se usa um computador em que o sistema Linux foi instalado, a primeira coisa que se deve fazer é informar o seu *login*, e em seguida a sua senha, o que lhe dará acesso a todos os recursos disponíveis. Em geral, apenas o usuário denominado *root* tem acesso irrestrito a todo o sistema, e é ele quem administra o restante das configurações.

Uma vez digitados o *login* e a senha, você terá acesso ao *prompt*. Esse *prompt* (que aqui será simbolizado por um sinal de $) é gerado por um programa chamado *shell* (literalmente, casca ou aparência exterior) que é responsável por lidar com os seus comandos.

3.3.1. Estrutura do Linux

Kernel: O *kernel* é o núcleo do sistema. É responsável pelas operações de baixo nível, tais como: gerenciamento de memória, gerenciamento de processos, suporte ao sistema de arquivos, periféricos e dispositivos.

Shell: O *shell* é o elo entre o usuário e o sistema. Imagine o *shell* como sendo um intérprete entre pessoas que falam línguas diferentes. Ele traduz os comandos digitados pelo usuário para a linguagem usada pelo *kernel* e vice-versa. Sem o *shell* a interação entre usuário e o *kernel* seria bastante complexa.

3.3.2. Potencialidades do Linux

Uma das coisas mais fascinantes no Linux é a grande capacidade de gerenciar ações (multitarefa); você pode abrir várias janelas, chegando a perder a conta de quantas coisas você está fazendo, e mesmo assim ele pede mais.

No modo gráfico, o Linux abre quantas janelas você quiser, só que dificilmente trava, e se travar, muitas vezes você pode sair do X teclando Ctrl+alt+BackSpace, porque na maioria das vezes quando (e se) travar, a culpa é de algum programa, e não do sistema em si, por isso você pode sair do X e reiniciá-lo como se nada tivesse acontecido. Constatada a multitarefa no modo gráfico, vamos para o próximo passo. Multitarefa no console (modo texto).

O console que parece com o DOS não se limita nenhum pouco a isso. Primeiro de tudo porque se podem abrir vários consoles com usuários diferentes. Bom, se você está em um console executando um programa e não quer sair dele, abra outro. Digitando Ctrl+Z, ele joga para *background* parado; digite bg para continuar executando, e no momento que você digita bg ele lhe fornece um número ([x]).

Esse número é o nível em que ele está. Por exemplo, para voltar para o programa que você deixou executando em *background*, digite fg se você só tiver um programa em *background*. Esse número fornecido serve para isso, você pode pôr QUANTOS programas você QUISER em *background* no mesmo console! Ele vai dando os números quando você digita bg..., e pode-se alternar entre eles usando fg e o número do programa em *background*.

Podem-se abrir outros *desktops* gráficos diferentes daquele em que você está agora? Se entrou no X com *startx*, experimente entrar em um console e digitar *startx* -- :8, ele vai executar um outro X no console 8, assim quando digitar alt+F7 para ir do modo texto para o modo gráfico, exibirá mais uma opção no console 8, que entrará no X. Encare assim: consoles gráficos normais: 7 e 8. O X usa por default o 7; se você usar startx -- :8, ele usa o 8. Mudar de console gráfico para outro gráfico, digite: Ctrl+Alt+F(7 ou 8); mudar entre consoles texto: Alt+F(1 até 7) e de texto para gráfico ou de gráfico para texto use Ctrl+Alt+F(1 até 7) também. De modo geral, você vai usar Ctrl+Alt+F(1 até 8) para mudar, sendo que entre os textos não precisa do Ctrl.

3.3.3. Características do sistema Linux

- Multitarefa (várias aplicações podem ser executadas ao mesmo tempo).
- Multiusuário (vários usuários podem utilizar o sistema ao mesmo tempo).

- É gratuito, as atualizações são frequentes e é desenvolvido voluntariamente por programadores experientes e colaboradores que visam a constante melhoria do sistema.
- Convive harmoniosamente no mesmo computador com outros sistemas operacionais.
- Não exige um computador potente para rodar.
- Não é necessário licença para o seu uso.
- Maior estabilidade em relação ao Windows.
- Maior confiabilidade.
- Não precisa ser reinicializado devido à instalação de programas ou configuração de periféricos.
- Acessa discos formatados por outros sistemas operacionais.
- Suporte a linguagens de programação.
- Roda aplicações Windows através do WINE.
- Suporte a diversos dispositivos e periféricos disponíveis no mercado.
- Código-fonte aberto, isso significa que se você for um programador, pode modificá-lo para se adequar a necessidades específicas, algo impossível de ser conseguido com o Windows.
- É um sistema portável (presente em outros equipamentos como: relógios, *handheld*, mainframe etc.).

3.3.4. Comando

No Linux, os comandos são arquivos que possuem permissão para serem executados. A maioria dos comandos inerentes ao Linux encontra-se no diretório/bin. Assim como no DOS, existe uma lista de diretórios no qual o *shell* pesquisa à procura de comandos. Essa lista de diretórios se chama *path* (ou caminho). Para ver como está o seu caminho atual digite: $echo $PATH.

Quando pensamos em iniciar o uso do Linux, temos sempre esta grande dúvida: e agora, qual Linux vou usar? No Brasil, duas distribuições são bastante difundidas: a Slackware e a Red Hat, mas existem diversas distribuições (Curumin, Conectiva, Debian, Ubuntu etc.). As diferenças entre as distribuições são poucas, estando principalmente nas ferramentas de instalação e na manutenção dos *softwares*.

3.3.5. Alguns comandos básicos

O formato geral de um comando é: comando [-[opção1][opção2]...] parâmetro, onde o que está entre colchetes é opcional.

A familiarização com os comandos do Linux é obtida com a experiência. Em tempo, iremos apenas apresentar a lista de alguns comandos básicos, sua finalidade, sintaxe e parâmetros. Para obter mais informações sobre qualquer comando, basta consultar as páginas do manual digital, inserindo no prompt "man" seguido do nome do comando. Por exemplo: $man ls.

Lista dos principais comandos do Linux, suas finalidades, sintaxes e parâmetros:

ADDUSER – é usado pela raiz, ou alguém mais que tenha autoridade, para criar um novo usuário. O comando *adduser* é seguido do nome da conta a ser criada, por exemplo: # adduser avesso.

ALIAS – é usado para criar nomes alternativos para comandos. Tipicamente, são nomes alternativos do comando real. No exemplo seguinte, o usuário está acrescentando um nome alternativo dir para uma listagem de diretórios. # alias dir=ls, digitar o comando alias sozinho fornece uma lista de todos os nomes alternativos.

APROPOS <PARÂMETRO> – significa apropriado ou quanto "a outros". Quando seguido de um parâmetro, ele procura nas documentações as entradas que incluem o parâmetro. Basicamente, esse comando executa uma procura de palavras em todas as documentações. É o equivalente ao comando man-k <parâmetro>.

AWK – procura por um modelo a partir de um arquivo. Inclui uma linguagem de programação embutida.

BANNER – exibe um banner grande e de alta qualidade na saída padrão. Se a mensagem é omitida, exibe um *prompt* para a mensagem e lê uma linha a partir da entrada padrão. Para experienciar, digite o comando $ banner linux para criar um banner.

BDIFF – compara dois arquivos grandes.

BFS – procura um arquivo grande.

BG – é usado para forçar um processo suspenso a ser executado em segundo plano. Se você tiver iniciado um comando em primeiro plano e perceber que ele vai demorar algum tempo e precisa do seu *shell*, enquanto esse processo está em execução, você pressiona as teclas Ctrl e Z juntas. Isto deixa o processo atual na espera. Você pode deixá-lo na espera como se tivesse chamado a sua empresa telefônica, ou pode inserir esse processo no segundo plano digitando bg. Este comando libera o seu *shell* para permitir que você execute outros comandos.

BIND – usado no pdksh, o comando *bind* permite ao usuário alterar o comportamento das combinações de teclas para finalidade de edição de linha de comando.

Restringem-se as teclas de setas para cima, para baixo, para a esquerda e para a direita para que trabalhem da mesma forma que funcionam no *Bourne Again Shell*. A sintaxe usada para o comando é: bind <sequência de teclas> <comando>.

CAL – exibe um calendário.

CAT – permite a leitura do conteúdo de um ou mais arquivos, combina arquivos. É a versão Unix do comando Type do DOS.

> # cat –n avesso.txt (serve para contar as linhas do texto)
> # cat *.txt (permite a leitura de todos os arquivos txt)
> # cat avesso1.txt avesso2.txt (permite a leitura dos arquivos especificados)
> # cat avesso* > avesso3.txt (combina os arquivos de nomes avesso em um terceiro arquivo)
> # cat avesso1.txt >> avesso2.txt (acrescenta o conteúdo de um arquivo em seguida ao conteúdo do outro, sem criar um terceiro arquivo)
> # cat > avesso.txt (cria um texto sem um aplicativo de processamento de textos)

Ao terminar a digitação, pressione as teclas Ctrl e D, simultaneamente, para fechar o arquivo.

CC – Compilador C.

CD – permite a navegação entre diretórios; se quiser ir para um diretório, é preciso digitar o comando seguido do nome do diretório, separados por barra. Exemplo: # cd /clientes <Enter>, Para sair, digite : # cd).

CHGRP – muda o título de um grupo de arquivos.

CHMOD – define os privilégios de acesso dos usuários. Será empregado no caso de o Linux estar instalado em rede.

CHOWN – usado pela raiz ou pelo proprietário do diretório para alterar a identificação (ID) do usuário. O formato do comando é: chown <id do novo usuário> <arquivo>.

CHROOT – o comando *chroot* faz com que o diretório "/" (chamado de diretório raiz) seja um diretório diferente de "/" no sistema de arquivos. Por exemplo, ao trabalhar com um servidor da Internet, você pode definir o diretório raiz como igual a /usr/ftp. Depois, quando alguém acessa usando o FTP (o qual vai para o diretório raiz por padrão), na verdade vai para o diretório /usr/ftp. Isso evita que o resto das suas estruturas de diretórios seja vista ou até alterada por visitantes anônimos na sua máquina.

> A sintaxe para esse programa é:
> chroot <local original no sistema de arquivos> <novo local no sistema de arquivos>

CLEAR – serve para limpar a tela.

CMP – compara dois arquivos; mostra a localização (linha e *byte*) da primeira diferença entre eles.

CP – faz a cópia de arquivos, mas com a sintaxe ("CP diretório origem/arquivos de origem diretório destino").

CU – chamar outro sistema UNIX.

DATE – exibe data e hora do sistema.

DC – vem de *desk calculator* (calculadora de mesa). Ele é encontrado no diretório /usr/bin.

DD – converte os formatos de arquivos. Por exemplo, para copiar uma imagem de partida para um disco (pressupondo que o nome de dispositivo para o disco é /dev/fd0), você usa o seguinte comando: dd if=<nome de arquivo> of-/dev/fd0 obs=18k, onde of é o formato do objeto (o que você está copiando) e obs é o tamanho do bloco de saída.

DF – exibe todas as informações de espaço livre e ocupado das partições.

DIFF – exibe as diferenças entre dois arquivos ou diretórios.

DIFF3 – exibe a diferença entre três arquivos ou diretórios.

DU – relatório no uso do sistema de arquivos.

ECHO – exibe seus argumentos.

ED – editor de texto.

ENV – usado para ver as variáveis de ambiente exportadas. O resultado do comando é uma lista de duas colunas onde o nome da variável está à esquerda e o valor associado a essa variável está à direita. O comando é inserido sem qualquer parâmetro.

EX – editor de texto.

EXIT e LOGOUT – encerram uma seção ativa.

EXPR – avalia seus regulamentos quando é uma fórmula matemática.

F77 – compilador FORTRAN.

FC – usado para editar o arquivo de histórico. Os parâmetros passados para ele, se houver, podem ser usados para relacionar uma faixa de comandos a partir do arquivo histórico. Essa lista é então inserida em um *shell* de edição. O editor baseia-se no valor da variável FCEDIT. Se não há valor para essa variável, o comando procura na variável EDITOR. Se não está lá, o padrão usado é o editor vi.

FG – os processos podem ser executados em segundo ou em primeiro plano. O comando fg permite que você use um processo suspenso e execute-o no primeiro plano. Isso é tipicamente usado quando você tem um processo em execução em primeiro plano e, por alguma razão, precisa suspendê-lo. O processo irá continuar até que você o insira em segundo plano ou traga-o para primeiro plano.

FILE – o comando *file* testa cada argumento passado para ele pôr um destes três itens: o teste do sistema de arquivo, o teste de número mágico e o de linguagem. O primeiro teste com sucesso faz com que o tipo de arquivo seja exibido. Se o arquivo é texto, ele então tenta descobrir a linguagem. Um arquivo de número mágico é um arquivo que possui dados em determinados formatos fixos.

FIND – localiza os arquivos com características específicas.

FINGER – mostra o usuário associado a certa chave.

FORMAT – inicializa um *floppy disk*.

FREE – exibe toda a memória disponível, ocupada e *buffers* de RAM.

GREP – lista todos os arquivos que contenham em seu conteúdo a palavra de pesquisa.

GROFF – o comando *groff* é o *front end* do programa de formatação de documento *groff*. Esse programa, por padrão, chama o programa *troff*.

GUNZIP – um dos vários descompactadores disponíveis. Gera arquivo gz.

GZIP – o gzip é uma versão GNU do *software* de compactação zip. A sintaxe pode ser simples como: gzip <nome do arquivo>.

HALT – o comando *halt* informa ao *kernel* para desligar. Esse é um comando apenas de superusuário (você deve ser a "raiz").

HELP – ajuda.

HOSTNAME – o comando *hostname* é usado para exibir o *host* atual ou nome de domínio do sistema ou para definir o nome de *host* do sistema.

KILL – interrompe um processo (programa rodando).

LESS – é um programa similar ao *more*, mas permite o movimento para trás e para a frente no arquivo. O *less* também não precisa ler o arquivo de entrada inteiro antes de iniciar e, assim, inicia rapidamente arquivos de entrada grandes.

LN – usado para unir os arquivos.

LOGIN – o *login* é usado ao acessar um sistema. Ele também pode ser usado para alternar de um usuário para outro a qualquer momento.

LPC – o lpc é usado pelo administrador do sistema para controlar a operação do sistema de impressão de linha. O lpc pode ser usado para desativar uma impressora ou fila de *spool* de impressão, para reorganizar a ordem dos serviços em uma fila de impressão, para descobrir o *status* das impressoras, para descobrir o *status* das filas de impressão e para descobrir o *status* dos *daemons* de impressão. O comando pode ser usado para qualquer impressora configurada no /etc/printcap.

LPD – o lpd é o *daemon* de impressora de linha e normalmente é ativado durante a inicialização a partir do arquivo rc. Ele executa uma única passada no arquivo /ect/printcap para descobrir sobre as impressoras existentes e imprime quaisquer arquivos deixados depois de uma falha. Ele então usa as chamadas do sistema *listen* e *accept* para receber solicitações para imprimir arquivos na fila, transferir arquivos para área de *spool*, exibir a fila ou remover serviços da fila.

LPQ – o comando lpq examina a área de *spool* usada pelo lpd para imprimir arquivos na impressora e relata o *status* dos serviços especificados ou todos os serviços associados a um usuário. Se o comando é ativado sem quaisquer argumentos, ele relata sobre quaisquer serviços atualmente na fila de impressão.

LPR – copia um arquivo para a linha de impressora.

LS – lista arquivos e diretórios. Ao digitar "LS" no *prompt* de comando, ele exibe a lista de arquivos não ocultos. Junto com os parâmetros "-a", visualizam-se todos os arquivos do diretório, inclusive os ocultos.

- -a: exibe todos os arquivos, mesmo os arquivos ocultos.
- - -color: lista os arquivos com padrões de extensão/tipo reconhecidos com cores diferentes.
- -d: lista o nome do diretório em vez de seu conteúdo.
- -h: combinada com a opção -l, mostra os tamanhos de arquivo em formato mais fácil de ser lido. Ex: 1K, 20M, 5G.
- -l: lista a listagem de arquivos detalhada.
- -r: mostra os arquivos ordenados em ordem reversa.
- -1: lista os nomes de arquivos um por linha.

Obs.: arquivos começados com . (ponto) são considerados arquivos ocultos no Linux. Para vê-los, basta que você digite ls -a. Você verá alguns arquivos, como por exemplo: [usuario@spaceghost usuario]$ ls -a

MAIL – usado para receber ou enviar *e-mail*.

MAKE – a finalidade do utilitário *make* é automaticamente determinar quais as peças de um grande programa que precisam ser recompiladas e então digitar os comandos necessários para recompilá-las.

MAN – usado para formatar e exibir as documentações *on-line*.

MESG – o utilitário mesg é executado por um usuário para controlar o acesso de gravação que outros têm ao dispositivo de terminal associado com a saída de erro padrão. Se o acesso de gravação é permitido, programas tais como o *talke write* têm permissão para exibir mensagens no terminal. O acesso de gravação é permitido por padrão.

MKDIR – serve para criar diretórios.

MKEFS – cria um sistema de arquivos estendido. Esse comando não formata o novo sistema de arquivos, apenas deixa-o disponível para uso.

MKFS – constrói um sistema de arquivos no Linux, geralmente uma partição de disco rígido. A sintaxe do comando é mkfs i sistema de arquivos, onde i sistema de arquivos é o nome do dispositivo ou o *mount point* para o sistema de arquivos.

MKSWAP – o comando mkswap define uma área de troca do Linux em um dispositivo.

MORE – percorre um arquivo de texto, lendo várias linhas e páginas de uma vez.

MOUNT – permite o acesso aos dados de unidade de disco.

MV – move e renomeia arquivos, nomeia diretórios. Caso você renomeie um arquivo com o nome de um arquivo já existente, este será substituído e você jamais o terá de volta.

NETSTAT – exibe o *status* das conexões de rede nos slots TCP, UDP, KAW ou UNIX para o sistema. A opção -r é usada para obter informações sobre a tabela de roteamento.

NROFF – usado para formatar texto.

PASSWORD – para o usuário normal (que não seja o superusuário), nenhum argumento é necessário com o comando *password*. Esse comando pede ao usuário a senha antiga. A seguir, o comando pede a senha nova duas vezes, para certificar-se de que foi digitada corretamente. A nova senha deve ter pelo menos seis caracteres em letras minúsculas ou um que não seja letra. Além disso, a nova senha não pode ser igual àquela que está sendo substituída nem pode ser igual à ID do usuário (nome da conta). Se o comando é executado pelo superusuário, pode ser seguido de um ou dois argumentos. Se o comando é seguido de uma única identificação de usuário, então o superusuário pode alterar sua senha. O superusuário não é limitado por qualquer das restrições impostas ao usuário, então esse argumento transforma-se na nova senha desse usuário.

PS – exibe um *status* dos processos.

PWD – exibe o diretório atual.

RM – serve para apagar arquivos e diretórios. A linha de comando "rm -r <nome do diretório a apagar>" exclui todos os arquivos e subdiretórios da pasta que está sendo deletada.

RMDIR – serve para apagar diretórios vazios. Sintaxe: rmdir <nome do diretório>

SHUTDOWN – serve para encerrar todos os processos e prepara o sistema para ser desligado. Para reiniciar, use o comando "SHUTDOWN –R NOW"; para desligar, "SHUTDOWN NOW" e pressione <Enter> para ambos os exemplos.

SLEEP – causa um processo para tornar-se inativo por uma duração de tempo específico.

SORT – escolhe e une um ou mais arquivos.

SPELL – procura erros de ortografia num arquivo.

SPLIT – divide um arquivo.

STARTX – dá início à interface gráfica do Linux.

STTY – exibir ou escolher parâmetros do terminal.

SU – permite a um usuário temporariamente transformar-se em outro. Se a ID de um usuário não é fornecida, o computador pensa que você deseja ser o superusuário, ou raiz. Em qualquer dos casos, um *shell* é gerado para torná-lo um novo usuário completo com essa ID de usuário, ID de grupo e quaisquer grupos suplementares desse novo usuário. Se você não é a raiz e o usuário tiver uma senha, o SU exibe um *prompt* para a senha. A raiz pode transformar-se em qualquer usuário a qualquer momento sem conhecer as senhas. Tecnicamente, o usuário precisa apenas ter uma ID de usuário igual a 0 (zero) para acessar como qualquer outro usuário sem uma senha.

SWAPOFF – interrompe a troca para um arquivo ou dispositivo de bloco.

SWAPON – define a área de troca para o arquivo ou dispositivo de bloco por caminho. O *swapon* interrompe a troca para o arquivo. Esse comando é normalmente executado durante a inicialização do sistema.

TAIL – exibe o fim de um arquivo. Por padrão, exibe 10 linhas, no entanto pode ser determinado o total de linhas. Sintaxe: tail [-<#de linhas a exibir>][<nome do(s) arquivo(s)>]

TALK – usado para obter uma conversa "visual" com alguém por meio de um terminal. A ideia básica por trás dessa conversa visual é que a sua entrada é copiada para o terminal de outra pessoa e a entrada da outra pessoa é copiada para o seu terminal. Assim, as duas pessoas envolvidas na conversa podem ver a entrada para si mesma e da outra.

TAR – usado para criar *backups*. As opções são: "tar -c" gera um *backup*; "tar -x" restaura um *backup*; "tar -v" lista cada arquivo de um *backup*; "tar -t" lista o conteúdo de um *backup*.

TSET – escolhe o tipo de terminal.

UMASK – permite que o usuário especifique uma nova criação de camuflagem.

UMOUNT – desmonta arquivos. Sintaxe: umount <sistemas de arquivos>

UNALIAS – é o comando para desfazer um nome alternativo (alias). Para desfazer o comando, digita-se unalias dir.

UNZIP – o comando unzip irá listar, testar ou extrair arquivos de um arquivo compactado. O padrão é extrair arquivos de um arquivo. Sintaxe básica: unzip <nome do arquivo>

UNIQ – compara dois arquivos. Procura e exibe em linhas o que é incomparável em um arquivo.

UUCP – execução UNIX-para-UNIX.

Vi – editor de texto, seus comandos são:

    CTRL b – equivalente à tecla PageUp
    CTRL f – equivalente à tecla PageDown
    $ – move o cursor para o fim da linha em que ele está
    nG – move o cursor para a linha n
    G – move o cursor para a última linha do arquivo
    X – elimina o caractere sob o cursor
    Ndd – elimina n linhas a partir da que o cursor está posicionado
    Rc – substitui o caractere sob o cursor pelo caractere c
    U – desfaz a última operação
    Nyy – copia para a memória n linhas a partir da que o cursor está posicionado
    P – cola as linhas armazenadas na memória
    :/"string" – procura "string" no texto
    n – repete a procura anterior
    :/s/"velho"/"novo" – substitui a primeira ocorrência "velho" por "novo"
    :%s/"velho"/"novo" – substitui todas as ocorrências "velho" por "novo"
    :set nu – exibe o número de cada linha na tela do editor
    :w<nome_arquivo> – salvar arquivo como
    :q – sai do vi
    :q! – sai do vi sem salvar
    :wq – salva e sai
    :x – igual a wq
    :help – ajuda do editor

WALL – exibe o conteúdo da entrada padrão em todos os terminais de todos os usuários atualmente com acesso. Basicamente, o comando grava em todos os terminais, daí o nome exibido. O superusuário, ou raiz, pode gravar nos terminais daqueles que escolheram a negação de mensagens ou que estão usando um programa que automaticamente nega mensagens.

WC – exibe detalhes no tamanho do arquivo.

WHATIS – serve para esclarecer as funções do Linux. Para que ele funcione, você tem obrigatoriamente que criar um banco de dados com o comando makewhatis, encontrado no diretório /usr/sbin. Digite: # makewhatis

WHO – mostra quem está na máquina no momento.

WHOAMI – mostra quem você é – útil quando você esquece com que *login* entrou.

WRITE – envia mensagem de um usuário a outro na rede.

XHOST + – o comando permite que o xterms seja exibido em um sistema. Provavelmente, a razão mais comum pela qual um terminal remoto não pode ser aberto é porque o comando xhost + não foi executado. Para desativar a capacidade de permitir o xterms é usado o comando xhost -.

XMKMF – usado para criar o Imakefiles para fontes X. Ele, na verdade, executa o comando imake com um conjunto de argumentos.

XSET – define algumas das opções em uma sessão X Window. Você pode usar essa opção para definir o seu aviso sonoro, a velocidade do seu *mouse* e muitos outros parâmetros.

ZIP – lista, testa ou acrescenta arquivos em um arquivo compactado. O padrão é acrescentar arquivos em um arquivo.

& – o & depois de qualquer comando informa ao computador para executar o comando em segundo plano. Ao inserir um serviço em segundo plano, o usuário pode então continuar a usar o *shell* para processar outros comandos. Se o comando tem de ser executado em primeiro plano, o usuário não pode continuar a usar o *shell* até que o processo finalize.

    Observe que no comando ls, a opção color deve ser precedida de dois hifens. Nos comandos em geral, qualquer parâmetro que possua mais de um caractere (no caso, a palavra "color" possui cinco caracteres) deve ser passado com dois hifens na frente. Se quisermos mostrar uma lista longa dos arquivos, incluindo os ocultos, com cores, devemos digitar: $ ls -la --color.

Atenção! Em um sistema monousuário, antes de desligar o computador, sempre execute o comando *halt* e aguarde a mensagem "System halted!". Em muitos sistemas apenas o usuário *root* pode executar o comando *halt*.

Para colocar qualquer comando em segundo plano, basta proceder normalmente e digitar um & antes de pressionar enter.

3.3.6. Terminais virtuais

No *prompt* do *shell*, ao pressionar a tecla Alt à esquerda e uma das teclas de função, de F1 a F7, você poderá navegar pelos consoles virtuais. Cada um deles está associado a uma nova tela.

Desse modo, pode-se trabalhar com atividades diferentes em seções distintas. Observação: numa seção do X, pressione Ctrl, Alt e uma das teclas de função, de F1 a F7, para saltar para um outro console. Em geral, o sistema de janelas X é carregado no terminal virtual de número sete.

Dentro de um console virtual, um recurso muito útil para se navegar no sistema é o uso da tecla tab para completar seus comandos em geral. Experimente digitar: $ cd /usr/sb, e tecle tab em seguida. Se você usa o shell bash, ksh, tcsh ou zsh, este irá preencher para você as informações que faltam na sua linha de comando. Caso exista mais de uma possibilidade de término de palavra, pressione tab mais uma vez e aparecerão todas as opções disponíveis.

3.3.7. O sistema de arquivos e diretórios importantes

Algo que você certamente mais cedo ou mais tarde irá querer fazer é acessar a unidade de disco, CD-ROM ou até mesmo uma partição que contenha dados do Windows 95/98. Para isso, é necessário inicialmente "montá-la" usando o comando *mount*. A sua sintaxe é: mount -f tipo dispositivo ponto_de_montagem.

Um exemplo de utilização, para acessar os dados do Windows contidos na partição de número um do terceiro disco rígido, ou seja, do dispositivo chamado hdc1, seria:

$ mkdir /win

$ mount -f vfat /dev/hdc1 /win

Feito isso, nesse exemplo os dados da nova unidade montada podem ser acessados a partir do diretório win. Uma observação importante é que nem todos os usuários podem usar o *mount* em todas as situações. Consulte a página do manual do *mount* para mais detalhes.

Para acessar a unidade de disco, por exemplo, você poderá recorrer aos mtools, caso estejam instalados no seu sistema. Digite man *mtools* na linha de comando para obter mais informações. Os diretórios que guardam os arquivos de sistema do Linux, em sua maioria, são padronizados. Alguns diretórios importantes são:

/ , O diretório "root" (raiz).

/home: Abriga os diretórios dos usuários. Por exemplo, um usuário cujo *login* seja "ana" provavelmente quando entrar no sistema será encaminhado direto para o diretório /home/ana, e terá acesso a todos os dados contidos nele.

/bin: Guarda os programas e comandos básicos do Linux. bin é um mnemônico para "binaries" (binários), ou seja, arquivos executáveis. Na realidade todos os arquivos armazenados num computador estão em formato binário. Infelizmente, usa-se como jargão, por motivos históricos, o termo "arquivos binários" como sendo sinônimo de arquivos executáveis.

/usr: Armazena muitos outros diretórios com conteúdo orientado aos usuários.

/usr/docs: Documentos, incluindo informação útil sobre o Linux.

/usr/man: Páginas de manual, acessadas digitando man <comando>

/usr/games: Jogos!

/usr/bin: Neste diretório estão contidos programas voltados aos usuários do sistema em geral.

/usr/spool: Este diretório possui vários subdiretórios. Entre eles o *mail*, que guarda mensagens; *spool*, onde são guardados arquivos a serem impressos; e uucp, que abriga arquivos copiados entre máquinas Linux.

/dev: No Linux, tudo é acessado por meio de arquivos! O diretório /dev armazena dispositivos. Estes, na realidade, são pontes para os verdadeiros componentes físicos da máquina. Por exemplo, se você copia para /dev/fd0, na realidade você está enviando dados para uma unidade de disco. O seu terminal é um arquivo /dev/tty. Partições do disco rígido são da forma /dev/hd0. Até a memória do sistema é um dispositivo! Um dispositivo famoso é o /dev/null, que corresponde a uma lixeira. Toda informação desviada para /dev/null é descartada.

/usr/sbin: Aqui estão os arquivos de administração do sistema.

/sbin: Neste diretório estão contidos arquivos executados em geral automaticamente pelo sistema operacional.

/etc: Este diretório e seus subdiretórios abrigam muitos arquivos de configuração. Estes arquivos são na maioria do tipo texto, e podem ser editados para alterar parâmetros do sistema.

Extensões de arquivos no Linux

.bmp – arquivo gráfico bitmap
.pbm – bitmap portável
.gif – arquivo gráfico gif
.jpg – arquivo gráfico jpeg
.html – documento html
.tif – arquivo gráfico tiff
.ag – arquivo gráfico applixware
.as – arquivo de planilha applixware
.aw – processamento de textos applixware
.c – arquivo fonte C
.m – arquivo fonte C objetivo
.h – arquivo de cabeçalho c
.C ou **.cc** ou **.cxx** – arquivo fonte C++
.o – arquivo de objeto compilado
.p – pascal
.conf – arquivo de configuração
.db – data base (banco de dados)
.dvi – saída tex independente de dispositivo
.gz – arquivo compactado (gnu gzip)
.pdf – adobe acrobat
.ps – postscript
.s – assembler
.tar – arquivo tar .tg – tar compactado
.txt – texto
.Z – arquivo compactado (compress)
.1 – contém entradas de documentação (1-9)

3.3.8. Instalação de novos programas

Instalar novos programas no seu ambiente Linux é uma tarefa simples, principalmente se você tiver a sua disposição um dos gerenciadores de pacotes como o RPM ou o DPKG.

RPM: se você usa a distribuição da Red Hat ou alguma outra que dê suporte ao RPM, eis aqui algumas das funções mais comuns:

rpm <parâmetros> <nome do pacote>

-i : instalação básica

- U : atualização de um programa

-- nodeps : não procura por dependências

-- help : lista opções

- q : (do inglês, *query*) mostra informações sobre o pacote

- e : exclui um pacote

Para verificar se você tem instalado o pacote gtk voltado para desenvolvedores, por exemplo, digite: $ rpm -q gtk+-devel seguido da tecla tab e enter.

Caso não possua, baixe o arquivo clicando aqui e, no diretório adequado, digite na linha de comando: $ rpm -ivh gtk+-devel seguido da tecla tab e enter.

DPKG: usado para manusear pacotes da Debian.

dpkg <parâmetros> <nome do pacote>

-i : instalar

-r : remover

ž Arquivos .tar.gz ou .tgz:

Digitando, na linha de comando, no diretório adequado

tar -xzvg nome_do_arquivo

o arquivo será descompactado. Provavelmente você encontrará um arquivo chamado README ou INSTALL. Leia-o e siga as instruções recomendadas. Caso não exista este arquivo, tente digitar simplesmente

$ ./configure

$ make

no *prompt* do *shell*, para compilar, e depois

$ make install

para instalar (normalmente como *root*).

3.3.9. Roteiro

Finalmente, apresentamos aqui um roteiro para você dar os primeiros passos com o GTK.

a. Instalar o Linux.

b. a partir do *shell* inicializar uma seção do X (digitando startx, kde, ou o nome de algum outro gerenciador de janelas que esteja instalado e lhe agrade).

c. instalar o GTK. Se preferir, instale o Gimp (no Red-Hat, basta executá-lo pela primeira vez, clicando no seu ícone), que automaticamente o GTK será instalado.

d. abrir uma janela do xterm (*shell*) ou, alternativamente, efetuar *login* num outro console virtual.

e. usar esse console virtual ou o xterm para inicializar um editor de textos e digitar o código fonte de seu programa.

f. compilar o programa, usando o gcc ou o make.

g. executá-lo, no sistema de janelas X, digitando o nome do programa criado, numa janela do xterm.

3.3.10. Usando o *floppy disk* no Linux

Para usar o disquete primeiramente você tem de montá-lo. Para isso, crie um diretório com o nome *floppy* (ou qualquer um de sua escolha) na raiz:

mkdir /floppy

Agora qual *driver* se quer montar? Se for o A (/ dev/fd0): mount /dev/fd0 /floppy

E se for o B(dev/fd1)

mount /dev/fd1 /floppy

Pronto, o *driver* agora está montado no diretório /*floppy*, podendo gravar ou apagar os arquivos bastando acessar o diretório /*floppy* do teu Linux.

Para desmontar o *floppy disk*: umount /floppy

3.3.11. Usando o CD-ROM no Linux

Para usar o CD-ROM primeiramente você tem que montá-lo, para isso crie um diretório com o nome cd-rom (ou qualquer um de sua escolha) na raiz:

mkdir /cdrom

Agora é só montá-lo: mount -t iso9660 /dev/cdrom /cdrom

Pronto, o CD-ROM agora está montado no diretório /cdrom. Para consultá-lo, basta acessar o diretório /cdrom do Linux.

Para desmontar o CD-ROM:

umount /cdrom

3.4. RESUMO DO LINUX

Tecnicamente falando, Linux é um *kernel*. O termo "*kernel*" propriamente se refere ao sistema de *software* que oferece uma camada de abstração referente a *hardware* e controle de disco (sistema de arquivos), multitarefa, balanceamento de carga, rede e segurança. Um *kernel* não é um sistema operacional completo. Sistemas completos construídos em torno do *kernel* do Linux usam o sistema GNU que oferece um *shell*, utilitários, bibliotecas, compiladores e ferramentas, bem como outros programas.

Kernel Linux:

O *kernel* do Linux (projeto foi lançado em 1991) foi primeiramente desenvolvido pelo estudante finlandês Linus Torvalds em uma tentativa de desenvolver um sistema operacional *Unix-like* que rodava em processadores (Intel x86).

X86: toda a linha de processadores Intel, 8088, 8086, 80286, 80386, 80486...

Distribuições:

Um Sistema Operacional Linux completo é uma coleção de *softwares* livres (e às vezes não livres) criados por indivíduos, grupos e organizações ao redor do mundo, e tendo o *kernel* como seu núcleo. Companhias como Red Hat, SuSE, MandrakeSoft, Mandriva (brasileira, antiga Conectiva) bem como o projeto da comunidade Debian, compilam o *software* e fornecem um sistema completo, pronto para instalação e uso. As distribuições de Linux começaram a receber uma popularidade limitada, como uma alternativa livre para os sistemas operacionais Microsoft Windows. Tornou-se mais popular no mercado de servidores, principalmente para a Web e servidores de bancos de dados.

GNU, General Public License (Licença Pública Geral) ou simplesmente GPL:

GNU é um projeto iniciado por Richard Stallman em 1984, com o objetivo de criar um sistema operacional totalmente livre, em que qualquer pessoa teria o direito de usá-lo sem pagar licenças de uso. Este sistema operacional GNU deveria ser compatível com o sistema operacional UNIX, porém não deveria utilizar-se do código-fonte do UNIX. Stallman escolheu o nome GNU, que é o nome de um animal africano da família dos ruminantes *Gnu* (mamífero ungulado; mamífero cujas patas são protegidas por cascos), por este nome ser um acrônimo recursivo: GNU is Not Unix. A partir de 1984 Stallman e vários programadores, que abraçaram a causa, vieram desenvolvendo as peças principais de um sistema operacional: como compilador de linguagem C, editores de texto etc. Em 1991, o sistema operacional já estava quase pronto, mas faltava o principal que é o *kernel* do sistema operacional, que o grupo liderado por Stallman estava desenvolvendo, um *kernel* chamado Hurd. Porém naquele ano de 1991 aconteceu algo que mudou o rumo da História, um jovem finlandês chamado Linus Torvalds havia criado um *kernel* que poderia usar todas as peças do sistema operacional GNU; este *kernel* ficou conhecido como Linux, contração de Linus + Unix. Atualmente o sistema operacional GNU com o *kernel* Linux é conhecido como GNU/Linux ou apenas Linux.

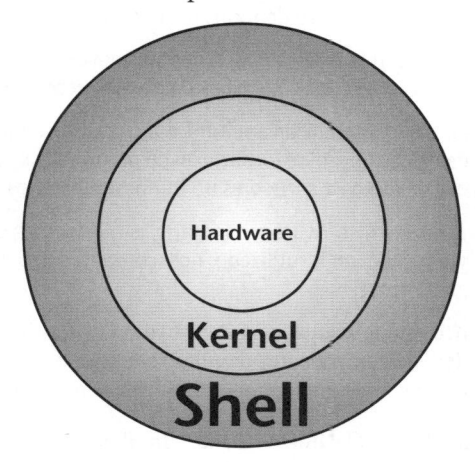

Usuário interage com o sistema através da interface shell *que se utiliza do* kernel *que controla o hardware.*

Em termos gerais, a GPL baseia-se em 4 liberdades:

1. A liberdade de executar o programa para qualquer propósito.

2. A liberdade de estudar como o programa funciona e adaptá-lo para as suas necessidades. O acesso ao código-fonte é um pré-requisito para esta liberdade.

3. A liberdade de redistribuir cópias de modo que você possa ajudar o seu próximo.

4. A liberdade de aperfeiçoar o programa, e liberar os seus aperfeiçoamentos, de modo que toda a comunidade beneficie-se deles. O acesso ao código-fonte é um pré-requisito para esta liberdade.

Com a garantia destas liberdades, a GPL permite que os programas sejam distribuídos e reaproveitados, mantendo, porém, os direitos do autor de forma a não permitir que essa informação seja usada de uma maneira que limite as liberdades originais. A licença não permite, por exemplo, que o código seja apoderado por outra pessoa, ou que sejam impostas sobre ele restrições que impeçam que seja distribuído da mesma maneira que foi adquirido.

Software Livre é diferente de *software* em *domínio público*. O primeiro, quando utilizado em combinação com licenças típicas (GPL), garante a autoria do programador/organização. O segundo caso acontece quando o autor do *software* relega a propriedade do programa e este se torna bem comum.

Características do sistema Linux

- Multitarefa (várias aplicações podem ser executadas ao mesmo tempo)
- Multiusuário (vários usuários podem utilizar o sistema ao mesmo tempo)
- Convive harmoniosamente no mesmo computador com outros sistemas operacionais
- Não exige um computador potente para rodar
- Não é necessário licença para o seu uso
- Maior estabilidade em relação ao Windows
- Maior confiabilidade
- Não precisa ser reinicializado devido à instalação de programas ou configuração de periféricos
- Acessa discos formatados por outros sistemas operacionais
- Suporte a linguagens de programação
- Suporte a diversos dispositivos e periféricos disponíveis no mercado
- Código-fonte aberto; isso significa que se você for um programador, pode modificá-lo para se adequar a necessidades específicas, algo impossível de ser conseguido com o Windows
- É um sistema portável (presente em outros equipamentos como: relógios, *handheld*, *mainframe*...)

Kernel: é o núcleo do sistema. É responsável pelas operações de baixo nível tais como: gerenciamento de memória, gerenciamento de processos, suporte ao sistema de arquivos, periféricos e dispositivos. Resumidamente, o *kernel* é um conjunto de programas que fornece para os programas de usuário (aplicativos) uma interface para utilizar os recursos do sistema.

Shell: é o elo entre o usuário e o sistema. Imagine o *shell* como sendo um intérprete entre pessoas que falam línguas diferentes. Ele traduz os comandos digitados pelo usuário para a linguagem usada pelo *kernel* e vice-versa. Sem o *shell* a interação entre usuário e o *kernel* seria bastante complexa.

Processo: é um módulo executável único, que corre concorrentemente com outros módulos executáveis. Por exemplo, em um ambiente multitarefa (como o Unix) que suporta processos, um processador de texto, um navegador e um sistema de banco de dados são processos separados que podem rodar concomitantemente.

Principais diretórios do Linux:

/boot – arquivos de inicialização

/bin – executáveis principais

/dev – referência aos dispositivos de entrada e saída

/etc – executáveis essenciais ao sistema, arquivos de configuração

/usr – comandos, bibliotecas, aplicativos

/lib – biblioteca básica do sistema

/tmp – arquivos temporários

/home – diretório de usuários e suas configurações

/root – diretório local do superusuário (*root*).

Usuário: no Linux, cada pessoa precisa ter uma conta de usuário. Uma conta de usuário indica um nome e senha que devem ser utilizados para se conectar ao sistema.

Usuário *root* (ou superusuário): é quem tem acesso irrestrito ao sistema. Quando você se conecta como usuário *root*, poderá fazer qualquer operação no Linux, como alterações de configuração do sistema, apagar ou modificar arquivos importantes etc.

Sistema de arquivos:

- **EXT2 (Extended File System):** Este é o sistema de arquivos mais utilizado pelo Linux, com suporte a partições de até 4 TB e nomes de arquivos com até 255 caracteres.

- **EXT3:** O EXT3 é uma evolução do EXT2 que traz uma melhora no sistema de tolerância a falhas. Este sistema mantém um relatório de todas as operações realizadas. No caso de falhas, como no exemplo de um travamento enquanto o sistema está montando, as últimas entradas do relatório são consultadas para a verificação do ponto em que houve a interrupção, e o problema é corrigido automaticamente em poucos segundos.

Os nomes de arquivos no GNU/Linux podem ter até 255 caracteres, podendo utilizar espaços e acentos. Há exceção somente quanto ao uso dos caracteres especiais / \ | " * ? < > ! `. Um ponto muito importante que deve ser frisado é que o GNU/Linux é *case sensitive*, ou seja, diferencia letras maiúsculas de minúsculas.

3.4.1. Outras informações

Processamento CISC (Complex Instruction Set Computing): utilizada nos computadores pessoais baseados em processadores Intel, tem como característica manter a compatibilidade do microcódigo (sub-rotinas internas ao próprio *chip*) com toda a linha de processadores existentes x86. Utiliza um conjunto complexo de instruções.

Processamento RISC (Reduced Instruction Set Computing): foi desenvolvida pela IBM nos anos 70 e o primeiro *chip* surgiu em 1980. Sua proposta baseou-se em um conjunto reduzido de instruções.

QUESTÕES

1. (TCE – FCC – 2013) O Sistema Operacional
   a) é o software responsável pelo gerenciamento, funcionamento e execução de todos os programas.
   b) é um *software* da categoria dos aplicativos, utilizado para a criação de textos, planilhas de cálculo, desenhos etc.
   c) apesar de gerenciar a leitura e a gravação de arquivos, delega a função de localização de programas nas unidades de discos a *softwares* utilitários de terceiros.
   d) *Linux* é um *software* proprietário, já o *Windows*, é o *software* livre mais utilizado nos computadores pessoais atualmente.
   e) não está relacionado à evolução das CPUs, pois independem de componentes de *hardware*, já que são executados em um computador virtual (*virtual machine*).

2. (TÉCNICO – FUNRIO – 2013) Um dos navegadores de Internet mais usados no GNU/Linux é o Mozilla Firefox. Assim como outros navegadores, o Mozilla Firefox possui teclas de atalho para executar funções comuns no acesso a páginas WWW. Qual combinação de teclas abaixo permite localizar um texto na página aberta?
   a) Ctrl+C
   b) Ctrl+L
   c) Ctrl+B
   d) Ctrl+A
   e) Ctrl+F

3. (ANALISTA JUDICIÁRIO – FCC – 2014) Originalmente, os sistemas operacionais Windows e Linux possuíam primordialmente interfaces de modo texto, tais como o *Prompt* de comando no Windows e o *Shell* de comando no Linux, para que o usuário utilizasse os recursos do sistema operacional. Por exemplo, para listar os arquivos de uma pasta utilizando o *Prompt* de comando do Windows deve-se utilizar o comando dir. O comando equivalente no *Shell* de comando do Linux é
   a) ls.
   b) pwd.
   c) cat.
   d) mkdir.
   e) cd.

GABARITO

1. A
2. E
3. A

CAPÍTULO 4

APLICATIVOS

4.1. INTRODUÇÃO

Os aplicativos são *softwares* instalados nos computadores com funções específicas e têm como objetivo ajudar o usuário a desempenhar uma tarefa ligada a algum tipo de processamento de dados, tais quais as suítes de escritório que contêm programas como processador de texto, planilha de cálculo, banco de dados, apresentação gráfica e gerenciador de tarefas, *e-mail*s e contatos.

4.1.1. Importância do tema

É inimaginável os computadores sem uma suíte de escritório instalada para o desenvolvimento das rotinas básicas de uma instituição ou ainda para a organização das informações pessoais.

Atualmente existem duas suítes que concorrem por esse mercado: o famoso e bastante conhecido *Office* da Microsoft com destaque para os *softwares* Word de edição de textos, Excel de edição de planilhas eletrônica e o PowerPoint de desenvolvimento de apresentações de *slides*; e ganhando cada vez mais adeptos com o trunfo de ser um *software* livre (*free software*), baixado gratuitamente na Internet, o BROffice entra na disputa desses consumidores com os *softwares* Writer edição de texto, Calc edição de planilhas eletrônicas e o Impress edição de apresentação de *slides*.

4.1.2. Destaque

Vale ressaltar ao leitor que mesmo adquirindo um novo computador com um sistema operacional recém-instalado, os aplicativos Microsoft Office e BROffice.org não compõem o sistema operacional, ou seja, são instalados independentemente. O que alguns fabricantes fazem é a instalação de uma versão de degustação (Trial) válida por um curto período e com funcionalidades limitadas quando nos referimos ao Office, ou instalação embarcada na utilização do BROffice.

A suíte de escritório Microsoft possui uma série de versões com conjuntos de aplicações distintas; é comercializada de acordo com a quantidade de programas incorporados e com o perfil de usuários ou empresas.

As principais aplicações:

Word	O Word é o processador de texto do Microsoft Office, poderoso editor de textos que permitia tarefas avançadas de automação de escritório. Com o passar do tempo, se desenvolveu rapidamente e, atualmente, é o editor mais utilizado pelas grandes empresas e por outros usuários.
Excel	O Excel faz parte do pacote Microsoft Office e atualmente é o programa de folha de cálculo mais popular do mercado. As planilhas eletrônicas agilizam muito todas as tarefas que envolvem cálculos e, segundo estudos efetuados, são os aplicativos mais utilizados nos escritórios do mundo inteiro.
Power-Point	O PowerPoint é uma aplicação que permite o *design* de apresentações, sejam gráficas ou de texto. Tem um vasto conjunto de ferramentas como a inserção de som, imagens, efeitos automáticos e formatações.

4.1.3. Outros aplicativos do Microsoft Office

Access	O Microsoft Access é o programa de bancos de dados. Muito útil para uso geral, não é recomendado para bancos de dados de grande porte devido ao alto tráfego de informações.

InfoPath	O Microsoft InfoPath é um aplicativo para desenvolver dados no formato XML. Ele padroniza os vários tipos de formulários, o que ajuda a reduzir os custos do desenvolvimento personalizado de cada empresa.
OneNote	O Microsoft Office OneNote é uma ferramenta para anotações, coleta de informações e colaboração multiusuário.
Outlook	O Microsoft Outlook é um programa para o gerenciamento de contatos, tarefas, mensagens de e-mail, agenda e outras informações, como histórico dos documentos eletrônicos utilizados.
Publisher	O Microsoft Publisher é o programa da suíte Microsoft Office, que é basicamente usado para diagramação eletrônica, como elaboração de *layouts* com texto, gráficos, peças gráficas e outros elementos.
SharePoint	O Microsoft SharePoint, anteriormente chamado de Microsoft Grove, é um programa de colaboração que coordena equipes de trabalho em atividade em um projeto, permitindo-lhes compartilhar informações em qualquer lugar e a qualquer momento. Com isso, o *software* pretende economizar tempo, aumentar a produtividade e a qualidade.

4.1.4. Principais aplicativos do BROffice

Writer	O Writer é o processador de texto do BROffice, semelhante ao Word, utilizado para a elaboração de textos complexos, com imagens e diversas opções de formatação.
Calc	O Calc é um programa de planilha eletrônica semelhante ao Excel da Microsoft, destina-se à criação de planilhas eletrônicas, permite a inserção de equações matemáticas auxiliando na elaboração de gráficos.
Impress	O Impress é uma aplicação que permite o design de apresentações de slides, é similar ao PowerPoint, sendo possível inserir plano de fundo, títulos, marcadores, imagens, vídeos, efeitos de transição de *slides*, dentre outras opções.

4.1.5. Outros aplicativos do BROffice

Base	O Base é um gerenciador de banco de dados, semelhante ao Access, destina-se à criação e ao gerenciamento de bancos de dados, tendo suporte para a criação e modificação de tabelas, consultas, macros, relatórios e formulários.
Draw	O Draw é um programa de editoração eletrônica e construção de desenhos vetoriais, semelhante ao CorelDRAW.
Math	O Math é um programa que auxilia na formatação de fórmulas científicas e matemáticas de maneira equivalente ao Microsoft Equation Editor.

4.2. EDITORES DE TEXTO

Os editores ou processadores de texto são programas de criação de documentos (textos) simples e também complexos que simulam uma máquina de escrever possibilitando uma infinidade de formatações com recursos que facilitam o desenvolvimento de: apostilas, cartas, currículos, etiquetas, envelopes, livros, memorandos, ofícios, panfletos, teses e muito mais.

Destacam-se dois editores: o Word (Microsoft Office) e o Writer (BROffice). É importante saber que o sistema operacional Windows (Microsoft) instala nativamente mais dois editores: o Bloco de notas (Notepad) e também o Wordpad, ambos com recursos bem limitados comparados ao Word e ao Writer.

Extensões dos arquivos tipo texto:

Tipo	Descrição	Aplicativo
TXT	É a extensão de qualquer arquivo "plain text", ou seja, é simplesmente qualquer arquivo de texto que não possui qualquer formatação (exemplos: tipo de fonte, cor, tamanho, entre outros). Os conteúdos desses arquivos são compostos de caracteres organizados em linhas e colunas.	Bloco de Notas
RTF	É um acrônimo de *Rich Text Format* ou Formato Rico de Texto. É um formato de arquivo de documento desenvolvido e de propriedade da Microsoft para intercâmbio de documentos entre diversas plataformas.	Wordpad
DOC	É uma extensão designada para identificação de arquivos criados com o editor de texto Word e referencia um documento.	Word
DOT	É uma extensão designada para identificação de arquivos modelos criados com editor de texto Word.	Word
ODT	É um formato de arquivo usado para armazenamento e troca de documentos texto utilizado pelo BROffice.	Writer
OTT	É um acrônimo de Template Text, um formato de arquivo usado para modelo de documentos texto utilizado pelo BROffice.	Writer
PDF	É um acrônimo de *Portable Document Format*, formato de arquivo texto, desenvolvido pela Adobe Systems, para representar documentos de maneira independente do aplicativo, do *hardware* e do sistema operacional.	Acrobat
DOCX	É uma extensão designada para identificação de arquivos criados com o editor de texto Word baseados em padrões XML.	Word 2007 e 2010
DOTX	É uma extensão designada para identificação de arquivos modelos criados com editor de texto Word baseados em padrões XML.	Word 2007 e 2010

4.2.1. Editando textos

Editar um texto é fazer alterações no documento, contando com as facilidades de movimentação e correção e/ou inserção de caracteres.

Para a realização de qualquer correção/alteração é necessário se deslocar até o ponto a ser trabalhado, ou seja, que o cursor seja levado até o local desejado.

A tabela abaixo mostra quais as teclas que poderão ser usadas nestes casos:

Tecla	Movimentação
↓	Linha abaixo
↑	Linha acima
→	Caractere da direita
←	Caractere da esquerda
Home	Início da linha
End	Final da linha
Page Up	Meia tela acima
Page Down	Meia tela abaixo

Para corrigir erros comuns de digitação:

Pressione a tecla	Para excluir
Backspace	Caracteres antes do ponto de inserção
Delete	Caracteres depois do ponto de inserção

Selecionando trechos do texto com o *mouse*:

- selecionar qualquer trecho ou palavras, apenas clicar no início do trecho desejado e arrastar o *mouse* até o final do trecho ou palavra.
- selecionar apenas uma palavra, apenas aplicar um clique duplo, no *mouse*, na palavra desejada.
- selecionar um parágrafo, aplicar um triplo clique em qualquer palavra inserida no parágrafo.
- selecionar uma frase mantendo pressionada a tecla Ctrl e clicar em qualquer palavra desejada.
- selecionar uma palavra ou um trecho envolvido, mantendo pressionada a tecla Shift.
- selecionar várias partes do texto, apenas selecione a primeira palavra e, segurando a tecla Ctrl, selecione os demais trechos.

Utilizando o clique do *mouse*:

- Sobre o texto: Com um clique o cursor indicará o ponto de inserção no texto; dois cliques selecionará a palavra; e com três cliques selecionará todo o parágrafo.
- À margem esquerda do texto: Com um clique selecionará uma linha; com dois cliques selecionará todo o parágrafo; e com três cliques selecionará todo o texto.

4.2.2. Microsoft Word

Existem várias versões do mais famoso e utilizado editor de texto do mundo, atualmente estamos na versão 2010, mas a versão mais instalada e utilizada continua sendo a versão 2003. Abordaremos as duas versões destacando as principais diferenças entre elas.

Ícones das versões

2003   2007/2010

O local padrão de instalação do aplicativo é: C:\Arquivos de Programa\Microsoft Office, mas pode ser acessado pelo Menu Iniciar, Todos os Programas, Microsoft Office e clicar no atalho desejado.

Abrindo o Word 2003 será exibida a tela de um novo documento em branco com o nome padrão Documento1.

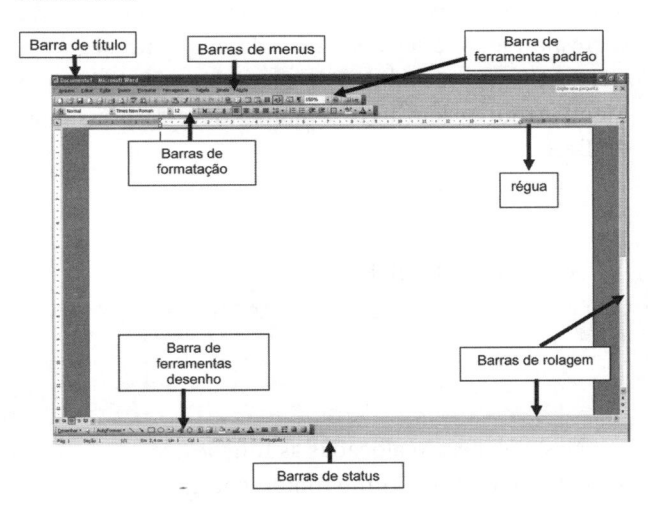

Abrindo o Word 2007/2010 é notável uma mudança drástica no *layout* do aplicativo; essa remodelação foi necessária para facilitar a navegação dos usuários, gerar maior praticidade na edição dos documentos, e também para adaptar os usuários a novas versões do sistema operacional Windows.

Em todas as aplicações do Office 2010 as opções de acesso aos recursos passaram a ser exibidos em Abas e Guias segmentadas, a exemplo do que já acontecia com os *browsers* (Navegadores), mantendo somente um menu principal chamado acesso rápido, já os recursos e funcionalidades sofreram poucas alterações.

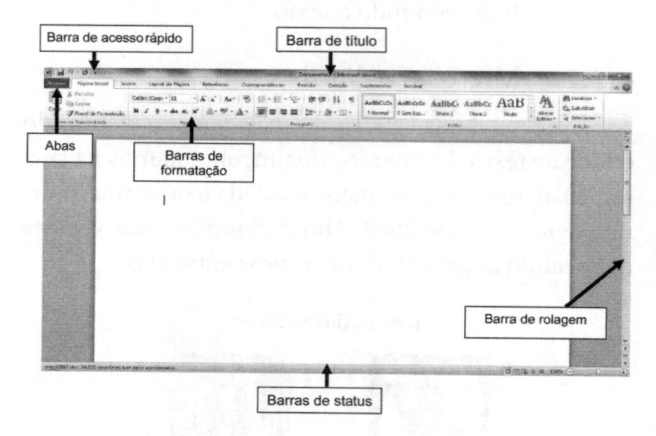

Definições:

Barra de títulos: apresenta o nome do documento editado e da aplicação que está sendo executada.

Barra de menus: contém todos os comandos utilizados no Word listados em sua forma de texto. Em cada menu (Arquivo, Editar, Exibir etc.) existem várias outras opções. No menu ARQUIVO, por exemplo, existem as opções SALVAR, ABRIR, NOVO, IMPRIMIR, SAIR, CONFIGURAR PÁGINA etc. Para acessar um menu sem usar o *mouse*, basta pressionar a tecla correspondente à letra sublinhada enquanto segura a tecla ALT (no teclado). Por exemplo, para acessar o Menu Arquivo sem usar o *mouse*, deve-se pressionar ALT+A.

Barras de ferramentas: são coleções de botões que executam comandos do programa. Os comandos contidos nestas barras não são novos, são os mesmos comandos existentes nas barras de menu, apenas são mais rápidos de acessar. Cada linha horizontal cheia de botões é uma barra de ferramentas, na parte superior da tela são exibidas as barras Padrão e Formatação, e na parte inferior da tela, a barra Desenho.

Barras de rolagem: existem duas: horizontal (localizada na parte inferior da tela) e vertical (localizada à direita dela). Sua função é "rolar" a visualização do documento.

Barra de *status*: apresenta as informações pertinentes ao documento naquele instante, como página atual, linha e coluna onde o cursor está posicionado, entre outras informações.

Réguas: existem duas: Horizontal localizada na parte superior da tela e Vertical localizada à esquerda da tela. Sua função é indicar as configurações das páginas do documento.

Barra de acesso rápido (somente Word 2007/2010): permite acessar alguns comandos mais rapidamente como salvar, desfazer. Você pode personalizar essa barra, clicando no menu de contexto (flecha para baixo) à direita dela.

4.2.3. Abas do Word 2007/2010

A distribuição das funções e comandos do Word 2007 e 2010 está em abas.

Aba Página Inicial

Nesta aba estão alocadas as funções de edição de arquivos como copiar, recortar, entre outras, e também de formatação do texto como fontes, parágrafos e estilo.

Aba Inserir

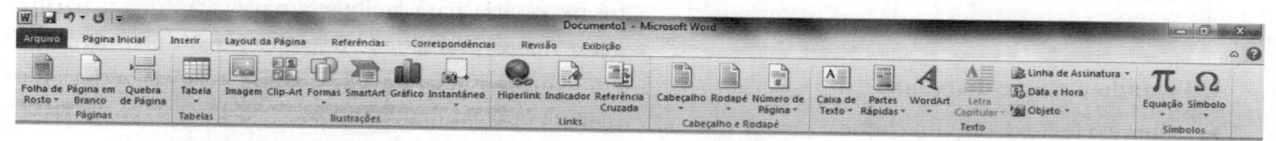

Nesta aba estão alocadas as funções de inserção de páginas, tabelas, *link*, cabeçalho e rodapé, ilustrações com destaque especial para os elementos gráficos SmartArt que permite a inserção de diagramas diversos possibilitando a formatação de sombra, efeitos 3D, disposição e tamanho.

Aba Layout de Página

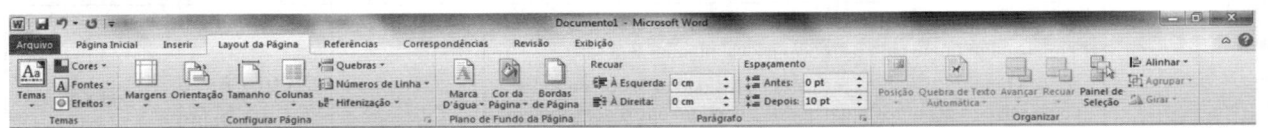

Nesta aba estão alocadas as funções de configuração das páginas do documento permitindo os ajustes de margens, tamanho do papel utilizado, planos de fundo, entre outras.

Aba Referência

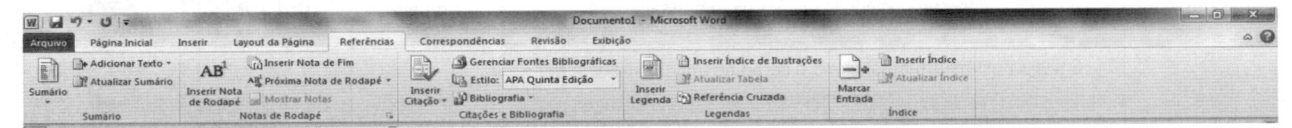

Nesta aba estão alocadas as funções de criação de índices, legendas, notas, facilitando as referências nos documentos editados.

Aba Correspondência

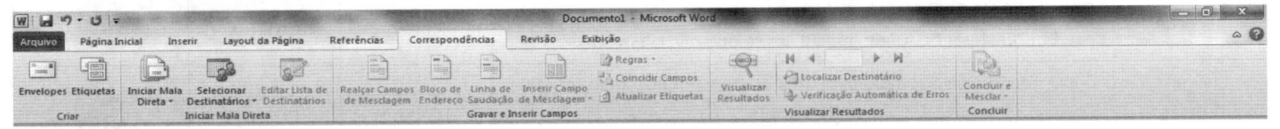

Nesta aba estão alocadas as funções de criação de envelopes, etiquetas e principalmente para a criação de mala direta.

Aba Revisão

Nesta aba estão alocadas as funções de revisão do documento, como principal função a correção ortográfica e gramatical, permite também a inserção de comentários no documento e controle deste.

Aba Exibição

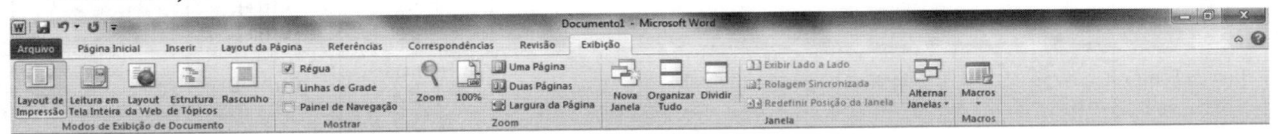

Nesta aba estão alocadas as funções para alterar a forma de exibição do documento na tela do computador como a seleção de um modo de exibição, réguas, *zoom*, janelas e macros.

4.2.4. Principais comandos

Na microinformática podemos executar as funções e os comandos de várias formas e no Word não é diferente, através dos Menus, dos botões existentes nas barras de ferramentas ou através de combinações de teclas (teclas de atalho).

COMANDO	AÇÃO	MENU	ATALHO	BOTÃO
Novo	Acionado o botão da barra de ferramentas ou pela tecla de atalho, será criado o novo documento. Se for acionado através do menu arquivo/novo, será apresentada uma caixa de diálogo para a escolha do tipo de arquivo a ser criado.	Arquivo	Ctrl + O	
Abrir	Abrirá uma janela que permitirá ao usuário a escolha de qual arquivo será colocado na memória RAM para ser alterado.	Arquivo	Ctrl + A	

COMANDO	AÇÃO	MENU	ATALHO	BOTÃO
Salvar	Grava o documento atual em uma unidade de disco, solicitando ao usuário nome para o arquivo e local no qual será salvo. Salvar como (F12) – abre uma caixa de diálogo para que o usuário possa salvar o documento em questão com um outro nome ou em um outro local (diretório).	Arquivo	Ctrl + B	
Visualizar impressão	Permite apresentar o documento, onde é possível ter uma visão mais "panorâmica" do texto, como vai ser impresso.		Ctrl + F2 Ctrl + Alt + I	
Imprimir	Abre uma janela de opções de impressão.	Arquivo	Ctrl + P	
E-mail	Envia o documento atual como o corpo de uma mensagem de correio eletrônico.			
Desfazer	Desfaz ações realizadas no Word tantas vezes quantas forem as vezes que o comando for acionado.	Editar	Ctrl + Z	
Refazer	Refaz as ações desfeitas pelo comando desfazer.	Editar	Ctrl + R	
Recortar	Retira o trecho selecionado do documento enviando-o para área de transferência, onde poderá ser colado diversas vezes.	Editar	Ctrl + X	
Copiar	Copia o trecho selecionado para área de transferência (não retira do documento). Pode ser colado diversas vezes.	Editar	Ctrl + C	
Colar	Coloca o conteúdo da área de transferência onde o cursor se encontra.	Editar	Ctrl + V	
Negrito	Ativar/ Desativar o efeito **negrito**.	Formatar Fonte	Ctrl + N	
Itálico	Ativar/ Desativar o efeito *itálico*.	Formatar Fonte	Ctrl + I	
Sublinhado	Ativar/ Desativar o efeito sublinhado.	Formatar Fonte	Ctrl + S	
Tamanho da Fonte	Altera o tamanho da fonte do texto.	Formatar Fonte	Ctrl+Shift+< Ctrl+Shift+> Ctrl+[Ctrl+]	
Tipo de Fonte	Altera o tipo de fonte (letra).	Formatar Fonte	Ctrl + D	
Alinhar à esquerda	Alinha o parágrafo à margem esquerda da página.	Formatar Parágrafo		
Centralizar	Alinha o parágrafo ao centro da página.	Formatar Parágrafo	Ctrl + E	
Alinhar à direita	Alinha o parágrafo à margem direita da página.	Formatar Parágrafo	Ctrl + G	
Justificar	Justifica o parágrafo (alinha à esquerda e à direita ao mesmo tempo).	Formatar Parágrafo	Ctrl + J	
Diminuir recuo	Diminui o recuo do texto em relação à margem esquerda.	Formatar Parágrafo	Ctrl+Shift+M	
Aumentar recuo	Aumenta o recuo do texto em relação à margem esquerda.	Formatar Parágrafo	Ctrl+H Ctrl+M	
Inserir Tabela	Cria uma tabela, no ponto de inserção, com a quantidade de linhas e colunas indicadas pelo usuário.	Tabela Inserir		

COMANDO	AÇÃO	MENU	ATALHO	BOTÃO
Zoom	Configura o zoom da exibição da página.	Exibir		92%
Numeração	Permite criar listas numeradas de itens em um texto. Cada parágrafo vai iniciar com uma numeração.	Formatar		
Marcadores	Permite criar listas marcadas de itens em um texto. Cada parágrafo vai iniciar com um marcador.	Formatar		
Pincel	Copia a formatação de um caractere ou parágrafo para outro. Basta selecionar o trecho que possui o efeito desejado, clicar no pincel e selecionar o trecho que receberá o efeito.	Editar	Crtl+Shift+C Crtl+Shift+V	
Sair	Fecha programa Word.		Alt+F4	
Salvar Como	Abre uma caixa de diálogo para que o usuário possa salvar o documento em questão com um outro nome ou em um outro local (diretório).	Arquivo	Alt+F12	
Ortografia e Gramática	Permite procurar e corrigir erros ortográficos e gramaticais no documento.	Ferramentas	F7	
Selecionar Tudo	Seleciona todo o texto do documento atual.	Editar	Ctrl+T	
Localizar	Permite encontrar um trecho qualquer dentro do documento atual.	Editar	Ctrl+L	
Substituir	Permite que um determinado trecho encontrado no documento seja substituído por outro texto definido.	Editar	Ctrl+U	
Ir Para	Permite posicionar o ponto de inserção em um determinado ponto do texto.	Editar	Ctrl+Y F5	
Mostrar/ Ocultar Parágrafos	Exibir e Ocultar caracteres não imprimíveis.		Ctrl+Shift+8	¶
Bordas	Criar bordas em qualquer texto.	Formatar		

4.2.5. Atalhos para editor de texto Word

Menu Arquivo

CTRL + O	Novo
CTRL + A	Abrir
CTRL + B	Salvar
CTRL + P	Imprimir

Menu Editar

CTRL + Z	Desfazer
CTRL + R	Repetir
CTRL + X	Recortar
CTRL + C	Copiar
CTRL + V	Colar
CTRL + T	Selecionar todo o texto
CTRL + L	Localizar

CTRL + U	Substituir
CTRL + Y	Ir para
CTRL+→	Mover o cursor para o início da próxima palavra
CTRL+←	Mover o cursor para o início da palavra anterior
CTRL+↓	Mover o cursor para o início do próximo parágrafo
CTRL+↑	Mover o cursor para o início do parágrafo anterior
CTRL+ F4	Fechar documento ativo/janela de programa

Outros

Teclas para formatação de caracteres e parágrafos	
CTRL + SHIFT + >	Aumenta o tamanho da letra
CTRL + SHIFT + <	Diminui o tamanho da letra
CTRL + SHIFT + A	Maiúsculas
CTRL + SHIFT + W	Sublinhado, mas só em palavras
CTRL + SHIFT + D	Duplo sublinhado
CTRL + SHIFT + K	Maiúsculas pequenas

■ INFORMÁTICA

CTRL + SHIFT + *	Visualiza caracteres não imprimíveis
CTRL + SHIFT + C	Copia formatos
CTRL + SHIFT + V	Cola formatos
CTRL +]	Aumenta o tamanho da letra um ponto
CTRL + [	Diminui o tamanho da letra um ponto
CTRL + D	Formatação de fontes
CTRL + N	Negrito
CTRL + S	Sublinhado
CTRL + I	Itálico
CTRL + BARRA ESPAÇO	Remove formatação manual
CTRL + Q	Parágrafo simples abaixo
CTRL + 1	Define espaçamento simples entre linhas
CTRL + 2	Define espaçamento duplo entre linhas
CTRL + 5	Define espaçamento entre linhas de 1,5
CTRL + zero	Remove um espaço entre linhas que antecede um parágrafo
CTRL + J	Justifica um parágrafo
CTRL + E	Centraliza parágrafo
CTRL + G	Parágrafo à direita
CTRL + M	Avança um parágrafo a partir da esquerda
CTRL + SHIFT + M	Remove um avanço de parágrafo à esquerda
CTRL + SHIFT + J	Cria um avanço pendente
CTRL + SHIFT + T	Reduz um avanço pendente
CTRL + SHIFT + S	Aplica sublinhado
CTRL + SHIFT + N	Aplica um estilo normal
CTRL + SHIFT + L	Aplica o estilo "Lista"
ALT + CTRL + K	Inicia formatação automática
ALT + CTRL + 1	Aplica o estilo "Título 1"
ALT + CTRL + 2	Aplica o estilo "Título 2"
ALT + CTRL + 3	Aplica o estilo "Título 3"
Alt + Ctrl + F	Insere nota de rodapé
Alt + Ctrl + I, O, P ou N	Muda estilo de visualização da página
Alt + Ctrl + Y	Vai para início da página seguinte
Alt + Ctrl + M	Insere comentário
Ctrl + =	Aplica subscrito
Ctrl + Shift + +	Aplica sobrescrito
Ctrl + End	Vai para fim do documento
Ctrl + Del	Apaga palavra seguinte
SHIFT + F1	Remove formatação de texto
Shift + F3	Aplica letras maiúsculas em todo o texto selecionado

Teclas de funções	
F1	Ajuda; Ajuda "On-line"; Assistente do Office
F4	Repetir a última ação
F5	Comando "ir para" (menu Editar)
F7	Ortografia e gramática (menu Ferramentas)
F12	Salvar como
SHIFT + F1	Ativa interrogação da ajuda
SHIFT + F3	Altera as letras maiúsculas minúsculas
SHIFT + F4	Repete uma ação de localizar e/ou "ir para"
SHIFT + F5	Desloca-se para uma revisão anterior
SHIFT + F7	Dicionário de sinônimos (menu Ferramentas)
SHIFT + F10	Visualiza o menu de atalhos/botão direito do mouse
CTRL + F2	Vai para a tela visualização
CTRL + F9	Insere um campo vazio para digitação
CTRL + F10	Minimiza a janela do documento
CTRL + F12	Abrir (menu arquivo)
ALT + F5	Restaura o tamanho da janela do programa
ALT + F7	Localiza o erro ortográfico seguinte
ALT + F10	Maximiza a janela do programa

4.2.6. BrOffice.org Writer

O BrOffice.org Writer permite a produção de documentos de texto que podem incluir figuras, tabelas ou gráficos. É possível a criação de documentos básicos, como memorandos, faxes, cartas, currículos e correspondências, bem como documentos longos, complexos ou divididos em várias partes, acrescidos de bibliografia, tabelas de referência e índices.

O Writer inclui também recursos úteis como verificador ortográfico, dicionário de correlatos, Autocorreção, hifenização, bem como uma variedade de modelos para quase todas as finalidades.

Essa é a tela de apresentação quando executamos o Writer, perceba que existe bastante semelhança às versões antigas do Microsoft Word.

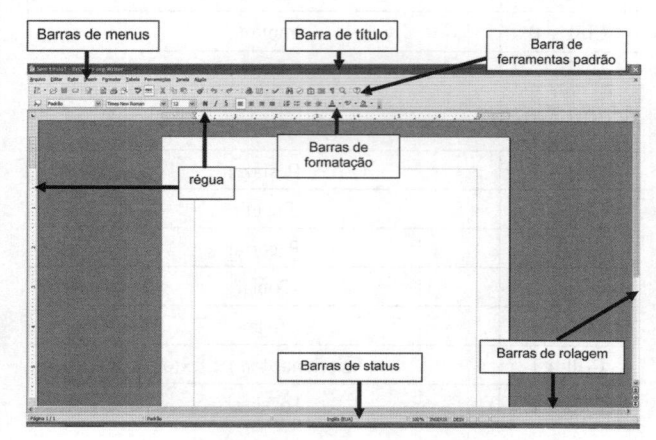

Definições:

Barra de títulos: apresenta o nome do documento editado e da aplicação que está sendo executada.

Barra de menus: contém todos os comandos utilizados listados em sua forma de texto. Em cada menu (Arquivo, Editar, Exibir etc.) existem várias outras opções. No menu Arquivo, por exemplo, existem as opções Salvar, Abrir, Novo, Imprimir, Sair, Configurar Página, entre outras. Para acessar um menu sem usar o *mouse*, basta pressionar a tecla correspondente à letra sublinhada enquanto segura a tecla Alt (no teclado). Por exemplo, para acessar o menu Arquivo sem usar o *mouse*, deve-se pressionar Alt+A.

Barras de ferramentas: são coleções de botões que executam comandos do programa. Os comandos contidos nestas barras não são novos, são os mesmos comandos existentes nas barras de menu, apenas são mais rápidos de acessar. Cada linha horizontal cheia de botões é uma barra de ferramentas, na parte superior da tela são exibidas as barras Padrão e Formatação, e na parte inferior da tela, a barra de *Status*.

Barras de rolagem: existem duas: horizontal (localizada na parte inferior da tela) e vertical (localizada à direita dela). Sua função é "rolar" a visualização do documento.

Barra de *status*: apresenta as informações pertinentes ao documento naquele instante, como página atual, linha e coluna onde o cursor está posicionado, entre outras informações.

Régua: existem duas: horizontal localizada na parte superior da tela e vertical localizada à esquerda da tela. Sua função é indicar as configurações das páginas do documento.

É comum em concursos públicos a comparação entre os editores de texto Word e Write, e esses aplicativos aparecem na grande maioria dos editais atuais, as funcionalidades são bem parecidas, vale realizar a comparação entre os principais menus e barras e destacar as diferenças entre os aplicativos que usualmente são cobradas nas provas.

Para as principais teclas de atalho do Writer existe uma dica importante: a grande maioria das teclas referencia a letra do comando em inglês.

Comando	Atalho
Novo	Ctrl + N (New)
Abrir	Ctrl + O (Open)
Salvar	Ctrl + S (Save)

Comando	Atalho
Imprimir	Ctrl + P (Print)
Fechar	Ctrl +W ou Crtl+F4
Sair	Alt +F4 ou Ctrl +Q (Quit)
Selecionar tudo	Ctrl + A (All)
Localizar	Ctrl + F (Find)
Negrito	Ctrl + B (Bold)
Itálico	Ctrl + I (Italic)
Sublinhado	Ctrl + U (Underline)
Alinhar à esquerda	Ctrl + L (Left)
Alinhar à direita	Ctrl + R (Right)
Justificar	Ctrl + J (Justify)

Teclas de Função Utilizadas em Documentos de Texto

Teclas de atalho	Ação
F2	Barra Fórmulas
Ctrl+F2	Inserir campos
F3	Concluir AutoTexto
Ctrl+F3	Editar AutoTexto
F4	Abrir exibição da fonte de dados
Shift+F4	Selecionar próximo quadro
F5	Ativar/Desativar Navegador
Ctrl+Shift+F5	Ativar Navegador, ir para número da página
F7	Verificação ortográfica
Ctrl+F7	Dicionário de sinônimos
F8	Modo de extensão
Ctrl+F8	Ativar/Desativar sombreamentos de campos
Shift+F8	Modo de seleção adicional
Ctrl+Shift+F8	Modo de seleção por bloco
F9	Atualizar campos
Ctrl+F9	Mostrar campos
Shift+F9	Calcular tabela
Ctrl+Shift+F9	Atualizar campos e listas de entrada
Ctrl+F10	Ativar/Desativar caracteres não imprimíveis
F11	Ativar/Desativar janela Estilos e formatação
Shift+F11	Criar estilo
Ctrl+Shift+F11	Atualizar estilo
F12	Ativar numeração
Ctrl+F12	Inserir ou editar tabela
Shift+F12	Ativar marcadores
Ctrl+Shift+F12	Desativar Numeração/Marcadores

Teclas de Atalho do Writer

Teclas de atalho	Ação
Ctrl+A	Selecionar tudo
Ctrl+J	Justificar
Ctrl+D	Sublinhado duplo
Ctrl+E	Centralizado
Ctrl+F	Localizar e substituir
Ctrl+Shift+P	Sobrescrito
Ctrl+L	Alinhar à esquerda
Ctrl+R	Alinhar à direita
Ctrl+Shift+B	Subscrito
Ctrl+Y	Refazer última ação
Ctrl+0 (zero)	Aplicar estilo de parágrafo Padrão
Ctrl+1	Aplicar estilo de parágrafo Título 1
Ctrl+2	Aplicar estilo de parágrafo Título 2
Ctrl+3	Aplicar estilo de parágrafo Título 3
Ctrl+5	Espaçamento de 1 linha e meia
Ctrl+ Tecla de sinal de adição(+)	Calcula o texto selecionado e copia o resultado para a área de transferência.
Ctrl+Hífen (-)	Hifens personalizados; hifenização definida pelo usuário.
Ctrl+Shift+sinal de menos (-)	Traço incondicional (não é usado para hifenização)
Ctrl+sinal de multiplicação * (somente no teclado numérico)	Executar campo de macro!
Ctrl+Space	Espaços incondicionais. Esses espaços não serão usados para hifenização nem serão expandidos se o texto estiver justificado.
Shift+Enter	Quebra de linha sem alteração de parágrafo
Ctrl+Enter	Quebra manual de página
Ctrl+Shift+Enter	Quebra de coluna em textos com várias colunas
Alt+Enter	Inserção de um novo parágrafo sem numeração
Alt+Enter	Inserção de um novo parágrafo diretamente antes ou depois de uma seção ou tabela.
Seta para a esquerda	Mover o cursor para a esquerda
Shift+Seta para a esquerda	Mover o cursor com a seleção para a esquerda
Ctrl+Seta para a esquerda	Ir para o início da palavra
Ctrl+Shift+Seta para a esquerda	Seleção à esquerda, uma palavra de cada vez
Seta para a direita	Mover o cursor para a direita
Shift+Seta para a direita	Mover o cursor com a seleção para a direita

Teclas de atalho	Ação
Ctrl+Seta para a direita	Ir para o fim da palavra
Ctrl+Shift+Seta para a direita	Seleção à direita, uma palavra de cada vez
Seta para cima	Mover o cursor uma linha acima
Shift+Seta para cima	Seleção de linhas de baixo para cima
Ctrl+Seta para cima	Mova o cursor para o início do parágrafo
Shift+Ctrl+Seta para cima	Selecione o início do parágrafo
Seta para baixo	Mover o cursor uma linha para baixo
Shift+Seta para baixo	Seleção de linhas de cima para baixo
Ctrl+Seta para baixo	Mova o cursor para o fim do parágrafo
Shift+Ctrl+Seta para baixo	Selecione o fim do parágrafo
Home	Ir para o início da linha
Shift+Home	Ir e selecionar até o início de uma linha
Fim	Ir para o fim da linha
Shift+End	Ir e selecionar até o fim da linha
Ctrl+Home	Ir para o início do documento
Ctrl+Shift+Home	Ir e selecionar o texto até o início do documento
Ctrl+End	Ir para o fim do documento
Ctrl+Shift+End	Ir e selecionar o texto até o fim do documento
Ctrl+PageUp	Alternar o cursor entre o texto e o cabeçalho
Ctrl+PageDown	Alternar o cursor entre o texto e o rodapé
Inserir	Ativar/Desativar modo de inserção
PageUp	Mover página da tela para cima
Shift+PageUp	Mover página da tela para cima com a seleção
PageDown	Mover uma página da tela para baixo
Shift+PageDown	Mover uma página da tela para baixo com a seleção
Ctrl+Del	Excluir texto até o fim da palavra
Ctrl+Backspace	Excluir o texto até o início da palavra Em uma lista: exclua um parágrafo vazio na frente do parágrafo atual
Ctrl+Shift+Del	Excluir texto até o fim da frase
Ctrl+Shift+Backspace	Excluir o texto até o início da frase
Ctrl+Tab	Próxima sugestão com Completar palavra automaticamente
Ctrl+Shift+Tab	Use a sugestão anterior com Completar palavra automaticamente
Ctrl+ duplo clique ou Ctrl+Shift+F10	Use esta combinação para encaixar ou desencaixar rapidamente a janela do Navegador, a janela Estilos e Formatação ou outras janelas

Teclas de Atalho para Parágrafos e Níveis de Títulos

Teclas de atalho	Ação
Ctrl+Alt+Seta para cima	Mover o parágrafo ativo ou os parágrafos selecionados um parágrafo para cima.
Ctrl+Alt+Seta para baixo	Mover o parágrafo ativo ou os parágrafos selecionados um parágrafo para baixo.
Tab	O título no formato "Título X" (X = 1-9) é movido um nível para baixo na estrutura de tópicos.
Shift+Tab	O título no formato "Título X" (X = 2-10) é movido um nível para cima na estrutura de tópicos.
Ctrl+Tab	No início de um título: insira uma parada de tabulação. Dependendo do Gerenciador de janelas utilizado, você poderá usar Alt+Tab. Para alterar o nível do título com o teclado, primeiramente posicione o cursor na frente do título.

Teclas de Atalho para Tabelas no Writer

Teclas de Atalho	Efeito
Ctrl+A	Se a célula ativa estiver vazia: selecione a tabela inteira. Caso contrário: selecione o conteúdo da célula ativa. Pressione novamente para selecionar a tabela inteira.
Ctrl+Home	Se a célula ativa estiver vazia, irá para o início da tabela. Caso contrário, o primeiro pressionamento o levará para o início da célula ativa, o segundo, para o início da tabela atual, e o terceiro, para o início do documento.
Ctrl+End	Se a célula ativa estiver vazia, irá para o fim da tabela. Caso contrário, o primeiro pressionamento o levará para o fim da célula ativa, o segundo, para o fim da tabela atual, e o terceiro, para o fim do documento.
Ctrl+Tab	Insere uma parada de tabulação (somente em tabelas). Dependendo do Gerenciador de janelas utilizado, você poderá usar Alt+Tab.
Alt+Teclas de seta	Aumenta/diminui o tamanho da coluna/linha na borda direita/inferior da célula.
Alt+Shift+Teclas de seta	Aumentar/diminuir o tamanho da coluna/linha na borda esquerda/superior da célula.
Alt+Ctrl+Teclas de seta	Semelhante a Alt, mas somente a célula ativa é modificada.
Ctrl+Alt+Shift+Teclas de seta	Semelhante a Alt, mas somente a célula ativa é modificada.
Alt+Insert	Três segundos no modo de inserção, a tecla de seta insere a linha/coluna, Ctrl+Tecla de seta insere a célula.
Alt+Del	Três segundos no modo de exclusão, a tecla de seta exclui a linha/coluna, Ctrl+Tecla de seta mescla a célula com a célula adjacente.

Teclas de Atalho	Efeito
Ctrl+Shift+T	Remove a proteção de célula de todas as tabelas selecionadas. Se nenhuma tabela estiver selecionada, a proteção de célula será removida de todas as tabelas do documento.
Shift+Ctrl+Del	Se nenhuma célula inteira for selecionada, o texto entre o cursor e o fim da sentença atual é excluído. Se o cursor estiver no fim de uma célula, e nenhuma célula inteira for selecionada, o conteúdo da próxima célula será excluído. Se não houver uma célula inteira selecionada e o cursor estiver no fim da tabela, a sentença seguinte abaixo da tabela será excluída e o restante do parágrafo será movido para a última célula da tabela. Se houver uma linha vazia após a tabela, a linha vazia será excluída. Se uma ou mais células forem selecionadas, a linha inteira contendo a seleção será excluída. Se todas as linhas forem parcialmente ou completamente selecionadas, a tabela inteira será excluída.

Teclas de Atalho para Mover e Redimensionar Quadros, Figuras e Objetos

Teclas de Atalho	Ação
Esc	O cursor está dentro de um quadro de texto e não há texto selecionado: a tecla Esc seleciona o quadro de texto. O quadro de texto está selecionado: a tecla Esc retira o cursor do quadro de texto.
F2 ou Enter ou qualquer outra tecla que gere um caractere na tela	Se houver um quadro de texto selecionado: posicionará o cursor no fim do texto no quadro de texto. Se você pressionar qualquer tecla que gere um caractere na tela e o documento estiver no modo de edição, o caractere será acrescentado ao texto.
Alt+Teclas de seta	Mover objeto.
Alt+Ctrl+Teclas de seta	Redimensiona movendo o canto inferior direito.
Alt+Ctrl+Shift+ Teclas de seta	Redimensiona movendo o canto superior esquerdo.
Ctrl+Tab	Seleciona a âncora de um objeto (no modo Editar pontos).

4.2.6.1. Botões da barra de ferramentas do Writer

Nesta barra estão presentes os botões de acesso rápido que executam as principais funções e comandos do Writer. É possível a personalização dessa barra inserindo novos botões e excluindo botões que se julguem desnecessários; a figura abaixo exibe a barra de ferramentas padrão.

■ INFORMÁTICA

1. Novo documento: pressionando a seta preta, abre-se uma caixa de seleção de tipos de documentos
2. Abrir documento
3. Salvar documento
4. Enviar documento diretamente por *e-mail*
5. Ativar/desativar modo Editar do arquivo
6. Exportar/criar arquivo PDF
7. Imprimir documento atual
8. Visualização de página
9. Fazer verificação ortográfica
10. Ativar/desativar autoverificação ortográfica
11. Recortar texto selecionado
12. Copiar texto selecionado
13. Colar texto selecionado
14. Ferramenta pincel de estilo
15. Desfazer ação realizada
16. Restaurar ação realizada
17. Operações de *hiperlink*
18. Criar tabela
19. Exibir/Ocultar funções de desenho
20. Localização e substituição de texto
21. Navegador de documento
22. Galeria de imagens
23. Exibir/Ocultar Fonte de Dados
24. Exibir/Ocultar caracteres não imprimíveis
25. Ferramenta de Zoom

4.2.6.2. Botões da barra de formatação do Writer

Nesta barra estão presentes os botões de acesso rápido que executam as principais funções e comandos do Writer.

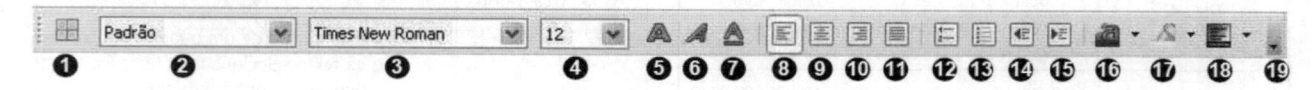

1. Exibir/Ocultar Estilista (Estilos e formatação)
2. Estilo atual do parágrafo
3. Nome fonte atual do texto
4. Tamanho da fonte atual do texto
5. Aplicar negrito à seleção/digitação
6. Aplicar itálico à seleção/digitação
7. Aplicar sublinhado à seleção/digitação
8. Alinhar parágrafo à esquerda
9. Alinhar parágrafo ao centro
10. Alinhar parágrafo à direita
11. Alinhar parágrafo justificado
12. Ativar/desativar numeração
13. Ativar/desativar marcadores
14. Diminuir recuo do parágrafo
15. Aumentar recuo do parágrafo
16. Definir cor da fonte
17. Definir cor de realce da fonte
18. Cor do plano de fundo
19. Personalização da barra de formatação

4.2.7. Comparação entre menus

As comparações a seguir referenciam os menus do Microsoft Word 2003 e o Write 2.4, pois nas versões mais novas do Microsoft Office não existe a disposição de Menus e sim de Abas para execução dos comandos.

Menu Arquivo: as diferenças principais são Exportar para PDF e a nomenclatura da função Visualizar Impressão, que no Writer é chamado de Visualizar página.

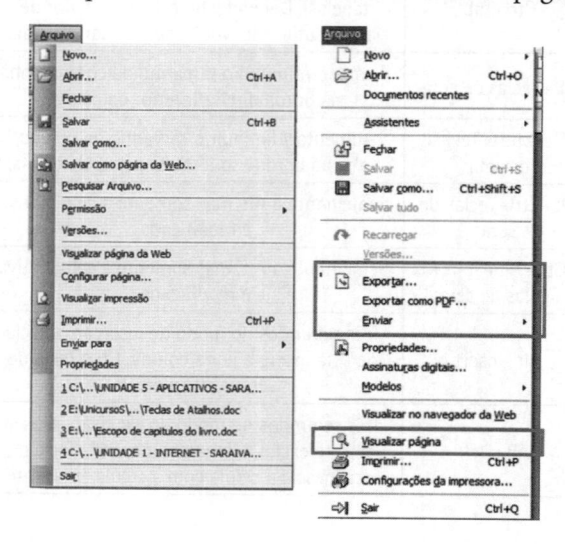

Este recurso não é encontrado no Word até a versão 2003, na versão 2007 já é possível salvar um documento com a extensão PDF. Este tipo de arquivo necessita de um leitor de arquivos PDF como, por exemplo, Adobe Reader. Um arquivo PDF destaca-se por ocupar menos espaço no computador e preservar toda formatação, imagens, tabelas e outros objetos de um arquivo.

Menu Editar: a diferenciação neste menu são os recursos para a conexão com banco de dados.

Obs.: O item Cabeçalho e Rodapé do menu Exibir no Word é cobrado com frequência nas provas, pois no Writer está posicionado no menu Inserir.

Menu Inserir

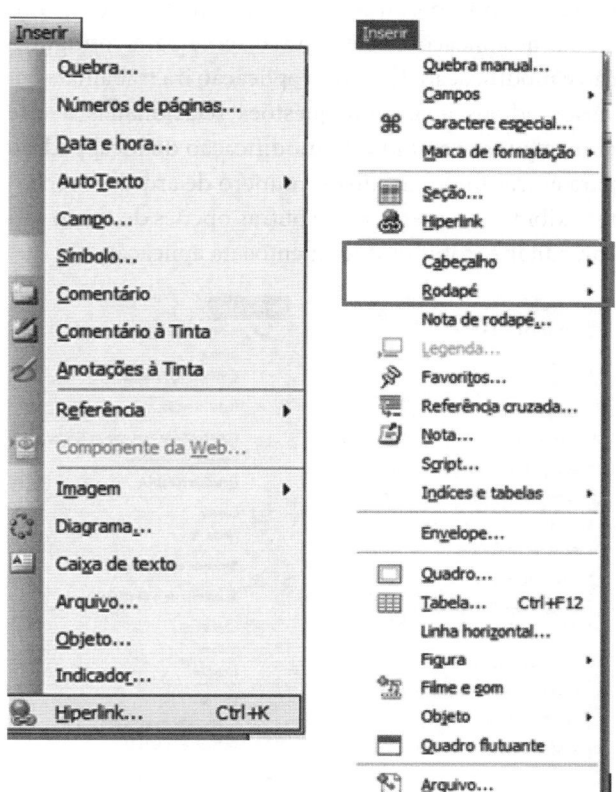

Menu Exibir: no menu Exibir as diferenças mais relevantes referem-se aos modos de exibição. No Word encontramos os modos: Layout Normal, da Web, de impressão e Estrutura de tópicos. Já no Writer encontramos apenas Layout de Impressão e Web.

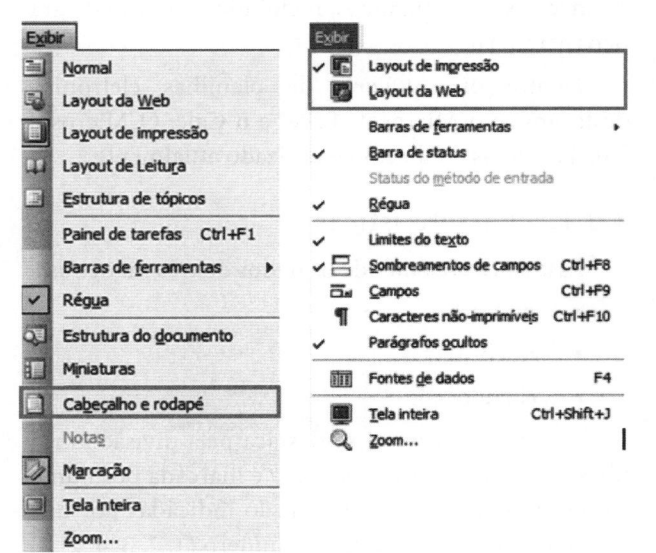

Menu Formatar: o item Fonte do menu Formatar no Word é descrito como Caracteres no Writer. O item Maiúsculas e Minúsculas do menu Formatar do Word é descrito como Alterar Capitalização no Writer.

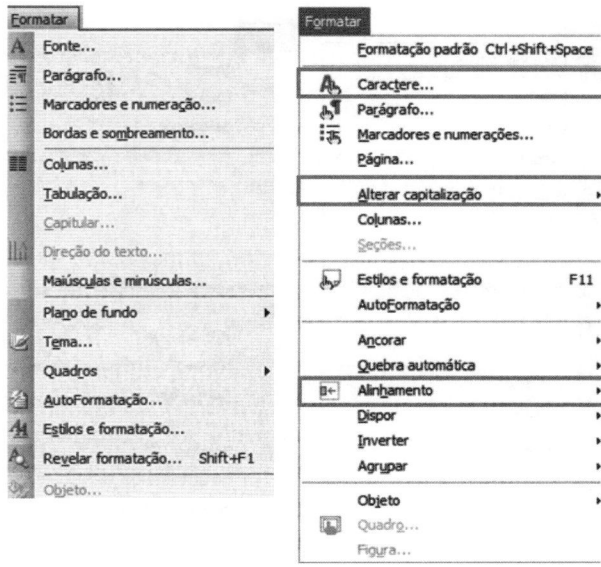

Obs.: No Writer os alinhamentos de texto são apresentados diretamente no menu Formatar. Já no Word é apresentado no item Parágrafo do menu Formatar.

Menu Ferramentas: no menu Ferramentas apresenta-se um importante recurso chamado Opções. Em ambas as aplicações este recurso serve para configuração e modificação de como a aplicação irá trabalhar. Em vários editais aparecem questões relacionadas a este item, alguns exemplos são modificação do local padrão para alocação dos arquivos, número de arquivos recentes exibidos no menu, entre outras opções de como salvar, editar e exibir os documentos na aplicação.

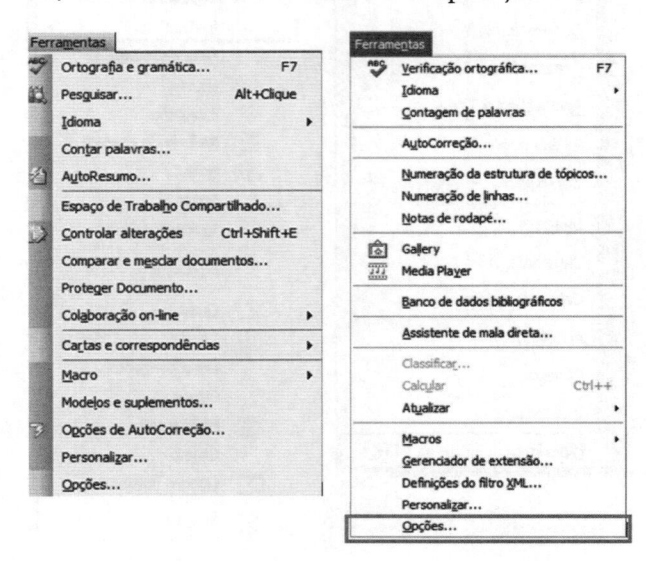

Menu Tabela: não existem diferenças significativas nesse menu.

Menu Janela: neste menu a diferença fica por conta de não existir o comando Dividir Janela no Writer. O comando Dividir que aparece no Word permite visualizar duas partes distintas do mesmo documento, esse recurso é útil para a visualização de páginas distintas em documentos extensos e complexos.

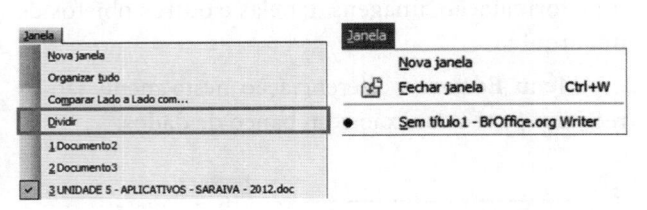

Menu Ajuda: os Destaques do menu ajuda são os recursos de ajuda que também podem ser executados pela tecla de função F1 e o sobre que aponta qual a versão do aplicativo instalado no computador.

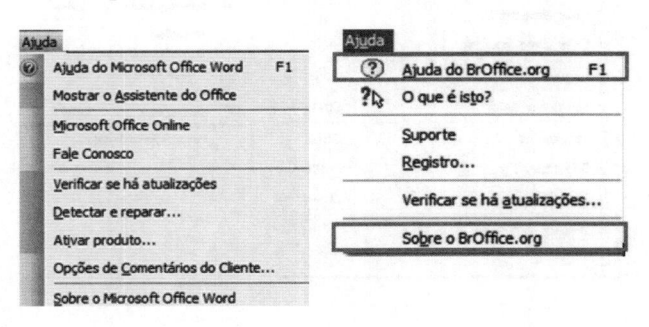

4.3. GERENCIADORES DE PLANILHA ELETRÔNICA

Um aplicativo gerenciador de planilhas eletrônicas é um *software* que permite a manipulação de cálculos financeiros e matemáticos, incluindo a criação de gráficos gerenciais.

Dentre os *softwares* de planilhas eletrônicas destacam-se o Microsoft Excel e o Calc. O Microsoft Excel é o mais conhecido e utilizado atualmente.

4.3.1. Características

Esse *software* entende os dados de três maneiras:

- número
- texto
- cálculo

A sua parte central se destaca pela divisão em linhas e colunas. Onde cada linha é marcada por números (1, 2, 3, 4 ...) e as colunas são indicadas por uma letra (A, B, C, D...) ou por um número (1, 2, 3, 4 ...).

O cruzamento de uma linha com uma coluna é denominado CÉLULA. Toda célula possui um conteúdo, e os caracteres que são inseridos na célula são visualizados na barra de fórmulas. Essa barra é uma representação de tudo que está sendo alocado e visualizado na própria célula.

Uma célula é designada através da sua marcação de coluna e linha, exemplos A1, C3, D8.

Existem duas teclas que ajudam na seleção de células (linhas e colunas). Essa seleção poderá ser realizada em bloco de seleção ou em seleções alternadas.

Várias Células – bloco de seleção: Clicar na primeira célula desejada, manter a tecla Shift pressionada e clicar na última célula do bloco desejado.

Várias Células – alternadas: Clicar na primeira célula e para as demais, basta ir clicando ou arrastando o cursor do *mouse* com a tecla Ctrl pressionada.

Para alterar a largura de uma coluna basta posicionar o cursor do *mouse* na borda entre o cabeçalho de duas colunas, manter pressionado o botão esquerdo do *mouse* e mover a borda da coluna para a direita ou a esquerda. A mesma operação é válida para linha, a diferença está no posicionamento do cursor do *mouse* entre os cabeçalhos das linhas.

Alça de Preenchimento: O pequeno quadradinho que aparece no canto inferior direito da célula ativa é chamado alça de preenchimento. Quando se arrasta para qualquer direção adjacente (acima, abaixo, à esquerda ou à direita), essa alça cria valores (preenchimento carregado de listas automáticas ou personalizadas) nas demais células que a alça envolveu.

Referências Absolutas: (fixa) a referência que não se altera com o uso da alça de preenchimento ou com os comandos copiar/colar. Para fixar uma referência, basta colocar um $ (cifrão) antes da parte da referência que se deseja fixar.

Exemplo:

=A10*5	A livre; 10 livre
=A$10*5	A livre; 10 fixo

É possível selecionar várias células simultaneamente, bastando clicar e manter o botão esquerdo do *mouse* pressionado e mover sobre as células adjacentes.

Para selecionar uma ou mais linhas inteiras basta selecionar o número da linha, ou seja, o cabeçalho da linha. O mesmo pode ser realizado para as colunas selecionando-se o cabeçalho da coluna.

=$A10*5	A fixo; 10 livre
=A10*5	A fixo; 10 fixo

4.3.2. Movimentação em uma planilha utilizando o teclado

Comando	Posicionamento
Célula à direita	Tab
Célula à esquerda	Shift + Tab
Célula abaixo	Enter
Para célula A1	Ctrl + Home
Tela para baixo	Page Down
Tela para cima	Page Up
Tela para a esquerda	Alt + Page Down
Tela para a direita	Alt + Page Up
Próxima planilha	Ctrl + Page Down
Planilha anterior	Ctrl + Page Up
Início da linha digitada	Home
Fim da linha digitada	End
Próxima coluna na linha digitada	Ctrl + seta para a direita
Próxima linha na coluna digitada	Ctrl + seta para baixo
Coluna anterior na linha digitada	Ctrl + seta para a esquerda
Linha anterior na coluna digitada	Ctrl + seta para cima

Extensões dos arquivos de planilhas eletrônicas

Tipo	Descrição	Aplicativo
XLS	É uma extensão designada para identificação de arquivos criados com o gerenciador de planilhas Excel e referencia uma pasta de planilhas. Manteve essa extensão até a versão 11 ou simplesmente Excel 2003.	Excel

Tipo	Descrição	Aplicativo
ODS	É um formato de arquivo usado para armazenamento de planilhas eletrônicas utilizado pelo BROffice.	Calc
XLSX	É uma extensão designada para identificação de arquivos criados com o Excel baseados em padrões XML, desde a versão 12 ou 2007.	Excel 2007 e 2010
Destaques		
CSV	É um acrônimo de *Comma Separated Values*. É um formato de arquivo que armazena dados tabelados e tem grande compatibilidade com os gerenciadores de planilhas eletrônicas; é utilizado em diversas plataformas.	
TXT	Faz a importação e exportação de arquivos texto simples, permitindo a tabulação dos dados.	

Um arquivo de planilha eletrônica é denominado Pasta, que pode conter uma ou mais planilhas que são simbolizadas pelas abas/guias localizadas na parte inferior da janela.

4.3.3. Formatos e operadores

Nos *softwares* de planilhas eletrônicas as células podem receber e trabalhar com diversos tipos de caracteres sendo alguns deles caracteres com o formato: Moeda; Porcentagem; Numérico; Data; Hora; Contábil; Alfanumérico; Texto.

As operações básicas

Operação	Sinal
Exponenciação	^
Divisão	/
Multiplicação	*
Subtração	-
Adição	+

Outros operadores

Operadores	Símbolo
Igual	=
Diferente	<>
Maior	>
Menor	<
Maior ou Igual	>=
Menor ou igual	<=

A ordem de execução das tarefas

Operação	Sinal
Parênteses	( )
Exponenciação	^
Divisão e multiplicação	/ e *
Adição e subtração	+ e -

Iniciando uma fórmula: Uma fórmula é sempre precedida do sinal de =. Porém o sinal de = (igual) não é o único que precede uma fórmula. Uma fórmula pode ser precedida de quatro sinais fundamentais que são: + (mais); – (menos) e = (igual); em certas aplicações o comando @ (arroba) também pode ser utilizado.

4.3.4. Funções

As funções são cálculos pré-programados que facilitam as operações. Há um número muito grande de funções para estatística, matemática, matemática financeira, geometria, condicionais, bancos de dados, texto etc.

Qualquer função pode ser escrita com a seguinte sintaxe: =Função <*argumentos*>. As funções mais recorrentes em concursos públicos são as estatísticas e condicionais.

Funções estatísticas

Função	Descrição	Exemplo
soma()	Somar as células que forem citadas dentro dos parênteses.	=SOMA(A1:A4)
se()	Realiza uma avaliação comparativa entre dois valores (células) e retorna uma das duas respostas definidas em seus argumentos.	=SE(A1<6;"Reprovado"; "Aprovado")
máximo()	Retorna o máximo valor de um conjunto de argumentos.	=MAXIMO(A1:A4)
maior()	Retorna o maior valor de um conjunto de dados.	=MAIOR(A1:A4;3)
mínimo()	Retorna o mínimo valor k-ésimo de um conjunto de dados.	=MINIMO(A1:A4)
menor()	Retorna o menor valor k-ésimo de um conjunto de dados.	=MENOR(A1:A4;2)
desvpad()	Calcula o desvio padrão.	=DESVPAD(A1:A30)
var()	Calcula a variância.	=VAR(A11;B11;C11)
modo()	Calcula o modo.	=MODO(D1:D30)
med()	Calcula a mediana.	=MED(A1:A4)
média()	Calcula a média aritmética.	=MÉDIA(D1;D2;D3)
percentil()	Retorna o k-ésimo percentil de valores em um intervalo.	=PERCENTIL(A1:A4)

Função	Descrição	Exemplo
cont.se()	Função de contagem condicionada a uma determinada função.	=CONT.SE(B1:B4;"Ativo")
agora()	Mostra a data e a hora atuais.	=AGORA()
hoje()	Mostra a data atual.	=HOJE()

4.3.5. Microsoft Excel

O Microsoft Office Excel é um programa de planilha eletrônica desenvolvido e produzido pela Microsoft. Seus recursos incluem uma interface intuitiva e capacitadas ferramentas de cálculo e de construção de gráficos. Existem várias versões do Excel, atualmente estamos na versão 2010, mas a versão mais instalada e utilizada continua sendo a versão 2003. Abordaremos as duas versões destacando as principais diferenças entre elas.

Ícones das versões:

2003 2007/2010

O local padrão de instalação do aplicativo é: C:\Arquivos de Programa\Microsoft Office, mas pode ser acessado pelo Menu Iniciar, Todos os Programas, Microsoft Office e clicar no atalho desejado.

Abrindo o Excel 2003 será exibida a tela de uma nova Pasta em branco com o nome padrão Pasta 1.

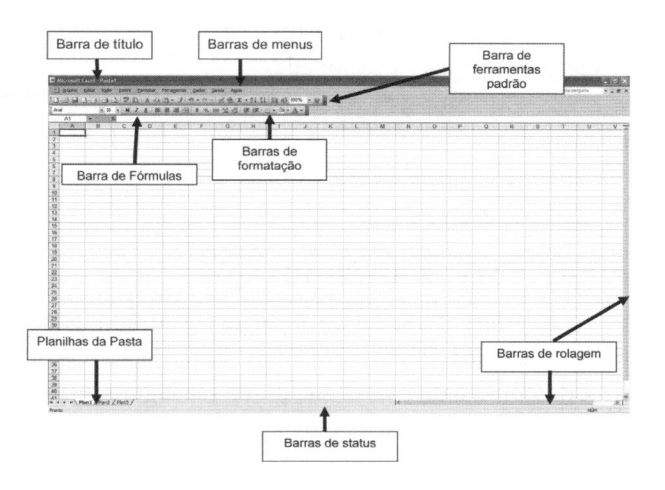

Barra de Título: apresenta o nome do *software* e também o nome do arquivo que está sendo editado (aberto naquele momento). Nesta barra temos os botões Minimizar, Maximizar e Fechar a Aplicação.

Barra de Menus: contém todos os comandos utilizados no Excel listados em sua forma de texto. Em cada menu (Arquivo, Editar, Exibir etc.) existem várias outras opções. No menu ARQUIVO, por exemplo, existem as opções SALVAR, ABRIR, NOVO, IMPRIMIR, SAIR, CONFIGURAR PÁGINA etc. Para acessar um menu sem usar o *mouse*, basta pressionar a tecla correspondente à letra sublinhada enquanto se segura a tecla ALT (no teclado). Por exemplo, para acessar o Menu Arquivo sem usar o *mouse* deve-se pressionar ALT+A.

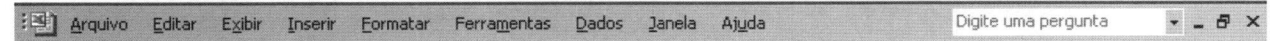

Barras de Ferramentas: são coleções de botões que executam comandos do programa. Os comandos contidos nestas barras não são novos, são os mesmos comandos existentes nas barras de menu, apenas são mais rápidos de acessar. Cada linha horizontal cheia de botões é uma barra de ferramentas, na parte superior da tela são exibidas as barras Padrão e Formatação, e na parte inferior da tela, a barra Desenho.

Barra de Formatação: é a seleção de comandos para formatação dos caracteres do texto na célula, modificar o estilo, cor de textos e células, alinhamento do texto, centralizar colunas, entre outras operações.

Barras de Rolagem: existem duas: horizontal (localizada na parte inferior da tela) e vertical (localizada à direita da tela). Sua função é "rolar" a visualização do documento.

Barra de *Status*: apresenta as informações pertinentes à planilha naquele instante, ou seja, se a célula está pronta para receber informação, caracteres maiúsculo ou minúsculo, tipo da célula.

Réguas: existem duas: horizontal (localizada na parte superior da tela) e vertical (localizada à esquerda da tela). Sua função é indicar as configurações das páginas do documento.

Barra de Fórmulas: mostra a célula selecionada pelo cursor, bem como a fórmula, função e ainda textos da célula ativa, ou seja, selecionada.

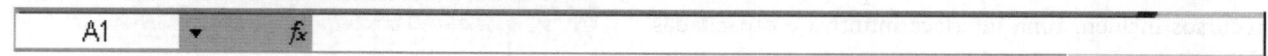

4.3.6. Excel 2007/2010

A interface do Excel 2010 segue o padrão dos demais aplicativos Office, com Abas, Botão Office, controle de Zoom à direita. O que muda são alguns grupos e botões exclusivos do Excel e as guias de planilha no rodapé à esquerda.

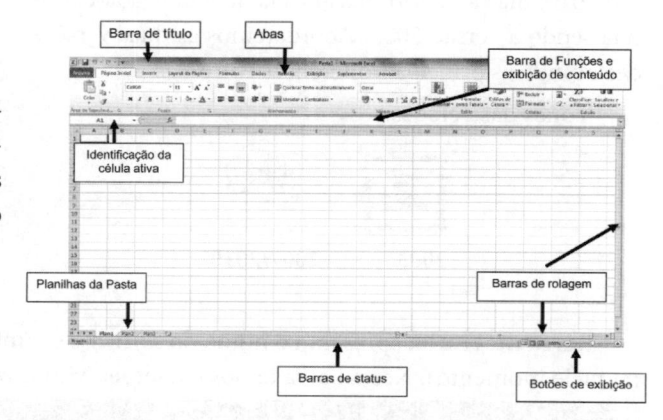

4.3.6.1. Abas do Excel 2007/2010

A distribuição das funções e comandos do Excel 2007 e 2010 está em abas.

Aba Página Inicial

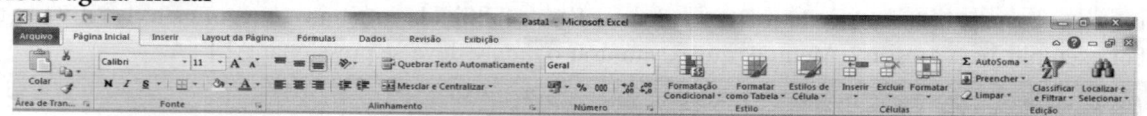

Nesta aba estão alocadas as funções de edição e formatação das planilhas como copiar, recortar, entre outras, e formatação do texto nas células como fontes, cor, alinhamento e formato.

Aba Inserir

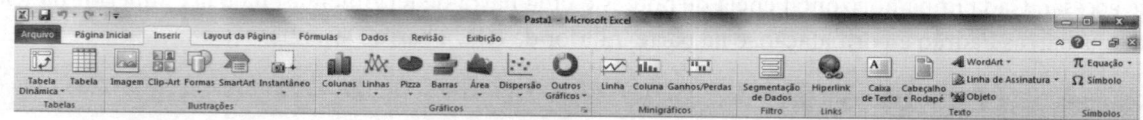

Nesta aba estão alocadas as funções de inserção de objetos com SmartArt, figuras, caixas de textos e destaque para inserção de gráficos variados em apenas quatro etapas.

Aba Layout da Página

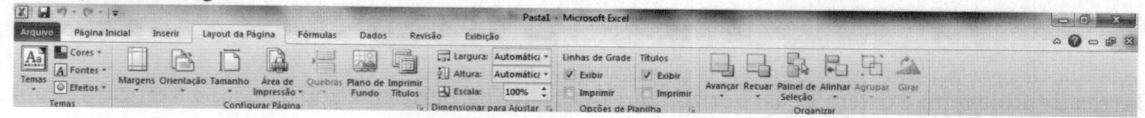

Nesta aba estão alocadas as funções de configuração da página da planilha ativa como seleção de temas, plano de fundo destaque para a escala de impressão e exibição das linhas de grade.

Aba Fórmulas

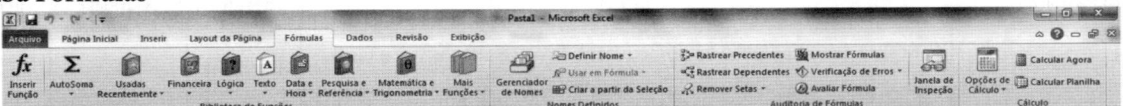

Nesta aba estão alocadas as opções para realização de cálculos, inserção das funções e auditoria de fórmulas, que faz a indicação de erros, aponta os cálculos realizados, entre outros.

Aba Dados

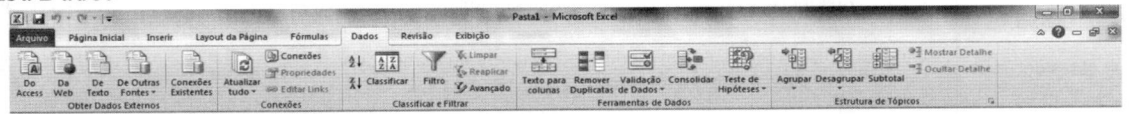

Nesta aba estão alocadas as funções que permitem a importação de dados (informações) de fontes externas muito comum na mineração de dados, filtros e a classificação dessas informações nas planilhas.

Aba Revisão

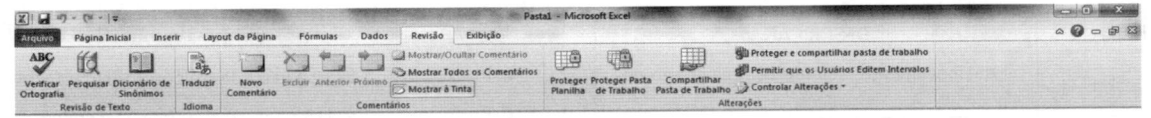

Nesta aba estão alocadas as funções de revisão de texto, comentários e alterações no comportamento das planilhas como senhas de proteção, compartilhamento das pastas e controle das alterações realizadas na planilha.

Aba Exibição

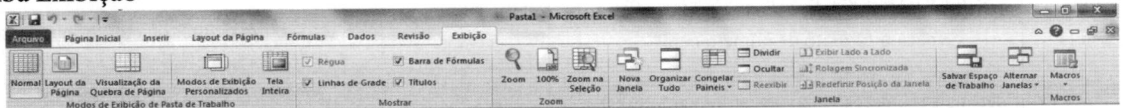

Nesta aba estão alocadas as funções de exibição de como a planilha será apresentada na tela para o usuário com réguas, barras, grades e destacando a possibilidade de congelar painéis fixando os dados desejáveis.

4.3.7. Principais comandos

Os comandos mais utilizados do Excel podem ser executados por meio de menus, dos botões existentes nas barras de ferramentas ou de combinações de teclas (teclas de atalho).

COMANDO	AÇÃO	MENU	ATALHO	BOTÃO
AutoSoma	Acionado o botão da barra realiza a operação de soma de valores. Se as células estiverem selecionadas o resultado é mostrado automaticamente, caso contrário, é necessária a confirmação da operação.	--	Alt + =	Σ
Inserir funções	Aciona uma caixa de diálogo que permite o acesso às funções do Excel.	Inserir	Shift + F3	f_x
Assistente de gráfico	Assistente de criação de gráficos em quatro etapas.	Inserir	Alt + F1 ou F11	
Classificação em ordem crescente	Classificação das colunas ou linhas selecionadas em ordem crescente.	Dados		A↓
Classificação em ordem decrescente	Classificação das colunas ou linhas selecionadas em ordem decrescente.	Dados		Z↓
Mesclar célula	Mescla células mantendo o conteúdo da primeira célula, caso existam dados nas demais células serão descartados.	Formatar		
Moeda	Atribui ao número existente na célula o formato moeda, cifrão e duas casas decimais após a vírgula.	Formatar		

COMANDO	AÇÃO	MENU	ATALHO	BOTÃO
Porcentagem	Realiza a multiplicação do número contido na célula por 100 e faz o arredondamento quando necessário.	Formatar		%
Separador de milhares	Acionado insere pontos de milhares em um número e adiciona como padrão duas casas decimais.	Formatar		000
Aumentar casas decimais	Aumenta as casas decimais sem modificar a natureza do número, por exemplo o número 8,9 com um clique se torna 8,90.	Formatar		+,0 ,00
Diminuir casas decimais	Diminui as casas decimais sem modificar a natureza do número, por exemplo o número 8,90 com um clique se torna 8,9.	Formatar		,00 +,0
Autofiltro	Permite escolher entre os dados que serão vistos numa listagem.	Dados		

Teclas de Atalhos do Excel

TECLA	DESCRIÇÃO
CTRL+SHIFT+(	Exibe novamente as linhas ocultas dentro da seleção.
CTRL+SHIFT+)	Exibe novamente as colunas ocultas dentro da seleção.
CTRL+SHIFT+&	Aplica o contorno às células selecionadas.
CTRL+SHIFT_	Remove o contorno das células selecionadas.
CTRL+SHIFT+~	Aplica o formato de número geral.
CTRL+SHIFT+$	Aplica o formato moeda com duas casas decimais (números negativos entre parênteses).
CTRL+SHIFT+%	Aplica o formato porcentagem sem casas decimais.
CTRL+SHIFT+^	Aplica o formato de número exponencial com duas casas decimais.
CTRL+SHIFT+#	Aplica o formato data com dia, mês e ano.
CTRL+SHIFT+@	Aplica o formato hora com a hora e os minutos, AM ou PM.
CTRL+SHIFT+!	Aplica o formato número com duas casas decimais, separador de milhar e sinal de menos (-) para valores negativos.
CTRL+SHIFT+*	Seleciona a região atual em torno da célula ativa (a área de dados circunscrita por linhas e colunas vazias). Em uma tabela dinâmica, seleciona o relatório inteiro.
CTRL+SHIFT+:	Insere a hora atual.
CTRL+SHIFT+"	Copia o valor da célula que está acima da célula ativa para a célula ou a barra de fórmulas.
CTRL+SHIFT+ Mais (+)	Exibe a caixa de diálogo Inserir para inserir células em branco.
CTRL+Menos (-)	Exibe a caixa de diálogo Excluir para excluir as células selecionadas.
CTRL+;	Insere a data atual.
CTRL+`	Alterna entre a exibição dos valores da célula e a exibição de fórmulas na planilha.
CTRL+'	Copia uma fórmula da célula que está acima da célula ativa para a célula ou a barra de fórmulas.

TECLA	DESCRIÇÃO
CTRL+1	Exibe a caixa de diálogo Formatar Células.
CTRL+2	Aplica ou remove formatação em negrito.
CTRL+3	Aplica ou remove formatação em itálico.
CTRL+4	Aplica ou remove sublinhado.
CTRL+5	Aplica ou remove tachado.
CTRL+6	Alterna entre ocultar objetos, exibir objetos e exibir espaços reservados para objetos.
CTRL+8	Exibe ou oculta os símbolos de estrutura de tópicos.
CTRL+9	Oculta as linhas selecionadas.
CTRL+0	Oculta as colunas selecionadas.
CTRL+A	Seleciona a planilha inteira. Se a planilha contiver dados, CTRL+A seleciona a região atual. Pressionar CTRL+A novamente seleciona a região atual e suas linhas de resumo. Pressionar CTRL+A novamente seleciona a planilha inteira. Quando o ponto de inserção está à direita de um nome de função em uma fórmula, exibe-se a caixa de diálogo Argumentos da função. CTRL+SHIFT+A insere os nomes e os parênteses do argumento quando o ponto de inserção está à direita de um nome de função em uma fórmula.
CTRL+N	Aplica ou remove formatação em negrito.
CTRL+C	Copia as células selecionadas. CTRL+C seguido de outro CTRL+C exibe a Área de Transferência.
CTRL+D	Usa o comando Preencher Abaixo para copiar o conteúdo e o formato da célula mais acima de um intervalo selecionado nas células abaixo.
CTRL+F	Exibe a caixa de diálogo Localizar e Substituir com a guia Localizar selecionada. SHIFT+F5 também exibe essa guia, enquanto SHIFT+F4 repete a última ação de Localizar. CTRL+SHIFT+F abre a caixa de diálogo Formatar Células com a guia Fonte selecionada.

TECLA	DESCRIÇÃO
CTRL+G	Exibe a caixa de diálogo Ir para. F5 também exibe essa caixa de diálogo.
CTRL+H	Exibe a caixa de diálogo Localizar e Substituir com a guia Substituir selecionada.
CTRL+I	Aplica ou remove formatação em itálico.
CTRL+K	Exibe a caixa de diálogo Inserir Hiperlink para novos *hiperlinks* ou a caixa de diálogo Editar Hiperlink para os *hiperlinks* existentes que estão selecionados.
CTRL+N	Cria uma nova pasta de trabalho em branco.
CTRL+O	Exibe a caixa de diálogo Abrir para abrir ou localizar um arquivo. CTRL+SHIFT+O seleciona todas as células que contêm comentários.
CTRL+P	Exibe a caixa de diálogo Imprimir. CTRL+SHIFT+P abre a caixa de diálogo Formatar Células com a guia Fonte selecionada.
CTRL+R	Usa o comando Preencher à Direita para copiar o conteúdo e o formato da célula mais à esquerda de um intervalo selecionado nas células à direita.
CTRL+B	Salva o arquivo ativo com seu nome de arquivo, local e formato atual.
CTRL+T	Exibe a caixa de diálogo Criar Tabela.
CTRL+S	Aplica ou remove sublinhado. CTRL+SHIFT+S alterna entre a expansão e a redução da barra de fórmulas.
CTRL+V	Insere o conteúdo da Área de Transferência no ponto de inserção e substitui qualquer seleção. Disponível somente depois de ter recortado ou copiado um objeto, texto ou conteúdo de célula. CTRL+ALT+V exibe a caixa de diálogo Colar Especial, disponível somente depois que você recortar ou copiar um objeto, textos ou conteúdo de célula em uma planilha ou em outro programa.
CTRL+W	Fecha a janela da pasta de trabalho selecionada.
CTRL+X	Recorta as células selecionadas.
CTRL+Y	Repete o último comando ou ação, se possível.
CTRL+Z	Usa o comando Desfazer para reverter o último comando ou excluir a última entrada digitada. CTRL+SHIFT+Z usa o comando Desfazer ou Refazer para reverter ou restaurar a correção automática quando Marcas Inteligentes de AutoCorreção são exibidas.

Teclas de função

TECLA	DESCRIÇÃO
F1	Exibe o painel de tarefas da Ajuda do Microsoft Office Excel. CTRL+F1 exibe ou oculta a Faixa de Opções, um componente da Interface de usuário do Microsoft Office Fluent. ALT+F1 cria um gráfico dos dados no intervalo atual. ALT+SHIFT+F1 insere uma nova planilha.
F2	Edita a célula ativa e posiciona o ponto de inserção no fim do conteúdo da célula. Ele também move o ponto de inserção para a Barra de Fórmulas para edição em uma célula desativada. SHIFT+F2 adiciona ou edita um comentário de célula. CTRL+F2 exibe a janela Visualizar Impressão.
F3	Exibe a caixa de diálogo Colar Nome. SHIFT+F3 exibe a caixa de diálogo Inserir Função.
F4	Repete o último comando ou ação, se possível. CTRL+F4 fecha a janela da pasta de trabalho selecionada.
F5	Exibe a caixa de diálogo Ir para. CTRL+F5 restaura o tamanho da janela da pasta de trabalho selecionada.
F6	Alterna entre a planilha, a Faixa de Opções, o painel de tarefas e os controles de *zoom*. Em uma planilha que foi dividida (menu Exibir, comando Gerenciar Esta Janela, Congelar Painéis, Dividir Janela), F6 inclui os painéis divididos ao alternar entre painéis e a área da Faixa de Opções. SHIFT+F6 alterna entre a planilha, os controles de *zoom*, o painel de tarefas e a Faixa de Opções. CTRL+F6 alterna para a próxima janela da pasta de trabalho quando mais de uma janela da pasta de trabalho é aberta.
F7	Exibe a caixa de diálogo Verificar ortografia para verificar a ortografia na planilha ativa ou no intervalo selecionado. CTRL+F7 executa o comando Mover na janela da pasta de trabalho quando ela não está maximizada. Use as teclas de direção para mover a janela e, quando terminar, pressione ENTER ou ESC para cancelar.
F8	Ativa ou desativa o modo estendido. Nesse modo, Seleção Estendida aparece na linha de *status* e as teclas de direção estendem a seleção. SHIFT+F8 permite adicionar uma célula não adjacente ou um intervalo a uma seleção de células, utilizando as teclas de direção. CTRL+F8 executa o comando Tamanho (no menu Controle da janela da pasta de trabalho), quando uma pasta de trabalho não está maximizada. ALT+F8 exibe a caixa de diálogo Macro para criar, executar, editar ou excluir uma macro.
F9	Calcula todas as planilhas em todas as pastas de trabalho abertas. SHIFT+F9 calcula a planilha ativa. CTRL+ALT+F9 calcula todas as planilhas em todas as pastas de trabalho abertas, independentemente de elas terem sido ou não alteradas desde o último cálculo. CTRL+ALT+SHIFT+F9 verifica novamente as fórmulas dependentes e depois calcula todas as células em todas as pastas de trabalho abertas, inclusive as células que não estão marcadas para serem calculadas. CTRL+F9 minimiza a janela da pasta de trabalho para um ícone.

TECLA	DESCRIÇÃO
F10	Ativa e desativa as dicas de tecla. SHIFT+F10 exibe o menu de atalho para um item selecionado. ALT+SHIFT+F10 exibe o menu ou a mensagem de uma marca inteligente. Se mais de uma marca inteligente estiver presente, alterna para a marca inteligente seguinte e exibe seu menu ou sua mensagem. CTRL+F10 maximiza ou restaura a janela da pasta de trabalho selecionada.
F11	Cria um gráfico dos dados no intervalo selecionado. SHIFT+F11 insere uma nova planilha. ALT+F11 abre o Editor do Microsoft Visual Basic, no qual você pode criar uma macro utilizando o VBA (Visual Basic for Applications).
F12	Exibe a caixa de diálogo Salvar Como.

4.3.8. BrOffice.org Calc

O BrOffice.org Calc é um aplicativo de planilhas que pode ser utilizado para calcular, analisar e gerenciar dados. Oferece funções (por exemplo, funções estatísticas e financeiras) que podem ser utilizadas para criar fórmulas que executem cálculos complexos dos dados, também é possível utilizar o assistente de funções como um auxílio na criação de fórmulas.

O Calc permite ainda a apresentação dos dados de uma planilha em gráficos dinâmicos, atualizados automaticamente quando ocorrem alterações nos dados.

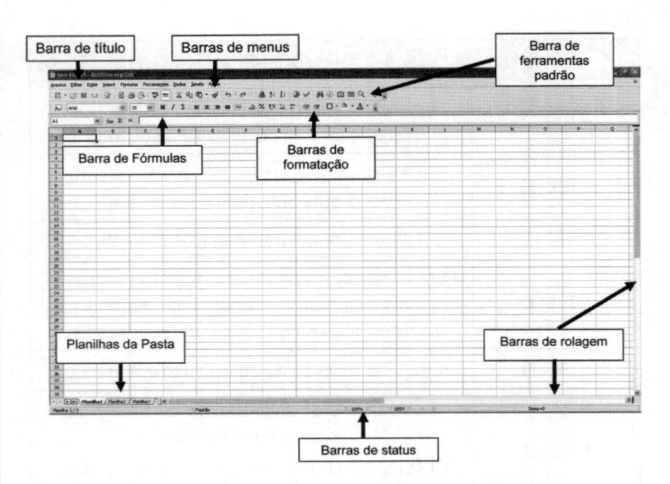

Barra de ferramentas: reúne os comandos mais usados nos "menus";

Barra de formatação: compreende botões para formatação das células;

Barra de fórmulas: divide-se nas caixas Área da Planilha e Linha de Entrada;

Planilha: corresponde a toda a área quadriculada. Cada quadrado destes recebe o nome de célula;

Planilhas da pasta: indica a quantidade de planilhas existentes e em qual estamos trabalhando no momento.

Barra de formatação: para realização da formatação de células os comandos mais utilizados podem ser executados pelos botões existentes nas barras de formatação:

1. Exibir/Ocultar estilista (Estilos e formatação);

2. Nome da fonte: mudar o tipo (nome) das letras;

3. Tamanho da fonte: mudar o tamanho das letras;

4. Estilos (tipo) da fonte: mudar os estilos da letra para Negrito, Itálico e Sublinhado;

5. Alinhamentos: tipo de alinhamento do texto – os mesmos vistos no Writer;

6. Mesclar e centralizar células: unir duas ou mais células;

7. Formato de numérico: Moeda: coloca os números com formato de moeda padrão; ao clicar novamente e desmarcar o formato moeda, volta-se ao formato padrão de número;

8. Formato de numérico: Porcentagem2: transforma o número em porcentagem; ao clicar novamente e desmarcar o formato porcentagem, volta-se ao formato padrão de número;

9. Formato de numérico: Adiciona casa decimal: este botão adiciona ou exclui casas decimais após a vírgula;

10. Recuos: aumentar ou diminuir o recuo do texto;

11. Bordas: aplicam ou retiram as bordas das células (linhas ao redor);

12. Cor do plano de fundo: aplica ou retira cor das células;

13. Cor da fonte: para mudar a cor da fonte (letra) das células;

14. Alternar as linhas de grade para a planilha atual: Oculta/mostra as linhas de grade da planilha atual.

Teclas de Atalho do Calc

Navegação em Planilhas

Teclas de atalho	Efeito
Ctrl + Home	Move o cursor para a primeira célula na planilha (A1).
Ctrl + End	Move o cursor para a última célula que contém dados na planilha.
Home	Move o cursor para a primeira célula da linha atual.
End	Move o cursor para a última célula da linha atual.
Ctrl + Seta para a esquerda	Move o cursor para o canto esquerdo do intervalo de dados atual. Se a coluna à esquerda da célula que contém o cursor estiver vazia, o cursor se moverá para a esquerda da próxima coluna que contenha dados.
Ctrl + Seta para a direita	Move o cursor para o canto direito do intervalo de dados atual. Se a coluna à direita da célula que contém o cursor estiver vazia, o cursor se moverá para a direita da próxima coluna que contenha dados.
Ctrl + Seta para cima	Move o cursor para o canto superior do intervalo de dados atual. Se a linha acima da célula que contém o cursor estiver vazia, o cursor se moverá para cima da próxima linha que contenha dados.
Ctrl + Seta para baixo	Move o cursor para o canto inferior do intervalo de dados atual. Se a linha abaixo da célula que contém o cursor estiver vazia, o cursor se moverá para baixo da próxima linha que contenha dados.
Ctrl + Shift + Seta	Seleciona todas as células contendo dados da célula atual até o fim do intervalo contínuo das células de dados, na direção da seta pressionada. Um intervalo de células retangular será selecionado se esse grupo de teclas for usado para selecionar linhas e colunas ao mesmo tempo.
Ctrl+ Page Up	Move uma planilha para a esquerda. Na visualização de página: Move para a página de impressão anterior.
Ctrl + Page Down	Move uma planilha para a direita. Na visualização de página: Move para a página de impressão seguinte.
Alt + Page Up	Move uma tela para a esquerda.
Alt + Page Down	Move uma página de tela para a direita.
Shift + Ctrl + Page Up	Adiciona a folha anterior à seleção de folhas atual. Se todas as folhas de uma planilha forem selecionadas, esta combinação de teclas de atalho somente selecionará a folha anterior. Torna atual a folha anterior.
Shift + Ctrl + Page Down	Adiciona a próxima folha à seleção de folhas atual. Se todas as folhas de uma planilha forem selecionadas, esta combinação de teclas de atalho somente selecionará a próxima folha. Torna atual a próxima folha.
Ctrl + *	Onde (*) é o sinal de multiplicação no teclado numérico.
Ctrl + *	Seleciona o intervalo de dados que contém o cursor. Um intervalo é um intervalo de células contíguas que contém dados e é delimitado por linhas e colunas vazias.
Ctrl + /	Onde (/) é o sinal de divisão no teclado numérico. Seleciona o intervalo de fórmulas de matriz que contém o cursor.
Tecla Ctrl + Mais (+)	Insere células (como no menu Inserir – Células).
Tecla Ctrl+Menos (-)	Exclui células (tal como no menu Editar – Excluir células).
Enter (num intervalo selecionado)	Move o cursor uma célula para baixo em um intervalo selecionado. Para especificar a direção do cursor, escolha Ferramentas – Opções – BrOffice.org Calc – Geral.
Ctrl+` (veja a nota abaixo dessa tabela)	Exibe ou oculta as fórmulas em vez dos valores em todas as células.

A tecla ` está ao lado da tecla 1 na maioria dos teclados em inglês. Se seu teclado não possui essa tecla, você pode atribuir uma outra tecla: Selecione Ferramentas – Personalizar, clique na guia Teclado. Selecione a categoria "Exibir" e a função "Exibir fórmula".

Teclas de Função Usadas em Planilhas

Teclas de atalho	Efeito
Ctrl+F1	Exibe a nota que está anexada à célula atual.
F2	Troca para o modo de edição e coloca o cursor no final do conteúdo da célula atual. Pressione novamente para sair do modo de edição. Se o cursor estiver em uma caixa de entrada de uma caixa de diálogo que possui o botão Encolher, a caixa de diálogo ficará oculta e a caixa de entrada permanecerá visível. Pressione F2 novamente para mostrar a caixa de diálogo inteira.
Ctrl+F2	Abre o Assistente de Funções.
Shift+Ctrl+F2	Move o cursor para a Linha de entrada onde você pode inserir uma fórmula para a célula atual.
Ctrl+F3	Abre a caixa de diálogo Definir nomes.
F4	Mostra ou oculta o Explorer do Banco de dados.
Shift+F4	Reorganiza as referências relativas ou absolutas (por exemplo, A1, A1, $A1, A$1) no campo de entrada.

Teclas de atalho	Efeito
F5	Mostra ou oculta o Navegador.
Shift+F5	Rastreia dependentes.
Ctrl+F5	Rastreia precedentes.
Shift+Ctrl+F5	Move o cursor da Linha de entrada para a caixa Área da planilha.
F7	Verifica a ortografia na planilha atual.
Ctrl+F7	Abre o Dicionário de correlatos se a célula atual contiver texto.
F8	Ativa ou desativa o modo de seleção adicional. Nesse modo, você pode usar as teclas de seta para estender a seleção. Você também pode clicar em outra célula para estender a seleção.
Ctrl+F8	Realça células que contêm valores.
F9	Recalcula as fórmulas modificadas na planilha atual.
Ctrl+Shift+F9	Recalcula todas as fórmulas em todas as planilhas.
Ctrl+F9	Atualiza o gráfico selecionado.
F11	Abre a janela Estilos e formatação onde você pode aplicar um estilo de formatação ao conteúdo da célula ou à planilha atual.
Shift+F11	Cria um modelo de documento.
Shift+Ctrl+F11	Atualiza os modelos.
F12	Agrupa o intervalo de dados selecionado.
Ctrl+F12	Desagrupa o intervalo de dados selecionado.
Alt + Seta para baixo	Aumenta a altura da linha atual.
Alt + Seta para cima	Diminui a altura da linha atual.
Alt + Seta para a direita	Aumenta a largura da coluna atual.
Alt + Seta para a esquerda	Diminui a largura da coluna atual.
Alt + Shift + Tecla de seta	Otimiza a largura da coluna ou o tamanho da linha com base na célula atual.

Formatação de Células com as Teclas de Atalho

Os formatos de célula a seguir podem ser aplicados com o teclado:

Teclas de Atalho	Efeito
Ctrl+1 (não use o teclado numérico)	Abre a caixa de diálogo Formatar células.
Ctrl+Shift+1 (não no teclado numérico)	Duas casas decimais, separador de milhar.
Ctrl+Shift+2 (não no teclado numérico)	Formato exponencial padrão.
Ctrl+Shift+3 (não no teclado numérico)	Formato de data padrão.
Ctrl+Shift+4 (não no teclado numérico)	Formato monetário padrão.
Ctrl+Shift+5 (não no teclado numérico)	Formato de porcentagem padrão (duas casas decimais).
Ctrl+Shift+6 (não no teclado numérico)	Formato padrão.

Uso do Assistente de Dados

Teclas	Efeito
Guia	Altera o foco movendo-se para a frente nas áreas e nos botões da caixa de diálogo.
Shift+Tab	Altera o foco movendo-se para trás nas áreas e nos botões da caixa de diálogo.
seta para cima	Move o foco um item para cima na área da caixa de diálogo atual.
seta para baixo	Move o foco um item para baixo na área da caixa de diálogo atual.
seta para a esquerda	Move o foco um item para a esquerda na área da caixa de diálogo atual.
seta para a direita	Move o foco um item para a direita na área da caixa de diálogo atual.
Home	Seleciona o primeiro item na área da caixa de diálogo atual.
End	Seleciona o último item na área da caixa de diálogo atual.
Alt e o caractere sublinhado na palavra "Linha"	Copia ou move o campo atual para a área "Linha".
Alt e o caractere sublinhado na palavra "Coluna"	Copia ou move o campo atual para a área "Coluna".
Alt e o caractere sublinhado na palavra "Dados"	Copia ou move o campo atual para a área "Dados".
Ctrl+Seta para cima	Move o campo atual uma casa para cima.
Ctrl+Seta para baixo	Move o campo atual uma casa para baixo.
Ctrl+Seta para a esquerda	Move o campo atual uma casa para a esquerda.
Ctrl+Seta para a direita	Move o campo atual uma casa para a direita.
Ctrl+Home	Move o campo atual para a primeira casa.
Ctrl+End	Move o campo atual para a última casa.
Alt+O	Exibe as opções do campo atual.
Excluir	Remove o campo atual da área.

QUESTÕES

1. **(TRT – FCC – 2014)** Ana possui instalado em seu *notebook* de trabalho o Microsoft Office Professional Plus 2010, em português, na sua configuração padrão. Foi solicitada por seu chefe a escrever a ata de uma reunião com início em cinco minutos. Como não se recordava do formato adequado de uma ata de reunião formal, lembrou-se que o aplicativo Word possui um conjunto de modelos de documentos que inclui currículos, atas, convites, formulários etc. Para abrir um destes modelos de ata, Ana entrou no Microsoft Word, clicou

   a) na guia Inserir, selecionou a opção Modelos de Documentos na divisão Modelos, clicou na opção Atas para abrir a pasta com os modelos de atas, selecionou o modelo de ata de sua preferência e clicou no botão Baixar.

   b) na guia Página Inicial, selecionou Modelos do Office.com na divisão Estilo, clicou na opção Modelos Formais, clicou na opção Atas de Reunião, selecionou o modelo de ata de sua preferência e clicou em Abrir.

   c) na opção Modelos de Documentos da guia Inserir, selecionou a opção Atas na divisão Modelos do Office.com, abriu a pasta com os modelos de atas, selecionou o modelo de ata de sua preferência e clicou em Abrir.

   d) no menu Arquivo, em seguida, na opção Abrir, selecionou a opção Atas na divisão Modelos do Office.com, abriu a pasta com os modelos de atas, selecionou o modelo de ata de sua preferência e clicou na opção Abrir.

   e) no menu Arquivo, em seguida, na opção Novo, selecionou a opção Atas na divisão Modelos do Office.com, abriu a pasta com os modelos de atas, selecionou o modelo de ata de sua preferência e clicou em Baixar.

2. **(AUXILIAR – VUNESP – 2014)** A imagem a seguir foi retirada do programa MS-Word 2010, em sua configuração padrão. Escolha a alternativa que indica corretamente o nome do botão exibido na imagem.

   a) Caixa de Texto.
   b) Colunas.
   c) Formatar Parágrafo.
   d) Inserir Figura.
   e) Imagem.

3. **(TCE – FCC – 2013)** No *Microsoft Word* 2007, é possível formatar e dar a um documento inteiro uma aparência profissional e moderna. O recurso que possui um conjunto de opções de formatação, cores, fontes e também um conjunto de efeitos é chamado de

   a) Estilo Rápido.
   b) Tema.
   c) Hipertexto.
   d) Sumários.
   e) Automação e Programação.

4. **(AGENTE – ESAF – 2014)** Quanto ao uso de operadores em fórmulas em Microsoft EXCEL, assinale a opção correta.

   a) <>: Exponenciação.
   b) §: Porcentagem.
   c) #: Concatenação.
   d) $: Valorização.
   e) &: Conexão de duas sequências de texto

5. **(FCC)** No BrOffice.org calc (planilha), a recomendação de em todos os documentos produzidos (textos, planilhas e outras) constar, na primeira linha, a data e hora atuais (obtidas do computador) da produção do documento é possibilitada pelo uso da função:

   a) Diasnomês ().
   b) Diaútil ().
   c) Dias360 ().
   d) Agora ().
   e) Diatrabalhototal ().

6. **(ANALISTA – FCC – 2014)** No departamento de RH de uma empresa, é utilizada uma planilha do Microsoft Excel 2010, na sua configuração padrão, para controlar a quantidade de funcionários dessa empresa, conforme figura a seguir. A célula A contém o nome do funcionário(a), a célula B contém o sexo (M – Masculino, F – Feminino) e a célula C contém a idade do funcionário(a). A fórmula a ser aplicada na célula B10, para calcular o Total de funcionários Homens com idade maior que 40 anos, é

	A	B	C
1	Nome do Funcionário	Sexo	Idade
2	Alexandre da Silva	M	50
3	Bernadete Oliveira	F	28
4	Claudia Aparecida da Cruz	F	42
5	Flavia Matsumoto	F	48
6	Munique Paz	F	38
7	Luis Dos Montes	M	51
8	Pedro Marques	M	37
9			
10	Total de Funcionários Homens com idade Maior que 40		2

   a) =CONT.SE(B2:B8,"=M",C2:C8, ">40")
   b) =CONT.SE(B2;B8;"M";C2:C8;">40")

c) =CONT.SES(B2:B8;"=M";C2:C8;"<>40")

d) =CONT.SES(B2:B8;"M";C2:C8;">40")

e) =CONT.SES(B2:B8;"=M";C2:C8;">40")

GABARITO

1. E
2. A
3. B
4. E
5. D
6. E

CAPÍTULO 5

BANCO DE DADOS, MECANISMOS DE BUSCA NA INTERNET

Todo nós sabemos que existem gigantescas bases de dados gerenciando nossas vidas. De fato sabemos que nossa conta bancária faz parte de uma coleção imensa de contas bancárias de nosso banco. Nosso título eleitoral ou nosso cadastro de pessoa física certamente estão armazenados em Bancos de Dados colossais. Sabemos também que, quando sacamos dinheiro no caixa eletrônico de nosso banco, nosso saldo e as movimentações existentes em nossa conta bancária já estão à nossa disposição.

Nestas situações, sabemos que existe uma necessidade em se realizar o armazenamento de uma série de informações que não se encontram efetivamente isoladas umas das outras, ou seja, existe uma ampla gama de dados que se referem a relacionamentos existentes entre as informações a serem manipuladas.

Estes Bancos de Dados, além de manterem todo este volume de dados organizado, também devem permitir atualizações, inclusões e exclusões do volume de dados, sem nunca perder a consistência. E não podemos esquecer que na maioria das vezes estaremos lidando com acessos concorrentes a várias tabelas de nosso banco de dados, algumas vezes com mais de um acesso ao mesmo registro de uma mesma tabela.

O fato de montarmos uma mala direta em um micro PC-XT com um *drive* já faz de nós um autor de um Banco de Dados?

Claro que não! Um Banco de Dados é antes de mais nada uma coleção logicamente coerente de dados com determinada significação intrínseca. Em outras palavras, um arquivo contendo uma série de dados de um cliente, um arquivo com dados aleatoriamente gerados e dois arquivos padrão dbf (dBase) que têm uma relação definida entre ambos não podem ser considerados uma Base de Dados Real.

Um banco de dados contém os dados dispostos numa ordem predeterminada em função de um projeto de sistema, sempre para um propósito muito bem definido.

Ele representará sempre aspectos do mundo real. Assim sendo, uma Base de Dados (ou Banco de Dados, ou ainda BD) é uma fonte de onde poderemos extrair uma vasta gama de informações derivadas, que possui um nível de interação com eventos como o mundo real que representa. A forma mais comum de interação Usuário e Banco de Dados dá-se por meio de sistemas específicos que por sua vez acessam o volume de informações geralmente através da linguagem SQL.

Os Administradores de Banco de Dados (DBA) são responsáveis pelo controle de acesso aos dados e pela coordenação da utilização do BD. Já os projetistas de Banco de Dados (DBP) são analistas que identificam os dados a serem armazenados em um Banco de Dados e pela forma como estes serão representados. Os analistas e programadores de desenvolvimento criam sistemas que acessam os dados da forma necessária ao Usuário Final, que é aquele que interage diretamente com o Banco de Dados.

5.1. TECNOLOGIA DOS BANCOS DE DADOS

Em um sistema de informação, fragmentos de dados são organizados em uma hierarquia. O menor fragmento de dado é o *bit*. O *byte* é um grupo de *bits* que forma um caractere. Um campo é um grupo de caracteres que forma uma palavra, ou um número. Um registro é um conjunto de campos relacionados; um arquivo é um grupo de registros relacionados. O maior elemento da hierarquia, o banco de dados, consiste em arquivos relacionados.

5.1.1. Conceito

Banco de Dados é uma coleção de dados inter-relacionados, representando informações sobre um domínio específico. Basicamente é uma tabela composta de várias linhas divididas em colunas que são identificadas por campos, e cada linha representa um registro de banco de dados. Com esta organização o Excel poderá oferecer recursos de organização e pesquisa extremamente fáceis, independentemente da quantidade de linhas contidas na base de dados. Pode ser definido também como uma coleção de dados organizados de tal forma que possam ser acessados e utilizados por muitas aplicações diferentes. Exemplos: lista telefônica, controle do acervo de uma biblioteca, sistema de controle dos recursos humanos de uma empresa.

5.1.2. Propriedades de um banco de dados

A tecnologia aplicada aos métodos de armazenamento de informações vem crescendo e gerando um impacto cada vez maior no uso de computadores, em qualquer área em que estes podem ser aplicados. Um "banco de dados" pode ser definido como um conjunto de "dados" devidamente relacionados. Por "dados" podemos compreender "fatos conhecidos" que podem ser armazenados e que possuem um significado implícito. Porém, o significado do termo "banco de dados" é mais restrito que simplesmente a definição dada acima. Um banco de dados possui as seguintes propriedades:

- é uma coleção lógica coerente de dados com um significado inerente;
- uma disposição desordenada dos dados não pode ser referenciada como um banco de dados;
- um banco de dados é projetado, construído e populado com dados para um propósito específico;
- um banco de dados possui um conjunto predefinido de usuários e aplicações;
- um banco de dados representa algum aspecto do mundo real, o qual é chamado de "minimundo"; qualquer alteração efetuada no minimundo é automaticamente refletida no banco de dados;
- um banco de dados pode ser criado e mantido por um conjunto de aplicações desenvolvidas especialmente para esta tarefa ou por um "Sistema Gerenciador de Banco de Dados" (SGBD).

5.1.3. Componentes de um banco de dados

Um Sistema de Gerenciamento de Banco de Dados (SGBD) é o conjunto de programas de computador (*softwares*) responsáveis pelo gerenciamento de uma base de dados. Seu principal objetivo é retirar da aplicação cliente a responsabilidade de gerenciar o acesso, a manipulação e a organização dos dados.

Um Banco de Dados é composto das seguintes partes:

Gerenciador de Acesso ao Disco: O SGBD utiliza o Sistema Operacional para acessar os dados armazenados em disco, controlando o acesso concorrente às tabelas do Banco de Dados. O Gerenciador controla todas as pesquisas *queries* solicitadas pelos usuários no modo interativo, os acessos do compilador DML, os acessos feitos pelo Processador do Banco de Dados ao Dicionário de Dados e também aos próprios dados.

O Compilador DDL (*Data Definition Language*) processa as definições do esquema do Banco de Dados, acessando quando necessário o Dicionário de Dados do Banco de Dados.

O Dicionário de Dados contém o esquema do Banco de Dados, suas tabelas, índices, forma de acesso e relacionamentos existentes.

O Processador do Banco de Dados manipula requisições à própria Base de Dados em tempo de execução. É o responsável pelas atualizações e integridade da Base de Dados.

O Processador de Pesquisas (*queries*) dos usuários analisa as solicitações e, se estas forem consistentes, aciona o Processador do Banco de Dados para acesso efetivo aos dados.

As aplicações fazem seus acessos ao pré-compilador DML da linguagem hospedeira, que os envia ao Compilador DML (*Data Manipulation Language*) onde são gerados os códigos de acesso ao Banco de Dados.

5.1.4. Banco de dados nas empresas

Em todos os sistemas de informação, os dados devem ser organizados e estruturados para que possam ser usados com eficácia. A má organização de arquivos impede que algumas empresas possam acessar grande parte das informações que mantêm. Porém, quando adequadamente documentado, o dicionário de dados é uma importante ferramenta de resolução de problemas. Ele identifica para os usuários finais e para os especialistas empresariais quais dados existem no banco de dados, sua estrutura, formato e sua utilização na empresa. Atualmente, existe uma tendência de mercado em se dizer que qualquer problema será resolvido caso a empresa adquira um Banco de Dados. Naturalmente, em um ambiente com acesso constante ao Banco de Dados (acesso concorrente, obviamente), onde a segurança seja de vital importância e que o desempenho da aplicação escrita estiver comprometendo a empresa, considerando-se logicamente uma aplicação bem escrita, sem dúvida a aquisição de um Banco de Dados poderá ser o primeiro passo na solução do problema. Analogamente ao que ocorreu com o aparecimento das primeiras linguagens de programação voltadas ao Windows, em que estas foram apresentadas como capazes de alavancar os negócios da empresa, e no geral causaram mais frustração do que solução, a aquisição do Banco de Dados pode gerar o mesmo tipo de problema. É fundamental que a empresa candidata a utilizar um Banco de Dados normatize-se totalmente, pois soluções "quebra-galho", típicas do ambiente que dispõe de um Gerenciador de Arquivo, tendem a ser impossíveis em um ambiente estruturado sobre o Banco de Dados. Portanto, sob pena de se realizar um grande investimento, e não se colher fruto algum, é muito conveniente que a empresa, antes de adquirir um Banco de Dados, passe por um processo de adaptação, preferencialmente contando com pessoal especializado, geralmente consultores, que não tenham qualquer ligação com fabricantes de Bancos de Dados.

5.2. SISTEMA DE GERENCIAMENTO DE BANCOS DE DADOS (SGBD)

É um *software* com recursos específicos para facilitar a manipulação das informações dos bancos de dados e o desenvolvimento de programas aplicativos.

Exemplos: Oracle, Ingres, Paradox, Access, DBase.

Este Sistema envolve quatro componentes principais: dados, *hardware*, *software* e usuários.

O sistema de bancos de dados pode ser considerado como uma sala de arquivos eletrônica. Existe uma série de métodos, técnicas e ferramentas que visam sistematizar o desenvolvimento de sistemas de bancos de dados. Para manipulação de um SGBD devem-se considerar algumas regras básicas e claras. Fica implícito que se ao menos uma das características abaixo não estiver presente no nosso "candidato" a SGBD, este poderá ser um GA (Gerenciador de Arquivo) de altíssima qualidade, "quase" um SGBD, mas não um SGBD.

Normas:

Regra 1: Autocontenção – um SGBD não contém apenas os dados em si, mas armazena completamente toda a descrição dos dados, seus relacionamentos e formas de acesso. Normalmente esta regra é chamada de Metabase de Dados. Em um GA, em algum momento ao menos, os programas aplicativos declaram estruturas (algo que ocorre tipicamente em C, COBOL e BASIC), ou geram os relacionamentos entre os arquivos (típicos do ambiente xBase). Por exemplo, quando você é obrigado a definir a forma do registro em seu programa, não está lidando com um SGBD.

Regra 2: Independência dos Dados – quando as aplicações estiverem realmente imunes a mudanças na estrutura de armazenamento ou na estratégia de acesso aos dados, podemos dizer que esta regra foi atingida. Portanto, nenhuma definição dos dados deverá estar contida nos programas da aplicação. Quando você resolve criar uma nova forma de acesso, um novo índice, se precisar alterar o código de seu aplicativo, você não está lidando com um SGBD.

Regra 3: Abstração dos Dados – em um SGBD real é fornecida ao usuário somente uma representação conceitual dos dados, o que não inclui mais detalhes sobre sua forma de armazenamento real. O chamado Modelo de Dados é um tipo de abstração utilizada para fornecer esta representação conceitual. Neste modelo, um esquema das tabelas, seus relacionamentos e suas chaves de acesso são exibidos ao usuário, porém nada é afirmado sobre a criação dos índices, ou como serão mantidos, ou qual a relação existente entre as tabelas que deverá ser mantida íntegra. Assim, se você desejar inserir um pedido em um cliente inexistente e esta entrada não for automaticamente rejeitada, você não está lidando com um SGBD.

Regra 4: Visões – um SGBD deve permitir que cada usuário visualize os dados de forma diferente daquela existente previamente no Banco de Dados. Uma visão consiste em um subconjunto de dados do Banco de Dados, necessariamente derivados dos existentes no Banco de Dados, porém estes não deverão estar explicitamente armazenados. Portanto, toda vez que você é obrigado a replicar uma estrutura, para fins de acesso de forma diferenciada por outros aplicativos, você não está lidando com um SGBD.

Regra 5: Transações – um SGBD deve gerenciar completamente a integridade referencial definida em seu esquema, sem precisar em tempo algum do auxílio do programa aplicativo. Desta forma exige-se que o banco de dados tenha ao menos uma instrução que permita a gravação de uma série de modificações simultâneas e uma instrução capaz de cancelar uma série de modificações. Por exemplo, imaginemos que estamos cadastrando um pedido para um cliente, que este deseje reservar 5 itens de nosso estoque, que estão disponíveis e, portanto, são reservados, porém existe um bloqueio financeiro (duplicatas em atraso) que impede a venda. A transação deverá ser desfeita com apenas uma instrução ao Banco de Dados, sem modificações suplementares nos dados. Caso você se obrigue a corrigir as reservas, através de acessos complementares, você não está lidando com um SGBD.

Regra 6: Acesso Automático – em um GA uma situação típica é o chamado Dead-Lock, o abraço mortal. Esta situação indesejável pode ocorrer toda vez que um usuário travou um registro em uma tabela e seu próximo passo será travar um registro em uma tabela relacionada à primeira, porém se este registro estiver previamente travado por outro usuário, o primeiro usuário ficará paralisado, pois estará esperando o segundo usuário liberar o registro em uso, para que então possa travá-lo e prosseguir sua tarefa. Se por hipótese o segundo usuário necessitar travar o registro travado pelo primeiro usuário (!), afirmamos que ocorreu um abraço mortal, pois cada usuário travou um registro e precisa travar um outro, justamente o registro anteriormente travado pelo outro! Imaginemos um caso onde o responsável pelos pedidos acabou de travar o Registro Item de Pedido, e necessita travar um registro no Cadastro de Produtos, para indicar uma nova reserva. Se concomitantemente estiver sendo realizada uma tarefa de atualização de pendências na Tabela de Itens, e para tanto, previamente este segundo usuário travou a Tabela de Produtos, temos a ocorrência do abraço mortal. Se a responsabilidade de evitar esta ocorrência for atribuída à aplicação, você não está lidando com um SGBD.

5.3. CARACTERÍSTICAS GERAIS DE UM SGBD

O SGBD tem sete características operacionais elementares sempre observadas, que passaremos a listar:

Característica 1: Controle de Redundâncias – a redundância consiste no armazenamento de uma mesma informação em locais diferentes, provocando inconsistências. Em um Banco de Dados as informações só se encontram armazenadas em um único local, não existindo duplicação descontrolada dos dados. Quando existem replicações dos dados, estas são decorrentes do processo de armazenagem típica do ambiente Cliente-Servidor, totalmente sob controle do Banco de Dados.

Característica 2: Compartilhamento dos Dados – o SGBD deve incluir *software* de controle de concorrência ao acesso dos dados, garantindo em qualquer tipo de situação a escrita/leitura de dados sem erros.

Característica 3: Controle de Acesso – o SGBD deve dispor de recursos que possibilitem selecionar a autoridade de cada usuário. Assim um usuário poderá realizar qualquer tipo de acesso, outros poderão ler alguns dados e atualizar outros e outros ainda poderão somente acessar um conjunto restrito de dados para escrita e leitura.

Característica 4: Interfaceamento – um Banco de Dados deverá disponibilizar formas de acesso gráfico, em linguagem natural, em SQL ou ainda via menus de acesso, não sendo uma "caixa-preta" somente passível de ser acessada por aplicações.

Característica 5: Esquematização – um Banco de Dados deverá fornecer mecanismos que possibilitem a compreensão do relacionamento existente entre as tabelas e de sua eventual manutenção.

Característica 6: Controle de Integridade – um Banco de Dados deverá impedir que aplicações ou acessos pelas interfaces possam comprometer a integridade dos dados.

Característica 7: Backups – o SGBD deverá apresentar facilidade para recuperar falhas de *hardware* e *software*, pela existência de arquivos de "pré-imagem" ou de outros recursos automáticos, exigindo minimamente a intervenção de pessoal técnico.

Existe a possibilidade de encontrarmos Bancos de Dados que não satisfaçam completamente todas as características acima, o que não os invalida como Banco de Dados. Na prática podemos encontrar situações em que a primeira característica não seja importante, pois podemos ter o Banco de Dados baseado totalmente em um único servidor, e as redundâncias podem ser aceitas em algumas situações sob controle da aplicação (algo não muito recomendado, mas passível de aceitação, em situações nas quais a existência do nome do cliente em um arquivo contendo duplicatas emitidas possibilita o acesso a apenas uma tabela sem relacionamentos, e sabe-se de antemão que uma duplicata, depois de emitida, não pode ter seu cliente alterado).

A segunda característica (Compartilhamento dos Dados) pode ser desconsiderada principalmente em ambiente de desenvolvimento, ou ainda em aplicações remotas.

O Controle de Acesso pode ser descartado em pequenas empresas, sendo que o aplicativo em questão, mais o *software* de rede, pode facilmente se incumbir desta característica, no caso de pequenas empresas, com reduzido número de pessoas na área operacional.

O Interfaceamento e a Esquematização são características sempre disponíveis, o que varia neste caso é a qualidade destes componentes, que vai desde o sofrível até o estado da arte. É bastante conveniente que esta característica seja muito boa em um Banco de Dados, onde estiver em atuação mais de um Administrador de Banco de Dados e houver um número relativamente alto de sistemas desenvolvidos ou em desenvolvimento neste ambiente.

De fato, quanto maior o número de pessoas envolvidas no desenvolvimento de aplicações e gerenciamento do Banco de Dados, mais importante tornam-se estas duas características, pois cada novo sistema desenvolvido precisará sempre estar adequado ao Banco de Dados da Empresa e aderente aos padrões de acesso utilizados nos sistemas concorrentes.

As interfaces ISQL e WinSQL devem deixar muito claro ao estudante como uma interface pobre (no caso a existente no ISQL) perde muito, quando comparada a uma interface mais recursiva. A esquematização existente no Banco de Dados é muito melhor do que aquela mantida em alguma pasta, em algum arquivo do CPD, que sempre está "um pouquinho" desatualizada.

O Controle de Integridade é outra característica sempre presente nos Bancos de Dados, mas existem diferenças quando da implementação desta característica. Assim, é comum encontrarmos Bancos de Dados que suportam determinado acesso, enquanto outros não dispõem de recurso equivalente.

O *backup* em tempo de execução é outra característica sempre disponível, porém temos aplicações que invariavelmente são comprometidas por falhas de *hardware*, e outras em que o mesmo tipo de falha não causa perda alguma de dados ou de integridade. Novamente, cada Banco de Dados tem esta característica mais bem ou mais mal implementada, cabendo ao Administrador de Banco de Dados escolher aquele que lhe oferecer mais segurança.

Devemos ressaltar ainda que podemos ter um Banco de Dados Modelo A, que respeite integralmente as regras básicas e disponha de todas as características apresentadas, enquanto um Modelo B que, apesar de respeitar as regras básicas, não suporte uma ou outra característica desejável, mas tenha um desempenho excelente. Enquanto o Modelo A mostre-se apenas razoável no quesito desempenho, nos levará seguramente a escolher o Modelo B como sendo o ganhador para nossa instalação!

Isto ocorre, pois na prática todo usuário deseja um tempo de resposta muito pequeno. O chamado "prazo de entrega" muito comum em Bancos de Dados operando nos limites de sua capacidade, ou nos casos em que o *hardware* está muito desatualizado, é fonte de inúmeros problemas para o pessoal de informática. Neste caso é melhor abrirmos mão de uma Interface Amigável, de um gerenciamento automático de *backups* ou ainda de outras características que não julgarmos fundamentais, para nos livrarmos do problema típico de ambiente extremamente comprometido, por má *performance* do Banco de Dados.

A escolha do Banco de Dados da empresa, portanto, é uma decisão muito delicada, na medida em que esta irá acarretar troca de aplicativos e troca de *hardware*. Os investimentos diretamente aplicados no Banco de Dados costumam ser infinitamente menores do que aqueles a serem aplicados na empresa, visando sua perfeita adequação ao novo SGBD. Esta decisão, sempre que possível, deve ser tomada por especialistas em Banco de Dados, com profundos conhecimentos de Análise de Sistemas, de Banco de Dados e de *software* de Gerenciamento de Bases de Dados, de forma a evitar que a empresa escolha um Banco de Dados inadequado aos seus propósitos, e que pouco tempo depois seja obrigada a perder todo investimento realizado em *software* e *hardware*.

5.4. OBJETIVOS DE UM SISTEMA DE BANCO DE DADOS

Isolar os usuários dos detalhes mais internos do banco de dados (abstração de dados).

Prover independência de dados às aplicações (estrutura física de armazenamento e a estratégia de acesso).

Vantagens: rapidez na manipulação e no acesso à informação, redução do esforço humano (desenvolvimento e utilização), disponibilização da informação no tempo necessário, controle integrado de informações distribuídas fisicamente, redução de redundância e de inconsistência de informações, compartilhamento de dados, aplicação automática de restrições de segurança, redução de problemas de integridade.

O sistema de banco de dados deve prover uma visão abstrata de dados para os usuários.

5.5. NÍVEIS DE ABSTRAÇÃO

Nível físico: nível mais baixo de abstração. Descreve como os dados estão realmente armazenados, englobando estruturas complexas de baixo nível.

Nível conceitual: descreve quais dados estão armazenados e seus relacionamentos. Neste nível, o banco de dados é descrito por estruturas relativamente simples, que podem envolver estruturas complexas no nível físico.

Nível de visões do usuário: descreve partes do banco de dados, de acordo com as necessidades de cada usuário, individualmente. Conjunto de ferramentas conceituais para a descrição dos dados, dos relacionamentos entre eles e das restrições de consistência e integridade.

Dividem-se em: baseados em objetos, baseados em registros.

5.6. MODELOS LÓGICOS DE DADOS

Modelos lógicos baseados em objetos: descrição dos dados nos níveis conceitual e de visões de usuários.

Exemplos:

Entidade-relacionamento, orientado a objetos. No modelo orientado a objetos, código executável é parte integrante do modelo de dados.

Modelos lógicos baseados em registros: descrição dos dados nos níveis conceitual e de visões de usuários; o banco de dados é estruturado em registros de formatos fixos, de diversos tipos.

Cada tipo de registro tem sua coleção de atributos.

Há linguagens para expressar consultas e atualizações no banco de dados.

Exemplos: relacional, rede, hierárquico.

Modelo Relacional

O modelo relacional representa todos os dados do banco de dados em tabelas simples, mas as informações em mais de um arquivo podem ser extraídas e combinadas com facilidade. A vantagem do modelo relacional é a de que um elemento de dado de um arquivo ou tabela pode ser relacionado a qualquer fragmento em outro arquivo desde que ambos compartilhem um elemento de dado comum.

No modelo relacional, dados e relacionamentos entre dados são representados por tabelas, cada uma com suas colunas específicas.

Exemplo das Informações em um Banco de Dados

nome	rua	cidade	conta	saldo
José	Figueiras	Campinas	900	55
João	Laranjeiras	Campinas	556	1.000
Antônio	Ipê	São Paulo	647	5.366
Antônio	Ipê	São Paulo	801	10.533

Os dados são representados por coleções de registros e os relacionamentos por elos.

José Figueiras Campinas

900 55

João Laranjeiras Campinas

556 1.000

Antônio Ipê São Paulo

647 5.366

801 10.533

Modelo de Rede

O modelo em rede é mais adequado para representar relacionamentos "muitos-para-muitos" entre dados. Em rede são mais flexíveis que os hierárquicos, mas os caminhos de acesso ainda precisam ser especificados antecipadamente. Existem limitações práticas para o número de ligações, ou relacionamentos, que pode ser estabelecido entre registros. Se forem excessivamente numerosos, o *software* funcionará eficientemente. Os dados e relacionamentos são representados por registros e ligações, respectivamente.

Os registros são organizados como coleções arbitrárias de árvores.

José Figueiras Campinas

900 55

João Laranjeiras Campinas

556 1.000

Antônio Ipê São Paulo

647 5.366

801 10.533

Modelo Hierárquico

O modelo hierárquico organiza os dados de cima para baixo, como uma árvore. Os SGBDs hierárquicos têm caminhos bem definidos e predeterminados, prestam-se mais a problemas que requerem um número limitado de respostas estruturadas que podem ser especificadas antecipadamente, são ideais para resolver problemas como o processamento diário de milhões de reservas aéreas ou de transações bancárias em caixas automáticos. Tanto os dados quanto os relacionamentos são representados por tabelas. Possui fundamento matemático sólido. Prescinde de estruturas de índice eficientes e *hardware* adequado para alcançar desempenho viável em situações práticas.

5.7. LINGUAGEM DE DEFINIÇÃO DE DADOS (DDL)

Permite especificar o esquema do banco de dados por meio de um conjunto de definições de dados.

▶ A compilação dos comandos em DDL é armazenada no dicionário (ou diretório) de dados.

Linguagens de Definição e Manipulação de Dados

Manipulação de dados

▶ recuperação da informação armazenada,

▶ inserção de novas informações,

▶ exclusão de informações,

▶ modificação de dados armazenados.

5.8. LINGUAGEM DE MANIPULAÇÃO DE DADOS (DML)

Permite ao usuário acessar ou manipular os dados, vendo-os da forma como são definidos no nível de abstração mais alto do modelo de dados utilizado.

Uma consulta (*query*) é um comando que requisita uma recuperação de informação.

A parte de uma DML que envolve recuperação de informação é chamada linguagem de consulta.

SQL

Structured Query Language (Linguagem de Consulta Estruturada) ou SQL é uma linguagem de pesquisa declarativa para banco de dados relacional (base de dados relacional). Muitas das características originais do SQL foram inspiradas na álgebra relacional.

O SQL foi desenvolvido originalmente no início dos anos 70 nos laboratórios da IBM em San Jose, dentro do projeto System R, que tinha por objetivo demonstrar a viabilidade da implementação do modelo relacional proposto por E. F. Codd. O nome original da linguagem era SEQUEL, acrônimo para "Structured English Query Language" (Linguagem de Consulta Estruturada em Inglês), vindo daí o fato de, até hoje, a sigla, em inglês, ser comumente pronunciada "síquel" em vez de "és-kiú-él", letra a letra. No entanto, em português, a pronúncia mais corrente é a letra a letra: "ése-quê-éle".

A linguagem SQL é um grande padrão de banco de dados. Isto decorre da sua simplicidade e facilidade de uso. Ela se diferencia de outras linguagens de consulta a banco de dados no sentido em que uma consulta SQL especifica a forma do resultado e não o caminho para chegar a ele. Ela é uma linguagem declarativa em oposição a outras linguagens procedurais. Isto reduz o ciclo de aprendizado daqueles que se iniciam na linguagem. Embora o SQL tenha sido originalmente criado pela IBM, rapidamente surgiram vários "dialectos" desenvolvidos por outros produtores. Essa expansão levou à necessidade de ser criado e adaptado um padrão para a linguagem. Esta tarefa foi realizada pela American National Standards Institute (ANSI) em 1986 e ISO em 1987. O SQL foi revisto em 1992 e a esta versão foi dado o nome de SQL-92. Foi revisto novamente em 1999 e 2003 para se tornar SQL:1999 (SQL3) e SQL:2003, respectivamente. O SQL:1999 usa expressões regulares de emparelhamento, *queries* recursivas e gatilhos (*triggers*). Também foi feita uma adição controversa de tipos não escalados e algumas características de orientação a objeto. O SQL:2003 introduz características relacionadas ao XML, sequências padronizadas e colunas com valores de autogeneralização (inclusive colunas-identidade). Tal como dito anteriormente, o SQL, embora padronizado pela ANSI e ISO, possui muitas variações e extensões produzidos pelos diferentes fabricantes de sistemas gerenciadores de bases de dados. Tipicamente a linguagem pode ser migrada de plataforma para plataforma sem mudanças estruturais principais. Outra aproximação é permitir que código de idioma procedural seja embutido e interaja com o banco de dados. Por exemplo, o Oracle e outros incluem Java na base de dados, enquanto o PostgreSQL permite que funções sejam escritas em Perl, Tcl ou C, entre outras linguagens.

Exemplo: Inserindo dados numa tabela T, a pesquisa Select * from T terá como resultado todos os elementos de todas as linhas da tabela.

Partindo da mesma tabela, a pesquisa Select C1 from T terá como resultado todos os elementos da coluna C1.

O resultado da pesquisa Select * from T where C1=1 será todos os elementos de todas as filas onde o valor de coluna C1 é '1'.

Table 'T'		Query	Result	
C1	C2	Select * from T	C1	C2
1	a		1	a
2	b		2	b
C1	C2	Select C1 from T	C1	
1	a		1	
2	b		2	
C1	C2	Select * from T where C1 = 1	C1	C2
1	a		1	a
2	b			

DML – Linguagem de Manipulação de Dados

A DML (*Data Manipulation Language* – Linguagem de Manipulação de Dados) é um subconjunto da linguagem usada para inserir, atualizar e apagar dados.

- INSERT – é usada para inserir um registro (formalmente uma tupla) a uma tabela existente.
- UPDATE – para mudar os valores de dados em uma ou mais linhas da tabela existente.
- DELETE – permite remover linhas existentes de uma tabela.

DDL – Linguagem de Definição de Dados

A DDL (*Data Definition Language* – Linguagem de Definição de Dados) permite ao utilizador definir tabelas novas e elementos associados. A maioria dos bancos de dados de SQL comerciais tem extensões proprietárias no DDL.

Os comandos básicos da DDL são poucos:

- CREATE – cria um objeto (uma Tabela, por exemplo) dentro da base de dados.
- DROP – apaga um objeto do banco de dados.

Alguns sistemas de banco de dados usam o comando ALTER, que permite ao usuário alterar um objeto, por exemplo, adicionando uma coluna a uma tabela existente.

Outros comandos DDL:

- ALTER TABLE
- CREATE INDEX
- ALTER INDEX
- DROP INDEX
- CREATE VIEW
- DROP VIEW

DCL – Linguagem de Controle de Dados

A DCL (*Data Control Language* – Linguagem de Controle de Dados) controla os aspectos de autorização de dados e licenças de usuários quanto ao acesso e manipulação dos dados dentro do banco de dados.

Duas palavras-chave da DCL:

- GRANT – autoriza ao usuário executar ou setar operações.
- REVOKE – remove ou restringe a capacidade de um usuário de executar operações.

Outros comandos DCL:

- ALTER PASSWORD
- CREATE SYNONYM

DTL – Linguagem de Transação de Dados

- BEGIN WORK (ou Start Transaction, dependendo do dialeto SQL) – pode ser usada para marcar o começo de uma transação de banco de dados que pode ser completada ou não.
- COMMIT – envia todos os dados das mudanças permanentemente.
- ROLLBACK – faz com que as mudanças nos dados existentes desde que o último COMMIT ou ROLLBACK sejam descartadas.
- COMMIT e ROLLBACK – interagem com áreas de controle como transação e locação. Ambos terminam qualquer transação aberta e liberam qualquer cadeado ligado a dados. Na ausência de um BEGIN WORK ou uma declaração semelhante, a semântica de SQL é dependente da implementação.

DQL – Linguagem de Consulta de Dados

Embora tenha apenas um comando, a DQL é a parte da SQL mais utilizada. O comando SELECT permite ao usuário especificar uma consulta (*query*) como uma descrição do resultado desejado. Esse comando é composto de várias cláusulas e opções, possibilitando elaborar consultas das mais simples às mais elaboradas.

Cláusulas

As cláusulas são condições de modificação utilizadas para definir os dados que se desejam selecionar ou modificar em uma consulta.

FROM – utilizada para especificar a tabela que vai selecionar os registros.

WHERE – utilizada para especificar as condições que devem reunir os registros que serão selecionados.

GROUP BY – utilizada para separar os registros selecionados em grupos específicos.

HAVING – utilizada para expressar a condição que deve satisfazer cada grupo.

ORDER BY – utilizada para ordenar os registros selecionados com uma ordem específica.

DISTINCT – utilizada para selecionar dados sem repetição.

Operadores Lógicos

AND – E lógico. Avalia as condições e devolve um valor verdadeiro caso ambos sejam corretos.

OR – OU lógico. Avalia as condições e devolve um valor verdadeiro se algum for correto.

NOT – negação lógica. Devolve o valor contrário da expressão.

Operadores Relacionais

< – Menor que

> – Maior que

<> – Diferente de

<= – Menor ou Igual que

>= – Maior ou Igual que

= – Igual a

BETWEEN – utilizado para especificar um intervalo de valores.

LIKE – utilizado na comparação de um modelo e para especificar registros de um banco de dados. "Like" + extensão % vai significar buscar todos resultados com o mesmo início da extensão.

Funções de Agregação

As funções de soma se usam dentro de uma cláusula SELECT em grupos de registros para devolver um único valor que se aplica a um grupo de registros.

AVG – utilizada para calcular a média dos valores de um campo determinado.

COUNT – utilizada para devolver o número de registros da seleção.

SUM – utilizada para devolver a soma de todos os valores de um campo determinado.

MAX – utilizada para devolver o valor mais alto de um campo especificado.

MIN – utilizada para devolver o valor mais baixo de um campo especificado.

Sistemas de Banco de Dados que usam SQL

- Apache Derby
- Caché
- DB2
- Firebird
- HSQLDB, banco de dados implementado em Java
- Informix
- Ingres
- InterBase
- Microsoft SQL Server
- MySQL
- Oracle
- PointBase, banco de dados relacional implementado em Java
- PostgreSQL
- SQLite
- LiteBase Mobile Dedicado a plataformas móveis tais como: Palm OS, Pocket PC, WinCE, Symbian
- Sybase Adaptive Server Enterprise
- Teradata Primeiro RDBMS com arquitetura paralela do mercado

5.9. DATA WAREHOUSE

Um *data warehouse* (ou armazém de dados, ou depósito de dados, no Brasil) é um sistema de computação utilizado para armazenar informações relativas às atividades de uma organização em bancos de dados, de forma consolidada. O desenho da base de dados favorece os relatórios, a análise de grandes volumes de dados e a obtenção de informações estratégicas que podem facilitar a tomada de decisão. O *data warehouse* possibilita a análise de grandes volumes de dados, coletados dos sistemas transacionais (OLTP). São as chamadas séries históricas que possibilitam uma melhor análise de eventos passados, oferecendo suporte às tomadas de decisões presentes e à previsão de eventos futuros. Por definição, os dados em um *data warehouse* não são voláteis, ou seja, eles não mudam, salvo quando é necessário fazer correções de dados previamente carregados. Os dados estão disponíveis somente para leitura e não podem ser alterados. A ferramenta mais popular para exploração de um *data warehouse* é a Online Analytical Processing OLAP ou Processo Analítico em Tempo Real, mas muitas outras podem ser usadas. Os *data warehouse* surgiram como conceito acadêmico na década de 1980. Com o amadurecimento dos sistemas de informação empresariais, as necessidades de análise dos dados cresceram paralelamente. Os sistemas OLTP não conseguiam cumprir a tarefa de análise com a simples geração de relatórios. Nesse contexto, a implementação do *data warehouse* passou a se tornar realidade nas grandes corporações. O mercado de ferramentas de *data warehouse*, que faz parte do mercado de Business Intelligence, cresceu, e ferramentas melhores e mais sofisticadas foram desenvolvidas para apoiar a estrutura do *data warehouse* e sua utilização. Atualmente, por sua capacidade de sumarizar e analisar grandes volumes de dados, o *data warehouse* é o núcleo dos sistemas de informações gerenciais e apoio à decisão das principais soluções de *business intelligence* do mercado.

5.10. *SOFTWARES* DE GERENCIAMENTO DE BANCOS DE DADOS

- Ants
- Apache
- Blackf. Caché
- Derby
- Dataflex
- DB2
- Firebird
- FileMaker
- HSQLDB
- H2
- Informix
- Ingres
- InterBase
- MaxDB
- MSDE
- Microsoft SQL Server
- MSAccess (suíte Microsoft)
- MySQL
- Oracle
- Paradox
- PostgreSQL
- SmallSQL
- SQLBase
- SQLite
- Sybase
- Virtuoso
- Base (suíte BR Office)

EXEMPLO: (TÉCNICO EM INFORMÁTICA – 2008) O programa do OpenOffice utilizado para criar tabelas de um banco de dados é:

a) Base.

b) Calc.

c) Math.

d) Impress.

e) Draw.

5.11. ACESSO À INFORMAÇÃO NA WEB

ESTILOS BÁSICOS DE BUSCA:

1. Consulta (*querying*): processo de extração de informações de um banco de dados e sua apresentação em forma adequada ao uso. Designação dada a uma solicitação de pesquisa em um banco de dados.

2. *Sites* de busca: localizadores de páginas e informações da *web* se traduzem na forma de buscadores, tais como Google, Yahoo, Bing, cadê, altavista, entre outros.

3. Navegação (*browsing*): um navegador, também conhecido pelos termos ingleses *web browser* ou simplesmente *browser*, é um programa de computador que proporciona a seus usuários interação com documentos da Internet, também conhecidos como hipertextos, que podem ser escritos em linguagens como HTML, ASP, PHP.

4. Diretórios Web: diretórios foram os primeiros sistemas de busca criados. Também chamados de catálogos, têm como característica a categorização e organização em tópicos. Estes tópicos seguem uma estrutura

lógica e são subdivididos em detalhamentos. Por exemplo a categoria esportes tem a subdivisão futebol que por sua vez pode ser dividida em profissional e amador.

Normalmente os diretórios são feitos por pessoas, diferentemente das ferramentas de busca que usam robôs como veremos à frente. Os principais diretórios existentes são o DMOZ.org e o Yahoo!.

Os diretórios ainda são amplamente utilizados. As vantagens deles sobre as ferramentas de busca são: aprofundar ou avançar nas buscas.

Imagine que você está pesquisando sobre mamíferos. Você pode aprofundar a sua busca em cavalos, ou recuar um nível e pesquisar sobre animais em geral.

Buscar apenas conteúdo selecionado.

Por se tratar de um banco de dados estruturado, não existe risco de obter resultados dúbios. Por exemplo, ao buscar por tempestade, você terá categorias para tempestades comuns e tempestades de areia separadas.

Existem várias outras pequenas vantagens em se utilizar os diretórios, mas também existem desvantagens em relação às ferramentas de busca. São mais lentas em atualização.

Por dependerem de pessoas, demoram mais que os robôs das ferramentas de busca para serem atualizados. Pode ainda não existir a hierarquia sobre o assunto. Com isto, fica difícil achar assuntos semelhantes. Recuperam apenas *sites* das categorias.

Apesar de pouco conhecidos, os diretórios têm uma importância muito grande no mercado de ferramentas de busca. Eles valem como base para diversas ferramentas de busca começarem sua busca por *links*. O Google usa o DMOZ, já o Yahoo!, até pela sua origem, possui o seu próprio diretório.

Atualmente ainda existem os diretórios de *blogs*. Que, em vez de *sites*, cadastram apenas *blogs*.

5.12. ARMAZENAMENTO CAÓTICO

1. Dados distribuídos:
   ▶ Dados espalhados por vários computadores em diferentes plataformas.
   ▶ Computadores são interconectados sem uma topologia predefinida.
   ▶ Confiabilidade e acessibilidade (largura de banda) variam bastante.
2. Dados voláteis:

▶ Computadores e arquivos são adicionados e removidos frequentemente e sem previsão.

3. Grande quantidade de dados:
   ▶ Crescimento exponencial.
4. Dados desestruturados e redundantes:
   ▶ Não existe um modelo conceitual, nem organização, nem limites.
5. Inconsistência na qualidade dos dados:
   ▶ Sem autoridade supervisora.
   ▶ Dados podem ser falsos, errados, inválidos, desatualizados, dúbios.
   ▶ Várias fontes geram inconsistência.
6. Dados heterogêneos:
   ▶ Várias mídias, vários formatos.
   ▶ Várias linguagens e alfabetos.

5.13. MEDINDO A WEB

Difícil medir o número de computadores na Web que armazenam informação.

▶ Medição por amostragem estatística

▶ Várias medições confusas

   ▶ Número de domínio de nomes no terceiro nível (ex.: terra.com.br).
   ▶ Número de entradas nas tabelas do DNS (*domain name server*).
   ▶ Números de computadores que respondem a um "ping" (Problema: e quanto aos computadores caseiros que não ficam ligados constantemente?).

▶ Número de *web sites* na Internet:

Acessamos a internet todos os dias, seja através do computador ou *smartphones*. Mas você já parou para se perguntar quantos *sites* há neste gigante mundo da informação? Quem tenta responder é a empresa de pesquisa Netcraft que liberou os dados de um estudo recente, no mês de novembro de 2011.

De acordo com a empresa, existem hoje 525.998.433 *sites* na internet, e o número continua crescendo de forma avassaladora. Desde o mês passado houve um aumento de 22 milhões de *sites* ou algo próximo a 4,3%. Para uma noção deste gigante impulso na quantidade de *sites*, em agosto de 2010 havia cerca de 210,4 milhões – o número dobrou em apenas um ano, conforme se observa no gráfico a seguir.

■ INFORMÁTICA

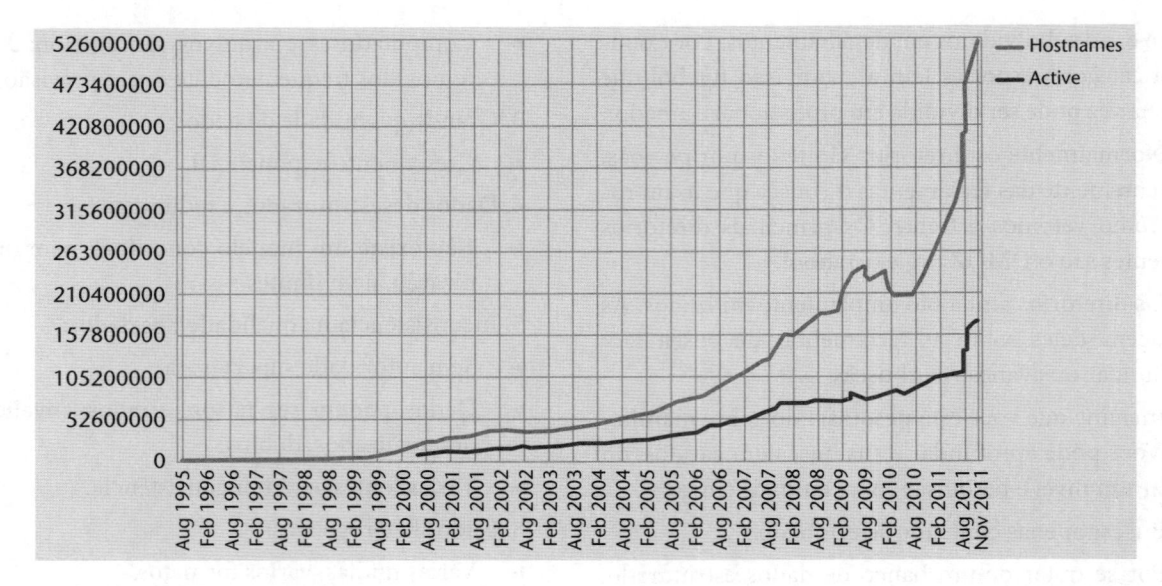

A julgar pelo gráfico, nem todos os endereços de páginas estão ativos. A linha vermelha indica apenas os *sites* ativos – um número em torno dos 160 milhões. A linha azul, na qual o número total se baseia, é o valor total dos *hostnames*. Além disso, pode haver milhões de outros *sites* na *web*, pois o sistema da Netcraft não inclui *sites* hospedados em servidores da Google (Blogspot) e WordPress.

EXEMPLO: (INSS – 2012) O gráfico a seguir foi extraído da pesquisa TIC empresas 2009 (Pesquisa Sobre uso das Tecnologias da Informação e da Comunicação no Brasil), realizada pelo CETIC (Centro de Estudos Sobre as Tecnologias da Informação e da Comunicação).

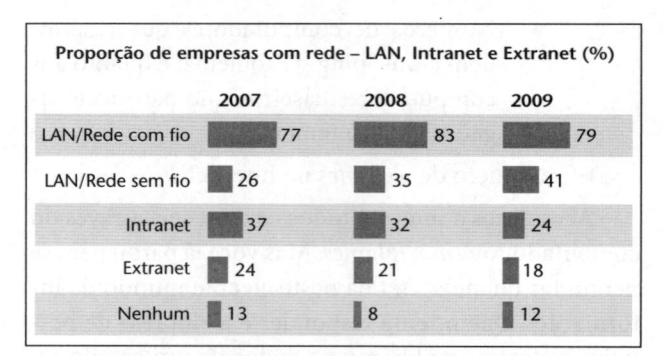

Proporção de empresas com rede – LAN, Intranet e Extranet (%)

	2007	2008	2009
LAN/Rede com fio	77	83	79
LAN/Rede sem fio	26	35	41
Intranet	37	32	24
Extranet	24	21	18
Nenhum	13	8	12

(Fonte: http://www.cetic.br/empresas/2009/tic-empresas-2009.pdf)

Considerando redes de computadores e com base no gráfico, analise:

I. O acesso sem fio à Internet e Intranets está crescendo à medida que surgem mais instrumentos de informação capazes de operar em rede. Telefones inteligentes, pagers, PDAs e outros dispositivos portáteis de comunicação tornam-se clientes nas redes sem fios.

II. O uso de redes sem fio tem crescido rapidamente à medida que novas tecnologias de alta velocidade são implementadas, como a Wi-Fi, que pode ser mais barata que o padrão Ethernet e diversas outras tecnologias LAN com fios.

III. Com as Intranets, a comunicação interna nas empresas ganha mais agilidade, dinamismo, integra e aproxima seus colaboradores, independentemente da localização de cada um. Agiliza a disseminação de informações, visando à integração inter e intradepartamental.

IV. A tendência é que cada vez mais as redes sem fio sejam substituídas pelas redes com fio, pois as tecnologias sem fio estão sujeitas a inúmeros tipos de interferência e interceptação que comprometem seu desempenho e segurança.

Está correto o que se afirma em:

a) I, II, III e IV.
b) I e III, apenas.
c) I e II, apenas.
d) I, II e III, apenas.
e) III e IV, apenas.

5.14. *SITES* DE BUSCA

Tarefas principais:

► Encontrar as páginas (recuperação na Web difere da recuperação de informação clássica);

► Todo o resto: indexar as páginas, processar a pergunta, ordenar as respostas.

EXEMPLO: (ASSISTENTE CONTÁBIL – 2010) Selecione a alternativa contendo o nome de *sites* de busca utilizados para a pesquisa de informações na Internet.

a) Flash e Explorer.
b) Hotbot e HTML.
c) Java e Netscape.
d) Northern e Java.
e) Yahoo e Google.

Arquiteturas:

- Centralizada: usa *crawlers* (rastreadores).
- Distribuída: busca utilizando um esforço de coordenação entre vários *gatherers* e *brokers*.

Arquitetura centralizada

Componentes:

1. *Crawlers*: enviam pedidos aos *sites* Web e fazem *download* de páginas Web.
   - O sistema local envia pedidos de páginas a servidores Web remotos.
   - Durante o *download* dos documentos, ele descobre novas páginas e servidores.
   - O efeito dessas perguntas repetidas é o ROBÔ que se move de *site* em *site*, capturando informação de todo *site* que ele visita.
   - Na realidade, o *crawler* nunca sai do seu sistema local.

2. Indexadores: responsáveis pela indexação das páginas recebidas no *download*.
   - Cada página baixada é processada localmente.
   - A informação indexada é salva e a página é descartada.
   - Exceção: alguns *sites* de busca mantêm um cachê local algumas cópias das páginas mais populares que estão indexadas no seu banco de dados para permitir um acesso rápido e para o caso de o servidor destino estar inacessível.

3. Interface com o usuário: solicita consultas e recebe as respostas.
   - Todas as perguntas são submetidas a um único *site*.

4. *Query engine*: processa a consulta em vez do índice.
   - todo o processamento é local.
   - requer um grande arranjo de computadores e de armazenamento.

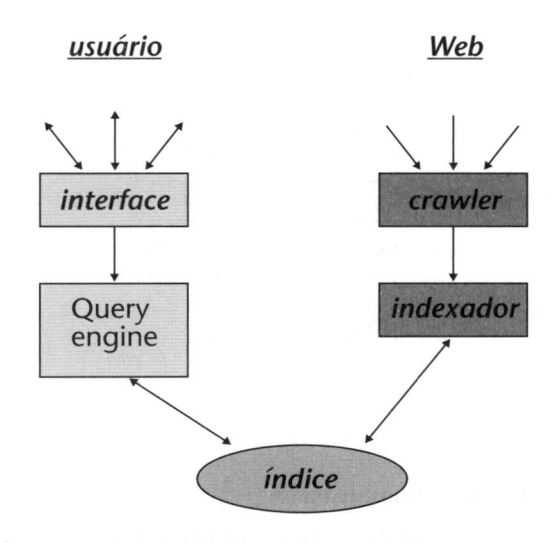

Arquitetura distribuída

Componentes:
É baseada no uso de *gatherers* e *brokers*.

Gatherers:

- Extraem a informação (chamados sumários) de documentos armazenados em um ou mais servidores Web.
- Atualiza a informação periodicamente.
- Pode conter documentos de vários formatos: HTML, PDF, Postscript etc.

Brokers:

- Obtêm sumários provindos dos gatherers e os armazenam localmente.
- Podem receber dados de outros *brokers*.
- Constroem e atualizam os índices com base nos dados obtidos de gatherers e outros *brokers*.
- Podem procurar (buscar) os dados.
- Podem especializar-se por tópico.
- Disponibilizam os dados para os usuários (respostas às consultas) e outros *brokers*.

Vantagens:

- Redução da carga do servidor: um *gatherer* rodando num servidor reduz o tráfego externo (ex.: solicitações do *crawler*) nesse servidor.
- Redução do tráfego na rede: arquitetura centralizada retém todos os documentos, enquanto a arquitetura distribuída move apenas os sumários.
- Evita-se trabalho redundante: um *gatherer* envia informações para vários *brokers*, reduzindo repetição do trabalho.

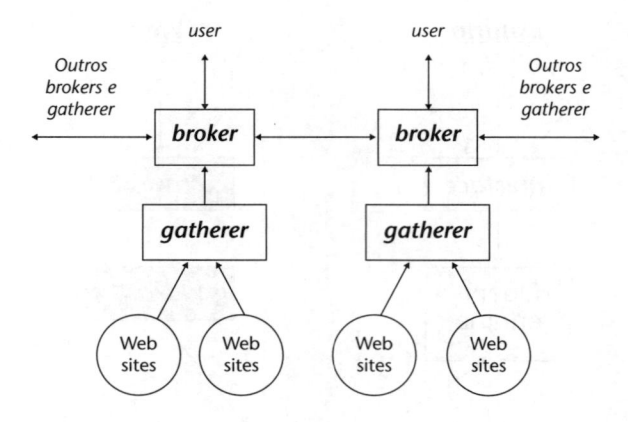

Interface com o usuário:

Interface básica para a consulta: um retângulo onde as palavras são digitadas:

- Mesmo conjunto de palavras pode ser interpretado diferentemente por diferentes *sites* de busca.
- A mesma pergunta (mesmo que sobre a mesma coleção de páginas) pode retornar conjuntos de dados diferentes:
  - Alguns *sites* usam *stopwords* e *stemming*.
  - As páginas recuperadas podem ser ordenadas diferentemente.
- Uma interface "avançada" para a pergunta pode conter outras características como:
  - Operadores booleanos.
  - "Casamento de frases" (*phrase matches*), busca por proximidade, *wild cards*.
  - Filtragem: por língua, data, domínio da internet etc.
- Algumas características pós-consulta (depois da consulta):
  - Refinamento da pergunta;
  - Similaridade: páginas relacionadas ou similares podem ser recuperadas;
  - Translação: páginas podem ser transladadas automaticamente (baixa qualidade);
  - Detecção de erros: podem ser analisados possíveis erros na pergunta original.

Como deve ser feita a apresentação da resposta:

- As respostas são classificadas, agrupadas e disponibilizadas.
  - As respostas são apresentadas em grupos de 10-20 por vez.
- Tipicamente, cada resposta inclui a URL, o tamanho, a data de quando foi indexado, o título e as primeiras linhas do seu conteúdo.
- A classificação geralmente é feita pela relevância.
- O agrupamento (*Clustering*) é feito de acordo com o *Web host* (servidor que armazena as páginas).
- Customização feita pelo usuário:
  - O usuário pode "setar" suas preferências para todas as suas buscas! Ex.: uso ou não dos filtros, campos mostrando cada página, número de resultados por tela etc.

Rastreamento (*crawling*)

Rastreamento é a atividade de atravessar a Web em busca de novas páginas.

Atividade recursiva: começa num conjunto de URLs e a partir desses extrai novas URLs.

Vários rastreadores devem ser coordenados para evitar superposição.

- Particiona a Web (usando domínio de nomes) e indica um *crawler* para cada partição.

Crawlers podem superocupar os servidores Web.

- *Sites* devem restringir o acesso dos *crawlers*.
- Volatilidade dos dados requer visitas frequentes:
  - Tipicamente as páginas são revisitadas de dois em dois meses
  - De acordo com algumas estimativas, 2 a 9% das referências são inválidas
  - Novas páginas podem esperar meses para serem rastreadas (a menos que sejam submetidas aos *sites* de busca)
  - Páginas populares são rastreadas mais frequentemente
- Quando uma página é submetida a um *site* de busca, o rastreador pode:
  - Iniciar um rastreamento exaustivo a partir daquela URL.
  - Procurar em um *host* particular, e a uma certa profundidade.

Indexação e busca

- A maioria dos sistemas usa variantes da estrutura de arquivos invertidos.
- As técnicas de indexação frequentemente utilizam:

- Eliminação de *stopwords*.
- Remoção de espaço extra e pontuação, caso haja conversão.

Adicionalmente, cada página também pode ser descrita como um conjunto de informações (título, data, tamanho, primeiras linhas do texto etc.).

Busca típica:

- Usa busca binária em um arquivo invertido para cada palavra.
- Para múltiplas palavras: combinação de resultados.
- Consultas por proximidade e/ou por frases requerem armazenamento no índice da posição de cada palavra na página.

Ex.: Alta vista tem um NEAR *query operator*.

Refinamentos: Consulta por prefixos:

- Busca binária no vocabulário.
- Mapeamento sequencial.
- Pelo menos duas buscas binárias num vocabulário selecionado.

Dificuldades de indexação com o uso dos *crawlers*

- Páginas protegidas por chave.
- Páginas geradas dinamicamente por aplicações.

Ranking (ordenação)

- Algoritmos de *ranking* são geralmente proprietários.
- A maioria dos *sites* de busca utiliza variações do modelo booleano ou do modelo vetorial.
- Novos algoritmos de ordenação consideram informações de *hyperlink* (ligações):
  - O número de *hyperlinks* numa página é um indicador de sua importância.
  - Estruturas de *hyperlinks* também sugerem similaridade. Páginas são relacionadas se:
    Elas referenciam páginas similares.
    Elas são referenciadas por páginas similares.
- Estrutura de ligações:
  - número de ligações elevado a uma página: autoridade.
  - número de ligações elevado de uma página: "hub".
- realimentação: as melhores autoridades são apontadas por bons "hubs" e os melhores "hubs" apontam para boas autoridades.
- ligações em comum-relação entre páginas.

5.15. ALGORITMO *PAGERANK* (USADO NO GOOGLE)

Baseado numa estrutura de *hyperlink* como indicador de um valor para a página.

1. Um *hyperlink* da página A para a página B é interpretado como um voto da página A para a página B.

2. *PageRank* observa mais que o volume dos votos para as páginas recebidas. Ele observa a página que atribuiu o voto.

3. Votos atribuídos por páginas que por si sós têm um "peso" elevado podem ajudar a outras páginas a se tornarem "importantes".

4. Assim, o cálculo de ordenação é propagado. O valor da página é baseado no valor das páginas que a referenciam.

5. No cálculo do valor da página, outros fatores também são considerados: TF, idf etc.

5.16. METABUSCADORES

Um servidor Web, que envia uma dada consulta a vários *sites* de busca, coleta as respostas e as unifica.

Ex. Metacrawler, Savvysearch

Alguns metabuscadores rodam no computador cliente.

- Vantagens:

Explora o trabalho de vários sistemas.

Evita que o usuário precise enviar a pergunta para vários *sites* de busca.

As páginas recuperadas de vários "buscadores" são mais relevantes.

Cobertura (alcance) melhorada: "buscadores" individuais cobrem uma pequena fração da Web.

- Desafios:

Como enviar uma dada consulta para cada linguagem específica de cada *site* de busca?

Como ordenar os resultados unificados?

Alguns metabuscadores realizam uma análise adicional ao resultado da consulta:

- ▶ *Download* de todas as páginas;
- ▶ Remove as referências de páginas que não estão mais disponíveis;
- ▶ Filtra as páginas que não atendem à consulta;
- ▶ Destaca (*highlight*) os termos da consulta em cada página;
- ▶ Melhora a ordenação;
- ▶ Desempenho lento é compensado pela apresentação progressiva dos resultados (resultados são apresentados à medida que se tornam disponíveis).

5.17. DIRETÓRIOS WEB

A classificação das páginas da Web é feita por assunto.

Princípios:
- ▶ Número de categorias varia entre 15 e 30.
- ▶ Diretórios podem ser específicos para um assunto, uma região, uma linguagem.
- ▶ As páginas devem ser submetidas e revisadas antes de serem incluídas.

5.17.1. Cobertura × precisão
- ▶ Cobertura é muito pequena (menos de 1% de todas as páginas da Web).
- ▶ Entretanto, os resultados (se encontrados!) são relevantes.

A maioria dos diretórios Web está "linkada" com os *sites* de busca para oferecer uma melhor busca na Web.

5.18. O MAIS POPULAR DOS BUSCADORES: GOOGLE

O Google é provido de um sistema de atualização em sua base de dados único, esse sistema é chamado pelos desenvolvedores da Google de *crawler* Googlebot; é um "robô" que busca informações diariamente em todos os *sites*. Outra razão para o sucesso do Google é o sistema de PAGERANK (*pagerank* é uma família de algoritmos de análise de rede) que classifica os *sites* de acordo com a quantidade de *links* externos que ele mesmo possui, como consequência, o conteúdo desse *site* é listado primeiro nas buscas, pois o PageRank entende que aquela página trata com maior relevância o assunto pesquisado. Além disso, o Google analisa os assuntos mais pesquisados e verifica quais *sites* tratam aquele tema de maneira mais significativa.

Para isso ele checa a quantidade de vezes que o termo pesquisado aparece na página. Além disso, o Google possui um recurso extremamente útil: o de armazenamento em cache. Ele armazena quase todas as páginas rastreadas pelo Googlebot e permite que esse conteúdo seja acessado, mesmo se essa página não existir mais. Por exemplo, suponhamos que você pesquisou um assunto e este foi encontrado em uma página, porém, ao clicar no *link* para essa página, aparece a mensagem que esta não mais existe. Se você clicar no *link* "Em Cache" no resultado da busca do Google, você acessará uma cópia daquela página que está armazenada no *link*. Outros dois fatores que ajudaram o Google a ser o mecanismo de busca mais utilizado na WWW são a simplicidade e a clareza. A combinação desses dois itens foi trabalhada desde a sua concepção. Devido a essa filosofia é possível acessar um *site* de busca leve, sem poluição visual e cujas opções são facilmente localizáveis. Além de tudo já exposto, o Google ainda é capaz de realizar buscas em mais de 300 tipos de arquivos.

5.18.1. Linguagem de comandos do Google

COMANDO: ""
DEFINIÇÃO: *Procura exatamente pelo termo entre aspas*
EXEMPLO: "Saraiva"

COMANDO: OR
DEFINIÇÃO: *Procura pelos dois termos*
EXEMPLO: Corinthians OR Melhor

COMANDO: -
DEFINIÇÃO: *Exclui dos resultados o termo após o "menos"*
EXEMPLO: biologia -genética

COMANDO: ~
DEFINIÇÃO: *Procura pela palavra e seus sinônimos*
EXEMPLO: ~segurança

COMANDO: define
DEFINIÇÃO: Definições de um termo
EXEMPLO: define: URL

COMANDO: *
DEFINIÇÃO: Serve como coringa para uma busca
EXEMPLO: tenho *dinheiro

COMANDO: safesearch
DEFINIÇÃO: Exclui o conteúdo adulto dos resultados
EXEMPLO: safesearch: *hacker*

COMANDO: *site*
DEFINIÇÃO: Restringe a busca a uma parte do domínio
EXEMPLO: *site*:.br ou *site*: br.com.br

COMANDO: filetype
DEFINIÇÃO: Especifica arquivos com extensão predeterminada
EXEMPLO: ferial filetype:pdf

COMANDO: link
DEFINIÇÃO: Encontra página com *link* apontando
EXEMPLO: link:google.com

COMANDO: info
DEFINIÇÃO: Mostra informação sobre a página
EXEMPLO: info: linux.org

COMANDO: related
DEFINIÇÃO: Mostra páginas consideradas relacionadas
EXEMPLO: related: www.uol.com

COMANDO: cache
DEFINIÇÃO: Mostra a última versão em cache da página
EXEMPLO: cache:www.unicursos.com.br

COMANDO: intitle
DEFINIÇÃO: Procura o termo no título da página
EXEMPLO: concursos intitle:bacen

COMANDO: allintitle
DEFINIÇÃO: Procura o termo somente no título
EXEMPLO: allintitle:documento sem título

COMANDO: inurl
DEFINIÇÃO: Procura o termo na url das páginas
EXEMPLO: inurl:cgi-bin

COMANDO: allinurl
DEFINIÇÃO: Procura o termo somente na url das páginas
EXEMPLO: allinurl:editais

COMANDO: intext
DEFINIÇÃO: Procura o termo no corpo da página
EXEMPLO: intext:contato

COMANDO: allintext
DEFINIÇÃO: Procura o termo somente no corpo da página
EXEMPLO: allintext:telefone

COMANDO: inanchor
DEFINIÇÃO: Procura o termo no texto do *link*
EXEMPLO: inanchor:próximos concursos

COMANDO: allinanchor
DEFINIÇÃO: Procura o termo somente no texto do *link*
EXEMPLO: allinanchor:miserable failure

5.19. GLOSSÁRIO

Business Intelligence – que pode ser traduzido como Inteligência de Negócios ou Inteligência Empresarial – é um conjunto de metodologias de gestão implementadas por meio de ferramentas de *software*, cuja função é proporcionar ganhos nos processos decisórios gerenciais e na alta administração nas organizações. Baseia-se na capacidade analítica das ferramentas que integram em um só lugar todas as informações necessárias ao processo decisório.

Data Warehouse (ou armazém de dados) – é um sistema de computação utilizado para armazenar informação relativa às atividades de uma organização em bancos de dados, de forma consolidada. O desenho da base de dados favorece os relatórios e análise de grandes volumes de dados e a obtenção de informações estratégicas que podem facilitar a tomada de decisão.

Data Mart – é subconjunto de dados de um Data warehouse. Geralmente são dados referentes a um assunto em especial (ex. vendas, estoque, controladoria) ou diferentes níveis de sumarização (ex. vendas anual, vendas mensal, vendas 5 anos). Uma base de dados com propriedades similares às de um armazém de dados, mas menor. Estes centros de dados podem representar o estágio inicial para criar um armazém de dados ou um subconjunto de informação contida em qualquer armazém de dados existente, e em qualquer dos casos pode ser criado tanto a partir de tipos específicos de dados como a partir de conteúdos menos retirados de fontes de terceiros.

Data Mining – talvez a definição mais importante de Data Mining tenha sido elaborada por Usama Fayyad (Fayyad et al. 1996): "...o processo não trivial de identificar, em dados, padrões válidos, novos, potencialmente úteis e ultimamente compreensíveis". Esse processo vale-se de diversos algoritmos (muitos deles desenvolvidos recentemente) que processam os dados e encontram esses "padrões válidos, novos e valiosos".

ETL – do inglês *Extract Transform Load* (Extração, Transformação, Carga), são ferramentas de *software* cuja função é a extração de dados de diversos sistemas, transformação desses dados conforme regras de negócios e por fim a carga dos dados em um *data warehouse*.

OLAP – é um acrônimo para *On-line Analytical Processing*, ou seja, processamento analítico em tempo real, para rapidamente dar resposta a *queries* complexas à base de dados. Este tipo de análise, à base de dados, é essencialmente usado em relatórios de vendas, de gestão, *marketing*, *data mining* e outras áreas do gênero. É a tecnologia que permite ao usuário extrair e visualizar informações de um banco de dados de forma seletiva e simples, sob diferentes pontos de vista. Uma aplicação baseada em OLAP tem a capacidade de responder rapidamente às solicitações de informações, diferentemente de aplicações tradicionais baseadas em banco de dados. Outra característica típica é que essas informações são normalmente extraídas de um grande volume de dados armazenados.

ROLAP (*Relational On Line Analytical Processing*) – deriva-se de OLAP. Utiliza a tecnologia de banco de dados relacionais para armazenar seus dados, e suas consultas são também processadas pelo gerenciador do banco de dados relacional.

MOLAP (*Multidimensional On Line Analytical Processing*) – deriva-se de OLAP. São ferramentas que disparam suas requisições diretamente ao servidor de banco de dados multidimensional. Após o envio da requisição o usuário continua manipulando os dados diretamente no servidor, tendo um ganho no desempenho.

HOLAP (*Hybrid On Line Analytical Processing*) – deriva-se de OLAP. São ferramentas híbridas. É a combinação entre ROLAP e MOLAP, pegando o melhor de ambas as categorias, a escalabilidade de ROLAP e o alto desempenho do MOLAP.

SQL – *Structured Query Language*, ou Linguagem de Questões Estruturadas, ou SQL, é uma linguagem de pesquisa declarativa para banco de dados relacional (bases de dados relacionais). Muitas das características originais da SQL foram inspiradas em cálculo de tuplas.

Sistemas – um sistema é uma junção de elementos inter-relacionados formando um todo único. Vindo do grego o termo "sistema" significa "combinar", "ajustar", "formar um conjunto". Um subsistema é um sistema que faz parte de outro sistema.

Sistemas de Informação – um sistema, automatizado ou manual, que compreenda pessoas, máquinas e/ou métodos organizados para coletar, processar, transmitir e disseminar dados que representam informação para o usuário.

Oracle – é um sistema de banco de dados que surgiu no final dos anos 70, quando Larry Ellison vislumbrou uma oportunidade que outras companhias não haviam percebido, quando encontrou uma descrição de um protótipo funcional de um banco de dados relacional e descobriu que nenhuma empresa tinha se empenhado em comercializar essa tecnologia.

SAP – é uma empresa alemã criadora do Sistema de Gestão Empresarial de mesmo nome. O Sistema SAP é líder mundial em base instalada.

Essbase (acrônimo para **Extended Spread Sheet Database**, ou banco de dados com planilhas estendidas) – é um sistema de gerência de banco de dados multidimensional que provê uma plataforma de bancos de dados multidimensionais sobre os quais se podem construir aplicações analíticas. Foi originalmente desenvolvido pela Arbor Software, que se juntou à Hyperion Software em 1998. O *Essbase* atualmente está disponível através da Hyperion Solutions Corporation (agora subsidiária da *Oracle Corporation*), e até o final de 2005 foi também comercializada pela IBM, como um Servidor OLAP DB2.

Ralph Kimball, PhD – foi um dos precursores dos conceitos de *data warehouse* e sistemas para análise de dados transacionais. Desde 1982 vem desenvolvendo pesquisas e conceitos que hoje são utilizados em diversas ferramentas de *software* para *data warehouse*.

Normalização de Dados – é um processo formal, passo a passo, de análise dos atributos de uma relação com o objetivo de evitar redundância de informação, eliminando as chamadas anomalias de atualização. Baseia-se no conceito de FORMAS NORMAIS. Uma relação (tabela) é dita estar em uma determinada forma normal, se ela satisfizer a um conjunto específico de restrições.

1FN – uma relação estará na Primeira Forma Normal 1FN, se e somente se todos os domínios básicos contiverem somente valores atômicos (não contiverem grupos repetitivos). Em outras palavras, podemos definir que a primeira forma normal não admite repetições ou campos que tenham mais que um valor.

2FN – uma tabela está na Segunda Forma Normal 2FN se ela estiver na 1FN e todos os atributos não chave forem totalmente dependentes da chave primária (dependente de toda a chave e não apenas de parte dela). Se o nome do produto já existe na tabela produtos, então não é necessário que ele exista na tabela de produtos. A segunda forma normal trata destas anomalias e evita que valores fiquem em redundância no banco de dados.

3FN – uma tabela está na Terceira Forma Normal 3FN se ela estiver na 2FN e se nenhuma coluna não chave depender de outra coluna não chave. Na terceira forma normal temos de eliminar aqueles campos que podem ser obtidos pela equação de outros campos da mesma tabela.

Chaves primárias

Em inglês *Primary Keys* ou PK. Do ponto de vista de um banco de dados relacional, referem-se às tuplas (conjuntos) de um ou mais campos, cujos valores, considerando a combinação de valores de todos os campos da tupla, nunca se repetem e podem ser usados como um índice para os demais campos da tabela do banco de dados. Em chaves primárias não pode haver valores nulos nem repetição de tuplas. Simplificando, quando a chave primária é simples, ou seja, é formada por um único campo da tabela, esse campo não pode ter dois ou mais registros de mesmo valor, e também não pode conter nenhum registro nulo. Se a chave primária é composta, ou seja, formada por mais de um campo, os valores de cada campo podem se repetir, mas não a combinação desses valores.

Chaves externas ou estrangeiras

Uma chave externa ou estrangeira é um atributo ou uma combinação de atributos numa relação R2, cujos valores são necessários para equivaler à chave primária de uma relação R1.

Chave estrangeira

O conceito de chave estrangeira em uso de banco de dados se refere ao tipo de relacionamento entre as tabelas de dados do banco de dados. Uma chave estrangeira é chamada quando há o relacionamento entre duas tabelas. Sempre haverá relacionamentos entre tabelas, por exemplo, se uma tabela tem uma chave primária de outra tabela.

Chave candidata

Uma chave candidata consiste em um atributo ou grupo de atributos cujo valor identifica unicamente cada tupla em uma relação e para o qual nenhum dos atributos pode ser removido sem destruir a identificação única.

Chave secundária

Uma chave secundária, tipicamente, não identifica apenas um registro, e pode ser utilizada para buscas simultâneas de várias chaves (todos os "Ames" que moram em New York, por exemplo).

Diagrama entidade relacionamento

É um modelo diagramático que descreve o modelo de dados de um sistema com alto nível de abstração. Ele é a principal representação do Modelo de Entidades e Relacionamentos. É usado para representar o modelo conceitual do negócio. Não confundir com modelo relacional, que representa as tabelas, atributos e relações materializadas no banco de dados.

MER: Conjunto de conceitos e elementos de modelagem que o projetista de banco de dados precisa conhecer. O Modelo é de Alto Nível.

DER: Resultado do processo de modelagem executado pelo projetista de dados que conhece o MER.

Relação 1..1 (lê-se relação um para um) – indica que as tabelas têm relação unívoca entre si. Você escolhe qual tabela vai receber a chave estrangeira.

Relação 1..n (lê-se um para muitos) – a chave primária da tabela que tem o lado 1 vai para a tabela do lado N. No lado N ela é chamada de chave estrangeira.

Relação n..n (lê-se muitos para muitos) – quando tabelas têm entre si relação n..n, é necessário criar uma nova tabela com as chaves primárias das tabelas envolvidas, ficando assim uma chave composta, ou seja, formada por diversos campos-chave de outras tabelas. A relação então se reduz para uma relação 1..n, sendo que o lado n ficará com a nova tabela criada.

QUESTÕES

1. (ANALISTA – FCC – 2014) Considere:
– Deseja-se fazer uma transferência de arquivos na Internet. Estando no prompt do DOS (a partir do sistema operacional Windows), deve-se digitar ...... I e pressionar a tecla ENTER. Para saber as opções, basta digitar help e pressionar ENTER. Algumas opções são: open, ascii, recv, send, glob, disconnect, dentre outras.
– Quando um site da Internet é aberto, o ...... II armazena diversos arquivos no disco rígido com o intuito de agilizar o carregamento da página em acessos futuros. Além disso, todas as páginas visitadas são colocadas no histórico e os dados digitados em formulários também acabam sendo salvos pelo programa.

- Uma pessoa que tem uma conta de e-mail com um serviço baseado na web, como Hotmail, Yahoo! ou Gmail, utiliza um ......III. Em vez de executar um programa de serviço de e-mail no seu computador, a pessoa se registra num serviço de e-mail de forma remota. O software e o armazenamento da conta não ficam no computador local, mas no servidor remoto.
- A rede tem sido o melhor meio para criar o sistema globalizado de hoje, permitindo às pessoas estabelecer relações pessoais e de trabalho colaborativo em questão de segundos. Há diversas ferramentas que oferecem serviços para reuniões online e ......IV , como Google+ Hangouts, Meetin.gs, WebEx, Viber, Skype etc.

As lacunas I, II, III e IV são, correta e respectivamente, preenchidas por:

a) webmail – sistema operacional – browser – mensagens curtas

b) ftp – browser – sistema em nuvem – videoconferências

c) telnet – navegador – webmail – sistemas em nuvem

d) ftp – sistema operacional – gopher – mensagens curtas

e) telnet – browser – webmail – sistemas em nuvem

2. (TÉCNICO – FGV) A respeito do site de buscas Google, é correto afirmar que

a) clicar em um link Em cache na página de resultados de uma pesquisa leva à configuração atual da página encontrada pelo Google.

b) as buscas por **"Concurso Público"** e **"Concurso Publico"** encontrarão páginas diferentes.

c) a busca por **Brasil – Brasília** encontrará páginas que tenham a palavra Brasil seguida da palavra Brasília.

d) a pesquisa avançada de imagens permite que se encontrem, por exemplo, apenas imagens relacionadas à seleção brasileira de futebol que tenham rostos.

e) as buscas por **Brasil, BRASIL** e **brasil** encontrarão páginas diferentes.

3. (BANCO DO BRASIL – FCC – 2010) Para pesquisar nos *sites* de busca (*Google*, *Bing*, *Yahoo*) todos os *sites* que contenham a palavra gato, não contenham a palavra cachorro e contenham a expressão pires de leite morno (com as palavras da expressão nesta ordem), deve-se digitar:

a) gato CACHORRO (pires de leite morno).

b) gato Cachorro "pires de leite morno".

c) -gato +cachorro (pires de leite morno).

d) gato -cachorro "pires de leite morno".

e) +gato ^cachorro (pires de leite morno).

GABARITO

1. B
2. A
3. D

LEGISLAÇÃO

LEI N. 8.112,

DE 11 DE DEZEMBRO DE 1990 (*)

Dispõe sobre o Regime Jurídico dos Servidores Públicos Civis da União, das autarquias e das fundações públicas federais.

O Presidente da República.

Faço saber que o Congresso Nacional decreta e eu sanciono a seguinte Lei:

TÍTULO I
Capítulo Único
DAS DISPOSIÇÕES PRELIMINARES

Art. 1.º Esta Lei institui o regime jurídico dos servidores públicos civis da União, das autarquias, inclusive as em regime especial, e das fundações públicas federais.

Art. 2.º Para os efeitos desta Lei, servidor é a pessoa legalmente investida em cargo público.

Art. 3.º Cargo público é o conjunto de atribuições e responsabilidades previstas na estrutura organizacional que devem ser cometidas a um servidor.

Parágrafo único. Os cargos públicos, acessíveis a todos os brasileiros, são criados por lei, com denominação própria e vencimento pago pelos cofres públicos, para provimento em caráter efetivo ou em comissão.

Art. 4.º É proibida a prestação de serviços gratuitos, salvo os casos previstos em lei.

TÍTULO II
Do Provimento, Vacância, Remoção, Redistribuição e Substituição

Capítulo I
DO PROVIMENTO

Seção I
Disposições Gerais

Art. 5.º São requisitos básicos para investidura em cargo público:

I – a nacionalidade brasileira;

II – o gozo dos direitos políticos;

III – a quitação com as obrigações militares e eleitorais;

IV – o nível de escolaridade exigido para o exercício do cargo;

V – a idade mínima de 18 (dezoito) anos;

VI – aptidão física e mental.

§ 1.º As atribuições do cargo podem justificar a exigência de outros requisitos estabelecidos em lei.

§ 2.º Às pessoas portadoras de deficiência é assegurado o direito de se inscrever em concurso público para provimento de cargo cujas atribuições sejam compatíveis com a deficiência de que são portadoras; para tais pessoas serão reservadas até 20% (vinte por cento) das vagas oferecidas no concurso.

§ 3.º As universidades e instituições de pesquisa científica e tecnológica federais poderão prover seus cargos com professores, técnicos e cientistas estrangeiros, de acordo com as normas e os procedimentos desta Lei.

Art. 6.º O provimento dos cargos públicos far-se-á mediante ato da autoridade competente de cada Poder.

Art. 7.º A investidura em cargo público ocorrerá com a posse.

Art. 8.º São formas de provimento de cargo público:

I – nomeação;

II – promoção;

III e IV – (*Revogados pela Lei n. 9.527, de 10-12-1997.*)

V – readaptação;

VI – reversão;

VII – aproveitamento;

VIII – reintegração;

IX – recondução.

Seção II
Da Nomeação

Art. 9.º A nomeação far-se-á:

I – em caráter efetivo, quando se tratar de cargo isolado de provimento efetivo ou de carreira;

II – em comissão, inclusive na condição de interino, para cargos de confiança vagos.

Parágrafo único. O servidor ocupante de cargo em comissão ou de natureza especial poderá ser nomeado para ter exercício, interinamente, em outro cargo de confiança, sem prejuízo das atribuições do que atualmente ocupa, hipótese em que deverá optar pela remuneração de um deles durante o período da interinidade.

Art. 10. A nomeação para cargo de carreira ou cargo isolado de provimento efetivo depende de prévia habilitação em concurso público de provas ou de provas e títulos, obedecidos a ordem de classificação e o prazo de sua validade.

(*) Publicada no *Diário Oficial da União*, de 12-12-1990, retificada em 19-4-1991, e republicada em 18-3-1998.

Parágrafo único. Os demais requisitos para o ingresso e o desenvolvimento do servidor na carreira, mediante promoção, serão estabelecidos pela lei que fixar as diretrizes do sistema de carreira na Administração Pública Federal e seus regulamentos.

Seção III
Do Concurso Público

Art. 11. O concurso será de provas ou de provas e títulos, podendo ser realizado em duas etapas, conforme dispuserem a lei e o regulamento do respectivo plano de carreira, condicionada a inscrição do candidato ao pagamento do valor fixado no edital, quando indispensável ao seu custeio, e ressalvadas as hipóteses de isenção nele expressamente previstas.

Art. 12. O concurso público terá validade de até 2 (dois) anos, podendo ser prorrogada uma única vez, por igual período.

§ 1.º O prazo de validade do concurso e as condições de sua realização serão fixados em edital, que será publicado no *Diário Oficial da União* e em jornal diário de grande circulação.

§ 2.º Não se abrirá novo concurso enquanto houver candidato aprovado em concurso anterior com prazo de validade não expirado.

Seção IV
Da Posse e do Exercício

Art. 13. A posse dar-se-á pela assinatura do respectivo termo, no qual deverão constar as atribuições, os deveres, as responsabilidades e os direitos inerentes ao cargo ocupado, que não poderão ser alterados unilateralmente, por qualquer das partes, ressalvados os atos de ofício previstos em lei.

§ 1.º A posse ocorrerá no prazo de trinta dias contados da publicação do ato de provimento.

§ 2.º Em se tratando de servidor, que esteja na data de publicação do ato de provimento, em licença prevista nos incisos I, III e V do art. 81, ou afastado nas hipóteses dos incisos I, IV, VI, VIII, alíneas *a, b, d, e* e *f*, IX e X do art. 102, o prazo será contado do término do impedimento.

§ 3.º A posse poderá dar-se mediante procuração específica.

§ 4.º Só haverá posse nos casos de provimento de cargo por nomeação.

§ 5.º No ato da posse, o servidor apresentará declaração de bens e valores que constituem seu patrimônio e declaração quanto ao exercício ou não de outro cargo, emprego ou função pública.

§ 6.º Será tornado sem efeito o ato de provimento se a posse não ocorrer no prazo previsto no § 1.º deste artigo.

Art. 14. A posse em cargo público dependerá de prévia inspeção médica oficial.

Parágrafo único. Só poderá ser empossado aquele que for julgado apto física e mentalmente para o exercício do cargo.

Art. 15. Exercício é o efetivo desempenho das atribuições do cargo público ou da função de confiança.

§ 1.º É de 15 (quinze) dias o prazo para o servidor empossado em cargo público entrar em exercício, contados da data da posse.

§ 2.º O servidor será exonerado do cargo ou será tornado sem efeito o ato de sua designação para função de confiança, se não entrar em exercício nos prazos previstos neste artigo, observado o disposto no art. 18.

§ 3.º À autoridade competente do órgão ou entidade para onde for nomeado ou designado o servidor compete dar-lhe exercício.

§ 4.º O início do exercício de função de confiança coincidirá com a data de publicação do ato de designação, salvo quando o servidor estiver em licença ou afastado por qualquer outro motivo legal, hipótese em que recairá no primeiro dia útil após o término do impedimento, que não poderá exceder a 30 (trinta) dias da publicação.

Art. 16. O início, a suspensão, a interrupção e o reinício do exercício serão registrados no assentamento individual do servidor.

Parágrafo único. Ao entrar em exercício, o servidor apresentará ao órgão competente os elementos necessários ao seu assentamento individual.

Art. 17. A promoção não interrompe o tempo de exercício, que é contado no novo posicionamento na carreira a partir da data de publicação do ato que promover o servidor.

Art. 18. O servidor que deva ter exercício em outro município em razão de ter sido removido, redistribuído, requisitado, cedido ou posto em exercício provisório terá, no mínimo, 10 (dez) e, no máximo, 30 (trinta) dias de prazo contados da publicação do ato, para a retomada do efetivo desempenho das atribuições do cargo, incluído nesse prazo o tempo necessário para o deslocamento para a nova sede.

§ 1.º Na hipótese de o servidor encontrar-se em licença ou afastado legalmente, o prazo a que se refere este artigo será contado a partir do término do impedimento.

§ 2.º É facultado ao servidor declinar dos prazos estabelecidos no *caput*.

Art. 19. Os servidores cumprirão jornada de trabalho fixada em razão das atribuições pertinentes aos respectivos cargos, respeitada a duração máxima do trabalho semanal de quarenta horas e observados os limites mínimo e máximo de seis horas e oito horas diárias, respectivamente.

§ 1.º O ocupante de cargo em comissão ou função de confiança submete-se a regime de integral dedicação ao serviço, observado o disposto no art. 120, podendo ser convocado sempre que houver interesse da Administração.

§ 2.º O disposto neste artigo não se aplica à duração de trabalho estabelecida em leis especiais.

Art. 20. Ao entrar em exercício, o servidor nomeado para cargo de provimento efetivo ficará sujeito a estágio probatório por período de 24 (vinte e quatro) meses, durante o qual a sua aptidão e capacidade serão objeto de avaliação para o desempenho do cargo, observados os seguintes fatores:

I – assiduidade;

II – disciplina;

III – capacidade de iniciativa;

IV – produtividade;

V – responsabilidade.

§ 1.º 4 (quatro) meses antes de findo o período do estágio probatório, será submetida à homologação da autoridade competente a avaliação do desempenho do servidor, realizada por comissão constituída para essa finalidade, de acordo com o que dispuser a lei ou o regulamento da respectiva carreira ou cargo, sem prejuízo da continuidade de apuração dos fatores enumerados nos incisos I a V do *caput* deste artigo.

§ 2.º O servidor não aprovado no estágio probatório será exonerado ou, se estável, reconduzido ao cargo anteriormente ocupado, observado o disposto no parágrafo único do art. 29.

§ 3.º O servidor em estágio probatório poderá exercer quaisquer cargos de provimento em comissão ou funções de direção, chefia ou assessoramento no órgão ou entidade de lotação, e somente poderá ser cedido a outro órgão ou entidade para ocupar cargos de Natureza Especial, cargos de provimento em comissão do Grupo-Direção e Assessoramento Superiores – DAS, de níveis 6, 5 e 4, ou equivalentes.

§ 4.º Ao servidor em estágio probatório somente poderão ser concedidas as licenças e os afastamentos previstos nos arts. 81, I a IV, 94, 95 e 96, bem assim afastamento para participar de curso de formação decorrente de aprovação em concurso para outro cargo na Administração Pública Federal.

§ 5.º O estágio probatório ficará suspenso durante as licenças e os afastamentos previstos nos arts. 83, 84, § 1.º, 86 e 96, bem assim na hipótese de participação em curso de formação, e será retomado a partir do término do impedimento.

Seção V
Da Estabilidade

Art. 21. O servidor habilitado em concurso público e empossado em cargo de provimento efetivo adquirirá estabilidade no serviço público ao completar 2 (dois) anos de efetivo exercício.

Art. 22. O servidor estável só perderá o cargo em virtude de sentença judicial transitada em julgado ou de processo administrativo disciplinar no qual lhe seja assegurada ampla defesa.

Seção VI
Da Transferência

Art. 23. (*Revogado pela Lei n. 9.527, de 10-12-1997.*)

Seção VII
Da Readaptação

Art. 24. Readaptação é a investidura do servidor em cargo de atribuições e responsabilidades compatíveis com a limitação que tenha sofrido em sua capacidade física ou mental verificada em inspeção médica.

§ 1.º Se julgado incapaz para o serviço público, o readaptando será aposentado.

§ 2.º A readaptação será efetivada em cargo de atribuições afins, respeitada a habilitação exigida, nível de escolaridade e equivalência de vencimentos e, na hipótese de inexistência de cargo vago, o servidor exercerá suas atribuições como excedente, até a ocorrência de vaga.

Seção VIII
Da Reversão

Art. 25. Reversão é o retorno à atividade de servidor aposentado:

I – por invalidez, quando junta médica oficial declarar insubsistentes os motivos da aposentadoria; ou

II – no interesse da administração, desde que:

a) tenha solicitado a reversão;

b) a aposentadoria tenha sido voluntária;

c) estável quando na atividade;

d) a aposentadoria tenha ocorrido nos cinco anos anteriores à solicitação;

e) haja cargo vago.

§ 1.º A reversão far-se-á no mesmo cargo ou no cargo resultante de sua transformação.

§ 2.º O tempo em que o servidor estiver em exercício será considerado para concessão da aposentadoria.

§ 3.º No caso do inciso I, encontrando-se provido o cargo, o servidor exercerá suas atribuições como excedente, até a ocorrência de vaga.

§ 4.º O servidor que retornar à atividade por interesse da administração perceberá, em substituição aos proventos da aposentadoria, a remuneração do cargo que voltar a exercer, inclusive com as vantagens de natureza pessoal que percebia anteriormente à aposentadoria.

§ 5.º O servidor de que trata o inciso II somente terá os proventos calculados com base nas regras atuais se permanecer pelo menos cinco anos no cargo.

§ 6.º O Poder Executivo regulamentará o disposto neste artigo.

Art. 26. (*Revogado pela Medida Provisória n. 2.225-45, de 4-9-2001.*)

Art. 27. Não poderá reverter o aposentado que já tiver completado 70 (setenta) anos de idade.

Seção IX
Da Reintegração

Art. 28. A reintegração é a reinvestidura do servidor estável no cargo anteriormente ocupado, ou no cargo resultante de sua transformação, quando invalidada a sua demissão por decisão administrativa ou judicial, com ressarcimento de todas as vantagens.

§ 1.º Na hipótese de o cargo ter sido extinto, o servidor ficará em disponibilidade, observado o disposto nos arts. 30 e 31.

§ 2.º Encontrando-se provido o cargo, o seu eventual ocupante será reconduzido ao cargo de origem, sem direito a indenização ou aproveitado em outro cargo, ou, ainda, posto em disponibilidade.

Seção X
Da Recondução

Art. 29. Recondução é o retorno do servidor estável ao cargo anteriormente ocupado e decorrerá de:

I – inabilitação em estágio probatório relativo a outro cargo;

II – reintegração do anterior ocupante.

Parágrafo único. Encontrando-se provido o cargo de origem, o servidor será aproveitado em outro, observado o disposto no art. 30.

Seção XI
Da Disponibilidade e do Aproveitamento

Art. 30. O retorno à atividade de servidor em disponibilidade far-se-á mediante aproveitamento obrigatório em cargo de atribuições e vencimentos compatíveis com o anteriormente ocupado.

Art. 31. O Órgão Central do Sistema de Pessoal Civil determinará o imediato aproveitamento de servidor em disponibilidade em vaga que vier a ocorrer nos órgãos ou entidades da administração pública federal.

Parágrafo único. Na hipótese prevista no § 3.º do art. 37, o servidor posto em disponibilidade poderá ser mantido sob responsabilidade do órgão central do Sistema de Pessoal Civil da Administração Federal – SIPEC, até o seu adequado aproveitamento em outro órgão ou entidade.

Art. 32. Será tornado sem efeito o aproveitamento e cassada a disponibilidade se o servidor não entrar em exercício no prazo legal, salvo doença comprovada por junta médica oficial.

Capítulo II
DA VACÂNCIA

Art. 33. A vacância do cargo público decorrerá de:

I – exoneração;

II – demissão;

III – promoção;

IV e V – (*Revogados pela Lei n. 9.527, de 10-12-1997.*)

VI – readaptação;

VII – aposentadoria;

VIII – posse em outro cargo inacumulável;

IX – falecimento.

Art. 34. A exoneração de cargo efetivo dar-se-á a pedido do servidor, ou de ofício.

Parágrafo único. A exoneração de ofício dar-se-á:

I – quando não satisfeitas as condições do estágio probatório;

II – quando, tendo tomado posse, o servidor não entrar em exercício no prazo estabelecido.

Art. 35. A exoneração de cargo em comissão e a dispensa de função de confiança dar-se-á:

I – a juízo da autoridade competente;

II – a pedido do próprio servidor.

Parágrafo único. (*Revogado pela Lei n. 9.527, de 10-12-1997.*)

Capítulo III
DA REMOÇÃO E DA REDISTRIBUIÇÃO

Seção I
Da Remoção

Art. 36. Remoção é o deslocamento do servidor, a pedido ou de ofício, no âmbito do mesmo quadro, com ou sem mudança de sede.

Parágrafo único. Para fins do disposto neste artigo, entende-se por modalidades de remoção:

I – de ofício, no interesse da Administração;

II – a pedido, a critério da Administração;

III – a pedido, para outra localidade, independentemente do interesse da Administração:

a) para acompanhar cônjuge ou companheiro, também servidor público civil ou militar, de qualquer dos Poderes da

União, dos Estados, do Distrito Federal e dos Municípios, que foi deslocado no interesse da Administração;

b) por motivo de saúde do servidor, cônjuge, companheiro ou dependente que viva às suas expensas e conste do seu assentamento funcional, condicionada à comprovação por junta médica oficial;

c) em virtude de processo seletivo promovido, na hipótese em que o número de interessados for superior ao número de vagas, de acordo com normas preestabelecidas pelo órgão ou entidade em que aqueles estejam lotados.

Seção II
Da Redistribuição

Art. 37. Redistribuição é o deslocamento de cargo de provimento efetivo, ocupado ou vago no âmbito do quadro geral de pessoal, para outro órgão ou entidade do mesmo Poder, com prévia apreciação do órgão central do SIPEC, observados os seguintes preceitos:

I – interesse da administração;

II – equivalência de vencimentos;

III – manutenção da essência das atribuições do cargo;

IV – vinculação entre os graus de responsabilidade e complexidade das atividades;

V – mesmo nível de escolaridade, especialidade ou habilitação profissional;

VI – compatibilidade entre as atribuições do cargo e as finalidades institucionais do órgão ou entidade.

§ 1.º A redistribuição ocorrerá *ex officio* para ajustamento de lotação e da força de trabalho às necessidades dos serviços, inclusive nos casos de reorganização, extinção ou criação de órgão ou entidade.

§ 2.º A redistribuição de cargos efetivos vagos se dará mediante ato conjunto entre o órgão central do SIPEC e os órgãos e entidades da Administração Pública Federal envolvidos.

§ 3.º Nos casos de reorganização ou extinção de órgão ou entidade, extinto o cargo ou declarada sua desnecessidade no órgão ou entidade, o servidor estável que não for redistribuído será colocado em disponibilidade, até seu aproveitamento na forma dos arts. 30 e 31.

§ 4.º O servidor que não for redistribuído ou colocado em disponibilidade poderá ser mantido sob responsabilidade do órgão central do SIPEC, e ter exercício provisório, em outro órgão ou entidade, até seu adequado aproveitamento.

CAPÍTULO IV
DA SUBSTITUIÇÃO

Art. 38. Os servidores investidos em cargo ou função de direção ou chefia e os ocupantes de cargo de Natureza Especial terão substitutos indicados no regimento interno ou, no caso de omissão, previamente designados pelo dirigente máximo do órgão ou entidade.

§ 1.º O substituto assumirá automática e cumulativamente, sem prejuízo do cargo que ocupa, o exercício do cargo ou função de direção ou chefia e os de Natureza Especial, nos afastamentos, impedimentos legais ou regulamentares do titular e na vacância do cargo, hipóteses em que deverá optar pela remuneração de um deles durante o respectivo período.

§ 2.º O substituto fará jus à retribuição pelo exercício do cargo ou função de direção ou chefia ou de cargo de Natureza Especial, nos casos dos afastamentos ou impedimentos legais do titular, superiores a 30 (trinta) dias consecutivos, paga na proporção dos dias de efetiva substituição, que excederem o referido período.

Art. 39. O disposto no artigo anterior aplica-se aos titulares de unidades administrativas organizadas em nível de assessoria.

TÍTULO III
Dos Direitos e Vantagens

CAPÍTULO I
DO VENCIMENTO E DA REMUNERAÇÃO

Art. 40. Vencimento é a retribuição pecuniária pelo exercício de cargo público, com valor fixado em lei.

Parágrafo único. (*Revogado pela Lei n. 11.784, de 22-9-2008.*)

Art. 41. Remuneração é o vencimento do cargo efetivo, acrescido das vantagens pecuniárias permanentes estabelecidas em lei.

§ 1.º A remuneração do servidor investido em função ou cargo em comissão será paga na forma prevista no art. 62.

§ 2.º O servidor investido em cargo em comissão de órgão ou entidade diversa da de sua lotação receberá a remuneração de acordo com o estabelecido no § 1.º do art. 93.

§ 3.º O vencimento do cargo efetivo, acrescido das vantagens de caráter permanente, é irredutível.

§ 4.º É assegurada a isonomia de vencimentos para cargos de atribuições iguais ou assemelhadas do mesmo Poder, ou entre servidores dos três Poderes, ressalvadas as vantagens de caráter individual e as relativas à natureza ou ao local de trabalho.

§ 5.º Nenhum servidor receberá remuneração inferior ao salário mínimo.

Art. 42. Nenhum servidor poderá perceber, mensalmente, a título de remuneração, importância superior à soma dos valores percebidos como remuneração, em espécie, a qualquer título, no âmbito dos respectivos Poderes, pelos Ministros de Estado, por membros do Congresso Nacional e Ministros do Supremo Tribunal Federal.

Parágrafo único. Excluem-se do teto de remuneração as vantagens previstas nos incisos II a VII do art. 61.

Art. 43. (*Revogado pela Lei n. 9.624, de 2-4-1998.*)

Art. 44. O servidor perderá:

I – a remuneração do dia em que faltar ao serviço, sem motivo justificado;

II – a parcela de remuneração diária, proporcional aos atrasos, ausências justificadas, ressalvadas as concessões de que trata o art. 97, e saídas antecipadas, salvo na hipótese de compensação de horário, até o mês subsequente ao da ocorrência, a ser estabelecida pela chefia imediata.

Parágrafo único. As faltas justificadas decorrentes de caso fortuito ou de força maior poderão ser compensadas a critério da chefia imediata, sendo assim consideradas como efetivo exercício.

Art. 45. Salvo por imposição legal, ou mandado judicial, nenhum desconto incidirá sobre a remuneração ou provento.

§ 1.º Mediante autorização do servidor, poderá haver consignação em folha de pagamento em favor de terceiros, a critério da administração e com reposição de custos, na forma definida em regulamento.

§ 2.º O total de consignações facultativas de que trata o § 1.º não excederá a 35% (trinta e cinco por cento) da remuneração mensal, sendo 5% (cinco por cento) reservados exclusivamente para:

I – a amortização de despesas contraídas por meio de cartão de crédito; ou

II – a utilização com a finalidade de saque por meio do cartão de crédito.

Art. 46. As reposições e indenizações ao erário, atualizadas até 30 de junho de 1994, serão previamente comunicadas ao servidor ativo, aposentado ou ao pensionista, para pagamento, no prazo máximo de trinta dias, podendo ser parceladas, a pedido do interessado.

§ 1.º O valor de cada parcela não poderá ser inferior ao correspondente a 10% (dez por cento) da remuneração, provento ou pensão.

§ 2.º Quando o pagamento indevido houver ocorrido no mês anterior ao do processamento da folha, a reposição será feita imediatamente, em uma única parcela.

§ 3.º Na hipótese de valores recebidos em decorrência de cumprimento a decisão liminar, a tutela antecipada ou a sentença que venha a ser revogada ou rescindida, serão eles atualizados até a data da reposição.

Art. 47. O servidor em débito com o erário, que for demitido, exonerado ou que tiver sua aposentadoria ou disponibilidade cassada, terá o prazo de sessenta dias para quitar o débito.

Parágrafo único. A não quitação do débito no prazo previsto implicará sua inscrição em dívida ativa.

Art. 48. O vencimento, a remuneração e o provento não serão objeto de arresto, sequestro ou penhora, exceto nos casos de prestação de alimentos resultante de decisão judicial.

Capítulo II
DAS VANTAGENS

Art. 49. Além do vencimento, poderão ser pagas ao servidor as seguintes vantagens:

I – indenizações;

II – gratificações;

III – adicionais.

§ 1.º As indenizações não se incorporam ao vencimento ou provento para qualquer efeito.

§ 2.º As gratificações e os adicionais incorporam-se ao vencimento ou provento, nos casos e condições indicados em lei.

Art. 50. As vantagens pecuniárias não serão computadas, nem acumuladas, para efeito de concessão de quaisquer outros acréscimos pecuniários ulteriores, sob o mesmo título ou idêntico fundamento.

Seção I
Das Indenizações

Art. 51. Constituem indenizações ao servidor:

I – ajuda de custo;

II – diárias;

III – transporte;

IV – auxílio-moradia.

Art. 52. Os valores das indenizações estabelecidas nos incisos I a III do art. 51 desta Lei, assim como as condições para a sua concessão, serão estabelecidos em regulamento.

Subseção I
Da ajuda de custo

Art. 53. A ajuda de custo destina-se a compensar as despesas de instalação do servidor que, no interesse do serviço, passar a ter exercício em nova sede, com mudança de domicílio em caráter permanente, vedado o duplo pagamento de indenização, a qualquer tempo, no caso de o cônjuge ou companheiro que detenha também a condição de servidor, vier a ter exercício na mesma sede.

§ 1.º Correm por conta da administração as despesas de transporte do servidor e de sua família, compreendendo passagem, bagagem e bens pessoais.

§ 2.º À família do servidor que falecer na nova sede são assegurados ajuda de custo e transporte para a localidade de origem, dentro do prazo de 1 (um) ano, contado do óbito.

§ 3.º Não será concedida ajuda de custo nas hipóteses de remoção previstas nos incisos II e III do parágrafo único do art. 36.

Art. 54. A ajuda de custo corresponderá ao valor de um mês de remuneração do servidor na origem ou, na hipótese do *caput* do art. 56, ao valor de uma remuneração mensal do cargo em comissão.

Art. 55. Não será concedida ajuda de custo ao servidor que se afastar do cargo, ou reassumi-lo, em virtude de mandato eletivo.

Art. 56. Será concedida ajuda de custo àquele que, não sendo servidor da União, for nomeado para cargo em comissão, com mudança de domicílio.

Parágrafo único. No afastamento previsto no inciso I do art. 93, a ajuda de custo será paga pelo órgão cessionário, quando cabível.

Art. 57. O servidor ficará obrigado a restituir a ajuda de custo quando, injustificadamente, não se apresentar na nova sede no prazo de 30 (trinta) dias.

Subseção II
Das diárias

Art. 58. O servidor que, a serviço, afastar-se da sede em caráter eventual ou transitório para outro ponto do território nacional ou para o exterior, fará jus a passagens e diárias destinadas a indenizar as parcelas de despesas extraordinárias com pousada, alimentação e locomoção urbana, conforme dispuser em regulamento.

§ 1.º A diária será concedida por dia de afastamento, sendo devida pela metade quando o deslocamento não exigir pernoite fora da sede, ou quando a União custear, por meio diverso, as despesas extraordinárias cobertas por diárias.

§ 2.º Nos casos em que o deslocamento da sede constituir exigência permanente do cargo, o servidor não fará jus a diárias.

§ 3.º Também não fará jus a diárias o servidor que se deslocar dentro da mesma região metropolitana, aglomeração urbana ou microrregião, constituídas por municípios limítrofes e regularmente instituídas, ou em áreas de controle integrado mantidas com países limítrofes, cuja jurisdição e competência dos órgãos, entidades e servidores brasileiros considera-se estendida, salvo se houver pernoite fora da sede, hipóteses em que as diárias pagas serão sempre as fixadas para os afastamentos dentro do território nacional.

Art. 59. O servidor que receber diárias e não se afastar da sede, por qualquer motivo, fica obrigado a restituí-las integralmente, no prazo de 5 (cinco) dias.

Parágrafo único. Na hipótese de o servidor retornar à sede em prazo menor do que o previsto para o seu afastamento, restituirá as diárias recebidas em excesso, no prazo previsto no *caput*.

Subseção III
Da indenização de transporte

Art. 60. Conceder-se-á indenização de transporte ao servidor que realizar despesas com a utilização de meio próprio de locomoção para a execução de serviços externos, por força das atribuições próprias do cargo, conforme se dispuser em regulamento.

Subseção IV
Do auxílio-moradia

Art. 60-A. O auxílio-moradia consiste no ressarcimento de despesas comprovadamente realizadas pelo servidor com aluguel de moradia ou com meio de hospedagem administrado por empresa hoteleira, no prazo de até dois meses após a comprovação da despesa pelo servidor.

Art. 60-B. Conceder-se-á auxílio-moradia ao servidor se atendidos os seguintes requisitos:

I – não exista imóvel funcional disponível para uso pelo servidor;

II – o cônjuge ou companheiro do servidor não ocupe imóvel funcional;

III – o servidor ou seu cônjuge ou companheiro não seja ou tenha sido proprietário, promitente comprador, cessionário ou promitente cessionário de imóvel no Município aonde for exercer o cargo, incluída a hipótese de lote edificado sem averbação de construção, nos 12 (doze) meses que antecederem a sua nomeação;

IV – nenhuma outra pessoa que resida com o servidor receba auxílio-moradia;

V – o servidor tenha se mudado do local de residência para ocupar cargo em comissão ou função de confiança do Grupo-Direção e Assessoramento Superiores – DAS, níveis 4, 5 e 6, de Natureza Especial, de Ministro de Estado ou equivalentes;

VI – o Município no qual assuma o cargo em comissão ou função de confiança não se enquadre nas hipóteses previstas no § 3.º do art. 58 desta Lei, em relação ao local de residência ou domicílio do servidor;

VII – o servidor não tenha sido domiciliado ou tenha residido no Município, nos últimos 12 (doze) meses, aonde for exercer o cargo em comissão ou função de confiança, desconsiderando-se prazo inferior a 60 (sessenta) dias dentro desse período; e

VIII – o deslocamento não tenha sido por força de alteração de lotação ou nomeação para cargo efetivo;

IX – o deslocamento tenha ocorrido após 30 de junho de 2006.

Parágrafo único. Para fins do disposto no inciso VII do *caput* deste artigo, não será considerado o prazo no qual o servidor estava ocupando outro cargo em comissão relacionado no inciso V do *caput* deste artigo.

Art. 60-C. (*Revogado pela Lei n. 12.998, de 18-6-2014.*)

Art. 60-D. O valor mensal do auxílio-moradia é limitado a vinte e cinco por cento do valor do cargo em comissão, da função de confiança ou do cargo de Ministro de Estado ocupado.

§ 1.º O valor do auxílio-moradia não poderá superar 25% (vinte e cinco por cento) da remuneração de Ministro de Estado.

§ 2.º O valor do auxílio-moradia será reduzido em vinte e cinco pontos percentuais a cada ano, a partir do segundo ano de recebimento, e deixará de ser devido após o quarto ano de recebimento.

§ 3.º O prazo de que trata o § 2.º não terá sua contagem suspensa ou interrompida na hipótese de exoneração ou mudança de cargo ou função.

§ 4.º Transcorrido o prazo de quatro anos após encerrado o pagamento do auxílio-moradia, o pagamento poderá ser retomado se novamente vierem a ser atendidos os requisitos do art. 60-B.

Art. 60-E. No caso de falecimento, exoneração, colocação de imóvel funcional à disposição do servidor ou aquisição de imóvel, o auxílio-moradia poderá ser mantido por um mês, limitado ao valor pago no mês anterior.

Seção II
Das Gratificações e Adicionais

Art. 61. Além do vencimento e das vantagens previstas nesta Lei, serão deferidos aos servidores as seguintes retribuições, gratificações e adicionais:

I – retribuição pelo exercício de função de direção, chefia e assessoramento;

II – gratificação natalina;

III – (*Revogado pela Medida Provisória n. 2.225-45, de 4-9-2001.*);

IV – adicional pelo exercício de atividades insalubres, perigosas ou penosas;

V – adicional pela prestação de serviço extraordinário;

VI – adicional noturno;

VII – adicional de férias;

VIII – outros, relativos ao local ou à natureza do trabalho;

IX – gratificação por encargo de curso ou concurso.

Subseção I
Da retribuição pelo exercício de função de direção, chefia e assessoramento

Art. 62. Ao servidor ocupante de cargo efetivo investido em função de direção, chefia ou assessoramento, cargo de provimento em comissão ou de Natureza Especial é devida retribuição pelo seu exercício.

Parágrafo único. Lei específica estabelecerá a remuneração dos cargos em comissão de que trata o inciso II do art. 9.º.

Art. 62-A. Fica transformada em Vantagem Pessoal Nominalmente Identificada – VPNI a incorporação da retribuição pelo exercício de função de direção, chefia ou assessoramento, cargo de provimento em comissão ou de Natureza Especial a que se referem os arts. 3.º e 10 da Lei n. 8.911, de 11 de julho de 1994, e o art. 3.º da Lei n. 9.624, de 2 de abril de 1998.

Parágrafo único. A VPNI de que trata o *caput* deste artigo somente estará sujeita às revisões gerais de remuneração dos servidores públicos federais.

Subseção II
Da gratificação natalina

Art. 63. A gratificação natalina corresponde a 1/12 (um doze avos) da remuneração a que o servidor fizer jus no mês de dezembro, por mês de exercício no respectivo ano.

Parágrafo único. A fração igual ou superior a 15 (quinze) dias será considerada como mês integral.

Art. 64. A gratificação será paga até o dia 20 (vinte) do mês de dezembro de cada ano.

Parágrafo único. (*Vetado.*)

Art. 65. O servidor exonerado perceberá sua gratificação natalina, proporcionalmente aos meses de exercício, calculada sobre a remuneração do mês da exoneração.

Art. 66. A gratificação natalina não será considerada para cálculo de qualquer vantagem pecuniária.

Subseção III
Do adicional por tempo de serviço

Art. 67. (*Revogado pela Medida Provisória n. 2.225-45, de 4-9-2001, respeitadas as situações constituídas até 8-3-1999.*)

Subseção IV
Dos adicionais de insalubridade, periculosidade ou atividades penosas

Art. 68. Os servidores que trabalhem com habitualidade em locais insalubres ou em contato permanente com substâncias tóxicas, radioativas ou com risco de vida, fazem jus a um adicional sobre o vencimento do cargo efetivo.

§ 1.º O servidor que fizer jus aos adicionais de insalubridade e de periculosidade deverá optar por um deles.

§ 2.º O direito ao adicional de insalubridade ou periculosidade cessa com a eliminação das condições ou dos riscos que deram causa a sua concessão.

Art. 69. Haverá permanente controle da atividade de servidores em operações ou locais considerados penosos, insalubres ou perigosos.

Parágrafo único. A servidora gestante ou lactante será afastada, enquanto durar a gestação e a lactação, das operações e locais previstos neste artigo, exercendo suas atividades em local salubre e em serviço não penoso e não perigoso.

Art. 70. Na concessão dos adicionais de atividades penosas, de insalubridade e de periculosidade, serão observadas as situações estabelecidas em legislação específica.

Art. 71. O adicional de atividade penosa será devido aos servidores em exercício em zonas de fronteira ou em localidades cujas condições de vida o justifiquem, nos termos, condições e limites fixados em regulamento.

Art. 72. Os locais de trabalho e os servidores que operam com Raios X ou substâncias radioativas serão mantidos sob controle permanente, de modo que as doses de radiação ionizante não ultrapassem o nível máximo previsto na legislação própria.

Parágrafo único. Os servidores a que se refere este artigo serão submetidos a exames médicos a cada 6 (seis) meses.

Subseção V
Do adicional por serviço extraordinário

Art. 73. O serviço extraordinário será remunerado com acréscimo de 50% (cinquenta por cento) em relação à hora normal de trabalho.

Art. 74. Somente será permitido serviço extraordinário para atender a situações excepcionais e temporárias, respeitado o limite máximo de 2 (duas) horas por jornada.

Subseção VI
Do adicional noturno

Art. 75. O serviço noturno, prestado em horário compreendido entre 22 (vinte e duas) horas de um dia e 5 (cinco) horas do dia seguinte, terá o valor-hora acrescido de 25% (vinte e cinco por cento), computando-se cada hora como cinquenta e dois minutos e trinta segundos.

Parágrafo único. Em se tratando de serviço extraordinário, o acréscimo de que trata este artigo incidirá sobre a remuneração prevista no art. 73.

Subseção VII
Do adicional de férias

Art. 76. Independentemente de solicitação, será pago ao servidor, por ocasião das férias, um adicional correspondente a 1/3 (um terço) da remuneração do período das férias.

Parágrafo único. No caso de o servidor exercer função de direção, chefia ou assessoramento, ou ocupar cargo em comissão, a respectiva vantagem será considerada no cálculo do adicional de que trata este artigo.

Subseção VIII
Da gratificação por encargo de curso ou concurso

Art. 76-A. A Gratificação por Encargo de Curso ou Concurso é devida ao servidor que, em caráter eventual:

I – atuar como instrutor em curso de formação, de desenvolvimento ou de treinamento regularmente instituído no âmbito da administração pública federal;

II – participar de banca examinadora ou de comissão para exames orais, para análise curricular, para correção de provas discursivas, para elaboração de questões de provas ou para julgamento de recursos intentados por candidatos;

III – participar da logística de preparação e de realização de concurso público envolvendo atividades de planejamento, coordenação, supervisão, execução e avaliação de resultado, quando tais atividades não estiverem incluídas entre as suas atribuições permanentes;

IV – participar da aplicação, fiscalizar ou avaliar provas de exame vestibular ou de concurso público ou supervisionar essas atividades.

§ 1.º Os critérios de concessão e os limites da gratificação de que trata este artigo serão fixados em regulamento, observados os seguintes parâmetros:

I – o valor da gratificação será calculado em horas, observadas a natureza e a complexidade da atividade exercida;

II – a retribuição não poderá ser superior ao equivalente a 120 (cento e vinte) horas de trabalho anuais, ressalvada situação de excepcionalidade, devidamente justificada e previamente aprovada pela autoridade máxima do órgão ou entidade, que poderá autorizar o acréscimo de até 120 (cento e vinte) horas de trabalho anuais;

III – o valor máximo da hora trabalhada corresponderá aos seguintes percentuais, incidentes sobre o maior vencimento básico da administração pública federal:

a) 2,2% (dois inteiros e dois décimos por cento), em se tratando de atividades previstas nos incisos I e II do *caput* deste artigo;

b) 1,2% (um inteiro e dois décimos por cento), em se tratando de atividade prevista nos incisos III e IV do *caput* deste artigo.

§ 2.º A Gratificação por Encargo de Curso ou Concurso somente será paga se as atividades referidas nos incisos do *caput* deste artigo forem exercidas sem prejuízo das atribuições do cargo de que o servidor for titular, devendo ser objeto de compensação de carga horária quando desempenhadas durante a jornada de trabalho, na forma do § 4.º do art. 98 desta Lei.

§ 3.º A Gratificação por Encargo de Curso ou Concurso não se incorpora ao vencimento ou salário do servidor para qualquer efeito e não poderá ser utilizada como base de cálculo para quaisquer outras vantagens, inclusive para fins de cálculo dos proventos da aposentadoria e das pensões.

Capítulo III
DAS FÉRIAS

Art. 77. O servidor fará jus a 30 (trinta) dias de férias, que podem ser acumuladas, até o máximo de 2 (dois) períodos, no caso de necessidade do serviço, ressalvadas as hipóteses em que haja legislação específica.

§ 1.º Para o primeiro período aquisitivo de férias serão exigidos 12 (doze) meses de exercício.

§ 2.º É vedado levar à conta de férias qualquer falta ao serviço.

§ 3.º As férias poderão ser parceladas em até 3 (três) etapas, desde que assim requeridas pelo servidor, e no interesse da administração pública.

Art. 78. O pagamento da remuneração das férias será efetuado até 2 (dois) dias antes do início do respectivo período, observando-se o disposto no § 1.º deste artigo.

§§ 1.º e 2.º (*Revogados pela Lei n. 9.527, de 10-12-1997.*)

§ 3.º O servidor exonerado do cargo efetivo, ou em comissão, perceberá indenização relativa ao período das férias a que tiver direito e ao incompleto, na proporção de 1/12 (um doze avos) por mês de efetivo exercício, ou fração superior a 14 (quatorze) dias.

§ 4.º A indenização será calculada com base na remuneração do mês em que for publicado o ato exoneratório.

§ 5.º Em caso de parcelamento, o servidor receberá o valor adicional previsto no inciso XVII do art. 7.º da Constituição Federal quando da utilização do primeiro período.

Art. 79. O servidor que opera direta e permanentemente com Raios X ou substâncias radioativas gozará 20 (vinte) dias consecutivos de férias, por semestre de atividade profissional, proibida em qualquer hipótese a acumulação.

Parágrafo único. (*Revogado pela Lei n. 9.527, de 10-12-1997.*)

Art. 80. As férias somente poderão ser interrompidas por motivo de calamidade pública, comoção interna, convocação para júri, serviço militar ou eleitoral, ou por necessidade do serviço declarada pela autoridade máxima do órgão ou entidade.

Parágrafo único. O restante do período interrompido será gozado de uma só vez, observado o disposto no art. 77.

Capítulo IV
DAS LICENÇAS

Seção I
Disposições Gerais

Art. 81. Conceder-se-á ao servidor licença:

I – por motivo de doença em pessoa da família;

II – por motivo de afastamento do cônjuge ou companheiro;

III – para o serviço militar;

IV – para atividade política;

V – para capacitação;

VI – para tratar de interesses particulares;

VII – para desempenho de mandato classista.

§ 1.º A licença prevista no inciso I do *caput* deste artigo bem como cada uma de suas prorrogações serão precedidas de exame por perícia médica oficial, observado o disposto no art. 204 desta Lei.

§ 2.º (*Revogado pela Lei n. 9.527, de 10-12-1997.*)

§ 3.º É vedado o exercício de atividade remunerada durante o período da licença prevista no inciso I deste artigo.

Art. 82. A licença concedida dentro de 60 (sessenta) dias do término de outra da mesma espécie será considerada como prorrogação.

Seção II
Da Licença por Motivo de Doença em Pessoa da Família

Art. 83. Poderá ser concedida licença ao servidor por motivo de doença do cônjuge ou companheiro, dos pais, dos filhos, do padrasto ou madrasta e enteado, ou dependente que viva a suas expensas e conste do seu assentamento funcional, mediante comprovação por perícia médica oficial.

§ 1.º A licença somente será deferida se a assistência direta do servidor for indispensável e não puder ser prestada simultaneamente com o exercício do cargo ou mediante compensação de horário, na forma do disposto no inciso II do art. 44.

§ 2.º A licença de que trata o *caput*, incluídas as prorrogações, poderá ser concedida a cada período de doze meses nas seguintes condições:

I – por até sessenta dias, consecutivos ou não, mantida a remuneração do servidor; e

II – por até noventa dias, consecutivos ou não, sem remuneração.

§ 3.º O início do interstício de doze meses será contado a partir da data do deferimento da primeira licença concedida.

§ 4.º A soma das licenças remuneradas e das licenças não remuneradas, incluídas as respectivas prorrogações, concedidas em um mesmo período de doze meses, observado o disposto no § 3.º, não poderá ultrapassar os limites estabelecidos nos incisos I e II do § 2.º.

Seção III
Da Licença por Motivo de Afastamento do Cônjuge

Art. 84. Poderá ser concedida licença ao servidor para acompanhar cônjuge ou companheiro que foi deslocado para outro ponto do território nacional, para o exterior ou para o exercício de mandato eletivo dos Poderes Executivo e Legislativo.

§ 1.º A licença será por prazo indeterminado e sem remuneração.

§ 2.º No deslocamento de servidor cujo cônjuge ou companheiro também seja servidor público, civil ou militar, de qualquer dos Poderes da União, dos Estados, do Distrito Federal e dos Municípios, poderá haver exercício provisório em órgão ou entidade da Administração Federal direta, autárquica ou fundacional, desde que para o exercício de atividade compatível com o seu cargo.

Seção IV
Da Licença para o Serviço Militar

Art. 85. Ao servidor convocado para o serviço militar será concedida licença, na forma e condições previstas na legislação específica.

Parágrafo único. Concluído o serviço militar, o servidor terá até 30 (trinta) dias sem remuneração para reassumir o exercício do cargo.

Seção V
Da Licença para Atividade Política

Art. 86. O servidor terá direito a licença, sem remuneração, durante o período que mediar entre a sua escolha em convenção partidária, como candidato a cargo eletivo, e a véspera do registro de sua candidatura perante a Justiça Eleitoral.

§ 1.º O servidor candidato a cargo eletivo na localidade onde desempenha suas funções e que exerça cargo de direção, chefia, assessoramento, arrecadação ou fiscalização, dele será afastado, a partir do dia imediato ao do registro de sua candidatura perante a Justiça Eleitoral, até o 10.º (décimo) dia seguinte ao do pleito.

§ 2.º A partir do registro da candidatura e até o 10.º (décimo) dia seguinte ao da eleição, o servidor fará jus à licença, assegurados os vencimentos do cargo efetivo, somente pelo período de 3 (três) meses.

Seção VI
Da Licença para Capacitação

Art. 87. Após cada quinquênio de efetivo exercício, o servidor poderá, no interesse da Administração, afastar-se do exercício do cargo efetivo, com a respectiva remuneração, por até 3 (três) meses, para participar de curso de capacitação profissional.

Parágrafo único. Os períodos de licença de que trata o *caput* não são acumuláveis.

Arts. 88 e 89. (*Revogados pela Lei n. 9.527, de 10-12-1997.*)

Art. 90. (*Vetado.*)

Seção VII
Da Licença para Tratar de Interesses Particulares

Art. 91. A critério da Administração, poderão ser concedidas ao servidor ocupante de cargo efetivo, desde que não esteja em estágio probatório, licenças para o trato de assuntos particulares pelo prazo de até 3 (três) anos consecutivos, sem remuneração.

Parágrafo único. A licença poderá ser interrompida, a qualquer tempo, a pedido do servidor ou no interesse do serviço.

Seção VIII
Da Licença para o Desempenho de Mandato Classista

Art. 92. É assegurado ao servidor o direito à licença sem remuneração para o desempenho de mandato em confederação, federação, associação de classe de âmbito nacional, sindicato representativo da categoria ou entidade fiscalizadora da profissão ou, ainda, para participar de gerência ou administração em sociedade cooperativa constituída por servidores públicos para prestar serviços a seus membros, observado o disposto na alínea *c* do inciso VIII do art. 102 desta Lei, conforme disposto em regulamento e observados os seguintes limites:

I – para entidades com até 5.000 (cinco mil) associados, 2 (dois) servidores;

II – para entidades com 5.001 (cinco mil e um) a 30.000 (trinta mil) associados, 4 (quatro) servidores;

III – para entidades com mais de 30.000 (trinta mil) associados, 8 (oito) servidores.

§ 1.º Somente poderão ser licenciados os servidores eleitos para cargos de direção ou de representação nas referidas entidades, desde que cadastradas no órgão competente.

§ 2.º A licença terá duração igual à do mandato, podendo ser renovada, no caso de reeleição.

Capítulo V
DOS AFASTAMENTOS

Seção I
Do Afastamento para Servir a Outro Órgão ou Entidade

Art. 93. O servidor poderá ser cedido para ter exercício em outro órgão ou entidade dos Poderes da União, dos Estados, ou do Distrito Federal e dos Municípios, nas seguintes hipóteses:

I – para exercício de cargo em comissão ou função de confiança;

II – em casos previstos em leis específicas.

§ 1.º Na hipótese do inciso I, sendo a cessão para órgãos ou entidades dos Estados, do Distrito Federal ou dos Municípios, o ônus da remuneração será do órgão ou entidade cessionária, mantido o ônus para o cedente nos demais casos.

§ 2.º Na hipótese de o servidor cedido a empresa pública ou sociedade de economia mista, nos termos das respectivas normas, optar pela remuneração do cargo efetivo ou pela remuneração do cargo efetivo acrescida de percentual da retribuição do cargo em comissão, a entidade cessionária efetuará o reembolso das despesas realizadas pelo órgão ou entidade de origem.

§ 3.º A cessão far-se-á mediante Portaria publicada no *Diário Oficial da União*.

§ 4.º Mediante autorização expressa do Presidente da República, o servidor do Poder Executivo poderá ter exercício em outro órgão da Administração Federal direta que não tenha quadro próprio de pessoal, para fim determinado e a prazo certo.

§ 5.º Aplica-se à União, em se tratando de empregado ou servidor por ela requisitado, as disposições dos §§ 1.º e 2.º deste artigo.

§ 6.º As cessões de empregados de empresa pública ou de sociedade de economia mista, que receba recursos do Tesouro Nacional para o custeio total ou parcial da sua folha de pagamento de pessoal, independem das disposições contidas nos incisos I e II e §§ 1.º e 2.º deste artigo, ficando o exercício do empregado cedido condicionado a autorização específica do Ministério do Planejamento, Orçamento e Gestão, exceto nos casos de ocupação de cargo em comissão ou função gratificada.

§ 7.º O Ministério do Planejamento, Orçamento e Gestão, com a finalidade de promover a composição da força de trabalho dos órgãos e entidades da Administração Pública Federal, poderá determinar a lotação ou o exercício de empregado ou servidor, independentemente da observância do constante no inciso I e nos §§ 1.º e 2.º deste artigo.

Seção II
Do Afastamento para Exercício
de Mandato Eletivo

Art. 94. Ao servidor investido em mandato eletivo aplicam-se as seguintes disposições:

I – tratando-se de mandato federal, estadual ou distrital, ficará afastado do cargo;

II – investido no mandato de Prefeito, será afastado do cargo, sendo-lhe facultado optar pela sua remuneração;

III – investido no mandato de vereador:

a) havendo compatibilidade de horário, perceberá as vantagens de seu cargo, sem prejuízo da remuneração do cargo eletivo;

b) não havendo compatibilidade de horário, será afastado do cargo, sendo-lhe facultado optar pela sua remuneração.

§ 1.º No caso de afastamento do cargo, o servidor contribuirá para a seguridade social como se em exercício estivesse.

§ 2.º O servidor investido em mandato eletivo ou classista não poderá ser removido ou redistribuído de ofício para localidade diversa daquela onde exerce o mandato.

Seção III
Do Afastamento para Estudo ou Missão no Exterior

Art. 95. O servidor não poderá ausentar-se do País para estudo ou missão oficial, sem autorização do Presidente da República, Presidente dos Órgãos do Poder Legislativo e Presidente do Supremo Tribunal Federal.

§ 1.º A ausência não excederá a 4 (quatro) anos, e finda a missão ou estudo, somente decorrido igual período, será permitida nova ausência.

§ 2.º Ao servidor beneficiado pelo disposto neste artigo não será concedida exoneração ou licença para tratar de interesse particular antes de decorrido período igual ao do afastamento, ressalvada a hipótese de ressarcimento da despesa havida com seu afastamento.

§ 3.º O disposto neste artigo não se aplica aos servidores da carreira diplomática.

§ 4.º As hipóteses, condições e formas para a autorização de que trata este artigo, inclusive no que se refere à remuneração do servidor, serão disciplinadas em regulamento.

Art. 96. O afastamento de servidor para servir em organismo internacional de que o Brasil participe ou com o qual coopere dar-se-á com perda total da remuneração.

Seção IV
Do Afastamento para Participação em Programa
de Pós-Graduação *Stricto Sensu* no País

Art. 96-A. O servidor poderá, no interesse da Administração, e desde que a participação não possa ocorrer simultaneamente com o exercício do cargo ou mediante compensação de horário, afastar-se do exercício do cargo efetivo, com a respectiva remuneração, para participar em programa de pós-graduação *stricto sensu* em instituição de ensino superior no País.

§ 1.º Ato do dirigente máximo do órgão ou entidade definirá, em conformidade com a legislação vigente, os programas de capacitação e os critérios para participação em programas de pós-graduação no País, com ou sem afastamento do servidor, que serão avaliados por um comitê constituído para este fim.

§ 2.º Os afastamentos para realização de programas de mestrado e doutorado somente serão concedidos aos servidores titulares de cargos efetivos no respectivo órgão ou entidade há pelo menos 3 (três) anos para mestrado e 4 (quatro) anos para doutorado, incluído o período de estágio probatório, que não tenham se afastado por licença para tratar de assuntos particulares para gozo de licença capacitação ou com fundamento neste artigo nos 2 (dois) anos anteriores à data da solicitação de afastamento.

§ 3.º Os afastamentos para realização de programas de pós-doutorado somente serão concedidos aos servidores titulares de cargos efetivos no respectivo órgão ou entidade há pelo menos quatro anos, incluído o período de estágio probatório, e que não tenham se afastado por licença para tratar de assuntos particulares ou com fundamento neste artigo, nos quatro anos anteriores à data da solicitação de afastamento.

§ 4.º Os servidores beneficiados pelos afastamentos previstos nos §§ 1.º, 2.º e 3.º deste artigo terão que permanecer no exercício de suas funções após o seu retorno por um período igual ao do afastamento concedido.

§ 5.º Caso o servidor venha a solicitar exoneração do cargo ou aposentadoria, antes de cumprido o período de permanência previsto no § 4.º deste artigo, deverá ressarcir o órgão ou entidade, na forma do art. 47 da Lei n. 8.112, de 11 de dezembro de 1990, dos gastos com seu aperfeiçoamento.

§ 6.º Caso o servidor não obtenha o título ou grau que justificou seu afastamento no período previsto, aplica-se o disposto no § 5.º deste artigo, salvo na hipótese comprovada de força maior ou de caso fortuito, a critério do dirigente máximo do órgão ou entidade.

§ 7.º Aplica-se à participação em programa de pós-graduação no Exterior, autorizado nos termos do art. 95 desta Lei, o disposto nos §§ 1.º a 6.º deste artigo.

Capítulo VI
DAS CONCESSÕES

Art. 97. Sem qualquer prejuízo, poderá o servidor ausentar-se do serviço:

I – por 1 (um) dia, para doação de sangue;

II – pelo período comprovadamente necessário para alistamento ou recadastramento eleitoral, limitado, em qualquer caso, a 2 (dois) dias; e

III – por 8 (oito) dias consecutivos em razão de:

a) casamento;

b) falecimento do cônjuge, companheiro, pais, madrasta ou padrasto, filhos, enteados, menor sob guarda ou tutela e irmãos.

Art. 98. Será concedido horário especial ao servidor estudante, quando comprovada a incompatibilidade entre o horário escolar e o da repartição, sem prejuízo do exercício do cargo.

§ 1.º Para efeito do disposto neste artigo, será exigida a compensação de horário no órgão ou entidade que tiver exercício, respeitada a duração semanal do trabalho.

§ 2.º Também será concedido horário especial ao servidor portador de deficiência, quando comprovada a necessidade por junta médica oficial, independentemente de compensação de horário.

§ 3.º As disposições constantes do § 2.º são extensivas ao servidor que tenha cônjuge, filho ou dependente com deficiência.

§ 4.º Será igualmente concedido horário especial, vinculado à compensação de horário a ser efetivada no prazo de até 1 (um) ano, ao servidor que desempenhe atividade prevista nos incisos I e II do *caput* do art. 76-A desta Lei.

Art. 99. Ao servidor estudante que mudar de sede no interesse da administração é assegurada, na localidade da nova residência ou na mais próxima, matrícula em instituição de ensino congênere, em qualquer época, independentemente de vaga.

Parágrafo único. O disposto neste artigo estende-se ao cônjuge ou companheiro, aos filhos ou enteados do servidor que vivam na sua companhia, bem como aos menores sob sua guarda, com autorização judicial.

Capítulo VII
DO TEMPO DE SERVIÇO

Art. 100. É contado para todos os efeitos o tempo de serviço público federal, inclusive o prestado às Forças Armadas.

Art. 101. A apuração do tempo de serviço será feita em dias, que serão convertidos em anos, considerado o ano como de trezentos e sessenta e cinco dias.

Parágrafo único. (*Revogado pela Lei n. 9.527, de 10-12-1997.*)

Art. 102. Além das ausências ao serviço previstas no art. 97, são considerados como de efetivo exercício os afastamentos em virtude de:

I – férias;

II – exercício de cargo em comissão ou equivalente, em órgão ou entidade dos Poderes da União, dos Estados, Municípios e Distrito Federal;

III – exercício de cargo ou função de governo ou administração, em qualquer parte do território nacional, por nomeação do Presidente da República;

IV – participação em programa de treinamento regularmente instituído ou em programa de pós-graduação *stricto sensu* no País, conforme dispuser o regulamento;

V – desempenho de mandato eletivo federal, estadual, municipal ou do Distrito Federal, exceto para promoção por merecimento;

VI – júri e outros serviços obrigatórios por lei;

VII – missão ou estudo no exterior, quando autorizado o afastamento, conforme dispuser o regulamento;

VIII – licença:

a) à gestante, à adotante e à paternidade;

b) para tratamento da própria saúde, até o limite de vinte e quatro meses, cumulativo ao longo do tempo de serviço público prestado à União, em cargo de provimento efetivo;

c) para o desempenho de mandato classista ou participação de gerência ou administração em sociedade cooperativa constituída por servidores para prestar serviços a seus membros, exceto para efeito de promoção por merecimento;

d) por motivo de acidente em serviço ou doença profissional;

e) para capacitação, conforme dispuser o regulamento;

f) por convocação para o serviço militar;

IX – deslocamento para a nova sede de que trata o art. 18;

X – participação em competição desportiva nacional ou convocação para integrar representação desportiva nacional, no País ou no exterior, conforme disposto em lei específica;

XI – afastamento para servir em organismo internacional de que o Brasil participe ou com o qual coopere.

Art. 103. Contar-se-á apenas para efeito de aposentadoria e disponibilidade:

I – o tempo de serviço público prestado aos Estados, Municípios e Distrito Federal;

II – a licença para tratamento de saúde de pessoa da família do servidor, com remuneração, que exceder a trinta dias em período de doze meses.

III – a licença para atividade política, no caso do art. 86, § 2.º;

IV – o tempo correspondente ao desempenho de mandato eletivo federal, estadual, municipal ou distrital, anterior ao ingresso no serviço público federal;

V – o tempo de serviço em atividade privada, vinculada à Previdência Social;

VI – o tempo de serviço relativo a tiro de guerra;

VII – o tempo de licença para tratamento da própria saúde que exceder o prazo a que se refere a alínea b do inciso VIII do art. 102.

§ 1.º O tempo em que o servidor esteve aposentado será contado apenas para nova aposentadoria.

§ 2.º Será contado em dobro o tempo de serviço prestado às Forças Armadas em operações de guerra.

§ 3.º É vedada a contagem cumulativa de tempo de serviço prestado concomitantemente em mais de um cargo ou função de órgão ou entidades dos Poderes da União, Estado, Distrito Federal e Município, autarquia, fundação pública, sociedade de economia mista e empresa pública.

Capítulo VIII
DO DIREITO DE PETIÇÃO

Art. 104. É assegurado ao servidor o direito de requerer aos Poderes Públicos, em defesa de direito ou interesse legítimo.

Art. 105. O requerimento será dirigido à autoridade competente para decidi-lo e encaminhado por intermédio daquela a que estiver imediatamente subordinado o requerente.

Art. 106. Cabe pedido de reconsideração à autoridade que houver expedido o ato ou proferido a primeira decisão, não podendo ser renovado.

Parágrafo único. O requerimento e o pedido de reconsideração de que tratam os artigos anteriores deverão ser despachados no prazo de 5 (cinco) dias e decididos dentro de 30 (trinta) dias.

Art. 107. Caberá recurso:

I – do indeferimento do pedido de reconsideração;

II – das decisões sobre os recursos sucessivamente interpostos.

§ 1.º O recurso será dirigido à autoridade imediatamente superior à que tiver expedido o ato ou proferido a decisão, e, sucessivamente, em escala ascendente, às demais autoridades.

§ 2.º O recurso será encaminhado por intermédio da autoridade a que estiver imediatamente subordinado o requerente.

Art. 108. O prazo para interposição de pedido de reconsideração ou de recurso é de 30 (trinta) dias, a contar da publicação ou da ciência, pelo interessado, da decisão recorrida.

Art. 109. O recurso poderá ser recebido com efeito suspensivo, a juízo da autoridade competente.

Parágrafo único. Em caso de provimento do pedido de reconsideração ou do recurso, os efeitos da decisão retroagirão à data do ato impugnado.

Art. 110. O direito de requerer prescreve:

I – em 5 (cinco) anos, quanto aos atos de demissão e de cassação de aposentadoria ou disponibilidade, ou que afetem interesse patrimonial e créditos resultantes das relações de trabalho;

II – em 120 (cento e vinte) dias, nos demais casos, salvo quando outro prazo for fixado em lei.

Parágrafo único. O prazo de prescrição será contado da data da publicação do ato impugnado ou da data da ciência pelo interessado, quando o ato não for publicado.

Art. 111. O pedido de reconsideração e o recurso, quando cabíveis, interrompem a prescrição.

Art. 112. A prescrição é de ordem pública, não podendo ser relevada pela administração.

Art. 113. Para o exercício do direito de petição, é assegurada vista do processo ou documento, na repartição, ao servidor ou a procurador por ele constituído.

Art. 114. A administração deverá rever seus atos, a qualquer tempo, quando eivados de ilegalidade.

Art. 115. São fatais e improrrogáveis os prazos estabelecidos neste Capítulo, salvo motivo de força maior.

TÍTULO IV
Do Regime Disciplinar

Capítulo I
DOS DEVERES

Art. 116. São deveres do servidor:

I – exercer com zelo e dedicação as atribuições do cargo;

II – ser leal às instituições a que servir;

III – observar as normas legais e regulamentares;

IV – cumprir as ordens superiores, exceto quando manifestamente ilegais;

V – atender com presteza:

a) ao público em geral, prestando as informações requeridas, ressalvadas as protegidas por sigilo;

b) à expedição de certidões requeridas para defesa de direito ou esclarecimento de situações de interesse pessoal;

c) às requisições para a defesa da Fazenda Pública;

VI – levar as irregularidades de que tiver ciência em razão do cargo ao conhecimento da autoridade superior ou, quando houver suspeita de envolvimento desta, ao conhecimento de outra autoridade competente para apuração;

VII – zelar pela economia do material e a conservação do patrimônio público;

VIII – guardar sigilo sobre assunto da repartição;

IX – manter conduta compatível com a moralidade administrativa;

X – ser assíduo e pontual ao serviço;

XI – tratar com urbanidade as pessoas;

XII – representar contra ilegalidade, omissão ou abuso de poder.

Parágrafo único. A representação de que trata o inciso XII será encaminhada pela via hierárquica e apreciada pela autoridade superior àquela contra a qual é formulada, assegurando-se ao representando ampla defesa.

Capítulo II
DAS PROIBIÇÕES

Art. 117. Ao servidor é proibido:

I – ausentar-se do serviço durante o expediente, sem prévia autorização do chefe imediato;

II – retirar, sem prévia anuência da autoridade competente, qualquer documento ou objeto da repartição;

III – recusar fé a documentos públicos;

IV – opor resistência injustificada ao andamento de documento e processo ou execução de serviço;

V – promover manifestação de apreço ou desapreço no recinto da repartição;

VI – cometer a pessoa estranha à repartição, fora dos casos previstos em lei, o desempenho de atribuição que seja de sua responsabilidade ou de seu subordinado;

VII – coagir ou aliciar subordinados no sentido de filiarem-se a associação profissional ou sindical, ou a partido político;

VIII – manter sob sua chefia imediata, em cargo ou função de confiança cônjuge, companheiro ou parente até o segundo grau civil;

IX – valer-se do cargo para lograr proveito pessoal ou de outrem, em detrimento da dignidade da função pública;

X – participar de gerência ou administração de sociedade privada, personificada ou não personificada, exercer o comércio, exceto na qualidade de acionista, cotista ou comanditário;

XI – atuar, como procurador ou intermediário, junto a repartições públicas, salvo quando se tratar de benefícios previdenciários ou assistenciais de parentes até o segundo grau, e de cônjuge ou companheiro;

XII – receber propina, comissão, presente ou vantagem de qualquer espécie, em razão de suas atribuições;

XIII – aceitar comissão, emprego ou pensão de estado estrangeiro;

XIV – praticar usura sob qualquer de suas formas;

XV – proceder de forma desidiosa;

XVI – utilizar pessoal ou recursos materiais da repartição em serviços ou atividades particulares;

XVII – cometer a outro servidor atribuições estranhas ao cargo que ocupa, exceto em situações de emergência e transitórias;

XVIII – exercer quaisquer atividades que sejam incompatíveis com o exercício do cargo ou função e com o horário de trabalho;

XIX – recusar-se a atualizar seus dados cadastrais quando solicitado.

Parágrafo único. A vedação de que trata o inciso X do *caput* deste artigo não se aplica nos seguintes casos:

I – participação nos conselhos de administração e fiscal de empresas ou entidades em que a União detenha, direta ou indiretamente, participação no capital social ou em sociedade cooperativa constituída para prestar serviços a seus membros; e

II – gozo de licença para o trato de interesses particulares, na forma do art. 91 desta Lei, observada a legislação sobre conflito de interesses.

Capítulo III
DA ACUMULAÇÃO

Art. 118. Ressalvados os casos previstos na Constituição, é vedada a acumulação remunerada de cargos públicos.

§ 1.º A proibição de acumular estende-se a cargos, empregos e funções em autarquias, fundações públicas, empresas públicas, sociedades de economia mista da União, do Distrito Federal, dos Estados, dos Territórios e dos Municípios.

§ 2.º A acumulação de cargos, ainda que lícita, fica condicionada à comprovação da compatibilidade de horários.

§ 3.º Considera-se acumulação proibida a percepção de vencimento de cargo ou emprego público efetivo com proventos da inatividade, salvo quando os cargos de que decorram essas remunerações forem acumuláveis na atividade.

Art. 119. O servidor não poderá exercer mais de um cargo em comissão, exceto no caso previsto no parágrafo único do art. 9.º, nem ser remunerado pela participação em órgão de deliberação coletiva.

Parágrafo único. O disposto neste artigo não se aplica à remuneração devida pela participação em conselhos de administração e fiscal das empresas públicas e sociedades de economia mista, suas subsidiárias e controladas, bem como quaisquer empresas ou entidades em que a União, direta ou indiretamente, detenha participação no capital social, observado o que, a respeito, dispuser legislação específica.

Art. 120. O servidor vinculado ao regime desta Lei, que acumular licitamente dois cargos efetivos, quando investido em cargo de provimento em comissão, ficará afastado de ambos os cargos efetivos, salvo na hipótese em que houver compatibilidade de horário e local com o exercício de um deles, declarada pelas autoridades máximas dos órgãos ou entidades envolvidos.

Capítulo IV
DAS RESPONSABILIDADES

Art. 121. O servidor responde civil, penal e administrativamente pelo exercício irregular de suas atribuições.

Art. 122. A responsabilidade civil decorre de ato omissivo ou comissivo, doloso ou culposo, que resulte em prejuízo ao erário ou a terceiros.

§ 1.º A indenização de prejuízo dolosamente causado ao erário somente será liquidada na forma prevista no art. 46, na falta de outros bens que assegurem a execução do débito pela via judicial.

§ 2.º Tratando-se de dano causado a terceiros, responderá o servidor perante a Fazenda Pública, em ação regressiva.

§ 3.º A obrigação de reparar o dano estende-se aos sucessores e contra eles será executada, até o limite do valor da herança recebida.

Art. 123. A responsabilidade penal abrange os crimes e contravenções imputadas ao servidor, nessa qualidade.

Art. 124. A responsabilidade civil-administrativa resulta de ato omissivo ou comissivo praticado no desempenho do cargo ou função.

Art. 125. As sanções civis, penais e administrativas poderão cumular-se, sendo independentes entre si.

Art. 126. A responsabilidade administrativa do servidor será afastada no caso de absolvição criminal que negue a existência do fato ou sua autoria.

Art. 126-A. Nenhum servidor poderá ser responsabilizado civil, penal ou administrativamente por dar ciência à autoridade superior ou, quando houver suspeita de envolvimento desta, a outra autoridade competente para apuração de informação concernente à prática de crimes ou improbidade de que tenha conhecimento, ainda que em decorrência do exercício de cargo, emprego ou função pública.

Capítulo V
DAS PENALIDADES

Art. 127. São penalidades disciplinares:

I – advertência;

II – suspensão;

III – demissão;

IV – cassação de aposentadoria ou disponibilidade;

V – destituição de cargo em comissão;

VI – destituição de função comissionada.

Art. 128. Na aplicação das penalidades serão consideradas a natureza e a gravidade da infração cometida, os danos que dela provierem para o serviço público, as circunstâncias agravantes ou atenuantes e os antecedentes funcionais.

Parágrafo único. O ato de imposição da penalidade mencionará sempre o fundamento legal e a causa da sanção disciplinar.

Art. 129. A advertência será aplicada por escrito, nos casos de violação de proibição constante do art. 117, I a VIII e XIX, e de inobservância de dever funcional previsto em lei, regulamentação ou norma interna, que não justifique imposição de penalidade mais grave.

Art. 130. A suspensão será aplicada em caso de reincidência das faltas punidas com advertência e de violação das demais proibições que não tipifiquem infração sujeita a penalidade de demissão, não podendo exceder de 90 (noventa) dias.

§ 1.º Será punido com suspensão de até 15 (quinze) dias o servidor que, injustificadamente, recusar-se a ser submetido a inspeção médica determinada pela autoridade competente, cessando os efeitos da penalidade uma vez cumprida a determinação.

§ 2.º Quando houver conveniência para o serviço, a penalidade de suspensão poderá ser convertida em multa, na base de 50% (cinquenta por cento) por dia de vencimento ou remuneração, ficando o servidor obrigado a permanecer em serviço.

Art. 131. As penalidades de advertência e de suspensão terão seus registros cancelados, após o decurso de 3 (três) e 5 (cinco) anos de efetivo exercício, respectivamente, se o servidor não houver, nesse período, praticado nova infração disciplinar.

Parágrafo único. O cancelamento da penalidade não surtirá efeitos retroativos.

Art. 132. A demissão será aplicada nos seguintes casos:

I – crime contra a administração pública;

II – abandono do cargo;

III – inassiduidade habitual;

IV – improbidade administrativa;

V – incontinência pública e conduta escandalosa, na repartição;

VI – insubordinação grave em serviço;

VII – ofensa física, em serviço, a servidor ou a particular, salvo em legítima defesa própria ou de outrem;

VIII – aplicação irregular de dinheiros públicos;

IX – revelação de segredo do qual se apropriou em razão do cargo;

X – lesão aos cofres públicos e dilapidação do patrimônio nacional;

XI – corrupção;

XII – acumulação ilegal de cargos, empregos ou funções públicas;

XIII – transgressão dos incisos IX a XVI do art. 117.

Art. 133. Detectada a qualquer tempo a acumulação ilegal de cargos, empregos ou funções públicas, a autoridade a que se refere o art. 143 notificará o servidor, por intermédio de sua chefia imediata, para apresentar opção no prazo improrrogável de dez dias, contados da data da ciência e, na hipótese de omissão, adotará procedimento sumário para a sua apuração e regularização imediata, cujo processo administrativo disciplinar se desenvolverá nas seguintes fases:

I – instauração, com a publicação do ato que constituir a comissão, a ser composta por dois servidores estáveis, e simultaneamente indicar a autoria e a materialidade da transgressão objeto da apuração;

II – instrução sumária, que compreende indiciação, defesa e relatório;

III – julgamento.

§ 1.º A indicação da autoria de que trata o inciso I dar-se-á pelo nome e matrícula do servidor, e a materialidade pela descrição dos cargos, empregos ou funções públicas em situação de acumulação ilegal, dos órgãos ou entidades de vinculação, das datas de ingresso, do horário de trabalho e do correspondente regime jurídico.

§ 2.º A comissão lavrará, até 3 (três) dias após a publicação do ato que a constituiu, termo de indiciação em que serão transcritas as informações de que trata o parágrafo anterior, bem como promoverá a citação pessoal do servidor indiciado, ou por intermédio de sua chefia imediata, para, no prazo de 5 (cinco) dias, apresentar defesa escrita, assegurando-se-lhe vista do processo na repartição, observado o disposto nos arts. 163 e 164.

§ 3.º Apresentada a defesa, a comissão elaborará relatório conclusivo quanto à inocência ou à responsabilidade do servidor, em que resumirá as peças principais dos autos, opinará sobre a licitude da acumulação em exame, indicará o respectivo dispositivo legal e remeterá o processo à autoridade instauradora, para julgamento.

§ 4.º No prazo de 5 (cinco) dias, contados do recebimento do processo, a autoridade julgadora proferirá a sua decisão, aplicando-se, quando for o caso, o disposto no § 3.º do art. 167.

§ 5.º A opção pelo servidor até o último dia de prazo para defesa configurará sua boa-fé, hipótese em que se converterá automaticamente em pedido de exoneração do outro cargo.

§ 6.º Caracterizada a acumulação ilegal e provada a má-fé, aplicar-se-á a pena de demissão, destituição ou cassação de aposentadoria ou disponibilidade em relação aos cargos, empregos ou funções públicas em regime de acumulação ilegal, hipótese em que os órgãos ou entidades de vinculação serão comunicados.

§ 7.º O prazo para a conclusão do processo administrativo disciplinar submetido ao rito sumário não excederá 30 (trinta) dias, contados da data de publicação do ato que constituir a comissão, admitida a sua prorrogação por até 15 (quinze) dias, quando as circunstâncias o exigirem.

§ 8.º O procedimento sumário rege-se pelas disposições deste artigo, observando-se, no que lhe for aplicável, subsidiariamente, as disposições dos Títulos IV e V desta Lei.

Art. 134. Será cassada a aposentadoria ou a disponibilidade do inativo que houver praticado, na atividade, falta punível com a demissão.

Art. 135. A destituição de cargo em comissão exercido por não ocupante de cargo efetivo será aplicada nos casos de infração sujeita às penalidades de suspensão e de demissão.

Parágrafo único. Constatada a hipótese de que trata este artigo, a exoneração efetuada nos termos do art. 35 será convertida em destituição de cargo em comissão.

Art. 136. A demissão ou a destituição de cargo em comissão, nos casos dos incisos IV, VIII, X e XI do art. 132, implica a indisponibilidade dos bens e o ressarcimento ao erário, sem prejuízo da ação penal cabível.

Art. 137. A demissão, ou a destituição de cargo em comissão por infringência do art. 117, IX e XI, incompatibiliza o ex-servidor para nova investidura em cargo público federal, pelo prazo de 5 (cinco) anos.

Parágrafo único. Não poderá retornar ao serviço público federal o servidor que for demitido ou destituído do cargo em comissão por infringência do art. 132, I, IV, VIII, X e XI.

Art. 138. Configura abandono de cargo a ausência intencional do servidor ao serviço por mais de 30 (trinta) dias consecutivos.

Art. 139. Entende-se por inassiduidade habitual a falta ao serviço, sem causa justificada, por 60 (sessenta) dias, interpoladamente, durante o período de 12 (doze) meses.

Art. 140. Na apuração de abandono de cargo ou inassiduidade habitual, também será adotado o procedimento sumário a que se refere o art. 133, observando-se especialmente que:

I – a indicação da materialidade dar-se-á:

a) na hipótese de abandono de cargo, pela indicação precisa do período de ausência intencional do servidor ao serviço superior a 30 (trinta) dias;

b) no caso de inassiduidade habitual, pela indicação dos dias de falta ao serviço sem causa justificada, por período igual ou superior a 60 (sessenta) dias interpoladamente, durante o período de 12 (doze) meses;

II – após a apresentação da defesa a comissão elaborará relatório conclusivo quanto à inocência ou à responsabilidade do servidor, em que resumirá as peças principais dos autos, indicará o respectivo dispositivo legal, opinará, na hipótese de abandono de cargo, sobre a intencionalidade da ausência ao serviço superior a 30 (trinta) dias e remeterá o processo à autoridade instauradora para julgamento.

Art. 141. As penalidades disciplinares serão aplicadas:

I – pelo Presidente da República, pelos Presidentes das Casas do Poder Legislativo e dos Tribunais Federais e pelo Procurador-Geral da República, quando se tratar de demissão e cassação de aposentadoria ou disponibilidade de servidor vinculado ao respectivo Poder, órgão, ou entidade;

II – pelas autoridades administrativas de hierarquia imediatamente inferior àquelas mencionadas no inciso anterior quando se tratar de suspensão superior a 30 (trinta) dias;

III – pelo chefe da repartição e outras autoridades na forma dos respectivos regimentos ou regulamentos, nos casos de advertência ou de suspensão de até 30 (trinta) dias;

IV – pela autoridade que houver feito a nomeação, quando se tratar de destituição de cargo em comissão.

Art. 142. A ação disciplinar prescreverá:

I – em 5 (cinco) anos, quanto às infrações puníveis com demissão, cassação de aposentadoria ou disponibilidade e destituição de cargo em comissão;

II – em 2 (dois) anos, quanto à suspensão;

III – em 180 (cento e oitenta) dias, quanto à advertência.

§ 1.º O prazo de prescrição começa a correr da data em que o fato se tornou conhecido.

§ 2.º Os prazos de prescrição previstos na lei penal aplicam-se às infrações disciplinares capituladas também como crime.

§ 3.º A abertura de sindicância ou a instauração de processo disciplinar interrompe a prescrição, até a decisão final proferida por autoridade competente.

§ 4.º Interrompido o curso da prescrição, o prazo começará a correr a partir do dia em que cessar a interrupção.

TÍTULO V
Do Processo Administrativo Disciplinar

Capítulo I
DISPOSIÇÕES GERAIS

Art. 143. A autoridade que tiver ciência de irregularidade no serviço público é obrigada a promover a sua apuração imediata, mediante sindicância ou processo administrativo disciplinar, assegurada ao acusado ampla defesa.

§§ 1.º e 2.º (*Revogados pela Lei n. 11.204, de 5-12-2005.*)

§ 3.º A apuração de que trata o *caput*, por solicitação da autoridade a que se refere, poderá ser promovida por autoridade de órgão ou entidade diverso daquele em que tenha ocorrido a irregularidade, mediante competência específica para tal finalidade, delegada em caráter permanente ou temporário pelo Presidente da República, pelos presidentes das Casas do Poder Legislativo e dos Tribunais Federais e pelo Procurador-Geral da República, no âmbito do respectivo Poder, órgão ou entidade, preservadas as competências para o julgamento que se seguir à apuração.

Art. 144. As denúncias sobre irregularidades serão objeto de apuração, desde que contenham a identificação e o endereço do denunciante e sejam formuladas por escrito, confirmada a autenticidade.

Parágrafo único. Quando o fato narrado não configurar evidente infração disciplinar ou ilícito penal, a denúncia será arquivada, por falta de objeto.

Art. 145. Da sindicância poderá resultar:

I – arquivamento do processo;

II – aplicação de penalidade de advertência ou suspensão de até 30 (trinta) dias;

III – instauração de processo disciplinar.

Parágrafo único. O prazo para conclusão da sindicância não excederá 30 (trinta) dias, podendo ser prorrogado por igual período, a critério da autoridade superior.

Art. 146. Sempre que o ilícito praticado pelo servidor ensejar a imposição de penalidade de suspensão por mais de 30 (trinta) dias, de demissão, cassação de aposentadoria ou disponibilidade, ou destituição de cargo em comissão, será obrigatória a instauração de processo disciplinar.

Capítulo II
DO AFASTAMENTO PREVENTIVO

Art. 147. Como medida cautelar e a fim de que o servidor não venha a influir na apuração da irregularidade, a autoridade instauradora do processo disciplinar poderá determinar o seu afastamento do exercício do cargo, pelo prazo de até 60 (sessenta) dias, sem prejuízo da remuneração.

Parágrafo único. O afastamento poderá ser prorrogado por igual prazo, findo o qual cessarão os seus efeitos, ainda que não concluído o processo.

Capítulo III
DO PROCESSO DISCIPLINAR

Art. 148. O processo disciplinar é o instrumento destinado a apurar responsabilidade de servidor por infração praticada no exercício de suas atribuições, ou que tenha relação com as atribuições do cargo em que se encontre investido.

Art. 149. O processo disciplinar será conduzido por comissão composta de 3 (três) servidores estáveis designados pela autoridade competente, observado o disposto no § 3.º do art. 143, que indicará, dentre eles, o seu presidente, que deverá ser ocupante de cargo efetivo superior ou de mesmo nível, ou ter nível de escolaridade igual ou superior ao do indiciado.

§ 1.º A Comissão terá como secretário servidor designado pelo seu presidente, podendo a indicação recair em um de seus membros.

§ 2.º Não poderá participar de comissão de sindicância ou de inquérito, cônjuge, companheiro ou parente do acusado, consanguíneo ou afim, em linha reta ou colateral, até o terceiro grau.

Art. 150. A Comissão exercerá suas atividades com independência e imparcialidade, assegurado o sigilo necessário à elucidação do fato ou exigido pelo interesse da administração.

Parágrafo único. As reuniões e as audiências das comissões terão caráter reservado.

Art. 151. O processo disciplinar se desenvolve nas seguintes fases:

I – instauração, com a publicação do ato que constituir a comissão;

II – inquérito administrativo, que compreende instrução, defesa e relatório;

III – julgamento.

Art. 152. O prazo para a conclusão do processo disciplinar não excederá 60 (sessenta) dias, contados da data de publicação do ato que constituir a comissão, admitida a sua prorrogação por igual prazo, quando as circunstâncias o exigirem.

§ 1.º Sempre que necessário, a comissão dedicará tempo integral aos seus trabalhos, ficando seus membros dispensados do ponto, até a entrega do relatório final.

§ 2.º As reuniões da comissão serão registradas em atas que deverão detalhar as deliberações adotadas.

Seção I
Do Inquérito

Art. 153. O inquérito administrativo obedecerá ao princípio do contraditório, assegurada ao acusado ampla defesa, com a utilização dos meios e recursos admitidos em direito.

Art. 154. Os autos da sindicância integrarão o processo disciplinar, como peça informativa da instrução.

Parágrafo único. Na hipótese de o relatório da sindicância concluir que a infração está capitulada como ilícito penal, a autoridade competente encaminhará cópia dos autos ao Ministério Público, independentemente da imediata instauração do processo disciplinar.

Art. 155. Na fase do inquérito, a comissão promoverá a tomada de depoimentos, acareações, investigações e diligências cabíveis, objetivando a coleta de prova, recorrendo, quando necessário, a técnicos e peritos, de modo a permitir a completa elucidação dos fatos.

Art. 156. É assegurado ao servidor o direito de acompanhar o processo pessoalmente ou por intermédio de procurador, arrolar e reinquirir testemunhas, produzir provas e contraprovas e formular quesitos, quando se tratar de prova pericial.

§ 1.º O presidente da comissão poderá denegar pedidos considerados impertinentes, meramente protelatórios, ou de nenhum interesse para o esclarecimento dos fatos.

§ 2.º Será indeferido o pedido de prova pericial, quando a comprovação do fato independer de conhecimento especial de perito.

Art. 157. As testemunhas serão intimadas a depor mediante mandado expedido pelo presidente da comissão, devendo a segunda via, com o ciente do interessado, ser anexada aos autos.

Parágrafo único. Se a testemunha for servidor público, a expedição do mandado será imediatamente comunicada ao chefe da repartição onde serve, com a indicação do dia e hora marcados para inquirição.

Art. 158. O depoimento será prestado oralmente e reduzido a termo, não sendo lícito à testemunha trazê-lo por escrito.

§ 1.º As testemunhas serão inquiridas separadamente.

§ 2.º Na hipótese de depoimentos contraditórios ou que se infirmem, proceder-se-á à acareação entre os depoentes.

Art. 159. Concluída a inquirição das testemunhas, a comissão promoverá o interrogatório do acusado, observados os procedimentos previstos nos arts. 157 e 158.

§ 1.º No caso de mais de um acusado, cada um deles será ouvido separadamente, e sempre que divergirem em suas declarações sobre fatos ou circunstâncias, será promovida a acareação entre eles.

§ 2.º O procurador do acusado poderá assistir ao interrogatório, bem como à inquirição das testemunhas, sendo-lhe vedado interferir nas perguntas e respostas, facultando-se-lhe, porém, reinquiri-las, por intermédio do presidente da comissão.

Art. 160. Quando houver dúvida sobre a sanidade mental do acusado, a comissão proporá à autoridade competente que ele seja submetido a exame por junta médica oficial, da qual participe pelo menos um médico psiquiatra.

Parágrafo único. O incidente de sanidade mental será processado em auto apartado e apenso ao processo principal, após a expedição do laudo pericial.

Art. 161. Tipificada a infração disciplinar, será formulada a indiciação do servidor, com a especificação dos fatos a ele imputados e das respectivas provas.

§ 1.º O indiciado será citado por mandado expedido pelo presidente da comissão para apresentar defesa escrita, no prazo de 10 (dez) dias, assegurando-se-lhe vista do processo na repartição.

§ 2.º Havendo 2 (dois) ou mais indiciados, o prazo será comum e de 20 (vinte) dias.

§ 3.º O prazo de defesa poderá ser prorrogado pelo dobro, para diligências reputadas indispensáveis.

§ 4.º No caso de recusa do indiciado em apor o ciente na cópia da citação, o prazo para defesa contar-se-á da data declarada, em termo próprio, pelo membro da comissão que fez a citação, com a assinatura de 2 (duas) testemunhas.

Art. 162. O indiciado que mudar de residência fica obrigado a comunicar à comissão o lugar onde poderá ser encontrado.

Art. 163. Achando-se o indiciado em lugar incerto e não sabido, será citado por edital, publicado no *Diário Oficial da União* e em jornal de grande circulação na localidade do último domicílio conhecido, para apresentar defesa.

Parágrafo único. Na hipótese deste artigo, o prazo para defesa será de 15 (quinze) dias a partir da última publicação do edital.

Art. 164. Considerar-se-á revel o indiciado que, regularmente citado, não apresentar defesa no prazo legal.

§ 1.º A revelia será declarada, por termo, nos autos do processo e devolverá o prazo para a defesa.

§ 2.º Para defender o indiciado revel, a autoridade instauradora do processo designará um servidor como defensor dativo, que deverá ser ocupante de cargo efetivo superior ou de mesmo nível, ou ter nível de escolaridade igual ou superior ao do indiciado.

Art. 165. Apreciada a defesa, a comissão elaborará relatório minucioso, onde resumirá as peças principais dos autos e mencionará as provas em que se baseou para formar a sua convicção.

§ 1.º O relatório será sempre conclusivo quanto à inocência ou à responsabilidade do servidor.

§ 2.º Reconhecida a responsabilidade do servidor, a comissão indicará o dispositivo legal ou regulamentar transgredido, bem como as circunstâncias agravantes ou atenuantes.

Art. 166. O processo disciplinar, com o relatório da comissão, será remetido à autoridade que determinou a sua instauração, para julgamento.

Seção II
Do Julgamento

Art. 167. No prazo de 20 (vinte) dias, contados do recebimento do processo, a autoridade julgadora proferirá a sua decisão.

§ 1.º Se a penalidade a ser aplicada exceder a alçada da autoridade instauradora do processo, este será encaminhado à autoridade competente, que decidirá em igual prazo.

§ 2.º Havendo mais de um indiciado e diversidade de sanções, o julgamento caberá à autoridade competente para a imposição da pena mais grave.

§ 3.º Se a penalidade prevista for a demissão ou cassação de aposentadoria ou disponibilidade, o julgamento caberá às autoridades de que trata o inciso I do art. 141.

§ 4.º Reconhecida pela comissão a inocência do servidor, a autoridade instauradora do processo determinará o seu arquivamento, salvo se flagrantemente contrária à prova dos autos.

Art. 168. O julgamento acatará o relatório da comissão, salvo quando contrário às provas dos autos.

Parágrafo único. Quando o relatório da comissão contrariar as provas dos autos, a autoridade julgadora poderá, motivadamente, agravar a penalidade proposta, abrandá-la ou isentar o servidor de responsabilidade.

Art. 169. Verificada a ocorrência de vício insanável, a autoridade que determinou a instauração do processo ou outra de hierarquia superior declarará a sua nulidade, total ou parcial, e ordenará, no mesmo ato, a constituição de outra comissão para instauração de novo processo.

§ 1.º O julgamento fora do prazo legal não implica nulidade do processo.

§ 2.º A autoridade julgadora que der causa à prescrição de que trata o art. 142, § 2.º, será responsabilizada na forma do Capítulo IV do Título IV.

Art. 170. Extinta a punibilidade pela prescrição, a autoridade julgadora determinará o registro do fato nos assentamentos individuais do servidor.

Art. 171. Quando a infração estiver capitulada como crime, o processo disciplinar será remetido ao Ministério Público para instauração da ação penal, ficando trasladado na repartição.

Art. 172. O servidor que responder a processo disciplinar só poderá ser exonerado a pedido, ou aposentado voluntariamente, após a conclusão do processo e o cumprimento da penalidade, acaso aplicada.

Parágrafo único. Ocorrida a exoneração de que trata o parágrafo único, inciso I do art. 34, o ato será convertido em demissão, se for o caso.

Art. 173. Serão assegurados transporte e diárias:

I – ao servidor convocado para prestar depoimento fora da sede de sua repartição, na condição de testemunha, denunciado ou indiciado;

II – aos membros da comissão e ao secretário, quando obrigados a se deslocarem da sede dos trabalhos para a realização de missão essencial ao esclarecimento dos fatos.

Seção III
Da Revisão do Processo

Art. 174. O processo disciplinar poderá ser revisto, a qualquer tempo, a pedido ou de ofício, quando se aduzirem fatos novos ou circunstâncias suscetíveis de justificar a inocência do punido ou a inadequação da penalidade aplicada.

§ 1.º Em caso de falecimento, ausência ou desaparecimento do servidor, qualquer pessoa da família poderá requerer a revisão do processo.

§ 2.º No caso de incapacidade mental do servidor, a revisão será requerida pelo respectivo curador.

Art. 175. No processo revisional, o ônus da prova cabe ao requerente.

Art. 176. A simples alegação de injustiça da penalidade não constitui fundamento para a revisão, que requer elementos novos ainda não apreciados no processo originário.

Art. 177. O requerimento de revisão do processo será dirigido ao Ministro de Estado ou autoridade equivalente, que, se autorizar a revisão, encaminhará o pedido ao dirigente do órgão ou entidade onde se originou o processo disciplinar.

Parágrafo único. Deferida a petição, a autoridade competente providenciará a constituição de comissão, na forma do art. 149.

Art. 178. A revisão correrá em apenso ao processo originário.

Parágrafo único. Na petição inicial, o requerente pedirá dia e hora para a produção de provas e inquirição das testemunhas que arrolar.

Art. 179. A comissão revisora terá 60 (sessenta) dias para a conclusão dos trabalhos.

Art. 180. Aplicam-se aos trabalhos da comissão revisora, no que couber, as normas e procedimentos próprios da comissão do processo disciplinar.

Art. 181. O julgamento caberá à autoridade que aplicou a penalidade, nos termos do art. 141.

Parágrafo único. O prazo para julgamento será de 20 (vinte) dias, contados do recebimento do processo, no curso do qual a autoridade julgadora poderá determinar diligências.

Art. 182. Julgada procedente a revisão, será declarada sem efeito a penalidade aplicada, restabelecendo-se todos os direitos do servidor, exceto em relação à destituição de cargo em comissão, que será convertida em exoneração.

Parágrafo único. Da revisão do processo não poderá resultar agravamento de penalidade.

TÍTULO VI
Da Seguridade Social do Servidor

Capítulo I
DISPOSIÇÕES GERAIS

Art. 183. A União manterá Plano de Seguridade Social para o servidor e sua família.

§ 1.º O servidor ocupante de cargo em comissão que não seja, simultaneamente, ocupante de cargo ou emprego efetivo na administração pública direta, autárquica e fundacional não terá direito aos benefícios do Plano de Seguridade Social, com exceção da assistência à saúde.

§ 2.º O servidor afastado ou licenciado do cargo efetivo, sem direito à remuneração, inclusive para servir em organismo oficial internacional do qual o Brasil seja membro efetivo ou com o qual coopere, ainda que contribua para regime de previdência social no exterior, terá suspenso o seu vínculo com o regime do Plano de Seguridade Social do Servidor Público enquanto durar o afastamento ou a licença, não lhes assistindo, neste período, os benefícios do mencionado regime de previdência.

§ 3.º Será assegurada ao servidor licenciado ou afastado sem remuneração a manutenção da vinculação ao regime do Plano de Seguridade Social do Servidor Público, mediante o recolhimento mensal da respectiva contribuição, no mesmo percentual devido pelos servidores em atividade, incidente sobre a remuneração total do cargo a que faz jus no exercício de suas atribuições, computando-se, para esse efeito, inclusive, as vantagens pessoais.

§ 4.º O recolhimento de que trata o § 3.º deve ser efetuado até o segundo dia útil após a data do pagamento das remunerações dos servidores públicos, aplicando-se os procedimentos de cobrança e execução dos tributos federais quando não recolhidas na data de vencimento.

Art. 184. O Plano de Seguridade Social visa a dar cobertura aos riscos a que estão sujeitos o servidor e sua família, e compreende um conjunto de benefícios e ações que atendam às seguintes finalidades:

I – garantir meios de subsistência nos eventos de doença, invalidez, velhice, acidente em serviço, inatividade, falecimento e reclusão;

II – proteção à maternidade, à adoção e à paternidade;

III – assistência à saúde.

Parágrafo único. Os benefícios serão concedidos nos termos e condições definidos em regulamento, observadas as disposições desta Lei.

Art. 185. Os benefícios do Plano de Seguridade Social do servidor compreendem:

I – quanto ao servidor:

a) aposentadoria;

b) auxílio-natalidade;

c) salário-família;

d) licença para tratamento de saúde;

e) licença à gestante, à adotante e licença-paternidade;

f) licença por acidente em serviço;

g) assistência à saúde;

h) garantia de condições individuais e ambientais de trabalho satisfatórias;

II – quanto ao dependente:

a) pensão vitalícia e temporária;

b) auxílio-funeral;

c) auxílio-reclusão;

d) assistência à saúde.

§ 1.º As aposentadorias e pensões serão concedidas e mantidas pelos órgãos ou entidades aos quais se encontram vinculados os servidores, observado o disposto nos arts. 189 e 224.

§ 2.º O recebimento indevido de benefícios havidos por fraude, dolo ou má-fé, implicará devolução ao erário do total auferido, sem prejuízo da ação penal cabível.

Capítulo II
DOS BENEFÍCIOS

Seção I
Da Aposentadoria

Art. 186. O servidor será aposentado:

I – por invalidez permanente, sendo os proventos integrais quando decorrente de acidente em serviço, moléstia profissional ou doença grave, contagiosa ou incurável, especificada em lei, e proporcionais nos demais casos;

II – compulsoriamente, aos 70 (setenta) anos de idade, com proventos proporcionais ao tempo de serviço;

III – voluntariamente:

a) aos 35 (trinta e cinco) anos de serviço, se homem, e aos 30 (trinta) se mulher, com proventos integrais;

b) aos 30 (trinta) anos de efetivo exercício em funções de magistério, se professor, e 25 (vinte e cinco) se professora, com proventos integrais;

c) aos 30 (trinta) anos de serviço, se homem, e aos 25 (vinte e cinco) se mulher, com proventos proporcionais a esse tempo;

d) aos 65 (sessenta e cinco) anos de idade, se homem, e aos 60 (sessenta) se mulher, com proventos proporcionais ao tempo de serviço.

§ 1.º Consideram-se doenças graves, contagiosas ou incuráveis, a que se refere o inciso I deste artigo, tuberculose ativa, alienação mental, esclerose múltipla, neoplasia maligna, cegueira posterior ao ingresso no serviço público, hanseníase, cardiopatia grave, doença de Parkinson, paralisia irreversível e incapacitante, espondiloartrose anquilosante, nefropatia grave, estados avançados do mal de Paget (osteíte deformante), Síndrome de Imunodeficiência Adquirida – AIDS, e outras que a lei indicar, com base na medicina especializada.

§ 2.º Nos casos de exercício de atividades consideradas insalubres ou perigosas, bem como nas hipóteses previstas no art. 71, a aposentadoria de que trata o inciso III, *a* e *c*, observará o disposto em lei específica.

§ 3.º Na hipótese do inciso I o servidor será submetido à junta médica oficial, que atestará a invalidez quando caracterizada a incapacidade para o desempenho das atribuições do cargo ou a impossibilidade de se aplicar o disposto no art. 24.

Art. 187. A aposentadoria compulsória será automática, e declarada por ato, com vigência a partir do dia imediato àquele em que o servidor atingir a idade-limite de permanência no serviço ativo.

Art. 188. A aposentadoria voluntária ou por invalidez vigorará a partir da data da publicação do respectivo ato.

§ 1.º A aposentadoria por invalidez será precedida de licença para tratamento de saúde, por período não excedente a 24 (vinte e quatro) meses.

§ 2.º Expirado o período de licença e não estando em condições de reassumir o cargo ou de ser readaptado, o servidor será aposentado.

§ 3.º O lapso de tempo compreendido entre o término da licença e a publicação do ato da aposentadoria será considerado como de prorrogação da licença.

§ 4.º Para os fins do disposto no § 1.º deste artigo, serão consideradas apenas as licenças motivadas pela enfermidade ensejadora da invalidez ou doenças correlacionadas.

§ 5.º A critério da Administração, o servidor em licença para tratamento de saúde ou aposentado por invalidez poderá ser convocado a qualquer momento, para avaliação das condições que ensejaram o afastamento ou a aposentadoria.

Art. 189. O provento da aposentadoria será calculado com observância do disposto no § 3.º do art. 41, e revisto na mesma data e proporção, sempre que se modificar a remuneração dos servidores em atividade.

Parágrafo único. São estendidos aos inativos quaisquer benefícios ou vantagens posteriormente concedidas aos servidores em atividade, inclusive quando decorrentes de transformação ou reclassificação do cargo ou função em que se deu a aposentadoria.

Art. 190. O servidor aposentado com provento proporcional ao tempo de serviço se acometido de qualquer das moléstias especificadas no § 1.º do art. 186 desta Lei e, por esse motivo, for considerado inválido por junta médica oficial passará a perceber provento integral, calculado com base no fundamento legal de concessão da aposentadoria.

Art. 191. Quando proporcional ao tempo de serviço, o provento não será inferior a 1/3 (um terço) da remuneração da atividade.

Arts. 192 e 193. (*Revogados pela Lei n. 9.527, de 10-12-1997.*)

Art. 194. Ao servidor aposentado será paga a gratificação natalina, até o dia vinte do mês de dezembro, em valor equivalente ao respectivo provento, deduzido o adiantamento recebido.

Art. 195. Ao ex-combatente que tenha efetivamente participado de operações bélicas, durante a Segunda Guerra Mundial, nos termos da Lei n. 5.315, de 12 de setembro de 1967, será concedida aposentadoria com provento integral, aos 25 (vinte e cinco) anos de serviço efetivo.

Seção II
Do Auxílio-Natalidade

Art. 196. O auxílio-natalidade é devido à servidora por motivo de nascimento de filho, em quantia equivalente ao menor vencimento do serviço público, inclusive no caso de natimorto.

§ 1.º Na hipótese de parto múltiplo, o valor será acrescido de 50% (cinquenta por cento), por nascituro.

§ 2.º O auxílio será pago ao cônjuge ou companheiro servidor público, quando a parturiente não for servidora.

Seção III
Do Salário-Família

Art. 197. O salário-família é devido ao servidor ativo ou ao inativo, por dependente econômico.

Parágrafo único. Consideram-se dependentes econômicos para efeito de percepção do salário-família:

I – o cônjuge ou companheiro e os filhos, inclusive os enteados até 21 (vinte e um) anos de idade ou, se estudante, até 24 (vinte e quatro) anos ou, se inválido, de qualquer idade;

II – o menor de 21 (vinte e um) anos que, mediante autorização judicial, viver na companhia e às expensas do servidor, ou do inativo;

III – a mãe e o pai sem economia própria.

Art. 198. Não se configura a dependência econômica quando o beneficiário do salário-família perceber rendimento do trabalho ou de qualquer outra fonte, inclusive pensão ou provento da aposentadoria, em valor igual ou superior ao salário mínimo.

Art. 199. Quando pai e mãe forem servidores públicos e viverem em comum, o salário-família será pago a um deles; quando separados, será pago a um e outro, de acordo com a distribuição dos dependentes.

Parágrafo único. Ao pai e à mãe equiparam-se o padrasto, a madrasta e, na falta destes, os representantes legais dos incapazes.

Art. 200. O salário-família não está sujeito a qualquer tributo, nem servirá de base para qualquer contribuição, inclusive para a Previdência Social.

Art. 201. O afastamento do cargo efetivo, sem remuneração, não acarreta a suspensão do pagamento do salário-família.

Seção IV
Da Licença para Tratamento de Saúde

Art. 202. Será concedida ao servidor licença para tratamento de saúde, a pedido ou de ofício, com base em perícia médica, sem prejuízo da remuneração a que fizer jus.

Art. 203. A licença de que trata o art. 202 desta Lei será concedida com base em perícia oficial.

§ 1.º Sempre que necessário, a inspeção médica será realizada na residência do servidor ou no estabelecimento hospitalar onde se encontrar internado.

§ 2.º Inexistindo médico no órgão ou entidade no local onde se encontra ou tenha exercício em caráter permanente o servidor, e não se configurando as hipóteses previstas nos parágrafos do art. 230, será aceito atestado passado por médico particular.

§ 3.º No caso do § 2.º deste artigo, o atestado somente produzirá efeitos depois de recepcionado pela unidade de recursos humanos do órgão ou entidade.

§ 4.º A licença que exceder o prazo de 120 (cento e vinte) dias no período de 12 (doze) meses a contar do primeiro dia de afastamento será concedida mediante avaliação por junta médica oficial.

§ 5.º A perícia oficial para concessão da licença de que trata o *caput* deste artigo, bem como nos demais casos de perícia oficial previstos nesta Lei, será efetuada por cirurgiões-dentistas, nas hipóteses em que abranger o campo de atuação da odontologia.

Art. 204. A licença para tratamento de saúde inferior a 15 (quinze) dias, dentro de 1 (um) ano, poderá ser dispensada de perícia oficial, na forma definida em regulamento.

Art. 205. O atestado e o laudo da junta médica não se referirão ao nome ou natureza da doença, salvo quando se tratar de lesões produzidas por acidente em serviço, doença profissional ou qualquer das doenças especificadas no art. 186, § 1.º.

Art. 206. O servidor que apresentar indícios de lesões orgânicas ou funcionais será submetido a inspeção médica.

Art. 206-A. O servidor será submetido a exames médicos periódicos, nos termos e condições definidos em regulamento.

Parágrafo único. Para os fins do disposto no *caput*, a União e suas entidades autárquicas e fundacionais poderão:

I – prestar os exames médicos periódicos diretamente pelo órgão ou entidade à qual se encontra vinculado o servidor;

II – celebrar convênio ou instrumento de cooperação ou parceria com os órgãos e entidades da administração direta, suas autarquias e fundações;

III – celebrar convênios com operadoras de plano de assistência à saúde, organizadas na modalidade de autogestão, que possuam autorização de funcionamento do órgão regulador, na forma do art. 230; ou

IV – prestar os exames médicos periódicos mediante contrato administrativo, observado o disposto na Lei n. 8.666, de 21 de junho de 1993, e demais normas pertinentes.

Seção V
Da Licença à Gestante, à Adotante e da Licença-Paternidade

Art. 207. Será concedida licença à servidora gestante por 120 (cento e vinte) dias consecutivos, sem prejuízo da remuneração.

§ 1.º A licença poderá ter início no primeiro dia do nono mês de gestação, salvo antecipação por prescrição médica.

§ 2.º No caso de nascimento prematuro, a licença terá início a partir do parto.

§ 3.º No caso de natimorto, decorridos 30 (trinta) dias do evento, a servidora será submetida a exame médico, e se julgada apta, reassumirá o exercício.

§ 4.º No caso de aborto atestado por médico oficial, a servidora terá direito a 30 (trinta) dias de repouso remunerado.

Art. 208. Pelo nascimento ou adoção de filhos, o servidor terá direito à licença-paternidade de 5 (cinco) dias consecutivos.

Art. 209. Para amamentar o próprio filho, até a idade de seis meses, a servidora lactante terá direito, durante a jornada de trabalho, a uma hora de descanso, que poderá ser parcelada em 2 (dois) períodos de meia hora.

Art. 210. À servidora que adotar ou obtiver guarda judicial de criança até 1 (um) ano de idade, serão concedidos 90 (noventa) dias de licença remunerada.

Parágrafo único. No caso de adoção ou guarda judicial de criança com mais de 1 (um) ano de idade, o prazo de que trata este artigo será de 30 (trinta) dias.

Seção VI
Da Licença por Acidente em Serviço

Art. 211. Será licenciado, com remuneração integral, o servidor acidentado em serviço.

Art. 212. Configura acidente em serviço o dano físico ou mental sofrido pelo servidor, que se relacione, mediata ou imediatamente, com as atribuições do cargo exercido.

Parágrafo único. Equipara-se ao acidente em serviço o dano:

I – decorrente de agressão sofrida e não provocada pelo servidor no exercício do cargo;

II – sofrido no percurso da residência para o trabalho e vice-versa.

Art. 213. O servidor acidentado em serviço que necessite de tratamento especializado poderá ser tratado em instituição privada, à conta de recursos públicos.

Parágrafo único. O tratamento recomendado por junta médica oficial constitui medida de exceção e somente será admissível quando inexistirem meios e recursos adequados em instituição pública.

Art. 214. A prova do acidente será feita no prazo de 10 (dez) dias, prorrogável quando as circunstâncias o exigirem.

Seção VII
Da Pensão

Art. 215. Por morte do servidor, os dependentes, nas hipóteses legais, fazem jus à pensão a partir da data de óbito, observado o limite estabelecido no inciso XI do *caput* do art. 37 da Constituição Federal e no art. 2.º da Lei n. 10.887, de 18 de junho de 2004.

Art. 216. (*Revogado pela Lei n. 13.135, de 2015.*)

Art. 217. São beneficiários das pensões:

I – o cônjuge:

a) (*Revogada*);

b) (*Revogada*);

c) (*Revogada*);

d) (*Revogada*);

e) (*Revogada*);

II – o cônjuge divorciado ou separado judicialmente ou de fato, com percepção de pensão alimentícia estabelecida judicialmente:

a) (*Revogada*);

b) (*Revogada*);

c) (*Revogada*);

d) (*Revogada*);

III – o companheiro ou companheira que comprove união estável como entidade familiar;

IV – o filho de qualquer condição que atenda a um dos seguintes requisitos:

a) seja menor de 21 (vinte e um) anos;

b) seja inválido;

c) tenha deficiência grave; ou

d) tenha deficiência intelectual ou mental, nos termos do regulamento;

V – a mãe e o pai que comprovem dependência econômica do servidor; e

VI – o irmão de qualquer condição que comprove dependência econômica do servidor e atenda a um dos requisitos previstos no inciso IV.

§ 1.º A concessão de pensão aos beneficiários de que tratam os incisos I a IV do *caput* exclui os beneficiários referidos nos incisos V e VI.

§ 2.º A concessão de pensão aos beneficiários de que trata o inciso V do *caput* exclui o beneficiário referido no inciso VI.

§ 3.º O enteado e o menor tutelado equiparam-se a filho mediante declaração do servidor e desde que comprovada dependência econômica, na forma estabelecida em regulamento.

Art. 218. Ocorrendo habilitação de vários titulares à pensão, o seu valor será distribuído em partes iguais entre os beneficiários habilitados.

§ 1.º (*Revogado*).

§ 2.º (*Revogado*).

§ 3.º (*Revogado*).

Art. 219. A pensão poderá ser requerida a qualquer tempo, prescrevendo tão somente as prestações exigíveis há mais de 5 (cinco) anos.

Parágrafo único. Concedida a pensão, qualquer prova posterior ou habilitação tardia que implique exclusão de beneficiário ou redução de pensão só produzirá efeitos a partir da data em que for oferecida.

Art. 220. Perde o direito à pensão por morte:

I – após o trânsito em julgado, o beneficiário condenado pela prática de crime de que tenha dolosamente resultado a morte do servidor;

II – o cônjuge, o companheiro ou a companheira se comprovada, a qualquer tempo, simulação ou fraude no casamento ou na união estável, ou a formalização desses com o fim exclusivo de constituir benefício previdenciário, apuradas em processo judicial no qual será assegurado o direito ao contraditório e à ampla defesa.

Art. 221. Será concedida pensão provisória por morte presumida do servidor, nos seguintes casos:

I – declaração de ausência, pela autoridade judiciária competente;

II – desaparecimento em desabamento, inundação, incêndio ou acidente não caracterizado como em serviço;

III – desaparecimento no desempenho das atribuições do cargo ou em missão de segurança.

Parágrafo único. A pensão provisória será transformada em vitalícia ou temporária, conforme o caso, decorridos 5 (cinco) anos de sua vigência, ressalvado o eventual reaparecimento do servidor, hipótese em que o benefício será automaticamente cancelado.

Art. 222. Acarreta perda da qualidade de beneficiário:

I – o seu falecimento;

II – a anulação do casamento, quando a decisão ocorrer após a concessão da pensão ao cônjuge;

III – a cessação da invalidez, em se tratando de beneficiário inválido, o afastamento da deficiência, em se tratando de beneficiário com deficiência, ou o levantamento da interdição, em se tratando de beneficiário com deficiência intelectual ou mental que o torne absoluta ou relativamente incapaz, respeitados os períodos mínimos decorrentes da aplicação das alíneas *a* e *b* do inciso VII;

IV – o implemento da idade de 21 (vinte e um) anos, pelo filho ou irmão;

V – a acumulação de pensão na forma do art. 225;

VI – a renúncia expressa; e

VII – em relação aos beneficiários de que tratam os incisos I a III do *caput* do art. 217:

a) o decurso de 4 (quatro) meses, se o óbito ocorrer sem que o servidor tenha vertido 18 (dezoito) contribuições mensais ou se o casamento ou a união estável tiverem sido iniciados em menos de 2 (dois) anos antes do óbito do servidor;

b) o decurso dos seguintes períodos, estabelecidos de acordo com a idade do pensionista na data de óbito do servidor, depois de vertidas 18 (dezoito) contribuições mensais e pelo menos 2 (dois) anos após o início do casamento ou da união estável:

1) 3 (três) anos, com menos de 21 (vinte e um) anos de idade;

2) 6 (seis) anos, entre 21 (vinte e um) e 26 (vinte e seis) anos de idade;

3) 10 (dez) anos, entre 27 (vinte e sete) e 29 (vinte e nove) anos de idade;

4) 15 (quinze) anos, entre 30 (trinta) e 40 (quarenta) anos de idade;

5) 20 (vinte) anos, entre 41 (quarenta e um) e 43 (quarenta e três) anos de idade;

6) vitalícia, com 44 (quarenta e quatro) ou mais anos de idade.

§ 1.º A critério da administração, o beneficiário de pensão cuja preservação seja motivada por invalidez, por incapacidade ou por deficiência poderá ser convocado a qualquer momento para avaliação das referidas condições.

§ 2.º Serão aplicados, conforme o caso, a regra contida no inciso III ou os prazos previstos na alínea *b* do inciso VII, ambos do *caput*, se o óbito do servidor decorrer de acidente de qualquer natureza ou de doença profissional ou do trabalho, independentemente do recolhimento de 18 (dezoito) contribuições mensais ou da comprovação de 2 (dois) anos de casamento ou de união estável.

§ 3.º Após o transcurso de pelo menos 3 (três) anos e desde que nesse período se verifique o incremento mínimo de um ano inteiro na média nacional única, para ambos os sexos, correspondente à expectativa de sobrevida da população brasileira ao nascer, poderão ser fixadas, em números inteiros, novas idades para os fins previstos na alínea *b* do inciso VII do *caput*, em ato do Ministro de Estado do Planejamento, Orçamento e Gestão, limitado o acréscimo na comparação com as idades anteriores ao referido incremento.

§ 4.º O tempo de contribuição a Regime Próprio de Previdência Social (RPPS) ou ao Regime Geral de Previdência Social (RGPS) será considerado na contagem das 18 (dezoito) contribuições mensais referidas nas alíneas *a* e *b* do inciso VII do *caput*.

Art. 223. Por morte ou perda da qualidade de beneficiário, a respectiva cota reverterá para os cobeneficiários.

I – (*Revogado*);

II – (*Revogado*).

Art. 224. As pensões serão automaticamente atualizadas na mesma data e na mesma proporção dos reajustes dos vencimentos dos servidores, aplicando-se o disposto no parágrafo único do art. 189.

Art. 225. Ressalvado o direito de opção, é vedada a percepção cumulativa de pensão deixada por mais de um cônjuge ou companheiro ou companheira e de mais de 2 (duas) pensões.

Seção VIII
Do Auxílio-Funeral

Art. 226. O auxílio-funeral é devido à família do servidor falecido na atividade ou aposentado, em valor equivalente a um mês da remuneração ou provento.

§ 1.º No caso de acumulação legal de cargos, o auxílio será pago somente em razão do cargo de maior remuneração.

§ 2.º (*Vetado.*)

§ 3.º O auxílio será pago no prazo de 48 (quarenta e oito) horas, por meio de procedimento sumaríssimo, à pessoa da família que houver custeado o funeral.

Art. 227. Se o funeral for custeado por terceiro, este será indenizado, observado o disposto no artigo anterior.

Art. 228. Em caso de falecimento de servidor em serviço fora do local de trabalho, inclusive no exterior, as despesas de transporte do corpo correrão à conta de recursos da União, autarquia ou fundação pública.

Seção IX
Do Auxílio-Reclusão

Art. 229. À família do servidor ativo é devido o auxílio-reclusão, nos seguintes valores:

I – dois terços da remuneração, quando afastado por motivo de prisão, em flagrante ou preventiva, determinada pela autoridade competente, enquanto perdurar a prisão;

II – metade da remuneração, durante o afastamento, em virtude de condenação, por sentença definitiva, a pena que não determine a perda de cargo.

§ 1.º Nos casos previstos no inciso I deste artigo, o servidor terá direito à integralização da remuneração, desde que absolvido.

§ 2.º O pagamento do auxílio-reclusão cessará a partir do dia imediato àquele em que o servidor for posto em liberdade, ainda que condicional.

§ 3.º Ressalvado o disposto neste artigo, o auxílio-reclusão será devido, nas mesmas condições da pensão por morte, aos dependentes do segurado recolhido à prisão.

Capítulo III
DA ASSISTÊNCIA À SAÚDE

Art. 230. A assistência à saúde do servidor, ativo ou inativo, e de sua família compreende assistência médica, hospitalar, odontológica, psicológica e farmacêutica, terá como diretriz básica o implemento de ações preventivas voltadas para a promoção da saúde e será prestada pelo Sistema Único de Saúde – SUS, diretamente pelo órgão ou entidade ao qual estiver vinculado o servidor, ou mediante convênio ou contrato, ou ainda na forma de auxílio, mediante ressarcimento parcial do valor despendido pelo servidor, ativo ou inativo, e seus dependentes ou pensionistas com planos ou seguros privados de assistência à saúde, na forma estabelecida em regulamento.

§ 1.º Nas hipóteses previstas nesta Lei em que seja exigida perícia, avaliação ou inspeção médica, na ausência de médico ou junta médica oficial, para a sua realização o órgão ou entidade celebrará, preferencialmente, convênio com unidades de atendimento do sistema público de saúde, entidades sem fins lucrativos declaradas de utilidade pública, ou com o Instituto Nacional do Seguro Social – INSS.

§ 2.º Na impossibilidade, devidamente justificada, da aplicação do disposto no parágrafo anterior, o órgão ou entidade promoverá a contratação da prestação de serviços por pessoa jurídica, que constituirá junta médica especificamente para esses fins, indicando os nomes e especialidades dos seus integrantes, com a comprovação de suas habilitações e de que não estejam respondendo a processo disciplinar junto à entidade fiscalizadora da profissão.

§ 3.º Para os fins do disposto no *caput* deste artigo, ficam a União e suas entidades autárquicas e fundacionais autorizadas a:

I – celebrar convênios exclusivamente para a prestação de serviços de assistência à saúde para os seus servidores ou empregados ativos, aposentados, pensionistas, bem como para seus respectivos grupos familiares definidos, com entidades de autogestão por elas patrocinadas por meio de instrumentos jurídicos efetivamente celebrados e publicados até 12 de fevereiro de 2006 e que possuam autorização de funcionamento do órgão regulador, sendo certo que os convênios celebrados depois dessa data somente poderão sê-lo na forma da regulamentação específica sobre patrocínio de autogestões, a ser publicada pelo mesmo órgão regulador, no prazo de 180 (cento e oitenta) dias da vigência desta Lei, normas essas também aplicáveis aos convênios existentes até 12 de fevereiro de 2006;

II – contratar, mediante licitação, na forma da Lei n. 8.666, de 21 de junho de 1993, operadoras de planos e seguros privados de assistência à saúde que possuam autorização de funcionamento do órgão regulador;

III – (*Vetado.*)

§ 4.º (*Vetado.*)

§ 5.º O valor do ressarcimento fica limitado ao total despendido pelo servidor ou pensionista civil com plano ou seguro privado de assistência à saúde.

Capítulo IV
DO CUSTEIO

Art. 231. (*Revogado pela Lei n. 9.783, de 28-1-1999.*)

TÍTULO VII
Capítulo Único
DA CONTRATAÇÃO TEMPORÁRIA DE EXCEPCIONAL INTERESSE PÚBLICO

Arts. 232 a 235. (*Revogados pela Lei n. 8.745, de 9-12-1993.*)

TÍTULO VIII
Capítulo Único
DAS DISPOSIÇÕES GERAIS

Art. 236. O Dia do Servidor Público será comemorado a vinte e oito de outubro.

Art. 237. Poderão ser instituídos, no âmbito dos Poderes Executivo, Legislativo e Judiciário, os seguintes incentivos funcionais, além daqueles já previstos nos respectivos planos de carreira:

I – prêmios pela apresentação de ideias, inventos ou trabalhos que favoreçam o aumento de produtividade e a redução dos custos operacionais;

II – concessão de medalhas, diplomas de honra ao mérito, condecoração e elogio.

Art. 238. Os prazos previstos nesta Lei serão contados em dias corridos, excluindo-se o dia do começo e incluindo-se o do vencimento, ficando prorrogado, para o primeiro dia útil seguinte, o prazo vencido em dia em que não haja expediente.

Art. 239. Por motivo de crença religiosa ou de convicção filosófica ou política, o servidor não poderá ser privado de quaisquer dos seus direitos, sofrer discriminação em sua vida funcional, nem eximir-se do cumprimento de seus deveres.

Art. 240. Ao servidor público civil é assegurado, nos termos da Constituição Federal, o direito à livre associação sindical e os seguintes direitos entre outros, dela decorrentes:

a) de ser representado pelo sindicato, inclusive como substituto processual;

b) de inamovibilidade do dirigente sindical, até um ano após o final do mandato, exceto se a pedido;

c) de descontar em folha, sem ônus para a entidade sindical a que for filiado, o valor das mensalidades e contribuições definidas em assembleia geral da categoria;

d) e e) (*Revogadas pela Lei n. 9.527, de 10-12-1997.*)

Art. 241. Consideram-se da família do servidor, além do cônjuge e filhos, quaisquer pessoas que vivam às suas expensas e constem do seu assentamento individual.

Parágrafo único. Equipara-se ao cônjuge a companheira ou companheiro, que comprove união estável como entidade familiar.

Art. 242. Para os fins desta Lei, considera-se sede o município onde a repartição estiver instalada e onde o servidor tiver exercício, em caráter permanente.

TÍTULO IX
Capítulo Único
DAS DISPOSIÇÕES TRANSITÓRIAS E FINAIS

Art. 243. Ficam submetidos ao regime jurídico instituído por esta Lei, na qualidade de servidores públicos, os servidores dos Poderes da União, dos ex-Territórios, das autarquias, inclusive as em regime especial, e das fundações públicas, regidos pela Lei n. 1.711, de 28 de outubro de 1952 – Estatuto dos Funcionários Públicos Civis da União, ou pela Consolidação das Leis do Trabalho, aprovada pelo Decreto-Lei n. 5.452, de 1.º de maio de 1943, exceto os contratados por prazo determinado, cujos contratos não poderão ser prorrogados após o vencimento do prazo de prorrogação.

§ 1.º Os empregos ocupados pelos servidores incluídos no regime instituído por esta Lei ficam transformados em cargos, na data de sua publicação.

§ 2.º As funções de confiança exercidas por pessoas não integrantes de tabela permanente do órgão ou entidade onde têm exercício ficam transformadas em cargos em comissão, e mantidas enquanto não for implantado o plano de cargos dos órgãos ou entidades na forma da lei.

§ 3.º As Funções de Assessoramento Superior – FAS, exercidas por servidor integrante de quadro ou tabela de pessoal, ficam extintas na data da vigência desta Lei.

§ 4.º (*Vetado.*)

§ 5.º O regime jurídico desta Lei é extensivo aos serventuários da Justiça, remunerados com recursos da União, no que couber.

§ 6.º Os empregos dos servidores estrangeiros com estabilidade no serviço público, enquanto não adquirirem a nacionalidade brasileira, passarão a integrar tabela em extinção, do respectivo órgão ou entidade, sem prejuízo dos direitos inerentes aos planos de carreira aos quais se encontrem vinculados os empregos.

§ 7.º Os servidores públicos de que trata o *caput* deste artigo, não amparados pelo art. 19 do Ato das Disposições Constitucionais Transitórias, poderão, no interesse da Administração e conforme critérios estabelecidos em regulamento, ser exonerados mediante indenização de 1 (um) mês de remuneração por ano de efetivo exercício no serviço público federal.

§ 8.º Para fins de incidência do imposto de renda na fonte e na declaração de rendimentos, serão considerados como indenizações isentas os pagamentos efetuados a título de indenização prevista no parágrafo anterior.

§ 9.º Os cargos vagos em decorrência da aplicação do disposto no § 7.º poderão ser extintos pelo Poder Executivo quando considerados desnecessários.

Art. 244. Os adicionais por tempo de serviço, já concedidos aos servidores abrangidos por esta Lei, ficam transformados em anuênio.

Art. 245. A licença especial disciplinada pelo art. 116 da Lei n. 1.711, de 1952, ou por outro diploma legal, fica transformada em licença-prêmio por assiduidade, na forma prevista nos arts. 87 a 90.

Art. 246. (*Vetado.*)

Art. 247. Para efeito do disposto no Título VI desta Lei, haverá ajuste de contas com a Previdência Social, correspondente ao período de contribuição por parte dos servidores celetistas abrangidos pelo art. 243.

Art. 248. As pensões estatutárias, concedidas até a vigência desta Lei, passam a ser mantidas pelo órgão ou entidade de origem do servidor.

Art. 249. Até a edição da lei prevista no § 1.º do art. 231, os servidores abrangidos por esta Lei contribuirão na forma e nos percentuais atualmente estabelecidos para o servidor civil da União, conforme regulamento próprio.

Art. 250. O servidor que já tiver satisfeito ou vier a satisfazer, dentro de 1 (um) ano, as condições necessárias para a aposentadoria nos termos do inciso II do art. 184 do antigo Estatuto dos Funcionários Públicos Civis da União, Lei n. 1.711, de 28 de outubro de 1952, aposentar-se-á com a vantagem prevista naquele dispositivo.

Art. 251. (*Revogado pela Lei n. 9.527, de 10-12-1997.*)

Art. 252. Esta Lei entra em vigor na data de sua publicação, com efeitos financeiros a partir do primeiro dia do mês subsequente.

Art. 253. Ficam revogadas a Lei n. 1.711, de 28 de outubro de 1952, e respectiva legislação complementar, bem como as demais disposições em contrário.

Brasília, 11 de dezembro de 1990; 169.º da Independência e 102.º da República.

Fernando Collor

DECRETO N. 1.171,

DE 22 DE JUNHO DE 1994 (*)

Aprova o Código de Ética Profissional do Servidor Público Civil do Poder Executivo Federal.

O Presidente da República, no uso das atribuições que lhe confere o art. 84, incisos IV e VI, e ainda tendo em vista o disposto no art. 37 da Constituição, bem como nos arts. 116 e 117 da Lei n. 8.112, de 11 de dezembro de 1990, e nos arts. 10, 11 e 12 da Lei n. 8.429, de 2 de junho de 1992, decreta:

Art. 1.º Fica aprovado o Código de Ética Profissional do Servidor Público Civil do Poder Executivo Federal, que com este baixa.

Art. 2.º Os órgãos e entidades da Administração Pública Federal direta e indireta implementarão, em sessenta dias, as providências necessárias à plena vigência do Código de Ética, inclusive mediante a Constituição da respectiva Comissão de Ética, integrada por três servidores ou empregados titulares de cargo efetivo ou emprego permanente.

Parágrafo único. A constituição da Comissão de Ética será comunicada à Secretaria da Administração Federal da Presidência da República, com a indicação dos respectivos membros titulares e suplentes.

Art. 3.º Este decreto entra em vigor na data de sua publicação.

Brasília, 22 de junho de 1994, 173.º da Independência e 106.º da República.

ITAMAR FRANCO

ANEXO
CÓDIGO DE ÉTICA PROFISSIONAL DO SERVIDOR PÚBLICO CIVIL DO PODER EXECUTIVO FEDERAL

CAPÍTULO I

Seção I
Das Regras Deontológicas

I – A dignidade, o decoro, o zelo, a eficácia e a consciência dos princípios morais são primados maiores que devem nortear o servidor público, seja no exercício do cargo ou função, ou fora dele, já que refletirá o exercício da vocação do próprio poder estatal. Seus atos, comportamentos e atitudes serão direcionados para a preservação da honra e da tradição dos serviços públicos.

II – O servidor público não poderá jamais desprezar o elemento ético de sua conduta. Assim, não terá que decidir somente entre o legal e o ilegal, o justo e o injusto, o conveniente e o inconveniente, o oportuno e o inoportuno, mas principalmente entre o honesto e o desonesto, consoante as regras contidas no art. 37, *caput*, e § 4.º, da Constituição Federal.

III – A moralidade da Administração Pública não se limita à distinção entre o bem e o mal, devendo ser acrescida da ideia de que o fim é sempre o bem comum. O equilíbrio entre a legalidade e a finalidade, na conduta do servidor público, é que poderá consolidar a moralidade do ato administrativo.

IV – A remuneração do servidor público é custeada pelos tributos pagos direta ou indiretamente por todos, até por ele próprio, e por isso se exige, como contrapartida, que a moralidade administrativa se integre no Direito, como elemento indissociável de sua aplicação e de sua finalidade, erigindo-se, como consequência, em fator de legalidade.

V – O trabalho desenvolvido pelo servidor público perante a comunidade deve ser entendido como acréscimo ao seu próprio bem-estar, já que, como cidadão, integrante da sociedade, o êxito desse trabalho pode ser considerado como seu maior patrimônio.

VI – A função pública deve ser tida como exercício profissional e, portanto, se integra na vida particular de cada servidor público. Assim, os fatos e atos verificados na conduta do dia a dia em sua vida privada poderão acrescer ou diminuir o seu bom conceito na vida funcional.

VII – Salvo os casos de segurança nacional, investigações policiais ou interesse superior do Estado e da Administração Pública, a serem preservados em processo previamente declarado sigiloso, nos termos da lei, a publicidade de qualquer ato administrativo constitui requisito de eficácia e moralidade, ensejando sua omissão comprometimento ético contra o bem comum, imputável a quem a negar.

VIII – Toda pessoa tem direito à verdade. O servidor não pode omiti-la ou falseá-la, ainda que contrária aos interesses da própria pessoa interessada ou da Administração Pública. Nenhum Estado pode crescer ou estabilizar-se sobre o poder corruptivo do hábito do erro, da opressão ou da mentira, que sempre aniquilam até mesmo a dignidade humana quanto mais a de uma Nação.

IX – A cortesia, a boa vontade, o cuidado e o tempo dedicados ao serviço público caracterizam o esforço pela disciplina. Tratar mal uma pessoa que paga seus tributos direta ou indiretamente significa causar-lhe dano moral. Da mesma forma, causar dano a qualquer bem pertencente ao patrimônio público, deteriorando-o, por descuido ou má

(*) Publicado no *Diário Oficial da União*, de 23-6-1994.

vontade, não constitui apenas uma ofensa ao equipamento e às instalações ou ao Estado, mas a todos os homens de boa vontade que dedicaram sua inteligência, seu tempo, suas esperanças e seus esforços para construí-los.

X – Deixar o servidor público qualquer pessoa à espera de solução que compete ao setor em que exerça suas funções, permitindo a formação de longas filas, ou qualquer outra espécie de atraso na prestação do serviço, não caracteriza apenas atitude contra a ética ou ato de desumanidade, mas principalmente grave dano moral aos usuários dos serviços públicos.

XI – O servidor deve prestar toda a sua atenção às ordens legais de seus superiores, velando atentamente por seu cumprimento, e, assim, evitando a conduta negligente. Os repetidos erros, o descaso e o acúmulo de desvios tornam-se, às vezes, difíceis de corrigir e caracterizam até mesmo imprudência no desempenho da função pública.

XII – Toda ausência injustificada do servidor de seu local de trabalho é fator de desmoralização do serviço público, o que quase sempre conduz à desordem nas relações humanas.

XIII – O servidor que trabalha em harmonia com a estrutura organizacional, respeitando seus colegas e cada concidadão, colabora e de todos pode receber colaboração, pois sua atividade pública é a grande oportunidade para o crescimento e o engrandecimento da Nação.

Seção II
Dos Principais Deveres do Servidor Público

XIV – São deveres fundamentais do servidor público:

a) desempenhar, a tempo, as atribuições do cargo, função ou emprego público de que seja titular;

b) exercer suas atribuições com rapidez, perfeição e rendimento, pondo fim ou procurando prioritariamente resolver situações procrastinatórias, principalmente diante de filas ou de qualquer outra espécie de atraso na prestação dos serviços pelo setor em que exerça suas atribuições, com o fim de evitar dano moral ao usuário;

c) ser probo, reto, leal e justo, demonstrando toda a integridade do seu caráter, escolhendo sempre, quando estiver diante de duas opções, a melhor e a mais vantajosa para o bem comum;

d) jamais retardar qualquer prestação de contas, condição essencial da gestão dos bens, direitos e serviços da coletividade a seu cargo;

e) tratar cuidadosamente os usuários dos serviços aperfeiçoando o processo de comunicação e contato com o público;

f) ter consciência de que seu trabalho é regido por princípios éticos que se materializam na adequada prestação dos serviços públicos;

g) ser cortês, ter urbanidade, disponibilidade e atenção, respeitando a capacidade e as limitações individuais de todos os usuários do serviço público, sem qualquer espécie de preconceito ou distinção de raça, sexo, nacionalidade, cor, idade, religião, cunho político e posição social, abstendo-se, dessa forma, de causar-lhes dano moral;

h) ter respeito à hierarquia, porém sem nenhum temor de representar contra qualquer comprometimento indevido da estrutura em que se funda o Poder Estatal;

i) resistir a todas as pressões de superiores hierárquicos, de contratantes, interessados e outros que visem obter quaisquer favores, benesses ou vantagens indevidas em decorrência de ações imorais, ilegais ou aéticas e denunciá-las;

j) zelar, no exercício do direito de greve, pelas exigências específicas da defesa da vida e da segurança coletiva;

l) ser assíduo e frequente ao serviço, na certeza de que sua ausência provoca danos ao trabalho ordenado, refletindo negativamente em todo o sistema;

m) comunicar imediatamente a seus superiores todo e qualquer ato ou fato contrário ao interesse público, exigindo as providências cabíveis;

n) manter limpo e em perfeita ordem o local de trabalho, seguindo os métodos mais adequados à sua organização e distribuição;

o) participar dos movimentos e estudos que se relacionem com a melhoria do exercício de suas funções, tendo por escopo a realização do bem comum;

p) apresentar-se ao trabalho com vestimentas adequadas ao exercício da função;

q) manter-se atualizado com as instruções, as normas de serviço e a legislação pertinentes ao órgão onde exerce suas funções;

r) cumprir, de acordo com as normas do serviço e as instruções superiores, as tarefas de seu cargo ou função, tanto quanto possível, com critério, segurança e rapidez, mantendo tudo sempre em boa ordem.

s) facilitar a fiscalização de todos atos ou serviços por quem de direito;

t) exercer com estrita moderação as prerrogativas funcionais que lhe sejam atribuídas, abstendo-se de fazê-lo contrariamente aos legítimos interesses dos usuários do serviço público e dos jurisdicionados administrativos;

u) abster-se, de forma absoluta, de exercer sua função, poder ou autoridade com finalidade estranha ao interesse público, mesmo que observando as formalidades legais e não cometendo qualquer violação expressa à lei;

v) divulgar e informar a todos os integrantes da sua classe sobre a existência deste Código de Ética, estimulando o seu integral cumprimento.

Seção III
Das Vedações ao Servidor Público

XV – É vedado ao servidor público;

a) o uso do cargo ou função, facilidades, amizades, tempo, posição e influências, para obter qualquer favorecimento, para si ou para outrem;

b) prejudicar deliberadamente a reputação de outros servidores ou de cidadãos que deles dependam;

c) ser, em função de seu espírito de solidariedade, conivente com erro ou infração a este Código de Ética ou ao Código de Ética de sua profissão;

d) usar de artifícios para procrastinar ou dificultar o exercício regular de direito por qualquer pessoa, causando-lhe dano moral ou material;

e) deixar de utilizar os avanços técnicos e científicos ao seu alcance ou do seu conhecimento para atendimento do seu mister;

f) permitir que perseguições, simpatias, antipatias, caprichos, paixões ou interesses de ordem pessoal interfiram no trato com o público, com os jurisdicionados administrativos ou com colegas hierarquicamente superiores ou inferiores;

g) pleitear, solicitar, provocar, sugerir ou receber qualquer tipo de ajuda financeira, gratificação, prêmio, comissão, doação ou vantagem de qualquer espécie, para si, familiares ou qualquer pessoa, para o cumprimento da sua missão ou para influenciar outro servidor para o mesmo fim;

h) alterar ou deturpar o teor de documentos que deva encaminhar para providências;

i) iludir ou tentar iludir qualquer pessoa que necessite do atendimento em serviços públicos;

j) desviar servidor público para atendimento a interesse particular;

l) retirar da repartição pública, sem estar legalmente autorizado, qualquer documento, livro ou bem pertencente ao patrimônio público;

m) fazer uso de informações privilegiadas obtidas no âmbito interno de seu serviço, em benefício próprio, de parentes, de amigos ou de terceiros;

n) apresentar-se embriagado no serviço ou fora dele habitualmente;

o) dar o seu concurso a qualquer instituição que atente contra a moral, a honestidade ou a dignidade da pessoa humana;

p) exercer atividade profissional aética ou ligar o seu nome a empreendimentos de cunho duvidoso.

CAPÍTULO II
DAS COMISSÕES DE ÉTICA

XVI – Em todos os órgãos e entidades da Administração Pública Federal direta, indireta autárquica e fundacional, ou em qualquer órgão ou entidade que exerça atribuições delegadas pelo poder público, deverá ser criada uma Comissão de Ética, encarregada de orientar e aconselhar sobre a ética profissional do servidor, no tratamento com as pessoas e com o patrimônio público, competindo-lhe conhecer concretamente de imputação ou de procedimento susceptível de censura.

XVII – (*Revogado pelo Decreto n. 6.029, de 1.º-2-2007.*)

XVIII – À Comissão de Ética incumbe fornecer, aos organismos encarregados da execução do quadro de carreira dos servidores, os registros sobre sua conduta ética, para o efeito de instruir e fundamentar promoções e para todos os demais procedimentos próprios da carreira do servidor público.

XIX a XXI – (*Revogados pelo Decreto n. 6.029, de 1.º-2-2007.*)

XXII – A pena aplicável ao servidor público pela Comissão de Ética é a de censura e sua fundamentação constará do respectivo parecer, assinado por todos os seus integrantes, com ciência do faltoso.

XXIII – (*Revogado pelo Decreto n. 6.029, de 1.º-2-2007.*)

XXIV – Para fins de apuração do comprometimento ético, entende-se por servidor público todo aquele que, por força de lei, contrato ou de qualquer ato jurídico, preste serviços de natureza permanente, temporária ou excepcional, ainda que sem retribuição financeira, desde que ligado direta ou indiretamente a qualquer órgão do poder estatal, como as autarquias, as fundações públicas, as entidades paraestatais, as empresas públicas e as sociedades de economia mista, ou em qualquer setor onde prevaleça o interesse do Estado.

XXV – (*Revogado pelo Decreto n. 6.029, de 1.º-2-2007.*)

LÍNGUA PORTUGUESA

DIOGO ARRAIS
Professor de Língua Portuguesa no Complexo Educacional Damásio de Jesus. Colunista do espaço Dicas de Português, no portal Exame.com.

CAPÍTULO 1

PRIMEIRAS NOÇÕES DE TEXTO

1.1. PRIMEIRAS NOÇÕES DE TEXTO

Sem dúvida alguma, a palavra texto é familiar a qualquer pessoa ligada à prática escolar. Por isso, trataremos das principais noções desse termo cotidiano.

O dicionário Houaiss traz o seguinte significado para o termo texto: *s.m. 1. conjunto das palavras de um autor, em livro, folheto, documento etc. (p.opos. a comentários, aditamentos, sumário, tradução etc.); redação original de qualquer obra escrita. 2. conjunto de palavras citadas para provar alguma ideia ou doutrina. 3. trecho ou fragmento de obra de um autor (o t. analisado era de Graciliano Ramos). 3.1. passagem da bíblia que se toma para servir de tema ou assunto de um sermão. 4. GRÁF. Parte inicial de um livro ou outra publicação, com exclusão dos títulos, subtítulos, epígrafes, gravuras, notas etc. 5. TEL. Conteúdo de um telegrama, telex etc., excluídos os endereços do remetente e do destinatário. 6. RÁD. TV ou qualquer material escrito que se destina a ser falado ou lido em voz alta 8. coleções de direito, esp. romano ou canônico.*

TEXTO > RELATIVO A TECER > TECIDO > TEXTURA > TECELÃO

Observe-se, a título de exemplo, o texto abaixo:

CRIME

TIRO CERTEIRO

Estado americano limita porte de armas.

No começo de 1981, um jovem de 25 anos chamado John Hinckley Jr. entrou numa loja de armas de Dallas, no Texas, preencheu um formulário do governo com endereço falso e, poucos minutos depois, saiu com um Saturday Night Special – nome criado na década de 60 para chamar um tipo de revólver pequeno, barato e de baixa qualidade. Foi com essa arma que Hinckley, no dia 30 de março daquele ano, acertou uma bala no pulmão do presidente Ronald Reagan e outra na cabeça de seu porta-voz, James Brady. Reagan recuperou-se totalmente, mas Brady desde então está preso a uma cadeira de rodas. (...)

ENCARE SEMPRE O TEXTO COMO UMA UNIDADE. NÃO SE BASEIE EM INFORMAÇÕES ISOLADAS APENAS.

1.2. NÍVEIS DE LEITURA DE UM TEXTO

Ao primeiro contato com um texto qualquer, por mais simples que ele pareça, normalmente o leitor se defronta com a dificuldade de encontrar unidade por trás de tantos significados que ocorrem na sua superfície.

Para exemplificar o que acaba de ser dito, vamos ler uma pequena fábula de Monteiro Lobato e tentar demonstrar que, a partir da observação dos dados concretos da superfície, pode-se chegar à compreensão de significados mais abstratos, que dão unidade e organização ao texto.

NÃO SE ESQUEÇA DAS DIFERENÇAS ENTRE OS TEXTOS COM FINAIS MORALIZANTES:

- ▶ FÁBULA (personagens animais);
- ▶ PARÁBOLA (personagens humanos);
- ▶ APÓLOGO (personagens objetos).

O galo que logrou a raposa

Um velho galo matreiro, percebendo a aproximação da raposa, empoleirou-se numa árvore. A raposa, desapontada, murmurou consigo: "Deixe estar, seu malandro, que já te curo!..." E em voz alta:

– Amigo, venho contar uma grande novidade: acabou-se a guerra entre os animais. Lobo e cordeiro, gavião e pinto, onça e veado, raposa e galinhas, todos os bichos andam agora aos beijos, como namorados. Desça desse poleiro e venha receber o meu abraço de paz e amor.

– Muito bem! – exclama o galo. Não imagina como tal notícia me alegra! Que beleza vai ficar o mundo, limpo de guerras, crueldades e traições! Vou já descer para abraçar a amiga raposa, mas... como lá vêm vindo três cachorros, acho bom esperá-los, para que também eles tomem parte na confraternização.

Ao ouvir falar em cachorro, Dona Raposa não quis saber de histórias, e tratou de pôr ao fresco, dizendo:

– Infelizmente, amigo Có-ri-có-có, tenho pressa e não posso esperar pelos amigos cães. Fica para outra vez a festa, sim? Até logo.

E raspou-se.

Contra esperteza, esperteza e meia.

1.3. TEMAS E FIGURAS

Leia os dois textos abaixo:

a) Um asno, vítima da fome e da sede, depois de longa caminhada, encontrou um campo de viçoso feno ao lado do qual corria um regato de límpidas águas. Consumido pela fome e pela sede, começou a hesitar, não sabendo se antes comia do feno e depois bebia da água ou se antes saciava a sede e depois aplacava a fome. Assim, perdido na indecisão, morreu de fome e de sede. (Fábula de Buridan, filósofo da Idade Média)

b) Um indivíduo, colocado diante de dois objetos igualmente desejados, pode ficar de tal forma indeciso que acaba por perder a ambos.

> **Qual a diferença entre os dois textos? O primeiro, letra a, é um texto figurativo; o segundo, letra b, é temático.**

Primeiramente, iremos conceituar a diferença entre o texto denotativo (também chamado de literal ou não figurado) e o texto conotativo (também chamado de não literal ou figurado). Veja:

➢ **TEXTO FIGURADO, FIGURATIVO OU CONOTATIVO** – linguagem metafórica, própria de figuras, significado não literal.

Ex.: Minha sogra é uma cobra.

➢ **TEXTO DENOTATIVO, NÃO FIGURADO** – linguagem não metafórica, significado de acordo com o dicionário.

Ex.: Minha sogra é maldita, traiçoeira.

1.4. TIPOS DE LINGUAGEM

A linguagem, como maneira de expressão dos seres, pode ser subdividida em:

➢ Subjetiva (emotiva, pessoal) – caracterizada, geralmente, pelo uso de 1ª pessoa;

➢ Objetiva (impessoal) – caracterizada, geralmente, pelo uso de 3ª pessoa.

ACOSTUME-SE A TERMOS COMO POLISSEMIA (vários significados) E CAMPO SEMÂNTICO (campo de significações).

1.5. FUNÇÕES DA LINGUAGEM

A realização da comunicação depende de seis fatores principais. Veja cada um deles em particular:

- Emissor (ou locutor) – quem fala ou transmite a mensagem a alguém.
- Receptor (ou interlocutor) – quem recebe a mensagem comunicada pelo emissor.
- Mensagem – a informação ou o texto transmitido pelo emissor.
- Código – o sistema de sinais que permite a compreensão da mensagem.
- Canal – o meio empregado para o envio da mensagem.
- Referente – o contexto ou o assunto da mensagem.

1. Função emotiva (ou expressiva):

Dá-se ênfase à linguagem do emissor. Há o envolvimento pessoal do emissor (uso de 1ª pessoa, *eu*), que comunica sentimentos, inquietações, emoções, avaliações e opiniões centradas na expressão do "eu", do seu mundo interior.

2. Função referencial (ou denotativa):

Essa função ocorre quando o destaque na comunicação é o referente, ou seja, o objeto da mensagem ou a situação nela abordada. Os textos científicos, jornalísticos e didáticos representam exemplos dessa função da linguagem.

3. Função apelativa (ou conativa):

A função apelativa é usada quando o objetivo da transmissão da mensagem é persuadir o receptor. Os exemplos clássicos são os textos publicitários. Os verbos geralmente são empregados no modo imperativo (fuja, escolha, procure), e os pronomes na 2ª ou na 3ª pessoas (o seu agente de viagens).

4. Função fática:

Na função fática, enfatiza-se o canal de comunicação ou de contato. A intenção é iniciar um contato através de cumprimentos ("Olá!", "Como vai?", "Bom dia!") ou de uma abordagem coloquial objetiva e rápida ("Está tudo bem?", "Você precisa de ajuda?").

5. Função metalinguística:

A função metalinguística tem como fator essencial o código. O objetivo da mensagem é referir-se à própria linguagem. Podem-se encontrar exemplos dessa função em uma cena de filme que analise o cinema, em um poema que fale sobre o poeta e a poesia, em verbetes de dicionários, em textos que estudem e analisem outros textos (por exemplo, definições de assuntos gramaticais em gramáticas).

6. Função poética:

A função poética ocorre quando se enfatiza a mensagem ou o texto, quando é trabalhada a própria forma da linguagem. A ênfase recai sobre a construção do texto, a seleção e a disposição de palavras no texto.

Essa função é mais encontrada em poemas, mas aparece também em textos publicitários, em prosa e em outros.

EXERCÍCIO PARA FIXAÇÃO

Leia com atenção o texto a seguir e assinale a alternativa que identifica corretamente a função da linguagem que nele predomina.

Vexames

Muita gente não sabe usar um celular. Veja o que você não deve fazer com ele.

- Não ande com o celular pendurado na calça. Fica feio. Guarde-o na mochila. Dá para escutá-lo do mesmo jeito.
- Desligue o celular durante as aulas – ou em lugares públicos, como o cinema. Depois você acessa a caixa postal e pega a mensagem.
- Nunca telefone durante a aula. Não adianta se abaixar, nem cobrir o celular com o cabelo. As pessoas vão perceber que você está no telefone.
- Quando estiver com apenas uma amiga, não fique horas falando no celular.
- Não fique oferecendo o seu telefone só para ser simpática. Lembre-se da conta que vai chegar.

a) referencial

b) poética

c) fática

d) metalinguística

e) conativa

Gabarito: e

1.6. LINGUAGEM VERBAL E LINGUAGEM NÃO VERBAL

➢ **LINGUAGEM VERBAL:** Aquela que utiliza a língua (falada ou escrita);

➢ **LINGUAGEM NÃO VERBAL:** Aquela que utiliza qualquer código que não seja a palavra.

"(...) **texto**, em sentido lato, designa toda e qualquer manifestação da capacidade textual do ser humano (quer se trate de um poema, quer de uma música, uma pintura, um filme, uma escultura etc.), isto é, qualquer tipo de comunicação realizada através de um sistema de signos."

FÁVERO, L. F. & KOCH, I. V. *Linguística textual*: introdução. 5. ed. São Paulo: Cortez, 2000.

"(...) **signos** são entidades em que sons ou sequência de sons – ou as suas correspondências gráficas – estão ligados com significados ou conteúdos. (...) Os signos são assim instrumentos de comunicação e representação na medida em que, com eles, configuramos linguisticamente a realidade e distinguimos os objetos entre si."

VILELA, M. & KOCH, I. V. *Gramática da Língua Portuguesa*. Coimbra: Almedina, 2001.

1.7. PARÁFRASE E PERÍFRASE

O diálogo com um texto existente também pode se dar por meio da paráfrase, que recria o texto original com outras palavras, mas conserva suas ideias.

Paráfrase é a recriação de um texto em outras palavras, sem que se alterem as ideias originais.

De acordo com o dicionário Houaiss, **perífrase** é a frase ou recurso verbal que exprime aquilo que poderia ser expresso por menor número de palavras; circunlóquio. P. lexical locução ou frase que transmite um conceito [Usa-se por três motivos: 1) por eufemismo (*cuidado com os amigos do alheio*, em vez de *ladrões*); 2) para garantir o entendimento (*lado maior de um triângulo retângulo*, em vez de *hipotenusa*); 3) para dar mais riqueza e colorido ao texto; aqui se incluem metáforas e epítetos constantes, us. em lugar do nome, como a *cidade maravilhosa*, em vez de Rio de Janeiro, *o país do sol nascente*, em vez de Japão (...).

1.8. INTERTEXTUALIDADE

Intertextualidade é o diálogo entre textos (ou entre imagens). É a relação estabelecida entre uma produção verbal (ou não verbal) e outra.

Para a situação de produção textual (verbal) argumentativa, alguns intertextos servem como exemplos:

➢ Intertexto histórico;

➢ Intertexto estatístico;

➢ Intertexto literário.

1.9. COERÊNCIA TEXTUAL

Leia atentamente a expressão abaixo:

"Maria tinha lavado a roupa, mas ainda estava lavando."

Agora esta:

"A galinha está grávida."

Agora, leia o texto que segue:

Havia um menino muito magro que vendia amendoins numa esquina de uma das avenidas de São Paulo. Ele era tão fraquinho, que mal podia carregar a cesta em que estavam os pacotinhos de amendoim. Um dia, na esquina em que ficava, um motorista, que vinha em alta velocidade, perdeu a direção. O carro capotou e ficou de rodas para o ar. O menino não pensou duas vezes. Correu para o carro e tirou de lá o motorista, que era um homem corpulento. Carregou-o até a calçada, parou um carro e levou o homem para o hospital. Assim, salvou-lhe a vida.

➢ **HOUVE COERÊNCIA, LÓGICA NOS TEXTOS ACIMA?**

Coerência deve ser entendida como unidade do texto. Um texto coerente é um conjunto harmônico, em que todas as partes se encaixam de maneira complementar de modo que não haja nada destoante, nada ilógico, nada contraditório, nada desconexo.

1.10. COESÃO TEXTUAL

Primeiramente, vejamos o texto abaixo (trecho de "Circuito fechado", de R. Ramos):

I

Chinelos, vaso, descarga. Pia, sabonete. Água. Escova, creme dental, água, espuma, creme de barbear, pincel, espuma, gilete, água, cortina, sabonete, água fria, água quente, toalha. Creme para cabelo, pente. Cueca, camisa, abotoaduras, calça, meias, sapatos, gravata, paletó. Carteira, níqueis, documentos, caneta, chaves, lenço, relógio, maço de cigarros, caixa de fósforos. Jornal. Mesa, cadeiras, xícara e pires, prato, bule, talheres, guardanapo. Quadros. Pasta, carro. Cigarro, fósforo. Mesa e poltrona, cadeira, cinzeiro, papéis, telefone, agenda, copo com lápis, canetas, bloco de notas, espátula, pastas, caixas de entrada, de saída, vaso com plantas, quadros, papéis, cigarro, fósforo. Bandeja, xícara pequena. Cigarro e fósforo. Papéis, telefone, relatórios, cartas, notas, vales, cheques. (...)

Pode-se afirmar que coesão textual diz respeito a todos os processos de sequencialização que asseguram (ou tornam recuperável) uma ligação linguística significativa entre os elementos que ocorrem na superfície textual.

Coesão textual é um dos principais elementos da textualidade. São as articulações sintáticas e gramaticais entre as partes que compõem o texto para evitar, sobretudo, a redundância e a ambiguidade, garantindo a sequência lógica.

Os conectivos são os elementos usados para estabelecer elos entre palavras, orações e períodos, ou seja, ligar as partes de um texto para que este forme uma unidade de sentido. Entre eles destacam-se: conjunções, preposições, pronomes e advérbios.

1.11. AMBIGUIDADE TEXTUAL

Ambiguidade (quando indevida) dificulta a compreensão do texto pelo interlocutor, por oferecer, de forma não intencional, interpretação dúbia.

Vejamos, agora, algumas expressões ambíguas:

➢ O computador tornou-se um aliado do homem, mas esse nem sempre realiza todas as suas tarefas (Esse? Quem? O computador ou o homem?).

➢ Raquel preparou a pesquisa com Sílvio e fez sua apresentação (Quem fez a apresentação?).

➢ Visitamos o teatro e o museu cuja qualidade artística é inegável (Do teatro ou do museu?).

➢ O motorista falou com o passageiro que era gaúcho (Quem era gaúcho?).

1.12. REDUNDÂNCIA VICIOSA (PLEONASMO VICIOSO)

A redundância (falta de coerência textual) prejudica o entendimento do texto pelo interlocutor devido ao excesso de ideias e/ou palavras empregadas desnecessariamente.

Veja um excesso de repetição abaixo:

"O ministro apresentou sua proposta de trabalho, mas o ministro não foi claro em várias questões e as argumentações do ministro não foram aceitas."

Acompanhe outras expressões pleonásticas:

"Elo de ligação..."

"Na minha opinião pessoal..."

1.13. TIPOLOGIA TEXTUAL

Inicialmente é importante observar a divisão básica entre os tipos de texto. Vale lembrar, ainda, que a base para qualquer texto é a informação, ou seja, a própria função referencial ou denotativa da linguagem.

a) DESCRIÇÃO: ato ou efeito de descrever; exposição circunstanciada feita pela palavra falada ou escrita; retrato verbal daquilo que se quer mostrar. Vejamos um trecho descritivo:

"Naquela casa azul da esquina, mora o seu João da marcenaria. Lá ele mora com seus quatro filhos, a Joana que trabalha no hospital, a Maria da lojinha, o Roberto do mercado e o Julinho o caçulinha, e com a sua esposa Dona Rita, cozinheira de mão cheia, que faz bolos e docinhos para aniversário."

(Autor desconhecido)

b) NARRAÇÃO: a própria história; fatos vividos por personagens, numa determinada sequência temporal. A narração possui a seguinte estrutura: personagens, espaço, narrador, tempo, enredo.

"Conta a lenda que um velho funcionário público de Veneza, noite e dia, dia e noite, rezava e implorava para que um santo o fizesse ganhar sozinho na loteria, cujo valor do prêmio o faria realizar todos seus desejos e vontades.

Assim, passavam-se os dias, as semanas, os meses e anos. Nada acontecia.

Até que em um dia santo, de tanto o fiel chorar e implorar, um Santo surgiu do nada e numa voz de desespero e raiva gritou:

– Pelo menos, meu filho, compre o bilhete!"

(Autor desconhecido)

c) ARGUMENTAÇÃO: defesa da ideia; busca pela comprovação de determinada tese. Vejamos abaixo um exemplo de texto argumentativo:

"A globalização ou mundialização do espaço geográfico é caracterizada pelo processo de interligação econômica, política, social e cultural, em nível global. Esse processo é consequência, principalmente, da expansão dos sistemas de comunicação por satélites, da telefonia, da presença da informática na maior parte dos setores de produção e de serviços, através da internet.

A globalização constitui o estágio máximo da internacionalização, a amplificação em sistema-mundo de todos os lugares e de todos os indivíduos, logicamente em graus diferentes.

Alguns pesquisadores consideram que a globalização teve início com as grandes navegações nos séculos XV e XVI, pois nesse período o colonizador europeu entrou em contato com povos de outros continentes, mantendo relações sociais, culturais e comerciais.

Porém, esse processo se intensificou com a queda dos regimes comunistas na Europa e a abertura econômica realizada na China, ambos na década de 1980. As empresas transnacionais, que possuem matriz em um país, mas atuam com filiais em outros, expandindo seu mercado consumidor, são os grandes marcos da globalização. Pois a abertura econômica realizada por esses países proporcionou que essas empresas expandissem seu foco de atuação.

A globalização é de fundamental importância para a atuação das empresas transnacionais, pois proporciona todo o aparato tecnológico para os serviços de telecomunicação, transporte, investimentos, entre outros, fatores essenciais para realização eficaz das atividades econômicas em escala planetária."

(Autor desconhecido)

Atentemo-nos para o fato de que algumas bancas examinadoras costumam cobrar o significado de textos injuntivos (instrucionais), textos preditivos (pautados pela previsão) e textos meramente referenciais (informativos).

1.14. VOZES MARCADAS NO TEXTO

As vozes demarcadas no texto podem ser classificadas como:

➢ **Discurso direto;**

➢ **Discurso indireto;**

➢ **Discurso indireto livre.**

As marcas do discurso direto são:

a) a fala das personagens é anunciada por um verbo *dicendi* (dizia, retrucou, afirmou etc.);

b) a fala das personagens aparece nitidamente separada da fala do narrador por aspas ou por dois-pontos e travessão.

Exemplo de discurso direto:

Fabiano pensou:

– Eu estou indeciso.

As marcas do discurso indireto são:

a) o que a personagem disse vem também introduzido por um verbo *dicendi*;

b) o que a personagem disse constitui uma oração subordinada substantiva do verbo *dicendi* e, portanto, é separada da fala do narrador por uma partícula introdutória (que, se, como...).

Exemplo de discurso indireto:

Fabiano pensou que estava indeciso.

As marcas do discurso indireto livre são:

a) as falas das personagens não são introduzidas por um verbo *dicendi*;

b) não há conjunção (que, se, como...) como elemento separador;

c) contém orações interrogativas, imperativas, exclamativas;

d) mistura de vozes de narrador / personagem.

Exemplo de discurso indireto livre:

Ele estava indeciso.

Outro exemplo de discurso indireto livre:

"Se não fosse isso... Na! em que estava pensando? Meteu os olhos pela grade da rua. Chi! que pretume! O lampião da esquina se apagara, provavelmente o homem das escadas só botara nele meio quarteirão de querosene."

(*Vidas secas*)

1.15. DISSERTAR E ARGUMENTAR

De acordo com Othon M. Garcia, em *Comunicação em prosa moderna*, a dissertação se caracteriza pela exposição ou explanação de ideias. *"Na dissertação podemos expor, sem combater, ideias de que discordamos ou que nos são indiferentes. Um professor de Filosofia pode fazer uma explanação sobre o existencialismo ou o marxismo com absoluta isenção..."*

"Argumentar é, em última análise, convencer ou tentar convencer mediante a apresentação de razões, em face da evidência das provas e à luz de um raciocínio coerente e consistente."

➢ ESTRUTURAÇÃO SUGESTIVA PARA A CRIAÇÃO DE UM TEXTO DISSERTATIVO-ARGUMENTATIVO:

1. DISSERTAÇÃO ARGUMENTATIVA;
2. INTERTEXTUALIDADE;
3. USO DA LÍNGUA PADRÃO;
4. CONCLUSÃO E AMOSTRA DE RESULTADOS.

1.16. FIGURAS DE LINGUAGEM

As figuras de linguagem são recursos linguísticos que conferem expressividade, estilo a um determinado enunciado, texto, situação. Dividem-se em três grupos: figuras de som, figuras de construção e figuras de pensamento. Vejamos as principais:

FIGURAS DE SOM:

a) ALITERAÇÃO: repetição de sons consonantais.

"Vozes veladas veludosas vozes..."

b) ASSONÂNCIA: repetição de sons vocálicos.

"Aonde anda a onda?"

c) ONOMATOPEIA: representação escrita dos sons.

"O tique-taque daqueles insanos relógios da igreja."

FIGURAS DE CONSTRUÇÃO:

a) ANÁFORA: repetição de palavras no início das frases ou versos.

"Depois, o areal extenso...

Depois, o oceano de pó...

Depois no horizonte imenso..."

b) APÓSTROFE: invocação do ouvinte ou leitor; vocativo.

"Não basta inda de dor, ó Deus terrível?!"

c) PLEONASMO: repetição de uma ideia, com o objetivo de realce.

"Lá vi com estes olhos pecadores."

d) POLISSÍNDETO: existência de uma mesma conjunção.

"Trabalha, e teima, e lima, e sofre, e sua!"

e) ASSÍNDETO: inexistência de conjunção.

"Trabalha, teima, lima, sofre, sua!"

f) ELIPSE: omissão de termo, que pode ser subentendido.

"Vivíamos sob o mesmo teto."

g) ZEUGMA: omissão de termo anteriormente enunciado.

"Uns querem a paz; outros, a guerra."

h) HIPÉRBATO: inversão da relação sintática natural (sujeito-verbo-complemento).

"Lindos eram os olhos da criança."

i) ANACOLUTO: quebra da estrutura sintática de uma frase, ou seja, a quebra da ordem lógica de sujeito-verbo-complemento.

"A velha hipocrisia recordo-me hoje dela com vergonha."

j) SILEPSE: chamada de concordância ideológica; combinação das palavras não com a forma, mas sim com a ideia. Vejamos os tipos de silepse:

– Gênero: "Conheci o cônjuge na audiência; na época, pareceu-me preocupada."

– Número: "A turma, agitada, seguia em direção ao Palácio; chegaram a saquear..."

– Pessoa: "Todos ansiávamos por dias melhores."

FIGURAS DE PENSAMENTO

a) METÁFORA: famosa comparação ideológica, o famoso sentido figurado.

"Mike Tyson é um touro."

"Iracema, a virgem dos lábios de mel..."

b) METONÍMIA: uso de uma palavra no lugar de outra; substituição.

"O futebol brasileiro ressente a falta de novos Pelés." (O termo "Pelés" é usado para substituir "bons jogadores".)

c) CATACRESE: substantivação popular; expressões que surgiram metaforicamente, como o "dente do alho", a "boca do estômago".

"Os pés da mesa estão quebrados."

d) ANTONOMÁSIA: substituição de um nome próprio por um título dado a ele.

"O Poeta dos Escravos morreu na flor dos anos."

e) ANTÍTESE: aproximação de palavras com sentidos opostos.

"És bom, és mau; és triste e humano."

f) PARADOXO: variação da antítese, consiste na aproximação de ideias opostas.

"Fulano está tão cego que vê, agora, seu egoísmo."

g) HIPÉRBOLE: exagero ideológico.

"Chorei bilhões de vezes com a canseira..."

h) EUFEMISMO: suavização ideológica.

"Você me faltou com a verdade na reunião."

i) IRONIA: apresentação de um termo com o objetivo da oposição de sentido.

"A excelente Dona Inácia era mestra na arte de judiar das crianças."

j) PROSOPOPEIA: personificação ou animismo; atribuição de características humanas a seres não humanos.

"A chuva semeou um pouco de esperança no solo dos trópicos."

k) SINESTESIA: apresentação do processo gustativo (sensitivo) por meio da palavra.

"Palavras doces, palavras açucaradas eram sempre usadas naquele discurso."

1.17. PARALELISMO

1. O paralelismo semântico: palavras e/ou expressões que participam do mesmo campo semântico. Veja que "educação, giz, quadro, professor" participam do mesmo campo de significações; logo, são paralelos semanticamente.

"Na Educação, o giz, o quadro e o professor são elementos fundamentais."

2. O paralelismo sintático:

"O sabão em pó que limpa e amacia.

O sabão em pó que ajuda e dialoga.

O sabão em pó que é tudo."

1.18. SIGNIFICAÇÃO DAS PALAVRAS

1. HOMÔNIMOS OU HOMONÍMIA:

São palavras que possuem significados diferentes, mas são iguais no som e/ou na escrita.

– Homógrafos: seco / seco

olho / olho

almoço / almoço

– Homófonos: cesta / sexta

cheque / xeque

– Homônimos perfeitos: rio / rio
cedo / cedo

2. PARÔNIMOS:

São palavras que possuem significados diferentes, mas são muito parecidas no som e na grafia.

Exemplos clássicos: "deferir / diferir; flagrante / fragrante; emigrante / imigrante".

QUESTÕES

Após 24 anos, DNA em pontas de cigarro desvendam assassinato

1) Um policial aposentado ajudou a desvendar um antigo
2) caso de assassinato que o havia atormentado por toda
3) sua carreira graças a pontas de cigarro guardadas por
4) 24 anos.
5) O detetive Tom Goodwin não conseguiu encontrar os
6) responsáveis pelo homicídio de Samuel Quentzel em
7) 1986, quando ele foi morto a tiros dentro de seu carro em
8) frente a sua casa, em Long Island, Nova York. Mas
9) Goodwin insistiu que fossem guardadas quatro pontas de
10) cigarro encontradas durante a investigação do crime,
11) esperando que algum dia elas pudessem identificar os
12) assassinos.
13) Mais de 20 anos depois, graças aos avanços na
14) tecnologia de identificação de DNA e à expansão dos
15) bancos de dados com informações genéticas de criminosos,
16) foi possível identificar os homens responsáveis pelo
17) crime. Lewis Slaughter, 61 anos, foi condenado por
18) assassinato em segundo grau e será sentenciado em
19) dezembro.
20) Ele pode receber pena de 25 anos a prisão perpétua
21) pela morte de Quentzel, que era casado e pai de três
22) filhos. Slaughter, que tem uma longa ficha criminal, já está
23) preso por outro assassinato também ocorrido em 1986.
24) "Eu nunca parei de pensar sobre isso", disse
25) Goodwin, que se aposentou da polícia em 2000, ao New
26) York Daily News. "Sempre que investigava um caso no
27) Brooklyn ou em Queens, eu checava se uma arma .380
28) tinha sido usada, esperando encontrar uma ligação.
29) Nunca deu certo".
30) **Na entrada de casa**
31) Realizado mais de 20 anos após o crime, o julgamento,
32) em um tribunal em Long Island, estabeleceu que
33) no dia 4 de setembro de 1986 Slaughter e seu cúmplice
34) Clifton Waters se aproximaram de Quentzel, que estava
35) em seu carro, logo após voltar do trabalho em sua loja de
36) materiais de encanamento no Brooklyn.
37) (...)
38) **DNA**
39) A retomada do caso resultou de uma iniciativa da
40) viúva e um filho de Quentzel, que, em maio de 2007,
41) contataram a promotoria pública pedindo uma nova
42) investigação sobre a morte de Samuel.
43) A resolução do crime só foi possível graças à
44) ampliação do banco de dados de DNA, que passou a
45) exigir amostras de todos os condenados por crimes após
46) 2006, mas que também valia retroativamente para os que
47) estivessem presos ou em liberdade condicional na época.
48) Foi assim que o Departamento de Justiça Criminal de
49) Nova York ligou Roger Williams a uma ponta de cigarro
50) encontrada na van mais de 20 anos antes.
51) (...)
52) "A família Quentzel perseverou por mais de 24 anos
53) com esperança de ver os assassinos de Samuel Quentzel
54) enfrentarem a Justiça e esse dia finalmente chegou",
55) disse a promotora pública no caso, Kathleen Rice. "Eu
56) não poderia estar mais orgulhosa dos integrantes de meu
57) gabinete e do departamento de polícia, que nunca
58) desistiram de seu comprometimento em prender os
59) homens responsáveis por esse crime terrível".

(http://noticias.terra.com.br/mundo/noticias/0,,OI-4792431-EI8141,00-Apos+anos+DNA+em+pontas+-de+cigarro+desvendam+assassinato.html; 15-11-2010, 09h49 • atualizado às 11h04)

1) De acordo com o texto, pode-se afirmar SOMENTE que

a) o carro era do detetive Tom Goodwin.

b) Quentzel estava estacionado com seu carro na frente da casa de Clifton Waters.

c) o detetive tinha emprestado o seu carro para Quentzel.

d) o carro era da própria vítima, Samuel Quentzel.

e) o carro e a casa eram do detetive Tom Goodwin.

2) Com base no segundo parágrafo, podemos inferir SOMENTE que:

a) Goodwin sabia que encontraria os assassinos de Quentzel.

b) A insistência de Goodwin para que preservassem as pontas de cigarro gerava a possibilidade da identificação dos assassinos de Quentzel.

c) Goodwin tinha certeza de que as pontas de cigarro seriam a prova para condenar os assassinos de Quentzel naquela ocasião.

d) Goodwin sabia que as pontas de cigarro continham marcas suficientes para incriminar os assassinos de Quentzel naquela ocasião.

e) Goodwin sabia quem eram os assassinos, e sua dúvida para os descobrir provocou a condenação desses réus.

3) A transformação da frase *"Eu nunca parei de pensar sobre isso"*, disse Goodwin, (linhas 24 e 25) para discurso indireto é:

a) Goodwin disse que nunca parara de pensar sobre aquilo.

b) Goodwin diz que nunca tivera parado de pensar sobre aquilo.

c) Goodwin disse: "Eu nunca parei de pensar sobre isso".

d) Goodwin diz: "Eu nunca parei de pensar sobre isso".

e) Goodwin disse o que pensava sobre aquilo.

EUA dizem que um ataque ao Irã uniria o país, hoje dividido

1) WASHINGTON (Reuters) Um ataque militar
2) contra o Irã uniria o país, que está dividido, e reforçar a
3) determinação do governo iraniano para buscar armas
4) nucleares, disse o secretário de Defesa dos Estados
5) Unidos, Robert Gates, nesta terça-feira.
6) Em pronunciamento ao conselho diretor do Wall
7) Street Journal, Gates afirmou ser importante usar outros
8) meios para convencer o Irã a não procurar ter armas
9) nucleares e repetiu as suas preocupações de que ações
10) militares somente iriam retardar – e não impedir – que
11) o país obtenha essa capacidade.

(http://noticias.uol.com.br/ultimas-noticias/reuters/2010/11/16/eua-dizem-que-um-ataque-ao-ira-uniria-o-pais--hoje-dividido.jhtm?action=print, em 16-11-2010)

4) Com base SOMENTE no título, descontextualizado, é possível inferir que o ataque uniria

I. os EUA.

II. o Irã.

III. o Brasil.

Está correto o que se afirma em

a) I, apenas.

b) II, apenas.

c) I e II, apenas.

d) III, apenas.

e) I, II e III.

GABARITO

1. D
2. B
3. A
4. C

CAPÍTULO 2

REDAÇÃO OFICIAL DA PRESIDÊNCIA DA REPÚBLICA

2.1. O QUE É REDAÇÃO OFICIAL

Em uma frase, pode-se dizer que redação oficial é a maneira pela qual o Poder Público redige atos normativos e comunicações. Interessa-nos tratá-la do ponto de vista do Poder Executivo.

A redação oficial deve caracterizar-se pela impessoalidade, uso do padrão culto de linguagem, clareza, concisão, formalidade e uniformidade. Fundamentalmente esses atributos decorrem da Constituição, que dispõe, no art. 37: "*A administração pública direta, indireta ou fundacional, de qualquer dos Poderes da União, dos Estados, do Distrito Federal e dos Municípios obedecerá aos princípios de legalidade, impessoalidade, moralidade, publicidade e eficiência (...)*". Sendo a publicidade e a impessoalidade princípios fundamentais de toda administração pública, claro está que devem igualmente nortear a elaboração dos atos e comunicações oficiais.

Não se concebe que um ato normativo de qualquer natureza seja redigido de forma obscura, que dificulte ou impossibilite sua compreensão. A transparência do sentido dos atos normativos, bem como sua inteligibilidade, são requisitos do próprio Estado de Direito: é inaceitável que um texto legal não seja entendido pelos cidadãos. A publicidade implica, pois, necessariamente, clareza e concisão.

Esses mesmos princípios (impessoalidade, clareza, uniformidade, concisão e uso de linguagem formal) aplicam-se às comunicações oficiais: elas devem sempre permitir uma única interpretação e ser estritamente impessoais e uniformes, o que exige o uso de certo nível de linguagem.

2.2. PRONOMES DE TRATAMENTO

Os pronomes de tratamento (ou de *segunda pessoa indireta*) apresentam certas peculiaridades quanto à concordância verbal, nominal e pronominal. Embora se refiram à segunda pessoa gramatical (à pessoa com quem se fala, ou a quem se dirige a comunicação), levam a concordância para a *terceira pessoa*. É que o verbo concorda com o substantivo que integra a locução como seu núcleo sintático: "Vossa *Senhoria nomeará* o substituto"; "Vossa *Excelência conhece* o assunto".

Da mesma forma, os pronomes possessivos referidos a pronomes de tratamento são sempre os da terceira pessoa: "Vossa *Senhoria* nomeará *seu* substituto" (e não "*Vossa ... vosso...*").

2.2.1. Emprego dos Pronomes de Tratamento

Vossa Excelência, para as seguintes autoridades:

a) do Poder Executivo:

Presidente da República;

Vice-Presidente da República;

Ministros de Estado;

Governadores e Vice-Governadores de Estado e do Distrito Federal;

Oficiais-Generais das Forças Armadas;

Embaixadores;

Secretários-Executivos de Ministérios e demais ocupantes de cargos de natureza especial;

Secretários de Estado dos Governos Estaduais;

Prefeitos Municipais.

b) do Poder Legislativo:

Deputados Federais e Senadores;

Ministro do Tribunal de Contas da União;

Deputados Estaduais e Distritais;

Conselheiros dos Tribunais de Contas Estaduais;

Presidentes das Câmaras Legislativas Municipais.

c) do Poder Judiciário:

Ministros dos Tribunais Superiores;

Membros de Tribunais;

Juízes;

Auditores da Justiça Militar.

O vocativo a ser empregado em comunicações dirigidas aos Chefes de Poder é *Excelentíssimo Senhor*, seguido do cargo respectivo:

Excelentíssimo Senhor Presidente da República,

Excelentíssimo Senhor Presidente do Congresso Nacional,

Excelentíssimo Senhor Presidente do Supremo Tribunal Federal.

As demais autoridades serão tratadas com o vocativo Senhor, seguido do cargo respectivo:

Senhor Senador,

Senhor Juiz,

Senhor Ministro,

Senhor Governador,

No envelope, o endereçamento das comunicações dirigidas às autoridades tratadas por *Vossa Excelência* terá a seguinte forma:

A Sua Excelência o Senhor	A Sua Excelência o Senhor	A Sua Excelência o Senhor
Fulano de Tal Ministro de Estado da Justiça	Senador Fulano de Tal	Fulano de Tal Juiz de Direito da 10ª Vara Cível
70.064-900 – Brasília. DF	Senado Federal	Rua ABC, n· 123
	70.165-900 – Brasília. DF	01.010-000 – São Paulo. SP

Em comunicações oficiais, está abolido o uso do tratamento *digníssimo* (DD), às autoridades arroladas na lista anterior. A dignidade é pressuposto para que se ocupe qualquer cargo público, sendo desnecessária sua repetida evocação.

Vossa Senhoria é empregado para as demais autoridades e para particulares. O vocativo adequado é:

Senhor Fulano de Tal,

(...)

No envelope, deve constar do endereçamento:

Ao Senhor

Fulano de Tal

Rua ABC, n. 123 70.123 – Curitiba. PR

Como se depreende do exemplo acima, fica dispensado o emprego do superlativo *ilustríssimo* para as autoridades que recebem o tratamento de *Vossa Senhoria* e para particulares. É suficiente o uso do pronome de tratamento *Senhor*.

Acrescente-se que *doutor* não é forma de tratamento, e sim título acadêmico. Evite usá-lo indiscriminadamente. Como regra, empregue-o apenas em comunicações dirigidas a pessoas que tenham tal grau por terem concluído curso universitário de doutorado.

Mencionemos, ainda, a forma *Vossa Magnificência*, empregada por força da tradição, em comunicações dirigidas a reitores de universidade. Corresponde-lhe o vocativo:

Magnífico Reitor,

(...)

Os pronomes de tratamento para religiosos, de acordo com a hierarquia eclesiástica, são:

Vossa Santidade, em comunicações dirigidas ao Papa. O vocativo correspondente é:

Santíssimo Padre,

(...)

Vossa Eminência ou *Vossa Eminência Reverendíssima*, em comunicações aos Cardeais. Corresponde-lhe o vocativo:

Eminentíssimo Senhor Cardeal, ou

Eminentíssimo e Reverendíssimo Senhor Cardeal,

(...)

Vossa Excelência Reverendíssima é usado em comunicações dirigidas a Arcebispos e Bispos; *Vossa Reverendíssima* ou *Vossa Senhoria Reverendíssima* para Monsenhores, Cônegos e superiores religiosos. *Vossa Reverência* é empregado para sacerdotes, clérigos e demais religiosos.

2.3. O PADRÃO OFÍCIO

Há três tipos de expedientes que se diferenciam antes pela finalidade do que pela forma: o *ofício*, o *aviso* e o *memorando*.

2.3.1. Partes do documento no Padrão Ofício

O *aviso*, o *ofício* e o *memorando* devem conter as seguintes partes:

a) **tipo e número do expediente, seguido da sigla do órgão que o expede**:

Exemplos:

Mem. 123/2002-MF Aviso 123/2002-SG
Of. 123/2002-MME

b) **local e data** em que foi assinado, por extenso, com alinhamento à direita:

Exemplo:

Brasília, 15 de março de 1991.

c) **assunto**: resumo do teor do documento

Exemplos:

Assunto: **Produtividade do órgão em 2002.**

Assunto: **Necessidade de aquisição de novos computadores.**

d) **destinatário**: o nome e o cargo da pessoa a quem é dirigida a comunicação. No caso do ofício deve ser incluído também o *endereço*.

e) **texto**: nos casos em que não for de mero encaminhamento de documentos, o expediente deve conter a seguinte estrutura:

– introdução, que se confunde com o parágrafo de abertura, na qual é apresentado o assunto que motiva a comunicação. Evite o uso das formas: *"Tenho a honra de"*, *"Tenho o prazer de"*, *"Cumpre-me informar que"*, empregue a forma direta;

– desenvolvimento, no qual o assunto é detalhado; se o texto contiver mais de uma ideia sobre o assunto, elas devem ser tratadas em parágrafos distintos, o que confere maior clareza à exposição;

– conclusão, em que é reafirmada ou simplesmente reapresentada a posição recomendada sobre o assunto.

2.3.2. Forma de diagramação

Os documentos do *Padrão Ofício* devem obedecer à seguinte forma de apresentação:

a) deve ser utilizada fonte do tipo *Times New Roman* de corpo 12 no texto em geral, 11 nas citações, e 10 nas notas de rodapé;

b) para símbolos não existentes na fonte *Times New Roman* poder-se-á utilizar as fontes *Symbol* e *Wingdings*;

c) é obrigatória constar a partir da segunda página o número da página;

d) os ofícios, memorandos e anexos destes poderão ser impressos em ambas as faces do papel. Nesse caso, as margens esquerda e direita terão as distâncias invertidas nas páginas pares (*"margem espelho"*);

e) o início de cada parágrafo do texto deve ter 2,5 cm de distância da margem esquerda;

f) o campo destinado à margem lateral esquerda terá, no mínimo, 3,0 cm de largura;

g) o campo destinado à margem lateral direita terá 1,5 cm;

h) deve ser utilizado espaçamento simples entre as linhas e de 6 pontos após cada parágrafo, ou, se o editor de texto utilizado não comportar tal recurso, de uma linha em branco;

i) não deve haver abuso no uso de negrito, itálico, sublinhado, letras maiúsculas, sombreado, sombra, relevo, bordas ou qualquer outra forma de formatação que afete a elegância e a sobriedade do documento;

j) a impressão dos textos deve ser feita na cor preta em papel branco. A impressão colorida deve ser usada apenas para gráficos e ilustrações;

k) todos os tipos de documentos do *Padrão Ofício* devem ser impressos em papel de tamanho *A-4*, ou seja, 29,7 x 21,0 cm;

l) deve ser utilizado, preferencialmente, o formato de arquivo *Rich Text* nos documentos de texto;

m) dentro do possível, todos os documentos elaborados devem ter o arquivo de texto preservado para consulta posterior ou aproveitamento de trechos para casos análogos;

n) para facilitar a localização, os nomes dos arquivos devem ser formados da seguinte maneira:

tipo do documento + número do documento + palavras-chaves do conteúdo

Ex.: *"Of. 123 - relatório produtividade ano 2002"*.

2.3.3. Aviso e Ofício

2.3.3.1. Definição e Finalidade

Aviso e *ofício* são modalidades de comunicação oficial praticamente idênticas. A única diferença entre eles é que o aviso é expedido exclusivamente por Ministros de Estado, para autoridades de mesma hierarquia, ao passo que o ofício é expedido para e pelas demais autoridades. Ambos têm como finalidade o tratamento de assuntos oficiais pelos órgãos da Administração Pública entre si e, no caso do ofício, também com particulares.

2.3.3.2. Forma e Estrutura

Quanto a sua forma, *aviso* e *ofício* seguem o modelo do *padrão ofício*, com acréscimo do *vocativo*, que invoca o destinatário (v. *2.1. Emprego dos Pronomes de Tratamento*), seguido de vírgula.

Exemplos:
Excelentíssimo Senhor Presidente da República
Senhora Ministra
Senhor Chefe de Gabinete

Devem constar do cabeçalho ou do rodapé do *ofício* as seguintes informações do remetente:
– nome do órgão ou setor;
– endereço postal;
– telefone e endereço de correio eletrônico.

Exemplo de Ofício

```
                    [Ministério]
                    [Secretaria/Departamento/Setor/Entidade]
  5 cm               [Endereço para correspondência].
                    [Endereço - continuação]
                    [Telefone e Endereço de Correio Eletrônico]


Ofício nº 524/1991/SG-PR
                                                    Brasília, 27 de maio de 1991.


A Sua Excelência o Senhor
Deputado [Nome]
Câmara dos Deputados
70.160-900 – Brasília – DF



Assunto: Demarcação de terras indígenas


          Senhor Deputado,
  2,5 cm
  1.      Em complemento às observações transmitidas pelo telegrama nº 154, de 24
de abril último, informo Vossa Excelência de que as medidas mencionadas em sua carta nº
6708, dirigida ao Senhor Presidente da República, estão amparadas pelo procedimento
administrativo de demarcação de terras indígenas instituído pelo Decreto nº 22, de 4 de
fevereiro de 1991 (cópia anexa).

  2.      Em sua comunicação, Vossa Excelência ressalva a necessidade de que – na
definição e demarcação das terras indígenas – fossem levadas em consideração as
características socioeconômicas regionais.

  3.      Nos termos do Decreto nº 22, a demarcação de terras indígenas deverá ser
precedida de estudos e levantamentos técnicos que atendam ao disposto no art. 231,
§ 1º, da Constituição Federal. Os estudos deverão incluir os aspectos etno-históricos, sociológicos,
cartográficos e fundiários. O exame deste último aspecto deverá ser feito conjuntamente com
o órgão federal ou estadual competente.

  4.      Os órgãos públicos federais, estaduais e municipais deverão encaminhar as
informações que julgarem pertinentes sobre a área em estudo. É igualmente assegurada a
manifestação de entidades representativas da sociedade civil.

  5.      Os estudos técnicos elaborados pelo órgão federal de proteção ao índio
serão publicados juntamente com as informações recebidas dos órgãos públicos e das
entidades civis acima mencionadas.
```

3,5 cm

6.   Como Vossa Excelência pode verificar, o procedimento estabelecido assegura que a decisão a ser baixada pelo Ministro de Estado da Justiça sobre os limites e a demarcação de terras indígenas seja informada de todos os elementos necessários, inclusive daqueles assinalados em sua carta, com a necessária transparência e agilidade.

    Atenciosamente,

            [Nome]
            [cargo]

Exemplo de Aviso

5 cm

Aviso nº 45/SCT-PR

Brasília, 27 de fevereiro de 1991.

A Sua Excelência o Senhor
[Nome e cargo]

Assunto: **Seminário sobre uso de energia no setor público.**

Senhor Ministro,

2,5 cm

Convido Vossa Excelência a participar da sessão de abertura do *Primeiro Seminário Regional sobre o Uso Eficiente de Energia no Setor Público*, a ser realizado em 5 de março próximo, às 9 horas, no auditório da Escola Nacional de Administração Pública – ENAP, localizada no Setor de Áreas Isoladas Sul, nesta capital.

O Seminário mencionado inclui-se na atividades do *Programa Nacional das Comissões Internas de Conservação de Energia em Órgãos Públicos*, instituído pelo Decreto nº 99.656, de 26 de outubro de 1990.

Atenciosamente,

[nome do signatário]
[cargo do signatário]

2.3.4. Memorando

2.3.4.1. Definição e Finalidade

O *memorando* é a modalidade de comunicação entre unidades administrativas de um mesmo órgão, que podem estar hierarquicamente em mesmo nível ou em nível diferente. Trata-se, portanto, de uma forma de comunicação eminentemente interna.

2.3.4.2. Forma e Estrutura

Quanto a sua forma, o *memorando* segue o modelo do *padrão ofício*, com a diferença de que o seu destinatário deve ser mencionado pelo cargo que ocupa.

Exemplos:

Ao Sr. Chefe do Departamento de Administração
Ao Sr. Subchefe para Assuntos Jurídicos

Exemplo de Memorando

---

5 cm

Mem. 118/DJ

Em 12 de abril de 1991

Ao Sr. Chefe do Departamento de Administração

Assunto: **Administração. Instalação de microcomputadores**

1. Nos termos do Plano Geral de informatização, solicito a Vossa Senhoria verificar a possibilidade de que sejam instalados três microcomputadores neste Departamento.

2. Sem descer a maiores detalhes técnicos, acrescento, apenas, que o ideal seria que o equipamento fosse dotado de disco rígido e de monitor padrão EGA. Quanto a programas, haveria necessidade de dois tipos: um processador de textos, e outro gerenciador de banco de dados.

3. O treinamento de pessoal para operação dos micros poderia ficar a cargo da Seção de Treinamento do Departamento de Modernização, cuja chefia já manifestou seu acordo a respeito.

4. Devo mencionar, por fim, que a informatização dos trabalhos deste Departamento ensejará racional distribuição de tarefas entre os servidores e, sobretudo, uma melhoria na qualidade dos serviços prestados.

Atenciosamente,

[nome do signatário]
[cargo do signatário]

2.4. EXPOSIÇÃO DE MOTIVOS

2.4.1. Definição e Finalidade

Exposição de motivos é o expediente dirigido ao Presidente da República ou ao Vice-Presidente para:

a) informá-lo de determinado assunto;

b) propor alguma medida; ou

c) submeter a sua consideração projeto de ato normativo.

Em regra, a exposição de motivos é dirigida ao Presidente da República por um Ministro de Estado.

2.4.2. Forma e Estrutura

Formalmente, a exposição de motivos tem a apresentação do *padrão ofício*. O anexo que acompanha a exposição de motivos que proponha alguma medida ou apresente projeto de ato normativo segue o modelo descrito adiante.

A *exposição de motivos*, de acordo com sua finalidade, apresenta duas formas básicas de estrutura: uma para aquela que tenha caráter exclusivamente informativo e outra para a que proponha alguma medida ou submeta projeto de ato normativo.

No primeiro caso, o da exposição de motivos que simplesmente leva algum assunto ao conhecimento do Presidente da República, sua estrutura segue o modelo antes referido para o *padrão ofício*.

Exemplo de Exposição de Motivos de caráter informativo

```
    5 cm


EM nº 00146/1991-MRE                                    Brasília, 24 de maio de 1991.




        5 cm



                Excelentíssimo Senhor Presidente da República

            1,5 cm

            O Presidente George Bush anunciou, no último dia 13, significativa
        mudança da posição norte-americana nas negociações que se realizam – na Conferência do
        Desarmamento, em Genebra – de uma convenção multilateral de proscrição total das armas
        químicas. Ao renunciar à manutenção de cerca de dois por cento de seu arsenal químico até a
        adesão à convenção de todos os países em condições de produzir armas químicas, os Estados
        Unidos reaproximaram sua postura da maioria dos quarenta países participantes do processo
        negociador, inclusive o Brasil, abrindo possibilidades concretas de que o tratado venha a ser
        concluído e assinado em prazo de cerca de um ano. (...)
                1 cm
            Respeitosamente,
                        2,5cm


                    [Nome]
                    [cargo]
```

Já a exposição de motivos que submeta à consideração do Presidente da República a sugestão de alguma medida a ser adotada ou a que lhe apresente projeto de ato normativo – embora sigam também a estrutura do *padrão ofício* –, além de outros comentários julgados pertinentes por seu autor, devem, obrigatoriamente, apontar:

a) na introdução: o problema que está a reclamar a adoção da medida ou do ato normativo proposto;

b) no desenvolvimento: o porquê de ser aquela medida ou aquele ato normativo o ideal para solucionar o problema, e eventuais alternativas existentes para equacioná-lo;

c) na conclusão, novamente, qual medida deve ser tomada, ou qual ato normativo deve ser editado para solucionar o problema.

A mensagem, como os demais atos assinados pelo Presidente da República, não traz identificação de seu signatário.

Exemplo de Mensagem

5 cm

Mensagem nº 118

4 cm

Excelentíssimo Senhor Presidente do Senado Federal,

2 cm

Comunico a Vossa Excelência o recebimento das Mensagens SM nº 106 a 110, de 1991, nas quais informo a promulgação dos Decretos Legislativos nº 93 a 97, de 1991, relativos à exploração de serviços de radiodifusão.

2 cm

Brasília, 28 de março de 1991.

2.5. TELEGRAMA

2.5.1. Definição e Finalidade

Por tratar-se de forma de comunicação dispendiosa aos cofres públicos e tecnologicamente superada, deve restringir-se o uso do telegrama apenas àquelas situações em que não seja possível o uso de correio eletrônico ou fax e em que a urgência justifique sua utilização e, também em razão de seu custo elevado, essa forma de comunicação deve pautar-se pela concisão.

2.5.2. Forma e Estrutura

Não há padrão rígido, devendo-se seguir a forma e a estrutura dos formulários disponíveis nas agências dos Correios e em seu sítio na Internet.

2.6. FAX

2.6.1. Definição e Finalidade

O fax (forma abreviada já consagrada de *fac-símile*) é uma forma de comunicação que está sendo menos usada devido ao desenvolvimento da Internet. É utilizado para a transmissão de mensagens urgentes e para o envio antecipado de documentos, de cujo conhecimento há premência, quando não há condições de envio do documento por meio eletrônico. Quando necessário o original, ele segue posteriormente pela via e na forma de praxe.

Se necessário o arquivamento, deve-se fazê-lo com cópia xerox do fax e não com o próprio fax, cujo papel, em certos modelos, se deteriora rapidamente.

2.6.2. Forma e Estrutura

Os documentos enviados por fax mantêm a forma e a estrutura que lhes são inerentes.

É conveniente o envio, juntamente com o documento principal, de *folha de rosto*, i.e., de pequeno formulário com os dados de identificação da mensagem a ser enviada, conforme exemplo a seguir:

```
[Órgão Expedidor]
[setor do órgão expedidor]
[endereço do órgão expedidor]
_____
Destinatário:_____
N. do fax de destino:_____ Data:___/___/___
Remetente: _____
Tel. p/ contato:_____ Fax/correio eletrônico:_____
N. de páginas: esta +_____ N. do documento:_____
Observações:_____
_____
```

2.7. CORREIO ELETRÔNICO

2.7.1. Definição e Finalidade

O correio eletrônico (*e-mail*), por seu baixo custo e celeridade, transformou-se na principal forma de comunicação para transmissão de documentos.

2.7.2. Forma e Estrutura

Um dos atrativos de comunicação por correio eletrônico é sua flexibilidade. Assim, não interessa definir forma rígida para sua estrutura.

O campo *assunto* do formulário de correio eletrônico mensagem deve ser preenchido de modo a facilitar a organização documental tanto do destinatário quanto do remetente.

Para os arquivos anexados à mensagem deve ser utilizado, preferencialmente, o formato *Rich Text*. A mensagem que encaminha algum arquivo deve trazer informações mínimas sobre seu conteúdo.

Sempre que disponível, deve-se utilizar recurso de *confirmação de leitura*. Caso não seja disponível, deve constar da mensagem pedido de confirmação de recebimento.

2.7.3. Valor documental

Nos termos da legislação em vigor, para que a mensagem de correio eletrônico tenha *valor documental*, ou seja, para que possa ser aceita como documento original, é necessário existir *certificação digital* que ateste a identidade do remetente, na forma estabelecida em lei.

QUESTÕES

Ofício 31.2008
Diretoria de Ensino Região Leste 1

São Paulo, 29 de julho 2008

Senhor (a) Diretor (a)

A Dirigente Regional de Ensino da DER Leste 1 solicita de Vossa Senhoria especial atenção para o que segue, bem como divulgar as matérias contidas neste documento junto aos interessados.

1 – Educação Física Escolar:
A orientação é de que os professores de educação física utilizem locais cobertos, como ginásios e pátios, e que deixem as atividades que exigem mais esforços para quando a umidade estiver mais alta.
A ação da Secretaria tem objetivo de poupar os alunos de qualquer problema de saúde oriundo de atividades neste período.
O tempo seco e o calor atingem o Estado há cerca de 1 mês.
A umidade relativa do ar está abaixo dos 46% em São Paulo.
Com a recomendação da Secretaria, as atividades de educação física podem ser desenvolvidas em sala de aula, com temas sobre fisiologia, história e regras dos diversos esportes e jogos de classe, trabalhando, assim, a agilidade e a coordenação motora.
É importante também que os alunos sejam conscientizados da ingestão de líquidos para a hidratação.

2 – Curso de Xadrez e Damas – *online*:
O programa visa estimular a aprendizagem nessas duas modalidades de jogos. É um curso gratuito e feito na modalidade de ensino a distância.
- Critérios para participação: ter acima de 12 anos; ter acesso à Internet.
- Endereço para enviar a Inscrição: Rua Caetano Braga, 128 – Itaquera – CEP 08250-490 – SP.

Mara Maria Silva
Dirigente Regional de Ensino

Internet: <deleste1.edunet.sp.gov.br> (com adaptações).

1. Estaria adequado o uso do tratamento "Digníssimo" antes do pronome "Senhor", no vocativo, por se dirigir a funcionário público com cargo de confiança.

2. No caso dos ofícios, local e data podem aparecer ao final do texto.

3. Observa-se falta de objetividade da signatária no primeiro período do texto, que poderia iniciar-se com a seguinte redação: Solicito a V. S.ª especial atenção (...).

Cada um dos itens abaixo apresenta trechos de textos que devem ser julgados quanto a sua adequação a correspondências oficiais.

4. Vimos informar que as inscrições para o Concurso Público de Provas e Títulos para o Cargo de Analista de Sistemas começam dia 15 de abril de 2008, das oito da manhã às 6 horas da tarde, no subsolo do edifício-sede desta companhia. Estamos querendo pontualidade na entrega dos documentos.

5. A seleção para o cargo de que trata este edital compreenderá o exame de habilidades e conhecimentos, mediante a aplicação de provas objetivas e de prova discursiva, todas de caráter eliminatório e classificatório.

6. Trechos como "é até compreensível", "em qualquer canto do mundo", "batam seguidamente na tecla" e "Ainda pior" conferem ao texto um nível de subjetividade e informalidade impróprio para a redação de correspondências oficiais.

"Nesse quadro, é até compreensível que políticos ameaçados por perda de popularidade, em qualquer canto do mundo, enveredem por caminhos e discursos bem simplistas e batam seguidamente na tecla dos vínculos entre etanol e fome. Mais preocupante, no entanto, é a situação criada pelo relator da ONU para o direito à alimentação, Jean Ziegler, que classificou os biocombustíveis como "um crime contra a humanidade", garantindo que o mundo teria milhões e milhões de novos famintos pela escalada nos preços dos alimentos que seriam usados para fazer funcionar os motores dos automóveis do mundo rico."

7. No segmento "As principais recomendações propostas foram as seguintes" (L.5), a expressão grifada é imprescindível à clareza do texto, requisito essencial da redação oficial.

"Em linhas gerais, as sugestões, recomendações e alterações propostas pela Comissão buscaram complementar as informações disponibilizadas e padronizar o processo de acompanhamento das metas de modo que se atenuasse os aspectos de subjetividade presente nos processos de mensuração de resultados.

As principais recomendações propostas foram as seguintes: incorporação da memória de cálculo da execução da meta, detalhamento da execução da meta por atividade, destaque para meta com execução insatisfatória, revisão da mensuração adotada para a meta de capacitação e divulgação dos resultados da pesquisa dos indicadores globais."

8. A finalidade desse documento oficial é registrar o assunto de forma generalizada, sucintamente descritiva e imparcial.

GABARITO

1. Errado
2. Errado
3. Certo
4. Errado
5. Certo
6. Certo
7. Errado
8. Errado

CAPÍTULO 3

ORTOGRAFIA E PROSÓDIA

3.1. PROSÓDIA, ACENTUAÇÃO GRÁFICA E REFORMA ORTOGRÁFICA (DECRETO N. 6.583/2008)

O alfabeto oficial da Língua Portuguesa compreende vinte e seis letras – já que K, W, Y uniram-se às conhecidas outras letras. Vejamos: **A, B, C, D, E, F, G, H, I, J, K, L, M, N, O, P, Q, R, S, T, U, V, W, X, Y, Z.**

1. VOGAIS E SEMIVOGAIS:

O termo vogal é relativo a tudo que é sonoro, do som. A quantidade de sílabas é sempre a quantidade de vogais; a sílaba depende da vogal, do som.

Já as chamadas semivogais são duas: i (representado pelo fonema /y/) e u (representado pelo fonema /w/).

PARAGUAI: três sílabas, três vogais.

JULIANA: quatro sílabas, quatro vogais.

MÃE: uma sílaba, uma vogal.

De outra maneira:

PA-RA-GUAI: nas três sílabas, **a** é vogal; na última sílaba, **u** e **i** são semivogais.

JU-LI-A-NA: em cada sílaba, existe uma vogal; não existe semivogal.

MÃE: mais uma vez, **a** é vogal; o **e** (que tem som de **i**) é semivogal.

3.2. TRITONGOS, DITONGOS, DÍGRAFOS, HIATOS

Tritongo, termo que dá alusão a três sons, é o encontro vocálico, em uma mesma sílaba, entre duas semivogais e uma vogal:

PA-RA-GUAI, SAGUÃO

Ditongo, termo que dá alusão a dois sons, é o encontro vocálico, em uma mesma sílaba, entre uma vogal e uma semivogal:

ÁGUA, ÁRIA, MÃE

Apesar de grande proximidade entre as palavras ditongo e dígrafo, há grande diferença. O termo dígrafo significa duas letras, dois termos com equivalência de um som. Casos clássicos:

CHINELO (7 letras e 6 sons), MI**LH**O (5 letras e 4 sons), NI**NH**O (5 letras e 4 sons)

Para jamais haver confusão, lembre-se de que dígrafo remete-se a duas grafias e um som; ditongo remete-se aos dois sons, sendo um de vogal e o outro de semivogal.

Hiato é o mesmo que ilha, isolamento. Neste caso, o isolamento vocálico:

A-Í, SA-Ú-DE, PO-E-MA

Vamos, agora, tratar do significado do termo prosódia. De acordo com o respeitado dicionário Houaiss, **prosódia** cuida da parte da gramática tradicional que se dedica às características da emissão dos sons da fala, como o acento e a entoação.

Os acentos são responsáveis por mostrar a sílaba tônica; tudo que é tônico é forte ou, ao menos, mais intenso. No nosso idioma, os vocábulos podem ser:

– Oxítonos (tonicidade presente na última sílaba). Exemplos: so**fás**, ca**fé**.

– Paroxítonos (tonicidade presente na penúltima sílaba). Exemplos: **mo**le, **co**co.

– Proparoxítonos (tonicidade presente na antepenúltima sílaba). Exemplos: **ár**vore, **lâm**pada.

É também interessante notar a função que o acento tem na diferenciação de significado de alguns termos. Caso clássico: SÁBIA, SABIA, SABIÁ.

Os acentos gráficos, ou seja, escritos, são três: agudo, circunflexo e grave (representante da validade por dois).

> **Agudo** – indica som aberto - Paque**tá**
> **Circunflexo** – indica som fechado - **lâm**pada
> **Grave** – indica a validade por dois (preposição e artigo)
> "Diga sim **à** paz; Diga sim **para a** paz"

Til e Cedilha não são considerados acentos. Trataremos desse caso na parte específica sobre Ortografia.

A parte normativa da acentuação gráfica depende essencialmente do quadro abaixo. Vejamos:

```
         A (s)
         E (s)
         O (s)
* em              *ens
```

São acentuados graficamente todos os monossílabos tônicos formados por A, E, O (pluralizados ou não): lá, fé, dó, nós.

São acentuados graficamente todos os oxítonos finalizados em A, E, O (pluralizados ou não) e EM / ENS: jacá, Pelé, paletó, alguém, parabéns.

Não são acentuados graficamente os paroxítonos finalizados em A, E, O (pluralizados ou não) e EM / ENS: **bo**la, **ma**la, **mo**le, **bo**lo, **co**co, **nu**vem, **i**tem, **i**tens, **po**lens, **jo**vens.

CONSIDERAÇÃO: A regra dos termos oxítonos é oposta à dos paroxítonos.

Todos os termos paroxítonos finalizados em R, X, N, L e ditongo são acentuados. Veja: máster, tórax, pólen, móvel, água (final em ditongo), ciência, órfã (final em ã), consequência.

De acordo com o eminente professor Sérgio Nogueira Duarte da Silva, em *O português do dia a dia*, não são acentuados os paroxítonos finalizados em AM: fa**la**vam, di**sse**ram, can**ta**vam.

Todos os termos proparoxítonos são acentuados graficamente: lâmpada, côncavo, ínterim, último, trôpego.

CONSIDERAÇÃO: Alguns poucos termos não possuem tonicidade e são classificados como átonos. Exemplos temos com os pronomes oblíquos átonos: lo, la, no, nas etc.

Já as formas verbais respeitam, da mesma forma, o quadro normativo da acentuação. Vejamos: amá-la (oxítona finalizada em A); admiti-lo (oxítona finalizada em I).

Para acentuação das formas verbais, considere a parte tônica da palavra.

3.3. REGRAS ESPECIAIS DE ACENTUAÇÃO E REFORMA ORTOGRÁFICA

Algum dia em nossas vidas, nós acentuamos a forma verbal **BATEM**? Nunca! Jamais! E por quê? Justamente porque o termo é paroxítono finalizado em EM.

Partindo desse princípio, muitos estudantes viam-se em uma espécie de problema com as formas verbais CRÊEM, LÊEM, DÊEM.

Hoje, devido à recente Reforma Ortográfica, tais formas verbais são enquadradas à regra geral dos termos paroxítonos e não são mais acentuadas graficamente. Agora são grafadas assim: CREEM, LEEM, DEEM.

Usando a excelente obra *Escrevendo pela nova ortografia*, com coordenação e assistência de José Carlos de Azeredo, vamos a um quadro comparativo do "antes" e "depois":

Antes	Depois
VÔO	V**OO**
ENJÔO	ENJ**OO**
PERDÔO	PERD**OO**
IDÉIA	ID**EI**A
ESTRÉIA	ESTR**EI**A
ASSEMBLÉIA	ASSEM**BLEI**A
HERÓICO	HER**OI**CO
CRÊEM	CR**EE**M
DÊEM	D**EE**M
VÊEM	V**EE**M

Podemos notar que, em relação à acentuação gráfica, a Reforma Ortográfica cuidou-se da elevação de alguns termos à regra dos paroxítonos – não se acentuam graficamente os paroxítonos finalizados em A, E, O (pluralizados ou não) e EM / ENS.

Agora, vamos a outras partes que envolvem a acentuação gráfica e a Reforma.

– TREMA

Apesar de trema ser um sinal de ortofonia e não de ortografia, em palavras de Língua Portuguesa, seu uso foi abolido. Daí temos: linguiça, consequência, cinquenta, Linguística.

As palavras que não mais fazem uso de trema permanecem com a mesma pronúncia.

Já os termos estrangeiros permanecem com a mesma grafia: Müller, Citroën.

– DITONGOS ABERTOS (EU, EI, OI)

Na última sílaba, há o acento: chapéu, papéis, herói.

Na penúltima sílaba, não há o acento: heroico, ideia, estreia, assembleia.

Aqui os paroxítonos seguem a regra geral. Por isso mesmo, vocábulos como DESTRÓIER, GÊISER, BLÊIZER continuam acentuados graficamente – são paroxítonos finalizados em –R.

– HIATOS FORMADOS POR I / U

São acentuados graficamente os hiatos, formados por i ou u, acompanhados ou não de s: SAÚDE, SAÍDA, FAÍSCA, SUÍÇO, REÚNE, TRAÍ-LO.

CONSIDERAÇÃO: Qualquer letra diferente do S interrompe a regra. São os casos: Raul, rainha, ruim, juiz, raiz.

Isso acontece também com vogais repetidas. São os casos: xiita, vadiice.

Nota especial sobre os hiatos: De acordo com a edição mais recente do Vocabulário Ortográfico da Língua Portuguesa, todos os hiatos precedidos de ditongo decrescente não são mais acentuados graficamente: FEIURA, BAIUCA, BOCAIUVA.

– VERBOS TER E VIR (assim como os derivados)

Não houve nenhuma alteração em relação aos citados verbos. A acentuação é extremamente clara. Vejamos com a conjugação verbal:

ELE TEM (singular)

ELES TÊM (plural)

ELE VEM (singular)

ELES VÊM (de vinda, e não de enxergar) (plural)

I. Derivados:

ELE MANTÉM   ELES MANTÊM
ELE ENTRETÉM ELES ENTRETÊM
ELE INTERVÉM ELES INTERVÊM

– ACENTUAÇÃO DIFERENCIAL

Foram mantidos apenas os acentos diferenciais nas seguintes formas verbais: POR (preposição) / PÔR (verbo); PODE (verbo no presente) / PÔDE (verbo no pretérito).

Tantas outras conhecidas formas perderam o acento diferencial. Aqui, mais uma vez, em função da Reforma recente de 2008:

Antes da Reforma Ortográfica (PÁRA e PARA); PÊRA e PERA; PÓLO e POLO; PÊLO e PELO), tais acentos diferenciavam a significação. Agora, não mais.

SÍNTESE DO DECRETO N. 6.583/2008
(REFORMA ORTOGRÁFICA)

1. ALFABETO DE 26 LETRAS;
2. ADEQUAÇÃO À REGRA DOS PAROXÍTONOS;
3. ALTERAÇÃO DOS HIATOS FORMADOS POR I/U (NÃO SENDO NA ÚLTIMA SÍLABA);
4. AJUSTE DE TERMOS POR USO POPULAR (PARAQUEDAS, MANDA-CHUVA, PÉ DE MOLEQUE);
5. ACENTO DIFERENCIAL APENAS NOS PARES PÔR E POR, PODE E PÔDE;
6. NÃO HÁ MAIS TREMA EM PALAVRAS DE ORIGEM PORTUGUESA;
7. NOVAS REGRAS PARA HÍFEN.

QUESTÕES

1. **(UEPG-PR)** Obedecendo às regras, coloque, se necessário, acento gráfico nas palavras em destaque; depois, respectivamente, marque a alternativa correta.

   O **juiz inflexivel** foi à **ruina** de **Estevão**, o qual não atendia aos reclamos dos **órfãos**.

   a) Não há, agudo, agudo, circunflexo, não há
   b) Agudo, agudo, agudo, não há, não há
   c) Não há, agudo, agudo, cincunflexo, agudo
   d) Agudo, agudo, não há, não há, agudo
   e) Não há, agudo, não há, circunflexo, agudo

2. **(UFC)** Identifique a alternativa em que todas as palavras estão corretamente acentuadas:

   a) Contrôle, distência, garoa
   b) Miúdo, sózinho, ítem
   d) Bênção, longínquo, vêzes
   d) Decôro, colégio, corôa
   e) Côncavo, hífen, órgão

3. As palavras "amazônico" e "viúva" acentuam-se de acordo com a mesma regra de acentuação gráfica.

4. Os vocábulos "importância", "estatísticos", "públicos", "político" e "econômico" são acentuados graficamente em decorrência da mesma regra.

5. As palavras "veículos", "títulos" e "fantásticas" são acentuadas de acordo com a mesma regra de acentuação gráfica.

6. As palavras "água", "renovável" e "distribuído", utilizadas no texto, recebem acento gráfico pela mesma razão.

7. As palavras "últimas", "técnicas", "cérebro", "dinâmica" e "hipótese" são acentuadas porque são proparoxítonas.

GABARITO

1. C
2. E
3. Errado
4. Errado
5. Certo
6. Errado
7. Certo

CAPÍTULO 4

ORTOGRAFIA

O termo ortografia refere-se, etimologicamente, à correta grafia das palavras. Vamos a algumas preciosas dicas ortográficas!

4.1. USO DE SS

Observe se o radical do verbo contém
GRED – agredir - agressão
CED – ceder - cessão
MET – intrometer - intromissão
PRIM – imprimir - impressão
TIR – demitir – demissão

4.2. USO DE S

Observe se o radical do verbo contém
END – suspender - suspenso
RG – emergir - emerso
RT – verter - verso
CORR – correr - curso
PEL – expelir - expulso
SENT – sentir - senso

4.3. USO DE Ç

Primeiramente, cedilha não é considerado acento. Historicamente, há a representação de um "z" pequeno; vários autores classificam cedilha como recurso de estilização, ou seja, de economia textual.

Usa-se cedilha nas variações dos verbos TER e TORCER: torção, retenção, obtenção, atenção.

Interessante também notar a presença de cedilha ao lado de A, O, U. Não se percebe cedilha ao lado de E ou I.

4.4. DE ONDE VEM O TIL

Til, também, não é considerado acento. Existe sim para marcar a nasalidade dos sons, como no caso da palavra órfã.

De acordo com o eterno professor Celso Pedro Luft, til é um n estilizado (para casos de economia). Veja o exemplo histórico: Lana, lan, lã. Note aqui que o n simplesmente mudou sua posição por questões de economia espacial.

4.5. USO DE "-ISAR" OU "-IZAR"

Simples a questão! Note principalmente se o vocábulo possui ou não o S no radical. Vejamos:

Análise ---- analisar
Paralisia ---- paralisar
Pesquisa ---- pesquisar

Caso não haja S no radical:

Civil ---- civilizar
Economia ---- economizar
Fértil ---- fertilizar

CONSIDERAÇÃO: Os termos batizar, catequizar e sintetizar fazem uso de Z.

4.6. DUPLA GRAFIA

Algumas expressões do nosso idioma possuem a chamada dupla grafia. Vamos a uma lista interessante:

abóbada e abóboda
aborígene e aborígine
afeminado e efeminado
amídala e amígdala
assobiar e assoviar

bêbado e bêbedo
botijão e bujão
câimbra e cãibra
descargo e desencargo
caatinga e catinga
chimpanzé e chipanzé
diabetes e diabete
entoação e entonação
flecha e frecha
listra e lista
percentagem e porcentagem
quatorze e catorze
cota e quota
reescrever e rescrever
sustância e sustança
taberna e taverna
termoelétrica e termelétrica
tesoura e tesoira
volibol e voleibol

4.7. EXPRESSÕES QUE NUNCA FIZERAM USO DE TREMA

Os termos **adquirir, distinguir, distinguido, extinguido, extinguir, seguinte, questão, questionar** nunca tiveram a leitura do U junto a G ou Q.

4.8. TERMOS COM DUPLA PRONÚNCIA

Os termos **antiguidade, antiquíssimo, equidistante, liquidação, liquidar, liquidificador, líquido, sanguinário, sanguíneo** podem ter ou não a leitura do U junto a G ou Q.

QUESTÕES

1. (FGV–SP) Com * lentos e elegantes, ela procurava * junto * colegas.

   a) Gestos – insinuar-se – aos
   b) Gestos – incinuar-se – os
   c) Jestos – insinuar-se – dos
   d) Gestos – se insinuar – as
   e) Jestos – incinuar-se – das

2. (FCC – Escriturário) Todas as palavras estão escritas corretamente na frase:

   a) Os esforços para entender os fenômenos da natureza nem sempre conseguem hesito, como, por exemplo, algumas pesquisas sobre aves.
   b) O crescente desenvolvimento tecnológico permitiu aos pesquisadores analisar as reações provocadas pelo fluxo de sangue do bico do tucano.
   c) O imenso tamanho do bico do tucano sempre causou estranheza naqueles que costumam observar os exemplos oferecidos pela natureza.
   d) Com o tamanho impreconante de seu bico, o tucano é considerado por estudiosos uma das aves brasileiras mais exquizitas.
   e) Os cientistas que se puzeram a estudar os tucanos concluíram que existem diverças funções para o enorme bico dessa ave.

GABARITO

1. D
2. C

CAPÍTULO 5

EMPREGO DAS CLASSES DE PALAVRAS

5.1. SUBSTANTIVO

Classe variável em gênero e número; sintaticamente representa várias funções, tais como sujeito, complementos, vocativo, aposto, adjunto; semanticamente é a própria substância.

Pode ser:

Comum – designa a espécie: carro, homem, parede, planeta.

Próprio – designa o indivíduo (um ser específico): Augusto dos Anjos, Yeda, Divino, Rosa, Douglas.

Concreto – é o que se refere a seres materiais, espirituais, reais ou fictícios: Deus, saci, alma, fada, cão.

Abstrato – de acordo com o eminente gramático Celso Pedro Luft, é o que designa qualidades ou ações "abstraídas" dos seres que as possuem ou executam. Exemplos: a **brancura** do lírio; a **alegria** das crianças; a **saudade** dos poetas; a **corrida** dos automóveis.

Coletivo – é o substantivo, mesmo estando na singularidade, representa a ideia de pluralidade, conjunto. Exemplos: o arquipélago, o bando, a matilha.

Quanto à flexão de gênero, os substantivos dividem-se em:

a) Substantivos biformes: os que apresentam uma forma para o masculino e uma forma para o feminino: autor / autora, governador / governadora, papa / papisa.

b) Substantivos uniformes: os que apresentam a mesma forma para o masculino e para o feminino. Nesta parte, há outra divisão:

– Epicenos: a diferença faz-se com os termos macho e fêmea.

"borboleta macho; borboleta fêmea"

– Comum de dois: a diferença faz-se com um determinante (artigo, pronome)

"o violinista; a violinista"

– Sobrecomuns: a diferença faz-se com o texto em si.

"Dilma foi a vítima do processo de petetização do país."

"Lula foi a vítima do PAC – Plano de Aceleração do Crescimento."

Quanto à flexão de número (singular / plural):

Para substantivos simples, observe a finalização do vocábulo. Se o final é vogal, acrescente apenas S; se é consoante, acrescente ES ou IS; se o final é ão, há várias formas.

Casa: casas

Mole: moles

Papel: papéis

Funil: funis

Cidadão: cidadãos

Pão: pães

Limão: limões

Mel: méis ou meles

Gravidez: gravidezes

Não se esqueça disto: as palavras finalizadas em X, no nosso idioma, não possuem plural: os fax, os Félix, as xérox.

Dê preferência à pluralização estrangeira do termo GOL: GOLS.

➢ Pluralização de substantivos compostos:

Naturalmente, você sabe que um substantivo composto compreende dois ou mais radicais.

A pluralização de tais substantivos compostos dependerá, no geral, da origem de tais termos – se forem nomes, poderão ser pluralizados; se não, serão invariáveis. Exemplo clássico acontece com o termo GUARDA-CHUVA: Guarda (verbo) – Chuvas (substantivo). Já GUARDA-MILITAR: Guardas (substantivo) – Militares (adjetivo).

Os nomes (substantivo, adjetivo, pronome, numeral, artigo) são pluralizados, pela regra geral.

Há um caso que chama a atenção: substantivos formados por justaposição e que não fazem uso de hífen, como CORRIMÃO - CORRIMÃOS e MALMEQUER - MALMEQUERES. O plural acontece normalmente, como se o termo fosse único.

CASOS ESPECÍFICOS

1. Nome + Preposição + Nome: plural do primeiro elemento.

"fins de semana, pés de moleque"

2. Advérbio + Nome: plural do segundo elemento.

"abaixo-assinados, sempre-vivas"

3. Verbo + Nome: plural do segundo elemento.

"beija-flores"

4. Verbo + Verbo: plural do segundo elemento.

"corre-corres, bate-bates"

5. Onomatopeias: plural do segundo elemento.

"tique-taques"

6. Nome + Nome: plural dos dois elementos.

"primeiros-ministros, segundas-feiras"

*7. Nome + nome especificador: plural do primeiro elemento.

"carros-bomba, pombos-correio"

*O Vocabulário Ortográfico da Língua Portuguesa reconhece também as formas carros-bombas e pombos-correios.

Caso especial: Os substantivos compostos popularizados, tais como leva e traz, deus nos acuda, zé-roela são invariáveis.

Antes de resolvermos alguns exercícios, vamos a um breve comentário sobre Grau do Substantivo. Grau resolve-se com a exposição de um sufixo, para que haja aumentativo ou diminutivo de determinado vocábulo; também resolve-se com a exposição de um adjetivo:

CASARÃO (grau aumentativo sintético)

CASA GRANDE (grau aumentativo analítico)

Lembre-se também de que o termo SINTÉTICO significa resumido; ANALÍTICO, desenvolvido.

5.2. ARTIGO

Vamos iniciar o estudo sobre Artigo com um texto da *Folha de São Paulo*, de 7-5-2000:

Corinthians e Palmeiras, com reservas, jogam pelo Paulista

Enfim, **um** clássico, mas não **o** clássico...

Pensando na Libertadores, times, que podem se enfrentar 19 vezes nesta temporada, vão poupar parte de seus titulares hoje à tarde.

O texto também serviu de exemplo para a importante obra *Aprender e praticar gramática,* do autor Mauro Ferreira.

No texto acima, fica clara a presença dos artigos; fica clara a relação de aumentar ou diminuir a importância de determinado substantivo e/ou situação.

Em concursos públicos, nota-se diretamente tal questionamento em relação ao Artigo – determinante capaz de dar um maior ou menor grau de importância ao substantivo. Daí muitos intitularem-no como determinante.

Artigo é determinante dos outros nomes, variável em gênero e número e com a função sintática básica de adjunto adnominal.

Classificação:

a) Definidos: o, a, os, as.

b) Indefinidos: um, uma, uns, umas.

LEI MÁXIMA DOS ARTIGOS: Todo termo ou elemento precedido de um artigo torna-se um substantivo.

*Há uma questão muito comum envolvendo os artigos: a diferença entre as expressões **"toda mulher"** e **"toda a mulher"**. No primeiro caso, o termo toda tem valor de **qualquer uma**; no segundo, toda a, acompanhado de artigo, tem valor de inteira, a **mulher inteira**.*

5.3. ADJETIVO

Adjetivo é classe de palavra variável em gênero e número; sintaticamente admite função de predicativo e adjunto adnominal basicamente; semanticamente (em relação ao significado) é caracterizador dos outros nomes.

Quanto à classificação, assim como os substantivos, os adjetivos podem ser: simples, compostos, primitivos e derivados.

Os adjetivos compostos, como **socioeconômico**, **nipo-brasileiro**, **político-social**, têm apenas o segundo elemento com possibilidade de variação. Vejamos:

Medidas socioeconômicas

Bonecos nipo-brasileiros

Acordos político-sociais

LOCUÇÃO ADJETIVA:

O termo locução remete a conjunto. Neste caso específico, um conjunto de termos que têm valor de adjetivo. Vejamos algumas locuções adjetivas:

Carro **de luxo**

Canção **de samba**

Prato **de porcelana**

Mais uma vez, percebemos que a locução adjetiva exerce a mesma função de caracterização.

É VERDADE QUE EXISTE MAIS GRANDE / MAIS PEQUENO/ MAIS BOM?

Sem dúvida! Mas só existe na condição de comparação de duas características de um mesmo objeto. Exemplo:

"Toda Kombi é mais grande que confortável."

"Roberta Sá é mais boa que egoísta."

5.4. NUMERAL

> Se, em 2014, você teve 14 chances para ser feliz, prepare-se: em 2015, você terá mais de uma dezena de oportunidades para ser feliz.

Numeral, como o próprio termo afirma, é a classe das quantidades.

A classe das quantidades é variável em gênero e número; sintaticamente exerce função de adjunto adnominal; semanticamente (em relação ao significado) é o próprio número.

AMBOS: Palavra danada! Muito cuidado! Ambos é numeral, significa dois, da dualidade, e, ao lado de substantivo, é sempre acompanhado de artigo: "Ambos os compositores são goianos."

Outra recomendação: nada de usar "**ambos os dois**".

5.5. PRONOME

Semanticamente, ou seja, pelo significado, pronome é a palavra que substitui ou acompanha o nome; é responsável por uma série de funções sintáticas, tais como sujeito, adjunto adnominal, vocativo, complementos verbais, agente da passiva; é variável em gênero e número.

CLASSIFICAÇÃO

Pronomes pessoais (retos, oblíquos, tratamento)

Pronomes possessivos

Pronomes demonstrativos

Pronomes indefinidos

Pronomes interrogativos

Pronomes relativos

QUAL A DIFERENÇA ENTRE UM PRONOME SUBSTANTIVO E UM PRONOME ADJETIVO?

Pronome, de acordo com o próprio conceito citado, pode substituir ou acompanhar. Assim, divide-se: todo pronome que substitui é substantivo; o que acompanha é adjetivo. Vejamos:

1º Barroso, grande brasileiro, nasceu em 1903.

2º **Ele**, grande brasileiro, nasceu em 1903.
Pronome substantivo (responsável por substituir **Barroso**)

3º **Nosso** compositor, grande brasileiro, nasceu em 1903.

Pronome adjetivo (responsável por acompanhar **compositor**)

PRONOMES PESSOAIS (RETOS E OBLÍQUOS)

Inicialmente, lembre-se de que o termo RETO significa "aquele que faz papel de sujeito". Já o termo oblíquo significa "aquele que faz papel de complemento".

RETOS	OBLÍQUOS
EU	ME, MIM, COMIGO
TU	TE, TI, CONTIGO
ELE	O, A, LHE, SE, SI, CONSIGO
NÓS	NOS, CONOSCO
VÓS	VOS, CONVOSCO
ELES	OS, AS, LHES, SE, SI, CONSIGO

De antemão, saiba que os pronomes pessoais oblíquos **NÃO** iniciam orações, frases, enunciados, como: "Me dá um abraço!". Em um concurso público, o registro deve ser: "Dá-me um abraço!" ou "Dê-me um abraço!"

CONSIDERAÇÃO SOBRE A COLOCAÇÃO DOS OBLÍQUOS ÁTONOS:

Quando o pronome oblíquo estiver depois do verbo (ênclise), as formas do pronome variam de acordo com o verbo que acompanham. São duas as terminações verbais que comandam a forma do pronome oblíquo enclítico:

1. Verbos terminados em -r, -s ou –z: acrescenta-se "-l" antes da forma do pronome (-lo, -la, -los, -las).

"É importante **amar** as canções brasileiras."

"É importante amá-**las**."

2. Verbos terminados em ditongo nasal (-am, -em, -ão e -õe): acrescenta-se "-n" antes da forma do pronome (-no, -na, -nos, -nas).

"Compositores **amam** suas canções."

"Compositores amam-**nas**."

DIFERENÇAS ENTRE O(S), A(S) E LHE(S):

Os pronomes oblíquos, de terceira pessoa, o(s), a(s) devem sempre substituir objetos diretos; já o pronome oblíquo, de terceira pessoa e PESSOAL, lhe deve sempre substituir objetos indiretos.

Escrevi novo poema sobre Drummond.

ESCREVI-O.

Enviei a Drummond novo poema.

ENVIEI-LHE NOVO POEMA.

O PRONOME LHE COMO POSSESSIVO:

Outra possibilidade é a transmissão de ideia possessiva por parte do pronome LHE.

Vou seguir-lhe os passos.

O pronome LHE pode facilmente fazer referência a DELE.

PRONOMES DE TRATAMENTO

Em nosso caso específico, usaremos alguns poucos pronomes de tratamento. Apenas aqueles oficiais do *Manual de Redação Oficial da Presidência da República*, em sua 2ª edição de 2002.

Vossa Excelência (usado para cargos de 1º escalão, basicamente de Prefeito a Presidente da República)

Vossa Senhoria (usado para outros cargos que não são de 1º escalão)

Vossa Magnificência (usado para Reitor)

Vossa Reverência (usado para cargos da Igreja)

* Nota: não ocorre crase antes dos quatro tratamentos oficiais da Presidência da República. É uma questão de padronização.

Vossa Santidade (tratamento mundial para Papa)

Ausentes da situação oficial da Presidência, os tratamentos mais utilizados são: VOCÊ, SENHOR, SENHORA, SENHORITA.

PRONOMES POSSESSIVOS

De primeira pessoa (Eu, Nós) – meu, meus, minha, minhas; nosso, nossos, nossa, nossas.

De segunda pessoa (Tu, Vós) – teu, teus, tua, tuas; vosso, vossos, vossa, vossas.

De terceira pessoa (Ele, Ela, Eles, Elas) – seu, seus, sua, suas.

PRONOMES DEMONSTRATIVOS (de apontamentos)

ESTE, ESTA	ESTES, ESTAS	ISTO
ESSE, ESSA	ESSES, ESSAS	ISSO
AQUELE, AQUELA	AQUELES, AQUELAS	AQUILO

Há uma comparação valiosa:

Este (aqui) e variações – "É importante que você tenha isto: fé!"

Esse (ali) e variações – "Isso que acabou de ver é ficção!"

Aquele (lá) e variações – "Aquele é camarada da política baiana."

ANÁFORAS E CATÁFORAS

É também muito comum a diferença entre anáfora e catáfora em provas de concursos públicos. Para tanto, saiba:

1. Os termos catafóricos, normalmente representados pelos demonstrativos ESTE, ESTA, ESTES, ESTAS, ISTO (e variações), introduzem nova ideia.

"Vou apresentar-lhe: **este** é seu novo filho!"

2. Os termos anafóricos, normalmente representados pelos demonstrativos ESSE, ESSA, ESSES, ESSAS, ISSO, AQUELE, AQUILO (e variações), fazem referência a ideia anterior.

"Não tenhamos mais **aqueles** comportamentos de antigamente."

APOSTO DISTRIBUTIVO

Os pronomes demonstrativos podem ter função de distribuição. Vejamos: "Lula fez questão de eleger Dilma Rousseff. **Esta, mineira; aquele, pernambucano.**"

O pronome esta (referência a aqui) é para apontar Dilma. O pronome aquele é para Lula. Nesse tipo de caso, há o chamado aposto distributivo.

***Curiosidade**: a vírgula que acompanha os pronomes demonstrativos, na segunda parte do enunciado, é chamada de vicária (pois tem o papel de substituir o verbo É).*

OS DEMONSTRATIVOS E O TEMPO:

Os demonstrativos ESTE, ISTO e variações correspondem, normalmente, a Presente ou Futuro.

Já os demonstrativos ESSE, ISSO, AQUELE e variações correspondem, normalmente, a fatos no Pretérito.

É importante salientar o que o mestre Evanildo Bechara coloca em *Gramática escolar da língua portugue-*

sa: *"nem sempre se usam com este rigor gramatical os pronomes demonstrativos; muitas vezes interferem situações especiais que escapam à disciplina da gramática."*

OUTROS DEMONSTRATIVOS: O, MESMO, PRÓPRIO, SEMELHANTE, TAL:

Para que tais termos sejam considerados demonstrativos, basta que funcionem (ou mesmo que sejam passíveis de substituição) como este, isso, aquilo. Vejamos:

"Felizes como antigamente, já não **o** somos."

O termo **O** funciona como **ISSO**

PRONOMES INDEFINIDOS

São justamente os pronomes que não apresentam uma quantidade definida. Vamos dividir em grupo dos variáveis e em grupo dos invariáveis:

a) Variáveis: nenhum, outro, certo, qualquer, algum, cada.

b) Invariáveis: alguém, ninguém, tudo, nada, algo, outrem.

PRONOMES INTERROGATIVOS

São os pronomes que, quem, qual, quais, quanto(s), quanta(s), responsáveis por interrogações.

"Quantas canções Noel deixou? Cerca de trezentas."

PRONOMES RELATIVOS

São os pronomes responsáveis pela retomada de um nome. É sempre o pronome com referência a algo anterior no texto.

"Hoje, Chico Buarque é o cantor **que** mais emociona o Rio."

Que: termo responsável pela retomada de cantor.

Alguns pronomes relativos:

QUE, QUEM, QUAL, CUJO, ONDE, QUANTO (e possíveis formas variáveis)

"Disco. O presente **de que** todos **gostam**."

O pronome relativo QUE faz referência a disco; a preposição DE completa o verbo GOSTAM.

Veja agora algumas conhecidas placas:

BANCO X. O BANCO **QUE** VOCÊ **CONFIA**.
(INADEQUADO)

ESCOLA TAL. A ESCOLA **QUE** VOCÊ **ACREDITA**.
(INADEQUADO)

RÁDIO W. A RÁDIO **QUE** VOCÊ **PRECISA**.
(INADEQUADO)

Quais são as inadequações dos períodos acima? Faltaram as preposições exigidas pelos verbos. Vejamos:

BANCO X. O BANCO **EM QUE** VOCÊ **CONFIA**.

ESCOLA TAL. A ESCOLA **EM QUE** VOCÊ **ACREDITA**.

RÁDIO W. A RÁDIO **DE QUE** VOCÊ **PRECISA**.

FAMOSAS DIFERENÇAS ENTRE "ONDE" E "AONDE"

Inicialmente, tais pronomes só podem ser inseridos em situações que dão ideia de lugar. Nada de fazer referência a pessoas, por exemplo, usando ONDE ou AONDE.

Para uso adequado de tais relativos, é importante que se perceba o verbo em questão:

"**AONDE** TODOS **VÃO**? Todos vão ao concerto de Caetano e Gadu."

O verbo ir, aqui na forma vão, exige A.

"**AONDE CHEGAREI**? Chegarei ao lugar dos meus sonhos."

O verbo chegar exige A.

"**ONDE MORAREI**? Morarei **no** lugar dos meus sonhos."

O verbo morar exige EM.

USO DE CUJO, CUJA, CUJOS, CUJAS

Tais pronomes relativos nunca são acompanhados de artigo. Portanto, **NÃO** se usa a forma "cujo o, cuja a".

Além de não estarem acompanhados de artigo, dão sempre ideia de posse. Vejamos:

"Existem compositores **cujas qualidades** são sem-fim – Gil, Caetano, Chico, Tom Zé."

"Analisei a obra **cuja autora** é acriana."

A concordância, em gênero e número, dá-se sempre com o elemento posterior.

O TERMO "QUE" AO FINAL DE EXPRESSÕES

Ao final de expressões, o termo que torna-se tônico e, portanto, será acentuado:

"Lulu sempre faz sucesso, por quê? Porque é bom instrumentista e compositor."

5.6. VERBO

De todas as classes, verbo tem enorme peso. É o representante direto dos fatos em determinado tempo.

Semanticamente, verbo representa a dinâmica, a ação; possui variação em modo, tempo, número e pessoa; sintaticamente, representa o predicado.

* Aspecto (voz): não é considerado variação, mas sim a durabilidade das ações.

NÚMERO
Singular e plural.

PESSOA
Primeira, segunda e terceira.

MODOS VERBAIS
Indicativo (representante da certeza dos fatos) – AMO

Subjuntivo (representante da incerteza dos fatos; também conselho) – AMASSE

Imperativo (representante do mandamento) – AME

TEMPOS VERBAIS
Presente (geralmente ligado à universalidade dos fatos; ontem, hoje, amanhã)

*"Eu **toco** guitarra."*

Pretérito Perfeito (ação no pretérito e totalmente finalizada)

*"Eu já **limpei** minha guitarra."*

Pretérito Imperfeito (ação no pretérito não finalizada; hábito no pretérito)

*"Eu **estudava** minha guitarra."*

Pretérito Mais-Que-Perfeito (ação no pretérito, totalmente finalizada, antes de todas as outras ações)

*"Eu já **estudara** Guitarra e hoje estudo Piano."*

Futuro do Presente (ação de certeza futurística)

*"Eu **tocarei** guitarra."*

Futuro do Pretérito (ação de condicionalidade futurística)

*"Se tivesse uma guitarra, **tocaria** canção bossa-nova."*

Existem também os tempos compostos, quando são vistos dois ou mais verbos. Tais locuções verbais são acompanhadas dos verbos auxiliares TER ou HAVER: *tinha feito, tenho feito, havia feito.*

FORMAS NOMINAIS
Não se deve confundir tempo com forma nominal; as formas nominais correspondem à possibilidade de os verbos funcionarem como nomes (substantivo, adjetivo ou advérbio). São tais formas:

INFINITIVO (CANTAR)
GERÚNDIO (CANTANDO)
PARTICÍPIO (CANTADO)

ASPECTO – VOZES VERBAIS
Aqui trataremos da durabilidade das ações.

Tanto em voz ativa, quanto em voz passiva, trabalharemos com verbos transitivos diretos. Não existe transposição de ativa para passiva com verbos transitivos indiretos (ausência de preposição).

a) Voz ativa: sujeito praticante direto da ação; verbo transitivo direto ou verbo transitivo direto e indireto.

O mundo já cantou as canções de Caetano.

Os médicos alugaram novos consultórios.

O bom menino tocou o piano.

b) Voz passiva analítica: sujeito receptor da ação; locução verbal; voz mais desenvolvida.

As canções de Caetano já foram cantadas pelo mundo.

Novos consultórios foram alugados pelos médicos.

O piano foi tocado pelo bom menino.

c) Voz passiva sintética: sujeito receptor da ação; presença do termo –se, pronome apassivador.

Cantaram-se as canções de Caetano.

Alugaram-se novos consultórios.

Tocou-se o piano.

d) Voz reflexiva: ação praticada e recebida pelo agente ou sujeito.

O presidente elogiou-se.

Nós nos cortamos com os velhos cacos.

OUTRAS CLASSIFICAÇÕES VERBAIS
Verbos regulares são verbos com o radical fixo, sem alteração: cantar, amar, beber.

Verbos irregulares são verbos que não apresentam radical fixo: caber, medir.

Verbos defectivos são verbos que não apresentam conjugação completa. Alguns clássicos exemplos: chover, ventar, abolir, falir, miar, demolir, colorir.

Verbos abundantes são verbos que apresentam, geralmente, duas ou mais formas no particípio: aceitar (aceito, aceitado); benzer (benzido, bento); entregar (entregue, entregado); romper (rompido, roto).

– Vamos à regra de particípios e auxiliares:

LÍNGUA PORTUGUESA

Verbos anômalos são verbos que admitem inúmeras formas. Os dois conhecidos verbos anômalos, do nosso Português, são SER e IR.

Verbos unipessoais são verbos peculiares a um grupo: miar, cacarejar, mugir, latir, grunhir.

Verbos impessoais são verbos que não podem ser conjugados por nenhum ser da natureza: chover, ventar, haver (no sentido de existir), fazer (no sentido de tempo decorrido), trovejar.

Houve duas tempestades em Natal, RN.

Faz dois dias que aconteceu a tempestade.

Chove muito em Natal, RN.

Verbos impessoais na 3ª pessoa do singular.

CONJUGAÇÕES IMPORTANTES

Acompanhe uma conjugação completa de um verbo regular e de 1ª conjugação:

CANTAR

Presente do Indicativo
- eu canto
- tu cantas
- ele canta
- nós cantamos
- vós cantais
- eles cantam

Imperfeito do Indicativo
- eu cantava
- tu cantavas
- ele cantava
- nós cantávamos
- vós cantáveis
- eles cantavam

Perfeito do Indicativo
- eu cantei
- tu cantaste
- ele cantou
- nós cantamos
- vós cantastes
- eles cantaram

Mais-que-perfeito do Indicativo
- eu cantara
- tu cantaras
- ele cantara
- nós cantáramos
- vós cantáreis
- eles cantaram

Futuro do Pretérito do Indicativo
- eu cantaria
- tu cantarias
- ele cantaria
- nós cantaríamos
- vós cantaríeis
- eles cantariam

Futuro do Presente do Indicativo
- eu cantarei
- tu cantarás
- ele cantará
- nós cantaremos
- vós cantareis
- eles cantarão

Presente do Subjuntivo
- que eu cante
- que tu cantes
- que ele cante
- que nós cantemos
- que vós canteis
- que eles cantem

Imperfeito do Subjuntivo
- se eu cantasse
- se tu cantasses
- se ele cantasse
- se nós cantássemos
- se vós cantásseis
- se eles cantassem

Futuro do Subjuntivo
- quando eu cantar
- quando tu cantares
- quando ele cantar
- quando nós cantarmos
- quando vós cantardes
- quando eles cantarem

Imperativo Afirmativo
- canta tu
- cante ele
- cantemos nós
- cantai vós
- cantem eles

Imperativo Negativo
- não cantes tu
- não cante ele
- não cantemos nós
- não canteis vós
- não cantem eles

CONJUGAÇÃO DOS VERBOS VER e VIR

VER

Presente do Indicativo
- eu vejo
- tu vês
- ele vê
- nós vemos
- vós vedes
- eles veem

Imperfeito do Indicativo
- eu via
- tu vias
- ele via
- nós víamos
- vós víeis
- eles viam

Perfeito do Indicativo
- eu vi
- tu viste
- ele viu
- nós vimos
- vós vistes
- eles viram

Mais-Que-Perfeito do Indicativo
- eu vira
- tu viras
- ele vira
- nós víramos
- vós víreis
- eles viram

Futuro do Pretérito do Indicativo
- eu veria
- tu verias
- ele veria
- nós veríamos
- vós veríeis
- eles veriam

Futuro do Presente do Indicativo
- eu verei
- tu verás
- ele verá
- nós veremos
- vós vereis
- eles verão

Presente do Subjuntivo
- que eu veja
- que tu vejas
- que ele veja
- que nós vejamos
- que vós vejais
- que eles vejam

Imperfeito do Subjuntivo
- se eu visse
- se tu visses
- se ele visse
- se nós víssemos
- se vós vísseis
- se eles vissem

Futuro do Subjuntivo
- quando eu vir
- quando tu vires
- quando ele vir
- quando nós virmos
- quando vós virdes
- quando eles virem

Imperativo Afirmativo
- vê tu
- veja ele
- vejamos nós

vede vós
vejam eles
Imperativo Negativo
não vejas tu
não veja ele
não vejamos nós
não vejais vós
não vejam eles

VIR
Presente do Indicativo
eu venho
tu vens
ele vem
nós vimos
vós vindes
eles vêm
Imperfeito do Indicativo
eu vinha
tu vinhas
ele vinha
nós vínhamos
vós vínheis
eles vinham
Perfeito do Indicativo
eu vim
tu vieste
ele veio
nós viemos
vós viestes
eles vieram
Mais-Que-Perfeito do Indicativo
eu viera
tu vieras
ele viera
nós viéramos
vós viéreis
eles vieram
Futuro do Pretérito do Indicativo
eu viria
tu virias
ele viria
nós viríamos
vós viríeis
eles viriam
Futuro do Presente do Indicativo
eu virei
tu virás
ele virá
nós viremos
vós vireis
eles virão
Presente do Subjuntivo
que eu venha
que tu venhas
que ele venha
que nós venhamos
que vós venhais
que eles venham
Imperfeito do Subjuntivo
se eu viesse
se tu viesses
se ele viesse
se nós viéssemos
se vós viésseis
se eles viessem
Futuro do Subjuntivo
quando eu vier
quando tu vieres
quando ele vier
quando nós viermos
quando vós vierdes
quando eles vierem
Imperativo Afirmativo
vem tu
venha ele
venhamos nós
vinde vós
venham eles
Imperativo Negativo
não venhas tu
não venha ele

não venhamos nós
não venhais vós
não venham eles

Procure atentamente conjugar os verbos finalizados em –EAR e –IAR. Trazem questões importantes. Deixaremos um exemplo de cada.

Ainda assim, a maioria dos verbos finalizados em –IAR são regulares (anunciar, maquiar, judiar). Existe um grupo que merece a atenção: os verbos M-Á-R-I-O (mediar, ansiar, remediar, incendiar, odiar).

Breve diferença:

MAQUIAR – Presente do Indicativo
    eu maquio
    tu maquias
    ele maquia
    nós maquiamos
    vós maquiais
    eles maquiam

MEDIAR – Presente do Indicativo
    eu medeio
    tu medeias
    ele medeia
    nós mediamos
    vós mediais
    eles medeiam

CONJUGAÇÃO DE VERBO FINALIZADO EM –EAR

ESTREAR

Presente do Indicativo
    eu estreio
    tu estreias
    ele estreia
    nós estreamos
    vós estreais
    eles estreiam

Imperfeito do Indicativo
    eu estreava
    tu estreavas
    ele estreava
    nós estreávamos
    vós estreáveis
    eles estreavam

Perfeito do Indicativo
    eu estreei
    tu estreaste
    ele estreou
    nós estreamos
    vós estreastes
    eles estrearam

Mais-Que-Perfeito do Indicativo
    eu estreara
    tu estreara
    ele estreara
    nós estreáramos
    vós estreáreis
    eles estrearam

Futuro do Pretérito do Indicativo
    eu estrearia
    tu estrearias
    ele estrearia
    nós estrearíamos
    vós estrearíeis
    eles estreariam

Futuro do Presente do Indicativo
    eu estrearei
    tu estrearás
    ele estreará
    nós estrearemos
    vós estreareis
    eles estrearão

Presente do Subjuntivo
    que eu estreie
    que tu estreies
    que ele estreie
    que nós estreemos
    que vós estreeis
    que eles estreiem

Imperfeito do Subjuntivo
    se eu estreasse
    se tu estreasses

se ele estreasse
se nós estreássemos
se vós estreásseis
se eles estreassem

Futuro do Subjuntivo
quando eu estrear
quando tu estreares
quando ele estrear
quando nós estrearmos
quando vós estreardes
quando eles estrearem

Imperativo Afirmativo
estreia tu
estreie ele
estreemos nós
estreai vós
estreiem eles

Imperativo Negativo
não estreies tu
não estreie ele
não estreemos nós
não estreeis vós
não estreiem eles

CONJUGAÇÃO DE VERBO FINALIZADO EM –IAR

PREMIAR

Presente do Indicativo
eu premio
tu premias
ele premia
nós premiamos
vós premiais
eles premiam

Imperfeito do Indicativo
eu premiava
tu premiavas
ele premiava
nós premiávamos
vós premiáveis
eles premiavam

Perfeito do Indicativo
eu premiei
tu premiaste
ele premiou
nós premiamos
vós premiastes
eles premiaram

Mais-Que-Perfeito do Indicativo
eu premiara
tu premiaras
ele premiara
nós premiáramos
vós premiáreis
eles premiaram

Futuro do Pretérito do Indicativo
eu premiaria
tu premiarias
ele premiaria
nós premiaríamos
vós premiaríeis
eles premiariam

Futuro do Presente do Indicativo
eu premiarei
tu premiarás
ele premiará
nós premiaremos
vós premiareis
eles premiarão

Presente do Subjuntivo
que eu premie
que tu premies
que ele premie
que nós premiemos
que vós premieis
que eles premiem

Imperfeito do Subjuntivo
se eu premiasse
se tu premiasses
se ele premiasse
se nós premiássemos
se vós premiásseis
se eles premiassem

Futuro do Subjuntivo

   quando eu premiar

   quando tu premiares

   quando ele premiar

   quando nós premiarmos

   quando vós premiardes

   quando eles premiarem

Imperativo Afirmativo

   premia tu

   premie ele

   premiemos nós

   premiai vós

   premiem eles

Imperativo Negativo

   não premies tu

   não premie ele

   não premiemos nós

   não premieis vós

   não premiem eles

FORMAÇÃO DO IMPERATIVO

Observe primeiramente o presente do indicativo:

   eu amo

   tu amas

   ele ama

   nós amamos

   vós amais

   eles amam

Retire as segundas pessoas sem o -S do final: AMA / AMAI

Observe agora o presente do subjuntivo:

   que eu ame

   que tu ames

   que ele ame

   que nós amemos

   que vós ameis

   que eles amem

O **imperativo afirmativo** é formado com as segundas pessoas sem o –S. As outras conjugações são cópia do Presente do Subjuntivo. Veja:

Em imperativo, não há a primeira pessoa.

   AMA

   ame

   amemos

   AMAI

   amem

O **imperativo negativo** é a cópia do presente do subjuntivo (com o claro acréscimo de NÃO e a ausência da primeira pessoa). Veja:

Em imperativo, não há a primeira pessoa.

   não ames tu

   não ame ele

   não amemos nós

   não ameis vós

   não amem eles

5.7. ADVÉRBIO

Etimologicamente o termo AD significa ao lado de, junto de. Advérbio, semanticamente, é **modificador** (seja do verbo, adjetivo ou o próprio advérbio).

Morfologicamente é invariável; sintaticamente é adjunto adverbial ou adnominal.

* *Apesar de o advérbio ser invariável, há possibilidade de o termo agregar-se a um sufixo ou outro advérbio. Alguns intitulam tal modificação como Grau do Advérbio:*

1º Acordo **cedo**.

2º Acordo **cedíssimo**.

3º Acordo **muito cedo**.

PRINCIPAIS TIPOS DE ADVÉRBIOS

LUGAR: aqui, ali, acolá

TEMPO: hoje, amanhã, ontem, cedo

MODO: assim, mal, rapidamente, lentamente,

INTENSIDADE: muito, pouco, bastante

AFIRMAÇÃO: sim, certamente, realmente

NEGAÇÃO: não, tampouco

DÚVIDA: quiçá, talvez

LOCUÇÕES ADVERBIAIS

São alguns exemplos: às vezes, à toa, sem dúvida, à força, à tarde, à noite, às claras.

5.8. PREPOSIÇÃO

Das classes coesivas, a preposição, além de ligar, tem importante papel textual. Vejamos:

"Fulano admite estar **na** Educação."

"Fulano admite estar **contra** a Educação."

No primeiro exemplo, percebe-se a relação íntima, a relação de "estar dentro de"; no segundo exemplo, percebe-se justamente a "contrariedade".

Vejamos o que o excelente dicionário Aurélio traz sobre o termo preposição: "palavra invariável que liga partes da proposição dependentes uma das outras, estabelecendo entre elas numerosas relações."

Preposição não possui nenhuma função sintática e, morfologicamente, mais uma vez, é invariável.

PREPOSIÇÕES ESSENCIAIS: a, ante, até, após, com, contra, de, desde, em, entre, para, perante, por, sem, sob, sobre, trás.

PREPOSIÇÕES ACIDENTAIS (normalmente cobradas em concursos públicos): COMO, CONFORME, EXCETO, SALVO, SEGUNDO, MEDIANTE e outras.

Vale também informar que preposição não transmite ideia de movimentação; como a própria nomenclatura, POSIÇÃO PRÉ.

QUAL A DIFERENÇA ENTRE CONTRAÇÃO E COMBINAÇÃO?

Contração é união, mistura, perda fonêmica, entre preposição e outra palavra: NISTO (em + isto); NO (em + o).

Já a combinação não possui a perda fonêmica: AO (a + o).

LOCUÇÕES PREPOSITIVAS:

abaixo de	acima de	acerca de
a fim de	além de	a par de
apesar de	antes de	depois de
ao invés de	diante de	em face de
em vez de	graças a	junto a
junto com	junto de	à custa de
	através de	em via de
	em frente de	em frente a
sob pena de	a respeito de	

Consideração: observe que o último termo da locução prepositiva é sempre uma preposição.

5.9. CONJUNÇÃO

Inicialmente, vamos à simples análise do termo JUNÇÃO. Automaticamente, vários sinônimos surgem: união, ligação, somatório etc.

Conjunção, morfologicamente invariável, com nenhuma função sintática, é a classe de palavra responsável pela união de outras palavras e/ou orações.

TIPOS DE CONJUNÇÕES

1. COORDENATIVAS:

A) Aditivas: e, nem, mas também, outrossim.

B) Adversativas: mas, porém, contudo, todavia.

C) Alternativas: ou; ou..., ou...; ora..., ora...

D) Conclusivas: logo, portanto, pois (posposto ao verbo).

E) Explicativas: pois (anteposto ao verbo), que, porque, porquanto.

Oração coord. ----- **Conjunção** ----- **Oração coord.**
(S – V – C)   (S – V – C)

Machado amava as letras **e** sua esposa Carolina apoiava-o.

As conjunções coordenativas realmente transmitem a ideia da independência entre orações, ou seja, um sistema oracional SVC independente e outro SVC independente.

2. SUBORDINATIVAS:

Sujeito ---- **Verbo** ---- **Conj.** ---- **Complemento**
                                              (outra oração)

Machado disse *que Carolina amava suas letras.

*INTEGRANTES: representam o início de orações subordinadas substantivas.

Causais: porque, como (ANTEPOSTAS AO VERBO)

Concessivas: embora, conquanto.

Condicionais: se, caso, desde que.

Conformativas: conforme, consoante, segundo.

Comparativa: como, mais... (do) que.

Consecutivas: que (posposto aos advérbios tão, tal, tanto, tamanho), de modo que, de forma que.

Finais: para que, a fim de que.

Proporcionais: à medida que, à proporção que.

Temporais: quando, enquanto, logo.

***MODAIS:** "O Ministro foi nomeado **sem que** houvesse nenhuma emoção."

As conjunções modais não são reconhecidas pela NGB, Nomenclatura Gramatical Brasileira, apesar de existirem.

LOCUÇÕES CONJUNTIVAS

visto que

desde que

ainda que

por mais que

à medida que

à proporção que

logo que

a fim de que

Consideração: observe que o último termo da locução conjuntiva é sempre uma conjunção (em diferença às locuções prepositivas).

5.10. INTERJEIÇÃO

Vejamos o que o dicionário Aurélio apresenta sobre o termo interjeição: *palavra ou locução com que se exprime um sentimento de dor, de alegria, de admiração, de aplauso, de irritação etc.*

Depois de verificarmos a semântica das interjeições, saibamos também que interjeição é morfologicamente invariável e não possui nenhuma função sintática.

O ponto de exclamação sempre acompanha as interjeições e as locuções interjetivas.

- Alegria: oba!, eba!, viva!, oh!, ah!, uhu!, eh!, gol!, que bom!, iupi!
- Saudação: oi!, olá!, salve!, adeus!, viva!, alô!
- Alívio: ufa!, uf!, ah!, ainda bem!, arre!
- Animação, estímulo: coragem!, avante!, firme!, vamos!, eia!
- Aprovação: bravo!, bis!, viva!, muito bem!
- Desejo: tomara!, oxalá!, queira deus!, oh!, pudera!
- Dor: ai! ui!
- Admiração: ah!, chi!, ih!, oh!, uh!, ué!, puxa!, uau!, caramba!, caraca!, putz!, gente!, céus!, uai!, horra!, nossa!
- Impaciência: hum!, hem!, raios!, diabo!, puxa!, pô!
- Invocação: alô!, olá!, psiu!, socorro!, ei!, eh!, ô!
- Medo: credo!, cruzes! uh!, ui!, socorro!

LOCUÇÕES INTERJETIVAS

Conjunto de termos que possui valor de interjeição. Clássicos exemplos: Macacos me mordam! Raios o partam! Quem me dera! Puxa vida! Meu Deus do céu! Minha Nossa Senhora! Quem diria! Cruz credo! Viva o povo brasileiro! Viva as crianças!

Não se esqueça de que as interjeições são completamente invariáveis.

QUESTÕES

Substantivo

1. (TCE-RJ) Assinale a opção em que o plural das palavras destacadas é feito da mesma forma:

    a) O **escrivão** desacatou aquele **cidadão**.

    b) O **salário-família** será pago na **sexta-feira**.

    c) O **freguês** antigo tinha uma aparência **simples**.

    d) O funcionário encarregado de vistoria era **dócil** e **gentil**.

    e) Naquele mundo **pagão**, havia apenas um **cristão**.

2. (MM - Adaptado) Assinale a alternativa em que todos os substantivos apresentam sua forma plural correta:

    a) Sempre-vivas; tico-ticos; tuneizinhos

    b) Terças-feiras; cachorros-quentes; florzinhas

    c) Altos-falantes; vaivéns; animaizinhos

    d) Estrelas-do-mar; autorretratos; degraizinhos

    e) Joões-de-barro; grã-cruzes; pãozinhos

Artigo

3. (ESAN-SP - Adaptado) Assinale a alternativa correta:

    a) Mostraram-me cinco livros. Comprei todos cinco.

    b) Mostraram-me cinco livros. Comprei todos os cinco livros.

    c) Mostraram-me cinco livros. Comprei a todos os cinco.

    d) Mostraram-me cinco livros. Comprei a todos os cinco livros.

    e) Mostraram-me cinco livros. Comprei todos cinco livros.

4. (UFU-MG) Em uma das frases, o artigo definido está empregado erradamente. Em qual?

    a) A velha Roma está sendo modernizada.

    b) A "Paraíba" é uma bela fragata.

c) Não conheço agora a Lisboa do meu tempo.

d) O gato escaldado tem medo de água fria.

e) O Havre é um porto de muito movimento.

Adjetivo

5. (TRT-PR) "Em algumas regiões o vocabulário é mínimo..." A forma mínimo corresponde ao:

    a) Superlativo absoluto sintético.
    b) Superlativo relativo de superioridade.
    c) Superlativo relativo de inferioridade.
    d) Superlativo absoluto analítico.
    e) Comparativo de inferioridade.

6. (TRF-RJ) Os acordos _____ dispensam interpretações de natureza _____.

    a) Lusos-brasileiros – filosófico-cientista
    b) Lusos-brasileiro – filosófica-científicas
    c) Luso-brasileiros – filosófico-científica
    d) Lusos-brasileiros – filosófica-científica
    e) Luso-brasileiros – filosófica-científicas

Numeral

7. (TELERG) Assinale a alternativa em que o numeral tem valor hiperbólico:

    a) Naquele estádio havia quinhentas pessoas.
    b) Mais de cem milhões de brasileiros choraram.
    c) "Com mil demônios" – praguejou ele, diante do acidente fatal.
    d) Ele foi o quadragésimo colocado.
    e) Cinco oitavos do prêmio couberam a mim.

8. (UFPR) Se a *cinco* vem a corresponder *quinto*, a onze, quarenta, cinquenta, sessenta e setenta, respectivamente, correspondem:

    a) Undécimo, quadragésimo, cinquentésimo, sexagésimo, septuagésimo
    b) Décimo primeiro, quaresma, quinquagésimo, sexagenário, septuagésimo
    c) Undécimo, quadragésimo, quinquagésimo, sexagenário, septuagésimo
    d) Décimo primeiro, quadragésimo, quinquagésimo, sexagésimo, septuagenário
    e) Undécimo, quadragésimo, quinquagésimo, sexagésimo, septuagésimo

Pronome

9. (ALERJ/FESP) "É quase impossível enxergá-lo."

    Na frase acima, foi empregado corretamente o pronome oblíquo "o". A frase que **não** se completa com esse pronome é:

    a) Abracei-___ com entusiasmo
    b) Vi-___ ontem na esquina da rua.
    c) Felicitei-___ pela aprovação.
    d) A ele, devolvi-___ o documento.
    e) O livro, entreguei-___ ao aluno.

10. (TRT-SP) Assinale a alternativa em que o pronome possessivo foi usado incorretamente:

    a) Vossa senhoria trouxe seu discurso e os documentos indeferidos?
    b) Vossa reverendíssima queira desculpar-me se interrompo vosso trabalho.
    c) Voltando ao Vaticano, Sua Santidade falará a fiéis de várias nacionalidades.
    d) Informamos que Vossa Excelência e seus auxiliares conseguiram muitas adesões.
    e) Sua Excelência, o Sr. Ministro da Justiça, considerou a medida inconstitucional.

Verbo

11. (ITA-SP) Assinale a opção cujas formas verbais preenchem corretamente as respectivas lacunas do texto.

    "É notável o fato de que as civilizações clássicas – gregos e romanos – não marcam a história da humanidade por contribuições práticas ou inventos que _____ o esforço humano no desempenho do trabalho. Isso não significa que não _____ exemplos de dispositivos que se _____ a essa finalidade e que _____ a essa época.
    Em contraposição, as contribuições dessas civilizações no desenvolvimento da Filosofia, da ciência pura, das artes, da Política e do Direito _____ os fundamentos e rumos de parte considerável do conhecimento humano."

    a) Atenuassem – existissem – prestem – remontam – estabelecem
    b) Atenuem – existem – prestam – remontam – estabelecem
    c) Atenuam – existissem – prestam – remontem – estabelecem
    d) Atenuassem – existam – prestam – remontem – estabeleceram
    e) Atenuem – existam – prestem – remontem – estabeleceram

12. (FCC – TRT – Adaptado) "Hoje, talvez não sejamos intrinsecamente mais belos do que outras gerações."

O verbo flexionado nos mesmos tempo e modo em que se encontra o grifado acima está também grifado na frase:

a) Na sociedade moderna sempre haverá expectativa de que nos considerem atraentes.

b) Vestida de modo atraente, ela tentava despertar mais admiração naquele encontro.

c) Todos imaginavam que estivessem devidamente preparados para a reunião festiva.

d) O ideal de beleza se altera no decorrer das épocas, fato atestado em muitas obras de arte.

e) Para nos sentirmos bem, é necessário cultivar certas qualidades, como a simpatia.

Advérbio

13. (FUVEST-SP) "É preciso agir, e rápido, disse ontem o ex-presidente nacional do partido." A frase em que a palavra destacada não exerce função idêntica à de rápido é:

a) Como estava exaltado, o homem gesticulava e falava **alto**.

b) Mademoiselle ergueu **súbito** a cabeça, voltou-a pro lado, esperando, olhos baixos.

c) Estavam acostumados a falar **baixo**.

d) Conversamos por alguns minutos, mas tão **abafado** que nem as paredes ouviram.

e) Sim, havíamos de ter um oratório bonito, **alto**, de jacarandá.

14. (FUVEST-SP) "As palavras, paralelamente, iam ficando sem vida. Já a oração era morna, depois fria, depois inconsciente..." (Machado de Assis, "Entre Santos")

"Nas feiras, praças e esquinas do Nordeste, costuma-se ferir a madeira com o que houver à mão: gilete, canivete ou preço. Já nos ateliês sediados entre Salvador e Chuí, artistas cultivados preferem a sutileza da goiva ou do buril." (Veja, 17/8/94, p. 122)

"Ele só se movimentava correndo e perdeu o direito de brincar sozinho na rua onde mora – por diversas vezes já atravessou-a com o sinal fechado para pedestres, desviando-se de motoristas apavorados." (Veja, 24/8/94, p. 50)

Nos textos acima, o termo **já** exprime, **respectivamente**, a ideia de:

a) Tempo, causalidade, intensificação.

b) Oposição, espaço, tempo.

c) Tempo, oposição, intensificação.

d) Intensificação, oposição, tempo.

e) Tempo, espaço, tempo.

Preposição

15. (BB) "*Este trabalho, sobre ser agradável, é gratificante.*" A preposição destacada equivale a:

a) Apesar de

b) À custa de

c) Além de

d) Antes de

e) Em vez de

16. (ALERJ/FESP) A preposição em denota fim ou destinação na seguinte frase:

a) Dar em doido.

b) Imagem em barro.

c) Pagava em cheque.

d) Tomar em penhor.

e) De grão em grão a galinha enche o papo.

Conjunção

17. (Mackenzie-SP – adaptado) "Digam o que quiserem dizer os hipocondríacos: a vida é uma coisa doce." (Machado de Assis)

Os dois-pontos substituem um elemento de ligação que exprime uma relação de:

a) Consequência

b) Condição

c) Adição

d) Oposição

e) Explicação

18. (FUVEST) "... Bem cuidado como é, o livro apresenta alguns defeitos." Começando com "O livro apresenta alguns defeitos...", o sentido da frase não será alterado se continuar com:

a) Desde que bem cuidado.

b) Contanto que bem cuidado.

c) À medida que é bem cuidado.

d) Tanto que é bem cuidado.

e) Ainda que bem cuidado.

Interjeição

19. (EAFA – SELEÇÃO 2006) "Ai! Feriste meu pé!" O vocábulo ai! exprime sentimento humano. É:
a) interjeição
b) conjunção
c) advérbio
d) preposição

GABARITO

1. E
2. A
3. B
4. D
5. A
6. C
7. C
8. E
9. D
10. B
11. E
12. A
13. E
14. B
15. C
16. D
17. D
18. E
19. A

CAPÍTULO 6

SINTAXE

6.1. ESTUDO DO PERÍODO SIMPLES

FRASE, ORAÇÃO, PERÍODO

O termo FRASE significa diretamente mensagem (também caracterizado por entonações) e de um raciocínio completo:

SOCORRO!
QUE TRAGÉDIA!
NÃO ESTAMOS SOZINHOS?
UFA!

Oração, assim como previamente já analisamos na parte básica da Sintaxe, envolve um sistema: SUJEITO – PREDICADO / SUJEITO – VERBO – COMPLEMENTO.

O centro da oração é o próprio verbo; conta-se o número de orações pela quantidade de verbos.

"Penso que João Donato contribuiu muito para a Arte Nacional."
DOIS VERBOS, DUAS ORAÇÕES

No último exemplo acima, há também uma mensagem, uma ideia completa; por isso, também, há uma frase.

O termo PERÍODO envolve o conjunto de orações, podendo ser SIMPLES ou COMPOSTO. Se há uma oração, o período é simples; se há duas ou mais orações, o período é composto.

MAPEAMENTO DAS FUNÇÕES SINTÁTICAS

Antes de mapearmos mais detalhadamente, são as funções sintáticas:

SUJEITO
PREDICADO
OBJETOS
PREDICATIVOS
AGENTE DA PASSIVA
COMPLEMENTO NOMINAL
ADJUNTOS
APOSTO
VOCATIVO

Vejamos também em grupos (como na conhecida Nomenclatura Gramatical Brasileira):

1. **Termos Essenciais da Oração:**

a) Sujeito (simples, composto, elíptico ou desinencial, indeterminado, oração sem sujeito);

b) Predicado (verbal, nominal, verbo-nominal);

*Predicação verbal (verbo intransitivo, transitivo indireto, transitivo direto, transitivo direto e indireto, verbo de ligação);

* Predicativo (do sujeito e do objeto).

2. **Termos Integrantes da Oração:**

a) Complementos verbais (objeto direto e objeto indireto);

b) Complemento Nominal;

c) Agente da Passiva.

3. **Termos Acessórios da Oração:**

a) Adjunto Adnominal;

b) Adjunto Adverbial;

c) Aposto.

* *VOCATIVO (não receberam numeração específica, pois os chamamentos, as invocações estão fora de sujeito e de predicado):*

*"**Fulano**, sua carreira artística morreu."*

Voc. ----------Sujeito --------------- Verbo Intrans.

OS TIPOS DE SUJEITO

a) Sujeito Determinado Simples:

Trinta e cinco compositores tocavam na Lapa.

b) Sujeito Determinado Composto:

Nove bateristas e dez guitarristas testavam os novos instrumentos.

c) Sujeito Determinado Elíptico ou Desinencial:

Apesar de não aparecer escrito, grafado, é possível – pela desinência verbal ou dedução textual – a identificação de tal sujeito.

Ouvíamos belas canções de Erasmo e Roberto.

(NÓS)

d) Sujeito Indeterminado (TÓPICO ESPECIAL)

➢ Em primeiro momento, a indeterminação do sujeito acontece com o verbo na 3ª pessoa do plural:

Ouviram belas canções de Erasmo e Roberto.

Note que não há como acusar um determinado ser ou grupo; guarde a expressão *"processo não acusativo"*.

➢ Em segundo momento, a indeterminação do sujeito acontece com a presença do termo SE – e obviamente a não identificação do sujeito.

Precisava-se **de dois bons compositores para aquele disco.**

> REGRA FUNDAMENTAL DA LÍNGUA PORTUGUESA:
> Sujeito e Preposição dificilmente são combinados!

Veja que o termo "de dois bons compositores para aquele disco" não pode exercer papel de sujeito. Como não houve, no exemplo citado, identificação do sujeito, o termo SE exerce função de índice de indeterminação do sujeito.

Um novo exemplo:

Gostava-se de velhas obras literárias.

Use a regra fundamental. Note que, mais uma vez, não houve a identificação do sujeito. Portanto, o SE exerce papel de índice de indeterminação do sujeito.

Último exemplo:

É-se bom em Cultura Geral.

Veja que os BOM e CULTURA GERAL não podem exercer papel de sujeito. Portanto, mais uma vez, o SE exerce papel de índice de indeterminação do sujeito.

COMO ACONTECE O PRONOME APASSIVADOR

Para o termo SE ser classificado como pronome apassivador, ou partícula apassivadora, deve-se identificar o sujeito paciente e, também, a voz passiva. Clássicos exemplos:

Vendem-se duas caixas de clássicos dos anos 80.

SUJEITO PACIENTE; logo: *Duas caixas de clássicos dos anos 80 são vendidas.*

Alugam-se imóveis próximos de Copacabana.

SUJEITO PACIENTE; logo: *Imóveis próximos de Copacabana são alugados.*

Plastificam-se documentos.

SUJEITO PACIENTE; logo: *Documentos são plastificados.*

e) Oração sem sujeito / sujeito inexistente:

Durante o conceito de oração, vimos o sistema SVC (Sujeito – Predicado). Em toda oração, há sujeito e predicado.

No entanto, a Nomenclatura Gramatical Brasileira adotou um nome paradoxal para o último tipo de sujeito: inexistente. Ele existe, apenas não está escrito (sua ação é impessoal).

Prefiro, em primeiro momento, adotar a relação direta com a impessoalidade dos verbos. Só há o chamado SUJEITO INEXISTENTE quando houver a identificação do verbo impessoal – sempre na 3ª pessoa do singular. Vamos à prática:

Chove *muito em Porto Alegre.*

Verbo impessoal; logo, sujeito inexistente.

Venta *pouco em Goiânia.*

Verbo impessoal; logo, sujeito inexistente.

Houve *dois lançamentos de música brasileira.*

Verbo impessoal; logo, sujeito inexistente.

Faz *dois anos que estive em Paris.*

Verbo impessoal; logo, sujeito inexistente.

CONSIDERAÇÃO:

Uma rima gramatical importante:

> HAVER, NO SENTIDO DE EXISTIR, É SINGULAR; O VERBO EXISTIR, PORÉM, VAI SEMPRE CONCORDAR.

Veja as classificações com os citados verbos:

Houve dois lançamentos de música brasileira.

Verbo impessoal; logo, sujeito inexistente; a expressão *dois lançamentos de música brasileira* funciona como complemento do verbo.

Existiram dois lançamentos de música brasileira.

Verbo PESSOAL; logo, sujeito determinado simples – a expressão *dois lançamentos de música brasileira*.

Isso mesmo! O verbo EXISTIR é sempre pessoal; sempre em concordância com o sujeito.

É muito comum, também, a indicação de distâncias, horas, datas por meio do verbo SER. Nesse caso, o verbo concordará com o número; o sujeito será também INEXISTENTE ou ORAÇÃO SEM SUJEITO. Casos clássicos:

São dez horas da noite.

São quinhentos quilômetros.

É dia quinze de abril.

São quinze de abril.

OS TIPOS DE PREDICADO

a) Predicado Verbal:

Ocorre predicado verbal quando há um verbo nocional, significativo, verbo que não seja de ligação; predicado representado por verbo que NÃO dê ideia de estado:

Criamos *vários poemas em homenagem a ti.*

Falavam *incessantemente sobre Literatura.*

b) Predicado Nominal:

Ocorre predicado nominal quando há um verbo não nocional, não significativo, verbo que seja de ligação; predicado representado por verbo que dê ideia de estado:

*Elis **é** Brasil.*

*Tom **parece** inspiração de harmonia musical.*

*Vinícius **tornou-se**, eternamente, poesia.*

c) Predicado Verbo-Nominal:

Ocorre predicado verbo-nominal quando há um verbo nocional e, ao mesmo tempo, outro núcleo caracterizador (predicativo):

*Os músicos **chegaram furiosos**.*

*O Rio **amanheceu chuvoso**.*

PREDICAÇÃO VERBAL

O termo PREDICAÇÃO refere-se diretamente à existência ou não de complementação de um verbo. Desse modo, temos:

– Verbo de ligação: Os artistas paraenses **estavam** preocupados.

– Verbo transitivo direto: Os artistas paraenses **ganharam** novos patrocínios.

– Verbo transitivo indireto: Os artistas paraenses **precisam de** novos patrocínios.

– Verbo transitivo direto e indireto: **Escrevemos** novas partituras **para** você.

– Verbo intransitivo: Os artistas paraenses **vivem** bem.

OS PREDICATIVOS

Ao encararmos a expressão predicativo, lembraremos sempre o termo CARACTERÍSTICA.

Um tipo é o predicativo do sujeito; o outro tipo é o predicativo do objeto.

Noel foi <u>bandolinista</u>.

Predicativo do sujeito; característica do sujeito.

Noel escreveu canções <u>marcantes</u>.

Predicativo do objeto; característica do objeto

OS COMPLEMENTOS VERBAIS

Tanto objeto direto quanto objeto indireto já foram previamente expostos em nossa obra.

Há, porém, dois casos fenomenais – o objeto direto preposicionado e o objeto direto pleonástico. Vejamos casos clássicos:

*Gal **usava** da caneta para antigas releituras.*

Objeto Direto Preposicionado: *da caneta*

*Juca **amava** a Deus acima de tudo.*

Objeto Direto Preposicionado: *a Deus*

Os verbos em destaque nos dois exemplos acima são normalmente transitivos diretos; ali, em contrapartida, foi usada a preposição para criar mais destaque nos complementos.

O objeto direto preposicionado só é usado em caso fenomenal; usam-se, normalmente, objetos diretos para complementação de verbos transitivos diretos.

Já o objeto direto pleonástico tem exatamente a função de repetir (sabe-se também que há função de destaque):

A mim, ninguém *me* engana.

A ti não *te* enxerga?

AGENTE DA PASSIVA

A expressão que era sujeito na voz ativa transforma-se, na voz passiva analítica, em AGENTE DA PASSIVA. Vejamos:

Belas almas *inventaram a roda de samba.* (Voz ativa; Suj.-Verbo-Obj. Dir.)

A roda de samba foi inventada **por belas almas**. (Voz passiva; Suj.-Verbo-AP)

Agente da Passiva

Estranhos já habitaram a ilha. (Voz ativa)

A ilha já foi habitada ***de estranhos***. *(Voz passiva)*

Agente da Passiva

COMPLEMENTO NOMINAL

Alguns substantivos, adjetivos e advérbios (NOMES) precisam de complementação com auxílio de preposição.

*Educação básica é essencial **ao povo**.*

Complemento Nominal

*Todos estão longe **de um acordo judicial**.*

Complemento Nominal

*A Música é benéfica **ao coração**.*

Complemento Nominal

TERMOS ACESSÓRIOS DA ORAÇÃO

ADJUNTO ADNOMINAL

Diferentemente da complementação, o adjunto adnominal tem função de caracterização, posse, origem, especificação. As classes artigo, pronome, numeral e adjetivo funcionam (quando determinantes) como adjuntos adnominais. Vejamos:

Sete excelentes *músicos* **goianos** *foram ao Nordeste.*

A Educação **de base** *é essencial ao povo.*

O palestrante **tímido** *viu* **nossa** *homenagem.*

DIFERENÇAS ENTRE COMPLEMENTO NOMINAL E ADJUNTO ADNOMINAL

Adjunto adnominal nunca se refere a adjetivos ou advérbios. Nunca!

A atitude **do artista** foi favorável **a todos**.
  Aadn   CN

Toda ideia de posse é adjunto adnominal.

O carro **do vizinho** custou mais caro.
         Aadn

Origem é adjunto adnominal:

O homem **de Brasília** não fazia revisões gramaticais.

Agente é adjunto adnominal; paciente é complemento nominal:

O ato **do presidente** foi considerado ofensa **aos pais**.
       Aadn   CN

ADJUNTO ADVERBIAL

A característica do adjunto adverbial é a modificação – de verbos, adjetivos, advérbios ou orações. É o adjunto adverbial representado por advérbios.

Transmitem inúmeras ideias:

– Lugar: Todos estavam vivendo **em Curitiba**.

– Tempo: **À meia-noite**, busque-me.

– Modo: Leia e tenha sua aprovação **rapidamente**.

– Afirmações: Ele vai **sim** ao Congresso Nacional.

– Negações: Ele **não** vai ao Congresso Nacional.

– Instrumento: Eles fizeram a prova **a lápis**.

– Dúvida: O governador **talvez** necessite de patrocínio.

– Intensidade: Aplaudimos **muito** o mestre J. Gilberto.

APOSTO

Geralmente função sintática entre vírgulas ou após dois-pontos (excluindo-se aqui o aposto especificativo) com ideia de explicação, desenvolvimento ou resumo.

Aposto não possui verbo – cuidado!

Brasil, **terra de boa gente**, *é também habitado por estrangeiros.*

Aposto explicativo

Conheço os três cantores: **Raimundo, João e Douglas**.

Aposto enumerativo

Amor, saudade, paixão: **tudo isso** *é matrimônio.*

Aposto resumitivo

Sílvio deve sempre ganhar o troféu **Imprensa** *da tevê* **LFG**.

Aposto especificativo

VOCATIVO

Elemento responsável pelo chamamento. As invocações estão fora do sujeito e do predicado.

Gil, *chame o pessoal para uma sessão-forró.*

Gil: vocativo

Baianos, *vocês fazem parte da raiz brasileira.*

Baianos: vocativo

* *Existe também uma figura de linguagem chamada APÓSTROFE – que é responsável pelo chamamento:*

"Deus! ó Deus! onde estás que não respondes? (Castro Alves)

6.2. ESTUDO DO PERÍODO COMPOSTO

Orações Coordenadas – Orações Independentes

Suj.-Verbo-Compl. --- CONJ. --- Suj.-Verbo-Compl.

1) **Orações Coordenadas Assindéticas:**

As orações coordenadas assindéticas são as não iniciadas por conjunção coordenativa.

Pensamos, agimos, lemos, vivemos, morremos.

2) **Orações Coordenadas Sindéticas:**

A) Aditivas: Iniciadas, normalmente, pelas conjunções **e, nem, mas também, mas ainda**.

Lemos e resolvemos vários exercícios.

B) Adversativas: Iniciadas, normalmente, pelas conjunções **mas, porém, todavia, no entanto, entretanto, contudo**.

Lemos, mas não entendemos o livro.

C) Alternativas: Iniciadas, normalmente, pelas conjunções **ou, ou ... ou, ora ... ora, quer ... quer**.

Ora líamos, ora gritávamos.

D) Conclusivas: Iniciadas, normalmente, pelas conjunções **logo, portanto, por isso, por conseguinte, pois**. A conjunção pois será conclusiva quando estiver após o verbo ou entre vírgulas.

Bebel lê muito; **tem, pois,** *várias canções interessantes.*

E) Explicativas: Iniciadas, normalmente, pelas conjunções **porque, que, pois**. A conjunção pois será explicativa quando estiver antes do verbo.

Bebel lê muito **porque teve** *um pai rígido.*

Orações Subordinadas

Vejamos a estrutura clássica da subordinação:

SUJEITO – VERBO ----------COMPLEMENTO

(Sujeito-Verbo-Compl.)

Toquinho mostra ---que---a musicalidade defende-o.

**Note que o complemento é uma oração!*

Quanto à forma, as orações subordinadas podem ser desenvolvidas ou reduzidas.

Suponho que seja ela a mulher ideal.

Suponho ser ela a mulher ideal.

Suponho sejas feliz.

TIPOS DE ORAÇÕES SUBORDINADAS SUBSTANTIVAS (Em destaque estão as subordinadas):

a) Subjetivas:

(Oração como sujeito) – Verbo – Complemento

Saber viver *é preciso.*

Verbo – Complemento – conj. – (Oração como sujeito)

É importante **que todos compareçam ao concerto de Stan Getz.**

b) Objetivas diretas:

Sujeito – Verbo – Conj. – (Oração como objeto direto)

Todos sabem **que a nova presidente nasceu em Minas Gerais.**

c) Objetivas indiretas:

Sujeito – Verbo – Prep. – Conj. –
(Oração como objeto indireto)

*O atleta necessita **de que a lei de incentivos seja praticada**.*

d) Completivas nominais:

Sujeito – Verbo – Nome – Prep. – Conj. – (Oração como compl. nominal)

*Marcelo tem certeza **de que o RAP mudou muito nos anos 2000**.*

e) Predicativas:

Sujeito – Verbo de ligação – Conj. – (Oração como predicativo)

*O importante é **que cultura significa origem e vivência**.*

f) Apositivas:

Sujeito – Verbo: (Aposto Oracional)

*Só resta uma alternativa: **encontrar o remédio**.*

PONTUAÇÃO DAS SUBORDINADAS SUBSTANTIVAS

Entre as orações subordinadas substantivas, há a relação **S – V – C (sujeito, verbo, complemento)**. Portanto, não se faz uso da vírgula e notadamente você pode perceber isso nos exemplos acima.

ORAÇÕES SUBORDINADAS ADJETIVAS*

O termo **QUE**, nas orações subordinadas adjetivas, é classificado como pronome relativo (justamente pela retomada de um nome). Atua também como termo anafórico. Vejamos as classificações:

*Os pianistas **que compõem** não são bons vocalistas.*

Oração Subordinada Adjetiva Restritiva (somente aqueles pianistas que compõem)

*Os pianistas, **que compõem**, não são bons vocalistas.*

Oração Subordinada Adjetiva Explicativa (além de não serem bons vocalistas, todos os pianistas compõem – no sentido de generalizar)

*Única diferença visual: a existência da pontuação.

ORAÇÕES SUBORDINADAS ADVERBIAIS

(ORAÇÃO COMO ADVÉRBIO), SUJEITO – VERBO – COMPLEMENTO.

***Quando ouvi Elis**, eu senti uma das maiores emoções de minha vida.*

TIPOS DE ORAÇÕES SUBORDINADAS ADVERBIAIS

Causa (como, pois, já que, visto que e outros):

***Como ninguém se interessou pelo projeto**, não houve outra alternativa a não ser cancelá-lo.*

Consequência (que, tão que e outros):

*O violinista era tão sozinho **que morreu sem nenhum filho**.*

Condição (se, caso, desde que e outros):

***Caso você se case**, convide-me para a cerimônia.*

Concessão (embora, apesar de que, conquanto, a despeito de, não obstante e outros):

***Embora fosse tímido**, apresentei-me para todos.*

Comparação (como, tão... como e outros):

*Sua sensibilidade é **tão afinada quanto sua inteligência** (é).*

Conformidade (segundo, conforme, consoante e outros):

***Segundo o poeta escreveu**, os alegres também são tristes.*

Finalidade (a fim de que, para que e outros):

*Vim aqui **a fim de que você me explicasse tamanhas partituras**.*

Proporção (à medida que, à proporção que e outros):

***À medida que se aproxima o fim do campeonato**, aumenta o interesse da torcida pela competição.*

Tempo (quando, enquanto, assim que, depois que e outros):

*"**Quando você foi embora**, fez-se noite em meu viver."*
(Milton Nascimento & Fernando Brant)

AS ORAÇÕES SUBORDINADAS ADVERBIAIS E A PONTUAÇÃO

Veja o uso da vírgula – nas estruturas abaixo – em relação às orações subordinadas adverbiais:

1º (ORAÇÃO SUBORDINADA ADVERBIAL), SUJEITO-VERBO-COMPLEMENTO.

Quando passar o novo ano, eu quero ir a Trancoso.

2º SUJEITO, (ORAÇÃO SUBORDINADA ADVERBIAL), VERBO-COMPLEMENTO.

Eu, quando passar o novo ano, quero ir a Trancoso.

Outras possíveis pontuações:

Eu – quando passar o novo ano – quero ir a Trancoso.

Eu (quando passar o novo ano) quero ir a Trancoso.

3º SUJEITO-VERBO-COMPLEMENTO, (ORAÇÃO SUBORDINADA ADVERBIAL).

Eu quero ir a Trancoso, quando passar o novo ano.

4º SUJEITO-VERBO-COMPLEMENTO-(ORAÇÃO SUBORDINADA ADVERBIAL).

Eu quero ir a Trancoso quando passar o novo ano.

6.3. CONCORDÂNCIA NOMINAL

Como princípio geral de concordância, há um acordo – em gênero e número – entre alguns termos.

No caso da concordância nominal, substantivo, pronome, adjetivo, artigo, numeral devem constituir tal acordo em gênero e número.

Será importante aqui relembrar que advérbio e interjeição constituem-se como classes invariáveis. Vejamos:

Os velhos passistas estarão sempre juntos, unidos.

As velhas passistas estarão sempre juntas, unidas.

1. Quanto aos termos ANEXO, INCLUSO, JUNTO, MESMO, OBRIGADO, PRÓPRIO:

O documento segue anexo. / Os documentos seguem anexos.

Os músicos estão quites com a Ordem dos Músicos do Brasil.

* *Tanto faz:* **junto a** *ou* **junto de**.

2. Substantivos de gêneros diferentes:

Haverá concordância com o termo de maior proximidade ou com o masculino plural.

A consciência e amor **humano / humanos** *valem muito.*

Esposa e esposo **dedicado / dedicados**.

Em alguns casos, a concordância só pode ser estabelecida com um dos elementos:

Traga-me um livro e uma fruta **fresca**.

No shopping, comprei roupas e um rádio **elétrico**.

3. Adjetivos pospostos e antepostos:

Caso a situação seja de generalização, ou seja, para todas as partes, procure pluralizar o adjetivo. Vejamos:

Haverá uma homenagem aos **nobres** *Jobim e Moraes.*

O primeiro e o segundo turno foram **anulados**.

4. Predicativos e determinantes:

Havendo verbo de ligação e ausência de determinantes (artigos, pronomes, numerais ou outros), a concordância será no masculino.

É necessário música para todos.

É necessária a música para todos.

É proibido entrada de pessoas.

É proibida a entrada de pessoas.

Quando não há verbo nem determinante, concordância comum:

Música Necessária

Garrafa Quebrada

Disco Furado

5. Em relação a CORES:

São invariáveis as cores que vêm de substantivos (já que as coisas são preexistentes). Vejamos:

Calças Laranja

Carros Cinza

Camisas Gelo

São variáveis as cores que são adjetivos (são apenas cores). Vejamos:

Calças Amarelas

Carros Verdes

Camisas Marrons

SEGUNDA PARTE (CORES COMPOSTAS):

Usando a lógica da regra acima, das cores simples, analise a segunda palavra da cor composta. Se for adjetivo, é variável; se for substantivo, invariável. Vejamos:

Camisas amarelo-limão

Vestidos azul-piscina

Saias verde-garrafa

Veja agora cores compostas variáveis (com plural):

Camisas amarelo-claras

Vestidos azul-escuros

As cores azul-marinho, azul-celeste, turquesa, pastel são invariáveis.

Meias azul-marinho

Olhos azul-celeste

Maiôs turquesa

Tons pastel

6. Os termos ALERTA (advérbio), EM ANEXO, MENOS, ULTRAVIOLETA são sempre invariáveis.

*Campanha contra os raios **ultravioleta**.*

*Os soldados ficaram **alerta**.*

*O mundo já tem **menos** corrupção.*

*As fotos seguem **em anexo**.*

7. Em relação aos termos BASTANTE, MEIO, SÓ:

*As divas cantam **bastante**.*
(advérbio e invariável).

*As divas falaram **bastantes** palavrões.*
(pron. indefinido e variável)

***Só** as divas fizeram o concerto. (advérbio e invariável)*

Termo SÓ com valor de APENAS

*As divas **sós** fizeram o concerto. (adjetivo e variável)*

Termo SÓS com valor de SOZINHAS

*É **meio**-dia e **meia** hora. (numerais e variáveis)*

*Os **meios** de comunicação ultrapassados.*
(substantivo e variável)

*Amy, durante o show, mostrou-se **meio** cansada.*
(advérbio e invariável)

6.4. CONCORDÂNCIA VERBAL

O termo concordância, como anteriormente exposto, remete a acordo. Na concordância verbal, o verbo deve ficar em acordo com o sujeito em número (singular e plural) e pessoa (1ª, 2ª, 3ª).

Hoje faz zero grau.

Três compositores participaram do ano novo.

Um grande grupo esteve no último concurso público.

Os Estados Unidos irão divulgar os impostos publicamente.

1. Termos que expõem a coletividade: verbo no singular.

*A plateia **aplaudiu** o baterista com entusiasmo.*

*A turma **estava** agitada no dia da prova.*

É possível, pela determinação da coletividade, que o verbo esteja no plural:

*Um milhão de jovens **estiveram** em Copacabana.*

2. Sujeito partitivo: verbo no singular ou plural.

*Grande parte das pessoas **chegou** / **chegaram** cedo à festa.*

*A maioria delas **chegou** / **chegavam** bem vestida(s).*

*Metade dos candidatos não **apresentou** / **apresentaram** nenhuma proposta interessante.*

3. Em relação à expressão MAIS DE:

A palavra UM, no sujeito, é bastante clara: verbo no singular. Já o termo DOIS: verbo plural.

Mais de um jornal estrangeiro fez alusão ao Brasil.

Mais de dois jornais foram fechados em um ano.

Caso haja ideia de reciprocidade, o verbo ficará no plural:

*Mais de um político **agrediram**-se no plenário.*

4. Em relação aos pronomes relativos QUE / QUEM:

Com o relativo QUE, há a concordância com o termo a que se refere:

O Pelé que sempre esteve presente nos jogos brasileiros.

Com o relativo QUEM, há a concordância com a 3ª pessoa ou com o termo a que se refere:

*Fui eu quem sempre **estive** presente nos jogos brasileiros.*

*Fui eu quem sempre **esteve** presente nos jogos brasileiros.*

5. Em relação à expressão UM DOS QUE: verbo no plural.

O velho Machadão foi um dos que mais escreveram romances.

Havendo ideia de singularidade, ou seja, único objeto:

Dom Casmurro é um dos que me emociona.

6. Em relação às expressões QUAL DE NÓS / QUAL DE VÓS:

Há possibilidade de concordância com o termo interrogativo (qual ou quais) ou com o pronome pessoal reto (nós ou vós).

Qual de nós chegará ao topo do Everest?

Qual de nós chegaremos ao topo do Everest?

Caso a expressão partitiva esteja no plural, há a preferência por verbo em concordância com o pronome reto:

Quais de vós chegareis ao topo do Everest?

7. Índice de Indeterminação do Sujeito e Partícula Apassivadora*:

Em casos de sujeito paciente, há a concordância entre verbo e tal sujeito.

***Vendem**-se carros novos.*

***Vende**-se carro novo.*

***Aluga**-se sala.*

***Compram**-se móveis usados.*

Em casos de indeterminação do sujeito, o verbo ficará sempre na 3ª pessoa do singular:

* Lembre-se de que não existe sujeito preposicionado!

***Precisa**-se de funcionários.*

***É**-se corrupto em mesas informais de baralho.*

***Obedece**-se às leis.*

8. Casos com o sujeito composto:

a) Sujeito formado por sinônimos: verbo no singular ou plural.

*Amor, paixão **era** / **eram** sentimento(s) eterno(s).*

b) Núcleos antônimos: verbo no plural.

*Amar e odiar **são** sentimentos de extremidade.*

c) Termo resumidor: verbo no singular.

*Abraços, gestos, carinhos: tudo **é** sentimento.*

d) Sujeito formado por várias pessoas:

Neste caso, é importante fazer uma espécie de equação. Vejamos:

Eu, tu e João somos amigos. (Eu, tu e João = nós)

Desejo que tu e teu marido sejais felizes.
(tu e teu marido = vós)

e) Sujeito formado com auxílio de expressões como OU, NEM, UM OU OUTRO, NENHUM NEM OUTRO:

Mais uma vez, procure atuar na razoabilidade. Se a ideia é de inclusão, o verbo estará no plural; se é de exclusão, o verbo estará no singular.

*Obama ou Mc Cain **será** eleito.*

*Nem Obama nem Mc Cain **serão** eleitos.*

*Nenhum gesto ou palavra de Gil **ofenderam** a plateia.*

9. Em relação ao VERBO SER:

É uma hora.

São duas horas.

É meio-dia e meia.

Hoje é dia 7 de janeiro.

a) Os verbos dar, soar e bater obedecem ao geral de concordância:

Davam seis horas no relógio da Central.

b) Quando o sujeito é nome de pessoa e o predicativo é substantivo comum, o verbo SER concorda no singular com o nome de pessoa:

Fernando Pessoa *é* vários poetas.

c) Sujeito ou predicativo com uso de pronome pessoal reto:

Concorde com o pronome pessoal reto.

A lei *somos* nós.

O Brasil *sou* eu.

d) Expressões resumidoras, anafóricas, catafóricas:

Tudo *são* flores. Tudo *é* flores.

Aquilo não *eram* atitudes de um homem.

10. Em relação aos verbos impessoais:

É bom recordar a famosa rima gramatical:

HAVER, NO SENTIDO DE EXISTIR, É SINGULAR; O VERBO EXISTIR, PORÉM, VAI SEMPRE CONCORDAR.

Houve duas tempestades em Santa Catarina.

Haverá, em Salvador, dois bons festivais de Teatro.

Devia haver muitos candidatos naquele concurso público.

Existiram duas tempestades em Santa Catarina.

Existirão, em Salvador, dois bons festivais de Teatro.

Deviam existir muitos candidatos naquele concurso público.

Lembre-se de que o verbo FAZER, impessoal, no sentido de tempo decorrido, ficará também no singular:

Fez cinco anos da minha estreia no Cinema.

Às vezes, os verbos impessoais indicam metáforas. Daí, a concordância ocorre normalmente:

Choviam moedas no palco de Sílvio Santos.

Aqui acima, o verbo **chover** não representa o fenômeno da natureza.

11. Em relação aos pronomes de tratamento: 3ª pessoa do singular ou do plural.

Vossa Excelência **será nomeada** pelo seu diretor. *(autoridade feminina)*

Vossa Excelência **será nomeado** pelo seu diretor. *(autoridade masculina)*

Vossas Excelências **serão nomeados** pelos seus diretores. *(autoridades masculinas)*

A forma nominal de **nomeado/nomeada** concorda ideologicamente com a autoridade em questão. Esse princípio, chamado de Silepse de Gênero, é recomendação do Manual de Redação Oficial da Presidência da República, em sua 2ª edição.

12. Em relação a PERCENTAGENS e NÚMEROS:

Vejamos alguns exemplos clássicos:

1% *votou* naquele candidato.

2% *votaram* naquele candidato.

2% do povo *votou* naquele candidato.

10% da população *acredita* no novo governo.

Com enumerações comuns. Note que os termos **zero**, **um**, **nada**, **nenhum** concordam com o verbo no singular:

Zero centavo

Um real

Nenhum cruzeiro

Enumerações fracionadas: concordância com o número inteiro.

1,9 milhão de pessoas

2/3 votaram

1/3 votou

6.5. REGÊNCIA VERBAL

O termo regência envolve exatamente o comando do termo regente em relação ao termo regido. Vejamos:

"Assisti a uma bela peça teatral no teatro Sérgio Porto."

REGENTE: Assisti

REGIDO: a uma bela peça

Como há uma relação entre o verbo e seus possíveis complementos, a regência é verbal.

1. AGRADAR

Pede objeto direto no sentido de "acariciar":

O pai agradava o filho antes de sair para o trabalho.

Pede objeto indireto no sentido de "ser agradável, satisfazer":

Aquela canção não agradou ao tenor.

2. ANTIPATIZAR / SIMPATIZAR

Pedem objeto indireto, iniciado pela preposição "com":

Antipatizei com aquela mulher estranha.

CONSIDERAÇÃO: Estes dois verbos não são pronominais, ou seja, não se usa a forma "ele se simpatizou com...".

3. ASPIRAR

Pede objeto direto quando significa "respirar, absorver".

Maradona aspirou o pó maldito.

Pede objeto indireto no sentido de "pretender, desejar".

Leandro Melo sempre aspirou ao cargo de auditor da Receita.

CONSIDERAÇÃO: Neste caso, não se admite o pronome átono "lhe", que deve ser substituído pelas formas "a ele, a ela".

4. ASSISTIR

Pede objeto direto no sentido de "prestar assistência, ajudar, servir":

O médico assiste aquele paciente todos os dias.

Pede objeto indireto quando significa "prestar atenção, visualizar, presenciar":

Assista aos jogos do Brasileirão 2011.

CONSIDERAÇÃO: Neste caso, também é exigida a forma "a ele/a ela", quando da substituição do complemento por uma forma pronominal.

Quanto ao último jogo, assistimos a ele preocupados.

Também pede objeto indireto no sentido de "pertencer, caber direito".

Não lhe assiste o direito de reclamar neste momento.

CONSIDERAÇÃO: Nesta acepção, é aceito como objeto indireto o pronome oblíquo "lhe".

*VERBO ATENDER:

Relacionando-se com COISAS, pede objeto indireto e preposição A:

Atendi ao seu telefonema.

Relacionando-se com PESSOAS, pede objeto direto e não faz uso de preposição:

Atendi os clientes mais assíduos.

* Esta regência, acima exposta, segue os parâmetros do Dicionário de regência verbal, do professor Celso Pedro Luft. Mesmo assim, algumas bancas examinadoras consideram o verbo atender como bitransitivo. Em outras palavras, preposição facultativa. Aqui, preferimos seguir o padrão.

5. CHEGAR

É verbo intransitivo (pela maioria dos estudiosos). Exige a preposição A.

Chegamos ao trabalho mais cedo.

Chego ao meu trabalho no carro. *(A preposição EM, com o artigo o, passa a ideia de inserção; enquanto a preposição A passa a ideia de deslocamento.)*

Fulano já chegou a casa.

6. CUSTAR

Pede objeto direto quando significa "ter um preço":

Aquele vinho custou cem mil reais.

Pede objeto indireto no sentido de "ser penoso":

Custou-me acreditar em tantos preços baixos.

7. ESQUECER / LEMBRAR

Observe as várias regências possíveis:

Esqueci o livro sobre a mesa.

Esqueci-me do livro...
Não esqueça as suas tarefas.
Não se esqueça das suas tarefas.

Já lembrei totalmente o latim.
*Já **me** lembrei totalmente **do** latim. (Se houver uso da preposição, o pronome deve aparecer.)*

Há também uma outra possível construção, que pede objeto indireto. Tem valor de "ocorrer, vir a memória como ato involuntário":

Lembrou-me seu número de telefone.
(Ocorreu-me, veio a mim)

8. IMPLICAR
Pede objeto direto quando significa "acarretar":
O novo presidente do BC implicou prejuízos ao FMI.

9. IR
Intransitivo e exige a preposição A:
Estou no banheiro e vou ao cinema.

10. NAMORAR
Pede objeto direto. Não se faz uso da preposição COM:
Estou namorando aquela menina, só não sei se ela me namora.

11. OBEDECER (DESOBEDECER)
Pede objeto indireto e preposição A:
Condutor, obedeça aos sinais de trânsito.

12. PAGAR / PERDOAR
Pede objeto direto e indireto. Para simplificar, use a ideia: **PAGAR/PERDOAR algo A alguém:**
Nelson Gonçalves pagou a conta ao garçom.
O bom filho perdoou a dívida ao pai.

13. PREFERIR:
Pede objeto direto e indireto, normalmente. Sempre se "prefere alguma coisa a outra":

Prefiro ler a narrar.
Prefiro Música a Esporte.
Ao Vasco da Gama prefiro o Goiás Esporte Clube.

14. PROCEDER
Significando "iniciar", pede objeto indireto e preposição A:
O árbitro procedeu à final do campeonato.

Com o significado de "ter fundamento", é intransitivo:
Seus parágrafos argumentativos procedem.

15. QUERER
Pede objeto direto quando significa "ter intenção de, desejar, ordenar":
A meninada, no Natal, quer presentes.

Com o sentido de "ter afeição a alguém ou a alguma coisa", pede objeto indireto.
Quero muito a todos os meus leitores.

16. RESPEITAR
Pede objeto direto e, claro, não há preposição:
Condutor, respeite os sinais de trânsito.

17. RESPONDER
Pede objeto indireto e preposição A:
Não respondi ainda aos exercícios de Matemática.

18. SATISFAZER
Pede objeto indireto e preposição A.
Satisfaremos a todos os seus desejos, nossos clientes.

19. VISAR
Significando "mirar, vistar, assinar", pede objeto direto.
O gerente ainda não visou os cheques.

Pede objeto indireto quando significa "pretender, almejar".
Aquele funcionário visava ao cargo de chefia.

CONSIDERAÇÃO: Aqui também não é aceito o pronome "lhe" como complemento, empregando-se assim as formas "a ele" e "a ela".

CONSIDERAÇÃO: Para algumas bancas examinadoras, caso o verbo visar esteja acompanhando um verbo no infinitivo, a preposição A, mesmo no sentido de almejar, é facultativa:

Este curso visa (a) refletir sobre Língua Portuguesa.

6.6 REGÊNCIA NOMINAL

Regência Nominal é o comando existente entre um nome (substantivo, adjetivo ou advérbio) e os termos regidos por esse nome.

Bons poetas têm obediência ao sentimentalismo.

(Obediência, nome, termo regente e exige A como preposição)

Substantivos e suas regências:

admiração a, por; aversão a, para, por; atentado a, contra; bacharel em; capacidade de, para; devoção a, para com, por; doutor em; dúvida acerca de, em, sobre; horror a; impaciência com; medo a, de; obediência a; ojeriza a, por; proeminência sobre; respeito a, com, para com, por.

Adjetivos e suas regências:

acessível a; contíguo a; generoso com; acostumado a, com; contrário a; grato a, por; afável com, para com; curioso de, por; hábil em; agradável a; descontente com; habituado a; alheio a, de; desejoso de; idêntico a; análogo a; diferente de; impróprio para; ansioso de, para, por; entendido em; indeciso em; apto a, para; equivalente a; insensível a; ávido de; escasso de; liberal com; benéfico a; essencial a, para; natural de; capaz de, para; fácil de; necessário a; compatível com; fanático por; nocivo a; contemporâneo a, de; favorável a; paralelo a; parco em, de; propício a; semelhante a; passível de; próximo a, de; sensível a; preferível a; relacionado com; sito em; prejudicial a; relativo a; suspeito de; prestes a; satisfeito com, de, em, por; vazio de.

Advérbios e suas regências:

longe de; perto de; paralelamente a; relativamente a.

QUESTÕES

Sintaxe (funções sintáticas)

1. (TRE-RO) Marque a oração de predicado verbo-nominal:
    a) "... e depois virou República Federativa do Brasil."
    b) "A pronúncia muda no tempo e no espaço,"
    c) "... que todo o povo vem consagrando."
    d) "... que a atual reforma, além de vã, é frívola."
    e) "... e torna mais fácil seu ensino."

2. (TJ-SP) Em:
    "A rosa é um jardim concentrado num clarim de cor, anunciando a alvorada fogosa e o tempo iluminado."
    (Carlos Drummond de Andrade)
    O termo destacado é:
    a) Objeto direto
    b) Adjunto adverbial
    c) Predicativo do sujeito
    d) Adjunto adnominal
    e) Aposto

Orações coordenadas

3. (Colégio Naval) No trecho: "Todos diziam que ela era orgulhosa, mas afinal descobri que não", a última oração se classifica como:
    a) Coordenada sindética adversativa
    b) Principal
    c) Subordinada substantiva objetiva direta
    d) Subordinada adverbial comparativa
    e) Subordinada substantiva subjetiva

4. (UNIMEP-SP) "Mauro não estudou nada e foi aprovado!" Apesar do e, normalmente aditivo, a oração destacada é:
    a) Adversativa
    b) Conclusiva
    c) Explicativa
    d) Alternativa
    e) Causal

Orações subordinadas

5. (IBGE) No período "Embora lhe desaprovassem a forma, justificavam-lhe a essência.", podemos afirmar que ocorre uma oração:

a) Coordenada explicativa
b) Coordenada adversativa
c) Subordinada adverbial conformativa
d) Subordinada adverbial concessiva
e) Subordinada integrante

6. (FEC – TRT – AM) Em todas as alternativas há uma oração subordinada substantiva subjetiva, exceto em:
    a) Urge que tomemos uma atitude.
    b) Parece que o tempo voa.
    c) O ideal seria que todos participassem.
    d) É preciso que você nos apoie.
    e) Importa apenas que sejamos felizes.

Concordância nominal

7. (TCE-RJ) Indique a opção em que não é possível colocarmos na lacuna o adjetivo **novos**:
    a) Doei à firma XIS duas mesas e um computador _____.
    b) Adaptei ao meu automóvel antigo freios e ar-condicionado _____.
    c) Aprecio _____ autoras de teatro e escritores de novelas quando surgem.
    d) Conheci ontem _____ médicos e enfermeiras do Hospital Geral.
    e) Comprei um caminhão e dois automóveis _____.

8. (TJ-SP) Considerando a concordância nominal, assinale a frase correta:
    a) Ela mesmo confirmou a realização do encontro.
    b) Foi muito criticado pelos jornais a reedição da obra.
    c) Ela ficou meia preocupada com a notícia.
    d) Muito obrigada, querido, falou-me emocionada.
    e) Anexos, remeto-lhes nossas últimas fotografias.

Concordância verbal

9. (FCC – Escriturário) A concordância verbal e nominal está inteiramente correta na frase:
    a) Muitos migrantes nordestinos, que se retiraram para o Sudeste em busca de melhores condições de vida, estão voltando agora para sua região, atraídos pelo bom desempenho da economia.
    b) Os investimentos anunciados para o complexo industrial do Porto de Suape, onde se encontra o estaleiro Atlântico Sul, modificou radicalmente a dinâmica da economia da região.
    c) Várias empresas, brasileiras e multinacionais, que se instalou no complexo do Porto de Suape estão gerando dezenas de milhares de empregos à população, antes sem qualquer opção de trabalho.
    d) Para todos aqueles que vive na região, a abertura de postos de trabalho significaram a possibilidade de planejar a vida, com projetos de longo prazo, aliados à renda e à estabilidade.
    e) O desenvolvimento de tecnologias portadoras de futuro, referência às inovações tecnológicas, resultaram no surgimento de um dos ambientes mais ricos do país na área de inovação e empreendedorismo.

10. (FCC 2011 – TRT) A frase em que há desrespeito às normas de concordância verbal e nominal é:
    a) Uma das mais efetivas conquistas decorrentes do avanço tecnológico está na obtenção de safras recordes em áreas reduzidas de plantio.
    b) Já estão sendo levados a efeito a aplicação dos recursos tecnológicos no setor de serviços, garantindo-lhes enorme importância na economia.
    c) Um feito considerável, resultante das inovações tecnológicas, foi a introdução do uso do etanol em veículos, o que possibilitou o sucesso dos carros *flex*.
    d) A produção de bioplásticos degradáveis constitui um projeto de alto impacto, que vai permitir uma forte expansão da indústria química.
    e) Desenvolvem-se atualmente projetos de produção de diesel, a ser obtido a partir do caldo de cana, que não contém enxofre, como o mineral.

Regência verbal

11. (TRE-PE) Desejo _____ o favor e _____ a participar da reunião _____ já me referia em carta anterior.
    a) Agradecê-lo – convidá-lo – que
    b) Agradecer-lhe – convidá-lo – a que
    c) Agradecê-lo – convidá-lo – a que
    d) Agradecer-lhe – convidar-lhe – que
    e) Agradecer-lhe – convidar-lhe – a qual

12. (TRE-SC) Observe as frases abaixo quanto à regência:
    I. Esqueci dos meus documentos de identidade.
    II. Esqueci-me dos meus documentos de identidade.
    III. Liberdade implica em muita responsabilidade.
    IV. Os jogos da Copa a que assisti foram interessantes.
    V. Para evitar acidente, é necessário obedecer às leis de trânsito.

Assinale a alternativa **correta**:

a) I, III, IV

b) II, IV, V

c) II, III, IV

d) I, IV, V

e) II, III, V

Regência nominal

13. (TJ-SP) Indique a frase que <u>não</u> se completa corretamente com <u>a</u>:

a) Fique atento ___ essas explicações.

b) Vizinhos ___ nós moravam portugueses.

c) Resido ___ Rua do Ouro.

d) Ela tem horror ___ certos animais.

e) Ele ficou insensível ___ nossos apelos.

14. (UFS) "Apesar de muito sensível ___ censuras, ela não fez objeção ___ minha crítica."

a) de – de

b) por – para com

c) com – para

d) a – a

e) às – de

GABARITO

1. E
2. C
3. A
4. A
5. D
6. C
7. C
8. D
9. A
10. B
11. B
12. B
13. C
14. D

OUTRAS QUESTÕES PARA ANÁLISE DE DIVERSOS CRITÉRIOS GRAMATICAIS:

Nos itens a seguir, os fragmentos constituem trechos sucessivos de um texto, adaptado da Internet (www.inmetro.gov.br). **Julgue-os quanto ao aspecto gramatical.**

1. Compradores de diferentes partes do mundo de produtos oriundos de florestas exigem cada vez mais a comprovação de que a matéria-prima de base florestal provenha de fontes adequadamente manejadas. Por esse motivo, a certificação de manejo florestal e de produtos derivados de florestas, conferida por uma terceira parte independente, passaram a ser um requisito importante para a realização de negócios.

2. Entre os benefícios da certificação florestal, podemos destacar: a ampliação das exportações; o acesso a novos mercados; a melhoria da imagem da organização e do próprio país; o crescimento socioeconômico da atividade florestal; a proteção de ecossistemas; a melhoria das condições de trabalho e o atendimento à legislação.

3. Desenvolvido no âmbito do Sistema Brasileiro de Avaliação da Conformidade (SBAC) e gerenciado, pelo Instituto Nacional de Metrologia, Normalização e Qualidade Industrial (INMETRO), o Programa Brasileiro de Certificação de Manejo de Florestas (CERFLOR) é um programa de natureza voluntária e aberto a participação das partes interessadas.

4. Atendendo à regras internacionais de normalização, avaliação da conformidade e acreditação de organismos atuantes nessa área, o envolvimento direto da Associação Brasileira de Normas Técnicas (ABNT) e do INMETRO, organizações reconhecidas internacionalmente, reforça substancialmente a iniciativa brasileira.

5. CERFLOR é o primeiro e único programa nacional de certificação de manejo de florestas nativas tropicais a conseguir reconhecimento no mais importante fórum com esse objetivo.

Os itens a seguir apresentam reescrituras de trechos do texto. Julgue-os quanto à correção gramatical.

6. A capacidade dos homens para viverem juntos e coordenarem esforços evitando conflitos é determinada, em grande parte, por suas aptidões para a comunicação correta.

7. Nos últimos tempos, vem sofrendo alterações o circuito da comunicação humana, em cuja composição se

encontram os quatro elementos básicos: o transmissor, o receptor, a mensagem e o meio.

8. De acordo com o pensamento de Peruzzolo, importa menos o conteúdo das mensagens trocadas, do que os canais utilizados nos processos comunicacionais.

9. Somente em coexistência com o meio é que a mensagem irá do transmissor ao recebedor, sem obstruir o processo comunicacional, pois os demais elementos não funcionam isoladamente.

10. Contemporaneamente, o e-mail é melhor meio de adesão utilizado pelos jovens estudantes.

11. Consiste em argumento contrário à correspondência eletrônica o fato de não ser acessível à muitos, o que implica possível perda de informações importantes.

12. São fatores adversos ao uso generalizado de e-mail na Internet: empobrecimento das relações sociais e facilitação de mal-entendidos, derivados de ruídos nas informações.

Nos itens a seguir, os fragmentos constituem trechos sucessivos e adaptados do editorial de O Estado de Minas de 8 de outubro de 2008. Julgue-os quanto à correção gramatical.

13. O Brasil não pode mais fugir à responsabilidade de enfrentar a realidade de que está deixando de ser um país de jovens. A queda da fertilidade e o aumento da expectativa de vida são dados positivos e indicam avanços típicos de países mais desenvolvidos e de populações mais esclarecidas.

14. Mas, quando esses dois fatos ocorrem ao mesmo tempo, na velocidade em que vêm sendo observados no Brasil, a soma de seus efeitos é explosiva e precisa ser encarada com seriedade e planejamento.

15. A melhoria de nossa produção de estatísticas e a evolução acadêmica da capacidade dos técnicos brasileiros de interpretá-los não tem deixado faltar munição a planejadores, a autoridades e à todas as pessoas de responsabilidade.

16. Em estudo que acaba de ser divulgado pelo Instituto de Pesquisas Econômicas Aplicadas (IPEA), ressalta-se o impacto das mudanças na distribuição das faixas etárias da população brasileira.

17. Os dados foram produzidos pela última Pesquisa Nacional de Amostragem por Municípios, realizada pelo Instituto Brasileiro de Geografia e Estatística (IBGE). São marcantes a queda da participação dos mais jovens no total da população.

GABARITO

1. Errado
2. Certo
3. Errado
4. Errado
5. Certo
6. Certo
7. Certo
8. Certo
9. Certo
10. Errado
11. Errado
12. Certo
13. Certo
14. Certo
15. Errado
16. Certo
17. Errado

CAPÍTULO 7

CRASE

O termo crase significa fusão, mistura. Toda e qualquer mistura fonética de vogais. Porém, a mistura (crase) que causa polêmicas é da preposição A com o artigo A ou com os pronomes AQUELE, AQUELA, AQUILO, AQUELOUTRO.

O sinal indicativo da crase é o ACENTO GRAVE (vale por dois devido à mistura).

Recordemos:

> O lance do acento grave é a validade por dois!
> Veja:
> Horário reservado **à** propaganda eleitoral.
> Horário reservado **para a** propaganda eleitoral.

Caso não haja a validade por dois, não se faz o uso do acento grave. Mais alguns exemplos:

*Todos viajaram **a** pé.*

*As cantoras foram **a** Paris.*

*As cantoras foram **à** Bahia.*
(aqui há a validade por dois)

*Chegamos **àquela** vila gaúcha.*
(aqui há a validade por dois)

*A novela **à qual** assisti é Flores do Bairro.*
(o verbo exige preposição A e novela, o artigo)

São as situações às quais fizemos reclamações.
*(aqui há a validade por dois – **PARA AS** QUAIS)*

*Um dos melhores pratos que conheço é o filé **a** cavalo.*

*Dia **a** dia, lutamos por dias melhores.*

1. CASOS OBRIGATÓRIOS:

a) Em locuções adverbiais, prepositivas, conjuntivas femininas:

às vezes

à noite

à uma da tarde

à zero hora

às duas

à medida que

à proporção que

à procura de

Em casos de instrumentação, evita-se o uso de acento grave:

O cavalo foi morto a tiro.

A prova foi feita a lápis.

b) Ideia de **à moda de** e **à maneira de:**

Os meninos do Brooklin dançavam à Michael Jackson.

Os famosos sapatos à Luís XV.

c) Casos regenciais e de percepção da mistura:

Respeite as leis. (VERBO TRANSITIVO DIRETO)

Obedeça às leis. (VERBO TRANSITIVO INDIRETO)

Detalhe: quem não estuda regência não entende completamente crase.

2. CASOS FACULTATIVOS:

a) Antes de nomes próprios femininos (relativos a pessoas):

Falávamos a Yeda.

Falávamos à Yeda.

b) Antes de pronomes possessivos femininos no singular:

Fazíamos referências a sua pessoa.

Fazíamos referências à sua pessoa.

c) Com a expressão ATÉ + A

Iremos até a igreja.

Iremos até à igreja.

3. CASOS POLÊMICOS:

a) Com os termos CASA, TERRA, DISTÂNCIA, só ocorrerá crase com a determinação de tais termos:

Chego a casa cedo.

Chego à casa de meus pais cedo.

Universidade a distância.

Os pilotos desceram a terra para a troca de roupas.

Os astronautas voltaram à Terra.

b) Os tratamentos DONA, MADAME, SENHORA, SENHORITA admitem a presença do artigo. Pode ocorrer crase antes de tais tratamentos:

Disse sim à senhora Rosa Maria.

QUESTÕES

1. (ESAF – Agente de Fazenda) Assinale a opção que preenche corretamente as lacunas do texto.

   De todo navio que aporta no país são exigidos, em média, 112 documentos, com ___1___ obrigatoriedade de serem fornecidos 935 informações. É um calhamaço de formulários com diversas vias ___2___ serem remetidas ___3___ órgãos diferentes e em duplicidade. Apenas no porto de Santos, o maior do país, ___4___ burocracia exige, por ano, o preenchimento de 3.773.800 folhas, 17,4 toneladas de papel segundo estimativa do Serviço Federal de Processamento de Dados (Serpro). Por ser de navio que qualquer país faz ___5___ maior parte das exportações e importações, conclui-se que ___6___ burocracia é poderoso entrave ao comércio exterior brasileiro.

   (O Globo, 27-7-2010, com adaptações)

	1	2	3	4	5	6
a)	à	a	à	à	a	a
b)	a	à	a	à	à	a
c)	à	à	a	a	à	a
d)	a	a	à	à	a	à
e)	a	a	a	a	a	a

2. (FCC – Escriturário) Quando comparado _____ outras aves, os tucanos parecem ser bem maiores _____ quem os observa, _____ voar na natureza.

   Os espaços pontilhados da frase acima estarão corretamente preenchidos, na ordem, por:

   a) às – a – a
   b) às – à – a
   c) as – a – a
   d) às – a – à
   e) as – à – à

3. Assinale a opção em que a frase apresenta o emprego correto do acento grave indicativo de crase.

   a) Isto não interessa à ninguém.
   b) Não costumamos comprar roupas à prazo.
   c) O estudante se dirigiu à diretoria da escola.
   d) Caminhamos devagar até à entrada do estabelecimento.
   e) Essa é a instituição à que nos referimos na conversa com o presidente.

GABARITO

1. E
2. A
3. C

CAPÍTULO 8

PONTUAÇÃO

O foco da pontuação é a organização – termo este que subentende sintaxe, ordem também. Vejamos pelo citado sistema Suj. – Verbo – Complemento:

Em 2012, o STF analisará as cotas raciais.
(Adv.), S – V – C.

Vejamos agora algumas inadequações presentes em placas e/ou títulos:

Quem estuda, passa!
(S – V – C)

Quem ama, educa!
(S – V – C)

O maior problema, é a falta de Deus.
(S – V – C)

Sua inveja, é o meu combustível.
(S – V – C)

Regra máxima: não se separa sujeito e predicado por meio de vírgula isolada. Não há vírgula unitária no meio do sistema S-V-C.

Repetindo: em nenhum dos quatro casos acima, haveria uso de vírgula – justamente por se observar o sistema Sujeito – Predicado.

São os sinais de pontuação:

- A vírgula;
- O ponto e vírgula;
- Os dois-pontos;
- O ponto / A interrogação / A exclamação;
- As reticências;
- O travessão;
- Os parênteses;
- As aspas.

FUNÇÕES DA VÍRGULA

a) Para separar vocativos e apostos explicativos:

*"É feita, **por meio de concursos**, a eleição de um delegado da República."* (**Aposto**)

*"**Ó Senhor**, perdão! Eu não rezei direito!"* (**Vocativo**, também chamado de apóstrofe)

b) Para enumerações:

"A canção Pulso cita várias doenças: peste bubônica, câncer, pneumonia, raiva, rubéola, tuberculose, catapora, culpa, câimbra, lepra etc."

*Para a maioria dos estudiosos, não se usa vírgula antes de etc.

c) Isolamento de topônimos:

Brasília, 6 de março de 2010.

d) Separação de orações coordenadas assindéticas:

"Andava, estacava diante de uma loja, atravessava a rua, detinha um conhecido."

(Machado de Assis)

e) Para separar orações coordenadas (na maioria):

"Ora viajava, ora estava em casa com meus filhos."

"Narinha ia sempre à praia, e Nuno ficava em casa."

*A conjunção E, aditiva, não usa a vírgula.

f) Restrição e Explicação:

"Os ministros que votaram contra Silva estão no Supremo Tribunal."

(Restrição)

"Os ministros, que votaram contra Silva, estão no Supremo Tribunal."

(Explicação)

g) Vírgula zeugmática ou vicária (subentendimento de termos):

"João Bosco canta Corsário; Tim Maia, Vale Tudo."

(Tim Maia canta...)

"No Congresso, apenas quatro ou cinco convidados deputados."

(No Congresso, havia...)

h) Conclusão de ideia:

"Mas diga-me uma cousa, essa proposta traz algum motivo oculto?"

(Machado de Assis)

PONTO E VÍRGULA

Responsável pela enumeração oracional. Cria hierarquia entre termos ou orações. Pode também ser chamado de sequenciador.

Observe a seguinte estruturação:

S – V – C; (adv.), S – V – C; S – V – C.

Vejamos dois bons exemplos:

"Nesta empresa há funcionários que se esforçam para elevar nossa produção; outros, porém, dedicam-se a uma ociosidade extrema."

"Solteiro, foi um menino turbulento; casado, era um moço alegre; viúvo, tornara-se um macambúzio."

DOIS-PONTOS

O sinal chamado de dois-pontos serve basicamente para:

a) Enumerações;

b) Conclusões;

c) Para anunciar um aposto ou oração apositiva.

Vejamos:

"Hoje tudo se resume a: globalização, capital, egoísmo."

ASPAS

Servem para:

a) Citações:

Napoleão disse: "Do alto destas pirâmides quarenta séculos vos contemplam."

b) Mudança semântica:

O governador Magalhães Pinto foi um "anjo" da ditadura.

TRAVESSÃO

Serve para separar oração intercalada:

"Avante! – gritou o general."

Serve, também, para pôr em evidência palavra, frase, explicação:

"Vi um decreto – uma decisão decerto – passar pelo Congresso."

RETICÊNCIAS

Indicam interrupção do pensamento;

Indicam prolongamento de ideia;

Indicam realce de expressão.

"Mu...mu...mulher; que mal...mal...maldade!"

QUESTÕES

1. (SRF) Marque o texto em que ocorre erro de pontuação:

    a) O traço todo da vida é para muitos um desenho de criança esquecido do homem, e ao qual este terá sempre de se cingir sem o saber.

    b) Os primeiros anos da vida foram portanto, os de minha formação instintiva ou moral, definitiva.

    c) Passei esse período inicial, tão remoto e tão presente, em um engenho de Pernambuco, minha província natal.

    d) A população do pequeno domínio, inteiramente fechado a qualquer ingerência de fora, como todos os outros feudos da escravidão, compunha-se de escravos, distribuídos pelos compartimentos da senzala, o grande pombal negro ao lado da casa de barro de morada, e de rendeiros, ligados ao proprietário pelo benefício da casa de barro que os agasalhava ou da pequena cultura que ele lhes consentia em suas terras.

    e) No centro do pequeno cantão de escravos levantava-se a residência do senhor, olhando para os edifícios da moagem, e tendo por trás, em uma ondulação do terreno, a capela sob a invocação de São Mateus.

2. (SRF) Indique o trecho em que os sinais de pontuação estão bem empregados:

    a) O principal dado da pesquisa do *DataFolha* sobre a sucessão presidencial, publicada ontem, é o fato de que, pela primeira vez desde abril, os números indicam que haverá um segundo turno.

    b) O principal dado, da pesquisa do *DataFolha*, sobre a sucessão presidencial, publicada ontem, é o fato de que pela primeira vez, desde abril, os números indicam que haverá um segundo turno.

c) O principal dado da pesquisa do *DataFolha*, sobre a sucessão presidencial publicada ontem, é o fato de, que pela primeira vez, desde abril, os números indicam que haverá um segundo turno.

d) O principal dado da pesquisa do *DataFolha*, sobre a sucessão presidencial, publicada ontem é o fato de, que pela primeira vez, desde abril, os números indicam que haverá um segundo turno.

e) O principal dado, da pesquisa do *DataFolha*, sobre a sucessão presidencial publicada, ontem, é o fato de que pela primeira vez, desde abril os números indicam que haverá um segundo turno.

GABARITO

1. B
2. A

REFERÊNCIAS BIBLIOGRÁFICAS

ACADEMIA BRASILEIRA DE LETRAS. *Vocabulário Ortográfico da Língua Portuguesa*. Rio de Janeiro: A Academia, 2009.

ALMEIDA, Nílson Teixeira de Almeida. *Gramática da Língua Portuguesa para concursos, vestibulares, ENEM, colégios técnicos e militares...* 8. ed. São Paulo: Saraiva, 2007.

AZEREDO, José Carlos de. *Fundamentos de Gramática do Português*. Rio de Janeiro: Zahar, 2000.

BARRETO, Mário. *Fatos da Língua Portuguesa*. 2. ed. Rio de Janeiro: Organização Simões Editora, 1954.

BECHARA, Evanildo. *Lições de Português pela Análise Sintática*. 3. ed. Editora Fundo de Cultura, 1967.

_____. *Moderna Gramática Portuguesa*. 19. ed. São Paulo: Companhia Editora Nacional, 1975.

_____. *Moderna Gramática Portuguesa*. Rio de Janeiro: Lucerna, 1999.

_____. *A Nova Ortografia*. Rio de Janeiro: Nova Fronteira, 2008.

BRASIL – PRESIDÊNCIA DA REPÚBLICA. *Manual de redação da Presidência da República* / Gilmar Ferreira Mendes e Nestor José Forster Júnior. 2. ed. rev. e atual. Brasília: Presidência da República, 2002.

CÂMARA JR., Joaquim Mattoso. *Contribuição à Estilística Portuguesa*. Rio de Janeiro: Ao Livro Técnico, 1977.

_____. *Dicionário de Fatos Gramaticais*. Ministério de Educação e Cultura. Casa de Rui Barbosa, 1956.

FERREIRA, Mauro. *Aprender e praticar gramática*. Ed. renovada. São Paulo: FTD, 2003.

GARCIA, Othon M. *Comunicação em Prosa Moderna*. Rio de Janeiro: FGV, 1998.

HJELMSLEV, Louis. *Ensaios Linguísticos*. São Paulo: Perspectiva, 1991.

HOUAISS, Antônio. *Dicionário Houaiss da língua portuguesa*. Rio de Janeiro: Objetiva, 2001.

JAKOBSON, Roman. *Linguística e Comunicação*. São Paulo: Cultrix, 1973.

KURY, Adriano da Gama. *Lições de Análise Sintática*. 4. ed. Editora Fundo de Cultura, 1967.

LUFT, Celso Pedro. *Grande Manual de Ortografia Globo*. 2. ed. São Paulo: Globo, 2002.

_____. *Gramática Resumida*: explicação da Nomenclatura Gramatical Brasileira. 3. ed. Porto Alegre: Globo, 1976.

_____. *Moderna Gramática Brasileira*. 15. ed. São Paulo: Globo, 2002.

MARTINO, Agnaldo. *Português esquematizado*: interpretação de texto, redação oficial, redação discursiva. São Paulo. Saraiva.

SACCONI, Luiz Antonio. *Corrija-se! de A a Z*. São Paulo: Nova Geração, 2008.

_____. *Gramática Comunicativa Sacconi:* teoria e prática. São Paulo: Nova Geração, 2008.

SAVIOLI, Francisco Platão. *Gramática em 44 lições*. 8. ed. São Paulo: Ática, 1984.

SILVA, Sérgio Nogueira Duarte da. *O português do dia a dia*: como falar e escrever melhor. Rio de Janeiro: Rocco, 2004.

_____. *O-R-T-O-G-R-A-F-I-A*: dicas do professor Sérgio Nogueira. Rio de Janeiro: Rocco, 2009.

RACIOCÍNIO LÓGICO

SAMUEL LILÓ ABDALLA

Cursou Engenharia Eletrônica na UNESP, Pós-Graduação em Engenharia da Computação no ITA e Matemática na UNICAMP. Professor de Matemática, Raciocínio Lógico, Tecnologia da Informação, Estatística e Matemática Financeira nos ensinos médio e superior, além de professor do UNICURSOS – Campinas. Autor e colaborador do Complexo Educacional Damásio de Jesus. Coordenador Regional da Olimpíada Brasileira de Matemática e de Polos Olímpicos de Treinamento Intensivo – IMPA. Foi bolsista pesquisador nas áreas de Matemática e Inteligência Artificial. Autor de artigos e publicações nas áreas correlacionadas a Matemática, a Computação e a Raciocínio Lógico. Colaborador das Revistas *Mathematical Excalibur, Eureka, Jornal dos Concursos, Exame, Discutindo Ciência*.

CAPÍTULO 1

LÓGICA PROPOSICIONAL, TABELAS-VERDADE. COMPREENSÃO DE ESTRUTURAS LÓGICAS. DIAGRAMAS LÓGICOS

1.1. INTRODUÇÃO

1.1.1. O que é lógica?

As pessoas podem apresentar ou deixar de apresentar evidências em apoio de suas afirmações. Uma afirmação que está apoiada pela evidência é a conclusão de um argumento, e a lógica elabora técnicas para a análise de argumentos. A análise lógica procura examinar as relações que existem entre uma conclusão e a evidência que lhe serve de apoio.

1.1.2. Objetivos da lógica

- a criação de uma linguagem formal, que evite as ambiguidades existentes na linguagem natural;
- a criação de instrumentos de cálculos lógicos que se contrapõem a uma argumentação intuitiva e informal;
- a formalização, dedução e análise da validade de argumentos.

A Lógica começa com Aristóteles (séc. IV a.C.) com seus estudos sobre silogismos, na busca de um instrumento para a compreensão de um mundo real e verdadeiro (lógica concreta) e é aprimorada por Leibniz (séc. XVI), que teve as primeiras visões do que seria uma lógica simbólica formal (lógica abstrata). Já no séc. XX, destacam-se, principalmente, Frege, Peano, Whitehead, Russell e Morgan.

A linguagem natural nem sempre é clara e precisa, sendo muito comum a ocorrência de ambiguidades que geram dúvidas sobre o significado do que se está falando.

Por isso, um dos objetivos da lógica é estabelecer uma linguagem formal, na qual se pode expressar com clareza, precisão e emitir juízo de verdadeiro ou falso para determinadas frases. Isso, muitas vezes, vai de encontro ao uso comum da linguagem.

1.2. CONCEITOS BÁSICOS

1.2.1. Proposição

É um conceito primitivo (aceito sem definição), mas, para facilitar sua compreensão, podemos estabelecer suas características: é uma frase afirmativa (com sujeito e predicado), à qual pode ser atribuída, sem ambiguidade, um dos **valores lógicos (falso (F) ou verdadeiro (V))**.

Exemplos: são proposições:

a) O *software* é pirata.

b) Hoje não choveu.

c) 2 + 4 = 6

d) 5 > 9

Não são proposições:

a) 3 + 5 (não tem predicado)

b) Para que serve esse aplicativo? (é uma frase interrogativa)

Uma **proposição simples** é a que não contém nenhuma outra proposição como parte integrante de si mesma. Indicaremos tais proposições por letras minúsculas de nosso alfabeto. Exemplos:

p: O programa antivírus protege a máquina.

q: O índice da bolsa de valores subiu.

Uma **proposição composta** é formada por duas ou mais proposições relacionadas por conectivos lógicos e são representadas por letras maiúsculas do alfabeto. Exemplos:

P: 1 + 2 = 3 e 2 ≠ 1

Q: Se o produto é bom, então a empresa dá lucro.

1.2.2. Conectivos lógicos

Conectivos ou operadores lógicos são palavras que se usam para formar novas proposições a partir de outras proposições. Os conectivos lógicos e seus símbolos são:

- não (~)
- e (∧)
- ou (∨)
- se ..., então ... (→)
- ... se, e somente se ... (↔)

1.2.3. Valor lógico

O valor lógico de uma proposição é a verdade (V) se a proposição for verdadeira e é a falsidade (F) se a proposição for falsa. Indicamos o valor lógico de uma proposição p por V (p).

Exemplos:

a) p: O computador tem sentimentos. V (p) = F
b) q: O *Windows* tem muitos recursos. V (q) = V
c) r: O México fica na América Central. V (r) = F

1.3. PRINCÍPIOS FUNDAMENTAIS

1.3.1. Princípio da não contradição

Uma proposição não pode ser simultaneamente verdadeira e falsa.

1.3.2. Princípio do terceiro excluído

Toda proposição ou é só verdadeira ou é só falsa, nunca ocorrendo um terceiro caso.

Logo,

TODA PROPOSIÇÃO ADMITE UM E UM SÓ DOS VALORES V OU F.

1.3.3. Tabela-verdade (número de linhas)

É uma maneira prática de dispor organizadamente os valores lógicos envolvidos em uma proposição composta.

Para uma proposição simples **p**, temos:

p
V
F

Para uma proposição composta por duas **proposições simples** p e q, temos:

p	q
V	V
V	F
F	V
F	F

Para três proposições p, q e r, temos a seguinte tabela-verdade:

p	q	r
V	V	V
V	V	F
V	F	V
V	F	F
F	V	V
F	V	F
F	F	V
F	F	F

Observando as tabelas acima, podemos concluir que:

→ A tabela de 1 única proposição tem 2 linhas.
→ A tabela de 2 proposições tem 4 linhas.
→ A tabela de 3 proposições tem 8 linhas.

Não é difícil concluir que uma tabela-verdade para n proposições terá 2^n linhas.

EXEMPLO:

(BANCO DO BRASIL – 2007/2008) Julgue o item a seguir:

Há duas proposições no seguinte conjunto de sentenças:

- O BB foi criado em 1980.
- Faça seu trabalho corretamente.
- Manuela tem mais de 40 anos de idade.

Resposta

- **Certo: Proposições "O BB foi criado em 1980" e "Manuela tem mais de 40 anos de idade"**
- Faça seu trabalho corretamente. (Frase imperativa)

1.3.4. Operações lógicas sobre proposições

1.3.4.1. Operação negação (~)

Diga NÃO às drogas.

Página NÃO encontrada.

O endereço digitado NÃO se encontra nos servidores.

Ele NÃO desiste fácil. Quando ouve um NÃO, aí sim ele parte para o ataque.

NÃO se troca sangue por petróleo. (Comitê Contra a Guerra)

NÃO há saldo disponível para essa operação.

Entrada proibida para pessoas NÃO autorizadas.

Se **p** é uma proposição, a **negação** da proposição **p** é denotada por ~**p** (lê-se não p).

Se uma proposição é verdadeira, sua negação é falsa, e vice-versa.

Exemplo: Seja a proposição:

p: Carlos é carioca.

Sua negação é:

~p: Carlos não é carioca.

Podemos construir a tabela-verdade:

p	~p
V	F
F	V

Outros exemplos:

q: O Sol é um planeta.

sua negação é:

~q: O Sol não é um planeta.

ou

~q: É falso que o Sol é um planeta.

Obs.: Negar uma proposição *p* não é apenas afirmar algo diferente do que *p* afirma, ou algo com valor lógico diferente.

1.3.4.2. Operação conjunção (∧)

"PT SE ALIA AO PL E LANÇA COMO VICE UM SENADOR BILIONÁRIO"

Veja, 26/06/2002.

"DÓLAR BATE RECORDE E BOLSA DESPENCA"

O Globo, 23/07/2002.

"F-1 E TÊNIS AO VIVO NO SEU MICRO"

UOL, 29/08/2002.

"PETROLEIRO AFUNDA E ÓLEO AMEAÇA ESPANHA"

Folha de S. Paulo, 20/11/2002.

Duas proposições **p** e **q** podem ser combinadas pelo conectivo **e** (∧) para formar uma proposição composta denominada **conjunção** das proposições originais.

Notação: p ∧ q (lê-se: p e q)

Exemplos:

a) Dadas as proposições:

p: Clóvis estuda Matemática.

q: Clóvis joga xadrez.

A conjunção é: p ∧ q: Clóvis estuda Matemática **e** joga xadrez.

b) Dadas as proposições:

p: 2 > 1

q: 2 ≠ 3

A conjunção é: p ∧ q: 2 > 1 **e** 2 ≠ 3

O símbolo ∧ pode ser usado, também, para definir a interseção de dois conjuntos:

$A \cap B = \{ x / x \in A \wedge x \in B \}$

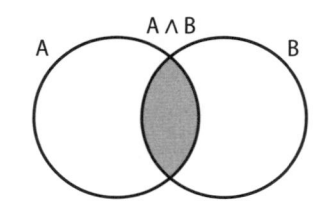

A conjunção de duas proposições é verdadeira se, e somente se, cada componente for verdadeiro. A tabela-verdade da operação conjunção é:

p	q	p ∧ q
V	V	V
V	F	F
F	V	F
F	F	F

1.3.4.3. Operação disjunção (∨)

Ou você está conosco **ou** está contra nós!

Che Guevara: Socialismo **ou** Barbárie[1].

A prova se baseia em exercícios do tipo certo **ou** errado.

Vida mais **ou** menos[2]...

Eu já não sei se isso é bom **ou** ruim.

O uso dessa apostila não pressupõe garantia implícita **ou** outra qualquer.

---

1 "Socialismo ou Barbárie" é uma citação de Rosa Luxemburgo.
2 Blog de Daniel Rezende.

Duas proposições **p** e **q** podem ser combinadas pelo conectivo **ou** (com sentido de e/ou) para formar uma proposição composta denominada **disjunção** das proposições originais.

Notação: p ∨ q (lê-se: p ou q)

Obs.: Na linguagem natural, o conectivo **ou** pode traduzir tanto a ideia de hipóteses mutuamente exclusivas (**ou** ocorre isto **ou** ocorre aquilo) quanto a de que pelo menos uma das hipóteses ocorre.

Exemplos:

a) Sejam as proposições:

p: Silmara é bonita.   q: Silmara é inteligente.

p ∨ q: Silmara é bonita ou Silmara é inteligente. (nada impede que ela seja bonita e inteligente)

Neste exemplo, a disjunção é inclusiva e, para ser verdadeira, basta que uma das proposições seja verdadeira. A disjunção será falsa se, e somente se, todas as componentes forem falsas.

b) Considere as proposições:

p: Pedro é paulista.   q: Pedro é gaúcho.

p ∨ q: Pedro é paulista ou Pedro é gaúcho (ele será ou gaúcho ou paulista, não podendo ser os dois).

Nesse exemplo, a disjunção é exclusiva e, para ser verdadeira, é preciso que uma, e somente uma, das proposições originais seja verdadeira. Esta disjunção será falsa se, e somente se, todas as proposições originais forem falsas.

O símbolo ∨ pode ser usado, também, para definir a união de dois conjuntos:

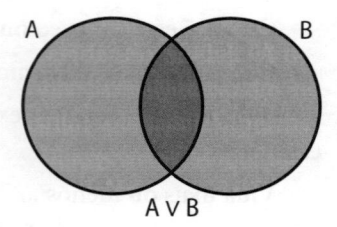

A ∪ B = { x / x ∈ A ∨ x ∈ B }

A tabela-verdade da operação disjunção é:

p	q	p ∨ q
V	V	V
V	F	V
F	V	V
F	F	F

EXEMPLO:

(ESAF – 2009) Entre as opções abaixo, a única com valor lógico verdadeiro é:

a) Se Roma é a capital da Itália, Londres é a capital da França.

b) Se Londres é a capital da Inglaterra, Paris não é a capital da França.

c) Roma é a capital da Itália e Londres é a capital da França ou Paris é a capital da França.

d) Roma é a capital da Itália e Londres é a capital da França ou Paris é a capital da Inglaterra.

e) Roma é a capital da Itália e Londres não é a capital da Inglaterra.

Gabarito: C

1.3.4.4. Operação condicional (→)

"*Se Capitu não traiu Bentinho, então Machado de Assis é José de Alencar.*"

Dalton Trevisan, sobre polêmica acerca de *Dom Casmurro*[3].

"*Se o bar é bom, (então) o chope é Brahma.*[4]"

Duas proposições **p** e **q** podem ser combinadas pelo conectivo lógico "**se ... , então ...** " para formar uma nova proposição denominada **condicional**.

Notação: p → q (lê-se: se p, então q)

Exemplos:

a) Dadas as proposições:

p: 1 litro = 1 dm^3
q: 1 mℓ = 1 cm^3

A condicional é p → q: Se 1 litro = 1 dm^3, então 1 mℓ = 1 cm^3.

b) Dadas as proposições:

p: Chove.   q: Faz frio.

A condicional é p → q: Se chove, então faz frio.

c) Dadas as proposições:

p: fazer sol.   q: eu irei à praia.

Podemos compor: p → q: Se fizer sol, então eu irei à praia.

Podem ocorrer as seguintes situações:

a) Fez sol e eu fui à praia (eu disse a verdade).

---

3 Maurício Stycer (1996), apud NAVEGA, Sergio. *Pensamento crítico e argumentação sólida*. Intelliwise books, 2005.

4 *Slogan* de campanha da AmBev, criado pela agência DM9.

b) Fez sol e eu não fui à praia (eu menti).

c) Não fez sol e eu não fui à praia. (eu disse a verdade)

d) Não fez sol e eu fui à praia (eu disse a verdade, pois eu não disse o que faria se não fizesse sol, assim eu poderia ir ou não à praia).

Nesse exemplo, verificamos que *fazer sol* é condição suficiente para eu ir à praia, mas não é condição necessária. Ou seja, dado que o *se...então* é verdadeiro, a verdade da primeira proposição é condição suficiente para ocorrer a segunda, mas não é condição necessária.

Concluímos então que a condicional p → q só é falsa quando a primeira proposição (**p**) é verdadeira e a segunda (**q**) é falsa.

A tabela-verdade da operação condicional é:

p	q	p ↔ q
V	V	V
V	F	F
F	V	V
F	F	V

Obs.: Dizemos que "p implica q" (p ⇒ q), se, e somente se, na tabela de p e q não ocorre V F, ou seja, quando a proposição p → q for sempre verdadeira. Esse conceito será abordado mais adiante.

1.3.4.5. Operação bicondicional (↔)

"Execute a rotina B se, e somente se, o conjunto de comandos A for executado.[5]*"*

Duas proposições **p** e **q** podem ser combinadas pelo conectivo lógico **"... se, e somente se ..."** para formar uma nova proposição denominada **bicondicional**.

Notação: p ↔ q (lê-se: p se, e somente se, q)

Exemplo:

a) Dadas as proposições:

p: A princesa beija o sapo.

q: O sapo se transforma em príncipe.

A bicondicional é:

p ↔ q: A princesa beija o sapo se, e somente se, o sapo se transforma em príncipe.

A tabela-verdade da operação bicondicional é:

p	q	p ↔ q
V	V	V
V	F	F
F	V	F
F	F	V

A proposição bicondicional p ↔ q só é verdadeira quando as proposições p e q tiverem o mesmo valor lógico.

Devemos lembrar ainda que p ↔ q é logicamente equivalente a (p → q) ∧ (q → p)

Assim, dizer: "Hoje é sábado se, e somente se, amanhã é domingo" é o mesmo que dizer:

"Se hoje é sábado, então amanhã é domingo e se amanhã é domingo, então hoje é sábado."

Outro exemplo: "O triângulo x é equilátero se, e somente se, o triângulo x é equiângulo" é logicamente equivalente a:

"Se o triângulo x é equilátero, então ele é equiângulo e, se o triângulo x é equiângulo, então ele é equilátero."

Resumo:

> Negar uma proposição é inverter o seu valor lógico, assim se *p* é uma proposição verdadeira, sua negação será falsa e vice-versa.
>
> A conjunção (p ∧ q) só é verdadeira se ambas as proposições (p e q) forem verdadeiras.
>
> A disjunção (p ∨ q) só é falsa se ambas as proposições (p e q) forem falsas.
>
> A condicional (p → q) só é falsa se a primeira proposição (p) for verdadeira e a segunda (q) for falsa.
>
> Dado que a condicional p → q é verdadeira, a verdade em *p* é condição suficiente para se saber que *q* é verdadeira, mas não é condição necessária.
>
> A bicondicional (p ↔ q) só é verdadeira se as duas proposições (p e q) tiverem o mesmo valor lógico (as duas verdadeiras ou as duas falsas).

1.4. EQUIVALÊNCIAS LÓGICAS

Dadas as **proposições compostas** P e Q, diz-se que ocorre uma equivalência lógica entre P e Q quando suas tabelas-verdade forem idênticas.

Intuitivamente, proposições logicamente equivalentes transmitem a mesma informação, a mesma ideia, a partir das proposições componentes.

Notação: P ≡ Q ou P ⇔ Q.

---

5   Lógica de Programação.

Muitas equivalências lógicas são notáveis. Verifique na tabela abaixo a equivalência entre p → q e ~q → ~p.

p	q	p q	~q	~p	~q → ~p
V	V	V	F	F	V
V	F	F	V	F	F
F	V	V	F	V	V
F	F	V	V	V	V

Assim, dizer: "*Se A então B*", é logicamente equivalente a dizer "*Se não B então não A*".

Outro exemplo: dado que "*Se o carro é completo então ele é caro*", pode-se concluir com certeza que "*Se o carro não é caro, então ele não é completo*".

Uma das aplicações dessa equivalência ocorre em encadeamento de condicionais. Vejamos um exemplo:

Sabe-se que: Se Fábio mentiu, então Carla e Beto não brigaram. Se Carla e Beto não brigaram, então o filme é bom. Se o filme é bom, então eu vou ao cinema. Se eu vou ao cinema, então Sandra fica em casa. Ora, Sandra não fica em casa. O que se pode concluir disso?

Respondendo, pode-se concluir que eu não vou ao cinema, que o filme não é bom, que Carla e Beto brigaram e, ainda, que Fábio disse a verdade.

Outra equivalência lógica notável ocorre entre p → q e ~p ∨ q. Vejamos a tabela-verdade:

p	q	p → q	~p	~p ∨ q
V	V	V	F	V
V	F	F	F	F
F	V	V	V	V
F	F	V	V	V

Assim, dizer: "*Se A então B*", é logicamente equivalente a dizer "*Não A ou B*".

Propriedades da equivalência lógica: A relação de equivalência lógica entre proposições goza das propriedades reflexiva (R), simétrica (S) e transitiva (T), isto é, simbolicamente:

P ⇔ P (R)

Se P ⇔ Q então Q ⇔ P (S)

Se P ⇔ Q e Q ⇔ R então P ⇔ R (T)

A equivalência pode também ser definida por meio de uma tautologia.

Teorema: A proposição composta P é equivalente à proposição composta Q, isto é P ⇔ Q se e somente se a bicondicional associada P ↔ Q é tautológica, ou seja, se a bicondicional é sempre verdadeira.

Na lógica proposicional, uma tautologia é uma fórmula proposicional que é verdadeira para todas as possíveis valorações de suas variáveis proposicionais. Por exemplo, a fórmula proposicional $(A) \vee (\neg A)$ ("A ou não A") é uma tautologia, porque é verdadeira para todas as valorações de A. Existem tautologias com formulas moleculares (mais de uma única proposição conectadas) tais como $(A \wedge B) \vee (\neg A) \vee (\neg B)$ ("A e B; ou não A; ou não B"). O primeiro a usar o termo lógica proposicional foi o filósofo Ludwig Wittgenstein em 1921.

A negação de uma tautologia é uma contradição ou antilogia, uma fórmula proposicional que é falsa independentemente dos valores de verdade de suas variáveis. Tais proposições são ditas insatisfazíveis. Reciprocamente, a negação de uma contradição é uma tautologia. Uma fórmula que não é nem uma tautologia nem uma contradição é dita logicamente contingente. Tal fórmula pode ser verdadeira ou falsa dependendo dos valores atribuídos para suas variáveis proposicionais.

1.5. PROPRIEDADES DAS EQUIVALÊNCIAS LÓGICAS

1.5.1. Negação das operações lógicas

a) Negação da negação

Para não dizer que não falei das flores ...

Não é por não falar ...

A CIA não acreditou que o Iraque não possuía armas de destruição em massa.

Não dá para não ler.

Dadas as proposições p e ~(~p), vamos construir suas tabelas-verdade:

p	~p	~(~p)
V	F	V
F	V	F

Conclusão: A negação da negação (dupla negação) de uma proposição p é logicamente equivalente à proposição p.

Obs.: Na língua portuguesa, a dupla negação é usada como recurso para reforço de uma negação. Do ponto de vista puramente lógico, uma dupla negação equivale a uma afirmação.

Exemplos:

I. A proposição: "Não é verdade que Mário não é estudioso" é logicamente equivalente a "Mário é estudioso".

II. A proposição: "Não dá para não ler" é logicamente equivalente a: "Dá para ler"

b) Negação da conjunção

Dadas as proposições ~(p ∧ q) e ~p ∨ ~q, vamos construir suas tabelas-verdade:

p	q	p ∧ q	~(p ∧ q)	~p	~q	~p ∨ ~q
V	V	V	F	F	F	F
V	F	F	V	F	V	V
F	V	F	V	V	F	V
F	F	F	V	V	V	V

Conclusão:

A negação de uma conjunção é logicamente equivalente a uma disjunção.

Exemplo:

Seja a proposição: "A comida é farta e saborosa."

Sua negação é: "Não é verdade que a comida é farta e saborosa."

Que é logicamente equivalente a: "A comida não é farta ou não é saborosa."

c) Negação da disjunção

Dadas as proposições ~ (p ∨ q) e ~p ∧ ~q, vamos construir suas tabelas-verdade:

p	q	p ∨ q	~(p ∨ q)	~p	~q	~p ∧ ~q
V	V	V	F	F	F	F
V	F	V	F	F	V	F
F	V	V	F	V	F	F
F	F	F	V	V	V	V

Conclusão: ~(p ∨ q) ⇔ ~p ∧ ~q

A negação de uma disjunção é logicamente equivalente a uma conjunção.

Exemplo:

Seja a proposição: "2 é um número par ou 3 é um número ímpar."

Sua negação é: "Não é verdade que 2 é um número par ou 3 é um número ímpar."

Que é logicamente equivalente a: "2 não é um número par e 3 não é um número ímpar."

d) Negação da condicional

Dadas as proposições ~ (p → q) e p ∧ ~q, vamos construir suas tabelas-verdade:

p	q	p → q	~(p → q)	~q	p ∧ ~q
V	V	V	F	F	F
V	F	F	V	V	V
F	V	V	F	F	F
F	F	V	F	V	F

Conclusão: A negação do condicional é logicamente equivalente a uma conjunção.

Exemplos:

Seja a proposição: "Se a máquina é antiga, então o programa trava."

Sua negação é: "A máquina é antiga e o programa não trava."

e) Negação da bicondicional

Considere a equivalência já conhecida:

$$p \leftrightarrow q \Leftrightarrow (p \to q) \wedge (q \to p)$$

Para negar o primeiro membro, basta negarmos o segundo. Como esse segundo membro é um e, usamos a regra já estudada de negação desse conectivo e, então, temos:

$$\sim(p \leftrightarrow q) \Leftrightarrow \sim(p \to q) \vee \sim(q \to p)$$

Mas a negação do condicional também tem sua regra específica, que resulta em:

$$\sim(p \leftrightarrow q) \Leftrightarrow (p \wedge \sim q) \vee (q \wedge \sim p)$$

QUESTÕES

1. **(ANALISTA – FCC – 2014)** Uma frase logicamente equivalente a "Se jogo xadrez, então sou bom em matemática" é:

    a) Se sou bom em matemática, então jogo xadrez.
    b) Se não sou bom em matemática, então não jogo xadrez.
    c) Se não jogo xadrez, então não sou bom em matemática.
    d) Posso ser bom em matemática sem saber jogar xadrez.
    e) Posso ser jogador de xadrez sem ser bom em matemática.

2. **(TÉCNICO – BASA – CESGRANRIO – 2014)** Considere a seguinte afirmação:

    Jorge se mudará ou Maria não será aprovada no concurso.

Tal afirmação é logicamente equivalente à afirmação:

a) Se Maria não for aprovada no concurso, então Jorge se mudará.

b) Se Maria for aprovada no concurso, então Jorge não se mudará.

c) Se Maria for aprovada no concurso, então Jorge se mudará.

d) Jorge não se mudará ou Maria será aprovada no concurso.

e) Jorge se mudará se, e somente se, Maria não for aprovada no concurso.

3. (ASSISTENTE – VUNESP – 2014) As únicas frutas que Jacira compra são laranja, banana e melancia. Quando vai à feira, ela sempre compra bananas ou laranjas. Se compra bananas, também compra melancia. Se compra melancia, volta para casa de táxi. Hoje, Jacira foi à feira e voltou para casa a pé. Pode-se concluir corretamente, com relação às frutas, que Jacira

a) comprou somente laranjas.

b) comprou bananas e não comprou laranjas.

c) não comprou nem bananas nem laranjas.

d) comprou melancia e laranjas.

e) não comprou nem laranjas nem melancia.

GABARITO

1. B
2. C
3. A

CAPÍTULO 2

QUANTIFICADORES E DIAGRAMA DE VENN

A lógica sentencial, estudada nos itens anteriores, explica como funcionam palavras como "e", "mas", "ou", "não", "se...então", "se e somente se", e "nem-ou". Frege (Friedrich Ludwig Gottlob Frege – 1848/1925) expandiu a lógica para incluir palavras como "todos", "alguns" e "nenhum". Ele mostrou como podemos introduzir variáveis e quantificadores para reorganizar sentenças.

Os quantificadores desempenham papel importante na verdade ou falsidade das proposições. É possível, através deles, indicar se estão em causa todos, pelo menos um, ou nenhum dos elementos da classe dos argumentos, e avaliar a forma como este fato influi no cálculo lógico.

Existem três espécies principais de quantificadores: **existencial**, **universal** e **existencial estrito**.

2.1. O QUANTIFICADOR EXISTENCIAL

Consideremos as afirmações:

(1) Alguns animais são mamíferos.

(2) Alguém já foi à Lua.

(3) Existem pessoas que são analfabetas.

Todas elas podem ser escritas nas formas:

(1) ***Existe pelo menos um*** animal que é mamífero.

(2) ***Existe pelo menos uma*** pessoa que já foi ao planeta Urano.

(3) ***Existe pelo menos uma*** pessoa que é analfabeta.

A expressão *existe pelo menos um(a)* identifica o denominado *quantificador existencial* que é simbolizado pelo símbolo $\exists$.

Reformulando as afirmações com o uso do quantificador existencial e introduzindo a variável x, teremos:

(1) $\exists x$, tal que x é animal e mamífero;

(2) $\exists x$, tal que x é humano e já foi ao planeta Urano;

(3) $\exists x$, tal que, x é humano e analfabeto.

Se $P(x)$, $Q(x)$ e $R(x)$ são as propriedades comuns aos elementos do conjunto a que se refere a proposição, ou seja, $P(x)$ = x é animal e mamífero, $Q(x)$ = x é humano e já foi ao planeta Urano e $R(x)$ = x é humano e analfabeto, podemos escrever, simbolicamente:

(1) $\exists x \mid P(x)$; (2) $\exists x \mid Q(x)$ e (3) $\exists x \mid R(x)$. O sinal | é usado para indicar o termo "tal que" que também pode ser substituído por ":".

As propriedades comuns aos elementos do conjunto em referência são denominadas predicados. O quantificador, juntamente com o predicado, constitui uma proposição.

A proposição é considerada verdadeira se algum elemento x satisfizer as condições explícitas no predicado. Se nenhum elemento x satisfizer as condições do predicado, a proposição é falsa.

Assim, o quantificador existencial transforma uma condição possível numa proposição verdadeira e uma condição impossível numa proposição falsa.

A primeira e a terceira proposições são verdadeiras, pois existem animais mamíferos e humanos analfabetos. Já a segunda proposição é falsa, uma vez que ninguém ainda foi ao planeta Urano.

2.2. O QUANTIFICADOR UNIVERSAL

Usa-se o **quantificador universal** quando a condição ou propriedade é estendida a todos os elementos do conjunto. Simboliza-se por $\forall$ e que se lê "*qualquer que seja*" ou "*para todo*".

Aplicado às proposições anteriores teremos:

(1) $\forall x, P(x)$ que se traduz em: "todo animal é mamífero";

(2) ∀x, Q(x) que se traduz em: "todo homem já foi ao planeta Urano";

(3) ∀x, R(x) que se traduz em: "todo humano é analfabeto".

Analisando as três proposições vê-se, de imediato que as mesmas são falsas, existem animais que não são mamíferos, nenhum homem foi ao planeta Urano e existem homens que são alfabetizados (pelo menos semi!).

Já, se ∀x, P(x) equivaler a "todo homem é mortal" a proposição é verdadeira. Ou seja: proposições com o quantificador universal são verdadeiras se a propriedade for válida para todos os elementos do conjunto estabelecido.

2.3. O QUANTIFICADOR EXISTENCIAL

O quantificador existencial estrito é uma variação do quantificador existencial. Indica a existência de apenas um elemento capaz de tornar a proposição verdadeira. O quantificador existencial estrito é denotado pelo símbolo ∃| e tem o significado de "existe apenas um", "existe somente um", "existe um só".

2.4. NEGAÇÃO DE QUANTIFICADORES

A negação de uma proposição da qual conste um quantificador exige alguns cuidados, tendo em vista a natureza do quantificador e do predicado, pois não é a mesma coisa negar o quantificador e negar o predicado.

Seja por exemplo: Se P(x) é o predicado x é um gato preto, tem-se:

(1) ∀x: P(x) significa: todos os gatos são pretos.

(2) ∀x: ~P(x) significa: todos os gatos não são pretos.

(3) ~∀x: P(x) significa: nem todos os gatos são pretos.

(4) ∃x: P(x) significa: existe pelo menos um gato que é preto.

(5) ~∃x: P(x) significa: nenhum gato é preto.

(6) ∃x: ~P(x) significa: existe pelo menos um gato que não é preto.

Nas proposições 2 e 6 são negados os predicados enquanto nas proposições 3 e 5 são negados os quantificadores.

A proposição (3), negação do quantificador universal é equivalente a "existem gatos que não são pretos" ou "existe pelo menos um gato que não é preto", que corresponde à proposição (6). Disto se conclui [~∀x: P(x)] ⇔ [∃x: ~P(x)].

Também, dizer que "nenhum gato é preto" (proposição 5) equivale dizer "todos os gatos não são pretos" (proposição 2).

Assim, [~∃x: P(x)] ⇔ [∀x: ~P(x)].

2.5. MATEMATICAMENTE

[~∀x: P(x)] ⇔ [∃x: ~P(x)].

[~∃x: P(x)] ⇔ [∀x: ~P(x)]

2.6. QUANTIFICADORES E DIAGRAMAS

Chamamos de proposições categóricas aquelas que usam termos como **todo**, **algum** ou **nenhum**, como por exemplo:

– todo mineiro é cruzeirense.

– algum mineiro é atleticano.

– nenhum mineiro é vascaíno.

O julgamento, bem como a negação de uma proposição categórica, pode ser facilitado através da construção de diagramas.

Consideremos que P(x) e Q(x) sejam os predicados da proposição categórica. Nestas condições, pode-se sintetizar os diagramas como se seguem:

A: Todos os X são Y.

E: Nenhum X é Y.

I: Algum X é Y.

O: Algum X não é Y.

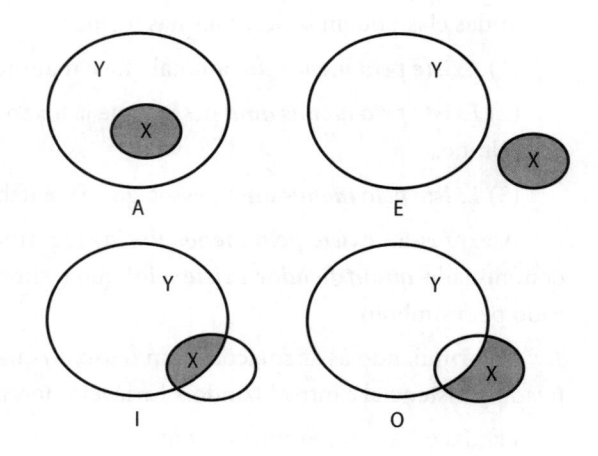

Pelos diagramas podemos verificar as equivalências e negações:

(1) Nenhum Q(x) é P(x) equivale a nenhum P(x) é Q(x).

Exemplo: A proposição "nenhum mineiro é baiano" é equivalente a "nenhum baiano é mineiro".

(2) Algum Q(x) é P(x) equivale a algum P(x) é Q(x).

Exemplo: Algum múltiplo de 6 é múltiplo de 10 é equivalente a "algum múltiplo de 10 é múltiplo de 6".

(3) A negação de todo Q(x) é P(x) é algum Q(x) não é P(x).

Exemplo: Todo número ímpar é primo (não é verdade, pois dois é primo e é par) tem por negação algum número primo não é ímpar.

(4) A negação de algum Q(x) é P(x) é nenhum Q(x) é (Px).

Exemplo: Algum múltiplo de cinco é um número par (verdade) tem por negação nenhum número par é múltiplo de 5 (falso).

(5) A negação de nenhum Q(x) é P(x) é algum Q(x) é P(x).

Exemplo: Nenhum automóvel tem cinco rodas (verdade) tem por negação algum automóvel tem cinco rodas (falso).

QUESTÕES

1. (ANALISTA – MPE – VUNESP – 2016) Suponha serem verdadeiras as afirmações:
   Nenhum arrogante é simpático.
   Alguns mentirosos são simpáticos.
   A partir dessas afirmações, é necessariamente verdadeiro que:
   a) algum mentiroso é arrogante.
   b) nenhum mentiroso é arrogante.
   c) se um mentiroso é simpático, então ele é arrogante.
   d) se um mentiroso não é simpático, então ele é arrogante.
   e) algum mentiroso não é arrogante.

2. (TRT-FCC-2012) Uma senhora afirmou que todos os novelos de lã guardados numa gaveta são coloridos e nenhum deles foi usado. Mais tarde, ela percebeu que havia se enganado em relação à sua afirmação, o que permite concluir que:
   a) pelo menos um novelo de lã da gaveta não é colorido ou algum deles foi usado.
   b) pelo menos um novelo de lã da gaveta não é colorido ou todos eles foram usados.
   c) os novelos de lã da gaveta não são coloridos e já foram usados.
   d) os novelos de lã da gaveta não são coloridos e algum deles já foi usado.
   e) existem novelos de lã brancos na gaveta e eles já foram usados.

3. (TECNÓLOGO – FUNRIO – 2014) Sabe-se que todo B é A e que algum C é A. Segue-se necessariamente que:
   a) todo A é B.
   b) algum C é B.
   c) todo A é C.
   d) pelo menos um A é B.
   e) nenhum B é C.

GABARITO

1. E
2. A
3. D

CAPÍTULO 3

ARGUMENTAÇÃO

3.1. ARGUMENTOS CONDICIONAIS

Nosso estudo de formas específicas de argumentos terá início com o exame de quatro argumentos simples e fundamentais. Dois deles são válidos; os outros dois, não validos. Em cada caso há duas premissas, sendo a primeira delas um enunciado condicional.

A primeira forma de argumento válido é chamada "afirmação do antecedente" (as vezes, "*modus ponens*"). Considere-se este exemplo:

a) Se João for reprovado em português, será desclassificado.

João é reprovado em português.

→ João será desclassificado.

O argumento é válido; sua forma pode ser descrita por este esquema:

b) Se p, então q.

p.

→ q.

Aí está mais um exemplo da passagem que se faz ao considerar não o argumento, mas a sua forma ou estrutura; b não é um argumento, mas o esquema de um argumento. As letras "p" e "q" não são enunciados – são apenas letras. Um argumento é obtido quando essas letras são substituídas por enunciados particulares. É claro que o mesmo enunciado deve ocorrer nos locais em que ocorre "p", e o mesmo enunciado deve substituir "q" em todos os locais em que a letra figura. É perfeitamente possível substituir "p" e "q" por enunciados duvidosos ou sabidamente falsos; ainda assim, teremos certeza de que *se as premissas fossem verdadeiras, a conclusão seria verdadeira*. Aí está mais uma ilustração do fato de que a validade de um argumento depende de sua forma, não de seu conteúdo.

É fácil ver por que a forma *b* se chama "afirmação do antecedente". A primeira premissa é um enunciado condicional, e a segunda premissa afirma (coloca) o antecedente desse mesmo condicional. A conclusão do argumento é o consequente da primeira premissa. Eis mais um exemplo de afirmação do antecedente:

c) 288 é divisível por nove? Será, se a soma dos algarismos for divisível por nove. Como 2 + 8 + 8 = 18 e 18 é divisível por nove, a resposta é "sim".

Como sucede na grande maioria das vezes, o argumento c não foi dão na forma padrão. Vamos escrevê-lo de novo:

d) Se a soma dos algarismos de 288 for divisível por nove, então o número 288 será divisível por nove.

A soma dos algarismos 288 é divisível por nove.

→288 é divisível por nove.

O argumento tem a forma b.

Outra forma válida de argumento dedutivo é a chamada *"negação do consequente"* (ou, também, "*modus tollens*").

e) Se a tempestade vier, então os barômetros vão baixar.

Os barômetros não estão baixando.

→A tempestade não virá.

O argumento tem esta forma:

f) Se *p*, então *q*.

Não *q*.

→Não *p*.

É fácil perceber a razão do nome "negação do consequente". A primeira premissa é um enunciado condicional e a segunda premissa é a negação do consequente desse mesmo condicional. Eis mais um exemplo:

g) Ele não tomaria a coroa.

Logo, é certo que ele não é ambicioso.

Aí está um argumento que deve ser levado à forma padrão. Uma premissa foi omitida; é fácil, contudo, identificá-la.

h) Se César fosse ambicioso, então teria tomado a coroa.

Ele não tomou a coroa.

→César não era ambicioso.

O termo "logo" indica tratar-se de uma conclusão; a frase "é certo" indica a necessidade presente em argumentos dedutivos. E está claro que h tem a forma f.

Negar o consequente é uma tarefa que se consegue completar de modos ligeiramente diferentes. Assim, por exemplo,

i) Bruto: Ave, Casca diga-nos o que sucedeu que teria causado a tristeza de César.

Casca: Ora, você estava com ele, não estava?

Bruto: Se estivesse não teria perguntado o que sucedeu.

O argumento pode ser apresentado desta maneira:

j) Se eu estivesse com César, então eu não teria perguntado acerca do que sucedeu.

Eu perguntei o que sucedeu.

→Eu não estive com César.

O consequente da primeira premissa é um enunciado negativo; por isso a segunda premissa, que é a negação desse consequente, é uma afirmativa. Temos, pois, uma variante de f, a saber:

k) Se p, então não q.

q.

→não p.

Esta forma de argumento ainda se chama "negação do consequente".

Há uma relação simples entre afirmar o antecedente e negar o consequente. Na seção 6 já tivemos ocasião de notar que "Se p, então q" é equivalente, por contraposição, a "Se não q, então não p". O esquema f pode, portanto, ser escrito deste modo:

l) Se não q, então não p.

Não q.

→Não p.

Aí está um esquema que é caso particular da afirmação do antecedente, embora a segunda premissa tome a forma negativa – e também assim o antecedente da primeira premissa. Negar o consequente equivale, então, a afirmar o antecedente.

Exemplos dessas formas de argumentos são abundantes nas clássicas discussões que formam o núcleo do problema do livre-arbítrio. Eis um dos mais tradicionais.

m) Lucrécio, um poeta romano que viveu cerca de cem anos antes do nascimento de Cristo, em seu famoso trabalho *De Rerum Natura*, asseverava que todas as coisas são formadas de átomos. Sustentava, ainda, que esses átomos eram dotados de movimentos espontâneos e indeterminados. Com efeito, argumentava, se assim não fosse, isto é, se os movimentos de cada átomo estivessem rigidamente determinados pelos movimentos anteriores, como poderíamos justificar o livre-arbítrio? Era óbvio, para Lucrécio, que os seres vivos agem livremente; concluía, em vista disso, que o determinismo não poderia ser defendido.

O argumento pode ser assim sintetizado:

n) Se o determinismo é legítimo, então o homem não tem vontade livre.

O homem tem vontade livre.

→O determinismo não é legítimo.

O argumento é válido: trata-se de um caso de negação do consequente. A única maneira de atacar o argumento é, pois, tentar pôr em dúvida a verdade das premissas. Segundo outros, porém, a legitimidade do determinismo parece mais aceitável do que a liberdade humana; construíram, pois, um argumento diferente:

o) Se o determinismo é legítimo, não é livre a vontade humana.

O determinismo é legítimo.

→Não é livre a vontade humana.

Este argumento, como o anterior, é válido: trata-se de um caso de afirmação do antecedente (esquema b). A fim de aceitar a conclusão deste argumento é preciso negar a verdade da segunda premissa de n. A querela entre os que aceitam n e os que aceitam o não gira em torno da validade de argumentos, pois ambos são válidos. Gira, em vez disso, em torno da verdade das premissas. Nos dois argumentos há, afinal, três premissas; elas não podem ser todas verdadeiras porque são mutuamente incompatíveis. A controvérsia filosófica origina-se com a questão de determinar qual das premissas é falsa.

Há duas formas não válidas de argumentos que muito se parecem com as duas formas válidas examinadas e que podem, por isso, gerar enganos muito sérios. A primeira dessas formas não válidas chama-se "falácia da afirmação do consequente". Por exemplo,

p) Companheiros! Venceremos o jogo, a menos que o pessoal fraqueje no segundo tempo. Mas sei que vamos vencer, de modo que não fraquejaremos no segundo tempo.

Colocado sob forma padrão, o argumento é este:

q) Se o pessoal não fraquejar no segundo tempo, então venceremos o jogo.

Venceremos o jogo.

→O pessoal não fraquejará no segundo tempo.

A forma do argumento é esta:

r) Se p, então q.

q.

→p.

Há certa similaridade com o caso de afirmação do antecedente (forma válida b), mas as diferenças, no entanto, são decisivas. Ao afirmar o antecedente, a segunda premissa afirma o antecedente da primeira premissa e a conclusão é o consequente da primeira premissa. Na falácia da afirmação do consequente, a segunda premissa afirma o *consequente* da primeira premissa e a conclusão é o antecedente da primeira premissa.

A não validade da afirmação do consequente pode ser facilmente evidenciada por meio do método do contraexemplo. (Ver seção 5). Basta construir um argumento que tenha a forma desejada, com premissas verdadeiras e uma conclusão falsa.

s) Se a Universidade do Recife está em Fortaleza, então ela está no Nordeste.

A Universidade do Recife está no Nordeste.

→A Universidade do Recife está em Fortaleza.

A outra forma não válida de argumento recebe o nome de "falácia da negação do antecedente". Esta, por seu turno, assemelha-se à forma válida correspondente à negação do consequente. Considere-se, para exemplificar, o seguinte argumento:

t) Se João está disposto a depor então ele é inocente.

João não está disposto a depor.

→João não é inocente.

O argumento é da forma:

u) Se p, então q.

Não p.

→Não q.

Este trecho da oratória política (fictício, naturalmente) é mais um caso da falácia de negação do antecedente:

v) Assim lhes digo, minhas senhoras e meus senhores que deveis votar no meu oponente se desejardes pagar maiores impostos e comprar menos com vosso dinheiro – se acreditardes que não vale a pena ter um governo limpo e honesto. Mas sei que vós sois inteligentes e equilibrados e que vos posso pedir, portanto, os vossos votos, na próxima eleição!

O argumento pode ser assim analisado:

w) Se os senhores desejam pagar maiores impostos e comprar menos com seu dinheiro e acreditam que não vale a pena ter um governo limpo e honesto, então os senhores devem votar no meu oponente.

Não é verdade que os senhores estejam dispostos a pagar maiores impostos e a comprar menos com o seu dinheiro ou que acreditem não valer a pena ter um governo limpo e honesto.

→ Os senhores não devem votar no meu oponente.

É fácil mostrar, também com o método do contraexemplo, a não validade da negação do antecedente.

x) Se a Universidade Mackenzie está na Bahia, então está no Brasil.

A universidade Mackenzie não está na Bahia.

→ A universidade Mackenzie não está no Brasil.

As duas falácias – da afirmação do consequente e da negação do antecedente – admitem formas especiais que é útil explicar. Como já vimos, num argumento válido a conclusão deve ser verdadeira se as premissas são verdadeiras. Admita-se ter um argumento que é sabidamente válido e cuja conclusão é verdadeira. Que é que se pode, nesse caso, afirmar a propósito das premissas? É com certa naturalidade que se tem a tendência de dizer que as premissas desse argumento são verdadeiras. Dizê-lo, porém, é cometer o erro de afirmar o consequente.

y) Se as premissas deste argumento são verdadeiras, então a conclusão deste argumento é verdadeira (isto é, o argumento é válido).

A conclusão deste argumento é verdadeira.

→As premissas deste argumento são verdadeiras.

É um erro lógico inferir a verdade das premissas a partir da verdade da conclusão. De modo análogo, é tentador dizer que a conclusão de um argumento válido, de premissas falsas, também é falsa. Dizê-lo, no entanto, seria cometer a falácia da negação do antecedente.

z) Se as premissas deste argumento são verdadeiras, então a conclusão deste argumento (*i. e.*, o argumento) é válido.

As premissas deste argumento não são verdadeiras.

→A conclusão deste argumento não é verdadeira.

Quando faltam premissas num argumento, é difícil, muitas vezes, completar o argumento. Cabe-nos escolher as premissas adicionais, e pode dar-se o caso de haver várias escolhas possíveis. Considere-se, a título de exemplo, esta conversa imaginária:

aa) Era segunda-feira, de manhã. João e Raul não estavam com muita disposição para o trabalho. Ficaram, pois, matando tempo junto ao bebedouro, comentando as atividades dos colegas.

"Você notou", perguntou João, "que Henrique nunca bebe? Na sexta-feira, depois do expediente, paramos naquele pequeno bar da Rua Quinze – pena que você não estava conosco, Raul – e Henrique só tomou café. Na excursão que a companhia organizou na última primavera – e como correu cerveja naquele dia, meu velho! – Henrique bebia chá-mate gelado. Que será que ele tem?"

"Bem, você sabe, não é?", retrucou Raul, "conheço o bom Henrique há muitos anos e nunca o vi tocar em álcool."

"Quer dizer que ele é realmente abstêmio?", perguntou João, com certa surpresa. "Engraçado. Ele nunca me deu a impressão de ser um desses tipos puritanos."

A conversação envolve argumento; como de hábito, não é preciso deixá-los explícitos. Em primeiro lugar, um argumento indutivo sustenta a conclusão de que Henrique evita sistematicamente as bebidas alcoólicas. Valendo-se dessa conclusão, utilizada como premissa, João infere, a seguir, que Henrique é puritano, isto é, que Henrique adota certos princípios morais que lhe vedam a bebida. Está claro que aqui falta uma premissa no argumento, e precisamos identificá-la. Poderíamos dizer:

ab) Se Henrique nunca bebe, então ele obedece a certos princípios morais que são contrários à bebida.

Henrique nunca bebe.

→ Henrique obedece a certos princípios morais contrários à bebida.

O argumento é um caso de afirmação do antecedente e, portanto, válido. A parte embaraçosa da questão é que não há bons motivos para supor verdadeira a premissa acrescentada. Henrique pode, até onde saibamos, evitar as bebidas por motivos de saúde ou porque detesta o paladar dessas bebidas alcoólicas. Poderíamos construir a forma:

ac) Se Henrique tem escrúpulos morais que o impedem de beber então Henrique nunca bebe.

Henrique nunca bebe.

→Henrique tem escrúpulos morais que o impedem de beber.

A premissa adicional é, agora, bem mais plausível do que a anteriormente acrescentada ao argumento. Todavia, o argumento deixa de ser válido, como caso de afirmação do consequente.

Em situações desse gênero, adotamos uma atitude tolerante e aceitamos a reconstrução *ab*, que torna válido o argumento. Se acolhermos a outra reconstrução, o argumento se torna falaz e, pois, insustentável. Tornando válido o argumento, mediante acréscimo de premissa menos plausível, cabe considerar, de modo mais cuidadoso, a verdade ou falsidade dessa premissa. Um argumento falaz não pode tornar-se válido; mas uma premissa pouco plausível pode, afinal, ser verdadeira. Adotar a atitude tolerante é dar ao argumento uma possibilidade para que se veja acolhido.

3.2. *REDUCTIO AD ABSURDUM*

Reductio ad absurdum é um argumento válido, muito eficaz e de amplo emprego. Destina-se, algumas vezes, a estabelecer uma conclusão positiva; outras vezes, a refutar tese proposta por um interlocutor. A ideia que norteia essa forma de argumentar é relativamente simples. Suponhamos desejar-se mostrar que um enunciado *p* é verdadeiro. Principiamos admitindo a falsidade de *p*, isto é, admitindo não *p*. A partir daí, deduzimos uma conclusão reconhecidamente falsa. Considerando que a conclusão falsa decorre, por dedução válida, da aceitação de não *p*, segue-se que a hipótese deve ter sido falsa. Se não *p* é falsa então *p* deve ser verdadeira – e *p* era justamente a afirmação que se desejava mostrar legítima.

Chamemos "subdedução" o argumento que nos permite deduzir a conclusão falsa a partir de não *p*. A subdedução pode ter qualquer forma, desde que seja válida. A validade de uma particular *reductio ad absurdum* depende da validade de sua subdedução. Uma específica *reductio ad absurdum* pode ser contestada mostrando-se que a sua subdedução é não válida; mas a forma geral da *reductio ad absurdum* (que requer a validade da subdedução correspondente) não pode ser contestada, tratando-se – como se trata – de uma forma válida. O caráter conclusivo da demonstração de *p* por meio da *reductio ad absurdum* depende da falsidade da conclusão da subdedução. A conclusão da subdedução pode ser um enunciado que estamos dispostos a dar como falso ou pode ser uma real contradição. Não raro, a conclusão da subdedução é o próprio enunciado *p*. Tem-se, então, um caso especial de autocontradição. Com efeito, admitindo-se não *p* como *p*, e isto é contraditório.

A *reductio ad absurdum* pode ser assim esquematizada:

a) Demonstrar: *p*.

Admitir: Não *p*.

Deduzir: Um enunciado falso; ou *p* (que contradiz a suposição não *p*), ou *q* e não q (uma autocontradição), ou outro enunciado, *r*, sabidamente falso.

Concluir: Não *p* é falso; logo, *p*.

A *reductio ad absurdum* relaciona-se estreitamente com a negação do consequente. O tipo de relação que há entre os dois argumentos é evidenciado pelo argumento seguinte:

b) Se a premissa (suposição) da subdedução é verdadeira, então a conclusão da subdedução é verdadeira (i. e., a subdedução é válida).

A conclusão da subdedução não é verdadeira.

→A premissa da subdedução não é verdadeira.

A *reductio ad absurdum* é frequentemente empregada em Matemática, onde recebe, às vezes, o nome de "demonstração indireta". Eis um clássico exemplo retirado da Matemática, famoso em virtude de sua elegância e simplicidade.

c) Um número racional é um número que pode ser expresso como fração simples isto é, como a razão de dois inteiros. Atribui-se a Pitágoras, filósofo e matemático da Grécia, do século VI a.C., a descoberta de que não existe número racional cujo quadrado é igual a dois – em outras palavras, de que a raiz quadrada de dois é um número irracional. A conclusão pode ser facilmente estabelecida por meio da *reductio ad absurdum*.

3.3. REGRAS DE INFERÊNCIA USADAS PARA DEMONSTRAR A VALIDADE DOS ARGUMENTOS

Regra de adição (AD):	Regra de simplificação (SIMP):	Regra da conjunção (CONJ):	Regra da absorção (ABS):	Regra modus ponens (MP):
i) $\dfrac{p}{p \vee q}$ ii) $\dfrac{q}{q \vee p}$	i) $\dfrac{p \wedge q}{p}$ ii) $\dfrac{p \wedge q}{q}$	i) $\dfrac{p}{\dfrac{q}{p \wedge q}}$ ii) $\dfrac{p}{\dfrac{q}{q \wedge p}}$	$\dfrac{p \to q}{p \to (p \wedge q)}$	$\dfrac{p \to q}{\dfrac{p}{q}}$

Regra modus tollens (MT):	Regra do silogismo disjuntivo (SD):	Regra do silogismo hipotético (SH):	Regra do dilema construtivo (DC):	Regra do dilema destrutivo (DD):
$\dfrac{p \to q}{\dfrac{\sim q}{\sim p}}$	i) $\dfrac{p \vee q}{\dfrac{\sim p}{q}}$ ii) $\dfrac{p \vee q}{\dfrac{\sim q}{p}}$	$\dfrac{p \to q}{\dfrac{q \to r}{p \to r}}$	$\dfrac{p \to q}{\dfrac{r \to s}{\dfrac{p \vee r}{q \vee s}}}$	$\dfrac{p \to q}{\dfrac{r \to s}{\dfrac{\sim q \vee \sim s}{\sim p \vee \sim r}}}$

EXEMPLO

(BANCO DO BRASIL – 2007) É correto o raciocínio lógico dado pela sequência de proposições seguintes:

Se Antônio for bonito ou Maria for alta, então José será aprovado no concurso.

Maria é alta. Portanto José será aprovado no concurso.

p: Antonio for bonito ou Maria for alta

q: José será aprovado no concurso

a estrutura apresentada é da forma:

Se p, então q.

   p.

→ q.

Trata-se do *modus ponens*, portanto argumentação válida

CERTO

Argumentar é estabelecer uma relação entre proposições dadas e uma conclusão. Nem sempre uma argumentação é "boa", isto é, apesar da aparência de um encadeamento lógico, a conclusão é falsa ou não provém das proposições iniciais.

A lógica tem como um dos seus objetivos o estudo de técnicas que permitam analisar um argumento e decidir se ele é "bom" ou não.

3.4. DEFINIÇÕES IMPORTANTES

- Sejam **P1, P2, ..., Pn** (n ≥ 1) e **C** proposições quaisquer (simples ou compostas). Chama-se

argumento a sequência finita de proposições **P1, P2, ..., Pn** (n 1) que tem como consequência a proposição **C**.

- As proposições **P1, P2, ..., Pn** chamam-se **premissas** do argumento, e a proposição **C** chama-se **conclusão** do argumento.
- Um argumento estabelece uma relação entre as premissas e a conclusão, garantindo a conclusão a partir das premissas.
- Um argumento é **válido** se, e somente se, a conclusão for verdadeira, sempre que as premissas forem simultaneamente verdadeiras.
- Um argumento **não válido** (inválido) chama-se **sofisma** ou **falácia**.
- **Silogismo** é um argumento formado por duas premissas e uma conclusão.

3.5. ESTRUTURA BÁSICA DE UM ARGUMENTO

$$\left.\begin{array}{l}\text{Premissa}\\\text{Premissa}\end{array}\right\} \longrightarrow \text{conclusão}$$

O objetivo do pensador lógico é obter *princípios generalizadores*, estruturas que não são obtidas diretamente pelas informações que captamos pelos nossos sentidos, mas, sim, através do que conseguimos perceber *estudando* e pensando sobre o que temos em nossa memória. A lógica seria, assim, uma atitude de reflexão sobre a verdade ou falsidade de ideias e proposições que crescem espontaneamente em nossa mente. A generalização que a lógica procura obter tem como foco principal a forma e a estrutura das frases e pensamentos, até que se chegue a um ponto onde os pensamentos originais sejam desnecessários, só restando suas formas genéricas. Como exemplo, é intuitivo que a sequência de frases abaixo seja verdadeira:

Todos os homens são mortais.

Pitágoras é homem.

Logo, Pitágoras é mortal.

O que torna a lógica possível é o fato de que a sequência abaixo também parece ser óbvia, embora seja meio estranha:

Todos os Zoides quacam.

Zib é um Zoide.

Portanto, Zib quaca.

Você sabe o que é um Zoide? Sabe o que significa quacar? Eu não sei, mas eu sei que se todos os Zoides nascem sabendo quacar, então Zib, que é um Zoide, irá quacar também. A operação que fizemos em nossa mente para entender essa estrutura nos permite aceitar qualquer sequência com essa mesma estrutura.

Todos os A têm um B.

Um C é um A.

Portanto, os C têm um B.

Essas formas gerais de raciocínio têm importantes propriedades:

- São Impessoais: Não importa o estado de espírito nem a personalidade nem o sexo, raça, credo etc. de quem está raciocinando; essas formas são válidas independentemente de qualquer característica pessoal.
- São Universais: Essas estruturas são válidas não importando sobre qual área do conhecimento humano estamos pensando, de Geografia ao Direito, Física, Química, Economia, Política, em todas essas áreas essas táticas valem da mesma forma.
- São Autossuficientes: A validade das estruturas genéricas que obtemos pela lógica não depende daquilo que o mundo nos informa. Assim, se aceitamos as premissas, essas estruturas irão necessariamente nos conduzir à conclusão e por isso são completamente autossuficientes.
- São Definitivas: Desde que nascemos, estamos constantemente aprendendo e isso significa que várias vezes temos que alterar nosso conhecimento passado para acomodar novas informações. As estruturas genéricas que obtemos via lógica são definitivas, no sentido de que nada que venhamos a conhecer no futuro irá alterar sua forma e validade geral.

Portanto, um dos objetivos fundamentais da lógica é obter e estudar essas formas gerais de raciocinar, ou seja, é a arte de estudar a validade ou não das estruturas gerais de pensamento, independentemente do seu conteúdo (significado).

3.5.1. Proposições categóricas

Aristóteles, filósofo grego do século IV a.C., é considerado o pioneiro no estudo da Lógica. Em seus estudos, procurava um instrumento para o uso da razão, na busca da verdade. Para isso, classificou as proposições categóricas (proposições simples e diretas na forma de sujeito-predicado) em quatro tipos:

A: Todo M é N. (Se M, então N.)

E: Nenhum M é N. (Todo M não é N.)

I: Algum M é N.

O: Algum M não é N. (Algum M é não N.)

A partir dessas quatro proposições categóricas estudadas por Aristóteles, podem-se construir 256 silogismos diferentes, sendo que apenas 24 deles são válidos.

Um método de verificação da **validade de argumentos** é a utilização dos diagramas de Venn-Euler. Neste caso, um argumento só será válido quando a conclusão for verdadeira em todos os modelos possíveis nos quais as premissas são verdadeiras.

Quando verificamos a validade de um argumento, não examinamos se as premissas são verdadeiras ou não; o que fazemos é apenas examinar se, no caso de serem todas verdadeiras, elas acarretam uma determinada conclusão.

A validade de um argumento depende exclusivamente da relação existente entre as premissas e a conclusão. Portanto, a validade de um argumento depende apenas de sua forma e não de seu conteúdo.

Obs.: As palavras **todos**, **nenhum** e **alguns** são chamadas quantificadores, pois dão uma ideia de quantidade (intuitivamente). A palavra **algum** tem sempre o significado de **pelo menos um**. Logo, dizer "Alguns homens são bons" é a mesma coisa que afirmar que "Pelo menos um homem é bom".

3.5.2. Diagrama de Venn-Euler

Euler, por volta de 1770, complementou o trabalho de Aristóteles, introduzindo o uso de diagramas, que foram aprimorados um século mais tarde por Venn.

Utilizando o diagrama de Venn-Euler para melhor entender o significado das quatro proposições categóricas, temos:

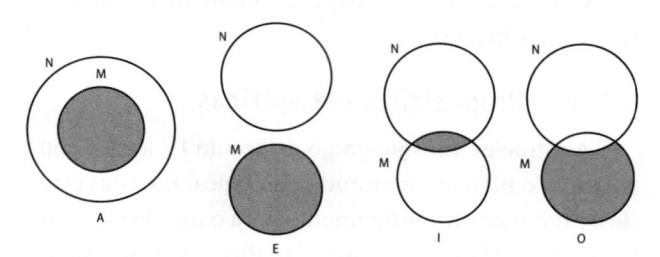

Logo, as proposições podem ser vistas como asserções a respeito de conjuntos e das relações entre conjuntos, isto é, através das noções sobre conjuntos, podemos obter mais claramente a diferença entre a estrutura lógica (forma) existente num enunciado e o conteúdo propriamente dito deste enunciado. Muitos argumentos podem ser reduzidos à forma categórica e sua validade pode ser testada com o auxílio dos diagramas.

3.5.3. Dedução e indução

A análise de argumentos que apresentamos até aqui se baseia no princípio da dedução lógica. Portanto, esse tipo de análise pode ser considerada como dedutiva.

Existe um tipo de argumentação pouco comum que se baseia numa análise indutiva. A ideia da indução[6] é bastante usada em algumas demonstrações matemáticas e ela se baseia na seguinte sequência:

1º. Verificamos se a propriedade em análise vale para o número 1.

2º. Assumimos que a propriedade vale para n.

3º. Verificamos se a propriedade em análise vale para n + 1.

Esse tipo de demonstração é usado em Matemática para provar alguns teoremas. Mas em argumentação, a indução toma uma forma um pouco distinta. Vejamos um argumento baseado em indução:

Vi um cisne branco.

Vi outro cisne branco.

Logo, todos os cisnes são brancos.

Esse argumento é indutivo e leva a uma falácia, pois o fato de alguns cisnes serem brancos não garante que todos os cisnes são brancos.

Exemplos resolvidos

Verificaremos os argumentos abaixo e analisaremos sua validade. Além disso, avaliaremos se as conclusões são verdadeiras ou não (em relação à realidade).

1. Nenhum desonesto é rico. (P1)

    Nenhum político é desonesto. (P2)

    Logo, nenhum político é rico. (C)

---

[6] O princípio da indução também é chamado de *axioma dos números naturais*, ou *Axioma de Peano*. Consulte: LIMA, E. L. "O Princípio da Indução", In: *Eureka*, Rio de Janeiro: SBM, set. 2000.

P1: (desonestos) (ricos)

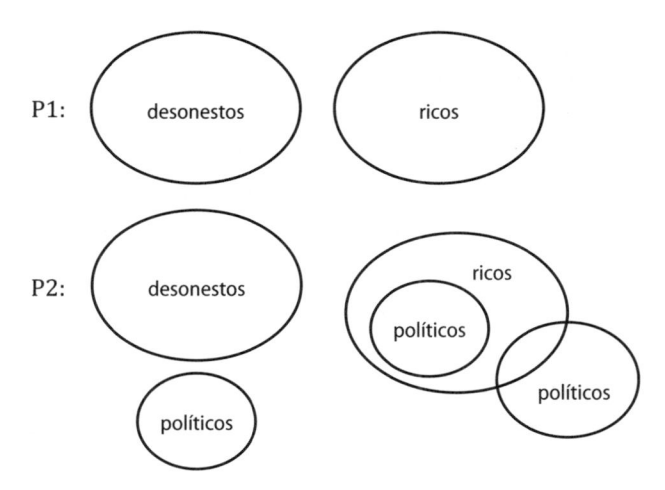

P2: (desonestos) (ricos ⊃ políticos) (políticos)

A conclusão não é sempre verificada, o que resulta na seguinte análise: argumento inválido com conclusão falsa.

2. Todo asiático é brasileiro. (P1)

   Chico Buarque é asiático. (P2)

   Logo, Chico Buarque é brasileiro. (C)

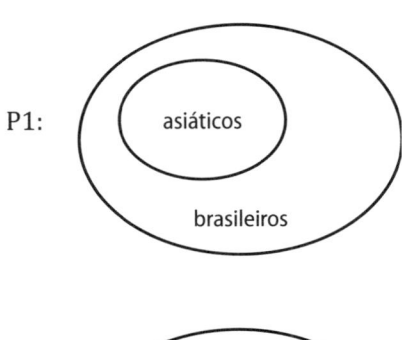

P1: (asiáticos ⊂ brasileiros)

P2: (Chico ⊂ asiáticos ⊂ brasileiros)

A conclusão é verificada pelas premissas; logo, temos a seguinte análise: argumento válido com conclusão verdadeira.

IMPORTANTE:

Para analisar a validade de um argumento, não questionamos a veracidade das premissas. O que nos interessa é observar se a conclusão verifica todas as premissas.

Para analisar a conclusão do argumento, o fazemos independentemente da análise do próprio argumento. O que nos interessa é observar se a proposição dada como conclusão corresponde ou não à realidade, independentemente da validade do argumento ou das premissas.

Nem sempre é necessário analisar a conclusão. Na maioria das vezes, basta analisar o argumento. Em muitos casos não é possível atribuir valor lógico à conclusão de um argumento.

QUESTÕES

1. **(AGENTE FISCAL DE RENDAS – SEFAZ –FCC– 2009)** Considere o diagrama a seguir, em que U é o conjunto de todos os professores universitários que só lecionam em faculdades da cidade X, A é o conjunto de todos os professores que lecionam na faculdade A, B é o conjunto de todos os professores que lecionam na faculdade B e M é o conjunto de todos os médicos que trabalham na cidade X.

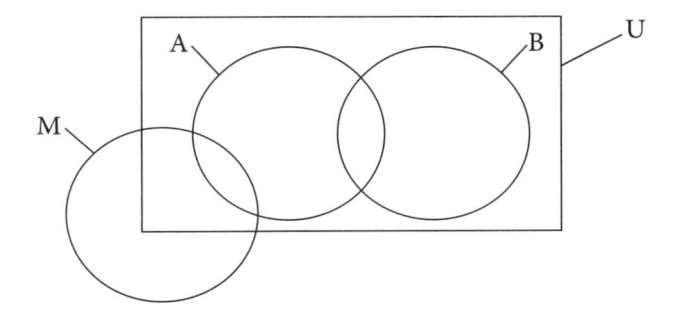

Em todas as regiões do diagrama, é correto representar pelo menos um habitante da cidade X. A respeito do diagrama, foram feitas quatro afirmações:

I. Todos os médicos que trabalham na cidade X e são professores universitários lecionam na faculdade A.

II. Todo professor que leciona na faculdade A e não leciona na faculdade B é médico.

III. Nenhum professor universitário que só lecione em faculdades da cidade X, mas não lecione nem na faculdade A e nem na faculdade B, é médico.

IV. Algum professor universitário que trabalha na cidade X leciona, simultaneamente, nas faculdades A e B, mas não é médico.

Está correto o que se afirma APENAS em

(a) I.   (b) I e III.   (c) I, III e IV.   (d) II e IV.   (e) IV.

2. **(DELEGADO DE POLICIA – VUNESP – 2014)** Considere verdadeiras as seguintes afirmações:

    - Se Clóvis é perito criminal, então ele porta arma e dirige viatura.
    - Clóvis porta arma.
    - Clóvis não dirige viatura.

    Conclui-se corretamente, das afirmações apresentadas, que Clóvis:

    a) não é perito criminal.

    b) não é policial civil.

    c) é perito criminal.

    d) dirige carro que não seja viatura.

    e) é policial civil

3. **(ANALISTA-BACEN- FCC)** Um argumento é composto pelas seguintes premissas:

    Se as metas de inflação não são reais, então a crise econômica não demorará a ser superada.

    Se as metas de inflação são reais, então os superávits primários não serão fantasiosos.

    Os superávits serão fantasiosos.

    Para que o argumento seja válido, a conclusão deve ser:

    a) a crise econômica não demorará a ser superada;

    b) as metas da inflação são irreais ou os superávits são fantasiosos;

    c) as metas de inflação são irreais e os superávits são fantasiosos;

    d) os superávits econômicos serão fantasiosos;

    e) as metas de inflação não são irreais e a crise econômica não demorará a ser superada.

GABARITO

1. E
2. A
3. A

CAPÍTULO 4

TEORIA DOS CONJUNTOS, PROBLEMAS DE CONTAGEM

A Teoria de Conjuntos é estudada desde as séries iniciais e ela é usada como fundamento para a axiomatização da Matemática[7]. Sendo aplicável a muitas áreas, abordaremos aqui a parte básica da Teoria de Conjuntos, que se aplica à Matemática Elementar e à Lógica de maneira geral.

4.1. CONJUNTO, ELEMENTO, PERTINÊNCIA

Na teoria dos conjuntos, três noções são aceitas sem definição, isto é, são consideradas noções primitivas:

a) conjunto;
b) elemento;
c) pertinência entre elemento e conjunto.

A noção Matemática de conjunto é semelhante à da linguagem comum. Conjunto nos dá a ideia de agrupamento, coleção. Exemplos:

1) conjunto das vogais;
2) conjunto dos algarismos romanos;
3) conjunto dos números ímpares positivos;
4) conjunto dos planetas do sistema solar;
5) conjunto dos números primos positivos.

Cada membro, item, ente ou objeto que forma um conjunto é chamado de elemento desse conjunto. Em relação aos exemplos acima, os elementos são:

1) a, e, i, o, u;
2) I, V, X, L, C, D, M;
3) 1, 3, 5, 7, 9, 11, ...;
4) Mercúrio, Vênus, Terra, Marte, ...;
5) 2, 3, 5, 7, 11, 13, ...

---

[7] Georg F. L. P. Cantor (1845-1918), russo, radicado na Alemanha, foi um dos matemáticos que mais contribuíram para o avanço da Teoria de Conjuntos em Análise Real.

Um elemento de um conjunto pode ser uma letra, um número, um nome etc. Até um conjunto pode ser elemento de outro conjunto. Como, por exemplo, temos o conjunto das seleções que vão jogar a Copa do Mundo de Futebol e cada seleção é um conjunto de jogadores.

Indica-se um conjunto, em geral, com letras maiúsculas do nosso alfabeto: A, B, C..., e um elemento com letras minúsculas a, b, c....

Dado um conjunto A, se x é elemento de A dizemos que x pertence a A e escrevemos:

$x \in A$.

Se um elemento y não pertence a A, escrevemos:

$y \notin A$.

A descrição de um conjunto pode ser feita enumerando (citando, escrevendo) seus elementos ou dando uma propriedade característica dos elementos do conjunto. Quando o conjunto é dado pela enumeração de seus elementos, devemos indicá-lo escrevendo seus elementos entre chaves.

Exemplos:

A = conjunto das vogais;   A = {a, e, i, o, u}

B = conjunto dos algarismos romanos;   B = {I, V, X, L, C, D, M}

C = conjunto dos números primos positivos;   C = {2, 3, 5, 7, 11, ... }

Quando queremos descrever um conjunto A por meio de uma propriedade característica P de seus elementos x, escrevemos:

A = {x | x tem a propriedade P}

Lê-se: A é o conjunto dos elementos x tal que x tem a propriedade P.

Exemplo: A = {x | x é divisor inteiro de 3}
Logo A = {-3, -1, 1, 3}

Podemos também representar um conjunto por meio de diagramas[8].

Exemplo:

A = {a, b, c}

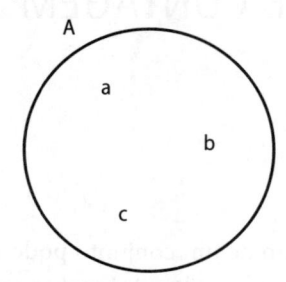

4.2. CONJUNTO UNITÁRIO, CONJUNTO VAZIO, CONJUNTO INFINITO

Chama-se conjunto unitário aquele que possui um único elemento.

Exemplos:

M = conjunto dos divisores
naturais de 1;   M = {1}

N = conjunto das soluções da equação
3x + 1 = 10;   N = {3}

Chama-se conjunto vazio aquele que não possui elemento algum. Representa-se um conjunto vazio por ∅ ou por { }.

Exemplos:

R = {x | x é ímpar e múltiplo de 2};   P = ∅

S = {x | x > 3 e x < 2};   Q = ∅

Chama-se conjunto infinito aquele que possui infinitos elementos.

P = conjunto dos números pares;   P = {0, 2, 4, 6, 8, ... }

N = conjunto dos números naturais; N = {0, 1, 2, 3, 4, ... }

4.2.1. Conjunto universo

Quando desenvolvemos um assunto, admitimos a existência de um conjunto U ao qual pertencem todos os elementos utilizados no tal assunto. Esse conjunto U recebe o nome de conjunto universo.

Assim, se procuramos soluções reais de uma equação, nosso conjunto universo é R (conjunto dos números reais).

Quase sempre a resposta para algumas questões depende do conjunto universo U adotado.

4.2.2. Igualdade de conjuntos

Dois conjuntos A e B são iguais se, e somente se, todo elemento de A pertence a B e todo elemento de B pertence a A. Intuitivamente, dois conjuntos são iguais se forem formados pelos mesmos elementos. Observe que a definição de igualdade não intervém na noção de ordem entre os elementos, portanto:

{a, b, c, d} = {d, c, b, a}

Se A não é igual a B, escrevemos A ≠ B.

4.2.3. Subconjunto

Um conjunto A é subconjunto de um conjunto B se, e somente se, todo elemento de A também pertence a B. A representação é: A ⊂ B, que quer dizer que 'A é subconjunto de B' ou 'A está contido em B'. O símbolo ⊂ é denominado sinal de inclusão.

Quanto A ⊂ B, também podemos escrever B ⊃ A (lê-se 'B contém A'). Com a notação A ⊄ B indicamos que 'A não está contido em B'.

Propriedades da inclusão: sendo A, B e C três conjuntos arbitrários, valem as seguintes propriedades:

∅ ⊂ A (o conjunto vazio está contido em qualquer conjunto);

A ⊂ A (todo conjunto é subconjunto de si mesmo, essa é a propriedade simétrica);

Se A ⊂ B e B ⊂ C, então A ⊂ C (propriedade transitiva);

Se A ⊂ B e B ⊂ A, então A = B (propriedade antissimétrica);

4.2.4. União ou reunião de conjuntos

Dados dois conjuntos A e B, chama-se união de A e B o conjunto formado pelos elementos que pertencem a A ou a B.

A ∪ B = {x | x ∈ A ou x ∈ B}

Exemplos:

{a, b} ∪ {b, c, d} = {a, b, c, d}

A ∪ ∅ = A

4.2.5. Interseção de conjuntos

Dados dois conjuntos A e B, chama-se interseção de A e B o conjunto formado pelos elementos que pertencem a A e a B.

---

8   São os diagramas de Venn-Euler, referidos no Capítulo 2.

$A \cup B = \{x \mid x \in A \text{ e } x \in B\}$

Exemplos:

1. $\{a, b\} \cap \{b, c, d\} = \{b\}$
2. $A \cap \varnothing = \varnothing$
3. Se $A \subset B$, então $A \cap B = A$ e $A \cup B = B$
4. Se $A \cap B = \varnothing$, então os conjuntos A e B não têm elementos comuns e são chamados de conjuntos disjuntos.

4.2.6. Diferença de conjuntos

Dados dois conjuntos A e B, chama-se diferença entre A e B o conjunto formado pelos elementos de A que não pertencem a B.

$A - B = \{x \mid x \in A \text{ e } x \notin B\}$

Exemplos:

$\{a, b, c\} - \{b, c, d, e\} = \{a\}$

$\{a, b, c, d, e\} - \{a, b, c\} = \{d, e\}$

$\{a, b\} - \{c, d, e, f\} = \{a, b\}$

$\{a, b\} - \{a, b, c, d\} = \varnothing$

Se $A - B = \varnothing$, então $A \subset B$

$A - B \neq B - A$

As operações entre conjuntos também podem ser representadas por meio de diagramas.

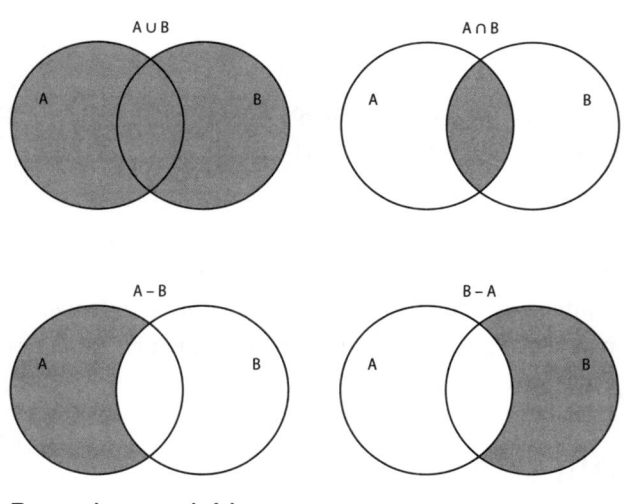

conjunto universo, colocando na interseção os 52 alunos que estudam ambas as línguas.

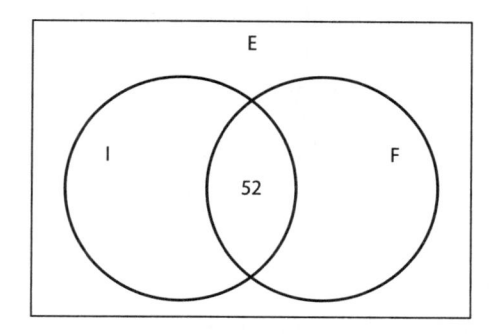

Como 221 alunos estudam Inglês, e já colocamos 52 elementos nesse conjunto, completamos o conjunto Inglês com 221 − 52 = 169 elementos.

Analogamente, como 163 alunos estudam Francês e já colocamos 52 elementos nesse conjunto, completamos o conjunto Francês com 163 − 52 = 111 elementos.

O diagrama fica:

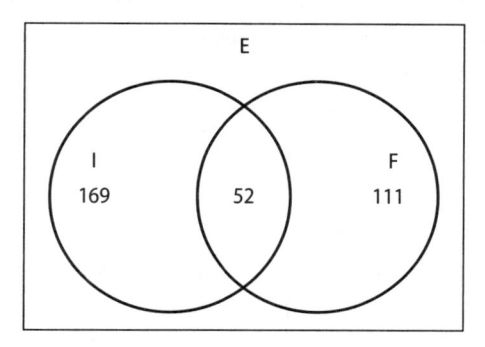

Como a escola tem no total 415 alunos e já escrevemos 169 + 52 + 111 = 332, faltam

415 − 332 = 83 alunos, que são os que não estudam Inglês nem Francês.

Completando o diagrama, temos:

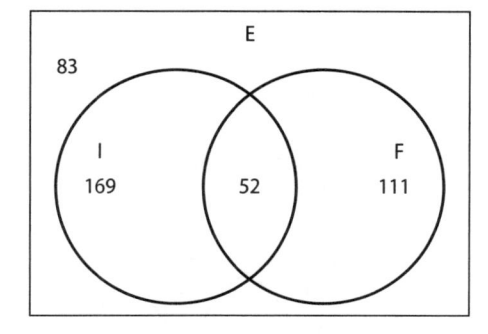

Observe que 169 + 52 + 111 + 83 = 415, que é o total de alunos da escola. Nessa configuração, não repetimos elemento algum no diagrama. Respondendo às perguntas, temos 83 alunos que não estudam Inglês

Exemplos resolvidos

1. Em uma escola que tem 415 alunos, 221 estudam Inglês, 163 estudam Francês e 52 estudam ambas as línguas. Quantos alunos estudam Inglês ou Francês? Quantos alunos não estudam nenhuma das duas línguas?

Resolução:

Primeiro vamos fazer o diagrama com os conjuntos que representam as duas línguas e a escola, que é o nem Francês e 169 + 52 + 111 = 332 alunos que estudam Inglês ou Francês.

2. Uma população consome três marcas de sabão em pó: A, B e C. Feita uma pesquisa de mercado, colheram-se os resultados tabelados abaixo:

Marca	A	B	C	A e B	B e C	A e C	A, B e C	Nenhuma das três
N. de pessoas	109	203	162	25	41	28	5	115

Pede-se:

a) número de pessoas consultadas

b) número de pessoas que só consomem a marca A

c) número de pessoas que não consomem as marcas A ou C

d) número de pessoas que consomem ao menos duas marcas

Resolução:

Primeiro construímos o diagrama e completamos a parte da interseção das três marcas e as pessoas que não consomem nenhuma das três marcas.

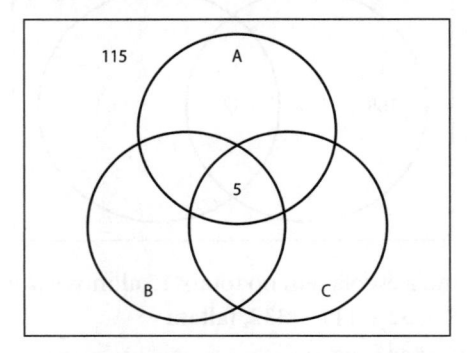

Agora, completaremos as interseções parciais, lembrando que o 5 que colocamos na interseção dos três conjuntos faz parte de todas as interseções parciais:

A e B = 25 − 5 = 20

B e C = 41 − 5 = 36

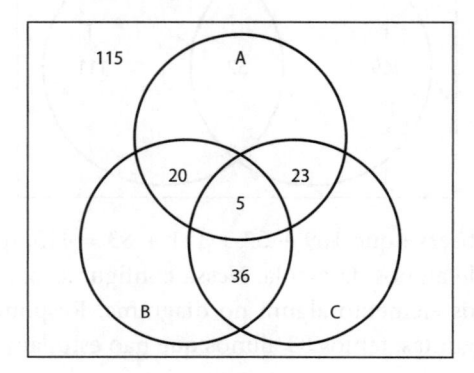

A e C = 28 − 5 = 23

Agora completaremos as partes que restam dos conjuntos A, B e C, considerando o total de elementos de cada conjunto, descontando os elementos que já foram escritos.

A = 109 − (20 + 5 + 23) = 61

B = 203 − (20 + 5 + 36) = 142

C = 162 − (23 + 5 + 36) = 98

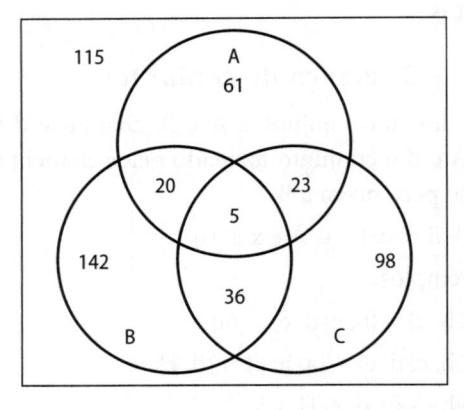

Com o diagrama pronto, podemos responder às perguntas:

a) pessoas consultadas = 115 + 61 + 20 + 5 + 23 + 142 + 36 + 98 = 500

b) 61 pessoas só consomem a marca A

c) não consomem A ou C são os que estão fora da união de A com C, ou seja,

142 + 115 = 257

d) consomem ao menos duas marcas são os que estão nas interseções, ou seja,

5 + 20 + 23 + 36 = 84

Para se resolver um exercício desse tipo, recomenda-se começar desenhando o diagrama e preenchendo a interseção dos três conjuntos. Depois as interseções parciais e, por último, os elementos que não estão nas interseções.

QUESTÕES

1. (ANALISTA − FCC − 2014) O diagrama indica a distribuição de atletas da delegação de um país nos jogos universitários por medalha conquistada. Sabe-se que esse país conquistou medalhas apenas em modalidades individuais. Sabe-se ainda que cada atleta da delegação desse país que ganhou uma ou mais medalhas não ganhou mais de uma medalha do mesmo tipo (ouro, prata, bronze). De acordo com o diagrama, por exem-

plo, 2 atletas da delegação desse país ganharam, cada um, apenas uma medalha de ouro.

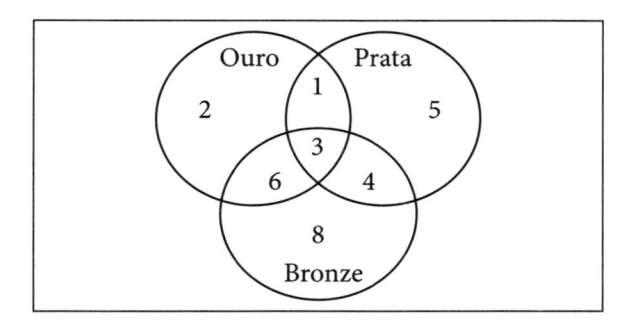

Diagrama de Venn com três círculos (Ouro, Prata, Bronze):
- Ouro apenas: 2
- Prata apenas: 5
- Bronze apenas: 8
- Ouro ∩ Prata: 1
- Ouro ∩ Bronze: 6
- Prata ∩ Bronze: 4
- Ouro ∩ Prata ∩ Bronze: 3

A análise adequada do diagrama permite concluir corretamente que o número de medalhas conquistadas por esse país nessa edição dos jogos universitários foi de

a) 15
b) 29
c) 52
d) 46
e) 40

2. (VUNESP – 2016) Um curso de idiomas tem 59 alunos inscritos no curso de alemão, 63 inscritos no curso de italiano e 214 no curso de inglês. Desses alunos, 23 cursam as três línguas, e 43 alunos estudam apenas um dos idiomas. O número de alunos que estão cursando exatamente dois idiomas dentre esses três é igual a

a) 103
b) 106
c) 100
d) 109
e) 112

3. (INSS – FCC – 2012) Em uma turma de 100 alunos, 63 sabem escrever apenas com a mão direita, 5 não sabem escrever, 25% dos restantes sabem escrever tanto com a mão direita quanto com a esquerda, e os demais alunos sabem escrever apenas com a mão esquerda. Dessa turma, a porcentagem de alunos que sabe escrever com apenas uma das duas mãos é de

a) 86%
b) 87%
c) 88%
d) 89%
e) 90%

GABARITO

1. D
2. E
3. B

CAPÍTULO 5

PRINCÍPIO DA CASA DOS POMBOS

O **princípio da casa dos pombos** é a afirmação de que se n pombos devem ser postos em m casas, e se $n > m$, então pelo menos uma casa irá conter mais de um pombo. Matematicamente falando, isto quer dizer que se o número de elementos de um conjunto finito A é maior do que o número de elementos de um outro conjunto B, então se ligarmos cada elemento do conjunto A com um único elemento de B sobrará um elemento sem ligações em A.

É também conhecido como **teorema de Dirichlet** ou **princípio das gavetas de Dirichlet**, pois supõe-se que o primeiro relato deste principio foi feito por Dirichlet em 1834, com o nome de *Schubfachprinzip* ("princípio das gavetas").

O *princípio do pombal* é um exemplo de um argumento de calcular que pode ser aplicado em muitos problemas formais, incluindo aqueles que envolvem um conjunto infinito.

Embora se trate de uma evidência extremamente elementar, o princípio é útil para resolver problemas que, pelo menos à primeira vista, não são imediatos. Para aplicá-lo, devemos identificar, na situação dada, *quem faz o papel dos objetos e quem faz o papel das gavetas*.

Exemplo 1. Qual é o número mínimo de pessoas que devemos reunir para que tenhamos certeza de que entre elas há duas que fazem aniversário no mesmo mês?

Solução: A resposta é 13. Se houvesse apenas 12 pessoas, seria possível que cada uma delas fizesse aniversário em um mês diferente. Com 13 pessoas, há, obrigatoriamente, pelo menos um mês com mais de um aniversário (se houvesse, no máximo, um aniversário por mês, o número de pessoas presentes seria, no máximo, 12).

Exemplo 2. Uma prova de concurso possui 10 questões de múltipla escolha, com duas alternativas cada. Qual é o menor número de candidatos para o qual podemos garantir que pelo menos dois deles deram exatamente as mesmas respostas para todas as questões?

Solução: Neste caso, os objetos são os alunos e as gavetas são as possíveis sequências de respostas. Como cada questão pode ser respondida de 2 modos, a prova pode ser preenchida de $2 \times 2 \times 2 \times \ldots 2 = 2^{10} = 1.024$ modos. Logo, só se pode ter a certeza de que dois candidatos fornecem exatamente as mesmas respostas se houver pelo menos 1.025 candidatos.

Exemplo 3. (RACIOCÍNIO LÓGICO E ESTATÍSTICA – SEPLAG – 2010) Em uma caixa há 12 bolas de mesmo tamanho: 3 brancas, 4 vermelhas e 5 pretas. Uma pessoa, no escuro, deve retirar n bolas da caixa e ter a certeza de que, entre elas, existem três da mesma cor. O menor valor de n para que se tenha essa certeza é:

A) 5   B) 6   C) 7   D) 8   E) 9

Solução: Devemos pensar no pior caso para garantir com certeza a presença das três cores, considerando esse fato as três primeiras bolas são de cores distintas. Uma configuração possível é:

1ª retirada	2ª retirada	3ª retirada	4ª retirada
Branca	Vermelha	Preta	Uma das cores já retiradas anteriormente

Portanto se a pergunta fosse 2 de uma mesma cor. Seguindo o mesmo raciocínio:

1ª retirada	2ª retirada	3ª retirada	4ª retirada	5ª retirada	6ª retirada	7ª retirada
Branca	Vermelha	Preta	Branca	Vermelha	Preta	Uma das cores que já foi retirada duas vezes

Portanto são 7 retiradas.

Resposta C

QUESTÕES

1. **(ANALISTA – TRT – FCC – 2014)** Em uma floresta com 1002 árvores, cada árvore tem de 900 a 1900 folhas. De acordo apenas com essa informação, é correto afirmar que, necessariamente,

    a) ao menos duas árvores dessa floresta têm o mesmo número de folhas.

    b) apenas duas árvores dessa floresta têm o mesmo número de folhas.

    c) a diferença de folhas entre duas árvores dessa floresta não pode ser maior do que 900.

    d) não há árvores com o mesmo número de folhas nessa floresta.

    e) a média de folhas por árvore nessa floresta é de 1400.

2. **(ASSISTENTE ADMINISTRATIVO – VUNESP – 2014)** Na mesa da professora, havia uma pilha com várias provas já corrigidas, sendo que nove delas tinham nota A, oito tinham nota B, quatro tinham nota C, três tinham nota D e duas tinham nota E. Retirando-se quatro dessas provas da pilha e, sabendo-se que nenhuma delas tinha nota A, nem E, nem B, pode-se afirmar, das provas retiradas, que:

    a) todas tinham a mesma nota.

    b) duas tinham nota C e duas tinham nota D.

    c) três tinham nota C e uma tinha nota D.

    d) pelo menos uma tinha nota D.

    e) pelo menos uma tinha nota C.

3. **(ANALISTA – TRT – FCC – 2014)** Uma urna contém 14 bolas vermelhas, 15 pretas, 5 azuis e 11 verdes. Retirando-se ao acaso uma bola por vez dessa urna, o número mínimo de retiradas para se ter certeza que uma bola azul esteja entre as que foram retiradas é

    a) 6

    b) 20

    c) 1

    d) 41

    e) 40

GABARITO

1. A
2. E
3. D